Bull/Mehde · Allgemeines Verwaltungsrecht mit Verwaltungslehre

Allgemeines Verwaltungsrecht mit Verwaltungslehre

von

Dr. Hans Peter Bull

Professor an der Universität Hamburg

und

Dr. Veith Mehde

Privatdozent an der Universität Hamburg

7., völlig neu bearbeitete Auflage

C. F. Müller Verlag
Heidelberg

Dr. jur. *Hans Peter Bull* ist Professor (em.) für Öffentliches Recht und Verwaltungslehre an der Universität Hamburg, Fakultät für Rechtswissenschaft, Seminar für Verwaltungslehre. Er war von 1978 bis 1983 Bundesbeauftragter für den Datenschutz und von 1988 bis 1995 Innenminister des Landes Schleswig-Holstein.

Veröffentlichungen u. a.: Verwaltung durch Maschinen, 2. A. Köln 1964; Die Staatsaufgaben nach dem Grundgesetz, 2. A. Kronberg/Ts. 1977; Verwaltungspolitik (Hrsg.), Neuwied/Darmstadt 1979; Datenschutz oder Die Angst vor dem Computer, München 1984; Datenschutz, Informationsrecht und Rechtspolitik, Berlin 2005.

Dr. jur. *Veith Mehde*, Mag. rer. publ., ist Privatdozent für Staats- und Verwaltungsrecht, Verwaltungswissenschaft, Europarecht und Rechtsvergleichung an der Universität Hamburg, Fakultät für Rechtswissenschaft, Seminar für Verwaltungslehre.

Veröffentlichungen u. a.: Neues Steuerungsmodell und Demokratieprinzip, Berlin 2000; Wettbewerb zwischen Staaten, Baden-Baden 2005.

Bibliografische Information Der Deutschen Bibliothek

Die Deutsche Bibliothek verzeichnet diese Publikation in der Deutschen Nationalbibliografie; detaillierte bibliografische Daten sind im Internet über ‹http://dnb.ddb.de› abrufbar.

© 2005 C. F. Müller, Verlagsgruppe Hüthig Jehle Rehm GmbH, Heidelberg
Satz: Gottemeyer, Rot
Druck und Bindung: Gulde-Druck, Tübingen
ISBN 3-8114-7307-7

Vorwort

Die Ziele, die mit diesem Buch verfolgt werden, sind in der Einleitung (Rn. 1 ff. S. 1 ff.) ausführlich erläutert. Der Leser soll nicht bloß Begriffe kennen lernen und Einzelkenntnisse anhäufen, sondern Probleme und Zusammenhänge erkennen und sich die Methode ihrer Bewältigung erarbeiten. Er soll zum eigenen Nachdenken angeregt werden, juristische und soziale Vorstellungskraft entwickeln und den Wert wie auch Unwert dogmatischer Konstruktionen einschätzen lernen. Rechtsmeinungen – auch „herrschende" – werden nicht einfach als gegeben mitgeteilt, sondern nach Möglichkeit abgeleitet und nötigenfalls kritisch kommentiert; allzu feine Verästelungen von Literatur und Rechtsprechung werden dem Leser erspart.

Andererseits wollen wir den Interessierten mehr als das bieten, was nach den geschriebenen und ungeschriebenen Regeln der Prüfungspraxis unbedingt nötig erscheint, um das Referendarexamen zu bestehen. Wir sind nämlich überzeugt, dass ein wirklich guter Jurist nur wird, wer mehr als das weiß und kann, was als „examensrelevant" gilt, wer also Zusammenhänge und Hintergründe erfasst und auch mit wichtigen anderen Fragen umgehen kann, die in den Vorlesungen nicht ausdrücklich besprochen und in den Repetitorien nicht geübt werden.

Deshalb enthält dieses Lehrbuch schon in den bisherigen Auflagen Hinweise auf die Rechtsentwicklung und auf die Verwaltungspraxis sowie Bemerkungen zu Methoden und Argumentationsweisen. In die nunmehr vorgelegte 7. Auflage ist darüber hinaus eine Einführung in die Verwaltungslehre integriert, die den Studierenden eine theoretisch angeleitete Vorstellung von dem tatsächlichen Zustand, den nicht rechtsförmigen Handlungsweisen und den aktuellen Problemen der öffentlichen Verwaltung vermitteln soll.

Die Neuauflage bietet den Stoff auch in neuer Anordnung; diese ist in der Einleitung (Rn. 8) im Einzelnen erläutert. Rechtsprechung und Literatur sind bis Mai 2005 berücksichtigt.

Wie sich das Buch jetzt darstellt, ist es das Produkt einer wissenschaftlichen Zusammenarbeit zwischen dem ursprünglichen Autor und seinem langjährigen Mitarbeiter und nunmehrigen Kollegen. Damit ist der Anschluss an die nächste Generation der Staats- und Verwaltungsrechtler hergestellt. Wir verantworten diesen Text gemeinsam; über ein Echo der Leser würden wir uns freuen.

Hamburg, im Juni 2005

Hans Peter Bull
Veith Mehde

Inhaltsübersicht

	Rn	Seite
Vorwort		V
Abkürzungsverzeichnis		XXIII
Literaturverzeichnis		XXIX

Einleitung
Lernziele und Methodik 1 1

1. Kapitel
Grundwissen über Verwaltung und Verwaltungsrecht 16 10
§ 1 Verwaltung. 16 10
§ 2 Das Verwaltungsrecht im System des geltenden Rechts 33 19
§ 3 Der Aufbau der deutschen und europäischen Verwaltung 95 45
§ 4 Verfassungsrechtliche Grundnormen des Verwaltungsrechts 133 65
§ 5 Vorrang und Vorbehalt des Gesetzes 158 79
§ 6 Die Bindung der Verwaltung an andere Rechtsnormen und an
    Verwaltungsvorschriften. 206 102
§ 7 Handlungsformen der Verwaltung im Überblick 257 123
§ 8 Verwaltungsrechtliche Rechtsverhältnisse – Allgemeine Lehren . . . 287 135

2. Kapitel
Theorie und Empirie der Verwaltung
(Einführung in die Verwaltungslehre) 329 150
§ 9 Aufgaben der Verwaltung und Formen ihrer Wahrnehmung 334 152
§ 10 Organisationstheorie und Organisationsrecht. 371 165
§ 11 Das Personal der öffentlichen Verwaltung. 417 185
§ 12 Finanzen und Haushalt der Verwaltung 436 194
§ 13 Entscheidungslehre 447 199

3. Kapitel
Dogmatik des Verwaltungsrechts 473 211
§ 14 Geschichte der Verwaltung und des Verwaltungsrechts 473 211
§ 15 Methodik der Rechtsanwendung 528 235
§ 16 Unbestimmte Rechtsbegriffe und Ermessen 556 248
§ 17 Verwaltungsverfahrensrecht 610 270

Inhaltsübersicht

4. Kapitel
Handlungsformen und Rechtsverhältnisse im Einzelnen 679 296
§ 18 Verwaltungsaktslehre I: Der förmliche Verwaltungsakt und
      das schlichte Verwaltungsgebot 679 296
§ 19 Verwaltungsaktslehre II: Wirksamkeit, Rechtmäßigkeit und
      Rechtsfehler 741 322
§ 20 Verwaltungsaktslehre III: Rücknahme und Widerruf von
      Verwaltungsakten 789 341
§ 21 Öffentlich-rechtliche Verträge 840 360
§ 22 Einzelne verwaltungsrechtliche Rechtsverhältnisse 880 376
§ 23 Verwaltungsvollstreckung 962 408

5. Kapitel
Rechtsschutz und Folgenausgleich 992 421
§ 24 Verwaltungsgerichtlicher Rechtsschutz 992 421
§ 25 Folgenausgleich im Überblick 1082 453
§ 26 Staatshaftung für fehlerhaftes hoheitliches Verhalten 1104 462
§ 27 Ausgleich besonderer Belastungen 1166 486

6. Kapitel
Verwaltung im Wandel 1224 510
§ 28 Neue Herausforderungen und neue Ansätze des
      Verwaltungsrechts 1224 510

Anhang
Klausurenlehre 1245 520
§ 29 Lösungsschemata 1245 520

Sachregister 527

Inhaltsverzeichnis

	Rn	Seite
Vorwort		V
Abkürzungsverzeichnis		XXIII
Literaturverzeichnis		XXIX

Einleitung
Lernziele und Methodik

	Rn	Seite
1. Lernziele	1	1
2. Allgemeines und Besonderes Verwaltungsrecht	3	1
3. Methodik	4	2
4. Das juristische Denken und die Einbeziehung sozialwissenschaftlicher Erkenntnisse	5	2
5. Verwaltungswissenschaft und Verwaltungslehre	6	3
6. Beispiele zur Frageweise	7	3
7. Zur Konzeption des Buches	9	5
8. Praktische Hinweise zum Studium des Verwaltungsrechts	11	6
a) Textsammlungen	11	6
b) Literatur	12	7
c) Rechtsprechung	13	8
d) Wie finde ich einschlägige Literatur und Judikatur?	14	8

1. Kapitel
Grundwissen über Verwaltung und Verwaltungsrecht

	Rn	Seite
§ 1 Verwaltung	16	10
1. Versuch einer Begriffsklärung	16	10
a) Zusammenhänge, in denen der Begriff „Verwaltung" verwandt wird	16	10
b) Begriffsbestimmung für die Zwecke des Verwaltungsrechts . .	17	11
2. Gegenwärtige Typen und Funktionen von Verwaltung	23	14
a) Einteilungsgesichtspunkte	23	14
b) Die Funktionen der Verwaltung	24	15
c) Von der obrigkeitlichen zur schlicht hoheitlichen Verwaltung	26	16
d) Eingriff und Leistung, Belastung und Begünstigung	27	16
e) Bedarfsverwaltung und erwerbswirtschaftliche Betätigung der Verwaltung	31	18

Inhaltsverzeichnis

§ 2 Das Verwaltungsrecht im System des geltenden Rechts	33	19
1. Begriffsklärung	33	20
a) Verwaltungsrecht als Orientierungsbegriff	33	20
b) Verhältnis der Begriffe „Öffentliches Recht" und „Verwaltungsrecht" zueinander	34	20
c) Das Verwaltungsrecht im System des Öffentlichen Rechts	36	21
d) Verwaltungsrecht, Zivilrecht (Privatrecht) und Strafrecht	43	23
2. Beispiele für die Wirkungsweise des Verwaltungsrechts	47	24
3. Inhaltliche Charakteristika des Verwaltungsrechts	49	26
a) Vielfalt der Interessen, öffentliches Interesse	49	26
b) Verbindung mit dem Verfassungsrecht	52	27
c) Strukturelle Unterschiede von Verwaltungsrecht und Zivilrecht	56	29
4. Umfang und Untergliederung des Verwaltungsrechts	57	29
a) Bundes- und Landesverwaltungsrecht	58	29
b) Allgemeines und Besonderes Verwaltungsrecht	60	30
c) Europäisches Gemeinschaftsrecht	63	31
5. Die Unterscheidung von öffentlichem und Privatrecht als praktisches Problem; Abgrenzungsregeln	64	32
a) Funktionen der Abgrenzung	65	32
b) Die Abgrenzungsregeln	67	35
c) Zur Anwendung dieser Regeln	77	39
6. Wichtige Verwaltungszweige und die typischen Rechtsformen ihrer Aufgabenwahrnehmung	80	41
§ 3 Der Aufbau der deutschen und europäischen Verwaltung	95	45
1. Die „Träger öffentlicher Verwaltung" in der Bundesrepublik Deutschland	95	46
a) Örtliche und überörtliche Verwaltungsorganisation	95	46
b) Grundebenen und Grundeinheiten der deutschen öffentlichen Verwaltung	98	47
c) Gebietskörperschaften und aufgabenbezogene Verwaltungsträger	100	48
d) Mischformen, privatrechtliche „Trabanten" der öffentlichen Verwaltung	106	51
2. Der Verwaltungsbereich des Bundes	108	52
a) Verfassungsrechtliche Prinzipien	108	52
b) Die Bundesverwaltung	110	53
3. Die Verwaltung der Länder	116	54
4. Gemeinden und Gemeindeverbände	122	57
5. Europäische Verwaltungsbehörden	126	58
6. Anhang: Übersichten	129	61
a) Die Ebenen und Stufen der deutschen öffentlichen Verwaltung	129	61
b) Behördenaufbau beim Bund	130	62

c) Behördenaufbau bei den Ländern (idealtypisch) 131 63
d) Behörden-Abkürzungsverzeichnis 132 64

§ 4 Verfassungsrechtliche Grundnormen des Verwaltungsrechts 133 65
  1. Rechtsstaatlichkeit und Gewaltenteilung als Ausgangsposition .. 133 67
  2. Verfassungsmäßigkeit der Verwaltung 137 69
     a) Die leitenden Prinzipien 137 69
     b) Gleichheitsgebot und Selbstbindung der Verwaltung 141 71
     c) Stärkung der Rechtsstellung des Einzelnen: Vom
        Rechtsreflex zum subjektiven Recht 142 71
     d) Vertrauensschutz 148 74
     e) Das Verhältnismäßigkeitsprinzip 149 74
  3. Rechtsweggewährleistung 153 76
  4. „Brauchbare Illegalität", „informaler Rechtsstaat"? 154 76

§ 5 Vorrang und Vorbehalt des Gesetzes 158 79
  1. Der Vorrang des Gesetzes 158 80
  2. Der Vorbehalt des Gesetzes 159 81
     a) Verfassungsrechtliche Ausgangslage 159 81
     b) Die Begründung des Gesetzesvorbehalts aus den
        Grundrechten 162 82
     c) Die Begründung aus dem Rechtsstaatsprinzip 165 83
     d) Die Wesentlichkeitslehre 170 85
     e) Vom Gesetzesvorbehalt zum Parlamentsvorbehalt 174 87
     f) Zusammenfassung 179 89
  3. Vorbehalt des Gesetzes in bestimmten Rechtsbeziehungen 182 91
     a) Leistungsverwaltung 182 91
     b) Besondere Rechts- und Pflichtverhältnisse 186 92
     c) Schutzpflicht als Eingriffstitel? Insbesondere: amtliche
        Warnungen 191 94
  4. Gesetzesvorbehalt für Organisation und Verfahren? 194 96
  5. Die Prüfung der Rechtmäßigkeit von Verwaltungshandlungen .. 196 97
     a) Objektive Übereinstimmung oder Nichtübereinstimmung
        von Gesetz und Verwaltungshandlung 196 97
     b) Divergenzen innerhalb der Verwaltung 198 98
     c) Subjektive Pflichten der Amtswalter 199 98
     d) Vorläufige Maßnahmen 201 99
     e) Rechtmäßigkeitsurteil bei „Verwaltungsfabrikaten" 203 100
     f) Prüfung von Rechtssätzen 204 100

**§ 6 Die Bindung der Verwaltung an andere Rechtsnormen und an
Verwaltungsvorschriften** 206 102
  1. Bindung an Richterrecht, allgemeine Rechtsgrundsätze,
     Völkerrecht und Europäisches Gemeinschaftsrecht 206 103
     a) Entscheidungen des Bundesverfassungsgerichts 206 103
     b) Richterrecht im Übrigen............................. 207 103
     c) Allgemeine Rechtsgrundsätze 210 104

Inhaltsverzeichnis

d) Völkerrecht	211	105
e) Europäisches Gemeinschaftsrecht	212	105
2. Die Bindung an untergesetzliche Rechtsnormen	217	107
a) Die Rechtsverordnung	218	107
b) Die Satzung	220	108
c) Prüfungs- und Verwerfungskompetenz für untergesetzliche Normen?	223	109
3. Bindung an Verwaltungsvorschriften	226	110
a) Funktion und rechtliche Qualität von Verwaltungsvorschriften	226	110
b) Arten von Verwaltungsvorschriften	228	111
c) Gleichheit versus Einzelfallgerechtigkeit	232	112
4. Privatrechtliche Handlungsformen als Ausweg aus verwaltungsrechtlichen Bindungen?	241	116
a) Gründe für und gegen privatrechtliche Gestaltung	241	116
b) Grenzen der Zulässigkeit	244	117

§ 7 Handlungsformen der Verwaltung im Überblick ... 257 123

1. Vielfalt der zulässigen Handlungsformen	257	124
2. Die Bedeutung der Frage nach der Handlungsform	259	125
a) Rechtsnatur, Formrichtigkeit und Rechtmäßigkeit der Verwaltungshandlungen	259	125
b) Verfahrensrechtliche Bedeutung der Handlungsform	262	126
3. Generelle und individuelle, abstrakte und konkrete Verwaltungshandlungen	268	127
4. Planung	273	128
a) Allgemeines	273	128
b) Wirtschafts-, Haushalts- und Entwicklungsplanung	274	129
c) Raumordnung, Bauleitplanung und Fachplanungen	277	130
5. Realakte	280	131
a) Vollzugsakte	281	131
b) Dienstliche Äußerungen ohne Verwaltungsaktscharakter	282	132
c) Sonstige Fälle	283	132
6. Systematische Übersicht über die öffentlich-rechtlichen Handlungsformen der Verwaltung	284	133
7. Nichthandeln und Duldung als Handlungsform?	285	134

§ 8 Verwaltungsrechtliche Rechtsverhältnisse – Allgemeine Lehren ... 287 135

1. Das allgemeine Staat/Bürger-Verhältnis, die Verwaltungsrechtsverhältnisse und die besonderen Rechts- und Pflichtverhältnisse	288	136
2. Entstehung von Verwaltungsrechtsverhältnissen	292	137
a) Entstehung durch Gesetz	293	138
b) Konkretisierung durch Verwaltungsakt	294	138
c) Verwaltungsrechtlicher Vertrag	299	139
d) Realakte	302	140

3. Arten verwaltungsrechtlicher Rechtsverhältnisse 303 140
    a) Unterscheidung nach Beteiligten 303 140
    b) Unterscheidung nach Gegenständen 304 141
4. Allgemeine Regeln über Verwaltungsrechtsverhältnisse 309 143
    a) Haupt- und Nebenpflichten; Beachtung von Treu und
       Glauben 310 143
    b) Abwicklung, Leistungsstörungen 314 144
    c) Vorschriften der Abgabenordnung 318 145
    d) Verzinsung von Forderungen 319 146
    e) Auftrag und Geschäftsführung ohne Auftrag 320 146
    f) Herausgabe des ohne Rechtsgrund Erlangten 323 147
5. Beendigung von Verwaltungsrechtsverhältnissen 326 148
    a) Regelmäßige Beendigungsgründe 326 148
    b) Verwirkung 327 149

2. Kapitel
Theorie und Empirie der Verwaltung
(Einführung in die Verwaltungslehre)

§ 9 Aufgaben der Verwaltung und Formen ihrer Wahrnehmung 334 152
1. Bedeutung des Aufgabenbegriffs 334 152
2. Begriffsklärung 335 153
    a) Der Aufgabenbegriff in deskriptiven und in normativen
       Aussagen 337 154
    b) Der juristische Begriff der Verwaltungsaufgaben 341 155
    c) „Aufgabe" und „Verantwortung"...................... 352 158
    d) Aufgaben im föderalistisch-finanzverfassungsrechtlichen
       Sinne 354 159
3. Der normative Rahmen der Aufgabenentwicklung........... 357 160
    a) Möglichkeit und Relevanz juristischer Aufgaben-
       bestimmung.. 357 160
    b) Einschlägige Verfassungs- und Gesetzesbestimmungen 359 161
4. Historische Entwicklung der Verwaltungsaufgaben,
   aktuelle Veränderungstendenzen 364 162
    a) Die Aufbauphase 1945–1980 .... 364 162
    b) Die Wende zum „Rückbau" des Staates 366 163

§ 10 Organisationstheorie und Organisationsrecht 371 165
1. Ansätze zur Begriffsklärung 371 166
2. Zwecke (Ziele) von Organisation 374 168
3. Grundbegriffe des Organisationsrechts 378 169
    a) Stelle 379 170
    b) Amt 380 170
    c) Organ und Organwalter.............................. 382 171
    d) Behörde 385 172
    e) Zuständigkeit 386 172

XIII

Inhaltsverzeichnis

f) Amtshilfe	388	174
4. Hierarchie: Leitung von Behörden und Aufsicht über nachgeordnete Behörden	389	174
a) Leitung	390	174
b) Fachaufsicht	391	175
c) Dienstaufsicht	392	175
d) Aufsicht über selbstständige Verwaltungsträger	393	175
5. Organisationsgewalt (Organisationsrecht)	394	176
6. Zentralisation und Dezentralisation als Grundtendenzen der Verwaltungsorganisation	395	176
a) Terminologie	395	176
b) Räumliche Gliederung, Gebietsreformen	397	177
c) Verselbstständigung von Verwaltungsträgern und ministerialfreie Räume	398	177
7. Kontrolle und Korrektur der Verwaltung	401	179
8. Mittel der Verwaltungskontrolle	405	180
a) Verwaltungsinterne Kontrolle	407	181
b) Parlamentarische Kontrolle	409	182
c) Rechnungshöfe	413	182
d) Gerichtliche Kontrolle	414	183
§ 11 Das Personal der öffentlichen Verwaltung	**417**	**185**
1. Bedeutung des öffentlichen Dienstes	417	185
2. Zahlenmäßiger Umfang des öffentlichen Dienstes	419	186
3. Historische Entwicklung des öffentlichen Dienstes	422	187
4. Aktuelle Situation des öffentlichen Dienstes und Reformansätze	426	189
5. Verzahnung von Beamten- und Amtsrecht	433	192
§ 12 Finanzen und Haushalt der Verwaltung	**436**	**194**
1. Die Lage der öffentlichen Haushalte	437	194
2. Die Einnahmen der Verwaltung im Überblick	438	195
a) Steuern	438	195
b) Gebühren und Beiträge, privatrechtliche Entgelte	439	195
c) Andere Einnahmequellen	441	196
3. Ausgabenplanung und Bewirtschaftung der öffentlichen Mittel	442	196
a) Haushaltsgrundsätze	442	196
b) Die Kunst der Finanzierung öffentlicher Leistungen	444	197
4. Buchführung und Rechnungslegung	445	198
§ 13 Entscheidungslehre	**447**	**199**
1. Die Erkenntnisziele	447	199
2. Kategorien der nicht-juristischen Entscheidungslehren	450	200
3. Zum Verhältnis juristischer und sozialwissenschaftlicher Entscheidungslehren: Trennende und integrative Tendenzen	453	202
4. Begriff und Arten von Entscheidungen	457	203

5. „Rationalität" des Verwaltungshandelns: Welche Ziele
verfolgt die Verwaltung? 462 206
6. Das Entscheidungsverfahren 469 208

3. Kapitel
Dogmatik des Verwaltungsrechts

§ 14 Geschichte der Verwaltung und des Verwaltungsrechts 473 211
   1. Entstehungsgeschichte der Verwaltung 473 211
   2. Wandlungen der Verwaltung in neuerer Zeit 476 212
   3. Geschichte des Verwaltungsrechts 478 213
      a) Überblick 478 213
      b) Der ältere Justizstaat 481 214
      c) Der „Polizeistaat" 483 215
      d) Die konstitutionelle Monarchie 488 218
      e) Die parlamentarische Demokratie 491 220
      f) Staats- und Verwaltungsrecht in der ehemaligen DDR
         und in den Transformationsstaaten 498 223
   4. Gesetzmäßigkeit der Verwaltung in der Geschichte 500 224
      a) Von der Magna Charta zur französischen Revolution 500 224
      b) Der Gesetzesbegriff des bürgerlichen Rechtsstaats 504 226
      c) Gesetzmäßigkeit der Verwaltung in der konstitutionellen
         Monarchie 508 228
      d) Gesetz im formellen und im materiellen Sinne 511 229
   5. Die Veränderungen der Gewaltenteilung 513 230
   6. Zum Wandel des Gesetzesbegriffs 519 232
      a) Der neue Gesetzestyp 519 232
      b) Bedeutung von Art. 3 und 19 Abs. 1 S. 1 GG 522 233
      c) Planungsgesetze 525 234

§ 15 Methodik der Rechtsanwendung 528 235
   1. Zur Funktion juristischer Methodenlehre 528 236
   2. Zum Stand der juristischen Methodenlehre 531 237
   3. Rechtsnormen über richtiges Rechtsverständnis? 534 238
   4. Die Unterscheidung zwischen Regeln und Prinzipien 536 239
   5. Die traditionellen Argumentationsregeln 537 240
   6. Weitere Argumentationsmethoden; Lückenfüllung 545 244
   7. Besonderheiten moderner Verwaltungsgesetze;
      Anwendungsstrategien 551 246

§ 16 Unbestimmte Rechtsbegriffe und Ermessen 556 248
   1. Richtiger Umgang mit unbestimmten Begriffen 556 249
      a) Problemübersicht 556 249
      b) Normstrukturelle Überlegungen 558 250
      c) Auslegung unbestimmter Begriffe durch die Verwaltung ... 564 252
      d) Die Überprüfung der Verwaltungsentscheidungen;
         Beurteilungsspielraum und Vertretbarkeit 567 253

   e) Situations- und personengebundene Entscheidungen 574 255
  2. Ermessen der Verwaltung 584 260
   a) Ermessensvorschriften 584 260
   b) Bindungen des Ermessens 590 262
   c) Ermessensfehler 593 263
   d) Ermessensreduktion „auf Null" 598 264
  3. Planungsmaßstäbe und Planungsermessen 601 266

§ 17 Verwaltungsverfahrensrecht 610 270
  1. Bedeutung des Verwaltungsverfahrens 610 271
  2. Der gesetzliche Begriff des Verwaltungsverfahrens 618 274
  3. Die Pflichten der Verwaltung im Einzelnen 619 274
   a) Beginn der behördlichen Aktivität, „Einleitung des Verfahrens" 620 275
   b) Unparteilichkeit der Verwaltung 625 276
   c) Ermittlungsregeln, Informationssammlung, Anhörung ... 627 277
   d) Akteneinsicht, Informationsfreiheit 640 281
   e) Geheimhaltung, Datenschutz 642 281
   f) Beratungspflicht 644 282
   g) Recht auf Beistand 647 283
   h) Schnelligkeit der Entscheidung 648 284
   i) Bürgerfreundlicher Stil der Verwaltung 649 284
   j) Verständlichkeit des Ergebnisses und Begründungspflicht .. 650 285
  4. Besondere Verfahrensarten 652 285
   a) Massenverfahren 652 285
   b) Das förmliche Verwaltungsverfahren 656 287
   c) Planfeststellungsverfahren 658 287
   d) Das Ordnungswidrigkeiten-Verfahren 663 289
   e) Das Widerspruchsverfahren 664 289
  5. Amtshilfe 665 290
   a) Grundsätzliches 665 290
   b) Informationsübermittlung 668 291
   c) Die Bestimmungen des VwVfG 671 291
  6. Folgen des Verstoßes gegen Verfahrensnormen 673 292
   a) Verwaltungsakte: Heilung, Folgenlosigkeit, Aufhebbarkeit und Nichtigkeit 673 292
   b) Bauleitpläne: partielle Folgenlosigkeit oder Nichtigkeit ... 674 292
   c) Andere Handlungsformen: Nichtigkeit 675 293
   d) Prozessuales 676 293

4. Kapitel
Handlungsformen und Rechtsverhältnisse im Einzelnen

§ 18 Verwaltungsaktslehre I: Der förmliche Verwaltungsakt und das schlichte Verwaltungsgebot 679 296
  1. Bedeutung des Verwaltungsakts und Zulässigkeit dieser Handlungsform 679 298

2. Funktionen des VA-Begriffs	682 298
3. Merkmale des Verwaltungsakts	687 300
a) Regelung mit unmittelbarer Außenwirkung	689 301
b) Einzelfallentscheidung/Allgemeinverfügung	700 305
4. Arten von Verwaltungsakten	706 307
a) Belastende und begünstigende Verwaltungsakte	706 307
b) Gebote und Verbote	709 308
c) Gestaltende Verwaltungsakte	710 308
d) Feststellende Verwaltungsakte	715 310
e) Mitwirkungsbedürftige Verwaltungsakte	716 310
f) Formfreie und formgebundene Verwaltungsakte	717 310
5. Nebenbestimmungen zu Verwaltungsakten	719 311
a) Arten von Nebenbestimmungen	721 312
b) Zulässigkeit von Nebenbestimmungen	725 313
c) Selbstständige Anfechtbarkeit von Nebenbestimmungen?	727 314
6. Das schlichte Verwaltungsgebot	730 317
a) Funktion des Verwaltungsgebots	730 317
b) Die innerdienstliche Weisung	732 318
c) Fehlerhafte Verwaltungsgebote	737 319
d) Verstöße gegen rechtmäßige Verwaltungsgebote	739 320
§ 19 Verwaltungsaktslehre II: Wirksamkeit, Rechtmäßigkeit und Rechtsfehler	741 322
1. Das Wirksamwerden des Verwaltungsaktes	741 324
a) Bekanntgabe als „Erlass" des Verwaltungsaktes	741 324
b) Der entscheidende Zeitpunkt	746 326
c) Was wird wirksam?	747 326
d) Bedeutung der Wirksamkeit und Bestandskraft des Verwaltungsaktes	748 326
2. Die möglichen Arten der Aufhebung und Erledigung des Verwaltungsaktes	754 328
3. Berichtigung des Verwaltungsaktes	757 328
4. Nichtige Verwaltungsakte und Nichtakte	759 329
a) Nichtigkeit	760 329
b) Nichtakte	764 331
c) Feststellung der Nichtigkeit	765 332
d) Teilnichtigkeit	766 332
5. Aufhebbarkeit des Verwaltungsaktes	767 332
a) Fehlen von Rechtmäßigkeitsbedingungen	767 332
b) Typische Fälle	769 333
c) Unbeachtlichkeit von Form- und Verfahrensfehlern	774 334
d) Heilung von Form- und Verfahrensfehlern	776 335
e) Umdeutung	780 336
6. Der Sonderfall Zusicherung	782 337

§ 20 Verwaltungsaktslehre III: Rücknahme und Widerruf von Verwaltungsakten 789 341

1. Das Grundproblem: Vertrauensschutz versus Gesetzmäßigkeit 789 343
   - a) Terminologie 790 343
   - b) Die Interessenlage bei rechtswidrigen Begünstigungen 791 343
   - c) Rechtswidrige Belastungen 795 345
   - d) Die Interessenlage bei rechtmäßigen Verwaltungsakten ... 796 345
2. Die Rücknahme rechtswidriger VAe nach dem Verwaltungsverfahrensrecht (VwVfG und SGB X, AO) 799 346
   - a) Struktur der Regelung 800 346
   - b) Die Grundregel 801 347
   - c) Rücknahme rechtswidriger belastender Verwaltungsakte .. 804 348
   - d) Rücknahme rechtswidriger begünstigender Verwaltungsakte 808 349
   - e) Abwicklung 823 353
3. Widerruf rechtmäßiger Verwaltungsakte 828 355
   - a) Belastende Verwaltungsakte 829 355
   - b) Begünstigende Verwaltungsakte 831 355
   - c) Sonderregelung für Verwaltungsakte zur Gewährung von Geld- oder teilbaren Sachleistungen 836 357
4. Neueröffnung des Verfahrens 837 357

§ 21 Öffentlich-rechtliche Verträge 840 360

1. Die Zulässigkeit der Vertragsform im Staat/Bürger-Verhältnis (Abschlussfreiheit, Formwahlfreiheit) 840 361
2. Fälle vertraglichen Verwaltungshandelns im Verhältnis Staat/Bürger 845 363
3. Arten öffentlich-rechtlicher Verträge 848 364
4. Grenzfälle von öffentlich-rechtlichem und privatrechtlichem Vertrag 853 366
5. Zustandekommen von Verträgen 857 367
6. Inhaltliche Beschränkungen für verwaltungsrechtliche Verträge 859 368
   - a) Allgemeine Bindung an gesetzliche Vorschriften 859 368
   - b) Austauschverträge 863 369
   - c) Vergleichsverträge 866 371
   - d) Sonstige rechtliche Bindungen 867 372
7. Nichtigkeit des verwaltungsrechtlichen Vertrages 868 372
   - a) Nichtigkeit als regelmäßige Fehlerfolge 868 372
   - b) Nichtigkeitsgründe 869 372
8. Verwaltungsrechtliche Verträge zwischen Privaten? 873 373
9. Vertragsabwicklung; Folgen des Vertragsverstoßes 875 374

§ 22 Einzelne verwaltungsrechtliche Rechtsverhältnisse 880 376

1. Dienstverhältnisse 880 378
   - a) Die rechtlichen Grundlagen 880 378
   - b) Arten von Dienstverhältnissen 883 379

c)	Handlungsformen bei der Begründung und Abwicklung von Dienstverhältnissen	887	381
d)	Beamtenpflichten	891	383
e)	Beamtenrechte	902	387
2.	Das Subventionsverhältnis	909	390
a)	Subventionsbegriff	909	390
b)	Rechtsgrundlagen der Subvention	911	390
c)	Formen der Subvention	914	391
d)	Rechtsformen der Subventionsgewährung	915	391
e)	Abwicklung und Rückabwicklung	917	392
3.	Rechtsverhältnisse mit Bezug auf öffentliche Sachen	919	393
a)	Öffentliche Sachen	919	393
b)	Gesetzliche Regelungen	922	393
c)	Entstehung öffentlicher Sachen	925	394
d)	Eigentümer, Sachherr und Unterhaltungspflichtiger	928	395
e)	Bürger als Nutzer	930	395
f)	„Nutzbare Anstalten"	944	401
g)	Verkehrssicherungspflichten	951	403
h)	Hausrecht an Gebäuden des Verwaltungsvermögens	954	404
i)	Verwahrung von Sachen	958	405

§ 23 Verwaltungsvollstreckung 962 408
1. Begriff und Funktion der Verwaltungsvollstreckung.......... 962 409
2. Einschlägige Gesetze... 964 410
3. Vollstreckung wegen Geldforderungen..................... 965 410
   - a) Voraussetzungen... 966 410
   - b) Vollstreckungsmaßnahmen............................. 969 411
   - c) Rechtsbehelfe gegen die Vollstreckungsmaßnahmen 972 412
4. Erzwingung von Handlungen, Duldungen oder Unterlassungen 973 412
   - a) Vollstreckungstitel 977 413
   - b) Allgemeine Bestimmungen über die Zwangsmittel........ 982 415
   - c) Einzelne Vollstreckungsmaßnahmen I: Die Ersatzvornahme 983 416
   - d) Einzelne Vollstreckungsmaßnahmen II: Das Zwangsgeld .. 986 417
   - e) Einzelne Vollstreckungsmaßnahmen III: Unmittelbarer Zwang 987 418
   - f) Rechtsschutz 990 418

5. Kapitel
Rechtsschutz und Folgenausgleich

§ 24 Verwaltungsgerichtlicher Rechtsschutz 992 421
1. Die Entwicklung des Verwaltungsrechtsschutzes............. 992 422
2. Das Grundrecht auf umfassenden Rechtsschutz 1001 425
3. Die verwaltungsgerichtliche Generalklausel 1003 425
   - a) Der Grundtatbestand..................................... 1003 425
   - b) Ausdrückliche Zuweisungen............................. 1005 426

      c) Abdrängende Verweisungen 1006 426
      d) Problembereiche (Realakte) 1014 429
      e) Folgen der Rechtswegverfehlung 1020 432
   4. Zulässigkeit von Rechtsbehelfen 1022 433
   5. Die Klage- und Urteilsarten im Überblick 1026 434
   6. Die Anfechtungsklage 1032 436
      a) Klageziel 1032 436
      b) Klagebefugnis 1034 436
      c) Vorverfahren 1052 442
      d) Begründetheit der Anfechtungsklage 1053 442
      e) Fortsetzungsfeststellungsklage 1054 443
   7. Die Verpflichtungsklage 1055 443
   8. Die Leistungsklage 1060 444
   9. Die Feststellungsklage 1062 445
 10. Zur Begründetheit der Klagen: Rechtsverletzung als
     Voraussetzung von Aufhebungs- und Verpflichtungsurteil 1064 446
 11. Vorläufiger Rechtsschutz, Eilmaßnahmen 1067 447
      a) Aufschiebende Wirkung des Widerspruchs 1068 447
      b) Einstweilige Anordnung 1075 449
 12. Der Rechtsschutz gegen Rechtsnormen 1078 451
      a) Abstrakte Kontrolle untergesetzlicher Normen
         (§ 47 VwGO) 1078 451
      b) Konkrete Kontrolle nachkonstitutioneller Gesetze
         (Art. 100 GG) 1080 451

§ 25 Folgenausgleich im Überblick 1082 453
   1. Die zentralen Begriffe 1082 453
   2. Überblick 1084 454
   3. Die doppelte Bedeutung von Rechtswidrigkeit 1085 455
   4. Entwicklung der einschlägigen Rechtsgrundsätze 1088 456
      a) Von der Beamtenhaftung zur Staatshaftung 1088 456
      b) Opferausgleich und Enteignungsentschädigung 1094 458
      c) Der systematische Zusammenhang 1096 458
   5. Die gescheiterte Reform 1098 460
   6. Zur Rechtslage in den neuen Ländern 1102 461

§ 26 Staatshaftung für fehlerhaftes hoheitliches Verhalten 1104 462
   1. Verfassungsrechtliche Staatshaftung 1104 464
   2. Der Grundtatbestand der Amtshaftung 1105 464
      a) Übersicht 1105 464
      b) Der Schädiger 1107 465
      c) Die Amtspflichtverletzung 1115 468
      d) Der Drittbezug der Amtspflicht 1119 469
      e) Das Verschulden 1127 473
   3. Die Subsidiaritätsklausel 1132 475
   4. Art und Umfang der Haftung 1138 476

a) Grundsatz	1138	476
b) Art der Haftung	1139	477
c) Folgenbeseitigung	1142	478
d) Mitverschulden	1143	478
e) Richterprivileg	1144	478
f) Haftungsausschlüsse	1147	479
5. Zuordnungsregeln	1152	480
a) Passivlegitimation	1152	480
b) Innenhaftung und Rückgriff gegen den Handelnden	1154	481
c) Freistellungsanspruch des Beamten	1155	481
6. Der Folgenbeseitigungsanspruch	1156	481
7. Anspruchskonkurrenzen	1160	483
8. Rechtsweg	1162	483
9. Staatshaftungsrecht unter EG-Einfluss	1163	484

§ 27 Ausgleich besonderer Belastungen 1166   486

1. Der allgemeine Aufopferungsanspruch	1166	488
a) Grundüberlegungen	1166	488
b) Einschränkung des Anwendungsbereiches der Aufopferung	1167	488
2. Spezialgesetzlich geregelte Aufopferungsfälle	1168	489
a) Soziale Entschädigung: die Grundnorm	1169	489
b) Kriegsopfer-Versorgung	1170	490
c) Unfallversorgung für andere Gruppen	1171	490
d) Unechte Unfallversicherung (§ 2 Abs. 1 Nr. 10 ff. SGB VII)	1172	490
e) Polizeirechtliche Vorschriften	1173	490
f) Seuchenschutz und Impfschäden	1174	491
g) Opferentschädigung	1175	492
h) Unschuldig erlittene Haft	1176	492
3. Allgemeine und besondere Opferlagen	1177	492
4. Aufopferungsgleicher Eingriff	1179	493
5. Die verfassungsrechtliche Eigentumsgarantie	1181	494
6. Gesetzliche Enteignungsregelungen	1184	495
a) Klassische Enteignungsgesetze	1184	495
b) Entsprechende Fälle im geltenden Recht	1185	496
c) Gesetzliche Leistungspflichten und Nutzungsbeschränkungen für Notstands- und Verteidigungszwecke	1186	496
d) Verwirklichung von Bebauungsplänen und Sanierung	1187	496
e) Planungssicherung	1188	497
f) Bauarbeiten und Lärmeinwirkung	1189	497
g) Härteausgleich im Baurecht	1191	498
h) Vertrauensschutz bei begünstigenden Verwaltungsakten	1192	498
i) Allgemeinwohl bei Enteignungen zugunsten Privater	1193	498
7. „Enteignungsgleicher" und „enteignender Eingriff" als Entschädigungstatbestände	1194	498
a) Die Rechtsprechung des BGH zum „enteignungsgleichen Eingriff"	1194	498

b) Der „enteignende Eingriff" 1201 501
c) Die Korrektur durch das BVerfG und die weitere Entwicklung 1205 502
d) Beeinträchtigung des Eigentums durch legislatives Handeln, insbesondere die „entschädigungspflichtige Inhaltsbestimmung" 1213 505
8. Art und Umfang der Entschädigung 1218 507
9. Zuordnungsregel (Passivlegitimation) 1219 507
10. Rechtsweg und Konkurrenzen 1220 508

6. Kapitel
Verwaltung im Wandel

§ 28 Neue Herausforderungen und neue Ansätze des Verwaltungsrechts 1224 510
1. Die neuen Herausforderungen 1224 510
2. Neue Tendenzen 1225 510
3. Verwaltungsrechtliche Folgerungen aus verwaltungspolitischen Reformkonzepten 1227 511
   a) Grundsätzliches 1227 511
   b) Das Neue Steuerungsmodell 1229 512
   c) Aktionsfelder verwaltungsrechtlicher Innovation: Neue Handlungs- und Organisationsformen 1234 515
   d) „Bürokratieabbau" 1241 517
   e) Qualitätsmanagement und Änderungen des Verwaltungsstils 1242 518
4. Neue Referenzbereiche – neue Rechtsinstitute? 1243 519

Anhang
Klausurenlehre

§ 29 Lösungsschemata 1245 520
1. Prüfung der Rechtswidrigkeit eines Verwaltungsaktes als Teil der Begründetheitsprüfung bei einer Anfechtungsklage 1245 520
2. Prüfung der Begründetheit von Verpflichtungs-, Leistungs- oder Unterlassungsklagen 1246 523
3. Prüfung von Ansprüchen auf Schadensersatz, Entschädigung oder Folgenbeseitigung 1247 523

Sachregister 527

Abkürzungsverzeichnis

(s. a. das spezielle Verzeichnis der abgekürzten Behördennamen in Rn. 132)

A.	Auflage
a. A.	anderer Ansicht
a. a. O.	am angegebenen Ort
Abs.	Absatz
a. E.	am Ende
a.F.	alte Fassung
AFG	Arbeitsförderungsgesetz
ALR	(Preußisches) Allgemeines Landrecht
Anm.	Anmerkung
AO	Abgabenordnung
AöR	Archiv des öffentlichen Rechts
Art.	Artikel
ASOVG	Amtliche Sammlung von Entscheidungen der Oberverwaltungsgerichte Rheinland-Pfalz und Saarland
AtG	Atomgesetz
AtVfV	Atomrechtliche Verfahrensverordnung
AVAVG	Gesetz über Arbeitsvermittlung und Arbeitslosenversicherung
AuslG	Ausländergesetz
B.	Beschluss
BAföG	Bundesausbildungsförderungsgesetz
BAG	Bundesarbeitsgericht
BAT	Bundes-Angestelltentarifvertrag
BauGB	Baugesetzbuch
BauR	Baurecht (Zeitschrift)
Bayer.VGH	Bayerischer Verwaltungsgerichtshof
BayVBl	Bayerische Verwaltungsblätter
BBauG	Bundesbaugesetz
BBesG	Bundesbesoldungsgesetz
BBG	Bundesbeamtengesetz
Bd.	Band
BDSG	Bundesdatenschutzgesetz
BfD	Bundesbeauftragter für den Datenschutz
BFH	Bundesfinanzhof
BGB	Bürgerliches Gesetzbuch
BGBl.	Bundesgesetzblatt
BGHZ	Entscheidungen des Bundesgerichtshofes in Zivilsachen
BGHSt	Entscheidungen des Bundesgerichtshofes in Strafsachen
BHO	Bundeshaushaltsordnung
BImSchG	Bundes-Immissionsschutzgesetz

Abkürzungsverzeichnis

BRH	Bundesrechnungshof
BRRG	Beamtenrechtsrahmengesetz
BSGE	Entscheidungen des Bundessozialgerichts
BT-Drs.	Bundestagsdrucksache
BVerfG	Bundesverfassungsgericht
BVerfGE	Entscheidungen des Bundesverfassungsgerichts
BVerwG	Bundesverwaltungsgericht
BVerwGE	Entscheidungen des Bundesverwaltungsgerichts
BVG	Bundesversorgungsgesetz
bw	baden-württembergisch
DJT	Deutscher Juristentag
DJZ	Deutsche Juristenzeitung
DöD	Der öffentliche Dienst
DÖV	Die Öffentliche Verwaltung
DVBl.	Deutsches Verwaltungsblatt
DRiG	Deutsches Richtergesetz
DRiZ	Deutsche Richterzeitung
DtZ	Deutsch-Deutsche Rechts-Zeitschrift
E	Entscheidung, Entscheidungssammlung
EAGV	Vertrag über die Europäische Atomgemeinschaft
EGV	Vertrag über die Gründung der Europäischen Gemeinschaft
EheG	Ehegesetz
EnWG	Energiewirtschaftsgesetz
ESVGH	Entscheidungen des Hessischen Verwaltungsgerichtshofs und des Verwaltungsgerichtshofs Baden-Württemberg
EuGH	Europäischer Gerichtshof
EuZW	Europäische Zeitschrift für Wirtschaftsrecht
EV	Einigungsvertrag
EWGV	Vertrag über die Europäische Wirtschaftsgemeinschaft
ff.	und folgende
FGG	Gesetz über die freiwillige Gerichtsbarkeit
FGO	Finanzgerichtsordnung
FS	Festschrift
G.	Gesetz
GBl.	Gesetzblatt
GaststG	Gaststättengesetz
GewO	Gewerbeordnung
GemMBl.	Gemeinsames Ministerialblatt
GG	Grundgesetz
GjS	Gesetz über die Verbreitung jugendgefährdender Schriften
GO	Gemeindeordnung
GS	Gesetz-Sammlung (Preußen)
GVBl.	Gesetz- und Verordnungsblatt
GVG	Gerichtsverfassungsgesetz
HdbStR	Handbuch des Staatsrechts der Bundesrepublik Deutschland, hrsg. von Isensee/Kirchhof, 1987 ff.

Abkürzungsverzeichnis

HGB	Handelsgesetzbuch
HGrG	Gesetz über die Grundsätze des Haushaltsrechts des Bundes und der Länder
h. M.	herrschende Meinung
hmb	hamburgisch
Hrsg.	Herausgeber
hrsg.	herausgegeben
HwO	Handwerksordnung
i. d. F.	in der Fassung
IfSG	Infektionsschutzgesetz
i. w. S.	im weiteren Sinne
JA	Juristische Arbeitsblätter
JöR	Jahrbuch des öffentlichen Rechts der Gegenwart
JR	Juristische Rundschau
Jura	Juristische Ausbildung
JuS	Juristische Schulung
JVBl.	Justizverwaltungsblatt
JZ	Juristenzeitung
KG	Kammergericht
KHG	Krankenhausfinanzierungsgesetz
KJB	Karlsruher Juristische Bibliographie
KWG	Kreditwesengesetz
LAG	Lastenausgleichsgesetz
LDSG	Landesdatenschutzgesetz
LKV	Landes- und Kommunalverwaltung
LSG	Landessozialgericht
LStrG	Landes-Straßengesetz
LuftVG	Luftverkehrsgesetz
LVA	Landesversicherungsanstalt
LVwG	Landesverwaltungsgesetz (Schleswig-Holstein)
MAD	Militärischer Abschirmdienst
MDR	Monatsschrift für Deutsches Recht
MEPolG	Musterentwurf eines einheitlichen Polizeigesetzes des Bundes und der Länder (Textausgabe Heise/Riegel 2. A. 1978)
MinBl. BMF und BMWi	Ministerialblatt des Bundesministers der Finanzen und des Bundesministers für Wirtschaft
m. w. N.	mit weiteren Nachweisen
MRVO	Militärregierungsverordnung
NDR	Norddeutscher Rundfunk
nds	niedersächsisch
NdsRpfl.	Niedersächsische Rechtspflege
NdsVBl.	Niedersächsische Verwaltungsblätter
NJW	Neue Juristische Wochenschrift
NordÖR	Zeitschrift für öffentliches Recht in Norddeutschland
nw	nordrhein-westfälisch

Abkürzungsverzeichnis

NWVBl.	Nordrhein-Westfälische Verwaltungsblätter
NZA	Neue Zeitschrift für Arbeits- und Sozialrecht
OLG	Oberlandesgericht
OVG	Oberverwaltungsgericht
OVGE	Entscheidungen der Oberverwaltungsgerichte Münster und Lüneburg
OLGR	OLG-Report (Rechtsprechung der Oberlandesgerichte)
OWiG	Gesetz über Ordnungswidrigkeiten
PBefG	Personenbeförderungsgesetz
PolG	Polizeigesetz
PrOVGE	Preußisches Oberverwaltungsgericht (Entscheidungssammlung)
PrPVG	Preußisches Polizeiverwaltungsgesetz
RBHG	Gesetz über die Haftung des Reichs für seine Beamten v. 22. 10. 1910
Rn.	Randnummer
RGZ	Entscheidungen des Reichsgerichts in Zivilsachen
ROG	Raumordnungsgesetz
RVO	Reichsversicherungsordnung
Rz.	Randziffer
s.	siehe
s. a.	siehe auch
s. u.	siehe unten
SG	Soldatengesetz
SGB (I, III usw.)	Sozialgesetzbuch (Buch I, III usw.)
SGG	Sozialgerichtsgesetz
SH	Schleswig-Holstein
StBFG	Städtebauförderungsgesetz
StGB	Strafgesetzbuch
StHG	Staatshaftungsgesetz v. 26. 6. 1981 (gem. BVerfGE 61, 149 nichtig)
StPO	Strafprozessordnung
st. Rspr.	ständige Rechtsprechung
StrWG	Straßen- und Wegegesetz
StVO	Straßenverkehrsordnung
StWStP	Staatswissenschaften und Staatspraxis
SWRF	Südwestrundfunk
TKG	Telekommunikationsgesetz
USG	Unterhaltssicherungsgesetz
UVPG	Gesetz über die Umweltverträglichkeitsprüfung
VA	Verwaltungsakt
VersG	Versammlungsgesetz
VerwArch	Verwaltungsarchiv
VerwRspr.	Verwaltungsrechtsprechung
VG	Verwaltungsgericht
VGH	Verwaltungsgerichtshof
VOB	Verdingungsordnung für Bauleistungen
VOL	Verdingungsordnung für Leistungen

Abkürzungsverzeichnis

VR	Verwaltungsrundschau
VV	Verwaltungsvorschrift
VVDStRL	Veröffentlichungen der Vereinigung der Deutschen Staatsrechtslehrer
VwGO	Verwaltungsgerichtsordnung
VwR	Verwaltungsrecht
VwV	Verwaltungsvorschriften
VwVfG	Verwaltungsverfahrensgesetz
VwVG	Verwaltungsvollstreckungsgesetz
VwZG	Verwaltungszustellungsgesetz
WHG	Wasserhaushaltsgesetz
WM	Wertpapier-Mitteilungen
WoFG	Wohnraumförderungsgesetz
WPflG	Wehrpflichtgesetz
WRV	Weimarer Reichsverfassung
WSI	Wirtschafts- und Sozialwissenschaftliches Institut der Gewerkschaften
ZBR	Zeitschrift für Beamtenrecht
ZDF	Zweites Deutsches Fernsehen
ZIP	Zeitschrift für Wirtschaftsrecht und Insolvenzpraxis
ZHR	Zeitschrift für das gesamte Handelsrecht und Wirtschaftsrecht
ZRP	Zeitschrift für Rechtspolitik
ZVP	Zeitschrift für Verbraucherpolitik

Literaturverzeichnis

Hinweise zur Zitierweise: Nachfolgend sind diejenigen Kommentare, Lehr- und Handbücher genannt, die durchgehend abgekürzt zitiert werden. Dabei werden einzelne Autoren nur mit dem Namen, bei Verwechslungsgefahr mit (Kurz-)Titel, Beiträge aus Sammelwerken mit einem Hinweis auf die Fundstelle zitiert.

App, Michael/Wettlaufer, Arno, Verwaltungsvollstreckungsrecht, 4. A. Köln u. a. 2005
Battis, Ulrich, Allgemeines Verwaltungsrecht, 3. A. Heidelberg 2002
Erbguth, Wilfried, Allgemeines Verwaltungsrecht, Baden-Baden 2005
Erichsen, Hans-Uwe/Ehlers, Dirk (Hrsg.), Allgemeines Verwaltungsrecht, 11. A. Berlin 1998
Eyermann, Erich, VwGO, 11. A. München 2000
Faber, Heiko, Verwaltungsrecht, 4. A. Tübingen 1995
Fleiner, Fritz, Institutionen des Deutschen Verwaltungsrechts, 8. A. Tübingen 1928, Neudruck Aalen 1960
Forsthoff, Ernst, Lehrbuch des Verwaltungsrechts, Bd. I, Allgemeiner Teil, 10. A. München 1973
Götz, Volkmar, Allgemeines Verwaltungsrecht. Fälle und Erläuterungen für Studierende, 4. A. der Schrift „Das Verwaltungshandeln", München 1997
Hoffmann-Riem, Wolfgang (Hrsg.), Sozialwissenschaften im öffentlichen Recht, Fälle und Lösungen zu Ausbildung und Prüfung, Neuwied u. a. 1981
Hufen, Friedhelm, Verwaltungsprozeßrecht, 5. A. München 2003
Jellinek, Walter, Verwaltungsrecht, 3. A. Berlin 1931, Nachtrag 1950, Neudruck Bad Homburg v. d. H. 1966
Knack, Hans J., Verwaltungsverfahrensgesetz, 8. A. Köln u. a. 2004
Koch, Hans-J./Rubel, Rüdiger/Heselhaus, Sebastian M., Allgemeines Verwaltungsrecht, 3. A. Frankfurt/M. 2003
Kopp, Ferdinand O./Ramsauer, Ulrich, VwVfG, 9. A. München 2005
Kopp, Ferdinand O./Schenke, Wolf-Rüdiger, VwGO, 14. A. München 2005
Martens, Joachim, Die Praxis des Verwaltungsverfahrens, München 1985
Maurer, Hartmut, Allgemeines Verwaltungsrecht, 15. A. München 2004
Mayer, Otto, Deutsches Verwaltungsrecht, 2 Bde., 1. A. München und Leipzig 1895, 2. A. 1914, 3. A. 1924, Neudruck 1969
Meyer, Hans/Borgs (-Maciejewski), Hermann, VwVfG, 2. A. Frankfurt/M. 1982
Obermayer, Klaus, Grundzüge des Verwaltungsrechts und des Verwaltungsprozeßrechts, 3. A. Stuttgart u. a. 1988
Peine, Franz-Joseph, Allgemeines Verwaltungsrecht, 7. A. Heidelberg 2004
Peters, Hans, Lehrbuch der Verwaltung, Berlin 1949
Püttner, Günter, Allgemeines Verwaltungsrecht, 7. A. Düsseldorf 1995
Redeker, Konrad/von Oertzen, Hans J., VwGO, 14. A. Stuttgart 2004
Richter, Ingo/Schuppert, Gunnar Folke/Bumke, Christian, Casebook Verwaltungsrecht, 3. A. München 2000
Schenke, Wolf-Rüdiger, Verwaltungsprozessrecht, 10. A. Heidelberg 2005

Literaturverzeichnis

Schmidt-Aßmann, Eberhard (Hrsg.), Besonderes Verwaltungsrecht, 11. A. Berlin/New York 1999
ders., Das allgemeine Verwaltungsrecht als Ordnungsidee, 2. A. Berlin/Heidelberg 2004
Schmitt Glaeser, Walter/Horn, Hans Detlef, Verwaltungsprozeßrecht, 15. A. Stuttgart 2000
Schwabe, Jürgen, Examensrelevantes Verwaltungsprozeßrecht, 5. A. Düsseldorf 2005
Schwerdtfeger, Gunther, Öffentliches Recht in der Fallbearbeitung, 12. A. München 2004
Steiner, Udo (Hrsg.), Besonderes Verwaltungsrecht, 7. A. Heidelberg 2003
Stelkens, Paul/Bonk, Heinz Joachim/Sachs, Michael, VwVfG, 6. A. München 2001
Tettinger, Peter J./Erbguth, Wilfried, Besonderes Verwaltungsrecht, 8. A. Heidelberg 2005
Ule, Carl H., Verwaltungsprozeßrecht, 9. A. München 1987
Ule, Carl H./Laubinger, Hans W., Verwaltungsverfahrensrecht, 4. A. Köln u. a. 1995
Wallerath, Maximilian, Allgemeines Verwaltungsrecht, 5. A. Siegburg 2000
Weides, Peter, Verwaltungsverfahren und Widerspruchsverfahren, 3. A. München 1993
Wittern, Andreas, Grundriß des Verwaltungsrechts, 18. A. Stuttgart u. a. 1994
Wolff, Hans J./Bachof, Otto, Verwaltungsrecht I-III, 9. bzw. 4. A. München 1974, 1976, 1978 (zit.: *Wolff/Bachof*, VwR I usw.)
Wolff, Hans J./Bachof, Otto/Stober, Rolf, Verwaltungsrecht I, 11. A. München 1999; Verwaltungsrecht II, 6. A. München 2000; Verwaltungsrecht III, 5. A. München 2004
Zuleeg, Manfred, Fälle zum Allgemeinen Verwaltungsrecht, 3. A. München 2001

Einleitung
Lernziele und Methodik

1. Lernziele

Dieses Buch soll Kenntnisse vermitteln, Verständnis wecken und zur methodisch richtigen Arbeit am Verwaltungsrecht anleiten, nämlich im Einzelnen **1**

Kenntnisse über
a) Aufgaben und Funktionen, Organisation, Personal, Mittel und Verfahrensweisen der öffentlichen Verwaltung und vor allem über
b) die *Bedingungen der Rechtmäßigkeit des Verwaltungshandelns*.

Wenn Sie sich als Juristin oder Jurist mit der Verwaltung befassen, brauchen Sie aber auch *Verständnis* für die Zusammenhänge zwischen gesellschaftlichen Problemen und den darauf bezogenen Aufgaben der öffentlichen Verwaltung. Die *methodisch richtige Bearbeitung* von Einzelfragen des Verwaltungsrechts muss besonders geübt werden; auch dazu bietet das Buch durchgehend die nötigen Hilfen und Hinweise.

Das Lehrbuch wendet sich an Studentinnen und Studenten der Rechtswissenschaft, aber auch an andere Interessenten, die das Verwaltungsrecht kennen lernen wollen, etwa aus der Perspektive des Sozialwissenschaftlers oder des Fachhochschulstudenten. Zwar werden Jura-Studenten es möglicherweise leichter haben, sich die verwaltungsrechtlichen Materien zu erarbeiten, weil sie bereits mit juristischer Denk- und Arbeitsweise vertraut sind. Man muss aber nicht unbedingt das Zivilrecht beherrschen, um sich sinnvoll mit Verwaltungsrecht befassen zu können. Das Strafrecht kann zwar als ein Teil des öffentlichen Rechts aufgefasst werden (vgl. Rn. 42, 45), führt aber ein Eigenleben und wird deshalb hier nur gelegentlich in Bezug genommen. **2**

2. Allgemeines und Besonderes Verwaltungsrecht

Für den Aufbau eines solchen Lehrbuches gibt es viele Möglichkeiten, von denen einige die Tradition auf ihrer Seite haben, andere durch die Entwicklung der Wissenschaft und die Aktualität der Probleme begründet sind. Üblich ist eine *Trennung in „Allgemeines" und „Besonderes Verwaltungsrecht"*. Mit guten Gründen verzichtet jedoch das dreibändige Lehrbuch von Wolff und Bachof auf diese Einteilung. Wenn gleichwohl im Titel des vorliegenden Bandes das Allgemeine Verwaltungsrecht genannt ist, dann um nicht falsche Erwartungen an die Vollständigkeit zu wecken. Doch ist zu beachten, dass weder das „allgemeine" Verwaltungsrecht ohne **3**

Einleitung

Bezug auf „spezielle" Verwaltungsprobleme erlernbar ist noch das „besondere" Verwaltungsrecht isoliert neben oder „hinter" den Gegenständen des allgemeinen Teils steht.

3. Methodik

4   *Induktives, insbesondere fallbezogenes Vorgehen* von einzelnen Verwaltungsbereichen her kann den Zugang zu allgemeinen Prinzipien des Rechts erleichtern. Doch haben Lernende verständlicherweise ein großes Bedürfnis nach *Abstraktion, Generalisierung und Systematisierung*. Dieses Bedürfnis kann, wenn man den komplizierten Stoff verantwortungsbewusst aufarbeiten will, nur in kleinen Schritten und mit manchen Vergröberungen erfüllt werden. Die Lehrenden stehen hier vor einem Dilemma. Gehen sie auf den Wunsch der Studenten nicht hinreichend ein, Orientierungssicherheit zu gewinnen, so wenden sich diese vielleicht von ihnen ab und „falschen Propheten" zu, die mehr Sicherheit versprechen; versprechen sie selbst perfekte Hilfe durch ein geschlossenes und transparentes Gedankengebäude, so bieten sie in Wahrheit vielleicht nur Scheinsicherheit und müssen die eigenen Ansprüche senken. Manchmal hilft in dieser Situation die Besinnung auf historische Zusammenhänge, die eine Mehrzahl von Einzelphänomenen erklären. Soziale und rechtliche Entwicklungen in den verschiedensten Lebensbereichen müssen aber auch immer wieder auf neue Begriffe gebracht und in neue systematische Zusammenhänge eingeordnet werden. Dafür gibt es keine allgemein gültigen Rezepte und Schemata.

4. Das juristische Denken und die Einbeziehung sozialwissenschaftlicher Erkenntnisse

5   Das „juristische Denken" ist vielen zunächst fremd. Entscheidend für erfolgreiche juristische Arbeit ist es, dass man sich ständig Rechenschaft über die Art und Weise der Fragestellung gibt und dass man das *Verhältnis von Recht und Wirklichkeit* methodisch richtig in den Griff bekommt. Im Sinne einer aufgeklärten, realitätsgerechten Rechtslehre und Praxis ist die Verbindung und gegenseitige Bezugnahme rechts- und sozialwissenschaftlicher Erkenntnisse und Methoden erforderlich[1]. Dabei ist selbstverständlich nicht der Anspruch zu erheben, dass Juristen gleichzeitig Ökonomen, Soziologen oder Politologen werden oder dass deren Einsichten die Inhalte von Rechtsnormen umprägen sollen. *So* ist auch der vielfach verwendete, von manchen als Reizwort empfundene Begriff „Integration von Rechts- und Sozialwissenschaften" nie ernsthaft verstanden worden. Rechtswissenschaftliche und rechtspraktische Arbeit zielen auf *Entscheidungen* ab, und die gedanklichen Strukturen müssen durch dieses Ziel geprägt sein. *In diesem Rahmen* bestehen viele

---

1   Das ist in anderen Rechtskulturen seit langem unbestritten. In den USA hat sich z. B. die ökonomische Analyse des Rechts längst als ein angesehener Teil der Rechtswissenschaft etabliert.

Möglichkeiten, soziales und politisches Engagement in die juristische Arbeit einzubringen – ein Engagement, das ja vielfach die Berufswahl bestimmt und das auch in der Berufspraxis legitimerweise eine wichtige Rolle spielt. Freilich muss die subjektive Einschätzung immer dort zurücktreten, wo die geltenden Rechtsnormen klare Antworten geben. Juristen sind nicht „Herren" des Rechts, sondern „Diener"; die geltenden Rechtsnormen zu beachten, ist ein demokratisches Gebot und nicht etwa überholter „Positivismus".

5. Verwaltungswissenschaft und Verwaltungslehre

Unter dem Namen „*Verwaltungswissenschaft*" hat sich eine eigenständige Disziplin entwickelt, die sich mit der öffentlichen Verwaltung in beschreibender und wertender Weise befasst[2]. Politikwissenschaft, Soziologie, Geschichtswissenschaft und ökonomische Theorie tragen dazu bei, so dass Verwaltungswissenschaft in unterschiedlicher Ausprägung und mit unterschiedlichen Schwerpunkten betrieben wird. „*Verwaltungslehre*" konzentriert sich auf die Vermittlung von Kenntnissen über die öffentliche Verwaltung und erhebt nicht den gleichen theoretischen Anspruch, baut aber auf der Verwaltungswissenschaft auf.

6

Wesentliche Elemente der Verwaltungslehre sind in diesem Lehrbuch im 2. Kapitel unter dem Titel „Theorie und Empirie der Verwaltung" behandelt. Zur Konzeption des Buches s. a. Rn. 9.

6. Beispiele zur Frageweise

Zur Erläuterung dessen, was gemeint ist, zwei **Beispiele:**

7

1. In der Vergangenheit haben zahlreiche Menschen aus den südöstlichen Bezirken der Türkei in der Bundesrepublik Asylanträge gestellt, die sich als Kurden mit türkischer Staatsangehörigkeit in ihrer Heimat verfolgt fühlten. Die Asylanträge sind überwiegend mit der Begründung abgelehnt worden, diese Menschen hätten eine „inländische Fluchtalternative" innerhalb der Türkei, z. B. in Istanbul und Umgebung. Nach Beendigung des Asylverfahrens sind diese Flüchtlinge in die Türkei „abgeschoben" worden. Bürgerrechtsgruppen und Medien haben diese Abschiebungen scharf kritisiert, Rechtsanwälte versuchten sie zu verhindern. (Ein Beispielsfall: OVG Münster, NWVBl. 1996, 344).

2. Durch eine BAföG-Änderung im Sommer 1996 änderte sich für viele Studierende die wirtschaftliche Lage erheblich. Manche überlegten nunmehr, welche Ansprüche sie (noch) haben, sei es gegen ihre Eltern, sei es gegen den Bund oder gegen das Land oder die Kommune, wo sie leben.

---

2 Die Entwicklung dieser Wissenschaft ist hervorragend dokumentiert in dem Sammelband: *Heinrich Siedentopf* (Hrsg.), Verwaltungswissenschaft, Darmstadt 1976 (mit einem Überblick in der Einleitung des Herausgebers, S. 1-17). Weitere Literaturhinweise folgen in der Einleitung zum 2. Kapitel (Rn. 332 f.).

Einleitung

Bevor man mit einer rechtlichen Beurteilung der geschilderten Vorgänge beginnen kann, muss man sich darüber klar werden, was man eigentlich wissen will. Die *Frage* selbst muss also zunächst erarbeitet werden. Dies gilt selbst dann, wenn – wie häufig in juristischen Übungsaufgaben – bereits die eine oder andere Frage an den Schluss einer Sachverhaltsdarstellung angefügt ist, z. B.: „Wie ist die Rechtslage?"

Bei der Konkretisierung des Erkenntnisinteresses und damit der Fragerichtung scheiden sich die Disziplinen. So wird ein Journalist fragen, wie es zu dem Bürgerkrieg in der Türkei gekommen ist, welche Rolle die türkische Regierung dabei spielt und was die Bundesregierung etwa zur Lösung des Kurdenproblems beitragen kann. Zur Ausbildungsförderung oder zur Studienfinanzierung wird ein *Politikwissenschaftler* möglicherweise Theorien über die Funktion des Staates im Bereich der Bildungsförderung entwickeln. Ein *Soziologe* wird wahrscheinlich untersuchen wollen, welche Auswirkungen die Vorgänge auf die sozialen Beziehungen der Betroffenen haben, und er wird sich für die Ursachen und Wirkungen des Verhaltens der beteiligten Personen und Behörden interessieren. Auch die *Verwaltungswissenschaft* wird sich möglicherweise solcher Themen annehmen und dann etwa untersuchen, wie die Behörden die unterschiedlichen Aufgaben erledigen, welche spezifischen Handlungsformen sie etwa für die Bearbeitung von Flüchtlingsfragen und Sozialleistungen entwickelt haben, welche Kosten die eine wie die andere Verwaltungsaktivität bereitet und wie effizient die Verwaltung jeweils agiert.

8 Verwaltungs*rechtliche* Überlegungen zu den Beispielsfällen setzen anders an. Der Jurist muss fragen, *ob die Verwaltung etwas tun darf oder muss* und was der Betroffene oder die Betroffenen eventuell dagegen unternehmen können. Bei abgeschlossenen Sachverhalten fragt der Jurist, ob das Handeln der Verwaltung oder anderer Beteiligter *rechtmäßig* war; häufig muss man auch prüfen, ob aus einem früheren Handeln Pflichten oder Rechte für die Gegenwart und Zukunft entstanden sind oder entstehen werden. Zentral ist also die Frage nach der Rechtmäßigkeit eines Handelns oder nach der Verpflichtung zu einem bestimmten künftigen Handeln oder Unterlassen. Die Rechtmäßigkeits- oder Pflichtenfrage kann in verschiedenen Einkleidungen vorkommen, und zu ihrer Beantwortung ist häufig auch die Bearbeitung politologischer, soziologischer oder verwaltungswissenschaftlicher Fragen erforderlich; immer aber steht die Erörterung insgesamt unter dem Ziel, eine Rechtsfrage zu beantworten.

In dem ersten Beispielsfall fragt der Verwaltungsrechtler also, ob die Abschiebung bestimmter (!) Personen mit der von der Behörde gegebenen Begründung rechtmäßig war; lesen Sie dazu etwa BVerfGE 83, 216, 230 ff. Im zweiten Fall ist zu fragen, ob die einzelne Studentin oder der einzelne Student bestimmte Ansprüche gegen bestimmte Behörden haben, z. B. auf Zahlung bestimmter Beträge durch das Amt für Ausbildungsförderung oder das Sozialamt. Hilfsweise ist zu fragen, ob das Amt, wenn ein solcher Anspruch nicht besteht, diese Zahlung zumindest gewähren *darf.*

Zu einer umfassenden Rechtsberatung durch einen Anwalt würde es außerdem gehören, die beteiligten Personen oder Stellen auf die zulässigen *Rechtsbehelfe* hinzuweisen. Dies empfiehlt sich schon deshalb, weil es das gute Recht eines jeden Bürgers ist, um Rechtsschutz nachzusuchen, selbst wenn die Erfolgsaussichten gering erscheinen sollten. Vgl. dazu § 24 dieses Buches!

Ist ganz allgemein nach „der Rechtslage" gefragt, so muss auch gesagt werden, welche Stelle (Behörde) im Einzelfall zuständig sein könnte, z. B. im Fall 2 das Sozialamt, und welche im Sachverhalt nicht behandelten Voraussetzungen gegeben sein müssen, damit der erwünschte Anspruch besteht. Vgl. a. § 2 Rn. 48!

7. Zur Konzeption des Buches

Das Lehrbuch ist so aufgebaut, dass rechts- und sozialwissenschaftliche Abschnitte sich jeweils ergänzen, aber nicht miteinander vermischt sind. Eine „Integration" beider Sichtweisen in dem Sinne, dass die eine nicht ohne die andere verständlich wäre, ist nicht beabsichtigt (s. oben Rn. 5); diese Verknüpfung würde Sie als Studierende vermutlich bei praktischen Arbeiten in Schwierigkeiten bringen. Die verwaltungsrechtliche Argumentation ist in vielen Zusammenhängen durch verwaltungswissenschaftliche Erkenntnisse beeinflusst, aber wir haben uns immer an die allgemein anerkannten Regeln der juristischen Methodenlehre gehalten.

9

In diesem Rahmen behandelt das erste Kapitel das *Grundwissen* über Verwaltung und Verwaltungsrecht; er soll einen ersten Überblick über die wichtigsten Begriffe, Prinzipien und Einrichtungen des Verwaltungsrechts vermitteln. Im zweiten, überwiegend *verwaltungswissenschaftlichen* Kapitel (Theorie und Empirie der Verwaltung) werden Aufgaben, Organisation, Personal und Finanzen der öffentlichen Verwaltung im Zusammenhang dargestellt, und wir führen in die Entscheidungslehre ein. In den Vorauflagen dieses Lehrbuchs waren die beschreibenden Partien stärker in die juristischen eingeschachtelt; durch die Verselbstständigung in einem neuen Kapitel konnten sie vertieft und trotzdem gestrafft werden. Dem folgen im dritten Kapitel ebenfalls in vertiefter Form Kernthemen der *Verwaltungsrechtsdogmatik*, nämlich – aufbauend auf der Beschreibung der historischen Wurzeln – die Methodik der Rechtsanwendung, die Lehre von den unbestimmten Rechtsbegriffen und vom Ermessen und das Verwaltungsverfahrensrecht. Die Kapitel 4 und 5 enthalten den traditionellen Kernbereich des Allgemeinen Verwaltungsrechts, nämlich das Recht des *Verwaltungshandelns* und der verwaltungsrechtlichen *Rechtsverhältnisse* sowie die Verwaltungsvollstreckung (4. Kapitel) und abschließend die praktisch besonders wichtigen Ausführungen über *Rechtsschutz und Folgenausgleich,* also die Grundaussagen zum verwaltungsgerichtlichen Verfahrensrecht und die ausführliche Erörterung der Staatshaftung i. w. S. (5. Kapitel). In dem neuen Kapitel 6 werden die aktuellen Themen der inneren Reform des Verwaltungsrechts besprochen. Die bisher in den Text eingefügten Anleitungen zur Falllösung sind im Anhang („Klausurenlehre") zusammengefasst.

Die den einzelnen Paragraphen vorangestellten Ausgangsfälle bzw. -fragen sollen zunächst die Thematik des jeweiligen Kapitels anschaulich machen und zur genauen Lektüre des Textes anreizen. Es ist nicht erforderlich, sie sogleich zu „lösen". Die Antworten auf die gestellten Fragen und die Lösungsansätze zu den Fällen ergeben sich aus dem Text; sie werden außerdem jeweils am Schluss eines Kapitels zusammengefasst. Es werden aber nicht alle Einzelheiten besprochen. Die angegebenen Fundstellen zur Vertiefung sollten möglichst nachgelesen werden. Aber niemand sollte den Ehrgeiz entwickeln, *alle* Fundstellen nachzulesen und schon gar nicht sollten Sie dies beim ersten Durchgang versuchen. Es ist ohnehin nötig, die Materie mehrfach durchzuarbeiten und eine Schicht des Wissens auf die andere zu fügen.

10

Manche werden finden, die Darstellung sei zu schwierig. Wir haben nicht versucht, sie durch Vergröberung verständlicher zu machen als uns verantwortbar erschien.

Einleitung

Die Probleme sind gegeben, die Lösungsansätze oft umständlich, Patentrezepte selten ausreichend. Ärgerlich ist allerdings, dass die Konturen der Rechtsprechung und – ihr folgend – der Literaturmeinungen in manchen Bereichen bis zur Ungreifbarkeit zerflossen sind. Wollte man alle *Verästelungen der Dogmatik* (bis hin zum „Verwaltungsakt an wen es angeht auf Unterwerfung durch Boten"[3]) verfolgen und säuberlich darstellen, so ginge die Orientierung vollkommen verloren. Man muss also immer wieder Schneisen durch das Dickicht schlagen und dabei gewiss auch Wichtiges weglassen. Der Weg bleibt schwierig genug – aber das Ziel ist erreichbar.

Eine fast banale Ermahnung sei hinzugefügt: Gehen Sie immer von den einschlägigen *gesetzlichen Regelungen* aus! Viele Rechtsfragen, die früher nur von Rechtsprechung und Lehre behandelt worden sind, hat der Gesetzgeber inzwischen ausdrücklich geregelt. Das wird von der Praxis manchmal nicht hinreichend zur Kenntnis genommen[4]. Für die Lernenden ist es ohnehin oft leichter, sich zunächst am Gesetzestext zu orientieren – und auf alle Fälle sicherer!

8. Praktische Hinweise zum Studium des Verwaltungsrechts

a) Textsammlungen

11 Erste und wichtigste Grundlage der Arbeit im Verwaltungsrecht sind die einschlägigen Gesetzestexte. Einen großen Teil davon kann man heute aus dem Internet beziehen – aber man braucht für die sorgfältige Auseinandersetzung mit Rechtsnormen und Literaturmeinungen die immer wieder verfügbare geschriebene oder gedruckte Fassung. Wenn Sie also nicht ständig auf den Bildschirm schauen wollen und wenn sie es lästig finden, dort hin- und her zu „blättern", benötigen Sie gedruckte Textsammlungen und Bücher:

- *Kirchhof*, Staats- und Verwaltungsrecht. Bundesrepublik Deutschland. 39. A. Heidelberg 2005 (verbindet in einem besonders praktischen, handlichen Format die wichtigsten verfassungs- und verwaltungsrechtlichen Gesetze);
- Stud. jur. Nomos-Texte Öffentliches Recht (gebundene Ausgabe einer großen Zahl wichtiger verfassungs- und verwaltungsrechtlicher Rechtsnormen, wird durch Neuauflagen regelmäßig aktualisiert);
- Sartorius I. Verfassungs- und Verwaltungsgesetze der Bundesrepublik Deutschland, Loseblattsammlung, München (die für den Studiengebrauch umfassendste Sammlung öffentlich-rechtlicher Gesetze, wird laufend durch Ergänzungslieferungen aktualisiert). „Der Sartorius" ist das wichtigste Arbeitsmittel für jeden, der mit unterschiedlichen Bereichen des Verwaltungsrechts zu tun hat.
- Spezialsammlungen gibt es für die einzelnen Materien des Besonderen Verwaltungsrechts, z. B. Baurecht, Sozialrecht, Wehrrecht, Ausbildungsförderung, Beamtenrecht, Datenschutzrecht. Diese Sammlungen sind zum Teil auch als Taschenbücher erhältlich und gerade in dieser Form sehr nützlich. Daneben stehen insbesondere für das Sozial- und Steuerrecht umfangreiche mehrbändige Sammlungen zur Verfügung.

---

3 Vgl. *Renck*, JuS 1971, 77 in nur allzu berechtigter Kritik am BVerwG; s. a. *Redeker*, NVwZ 1996, 523 (zu 3.) sowie *Bull*, JZ 1998, 338 ff.
4 Ein Beispiel dazu bei *Stelkens*, NJW 1980, 217.

8. Praktische Hinweise zum Studium des Verwaltungsrechts

– Für die Beschäftigung mit dem Landesrecht müssen Sie Spezialsammlungen heranziehen, die in unterschiedlicher Form und Aufmachung erhältlich sind. Fragen Sie dazu Ihren Buchhändler oder sehen Sie sich das Internetangebot Ihrer Landesregierung an!

b) Literatur

Der Markt der Studienliteratur ist reich besetzt. Die wichtigsten Lehr- und Lernbücher sind im Literaturverzeichnis angegeben. Wenn Sie sich für dieses Lehrbuch entschieden haben, brauchen Sie zum Lernen kein weiteres. Wohl aber müssen Sie andere Werke heranziehen, wenn Sie ein Thema vertieft behandeln wollen, etwa im Rahmen einer Übungsarbeit. Es empfiehlt sich, die eigene Rechtsmeinung jeweils durch Hinweise auf gleiche Positionen in der Literatur zu belegen, und es ist unbedingt erforderlich, sich mit anderen Ansichten auseinanderzusetzen, wozu selbstverständlich zuerst einmal gehört, dass diese referiert und die Quellen angegeben werden. Auch Studienbücher können wichtige Beiträge für die wissenschaftliche Auseinandersetzung enthalten, aber reine Repetitorien, Fallsammlungen und Klausuranleitungen sind nicht zitierwürdig.

12

Jedenfalls bei der Anfertigung von Vorgerückten-Hausarbeiten sollten Sie die Literatur möglichst vollständig auswerten, die vertretenen Meinungen genau wiedergeben und stets die neueste Auflage des jeweiligen Werkes benutzen. Das ist leichter gesagt als getan; deshalb machen die Übungsleiter immer Abstriche von diesen Anforderungen. Es genügt aber nicht, ein oder zwei Standardwerke oder einige wenige Aufsätze zu zitieren, und wer sich die Mühe des Bücherlesens ganz ersparen will und sein ganzes Wissen aus dem Internet bezieht, kann überhaupt keine befriedigenden Leistungen erbringen. Überflüssig zu erwähnen, dass die Zusammenfügung von Textbausteinen aus kopierten Vorlagen keine ausreichende wissenschaftliche Leistung darstellt![5]

Zur intensiven Beschäftigung mit den Themen des Verwaltungsrechts müssen Sie auch wissen, in welcher Tradition die dazu gehörigen Rechtsinstitute und Rechtsmeinungen stehen. Deshalb sollten Sie auch die ältere Literatur zur Kenntnis nehmen, zumindest indem Sie sich einmal ansehen, mit welcher Methode, in welchem Stil und mit welchen zentralen Argumenten berühmte Autoren der Vergangenheit an die Probleme herangegangen sind. Als solche „Klassiker" sind zu nennen:

– *Otto Mayer*, Deutsches Verwaltungsrecht, 2 Bde., 1. A. München und Leipzig 1895, 2. A. 1914, 3. A. 1924, Neudruck 1969. Lesen Sie unbedingt das berühmte Vorwort! (S. a. Rn. 19, 52 und 489);
– *Fritz Fleiner*, Institutionen des Deutschen Verwaltungsrechts, 8. A. Tübingen 1928, Neudruck Aalen 1960;
– *Walter Jellinek*, Verwaltungsrecht, 3. A. Berlin 1931, Nachtrag 1950, Neudruck Bad Homburg v. d. H. 1966 (ein seinerzeit besonders „studienfreundliches" Buch, reich an Beispielen und Hinweisen);
– *Hans Peters*, Lehrbuch der Verwaltung, Berlin 1949 (zugleich eine Einführung in die Verwaltungslehre);

---

5 Lesenswerte Hinweise zu den verschiedenen Methoden, sich in der Fülle der Literatur zurechtzufinden, gibt Ihnen *Faber*, Verwaltungsrecht, 4. Aufl. 1995, § 2 III!

Einleitung

- *von Turegg/Kraus*, Lehrbuch des Verwaltungsrechts, 4. A. Berlin 1962 (vereinigt allgemeines und besonderes Verwaltungsrecht; interessant wegen der vielen Beispiele aus der frühen Nachkriegszeit);
- *Ernst Forsthoff*, Lehrbuch des Verwaltungsrechts, Bd. I, Allgemeiner Teil, 10. A. München 1973 (materialreich insbesondere zur Geschichte des Verwaltungsrechts; Bd. II ist nicht erschienen).
- *Wolff/Bachof*, Verwaltungsrecht I-III, 9. bzw. 4. Aufl. München 1974, 1976 und 1978 (mit besonders strenger, aber überzeugender Terminologie).

Zu beachten sind auch die Darstellungen und Kommentare zum **Verwaltungsverfahrens- und Verwaltungsprozessrecht**. Große Teile des allgemeinen Verwaltungsrechts, darunter zentrale Fragen wie die der Handlungsformen und des subjektiven Rechts, sind zugleich Gegenstand des VwVfG und der VwGO. Deshalb behandeln die dazu erschienenen Lehrbücher und Kommentare diese Problemkreise ebenfalls, z. T. sogar in sehr ausführlicher und auch für das Studium nützlicher Weise, und sollten jedenfalls bei schriftlichen Arbeiten herangezogen werden.

c) Rechtsprechung

13 In den amtlichen Entscheidungssammlungen und in den Fachzeitschriften findet sich eine Fülle von Entscheidungen zum allgemeinen und besonderen Verwaltungsrecht. Für den „Normalgebrauch" empfiehlt es sich, die Judikatur in den Fachzeitschriften oder im Internet (s. u. Rn. 15) nachzulesen.

d) Wie finde ich einschlägige Literatur und Judikatur?

14 Zum Auffinden der Quellen, aus denen neben den Gesetzen die juristische Weisheit fließt, gibt es vorzügliche Hilfsmittel. Zuerst sollten Sie auf jeden Fall die Hinweise in *Lehrbüchern* verfolgen; sie weisen in aller Regel schon zu der wichtigsten Spezialliteratur und den heranzuziehenden Entscheidungen. Zu allen Gesetzen von einiger Bedeutung gibt es darüber hinaus Kommentare, die ihrerseits wiederum auf speziellere Äußerungen verweisen.

Wer jeweils die neuesten Publikationen aus der Fachpresse wie der allgemeinen Presse zu juristischen und rechtspolitischen Themen sowie zeitgeschichtlichen Fragen mit rechtlichem Bezug verfolgen möchte, bediene sich der *Karlsruher Juristischen Bibliographie* (KJB). Sie erscheint monatlich und wird durch ein Jahresregister zusätzlich erschlossen.

15 Im Internet stehen inzwischen mehrere vorzügliche juristische *Datenbanken* zur Verfügung. So liefert „Juris" online einen großen Teil der Rechtsprechung, auch wenn sie nicht in Zeitschriften veröffentlicht wurde, und unselbstständige Literatur aus mehr als 300 Zeitschriften, zum Teil als Fundstellennachweis mit kurzer Inhaltsangabe, zum Teil auch im Volltext. Als Quellengeber mit der Möglichkeit von Online- und Differenzrecherche ermöglichen auch die anderen Rechtsdatenbanken wie beck-online, Westlaw, LexisNexis und Legios große Zeitgewinne im Vergleich mit der traditionellen Methode des Nachschlagens in vielen Büchern. Viele Universitäten haben in ihrem Computer-Pool einen Zugang zu diesen elektronischen Bibliotheken, so dass auch Studenten an diese Datenbanken herangelangen können.

8. Praktische Hinweise zum Studium des Verwaltungsrechts

Wichtige Internet-Adressen:

BVerfG	www.bverfg.de oder www.bundesverfassungsgericht.de
BVerwG	www.bverwg.de oder www.bundesverwaltungsgericht.de
Bundesregierung und Bundesministerien	www.bundesregierung.de
BMJ	www.bmj.bund.de
BMI	www.bmi.bund.de
Bundestag	www.bundestag.de
Bundesrat	www.bundesrat.de

1. Kapitel
Grundwissen über Verwaltung und Verwaltungsrecht

§ 1 Verwaltung

Ausgangsfragen:
1. *Wodurch unterscheidet sich die Verwaltung eines Wirtschaftsunternehmens von Stellen der „öffentlichen" Verwaltung?*
2. *Sie wollen ein privates Theater besuchen, die Ticketverkäuferin aber weigert sich, Ihnen eine Karte zu verkaufen, weil Sie „nicht ordentlich" gekleidet seien. Handelt sie rechtmäßig? Wie wäre es, wenn das Theater dem Staat gehörte?*
3. *Einkaufszentren und Verkehrsbetriebe beschäftigen zunehmend private Sicherheitsunternehmen zum Schutze von Kunden und Fahrgästen und zur Bewachung von Waren und Gebäuden. Haben solche Wachleute öffentlich-rechtliche Befugnisse? Wie ist ihr Verhältnis zur Polizei? Sind sie für die Entgegennahme von Strafanzeigen zuständig? Für die Personen- und Gepäckkontrolle an Flughäfen?*

(Lösungshinweise in Rn. 32)

1. Versuch einer Begriffsklärung

Bevor wir uns den konkreten rechtlichen Fragen der Verwaltung zuwenden, müssen wir wissen, was dieser Begriff bedeutet. Es geht um eine möglichst klare Abgrenzung der öffentlichen Verwaltung von anderen Formen des Verwaltens; diese klare Abgrenzung ist Voraussetzung dafür, dass die richtigen Rechtsnormen angewendet und die tatsächlichen Verhältnisse genau eingeschätzt werden.

a) Zusammenhänge, in denen der Begriff „Verwaltung" verwandt wird

16 Verwaltung und Verwaltungen gibt es in allen Lebensbereichen. Jedes noch so kleine Unternehmen muss „verwaltet" werden, jede Organisation bedarf einer – wenn auch vielleicht sehr kleinen – Verwaltung, nämlich einer Einheit, die nicht für die „eigentlichen" Aufgaben der Organisation zuständig ist, sondern dafür, dass diese erfüllt werden können. Von einer gewissen Größe der Organisation an wird es unvermeidlich, diese Einheit zu *verselbstständigen* und ihr ständige Mitarbeiter zuzuweisen.

So hat ein Sportverein eine besondere Verwaltung (Schriftführer, Kassenwart, u. U. weitere Funktionäre und einen „Unterbau" in Gestalt von Buchhaltern usw.), aber auch eine Hilfsorganisation wie das Rote Kreuz, eine Kirchengemeinde und ein privates oder öffentliches Unternehmen. In großen Organisationen muss sogar die Verwaltung ihrerseits verwaltet werden; dadurch entstehen innerhalb der Verwaltungsbehörden z. B. Abteilungen oder Referate für Personalverwaltung, Haushaltsplanung und Organisation.

Der Grad, in dem die Ausführung von Verwaltungstätigkeiten eine Organisation kennzeichnet, prägt häufig auch deren Bild in der Öffentlichkeit und das Bewusstsein der dort Tätigen. Handel, Banken und Versicherungen haben ein anderes „Image" als Industrie oder Handwerksbetriebe. Spricht man heute vom „Verwaltungsstaat", so impliziert dies Vorstellungen von einer Dominanz der „Bürokratie" (vgl. unten Rn. 1225).

b) Begriffsbestimmung für die Zwecke des Verwaltungsrechts

„Verwalten" bedeutet ursprünglich „etwas beeinflussen, ausführen, verrichten, besorgen"[1]. Die Vorsilbe „ver" deutet auf die Beziehung zu einem Dritten hin, für den „gewaltet" wird; sie hat den „Beisinn des *Auftrags, der Mittelbarkeit*"[2]. Für die moderne öffentliche Verwaltung ist diese Mittelbarkeit wesentlich: Es geht nicht um die eigenen Interessen der Amtsträger; diese sollen vielmehr ausdrücklich *fremdnützig* handeln und sind denen, für die sie handeln, *verantwortlich*[3]. 17

Dies unterscheidet die moderne Verwaltung von der mittelalterlichen: Seinerzeit hatten die Amtswalter ein vollkommen legitimes eigenes Interesse an der möglichst rentierlichen Erledigung der Verwaltungsaufgaben (z. B. als Steuerpächter); sie mussten zur Erlangung des Amtes auch eine Gegenleistung erbringen. Der moderne Beamte hat kein „Recht am Amt"[4].

Die *„private"* Verwaltung, d. h. die Wahrnehmung von Angelegenheiten für Rechtspersonen des Privatrechts, ist aus dem Verwaltungsbegriff des Verwaltungsrechts auszuklammern, weil sie keinen staatlichen, kommunalen oder sonst „öffentlichen" Zwecken dient. Allerdings ist diese Aussage nur vorläufig; schon jetzt ist darauf hinzuweisen, dass die Begrifflichkeit nicht eindeutig ist, weil es nämlich materiellstaatliche oder gemeindliche Verwaltung in privatrechtlicher Form gibt (vgl. unten Rn. 80-92, 106 f. und 241-255).

Der wesentliche Unterschied zwischen der Verwaltung von Wirtschaftsunternehmen und der öffentlichen Verwaltung (*Ausgangsfrage 1*) liegt darin, dass die öffentliche Verwaltung sich am *Interesse der Allgemeinheit* und rechtlich an den Grundrechten zu orientieren hat und ihr in aller Regel die Absicht der Gewinnerzielung fehlt, und zwar auch da, wo der Verwaltung an sich „Wirtschaftlichkeit" vorgeschrieben ist. Außer durch ihre spezifischen Aufgaben hebt sich die öffentliche Verwaltung aber auch durch eine besondere *Qualität ihrer Mittel* von privater Ge-

---

1 *Wolff/Bachof*, Verwaltungsrecht I, 2 II a 1.
2 *Wolff/Bachof*, a. a. O.
3 *Wolff/Bachof*, a. a. O., § 2 II a 2 III b.
4 *Max Weber*, Wirtschaft und Gesellschaft, 1. Halbband, Kap. III, § 3, Studienausgabe 1964, S. 161 f.

§ 1 *Verwaltung*

schäftsführung ab. Eine besonders wichtige Eigenheit der öffentlichen Verwaltung ist es, dass sie Rechtspflichten *einseitig* konkretisieren und durchsetzen kann.

18 Am sichersten verfährt man, wenn man die Definition von „Verwaltung" (jedenfalls für alle juristischen Aufgaben) *institutionell (organisatorisch)* begründet, indem man nämlich auf den gegenwärtigen Bestand der „öffentlichen Verwaltung" abstellt und sodann einige Randkorrekturen vornimmt. Auf diesem Wege gelangt man ohne vorangehende Generalisierung und überhaupt ohne theoretischen Anspruch zu einer praktikablen Abgrenzung. Dann gehören zur „öffentlichen Verwaltung" in der Bundesrepublik Deutschland alle „Behörden" (vgl. Rn. 385) des Bundes, der Länder, Gemeinden und Gemeindeverbände und der sonstigen juristischen Personen des öffentlichen Rechts (vgl. Rn. 95-105), ausgenommen die Religionsgemeinschaften. (Diese leben gem. Art. 140 GG i. V. m. Art. 137 WRV nach ihrem eigenen Recht, was jedoch nicht ausschließt, dass sie z. B. die Tarifverträge für den öffentlichen Dienst teilweise auch auf ihre Mitarbeiter anwenden).

Man muss sich freilich darüber im Klaren sein, dass die Anknüpfung an die Organisation in Grenzfällen und bei Gewaltenüberschneidungen gerade nicht weiterhilft, weil sie nämlich darauf beruht, dass die so bestimmten Stellen *überwiegend* Verwaltung betreiben[5]. Ist dies im Einzelfall gerade zweifelhaft, so muss ein materieller Verwaltungsbegriff zugrunde gelegt werden.

19 Der *materielle Verwaltungsbegriff* ist bisher meist negativ bestimmt worden, seit *Otto Mayer* in seiner grundlegenden Darstellung des deutschen Verwaltungsrechts so verfuhr, dass er die Verwaltung als „Tätigkeit des Staates, die nicht Gesetzgebung oder Justiz ist", definierte[6], an anderer Stelle als „Tätigkeit des Staates zur Verwirklichung seiner Zwecke unter seiner Rechtsordnung, außerhalb der Justiz"[7]. An dieser „verneinenden" Bestimmung wird kritisiert, dass sie nicht nur zu aussageschwach sei, sondern die Verhältnisse geradezu auf den Kopf stelle, indem sie „die Hauptfunktion im staatlichen und sonstigen organisierten politischen Leben" als „etwas Übrigbleibendes" darstelle[8]. Die Verwaltung ist aber eine „eigenständige Staatsgewalt"[9]. Eine weitere Komplizierung ergibt sich daraus, dass die Verwaltungsstellen im organisatorischen Sinne oft „materiell gesetzgebend" und die Gerichte oft verwaltend tätig sind, nämlich z. B. wenn Ministerien Rechtsverordnungen erlassen oder Gerichte Register führen. Das Prinzip der *Gewaltenteilung* (besser: *Funktionentrennung*) ist schon in der Verfassung teilweise durchbrochen und taugt deshalb nicht zur eindeutigen Abgrenzung der Verwaltung von den anderen staatlichen „Gewalten" (vgl. insb. Art. 80 Abs. 1 GG).

---

5 *Wolff/Bachof*, § 2 IV.
6 Deutsches Verwaltungsrecht, I. Bd., 3. A. Leipzig 1924, Nachdruck Berlin 1969, S. 7.
7 A. a. O., S. 13.
8 *Wolff/Bachof*, § 2 I a; *Roellecke* (DÖV 2003, 896, 899) formuliert: „Verwaltung ist, was der Gesetzgeber jeweils mit dem Wort meint".
9 So die „klassische" Formulierung der Rektoratsrede von *Hans Peters*, Die Verwaltung als eigenständige Staatsgewalt, Krefeld 1975.

Die Verwaltung vollzieht also keineswegs nur Gesetze; deshalb ist der Begriff „vollziehende Gewalt" in Art. 1 Abs. 3 und 20 Abs. 3 GG zu eng. Zu den Funktionen der Verwaltung gehören heute auch *Gesetzesvorbereitung, Aufspüren neu entstehender Probleme und Bedürfnisse, Planung staatlicher Reaktionen darauf, Beschaffung der erforderlichen Ressourcen und Verteilung von Mitteln an gesellschaftliche Organisationen*. Öffentliche Verwaltung muss also auch schöpferisch sein und der Gestaltungs- und Entscheidungskraft ihrer Mitarbeiter Raum lassen, wenn sie ihre Aufgaben angemessen erfüllen will. Die Verwaltung steht regelmäßig auch den Problemen der Gesellschaft näher als die Rechtsprechung; regelmäßig muss die Verwaltung zuerst „zugreifen", wenn ein neues Problem in der Gesellschaft auftaucht.

Wolff/Bachof[10] definieren die *„Administrative"* auf die durchdachteste Weise, aber auch am wenigsten anschaulich: 20

„Öffentliche Verwaltung im materiellen Sinne ist die mannigfaltige, konditional oder nur zweckbestimmte, also insofern fremdbestimmte, nur teilplanende, selbstbeteiligt entscheidend ausführende und gestaltende Wahrnehmung der Angelegenheiten von Gemeinwesen und ihrer Mitglieder als solcher durch die dafür bestellten Sachwalter des Gemeinwesens".

Mit dem Hinweis auf die „Selbstbeteiligung" der Verwaltung wird hier die Abgrenzung zur Rechtsprechung versucht. Auch die militärische Kommandogewalt – die nicht „Entscheidung" bedeute – wird ausgeklammert. Dass die einseitige Herstellung einer bindenden Entscheidung ein wichtiges Merkmal öffentlicher im Vergleich zu privater Verwaltung ist, lässt sich auch durch einen Vergleich mit den Rechnungen privater Leistungsträger darstellen: Die Zahnarztrechnung und die Abrechnung eines Energie- oder Telekom-Unternehmens gründen sich auf Zivilrechtsnormen und sind daher nicht ohne weiteres durchsetzbar, sondern müssen bei Weigerung der Schuldner eingeklagt werden (mehr dazu in § 18, Rn. 679 ff.).

Auch die *Produktion von Dienstleistungen* aller Art (soweit sie zu den rechtmäßigen Staatsaufgaben gehört) ist Verwaltung. Solche Leistungen haben in manchen Bereichen, etwa im Bildungs- und Gesundheitswesen, aber auch bei den kommunalen Verkehrs- und Versorgungsbetrieben, größere praktische und politische und damit auch rechtliche Bedeutung als die mehr oder weniger zufällig mit ihnen verbundenen Entscheidungsvorgänge. Dies kann für die Art und Weise bedeutsam sein, in der Bürgerinnen und Bürger solche Leistungen der Verwaltung durchsetzen wollen. 21

Die somit umschriebenen *materiellen* Verwaltungstätigkeiten prägen das Bild der Verwaltung im *institutionellen (organisatorischen)* Sinne. Dieser Satz lässt sich auch umkehren: Öffentliche Verwaltung im organisatorischen (institutionellen) Sinne sind diejenigen Stellen der staatlichen Organisation (i. w. S.), die überwiegend Verwaltungstätigkeiten im materiellen (funktionellen) Sinne wahrzunehmen haben und/oder wahrnehmen.

Da auch rechtswidrige, z. B. kompetenzwidrige Tätigkeit staatlicher Stellen vorkommt, gibt es auch *faktische Verwaltung*, die rechtlich nicht gewollt ist.

---

10 A. a. O., § 2 III.

§ 1 *Verwaltung*

22 Schließlich ist auch der *formelle Verwaltungsbegriff* zu nennen: Öffentliche Verwaltung in formellem Sinne ist die gesamte Tätigkeit der Verwaltung im organisatorischen Sinne; diese kann zugleich materielle Verwaltung, aber auch materielle Regierung oder Gesetzgebung darstellen (z. B. inhaltliche Determinierung von Regierungsentscheidungen durch die Ministerialbürokratie, inhaltliche Vorwegnahme oder vollständige Ausgestaltung von Gesetzentwürfen). Soweit Behörden *streitentscheidende* Verwaltungsakte erlassen[11], sind diese vor den Verwaltungsgerichten anfechtbar[12].

Zur Vertiefung ist auf die traditions- und umfangreiche Literatur zur Gewaltenteilung bzw. -trennung hinzuweisen. Wichtige Beiträge sind in dem sehr lesenswerten Sammelband von *Rausch* vereint: Zur heutigen Problematik der Gewaltentrennung, Darmstadt 1969. Im Übrigen ist nochmals auf die Rektoratsrede von *Peters* zu verweisen (oben Rn. 19 Anm. 9).

2. Gegenwärtige Typen und Funktionen von Verwaltung

a) Einteilungsgesichtspunkte

23 Die höchst vielschichtige öffentliche Verwaltung kann nach verschiedenen Gesichtspunkten unterteilt werden[13]. Die einfachste Einteilungsmethode orientiert sich am organisatorischen Verwaltungsbegriff (oben Rn. 18) und damit an den *Trägern der öffentlichen Verwaltung* (Einzelheiten in § 3). Dabei ist zunächst zwischen Bundes-, Länder- und Kommunalverwaltung sowie Sonderbereichen zu unterscheiden. Eine andere organisatorische Gliederung stellt darauf ab, ob staatliche Stellen die Aufgaben ausführen oder ob dem Staat eingegliederte, aber relativ verselbstständigte Einheiten handeln; dies ist die Unterscheidung von *„unmittelbarer"* und *„mittelbarer" Staatsverwaltung*. Die Gemeinden und Kreise und andere mit dem Recht der Selbstverwaltung ausgestattete Körperschaften des öffentlichen Rechts werden hier also als Vermittler staatlicher Verwaltung angesehen.

Eine inhaltliche Unterscheidung der verschiedenen Typen von Verwaltungstätigkeit muss sich an den *Aufgaben* ausrichten. Dazu kann man den haushaltsrechtlichen *Funktionenplan* zugrunde legen, auf dem die „Funktionenübersichten" beruhen, die als Anlage zu den Haushaltsplänen von Bund und Ländern veröffentlicht werden[14]. Die Hauptgruppen des Funktionenplanes sind:

0. Allgemeine Dienste;
1. Bildungswesen, Wissenschaft, Forschung, kulturelle Angelegenheiten;
2. Soziale Sicherung, soziale Kriegsfolgeaufgaben, Wiedergutmachung;
3. Gesundheit, Sport und Erholung;

---

11 Ein Beispiel: Haftentschädigungsbeschlüsse nach Landesrecht, vgl. BVerfGE 2, 380, 394; s. a. BVerwGE 1, 4, 10 sowie *Wolff/Bachof*, § 47 I b 3.
12 Auch *Roellecke* (Fn. 8) konzediert, dass der formelle Verwaltungsbegriff wegen des Rechtsschutzes unentbehrlich ist.
13 Vgl. dazu insb. *Schuppert*, VerwArch 71, 1980, 309-344.
14 Vgl. § 14 BHO und § 11 HaushaltsgrundsätzeG.

2. Gegenwärtige Typen und Funktionen von Verwaltung § 1

4. Wohnungswesen, Raumordnung und kommunale Gemeinschaftsdienste;
5. Ernährung, Landwirtschaft und Forsten;
6. Energie und Wasserwirtschaft, Gewerbe, Dienstleistungen;
7. Verkehrs- und Nachrichtenwesen;
8. Wirtschaftsunternehmen, allgemeines Grund-, Kapital- und Sondervermögen;
9. Allgemeine Finanzwirtschaft.

Durch diese Gliederung können jeweils Aufgaben der Bundes-, Landes- und Kommunalebene zusammengefasst werden, so dass eine sachgerechte Zusammenschau möglich ist und die organisatorischen Grenzen nicht den Blick für den Umfang der einzelnen Aufgabengruppe verstellen.

b) Die Funktionen der Verwaltung

Die Gliederung des haushaltsrechtlichen Funktionenplans knüpft an politische und gesellschaftliche Handlungsfelder bzw. Wirkungsbereiche an und stellt daneben einige Querschnittsfunktionen (insb. die Gruppen 0, 8 und 9). Ein anderes Verständnis von „Funktion" abstrahiert stärker von diesen Bereichen und stellt auf Wirkungen *quer* zu den sozialen Handlungsfeldern ab, nämlich: 24
– Verwaltung *plant* staatliches und gesellschaftliches Handeln;
– sie *überwacht* und *ordnet, reguliert* oder *lenkt* das Handeln von Individuen und Gruppen;
– sie gewährt *Leistungen* an Bedürftige und *verteilt* Mittel um, und schließlich
– *fördert* sie gesellschaftliche Vorhaben.

Im Verwaltungsrecht sind insbesondere Probleme der ordnenden, leistenden und fördernden, aber zunehmend auch solche der planenden Verwaltung von Bedeutung. 25

Ordnungsverwaltung ist die älteste und nach wie vor quantitativ bedeutendste Erscheinungsform von Verwaltung. Gesellschaftliche Sachverhalte werden dabei durch Verwaltungsakte oder andere Maßnahmen im Einzelfall so beeinflusst, dass Interessengegensätze ausgeglichen oder zumindest der Streit beendet wird. Die Erfüllung dieser Ordnungsfunktionen setzt ein gewisses Maß an *Aufsicht* der Verwaltung über relevante Sozialbereiche *(Überwachung)* voraus. In Zusammenhang mit „Wirtschaft" bedeutet der Begriff „Ordnung" allerdings eine spezifische Politik und nicht eine Verwaltungsfunktion („Ordnungspolitik" will den Wettbewerb in der sozialen Marktwirtschaft erhalten und wendet sich insbesondere gegen die Konservierung überholter Strukturen durch Subventionen). Wo die Aufgabe darin besteht, einen funktionsfähigen Markt zu schaffen oder zu erhalten, spricht man von *Regulierung* (vgl. Rn. 1243).

Leistungsverwaltung dient der Durchsetzung des Sozialstaatsprinzips, also der Unterstützung der Schwächeren und dem sozialen Ausgleich; sie wird vornehmlich durch die neueren Sozialgesetze geprägt. *Förderung* findet in zahllosen Bereichen und auf vielfältige Weise statt, so dass die Zuordnung zu bestimmten Handlungsformen nicht immer gelingt. Die modernste Verwaltungsform ist die *Planungsverwaltung*; doch ist die Planungsfunktion der Verwaltung noch in vieler Beziehung ungesichert und umstritten (vgl. Rn. 273 ff., 601ff.). „Lenkung" wird in der Regel auf die Wirtschaft bezogen; der Begriff wird oft ungenau und bloß zur Abgrenzung von einer verfassungsrechtlich bedenklichen Verwaltungswirtschaft verwendet. Die Lenkungsfunktion wird überwiegend durch die Legislative, zum Teil aber auch durch Förderung und in geringerem Maße durch administrative „Ordnungs"maßnahmen erfüllt.

§ 1 *Verwaltung*

Eine weitere, in dem Begriff der „Förderung" nur unvollkommen ausgedrückte Funktion der Verwaltung ist es, die gesellschaftliche *Infrastruktur* bereitzustellen: „Die Verwaltung bestimmt im Rahmen der Gesetze die Randbedingungen des gesellschaftlichen und insbesondere des wirtschaftlichen Handelns"; diese Infrastrukturverwaltung mache „den Kern des materiellen Verwaltungsbegriffs" aus, während Eingriffs- und Leistungsverwaltung sich als „Grenzfälle der Infrastrukturverwaltung" verstehen ließen[15]. Diese eher politikwissenschaftlich orientierte Begriffsbildung überschneidet sich teilweise mit der von den rechtlichen Formen und Wirkungen her gedachten Einteilung in Eingriffe und Leistungen.

c) Von der obrigkeitlichen zur schlicht hoheitlichen Verwaltung

26 Die *hoheitliche Verwaltung,* wie sie insbesondere durch Polizei, Strafvollzugsbehörden und Militär wahrgenommen wird, galt und gilt vielfach immer noch als die „typische" Form öffentlicher Verwaltung. Sie steht in scharfem Gegensatz zu den im Privatrechtsverkehr üblichen Rechtsformen; denn sie begründet einseitig „von oben her" Pflichten und Rechte der Bürger, z. B. durch Polizeiverfügung, Steuerbescheid, Einberufungsbescheid. Ihrer älteren Form, die man „obrigkeitlich" nennt, ist außerdem der Zwangscharakter eigen; man denke an die Anwendung körperlicher Gewalt durch Polizeibeamte, die Wegnahme von Sachen durch Gerichtsvollzieher und das Züchtigungsrecht, das die Lehrer früher besaßen. Dies ist im neueren Verständnis von „Hoheitlichkeit" nicht mehr enthalten. Dieser Begriff wird heute vielmehr durch den Anwendungsbereich des öffentlichen Rechts definiert, so dass „hoheitlich" und „öffentlich-rechtlich" in vielen Zusammenhängen gleichgesetzt werden (vor allem bei der Amtshaftung, dazu unten § 26).

Nach der neueren Begriffsentwicklung gilt nicht einmal mehr das Mittel der einseitigen Anordnung als unverzichtbares Element hoheitlichen Handelns: Neben das „streng" hoheitliche, einseitig berechtigende und verpflichtende Handeln ist die neue dogmatische Figur des *„schlicht-hoheitlichen"* Handelns getreten. So ist z. B. zur Vergabe von Wirtschaftssubventionen oder anderen Formen der fördernden Verwaltung nicht einmal der Verwaltungsakt als einseitige Regelung nötig, sondern es genügt die Form des Vertrages, an dem beide Seiten ihren konstitutiven Anteil haben.

d) Eingriff und Leistung, Belastung und Begünstigung

27 Der Verwaltungsjurist fragt des Weiteren nach den *individuellen* Auswirkungen des Verwaltungshandelns auf den oder die Betroffenen. Deshalb ist zwischen *belastenden* und *begünstigenden* Maßnahmen zu unterscheiden. Dieses Begriffspaar überschneidet sich zu einem großen Teil mit der Unterscheidung von *Eingriffs-* und *Leistungsverwaltung.* Im Einzelnen ergibt sich folgendes Bild:

28 **Belastend** sind diejenigen Verwaltungshandlungen, die dem Bürger ein Gebot oder Verbot auferlegen oder seine Rechtsposition sonst verschlechtern, also in seine Freiheit oder seine bestehenden Rechte „eingreifen", und zwar auch dann, wenn

---

15 *Faber,* FS Ridder, S. 291 f.

schon ein Gesetz dieses entsprechende Gebot oder Verbot in genereller Form ausspricht. Darüber hinaus sieht man es auch als Belastung an, wenn eine begehrte Begünstigung (eine Leistung oder eine Genehmigung oder sonstige Verbesserung der Rechtsposition) abgelehnt wird. S. a. die Definition in § 49 Abs. 1 S. 1 („nicht begünstigender VA").

Fälle: Einberufung zum Wehrdienst, Steuer-, Beitrags- und Gebührenbescheid, Polizeiverfügung, Versammlungsverbot, Berufsverbot, Beschlagnahme, Entziehung der Fahrerlaubnis, aber auch Ablehnung einer Rente, eines Bauantrages oder einer Sondernutzungsgenehmigung, Nichtversetzung.

Zur Klarstellung: Die dargestellten Verwaltungsmaßnahmen sind „belastend" bzw. „greifen" in Rechte des Betroffenen „ein", auch wenn sie *rechtmäßig* sind. Man muss also genau darauf achten, ob eine Rechtsposition nur „beeinträchtigt" (oder „berührt") ist oder ob sie durch eine Verwaltungsmaßnahme „verletzt" wird. Nur bei *rechtswidrigen* Verwaltungshandlungen spricht man von „Rechtsverletzung"!

Begünstigend sind die Verwaltungsmaßnahmen, die die Lage des Betroffenen rechtlich oder faktisch verbessern. Dabei braucht es sich aber nicht nur um eine „Leistung" der Verwaltung zu handeln. Auch durch Genehmigungen und Erlaubnisse wird die rechtliche Position des Betroffenen (Adressaten) verbessert. Eine Legaldefinition enthält § 48 Abs. 1 S. 2 VwVfG. 29

Fälle: Bewilligung einer Sozialleistung oder einer Subvention, Erteilung einer Baugenehmigung, Ernennung zum Beamten, Prüfungszeugnis, Ausnahme oder Befreiung von einer beschränkenden Vorschrift, aber auch Auszahlung eines bewilligten Geldbetrages, Bau einer Straße, Hilfe zur Erziehung, andere immaterielle Leistungen wie Beratung und Auskunft.

Legt man den Begriff „Leistung" weit aus, so ist auch der Betrieb einer Schule oder sogar die Tätigkeit der Polizei zur Abwehr von Gefahren für die öffentliche Sicherheit eine staatliche Leistung für die Bürger[16]. Dieses für eine verwaltungswissenschaftliche Betrachtung durchaus angemessene Begriffsverständnis ist aber für die rechtliche Beurteilung polizeilicher Tätigkeit nur bedingt geeignet. Bei der Prüfung, ob Maßnahmen der Polizei rechtmäßig sind, ist davon auszugehen, dass Gebote und Verbote auch dann Belastungen (Eingriffe in Rechte) darstellen, wenn daraus andere oder die Allgemeinheit Vorteile ziehen.

Dieselbe Verwaltungsmaßnahme kann **sowohl belastend wie auch begünstigend** wirken, und zwar entweder so, dass der eine belastet, der andere begünstigt wird, oder mit teils belastender, teils begünstigender Wirkung gegenüber demselben Adressaten. 30

Beispiele: Eine Erlaubnis oder Genehmigung wird mit einer Auflage verbunden (dazu Rn. 722 f.); die Bewilligung einer Leistung enthält lästige Nebenbestimmungen (vgl. § 44 BHO).

Belastungen und Begünstigungen sind sorgfältig auseinander zuhalten; ihre Rechtmäßigkeit ist selbstverständlich unterschiedlich zu beurteilen. Begünstigende Maßnahmen pflegen mit der Zustimmung des Begünstigten zu geschehen und bedürfen deshalb in der Regel keiner besonderen Rechtsgrundlage; denn hier gilt der alte Rechtsgrundsatz: volenti non fit iniuria, dem Zustimmenden geschieht kein Un-

---

16 Vgl. *von Unruh*, Polizei als Tätigkeit der leistenden Verwaltung, DVBl. 1972, 469.

recht. Für Eingriffe in die Rechtssphäre des Einzelnen aber bedarf es einer gesetzlichen Grundlage; das ist gemeint, wenn man vom „Vorbehalt des Gesetzes" spricht (vgl. unten Rn.159 ff.).

Planung ist rechtlich entweder Rechtsetzung oder unverbindliches Programm. Zur Verwirklichung von Planungen sind aber individuelle Maßnahmen erforderlich, die belastend, im Einzelfall auch begünstigend sind. Für die belastenden Durchführungsmaßnahmen gilt selbstverständlich, wie auch sonst: sie bedürfen zu ihrer Rechtmäßigkeit einer gesetzlichen Grundlage (siehe auch unten Rn. 273 ff.).

e) Bedarfsverwaltung und erwerbswirtschaftliche Betätigung der Verwaltung

31 Außerhalb der bisherigen Unterscheidungen steht die *Bedarfsverwaltung* (Intendantur), d. h. die Beschaffung und Verwaltung der für den Verwaltungsbetrieb erforderlichen Mittel und des entsprechenden Personals. Die Sachmittel der Verwaltung werden in aller Regel durch *privatrechtliche* Rechtsgeschäfte beschafft. Darüber hinaus betreibt die Verwaltung noch eine Reihe von *erwerbswirtschaftlichen Unternehmen* („fiskalische Verwaltung" i. e. S.). Die Länder unterhalten Banken und Versicherungsunternehmen, manche sogar Hotels und Brauereien; Kommunen verkaufen land- und forstwirtschaftliche Erzeugnisse aus eigenen Ländereien. Sogar eine gewisse Anzahl von Industriebetrieben steht ganz oder teilweise im Besitz von Staat und/oder Gemeinden. In den letzten Jahren haben Bund und Länder jedoch ihren industriellen Besitz und andere Beteiligungen in großem Maße veräußert[17]. Dass der Staat oder eine Kommune Eigentümer oder Miteigentümer eines Unternehmens ist, macht dieses nicht zu einem Teil der öffentlichen Verwaltung; für die Tätigkeit dieser Unternehmen gilt nur das private Wirtschaftsrecht. Soweit ein solches Unternehmen aber einem öffentlichen Zweck dient, kommt die Anwendung öffentlich-rechtlicher Normen in Betracht (vgl. Rn. 248 ff.). Besonders schwierig ist die Rechtslage in Bezug auf die *gemischt-wirtschaftlichen* Unternehmen, in denen Staat oder Kommunen mit Privaten zusammenarbeiten (Rn. 254).

Zu den Ausgangsfragen:

32 1. Vgl. oben Rn. 17!

2. Privatpersonen sind nach Art. 1 Abs. 3 GG nicht an die Grundrechte gebunden, müssen sich also auch nicht an das Gleichheitsgebot halten. Private Unternehmen dürfen ihr Kunden daher „willkürlich" aussuchen. Allerdings ist ihre Vertragsfreiheit teilweise durch Rechtsnormen eingeschränkt; ein Beispiel dafür stellt das ar-

---

17 Siehe dazu z. B. *König*, Kritik öffentlicher Aufgaben, Baden-Baden 1989, S. 54 ff., sowie die Beteiligungsberichte der Bundesregierung und einiger Länder, die von den jeweiligen Finanzministerien herausgegeben werden. Die Bundeshaushaltsordnung schreibt neuerdings sogar eine Prüfung vor, „inwieweit staatliche Aufgaben oder öffentlichen Zwecken dienende wirtschaftliche Tätigkeits durch Ausgliederung und Entstaatlichung oder Privatisierung erfüllt werden können" (§ 7 Abs. 1 Satz 2 BHO).

beitsrechtliche Verbot der Diskriminierung wegen des Geschlechts dar (§ 611a/b BGB). (Aufgrund europäischen Gemeinschaftsrechts müssen weitere Diskriminierungsverbote eingeführt werden. Im Ausgangsfall bestünde kein derartiges Verbot. Andere Probleme stellen sich, wenn das Theater zwar in einer Rechtsform des Privatrechts betrieben wird, aber dem Staat oder der Gemeinde gehört. In diesem Fall wirken die öffentlich-rechtlichen Bindungen nach den Grundsätzen des Verwaltungsprivatrechts fort (vgl. dazu noch unten Rn. 241 ff.). Gegen eine Ungleichbehandlung haben die davon betroffenen Theaterinteressierten daher Rechtsschutzmöglichkeiten.

3. Die Mitarbeiter privater Wach- und Sicherungsdienste haben nur die zivil- und strafrechtlichen „Jedermanns"-Rechte (Notwehr, Nothilfe und Selbsthilfe, §§ 227-231 BGB, §§ 32, 34 StGB; vorläufige Festnahme auf frischer Tat, § 127 Abs. 1 StPO) und üben für ihre Auftraggeber Besitzerrechte aus (§§ 859, 860 BGB). Verkehrsbetriebe dürfen sich ihrer zur Fahrscheinkontrolle bedienen. Sie dürfen sich keine polizeilichen Befugnisse anmaßen (§ 132 StGB!). Nach § 34a GewO ist das Bewachungsgewerbe erlaubnispflichtig. Die Erlaubnis kann mit Auflagen zum Schutz der Allgemeinheit und der Auftraggeber verbunden werden. Rechtlich bestehen keine speziellen Beziehungen zur Polizei; faktisch kommen lockere Formen von Kommunikation vor.

Gemäß § 158 Abs. 1 S. 1 StPO können Anzeigen bei der Staatsanwaltschaft, den Behörden und Beamten des Polizeidienstes und den Amtsgerichten angebracht werden. Mitarbeiter privater Sicherheitsdienste sind nicht zur Entgegennahme von Anzeigen befugt. Soweit sie an Flughäfen Personen und Gepäck kontrollieren, tun sie dies als Verwaltungshelfer oder als Mitarbeiter eines mit hoheitlichen Befugnissen beliehenen Unternehmens.

§ 2 Das Verwaltungsrecht im System des geltenden Rechts

Ausgangsfälle:

1. Jemand findet am Straßenrand ein Kleinkind, das offenbar ausgesetzt worden ist. Er bringt das Kind zur Polizei; diese befördert es schleunigst in ein Krankenhaus oder Säuglingsheim, befragt den Finder, sucht die Mutter. Wenn diese nicht aufzufinden ist, bleibt das Kind auf Kosten des örtlichen „Trägers der Sozialhilfe" in dem Säuglingsheim. Welche zivilrechtlichen und welche verwaltungsrechtlichen Fragen sind hier von Bedeutung?

2. Die August-Thyssen-Hütte hat in Duisburg inmitten eines dicht bebauten Gebietes einen neuen Hochofen errichtet. Nach der Betriebsaufnahme stellte sich heraus, dass dieser „Schwarze Riese" ungeheure Mengen Ruß und Dampf ausstößt und überdies ohrenbetäubenden Lärm verursacht. Die Bewohner der umliegenden

§ 2 *Das Verwaltungsrecht im System des geltenden Rechts*

Häuser fordern die Einstellung des Hochofenbetriebes. Inwiefern ist hier Verwaltungsrecht einschlägig?

3. *Mit gleicher Post erhalten Sie eine Telefonrechnung der Deutschen Telekom AG, eine Zahlungsaufforderung einer zahnärztlichen Abrechnungs- und Inkassostelle, eine Abrechnung der Stadtwerke wegen der Lieferung von Strom, Wasser und Heizwärme sowie einen Steuerbescheid des Finanzamts. Welche dieser Schreiben beruhen auf öffentlichem Recht?*

4. *Die Stadt S betreibt eine Stadtbücherei. Die Modalitäten ihrer Benutzung sind in einer vom Stadtrat beschlossenen Benutzungsordnung festgelegt. Danach ist bei Überschreitung der Leihfrist eine besondere Gebühr zu zahlen. Benutzer B bekommt von der Stadt einen Gebührenbescheid zugeschickt. Er hält die Zahlungsfrist für zu kurz und schreibt der Stadt: „Wenn Sie Geld von mir haben wollen, müssen Sie mich schon verklagen".*

5. *Die Kündigung eines Mietvertrages durch den Vermieter wegen Mietrückständen des Mieters wird nach § 569 Abs. 3 Nr. 2 BGB unwirksam, wenn „sich eine öffentliche Stelle zur Befriedigung verpflichtet". Um Sozialhilfeempfänger vor der Obdachlosigkeit zu bewahren, pflegen die Sozialämter entsprechende Verpflichtungserklärungen abzugeben (vgl. a. §§ 29 Abs. 1, 34 SGB XII). Welchem Rechtsgebiet sind solche Erklärungen zuzuordnen, d. h. vor welchem Gericht kann ein Vermieter den Anspruch daraus geltend machen?*

(*Lösungshinweise in Rn. 94*)

1. Begriffsklärung

a) Verwaltungsrecht als Orientierungsbegriff

33 Der Begriff „Verwaltungsrecht" wird in Studienplänen, Lehrbüchern, Gerichtsurteilen und juristischen Aufgaben verwendet; er ist ein *Ordnungsbegriff*, der es dem Rechtsanwender erleichtert, sich in der Fülle der Rechtsvorschriften zurechtzufinden. Er dient also als Orientierungshilfe bei der Suche nach speziellen Rechtsnormen und Rechtsauffassungen von Judikatur und Wissenschaft. (Zur Beantwortung einzelner Fragen bedarf es dann freilich weiterer Eingrenzung.) Darüber hinaus hat er als Gegenbegriff zum Begriff „Privatrecht" bzw. Zivilrecht *große praktische Bedeutung;* diese Gegenüberstellung wird unten[1] besprochen.

b) Verhältnis der Begriffe „Öffentliches Recht" und „Verwaltungsrecht" zueinander

34 Verwaltungsrecht ist ein Teil des *Öffentlichen* Rechts. Um den besonderen Charakter des Verwaltungsrechts zu erfassen, greift man zweckmäßigerweise zunächst auf diesen Oberbegriff „Öffentliches Recht" zurück. Die Abgrenzung des Verwaltungs-

---

1 Vgl. Rn. 43-46 und 241-255.

rechts von den anderen Teilgebieten des Öffentlichen Rechts ist dann ziemlich einfach, da hierfür klare Bestimmungen bestehen[2].

So wie hier vorgeschlagen, geht auch die Verwaltungsgerichtsordnung (VwGO) vor, wenn sie die praktisch wichtige Entscheidung über den „Rechtsweg" (d. h. die Zuweisung eines Streitverfahrens zu einer bestimmten Gerichtsart, s. unten Rn. 1003 ff.) davon abhängig macht, ob eine „öffentlich-rechtliche Streitigkeit nicht verfassungsrechtlicher Art" vorliegt, die nicht durch (ein anderes) Gesetz einem anderen Rechtsweg (z. B. den Finanz- oder Sozialgerichten) zugewiesen ist (§ 40 Abs. 1 VwGO).

„Öffentliches Recht" wiederum kann definiert werden als das *Sonder*recht der staatlichen Organisation (i. w. S., also einschließlich der Kommunen und anderer „öffentlicher" Organisationen in einem spezifischen Sinne), insbesondere der Verwaltung. Es hebt sich von dem als „allgemein" verstandenen Zivil-(Privat-)Recht durch die Andersartigkeit des handelnden Subjekts ab. 35

Diese Definition bleibt freilich an der Oberfläche und taugt jedenfalls nicht zur Abgrenzung im Problemfall. Für die deutsche wie auch für die sonstige kontinentaleuropäische (westliche) Rechtswissenschaft gilt die Zweiteilung („Dichotomie") zwischen öffentlichem und Privatrecht als grundlegender Systematisierungsansatz mit inhaltlicher Bedeutung. Hat diese Unterscheidung heute „für einen breiten Bereich" nur noch technischen Charakter[3]? Die Antwort hierauf wird in den folgenden Abschnitten erarbeitet.

c) Das Verwaltungsrecht im System des Öffentlichen Rechts

Um eine Anschauung von dem Gegenstand zu gewinnen, sei statt einer Definition zunächst eine Aufzählung der **Teilgebiete des Öffentlichen Rechts** gegeben; die Abgrenzungsregeln folgen erst nach der Darstellung der unterschiedlichen Sichtweisen und der historischen Entwicklung. Zum öffentlichen Recht gehören nach der in der Wissenschaft entwickelten Systematik die Teildisziplinen: 36

aa) Öffentliches Recht im engeren Sinne, hierzu:

(1) Verfassungsrecht/Staatsrecht 37

Das *Verfassungsrecht* regelt die *Organisation* des Staates und das „Grundverhältnis" zwischen Staat und Bürgern (staatstheoretisch: das Verhältnis von Staat und Gesellschaft), und es enthält auch die wichtigsten Grundsätze für das Verhältnis zwischen den Bürgern selbst, weil nach heutigem Verständnis keine strikte Trennung mehr zwischen „staatlichem" und „gesellschaftlichem" Bereich möglich ist. Verfassungsrechtlichen „Bezug" haben viele Fälle, die von der Verwaltung zu entscheiden sind, aber damit sind diese Streitigkeiten nicht ohne weiteres „verfassungsrechtlicher" Art[4].

Der Begriff *„Staatsrecht"* wird meist ohne Unterscheidung abwechselnd mit „Verfassungsrecht" benutzt, ist aber einerseits enger als dieses, weil nämlich das Verfassungsrecht auch

---
[2] Siehe unten Rn. 36-42.
[3] So *Bullinger*, Öffentliches Recht und Privatrecht, 1968, S. 78.
[4] S. a. unten Rn. 1004.

das Grundverhältnis von Staat und Bürger und das Recht anderer sozialer Systeme als des Staates betrifft, andererseits weiter, weil das Verfassungsrecht nur die Grundordnung der staatlichen Organisation, das Staatsrecht aber auch Detailfragen aus diesem Bereich betrifft.

38 *(2) Völkerrecht*

Hier geht es um Beziehungen zwischen „Völkerrechtssubjekten", also insbesondere Staaten, aber auch internationalen Organisationen. Während das Verfassungsrecht auf vielfältige Weise in das Verwaltungsrecht hineinwirkt, sind solche Einwirkungen des Völkerrechts in das Verwaltungsrecht selten. Das „internationale Verwaltungsrecht" behandelt die Frage, welches Recht (genauer: das Recht welchen Landes) anwendbar ist, wenn verwaltungsrechtliche Beziehungen die Staatsgrenzen überschreiten.

39 *(3) Kirchenrecht*

Die Kirchen leben nach eigenem, nichtstaatlichem Recht, eben *Kirchenrecht.* Im Außenverhältnis handeln sie in der Regel nach Privatrecht, aber die alten Kirchen und Religionsgemeinschaften haben von Verfassungs wegen (Art. 140 GG i. V. m. Art. 137 Abs. 5 S. 1 WRV) den Rechtsstatus von Körperschaften des öffentlichen Rechts, und insofern ist ihr Recht im weltlichen Bereich als öffentliches Recht zu behandeln. Auch andere Religionsgemeinschaften können gleiche Rechte erwerben (Art. 137 Abs. 5 S. 2 WRV), doch haben nicht alle dies beantragt. Die vom GG übernommenen Art. 136-139 und 141 WRV bilden (im Zusammenhang mit Art. 4 GG) den Kern des *Staatskirchenrechts,* also der Rechtsnormen über die Beziehungen zwischen Staat und Religionsgemeinschaften; dieses ist Teil des Öffentlichen Rechts der Bundesrepublik und ihrer Länder.

40 *(4) Steuerrecht, Sozialrecht und (teilweise) Arbeitsrecht sowie Jugendrecht*

Diese Rechtsgebiete könnten an sich als *Untereinheiten des Verwaltungsrechts* aufgefasst werden; sie regeln die Tätigkeit von Verwaltungsbehörden (Finanzverwaltung, Sozialversicherungsträger, Arbeits- und Sozialverwaltung, Jugendämter). Wegen der großen inhaltlichen Besonderheiten haben sie sich aber selbstständig entwickelt. Es gibt auf diesen Gebieten eine umfangreiche Spezialliteratur und in der Verwaltung selbst Spezialisten, und umgekehrt nehmen die Vertreter des übrigen Verwaltungsrechts von den Entwicklungen auf diesen Gebieten kaum Kenntnis. Es ist aber wichtig sich klarzumachen, dass die allgemeinen Begriffe des Verwaltungsrechts und die allgemeinen Regeln für das Verwaltungshandeln vielfach auch für diese speziellen Gebiete gelten. Wo inhaltliche Abweichungen bestehen, ist gleichwohl durch die gemeinsame Verfassungsbindung ein gleicher Ansatz gegeben. In diesem Lehrbuch werden deswegen auch Beispiele aus diesen Gebieten des Öffentlichen Rechts gebracht.

Das Individualarbeitsrecht ist Zivilrecht. Das kollektive Arbeitsrecht wird gleichfalls zum Zivilrecht gerechnet, ist aber stark vom Verfassungsrecht (Art. 9 Abs. 3 GG) geprägt. Das Recht der Arbeitsvermittlung und Arbeitsförderung, also das Rechtsgebiet, das von der Bundesagentur für Arbeit und den Arbeitsämtern angewendet wird, ist wiederum eine spezielle Materie des Verwaltungsrechts.

41 *(5) Verwaltungsrecht*

In dieser Zusammenstellung bleibt das Verwaltungsrecht eine Art Restkategorie. Tatsächlich umfasst es jedoch eine Vielzahl von Themenkomplexen (s. unten Rn. 60 f.).

bb) Öffentliches Recht der Justiz:

42 Strafrecht, Zivilprozess- und Strafprozessrecht, Verfahrensrecht der freiwilligen Gerichtsbarkeit, Konkurs- und Zwangsvollstreckungsrecht. Zum Strafrecht s. a. Einleitung Rn. 2.

Nach *Otto Mayer*[5], der den Begriff des Öffentlichen Rechts der Justiz geprägt hat, steht bei diesem letzten Bereich „das Leben des Einzelnen im Mittelpunkt", während im Öffentlichen Recht im engeren Sinne sich „das eigene Leben des Gemeinwesens" entfaltet. Diese Definitionen überzeugen heute nicht mehr. Zwar ist darin der Individualbezug des „Justizrechts" zutreffend hervorgehoben; das materielle Strafrecht betrifft den staatlichen Strafanspruch gegen den Einzelnen, und die Prozessordnungen regeln die Durchsetzung der verschiedenen Ansprüche. Aber das „eigentliche" öffentliche Recht ist mit dem „eigenen Leben des Gemeinwesens" nicht richtig charakterisiert. Denn die Handlungen des Gemeinwesens wirken sich gerade auch auf und für den Einzelnen aus[6].

d) Verwaltungsrecht, Zivilrecht (Privatrecht) und Strafrecht

Verwaltungsrecht ist das spezifische Recht der öffentlichen Verwaltung (§ 1). Es behandelt insbesondere die **Beziehungen der Verwaltung zur „Verwaltungsumwelt"**, also vornehmlich zu den einzelnen Bürgern und ihren Vereinigungen, aber auch diejenigen zwischen Körperschaften des öffentlichen Rechts[7]. **43**

Der Begriff „Bürger" wird immer noch verwandt, obwohl er im eigentlichen Sinne nicht mehr repräsentativ ist für den Staatsbürger von heute, der nicht „Bürger" im Sinne des 19. Jahrhunderts sein muss. Selbstverständlich ist der Bürger auch nicht mehr „Untertan", „Subjekt" im ursprünglichen Sinne (unterworfen), sondern gleichberechtigter Partner der Verwaltung. Auch Ausländer sind meist mitgemeint, wenn von „Bürgern" die Rede ist; so genießen sie (nach § 1 VersG) Versammlungsfreiheit, obwohl Art. 8 Abs. 1 GG nur ein „Deutschen-Grundrecht" festgelegt hat.

Daneben gehört zum **Verwaltungsrecht auch das „Innenrecht" der Verwaltung (Organisation, Personal, Haushalt).**

Von den beiden anderen großen Rechtsgebieten behandelt das **Zivilrecht** (Privatrecht) die Beziehungen der Bürger und ihrer Vereinigungen untereinander. Wenn zwei Privatleute oder privatrechtliche Unternehmen oder Vereinigungen miteinander streiten, gibt also das Verwaltungsrecht in aller Regel keine Lösungshinweise[8]. **44**

Doch sind heute auch die Beziehungen zwischen Privaten vielfach vom öffentlichen Recht überlagert, z. B. durch privatrechtsgestaltende Verwaltungsakte oder andere öffentlich-rechtliche „Einbettung" zivilrechtlicher Rechtsverhältnisse. Paradoxerweise tritt im Zuge der Privatisierung, Liberalisierung und Deregulierung (also der Abschaffung beschränkender Rechtnormen) ein neuer Bedarf an Regulierung auf; herausragendes Beispiel ist das Recht der Telekommunikation (sehen Sie sich gelegentlich Art. 87f und 143b GG sowie das Telekommunikationsgesetz unter diesen Aspekten an!).

---

5 *Mayer*, Deutsches Verwaltungsrecht I, S. 16.
6 Zur weiteren inhaltlichen Charakterisierung des Verwaltungsrechts Rn. 49-56.
7 Vgl. Rn. 95-107.
8 S. aber auch Rn. 48 und 1018.

45 Das **Strafrecht** ist, wie gesagt, ein Teil des öffentlichen Rechts der Justiz (s. oben Rn. 42). Es betrifft die staatlichen Maßnahmen, die dem Einzelnen gegenüber zur sozialen Kontrolle in Bezug auf bestimmte Formen abweichenden Verhaltens („Kriminalität") zulässig sind. Deshalb kann hier schon festgehalten werden: Die Staatsanwaltschaften sind zwar Verwaltungsbehörden, aber wegen ihrer Zuordnung zu den Gerichten besitzen sie eine Sonderstellung; ihre Tätigkeit im Verhältnis zu den Bürgern richtet sich im Wesentlichen nach Strafrecht, nicht Verwaltungsrecht.

46 Eine Schwierigkeit bei der Bestimmung des Umfangs von „Verwaltungsrecht" muss sogleich erwähnt werden: **Die Verwaltung handelt nicht nur nach Verwaltungsrecht.** Zum einen muss die Verwaltung selbstverständlich das Verfassungsrecht beachten (dazu ausführlich u. § 4), zum anderen aber kann oder muss die Verwaltung in weiten Bereichen auch *Zivilrecht* anwenden. Daraus ergeben sich einige Abgrenzungsprobleme, die im akademischen Rechtsunterricht stets besonders herausgestellt werden und für einige praktische Fragen zu beachten sind[9].

2. Beispiele für die Wirkungsweise des Verwaltungsrechts

Die Stoßrichtung des Verwaltungsrechts im Verhältnis zum Zivil- und Strafrecht sei nun an zwei alltäglichen Beispielen (*Ausgangsfälle 1 und 2*) aufgezeigt.

47 Im *Fall 1* würde das *Zivilrecht* Auskunft darüber geben, dass das Kind einen Anspruch auf Unterhalt gegen seine Eltern hat (§§ 1601 ff. BGB), dass die Aussetzung ein Delikt sein kann (§ 823 Abs. 1 sowie § 823 Abs. 2 BGB i. V. m. § 221 StGB) und dass die Helfer Ersatz ihrer Aufwendungen nach den Grundsätzen der Geschäftsführung ohne Auftrag (§ 683 S. 1 i. V. m. § 670 BGB) verlangen können.

Das *Strafrecht* enthält Aussagen darüber, ob die Mutter oder der Vater sich strafbar gemacht haben und wozu sie verurteilt werden können (§ 221 StGB).

Aber solange die für die Aussetzung Verantwortlichen nicht festgestellt sind, gehen alle diese Überlegungen praktisch ins Leere. Das Kind bleibt in der Obhut von Helfern, die sich wegen ihrer Aufwendungen an die Behörde halten können, von der sie es entgegengenommen haben. Die Behörden – Jugendamt und/oder Sozialamt – sind verpflichtet, für das Kind zu sorgen (§§ 1 Abs. 3, 2 und 69 SGB VIII, 27 Abs. 2 SGB XII). Diese Rechtsbeziehungen gehören zum *Öffentlichen Recht,* und zwar zu seinem Teilgebiet *Verwaltungsrecht,* hier noch spezieller zum *Sozialrecht,* und zu Beginn des Falles ist auch das *Polizei- und Ordnungsrecht* einschlägig. Man kann es auch so ausdrücken: Hier werden Aufgaben der Verwaltung erledigt; daher sind wir auf das für die Verwaltung einschlägige Rechtsgebiet verwiesen.

48 *Zu Fall 2:* Der *Zivilrechtler* könnte hierzu auf § 903 BGB verweisen. Danach kann der Eigentümer einer Sache „andere von jeder Einwirkung" (auf die Sache) ausschließen. Das würde bedeuten, dass die Grundstückseigentümer derjenigen Wohnhäuser, die durch die Emissionen des Hochofens beeinträchtigt werden (also: deren

---

9 Dazu unten Rn. 64-79.

2. Beispiele für die Wirkungsweise des Verwaltungsrechts § 2

Bewohner gestört werden), von der Hütte verlangen, dass sie die „Einwirkungen" unterlässt. Die *Mieter* dieser Wohnungen könnten sich auf ihr Recht zum ungestörten Besitz (§§ 858, 862 BGB) berufen. Aber nach § 906 BGB kann der Eigentümer eines Grundstücks die Zuführung von „Gasen, Dämpfen, Gerüchen, Rauch, Ruß, Wärme, Geräusch, Erschütterungen" und ähnliche von einem anderen Grundstück ausgehende Einwirkungen insoweit nicht verbieten, als eine („wesentliche") Beeinträchtigung „durch eine ortsübliche Benutzung des anderen Grundstücks herbeigeführt wird und nicht durch Maßnahmen verhindert werden kann, die Benutzern dieser Art wirtschaftlich zumutbar sind". Der Eigentümer kann dann wegen einer unzumutbaren Beeinträchtigung nur „einen angemessenen Ausgleich in Geld verlangen". Diese Einschränkung kann nach § 858 BGB auch den Mietern entgegengehalten werden; diese könnten dann also allenfalls an der Entschädigung partizipieren, die der Eigentümer erhält (vgl. a. § 14 BImSchG).

Es liegt nahe, die Auseinandersetzung in einem solchen Fall nicht als Privatangelegenheit der Beteiligten zu führen. Eine Strafanzeige gegen die Verantwortlichen wäre in der Regel kaum das geeignete Mittel, schnell Abhilfe zu schaffen; von der Dauer des Verfahrens abgesehen wäre dieser Weg möglicherweise schon deshalb ein Fehlschlag, weil die Beteiligten u. U. nicht schuldhaft gehandelt haben. Die Bewohner emissionsgeschädigter Häuser, aber auch Passanten und andere, die von der Sache erfahren und die Umweltschädigung für unerträglich halten, werden sich stattdessen regelmäßig an „die Behörden" wenden und sie zum Eingreifen auffordern. Diese sind darauf auch eingerichtet. Die Verhütung störender Emissionen ist eine nicht minder wichtige Verwaltungsaufgabe als die Hilfe für Bedürftige. Die Rechtsnormen, die hierzu ergangen sind, gehören zum Verwaltungsrecht, und zwar zu dem äußerst weiten Bereich des Rechts der *Gefahrenabwehr* (Polizeirecht oder auch Sicherheits- und Ordnungsrecht), hier spezieller zum Immissionsschutzrecht, einem Teil des Umweltschutzrechts (das als zusammengehöriges Rechtsgebiet erst seit einiger Zeit erkannt ist). Heute denkt man beim Stichwort Umweltschutz schon mehr an Maßnahmen der Verwaltung als an zivilrechtliche Instrumente.

Im *Fall 2* erging tatsächlich sehr bald eine Stilllegungsverfügung des zuständigen Gewerbeaufsichtsamtes. Über deren Rechtmäßigkeit wurde allerdings vor den Verwaltungsgerichten heftig gestritten. Es kommt für den vorliegenden Zusammenhang letztlich nicht darauf an, ob die Geschädigten vor den Gerichten Erfolg hatten; es sollte aber deutlich werden, das das Verwaltungsrecht hier eine ergänzende, unter Umständen stärkere Schutzfunktion für den Bürger übernommen hat als das Zivilrecht.

Auch die *Fälle aus der Einleitung* (Rn. 7) seien hier nochmals in Erinnerung gerufen. Im Fall der Flüchtlinge ist klar, dass private Rechtsbeziehungen für die Entscheidung keine Rolle spielen können (ausgenommen aber Ehe und Familie, soweit sie durch Art. 6 GG geschützt ist). Anders im Fall der Ausbildungsförderung; hier entsteht die Frage, welche Ansprüche der Student gegen seine Eltern auf Unterhalt hat und welche er gegen die Verwaltung – Sozialamt oder Ausbildungsförderungsamt – geltend machen kann. Erfüllen die Eltern ihre Unterhaltsverpflichtung nicht, so wird unter bestimmten Umständen Ausbildungsförderung ohne Anrechnung ihres Unterhaltsbetrages geleistet; die zivilrechtlichen Unterhaltsansprüche gehen dann auf das Land über (§§ 36, 37 BAföG). Entsprechende Regeln gelten für die Sozialhilfe (§§ 93 ff. SGB XII).

3. Inhaltliche Charakteristika des Verwaltungsrechts

a) Vielfalt der Interessen, öffentliches Interesse

49 Während Zivil- und Strafrecht es in der Regel mit isolierbaren, relativ eng umgrenzten Beziehungen zwischen Individuen oder Gruppen zu tun haben (worauf auch der Reiz dieser Rechtsgebiete beruht: man kann die Handlungen und Vorstellungen der Beteiligten häufig nachempfinden!), müssen in die verwaltungsrechtliche Betrachtung *meist mehrere, sich teilweise überlagernde Rechtsbeziehungen* einbezogen werden. Wenn das Gemeinwesen – der Staat, die Gemeinde oder eine andere öffentlich-rechtliche Institution – beteiligt ist, sind notwendigerweise stets zugleich *zahlreiche oft unvereinbare Interessen* im Spiel. Beim Abschluss eines privatrechtlichen Vertrages stehen sich meist nur eine überschaubare Zahl von Partnern gegenüber, die ihre Interessen und die Konsequenzen ihres Handelns mit einiger Sicherheit abzuschätzen vermögen. Bei Handlungen der Verwaltung gibt es demgegenüber viele „stille Teilhaber" und Betroffene. Zumindest über die Kosten sind mittelbar oft sehr viele Bürger an Verwaltungsmaßnahmen interessiert, ohne es im Einzelfall zu bemerken.

50 Es ist heute nicht mehr möglich, den Interessen der Bürger ein einheitliches, unbefragtes „öffentliches Interesse" entgegenzusetzen und die Konflikte damit auf eine Abwägung zwischen zwei sich gegenüberstehenden Positionen zu reduzieren. **Öffentliche Interessen gründen sich mittelbar auf private Interessen;** spricht man von *dem* öffentlichen Interesse, so ist dies nur ein Kürzel dafür, dass bestimmte Interessen von Einzelnen oder Teilen der Bevölkerung für besonders schützenswert gehalten werden[10]. Bei *Fall 2* steht das Interesse des Unternehmens an der Produktion dem Interesse der Bewohner an der Unterlassung von Störungen gegenüber. Aber das eine wie das andere kann zum „öffentlichen Interesse" werden.

51 Auf dieser Vielzahl von Bezügen beruht es auch, dass die Rechtsnormen des Verwaltungsrechts *vielfach unbestimmt und vieldeutig* sind und der Verwaltung einen *großen Handlungsspielraum* einräumen (dazu unten Rn. 556 ff.). Die Verwaltung steht ständig vor der Notwendigkeit, *knappe Mittel* (Zuschüsse und Darlehen, Arbeits- und Studienplätze, Aufträge und Leistungen verschiedenster Art) auf eine Überzahl von Antragstellern und Bewerbern *zu verteilen*, ohne dass der Gesetzgeber ihr dafür eindeutige Maßstäbe zur Verfügung stellte, und in komplexen raumbezogenen *Planungen* muss die Verwaltung versuchen, widerstreitende Forderungen so „abzuarbeiten", dass eine realisierbare Entscheidung, ein durchführbarer Plan herauskommt. Dies erfordert eine Fülle von *Abwägungsentscheidungen*, die in einem vielschichtigen *Abwägungsprozess* mit Beteiligten, Betroffenen und der Öffentlichkeit erörtert werden müssen, um die Qualität der Entscheidung zu sichern und möglichst breiten Konsens, also Akzeptanz zu erreichen.

---

10 Vgl. bereits *Häberle*, Öffentliches Interesse als juristisches Problem, Frankfurt/Main 1970, bes. S. 67 ff., 95 f., 525 ff.

„Klare Verhältnisse" findet man hier nicht so leicht wie etwa im Strafprozess mit seiner einfachen Dreiecks-Konstellation von Angeklagtem/Verteidiger, Ankläger und Richter. Die Rechtsprobleme von Großplanungen sind nicht so „sauber" von den zugrunde liegenden gesellschaftlichen Konflikten abtrennbar wie die Rechtsstreitigkeiten zwischen Auftraggeber und Auftragnehmer beim Bau eines Einfamilienhauses. Wer die gesellschaftliche und staatliche Realität richtig wahrnehmen will, muss sich auf diese Schwierigkeiten einlassen, und die Beherrschung von Zivil- und Strafrecht reicht auch für den „Durchschnitts"-Juristen heute nicht mehr aus.

b) Verbindung mit dem Verfassungsrecht

Das Verwaltungsrecht steht, wie schon erwähnt, in enger inhaltlicher Verbindung zum Verfassungsrecht.

52

Das war immer so, obwohl der „Vater des deutschen Verwaltungsrechts", *Otto Mayer,* die Ansicht vertrat, Verwaltungsrecht sei beständiger als Verfassungsrecht. Wenn er im Jahre 1924, im Vorwort zur 3. Auflage seines „Deutschen Verwaltungsrechts" meinte, „groß Neues" sei ja seit 1914, dem Jahr der 2. Auflage, nicht nachzutragen, so mag das dadurch zu erklären sein, dass seit dem Ende des Kaiserreiches erst eine ziemlich kurze Zeit vergangen war. Vor allem aber war diese Aussage das Ergebnis der wissenschaftlichen Tradition, in der der Autor stand – der Tradition des **staatsrechtlichen Positivismus.** Diese auf *Carl Friedrich von Gerber* und *Paul Laband* zurückgehende, auch in der Zivilrechtswissenschaft verbreitete Richtung der deutschen Rechtswissenschaft schränkte das „legitime" Erkenntnisinteresse des Juristen bewusst auf die Ordnung und Interpretation der Rechtsnormen ein und klammerte die Bezüge zur Umwelt (also insbesondere die Fragen der Entstehung von Rechtsnormen und der Folgen ihrer Anwendung) von vornherein aus. So konnte diesen Juristen nicht in den Blick geraten, welche Rolle bestimmte *Machtstrukturen,* die in der Verfassung ihren Niederschlag gefunden hatten, und bestimmte Bewusstseinsinhalte der Richter, Verwaltungsbeamten und Rechtswissenschaftler für die Rechtspraxis tatsächlich spielten. Diese Ausblendung wurde durch den Umstand erleichtert, dass die Reichsverfassung von 1871 – anders als die Verfassungen der Einzelstaaten – keine Grundrechte und keine Staatsstrukturbestimmungen (wie heute Art. 20 GG) enthielten. Eine andere Erklärung geht dahin, das Bürgertum habe am Ende des 19. Jahrhunderts den Staat (das Kaiserreich) als seinen Staat anerkannt und daher das Verhältnis von Verfassung und Verwaltung nicht mehr als spannungsreich erkannt.

Tatsächlich lässt sich nachweisen, dass auch das Verwaltungsrecht der konstitutionellen Monarchie von der Verfassungslage geprägt war. *Zentrale Rechtsbegriffe* wie der „Vorbehalt des Gesetzes" und die „besonderen Gewaltverhältnisse" *sind die juristische Übersetzung bestimmter Machtverhältnisse,* die in bestimmten Artikeln der Verfassungen (z. B. in den Grundrechten der preußischen Verfassung von 1850 und den dabei angebrachten Vorbehalten) festgeschrieben waren.

Heute findet eine Formulierung des früheren Präsidenten des Bundesverwaltungsgerichts, *Fritz Werner,* weitgehend Zustimmung: **„Verwaltungsrecht als konkretisiertes Verfassungsrecht"**[11].

53

---

11 DVBl. 1959, 527.

Nach den Erschütterungen der Rechtsordnung durch die nationalsozialistische Unrechtsherrschaft wurde mit der Verfassung der Bundesrepublik von 1949 der Versuch unternommen, das gesamte soziale und politische Leben an einigen fundamentalen Prinzipien auszurichten, die in den Grundrechten und den Staatszielbestimmungen (Art. 20 und 28 GG) ausgedrückt sind und nach Art. 1 Abs. 3, 20 Abs. 3 GG alle Organe der Staatsgewalt binden. Die Gerichte und die Rechtswissenschaft haben diese Neuorientierung insofern ernst genommen, als sie in zahllosen Zusammenhängen verfassungsrechtliche Argumentationen für die Lösung verwaltungsrechtlicher Fragen herangezogen haben. Im Einzelnen wird dies in den folgenden Abschnitten dargestellt; vorweg sei jedoch deutlich gemacht, dass die Ausstrahlungen der großen Staatszielbestimmungen – Demokratie, Rechtsstaat und Sozialstaat – das gesamte heutige Verwaltungsrecht kennzeichnen, und zwar nicht nur in einem normativen Sinne, sondern auch in der tatsächlichen Bearbeitung einzelner Fragen. Dass bei genauer Betrachtung zahlreiche Diskrepanzen zwischen Anspruch und Wirklichkeit feststellbar sind, ändert nichts an dieser verstärkten normativen Kraft der Verfassung.

54 So ist die aus älteren Epochen überkommene Lehre vom Vorbehalt des Gesetzes für die Gegenwart einerseits vom Demokratieprinzip, andererseits von den Grundrechten her weiterentwickelt worden (dazu Rn. 159 ff.). Die Gerichte haben ferner die Bindung der Verwaltung durch Rückgriff auf den Gleichheitssatz des Art. 3 GG in früher nicht gekannter Weise verstärkt. Rechtsstaats- und Sozialstaatsprinzip sind als Stützen für einen Ausbau des Vertrauensschutzes in bestimmten verwaltungsrechtlichen Beziehungen benutzt worden. Durch Bezugnahme auf die Grundrechte der Art. 1 und 2 GG hat das Bundesverwaltungsgericht schon in der allerersten Zeit seines Bestehens obrigkeitsstaatliche Vorstellungen zur Fürsorge für sozial Schwache überwunden und den Hilfsbedürftigen einen Anspruch auf Unterstützung zuerkannt[12]. In diesem und in zahlreichen anderen Punkten haben die Parlamente später in Gesetzesform gebracht, was Gerichte schon zuvor aus allgemeinen verfassungsrechtlichen Überlegungen hergeleitet hatten.

55 **Neue Entwicklungen in der Gesellschaft,** vor allem der rapide Trend zum intensiven *Technikeinsatz*, fordern in vielfacher Weise zur Konkretisierung und Effektuierung von Verfassungsrecht heraus. So verlangt der Respekt vor der Menschenwürde und den Grundrechten, dass Maschinen die Menschen nicht ersetzen und dass großtechnische Anlagen die Gesundheit und das Leben der Menschen nicht gefährden. In Entscheidungen zur Atomindustrie[13] ebenso wie zur Datenverarbeitung[14] haben die Gerichte denn auch die Zusammenhänge zwischen Verfassungsrecht und Verwaltungsrecht sowie anderen Rechtsgebieten[15] zur Geltung gebracht; zentrale Grundgedanken des Umwelt- und Atomrechts, des Medien- und Informationsrechts sind aus der Verfassung ableitbar[16].

---

12 BVerwGE 1, 159.
13 Z. B. BVerfGE 49, 89; 53, 30.
14 BVerfGE 65, 1 – Volkszählungsgesetz 1983.
15 Z.B. Arbeitsrecht: BAG, NZA 1985, 28 – Mitbestimmung bei Personalinformationssystemen.
16 Vgl. auch *Ossenbühl*, DÖV 1981, 1 – freilich mit z. T. anfechtbaren Ergebnissen.

c) Strukturelle Unterschiede von Verwaltungsrecht und Zivilrecht

Damit ist schon angedeutet, welch vielfältigen Bindungen die Verwaltung bei ihren Aktivitäten unterworfen ist. Anders als die Partner eines zivilrechtlichen Vertrages genießt sie *keine „Privatautonomie";* es steht ihr nicht frei, mit wem sie Rechtsbeziehungen anknüpft und welchen Inhalt sie diesen gibt, sondern sie unterliegt dem *Prinzip der Gesetzmäßigkeit*. Die Verwaltung darf nicht beliebige Interessen verfolgen, sondern hat nur die allgemein und in den Formen des Rechts anerkannten staatlichen Aufgaben zu erledigen, sie darf auch nicht auf den Marktmechanismus und seine angebliche Gemeinwohlfunktion vertrauen, sondern hat gerade die nicht über den Markt zu befriedigenden Bedürfnisse zu berücksichtigen. Sie ist daher selbst dort, wo sie sich privatrechtlicher Formen bedient[17], an spezifisch verwaltungsrechtliche Grundsätze gebunden. Ihre typische Handlungsform kann solange nicht der Vertrag sein, wie sich mit diesem Rechtsbegriff die Vorstellung von Vertragsfreiheit verbindet. Die typische – freilich keineswegs ausschließliche – Verwaltungshandlung ist vielmehr die *einseitige* Anordnung oder Bewilligung in der Form des „Verwaltungsaktes" (s. dazu unten § 18). Diese Anordnung kann im Allgemeinen auch *vollzogen* werden, ohne dass ein Gerichtsurteil dazu besonders ermächtigt (die gerichtliche Kontrolle der Verwaltung ist als *nachträgliche* gestaltet, sie wird erst durch die Initiative des Betroffenen ausgelöst).

56

4. Umfang und Untergliederung des Verwaltungsrechts

Das Recht der Verwaltung wächst entsprechend dem Umfang der Verwaltungsaufgaben[18] seit einigen Jahrzehnten ständig an und entwickelt Untergliederungen mit mehr oder weniger großer Eigenständigkeit.

57

a) Bundes- und Landesverwaltungsrecht

Eine für die Verwaltungspraxis wichtige Unterscheidung ist die zwischen Bundes- und Landesverwaltungsrecht. Der Bund hat seine umfangreiche Gesetzgebungsbefugnis nach Art. 73-75a GG genutzt und auf fast allen Gebieten des Verwaltungsrechts zumindest Rahmenvorschriften erlassen. Den Ländern sind daher nur wenige Materien geblieben: neben dem Recht der eigenen staatlichen, kommunalen und berufsständischen Organisation (Wahlgesetze, Behördenaufbau, Beamtengesetze, Gemeinde- und Kreisordnungen, Kammergesetze) ist Landesrecht vor allem das Polizei- und Ordnungsrecht samt seinen Spezialformen wie Bauordnung und Gesundheitsverwaltung sowie der größere Teil des Bildungs- und Kulturverwaltungsrechts und des Wasser-, Wege- und Straßenrechts.

58

---

17 Dazu Rn. 80 ff. und 244 ff.
18 S. oben Rn. 364 ff., 476 f.

§ 2 *Das Verwaltungsrecht im System des geltenden Rechts*

Für manche Gebiete gelten sowohl Bundes- als auch Landesrecht, und zwar
- entweder **komplementär,** in *gegenseitiger Ergänzung,* nämlich überall da, wo Rahmengesetze des Bundes und ausfüllende Gesetze der Länder vorhanden sind, z. B.: Beamtenrechtsrahmengesetz/Landesbeamtengesetze; Hochschulrahmengesetz/Landes-Hochschulgesetze; Baugesetzbuch/Landesbauordnungen[19]; Wasserhaushaltsgesetz/Wassergesetze; Melderechtsrahmengesetz/Meldegesetze;
- **oder alternativ,** z. B.: Verwaltungsverfahrensgesetz des Bundes (vgl. § 1 VwVfG) oder des jeweiligen Landes; Bundesdatenschutzgesetz/Landesdatenschutzgesetze; Straßenverkehrsgesetz und -ordnung/Straßen- und Wegegesetze der Länder.

Die Abwehr von immer mehr **speziellen** Gefahren regelt der Bund spezialgesetzlich (z. B. im Bereich des Immissionsschutzes, des Waffenrechts, des Lebensmittel- und Arzneimittelrechts); so ist aus dem Polizei- und Ordnungsrecht unter vielen anderen auch das Umweltrecht allmählich herausgewachsen. Für die nicht besonders geregelten Fälle bleibt es jedoch bei der Geltung der Polizeigesetze bzw. Sicherheits- und Ordnungsgesetze der Länder.

59 Einige Bundes- und Landesgesetze stimmen inhaltlich, manche sogar in den Formulierungen miteinander überein. So ist das VwVfG des Bundes von den Ländern mit nur ganz geringen Änderungen oder schlicht durch Verweisung übernommen worden; sogar die Paragraphenzählung ist dieselbe[20]. Die Polizeigesetze verschiedener Länder gleichen sich in vielen Punkten, weil sie auf der gleichen Vorlage, dem Musterentwurf eines einheitlichen Polizeigesetzes beruhen. Zum ersten Einstieg in eine Materie (nicht aber für schriftliche Arbeiten oder gar Prüfungen!) genügt es daher, jeweils eines dieser Gesetze heranzuziehen.

b) Allgemeines und Besonderes Verwaltungsrecht

60 In der Literatur hat sich die Unterscheidung zwischen Allgemeinem und Besonderem Verwaltungsrecht durchgesetzt, die – mit Vorbehalten, vgl. Einleitung Rn. 3 – auch diesem Lehrbuch zugrundeliegt. Dabei werden unter dem Begriff des Allgemeinen Verwaltungsrechts die **rechtlichen Struktur- und Querschnittsfragen** behandelt, die für alle Verwaltungszweige bedeutsam sind, also:
- Organisation der Verwaltung,
- allgemeine Lehren über Rechtsbindung und Gestaltungsfreiheit der Verwaltung,
- Verwaltungsverfahren und Grundzüge des Verwaltungsprozessrechts,
- Handlungsformen der Verwaltung,
- typische Fehler der Verwaltung und ihre Folgen,
- allgemeine Regeln über öffentlich-rechtliche Rechtsverhältnisse, insbesondere Schuldverhältnisse, sowie
- das Recht der öffentlichen Sachen.

61 Als **Besonderes Verwaltungsrecht** wird eine Vielzahl von Rechtsmaterien zusammengefasst, die zum einen Spezialgebiete des Organisationsrechts, zum anderen eine Fülle von Sachmaterien betreffen:

---

19 Vgl. BVerfGE 3, 407.
20 Ausnahme: Schleswig-Holstein. Dort gilt statt des VwVfG das umfassendere Landesverwaltungsgesetz (LVwG), das aber inhaltlich ebenfalls kaum vom VwVfG des Bundes abweicht.

aa) Spezielles Organisations- und Personalrecht:

Kommunalrecht einschließlich Recht der kommunalen Verbände, der kommunalen Wirtschaft und der Kommunalabgaben; Haushaltsrecht; Recht der berufsständischen Kammern; Beamtenrecht und Recht der Arbeitnehmer des öffentlichen Dienstes;

bb) Recht der ordnenden, leistenden und fördernden Verwaltung; im Einzelnen[21]
- das *Recht der* **Ordnungs- und Überwachungsverwaltung,** nämlich das allgemeine und besondere Polizei- und Ordnungsrecht, das Ausländerrecht, das Versammlungsrecht, das öffentliche Vereinsrecht, die Gewerbeaufsicht und der Immissionsschutz, Bauplanungs- und Bauordnungsrecht, Gesundheitsaufsicht, Wehrrecht und Zivilschutz;
- das Recht der **leistenden Verwaltung** (Sozialrecht im weiteren Sinne), insbesondere: Sozialversicherungsrecht, Sozialhilferecht, Ausbildungsförderung, Arbeitsförderung, Wohngeld, Kindergeld;
- das Recht der **fördernden Verwaltung** (Subventionsrecht im weiteren Sinne), insbesondere: Wirtschaftssubventionen, Kulturförderung, Unterstützung sonstiger gesellschaftlicher Aktivitäten.

Manche Teilgebiete des Besonderen Verwaltungsrechts sind mit dieser Einteilung aber nicht angemessen erfasst, nämlich all jene, die stärker von **gesellschaftlichen Handlungsfeldern** her bestimmt sind, wie das *Kultur- und Bildungsrecht* und das (häufig auch von Zivilrechtlern bearbeitete) *Wirtschaftsverwaltungsrecht*.

Allgemein gilt: Rechtliche Schlussfolgerungen für Einzelfälle dürfen aus solchen Übersichten, die im Wesentlichen der Gliederung des Stoffes und der Verdeutlichung von Zusammenhängen dienen, nicht gezogen werden! Auch sei nochmals betont, dass die relative Verselbstständigung mancher Teilgebiete des öffentlichen Rechts – insbesondere des Steuerrechts, in geringerem Maße auch des Sozialversicherungsrechts (Rn. 40) – die angemessene rechtliche Beurteilung gelegentlich erschwert. Das Steuerrecht, das die typische Form des hoheitlichen Eingriffs in die Rechte des Einzelnen regelt, hat sich durch die organisatorische Abkoppelung der Finanzverwaltung von der übrigen Exekutive in bedenklicher Weise verselbstständigt. Nicht nur Terminologie und Systematik, sondern in manchen Fragen auch die Maßstäbe sind unterschiedlich, was zu Überprüfungen nach Art. 3 Abs. 1 GG Anlass geben kann.

62

c) Europäisches Gemeinschaftsrecht

Zum Verwaltungsrecht, wie es heute in Deutschland gilt, gehören auch große Teile des europäischen Gemeinschaftsrechts. Sie prägen nicht nur einzelne Gebiete des Besonderen Verwaltungsrechts wie das Subventionsrecht, das Marktordnungsrecht der Landwirtschaft und das Recht der „regulierten" Wirtschaftszweige (u. a. Telekommunikation und Energiewirtschaft), sondern auch wichtige Elemente des Allgemeinen Verwaltungsrechts. Vgl. dazu z. B. Rn. 818.

63

---

21 Vgl. schon oben Rn. 25.

5. Die Unterscheidung von öffentlichem und Privatrecht als praktisches Problem; Abgrenzungsregeln

64 Zu praktischen Zwecken ist es heute nötig, das Handeln der Verwaltung nach öffentlichem Recht von dem Handeln nach Privatrecht (Zivilrecht) einigermaßen trennscharf abzugrenzen. Diese Abgrenzung dient nicht mehr nur, wie ursprünglich, einer rechtssystematischen und sozialphilosophischen Ordnung des Stoffes, sondern hat Bedeutung für einige Themen des Verwaltungsalltags.

Als Konsequenz der verfassungsrechtlichen Kompetenzaufteilung zwischen dem Reich und den Einzelstaaten stellte sich die Abgrenzungsaufgabe schon unter der Bismarck'schen Reichsverfassung; seit ihrer Änderung von 1873 stand dem Reich die Kodifikationsbefugnis für das gesamte bürgerliche Recht zu, während „das öffentliche Recht als Attribut der verfassungsrechtlich vorgegebenen Landessouveränität verstanden wurde"[22]. Die Gesetzgebungskompetenz des Zentralstaates ist seitdem weiter ausgedehnt worden; nach dem Grundgesetz ist der Bund auch für eine Vielzahl öffentlich-rechtlicher Materien zur Gesetzgebung berufen, und die Abgrenzungsprobleme stellen sich insofern heute anders, nämlich spezieller als seinerzeit.

a) Funktionen der Abgrenzung

65 Zuerst einmal muss die Frage genauer formuliert werden. Wir müssen klären, warum überhaupt die Abgrenzung notwendig ist. Was hängt davon ab, wie die Trennlinie zwischen öffentlichem und Privatrecht gezogen wird?

aa) Die **Bestimmung des Rechtsweges durch die „Generalklauseln" in § 40 VwGO und § 13 GVG:** je nachdem ob eine Streitigkeit sich als öffentlich-rechtlich oder privatrechtlich darstellt, ist eine andere Gerichtsbarkeit zur Entscheidung zuständig.

„Vor die ordentlichen Gerichte gehören alle bürgerlichen Rechtsstreitigkeiten und Strafsachen, für die nicht entweder die Zuständigkeit von Verwaltungsbehörden oder Verwaltungsgerichten begründet ist oder aufgrund von Vorschriften des Bundesrechts besondere Gerichte bestellt oder zugelassen sind." Wenn hier – in § 13 GVG – von „ordentlichen" Gerichten gesprochen wird, sind die Zivil- und Strafgerichte (§ 12 GVG: Amtsgerichte, Landgerichte, Oberlandesgerichte und Bundesgerichtshof) gemeint. Die Vorschrift lässt erkennen, dass es bürgerlich-rechtliche (synonym mit „privatrechtliche") Rechtsstreitigkeiten gibt, die nicht vor den ordentlichen Gerichten verhandelt werden; dies gilt insbesondere für Arbeitsrechtsstreitigkeiten (§§ 2, 2a Arbeitsgerichtsgesetz), während der Fall, dass für bürgerliche Rechtsstreitigkeiten die Zuständigkeit von Verwaltungsbehörden oder Verwaltungsgerichten begründet ist, praktisch nicht mehr vorkommt. Vielmehr ist umgekehrt die ordentliche Gerichtsbarkeit derzeit noch für eine Reihe öffentlich-rechtlicher Streitigkeiten zuständig (§ 40 Abs. 2 VwGO).

Ob eine „Streitigkeit" bürgerlich-rechtlich oder öffentlich-rechtlich ist, richtet sich nach dem „Streitgegenstand"; das ist im Allgemeinen ein geltend gemachter Anspruch oder ein sonstiges Recht, dessen Bestehen oder Reichweite umstritten ist.

---

22 BVerfG, NJW 1976, 1835.

5. Die Unterscheidung von öffentlichem und Privatrecht als praktisches Problem § 2

Die Wahl des falschen Rechtsweges ist aber infolge der §§ 17 und 17 a GVG heute nicht mehr so folgenschwer wie früher (lesen Sie diese Vorschriften nach!).

bb) Die **Haftung des Staates (Art. 34 GG i. V. m. § 839 BGB)**: Hat jemand in Ausübung eines „öffentlichen Amtes" (nach allgemeiner Ansicht ist das gleichbedeutend mit: „öffentlich-rechtlich") gehandelt, so trifft unter bestimmten Bedingungen die Verantwortlichkeit dafür den Staat oder die sonstige Anstellungskörperschaft. Soweit sich staatliche Stellen in privatrechtlichen Beziehungen fehlerhaft verhalten, haften sie nach den Regeln des Privatrechts, vgl. unten § 26 Rn. 1109.

cc) Die Feststellung, ob **eine behördliche Maßnahme einen Verwaltungsakt oder einen öffentlich-rechtlichen Vertrag** darstellt (§§ 35, 54 VwVfG): auch hier kommt es in erster Linie darauf an, ob die Behörde auf dem Gebiet des öffentlichen Rechts tätig geworden ist (vgl. unten § 18, Rn. 687 f.). Ist dies nicht der Fall, so kann dies wiederum Auswirkungen auf den Rechtsweg und die Haftung haben.

dd) Die Bestimmung der **Rechtsform von „juristischen Personen"** (§ 89 BGB): es gibt neben den privatrechtlichen Vereinen, Gesellschaften und Stiftungen auch Körperschaften, Anstalten und Stiftungen des öffentlichen Rechts; sie unterliegen anderen Rechtsnormen als die privatrechtlichen „Parallel"-Organisationen und müssen deshalb von ihnen abgehoben werden. Da bei der Errichtung von juristischen Personen nicht immer eindeutig bestimmt wird, ob sie nach privatem oder nach öffentlichem Recht gegründet werden, muss häufig im Nachhinein entschieden werden, welchem Rechtsgebiet die (manchmal schon sehr lange bestehende) Organisation zuzuordnen ist. Auch hier ergeben sich Folgen für den Rechtsweg und die Haftung.

ee) **Inhaltliche Besonderheiten:** Wird ein Vorgang als öffentlich-rechtlich bezeichnet, so schwingt darin unter Umständen auch der Hinweis auf wichtige Besonderheiten dieses Sachverhalts mit, die bei der materiell-rechtlichen Bewertung beachtet werden müssen. Die Aussage, dass der Vorgang als öffentlich-rechtlich anzusehen sei, enthält dann eine *Rechtskreiszuordnung*, eine Verweisung auf leitende Prinzipien des öffentlichen Rechts, insbesondere die Grundrechte. Von der *Frage* her formuliert, stellt sich das Problem so, ob der zu beurteilende Sachverhalt nach den Grundsätzen entschieden werden soll, die für das *private* Handeln, das „Jedermanns"-Handeln gelten, oder nach Grundsätzen, die speziell für die öffentliche Verwaltung entwickelt worden sind. Die Funktion dieser Unterscheidung darf freilich nicht überbewertet werden: die Grundrechte binden nach Art. 1 Abs. 3 GG die Staatsgewalt in *allen* ihren Erscheinungsformen; selbst dort, wo die Verwaltung „an sich" Privatrecht anwendet, verändert sich dieses in seinem Inhalt, es wird zu einem „Verwaltungsprivatrecht", das die Behörden enger bindet als die Bürger[23].

Diese Auflistung der *Funktionen* einer Abgrenzung von öffentlichem und privatem Recht sollte dazu beitragen, ihren *Gegenstand* selbst klarer zu bezeichnen, also die Frage zu präzisieren, *was* eigentlich voneinander abgegrenzt werden muss. Die Beispiele zeigen: Bei der praktischen Arbeit des Verwaltungsjuristen geht es darum

66

---
23 Dazu insbesondere *Ehlers*, DVBl. 1983, 422 ff.; siehe auch unten Rn. 241-255.

festzustellen, ob *bestimmte Handlungen* (Handlungszusammenhänge) der Verwaltung (genauer: bestimmter Verwaltungsstellen) oder von Personen, die miteinander oder mit Verwaltungsstellen in Kontakt treten, *als „öffentlich-rechtlich" bezeichnet* werden sollen, noch exakter: ob sie als *Handlungen* klassifiziert werden sollen, *auf die Rechtsnormen anzuwenden sind, die ihrerseits als Elemente des Normensystems „Öffentliches Recht" angesehen werden.* Damit verlagert sich die Frage von der konkreten (Verwaltungs- oder Bürger-)Handlung ein Stück weg, hin zur abstrakten Ordnung der Teilrechtsgebiete: wir müssen wissen, ob die anzuwendenden Rechtsnormen dem öffentlichen oder dem Privatrecht zuzuschlagen sind.

Doch ergibt sich hier eine erhebliche Schwierigkeit. Wir wissen nämlich nicht genau genug, ob eine Materie dem einen oder dem anderen Rechtsgebiet zugehört, ja die Frage selbst ist letztlich nicht sinnvoll zu stellen. Denn die Einteilung des Rechtssystems in Teilsysteme stimmt nicht mit der Unterscheidung der beiden „Reiche" Öffentliches und Privatrecht überein. Materien wie das Straßenrecht, das Wasserrecht, das Recht der öffentlichen Anstalten, das Wirtschaftsrecht enthalten sowohl öffentlich-rechtliche wie privatrechtliche Rechtsnormen. Die Unterscheidung zwischen öffentlich-rechtlichen und privatrechtlichen Normen ist überhaupt erst erforderlich geworden, weil die Verwaltung und im gewissen Maße auch der Bürger sich sowohl des einen wie des anderen Rechts bedient haben und dies auch als rechtmäßig anerkannt worden ist. *Innerhalb* der verschiedenen Teilrechtsgebiete muss weiter differenziert werden, und für diese Differenzierung geben die einschlägigen Gesetze kaum Anweisungen.

Wie hilft sich der Jurist? Er geht sozusagen den umgekehrten Weg und entnimmt die Unterscheidungen nicht dem Normensystem, sondern schafft sie selbst in der Bewertung des konkreten Lebenssachverhalts. Die Maßstäbe aber holt er wieder aus „Wesens"-Merkmalen des öffentlichen und des Privatrechts heraus; er greift auf die *idealtypische Verschiedenheit der beiden Arten von Recht* zurück. Dieser „Wesens"-Vergleich wird im Rahmen von „Theorien" vorgenommen, die um bestimmte Leitbegriffe herum konstruiert worden sind. Tatsächlich handelt es sich um praktische Abgrenzungsregeln, Entscheidungshilfen, die nicht etwa als Produkte juristischer Logik angesehen werden dürfen und die voneinander auch nicht ohne Überschneidung abgesondert werden können[24]. Keinesfalls dürfen Sie sich sklavisch an solche Theorien halten – das tun auch die Gerichte nicht[25].

Im europäischen Gemeinschaftsrecht ist die Unterscheidung zwischen öffentlichem und privatem Recht nur noch von geringer Bedeutung. Angesichts des Umstandes, dass das europäische Wettbewerbsrecht auch für öffentliche Unternehmen gilt, wird sogar die Ansicht vertreten, die Unterscheidung sei obsolet geworden[26].

---

24 In der Wissenschaft werden übrigens zunehmend die gegenseitigen Bezüge zwischen den beiden Rechtsgebieten betont; vgl. *Hoffmann-Riem/Schmidt-Aßmann* (Hrsg.), Öffentliches Recht und Privatrecht als gegenseitige Auffangordnungen, 1996.
25 Vgl. dazu auch *Hufen*, Verwaltungsprozeßrecht, § 11 Rn. 27. Grundsätzliche Bemerkungen auch bei *Renck*, JuS 1999, 361 ff.
26 *Kadelbach*, Allgemeines Verwaltungsrecht unter europäischem Einfluss, 1999, S. 490 f.

5. Die Unterscheidung von öffentlichem und Privatrecht als praktisches Problem § 2

b) Die Abgrenzungsregeln

Die gängigsten Abgrenzungsregeln sind die Folgenden:

aa) „Interessentheorie"

Der Hauptteil des Gesetzbuches von *Justinian*, die Digesten, beginnt mit dem Satz des römischen Juristen *Ulpian* (170 bis 228 n. Chr.): „Publicum ius est quod ad statum rei Romanae spectat, privatum quod ad singulorum utilitatem." Dieser Satz wird meist so übersetzt: „Öffentliches Recht sind diejenigen Rechtssätze, die dem öffentlichen Interesse zu dienen bestimmt sind, während dem Privatrecht die Rechtsätze angehören, die private Interessen verwirklichen (sollen)." Dieser Ansatz – **Unterscheidung nach „öffentlichem" oder „privatem Interesse"** – verkennt, dass *alles Recht* in letzter Linie dem Interesse der Menschen dienen soll und der Staat keine davon abgehobenen eigenen Interessen verfolgen darf. – Man kann diese Theorie aber auch aus umgekehrter Blickrichtung heraus kritisieren, wie es das BVerwG getan hat: „Für sich allein führen die öffentlichen Interessen noch nicht zur Einordnung der dadurch begründeten Rechtsverhältnisse in das öffentliche Recht" – eben weil die öffentliche Hand sich manchmal auch der Formen des Privatrechts bedienen kann[27].

67

Gleichwohl wurde die Interessentheorie in der Rechtsprechung noch gelegentlich zugrunde gelegt[28]. In letzter Zeit geschieht dies freilich nur noch selten und allenfalls als zusätzliches Argument.

bb) „Subjektionstheorie" („Subordinationstheorie")

„Das öffentliche Recht ist grundsätzlich Subordinationsrecht, das Privatrecht grundsätzlich Koordinationsrecht"[29]. Danach ist immer dort, wo öffentliche Instanzen mit Geboten, Verboten, unmittelbarer Rechtsgestaltung oder verbindlicher Feststellung in Erscheinung treten, öffentliches Recht anzunehmen.

68

Man fragt also: Begründet die angewendete Rechtsnorm eine Unterordnung des Bürgers gegenüber dem Staat (bzw. einer seiner Untergliederungen) oder nicht? Besteht bereits ein konkretes Rechtsverhältnis, so ist die Frage wie folgt zu variieren: Ist aufgrund der Rechtsnormen, die den Rahmen für die Handlungsweise der Verwaltung oder des Bürgers abgeben, ein **Verhältnis der Über-/Unterordnung** vorhanden oder gewollt? Je nachdem wird die zu erörternde Rechtsfrage (das geltend gemachte Recht) als öffentlich-rechtlich oder privatrechtlich angesehen.

Beispiele: Eine Gemeinde hat einen *Schlachthof* errichtet und durch Satzung vorgeschrieben, dass nur dort geschlachtet werden darf. Das Grundverhältnis zwischen Gemeinde und

---

27 BVerwGE 19, 308, 312.
28 Vgl. beispielsweise BVerwGE 1, 308, 310; 13, 307, 309; 15, 296, 299 f.; OVG Koblenz, JZ 1973, 360; s. auch *Bachof*, Verfassungsrecht, Verwaltungsrecht, Verfahrensrecht in der Rechtsprechung des Bundesverwaltungsgerichts, Bd. II, 1967, 306 ff.
29 *Forsthoff*, Lehrbuch des Verwaltungsrechts, 1. Bd. Allgemeiner Teil, 10. A., S. 13.

Schlachthofbenutzern ist durch die Überordnung der einen Seite geprägt; dies hat zur Folge, dass auch die daraus abzuleitenden Rechtsbeziehungen, insbesondere die Verpflichtung zur Benutzung des Schlachthofes und die Einzelheiten des Benutzungsverhältnisses öffentlich-rechtlich sind. Aber dies gilt nicht für den „Nebenerwerb", den sich der Schlachthof durch Verkauf von Blockeis verschafft; dies ist eine privatrechtliche Handlungsweise[30]. Entsprechend hat der *BGH* für ein als Gemeindeanstalt betriebenes Wasserwerk aus dem Vorhandensein einer *Satzung* (mit Anschluss- und Benutzungszwang) gefolgert, dass das Benutzungsverhältnis ein öffentlich-rechtliches Schuldverhältnis sei. Dennoch sei der Zivilrechtsweg gegeben, wenn die Gemeinde eine öffentlich-rechtliche Sorgfaltspflicht verletzt hat. Dies war im vorliegenden Fall die Lieferung von zu stark chloriertem Leitungswasser, welche zu Schäden bei gewerblichen Nutzern führte[31].

Andererseits ist das Rechtsverhältnis einer *Volksbücherei* (Anstalt des öffentlichen Rechts!) zu ihren Benutzern privatrechtlich, wenn es an Anzeichen für eine Überordnung wie Bestehen einer Satzung und eines Benutzungszwanges oder Erhebung von „Gebühren" für das Ausleihen fehlt[32]. Die Beziehungen einer *Universitätsklinik zu* ihren Patienten sind in der Regel bürgerlich-rechtlicher Natur. Dies gilt nach Ansicht der Rechtsprechung selbst dann, wenn der Akt der Einweisung öffentlich-rechtlich war[33]. Die Patienten sind keiner Zwangs- oder Disziplinargewalt unterworfen, Operationen dürfen nicht gegen ihren Willen erfolgen. Anders wiederum liegt es u. a. bei *Zwangseinweisungen Geisteskranker* nach den (landesrechtlichen) Unterbringungsgesetzen und bei der *Behandlung Strafgefangener*[34].

69 Öffentlich-rechtliche Rechtsbeziehungen und eine entsprechende Zuständigkeit der Verwaltungsgerichte sind aber nicht nur dann gegeben, wenn die Behörde solche „hoheitlichen" Mittel benutzen *durfte*; es genügt vielmehr, wenn sie dies *wollte*, obwohl sie „eigentlich" eine privatrechtliche Lösung hätte wählen müssen. Der Betroffene wird dadurch keineswegs schutzlos gestellt: das Verwaltungsgericht muss dann vielmehr prüfen, ob die von der Behörde gewählte Maßnahme rechtswidrig ist, und sie gegebenenfalls gerade wegen der Wahl der falschen Rechtsform aufheben[35].

70 Die Subjektionstheorie, die insbesondere vom Reichsgericht vertreten wurde[36], aber auch in der Rechtsprechung der Bundesgerichte eine Rolle spielt[37], ist dem Einwand ausgesetzt, dass im *öffentlichen Recht auch Gleichordnungsverhältnisse* bestehen (insbes. öffentlich-rechtliche Verträge, vgl. unten § 21). Zwar kann die Subjektionstheorie oft hilfsweise herangezogen werden; denn selbstverständlich weist eine vorhandene rechtliche Überordnung auf den öffentlich-rechtlichen Charakter der Rechtsbeziehung hin. Aber ob Überordnung besteht, ist oft gerade die zu beantwortende Frage – und zwar die gleiche wie die nach dem öffentlich-rechtlichen Charakter der Rechtsbeziehung. Der typische Fall des Zirkelschlusses – man dreht sich argumentativ im Kreise!

---

30 Fall nach BGH, JZ 1962, 217.
31 BGHZ 17, 191, 192.
32 LG Berlin, NJW 1962, 55.
33 BGHZ 4, 138, 149 – Gesetzliche Krankenversicherung.
34 BGHZ 9, 145; s. a. 38, 49.
35 Vgl. BVerwGE 13, 307 ff.; 17, 242; *Bachof*, S. 220 f., 307.
36 RGZ 166, 118 f., 226; 167, 281 f., 287.
37 BGHZ 14, 222 f., 227; 27, 283; BVerwGE 29, 161.

5. Die Unterscheidung von öffentlichem und Privatrecht als praktisches Problem § 2

Ein weiteres Argument gegen die Subjektionstheorie – dass es nämlich *auch im Zivilrecht Über- und Unterordnungsverhältnisse* gibt – ist rein theoretischer Art: das elterliche Sorgerecht und die Vormundschaft sind keine Rechtsbeziehungen zwischen *Staat und Bürger,* und eine Verwechselungsgefahr zwischen arbeitsrechtlichem Direktionsrecht und beamtenrechtlicher Weisungsbefugnis dürfte ebenfalls kaum bestehen.

cc) „Subjekttheorie" („Sonderrechtstheorie", Zuordnungstheorie)

„Öffentliches Recht" ist „der Inbegriff derjenigen Rechtssätze, deren berechtigtes oder verpflichtetes Zuordnungssubjekt ausschließlich ein Träger hoheitlicher Gewalt ist. Es ist **„das ‚Amtsrecht' der Träger hoheitlicher Gewalt und ihrer Organe,** durch das nicht jedermann, sondern notwendig eben nur ein Träger oder (meist) ein bestimmtes Organ hoheitlicher Gewalt berechtigt oder verpflichtet wird"[38]. Der Ton liegt hier auf den Worten **„ausschließlich", „notwendig" und „nur".** Privatrecht sind demgegenüber diejenigen Rechtssätze, die – potenziell oder aktuell – *jedermann* verpflichten oder berechtigen.

71

Man stellt also auf das Subjekt des Handelns ab, daher „Subjekttheorie" – ein recht farbloser Gegenbegriff zur „Subjektionstheorie".

Freilich gibt es eine Anzahl von öffentlich-rechtlichen Rechtsnormen, bei denen zunächst (!) kein Hoheitsträger das Zuordnungssubjekt ist, die sich vielmehr an jedermann richten: das ganze Straßenverkehrsrecht, die meisten Vorschriften über Höchst-, Fest- und Mindestpreise. *Bachof* erklärt ihre öffentlich-rechtliche Natur damit, dass sie straf- oder bußgeldbewehrt sind, dass also Polizei- oder Verwaltungsbehörden – quasi als „Garanten der Erstnorm" – die Einhaltung dieser Pflichten überwachen und erzwingen können; privatrechtlich sind danach solche Normen, deren Verletzung nur die Nichtigkeit von Verträgen oder eine Schadensersatzpflicht nach sich zieht.

Gedanklicher Ausgangspunkt der Subjekt- oder Zuordnungslehre ist die Einsicht, dass öffentliches Recht **Sonderrecht der staatlichen Organisation** ist und sich insofern vom Privatrecht als „allgemeinem" Recht abhebt. Auch diese Abgrenzungsregel erfasst nicht alle Zweifelsfragen, insbesondere nicht diejenigen Verwaltungshandlungen, die ohne den vorausgesetzten engen Bezug zu einem Gesetz ergehen (nicht gesetzes-akzessorische Verwaltungshandlungen). Wenn gerade unklar ist, ob Sonderrecht für die öffentliche Verwaltung vorliegt (z. B. im Förderungswesen, wo durchaus ein Nebeneinander von Staat und Privaten vorkommt), führt auch diese Abgrenzungsregel nicht immer zu sicherer Entscheidung.

72

Ein **Beispiel:** Das OLG Köln[39] hat eine Klage auf Rückzahlung zu Unrecht gezahlter Studienförderung an die Verwaltungsgerichte verwiesen, weil die Aufgabe der Begabtenförderung sich aus einem Rechtssatz ergebe, der nicht jedermann ... verpflichte, sondern notwendig nur einen Staat oder ein Subjekt, das durch Staatsakt zur Wahrnehmung gemeinsamer Angelegenheiten einer ... Personenvielfalt verpflichtet ist". Dabei ist offenbar übersehen, dass neben dem Staat auch private Einrichtungen, z. B. verschiedene Stiftungen, Studien-

---

38 *Wolff/Bachof,* § 22 IIc S. 99.
39 OLG Köln, NJW 1967, 735.

§ 2 Das Verwaltungsrecht im System des geltenden Rechts

förderung betreiben (übrigens in einem erheblichen Maße mit Hilfe des Staates, der den Stiftungen Mittel zur Verfügung stellt). Die Entscheidung ist trotzdem richtig: die Studienförderung ist deshalb öffentlich-rechtlich, weil sie eine Sozialleistung aufgrund einer gesetzlichen Regelung darstellt, die einer Vielzahl von Personen nach gleichen Maßstäben zugute kommen soll, also von dem privatrechtstypischen Moment der Freiwilligkeit (oder gar: Willkür) weit entfernt ist.

73 *Bachof* betont das Unterscheidungsmerkmal, dass der beteiligte Träger öffentlicher Gewalt **„als solcher"**, d. h. in eben dieser Eigenschaft als Subjekt hoheitlicher Gewalt handeln muss[40].

Diese inzwischen herrschende Ansicht wird als **„modifizierte"** oder **„materielle" Sonderrechts- oder Subjekttheorie** bezeichnet. Mit ihr wird der *„formellen"* Sonderrechtstheorie ein *materielles Kriterium* hinzugefügt, nämlich die bereits in der Subjektionstheorie hervorgehobene qualitative Sonderstellung des Staates als *übergeordnetes Rechtssubjekt*. Die materielle Sonderrechtstheorie könnte also als eine Spielart der Subjektionstheorie angesehen werden[41]. Der Begriff „Sonderrecht" führt hier freilich insofern in die Irre, als er suggeriert, „normalerweise" handele der Staat nach anderem Recht. Öffentliches Recht ist gerade das typische Recht der Hoheitsträger als solcher[42]. Beispiele finden sich insbesondere im Recht der Sozialleistungen (s. den vorletzten Absatz!)

74 Auch der von *Zuleeg* geprägte Begriff **„Hoheitstheorie"** baut auf derselben Überlegung auf, indem er das öffentliche Recht als „das auf die Hoheitsgewalt zugeschnittene Recht" bezeichnet[43]. Im Unterschied zu älteren Auffassungen betont *Zuleeg* richtigerweise, dass die Hoheitsgewalt im Rechtsstaat *verrechtlicht* worden ist oder werden muss.

75 Häufig werden die Gesichtspunkte der drei behandelten Abgrenzungsregeln miteinander **kombiniert.** Besonders deutlich ist dies in einer Entscheidung des BVerwG erkennbar, die den Streit um die Verzinsung eines öffentlichen Wohnungsbaudarlehens als öffentlich-rechtlich qualifiziert mit der Begründung:

„Für die Zugehörigkeit zum öffentlichen Recht sprechen der *Zweck* der gesetzlichen Regelung, das *Verfahren*, in welchem die behördliche Entscheidung ergeht, die Voraussetzungen, unter denen sie erteilt werden darf oder muss, und die *Wirkung* der Entscheidung"[44].

Auch *Bachof* kombiniert Zuordnungs- und Interessenlehre[45]. „Wenn ein Rechtssatz einen Hoheitsträger als Zuordnungssubjekt aufweist, aber nicht eindeutig erkennen lässt, ob der Hoheitsträger ‚als solcher' oder als jedermann berechtigt oder verpflichtet werden soll, so ist zu fragen, ob ein überwiegendes öffentliches Interesse an der Verwirklichung des Rechtssatzes – genauer: der in ihm vorgesehenen Rechtsfolgen – besteht. Bejahendenfalls ist der Hoheitsträger „als solcher" angesprochen; dann gehört der Rechtssatz zum öffentlichen Recht, andernfalls zum

---

40 *Bachof*, Über öffentliches Recht, in: Festgabe zum 25-jährigen Bestehen des Bundesverwaltungsgerichts, München 1978, S. 9.
41 Vgl. *Koch/Rubel/Heselhaus*, § 3 Rn. 155.
42 Vgl. *Bachof*, a. a. O., S. 11.
43 *Zuleeg*, Die Anwendungsbereiche des öffentlichen Rechts und des Privatrechts, VerwArch 73, 1982, 393 ff.; *ders.*, JuS 1985, 108.
44 BVerwGE 13, 47, 48 f.; s. a. unten Rn. 241 ff. und 853 ff.
45 A. a. O. (Anm. 40) S. 15 ff., 17.

5. Die Unterscheidung von öffentlichem und Privatrecht als praktisches Problem § 2

Privatrecht". Mit diesen Kriterien lassen sich, wie Bachof belegt, einige praktisch relevante Fragen wie die Verkehrssicherungspflichten für öffentliche Straßen (vgl. Rn. 951 ff.) und das behördliche Hausverbot (unten Rn. 954 ff.) lösen (beide sind richtigerweise als öffentlich-rechtlich zu qualifizieren).

dd) „Traditionstheorie":

Manche Einordnungen lassen sich auch bei größtem Scharfsinn nicht überzeugend begründen und werden doch allgemein akzeptiert. So wurde bis zur ausdrücklichen Neuregelung in §§ 7 PostG und § 9 Fernmeldeanlagengesetz im Jahre 1989[46] die gesamte Tätigkeit der Bundespost als öffentlichrechtlich eingeschätzt, während die gesamte nach außen gerichtete Tätigkeit der Bundesbahn schon bisher als zivilrechtlich galt[47].

76

Die Rechtsanwender folgen solchen Traditionen immer wieder – nicht aus Bequemlichkeit oder Konservatismus, sondern weil sie die Berechenbarkeit der Rechtsprechung (Rechtssicherheit) höher schätzen als die „logische" Richtigkeit oder wissenschaftlich begründete Überzeugung. In diesem Sinn kann man mit *Püttner*[48] von einer „Traditionstheorie" sprechen. Zur Entscheidung abstrakter Probleme trägt dieser Ansatz aber nichts bei.

c) Zur Anwendung dieser Regeln

Der Ratschlag, im Einzelfall von der herrschenden Meinung, also letztlich der Rechtsprechungstradition auszugehen und zu fragen, ob sich Abweichungen davon rechtfertigen, ist durchaus überzeugend. Der Theorienstreit ist in Ausbildung und Praxis bisher häufig überbewertet worden, seine praktische Relevanz steht in umgekehrtem Verhältnis zu Umfang und Intensität seiner literarischen Behandlung (zumal § 17a GVG das Thema entschärft hat – nachlesen!), und es ist offensichtlich, dass die ganze Auseinandersetzung häufig nur die *Darstellung (Begründung)* der Entscheidung berührt, während ihre *Herstellung* (d. h. der Prozess der Entscheidungsfindung) eher vom Ergebnis her gesteuert wird und dabei, wie gesagt, die Tradition eine große und legitime Rolle spielt.

77

Die Rechtslage stellt sich in aller Regel nicht so dar, dass man etwa bei Beurteilung eines konkreten Verwaltungsgeschehens zunächst die Weichen zwischen öffentlich-rechtlicher und privatrechtlicher Handlungsweise stellen kann und dann die weiteren Überlegungen auf ganz unterschiedlichen Pfaden verlaufen. Vielmehr ist die Entscheidung, ob das eine oder das andere Rechtsgebiet einschlägig ist, häufig erst nach genauer Untersuchung des gesamten Problembereiches möglich. Die den Anfänger irritierende Ausführlichkeit mancher Gerichtsentscheidungen zu Rechts-

---

46 Gesetz v. 3. 7. 1989, BGBl. I S. 1449 u. 1455; jetzt Art. 87f Abs. 2 S. 1 GG sowie PostG i. d. F. v. 22. 12. 1997 (BGBl. I S. 3294) und TKG v. 26. 6. 2004 (BGBl. I S. 1190).
47 Vgl. einerseits RGZ 155, 333; BGHZ 12, 89; 98, 140, 143; BVerwGE 71, 85, 87; andererseits BGHZ 20, 104. Zur neuen Rechtslage: Rn. 84.
48 Allgemeines Verwaltungsrecht, S. 80 f.

§ 2 *Das Verwaltungsrecht im System des geltenden Rechts*

wegfragen ist dadurch zu erklären, dass unter derartigen Zuordnungsaspekten gleich der Streit in der Sache selbst entschieden wird – eine Methode, die manchem „elegant" erscheint, weil man damit Sachproblemen auszuweichen meint, die oft aber nur die wirklich entscheidenden Überlegungen verdeckt.

78 Die Tendenz in Rechtsprechung und Literatur geht eindeutig dahin, eine **Vermutung für öffentlich-rechtliches Handeln von Hoheitsträgern** anzunehmen. Wenn der Gesetzgeber nichts Abweichendes festlegt oder wenn nicht besondere Anhaltspunkte für eine privatrechtliche Gestaltung durch die Verwaltung erkennbar sind, sind die Rechtsverhältnisse der Hoheitsträger zu den einzelnen in aller Regel als öffentlichrechtlich zu qualifizieren[49].

Gelegentlich werden auch die **„im Zusammenhang"** mit einem öffentlich-rechtlichen Rechtsverhältnis **stehenden Rechtsbeziehungen** eben wegen dieser Verknüpfung als öffentlich-rechtlich angesehen. So hat das LG Frankfurt/Main entschieden, die Forderung aus der Bürgschaft für die Rückzahlung einer Subvention sei öffentlich-rechtlich, weil das Subventionsverhältnis selbst öffentlich-rechtlich sei[50]. Gegen diese Vorstellung öffentlich-rechtlicher Bürgschaften sprechen jedoch mancherlei praktische und systematische Gründe.

Für den vergleichbaren Fall der Bürgschaft für Steuerschulden gelten Regeln, die gerade eine **getrennte Betrachtungsweise** der Hauptschuld und der Bürgschaft anordnen (vgl. etwa § 192 AO)[51]. Materiell könnte die Zuordnung der Bürgschaft zum öffentlichen Recht kaum andere Rechtsfolgen begründen als ihr Verbleiben im Privatrecht. Soweit daran gedacht ist, die öffentlichen Stellen bei der Geltendmachung solcher Forderungen strengeren Bindungen – etwa sozialer Art oder um der Gleichbehandlung willen – zu unterwerfen, kann dies auch bei zivilrechtlicher Qualifikation des Rechtsverhältnisses geschehen. (Es bleibt also auch hier schließlich nur die Rechtswegfrage, die zur Entscheidung zwischen öffentlichem und privatem Recht nötigt).

79 Die Qualifizierung von Handlungen der Verwaltung oder des Bürgers wird noch schwieriger, wenn es nicht um die Begründung oder Veränderung von Rechtsverhältnissen, also in privatrechtlicher Terminologie „rechtsgeschäftliche" Handlungen geht, sondern um *Realakte*. Denn wenn nicht ausdrücklich Rechtsnormen angewendet oder zumindest in Bezug genommen werden, *fehlt der Anknüpfungspunkt* für die Zuordnung zu dem einen oder anderen Rechtsgebiet. Wie soll man „Zuordnungskriterien für zuordnungsneutrales Handeln"[52] finden? Auch die Subjektionstheorie hilft in solchen Fällen nicht ohne weiteres. Welche Lösungen hier möglich sind, ist in § 7, 5 (Rn. 281 ff.) behandelt.

---

49 Vgl. *Zuleeg*, VerwArch 73, 1982, S. 397.
50 LG Frankfurt/Main, NVwZ 1984, 267.
51 *Zuleeg*, JuS 1985, 108 ff.
52 *Scherer*, NJW 1989, 2726.

6. Wichtige Verwaltungszweige und die typischen Rechtsformen ihrer Aufgabenwahrnehmung

Zur ersten Orientierung dient eine Übersicht über *wichtige Verwaltungsaufgaben* (im Anschluss an oben Rn. 23-31) und ihre typische Aufgabenerfüllungsform: **80**

a) Die **ordnende und lenkende,** das Handeln der Privatrechtssubjekte überwachende und beaufsichtigende Verwaltung, die typischerweise in die Interessenverfolgung der Privaten eingreift, handelt fast ausschließlich öffentlich-rechtlich und *darf* auch nicht ins Privatrecht ausweichen. Täte sie das, würde sie den Rechtsschutz der Adressaten erschweren!

Beispiele: Polizeiliche Verkehrsüberwachung, Bauüberwachung („Baupolizei"), Maßnahmen nach Versammlungsrecht und Ausländerrecht, Gewerbeaufsicht, Steuerveranlagung, Leistungsanforderungen für Verteidigungszwecke oder zur Sicherstellung der Wirtschaft im Notfall.

b) Die **gewährende (leistende) Verwaltung** handelt sowohl nach öffentlichem wie gelegentlich auch nach privatem Recht. **81**

aa) Rechtsverhältnisse zwischen den Trägern der *Sozialversicherung* und ihren Mitgliedern (Versicherten) sind öffentlich-rechtlich, ebenso die Rechtsbeziehungen im Bereich der *Sozialhilfe* und der *Arbeits- und Ausbildungsförderung.* Auch Wohngeld, Kindergeld und soziale Entschädigung bei Gesundheitsschäden werden in Formen des öffentlichen Rechts gewährt. Schließlich sind in diesem Zusammenhang die Jugendhilfe und die Eingliederung Behinderter zu nennen. **82**

Dies alles folgt jetzt aus den einleitenden Bestimmungen (§§ 1-10) des Sozialgesetzbuches – Allgemeiner Teil –, wo der öffentlich-rechtliche Charakter dieser „sozialen Rechte" zwar nicht ausdrücklich, aber doch deutlich genug bestimmt ist. Für die Sozialleistungsbereiche, die im Sozialgesetzbuch geregelt sind, gilt nach § 31 SGB I der Vorbehalt des Gesetzes (vgl. unten § 5). Auf die Sozialleistungen besteht in der Regel ein Rechtsanspruch (§ 38 a. a. O.).

bb) Im Rahmen öffentlich-rechtlicher Beziehungen erbringt die Verwaltung zahlreiche *Dienstleistungen.* So sieht das Sozialhilferecht außer der finanziellen Hilfe eine größere Anzahl von Hilfsmaßnahmen vor, bei denen ein persönlicher Einsatz von Helfern erforderlich ist, so bei der Altenhilfe, Eingliederungshilfe für Behinderte und der Hilfe zur Überwindung besonderer sozialer Schwierigkeiten. Ärztliche Hilfe und Rehabilitations- sowie Vorsorgemaßnahmen werden nach einer Vielzahl von Rechtsvorschriften in unterschiedlichen Formen gewährt; ist die Verwaltung dabei nach dem allgemeinen Sozialrecht zur Hilfe verpflichtet, so besteht zumindest im Verhältnis zwischen Hilfeempfänger und bewilligender Behörde eine öffentlich-rechtliche Rechtsbeziehung. Die Inanspruchnahme öffentlicher Krankenhäuser durch andere Personen (Privatversicherte) wird jedoch in der Regel als privatrechtliches Rechtsverhältnis begriffen. Pflegesatz- und Kostenvereinbarungen nach §§ 84 ff. SGB XI und § 77 SGB VIII sind öffentlich-rechtlicher Natur[53]. **83**

---

53 Str.; wie hier BGHZ 116, 339 und BVerwGE 94, 202; für privatrechtlichen Charakter der Pflegesatzvereinbarungen gemäß § 93 Abs. 2 BSHG jedoch *Neumann,* DÖV 1992, 154 ff. Öffentlich-rechtliche

84 *cc) Versorgungs- und Verkehrsleistungen* erbringt die Verwaltung überwiegend in privatrechtlichen Rechtsverhältnissen. So ist das „Benutzungsverhältnis" bei kommunalen Verkehrsbetrieben privatrechtlich. Die Tätigkeit der früheren *Bundespost* wurde als öffentlich-rechtlich qualifiziert („Traditionstheorie", vgl. Rn. 76); jetzt ist die Post wie die Bahn eine Aktiengesellschaft und beide handeln selbstverständlich zivilrechtlich. Ein altes Fährregal ist vom BGH als öffentlich-rechtlich qualifiziert worden[54].

Die Versorgung der Einwohner mit Energie (Strom, Gas) und Wasser ist im Allgemeinen privatrechtlich geregelt, zumindest dann, wenn für diese Zwecke Gesellschaften des privaten Rechts gegründet worden sind (zur Klarstellung sei nochmals betont: hieran ändert sich nichts durch den Umstand, dass diese Gesellschaften meist vollständig oder fast vollständig der Kommune gehören). Die *Entsorgung* (Kanalisation, Müllabfuhr), die früher in der Regel durch staatliche oder kommunale „Eigenbetriebe" (also rechtlich unselbstständige Teile der öffentlichen Verwaltung) ausgeführt wurde, ist in den letzten Jahren zunehmend privatisiert oder verselbstständigt worden; es sind also Gesellschaften des Handelsrechts oder Anstalten des öffentlichen Rechts gegründet worden; diese schließen mit den „Kunden" zivilrechtliche Verträge ab. Als öffentlich-rechtlicher „Hintergrund" ist aber auch bei dieser Konstruktion eine Rechtspflicht kraft Satzung gegeben, so dass alle potenziellen Nutzer zum Anschluss an diese Entsorgungssysteme verpflichtet sind (Anschluss- und Benutzungszwang).

Bei Versorgungs- und Entsorgungssystemen kommt gelegentlich auch die Kombination von öffentlich-rechtlicher Zulassung und privatrechtlicher Abwicklung vor.

85 *dd)* Im Bereich der *Wirtschaftsförderung* bestehen nur wenige gesetzliche Regelungen (z. B. zugunsten des sozialen Wohnungsbaus); überwiegend entscheidet die Verwaltung hier nach selbstgesetzten Richtlinien und ohne Formenzwang. Wegen der größeren Elastizität wird zumeist die privatrechtliche Form gewählt, so insbesondere bei Subventionen an Wirtschaftsunternehmen (entsprechend auch bei der Förderung sozialer und kultureller Organisationen). Die Entscheidung über die Bewilligung der Subvention ist jedoch auch dann als öffentlich-rechtlich anzusehen, wenn die Vergabe selbst in zivilrechtlicher Form geschieht. Diese Unterscheidung liegt der „Zwei-Stufen-Lehre" zugrunde (s. unten Rn. 250 u. 915 ff.).

86 *ee) Sparkassen* und öffentlich-rechtliche Anstalten, die am Wettbewerb teilnehmen, sind so weit verselbstständigt, dass ihre Beziehungen zu den Kunden als privatrechtlich angesehen werden, obwohl sie organisatorisch der öffentlichen Verwaltung zugerechnet werden müssen (das Letztere gilt selbstverständlich nicht für die „freien" Sparkassen wie die Hamburger und die Frankfurter Sparkasse, die aus privaten Gründungen des 19. Jahrhunderts hervorgegangen sind).

(koordinationsrechtliche) Kostenvereinbarung nach § 77 SGB VIII: *Münder* u. a. in: Frankfurter Lehr- und Praxiskommentar zum KJHG/SGB VIII, 3. A. 1998, § 77 Rn. 3; *Mrozynski*, Kinder- und Jugendhilfegesetz (SGB VIII), 3. A. 1998, § 77 Rn. 2.
54 BGH, DVBl. 1973, 214.

ff) Bei den *kulturellen* Einrichtungen der Verwaltung gibt es ebenfalls unterschiedliche Gestaltungsformen: die Theater schließen privatrechtliche Verträge mit den Zuschauern ab, während bei Museen in der Regel (noch) ein öffentlich-rechtliches Benutzungsverhältnis angenommen wird.

87

gg) Wo der Staat oder die Kommunen sich in anderen als den bisher genannten Wirtschaftszweigen am *Wettbewerb* beteiligen (z. B. durch staatliche Hotels, Brauereien, Industriebetriebe), kann man zwar auch sagen, sie erbrächten eine Form von Leistung für die Allgemeinheit, doch ist hier der privatrechtliche Charakter der (mittelbar) staatlichen oder kommunalen Tätigkeit offensichtlich.

88

hh) Auch die inzwischen wieder aufgelöste *Treuhandanstalt* hat bei der Privatisierung des ehemals volkseigenen Vermögens überwiegend privatrechtlich gehandelt[55]. Treuhandgesetz[56] und Treuhandsatzung sind zwar als öffentlich-rechtlich einzuordnen[57]. Die Anteilsveräußerung im Rahmen der Privatisierung geschah aber nach Verwaltungsprivatrecht[58]. Die Stilllegung eines Betriebes vollzog sich ebenfalls nach Privatrecht, nämlich auf der Grundlage des Gesellschaftsrechts; die Entscheidung über die Übernahme einer Bürgschaft, über die Entschuldung eines Betriebes und die Vergabe von Krediten wurde jedoch als VA angesehen[59] – was vertretbar, aber nicht zwingend ist.

89

c) Ihren **eigenen Bedarf** deckt die Verwaltung teils mit Mitteln des privaten, teils des öffentlichen Rechts. Behörden kaufen Papier und Kraftfahrzeuge wie andere Marktteilnehmer auf der Grundlage des Bürgerlichen Rechts – freilich unter Umständen mit gewissen Besonderheiten, die aus ihrer Sonderstellung auf dem Markt und ihrer durchgängigen Rechtsbindung folgen; hier sind insbesondere die Verdingungsordnungen für (allgemeine) Leistungen und für Bauleistungen (VOL, VOB) und weitere Bestimmungen über das öffentliche Auftragswesen (§§ 97-129 GWB) zu beachten. Bestimmte Marktteilnehmer müssen bevorzugt berücksichtigt werden (Flüchtlinge und Vertriebene, Schwerbeschädigte). Ausnahmsweise, wenn der Markt versagt, können Sachmittel für die Verwaltung öffentlich-rechtlich beschafft werden (Enteignung, Verpflichtung zur Überlassung nach Spezialgesetzen, vor allem für den Bau von Verkehrswegen und für Verteidigungszwecke).

90

Die **Beschaffung von Personal** geschieht ebenfalls teilweise in Formen des Bürgerlichen (Arbeiter und Angestellte), teilweise in Formen des öffentlichen Rechts (Beamte). Das öffentlich-rechtliche Dienst- und Treueverhältnis des Beamten zu seinem Dienstherrn (das ist die öffentlich-rechtliche Körperschaft, die ihn anstellt) wird durch einen Verwaltungsakt (die Ernennung) begründet, als ob der Bürger für das Amt in Pflicht genommen würde[60]. Diese traditionelle Form der Begründung

91

---

55 *Weimar*, DÖV 1991, 813 ff.
56 GBl. DDR 1990 I, S. 300, geändert BGBl. 1991 I S. 766.
57 *Weimar*, DÖV 1991, 813 ff.
58 So auch OVG Berlin, NJW 1991, 715; s. a. VG Berlin, NJW 1991, 1969.
59 *Weimar*, a. a. O.
60 So wurde die Sache früher einmal tatsächlich angesehen, nämlich von *Clemens Theodor Perthes* 1838 in seiner Schrift „Der Staatsdienst in Preußen"; dazu *Bull*, in: Der Staat 2001, 432 ff.

§ 2 Das Verwaltungsrecht im System des geltenden Rechts

eines Rechtsverhältnisses bedeutet selbstverständlich nicht, dass der Staat jeden ohne seine Zustimmung zum Beamten ernennen kann; der Eintritt in das Beamtenverhältnis setzt ebenso wie der Abschluss eines Arbeitsvertrages mit der öffentlichen Verwaltung Übereinstimmung zwischen Verwaltung und Bewerber voraus. Dienstverpflichtungen sind nach Art. 12 Abs. 2 und 12a GG nur unter eng begrenzten Voraussetzungen zulässig. Vgl. im Übrigen § 22 Rn. 880 ff.

92 Die zusammenfassende Feststellung, dass der **größte Teil** der Verwaltungsaufgaben **nach öffentlich-rechtlichen Normen** und in entsprechenden Handlungsformen erfüllt wird, ist inzwischen fragwürdig geworden. Der Prozess der Privatisierung schreitet voran und wirkt sich zunehmend in vielen Bereichen der Verwaltung aus. Vor allem werden neuerdings immer größere Teile der Versorgungs- und Verkehrsaufgaben in zivilrechtlicher Rechts- und Handlungsform betrieben.

Ob die Verwaltung immer *rechtmäßig* handelt, wenn sie die Wahl zwischen öffentlich-rechtlichen und privatrechtlichen Handlungsformen trifft, ist eine andere Frage. Damit befasst sich Rn. 244 ff.

93 **Zur Vertiefung**: Zur Problematik privatrechtlicher Gesellschaften und Beteiligungen der öffentlichen Hand in verfassungs- und verwaltungsrechtlicher wie verwaltungswissenschaftlicher Sicht vgl. *Stober*, Die privatrechtlich organisierte öffentliche Verwaltung, NJW 1984, 449 ff. (mit zahlreichen Beispielen und einem umfassenden Literaturnachweis). Die Rechtsfragen der „Verwaltung in Privatrechtsform" sind in der gleichnamigen, äußerst materialreichen Schrift von *Ehlers* (1984) gründlich aufgearbeitet. Der Verfasser klärt die Frage, wann die Verwaltung sich der privatrechtlichen Gestaltungsformen bedienen darf und welchen besonderen Anforderungen die privatrechtliche Verwaltung unterliegt, und behandelt dabei auch zahlreiche Einzelfragen – zu diesem Thema eine unverzichtbare Fundgrube.

Zu den Ausgangsfällen:

94 1. Vgl. Rn. 47.

2. Vgl. Rn. 48.

3. Öffentlich-rechtlich handelt das Finanzamt beim Erlass der Steuerbescheide. Die übrigen Schreiben sind zivilrechtlicher Natur; nur das Rechtsverhältnis von Stadtwerken zu ihren Abnehmern ist teilweise noch öffentlich-rechtlich geregelt (also durch Satzung statt durch Allgemeine Geschäftsbedingungen; dann ergehen Abrechnungen als „Bescheide" statt als „Rechnungen").

4. Die Stadtbücherei ist eine „unselbstständige Anstalt" des öffentlichen Rechts. Die Stadt kann aufgrund der Benutzungsordnung Bescheide (Verwaltungsakte) erlassen und mit Hilfe des Verwaltungsvollstreckungsrechts durchsetzen, ohne dass ein Gericht den Schuldner zuvor zur Leistung verurteilt. Der Vollstreckungstitel folgt nicht erst aus einem möglichen gerichtlichen Urteil, sondern bereits aus dem Bescheid selbst. Um sich zu wehren, muss vielmehr der Adressat des Bescheids seinerseits das Verwaltungsgericht anrufen.

5. Das BVerwG hält die Verpflichtungserklärung des Sozialamtes für eine zivilrechtliche Willenserklärung; die Behörde handle hier nicht in Ausübung von Sonderrecht der öffentlichen Verwaltung (BVerwGE 94, 229 zu der früheren Regelung

in § 554 Abs. 2 Nr. 2 BGB). Anders sei es aber, wenn das Sozialamt sich für die Zukunft zur Zahlung des Mietzinses verpflichte; eine solche „Mietgarantie" sei von der Aufgabe der Behörde geprägt, den Lebensunterhalt des Sozialhilfebedürftigen zu sichern (§ 12 BSHG, siehe jetzt §§ 27, 29 SGB XII), und hänge daher von der künftigen Sozialhilfeberechtigung ab (BVerwG, NJW 1994, 2968).

§ 3 Der Aufbau der deutschen und europäischen Verwaltung

Ausgangsfälle:
1. *Herr und Frau Meier ziehen von A nach B. Dadurch werden zahlreiche Behördengänge notwendig, insbesondere Abmeldung am alten Wohnort und Anmeldung am neuen sowie Ummeldung des Autos. Bei der Berechnung der Lohnsteuer ist eine Änderung vorzunehmen, weil sich wegen anderer Entfernung zwischen Wohnung und Arbeitsstelle ein anderer Freibetrag ergibt. Durch die Aufregungen wird Herr Meier krank, er braucht einen Krankenschein. Seine Frau wird arbeitslos und sucht eine neue Stelle. An welche Stellen der öffentlichen Verwaltung müssen sich Meiers wenden?*
2. *Zahnarzt Z ärgert sich darüber, dass die Gemeinde G, in der er eine Ferienwohnung besitzt, von ihm Zweitwohnungssteuer verlangt. Er beschwert sich darüber*
   a) *beim Bundespräsidenten,*
   b) *beim Ministerpräsidenten des betreffenden Landes.*
   Welche Antwort wird er erhalten?
3. *Die Programme der Fernsehanstalten werden von Zuschauern, aber auch von Politikern, Interessenvertretern und Institutionen wie den Kirchen vielfach kritisiert. Oft werden auch staatliche Aufsichtsmaßnahmen gegen die Anstalten gefordert, z. B. mit dem Ziel, die Darstellung von Gewalttätigkeiten einzuschränken. Wären solche Maßnahmen zulässig und wer wäre dafür zuständig?*
4. *Eine nordrhein-westfälische Kleinstadt hat nach einem langen Rechtsstreit eine Gewerbesteuernachzahlung in Höhe von 10 Millionen Euro erhalten. Sie möchte dieses Geld sogleich wieder ausgeben, und zwar für einen Umbau am Rathaus und ein großes Hallenbad. Der Regierungspräsident als Kommunalaufsichtsbehörde hält diese Vorhaben für unangemessen; die Rathausplanung sei viel zu aufwendig, und ein modernes Schwimmbad gebe es bereits in der Nachbargemeinde. Kann der Regierungspräsident die Gemeinde daran hindern, das Geld wie vorgesehen auszugeben?*
5. *Durch das Niedersächsische Ausführungsgesetz zum Abfallbeseitigungsgesetz vom 9. April 1973 (GVBl. S. 109) ist die Zuständigkeit für die Abfallbeseitigung*

§ 3 *Der Aufbau der deutschen und europäischen Verwaltung*

generell den Kreisen und kreisfreien Städten übertragen worden. Die Gemeinde Rastede (17 000 Einwohner) sah darin eine Verletzung ihres Selbstverwaltungsrechts und klagte gegen den Landkreis, dem sie angehört, ihr zumindest das Einsammeln und Befördern der Abfälle (zurück) zu übertragen (was nach § 1 Abs. 2 des Gesetzes zulässig wäre). Welche Überlegungen sind hier anzustellen?

(Lösungshinweise in Rn. 128)

1. Die „Träger öffentlicher Verwaltung" in der Bundesrepublik Deutschland

a) Örtliche und überörtliche Verwaltungsorganisation

95 Der Bürger, der seine alltäglichen Verwaltungsgeschäfte zu erledigen hat, wendet sich zunächst überwiegend an örtliche Behörden (auch wenn nicht mehr jeder Ort alle zuständigen Behörden besitzt). Aber schon bei den wenigen Beispielen des Ausgangsfalles 1 sind verschiedene „Träger öffentlicher Verwaltung" beteiligt: Die zuständigen Stellen, nämlich das Einwohnermeldeamt, die Kraftfahrzeugzulassungsstelle, das Finanzamt, die Krankenkasse und die Agentur für Arbeit, gehören zu verschiedenen Rechtssubjekten, die jeweils Verwaltungsaufgaben in eigenem Namen erledigen, und zwar:
– das Einwohnermeldeamt zur *Gemeinde,*
– die Kfz-Zulassungsstelle zum *Kreis* (bei „kreisfreien" Städten jedoch ebenfalls zur Gemeinde, eben der Stadt),
– das Finanzamt ist eine Behörde des *Landes,*
– die Krankenkasse ist selbst ein *eigener Rechtsträger*, eine Körperschaft des öffentlichen Rechts (es gibt verschiedene Arten davon: Orts-, Betriebs- und Innungskrankenkassen, Ersatzkassen), und
– die Arbeitsagentur ist eine *Bundes*behörde, die zu einer bundesunmittelbaren Körperschaft, der Bundesagentur für Arbeit gehört.

96 Die örtliche Verwaltung ist es überwiegend auch, die den Bürgern all jene Leistungen anbietet, die zu den Grundvoraussetzungen des zivilisierten Lebens gehören: Wasser, Energie, Entsorgung, Nahverkehrsmittel, Schulen, Jugend- und Altenheime, Theater und andere Kultureinrichtungen. Erst die „höheren" Bildungsanstalten und die „feineren" kulturellen Angebote sind Sache der überregionalen Verwaltungsträger.

Um den Bürgern die Erledigung ihrer Behördengänge zu erleichtern oder weil die verschiedenen Aufgaben sachlich zusammenhängen, sind neue Organisationsformen wie die lokalen „Kundenzentren", „Bürgerämter", „Genehmigungsdirektionen" und „Wirtschaftsförderungsämter" (diese auch als verselbständigte GmbH's) entstanden. Dort werden Anträge für unterschiedliche Behörden entgegengenommen und teilweise auch bearbeitet. Zur Durchführung der Reform der Arbeitslosenhilfe („Hartz IV") sind „Arbeitsgemeinschaften" gegründet worden, die jeweils aus der örtlichen Agentur für Arbeit, also einer Bundesbehörde, und der kommunalen Sozialbehörde bestehen (§ 44b SGB II). S. dazu auch Rn. 1239.

Die Gemeinden (s.u. Rn. 122 f.) haben nach Art. 28 Abs. 2 S. GG das Recht, „alle 97
Angelegenheiten der örtlichen Gemeinschaft in eigener Verantwortung zu regeln".
Manche halten sie sogar für *originäre* Verwaltungsträger, was heißen soll, dass sie
ihre Befugnisse nicht von der staatlichen Organisation herleiten – eine Einschätzung, die allenfalls für mittelalterliche Gemeinwesen und die reichsunmittelbaren
Städte im alten Reich richtig war. Heute sind die Gemeinden Teilorganisationen
der öffentlichen Verwaltung des Staates mit eigenen Rechten, eingefügt in überwölbende Zusammenhänge. Ihre Selbstständigkeit ist in vielfacher Weise eingeschränkt, und die Verflechtungen mit der Politik der höheren Verwaltungseinheiten
sind so zahlreich und intensiv, dass es durchaus verständlich ist, wenn manche Bürger annehmen, die Gemeindeverwaltung könne von einer Bundesinstanz zur Korrektur ihrer Handlungen angewiesen werden. Tatsächlich besteht kein „Instanzenzug" zwischen Gemeinden und Bund. Auch die Organe des Landes können nicht
ohne weiteres in die Kommunalverwaltung „hineinregieren" (dies zu *Ausgangsfall 2*). Die rechtlichen Zusammenhänge sind im Folgenden näher besprochen.

b) Grundebenen und Grundeinheiten der deutschen öffentlichen Verwaltung

Bund, Länder und Gemeinden bilden die drei Hauptebenen der deutschen Verwal- 98
tung. Die rechtlichen Grundeinheiten sind also die Bundesrepublik Deutschland,
die 16 Bundesländer und die etwa 12 500 Gemeinden sowie Gemeindeverbände.
Diese Hauptträger der Verwaltung sind nicht nur selbstständige juristische Personen des öffentlichen Rechts, haben also eigene Rechte und Pflichten, sondern sind
auch Instanzen selbstständiger politischer Willensbildung; sie stellen eigene Haushalte auf und haben eigenes Personal.

Die **Stadtstaaten** Berlin und Hamburg gehören gleichzeitig zu zwei Verwaltungsebenen
(Land und Gemeinde), das Bundesland Bremen besteht aus zwei Gemeinden. Die kreisfreien Städte nehmen zugleich Kreis- und Gemeindeaufgaben wahr (s. Rn. 124).

Die Organisationseinheiten, die in einigen Ländern als **Mittelbehörden** der staatlichen Verwaltung bestehen (Regierungspräsidien und Bezirksregierungen, s. unten Rn. 117), sind
rechtlich nicht selbstständig; doch haben verschiedene Länder **„höhere Kommunalverbände"** (höher als die Kreise) als selbstständige Träger öffentlicher Verwaltung für bestimmte
Aufgabenbereiche eingerichtet (vgl. Rn. 118).

Daneben gibt es eine Vielzahl weiterer rechtlich selbstständiger Organisations- 99
einheiten, insbesondere die **Körperschaften und Anstalten des öffentlichen Rechts**
(vgl. Rn. 102 f.). Hierunter sind vor allem von Bedeutung:
– die *Sozialversicherungsträger* (Krankenkassen, Rentenversicherungsanstalten[1],
Berufsgenossenschaften sowie die Bundesagentur für Arbeit mit Regionaldirektionen und örtlichen Agenturen für Arbeit),

---

1 Zum 1. 10. 2005 wird deren Organisation erheblich geändert: An die Stelle der Bundesversicherungsanstalt für Angestellte (BfA) tritt die „Deutsche Rentenversicherung Bund", an die der Landesversicherungsanstalten die „Deutsche Rentenversicherung" mit einem Zusatz für die regionale Zuständigkeit.

§ 3 *Der Aufbau der deutschen und europäischen Verwaltung*

- die *Kammern der Wirtschaft* (Industrie- und Handelskammern, Handwerkskammern, Landwirtschaftskammern) *und der freien Berufe* (Rechtsanwalts-, Ärzte-, Apotheker-, Steuerberater- und Wirtschaftsprüferkammern),
- die *Rundfunkanstalten* (teils nach Landesrecht, auch als Mehr-Länder-Anstalten auf der Grundlage von Staatsverträgen – so z. B. NDR, SWRF und ZDF, teils nach Bundesrecht – Deutsche Welle).

Dass sich öffentlich-rechtliche Körperschaften zu einer „höherstufigen" öffentlich-rechtlichen Körperschaft *zusammenschließen* (z. B. Bundesrechtsanwaltskammer), ist i. d. R. unproblematisch. Die Rechtmäßigkeit des Zusammenschlusses zu einer *privatrechtlichen* Organisation hängt davon ab, inwieweit bzw. welche Kompetenzen der Körperschaften auf die privatrechtliche Organisation übertragen werden[2].

c) Gebietskörperschaften und aufgabenbezogene Verwaltungsträger

100 Bund, Länder, Gemeinden und Gemeindeverbände sind **Gebietskörperschaften**; sie haben auf ihrem Territorium grundsätzlich eine umfassende Zuständigkeit, die nur im Verhältnis zu der jeweils höheren oder niedrigeren Gebietskörperschaft eingeschränkt ist. Die anderen juristischen Personen des öffentlichen Rechts könnte man „**Zweckkörperschaften**" nennen. Ihnen ist jeweils ein Ausschnitt aus der Fülle der staatlichen oder kommunalen Aufgaben zugewiesen. So haben die Rundfunkanstalten Hör- und Fernsehfunk zu veranstalten, die Kammern haben das Interesse ihrer Mitglieder zu vertreten und einige festgelegte Verwaltungsaufgaben zu erfüllen, *Planungsverbände* („Regionen") sind für Entwicklungsplanung und bestimmte übergreifende Projekte zuständig, *Zweckverbände* für die Errichtung und Unterhaltung bestimmter Einrichtungen (z. B. Schulen, Krankenhäuser). Auch die *Universitäten* sind rechtlich selbstständige Körperschaften des öffentlichen Rechts; damit haben sie zwar eine rechtlich relativ freie Stellung gegenüber dem Land, aber selbstverständlich sind sie nicht „extraterritorial", haben auf ihrem Gelände keine „Gebietshoheit".

101 Eine frühere Lehre, die den einheitlichen Charakter aller öffentlichen Verwaltung unter dem „Dach" des Staates herausstellte, betrachtete die Wahrnehmung staatlicher Aufgaben durch relativ verselbstständigte Untergliederungen des Staates als **mittelbare Staatsverwaltung**[3]. Diese Terminologie ist heute außer Gebrauch gekommen, weil die damit bezeichneten Einheiten sich wieder stärker auf ihr Recht der **Selbstverwaltung** besinnen[4]. Begreift man die „Mittelung" aber gerade als weitgehende Verselbstständigung ihrer Träger, so liegt es aus verwaltungssystematischer Sicht nahe, von mittelbarer Staatsverwaltung zu sprechen[5]. Das BVerfG hat auch bekräftigt, dass die Gemeinden „Staatsgewalt" i. S. v. Art. 20 Abs. 2 S. 1 GG aus-

---

2 BVerwGE 74, 254, 255 ff.; s. a. *Bull*, in: AK-GG, Rn. 72 vor Art. 83.
3 So insbes. *Forsthoff*, § 25.
4 Vgl. BVerwGE 74, 124, 132 ff.; 77, 128, 132 ff.
5 Vgl. *Schmidt-Jortzig*, Kommunalrecht, Rn. 4, 77.

üben[6]. Selbstverwaltungskörperschaften sind außer den Gemeinden entweder Körperschaften, Anstalten oder Stiftungen des öffentlichen Rechts[7].

Körperschaften des öffentlichen Rechts sind rechtlich selbstständige Träger öffentlicher Verwaltung, die als Personenverband gedacht werden, deren Organisation also auf der *Mitgliedschaft* natürlicher (ausnahmsweise auch juristischer) Personen beruht. Merkmale der Körperschaft sind die Existenz besonderer Organe der Willensbildung und die Unabhängigkeit vom Wechsel der Mitglieder oder deren Bestand. Typische Beispiele sind: Rechtsanwalts-, Ärzte-, Wirtschaftsprüfer-, Industrie- und Handelskammern. Die Anlieger eines Wasserlaufes bilden u. U. einen Wasserverband. Die Mitgliedschaft besteht in aller Regel kraft Gesetzes (**Zwangsmitgliedschaft**)[8]. Die Mitglieder haben Mitwirkungs- und Entscheidungsrechte, die allerdings bei großen Körperschaften schon weitgehend „verdünnt" sind. Sie zahlen Beiträge und haben Rechte auf Teilhabe an Leistungen der Körperschaften kraft ihres Mitgliedschaftsverhältnisses. Weil die Mitgliedschaft unfreiwillig ist, haben die öffentlich-rechtlichen Körperschaften die Grenzen ihres Aufgabenbereichs streng zu beachten; ein allgemeines, d. h. nicht auf die Wahrung ihrer spezifischen Aufgaben bezogenes politisches Mandat haben sie nicht; dies würde gegen Art. 2 Abs. 1 GG verstoßen[9].

102

Die **Anstalt** ist die Form der Verselbstständigung im öffentlichen Recht, die die größte Variationsbreite an Gestaltungsformen aufweist. Da es für sie praktisch keine verfassungsrechtlichen Vorgaben gibt, ist der Gesetzgeber weitgehend frei in der Ausgestaltung. Zur Lösung konkreter Rechtsprobleme ist sehr genau auf die Einsetzungsakte einzugehen. Allgemeine Aussagen sind nur auf einem relativ hohen Abstraktionsniveau möglich. Anstalten unterscheiden sich von Körperschaften dadurch, dass sie nicht Mitglieder, sondern *Benutzer* haben. Sie sind Organisationen zur dauerhaften Verfolgung eines bestimmten Verwaltungszwecks; dieser Zweck – besser: diese Aufgabe – ist ursprünglich von dem größeren Verband zu erfüllen, der die Anstalt gegründet hat, dem *Anstaltsträger*. Anstalten sind also stets einem externen *Träger*, einem „Muttergemeinwesen" zugeordnet, und zwar stets einer Gebietskörperschaft. So sind die Sparkassen[10] „Töchter" der Städte und Kreise, in denen sie ihren Sitz haben. Daraus folgt eine Beschränkung der Geschäftstätigkeit auf das Gebiet des jeweiligen Muttergemeinwesens (Regionalprinzip).

103

Lange Zeit folgte daraus auch eine Haftung der kommunalen Gebietskörperschaften als „Gewährträger" für die Schulden. Dies wirkte sich insbesondere positiv auf die Refinanzierungsmöglichkeiten der Landesbanken und Sparkassen aus und bedeutete letztlich eine

---

6 BVerfGE 83, 37, 54 – Ausländerwahlrecht.
7 Vgl. *Wolff/Bachof* II, §§ 71 III, 84 ff.
8 Das BVerfG erachtet die Zwangsmitgliedschaft für zulässig, E 10, 354 – Ärztekammer; E 15, 235 – IHK; BVerwGE 59, 231 – Verfasste Studentenschaft; s. a. BVerfGE 10, 89 – Braunkohlebergwerke im Erftverband; BVerfG (Vorprüfungsausschuss), NJW 1986, 1095 – Taxiunternehmen in der gesetzlichen Unfallversicherung.
9 BVerwGE 59, 231, 238 f. – Studentenschaft; E 64, 298, 303 – Ärztekammer.
10 Mit Ausnahme der wenigen „freien" Sparkassen, die einen besonderen privatrechtlichen Status haben – Beispiele: Hamburger Sparkasse, Frankfurter Sparkasse, Württembergische Landessparkasse.

§ 3 *Der Aufbau der deutschen und europäischen Verwaltung*

Subvention. Diese Privilegierung gegenüber den Privatbanken war nach europäischem Beihilferecht nicht haltbar. Verhandlungen der Bundesregierung und des Deutschen Sparkassen- und Giroverbandes mit der Europäischen Kommission haben zu einer Einigung geführt, wonach die Gewährträgerhaftung entfallen sollte[11].

104 Die öffentlich-rechtliche **Stiftung** ist ein rechtlich verselbstständigtes Vermögen, das einem bestimmten Zweck zu dienen bestimmt („gewidmet") ist. Stiftungen haben weder Mitglieder noch Benutzer, sondern „Nutznießer" („Destinatäre"). Anders als Stiftungen des bürgerlichen Rechts stehen sie in einer besonders engen Beziehung zur öffentlichen Verwaltung; sie sind funktional ein Stück ausgelagerte öffentliche Verwaltung, z. T. deshalb geschaffen, weil diese Rechtsform eine gemeinsame Verantwortung von Bund und Ländern oder sonstige Verflechtungen – auch mit privatrechtlichen Rechtsträgern – erlaubt, die sonst durch die strenge Aufgaben- und Befugnisordnung der Verfassungen von Bund und Ländern oder der für die Landesverwaltung geltenden Gesetze untersagt wären. Bekanntestes Beispiel ist die Stiftung Preußischer Kulturbesitz, in der Bund und Länder zusammenarbeiten.

Zur Terminologie: Während die Gebietskörperschaften „Behörden" *haben*, wird bei anderen Körperschaften und bei Anstalten des öffentlichen Rechts i. d. R. nicht mehr eine solche Untergliederung angenommen. Diese „sind" zugleich Behörden.

105 Alle juristischen Personen des öffentlichen Rechts innerhalb des Staates mit Ausnahme der Kirchen unterstehen einer **staatlichen Aufsicht** (s. u. Rn. 393 ff.). Diese ist im Allgemeinen nur *Rechtsaufsicht* (zu den Gemeinden vgl. jedoch unten Rn. 123 f.). Rechtsaufsicht kann, wie ausgeführt, recht intensiv in die beaufsichtigte Verwaltung hineinwirken, z. B. indem Rechtsbedingungen der wirtschaftlichen Betätigung und der Haushaltswirtschaft zur Geltung gebracht werden. So haben Aufsichtsbehörden bei Sozialversicherungsträgern die Höhe von Geschäftsführergehältern gerügt; nach einer Reihe von Prozessen bis zum Bundessozialgericht, das solche Aufsichtsmaßnahmen im Großen und Ganzen bestätigt hat, ist die faktische Intensität der Aufsicht aber doch gering geblieben, weil schon die Verfahrensdauer die Aufsichtsbehörden von scharfen Eingriffen abschreckt. Auch sonst wird von den Aufsichtsbefugnissen in der Regel nur sehr zurückhaltend Gebrauch gemacht.

Besondere Probleme bestehen bei den *Rundfunkanstalten*. Sie sind der staatlichen Aufsicht in höherem Maße entzogen als andere öffentlich-rechtliche Anstalten, weil die ihnen obliegende Aufgabe eine gewisse Distanz zum Staat (im engeren Sinne, also zu den „politischen Instanzen") erfordert. Die Erfahrungen mit dem Staatsrundfunk totalitärer Regime schrecken. Gefahren für die Rundfunkfreiheit (Art. 5 Abs. 1 S. 2 GG) können aber auch aus dem gesellschaftlichen Bereich herrühren; auch hier gibt es Beispiele von Abhängigkeit und dadurch verursachter Zensur, die zu Gegenmaßnahmen nötigen. Mit dem BVerfG ist daher festzustellen, dass der Rundfunk weder den staatlichen Stellen (und erst recht nicht den politischen Parteien) noch einer gesellschaftlichen Gruppierung ausgeliefert werden darf[12]. Die Leitung der Anstalten muss pluralistisch gestaltet sein, daher haben die Anstalten Ver-

---

11 Zur Einigung und den Konsequenzen daraus vgl. *Krämer*, Der Gemeindehaushalt 2002, 37; *Schmidt*, Kreditwesen 2002, 726; *Quardt*, EuZW 2002, 424; *Henneke*, NdsVBl. 2002, 113; *ders.*, Der Landkreis 2004, 13.
12 Vgl. insbes. BVerfGE 12, 205, 250 ff.; 31, 314, 325 ff.; 57, 295, 320 ff.; 73, 118, 152 ff.

waltungsräte, in denen Repräsentanten der gesellschaftlich relevanten Organisationen sitzen – von den Parteien (die z.T. überrepräsentiert sind) über die Kirchen[13] bis hin zu den Verbänden und Gewerkschaften.

Auch bei noch so weitgehender Freistellung ist immer noch eine gewisse Aufsicht des Staates notwendig und in den Rundfunkgesetzen und Staatsverträgen auch vorgesehen. Sie wird von den Staatskanzleien der Länder ausgeübt und hat rechtlich wie faktisch nur die Beseitigung von Rechtsverstößen (und zwar solcher von erheblichem Gewicht – sonst würde mittelbar doch wieder Druck auf die Rundfunkfreiheit erzeugt) zum Gegenstand. Allgemeine Beschwerden über die Qualität des Programms, wie im Ausgangsfall 3 beschrieben, können nicht zu Aufsichtsmaßnahmen führen.

Zur Klarstellung: Die *privaten Rundfunkunternehmen* unterstehen einer ebenfalls eingeschränkten Aufsicht durch besondere öffentlich-rechtliche Einrichtungen, nämlich die Landesmedienanstalten, die ihrerseits zur Sicherung der Meinungsfreiheit „staatsfern" organisiert sein müssen und sind (vgl. §§ 35 ff. des Rundfunkstaatsvertrages[14] und Mediengesetze der Länder).

d) Mischformen, privatrechtliche „Trabanten" der öffentlichen Verwaltung

106 Wer die bestehende Verwaltungsorganisation voll begreifen will, muss auch die *Mischformen* und die privatrechtlich eingerichteten *„Trabanten"* berücksichtigen. Wie eben bei den Stiftungen schon erwähnt, wird gelegentlich das Bedürfnis empfunden, die Formenstrenge und Zuständigkeitsordnung insbesondere im Bund-Länder-Verhältnis zu überwinden; dann ist die Versuchung groß, Mischverbände zu gründen oder in die Privatrechtsform auszuweichen. Häufig spielt dabei der Wunsch eine Rolle, die haushaltsrechtlichen Bindungen der öffentlichen Verwaltung zu unterlaufen, etwa um hoch qualifizierte Experten, Techniker, Künstler zu gewinnen, die sonst wegen der besseren Verdienstmöglichkeiten in der privaten Wirtschaft bleiben würden. Es ist klar, dass dieser Formenwechsel rechtlich bedenklich ist[15].

Welche Probleme entstehen können, wenn öffentliche Aufgaben durch privatrechtliche Rechtssubjekte wahrgenommen werden, zeigt anschaulich eine Entscheidung des OLG Hamburg[16]. Die mit der Versorgung durch atomar erzeugten Strom verbundenen öffentlich-rechtlichen Fragen sind nach Ansicht des Gerichts durch die gewählte Organisationsform in das Aktienrecht verlagert worden.

107 Zu den Mischformen: unzulässig ist es, wenn Bund und Länder außerhalb der von der Verfassung vorgesehenen Gestaltungstypen gemeinsame Einrichtungen nach öffentlichem Recht gründen. Das heißt: neben den zur Durchführung der Gemeinschaftsaufgaben nach Art. 91a GG vorgesehenen Gremien ist zwar bei den Körperschaften, Anstalten und Stiftungen des öffentlichen Rechts eine gemeinsame

---

13 Sie haben eine stärkere Beteiligung erstritten, vgl. OVG Lüneburg, DÖV 1979, 170.
14 Der Staatsvertrag v. 31. 8. 1991 gilt in der Fassung des jeweiligen Rundfunkänderungsstaatsvertrages, zuletzt v. 8./15. 10. 2004, abgedruckt in den Gesetz- und Verordnungsblättern der Länder.
15 Vgl. zu diesem Thema insbes. *Ehlers*, Verwaltung in Privatrechtsform, 1984, S. 109-171; *Bull*, in: AK-GG, Rn. 61 ff. vor Art. 83 und in: FS Maurer, 2001, S. 545 ff.
16 ZIP 1990, 311.

Mitgliedschaft von Bund und Ländern (sowie anderer juristischer Personen des öffentlichen Rechts) zulässig, aber die Zuordnung der so gestalteten juristischen Personen zum Bund oder zu einem Land (bzw. der Gemeinschaft der Länder, s. ZDF) muss klar geregelt sein. Deshalb sind Arbeitsgemeinschaften verschiedener Verwaltungsträger bedenklich, ebenso die Verschiebung der Zuständigkeitsordnung durch öffentlich-rechtliche Aufträge (vgl. §§ 88-94 SGB X). Welche Ärgernisse darüber hinaus durch halbherzige, überkomplizierte oder unklare Zuständigkeitsregeln entstehen können, zeigen die Anlaufschwierigkeiten der Arbeitsgemeinschaften nach „Hartz IV".

2. Der Verwaltungsbereich des Bundes

a) Verfassungsrechtliche Prinzipien

108 Spitze der Verwaltung ist die Regierung; über diese wird die Verantwortung der Verwaltung gegenüber dem Parlament vermittelt. Deshalb ist bei der Betrachtung der Verwaltungsorganisation von der Organisation der Regierung auszugehen.

Die verfassungsrechtliche Stellung der **Bundesregierung** ist in Art. 65 GG nach drei, zum Teil miteinander in Spannung stehenden Prinzipien geregelt: *Kanzlerprinzip* (Richtlinienkompetenz des Bundeskanzlers), *Ressortprinzip* (Selbstständigkeit und Eigenverantwortlichkeit der Minister innerhalb ihrer Geschäftsbereiche) und schließlich *Kollegialprinzip* (gemeinsame Beratung und Beschlussfassung des „Kabinetts" als Kollegium). Das Kollegium, bestehend aus dem Bundeskanzler und den Bundesministern, ist ein Verfassungsorgan, das nicht mehr zur „Verwaltung" gehört und daher nicht näher besprochen werden soll. Nur ausnahmsweise wird auch die Bundesregierung als Verwaltungsbehörde tätig.

109 Soweit die Regierung nicht als Kollegium handelt, bedient sie sich der *Ministerien* (Ressorts), die einerseits die Spitze der Verwaltung bilden, andererseits „ministerielle" Aufgaben im engeren Sinne (insbesondere: Vorbereitung von Gesetzentwürfen) wahrnehmen. Als Spitze der Verwaltung sind die Ministerien „*oberste Bundesbehörden*" (in den Ländern entsprechend „oberste Landesbehörden"). Der Minister leitet diese Behörde; er hat das volle Aufsichts- und Weisungsrecht gegenüber allen Bediensteten seines Geschäftsbereiches und besitzt auch in gewissem Rahmen eine ministerielle Organisationsgewalt, d. h. er kann innerhalb des Rahmens, den die Richtlinien des Bundeskanzlers und natürlich die gesetzlichen Festlegungen ihm lassen, die innere Organisation seines Ministeriums und des dazugehörigen Unterbaus bestimmen. Wichtig ist in diesem Zusammenhang die Befugnis, Stabsstellen (Planungsstab, politisches Büro, persönliche Referenten) in die Organisation des Ministeriums einzufügen, ferner Beiräte ins Leben zu rufen.

Die Untergliederung innerhalb des jeweiligen Trägers öffentlicher Verwaltung wird im folgenden Abschnitt näher besprochen.

b) Die Bundesverwaltung

Die Bundesverwaltung ist kopflastig – es gibt viele Geschäftsbereiche, für die eine Organisation nur auf einer (in der Regel: der höchsten) Ebene vorhanden ist. Das liegt daran, dass der Bund nicht für die allgemeine (innere) Verwaltung zuständig ist; diese ist nach Art. 30 und 83 bis 85 GG grundsätzlich den Ländern überlassen, während die Materien der Bundesverwaltung und die Einwirkungsrechte des Bundes auf die Landesverwaltung als Ausnahmen von dieser Regel konzipiert sind. Die häufig propagierte, aber fragwürdige „Einheit der Verwaltung" ist beim Bund noch weniger als bei den Ländern verwirklicht; der Bund hat vielmehr eine große Anzahl von Sonderverwaltungen errichtet oder übernommen, deren Zusammenhalt in der Spitze, d. h. im Bundeskabinett, manche Probleme aufwirft. **110**

Eine **mehrstufige Bundesverwaltung** besteht für die Bundeswehr, die Bundespolizei (früher: Bundesgrenzschutz) und die Wasserstraßen- und Schifffahrtsverwaltung. Einen Unterbau besitzen auch Teile der Bundesfinanzverwaltung. Daneben besteht die dreistufige Arbeitsverwaltung, die in der Spitze jedoch nicht bei einem Ministerium, sondern bei der Bundesagentur für Arbeit zusammenläuft, die ihrerseits nur der Aufsicht des Bundesarbeitsministeriums (BMWA) untersteht. Vgl. zu diesem Komplex Art. 87, 87 b, 87 d und 89 GG und die Übersicht zu Rn. 129. **111**

Die Spitze einer mehrstufigen Bundesverwaltung bilden die entsprechenden **Bundesministerien**. Sie haben Mittelbehörden (z. B. Bundespolizeipräsidien, Wasser- und Schifffahrtsdirektionen, Wehrbereichsverwaltungen und ferner zur Hälfte die Oberfinanzdirektionen) und untere Behörden (z. B. Bundespolizeiämter, Kreiswehrersatzämter, Wasser- und Schifffahrtsämter) unter sich. **112**

Oberste Bundesbehörden sind auch die Bundesregierung, der Bundeskanzler mit dem Bundeskanzleramt, der Bundespräsident mit dem Bundespräsidialamt, das Bundestags- und das Bundesratspräsidium, das Bundesverfassungsgericht und der Bundesrechnungshof. Diese Stellen nehmen jedoch Verwaltungsaufgaben nur in beschränktem Umfange wahr, nämlich als Hilfsfunktionen bei der Erfüllung ihrer eigentlichen Aufgaben (dienstrechtliche Entscheidungen für die bei den genannten Stellen tätigen Personen und gewisse Ordnungsaufgaben).

Nicht in den dreistufigen Verwaltungsaufbau einzugliedern sind die **Bundesoberbehörden**; dies sind Stellen, die einer obersten Bundesbehörde (einem Ministerium) unmittelbar nachgeordnet sind, die aber keinen Unterbau haben, sondern für das ganze Bundesgebiet zuständig sind. Es handelt sich um Behörden, die für besondere Aufgaben eingerichtet und daher mit Experten für die jeweiligen Sachgebiete besetzt sind. Verfassungsrechtliche Grundlage ist Art. 87 Abs. 3 GG; die Verfassung spricht hier von „*selbständigen*" Bundesoberbehörden. **113**

Wichtige **Beispiele** sind das Bundesverwaltungsamt in Köln (das dem Bund als vielseitige Service-Zentrale dient; es erledigt insbes. Aufgaben auf den Gebieten des Staatsangehörigkeits-, Auswanderungs-, Ausländer-, Beamten- und Ausbildungsförderungsrechts), die Bundesanstalt für Finanzdienstleistungsaufsicht (BAFin), das Bundesversicherungsamt (Aufsichtsbehörde für die länderübergreifenden Träger der Sozialversicherung), das Bundesamt für Migration und Flüchtlinge, das Deutsche Patent- und Markenamt, das Kraftfahrtbundesamt, das Bundeskartellamt, das Umweltbundesamt, das Bundesamt für Strahlenschutz und das Bundesamt für den Zivildienst, aber auch das Bundesamt für Sicherheit in der

Informationstechnik und die Regulierungsbehörde nach dem Telekommunikationsgesetz, die seit Juli 2005 als Bundesnetzagentur für Elektrizität, Gas, Telekommunikation, Post und Eisenbahn eine besonders wichtige Rolle in der Wirtschaftspolitik spielt.

Nach Art. 87 Abs. 1 Satz 2 GG sind außerdem **unselbstständige Bundesoberbehörden,** sog. „Zentralstellen", eingerichtet worden: das Bundeskriminalamt und das Bundesamt für Verfassungsschutz. Der Unterschied zwischen selbstständigen und unselbstständigen Bundesbehörden ist jedoch gering, da auch die „selbstständigen" grundsätzlich weisungsabhängig sind; in jedem Einzelfall ist die besondere gesetzliche Regelung der Materie zu beachten, die häufig auch spezielle Vorschriften über die Leitung oder Aufsicht enthält.

114 Von den Bundesoberbehörden sind die „**bundesunmittelbaren Körperschaften und Anstalten des öffentlichen Rechts**" zu unterscheiden, deren Errichtung ebenfalls in Art. 87 Abs. 3 GG für Materien zugelassen ist, für die dem Bund die Gesetzgebung zusteht. Folgt man der alten Terminologie, wonach die Körperschaften und Anstalten des öffentlichen Rechts „mittelbare Staatsverwaltung" darstellen, so gehören die „bundesunmittelbaren Körperschaften" zur „mittelbaren Bundesverwaltung".

Am wichtigsten sind die in Art. 87 Abs. 2 GG schon ausdrücklich erwähnten Sozialversicherungsträger, die als bundesunmittelbare Körperschaften des öffentlichen Rechts geführt werden, nämlich: die Bundesknappschaft[17], die Bundesversicherungsanstalt für Angestellte, die Berufsgenossenschaften und einige andere Versicherungsträger, die über ein Land hinaus tätig sind. Die Bundesagentur für Arbeit steht ihrem Rechtscharakter nach zwischen Körperschaft und Anstalt – trotz Selbstverwaltungsrecht ist sie wohl eher als Anstalt zu bezeichnen; sie hat einen eigenen Verwaltungsunterbau. Anstalt ist auch die „Deutsche Welle".

115 In diesem Zusammenhang ist schließlich die *Deutsche Bundesbank* zu nennen, die aufgrund von Art. 88 GG errichtet worden ist. Sie besitzt Unabhängigkeit gegenüber der Bundesregierung, ohne doch Selbstverwaltungskörperschaft zu sein. Die „Hauptverwaltungen" der Bundesbank sind regionale Zweigstellen, keine selbstständigen Rechtssubjekte.

Zur Bundesverwaltung im weiteren Sinne gehört auch die Stiftung *Preußischer Kulturbesitz*. Sie verwaltet die großen Berliner Museen, die Staatsbibliothek und das Geheime Staatsarchiv. Die *Kulturstiftung der Länder* ist hingegen eine bürgerlich-rechtliche Stiftung, die bisher nur von den Ländern getragen wird.

3. Die Verwaltung der Länder

116 Die Landesverwaltung ist der Idee nach durchgehend **dreistufig** ausgestaltet, die unterste Stufe ist aber in den meisten Ländern nicht durch landeseigene Stellen repräsentiert, sondern wird von den Gemeinden und Gemeindeverbänden zur Verfügung gestellt. (Für die Stadtstaaten Berlin, Bremen und Hamburg gelten weitere Besonderheiten.)

---

17 Sie war ursprünglich der Sozialversicherungsträger der Bergleute, ist inzwischen auch allgemeine „Minijob-Zentrale" und wird künftig als „Deutsche Rentenversicherung Knappschaft – Bahn – See" auch für Eisenbahn- und Seefahrtsbeschäftigte zuständig sein.

a) **Oberste Landesbehörden** sind die Landesregierungen (Bayern: Staatsregierung), der Ministerpräsident mit der Staatskanzlei (in den Stadtstaaten: Senatskanzlei), die Ministerien und in bestimmten Angelegenheiten der Landtagspräsident und der Landesrechnungshof. **Landesoberbehörden** sind einer obersten Landesbehörde unmittelbar unterstellt und für das ganze Land zuständig; sie nehmen (entsprechend den Bundesoberbehörden) spezielle Verwaltungsaufgaben wahr.

Beispiele: Landesämter für Verfassungsschutz, Landeskriminalämter, Statistische Landesämter und noch speziellere Behörden, in einigen Ländern auch Landesverwaltungsämter oder Behörden, die diesen nahe kommen.

b) Kennzeichnender für die Landesverwaltung der meisten Länder sind die Behörden der **Mittelinstanz der allgemeinen Verwaltung**: die Bezirksregierungen oder Regierungspräsidenten. Wenn Gesetze von der *„höheren Verwaltungsbehörde"* sprechen, sind i. d. R. diese Bezirksregierungen gemeint. Die Mittelbehörden sollen zwischen den Entscheidungen der Landesregierung bzw. der Ministerien und den unteren Behörden, insbesondere auch den Selbstverwaltungskörperschaften, vermitteln. Bei ihnen laufen die in der Zentralinstanz ressortmäßig getrennten Aufgabenbereiche zusammen. Damit soll dem Grundsatz der „Einheit der Verwaltung" Rechnung getragen werden. Man verspricht sich davon eine Koordination divergierender Interessen und Entscheidungen.

117

Ob diese Wirkung wirklich erzielt wird oder nicht vielfach an den Regierungspräsidien vorbei „regiert" wird, ist umstritten. Es scheint so, als ob die Beteiligten der kommunalen Ebene sich vielfach unmittelbar an die Landesministerien wenden, um ihre Anliegen durchzusetzen, so dass die Einschaltung der Mittelbehörden nur eine Verzögerung der Entscheidungsbildung mit sich bringt. Andererseits liegt auf der Hand, dass die Mittelbehörden in großen Flächenstaaten unter günstigen Umständen tatsächlich zwischen der örtlichen Verwaltung und der fernen Landesverwaltung vermitteln können. Ihre relative Schwäche dürfte dadurch zu erklären sein, dass sie (außer in Bayern) keine eigene Vertretungskörperschaft besitzen. In den kleineren Ländern ist die Mittelinstanz ebenso überflüssig wie in den Stadtstaaten; das Saarland, Schleswig-Holstein, Mecklenburg-Vorpommern und Brandenburg haben daher auf sie verzichtet, nicht jedoch Sachsen, Sachsen-Anhalt und Thüringen[18]. Rheinland-Pfalz und Niedersachsen haben die Bezirksregierungen abgeschafft und an ihrer Stelle regional zuständige Spezialbehörden (Rheinland-Pfalz: „Struktur- und Genehmigungsdirektionen" und eine „Aufsichts- und Dienstleistungs-Direktion") errichtet[19].

c) Neben dem „klassischen" Verwaltungsbereich der Mittelstufe ist in der Bundesrepublik wie auch in anderen Ländern in den letzten Jahren als neue Institution der Verwaltungsorganisation die „**Region**" entstanden. Die Region ist zunächst räumliche *Planungseinheit*, rechtlich ist Planungsträger i. d. R. ein lockerer Verbund, ein privatrechtlicher Verein oder ein Regionalverband aus den kommunalen Körperschaften der Region, also ein zusammengesetztes zweckverbandähnliches Ge-

118

---

18 S. a. *Hoffmann*, Die staatliche Mittelinstanz in den neuen Bundesländern, DÖV 1992, 689 ff.; *Helbig*, Alternative Möglichkeiten der Neuordnung von Mittelbehörden, Speyerer Forschungsbericht 188, 1998.
19 Rheinland Pfalz: §§ 5 ff. des Landesgesetzes zur Reform und Neuorganisation der Landesverwaltung v. 12. 10. 1999, GVBl. S. 325; Niedersachen: Art. 1 des Gesetzes zur Modernisierung der Verwaltung in Niedersachsen v. 5. 11. 2004, GVBl. S. 394. Krit. dazu *Wißmann*, DÖV 2004, 127 ff.

§ 3 *Der Aufbau der deutschen und europäischen Verwaltung*

bilde[20]. In der Bundesrepublik hat man Regionen bisher vor allem als Planungsverbände gebildet. Die Region Hannover verfügt dagegen über eine Mehrzahl von Aufgaben, die traditionell bei den Kommunen angesiedelt sind[21], während umgekehrt die Metropolregion Hamburg nur eine Koordinationseinrichtung darstellt. Die Region wird zur Verwaltungsregion, wenn ihr auch die Finanzierung und/oder die Durchführung anderer Verwaltungsaufgaben übertragen wird[22].

Neben der Form der Region gibt es noch den „**höheren Kommunalverband**", dessen Gebiet sich nicht mit dem eines Bezirkes der Mittelstufe zu decken braucht. Beispiele: Landschaftsverbände Rheinland und Westfalen-Lippe, Regionalverband Ruhr, Ostfriesische Landschaft, Bezirksverband Pfalz, Landschaftsverbände Mecklenburg und Vorpommern sowie einige „Landeswohlfahrtsverbände" (Baden, Württemberg-Hohenzollern, Landessozialhilfeverband Oldenburg). In Bayern sind die höheren Kommunalverbände („Bezirke") deckungsgleich mit den Verwaltungssprengeln der staatlichen Mittelinstanz[23].

119 d) Auf der unteren **Stufe der allgemeinen staatlichen Verwaltung** bestehen nur wenige „eigene" Behörden. In der allgemeinen Verwaltung stellen die Gemeinden und Gemeindeverbände (Kreise) dem Staat ihre Behörden zur Verfügung. Hier wird Landesverwaltung also „mittelbar" durch die Kommunalverwaltung wahrgenommen. Dies war in Preußen so organisiert, dass der Staat in den Kreisen einen staatlichen Beamten, den Landrat, als leitenden Verwaltungsbeamten einsetzte, der als Vorsitzender des (vom Volke gewählten) Kreistages zugleich an der Spitze der kommunalen Selbstverwaltung des Kreises stand. Diese Lösung wurde nach 1945 nur in den Ländern Rheinland-Pfalz und Saarland bewahrt[24] und inzwischen auch dort abgeschafft. Damit ist in allen Bundesländern, die eine kommunale Selbstverwaltung kennen, der leitende Beamte (Landrat) gewählter Beamter des Kreises selbst. Die Kreisverwaltung nimmt sowohl staatliche wie kommunale Aufgaben wahr.

120 e) Staatliche **Sonderverwaltungen** bestehen insbesondere im Bereich der Finanzverwaltung, daneben aber auch in der Forstverwaltung, bei der Flurbereinigung und Wasserwirtschaft („Kulturämter", Ämter für Land- und Wasserwirtschaft) und in einigen weiteren technischen Verwaltungszweigen (Eichämter, Bergämter).

121 f) **Polizei- und Ordnungsbehörden**: In vielen Zusammenhängen ist von Polizei-, Sicherheits- und Ordnungsbehörden die Rede. Diese Begriffe liegen auf einer anderen Ebene als die bisher behandelten Bezeichnungen der Verwaltungsstufen und -träger.

---

20 *Mayer*, in: Region und Mittelstufe der öffentlichen Verwaltung, hrsg. von *Mayer*, Schriften der Deutschen Sektion, Bd. 2, Bonn 1976, S. 9.
21 Vgl. § 8 f. des Gesetzes über die Region Hannover v. 5.6.2001, GVBl. S. 348, zuletzt geändert durch G. v. 22.4.2005, GVBl. S. 110; s. a. *Priebs*, DÖV 2002, 144.
22 *Mayer*, a. a. O., S. 9, 133.
23 Einzelheiten: Der höhere Kommunalverband, hrsg. von der Bundesarbeitsgemeinschaft der höheren Kommunalverbände, 1972; *Mayer*, Bericht für die Bundesrepublik Deutschland, in: *ders.* (Hrsg.), Region und Mittelstufe der öffentlichen Verwaltung (Anm. 21) S. 131 ff., 149 f. (dort auch Karten); *Esser*, LKV 1992, 46 ff.
24 Dazu VerfGH Rh.-Pf., DÖV 1983, 113.

Als *Polizeibehörden* wurden früher alle Organisationseinheiten bezeichnet, die dem Schutz der öffentlichen Sicherheit und Ordnung im Sinne der polizeilichen Generalklausel (oben Rn. 79) zu dienen hatten. So hießen in Preußen die Bürgermeister, Amtsvorsteher und Landbürgermeister, soweit sie die örtliche Polizeiverwaltung führten, „Ortspolizeibehörden"; darüber standen Kreis- und Landespolizeibehörden (Landrat, Regierungspräsident). Daneben gab es die uniformierte Schutzpolizei als Vollzugsinstanz und die Kriminalpolizei als Strafverfolgungsbehörde.

Nach dem Zweiten Weltkrieg wurde die Verwaltung „entpolizeilicht". Die materiell polizeilichen Aufgaben wurden überwiegend Behörden übertragen, die nicht mehr das Wort „Polizei" in ihrem Namen tragen, sondern „*Ordnungs-*" oder schlicht „*Verwaltungsbehörden*" heißen. Der Polizei i.e.S. sind die „Eilkompetenz" („erster Zugriff") und die nicht spezialisierte Gefahrenabwehr geblieben.

Polizeibehörden gibt es nicht nur bei den Ländern, sondern auch beim Bund (BKA, BGS, Hausinspektion des Deutschen Bundestags). Als *„Sicherheitsbehörden"* (untechnischer Begriff) werden Polizei und Nachrichtendienste (Verfassungsschutz, MAD, BND) zusammengefasst, und unter dem Aspekt der äußeren Sicherheit gehört auch die Bundeswehr dazu.

4. Gemeinden und Gemeindeverbände

Um auch diese Ebene deutlich hervorzuheben, seien die Gemeinden und Gemeindeverbände hier nochmals besonders erwähnt (vgl. schon oben Rn. 97 ff. und 119). Ihre grundsätzliche „**Allzuständigkeit**" für „Angelegenheiten der örtlichen Gemeinschaft" bedeutet das Recht, diese Aufgaben frei von staatlichen Weisungen, jedoch unter der Rechtsaufsicht des Staates zu erledigen. Kennzeichnend sind insbesondere die Organisationshoheit, die Personalhoheit, die Bauplanungshoheit (§§ 1, 2 BauGB) sowie das Recht zur Schaffung und Unterhaltung kommunaler öffentlicher Einrichtungen und wirtschaftlicher Unternehmen.

122

Die staatliche **Kommunalaufsicht** ist in den Gemeinde- und Kreisordnungen der Länder als ein starkes Instrument zur Einbindung der Gemeinden in die gesamte Verwaltungsorganisation ausgestaltet. Dies kommt insbesondere bei den Einzelaufsichtsbefugnissen zum Ausdruck: Durch Verweigerung von Genehmigungen (z. B. bei zu aufwendigen Vorhaben der Gemeinden) kann der Staat seine Interpretation von Rechtsbegriffen wie „geordnete Wirtschaftsführung" oder „gesunde Gemeindefinanzen" durchsetzen (vgl. *Fall 4*). Durch Versagung der vorgesehenen Bestätigung kann die Kommunalaufsichtsbehörde u. U. auch die Wahl eines kommunalen Amtsträgers wirkungslos machen[25]. Von bloßer „Rechtsaufsicht" kann hier im Grunde nicht mehr gesprochen werden. Das kommunale Selbstverwaltungsrecht wird aber in der Praxis stärker respektiert, die Genehmigungsvorbehalte sind z. T. abgeschafft worden.

123

---

25 Vgl. hierzu ausführlich *Wolff/Bachof* II, § 86, insbes. VII a/b und IX.

§ 3 *Der Aufbau der deutschen und europäischen Verwaltung*

124 Neben die Selbstverwaltungsangelegenheiten treten die bereits oben (Rn. 119) behandelten **Auftragsangelegenheiten**, nach neuem Gemeinderecht einiger Länder „Pflichtaufgaben zur Erfüllung nach Weisung" (Weisungsaufgaben). Der genaue Umfang der staatlichen Fachaufsicht in diesen Bereichen ist dem Landesrecht zu entnehmen.

Die *kreisfreien Städte* sind in Bezug auf den Aufgabenbestand und die Zuständigkeiten im Wesentlichen den Kreisen gleichgestellt. Kleinere Gemeinden können nur noch einen Teil der kommunalen Aufgaben wahrnehmen; vielfach sind sie deswegen zu *Samtgemeinden* oder *„Ämtern"* (das sind Verwaltungsgemeinschaften) zusammengeschlossen oder ihre Aufgaben werden von den Kreisen mit wahrgenommen.

125 Die viel besprochene **„Krise" der kommunalen Selbstverwaltung** ist in geringerem Maße auf extensive staatliche Normierung und Aufsichtspraxis als vielmehr auf die zu schwache Finanzausstattung vieler Gemeinden zurückzuführen. Mit Recht wird deshalb für einen Ausbau der gemeindlichen Steuerhoheit plädiert[26].

5. Europäische Verwaltungsbehörden

126 Behörden der Europäischen Union findet man in der Bundesrepublik nicht; es gibt nur Außenstellen der europäischen Verwaltung, die überwiegend Informationsaufgaben haben. Die EU hat nämlich nur wenige eigene Verwaltungsbehörden; ihre Rechtsnormen und Entscheidungen werden in aller Regel nicht „gemeinschaftsunmittelbar", sondern mittelbar durch Organe der Mitgliedstaaten durchgeführt[27], in Deutschland also durch die staatlichen und kommunalen Behörden des jeweiligen Verwaltungszweiges.

Die wichtigste Behörde der EU ist die **Europäische Kommission** (Art. 211-219 EGV). Sie ist einerseits in vielfältiger Weise an Politik und Rechtsetzung der Gemeinschaft beteiligt und entscheidet andererseits in zahllosen Einzelfällen, erlässt also Verwaltungsakte (s. a. Art. 249 EGV). Von den hier nicht interessierenden gemeinschaftsinternen Entscheidungen abgesehen, befasst sich die Kommission vor allem mit dem Vollzug des EG-Wettbewerbs- und Kartellrechts (Art. 81 ff. EGV), der Subventionskontrolle (Genehmigung oder Verhinderung verbotener „Beihilfen" gemäß Art. 87 f. EGV) und der Durchführung gemeinsamer Politiken auf den verschiedenen Gebieten der europäischen Integration. Der Kommission obliegt auch die Verwaltung des Europäischen Sozialfonds (Art. 147 Abs. 1 EGV). In einigen Bereichen wird die Kommission von gemeinschaftseigenen Agenturen wie der Europäischen Umweltagentur in Kopenhagen unterstützt[28]. Daneben bestehen u. a. die Europäische

---

26 *Brohm*, Die Selbstverwaltung der Gemeinden im Verwaltungssystem der Bundesrepublik, DVBl. 1984, 293 ff., siehe auch *Blümel* und *Grawert*, Gemeinden und Kreise vor den öffentlichen Aufgaben der Gegenwart, VVDStRL 36, 1978, S. 171 ff., 277 ff.; *Burmeister*, Verfassungstheoretische Neukonzeption der kommunalen Selbstverwaltungsgarantie, 1977; *Bull/Welti*, NVwZ 1996, 838 ff.; *Henneke*, Reform der Aufgaben- und Finanzbeziehungen von Bund, Ländern und Kommunen, 1999, insbes. S. 115 ff.
27 Vgl. die knappe Darstellung bei *Borchardt*, Die rechtlichen Grundlagen der Europäischen Union, 2. Aufl. 2002, S. 170 f.
28 *Borchardt* (vorige Anm.) S. 171 mit Fn. 375.

Investitionsbank (Art. 266 f. EGV) und das Statistische Amt der EG. – Die EG-Kommission ist intern gegliedert in Generaldirektionen, die ihrerseits Direktionen und auf der unteren Ebene Referate umfassen[29].

Zur Vertiefung sei hingewiesen auf die Sammelbände: *König/Siedentopf* (Hrsg.), Öffentliche Verwaltung in Deutschland, Baden-Baden 1996/97 und: *König* (Hrsg.), Deutsche Verwaltung an der Wende zum 21. Jahrhundert, Baden-Baden 2002. Ferner: *Kluth*, in: *Wolff/Bachof/Stober*, Bd. III, § 100.

127

Speziellere Fragen des bundesstaatlichen Verwaltungsaufbaus behandeln *B. Becker*, Zentrale nichtministerielle Organisationseinheiten der unmittelbaren Bundesverwaltung, VerwArch 1978, 149 ff., *ders.*, Zentralstellen gemäß Art. 87 Abs. 1 GG, DÖV 1978, 551 ff.; *ders.*, Typische Eigenschaften der privatrechtlich organisierten Bundesverwaltung, in: Die Verwaltung 1979, S. 161 ff.; *Wagener* (Hrsg.), Verselbständigung von Verwaltungsträgern? Bonn 1976; *Mayer* (Hrsg.), Region und Mittelstufe der öffentlichen Verwaltung, Bonn 1976; *Scharpf/Reissert/Schnabel*, Politikverflechtung zwischen Bund, Ländern und Gemeinden, 1975; *Loeser*, Die bundesstaatliche Verwaltungsorganisation in der Bundesrepublik Deutschland. Verwaltungsverflechtungen zwischen Bund und Ländern, Baden-Baden 1981 (zur sog. Mischverwaltung).

Neuere Literatur zum **Kommunalrecht:** *Gern*, Deutsches Kommunalrecht, 3. A. Baden-Baden 2003; *Waechter*, Kommunalrecht, 3. A. Köln 1997; *Schmidt-Aßmann*, in: ders. (Hrsg.), Besonderes Verwaltungsrecht, S. 1-103. – Die Entwicklungstendenzen der Kommunalverfassungen in Deutschland sind in der gleichnamigen Schrift von *Schefold/Neumann* dargestellt (Basel u. a. 1996); s. a. *Wollmann/Roth* (Hrsg.), Kommunalpolitik, 2. A. 1998 sowie *Bovenschulte/Buß*, Plebiszitäre Bürgermeisterverfassungen, 1996.

Auskunft über die „Feingliederung" der Bundes- und Landesverwaltung gibt das regelmäßig aktualisierte mehrbändige *Staatshandbuch*. Die Bundesrepublik Deutschland, Köln u. a. (mit den Namen der Amtswalter und genauen Zuständigkeitsangaben). Im Internet sind wohl alle größeren Behörden mit eigenen Präsentationen vorhanden.

Zu den Ausgangsfällen:

1. Für die verschiedenen Verwaltungsangelegenheiten der Familie Meier sind zuständig: die Meldebehörden (Einwohnerämter o. ä.) bei der Gemeinde oder dem Amt, die Kfz-Zulassungsstellen beim Kreis oder der kreisfreien Stadt, das Finanzamt, die Krankenkasse und die Agentur für Arbeit.

128

2. Der Bundespräsident wird die Sache an die Landesregierung abgeben, der Ministerpräsident an die Gemeinde. Beide werden Herrn Z. darüber informieren, dass sie die Beschwerde weitergeleitet haben, aber keine Antwort in der Sache erteilen; sie würden damit ihre Kompetenzen überschreiten.

3. Der Rundfunk soll staatsfrei sein. Deshalb ist er nur einer sehr beschränkten staatlichen Aufsicht unterworfen. Vgl. oben Rn. 105.

4. Der Regierungspräsident als Kommunalaufsicht kann die nach Landesrecht notwendige Genehmigung für den Haushalt der Gemeinde verweigern, vgl. Rn. 123.

5. Es geht um die Abgrenzung der Aufgaben von Gemeinden und Kreisen, die sich beide auf die Garantie der kommunalen Selbstverwaltung berufen können.

---

29 Geschäftsordnung der Kommission v. 29. 11. 2000 (ABl. Nr. L 308/26) Art. 19.

BVerwG (E 67, 321) und BVerfG (E 79, 127) erklären übereinstimmend, dass diese Garantie auch im Verhältnis zwischen Gemeinden und Kreisen gilt; das BVerwG will ihr jedoch „für die Aufgabenverteilung im Einzelnen keine Vorgaben im Sinne eines Subsidiaritätsprinzips entnehmen", während das BVerfG den Vorrang der örtlichen Gemeinschaft der Gemeindeebene auch vor der Kreisebene betont. Art. 28 Abs. 2 S. 1 GG enthalte auch außerhalb der Garantie ein „verfassungsrechtliches Aufgabenverteilungsprinzip hinsichtlich der Angelegenheiten der örtlichen Gemeinschaft zugunsten der Gemeinde, das der zuständigkeitsverteilende Gesetzgeber zu berücksichtigen hat" (BVerfGE 79, 127, 150). Die Abfallbeseitigung wird jedoch vom BVerfG nicht als „Angelegenheit der örtlichen Gemeinschaft" angesehen; das bloße Abholen des Abfalls sei zwar örtliche Angelegenheit, aber wegen des Zusammenhanges mit der Abfallbeseitigung gleichwohl auf die Kreisebene übertragbar.

6. Anhang: Übersichten

a) Die Ebenen und Stufen der deutschen öffentlichen Verwaltung

Ebenen / Stufen (Instanzen)	Kommunalverwaltung	Landesverwaltung		Bundesverwaltung	
Oberste Verwaltungsbehörden	–	Landesministerien (Rn. 116)		Bundesministerien (Rn. 112)	
Zwischenstufe	–	Landesoberbehörden (Rn. 116)		Bundesoberbehörden (Rn. 113)	
Obere („höhere") Verwaltungsbehörden	Bezirke (nur in Bayern), Landschaftsverbände u. a. (Rn. 118)	Regierungspräsidien/ Bezirksregierungen (nicht in allen Ländern)	Oberfinanzdirektionen		Mittelbehörden (WSD, WBV, GSP)
		Ld.-abt.	Bd.-abt.		
Untere Verwaltungsbehörden (Rn. 119, 124)	Kreis- und Stadtverwaltungen, Ämter- und Gemeindeverwaltungen	Sonderbehörden (Vollzugspolizei, Staatsanw., ForstÄ, SchulÄ, Ä. f. Land- u. Wasserwirtsch. u.ä.) (Rn. 120)	Finanzämter	Hauptzollämter	Sonderbehörden (WSÄ, KWEÄ, GSÄ)

▶ Instanzenzüge (Rechtsbehelfe) für die Bürger im Bereich der staatlichen Aufgaben; in umgekehrter Richtung *Aufsicht* über die richtige Erfüllung der Aufgaben. In Ländern ohne Mittelinstanz werden deren Funktionen überwiegend von der obersten Landesbehörde, z. T. von den Kreisverwaltungen wahrgenommen. Nicht dargestellt ist die staatliche Aufsicht über die Gemeinden und Gemeindeverbände.

Die *Arbeitsverwaltung* ist hier nicht aufgeführt, weil sie einem selbstständigen Verwaltungsträger, der Bundesagentur für Arbeit mit Regionaldirektionen und örtlichen Agenturen für Arbeit anvertraut ist.

§ 3 *Der Aufbau der deutschen und europäischen Verwaltung*

130 b) Behördenaufbau beim Bund

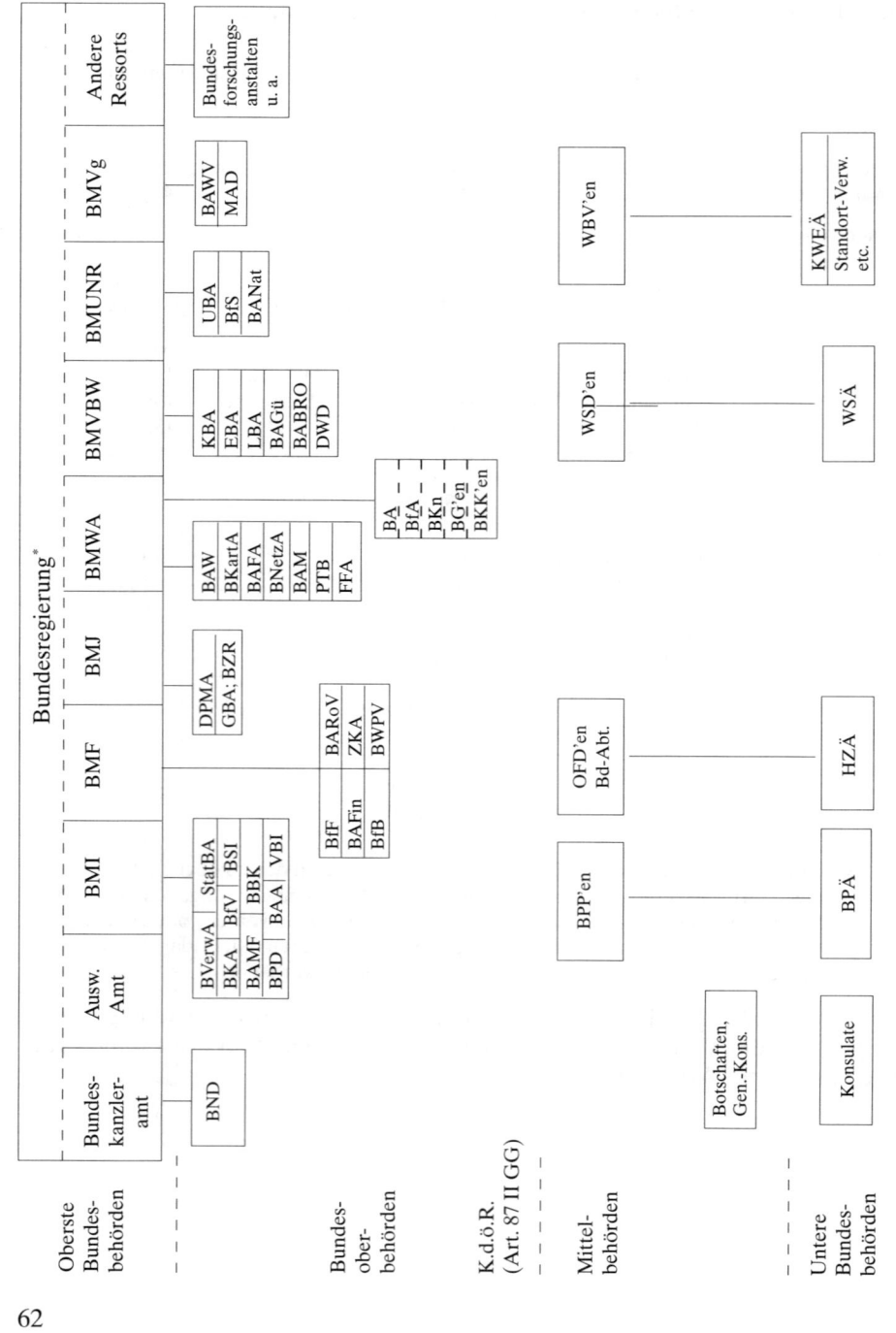

[Organigramm: Behördenaufbau beim Bund]

Bundesregierung*

Oberste Bundesbehörden: Bundeskanzleramt | Ausw. Amt | BMI | BMF | BMJ | BMWA | BMVBW | BMUNR | BMVg | Andere Ressorts

- Bundeskanzleramt → BND
- BMI → BVerwA, BKA, BAMF, BPD, StatBA, BfV, BBK, BAA, BSI, VBI
- BMF → BfF, BAFin, BfB
- BMJ → DPMA, GBA, BZR
- BMWA → BAW, BKartA, BAFA, BNetzA, BAM, PTB, FFA
- BMVBW → KBA, EBA, LBA, BAGü, BABRO, DWD
- BMUNR → UBA, BfS, BANat
- BMVg → BAWV, MAD
- Andere Ressorts → Bundesforschungsanstalten u. a.

Bundesoberbehörden

K.d.ö.R. (Art. 87 II GG): BA, BfA, BKn, BG'en, BKK'en
BMF → BARoV, ZKA, BWPV

Mittelbehörden: BPP'en | OFD'en Bd-Abt. | WSD'en | WBV'en

Untere Bundesbehörden: Botschaften, Gen.-Kons. | Konsulate | BPÄ | HZÄ | WSÄ | KWEÄ Standort-Verw. etc.

* Struktur der Bundesregierung nach dm Organisationserlass des Bundeskanzlers vom 22. 10. 2002, BGBl. I S. 4206. Die weiteren Bundesbehörden sind durch Einzelgesetze errichtet bzw. umgewandelt worden.

c) Behördenaufbau bei den Ländern (idealtypisch)   **131**

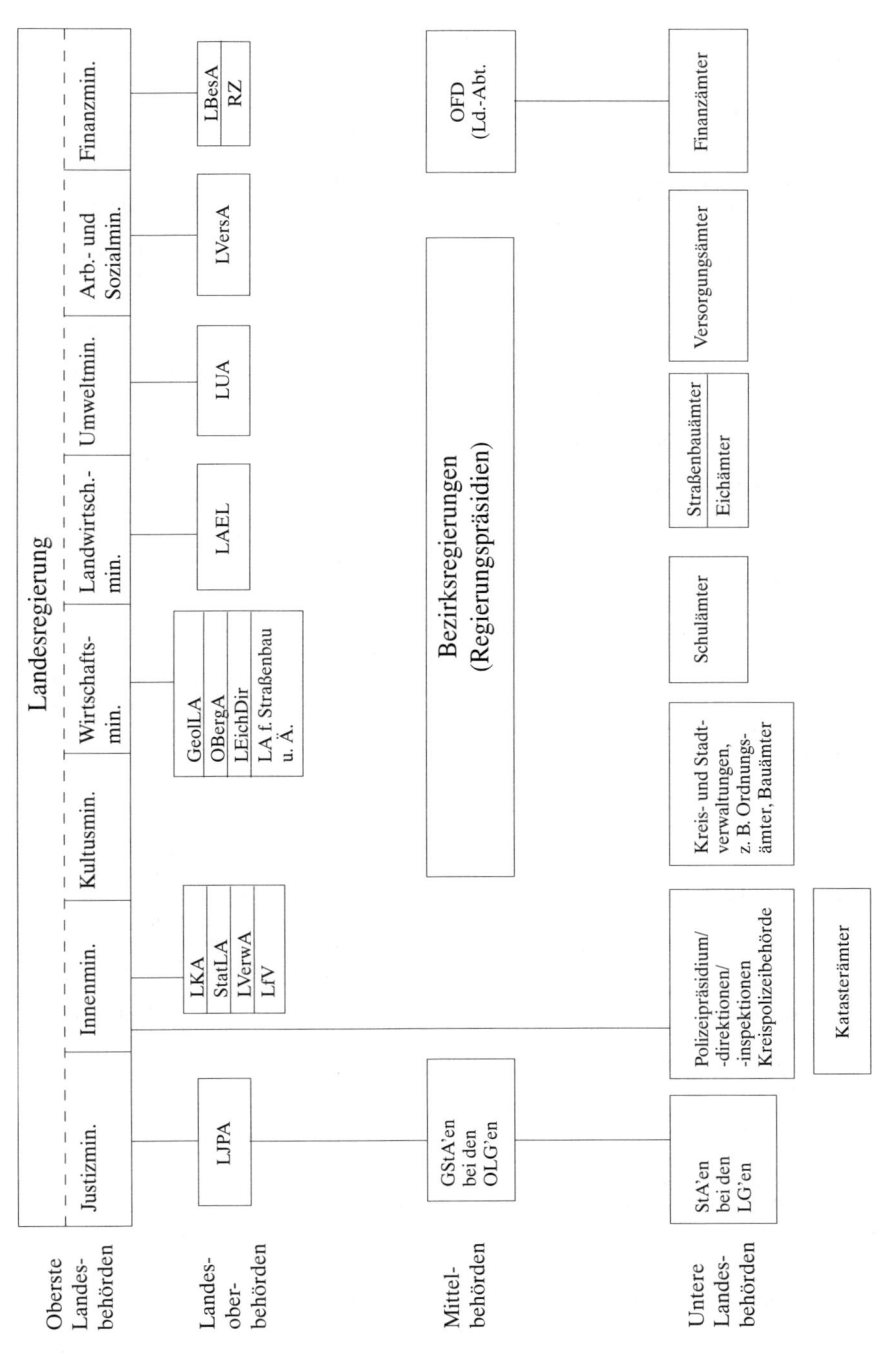

Landesregierung

Oberste Landesbehörden: Justizmin. | Innenmin. | Kultusmin. | Wirtschaftsmin. | Landwirtsch.-min. | Umweltmin. | Arb.- und Sozialmin. | Finanzmin.

Landesoberbehörden:
- Justizmin. → LJPA
- Innenmin. → LKA, StatLA, LVerwA, LfV
- Wirtschaftsmin. → GeoLA, OBergA, LEichDir, LA f. Straßenbau u. Ä.
- Landwirtsch.-min. → LAEL
- Umweltmin. → LUA
- Arb.- und Sozialmin. → LVersA
- Finanzmin. → LBesA, RZ

Mittelbehörden:
- GStA'en bei den OLG'en
- Bezirksregierungen (Regierungspräsidien)
- OFD (Ld.-Abt.)

Untere Landesbehörden:
- StA'en bei den LG'en
- Polizeipräsidium/-direktionen/-inspektionen Kreispolizeibehörde
- Katasterämter
- Kreis- und Stadtverwaltungen, z. B. Ordnungsämter, Bauämter
- Schulämter
- Straßenbauämter, Eichämter
- Versorgungsämter
- Finanzämter

In einigen Ländern ist das Kultusministerium in ein Bildungs- (Schul-) und in ein Wissenschafts- (und Kultur-) ministerium aufgeteilt, in einigen sind Wirtschaft und Landwirtschaft in einem Ministerium zusammengefügt; z.T. bestehen selbständige Ministerien für Frauen, Jugend, Gesundheit, Wohnungsbau und/oder Sport.

§ 3 *Der Aufbau der deutschen und europäischen Verwaltung*

132 d) Behörden-Abkürzungsverzeichnis

AA	Auswärtiges Amt	BIBB	Bundesinstitut für Berufsbildung
AÄ	Arbeitsämter	BKA	Bundeskriminalamt
AOK	Allgemeine Ortskrankenkasse	BKartA	Bundeskartellamt
BA	Bundesagentur für Arbeit – Körperschaft d. öff. Rechts	BKK	Betriebskrankenkasse
		BLE	Bundesanstalt für Landwirtschaft und Ernährung
BAA	Bundesausgleichsamt	Bm	Bürgermeister
BABRO	Bundesamt für Bauwesen und Raumordnung	BMBF	Bundesministerium für Bildung und Forschung
BAFA	Bundesamt für Wirtschaft und Ausfuhrkontrolle	BMF	Bundesministerium der Finanzen
BaFin	Bundesanstalt für Finanzdienstleistungsaufsicht	BMFSFJ	Bundesministerium für Familie, Senioren, Frauen und Jugend
BAGü	Bundesamt für Güterverkehr	BMGS	Bundesministerium für Gesundheit und Soziale Sicherung
BAM	Bundesanstalt für Materialforschung und -prüfung	BMI	Bundesministerium des Inneren
BAMF	Bundesamt für Migration und Flüchtlinge	BMJ	Bundesministerium der Justiz
		BMUNR	Bundesministerium für Umwelt, Naturschutz und Reaktorsicherheit
BARoV	Bundesamt für Regelung offener Vermögensfragen	BMVBW	Bundesministerium für Verkehr, Bau- und Wohnungswesen
BAW	Bundesanstalt für Wasserbau		
BAWV	Bundesamt für Wehrverwaltung	BMVEL	Bundesministerium für Verbraucherschutz, Ernährung und Landwirtschaft
BAZ	Bundesamt für den Zivildienst		
BBA	Biologische Bundesanstalt für Land- und Forstwirtschaft	BMVg	Bundesministerium der Verteidigung
BBK	Bundesamt für Bevölkerungsschutz und Katastrophenhilfe	BMWA	Bundesministerium für Wirtschaft und Arbeit
BfA	Bundesversicherungsanstalt für Angestellte – Körperschaft d. öff. Rechts	BMZ	Bundesministerium für wirtschaftliche Zusammenarbeit und Entwicklung
BfArM	Bundesinstitut für Arzneimittel und Medizinprodukte	BNetzA	Bundesnetzagentur
		BND	Bundesnachrichtendienst
BfB	Bundesmonopolverwaltung für Branntwein	BOSeeA	Bundesoberseeamt
		BPÄ	Bundespolizeiämter
BfE	Bundesforschungsanstalt für Ernährung	BPD	Bundespolizeidirektion
		BPjM	Bundesprüfstelle für jugendgefährdende Medien
BfF	Bundesamt für Finanzen		
BfFH	Bundesforschungsanstalt für Forst- und Holzwirtschaft	BPP	Bundespolizeipräsidium
		BRAK	Bundesrechtsanwaltskammer – Körperschaft d. öff. Rechts
BfFi	Bundesforschungsanstalt für Fischerei		
BfFl	Bundesanstalt für Fleischforschung	BSA	Bundessortenamt
BfG	Bundesanstalt für Gewässerkunde	BSH	Bundesamt für Seeschifffahrt und Hydrographie
BfGKF	Bundesanstalt für Getreide, Kartoffel- und Fettforschung	BSI	Bundesamt für Sicherheit in der Informationstechnik
BfM	Bundesanstalt für Milchforschung		
BfN	Bundesamt für Naturschutz	BStU	Bundesbeauftragter f. d. Unterlagen des Staatssicherheitsdienstes der ehem. DDR
BfS	Bundesamt für Strahlenschutz		
BfV	Bundesamt für Verfassungsschutz		
BfVt	Bundesforschungsanstalt für Viruskrankheiten der Tiere – BOberbeh.	BVA	Bundesversicherungsamt
		BVerwG	Bundesverwaltungsgericht
BG	Berufsgenossenschaft	BVerwA	Bundesverwaltungsamt
BGA	Bundesgesundheitsamt	BWPV	Bundeswertpapierverwaltung
BgVV	Bundesinstitut für gesundheitlichen Verbraucherschutz und Veterinärmedizin	BZR	Bundeszentralregister
		DAAD	Deutscher Akademischer Austauschdienst

DPMA	Deutsches Patent- und Markenamt	LR	Landrat
DSL	Deutsche Siedlungs- und Landesrentenbank – Anstalt d. öff. Rechts	LUA	Landesumweltamt
		LVA	Landesversicherungsanstalt
DWD	Deutscher Wetterdienst	LVerwA	Landesverwaltungsamt
EBA	Eisenbahn-Bundesamt	LVersA	Landesversicherungsamt
ErsK	Ersatzkrankenkasse – Körperschaft d. öff. Rechts	MAD	Militärischer Abschirmdienst
		OBA	Oberbundesanwalt
FFA	Filmförderungsanstalt	OBergA	Oberbergamt
GBA	Generalbundesanwalt beim BGH	OFD	Oberfinanzdirektion
GeolLA	Geologisches Landesamt	OKD	Oberkreisdirektion
GSD	Grenzschutzdirektion	OLG	Oberlandesgericht
GSÄ	Grenzschutzämter	OPA	Oberprüfungsamt für die höheren technischen Verwaltungsbeamten
GSP	Grenzschutz-Präsidium		
HwK	Handwerkskammer	PEI	Paul-Ehrlich-Institut, Bundesamt für Sera und Impfstoffe
HZÄ	Hauptzollämter		
IHK	Industrie- und Handelskammer	PTB	Physikalisch-Technische-Bundesanstalt
KatÄ	Katasterämter		
KBA	Kraftfahrt – Bundesamt	P/T	Telekommunikation
KWEÄ	Kreiswehrersatzämter	RegTP	Regulierungsbehörde für Post und Telekommunikation (jetzt: BNetzA)
LAÄ	Landesarbeitsämter		
LAEL	Landesamt für Ernährung und Landwirtschaft	RKI	Robert-Koch-Institut, Bundesinstitut für Infektionskrankheiten und nicht übertragbare Krankheiten
LandwÄ	Ämter für Land- (und Wasser-)wirtschaft		
		RZ	Rechenzentrum
LBA	Luftfahrt – Bundesamt	StA	Staatsanwaltschaft
LBesA	Landesbesoldungsamt	StBA	Statistisches Bundesamt
LEichDir	Landeseichdirektion	VBI	Vertreter des Bundesinteresses beim BVerwG
LfV	Landesamt für Verfassungsschutz		
LG	Landgericht	UBA	Umweltbundesamt
LJPA	Landesjustizprüfungsamt	WBV	Wehrbereichsverwaltung
LKA	Landeskriminalamt	WSÄ	Wasser- und Schifffahrtsämter
LM	Landesministerium	WSD	Wasser- und Schifffahrts-Direktionen
(L)ObBA	(Landes)Oberbergamt	ZKA	Zollkriminalamt

§ 4 Verfassungsrechtliche Grundnormen des Verwaltungsrechts

Ausgangsfälle und -fragen:

1. Fall Traube: Das Bundesamt für Verfassungsschutz hatte im Jahre 1975 Informationen erhalten, aus denen es schloss, dass der bei einer Atomforschungsfirma beschäftigte Wissenschaftler Dr. Traube möglicherweise mit politisch motivierten Gewalttätern zusammenarbeite. Man fürchtete, er könne Terroristen Zugang zu einem Atomkraftwerk oder gar den Besitz einer Atombombe verschaffen. Um Näheres zu ermitteln, wurde zunächst der Telefon- und Briefverkehr des Dr. Traube überwacht. Als sich daraus keine weiteren Anhaltspunkte ergaben, beschloss das Amt, einen „Lauschangriff" gegen das Wohnhaus des Wissenschaftlers durchzuführen. Zu diesem Entschluss trug der Umstand bei, dass ein Besucher des Wissenschaftlers, der einige Tage in seinem Hause gewohnt hatte, als Beteiligter an dem Attentat auf die Wiener OPEC-Konferenz identifiziert wurde.

§ 4 *Verfassungsrechtliche Grundnormen des Verwaltungsrechts*

In der Nacht vom 1. auf den 2. Januar 1976, während Traube auf einer Urlaubsreise war, wurde in seiner Wohnung eine „Wanze", d. h. ein Miniatur-Aufnahme- und Sendegerät angebracht, nachdem die Tür mit Hilfe eines Nachschlüssel-Fachmanns des BND geöffnet worden war. Mehrere Wochen lang wurden nunmehr die Gespräche, die in der Wohnung geführt wurden, von Mitarbeitern des Bundesamtes für Verfassungsschutz mitgehört. Die „Wanze" wurde anschließend auf dieselbe Weise wieder entfernt, wie sie angebracht worden war.

a) *Nach welchen Vorschriften richtet sich in einem solchen Fall die Zulässigkeit der Post- und Telefonkontrolle?*

b) *Prüfen Sie die Rechtmäßigkeit des „Lauschangriffs" unter Berücksichtigung der Rechtsauffassung des Bundesinnenministeriums. Dieses hat das Vorgehen des Verfassungsschutzes mit § 3 Abs. 3 des Gesetzes über die Zusammenarbeit des Bundes und der Länder in Angelegenheiten des Verfassungsschutzes in der damals geltenden Fassung begründet, wo es heißt, dass das „Bundesamt für Verfassungsschutz zur Wahrnehmung seiner Aufgaben „befugt" ist, „nachrichtendienstliche Mittel anzuwenden". Die Frage, ob im Fall Traube ein Eingriff in das Grundrecht der Unverletzlichkeit der Wohnung durch den Einsatz solcher Mittel rechtlich zulässig gewesen sei, sei wegen einer „einmaligen Gefahrenlage" bejaht worden. In der Stellungnahme des Ministeriums heißt es weiter: „Selbst wenn die Verfassung diese Einschränkungen durch die Gemeingefahrabwägung wie den Gemeinwohlvorbehalt nicht vorgesehen hätte, würde sich die Eingriffsmöglichkeit aus dem Gesichtspunkt des ‚übergesetzlichen Notstandes' ergeben haben, um die Abwehr der hier gegenwärtigen unabsehbaren Gefahren zu rechtfertigen". Lassen sich diese und ähnliche Gesichtspunkte („Staatsnotstand", „Staatsräson") in das geltende Verwaltungsrecht einordnen?*

2. *Energiekrise*
Stellen Sie sich vor: Infolge einer Liefersperre der erdölproduzierenden Länder wird in Europa das Benzin knapp. Bundesregierung und Opposition sind sich darüber einig, dass Rationierungsmaßnahmen unvermeidlich sind. Über Rundfunk und Fernsehen fordert der Bundeskanzler die Bevölkerung auf, keine privaten Autofahrten mehr zu unternehmen. Wer diesen Appell missachte, handle verantwortungslos. In einem Erlass, der in der Presse und im Bundesanzeiger veröffentlicht wird, ordnet die Bundesregierung außerdem an, dass alle Unternehmen, die über Erdöl und Erdölprodukte verfügen, die Hälfte ihrer Vorräte für staatliche und kommunale Zwecke abzugeben haben. Bestimmte Behörden werden mit der Durchführung dieser Energie-Notmaßnahmen beauftragt.

Welche Maßnahmen können diese Behörden ergreifen, um die Beschlüsse der Bundesregierung durchzusetzen? Können Zuwiderhandlungen bestraft werden?

3. *Was bedeutet „Gewaltenteilung" verfassungsrechtlich?*

4. *B erfüllt alle Voraussetzungen nach den einschlägigen Bestimmungen des Sozialgesetzbuches (Buch XII), um Sozialhilfe zu beziehen. Als er einen entsprechenden Antrag beim Sozialamt stellt, wird ihm mitgeteilt, die Mittel für das laufende Jahr seien erschöpft, daher könne man ihm leider nichts zahlen. Muss B das akzeptieren?*

5. *Der Gemüsehändler G möchte seine Waren auf dem Bürgersteig vor seinem Geschäft ausstellen, und beantragt dafür bei der zuständigen Behörde die übliche Sondernutzungserlaubnis. Die Behörde hat bisher in vergleichbaren Fällen dem Ersuchen stets stattgegeben. Nun meint man dort allerdings, man sei zu großzügig gewesen, und lehnt G's Antrag ab. In der Begründung wird gesagt, man werde zwar auch in Zukunft solche Warenauslagen auf dem Fußgängerweg genehmigen, wolle aber zunächst deren Zahl wegen der Behinderung der Fußgänger nicht erhöhen. Welche rechtliche Argumentation wird G durch seinen Anwalt dagegen vortragen lassen?*

6. *Der Reihenhausbewohner R bemerkt, als er nachts von einem Spaziergang nach Hause kommt, dass offenkundig angetrunkene Jugendliche mit Steinen auf seine Fenster zielen. Per Handy fordert er die Polizei auf, schnell zu kommen und sein Haus zu schützen. Der Beamte am Telefon erklärt ihm, er möge die Jugendlichen selbst verjagen; die Polizei könne nicht bei jeder Lappalie einschreiten. Kann R verlangen, dass die Polizei kommt?*

(Lösungshinweise in Rn. 157)

1. Rechtsstaatlichkeit und Gewaltenteilung als Ausgangsposition

Die Verwaltung ist im gewaltenteilenden Rechtsstaat mit all ihren Handlungen an „das Gesetz" gebunden. Der Grundsatz von der (gebotenen) **„Gesetzmäßigkeit der Verwaltung"** ist mit einer kleinen, noch zu behandelnden Variation („Recht und Gesetz", s. Rn. 210) in Art. 20 Abs. 3 GG niedergelegt, in Art. 1 Abs. 3 GG für die Grundrechte besonders bekräftigt und zugleich ein wesentlicher Bestandteil des Rechtsstaatsprinzips, das für die Bundesrepublik aus Art. 20 Abs. 1 und 28 Abs. 1 GG herausgelesen werden kann.

133

Auf die Komponenten des Gesetzmäßigkeitsprinzips – nämlich *Vorbehalt des Gesetzes* und *Vorrang des Gesetzes* – wird im folgenden Paragraphen dieses Buches (§ 5) näher eingegangen, auf die Gesetzmäßigkeitskontrolle durch die Verwaltungsgerichtsbarkeit im 5. Kapitel (§ 24).

Der *Fall Traube*, der im Einzelnen noch zu besprechen ist, zeigt schon bei vorläufiger Betrachtung, dass die verfassungsrechtliche Fixierung allein noch keine Garantie für unbedingte Einhaltung aller Rechtsnormen bietet; zumindest die Berufung auf **„übergesetzliches Recht"** muss als tatsächlich benutztes Argument in die Überlegung einbezogen werden, und die Unbestimmtheit, die gerade bei verfassungsrechtlichen Vorschriften unvermeidbar ist, relativiert die Wirkung der Verfassung weiter. Auch *Ausgangsfall 2* dürfte deutlich machen, dass die Gesetzmäßigkeit in Krisenlagen mit anderen Zielen in Konflikt geraten kann.

Aus diesem Anlass sind sogleich einige aktuelle Vorbemerkungen zur Situation des Rechts nötig: Recht, auch Verfassungs- und Verwaltungsrecht, führt kein Eigenleben abseits der politischen Auseinandersetzungen oder abseits der Ängste und Aggressionen, die auch sonst das Sozialleben prägen. Seine konkrete Gestalt wie auch seine Effektivität sind von den gesellschaftlichen Machtverhältnissen abhängig, und

134

wer als Jurist nur die „heile Welt" der Verfassungsgrundsätze sieht, ohne die Rahmenbedingungen und Restriktionen einschätzen zu können, begibt sich im Grunde seiner Wirkungschancen.

135 Wie die *Ausgangsfälle* zeigen, wird manchmal unter Berufung auf das „**Staatswohl**" (das „öffentliche Interesse", das „Gemeinwohl" oder die „Staatsräson") auf die Einhaltung der strengen Regeln für die Rechtmäßigkeit staatlichen Handelns verzichtet, also ein Unterschied zwischen „*Normallage*" und „*Ausnahmefall*" gemacht. Diese Unterscheidung wird erleichtert, wenn man der Lehre von der „*Trennung von Recht und Politik*" folgt, die aus der Epoche eines eng positivistischen Rechtsverständnisses bis in die jüngste Zeit hinein wirkt. Danach sind „ethische, politische, volkswirtschaftliche Erwägungen nicht Sache des Juristen als solchen" (so die vielzitierte Formulierung von *Windscheid*[1]). Ähnlich hat *Laband*[2] das Programm einer „reinen", d. h. „von Zwecksetzung und Wertung unabhängigen, allein auf die Unbedingtheit formaler Kategorien und die Beweiskraft logischen Denkens gegründeten Auffassung und Darstellung des positiven Rechts"[3] niedergelegt. *Laband* meinte, „die wissenschaftliche Aufgabe der Dogmatik eines bestimmten positiven Rechts" liege „in der Konstruktion der Rechtsinstitute, in der Zurückführung der einzelnen Rechtssätze auf allgemeinere Begriffe und andererseits in der Herleitung der aus diesen Begriffen sich ergebenden Folgerungen". Zur Lösung dieser Aufgabe gebe es „kein anderes Mittel als die Logik; dieselbe lässt sich für diesen Zweck durch nichts ersetzen; alle historischen, politischen und philosophischen Betrachtungen – so wertvoll sie an und für sich sein mögen – sind für die Dogmatik eines konkreten Rechtsstoffes ohne Belang und dienen nur zu häufig dazu, den Mangel an konstruktiver Arbeit zu verhüllen"[4]. Derartige Äußerungen stehen im Kontext einer allgemeinen „Entfremdung der Rechtsprechung von der sozialen Wirklichkeit", wie sie in der zweiten Hälfte des 19. Jahrhunderts und bis in das 20. Jahrhundert hinein von vielen Betrachtern festgestellt wurde[5]. Wenn sich Juristen zu weit von der Wirklichkeit entfernen, haben machtbewusste Politiker es umso leichter, ihnen das Heft aus der Hand zu nehmen. Die Trennung von Recht und Politik, die um der größeren Wirkung des Rechts willen propagiert wurde, stützt dann den Primat der Politik über das Recht oder, anders ausgedrückt, wird zur herrschaftsstabilisierenden Ideologie.

Eine realistische Rechtswissenschaft muss demgegenüber die Widerstände, die sich der Verwirklichung der Rechtsgrundsätze tatsächlich immer wieder entgegenstellen, von vornherein bedenken, aber die so gefundenen und bekräftigten Grundsätze dann auch durchhalten. Verfassung und Verwaltungsrecht dürfen nicht „Schönwetterrecht" sein.

---

1 *Windscheid*, Die Aufgabe der Rechtswissenschaft, 1884, S. 15, auch in: Gesammelte Reden und Abhandlungen, 1904, S. 101, 111.
2 Vgl. *Laband*, Staatsrecht des Deutschen Reiches (1895), Vorwort zur 2. Auflage.
3 *Wilhelm*, Zur juristischen Methodenlehre im 19. Jahrhundert, 1958, S. 7 ff.
4 A. a. O. (Anm. 2) S. X.
5 Vgl. etwa *Wieacker*, Privatrechtsgeschichte der Neuzeit, 401 ff.; *Reich*, Sociological Jurisprudence and Legal Realism im Rechtsdenken Amerikas, 1967, S. 21 ff., 132; aus der zeitgenössischen Literatur: *von Stein*, Gegenwart und Zukunft der Rechts- und Staatswissenschaft Deutschlands, 1876, S. 31.

Zu *Fall 1* („Lauschangriff") ist daher festzustellen: Im Rechtsstaat bedürfen Eingriffe der **136** Verwaltung in die Rechte des Einzelnen einer gesetzlichen Grundlage; dafür reichten die Aufgabennormen des früheren Verfassungsschutzgesetzes nicht aus. Die Post- und Telefonkontrolle ist in dem Gesetz zu Art. 10 GG in rechtsstaatlich (noch) vertretbarer Weise zugelassen[6]. Bedenklich war vor allem die weite Fassung von § 3 G 10[7]. Die Ermächtigung an das Bundesamt für Verfassungsschutz, „nachrichtendienstliche Mittel" anzuwenden, deckte jedenfalls nicht die Beeinträchtigung der Unverletzlichkeit der Wohnung. Die Wohnung ist als „räumliche Privatsphäre" geschützt[8]. Die Voraussetzungen eines Eingriffs oder einer Beschränkung im Sinne von Art. 13 Abs. 3 GG lagen nicht vor (das wurde vom Bundesministerium des Innern jedoch behauptet)[9]. „Staatsräson" und vermeintliche Gefahr größter Rechtsgutverletzungen mögen das Eindringen bei dem scheinbaren Terrorismus-Sympathisanten entschuldbar erscheinen lassen, so dass die Handelnden in einem eventuellen Disziplinarverfahren freigesprochen werden könnten; die Maßnahme „Lauschangriff" wurde dadurch aber nicht rechtmäßig. Das Bundesverfassungsschutzgesetz v. 20. 12. 1990 unterscheidet nunmehr zwischen Aufgaben (§ 3) und Befugnissen (§§ 8 ff.) des Verfassungsschutzes und enthält in § 9 Abs. 2/3 auch eine Ermächtigung zum Mithören und Aufzeichnen des nicht öffentlich gesprochenen Wortes, aber nur unter engen Voraussetzungen[10].

Mit *Fall 2* soll gezeigt werden: formlose Aufforderungen der Regierung sind – anders als in der absoluten Monarchie und wieder in der Zeit des Nationalsozialismus – nicht Gesetz. Der „Appell" des Bundeskanzlers könnte allenfalls als Hinweis aufgefasst werden, gesetzliche Sparvorschriften zu beachten, falls solche bestehen. Die Öl-Abgabe-Anordnung der Bundesregierung – die vielleicht als Rechtsverordnung gedacht ist – müsste, um rechtmäßig zu sein, eine gesetzliche Grundlage haben. Prüfen Sie, ob das Wirtschaftssicherstellungsgesetz eine solche Ermächtigung erhält[11].

2. Verfassungsmäßigkeit der Verwaltung

a) Die leitenden Prinzipien

Bevor die „Gesetzmäßigkeit" der Verwaltung genauer dargestellt wird, ist das dem **137** Staat des Grundgesetzes eigentümliche Gebot der Verfassungsmäßigkeit der Verwaltung näher zu betrachten. Es hat seinen Sitz in Art. 1 Abs. 3 und 20 Abs. 3 GG, und es wird insbesondere durch die Grundrechte und das Gebot der Verhältnismäßigkeit (auch: Übermaßverbot) ausgefüllt. Seine praktische Bedeutung beruht vor allem auf der vom Grundgesetz begründeten Stellung der Verfassungsgerichtsbarkeit.

Durch die bereits angesprochene richterliche Prüfungsbefugnis gegenüber den Beschlüssen des parlamentarischen Gesetzgebers ist eine institutionelle Gewähr dafür gegeben, dass die Gebote der Verfassung sich auch bei konkreten Verwaltungs-

---

6 BVerfGE 30, 1; zu beachten ist aber auch das Abweichende Votum S. 33 ff.
7 Auch insofern für Verfassungsmäßigkeit des G 10: BVerfGE 67, 157. S. a. BVerfGE 100, 313.
8 BVerfGE 32, 54, 72; 109, 279, 313 f.
9 Kritisch dazu de *Lazzer/Rohlf*, JZ 1977, 208.
10 Vgl. dazu *Riegel*, Datenschutz bei den Sicherheitsbehörden, 2. A. 1992, S. 49 ff. und BVerfGE 109, 279 ff.
11 G. v. 24. 8. 1965, zuletzt geändert durch G. v. 25. 11. 2003. Vgl. a. *Ipsen*, AöR 90 (1965), 393 ff.

entscheidungen auswirken. Andererseits wird dadurch die Gefahr begründet, dass wichtige Elemente der Sozialgestaltung außerhalb des Parlaments, eben vom Verfassungsgericht geprägt werden.

138 Verfassungsmäßigkeit der Verwaltung bedeutet im Einzelnen:
- **Rechtmäßigkeit der Verwaltung**, hier insbesondere: *Gesetzmäßigkeit der Verwaltung* in dem (im folgenden Paragraphen genauer zu besprechenden) Sinne, dass der *Vorrang* und der *Vorbehalt des Gesetzes* gewahrt sein muss,
- **Bindung der Verwaltung an die Grundrechte** einschließlich des *Gleichheitssatzes*,
- **Bindung an weitere verfassungsrechtliche Prinzipien**, insbesondere das der *Rechts- und Sozialstaatlichkeit* mit seinen verschiedenen Ausprägungen (z. B.: Bestimmtheit der Verwaltungsgebote, Verhältnismäßigkeit von Zweck und Mittel, Vertrauensschutz).

139 Es ist nur eine terminologische Frage ohne weitere sachliche Bedeutung, ob man „Rechtmäßigkeit" als Oberbegriff für Verfassungsmäßigkeit, Gesetzmäßigkeit und Übereinstimmung mit anderen, untergesetzlichen Rechtsnormen wählt oder ob man, wie allgemein üblich, unter dem Begriff der Gesetzmäßigkeit die Übereinstimmung mit allen Rechtsnormen versteht. Nicht richtig wäre es, einen Verfassungsverstoß von vornherein für schwerwiegender zu erachten als einen „bloßen" Gesetzesverstoß. Wenn man überhaupt gewichten will – etwa um im politischen Streit Verantwortung und Verschulden zuweisen zu können –, dann kann durchaus das umgekehrte Ergebnis herauskommen: ein klarer Verstoß gegen eine eindeutige Gesetzesbestimmung wiegt u. U. schwerer als die Abweichung von einer – vielleicht nicht so eindeutig anwendbaren – Verfassungsnorm.

140 **Prüfungs- und Verwerfungskompetenz** gegenüber Gesetzen: Die Verwaltung kann und muss im Zweifelsfall prüfen, ob das anzuwendende Gesetz der Verfassung und ob Landesrecht dem Bundesrecht entspricht. Dabei hat der primär zuständige Amtswalter die Entscheidung seiner Vorgesetzten einzuholen (vgl. Rn. 894). Teilt die Verwaltungsspitze die Bedenken, so muss die (Bundes- oder Landes-)Regierung entscheiden, ob das zuständige Verfassungsgericht angerufen werden soll; eventuell muss der Vollzug des Gesetzes ausgesetzt werden. Die Verwaltung hat also keine eigene „Verwerfungskompetenz". Denn es spricht eine „Vermutung" für die Verfassungsmäßigkeit der vom Parlament beschlossenen Gesetze[12]. Zu beachten ist, dass die Verfassungswidrigkeit *vorkonstitutioneller* Gesetze von den Rechtsanwendern selbst festgestellt werden kann, Art. 100 Abs. 1 GG insofern also nicht gilt[13]. Zur Prüfung *untergesetzlicher* Rechtsnormen vgl. Rn. 218 ff.

---

12 Umfassend hierzu *Bachof*, AöR 87, 1962, 1 ff., 46 ff.
13 Ausnahme: wenn der Gesetzgeber ein vorkonstitutionelles Gesetz nachträglich „in seinen Willen aufgenommen hat", z. B. durch Teiländerung, ist Art. 100 Abs. 1 GG anzuwenden. Vgl. BVerfGE 66, 248, 254; 70, 126, 129.

b) Gleichheitsgebot und Selbstbindung der Verwaltung

Dass die Verwaltung die *Gleichheit* wahren muss, ist nach Ansicht von *Wolff/Bachof*[14] die wichtigste verfassungsmäßige Bindung. Das Gebot der Gleichbehandlung folgt schon aus dem grundlegenden Gebot, dass alle staatliche Tätigkeit an dem Ziel der Gerechtigkeit ausgerichtet sein soll. Die Rechtsprechung hat aus dem Gleichheitsgebot den Satz entwickelt, dass „wesentlich Gleiches gleich, wesentlich Ungleiches entsprechend seiner Eigenart ungleich"[15] behandelt werden muss (s. a. Rn. 166). Es liegt auf der Hand, dass die Ermittlung des „wesentlich Gleichen" bzw. „wesentlich Ungleichen" bei Fehlen weiterer Unterscheidungskriterien überaus schwierig ist. Als „Tendenzrichtlinie" muss hier das Sozialstaatsprinzip mit herangezogen werden. Ein sozialer Staat muss den Gleichheitssatz anders handhaben als ein bloß liberaler Staat, der davon ausgeht, dass der Stärkere jeweils auch das bessere Recht habe und vom Staat daher nur eine *formale* Gleichheit zu gewährleisten sei. Sozial ist der Staat nach heutiger Auffassung erst dann, wenn er sich gerade des Schwächeren annimmt und vorhandene Unterschiede, die als sozial unerträglich angesehen werden, ausgleicht[16].

141

Das Gleichheitsgebot bewirkt außerdem eine *Selbstbindung der Verwaltung*: Werden gleiche Sachverhalte von den zuständigen Behörden wiederholt rechtlich gleich behandelt, so muss dies auch in der Zukunft so geschehen. Die tatsächliche Praxis der Verwaltung gewinnt auf diese Weise nach einiger Zeit normative Bedeutung. Wird eine bestimmte Praxis in Verwaltungsvorschriften angeordnet oder festgelegt, so werden auch interne Normen zur Grundlage vergleichender Argumentation und damit ein Außenverhältnis zum Bürger ähnlich verbindlich wie Rechtsnormen (Rn. 226-240).

c) Stärkung der Rechtsstellung des Einzelnen: Vom Rechtsreflex zum subjektiven Recht

Zu den Wandlungen im Verhältnis von Staat und Bürger gehört auch, dass die Rechtsposition des Bürgers in vielen Beziehungen stärker ist als früher. Das gilt zum einen für die leistende Verwaltung. Aus dem Sozialstaatsprinzip folgt hier, dass der Verpflichtung des Staates, den Schwächeren zu schützen, in zunehmendem Maße auch entsprechende **Ansprüche der Bürger** auf Hilfeleistungen des Staates gegenüberstehen, während man früher nur Ermächtigungen an die Verwaltung zur Hilfeleistung annahm und den begünstigten Bürgern allenfalls einen „**Rechtsreflex**" (von manchen auch „Reflexrecht" genannt) zuerkannte. Die Rechtsprechung des Bundesverfassungsgerichts[17] und der Verwaltungsgerichte[18] hat schon früh eine zumindest gleichrangige Stellung des Hilfsbedürftigen und des helfenden Staates

142

---

14 *Wolff/Bachof*, § 33, Rn. 63 ff.
15 BVerfGE 49, 148, 165; 86, 81, 87; s. a. die „neue Formel" in E 55, 72, 88; 87, 234, 255; 88, 87, 96 f.
16 Zur Vertiefung: *Hesse*, Der Gleichheitssatz in der neueren deutschen Verfassungsentwicklung, AöR 109 (1984), 174-198.
17 BVerfGE 1, 97.
18 Vgl. insbesondere BVerwGE 1, 159; 3, 58, 60; 18, 352.

§ 4 *Verfassungsrechtliche Grundnormen des Verwaltungsrechts*

festgestellt. Die Gesetzgebung ist dem gefolgt, zuerst im BSHG, abschließend für den gesamten Sozialleistungsbereich im SGB. Auch eine Beratungspflicht der Behörden wurde schon vor der gesetzlichen Regelung (jetzt §§ 25, 68 Abs. 2 S. 2 VwVfG, 13 ff. SGB I) aus der Verfassung abgeleitet. Praktisch bedeutsam ist auch der Auffassungswandel in Bezug auf die Rückgängigmachung rechtswidriger Verwaltungshandlungen (s. unten Rn. 789 ff.).

143 Aber auch in den Rechtsgebieten, wo es nicht um Leistungen des Staates, sondern um Ordnung, Lenkung oder Steuerung sozialer Vorgänge durch den Staat geht, haben sich die Vorstellungen von der Rechtsposition des Bürgers verändert. Je komplexer staatliche und private Planungen werden, je weiter die Wirkungen von Verwaltungsentscheidungen reichen, desto größer wird das Bedürfnis nach Schutz für Positionen, die bisher nicht als subjektive Rechte, sondern nur als Interessen des Einzelnen angesehen werden.

Wie stark die Rechtsposition des Einzelnen gegenüber Maßnahmen der Verwaltung ist, das zeigt sich vor allem im verwaltungsgerichtlichen Prozess. Objektiv rechtswidrige Verwaltungsakte werden vom Gericht nur aufgehoben, wenn der Kläger durch sie *„in seinen Rechten verletzt ist"* (§ 113 Abs. 1 S. 1 VwGO), und die Verpflichtung einer Behörde zur Vornahme einer beantragten Amtshandlung wird vom Gericht nicht schon dann ausgesprochen, wenn die Ablehnung oder Unterlassung rechtswidrig war, sondern nur wenn der Kläger dadurch in seinen Rechten verletzt wurde (§ 113 Abs. 5 S. 1 VwGO).

144 Subjektive Rechte können sich aus bereits bestehenden *Rechtsbeziehungen* („Sonderbeziehungen") ergeben, die auf einem Verwaltungsakt (z. B. einer Zusage oder einem Leistungs- oder Feststellungsbescheid) oder einem öffentlich-rechtlichen Schuldverhältnis beruhen, oder aber auf *Gesetzesnormen*, die dazu bestimmt sind, Individualinteressen zu stützen; das können Grundrechtsnormen sein, aber auch Bestimmungen in einfachen Gesetzen. Nicht individualschützende Normen begründen keine subjektiven Rechte; als Bestandteile der objektiven Rechtsordnung müssen sie auf andere Weise durchgesetzt werden, z. B. durch behördliche Überwachungsmaßnahmen.

Rechtsprechung und Lehre sind ständig darum bemüht, diejenigen Rechtsbindungen der öffentlichen Verwaltung herauszuarbeiten, die ihr *im Interesse des Einzelnen* auferlegt sind, in denen also subjektive öffentliche Rechte angenommen werden, und sie von denen abzugrenzen, die im *Allgemeininteresse* begründet worden sind. Dazu ist zu entscheiden, **welchen Zwecken und Zielen und welchen Interessen die anzuwendende(n) Rechtsnorm(en) zu dienen bestimmt seien („Schutznormtheorie")**[19].

145 Wir befinden uns hier an einer zentralen Stelle der gegenwärtigen verwaltungsrechtlichen Diskussion. Kaum eine verwaltungsgerichtliche Entscheidung über neuartige Konflikte, in der nicht die *Klagebefugnis* und damit eben die Frage auf-

---

19 Vgl. dazu etwa *Erichsen*, in: ders./Ehlers, § 11 Rn. 31 ff.; *Wahl/Schütz,* DVBl. 1996, 641 ff., jeweils m. w. N. – Aus der Rspr.: BVerwGE 32, 173, 175 ff.; 66, 307, 308 ff.; 78, 40, 41 ff.

2. Verfassungsmäßigkeit der Verwaltung § 4

geworfen wird, ob der Kläger ein eigenes subjektives Recht geltend machen kann (§ 42 Abs. 2 VwGO, siehe dazu Rn. 1025 und 1034). Die Gerichte legen nämlich großen Wert darauf, nicht mit Anträgen behelligt zu werden, bei denen sich jemand zum Anwalt der Allgemeinheit macht – „Popularklagen" sollen also ausgeschlossen sein. Der Einzelne habe keinen Anspruch darauf, dass alle objektiven Rechtsnormen beachtet und/oder durchgesetzt werden; ein „allgemeiner Gesetzesvollziehungsanspruch" sei abzulehnen. Wenn jedermann wegen jeder rechtswidrigen Verwaltungshandlung die Gerichte anrufen könne, würden diese völlig überlastet, so dass die ernsthaft Betroffenen nicht zu ihrem Recht kämen.

Beispiele: Für das Ob, Wie und Wann des *polizeilichen* Einschreitens zur Gefahrenabwehr ist nicht das Interesse des Einzelnen, sondern die bestmögliche Sicherung der Allgemeinheit maßgebend[20]. Andererseits hat das BVerwG schon vor langer Zeit unter gewissen Umständen einen Anspruch auf polizeiliches Tätigwerden anerkannt. Das setzt voraus, dass es um den Schutz einer subjektiv verfestigten Rechtsposition geht und jede andere Entscheidung ermessensfehlerhaft wäre, das Ermessen also auf Null reduziert ist[21], vgl. unten Rn. 598 f.

Ein Anlieger einer viel befahrenen Straße soll kein Recht auf Anbringung von beschränkenden *Verkehrszeichen* haben[22], aber ein Linienverkehrsunternehmen soll u. U. ein Recht darauf geltend machen können, dass anderen Unternehmen keine *Genehmigung zum Linienverkehr* im gleichen Gebiet erteilt wird[23].

Besonders umstritten ist es, inwieweit die Einhaltung von Vorschriften des *Baurechts* und des *Umweltschutzes* von Einzelnen geltend gemacht werden kann, die nicht unmittelbar von diesen Vorschriften angesprochen sind. Als *nachbarschützend* werden heute (nach Maßgabe landesrechtlicher Vorschriften und in deren – z. T. divergierender – Auslegung) zahlreiche Vorschriften über Grenzabstände und zulässige bauliche Nutzung von Grundstücken angesehen – aber nicht Regeln über die angemessene Baugestaltung. Hier ist vieles im Fluss (vgl. u. a. Rn. 1046 ff.). Umweltschutzverbände haben bisher in den meisten Ländern keine ausreichende Rechtsposition, um stellvertretend für Nicht-Betroffene einen Anspruch auf ungestörte Umwelt zu erheben; allerdings zieht die Rechtsprechung den Kreis der „Nachbarn" störender Anlagen immer weiter – was auch sachgerecht ist, da die Auswirkungen großer technischer Anlagen weit über die engere Umgebung hinausreichen, und Bundes- wie Landesgesetzgeber haben – in unterschiedlicher Ausgestaltung – die „altruistische" Verbandsklage im Naturschutzrecht eingeführt[24]. Gegen Plangenehmigungen hat das BVerwG bisher keine Verbandsklage zugelassen[25].

146

Nicht nur ein Anspruch, die Norm einzuhalten, kann bestehen, sondern auch ein Anspruch, eine entsprechende *Norm zu erlassen* bzw. *zu ergänzen*. In Abkehr von seiner früheren Rechtsprechung[26] hat das BVerwG dies ausdrücklich entschieden,

---

20 *Wittern*, § 5 II 6a Rn. 24; s. a. unten Rn. 1123, 1125.
21 BVerwGE 11, 95.
22 VGH Kassel, DVBl. 1968, 760.
23 BVerwG, DVBl. 1969, 367.
24 § 61 BNatSchG und entsprechende Landesgesetze.
25 BVerwG, DÖV 1995, 955.
26 BVerwGE 7, 188 f.; 13, 328 ff.

indem es einer Kreisrätin das Recht zusprach, vom Kreistag den Erlass einer Regelung über die Verdienstausfallentschädigung zu verlangen[27].

147 Insgesamt führt die Auseinandersetzung um die subjektiven öffentlichen Rechte und die „Rechtsverletzung" im Sinne von § 113 Abs. 1 S. 1 und Abs. 4 S. 1 VwGO möglicherweise in eine Sackgasse. Die strenge Entgegensetzung von Interessen des Einzelnen und Interessen der Allgemeinheit ist fragwürdig, wenn man die Interessen der Allgemeinheit als gebündelte und gefilterte Interessen vieler Einzelner versteht – was durchaus angebracht ist (vgl. Rn. 50). Die Frage lautet dann nicht: welche Norm gewährt ein subjektives Recht? Sondern: Die Einhaltung welcher Normen will man durch betroffene Private kontrollieren lassen? Es spricht immerhin einiges dafür, auch die Einhaltung der überindividuellen Rechtsgebote (u. a.) durch Private durchsetzen zu lassen. Ein meist besonders wirksamer Impuls zur Verwaltungskontrolle fällt aus, wenn man denen, die sich betroffen fühlen, zu geringe prozessuale Rechte einräumt. Zum Schutz vor selbst ernannten „Bürgeranwälten" genügt die Vorschrift, dass der Kläger ein *eigenes* Recht geltend machen (§ 42 Abs. 2 VwGO) bzw. ein *Rechtsschutzbedürfnis* nachweisen muss (siehe dazu Rn. 1023 ff.).

d) Vertrauensschutz

148 *Vertrauensschutz* wird von manchen als *allgemeines* Prinzip eines sozialen Rechtsstaates angesehen – mit der Folge, dass daraus ein Anspruch auf Schutz einmal erlangter Rechtspositionen selbst gegen gesetzliche Veränderungen, jedenfalls aber gegen nachteilige Maßnahmen der Verwaltung hergeleitet wird. Voraussetzung dafür ist, dass *Vertrauen entstanden und schutzwürdig* ist – vor allem weil es betätigt worden ist, also entsprechende Dispositionen getroffen wurden – und dass dieses schutzwürdige Vertrauen gegenüber den Interessen der Allgemeinheit vorrangig ist. Es liegt auf der Hand, dass zu weitgehender Vertrauensschutz zur Erstarrung der Rechtsordnung führen, neue staatliche und kommunale Vorhaben aller Art blockieren und größere Reformen ganz unmöglich machen würde.

Über den Schutz durch die Grundrechte hinaus (der z. B. bei Art. 14 GG nach Rspr. und Literatur zu einem recht hohen Grad von Vertrauensschutz führt) ist kein Raum für ein allgemeines Vertrauensschutzprinzip. Doch ist der Vertrauensschutzgedanke in den Bestimmungen des VwVfG über Rücknahme und Widerruf bei Verwaltungsakten berücksichtigt[28] (s. unten § 20).

e) Das Verhältnismäßigkeitsprinzip

149 Das *Verhältnismäßigkeitsprinzip* verdient besondere Beachtung. Von der Rechtsprechung aus dem Rechtsstaatsprinzip entwickelt[29], hat es heute die Funktion eines immer „im Hintergrund" bereitstehenden Filters, es wirkt potenziell in alle

---

27 BVerwG, NVwZ 1990, 162; dazu *Robbers*, JuS 1990, 978.
28 *Stelkens*, JuS 1984, 930 ff.
29 Zu den verschiedenen Begründungsansätzen vgl. v. *Arnauld*, JZ 2000, 276.

Rechtsverhältnisse zwischen Staat und Bürger hinein, mildert die Härten des generellen Gesetzes für den Einzelfall ab und erlaubt die Durchbrechung strenger Regeln in ungewöhnlichen Fällen, ohne ihren Geltungsanspruch sonst anzutasten.

Inhalt dieses Prinzips ist letztlich die zur Rechtsnorm erhobene praktische Handlungsmaxime, dass man nicht „mit Kanonen auf Spatzen schießt". Die Mittel, die der Staat zur Erfüllung seiner legitimen Aufgaben einsetzt, dürfen „nicht unverhältnismäßig" sein, positiv ausgedrückt: sie müssen in einem (noch) *angemessenen Verhältnis* zu dem angestrebten Zweck stehen. Nicht jede öffentlich-rechtliche Verpflichtung ist so bedeutend, dass ihre Durchsetzung es rechtfertigt, dem Betroffenen schwere Nachteile zuzufügen.

Diese rechtliche Bindung der Verwaltung bei der Auswahl des anzuwendenden Mittels ist im Kern nicht neu. Im Polizeirecht gelten seit langem Regeln über die zulässigen Maßnahmen, die auf diesen jetzt der Verfassung zu entnehmenden Rechtsgedanken zurückgehen. Das polizeiliche Mittel muss nach der polizeilichen Generalklausel „erforderlich" sein, und dies wird seit je als Zusammenfassung dreier Aspekte verstanden, nämlich: **150**
– dass das Mittel *geeignet* ist, den gewünschten Erfolg herbeizuführen oder zumindest zu fördern
– dass es den Betroffenen nicht stärker als andere in Betracht kommende Mittel belastet (Prinzip des *mildesten* Mittels, Erforderlichkeit im engeren Sinne) und
– dass es im *richtigen Verhältnis* zu dem angestrebten Zweck steht (Verhältnismäßigkeit im engeren Sinne, Proportionalität)[30].

Diese polizeirechtlichen Grundsätze sind in der allgemeinen verwaltungsrechtlichen Literatur und Rechtsprechung weiterentwickelt worden. Heute ist anerkannt, dass aus dem Verhältnismäßigkeitsprinzip das Gebot folgt, eine polizeiliche oder sonstige staatliche Maßnahme zu *unterlassen*, wenn der erreichbare Effekt in unangemessenem Verhältnis zu dem als Nebenfolge zu erwartenden Schaden stünde. **151**

Beispiele: In dem der Entscheidung BVerfGE 16, 194 ff. zugrunde liegenden Fall hatte sich ein Amtsgericht in einem Strafverfahren, das wegen einer durchaus unbedeutenden Pflichtverletzung (Auskunftsverweigerung gegenüber einer Handwerkskammer) durchgeführt wurde, mit der Möglichkeit zu befassen, dass der Angeklagte nicht voll zurechnungsfähig sei. Um dies aufzuklären, wurde eine gefährliche körperliche Untersuchung (Entnahme von Gehirnflüssigkeit) angeordnet. Das BVerfG hob diese Anordnung mit Recht wegen Verstoßes gegen das Verhältnismäßigkeitsprinzip auf.

Polizeiliche Maßnahmen etwa zur Räumung eines besetzten Hauses oder zur Auflösung einer verbotenen Demonstration können ebenfalls wegen unangemessenen Verhältnisses von Zweck und Mittel rechtswidrig sein. Die hier erforderliche Abwägung ist außerordentlich schwierig. Denn die Polizei darf von der Durchsetzung rechtmäßiger Anordnungen natürlich nicht allein deshalb absehen, weil die Betroffenen mit Widerstand drohen. Zunächst ist zu erwägen, ob jeweils hinreichend schonende Mittel zur Verfügung stehen, um den rechtmäßigen Zustand herzustellen. Es gibt aber durchaus Situationen, in denen die Gefahr von Eskalationen einen Verzicht auf polizeiliches Einschreiten gebieten kann – die

---
30 „Schulmäßige" Abarbeitung etwa in BVerfGE 100, 313, 373 ff.

Maxime „fiat justitia et pereat mundus" (Luther: „Es geschehe, was recht ist, und sollt die Welt drob vergehen") ist *kein* Bestandteil des geltenden Rechts[31].

152 Die zunehmende Berufung auf den Verhältnismäßigkeitsgrundsatz ist viel kritisiert worden. In der Tat erwecken manche Gerichtsentscheidungen, die sich darauf stützen, den Eindruck, dass die eigentliche rechtliche Prüfung am Maßstab des Gesetzes zugunsten einer – dem Richter mehr Spielraum lassenden – Anwendung dieses Grundsatzes vernachlässigt wurde. Deshalb sei betont: *Bevor* die Verfassung und speziell der Verhältnismäßigkeitsgrundsatz herangezogen wird, muss die zu prüfende Maßnahme an den einschlägigen Vorschriften des (einfachen) *Gesetzes* gemessen werden. Verfassungsrechtliche Prinzipien (wie auch die Grundrechte) können zur *Korrektur* der so gefundenen Ergebnisse erst im zweiten Schritt herangezogen werden, und das Verhältnismäßigkeitsprinzip ist nur einzuführen, wenn deutlich ist, dass die („abstrakte") Interessenabwägung des Gesetzgebers den betreffenden Einzelfall nicht mit erfassen wollte. In diesen Fällen, aber auch nur dann, soll dieses Prinzip der *Billigkeit* an die Stelle „starrer" formaler Gleichbehandlung gesetzt werden[32].

3. Rechtsweggewährleistung

153 Zum Bild eines „perfekten" Rechtsstaates gehört ein System des Rechtsschutzes, das den Bürgern die Anrufung unabhängiger Gerichte ermöglicht, wann immer sie sich von der Staatsgewalt in ihren Rechten beeinträchtigt fühlen. Der „Rechtsweg", d. h. der Weg zu einem Gericht muss offen stehen.

Die Verfassung hat ein mehrgliedriges Rechtsschutzsystem übernommen, das sich historisch entwickelt hat. Statt des einen „Rechtsweges", von dem Art. 19 Abs. 4 GG spricht, betrachtet die Praxis das Rechtsschutzsystem als eine Mehrzahl von „Rechtswegen". Insbesondere die Abspaltung des öffentlichen Rechts vom Privatrecht ist hier nach wie vor von praktischer prozessualer Bedeutung.

Zu den Einzelheiten vgl. § 24.

4. „Brauchbare Illegalität", „informaler Rechtsstaat"?

154 Die Erfahrung, dass in der Praxis manche Abweichung vom geltenden Recht vorkommt und dass die beteiligten Instanzen und Personen – seien es Aufsichtsbehörden oder Betroffene einschließlich Belasteter – und manchmal auch die Öffent-

---

31 Zu der zitierten Maxime vgl. aber auch die andere Deutung bei *Liebs*, Lateinische Rechtsregeln und Rechtssprichwörter, 1982, S. 73 ff. (keine Rücksicht auf Hochgestellte).
32 Grundlegend dazu *Hirschberg,* Der Grundsatz der Verhältnismäßigkeit, 1981; s. a. *Lerche*, Übermaß und Verfassungsrecht, Köln u. a. 1968; *Schnapp*, Die Verhältnismäßigkeit des Grundrechtseingriffs, JuS 1983, 850 ff. (m. w. N.); *Grabitz*, Der Grundsatz der Verhältnismäßigkeit in der Rechtsprechung des Bundesverfassungsgerichts, AöR 98, 1973, 568 ff.; *Alexy*, Theorie der Grundrechte, 1986, S. 100 ff.; *Remmert*, Verfassungs- und verwaltungsrechtsgeschichtliche Grundlagen des Übermaßverbots, 1995; *Kluth,* Das Übermaßverbot, JA 1999, 606 ff.

lichkeit bereit sind, solche Rechtsverstöße hinzunehmen, hat manche zu der Ansicht gebracht, gewisse Formen von Illegalität seien „brauchbar"[33], ja für die Anpassung der Verwaltung an neue Lagen unverzichtbar. „Der Entscheider, der eine zweckmäßige Entscheidung erreichen will, der politisch denkt, sträubt sich oft genug – und manchmal nicht zu Unrecht – dagegen, dem Recht einen absoluten Wert zu geben. Die Verwaltung versucht daher nicht selten, das Recht zu umgehen oder zu biegen"[34]. Am Beispiel des Umweltschutzes ist aufgezeigt worden[35], in wie erheblichem Ausmaß auch rechtswidrige „informale" Verfahrensweisen üblich geworden sind.

155 Wer sich darauf einlässt, für unzweckmäßig gehaltene Rechtsnormen beiseitezuschieben, gerät leicht auf die schiefe Bahn[36]. Zwar spricht für ein Zusammenwirken von Behörden und Privaten, dass konsensuales Handeln einseitige Eingriffe überflüssig machen und im Streitfall Kompromisse erleichtern kann; dadurch werden u. U. Zeit und Kosten gespart und das Verwaltungsverfahren entlastet. Aber – wie *Bohne*[37] eindrucksvoll gezeigt hat – können dabei „informale" Handlungsziele und verfassungsrechtliche Grundsätze miteinander in Konflikt geraten: wo etwa die Verwaltung – wie es oft geschieht – mit dem Betroffenen einen *Tausch* vereinbart, werden tendenziell gesetzliche Sachziele vernachlässigt, andere als die gesetzlich zugelassenen Mittel eingesetzt, schwächere Betroffene in u. U. grundrechtswidriger Weise benachteiligt. Häufig trifft die volle Härte des Gesetzes nur den sozial Schwachen, der sich nicht geschickt genug „arrangiert"; nicht selten erweist sich – im Verhältnis zu bestimmten gesellschaftlichen Organisationen – die Verwaltung ihrerseits als ohnmächtig. Die oft anzutreffende Verlagerung von Entscheidungen auf andere als die „eigentlich" zuständigen Stellen verursacht u. a. Legitimationsdefizite, die ebenfalls bei manchen Geschäften übliche Unverbindlichkeit und Formlosigkeit schafft Rechtsunsicherheit, erschwert die Kontrolle und verkürzt den Rechtsschutz.

Das Fazit sei ebenfalls in der Formulierung von *Bohne* gezogen: „Die Existenz informaler Handlungsmuster und ihre Tendenz zur Rechtswidrigkeit sind zwar in gewissem Umfang Voraussetzungen für die Funktionsfähigkeit der Gesetze und daher auch unvermeidbar. Es ist jedoch unmöglich anzugeben, bis zu welchem Umfang rechtswidriges Handeln zur Funktionsfähigkeit der Gesetze beiträgt und wann die Grenze erreicht ist, wo illegales Handeln gleichbedeutend ist mit der Unwirksamkeit der Gesetze, d. h. wo die Gesetze nur noch Fassade sind und in Wirklichkeit etwas ganz anderes geschieht als gesetzlich bestimmt ist". Die allgemeine Aussage, „dass der Gesetzesvollzug ohne Illegalität nicht auskommt, wenn

---

33 Der Begriff „brauchbare Illegalität" ist gebildet in Anlehnung an *Luhmann*, VerwArch 55, 1964, 15. Praktische Beispiele informalen Verwaltungshandelns sind dargestellt in: *Hill* (Hrsg.), Verwaltungshandeln durch Verträge und Absprachen, Baden-Baden 1990, dort u. a.: *Bussfeld*, Informales Verwaltungshandeln – Chancen und Gefahren, S. 39. Lesenswert auch: *Benz/Seibel* (Hrsg.), Zwischen Kooperation und Korruption: Abweichendes Verhalten in der Verwaltung, Baden-Baden 1992.
34 *Thieme*, Entscheidungen in der öffentlichen Verwaltung, Köln u. a. 1981, S. 69.
35 *Bohne*, Der informale Rechtsstaat, Berlin 1981, S. 42-125; vgl. a. *ders.*, VerwArch 75, 1984, 343 ff.
36 *Thieme*, a. a. O.
37 *Bohne*, a. a. O. (Anm. 35), S. 224-234; vgl. a. *Maurer*, § 15 Rn. 18 und 21.

§ 4 Verfassungsrechtliche Grundnormen des Verwaltungsrechts

ein Übermaß an Konflikt und staatlicher Gewaltanwendung vermieden werden soll", ist „als konkrete Handlungsanweisung für den Gesetzesvollzug unbrauchbar."[38]

156 „**Informalität**" des Verwaltungshandelns im eigentlichen Sinne ist nicht ohne weiteres rechtsstaatlich „verdächtig". Selbstverständlich gibt es **zulässige** Verhaltensweisen der Verwaltung, die nicht oder noch nicht geregelt („formalisiert") sind. Anders ausgedrückt: ein „numerus clausus" der administrativen Handlungsformen existiert nicht. Auch die Abkehr von der einseitigen Begründung von Rechten und Pflichten hin zum kooperativen Verwaltungshandeln kann heute nicht mehr verhindert werden. Insbesondere komplexe Verwaltungsaufgaben erfordern häufig Vorbesprechungen, Vorweg-Abklärungen, Koordinationsversuche und rechtlich noch unverbindliche Absprachen, für die das geltende Verfahrensrecht keine Regeln bereithält. Mit Recht weist *Maurer*[39] darauf hin, dass Anhörungs- und Aufklärungspflichten der Verwaltung (unten Rn. 627 ff.) geradezu eine Pflicht zu Verhandlungen begründen können. Die Verwaltung darf aber keine Absprachen treffen, die das spätere förmliche Verfahren in Richtung eines rechtswidrigen Ergebnisses präjudizieren. Kommt es im Rahmen informalen (gleichbedeutend: informellen) Verwaltungshandelns zu Vereinbarungen, so ist zu prüfen, ob diese unter die Vorschriften über den verwaltungsrechtlichen Vertrag fallen (vgl. Rn. 859 ff.) oder ob sie unverbindliche Abmachungen unterhalb des Vertrages darstellen und daher allenfalls unter besonderen Umständen Vertrauensschutz begründen können.

Inwieweit informales Verwaltungshandeln heute doch durch Rechtsvorschriften eingegrenzt und damit formalisiert werden soll, ist umstritten. Immerhin finden sich einige Festlegungen solcher Art im Planungsrecht, insbesondere soweit es sich um neue und besonders vielschichtige Vorhaben mit Umweltfolgen handelt, so im Gesetz über die Umweltverträglichkeitsprüfung v. 12. 2. 1990. S. a. Rn. 258.

Zu den Ausgangsfragen:

157 1./2. S. oben Rn. 136.

3. Gewaltenteilung als zentrales Prinzip ist ein Wesensmerkmal des Verfassungsstaates (vgl. Art. 16 der französischen Menschen- und Bürgerrechtserklärung von 1789, s. unten Rn. 503). Sie ist unverzichtbare Voraussetzung einer rechtsstaatlichen Ordnung, insbesondere weil sie die Unabhängigkeit der Justiz und die Überprüfbarkeit der Entscheidungen der Exekutive gewährleistet.

Gewaltenteilung bedeutet Verteilung der Befugnisse auf verschiedene Träger, aber nicht, dass diese völlig unverbunden nebeneinander oder gar gegeneinander zu agieren hätten oder dass die Funktionen jeweils ausschließlich bei einer einzigen „Gewalt" angesiedelt wären. So ist die Rechtsetzung durch die „vollziehende Gewalt" aufgrund Verordnungs- und Satzungsermächtigung ebenso zulässig wie die Einwirkung der Legislative auf Exekutive und Judikative z. B. durch Kreationsakte (Wahlen) und Kontrollen. Vgl. a. *Wrege,* Jura 1996, 436.

---

38 A. a. O., S. 238.
39 *Maurer*, § 15 Rn. 19.

4. Während die „Fürsorge" früher als eine Art Gnade angesehen wurde, auf die der Bedürftige keinen Anspruch hatte, hat sich unter dem Grundgesetz schon bald die Meinung durchgesetzt, dass aus dem Sozialstaatsprinzip ein Anspruch jedes Menschen auf Hilfe der Allgemeinheit zur Sicherung der Existenz herzuleiten ist (s. oben Rn. 142). Dementsprechend besteht bei Vorliegen der gesetzlichen Voraussetzungen ein Anspruch. Der Einwand, es fehle an Geld, kann dem nicht entgegen gehalten werden, da sich die Verwaltung ansonsten von der gesetzlichen Bindung lösen könnte. Das Sozialamt muss die gesetzliche Sozialhilfe an B zahlen. Schlagwortartig könnte man also sagen: „Zur Erfüllung der gesetzlichen Ansprüche der Bürger hat die Verwaltung Geld zu haben".

5. Die ständige Erlaubnispraxis der Behörde begründet für G einen Anspruch auf Gleichbehandlung (s. oben Rn. 141). Anders wäre es u. U., wenn die Behörde ihre Praxis für die Zukunft ausdrücklich ändern wollte – was sie hier gerade nicht beabsichtigt. Die Beschränkung der Zahl der Erlaubnisse könnte allenfalls dann mit dem Gleichbehandlungsgebot vereinbar sein, wenn zugleich ein sachgerechtes Verteilungsverfahren eingeführt würde; der überraschende Ausschluss eines einzelnen Antragstellers ist Willkür.

6. Die Polizei hat ihre Einsätze nach „pflichtgemäßem Ermessen" zu planen und durchzuführen. Diese Entscheidungsfreiheit besteht aber nicht mehr, wenn jede andere Entscheidung als die zum Eingreifen ermessensfehlerhaft wäre. Man spricht hier von der „Ermessensschrumpfung auf Null". Bei unmittelbarer Bedrohung von Rechtsgütern Privater, die nicht durch Selbsthilfe abgewendet werden kann, und insbesondere bei nicht unerheblichen Gefahren für die Gesundheit von Grundrechtsträgern (vgl. Art. 2 Abs. 2 S. 1 GG als staatliche Schutzpflicht!) ist die Polizei daher im Ergebnis zum Einschreiten verpflichtet. Vgl. oben Rn. 145 und unten Rn. 598.

§ 5 Vorrang und Vorbehalt des Gesetzes

Ausgangsfälle:

1. In den Großstädten des Landes L ist es allgemein üblich, dass Autofahrer auf zweispurigen Straßen auf der rechten Spur halten und das Warnblinklicht einschalten. Die Landesregierung meint, man müsse diese Praxis legalisieren, da sie ohnehin nicht zu ändern sei. Zu diesem Zweck erlässt sie eine Landes-Straßenverkehrs-Ordnung, die ein neues Verkehrsschild „Halten auf der rechten Spur mit Warnblinklicht" vorsieht. Was sagt dazu das Bundesverkehrsministerium?

2. C ist Computerexperte indischer Staatsangehörigkeit. Als er im Herbst 2002 von dem In-Kraft-Treten des deutschen Zuwanderungsgesetzes hört, fragt er bei der Deutschen Botschaft in New Delhi an, ob er in den Anwendungsbereich des Gesetzes falle. Die Botschaft erteilt ihm die Auskunft, dass man derartige Verfahren bis zur Entscheidung des Bundesverfassungsgerichts (vgl. BVerfGE 106, 310) nicht

betreibe, da man davon ausgehe, dass das Gesetz in verfassungswidriger Weise zustande gekommen sei.
3. Die Kriminalpolizei vermutet, dass von einem bestimmten Haus aus Rauschgifthandel betrieben wird. Sie fordert deshalb die Bewohner des Nachbarhauses auf, das Geschehen in diesem Haus zu beobachten, und gibt dazu konkrete Anweisungen. Der Nachbar N will jedoch solche Dienste nicht leisten. Darf er sich weigern?
4. Die Universität U meint, sie werde vom Staat nicht ausreichend finanziell ausgestattet. Um ihre Situation zu verbessern, verkauft sie die Daten aus den Zulassungsanträgen ihrer Studierenden an einen Adressenverlag. Student S wundert sich darüber, dass er zahlreiche Werbesendungen erhält, und fragt bei der Universität nach. Dort teilt man ihm mit, dass die Universität alles dürfe, was ihr nicht ausdrücklich verboten sei. Man habe die Daten zur Verbesserung der Studienbedingungen verkauft.
5. B möchte eine Bäckerei aufmachen, in der er ausschließlich Zutaten aus kontrolliert biologischem Anbau verwenden will. Von der Stadt bekommt er einen zinsgünstigen Existenzgründerkredit. Bäcker C, der konventionelle Produkte verarbeitet, betreibt ein Geschäft in der unmittelbaren Nachbarschaft zu B. Er fürchtet die Konkurrenz und möchte etwas gegen die Kreditgewährung unternehmen, die er für rechtswidrig hält, weil es für sie keine Rechtsgrundlage gebe.
6. Nach einer schweren Sturmflut beantragen einige geschädigte Hauseigentümer staatliche Unterstützung für den Wiederaufbau. Ihnen wird eine „Beihilfe" versprochen, jedoch unter einigen Auflagen in Bezug auf Form, Farbe und Gestalt der Bauwerke, die über das geltende Bauordnungs- und -planungsrecht hinausgehen.

(Lösungshinweise in Rn. 205)

1. Der Vorrang des Gesetzes

158 „Der in Form des Gesetzes geäußerte Staatswille geht rechtlich jeder anderen staatlichen Willensäußerung vor"[1]. Die Verfassung selbst ist als höchstrangiges „Gesetz" anzusehen. Nachrangig sind also einerseits andere, in der Hierarchie der Rechtsnormen weiter unten stehende Formen von Recht (Rechtsverordnung, Satzung), andererseits diejenigen staatlichen Anordnungen allgemeiner Art, die keine Rechtssätze im strengen Sinne enthalten (weil sie nämlich nur „Innenwirkung" für die Verwaltung entfalten[2]), und schließlich die Einzelanordnungen (Verwaltungsakte). Weicht eine *Einzelanordnung* von einem Rechtssatz ab, so ist sie nicht ohne weiteres unwirksam, sondern in der Regel nur aufhebbar („anfechtbar"); der Verstoß des Verwaltungsaktes gegen Rechtssätze (d. h. seine „Rechtswidrigkeit") soll von einem Gericht in einem besonders dazu eingerichteten Verfahren festgestellt werden[3].

---

1 *Mayer*, Deutsches Verwaltungsrecht, Bd. 1, S. 68.
2 Dazu später mehr unter dem Stichwort „Verwaltungsvorschriften" (Rn. 226 ff.).
3 Mehr dazu unter Rn. 767 ff.

Weicht niederrangiges *Recht* von höherrangigem Recht ab, so ist es unwirksam (nichtig); doch entfaltet es bis zu einer entsprechenden Feststellung eines Gerichts häufig faktische Wirkungen, die denen einer wirksamen Rechtsnorm entsprechen können.

Die damit bezeichnete Überlegenheit des Gesetzes wird als *Vorrang des Gesetzes* bezeichnet[4]. Wenn von einem Gesetz rechtmäßig abgewichen werden soll und das Gesetz selbst keine Bestimmung enthält, die eine entsprechende Abweichung zulässt, so muss dieses Gesetz zuvor aufgehoben oder geändert werden.

2. Der Vorbehalt des Gesetzes

a) Verfassungsrechtliche Ausgangslage

Die „Herrschaft des Gesetzes" wird jedoch zusätzlich durch den *Vorbehalt des Gesetzes* abgesichert. Die unter diesen Vorbehalt fallenden staatlichen Maßnahmen sind nur dann rechtmäßig, wenn ein Gesetz die Verwaltung dazu ermächtigt. *Otto Mayer* hat die entscheidenden Überlegungen so formuliert:

„Das Gesetz gibt der Justiz die unentbehrliche Grundlage ihrer Tätigkeit; kein Urteil anders als aufgrund eines Rechtssatzes, nulla poena sine lege. Die Verwaltungstätigkeit kann nicht so abhängig gehalten werden, das verfassungsmäßige Gesetz ist deshalb nur für gewisse, besonders wichtige Gegenstände zur notwendigen Bedingung aller Staatstätigkeit gemacht worden, für alle übrigen ist die vollziehende Gewalt an sich frei; sie wirkt aus eigener Kraft, nicht aufgrund des Gesetzes. Wir nennen den Ausschluss ihres selbstständigen Vorgehens, der bezüglich jener besonders ausgezeichneten Gegenstände besteht, den Vorbehalt des Gesetzes."

Für die Aufforderung der Polizei zur Unterstützung ihrer Tätigkeit (*Fall 3*) fehlt eine Rechtsgrundlage. Nur ausnahmsweise kann die Polizei einen Nichtbeteiligten zu solchen „Diensten" heranziehen, um eine anders nicht zu beseitigende Gefahr abzuwehren (polizeilicher Notstand); zu Strafverfolgungszwecken darf niemand „eingespannt" werden.

Man sollte meinen, der Vorbehalt des Gesetzes sei wegen seiner großen Bedeutung für die gesamte Staatspraxis in der Verfassung genau umschrieben. Dem ist jedoch heute nicht so. Die Tradition der ersten deutschen Verfassungen (vgl. dazu unten Rn. 508) ist nur in einigen Länderverfassungen wieder aufgenommen worden.

So heißt es – in entfernter Ähnlichkeit mit den ersten amerikanischen und französischen *Menschenrechtserklärungen* (Rn. 503) – in Art. 2 der *Verfassung des Saarlandes*: „Der Mensch ist frei und darf nicht zu einer Handlung, Unterlassung oder Duldung gezwungen werden, zu der ihn das Gesetz nicht verpflichtet." Den zweiten Teil dieses Satzes enthält auch Art. 2 der *Verfassung für Rheinland-Pfalz*, und *Hessen* (Art. 2 Abs. 2) wie *Baden-Württemberg* haben formuliert (Art. 58): „Niemand kann zu einer Handlung, Unterlassung oder Duldung gezwungen werden, wenn nicht ein Gesetz oder eine auf Gesetz beruhende Bestimmung es verlangt oder zulässt." Nach Art. 70 Abs. 1 der *Bayerischen* und Art. 59 Abs. 1 der *Berliner* Verfassung bedürfen „die für alle verbindlichen Gebote und Verbote" der Ge-

---

4 Vgl. hierzu *Gusy*, JuS 1983, 189 ff.

setzesform (bzw. müssen sie „auf Gesetz beruhen"). *Niedersachsen* hat die Aspekte der Allgemeinverbindlichkeit und der Begründung von Rechten und Pflichten kombiniert (Art. 41): „Allgemein verbindliche Vorschriften der Staatsgewalt, durch die Rechte oder Pflichten begründet, geändert oder aufgehoben werden, bedürfen der Form des Gesetzes."

Bemerkenswert ist auch die Regelung der *französischen Verfassung von 1958*, die in Art. 34 ausführlich bestimmt, welche Gegenstände durch Gesetz geregelt werden[5].

161 Demgegenüber war weder eine entsprechende Bestimmung in der **Weimarer Verfassung** enthalten noch ist sie im **Grundgesetz** zu finden. In Art. 20 Abs. 3 GG ist der Grundsatz, dass bestimmte staatliche Akte der Grundlage in einem förmlichen Gesetz bedürfen, vorausgesetzt, aber weder seine Wirkungsweise noch sein Umfang sind dort generell bestimmt. Zu deren Fixierung bedarf es vielmehr weiterer Überlegungen, die mangels ausformulierter Verfassungssätze nur an allgemeine Prinzipien anknüpfen können – und zwar an dieselben, die schon in der geschichtlichen Entwicklung des Gesetzmäßigkeitsprinzips entscheidend waren.

Spezielle Gesetzesvorbehalte enthalten Art. 59 Abs. 2 GG für völkerrechtliche Verträge und Art. 23 Abs. 1 S. 2 sowie Art. 24 Abs. 1 GG für die Übertragung von Hoheitsrechten an die Europäische Union oder zwischenstaatliche Einrichtungen[6], ferner die *organisationsrechtlichen* Bestimmungen des Art. 87 Abs. 1 S. 2, Abs. 3 S. 1, 110 Abs. 2 S. 1 und 115 Abs. 1 S. 1 GG. Auch der zuständige Richter muss durch Gesetz bestimmt werden, Art. 101 Abs. 1 S. 2 GG.

b) Die Begründung des Gesetzesvorbehalts aus den Grundrechten

162 Eine ganze Reihe von *Grundrechtsbestimmungen* enthält „Gesetzesvorbehalte", d. h. die Bestimmung, dass der nähere Umfang des geschützten Rechtskreises oder seine zulässigen Einschränkungen durch Gesetz geregelt werden. Diese Aussage im Indikativ bedeutet, wie oft in gesetzlichen Vorschriften, eine Verpflichtung zur Regelung in der vorgeschriebenen Form des Gesetzes. Dies entspricht der Regelungstechnik, die in einigen Verfassungen des 19. Jahrhunderts verwendet worden ist, um den dem Parlament vorbehaltenen Entscheidungsbereich zu kennzeichnen. Daher meint z. B. *Jesch*: „Die Grundrechte mit Gesetzesvorbehalt umschreiben im Grundgesetz in vollkommener und umfassender Weise die unter Vorbehalt stehende Individualsphäre. In Frage kommen vor allem Art. 2 Abs. 1 und Art. 14 GG. Durch diese beiden Grundrechte ist der Bereich der Handlungsfreiheit und der freien Entfaltung der Persönlichkeit sowie das weite Feld der ‚vermögenswerten Rechte' unter den Vorbehalt des Gesetzes gestellt worden."[7] Der Eingriffsvorbehalt im Grundgesetz reiche so weit wie die Gesetzesvorbehalte der einzelnen Grundrechte[8].

---

5 Nachzulesen z. B. bei *Franz*, Staatsverfassungen, 1964, S. 466 f., oder bei *Mayer-Tasch*, Die Verfassungen Europas, 1975, S. 196 f.
6 Vgl. BVerfGE 1, 372, 394; 68, 1, 85 f.; 90, 286, 357.
7 *Jesch*, Gesetz und Verwaltung, S. 135.
8 *Jesch*, a. a. O., S. 137.

Nachdem das Bundesverfassungsgericht in Art. 2 Abs. 1 GG die Garantie der allgemeinen Handlungsfreiheit erkannt hat[9], hält *Vogel* den Vorbehalt des Gesetzes als *besonderen* Grundsatz *neben* dem Grundrechtssystem sogar für entbehrlich. Bereits aus dem Vorrang der Grundrechte gegenüber der Verwaltung ergebe sich die Folgerung, dass ein Eingriff der Verwaltung in den Grundrechtsbereich nur zulässig sei, wenn ein Gesetz (aufgrund eines verfassungsrechtlichen Regelungsvorbehalts) diesen Eingriff legitimiere; die Lehre vom Vorbehalt des Gesetzes wiederhole hier im Grunde nur, was sich auch unmittelbar bereits aus den Grundrechtsartikeln entnehmen lasse[10]. **163**

Kloepfer[11] hält diesen Überlegungen entgegen, dass die grundrechtlichen Gesetzesvorbehalte nicht das ganze Problem erfassten; die Grundrechte sollten die Macht des Gesetzgebers beschränken, der Vorbehalt des Gesetzes aber solle sie gerade stärken. Aber damit sind nur zwei Seiten derselben Medaille angegeben. Tatsächlich schützen die durch Regelungsvorbehalte eingeschränkten Grundrechte den Bürger nicht mehr als der allgemeine Vorbehalt des Gesetzes, und eben durch die Funktion des Gesetzgebers, Grundrechtseingriffe zu erlauben, wird diese Macht gestärkt. Die Unterscheidung würde nur weiterhelfen, wenn der allgemeine Vorbehalt des Gesetzes einen größeren Normbereich erfasste als die Gesamtheit der verschiedenen grundrechtlichen Regelungsvorbehalte. Ob dies der Fall ist, muss auf der Grundlage der weiteren in der Literatur vertretenen Begründungsansätze geprüft werden.

Richtig ist, dass der Vorbehalt des Gesetzes auch für solche Eingriffe der Verwaltung gelten muss, bei denen der Schutzbereich der speziellen Grundrechte nicht berührt ist[12]. Auch unfriedliche Versammlungen dürfen nicht ohne gesetzliche Grundlage aufgelöst werden, und die Verwaltung darf belastende Maßnahmen gegen Ausländer auch in den Bereichen nicht ohne gesetzliche Ermächtigung ergreifen, in denen nur „Deutschen-Grundrechte" gelten[13]. Insofern bedarf es also doch noch des traditionellen Grundsatzes vom Vorbehalt des Gesetzes. Nur – dies ist unproblematisch und wird von niemandem bestritten. **164**

c) Die Begründung aus dem Rechtsstaatsprinzip

Eng verwandt mit dem grundrechtlichen Ansatz ist die Ableitung des Gesetzesvorbehalts aus dem *Rechtsstaatsprinzip*. So wird gesagt, das Rechtsstaatsprinzip fordere, „dass die Rechtsbeziehungen zwischen Staat und Bürger durch allgemeine Gesetze geregelt werden, die nicht nur das Verwaltungshandeln bestimmen, sondern dieses auch für den Bürger voraussehbar und berechenbar machen"[14]. Damit ist freilich der Bereich, in dem der Vorbehalt des Gesetzes gelten soll, noch nicht abgegrenzt; dass grundrechtseinschränkende Gesetze *allgemein* sein müssen, folgt schon aus Art. 19 Abs. 1 S. 1 GG. **165**

---

9 BVerfGE 6, 32 – Elfes-Entscheidung.
10 *Vogel*, VVDStRL 24, 151, unter Berufung auf *Jesch*, a. a. O., S. 31 f.
11 *Kloepfer*, JZ 1984, 687.
12 So insbesondere *Krebs*, Vorbehalt des Gesetzes und Grundrechte, Berlin 1975.
13 *Krebs*, a. a. O., S. 39 ff.; dort noch weitere Beispiele.
14 *Maurer*, § 6 Rn. 6.

166 Die Regelung durch Gesetze soll *Rechtssicherheit* schaffen. Der materielle Kern des Rechtsstaatsprinzips aber ist das Gebot der *Gerechtigkeit*, dessen wesentliches Element wiederum der *Gleichheitssatz* darstellt. „Alle Menschen sind gleich" – nicht nur, wie die zu enge Fassung des Art. 3 Abs. 1 GG lautet, „vor dem Gesetz", sondern auch vor dem *Gesetzgeber*; denn die Verfassung verpflichtet auch diesen – *wenn* er eine Materie regelt – „Gleiches gleich, Ungleiches seiner Eigenart entsprechend verschieden" zu behandeln[15]. Dass man über „Gleichheit" und „Ungleichheit" lebhaft streiten kann, ist für sich allein noch kein Grund, eine Entscheidung gerade des Gesetzgebers zu fordern, solange er auf dem betreffenden Gebiet noch *nicht* aktiv geworden ist, und Maßnahmen der Verwaltung – z. B. die Verteilung von Subventionen – schon deswegen für rechtswidrig zu halten, weil eben keine gesetzliche Ermächtigung dafür vorlag. Man könnte sehr wohl auch die Entscheidung durch die Beteiligten oder ihre Interessenvertreter, durch die Verwaltung oder durch die Gerichte für angemessen halten.

167 Wenn der Staat *Vorteile* verteilt, entsteht jedoch tatsächlich häufig das Bedürfnis, die *Teilhabe* daran durch Gesetz zu regeln. Eine gesetzliche Regelung entspricht vielfach auch dem Interesse der Verwaltung selbst, die sich ohne eine solche „Stütze" erheblichem Rechtfertigungsdruck und der Berufung auf die Präjudizien ausgesetzt sieht. In aller Regel wird die Verwaltungsspitze tätig werden müssen, wenn der Gesetzgeber keine Regeln aufstellt; dann kommt es zur Schaffung von Verwaltungsvorschriften, die sich inhaltlich nicht von Rechtsnormen unterscheiden, deren Verbindlichkeit gegenüber dem Bürger jedoch umstritten ist und von der Rechtsprechung zunächst nur auf einem Umweg, nämlich über Art. 3 Abs. 1 GG begründet worden ist (Näheres unten Rn. 226 ff.).

168 Es ist also eher die Erwägung der Folgen einer Nichtregelung als die Ableitung aus dem Rechtsstaatsprinzip und dem Gleichheitssatz, die zur Ausdehnung des Gesetzesvorbehalts auf die Leistungsverwaltung drängt. Die herrschende Lehre hält es denn auch *nicht* für verfassungsrechtlich geboten, die Förderung gesellschaftlicher Aktivitäten ausschließlich aufgrund gesetzlicher Ermächtigung zu gestatten. Sie lässt es vielmehr genügen, dass die Mittel für eine solche Förderung im Haushaltsplan jeweils für den bestimmten Zweck ausgewiesen sind und die weiteren Regeln von der Verwaltung selbst in Form von *Richtlinien* erlassen werden[16].

169 Es dürfte gleichwohl Fälle geben, in denen das Rechtsstaatsprinzip eine gesetzliche Regelung fordert. Insbesondere *Förderungsmaßnahmen großen Stils* können so erhebliche Wirkungen auf die wirtschaftliche Lage der Begünstigten und der Ausgeschlossenen haben, dass alle Beteiligten und Betroffenen in der Lage sein müssen, sich darauf einzustellen, zu planen und zu reagieren. Werden schon relativ harmlose Eingriffe in bestehende Rechtspositionen dem Gesetz vorbehalten, so müssen auch die modernen Formen von Sozialgestaltung, eben durch Förderung bzw. Nichtförderung, gesetzlich geregelt werden. Auch das Gebot der Berechenbarkeit staatlichen

---

15 BVerfGE 3, 58, 135 f. S. a. Rn. 141 mit Anm. 15.
16 BVerwGE 58, 45; 104, 220, 222; BVerwG, DVBl. 1978, 212 und NVwZ 2003, 92, 93.

Handelns spricht dafür. Dieses Ergebnis lässt sich aber, wie *Jarass*[17] nachgewiesen hat, auch aus einem folgerichtigen Verständnis der grundrechtlichen Gesetzesvorbehalte begründen. Denn jedenfalls schwerwiegende Eingriffe in die Wettbewerbssituation sind Grundrechtsbeeinträchtigungen. Würden z. B. *Konkurrenten* eines Subventionsempfängers durch Maßnahmen der Verwaltung so schwer betroffen, dass sie ihren Betrieb vollständig oder teilweise aufgeben müssen, so darf Derartiges nicht ohne gesetzliche Ermächtigung geschehen.

d) Die Wesentlichkeitslehre

Das BVerfG begründet den Vorbehalt des Gesetzes seit einiger Zeit auf eine andere Weise. Es hat die bisherigen Überlegungen weitgehend beiseite geschoben und stellt nunmehr darauf ab, welche Regelungsgegenstände für das Gemeinwesen „wesentlich" sind. Damit gilt heute ein **„Vorbehalt der Entscheidung grundlegender**, einer Normierung im Gesetzgebungsverfahren zugänglicher **Fragen durch den Gesetzgeber"**[18]. **170**

Diese „Wesentlichkeitslehre" hat das BVerfG zuerst vornehmlich in Entscheidungen zum Schulrecht entwickelt: BVerfGE 34, 165, 192 – Hessische Förderstufe; 41, 251, 259 – Speyer-Kolleg; 45, 400, 417 – Hessische Oberstufe; 47, 76, 78 ff. – Sexualkunde-Unterricht; 58, 400, 417 – Schulentlassung. Diese Sichtweise wurde dann auch auf andere Gebiete übertragen: BVerfGE 40, 237, 249 – Rechtsweg im Strafvollzug; 48, 210, 221 – Steuererlass; 49, 89, 126 f. – gesetzliche Entscheidung auch in Bezug auf einen bestimmten Reaktortyp, hier den „Schnellen Brüter"; 53, 30, 56 f. – Bestätigung der vorigen Entscheidung; 57, 295, 320 – Regelungsauftrag für die Rundfunkorganisation; 64, 261, 268 – Hafturlaub; 76, 1, 74 ff. – Aufenthaltserlaubnis für Ausländer; 76, 171 ff. – Standesrecht der Anwälte; 83, 130, 152 – Bundesprüfstelle für jugendgefährdende Schriften; 108, 282, 311 ff. – Kopftuch

Das **BVerwG** hat die Wesentlichkeitstheorie des BVerfG vorbereitet und in verschiedener Hinsicht weitergeführt:

BVerwGE 47, 194, 199: Vorlagebeschluss zur oben genannten Sexualkunde-Entscheidung des BVerfG; 47, 201: Einführung der Fünf-Tage-Woche in der Schule lag noch innerhalb der Leitungsbefugnis des Ministeriums; 57, 130, 137: Bewertungsgrundsätze für die Ausbildungsnote der Referendare brauchen nicht gesetzlich fixiert zu sein; 57, 360, 363: nochmals Sexualerziehung, Billigung der neuen gesetzlichen Regelung nach der BVerfG-Entscheidung; 64, 308, 310 f.: Pflichtfremdsprache in der Orientierungsstufe bedarf gesetzlicher Grundlage; 51, 235, 238: Auswahlkriterien für die Ablehnung von Güterkraftverkehrsgenehmigungen müssen gesetzlich geregelt sein; entsprechend 64, 138, 244 f. für Kraftdroschkengenehmigung – in beiden Fällen ist Art. 12 Abs. 1 S. 2 GG berührt; s. aber auch 65, 323, 325 f.: Ausbildungsstoff und Bestehensvoraussetzungen müssen in der ärztlichen Approbationsordnung nicht festgesetzt werden.

Hinzuweisen ist auch auf OVG Münster, DVBl. 1989, 1162, wonach eine Quotenregelung zur Frauenförderung im öffentlichen Dienst einer gesetzlichen Grundlage bedarf. Nach BVerwG, DVBl. 2003, 139 bedarf es jedoch keiner Regelung durch Gesetz, um Frauen bei der Förderung selbstständiger Betriebsgründungen im Handwerk günstigere Bedingungen einzuräumen als Männern.

---

17 *Jarass*, NVwZ 1984, 473 ff.
18 So die Formulierung von *Hesse*, Grundzüge des Verfassungsrechts der Bundesrepublik Deutschland, 20. A. 1995 Rn. 508.

171 Welche Entscheidungen aber sind „wesentlich" im Sinne dieser Lehre? In der Kritik ist behauptet worden, der Begriff umfasse alles, was politisch umstritten sei[19]. Das BVerfG hat dem ausdrücklich widersprochen[20], und die Unbestimmtheit dieses Begriffs ist vielfach gerügt worden[21]. Das BVerfG erläutert in Abwehr der Kritik, dass die Bewertungskriterien den „tragenden Prinzipien des Grundgesetzes, insbesondere den darin verbürgten Grundrechten", zu entnehmen sind[22]. Eine andere, häufig gebrauchte Formel lautet, dass die betreffende Frage für die *Grundrechtsausübung* wesentlich sein müsse[23]. Danach zählen jedenfalls zu den grundlegenden Fragen in diesem Sinne insbesondere Entscheidungen „über die Zulässigkeit belastender und damit Handlungsfreiheit einschränkender Staatsakte"[24]. Hier bleibt die Frage, *welches Maß an Grundrechtsrelevanz* die Schwelle bilden soll, und es bleibt vor allem die weitere Ungewissheit, ob über diesen, schon nach der alten grundrechtlichen Begründung eindeutigen Bereich hinaus noch anderes „Wesentliche" dem Gesetzgeber vorbehalten ist und wie dieses zu bestimmen sei. Man kann dazu nur raten, die Maßstäbe in behutsamer Verallgemeinerung der konkreten Präjudizien zu entwickeln.

172 Dabei können auch Argumente Bedeutung erlangen, die in der bisherigen Judikatur nicht erwähnt worden sind. So hat das BVerfG in seinen Entscheidungen über eine gewiss politisch hoch umstrittene und für die Zukunft des deutschen Volkes unerhört bedeutsame Frage, nämlich die der Stationierung neuer amerikanischer Raketen im Rahmen der Abwehrstrategie der NATO, die Wesentlichkeitslehre nicht zur Geltung gebracht, weil nach Ansicht des Gerichts die behauptete Grundrechtsverletzung oder Gefährdung nicht von der deutschen Staatsgewalt ausging. Die eventuelle mittelbare Gefährdung durch die deutsche Entscheidung, die Stationierung zuzulassen, sei verfassungsgerichtlich nicht überprüfbar, weil es hierfür an rechtlich maßgebenden Kriterien fehle[25]. In E 68, 1 wird die Zustimmung zur Raketenstationierung zwar als „für die Bundesrepublik Deutschland in der Gesamtheit *wesentlicher Akt*" (Hervorhebung durch das Gericht) bezeichnet, ein entsprechender Vorbehalt des Gesetzes aber trotzdem abgelehnt; die Kompetenzregeln der Art. 59 Abs. 2 S. 1 und 24 Abs. 1 GG seien insofern abschließend[26]. Auch in der Literatur wird – mit anderer Begründung – angenommen, die Raketenstationierung unterliege nicht dem Vorbehalt des Gesetzes[27]. So scheint der Maßstab der Wesentlichkeit doch kaum dem der politischen Bedeutsamkeit als vielmehr dem einer *rechtlich-systematischen Relevanz* zu entsprechen.

---

19 *Kisker*, NJW 1977, 1318. S. a. VerfGH NW, NJW 1999, 1243, 1245 („politische Umstrittenheit" der Zusammenlegung von Innen- und Justizministerium; krit. dazu *Böckenförde*, NJW 1999, 1236 und *Isensee*, JZ 1999, 1113 ff.).
20 BVerfGE 98, 218, 251 – Rechtschreibreform; s. dazu *Menzel*, NJW 1998, 1177; BVerfGE 108, 282, 312.
21 Vgl. *Eberle*, DÖV 1984, 487; *Kloepfer*, JZ 1984, 689 f.
22 BVerfGE 98, 218, 251.
23 BVerfGE 49, 89, 126; 61, 260, 275; 88, 103, 116; 108, 282, 311. S. a. *Degenhart*, Staatsrecht I, 20. A. 2004, Rn. 336.
24 *Hesse*, a. a. O.
25 BVerfGE 66, 39, 57 ff., 60.
26 BVerfGE 68, 1, 108 f., a. A. *Mahrenholz* in seiner Abweichenden Meinung S. 112.
27 *Von Münch*, NJW 1984, 582; *Bleckmann*, DVBl. 1984, 6.

Der Brandenburgische VerfGH hat die Wesentlichkeitslehre auf den Fall angewendet, dass **173** das gesamte Gebiet einer Gemeinde zur Braunkohleförderung genutzt werden soll (DVBl. 1996, 37; dazu *Degenhart*, DVBl. 1996, 773) – ein klarer Fall!

Die in Rn. 170 angegebenen Entscheidungen betreffen überwiegend Individual-Grundrechte (auf angemessenen Unterricht, auf Gesundheit und Freiheit usw.); in einem auch politisch besonders umstrittenen Fall hat das BVerfG aber auch das Kollektiv-Grundrecht des Art. 9 Abs. 3 GG durch Aktualisierung des Gesetzesvorbehalts gestärkt: E 88, 103 – danach bedarf der Einsatz von Beamten auf rechtmäßig bestreikten Arbeitsplätzen (bei der Post) einer gesetzlichen Grundlage.

Der Berliner VerfGH hält eine gesetzliche Grundlage für die Schließung eines Theaters nicht für geboten (NJW 1995, 858; dazu *Selmer*, JuS 1995, 644) und setzt sich dabei mit der Wesentlichkeitslehre (und Art. 45 Abs. 1 der Berliner Verfassung) auseinander. Die Rechtschreibreform bedurfte nach richtiger Ansicht (BVerfGE 98, 218; s. a. BVerwG, DVBl. 1999, 1579) keiner speziellen gesetzlichen Grundlage; die schulrechtlichen Bestimmungen der Länder über die Bildungsziele und den Auftrag der Schule reichten dafür aus. Der VerfGH NW[28] sieht – m. E. zu Unrecht – die Zusammenlegung von Innen- und Justizministerium als eine „wesentliche" Frage an; berührt seien der Grundsatz der Gewaltenteilung, die Unabhängigkeit der Gerichte und das Rechtsstaatsprinzip. Das ist weit überzogen[29]. In der Osho-Entscheidung (BVerfGE 105, 279, 305) hat das BVerfG darauf abgestellt, dass eine gesetzliche Ermächtigung zum „Informationshandeln" der Regierung zwangsläufig weit und unbestimmt formuliert werden müsste und daher keinen „Gewinn an Messbarkeit und Berechenbarkeit" brächte; deshalb hat das BVerfG die rechtlichen Grenzen dieses Informationshandelns in den Grundsätzen der Neutralität und der Verhältnismäßigkeit gesucht. Es hat also den *Vorrang* höheren Rechts zur Geltung gebracht und nicht den Vorbehalt des Gesetzes.

e) Vom Gesetzesvorbehalt zum Parlamentsvorbehalt

Die Wesentlichkeitslehre versteht den Vorbehalt des Gesetzes als eine Konsequenz **174** des **demokratischen Prinzips** und seiner Ausgestaltung als **parlamentarisches Regierungssystem**. Sie könnte auch dazu führen, dass die politische *Führungsaufgabe des Parlaments gestärkt* wird[30]. Dies setzt jedoch voraus, dass der Gesetzgeber zugleich von weniger wichtigen Angelegenheiten *entlastet* wird.

Diese Möglichkeit hat das Parlament nach herkömmlicher Anschauung; es kann seine Rechtsetzungsmacht an die Exekutive *delegieren*, indem es die Ermächtigung zum Erlass von **Rechtsverordnungen** erteilt. Dies gilt auch für die Angelegenheiten, die dem Vorbehalt des Gesetzes unterliegen; denn auch die Rechtsverordnungen sind **Gesetze im materiellen Sinne** (s.u. Rn. 297 f.), und das Grundgesetz hat Vorkehrungen getroffen, diese Delegation nicht zur pauschalen Abwälzung der Verantwortung werden zu lassen, indem es insbesondere vorgeschrieben hat, dass im Gesetz selbst Inhalt, Zweck und Ausmaß der erteilten Ermächtigung bestimmt sein müssen (Art. 80 Abs. 1 GG). (Verwaltungsvorschriften hingegen sind keine Geset-

---

28 Vgl. Fußnote 19.
29 S. a. *Sendler*, NJW 1999, 1232 ff.; *Erbguth*, NWVBl. 1999, 365 ff.; *Isensee*, JZ 1999, 1113 ff.
30 Vgl. dazu schon *Bachof*, VVDStRL 24, 225.

ze im materiellen Sinne und reichen nicht aus, wenn eine Materie dem Vorbehalt des Gesetzes unterliegt). Neben der Rechtsverordnungsermächtigung ist in den Bereichen, in denen *Selbstverwaltung* herrscht (Kommunen, berufsständische Körperschaften), die **generelle Übertragung von Rechtsetzungsbefugnis (Autonomie, Satzungsgewalt)** zulässig (s. u. Rn. 220 f.).

Von diesen Entlastungsmöglichkeiten sind kraft Verfassung nur einige wenige Materien ausgenommen, nämlich aus dem Bereich der Grundrechte nur Art. 104 Abs. 1 (Einschränkungen der Freiheit der Person) und im Übrigen bestimmte Gegenstände der Staatsorganisation.

175 Das BVerfG hat aber den Vorbehalt des materiellen Gesetzes teilweise zu einem **Parlamentsvorbehalt** weiterentwickelt. Es lässt nicht mehr in jedem Falle Rechtsverordnungen genügen, auch wenn die Voraussetzungen des Art. 80 GG oder der entsprechenden Bestimmungen der Landesverfassung gewahrt sind bzw. eine nach bisheriger Ansicht wirksame Einräumung von Autonomie vorlag. Nunmehr muss in **zwei Stufen** geprüft werden, ob eine Materie verfassungsgemäß geregelt ist: einmal ob ein Gesetz im materiellen Sinne erforderlich ist; zum anderen, ob nicht darüber hinaus ein förmliches Gesetz aus Gründen der „Wesentlichkeit" gefordert werden muss. In diesen Fällen muss also vom **Vorbehalt des förmlichen Gesetzes** gesprochen werden.

Es sind die oben (Rn. 170) genannten Entscheidungen, in denen diese neue Deutung des Gesetzesvorbehalts entwickelt wurde: der Gesetzgeber muss „*wesentliche Merkmale* einer als Pflichtschule eingeführten *Förderstufe*" selbst festlegen (BVerfGE 34, 165, 192 f.), die grundlegenden *Rechte eines Schülers* bestimmen (41, 251, 260); die *Groblernziele* der Schule bestimmen (47, 46, 78 ff.), die *Organisation privaten Rundfunks* in den großen Zügen gestalten (57, 295, 320 f.) und die *Voraussetzungen der Schulentlassung* festlegen (58, 257, 272 ff.). Für die Einführung der *neuen Rechtschreibregeln* ist aber keine besondere gesetzliche Grundlage erforderlich (98, 218, 252 ff.).

Die autonome Rechtsetzung ist vom BVerfG eingeschränkt worden: der Gesetzgeber selbst müsse die *„statusbildenden"* Normen *des ärztlichen Berufsrechts* vorschreiben (33, 125, 158 ff. – Facharztbezeichnungen) und dürfe die *Ausgestaltung des numerus clausus* nicht der Selbstverwaltung der Universitäten überlassen (33, 303, 346 f. – Hamburger Universitätsgesetz).

176 Es macht in der Tat einen großen Unterschied aus, ob das Parlament selbst entscheidet oder ob die Verwaltung ihre Präferenzen – wenn auch im Rahmen einer Ermächtigung durch das Parlament – zur Geltung bringen kann. Die größere **Öffentlichkeit und Transparenz parlamentarischer Entscheidungen**, die Nötigung zur Diskussion wirken sich in der Regel auf die Inhalte der Rechtsnormen aus, und dies ist gewollt. Sonderinteressen – schützenswerte wie ungerechtfertigte – haben nicht selten bei außerparlamentarischer, nicht öffentlicher Verfahrensweise größere Durchsetzungschancen; der Appell an die „fachliche Kompetenz", den Sachverstand der Experten führt angesichts der zahllosen Kontakte zwischen der Ministerialbürokratie und den Interessenvertretern manchmal dazu, dass Kompromisse zu Lasten der nicht Vertretenen geschlossen werden. Die Volksvertretung aber ist trotz ihrer bekannten Schwächen immer noch die geeignetere Instanz der umfassenden Interessenabklärung als es Regierungs- und Verwaltungsstellen sein können.

Andererseits folgt aus dieser Erkenntnis **nicht** ohne weiteres, dass **alle Materien**, bei denen diese Funktionen des parlamentarischen Verfahrens sich positiv auswirken können, dem Parlament zur eigenen Regelung vorbehalten seien oder genauer: dass ihre Delegation dem Parlament verboten sei. Die Rechtsprechung ist überdies nicht immer klar, teilweise sogar widersprüchlich – so soll zwar die Versetzung von Schülern durch Rechtsverordnung geregelt werden dürfen, nicht aber die Schulentlassung (BVerfGE 41, 251, 265 f.; 58, 257, 273 ff.). Das Kriterium „Wesentlichkeit" erweist sich auch hier als problematisch.

Daher ist die Lehre vom Parlamentsvorbehalt zumindest auf die Materien zu beschränken, bei denen die besondere Qualität des parlamentarischen Verfahrens zur Geltung gebracht werden muss[31]. Wo es auf die **spezifische Leistung des Parlaments** nicht ankommt, wo also insbesondere auf die Veröffentlichungs- und Klärungsfunktion des Gesetzgebungsverfahrens verzichtet werden kann, ist auch kein Vorbehalt der Entscheidung durch das Parlament anzunehmen. **177**

Es gibt solche Fälle, bei denen die Einhaltung des parlamentarischen Verfahrens keinen Sinn ergäbe, so bei rein durchführenden Regelungen (Festlegung von Feinlernzielen, vgl. BVerfGE 47, 46, 83) oder einer Detailplanung (§ 10 BauGB). Inwieweit auch bestimmte „Sachstrukturen des Regelungsbereiches", „Erfordernisse des Betriebes" oder die Bindung an übergeordnete Grundsätze den Verzicht auf parlamentarische Entscheidungen begründen können[32], ist jedoch fraglich; richtig ist hingegen wiederum, dass der Gesetzgeber in der Ermächtigung zur Regelung durch Rechtsverordnung solche „Strukturen" und „Grundsätze" vorgeben kann und sich nicht um alle Einzelheiten zu kümmern braucht[33]. Auf den jeweiligen Sachbereich und die Intensität der geplanten oder getroffenen Regelung stellt das BVerfG selbst ab[34].

Von dem Vorbehalt des förmlichen Gesetzes ist der **„einfache"** Parlamentsvorbehalt zu unterscheiden, wie er vom BVerfG in der AWACS-Entscheidung herausgearbeitet wurde (BVerfGE 90, 286, 381 ff.; s. a. E 108, 34, 42 f.). Danach ist die Bundesregierung verpflichtet, für einen Einsatz bewaffneter Streitkräfte die – grundsätzlich vorherige – konstitutive Zustimmung des Deutschen Bundestages einzuholen; diese Zustimmung ergeht in der Form des *„schlichten" Parlamentsbeschlusses*. Ein solcher Parlamentsvorbehalt entspreche seit 1918 deutscher Verfassungstradition; er soll sicherstellen, dass die Bundeswehr als „Parlamentsheer" in die Verfassungsordnung eingefügt bleibt (BVerfGE 90, 286, 382 ff.). **178**

f) Zusammenfassung

Der Überblick über die verschiedenen Begründungsansätze und die neuere Rechtsprechung hat ergeben, dass die Herleitung des Gesetzesvorbehalts aus den **grundrechtlichen Regelungsvorbehalten** die **sicherste Basis** für weitere rechtliche Schlussfolgerungen darstellt. Versteht man den Regelungs- und Schutzbereich der Grundrechte in dem Sinne, dass auch neu entstandene bzw. erkannte Gefahren für **179**

---

31 *Eberle*, DÖV 1984, 485 ff.
32 Vgl. *Eberle*, a. a. O., 491 f.
33 Sehr kritisch gegenüber einer Ausdehnung des Parlamentsvorbehalts auch *Kloepfer*, JZ 1984, 690 ff., 694 f.
34 BVerfGE 49, 89, 126.

§ 5 *Vorrang und Vorbehalt des Gesetzes*

Rechte des Einzelnen einbezogen werden (z. B. Informationseingriff) und erweitert man den Schutzbereich gar dadurch, dass auch *Grundrechtsgefährdungen* grundsätzlich als verboten angesehen werden, also nur durch Gesetz erlaubt werden können (so die Rechtsprechung zu den Lebens- und Gesundheitsgefahren durch großtechnische Anlagen, neuerdings z. B. durch gentechnische Versuche und Anlagen[35]), so sind die meisten Probleme durch diesen Argumentationsansatz lösbar. Die **Ungleichbehandlung** verschiedener Gruppen Betroffener, insbesondere bei der Leistungs- und Förderungsverwaltung, kann einen Verstoß gegen Art. 3 GG oder andere Grundrechte wie die allgemeine Handlungsfreiheit (u. U. in der Spezialform der Wettbewerbsfreiheit) darstellen; dann bedarf es auch dafür einer Rechtfertigung aus überwiegenden Gründen des Gemeinwohls, und das Rechtsstaatsprinzip legt es jedenfalls bei Betroffenheit größerer Gruppen nahe, die Form eines materiellen Gesetzes zu verlangen. Die Lehre vom Parlamentsvorbehalt für alle „wesentlichen" Entscheidungen steht diesen Überlegungen zwar in der Terminologie relativ fern, nicht aber in den Ergebnissen: Nur in wirklich bedeutsamen Fällen ist über das materielle Gesetz hinaus ein förmliches zu fordern.

Die **praktische Relevanz des Themas** wird dadurch noch geringer, dass zahllose Fragen der richtigen Sozialgestaltung inzwischen gesetzlich geregelt sind, also dem Vorrang des Gesetzes unterfallen. „Das **typische Gesetz ist heute** – im Gesetzesstaat – längst nicht mehr die erstmalige Vergesetzlichung, d. h. die Erstregelung bestimmter Lebensbereiche, sondern vielmehr **das Änderungsgesetz**"; „daraus folgt ein *derivativer Gesetzesänderungsvorbehalt*"[36].

180 Nicht durch Gesetz geregelt sind im Allgemeinen nur noch solche Materien, die einen relativ **kleinen Kreis von Beteiligten betreffen**; dies ist hinnehmbar (im Fall 6 stellen sich aber durch die beigefügten Auflagen weitere Probleme!). Während bis 1971 die Studienförderung nach dem „Honnefer Modell" durch Verwaltungsvorschriften geregelt war (BVerwGE 18, 352), ist dieser wichtige Bereich zu Recht seitdem durch Gesetz (Bundesausbildungsförderungsgesetz) normiert. Die Hilfe für Vertriebene und Flüchtlinge ist bereits ziemlich früh in Gesetzesform gebracht worden, die Wirtschaftshilfe für bestimmte Regionen erst später (Zonenrandförderungsgesetz usw.).

181 Mit dem Bedeutungsverlust des Gesetzesvorbehalts verringert sich nicht ohne weiteres auch die des **Bestimmtheitsgrundsatzes**. Er spielt eine zentrale Rolle bei der Überprüfung von Rechtsverordnungen gemäß Art. 80 Abs. 1 S. 2 GG. Aber auch hier werden nicht immer strenge Anforderungen gestellt. So genügen dem BVerfG die knappen Aussagen in § 2 Abs. 1 und § 7 Abs. 1 Nr. 1 und 2 Außenwirtschaftsgesetz als Regelung der „wesentlichen" Fragen im Sinne des Parlamentsvorbehalts; die Art und Weise der Exportkontrolle durfte durch Rechtsverordnung bestimmt werden[37]. In diesem Sinne braucht dort, wo nach h. M. eine gesetzliche Ermächti-

---

35 So insbesondere BVerfGE 49, 89, 141 f.; 53, 30, 57 ff. Zur Gentechnik vgl. VGH Kassel, NJW 1990, 336 und JZ 1990, 88 mit Anmerkungen von *Deutsch* und *Rupp*, und das Gentechnikgesetz v. 16. 12. 1993 (BGBl. I S. 2066).
36 *Kloepfer*, a. a. O., S. 689.
37 BVerfGE 91, 148, 162.

gung für staatliches Handeln zu fordern ist, nicht jede Einzelheit in dem Gesetz (bzw. soweit Delegation zugelassen ist, in der Rechtsverordnung) bestimmt zu werden (Problem der **Regelungsdichte**). Die Verwendung von **Generalklauseln**[38] ist jedenfalls solange unbedenklich, wie die Handlungsweise der Verwaltung dabei *vorhersehbar* bleibt – was auch bei relativ allgemein gehaltenen Formulierungen manchmal der Fall ist, wenn etwa eine genauere Bestimmung der Begriffsinhalte durch die Rechtsprechung oder eine unbestrittene Literaturmeinung geleistet wird. Freilich: je stärker der Einzelne in seinen Rechten betroffen wird und je bedeutsamer die Folgen der vorgesehenen Verwaltungshandlungen sind, desto „dichter" muss die Regelung sein.

3. Vorbehalt des Gesetzes in bestimmten Rechtsbeziehungen

a) Leistungsverwaltung

Die Diskussion hierzu ist bereits unter Rn. 165 ff. und 179 f. mitbehandelt worden. **182** Die wesentlichen Aspekte seien nochmals zusammengefasst: da es sich bei der gewährenden Verwaltung nicht um Eingriffe in Freiheit oder Eigentum des Begünstigten handelt, hat die herrschende Lehre den Vorbehalt des Gesetzes zunächst nicht auf sie erstreckt. Das BVerfG hat es im Numerus-clausus-Urteil[39] offen gelassen, ob der Vorbehalt des Gesetzes für die Leistungsverwaltung gilt. Die Verwaltungsgerichte halten es überwiegend für ausreichend, wenn das Parlament im **Haushaltsplan** Mittel für einen bestimmten Förderungszweck ausweist und die Exekutive die Vergabe im Einzelnen durch eigene **Richtlinien** regelt[40].

Für den großen Bereich der **Sozialleistungen nach dem SGB** gilt allerdings der **183** Vorbehalt des Gesetzes kraft ausdrücklicher Anordnung in § 31 SGB I:

„Rechte und Pflichten in den Sozialleistungsbereichen dieses Gesetzbuches dürfen nur begründet, festgestellt, geändert oder aufgehoben werden, soweit ein Gesetz es vorschreibt oder zulässt."

Für den Fall, dass die **Begünstigung des einen eine Belastung für den anderen** **184** **enthält**, ist eine materiell-gesetzliche Ermächtigung zu fordern – jedenfalls dann, wenn Subventionen *schwere oder gar existenzgefährdende Wettbewerbsverzerrungen* verursachen oder mit *Auflagen für die künstlerische Gestaltung* verbunden sind[41]. Die *organisationsrechtlichen* Gesetzesvorbehalte des Grundgesetzes (Art. 110, 115) können von Konkurrenten nicht geltend gemacht werden. Keine gesetzliche Grundlage für die Belastung ist nötig, wenn diese sich darin erschöpft, die Erreichung des mit der Zuwendung verfolgten öffentlichen Zweckes sicherzustellen[42]. Im *Ausgangsfall 6* geht die Behörde aber darüber hinaus.

---

38 Vgl. etwa BVerfGE 66, 337, 355; 90, 1, 16 f.
39 BVerfGE 33, 303, 307.
40 BVerwGE 58, 45, 48; BVerwG, DVBl. 1978, 212.
41 *Jarass*, NVwZ 1984, 473 ff.
42 BVerwGE 6, 282, 288; 20, 101 f.

§ 5 *Vorrang und Vorbehalt des Gesetzes*

Aus der Rechtsprechung vgl. ferner OVG Berlin, JZ 1976, 402 (Pressesubvention nicht ohne gesetzliche Ermächtigung!) mit zust. Anm. *Hoffmann-Riem*; andeutungsweise äußert sich ähnlich BVerfGE 40, 237, 249. Für die Pressesubventionierung durch den Postzeitungsdienst bestand eine gesetzliche Grundlage in § 14 PostVwG i. V. m. der Postzeitungsordnung (BVerfGE 80, 124, 131; die Rechtslage hat sich aber durch die Postreform geändert). – Der Magistratsbeschluss zur Subventionierung eines Anzeigenblattes wurde auf Klage des Konkurrenz-Verlages mangels gesetzlicher Grundlage aufgehoben (OLG Frankfurt/M., NVwZ 1993, 706).

Die föderalistischen Aspekte sind angesprochen in BVerfGE 39, 96, 116 und 41, 291, 304 (Eigenbereich der Länder bei der Durchführung von Bundessubventionen).

185 Soweit danach ein Gesetz notwendig erscheint, kann es immer nur den Rahmen abstecken, innerhalb dessen die Leistung oder Förderung von anderen hingenommen werden muss. Eine vollständige Durchnormierung – also die tatbestandsmäßig exakte Festlegung von Ansprüchen und Ausnahmen sowie der Leistungsmodalitäten – ist allenfalls für solche Leistungen und Förderungsfelder möglich und zu fordern, die zum alltäglichen „Massengeschäft" der Verwaltung gehören. Für besondere Fälle wie etwa die gezielte Unterstützung eines in Not geratenen Großunternehmens (die ja regelmäßig zur Erhaltung der Arbeitsplätze geschieht) braucht nicht die Form eines allgemeinen Gesetzes gewählt zu werden; das Parlament muss nur beteiligt sein (z. B. durch Freigabe von Mitteln im Finanzausschuss)[43].

Mehr zur Subventionsverwaltung: unten Rn. 909 ff.

b) Besondere Rechts- und Pflichtverhältnisse

186 Jeder Bürger steht zum Staat in einer Vielzahl von Rechtsbeziehungen, z. B. als Wähler, Steuerzahler, Wehrpflichtiger, Empfänger bestimmter Leistungen, Benutzer öffentlicher Wege, Meldepflichtiger. Betreibt der Bürger ein Unternehmen, so untersteht er einer Aufsicht staatlicher Behörden; will er ein Haus bauen, so bedarf er einer Genehmigung (Weiteres Rn. 288 ff.). Manche aber befinden sich in einem noch **engeren Rechtsverhältnis zum Staat**, z. B. Schüler, Studenten, Soldaten, Beamte, Richter – sie erhalten „mehr" vom Staat (z. B. besondere Leistungen, die nicht jedem zustehen, Sold, Gehalt, Schutz gegen Angriffe Dritter), schulden dem Staat aber auch mehr als der „normale" Bürger, z. B. die Befolgung zusätzlicher Gebote, zusätzliche Leistungen.

187 *Otto Mayer*, der als Erster diesen Unterschied bemerkte und rechtliche Konsequenzen daraus zog, hat das Begriffspaar „**allgemeines Gewaltverhältnis**" und „**besonderes Gewaltverhältnis**" geprägt: Während das allgemeine Gewaltverhältnis „die umfassende rechtliche Abhängigkeit" bezeichnen soll, „in welcher der Untertan zum Staat steht", meint der Begriff des besonderen Gewaltverhältnisses „die verschärfte Abhängigkeit, welche zugunsten eines bestimmten Zweckes öffentlicher Verwaltung begründet wird für alle einzelnen, die in den vorgesehenen besonderen Zusammenhang treten". Als Beispiele nennt *Mayer* „die Dienstgewalt über die

---

43 Vgl. a. *Oldiges*, NJW 1984, 1927 ff.; *Bauer*, DÖV 1983, 53 ff.; *Stober*, GewArch. 1993, 136 ff.; *Dickersbach*, NVwZ 1993, 846 ff.

3. Vorbehalt des Gesetzes in bestimmten Rechtsbeziehungen § 5

Beamten, die Überwachungsgewalt über die Benutzer gewisser Einrichtungen des Zoll- und Steuerwesens, die Anstaltsgewalt über alles, was in den Betrieb der öffentlichen Anstalt aufgenommen ist."[44]

In diesem besonderen Verhältnis zum Staat hat der Einzelne nach *Otto Mayers* – bis 1945 unbestrittener – Lehre geringere Rechte als im allgemeinen Verhältnis zum Staat. Er befindet sich in einem „**Zustand verminderter Freiheit**" und hat sich „nach dem zu richten, was hier der **Zweck der öffentlichen Verwaltung** erfordert"; das Genauere werde ihm „innerhalb des gegebenen Rechts durch die berufene Leitung der Geschäfte und ihre Gehilfen rechtlich bindend bestimmt"[45]. Damit stand das besondere Gewaltverhältnis außerhalb der Rechtsordnung, war „rechtsfreier Raum". Insbesondere galt der Vorbehalt des Gesetzes nicht. Wegen dieser und weiterer Konsequenzen (die in anderem Zusammenhang, nämlich bei der Lehre vom Verwaltungsakt und von der Rechtsverordnung zu besprechen sind), wurde das besondere Gewaltverhältnis als „eine uneinnehmbare Bastion des autoritären Absolutismus innerhalb des konstitutionellen Staatsrechts" bezeichnet[46]. Die Lehre vom besonderen Gewaltverhältnis war ein verwaltungsrechtliches Abbild der Machtverhältnisse der konstitutionellen Monarchie: Was die Volksvertretungen dem Fürsten nicht abringen konnten, blieb bei ihm und bei der ihm zur Verfügung stehenden Bürokratie als exekutiver Freiraum. Hier sollte nur die Regelungsbefugnis der Exekutivspitze gelten. Selbstverständlich hatte es auch große politische Bedeutung, dass das Beamtentum, das Heer und das Bildungswesen der vom Parlament nicht normierten Direktion des Monarchen unterworfen blieben – auch wenn diese politische Bedeutung in der juristischen Dogmatik des besonderen Gewaltverhältnisses verloren ging, die mit diesen machtpolitisch wichtigen Blöcken auch die insofern unbedeutenden Einrichtungen von Strafvollzug und allen möglichen öffentlichen Anstalten bis hin zu Museen verband (so dass man nach dieser Lehre Beamte, Richter, Soldaten, Zuchthäusler, Geisteskranke, Schüler und Studenten „gleich" behandeln konnte!).

188

Die Vorstellung von dem Bestehen besonderer Gewaltverhältnisse, die gesetzesfrei von der Exekutive beherrscht würden, überdauerte das Ende der konstitutionellen Monarchie. Darin mag zum Ausdruck kommen, dass Bürokratie, Militär und Bildungswesen nach wie vor als Herrschaftsbereich der – dem Parlament überwiegend distanziert gegenüberstehenden – Exekutive angesehen wurden.

Mit dem Grundgesetz ist diese Lehre nicht vereinbar. Die Verfassungs- und Gesetzesbindung und insbesondere die Grundrechtsunterworfenheit der gesamten öffentlichen Gewalt ließ das Fortbestehen gesetzesfreier Räume unmöglich erscheinen.

189

Das Bundesverfassungsgericht hat die Rechtsfigur des besonderen Gewaltverhältnisses in dem *ersten Strafvollzugsurteil*[47] verabschiedet. In der Begründung heißt es,

---

44 Deutsches Verwaltungsrecht, I. Bd. 3. Aufl. 1924, S. 101 f.
45 A. a. O.
46 *Tezner*, Das freie Ermessen der Verwaltungsbehörden, 1924, S. 29 f.
47 BVerfGE 33, 1.

es würde der umfassenden Bindung der staatlichen Gewalt an die Grundrechte widersprechen, wenn diese im Strafvollzug beliebig oder nach Ermessen eingeschränkt werden könnten. Eine Einschränkung komme nur dann in Betracht, „wenn sie zur Erreichung eines von der Wertordnung des Grundgesetzes gedeckten gemeinschaftsbezogenen Zweckes unerlässlich ist und in den dafür verfassungsrechtlich vorgesehenen Formen geschieht". Die Grundrechte auch von Strafgefangenen könnten also nur durch oder aufgrund eines Gesetzes eingeschränkt werden. Der Strafvollzug war zur Zeit dieses Urteils noch nicht gesetzlich geregelt, sondern seine Ausgestaltung beruhte auf Verwaltungsvorschriften, die von den Justizministern der Länder vereinbart waren. Nach diesem und weiteren Urteilen des BVerfG[48] wurde im Jahre 1976 das Strafvollzugsgesetz erlassen, so dass die Konstruktion einer anderen Rechtsgrundlage für die Ausgestaltung des Strafvollzuges nunmehr auch in diesem Bereich nicht mehr erforderlich ist.

190 Freilich bleiben auch heute noch manche Fragen in diesem Bereich offen. Insbesondere ist nicht zu übersehen, dass die gesetzliche Regelung von Grundrechtseinschränkungen immer einen gewissen Grad von Abstraktheit behalten wird. Das BVerfG hat in dem soeben behandelten Strafvollzugsurteil konzediert, dass bei der gesetzlichen Regelung auf **Generalklauseln** nicht verzichtet werden kann, die allerdings möglichst eng begrenzt sein sollten. Für die verschiedenen besonderen Rechts- und Pflichtverhältnisse muss eine unterschiedliche Regelung möglich sein[49].

Im Einzelnen ist zumindest **zwischen Begründung und Ausgestaltung dieser besonderen Pflichtverhältnisse zu unterscheiden.** Auch nach der früheren Lehre war die zwangsweise Einordnung eines Bürgers in ein „besonderes Gewaltverhältnis" (z. B. Wehrdienst, Schule, Strafanstalt) nur aufgrund einer gesetzlichen Ermächtigung rechtmäßig. Die Ausgestaltung hingegen ist erst neuerdings unter den Gesetzesvorbehalt gestellt worden. Viele Einzelfragen in diesem Zusammenhang sind inzwischen geregelt, so im Beamten- und Soldatenrecht, neuerdings auch im Strafvollzugsrecht (s.o.) und in zunehmendem Maße auch im Schulrecht, dessen Probleme zu einer stattlichen Zahl von Leit-Entscheidungen geführt haben (s. oben Rn. 170 und 175). Zu dem Versuch, das „besondere Gewaltverhältnis" als verwaltungsrechtliche Kategorie zu „reaktivieren"[50], s. unten Rn. 880.

c) Schutzpflicht als Eingriffstitel? Insbesondere: amtliche Warnungen

191 Verwaltungshandlungen mit Doppelwirkung – also solche, die sich für den einen als Eingriff und für den anderen als Begünstigung (Schutzmaßnahme) darstellen – sind, was den Vorbehalt des Gesetzes angeht, nicht anders zu behandeln als reine Eingriffsakte; die Schutzpflicht des Staates gegenüber Dritten, die z. B. aus dem

---

48 BVerfGE 35, 202; 40, 276.
49 *Thieme*, JZ 1964, 81 ff.
50 *Ronellenfitsch*, DÖV 1981, 933; vgl. ferner die Nachweise bei *Klein*, DVBl. 1987, 1102, 1104 Fn. 23 und die Schrift von *Loschelder*, Vom besonderen Gewaltverhältnis zur öffentlich-rechtlichen Sonderbindung, 1982.

Grundrecht auf körperliche Unversehrtheit des einen (des Gefährdeten) herzuleiten ist, rechtfertigt nicht ohne weiteres eine Rechtsbeschränkung des anderen (des Gefahrverursachers, in der Sprache des Polizei- und Ordnungsrechts des „Störers").

In der Rspr. ist zwar die Ansicht vertreten worden, ein solcher drittschützender Eingriff sei unmittelbar durch die Verfassung gerechtfertigt; einer speziellen gesetzlichen Grundlage bedürfe es dafür nicht (BVerwGE 82, 76, 81 – Warnung der Bundesregierung vor Jugendsekten[51]). Eine Kammer des BVerfG hat diese Argumentation gebilligt (NJW 1989, 3269). Gegen diese Tendenz ist aber daran festzuhalten, dass der gute Zweck allein – also der Schutz von Rechtsgütern Dritter – keine Eingriffsbefugnis begründet[52]. Unter diesem Aspekt ist auch der Gentechnik-Beschluss des Hessischen VGH (NJW 1990, 336 = JZ 1990, 88) kritisiert worden[53] – u. E. zu Unrecht, denn er stellt nur die Genehmigungsbedürftigkeit fest, aktualisiert also den Vorbehalt des Gesetzes, rechtfertigt die Verwaltungsmaßnahme aber gerade nicht.

192

Interessanterweise hat denn auch das BVerwG (JZ 1993, 33) entschieden, dass für die Subventionierung eines Vereins, der die Öffentlichkeit vor Jugendsekten warnen soll, wegen des damit verbundenen Eingriffs in die Grundrechte der Sekten eine gesetzliche Ermächtigung nötig sei. Eine gesetzliche Aufgabenzuweisung genüge nur, wenn aus ihr zugleich mit hinreichender Deutlichkeit die Ermächtigung zum Grundrechtseingriff zu entnehmen sei. Eine Rechtfertigung unmittelbar aus der Verfassung hat das Gericht hier im Nebensatz abgetan![54]

Das BVerwG engt in einem anderen Urteil (BVerwGE 71, 183 – Arzneimittel-Transparenzlisten) das zulässige Arsenal staatlicher Handlungen zu sehr zugunsten der wirtschaftlichen Chancen von Unternehmen ein, wenn es die „tatsächliche Betroffenheit" der Arzneimittelproduzenten durch die Transparenzlisten mit einem „Grundrechtseingriff" gleichsetzt, obwohl – wie das Gericht einräumt – „die Veröffentlichung der Transparenzliste nur mittelbare Wirkungen entfaltet und die möglichen wirtschaftlichen Nachteile für den Arzneimittelhersteller allein auf dem autonomen Verhalten Dritter beruhen, nämlich dem der Ärzte und der Konsumenten"[55].

Das BVerfG hat in zwei Beschlüssen aus dem Jahr 2002[56] das Informationshandeln der Bundesregierung weitgehend legitimiert. Amtliche Warnungen vor gesundheitsgefährdenden Waren und vor bestimmten (pseudo-)religiösen Bewegungen sind danach, wenn sie mittelbar-faktisch Grundrechte beeinträchtigen, am Maßstab dieser Grundrechte (im vorliegenden Fall Art. 12 Abs. 1 und Art. 4 Abs. 1 und 2 GG) zu messen[57]. Die Bundesregierung darf sich bei dieser Informationstätigkeit auf ihre Aufgabe der Staatsleitung stützen, ohne einer weiteren gesetzlichen Ermächtigungsgrundlage zu bedürfen. Dabei spielt auch eine Rolle, dass sich die Voraussetzungen dieser Tätigkeit gesetzgeberisch kaum sinnvoll, in einer für den Bürger mit größerer Rechtssicherheit verbundenen Weise regeln lassen. Nur wenn die Informationstätigkeit nach Wirkungen und Zielsetzung als Ersatz für eine Maßnahme darstellt, die als klassischer Grundrechtseingriff zu bewerten wäre („funktionales Äquiva-

---

51 Bestätigt durch BVerwG, NJW 1991, 1771 ff.
52 Ausführlich in diesem Sinne *Wahl/Masing*, JZ 1990, 553; *Heintzen*, VerwArch. 1990, 532 ff.; *Preu*, JZ 1991, 265.
53 *Wahl/Masing*, a. a. O., S. 555.
54 Zustimmende Anm. hierzu von *Badura*, in: JZ 1993, 37 ff.; s. a. *Hober*, JA 1994, 90.
55 A. a. O., S. 190 f. S. zu diesem Fragenkreis auch das „Glykol-Urteil" des BVerwG (JZ 1991, 624) und dazu *Schoch*, DVBl. 1991, 667, sowie *Roth*, Verwaltungshandeln mit Drittbetroffenheit und Gesetzesvorbehalt, 1991.
56 BVerfGE 105, 252 ff. – „Glykol" – und 105, 279 ff. – „Osho".
57 BVerfGE 105, 252, 273 und 279, 300 ff.

§ 5 Vorrang und Vorbehalt des Gesetzes

lent"), wäre eine solche spezielle Ermächtigungsgrundlage zu fordern, da ansonsten der Vorbehalt des Gesetzes umgangen werden könnte. Grenzen des legitimen Informationshandelns ergeben sich aus der grundgesetzlichen– insbesondere der föderalen – Kompetenzverteilung, wobei das BVerfG die Informationskompetenz der Bundesregierung sehr großzügig im Sinne einer gesamtstaatlichen Verantwortung, also nicht in Anwendung der Art. 83 ff. GG, auslegt. Materiellrechtlich wird gefordert, dass die Äußerungen sich am Maßstab des Grundsatzes der Verhältnismäßigkeit messen lassen können[58].

193 Die meisten Fälle, in denen der Staat aus einer Schutzpflicht heraus Eingriffe vornimmt, sind durch das *Polizei- und Ordnungsrecht* geregelt, z. T. durch die polizeiliche Generalklausel (s. Rn. 484 und 550), z. T. in spezielleren Rechtsnormen. Die Befugnis der Ordnungsbehörden und der Polizei, Maßnahmen zu ergreifen, um Gefahren für die öffentliche Sicherheit von dem Einzelnen oder der Allgemeinheit abzuwehren, ist das klassische Instrument des *„Schutzes durch Eingriff"*. Auf eine verfassungsunmittelbare Rechtsgrundlage auszuweichen, ist also nicht erforderlich. Es ist andererseits auch nicht zulässig, denn damit würden die rechtsstaatlichen Gewährleistungen unterlaufen, die das Polizei- und Ordnungsrecht enthält, insbesondere die Bindung an die Tatbestandsvoraussetzung „konkrete Gefahr". Wenn eine Behörde eine Gefahr abwehren will, die nicht im Einzelfall bevorsteht, sondern nur „abstrakt" besteht, kann sie dies nach Polizeirecht durch Erlass einer Polizeiverordnung (Verordnung über die öffentliche Sicherheit, s. a. Rn. 219) auf der Grundlage der „polizeilichen Generalklausel"; dies reicht aber häufig aus rechtsstaatlichen Gründen (Parlamentsvorbehalt) nicht aus.

Nicht ausreichend ist es, einen staatlichen Eingriff auf die strafrechtlichen Rechtfertigungstatbestände der Notwehr und Nothilfe (§ 32 StGB) zu stützen. Diese Normen sind nur dazu bestimmt, die strafrechtliche Verantwortung von Individuen zu begrenzen, sie enthalten aber keine Ermächtigung an den Staat[59]. Dies ist z. B. der Grund dafür, dass die Polizeigesetze der Länder um ausdrückliche Regelungen des „finalen Rettungsschusses" ergänzt werden mussten bzw. müssen.

4. Gesetzesvorbehalt für Organisation und Verfahren?

194 Auf die Verwaltungsorganisation haben die Staatsstrukturbestimmungen des Grundgesetzes einen gewissen Einfluss (s. u. Rn. 394), und die konkrete Organisation der Bundesverwaltung ist im Grundgesetz (s. o. Rn. 110 f.), die der Länder in den Landesverfassungen und zusätzlich in Landesverwaltungsgesetzen sowie einer Anzahl von Spezialgesetzen geregelt. Auch die Rechtsschutz-Grundrechte aus Art. 19 Abs. 4 und Art. 103 Abs. 1 GG sind „ihrem Wesen nach darauf angelegt ..., durch Regelungen außerhalb der Verfassung ausgestaltet zu werden"; sie können „ihre Wirksamkeit überhaupt erst aufgrund näherer Ausgestaltung durch das einfache Recht entfalten"[60].

---

58 BVerfGE 105, 252, 276 und 279, 309 f.
59 Vgl. *Maurer* § 6 Rn. 12 m. w. N.
60 BVerfGE 40, 237, 252.

Aber das Grundgesetz behält nicht die Regelung der Behördenzuständigkeiten und des Verwaltungsverfahrens bis in alle Einzelheiten dem Gesetz vor[61]. Daraus, dass Organisation und Verfahren der Behörden tatsächlich in den letzten Jahrzehnten vielfach durch Gesetze oder Rechtsverordnungen geordnet worden sind und dass das Grundgesetz den Rechtsschutz erheblich verstärkt hat, lässt sich nach der zutreffenden Ansicht des BVerfG nicht ableiten, dass eine solche Regelung verfassungsrechtlich ausnahmslos geboten sei. Es gibt danach **keinen „Totalvorbehalt"** des förmlichen Gesetzes oder überhaupt des Gesetzes **für Verfahren und Organisation**[62]. Für das Verfahren der Leistungsverwaltung und die Zuständigkeit der Behörden in diesem Bereich hatte das BVerfG dies schon früher entschieden (E 8, 155 – Lastenausgleichsverfahren). Die Beleihung juristischer Personen des Privatrechts mit öffentlich-rechtlich zu erfüllenden Aufgaben bedarf jedoch der Gesetzesform (OVG Münster, NJW 1980, 1406 – Studienförderung durch Studentenwerk außerhalb BAföG).

195

5. Die Prüfung der Rechtmäßigkeit von Verwaltungshandlungen

a) Objektive Übereinstimmung oder Nichtübereinstimmung von Gesetz und Verwaltungshandlung

Die Rechtmäßigkeit bzw. Rechtswidrigkeit von Handlungen der Verwaltung bestimmt sich danach, ob ihr Inhalt (also das erlassene Gebot oder Verbot, die bewilligte Leistung oder erteilte Erlaubnis etc.) mit dem Gesetz übereinstimmt. Noch genauer: **Gesetzlicher Tatbestand und konkreter Sachverhalt müssen übereinstimmen** (soweit eine generelle und eine individuelle Beschreibung eines sozialen Ereignisses oder Zustandes überhaupt übereinstimmen können); dann ist die im Gesetz vorgeschriebene oder zugelassene Rechtsfolge auch im konkreten Einzelfall materiell „rechtmäßig". (Zu den „formellen" Rechtmäßigkeitsbedingungen s. unten § 17).

196

Man kann also sagen, dass die Rechtmäßigkeit oder Rechtswidrigkeit einer Verwaltungsmaßnahme sich nach „objektiven" Kriterien richtet. Es kommt nicht darauf an, ob sich der handelnde Organwalter die Übereinstimmung von Gesetz und Einzelakt *vorgestellt* hat, sondern ob sie bei eben dieser hiervon absehenden Betrachtungsweise *gegeben* war. Deshalb kann z. B. eine Maßnahme rechtswidrig sein, obwohl der Beamte bei der Prüfung ihrer Rechtmäßigkeitsvoraussetzungen besten Wissens und Gewissens und nach gründlicher Erforschung aller tatsächlichen Umstände zu dem Schluss gekommen war, die gesetzlichen Voraussetzungen seien erfüllt. War seine Einschätzung falsch, so erweist sich die Maßnahme nachträglich als *von Anfang an rechtswidrig*.

197

---

61 A. a. O., S. 250.
62 A. a. O., S. 250, 252. S. a. *Burmeister*, Herkunft, Inhalt und Stellung des institutionellen Gesetzesvorbehalts, 1991.

Eine andere Frage ist es, ob derjenige, der aus einer falschen Einschätzung der zuständigen Organwalter einen Nachteil erleidet, deswegen einen Ausgleich beanspruchen kann. Dies richtet sich insbesondere nach dem Staatshaftungsrecht (unten § 26); möglich und zu prüfen ist aber auch, ob die frühere Maßnahme wegen späterer besserer Erkenntnis zurückgenommen oder widerrufen und damit Platz für eine günstigere Lösung geschaffen werden kann (§ 20).

b) Divergenzen innerhalb der Verwaltung

198 In diesen Zusammenhang gehört auch der nicht seltene Fall, dass verschiedene Stellen dieselbe Rechtslage unterschiedlich beurteilen: Die untere Verwaltungsbehörde (Städtisches Bauamt) hält z. B. ein Bauvorhaben für unzulässig, weil es sich nicht „in die Eigenart der näheren Umgebung" einfüge (§ 34 BauGB), die für die Entscheidung über den Widerspruch zuständige höhere Verwaltungsbehörde (Regierungspräsident) aber befindet, dass diese Art der Einfügung noch erträglich sei – dann „ist" die Ablehnung der Baugenehmigung „rechtswidrig", solange nicht ein Gericht wiederum anders entscheidet. Nach dieser Sprachregelung bestimmt also erst die letzte Instanz, was als rechtmäßig zu gelten hat. Sie schließt selbstverständlich nicht aus, dass der Betroffene oder sein Rechtsvertreter damit in Widerspruch stehende Rechts*behauptungen* aufstellt.

c) Subjektive Pflichten der Amtswalter

199 Aus dem an die *Behörde* gerichteten Gebot rechtmäßigen Handelns wird die Pflicht des *Amtswalters* zur richtigen Rechtsanwendung; der Übersetzungsschlüssel liegt z. T. im öffentlichen Dienstrecht (Pflicht zu unparteiischer und gerechter Aufgabenerfüllung, zu uneigennütziger Amtsausübung, zur Befolgung von Anordnungen und Richtlinien, §§ 35-37 BRRG; entspr. § 8 BAT)[63].

Ein Organwalter, der eine Rechtsansicht gegen die eigene Überzeugung vertritt, handelt pflichtwidrig. Erst nach erfolgloser Remonstration darf (und muss) er, wenn der Vorgesetzte ihn anweist, die nach seiner Ansicht falsche Rechtsauffassung vertreten. Die Verantwortung trifft dann den Vorgesetzten (§§ 56 BBG, 38 BRRG).

200 In Abweichung von dem Prinzip, dass die Rechtmäßigkeit sich nach objektiven Kriterien richtet, kommt es in einigen Fällen doch darauf an, ob der handelnde Organwalter bestimmte Umstände kannte oder kennen musste (d. h. grob fahrlässig nicht kannte). So ist ein „subordinationsrechtlicher" Vertrag zwischen Staat und Bürger (§ 54 S. 2 VwVfG) u. a. dann nichtig, wenn bestimmte erhebliche Fehler vorliegen „und dies den Vertragschließenden bekannt war" (§ 59 Abs. 2 Nr. 2 VwVfG, vgl. dazu aber Rn. 870 ff.).

---

63 Vgl. dazu *Schnapp*, Amtsrecht und Beamtenrecht, 1977, sowie unten § 11 Rn. 433 ff.

d) Vorläufige Maßnahmen

Es gibt aber auch Fälle, bei denen auf die Vorstellungen der Beteiligten *vor* der endgültigen Entscheidung abgestellt werden muss. Der Polizeibeamte muss eingreifen dürfen, ohne vorher ein Rechtsgutachten der obersten vorgesetzten Stelle einzuholen, und die vorgesetzte Stelle muss ihrerseits handlungsfähig sein, z. B. Anweisungen geben können, ohne schon die Rechtsansicht des Bundesverwaltungsgerichts oder Bundesverfassungsgerichts zu kennen – und das Risiko, rechtswidrig in dem bezeichneten Sinne zu handeln, darf nicht bei dem einzelnen Organwalter bleiben, der auch bei bestem Wissen und Wollen nicht vermeiden kann, in dieser bezeichneten Weise „objektiv" fehlerhaft zu handeln. Dieses Risiko ist übrigens deswegen erträglich, weil die Feststellung rechtswidrigen Verwaltungshandelns noch *keinen Vorwurf* gegen die handelnden Personen enthält. Bei umgangssprachlicher Verwendung klingt in den Begriffen „Rechtswidrigkeit" und „Verfassungswidrigkeit" vielfach ein solcher Vorwurf bewusster oder fahrlässiger Rechtsverletzung durch die Handelnden mit an. Nach dem hier Ausgeführten liegt es auf der Hand, dass weitere Feststellungen erforderlich wären, ehe ein solcher Vorwurf erhoben werden könnte, der dann für disziplinarrechtliche und Haftungsfragen von Bedeutung sein könnte.

201

Um es nochmals und zugespitzt zu sagen: es kann sein, dass ein Amtswalter *rechtmäßig handelt*, obwohl er *rechtswidrige Verwaltungsakte* erlässt. Wenn es nur noch gestattet wäre, Maßnahmen zu treffen, von denen die Verwaltung „sicher" weiß, dass sie vor der höchsten gerichtlichen Instanz bestehen können, wäre sie so gut wie handlungsunfähig, könnte allenfalls noch Routineangelegenheiten ausführen. Sie darf in bestimmten Fällen sogar handeln, wenn die tatsächlichen Voraussetzungen noch *ungewiss* sind, zum Beispiel auf einen Verdacht hin.

202

So trifft die Polizei nicht nur *Prognosen* über wahrscheinliche künftige Entwicklungen, sondern muss häufig auch auf der Grundlage *diagnostischer Wahrscheinlichkeitsurteile* handeln[64]. Zu unterscheiden sind „Gefahrenverdacht" (Beispiel: durch Tatsachen ist die Annahme erhärtet, dass importierte Lebensmittel mit Seuchenerregern befallen sind; hier sind zumindest vorläufige Maßnahmen wie Sicherstellung und Stichprobenentnahme zulässig), „Anscheingefahr" (in Wahrheit keine Gefahr, z. B.: Mordversuch in Filmaufnahme, bei der die Kamera nicht sichtbar ist; Hilferufe aus einer Wohnung, die aus einem Fernsehapparat stammen; auch hier darf die Behörde zunächst Maßnahmen ergreifen) und „Scheingefahr" (Putativgefahr; hier fehlen der Polizei die tatsächlichen Anhaltspunkte für die Diagnose, dass eine Gefahr vorliege, daher dürfen keine polizeilichen Maßnahmen ergriffen werden)[65]. Freilich löst das Handeln unter ungewissen Voraussetzungen u. U. Entschädigungsansprüche aus (vgl. § 27 und oben Rn. 197).

---

64 Vgl. dazu *Hoffmann-Riem*, „Anscheingefahr" und „Anscheinverursachung" im Polizeirecht, in: Festschrift für *Wacke*, 1973, S. 327 ff.
65 Vgl. *Drews/Wacke/Vogel/Martens*, Gefahrenabwehr, 9. Aufl. 1986, S. 225 ff.

e) Rechtmäßigkeitsurteil bei „Verwaltungsfabrikaten"

203 Die objektive Methode der Rechtmäßigkeitsbestimmung erklärt auch, dass Maßnahmen der Verwaltung, die gar nicht von einem bestimmten Organwalter erlassen, sondern maschinell angefertigt werden, gleichwohl unter den Kategorien „rechtmäßig" und „rechtswidrig" beurteilt werden können. Heute werden zahllose Verwaltungsakte von elektronischen Datenverarbeitungsanlagen hergestellt, und die zuständigen Behörden können sich darauf beschränken, die nötigen Eingabedaten bereitzustellen und die Programme abzunehmen sowie ihre richtige Ausführung zu kontrollieren. In der Frühphase der Technisierung der Verwaltung hat diese Abkoppelung der Ergebnisse von Bestimmungswillen und -möglichkeit des einzelnen Organwalters einige Unsicherheit ausgelöst. *Zeidler* vertrat die Ansicht, solche „Verwaltungsfabrikate" könnten nur „technisch richtig oder falsch" sein, nicht aber „rechtmäßig oder rechtswidrig"[66]. Diese Ansicht hat sich aber nicht durchgesetzt – eben weil man erkannte, dass es auf die Übereinstimmung bzw. Nichtübereinstimmung des Ergebnisses mit dem Gesetz und nicht auf die Art und Weise des technischen Zustandekommens ankam[67].

f) Prüfung von Rechtssätzen

204 Auf die „objektive" Rechtswidrigkeit ist auch bei anderen Handlungsformen der Verwaltung abzustellen, auch bei der Prüfung von Gesetzen auf ihre Verfassungsmäßigkeit und von Rechtsverordnungen oder Verwaltungsvorschriften auf ihre Gesetzmäßigkeit. Hier, wo nicht die generelle und die individuelle Beschreibung von Sachverhalten, sondern allgemeine Sätze von unterschiedlichem Allgemeinheitsgrad aufeinander zu beziehen sind, leuchtet die Notwendigkeit noch stärker ein, auf den Inhalt der Erklärungen selbst und nicht auf die Vorstellungen ihrer Urheber abzuheben. Aber dieses Thema gehört schon in die Theorie der Rechtsnormen, die hier nicht ausführlich behandelt werden kann.

Zu den Ausgangsfällen:

205 1. Der Einführung der Schilder steht der Vorrang des Gesetzes in seinen verschiedenen Ausprägungen entgegen, wobei gleich eine ganze Vielzahl von Einzelaspekten zu nennen ist. Zunächst einmal hat der Bund gemäß Art. 74 Abs. 1 Nr. 22 GG die konkurrierende Gesetzgebungskompetenz für den Straßenverkehr. Die Länder haben daher nur dann eine eigene Gesetzgebungskompetenz in diesem Bereich, „solange und soweit" der Bund von seiner Kompetenz keinen Gebrauch gemacht hat. Im Fall des Straßenverkehrs ist eine Regelung in Gestalt des StVG und der StVO erfolgt. § 6 Abs. 1 Nr. 17 StVG ermächtigt ausschließlich das Bundesministerium für Verkehr, Bau- und Wohnungswesen, mit Zustimmung des Bundesrates Rechtsverordnungen zu erlassen über die zur Erhaltung der öffentlichen Sicherheit

---

66 Über die Technisierung der Verwaltung, 1959.
67 Näheres bei *Bull*, Verwaltung durch Maschinen, 2. Aufl. 1964, S. 110 ff.

erforderlichen Maßnahmen über den Straßenverkehr. Die Landesregierung ist also auch nicht ermächtigt, Rechtsverordnungen in diesem Bereich zu erlassen. Die zulässigen Verkehrszeichen sind abschließend in der StVO geregelt; das von der Landesregierung vorgesehene gehört nicht dazu. Gesetz im Sinne des Vorrangsprinzips ist auch die bundesrechtliche Verordnung, die kraft Art. 31 GG auch Landesgesetzen (und sogar der Landesverfassung) vorgeht.

2. Der Fall wirft die Frage auf, ob die Verwaltung Gesetze auch dann anwenden muss, wenn sie diese für verfassungswidrig hält. Bei formellen, nachkonstitutionellen Gesetzen gilt ein Verwerfungsmonopol des BVerfG (vgl. Art. 100 Abs. 1 GG), das die Verwaltung nicht durch Nichtanwendung des Gesetzes unterlaufen darf. Das Zuwanderungsgesetz war in Kraft getreten. Erst nachträglich wurde ihm durch die Entscheidung des BVerfG die Geltung wieder genommen. Die Tatsache, dass zwei Richterinnen bei der Überprüfung des Verfahrens zu einem anderen Ergebnis gekommen sind als die Mehrheit des Gerichts (vgl. BVerfGE 106, 337 ff.), zeigt im Übrigen, dass die Rechtsauffassungen mit guten Gründen verschieden sein können, so dass man der Verwaltung oder gar einzelnen Sachbearbeitern nicht die Entscheidung über die Anwendung von Gesetzen überlassen darf, auch wenn sich diese im Ergebnis als nichtig herausstellen mögen.

3. Für eine Pflicht zur Unterstützung der Kriminalpolizei bei der Verbrechensbekämpfung fehlt es an der erforderlichen gesetzlichen Grundlage. Nur ausnahmsweise dürfen „Nichtstörer" nach Polizei- und Ordnungsrecht zur Abwehr von Gefahren für die öffentliche Sicherheit herangezogen werden. Die Voraussetzungen dafür sind nicht schon deshalb gegeben, weil möglicherweise in dem Nachbarhaus Straftaten begangen werden.

4. Werden personenbezogene Daten zu einem anderen Zweck (hier: wirtschaftlicher Gewinn) verwendet als zu dem sie erhoben worden sind (hier: ordnungsgemäßer Ablauf des Studiums), so handelt es sich um einen Eingriff in das Recht auf informationelle Selbstbestimmung (vgl. BVerfGE 65, 1 [46]; 100, 313 [360]) mit der Folge, dass der Vorbehalt des Gesetzes greift. Für den Verkauf der Studentendaten durch die Universität ist daher eine gesetzliche Ermächtigungsgrundlage erforderlich. Die Vorschriften des Datenschutzrechts (hier: landesrechtliche Gesetze) reichen nicht aus, da der Datenhandel nicht zur Aufgabenerfüllung der Universität erforderlich ist.

5. Die Gewährung von Existenzgründerkrediten durch die Stadt ist zulässig, wenn solche Kredite im Haushaltsplan der Stadt vorgesehen und durch Richtlinien geregelt sind. Einer darüber hinausgehenden Ermächtigungsgrundlage bedarf es nach der Rechtsprechung und entsprechend der damit übereinstimmenden Staatspraxis nicht. Eine Rechtswidrigkeit nach dem Maßstab des Vorrangs des Gesetzes liegt nicht vor, da keine rechtlichen Vorschriften zu erkennen sind, gegen die hier verstoßen werden könnte. Insbesondere bietet Art. 12 GG grundsätzlich keinen Schutz vor unliebsamer Konkurrenz. Eine unzulässige Ungleichbehandlung (Art. 3 Abs. 1 GG) liegt nicht vor, da die Zuschüsse legitimerweise auf Existenzgründungen beschränkt sind, so dass sich der bereits etablierte Bäcker nicht in einer vergleichbaren Lage befindet.

§ 6 *Die Bindung der Verwaltung an andere Rechtsnormen*

6. Staatliche oder kommunale Hilfe zur Behebung aktueller Katastrophenschäden ist im Rahmen des Haushaltsplanes auch ohne gesetzliche Ermächtigung zulässig. Jedoch bedürfen die mit ihrer Bewilligung verbundenen Auflagen zur Baugestaltung einer besonderen Rechtsgrundlage, soweit sie über das nach dem Förderungsgrund Erforderliche (hier also den Schadensausgleich) hinausgehen; daran fehlt es hier.

§ 6 Die Bindung der Verwaltung an andere Rechtsnormen und an Verwaltungsvorschriften

Ausgangsfragen und -fälle:

1. *Wie streng sind die Behörden an Entscheidungen des Bundesverfassungsgerichts gebunden?*
2. *Was bedeutet es, dass das europäische Gemeinschaftsrecht Vorrang vor dem nationalen Recht hat?*
3. *Nach § 1a des Hamburger Gesetzes zum Schutz der öffentlichen Sicherheit und Ordnung (SOG) ist der Senat ermächtigt, „durch Rechtsverordnung die zum Schutz der Allgemeinheit oder des Einzelnen erforderlichen Bestimmungen zu erlassen, um von gefährlichen und anderen Hunden ausgehende Gefahren für Leben, Gesundheit und Eigentum abzuwehren". Des Weiteren wird bestimmt, auf welche Art und Weise der Schutz „insbesondere" geschehen soll.*
    a) Angenommen, der Gesetzentwurf zur Einfügung des § 1a in das SOG hätte in der Bürgerschaft keine Mehrheit gefunden. Hätte der Senat dennoch eine Hundeverordnung, wie sie in § 1a SOG vorgesehen ist, erlassen dürfen?
    b) Hätte der Senat in der Hundeverordnung die Bestimmung der Hunderassen, für welche die Eigenschaft als gefährliche Hunde vermutet wird, auf die Bezirksämter delegieren können?
    c) Was ist die Rechtsfolge, wenn die Hundeverordnung exakt die Ermächtigungsgrundlage umsetzt, diese Ermächtigungsgrundlage aber verfassungswidrig ist?
4. *Die Gemeinde G erlässt eine neue Hauptsatzung. Darin heißt es in § 1: „G ist ein atomwaffenfreies Gebiet. Die Bevölkerung wird eine Stationierung von Atomwaffen mit aller Kraft verhindern." Wie ist diese Bestimmung aus der Sicht des Landes zu beurteilen?*
5. *Die Rechtsanwälte im Bundesland B sind der Meinung, dass die ständige Zunahme der Zahl zugelassener Anwälte immer mehr Kollegen in finanzielle Not bringt. Für die Zulassung von Rechtsanwälten ist nach dem Gesetz die Anwaltskammer zuständig. Sie ist außerdem ermächtigt, die „Angelegenheiten der Rechtsanwälte" zu regeln. Die Mitgliederversammlung der Anwaltskammer beschließt nun, dass ab dem 1. Januar des nächsten Jahres keine Anwälte mehr neu zugelassen werden sollen. Gibt es dagegen Bedenken?*

6. Der Bürgermeister der Gemeinde G erlässt eine „Anordnung über die Erteilung von Sondernutzungserlaubnissen auf den öffentlichen Wegen und Plätzen in G". Nach § 4 dieser Anordnung ist Bürgerinitiativen auf Antrag zu erlauben, in der Fußgängerzone einen bis zu fünf Meter langen und einen Meter tiefen Tisch sowie drei Plakatständer aufzustellen. Die in der Gemeinde als aggressiv querulatorisch bekannte Gruppe Q beantragt unter Bezugnahme auf diese Anordnung eine entsprechende Erlaubnis zum Aufstellen eines drei Meter langen Tisches. Die Verwaltung lehnt den Antrag ab, und zwar mit der Begründung,
   a) an die Anordnung seien nur die eigenen Mitarbeiter gebunden; Außenstehende könnten daraus keine Rechte herleiten;
   b) man habe sich an die Anordnung noch nie gehalten, sondern immer dafür gesorgt, dass der Einkaufsbetrieb in der Fußgängerzone nicht gestört werde;
   c) es habe in G noch nie eine Bürgerinitiative gegeben, sowie schließlich
   d) man wolle in Zukunft keine Infotische in der Fußgängerzone mehr genehmigen, da man eine erhebliche Beeinträchtigung des Geschäftsverkehrs festgestellt habe.
   Was ist von den verschiedenen Begründungen zu halten?
7. Die P-Partei möchte in den Räumen des Kongresszentrums K ihren Bundesparteitag abhalten. Dieses wird von einer GmbH betrieben, die aufgrund eines Beherrschungs- und Gewinnabführungsvertrages einer weiteren GmbH untersteht, die sich wiederum im alleinigen Eigentum der Stadt K befindet. Die Überlassung des Kongresszentrums an die Partei wird abgelehnt, da man gewalttätige Angriffe rivalisierender Gruppen befürchtet. Wie kann die P-Partei Rechtsschutz erlangen? (Vgl. BVerwG, NJW 1990, 134).

(Lösungshinweise in Rn. 256)

1. Bindung an Richterrecht, allgemeine Rechtsgrundsätze, Völkerrecht und Europäisches Gemeinschaftsrecht

a) Entscheidungen des Bundesverfassungsgerichts

Entscheidungen des BVerfG binden nach § 31 BVerfGG die Verfassungsorgane des Bundes und der Länder sowie alle Gerichte und Behörden. In bestimmten Fällen (§ 31 Abs. 2 BVerfGG) haben diese Entscheidungen sogar **Gesetzeskraft**.

b) Richterrecht im Übrigen

Gerichtsentscheidungen können, wenn eine und dieselbe Rechtsmeinung über längere Zeit hin immer wieder bestätigt wird, zu **Gewohnheitsrecht** werden. So kann der öffentlich-rechtliche Aufopferungsanspruch als von der Rechtsprechung entwickeltes Gewohnheitsrecht angesehen werden; sie hat dabei eine Regelung des Preußischen Allgemeinen Landesrechts von 1794 – das sonst längst außer Kraft getreten ist und in den nichtpreußischen Teilen Deutschlands gar nicht gegolten hat – zu neuer Geltung gebracht (s. unten Rn. 1094 und 1166).

208 Aber auch wenn eine Rechtsansicht noch nicht längere Zeit als Recht angesehen wird und deshalb nicht den Charakter von Gewohnheitsrecht hat, sind *Entscheidungen der oberen Gerichte* als „**Präjudizien**" von großer praktischer Bedeutung. Die unteren Gerichte halten sich meist an die Meinung der ihnen im Instanzenzuge übergeordneten Gerichte – nicht oder nicht nur aus Bequemlichkeit oder Mangel an innerer Unabhängigkeit, sondern auch weil sie vielfach die Verlässlichkeit und Stetigkeit der Rechtsprechung für wichtiger halten als die subjektiv empfundene Richtigkeit der eigenen Ansicht. Wenn eine Partei zwar in der ersten Instanz Recht bekommt, aber mit Sicherheit in der zweiten oder dritten unterliegen wird, kann es als „fürsorglich" angesehen werden, sie vor weiteren Kosten und sonstigem Prozessaufwand zu bewahren. Andererseits haben es neue Argumente deshalb schwer, sich gegen „herrschende" Meinungen durchzusetzen.

209 Man muss erwarten, dass Richter aller Instanzen, Rechtsanwälte und Behördenvertreter die Rechtsprechung der höchsten Gerichte kennen. Das Übersehen höchstrichterlicher Entscheidungen – nicht aber die begründete Abweichung von ihnen – kann einen Rechtsanwalt oder Notar sogar schadenersatzpflichtig machen. Aber um der Innovationsfähigkeit der Justiz willen darf diese faktisch weitgehende Bindung an Präjudizien nicht zu einer rechtlich verbindlichen werden.

Im Vergleich mit der Diskussion, inwieweit der Parlamentsvorbehalt den Verordnungsgeber hindert, wirksame Regelungen zu erlassen, führt die Debatte darüber, ob dieser Grundsatz entsprechend auch für die Gerichte gilt, ein Schattendasein. Die Kernfrage lautet: Betrifft die Rechtsfortbildung einen Bereich, der nur vom Gesetzgeber geregelt bzw. fortgebildet werden darf? Wohlgemerkt: Rechtsfortbildung ist nicht (mehr) Auslegung. Das BVerfG hat in einem wichtigen Bereich die Rechtsfortbildung durch die Zivilgerichte ausdrücklich akzeptiert, nämlich die Ausweitung des allgemeinen Persönlichkeitsrechts und die Begründung eines Entschädigungsanspruchs für immaterielle Schäden (BVerfGE 34, 269 – Soraya). Dies betraf zwar keinen öffentlich-rechtlichen Anspruch, aber die Begründung des BVerfG geht über das Zivilrecht hinaus.

c) Allgemeine Rechtsgrundsätze

210 Auch einige **allgemeine Rechtsgrundsätze** werden als „Rechtsquelle" und daher für die Rechtsanwender verbindlich angesehen. Gemeint sind solche Prinzipien, ohne die eine staatliche Rechtsordnung nicht als *Recht* anerkannt werden könnte (s. a. Art. 20 Abs. 3 GG, Bindung an „Gesetz und Recht"), insbesondere das Gebot, die Menschenwürde zu achten, das Willkürverbot und seine Kehrseite, das Gleichbehandlungsgebot, und das Übermaßverbot – also der Kerngehalt der Rechtsstaatlichkeit, ferner das Gebot, Treu und Glauben zu beachten[1], und das Schikaneverbot. Aus diesen allgemeinen Grundsätzen lassen sich Rechtssätze ableiten, die im Einzelfall zur Korrektur sonst sich ergebender Entscheidungen führen können. S. a. Rn. 536.

Zur Vertiefung: *Wolff/Bachof* I, § 25, 1; *Wolff*, Rechtsgrundsätze und verfassunggestaltende Grundentscheidungen als Rechtsquellen, in: Gedächtnisschrift für *Jellinek*, 1955, S. 33-52.

---

[1] Dazu BVerwGE 111, 162, 172.

d) Völkerrecht

Im Völkerrecht sind in erster Linie die Staaten Rechtssubjekte. Deshalb kann der Einzelne grundsätzlich keine Rechte aus einem völkerrechtlichen Abkommen herleiten und ist dadurch i. d. R. nicht verpflichtet. Völkerrechtliche Verträge gelten nach der in der Bundesrepublik vorherrschenden Doktrin des Dualismus[2] nur kraft Transformationsakt des Bundestages (Art. 59 Abs. 2 GG). Damit stehen sie auf gleicher Stufe mit einfachen Gesetzen und können durch neue Gesetze außer Kraft gesetzt werden. Mit Art. 25 GG sind jedoch die „allgemeinen Regeln" des Völkerrechts wie das Folterverbot oder das Verbot eines Angriffskrieges ohne weiteres, kraft Verfassung Bestandteil des Bundesrechts.   **211**

Zur Vertiefung: *Knut Ipsen*, Völkerrecht, 4. A. 1999; *Verdross/Simma*, Universelles Völkerrecht: Theorie und Praxis, 3. A. 1984.

e) Europäisches Gemeinschaftsrecht

Mit dem Beitritt zur Europäischen Wirtschaftsgemeinschaft (heute: Europäische Gemeinschaft), Europäischen Atomgemeinschaft und Europäischen Gemeinschaft für Kohle und Stahl (Montan-Union) hat die Bundesrepublik Hoheitsrechte auf die Europäischen Gemeinschaften übertragen (Art. 24 Abs. 1 GG, jetzt Art. 23 GG: Europäische Union). Das Gemeinschaftsrecht bildet eine eigenständige *supranationale Rechtsordnung*, die sich von ihren völkerrechtlichen Grundlagen weitgehend gelöst hat[3], aber auf Zusammenwirken mit dem nationalen Recht der Mitgliedstaaten angelegt ist („Verzahnung" von Gemeinschaftsrecht und nationalem Recht)[4]. Das Gemeinschaftsrecht hat prinzipiell Vorrang vor dem nationalen Recht, doch über die rechtsdogmatische Begründung und die Grenzen dieses Vorrangs herrscht noch Uneinigkeit[5]. Unbestritten ist aber: Wenn nationales Recht mit Gemeinschaftsrecht kollidiert, hat der Richter das nationale Recht für diesen Fall außer Acht zu lassen und muss das Gemeinschaftsrecht anwenden. Dadurch kann es zur „Inländerdiskriminierung" kommen – bei Fällen ohne Europarechtsbezug ist nämlich das nationale Recht allein zur Anwendung zu bringen[6].   **212**

Der EuGH hat die unmittelbare Geltung und den Vorrang des Gemeinschaftsrechts schon früh betont[7]; das BVerfG ist ihm aber nur eingeschränkt gefolgt. Zunächst verneinte das Gericht den Vorrang des Gemeinschaftsrechts vor deutschen Grundrechten, da die Ge-

---

2 *Triepel*, Völkerrecht und Landesrecht, 1899, Nachdruck 1985; *K. Ipsen*, Völkerrecht, § 73, S. 1071.
3 *Borchardt*, Die rechtlichen Grundlagen der Europäischen Union, 2. A. 2002, Rn. 83 ff.; ausführlich *Oppermann*, Europarecht, 2. A. 1999, § 6 Rn. 616 ff.
4 *Streinz*, Europarecht, 6. A. 2003, § 3 Rn. 175 ff.
5 Einzelheiten dazu bei *Oppermann* a. a. O. und *Streinz*, Rn. 179 ff.
6 So beim deutschen Reinheitsgebot für Bier, welches für importiertes Bier aus EG-Staaten wegen Verstoßes gegen Art. 30 u. 36 EGV nicht mehr angewendet werden darf, für die deutschen Brauereien jedoch weiterhin in Kraft ist (was freilich einen besonderen Werbeeffekt begründet!). Vgl. EuGH, Slg. 1987, II, 1227.
7 Grundlegend EuGH, Slg. 1964, 1 (Costa/ENEL); s. a. EuGH, Slg. 1970, 1125, 1126 (Einfuhr- und Vorratsstelle für Getreide und Futtermittel).

§ 6 *Die Bindung der Verwaltung an andere Rechtsnormen*

meinschaft nicht über einen adäquaten Grundrechtskatalog verfügte (BVerfGE 37, 271 – Solange I)[8].

213 Zehn Jahre später relativierte das BVerfG diese Position, ohne jedoch den Vorrang des EG-Rechts ausdrücklich zu bestätigen (BVerfGE 73, 339 – Solange II)[9]. Vielmehr wählte das BVerfG zur Überprüfung des sekundären Gemeinschaftsrechts (Verordnungen und Richtlinien) im Kollisionsfall mit deutschen Grundrechten eine prozessuale Lösung: Es verneint seine Prüfungskompetenz im Einzelfall, solange der EuGH generell einen wirksamen Schutz der Grundrechte gewährleistet. Im Urteil zum Unionsvertrag von Maastricht (BVerfGE 89, 155, 175) betont das BVerfG demgegenüber seine Aufgabe, den Grundrechtsschutz in Deutschland auch gegenüber den Gemeinschaftsorganen zur Geltung zu bringen, räumt aber gleichzeitig ein, dass es seine Gerichtsbarkeit über die Anwendbarkeit von abgeleitetem Gemeinschaftsrecht in Deutschland in einem „Kooperationsverhältnis" zum EuGH ausübe. Was dies letztlich bedeutet, bleibt unklar; tatsächlich legt sich das BVerfG Zurückhaltung auf und hat bisher EG-Recht immer unbeanstandet gelassen. Die Erwartung, das BVerfG werde den Umfang seiner verfassungsgerichtlichen Prüfung wieder erweitern, ist durch den Beschluss des Gerichts zur gemeinsamen Marktorganisation für Bananen (BVerfGE 102, 147) gegenstandslos geworden. Mit dieser Entscheidung werden nicht nur die aus „Solange II" bekannten Maßstäbe bestätigt, sondern ausdrücklich betont, dass auch das Maastricht-Urteil hier keine andere Ausrichtung gebracht habe (a. a. O. S. 163). Ob dies eine überzeugende Interpretation der eigenen Rechtsprechung darstellt, mag dahinstehen. Zu begrüßen ist jedenfalls das eindeutige Bekenntnis zu der „vorsichtigen" Linie hinsichtlich der Überprüfung durch nationalstaatliche Gerichte.

214 Das Gemeinschaftsrecht gilt *unmittelbar*; der Einzelne kann daraus also Rechte herleiten und wird unmittelbar verpflichtet. Dies gilt für das *EG-Primärrecht*, also die drei Gründungsverträge, und für Verordnungen, die mit nationalen Gesetzen zu vergleichen sind (lesen Sie Art. 249 Abs. 2 EGV!). Es gilt aber darüber hinaus in bestimmten Fällen auch für *Richtlinien*, die prinzipiell noch der Umsetzung durch die Mitgliedstaaten bedürfen (Art. 249 Abs. 3 EGV). Unterlässt ein Staat die Umsetzung oder führt er sie mangelhaft durch, können sich Unionsbürger dennoch auf Bestimmungen der Richtlinie berufen und unter bestimmten Voraussetzungen Schadensersatz nach Amtshaftungsrecht verlangen[10]. Neuerdings bejaht der EuGH Amtshaftungsansprüche bei allen Verstößen innerstaatlicher Organe gegen Gemeinschaftsrechtsnormen[11].

---

8 S. aber auch das Abweichende Votum BVerfGE 37, S. 296. Kritisch in der Literatur u. a. *Ipsen*, EuR 1975, 1; *Tomuschat*, NJW 1980, 2611.
9 Kritisch dazu *Everling*, EuR 1990, 195; zustimmend *Kloepfer*, JZ 1988, 1093.
10 Grundlegend EuGH, Slg. 1991 I, 5357 (Francovich u. a./Republik Italien); dazu *Streinz*, Europarecht; 4. A. 1999, § 5 Rn. 374a ff., 410 ff; *Oppermann*, Europarecht, 2. A. § 4 Rn. 175 ff., kritisch *Stadie*, NVwZ 1994, 435.
11 EuGH, Slg. 1996, I-1029 (Brasserie du Pêcheur/Bundesrepublik Deutschland). Im konkreten Fall hat der BGH (BGHZ 134, 30) einen Schadensersatzanspruch dennoch verneint.

Das EG-Recht wirkt in vielerlei Weise auf das deutsche Verwaltungsrecht ein[12]. **215**
Viele seiner Regelungen verändern die Inhalte des besonderen Verwaltungsrechts, z. B. des Wirtschafts- und Gewerberechts, des Umweltrechts, des Lebensmittelrechts usw., und auch das Verwaltungsverfahrensrecht muss bei der Umsetzung von EG-Recht teilweise modifiziert werden.

So hat der EuGH entschieden, dass die Rückforderung gemeinschaftsrechtswidrig gezahlter Subventionen auch über die Fälle des § 48 Abs. 2 Satz 3 VwVfG hinaus geboten sei, weil nicht nur fiskalische Interessen, sondern die Durchsetzbarkeit der gemeinschaftlichen Wettbewerbsordnung andernfalls gefährdet wäre[13]; vgl. Rn. 818.

Zur Vertiefung: *Beutler/Bieber/Pipkorn/Streil*, Die Europäische Union – Rechtsordnung und **216**
Politik, 5. Aufl. 2001; *Kadelbach*, Allgemeines Verwaltungsrecht unter europäischem Einfluß, Tübingen 1999; *Schwarze*, Europäisches Verwaltungsrecht – Entstehung und Entwicklung im Rahmen der EG, 2. A. 2004; *ders.*, Das Verwaltungsrecht unter europäischem Einfluß, 1996.

2. Die Bindung an untergesetzliche Rechtsnormen

Die Verwaltung ist beim Vollzug von Gesetzen und bei ihren nicht durch förmliche **217**
Gesetze geregelten Aktivitäten selbstverständlich auch an untergesetzliche Rechtsnormen gebunden – obwohl die Exekutive selbst diese Form von Recht setzt. Insofern geschieht „Gesetzesvollziehung durch Rechtsetzung"[14]. Die Verwaltung ist um der Gleichbehandlung willen u. U. sogar verpflichtet, die Gesetze durch zusätzliche Normen anwendbar zu machen – an die sie dann bis zu ihrer Aufhebung selbst gebunden ist.

a) Die Rechtsverordnung

Dazu bedient sie sich der *Rechtsverordnung*, wenn ein Gesetz dazu ausdrücklich **218**
ermächtigt. Diese Form passt insbesondere für Regelungen, bei denen von vornherein absehbar ist, dass sie nach einiger Zeit geändert werden müssen, z. B. über Gebühren, detaillierte Betriebs- und Benutzungsbedingungen öffentlicher Einrichtungen. Die Sicherstellungsgesetze (vgl. z. B. §§ 1 ff., 5 Wirtschaftssicherstellungsgesetz) verwenden ebenfalls die Form der Rechtsverordnung, auch bei dieser Materie ist ein besonderes Maß an Flexibilität der Regelung erforderlich. Wirtschaftslenkung wird auch in normalen Zeiten in wesentlichem Maße mittels Rechtsverordnung bewirkt. Art. 80 Abs. 1 S. 2-4 GG schreibt vor, dass „Inhalt, Zweck und Ausmaß der erteilten Ermächtigungen im Gesetz bestimmt werden" müssen; schon etliche Rechtsverordnungen sind wegen Unbestimmtheit der Ermächtigung als un-

---

12 Vgl. u. a. *Schmidt-Aßmann*, DVBl. 1993, 924 m.w.N. und in: *Schoch/Schmidt-Aßmann/Pietzner*, VwGO-Kommentar, Einl. Rn. 100 ff.; *Scholz/Hofmann*, ZRP 1998, 295; *Stern*, JuS 1998, 769; *Schoch*, in: Die Wissenschaft vom Verwaltungsrecht, Beiheft 2 zu: Die Verwaltung, 1999, S. 135; *ders.*, NordÖR 2002, 1; *Brenner*, Die Verwaltung 1998, 1; *Kokott*, Die Verwaltung 1998, 335.
13 EuGH, Slg. 1997, I-1511, vgl. a. *Pache*, NVwZ 1994, 318, 321.
14 *W. Schmidt* in seiner gleichnamigen Schrift, 1969.

wirksam erkannt worden[15]. Für den Erlass von Rechtsverordnungen ist vielfach ein Zusammenwirken mehrerer Organe vorgeschrieben, insbesondere häufig die Zustimmung des Bundesrates (Art. 80 Abs. 2 GG). Frühere Bestimmungen, nach denen die Regierung „gesetzesvertretende Verordnungen" erlassen durfte, sind durch das Grundgesetz aufgehoben worden (Art. 129 Abs. 3).

Zu beachten ist auch, dass Art. 80 Abs. 1 S. 4 GG ausdrücklich die Möglichkeit einräumt, die Ermächtigung auf nachgeordnete Stellen weiter zu übertragen, sofern dies im Gesetz vorgesehen ist. So können etwa gemäß § 18 S. 4 GastG die Landesregierungen durch Rechtsverordnung die Festsetzung der Sperrzeiten auf andere Behörden übertragen.

219 Eine besondere, praktisch wichtige Form der Rechtsverordnung stellt die *Polizeiverordnung* (neue Begriffe: „ordnungsbehördliche Verordnung" oder „Verordnung zur Gefahrenabwehr", „Verordnung über die öffentliche Sicherheit") dar, die auf dem Gebiet der Gefahrenabwehr dazu dient, die abstrakten gesetzlichen Regelungen in konkretere Gebote oder Verbote umzusetzen, ohne sich schon gezielt an bestimmte Adressaten zu wenden wie der Verwaltungsakt (die Polizeiverfügung). Im Fall 7 zu § 18 (Baggersee) wäre an sich die Polizeiverordnung das angebrachte Mittel. Auch die Verkehrszeichen nach der StVO sollen im Grunde die zuvor erlassene Polizeiverordnung nur darstellen, so wie sonst ein Hinweisschild („Baden verboten"). Aber die Rechtsprechung ist hier andere Wege gegangen und hat sie als Verwaltungsakte begriffen (s. unten Rn. 702 f.). Die Ermächtigung zum Erlass von Polizeiverordnungen ist in den Polizei- und Ordnungsbehördengesetzen der Länder enthalten[16].

b) Die Satzung

220 *Satzungen* sind Rechtssätze, die von Selbstverwaltungskörperschaften (s. oben Rn. 100 ff.) kraft ihrer Autonomie erlassen werden. Sie sind nicht Gesetzesvollzug, auch nicht in demselben analogen Sinne wie Rechtsverordnungen, sondern das der staatlichen Gesetzgebung entsprechende Gegenstück auf Seiten der Selbstverwaltungskörperschaften. Diese Parallele ist nur deshalb weniger augenfällig, weil „Legislative" und „Exekutive" bei den unterstaatlichen Körperschaften des öffentlichen Rechts stärker miteinander verflochten sind. Satzungen bedürfen der staatlichen Ermächtigung durch förmliches Gesetz; sonst sind sie ihrerseits unwirksam.

221 Ermächtigungen enthalten z. B. das BauGB (Bebauungspläne, Vorhaben- und Erschließungspläne, Veränderungssperren, Erschließungs- und Sanierungssatzungen, §§ 10, 12, 16, 132, 142), die Gemeindeordnungen und Kammergesetze der Länder (Organisations- und Beitragssatzungen u. Ä.), auf Bundesebene z. B. § 4 i. V. m. § 3 IHK-Gesetz. Sie sind im Allgemeinen ziemlich weit formuliert; die für Rechtsverordnungen geltenden Maßstäbe des Art. 80 Abs. 1 GG (s. oben a) sind auf Satzungen nicht anzuwenden (BVerfGE 6, 244); zu weite, unbestimmte Ermächtigungen verstoßen aber gegen das Rechtsstaatsprinzip. Die autonomen Körperschaften dürfen jedenfalls die „statusbildenden", also das Verhältnis der

---

15 Vgl. etwa BVerfGE 7, 282, 301 f.; 20, 257, 268 ff.; „großzügig" jedoch 8, 274, 307 ff.; 35, 179, 183; 38, 348, 357 ff.; 42, 191, 200 ff.; 55, 207, 225 ff.; 58, 257, 276 ff.; 68, 319, 332 ff.; 80, 1, 20 ff.
16 *Drews/Wacke/Vogel/Martens*, Gefahrenabwehr, Köln u. a. 1986, S. 357 ff., 484.

Organisation zu ihren Mitgliedern prägenden Bestimmungen nicht allein bestimmen: die grundlegenden Pflichten und Rechte müssen vom Gesetzgeber selbst geregelt werden[17] (vgl. oben Rn. 175).

Ein Beispiel für eine Satzung, die sowohl gegen den Vorbehalt des Gesetzes verstieß (weil die Ermächtigungsgrundlage nicht ausreiche) als auch den Vorrang des Gesetzes missachtete (weil sie mit der ZPO nicht vereinbar war): BVerfGE 101, 312, 324 ff. (standesrechtliches Verbot, ein Versäumnisurteil gegen Kollegen zu beantragen). **222**

Anders als bei sonstigen Rechtsnormen führen bestimmte Rechtsfehler bei bestimmten Arten von Satzungen nicht zu deren Nichtigkeit. So schränken §§ 214 ff. BauGB und das Landesrecht der meisten Länder die Geltendmachung von Form- und Verfahrensfehlern bei Bauleitplänen und ähnlichen kommunalen Satzungen erheblich ein und setzen überdies relativ kurze Fristen für solche Mängelrügen[18].

c) Prüfungs- und Verwerfungskompetenz für untergesetzliche Normen?

Muss die Verwaltung Verordnungen und Satzungen anwenden, die sie selbst für rechtswidrig hält? Diese Konfliktsituation tritt insbesondere bei Bauleitplänen auf, die von den Gemeinden beschlossen, aber von anderen Stellen, nämlich den Baugenehmigungsbehörden zugrundegelegt werden müssen. Dieser Konflikt kann aber auch dann entstehen, wenn dieselbe Behörde, die eine Vorschrift erlassen hat, nachträglich zu dem Schluss gelangt, dass eine Formulierung zu weit gehe, z. B. mit dem Verhältnismäßigkeitsprinzip unvereinbar sei. Durch restriktive Auslegung wird das Problem nicht immer lösbar sein. Gegen ein schlichtes „Beiseiteschieben" der für ungültig gehaltenen Norm wird aber oft sprechen, dass bei der Schaffung der Norm zahlreiche Beteiligte mitgewirkt haben (kraft Gesetzes mitzuwirken hatten!), deren Einschätzung nicht von den späteren Anwendern einfach ignoriert werden darf. Man denke z. B. an die Bürgerbeteiligung (§ 3 BauGB), die Abstimmung mit Nachbargemeinden (§ 2 Abs. 2 BauGB) und die Anhörung der Träger öffentlicher Belange (§ 4 BauGB). **223**

Deshalb fordert das BVerwG für die **„Rückabwicklung" eines Bebauungsplanes** dasselbe Verfahren wie für die Aufstellung[19]. Alternativ kommt u. U. die nachträgliche Heilung von Fehlern und rückwirkende Inkraftsetzung im vorgeschriebenen Verfahren in Betracht. Andererseits ist es aber amtspflichtwidrig, einen unwirksamen Bebauungsplan anzuwenden; deshalb muss die Behörde einen Bauantragsteller auf ihre Bedenken hinweisen, ihm also Gelegenheit zur Anrufung des Gerichts geben und von sich aus das Aufhebungsverfahren bei der Gemeinde anregen (BVerwG, NVwZ 1987, 168 f.). **224**

In anderen Fällen als bei Planungsnormen kann es zulässig sein, eine untergesetzliche (!) Norm wegen Unvereinbarkeit mit höherem Recht **nicht anzuwenden**. Für **225**

---

[17] BVerfGE 33, 125 – Facharzt-Urteil.
[18] Vgl. etwa für Schleswig-Holstein § 4 Abs. 3 und 4 der Gemeindeordnung und § 54a Landesnaturschutzgesetz; dazu (billigend) BVerfGE 103, 332, 388 ff.; s. a. *Maurer* § 4 Rn. 48.
[19] BVerwGE 75, 142.

den Amtswalter, der Vorgesetzte hat, ist die Lösung einfach: er kann und muss „remonstrieren", so als wäre ihm eine rechtswidrige Weisung erteilt worden, d. h. seine Bedenken auf dem Dienstwege geltend machen (analog §§ 38 Abs. 2 BRRG, 56 Abs. 2 BBG). Die obersten Behörden können darauf hinwirken, dass die Landes- oder Bundesregierung einen Normenkontrollantrag stellt (Art. 93 Abs. 1 Nr. 2 GG). In Eilfällen jedoch, wo dies nicht möglich ist, muss der Handelnde abwägen, ob die Einhaltung der nach seiner Ansicht ungültigen Norm aus Gründen der Rechtssicherheit (Vertrauen der Beteiligten auf die Gültigkeit der Norm) geboten ist oder die Bedenken gegen ihre Anwendung überwiegen. Vor derselben Frage steht auch der Vorgesetzte, der über die Remonstration zu entscheiden hat; seine Bindung an Gesetz und Recht spricht für die Nichtanwendung damit unvereinbarer Rechtsnormen, der ebenfalls gebotene Respekt vor der Funktionenordnung und der entsprechenden Zuständigkeitsverteilung spricht dagegen, ebenso die Einsicht, dass auch über die Rechtmäßigkeit von Normen unterschiedliche Meinungen bestehen können. Das bedeutet: Ehe eine Behörde eine formal gültige Rechtsnorm unbeachtet lassen darf, muss sie sich davon überzeugt haben, dass der ihr anhaftende Rechtsmangel erheblich ist und die Folgen nicht auf andere Weise – insbesondere nicht durch Anrufung des Gerichts – ausgeräumt werden können. – Zur Verwerfungskompetenz gegenüber *Gesetzen* s. Rn. 140.

3. Bindung an Verwaltungsvorschriften

a) Funktion und rechtliche Qualität von Verwaltungsvorschriften

226 Für den Sachbearbeiter in der Verwaltung ist der Gesetzestext oft viel zu abstrakt und unbestimmt. Er richtet sich auf manchen Gebieten fast nur nach Verwaltungsvorschriften, die ihm unter verschiedenen Bezeichnungen von seinen Vorgesetzten zur Verfügung gestellt werden; manchmal ist der einschlägige Gesetzestext gar nicht vorhanden – die Verwaltungsvorschriften sind aber wohl immer „greifbar".

Verwaltungsvorschriften sind **Anweisungen höherer Verwaltungsbehörden an die ihnen nachgeordneten Stellen**. Sie stellen im traditionellen Sinne keine Rechtssätze („materielles Recht", „Gesetze im Sinne von Art. 20 Abs. 3 und Art. 97 Abs. 1 GG") dar; denn sie gelten nur „intern", innerhalb der Verwaltungsorganisation. Der Bürger wird durch sie nicht berechtigt oder verpflichtet, und die Gerichte „dürfen ihren Entscheidungen nur materielles Recht – Verfassungsrecht, förmliche Gesetze, Rechtsverordnungen, autonome Satzungen und auch Gewohnheitsrecht – zugrunde legen" (BVerfGE 78, 214, 227).

In einer neueren Terminologie, die zwischen „Außenrecht" (mit Verbindlichkeit gegenüber Rechtssubjekten außerhalb der Verwaltung) und „Binnenrecht" (das nur Organwalter verpflichtet) unterscheidet, gehören die Verwaltungsvorschriften zu der zweiten Gruppe, können also auch „Rechtssätze" genannt werden. Der Begriffsstreit ist aber ohne praktische Bedeutung[20].

---

20 So auch *Ossenbühl*, in: *Erichsen/Ehlers*, § 6 Rn. 41. Nach Ansicht des BVerwG gibt es „Verwaltungsvorschriften mit unmittelbarer Außenwirkung" (DÖV 2005, 605).

Unbestritten ist, dass der effiziente Vollzug der Gesetze ohne Hilfsnormen, die die 227
abstrakte Gesetzesregel näher an die konkrete Entscheidungslage heranbringen,
nicht gewährleistet wäre. Solche Anwendungshilfen sind unverzichtbar, wenn nicht
der Gesetzesvollzug „auseinander laufen" soll. Sie kommen auf verschiedenen
Ebenen und mit unterschiedlicher Reichweite vor:
- **intersubjektive Verwaltungsvorschriften**, also solche im Verhältnis von Bund und
  Ländern, Ländern und Gemeinden oder Bund und Gemeinden; sie bedürfen der
  verfassungsrechtlichen Legitimation (Art. 84 Abs. 2, 85 Abs. 2 S. 1 GG);
- **interbehördliche Verwaltungsvorschriften**; innerhalb desselben Verwaltungsträgers (vgl. Art. 86 GG und entsprechende Bestimmungen der Landesverfassungen, z. B. Art. 56 Abs. 2 nordrhein-westfälische Verfassung, Art. 107 hessische
  Verfassung – hier wird der ältere Begriff „Verwaltungsverordnungen" gebraucht;
  Art. 110 Abs. 2 rheinland-pfälzische Verfassung); wo eine ausdrückliche Verfassungsbestimmung fehlt, ergibt sich die Zulässigkeit interbehördlich-intrasubjek-
  tiver Verwaltungsvorschriften aus dem Prinzip der Hierarchie,
- **intrabehördliche Verwaltungsvorschriften**; sie sind ebenfalls aufgrund der hierarchischen Leitungsbefugnis zulässig. Dahinter steht letztlich der allgemeine
  Auftrag der Verwaltung, die Gesetze gleichmäßig zu vollziehen[21].

b) Arten von Verwaltungsvorschriften

Zu unterscheiden sind dem Inhalt nach: 228
- **Organisations- und Dienstvorschriften**,
- **gesetzesauslegende Verwaltungsvorschriften** (*Auslegungsrichtlinien*) und
- **ermessenslenkende Verwaltungsvorschriften** (*Ermessensrichtlinien*).

Das BVerwG hat in einer wichtigen Entscheidung eine neue Terminologie ent- 229
wickelt, indem es zwischen „lediglich norminterpretierenden" und „*normkonkreti-
sierenden*" Verwaltungsvorschriften differenziert (BVerwGE 72, 300, 320 – Wyhl).
„Technische Normen" könnten als gesetzes- und/oder verordnungskonkretisieren-
de Vorschriften einen normersetzenden Charakter haben (und daher für die Gerichte bindend sein!). Mit diesem sprachlichen Kunststück sind mehr Probleme
aufgeworfen als gelöst. Näheres s.u. Rn. 238.

Selbstverständlich müssen die Verwaltungsvorschriften sich im Rahmen des Geset- 230
zes halten (dürfen also weder „mehr" noch „weniger" gewähren, verbieten oder
gebieten als das Gesetz)[22].

Dienstvorschriften können, wenn sie die Bediensteten in ihrer persönlichen Rechtsstellung
betreffen, unwirksam sein, sofern nämlich keine gesetzliche Grundlage dafür vorhanden ist
oder die Wahl der falschen Form zur Unwirksamkeit führen sollte (so wie eine entsprechende innerdienstliche Anordnung, die bei Rechtsbeeinträchtigung des Beamten als VA hätte
ergehen müssen, mangels Rechtsgrundlage rechtswidrig sein kann). Vgl. a. Rn. 738 ff., 896 ff.

---
21 BVerwG, DÖV 1957, 863. Zum Gesamtthema und zur hier zugrunde gelegten Typologie vgl. *Ossenbühl*, Verwaltungsvorschriften und Grundgesetz, 1968, insbesondere S. 362 ff., 438 ff., 449 ff.
22 Vgl. BVerwGE 34, 278, 280 ff.

§ 6 *Die Bindung der Verwaltung an andere Rechtsnormen*

231 Verwaltungsvorschriften sind aber auch erforderlich, um das Verhalten und die Entscheidungen der Verwaltung in den Bereichen zu lenken, für die (noch) keine gesetzlichen Bestimmungen vorhanden sind. Zwar sind die meisten Materien, in denen die Verwaltung früher „gesetzesfrei" handeln konnte, heute gesetzlich geregelt (insbesondere das Sozialrecht, die Hilfe für Flüchtlinge und Vertriebene, aber auch wichtige Bereiche des Wirtschaftsförderungsrechts und die Ausbildungsförderung), doch wird wohl kaum jemals die gesamte Verwaltungstätigkeit von Gesetzen dirigiert sein. Zahlreiche Förderungsmaßnahmen zu wirtschaftlichen, kulturellen und wissenschaftlichen Zwecken sind durch „gesetzesvertretende" Verwaltungsvorschriften in diesem Sinne geregelt (s. o. Rn. 182 ff.). Die Beihilfe für Angehörige des öffentlichen Dienstes in Krankheits-, Geburts- und Todesfällen ist bundesrechtlich durch „Beihilfevorschriften" festgelegt[23]; das Landesrecht verweist teilweise ausdrücklich darauf, so das Landesbeamtengesetz SH in § 95 Abs. 2[24]. Das BVerwG hat dies als einen Verstoß gegen den Gesetzesvorbehalt angesehen[25].

c) Gleichheit versus Einzelfallgerechtigkeit

232 In der Verwaltungsrechtslehre werden die Verwaltungsvorschriften vornehmlich unter der Fragestellung behandelt, ob sie Auswirkungen im Verhältnis zum *Bürger* entfalten und inwieweit die *Gerichte* daran gebunden sind. Aus der Sicht der handelnden *Verwaltung* stellt sich die Problematik zunächst anders. Sie muss zwar berücksichtigen, welche Rechtsfolgen die Gerichte an Verwaltungsvorschriften knüpfen, aber ihre primäre Verpflichtung besteht darin, den Gesetzesvollzug zu organisieren und darauf zu achten, dass übergeordnete Gesichtspunkte, insbesondere die Gleichbehandlung als wesentliches Element *gerechter* Verwaltung, beachtet werden. Dafür ist auch zunächst die bloß *interne* Geltung der Verwaltungsvorschriften ausreichend. Daher wird es sich häufig empfehlen, Verwaltungsvorschriften zu erlassen. Andererseits muss die Verwaltung prüfen, ob sie durch Formulierung genereller Regeln nicht die Möglichkeit verengt, in künftigen Situationen sachgerecht und dem Einzelfall angemessen zu entscheiden.

233 Nach neuerer Lehre und Rechtsprechung ist die Verwaltung aber **auch im Außenverhältnis** weitgehend an ihre eigenen Verwaltungsvorschriften gebunden[26]. Dazu wird der **Gleichheitssatz** der Verfassung aktiviert. Galt schon früher unbegründetes Abweichen von selbstgesetzten Ermessens-Richtlinien als verbotene „Willkür", so wird heute jede Nichtbeachtung von Verwaltungsvorschriften unter dem Gesichtspunkt des Gleichheitsverstoßes überprüft und ggf. für rechtswidrig erklärt. Maßstab sind dabei zunächst freilich nicht die *Verwaltungsvorschriften*, sondern die ständige Verwaltungspraxis (Verwaltungs*übung*). Doch werden die Vorschriften – da mit ihrer Befolgung zu rechnen ist – für die Praxis genommen. Das BVerwG betrachtet

---

[23] Vgl. BVerwGE 19, 48, 55 ff.
[24] Hamburg hat die Beihilfen jedoch durch RechtsVO bestimmt.
[25] BVerwGE 121, 103; zust. *Battis*, JZ 2005, 250; *Sauer*, DÖV 2005, 587.
[26] BVerwGE 15, 155; 19, 48; 34, 278; *Ossenbühl*, Verwaltungsvorschriften und Grundgesetz, 1968, S. 514 ff.; *ders.*, bei: Erichsen/Ehlers, § 6 Rn. 42 ff. Zurückhaltend aber BVerfGE 80, 257, 265.

3. Bindung an Verwaltungsvorschriften § 6

die Verwaltungsvorschriften bereits als eine der Verwaltung und dem Betroffenen „im voraus bekannt gegebene und antizipierte Verwaltungspraxis" (BVerwGE 52, 193, 199)[27]. Damit ist der Ausgangspunkt – eine ständige, gleich bleibende Verwaltungspraxis – verlassen. Die Bindung tritt, wie *Ossenbühl*[28] feststellt, schon kraft des in den Verwaltungsvorschriften verlautbarten Willensaktes der Verwaltung ein; die Berufung auf den Gleichheitssatz tritt in den Hintergrund.

Auf diese Weise gelangt man in der Tat zu einem „selbstständigen Verordnungsrecht der Verwaltung"[29], und wenn die Verwaltung daran gebunden sein soll, wie es ebenfalls dieser Meinung entspricht, wirkt diese Konstruktion sogar bürgerfreundlich, weil die gerichtliche Kontrolle einen weiteren Ansatz gewinnt. Gleichwohl ist diese Ansicht bedenklich. So einleuchtend es erscheint, die Verwaltung im Interesse des Bürgers an ihre eigenen Regelungen zu binden, so wenig ist doch damit die Gefahr ausgeräumt, dass die gerechte Einzelfallentscheidung erschwert wird. Die Verwaltung wird in ihrer Rolle als „Unter-Gesetzgeber" bestätigt, aber das geschieht zu Lasten ihrer Anpassungsfähigkeit und damit unter Umständen zu Lasten der sachgerechten Differenzierung. Die Verwaltungsvorschriften selbst sind zwar in der Regel schnell geändert, jedenfalls wenn sie nur innerhalb eines Geschäftsbereichs gelten, aber selbstverständlich nur für die Zukunft. **234**

Betroffene, die gegenüber der Änderung von Verwaltungsvorschriften ihr Vertrauen auf den Fortbestand der früheren Vorschriften geltend machen wollten, sind von der Rspr. abgewiesen worden (BVerwGE 70, 127, 136 f. – Ausländerrecht; BGH, NJW 1987, 1329 – Notarbestellung).

Man sollte sich auf den ursprünglichen Gehalt des Gleichheitssatzes und auf die Leistungsfähigkeit der Verwaltungsvorschriften besinnen. Es ist nicht selbstverständlich, dass das Gebot der Gleichbehandlung gerade und nur zur strikten Bindung an Verwaltungsvorschriften führen muss – die Gleichheit kann durchaus eine Abweichung verlangen. Ein praktisches Argument kommt hinzu: Diese Vorschriften werden oft zu einem Zeitpunkt erlassen, wo die Verwaltung noch keine Erfahrungen mit dem anzuwendenden Gesetz oder der neuen (Förderungs-)Aufgabe sammeln konnte; als bloße Fixierung einer bereits bewährten Verwaltungspraxis haben sie ja nicht viel Sinn. Dann ist aber unvermeidbar, dass manche Bestimmungen der Verwaltungsvorschriften unausgewogen, jedenfalls nicht erfahrungsgesättigt sind, ja dass die Verwaltung manchmal sogar den Versuch unternimmt, eine ihr unbequeme Entscheidung des Gesetzgebers durch restriktive Auslegung in Verwaltungsvorschriften zu unterlaufen[30]. Auch dieser Umstand – dass die Verwaltung beim Erlass ihrer Verwaltungsvorschriften meist nicht klüger ist als der Gesetzgeber bei der Formulierung des Gesetzes – spricht dafür, die Bindung an Verwaltungsvorschriften nicht zu weit auszudehnen. **235**

---

27 Zust. *Götz*, DVBl. 1979, 883.
28 *Ossenbühl*, a. a. O., Rn. 51 f.
29 *Ossenbühl*, a. a. O.
30 Ein Beispiel ist berichtet im 3. Tätigkeitsbericht des BfD, BT-Drs. 9/93, S. 1; die dort genannten Verwaltungsvorschriften zum BDSG sind schließlich aber nicht erlassen worden.

§ 6 *Die Bindung der Verwaltung an andere Rechtsnormen*

236 Anerkannt ist, dass bloß **gesetzesauslegende** Verwaltungsvorschriften im Außenverhältnis zwischen Bürgern und Verwaltung keine Bindung bewirken; denn damit würde man ja der Verwaltung gestatten, sich selbst vom Gesetz zu dispensieren[31].

Einen etwas anderen Begründungsansatz als unmittelbar über den Gleichheitssatz vertritt *Lange*[32]: er konstruiert die Außenrechtsrelevanz von Verwaltungsvorschriften dadurch, dass sie sich als verwaltungseigene **Leitlinien der Ermessensausübung** (oder der Ausnutzung eines Beurteilungsspielraumes) darstellen. Bei unbegründeter Nichtbeachtung dieser Leitlinien werde die Ermessensausübung **in sich widersprüchlich**; es liege damit ein außenrechtsrelevanter Ermessens- (oder Beurteilungs-)fehler vor.

In Wahrheit bedeutet auch diese Konstruktion nichts anderes als eine Form von Bindung an den Gleichheitssatz, also letztlich an Präjudizien. Diese Selbstbindung kommt zwar dem Sicherheitsbedürfnis der Verwaltung entgegen, dient aber deshalb noch lange nicht den Interessen der Bürger. Es ist entgegen der Behauptung von *Lange* keineswegs zwingend, dass das Handeln der Verwaltung durch Abweichen von früher formulierten Richtlinien widersprüchlich werde – diese Richtlinien können z. B. veraltet oder unausgewogen sein oder den Besonderheiten des konkreten, aktuellen Falles nicht gerecht werden. Die gesetzlichen Vorschriften über das Ermessen schreiben nicht die Beachtung eigener Vorentscheidungen vor (s. u. Rn. 591 f.). Der Gleichheitssatz gebietet nur, Gleiches nicht ohne Grund ungleich und Ungleiches nicht ohne Grund gleich zu behandeln! – Das BVerwG hält auch die Änderung ermessenslenkender VV'en für grundsätzlich zulässig[33].

237 Der Streit um die richterliche Kontrolle exekutiver Normsetzung durch Verwaltungsvorschriften spitzt sich im Umwelt- und Technikrecht zu. Die Verwaltung zieht immer mehr **Sachverständige** (Naturwissenschaftler, Techniker, Berufs- und Interessenvertreter) zu ihrer Beratung heran und übernimmt einen großen Teil ihrer Arbeitsergebnisse als Verwaltungsvorschriften, Erlasse, Bemessungsregeln, Richtlinien o. ä., um auf diese Weise besser (gleichmäßiger) mit den unbestimmten Begriffen der Gesetze umgehen zu können. Diese Vorgehensweise ist inzwischen z. T. schon in gesetzlichen Vorschriften angeordnet oder zumindest zugelassen.

So gebietet § 51 BImSchG die „*Anhörung beteiligter Kreise*" (Wissenschaft, Betroffene, Wirtschaft, Verkehrswesen, Behörden) vor dem Erlass von (Rechtsvorschriften und) allgemeinen Verwaltungsvorschriften. Dies betrifft z. B. Vorschriften über Immissions- und Emissions-Grenzwerte und Messmethoden, § 48 BImSchG („Technische Anleitungen"). Eine *Störfall-Kommission* berät die Bundesregierung gemäß § 51a BImSchG, und die „sicherheitstechnischen Regeln" werden nach § 31a BImSchG vom „*Technischen Ausschuss für Anlagensicherheit*" vorgeschlagen. Im Genehmigungs- und Aufsichtsverfahren nach dem Atomgesetz „können von den zuständigen Behörden Sachverständige zugezogen werden", § 20 S. 1 AtG. Über den Bereich der Verwaltung weit hinaus wirkt das *Deutsche Institut für Normung*, das die „DIN"-Normen erlässt.

Auf diese Weise ist längst ein großer Bestand an Normen entstanden, den man wegen seines faktisch äußerst starken Einflusses als eigenständiges **Recht der Technik und des Umweltschutzes** ansehen könnte. Aber es handelt sich eben nicht um Recht im strengen Sinne, sondern teils exekutiv, teils gesellschaftlich geschaffene Normen.

---

31 Vgl. *Ossenbühl* a. a. O. (oben Rn. 233) und BVerfG, NJW 1985, 1234. S. aber BVerwG, DÖV 2005, 605.
32 NJW 1992, 1193.
33 DÖV 1997, 732 = NVwZ 1998, 273 – Förderungsrichtlinien.

3. Bindung an Verwaltungsvorschriften § 6

Die Gerichte sind gleichwohl geneigt, diesen Normen ein gewisses Maß an Verbindlichkeit zuzugestehen. Dem liegt offensichtlich die Einschätzung zugrunde, dass Juristen nicht in der Lage seien, solche Vorschriften wirklich kritisch zu beurteilen, und dass es daher angemessener sei, den Vorgaben zu folgen, die unter Mitwirkung von Wissenschaftlern und Technikern in einem verwaltungsinternen Verfahren zustande gekommen sind. Das BVerwG hatte zunächst versucht, eine Bindung an die von Sachverständigen vorgeschlagenen Grenzwerte dadurch zu begründen, dass man sie als „antizipiertes Sachverständigengutachten" bezeichnete (BVerwGE 55, 250, 256) – eine recht fragwürdige Konstruktion, die auch keine wirklich rechtliche Bindung begründen konnte. Im Wyhl-Urteil (BVerwGE 72, 300; s. schon Rn. 229)[34] hat das BVerwG diesen Ansatz wieder aufgegeben und stattdessen festgestellt, „technische Normen" könnten als **normkonkretisierende Verwaltungsvorschriften** die Gerichte binden (im dortigen Fall: „Allgemeine Berechnungsgrundlage für Strahlenexposition bei radioaktiven Ableitungen mit der Abluft oder im Oberflächenwasser", eine vom Bundesminister des Innern erlassene Richtlinie, die zuvor im Länderausschuss für Atomkernenergie beraten worden war).

238

Das BVerwG schließt hier von der Funktion der Vorschrift, die Gesetzesnorm zu konkretisieren, auf die Bindung der Gerichte; es sieht einen Gegensatz zu den „lediglich norminterpretierenden" Verwaltungsvorschriften. Dabei bleibt die Rechtsgrundlage dieser neuen Bindung undeutlich. *Gusy* umschreibt sie so: „Das Gericht darf rechtmäßiges Verwaltungshandeln im Rahmen des Konkretisierungsauftrags der Exekutive nicht aufheben. Die ‚Bindung' ist somit nichts anderes als die Grenze der Kompetenzen der dritten Gewalt. Genauer gesagt bindet somit die konkretisierende Verwaltungsvorschrift nicht; das Gesetz bindet und schließt das Gericht von einer Aufhebung der in Verwaltungsvorschriften vorgenommenen Konkretisierung aus"[35]. Zu ergänzen ist: soweit diese Konkretisierung sich im Rahmen des Gesetzes hält, was von den Richtern zu überprüfen ist.

In der neueren Lehre wird diese Bindung z. T. so verstanden, dass das Gesetz die Verwaltung zu einer verbindlichen Beurteilung ermächtige, die in Gestalt der Verwaltungsvorschrift erfolge. Nach dieser „**normativen Ermächtigungslehre**" wird das Problem somit zu einer Frage des Bestehens eines Beurteilungsspielraumes[36] (unten Rn. 567 ff.). Gegen eine solche Kompetenz der Verwaltung zur Normsetzung durch Verwaltungsvorschriften spricht das Prinzip der Gewaltenteilung; die verfassungsmäßige Form solcher Konkretisierung ist die Rechtsverordnung (Art. 80 GG)[37]. Faktisch ist allerdings jede Rechtsanwendung zugleich Konkretisierung der angewendeten Norm.

239

Dem Vordringen dieser Regelungstechnik der Verwaltungsvorschriften hat der EuGH ein Hindernis entgegengesetzt, indem er entschied, dass die SO_2-Richtlinie der EG durch die Übernahme in die TA Luft als eine bloße Verwaltungsvorschrift

---
34 Krit. dazu z. B. *Steinberg*, Der ökologische Verfassungsstaat, 1999, S. 292 ff.
35 *Gusy*, DVBl. 1987, 497, 500.
36 Vgl. *Di Fabio*, Verwaltungsvorschriften als ausgeübte Beurteilungsermächtigung, DVBl. 1992, 1338 ff.
37 *Wolf*, DÖV 1992, 849 ff.

§ 6 *Die Bindung der Verwaltung an andere Rechtsnormen*

nicht hinreichend umgesetzt sei, weil diese nur die Verwaltung, nicht aber Dritte binde. Richtlinien müssten so bestimmt, klar und transparent umgesetzt werden, dass der Einzelne wissen kann, welche Rechte und Pflichten er hat[38]. Die Konsequenzen dieser Rspr. des EuGH werden allerdings höchst unterschiedlich beurteilt[39].

Auf jeden Fall bleibt den Gerichten trotz der anders lautenden Aussage des BVerwG ein erheblicher Bereich der Nachprüfung und Aufhebbarkeit von technischen Regelwerken. Insbesondere haben sie das Grundverständnis zu prüfen, das die Behörden von dem Gesetz haben, und weiter, ob die Behörden wirklich sachverständige Personen herangezogen und ihre Aufgaben richtig bestimmt haben; die maßgeblichen Gefahrenquellen und die maßgeblichen Rechtsgüter müssen berücksichtigt sein, und die Regelwerke müssen hinreichend aktuell sein[40].

240 **Zur Vertiefung**: *Rittstieg*, Die Konkretisierung technischer Standards im Anlagenrecht, 1982; *Koch*, Grenzen der Rechtsverbindlichkeit technischer Regeln im öffentlichen Baurecht, 1986. Zu den Technischen Anleitungen („Umweltstandards") lesen Sie die eingehende Erörterung bei *Bender/Sparwasser/Engel*, Umweltrecht, 3. A. 1995, Rn. 6/59 ff. und 6/78 ff.! Siehe auch *Gerhardt*, NJW 1989, 2233.

4. Privatrechtliche Handlungsformen als Ausweg aus verwaltungsrechtlichen Bindungen?

a) Gründe für und gegen privatrechtliche Gestaltung

241 Besondere Umstände können die Behörde veranlassen, von der öffentlich-rechtlichen Gestaltung ihrer Rechtsbeziehungen abzuweichen. Öffentlich-rechtliche Vorschriften (z. B. über die Rechtmäßigkeit und Bestandskraft von Verwaltungsakten) grenzen die Handlungsmöglichkeiten der Verwaltung in der Regel stärker ein als die privatrechtlichen Normen, die ja (zumindest der Idee nach) auf dem Hintergrund der Privatautonomie zu sehen sind. Als „lästig" erweisen sich auch Vorschriften des Haushaltsrechts, des Beamtenrechts und des Organisationsrechts (z. B. über die Beteiligung verwaltungsinterner Gremien, übergeordneter Instanzen und Personalvertretungen), von den auf das Staat/Bürger-Verhältnis bezogenen Rechtsnormen insbesondere die Grundrechte.

242 Die Feststellung, dass die Verwaltung solchen Bindungen gelegentlich auszuweichen strebe, darf nicht als Vorwurf grundrechtsfeindlicher Haltung verstanden werden. Es können gute Gründe dafür sprechen, etwa eine Berufung des beteiligten Privaten auf den Gleichheitssatz, den Schutz des Eigentums oder die Berufsfreiheit zurückzudrängen. Außerdem fürchtet jede Behörde mit Recht, dass durch die Einbeziehung so unbestimmter Rechtsnormen wie der Grundrechte erhebliche Unsi-

---

38 EuGH, Slg. 1991, I-2567; s. a. NVwZ 1992, 459 ff. zur Trinkwasser-Richtlinie.
39 Zust. z. B. *Koch*, DVBl. 1992, 124, 130 f.; *Steiling*, NVwZ 1992, 134; kritisch *Reinhardt*, DÖV 1992, 102 ff.; *von Danwitz*, VerwArch 1993, 72.
40 *Gusy*, DVBl. 1987, 497, 505.

4. Privatrechtliche Handlungsformen als Ausweg aus verwaltungsrechtlichen Bindungen? § 6

cherheit über die gegenseitigen Rechte und Pflichten eintritt und dies der Erfüllung der Verwaltungsaufgaben hinderlich werden kann.

Für den Bürger jedoch könnten erhebliche Nachteile entstehen, wenn die Verwaltung sich vor Bindungen des Verwaltungsrechts in privatrechtliche Handlungsformen „flüchten" dürfte, wenn sie also etwa nicht verpflichtet sein sollte, sich bei ihren Maßnahmen an den Gleichheitssatz zu halten. Manche Partner der Verwaltung würden unangemessen begünstigt, andere entsprechend benachteiligt, wenn die Verwaltung bei ihren Geschäften so frei agieren könnte wie ein beliebiger Privater. Selbst das Haushalts- und Dienstrecht hat mittelbar die Funktion, unangemessene Unterscheidungen zwischen Bürgern, die mit der Verwaltung in Rechtsbeziehungen treten, zu verhindern. Die Abweichung vom Regime des öffentlichen Rechts kann auch bewirken, dass Strafrechtsnormen unanwendbar werden, weil keine Straftaten „im Amt" (z. B. Bestechlichkeit) mehr vorliegen (BGHSt 45, 16 – Flughafen AG). **243**

Aus solchen Gründen sind schon seit langem rechtliche Grenzen auch für privatrechtliches Handeln der Verwaltung angenommen worden.

Beispiele zur Grundrechtsbindung der Verwaltung bei privatrechtlichem Handeln sind am Schluss des folgenden Abschnitts b) dargestellt (Rn. 253).

b) Grenzen der Zulässigkeit

aa) Beschaffungswesen und erwerbswirtschaftliche Betätigung der Verwaltung

Die Verwaltung ist frei darin, Sachen und Leistungen auf dem Markt zu beschaffen, und sie tut dies in den jedermann zur Verfügung stehenden Formen des Privatrechts, z. B. Kauf und Miete. Sie kann auch Dienst- und Werkverträge, Darlehen und Bürgschaften vereinbaren. In all diesen Fällen bedient sie sich der gesetzlich ausgeformten Institute des Privatrechts, die in der Regel einen angemessenen Ausgleich der Interessen gewährleisten. **244**

Vereinzelt wird zwar die Ansicht vertreten, *Staatsaufträge* seien in der Form des öffentlich-rechtlichen Vertrages zu vergeben[41]; doch ist diese Komplizierung zu dem angestrebten Zweck, die Rechtsposition des beteiligten Bürgers besser zu schützen, nicht erforderlich[42]. Denn sofern die bürgerlich-rechtlichen Vorschriften den Besonderheiten des Rechtsverhältnisses zwischen Staat und Bürger nicht gerecht werden, kann eine Korrektur auf andere Weise erfolgen. Die Verwaltung ist nämlich auch bei privatrechtlicher Handlungsweise nach allgemeiner Ansicht an die Grundrechte und insbesondere an den Gleichheitssatz gebunden. **245**

Dies wird freilich von manchen bestritten. So meinte der BGH in einer früheren Entscheidung, bei „rein fiskalischem Handeln" trügen die Rechtsbeziehungen der Beteiligten „von vornherein und ausschließlich privatrechtlichen Charakter"; sie könnten deshalb nicht von der unmittelbaren Bindung an die Grundrechtsnormen **246**

---

41 *Zuleeg*, Wirtschaft und Verwaltung 1984, 113 ff.
42 So auch *Gusy*, DÖV 1984, 877.

erfasst werden⁴³. Manche meinen auch, die Bindung sei in diesem Bereich insofern lockerer, als nur ein Willkürverbot gelte, nicht aber eine strenge Bindung an den Gleichheitssatz⁴⁴ (Massenlieferungsvertrag). Solche Differenzierungen sind unzulässig, weil die Verwaltung in ihrer gesamten Tätigkeit gemäß Art. 20 Abs. 3 GG an „Gesetz und Recht" und gemäß Art. 1 Abs. 3 GG an die Grundrechte gebunden ist.

bb) Wahrnehmung von Verwaltungsaufgaben in privatrechtlichen Formen

247 Nach einer noch immer verbreiteten Ansicht hat die Verwaltung über Beschaffungswesen und erwerbswirtschaftliche Tätigkeit hinaus auch bei der Erfüllung von Verwaltungsaufgaben ein **Wahlrecht** zwischen öffentlich-rechtlicher und privatrechtlicher Gestaltung⁴⁵. So erklärt der BGH, im Bereich der Leistungsverwaltung bestehe „eine grundsätzliche Freiheit der Formenwahl in dem Sinn, dass Staat und Gemeinden sich sowohl öffentlich-rechtlicher als auch privatrechtlicher Formen bedienen können"⁴⁶. Andere nehmen ein solches Wahlrecht auch für die Förderungsverwaltung an.

248 Richtig ist aber, dass die Verwaltung grundsätzlich das „auf Hoheitsträger zugeschnittene" öffentliche Recht⁴⁷ anzuwenden und entsprechende Handlungsformen zu wählen hat, wenn das Gesetz nichts Abweichendes bestimmt oder zulässt. Eine ausdrückliche Anordnung, öffentlich-rechtlich zu handeln, ist entgegen der Ansicht des BGH nicht zu fordern. Die Lehre von der Wahlfreiheit der Verwaltung, sich auch privatrechtlich zu betätigen, wird zunehmend abgelehnt⁴⁸.

Dass die polizeiliche Gefahrenabwehr oder der Strafvollzug nicht privatrechtlich betrieben werden können, ist selbstverständlich. Eine Gemeinde kann aber auch nicht neben ihrer öffentlich-rechtlich betriebenen Schule eine privatwirtschaftlich und in privatrechtlichen Formen tätige „Privatschule" gründen. Auch die Sozialhilfe ist abschließend öffentlich-rechtlich geregelt. Hingegen können die Gemeindeordnungen der Länder so interpretiert werden, dass sie für die **Gemeindewirtschaft** (Versorgungs- und Verkehrsbetriebe) die Wahl zwischen öffentlich-rechtlicher und privatrechtlicher Gestaltung des Nutzungsverhältnisses zulassen. Nur insofern hat die Rede von der Wahlfreiheit in Bezug auf die Rechtsform noch ihren Sinn.

249 Ganz ausgeschlossen ist es, dass die Gemeinden sich durch privatrechtliche Gestaltung von Leistungsverhältnissen illegale Finanzquellen erschließen⁴⁹. Dies ist ihnen auch nicht etwa dadurch möglich, dass sie die Form einer privatrechtlichen Organisation wählen, die ihrerseits im Verhältnis zum Bürger nur privatrechtlich

---

43 BGHZ 36, 91, 96.
44 So etwa BGHZ 65, 284, 287 f.
45 Nachweise bei *Ehlers*, Verwaltung in Privatrechtsform, 1984, S. 64 ff. Krit. u. a. *Unruh*, DÖV 1997, 653 ff.
46 NJW 1985, 197, 200 m.w.N.
47 *Zuleeg*, a. a. O.
48 Sehr entschieden schon *Pestalozza*, „Formenmißbrauch" des Staates, 1973, S. 177; *Ehlers* a. a. O., S. 66 ff.; *von Zezschwitz*, NJW 1983, 1875 f. und *Unruh*, DÖV 1997, 653 ff. S. a. *Bull* in FS Maurer, 2001, S. 545 ff.
49 BGH, NJW 1985, 197 im Anschluss an *Ossenbühl*, DVBl. 1974, 543.

4. Privatrechtliche Handlungsformen als Ausweg aus verwaltungsrechtlichen Bindungen? § 6

handeln darf. Eine entsprechende Ausgestaltung der Vertragsbedingungen eines gemeindlichen Wasserwerks hat der BGH in der zitierten Entscheidung mit Recht für unwirksam erklärt.

Vom Gesetzgeber zugelassen war privatrechtliches Handeln zum Zwecke der Subventionierung in § 102 des inzwischen aufgehobenen Zweiten Wohnungsbaugesetzes. In dieser Bestimmung ist seinerzeit die **Zwei-Stufen-Lehre** vom Gesetzgeber übernommen worden, die von *Ipsen* mit dem Ziel entwickelt wurde, öffentlich-rechtliche Bindungen in das bis dahin vornehmlich als privatrechtlich qualifizierte Rechtsgebiet des Subventionsrechts hineinzutragen (s. unten Rn. 915 f.)[50]. **250**

Mit Recht ist in dieser Lehre unterschieden zwischen der Verwaltungsentscheidung darüber, ob eine Maßnahme getroffen werden soll, und der Ausführung, bei der die Benutzung privatrechtlicher Formen angemessener sein kann. Allerdings ist diese Art von Zweistufigkeit immer gegeben, wenn die Verwaltung Leistungen erbringt oder Förderungsmittel zur Verfügung stellt, und die Frage, die neuerdings immer häufiger gestellt wird, ist gerade, ob der zweite Teil wirklich anders qualifiziert werden darf als der erste und ob er ein selbstständiges rechtliches Schicksal haben kann. Die Beurteilung ist einfach, wenn eine dritte Stelle, etwa eine privatrechtliche Bank, zwischengeschaltet wird, d. h. im Auftrage der Verwaltung Mittel austeilt oder Darlehen vergibt; aber wenn die Verwaltung selbst auch diesen zweiten Teil durchführt, kann die Aufteilung auf zwei Rechtsgebiete heute kaum noch als angemessen und zulässig angesehen werden. **251**

Ein Beispiel aus der Rspr.: Nach BGH, ZIP 1996, 2124 ist die Vergabe von Hermes-Bürgschaften für Exportgeschäfte zweistufig zu beurteilen: öffentlich-rechtlich ist die Entscheidung über das „Ob" der Bürgschaft, zivilrechtlich das „Wie" einschließlich der Rechtswegfragen (zust. *Bork*, EWiR 1997, 30 ff.).

Soweit privatrechtliches Handeln zur Erfüllung von Verwaltungsaufgaben doch noch für zulässig gehalten wird, stehen zwar „die privatrechtlichen Rechtsformen, nicht aber die Freiheiten und Möglichkeiten der Privatautonomie" zur Verfügung[51]. Man nimmt dann an, dass die anwendbaren privatrechtlichen Normen „durch Bestimmungen des öffentlichen Rechts ergänzt, überlagert und modifiziert" werden. Die Vertreter dieser Lehre nehmen an, dass zwischen dem „reinen" Privatrecht und dem strengen öffentlichen Recht ein dritter Rechtskreis liegt, das „**Verwaltungsprivatrecht**"[52]. In diesem Rechtskreis gelten nach einhelliger Ansicht die Grundrechte und weitere öffentlich-rechtliche Bindungen. Nicht alle Grundsätze des Verwaltungsrechts werden auch als Bestandteile des Verwaltungsprivatrechts angesehen, wohl aber die grundlegenden, substanziellen Grundsätze des öffentlichen Rechts[53]. **252**

---

50 *Ipsen*, Öffentliche Subventionierung Privater, 1956; siehe auch *ders.*, in: FS für Gerhard Wacke, 1972, S. 139 ff; dies und weiteres auch in: *ders.*, Öffentliches Wirtschaftsrecht, 1985.
51 BGH, a. a. O.
52 *Wolff/Bachof* I, § 23 II; *Ehlers*, in: *Erichsen*, § 2 IV 2, Rn. 77 ff.; *Erichsen/Ebber*, Die Grundrechtsbindung des privatrechtlich handelnden Staates, Jura 1999, 373 ff.; umfassend nunmehr *Stelkens*, Verwaltungsprivatrecht, 2005.
53 BGHZ 91, 84, 96 f. (grundlegende Prinzipien der öffentlichen Finanzwirtschaft) und 155, 166; *Ossenbühl* a. a. O.; siehe auch *Frotscher*, Die Ausgestaltung kommunaler Nutzungsverhältnisse bei Anschluss- und Benutzungszwang, 1974, S. 29 ff.; OLG Brandenburg, OLGR 1997, 109.

§ 6 *Die Bindung der Verwaltung an andere Rechtsnormen*

253 **Beispiele** aus der Rechtsprechung: Der Bund ist bei der Zuteilung von Siedlerstellen auf früherem Wehrmachtsgelände an die Grundrechte gebunden (BGHZ 29, 76, 80; ebenso für die Verpachtung landwirtschaftlicher Flächen OLG Brandenburg, OLGR 1997, 109). Der Verkehrsbetrieb einer Stadtgemeinde hat bei seiner Tarifgestaltung (hier: Schülerkarten) den Gleichheitssatz zu beachten, und zwar auch dann, wenn die Stadt ihn in der Form einer privatrechtlichen Gesellschaft führt (BGHZ 52, 325, 327 ff.). Gleichbehandlung ist auch bei Abwasserentgelten im Rahmen eines privatrechtlichen Benutzungsverhältnisses mit einem öffentlich-rechtlichen Zweckverband geboten: BGHZ 115, 311. Die Staffelung von Kindergartenentgelten, die als privatrechtlich bezeichnet wurden, nach dem Einkommen der Eltern war nach Ansicht des OVG Lüneburg unter bestimmten Voraussetzungen zulässig (NVwZ 1990, 91; dort auch grundsätzliche Ausführungen zum rechtlichen Rahmen). Eine politische Partei soll sich auf § 5 ParteiG berufen können, auch wenn die in Rede stehende Veranstaltungshalle von einer GmbH betrieben, die aufgrund eines Beherrschungs- und Gewinnabführungsvertrags einer weiteren GmbH untersteht, welche sich wiederum im alleinigen Eigentum der Stadt befindet (BVerwG, NJW 1990, 134, *Ausgangsfall 7*).

Weitere Schranken gegenüber einer „willkürlichen" Ausgestaltung privatrechtlicher Nutzungsverhältnisse im öffentlichen Bereich folgen aus dem Privatrecht selbst. Wichtige Beschränkungen ergeben sich aufgrund von §§ 305 ff. BGB, insbesondere die verschiedenen Ansätze zur Inhaltskontrolle von allgemeinen Geschäftsbedingungen. Ähnliche Bindungen bestehen schon aufgrund der allgemeinen Rechtsgedanken von Treu und Glauben und der Verbote sittenwidrigen Handelns. Daraus ist schon seit langem gefolgert worden, dass Inhaber eines faktischen oder rechtlichen Monopols einem *Kontrahierungszwang* und einer *Betriebspflicht* unterliegen, ferner dass die Vertragsinhalte den auf die Leistungen angewiesenen Benutzern zumutbar sein müssen. Die großen Verkehrsunternehmen sind inzwischen privatisiert; die genannten Pflichten aber gelten mit einigen Modifikationen weiter, vgl. § 453 HGB, § 21 Abs. 2 LuftVG und §§ 21 und 22 PBefG. Für Post und Telekommunikation gelten *Universaldienstpflichten* (§§ 2 Abs. 3 Nr. 3 und 11 ff. PostG, 2 Abs. 2 Nr. 3 und 78 ff. TKG). Wichtig ist auch § 10 EnWG. Die staatliche und kommunale *Auftragsvergabe* ist durch das Vergaberecht gemäß §§ 97-129 GWB i. d. F. v. 26. 8. 1998 neu geregelt; Transparenz und Gleichbehandlung sollen hier durch Verfahrensvorschriften gewährleistet werden.

Sowohl bei öffentlich-rechtlicher wie bei privatrechtlicher Gestaltung der Rechtsbeziehungen zwischen staatlichen und kommunalen Leistungsträgern und den privaten Leistungsempfängern besteht eine starke Tendenz zur Typisierung und Generalisierung. Verbraucherschutz gegenüber Leistungen der öffentlichen Verwaltung ist in einzelnen Bereichen spezialgesetzlich geregelt, vgl. etwa §§ 44 ff. TKG.

254 Art und Ausmaß der öffentlich-rechtlichen Bindungen bei privatrechtlich gestaltetem Verwaltungshandeln werden immer häufiger für die „*gemischt-wirtschaftlichen Unternehmen*" erörtert, also für jene handelsrechtlichen Gesellschaften, bei denen die öffentliche Hand nicht alle Anteile besitzt. Solche Unternehmen berufen sich gegen staatliche „Eingriffe" in ihre wirtschaftliche Betätigung z. T. sogar auf Grundrechte (Art. 12, 14, 2 Abs. 1 GG), während die herrschende Meinung sie noch als grundrechts*gebunden* ansieht – jedenfalls solange die öffentliche Hand die *Mehrheit* an ihnen besitzt[54]. Einer strengen öffentlich-rechtlichen Einbindung ste-

---

54 Vgl. BVerfG, JZ 1990, 335; NJW 1990, 134 f. (keine Grundrechtsberechtigung der Hamburgischen Elektrizitätswerke AG, an denen das Land Hamburg seinerzeit mit 72 % beteiligt war); krit. u. a. *Kühne*, JZ 1990, 335 f.; *Ehlers* in: *Erichsen/Ehlers*, § 2 Rn. 83.

4. Privatrechtliche Handlungsformen als Ausweg aus verwaltungsrechtlichen Bindungen? § 6

hen die Rechte der privaten Anteilseigner entgen[55]. Wenn und soweit die Verwaltung rechtmäßig mit privaten Unternehmen kooperiert und diesen dazu gesellschaftsrechtliche Anteile an öffentlichen Unternehmen einräumt, ist konsequenterweise auch die privatwirtschaftliche Interessenverfolgung dieser Teilhaber in den Unternehmen zulässig; es ist widersprüchlich, die Vorteile der Privatisierung – größere Flexibilität usw. – nutzen, ihre Nachteile – geringerer externer Einfluss auf die Unternehmen – jedoch vermeiden zu wollen.

In den zitierten Entscheidungen der Zivilgerichte stellt sich regelmäßig die Frage, ob die zivilrechtliche Rechtslage durch die Anforderungen des Verwaltungsprivatrechts modifiziert wird. Ansprüche, die in diesem Rahmen geltend gemacht werden, können sich aber auch direkt gegen den Staat als Eigentümer von Unternehmen richten. Dies dürfte die für öffentlich-rechtliche Klausuren „typische" Konstellation sein. Inhalt dieser Ansprüche ist die Einwirkung des Staates auf seine Unternehmen. Die Rechte, die im Fall einer staatlichen Leistungserbringung direkt diesem gegenüber geltend gemacht werden können, werden also durch die Zwischenschaltung privatrechtlicher Organisationseinheiten modifiziert. Im Ergebnis kann demnach durch die Verpflichtung des Staates zur Einwirkung auf „sein" Unternehmen für den Bürger dasselbe Ergebnis erzielt werden, das sich auch ergeben würde, wenn er direkt auf eine staatliche Erfüllung klagen könnte.

255

Zu den Ausgangsfragen und -fällen:
1. Vgl. Rn. 206.
2. Vgl. Rn. 212.

256

3. a) Dem Senat steht neben der speziellen Verordnungsermächtigung des § 1a SOG auch die in § 1 SOG geregelte Ermächtigung zum Erlass von „Polizeiverordnungen" zur Gefahrenabwehr zur Verfügung. Darauf eine Hundeverordnung zu stützen erscheint aber in Anbetracht von Art. 53 Abs. 1 der Hamburger Verfassung (HV), der in dieser Hinsicht Art. 80 Abs. 1 GG entspricht, sehr problematisch. Inhalt, Zweck und Ausmaß lassen sich in einem so konkreten Fall sehr viel präziser beschreiben. Außerdem sind mit der Hundeverordnung erhebliche Eingriffe verbunden, so dass auch an die Bestimmtheitsanforderungen erhöhte Anforderungen zu stellen und die „wesentlichen" Entscheidungen vom Gesetzgeber selbst zu treffen sind. Daher war es erforderlich für den Gesetzgeber, eine neue, genauere Ermächtigung zu schaffen.

b) Art. 53 Abs. 2 S. 2 HV (entspricht Art. 80 Abs. 1 S. 4 GG) setzt die Möglichkeit einer solchen Übertragung voraus, allerdings nur für den Fall, dass dies im Gesetz vorgesehen ist. Dies ist bei § 1a SOG nicht der Fall.

c) Verfassungswidrige Normen werden vom BVerfG grundsätzlich für nichtig erklärt. Ist die Ermächtigungsgrundlage nichtig, so fehlt es an den Voraussetzungen für den Erlass einer Rechtsverordnung. In diesem Fall ist auch die Rechtsverord-

---

55 So auch *Ehlers* a. a. O. (vorige Anm.) Rn. 85. S. a. *Möstl*, Grundrechtsbindung öffentlicher Wirtschaftstätigkeit, 1999, S. 25 ff.

§ 6 Die Bindung der Verwaltung an andere Rechtsnormen

nung nichtig. Davon zu unterscheiden ist der Fall des nachträglichen Erlöschens oder der nachträglichen Änderung einer Ermächtigungsgrundlage. Hier soll nach der Rechtsprechung des BVerfG die Gültigkeit der Rechtsverordnung unberührt bleiben (st. Rspr. seit E 9, 3, 12). Dies ist in Anbetracht des in Art. 80 GG angelegten Zusammenhangs zwischen der Verordnung und ihrer Ermächtigung sehr problematisch.

4. Die Gemeinde überschreitet damit ihre Verbandskompetenz. Auch wenn die Bestimmung in der Hauptsatzung keine realen Auswirkungen hat, so wird doch das Land durch den Innenminister als (oberste) Kommunalaufsichtsbehörde einen Rechtsverstoß feststellen und die Hauptsatzung in dieser Form für rechtswidrig erklären.

5. Grundrechtseingriffe dürfen nur durch oder aufgrund eines Gesetzes erfolgen. Für Satzungen folgt daraus, dass die gesetzliche Ermächtigung umso bestimmter sein muss, je intensiver die grundrechtlichen Auswirkungen einer Regelung sind. Hier wird ein erheblicher Eingriff in Gestalt einer objektiven Zulassungsschranke auf eine Norm gestützt, wie sie unbestimmter gar nicht sein könnte. Dies ist nicht zulässig. Problematisch ist auch, ob es sich bei der Zulassung zum Anwaltsberuf überhaupt um eine „Angelegenheit der Rechtsanwälte" handelt. Das Recht der Selbstverwaltung ermächtigt nicht zur Bildung eines „closed shop".

6. a) Die Begründung ist richtig und falsch zugleich. In der Tat entfalten Verwaltungsvorschriften dieser Art keine Außenwirkung, da sie lediglich der Vereinfachung der Abläufe in der Verwaltung und einer einheitlichen Genehmigungspraxis dienen. Sofern sie allerdings Ausdruck einer Verwaltungspraxis sind, können sie zu einer Selbstbindung der Verwaltung führen. Der Einzelne kann dann eine Gleichbehandlung gemäß Art. 3 Abs. 1 GG einfordern.

b) Sofern feststeht, dass die Anordnung tatsächlich immer missachtet wurde, ist sie nicht Ausdruck einer Verwaltungspraxis, so dass es auch nicht zu einer Selbstbindung kommen konnte. Es besteht dann keine Bindung. (Dass eine solche Äußerung für die Behörde peinlich ist und sie dann die Anordnung längst wieder hätte aufheben sollen, steht auf einem anderen Blatt.)

c) Eine zur Selbstbindung führende Verwaltungspraxis setzt natürlich grundsätzlich voraus, dass es überhaupt zu anderen, vergleichbaren Fällen kommt. Allerdings hat die Rechtsprechung die Rechtsfigur der „antizipierten Verwaltungspraxis" erfunden. Es wird dabei vermutet, dass sich die Verwaltung an eine solche Vorschrift halten wird, so dass schon vor dem ersten Anwendungsfall eine Gleichbehandlung mit erst noch zu erwartenden Fällen verlangt wird.

d) Die Verwaltung kann ihre Praxis, auch sofern diese durch Verwaltungsvorschriften festgeschrieben ist, jederzeit ändern und sich so der bisherigen Bindung entziehen. Es muss dann allerdings tatsächlich der Wille erkennbar sein, zukünftig diese Fälle anders als bislang zu entscheiden. Das bedeutet, dass die Änderung ausdrücklich bekannt gegeben werden sollte.

7. Die P-Partei kann sich gegenüber der Stadt K auf § 5 ParteienG berufen. Das BVerwG hat diese Bindung auch dann als gegeben angesehen, wenn, wie im vorlie-

genden Fall, private Rechtsträger „dazwischen" geschaltet sind. Die Stadt hatte im Ausgangsfall nicht bestritten, dass sie rechtlich und tatsächlich auf die Vergabe der Räume Einfluss nehmen konnte. Diesen Einfluss muss sie ausüben, da sie ansonsten „ins Privatrecht fliehen" und sich so der Bindungen des öffentlichen Rechts – insbesondere § 5 ParteienG – selbst entledigen könnte.

§ 7 Handlungsformen der Verwaltung im Überblick

Ausgangsfälle:

1. An einer bestimmten Stelle einer Landstraße kommen regelmäßig Autos von der Bahn ab und fahren auf das angrenzende Feld, weil die Fahrer den Kurvenwinkel falsch einschätzen. Die Verantwortlichen beraten nunmehr, was zu unternehmen sei, um die Verkehrssicherheit zu verbessern: strengere Maßnahmen gegen die Fahrer, Aufstellung von Verkehrsschildern, Ausbau der Straße. Welche Handlungsmöglichkeiten kommen in Betracht; welche empfehlen sich; ist die eine oder andere rechtlich ausgeschlossen?

2. Eine Landesregierung möchte das Aussterben eines alten Handwerks verhindern, das in den letzten Jahren immer weniger Lehrlinge an sich ziehen konnte. Um einen Anreiz zu schaffen, soll jeder, der eine entsprechende Ausbildung beginnt, eine Prämie erhalten. In welcher Form kann bzw. soll die Regierung diese Absicht realisieren?

3. Die Regierung eines Bundeslandes möchte die weitere wirtschaftliche und soziale Entwicklung dieses Landes nicht dem „freien Spiel der Kräfte" überlassen, sondern einen Plan aufstellen, in dem u. a. der Ausbau der Verkehrseinrichtungen, der Energieversorgung und zahlreicher öffentlicher Einrichtungen (Hochschulen, Schulen, Heime, Sportanlagen, Behindertenwerkstätten, Justizvollzugsanstalten usw.) in den nächsten zehn Jahren in ungefähren Angaben festgelegt werden soll. Daran sollen die Finanzplanung, die Raumordnung und die regionale Wirtschaftsförderung ausgerichtet werden.
In welcher Form könnte ein solcher Plan erlassen werden? Welche weiteren Schritte müssten zu seiner Umsetzung getan werden?

4. In der Presse werden Bestechungsvorwürfe gegen einen Verwaltungsmitarbeiter und einen Geschäftsmann erhoben. Der Leiter der betroffenen Behörde nimmt in einer Presseerklärung seinen Mitarbeiter in Schutz und beschuldigt den Geschäftsmann mit starken Worten. Dieser will sich nunmehr gerichtlichen Rechtsschutz verschaffen. Wie wird er dies angehen?

5. In einer Magazinsendung des ARD-Fernsehens wird behauptet, das von der Firma X. hergestellte Waschpulver sei gesundheitsschädlich, und der Geschäftsführer der Firma habe versucht, die Reporter durch Zahlungen hoher Geldbeträge von der Veröffentlichung dieses Sachverhalts abzuhalten. Die Firma X. und der Geschäfts-

führer persönlich wollen den Sender mittels einer Unterlassungsklage an einer Wiederholung dieser Behauptungen hindern. Vor welchem Gericht können sie Rechtsschutz verlangen?

6. A möchte sich über B, dem er sein Geschäftsgrundstück zum Betrieb einer Gastwirtschaft verpachten will, informieren. Er fragt bei der örtlichen Polizeibehörde an, ob B dort bekannt sei. Diese teilt ihm mit, gegen B laufe ein Ermittlungsverfahren wegen Verstoßes gegen das Lebensmittelgesetz.

(Lösungshinweise in Rn. 286)

1. Vielfalt der zulässigen Handlungsformen

257 Der Vielfalt der Verwaltungsaufgaben entspricht eine Vielzahl zulässiger Handlungsformen. Die dem öffentlichen Recht zuzuordnenden Handlungsformen reichen vom Gesetz (das die Verwaltung vorbereitend stark beeinflussen kann) – auch ein Plan *(Fall 3)* kann u. U. als Gesetz ergehen – über RechtsVO und Satzung (Rn. 218-222) bis zum innerdienstlichen Rechtsakt. An anderer Stelle (Rn. 80 ff.) ist bereits dargestellt, dass die Verwaltung zur Erfüllung ihrer Aufgaben auch Formen des Privatrechts wählt (z. B. Kaufverträge abschließt).

258 Bei den Handlungsformen der Verwaltung sind auch die **informalen (informellen) Verhaltensweisen** zu berücksichtigen (Rn. 156). Hierzu gehören alle „Realakte" der Verwaltung sowie die nicht typisierten, rechtlich nicht oder nicht vollständig geregelten Handlungen, die in Vorbereitung verbindlicher Rechtshandlungen vorgenommen werden.

„Informales Verwaltungshandeln hat ... seine Hauptbedeutung nicht in der Routinesituation des alltäglichen Gegenübers von Bürger und Verwaltung", es „ist vielmehr die Reaktion auf komplexe Vorgänge, die mit herkömmlichen Verhaltensweisen und Verfahrenstechniken nicht mehr zu bewältigen sind und die neue Formen der Informationsgewinnung, des Interessenabgleichs, der Ergebnis- und Entscheidungsvorbereitung erfordern."[1]

Pauly[2] will das informale Verwaltungshandeln durch einen dem Gesetzesvorbehalt nachempfundenen *Regelungsvorbehalt* disziplinieren, der festlegt, wann die Verwaltung dem Bürger gegenüber zu rechtsförmlichem Handeln verpflichtet ist. Dieser Vorbehalt ergebe sich aus dem Rechtsstaatsprinzip als Gebot der Rechtsklarheit und aus dem Verhältnismäßigkeitsprinzip; der Erlass einer Regelung sei milder als direkter Zwang und zuweilen auch milder als z. B. eine informale Warnung. Aber gerade dieses Streben nach größerer Klarheit und Schonung bewirkt das Gegenteil, mehr Unklarheit und Unsicherheit, solange eben nicht der Gesetzgeber gesprochen hat. Ein gewisses Maß an Formwahlfreiheit der Verwaltung begünstigt auch den Bürger[3].

---

[1] *Bussfeld*, in: *Hill* (Hrsg.), Verwaltungshandeln durch Verträge und Absprachen, 1990, S. 45 f.
[2] *Pauly*, DVBl. 1991, 521 ff.
[3] Allgemein zum informalen Verwaltungshandeln *Schulze-Fielitz*, in: *Benz/Seibel* (Hrsg.), Zwischen Kooperation und Korruption, 1992, S. 233. S. a. *Dreier*, StWStP 1993, 647; *Brohm,* DVBl. 1994, 133.

Die im Folgenden darzustellende Lehre von den Handlungsformen erfasst nur die rechtlich ausgeformten, typischen Handlungsweisen der Verwaltung. Soweit informales Verwaltungshandeln im Um- und Vorfeld des vertraglichen Verwaltungshandelns vorkommt, ist es in dem dortigen Zusammenhang mitbesprochen (Rn. 635 f., 840 ff.).

2. Die Bedeutung der Frage nach der Handlungsform

a) Rechtsnatur, Formrichtigkeit und Rechtmäßigkeit der Verwaltungshandlungen

In dem folgenden Überblick wird erörtert, welche Handlungsformen die Verwaltung rechtmäßig zur Auswahl hat. Dabei ist jeweils zu unterscheiden zwischen
– der Beschreibung der *Merkmale* typischer Verwaltungshandlungen (Frage nach der **„Rechtsnatur"** einer Handlung) und
– der Entscheidung, welche Form jeweils *angemessen, vorgeschrieben* oder *verboten* ist (Frage nach der **Formrichtigkeit**).

Hiervon ebenfalls zu unterscheiden ist die dritte Frage, nämlich
– ob die von der Verwaltung tatsächlich gewählte und ausgeführte Maßnahme im konkreten Fall *rechtmäßig* ist. Die **Rechtmäßigkeit** ist für bestimmte Verwaltungshandlungen (Verwaltungsakt, verwaltungsrechtlicher Vertrag) in §§ 18-21 behandelt; zur Methode der Rechtmäßigkeitsprüfung vgl. bereits Rn. 196-204.

259

Diese verschiedenen Aspekte werden in den Praxisfeldern in unterschiedlichem Maße beachtet. Der Organwalter der *Verwaltung* hat für eine gegebene Aufgabe die geeignete und zulässige Form zu finden; ihm genügt nicht die Feststellung, dass eine Maßnahme rechtmäßig ist. Der *Richter* hingegen hat eine gegebene Handlungsform rechtlich einzuordnen und kann jedenfalls die Zweckmäßigkeitsfrage vernachlässigen. In der juristischen Ausbildung, aber auch in den zentralen verwaltungsrechtlichen Gesetzen dominiert die richterliche, also rückwärts gewandte Perspektive. Wenn diese Denkweise auch auf die Verwaltungspraxis durchschlägt, wenn deren Aktionen zu vorjustiziellen Rechtsstreitigkeiten werden, wird die Bewältigung der gestellten Aufgaben nicht gerade leichter.

260

Beispiel für ausdrückliche Anordnung der VA-Form: § 49a Abs. 1 S. 2 VwVfG (Erstattung), § 35 Bundesleistungsgesetz (Leistungsbescheid), für die Anordnung der RechtsVO-Form: Art. 35 Bayer. Wassergesetz (Wasserschutzgebiet).

Andererseits darf bei der rechtlichen Analyse *gegebener* Verwaltungshandlungen – insbesondere bei der Prüfung, ob ein VA vorliegt (§ 35 VwVfG) – nicht von der zulässigen, sondern nur von der *tatsächlich gewählten* Handlungsform ausgegangen werden. Nicht selten wird aus dem Umstand, dass die für eine bestimmte Handlungsform vorgeschriebenen Rechtmäßigkeitsbedingungen nicht gegeben seien, der Schluss gezogen, es handle sich um eine andere Art von Verwaltungshandeln. Fehlt zum Beispiel einer RVO eine Ermächtigungsgrundlage gem. Art. 80 I GG, darf nicht der Schluss gezogen werden, dass es sich um einen Verwaltungsakt oder eine Verwaltungsvorschrift handelt. Die darin liegende Verwechselung von Rechtsnatur und Rechtmäßigkeit ist ein schwerer Fehler.

261

Beispiel: Hat die Behörde statt der gebotenen RVO einen VA erlassen, so ist dieser anfechtbar und wird aufgehoben und nicht in eine RVO umgedeutet (BVerwGE 18, 1 – Wasserschutzgebiet). Beispiel einer Zahlungsaufforderung, die von der Widerspruchsbehörde als VA bezeichnet und daher als solcher behandelt wurde: BVerwGE 78, 3 – Wasserrohrbruch.

b) Verfahrensrechtliche Bedeutung der Handlungsform

262 Die Unterscheidung zwischen den Handlungsformen ist aber auch aus einem *verfahrensrechtlichen* Grunde von großer Bedeutung. Für den Praktiker mag sogar der *entscheidende* Grund zur Differenzierung nach Handlungsformen sein, dass die *Rechtsbehelfe* sich danach unterscheiden. Der Rechtsschutz bestimmt sich nämlich in der Regel nach der Form des Verwaltungshandelns[4].

263 **Verwaltungsakte**, die sich mit rechtlicher Außenwirkung an bestimmte Adressaten richten (§ 35 VwVfG, siehe unten § 18), sind in einem bestimmten Verfahren vor den Verwaltungsgerichten anfechtbar (s. u. § 24); ihre Rechtmäßigkeit und Zweckmäßigkeit ist zuvor in einem Vorverfahren, das noch innerhalb der Verwaltung selbst bleibt, nachzuprüfen. Demgegenüber sind Verwaltungshandlungen, die sich an eine unbestimmte Vielzahl von Adressaten wenden, nicht ohne weiteres von einzelnen Betroffenen anfechtbar; vielmehr gelten besondere Regeln, die den möglichen Widerstreit zwischen dem Rechtsschutzinteresse Einzelner und dem Vertrauen anderer auf den Bestand der betreffenden Regelungen abmildern oder ausschließen sollen.

Wer sich gegen eine ihn beeinträchtigende verkehrsrechtliche Anordnung, z. B. ein Halteverbot vor seiner Wohnung wehren will, muss also zunächst prüfen, ob es sich um einen anfechtbaren VA handelt – dann läuft eine Anfechtungsfrist! –, ob er dagegen verstoßen, also eine Verurteilung riskieren will oder ob er einen Normenkontrollantrag stellen kann.

264 Auch Verwaltungshandlungen gegenüber Einzelnen sind nicht immer förmlich anfechtbar. Das **schlichte Verwaltungsgebot,** das keine verbindliche Regelung eines Rechtsverhältnisses enthält, kann einerseits nicht wie ein Verwaltungsakt durchgesetzt, andererseits aber auch nicht von den Adressaten angefochten werden; hier ist der Streit um die Rechtmäßigkeit des Gebotes in anderen prozessualen Formen zu entscheiden (so im Sanktionsverfahren oder aufgrund einer Feststellungsklage). Typischer Fall ist die Weisung im Dienstverhältnis, der Dienstbefehl[5] (§ 18 *Ausgangsfall 12* und unten Rn. 730 ff. sowie 896 ff.).

265 Bei *nicht regelnden,* nur auf einen *tatsächlichen* Erfolg gerichteten Verwaltungshandlungen – gemeinhin als **„Realakte"** bezeichnet (Rn. 258, 280 ff. und 696) – gelten wieder andere Rechtsschutzmöglichkeiten und -grenzen. Soweit solche Realakte nur vorher getroffene Regelungen durchführen, muss sich der Rechtsschutz an eben diesen Regelungen orientieren. Soweit Realakte nicht auf einer Regelung beruhen (sei es weil gar keine getroffen wurde, sei es weil sie den Vorgang nicht rechtfertigt), kommen Ersatz- und Ausgleichspflichten in Betracht, vgl. unten § 27.

---

[4] BVerwGE 18, 1, 5; 78, 3, 4 f.
[5] Dazu *Krause*, Rechtsformen des Verwaltungshandelns, 1974, S. 245 ff., 274 ff.

Einen wichtigen Fall nicht regelnder Verwaltungshandlungen stellt die **Verarbeitung per-** **266**
sonenbezogener Daten dar (vgl. *Ausgangsfall 6*). Die Speicherung und Übermittlung personenbezogener Daten kann zwar einen Eingriff in Rechte des Betroffenen bedeuten und bestimmte Ansprüche (auf Berichtigung, Löschung oder Sperrung, u. U. auch auf Schadensersatz) auslösen, enthält aber nicht selbst die Regelung des Sachverhalts, sondern dient der Vorbereitung einer Regelung. Das Datenschutzrecht setzt mit seinen Normierungen also früher an als das bisherige Verwaltungsrecht; hierin liegt ein Grund dafür, dass die Verwaltung die durch Datenschutzgesetze begründeten neuen Verpflichtungen vielfach mit Skepsis betrachtet hat.

In *Ausgangsfall 6* liegt ein Verstoß gegen Datenschutzrecht (Landesrecht entsprechend § 16 Abs. 1 BDSG) vor: Die Polizeibehörde darf die Information über das Ermittlungsverfahren nicht an einen privaten Dritten weitergeben. Auskünfte über strafgerichtliche Entscheidungen stehen nur im Rahmen der Bestimmungen des Bundeszentralregistergesetzes für Private zur Verfügung (Führungszeugnis gemäß § 28 BZRG).

Handelt die Verwaltung nicht durch VA, sondern schließt sie (öffentlich- oder pri- **267**
vat-rechtliche) **Verträge,** so bedarf sie zur Durchsetzung der dadurch begründeten oder bestätigten Rechte der Hilfe der Gerichte (Ausnahme: Unterwerfung unter die sofortige Vollstreckung, § 61 VwVfG). Es ist deshalb von prozesspraktischer Bedeutung, ob die Verwaltung in einem konkreten Fall durch VA entscheiden darf oder nicht (s. unten Rn. 680 und Rn. 890). Verträge sind nach § 54 VwVfG zulässig (s. u. § 21).

3. Generelle und individuelle, abstrakte und konkrete Verwaltungshandlungen

Grundlegend ist die Unterscheidung zwischen generellen und individuellen Ver- **268**
waltungshandlungen. Generelle Verwaltungshandlungen werden einer Normenkontrolle unterzogen, individuelle müssen individuell angefochten oder abgewehrt werden; dies geschieht durch Widerspruch, Anfechtungs- bzw. Verpflichtungsklage oder allgemeine Leistungsklage (Näheres in § 24, insbes. Rn. 1026 ff.).

Allgemeine Anordnungen kann die Verwaltung durch Rechtsverordnung treffen, Selbstverwaltungskörperschaften können dazu Satzungen erlassen (vgl. oben Rn. 217 ff.). Für den internen Gebrauch werden Verwaltungsvorschriften, Richtlinien, Hausanordnungen und Geschäftsordnungen erlassen (s. o. Rn. 226 ff.).

Hat die Verwaltung eine Rechtsfrage gegenüber einem einzelnen Bürger oder einer **269**
bestimmten Gruppe von Bürgern zu lösen, so wird sie im Allgemeinen eine Handlungsform wählen, die sich auf diese individuelle Rechtsbeziehung bzw. die abgegrenzte Zahl individueller Rechtsbeziehungen beschränkt. Hat sie, wie regelmäßig, Befugnisse zur *einseitigen Regelung,* so kann sie einen *Verwaltungsakt* erlassen, sonst muss sie mit dem Betroffenen Verträge abschließen. So können Grundstücke, die für bestimmte öffentliche Zwecke benötigt werden, nicht nur durch privatrechtlichen Vertrag, sondern auch kraft hoheitlicher Befugnis durch den Verwaltungsakt der Enteignung beschafft werden.

270 Im *Fall 1* hingegen (Unfall-Kurve) ist es geboten, nicht nur jeweils im Einzelfall (Verkehrsunfall) Sanktionen (Ordnungswidrigkeits- oder Strafverfahren) gegen den verantwortlichen Autofahrer zu verhängen, sondern die Unfallgefahr selbst auszuräumen; dazu bedarf es solcher Maßnahmen, die einen unbestimmten und im Voraus gar nicht bestimmbaren Personenkreis betreffen, z. B. der Aufstellung eines Verkehrszeichens, durch das die zulässige Geschwindigkeit generell herabgesetzt wird.

Stellt man auf die Vielzahl und Unbestimmtheit der Adressaten ab, so muss man diese Regelung als eine generelle und daher als Rechtsnorm ansehen. Doch ist die Rspr. inzwischen zu der Einschätzung gekommen, dass es sich hier um einen VA handelt, und diese Ansicht ist durch § 35 S. 2 VwVfG gerechtfertigt (vgl. Rn. 700-705).

271 Damit verliert die Unterscheidung generell/individuell an Bedeutung, der **Adressatenbezug** wird durch den **Sachverhaltsbezug** und die dabei relevante Differenzierung abstrakt/konkret überlagert. Individuelle Anordnungen sind zwar meist auch konkret gefasst (Bsp.: die polizeiliche Verfügung, ein genau bezeichnetes Haus wegen Einsturzgefahr abzureißen oder zu sichern). Aber nicht immer sind konkrete Maßnahmen auch individuell adressiert. Mit dieser Verschiebung der Perspektive scheint die Rechtsnatur der Verkehrszeichen leichter feststellbar zu werden: Sie sind zwar nicht individuell, aber durch den Ortsbezug „konkret" genug, um bei dieser Definition als *Einzelfallregelung* gelten zu können. Die Ausklammerung des Adressatenbezuges bedeutet allerdings eine erhebliche Begriffsverschiebung.

272 Richtig dürfte sein, in schwierigen Fällen *zusätzlich* darauf abzustellen, ob die Maßnahme konkret, d. h. auf einen bereits gegebenen Sachverhalt abgestellt ist – dann liegt eine Einzelfallmaßnahme vor – oder ob sie vorsorglich, im Hinblick auf eine *künftige* Lage erlassen ist – dann bedeutet dieser „abstrakte" Charakter für die Beurteilung der Rechtsnatur, dass eine generelle Maßnahme, d. h. in der Regel eine Rechtsnorm vorliegt. Das ist allerdings nicht zwingend: Die „individuell-abstrakte" Auflage an ein bestimmtes Industrieunternehmen, jeweils bei Smogalarm die Produktion einzustellen, bzw. an einen Kraftwerksbetreiber, immer dann bestimmte Straßen zu streuen, wenn der aus dem Kühlturm entweichende Nebel zu Glatteisbildung zu führen drohte (OVG Münster, OVGE 16, 289) wird als Verwaltungsakt angesehen – ein Einzelfall-Gebot mit einem Inhalt, der auch Inhalt einer Rechtsnorm sein könnte (aber *so* nicht ist!)[6].

4. Planung

a) Allgemeines

273 Staatliche Planung kann „weder eindeutig der Legislative noch eindeutig der Exekutive zugeordnet werden"[7]. Bei der Planung wird nicht ein Lebenssachverhalt unter eine Norm subsumiert, und die Planungsentscheidung ist auch keine generell-abstrakte Vorgabe für eine unbestimmte Vielzahl von Fällen. „Es handelt sich viel-

---

6 Vgl. a. *Koch/Rubel/Heselhaus*, § 3 Rn. 32; a. A. jedoch *Meyer*, in: *Meyer/Borgs*, § 35 Rn. 36.
7 BVerfGE 95, 1, 16 – Südumfahrung Stendal.

mehr um einen komplexen Prozess der Gewinnung, Auswahl und Verarbeitung von Informationen, der Zielsetzung und der Auswahl einzusetzender Mittel. Planung hat mithin finalen und keinen konditionalen Charakter"[8].

Wegen dieses ihres besonderen Charakters kann es auch **keine eigene Rechtsform „Plan"** geben; die Planung bedient sich vielmehr der üblichen Handlungsformen. **Planfeststellungsbeschlüsse** sind daher in aller Regel Verwaltungsakte (§§ 74 ff. VwVfG, s. Rn. 658 ff.); die Planfeststellung durch Gesetz, die das BVerfG im Falle Stendal gebilligt hat, stellt die seltene Ausnahme dar.

Das **Verfahren der Planung** folgt aber teilweise anderen Regeln als sonstige Entscheidungsverfahren und bedarf komplexer Maßstäbe. Die planenden Stellen haben in verschiedener Hinsicht Ermessen (Planungsermessen). Dazu ausführlich Rn. 601 ff.

Spezielle, sofort durchführbare Programme der Wirtschaftsförderung (*Ausgangsfall 2*) bedürfen zumindest der Rechtfertigung durch Mittelbewilligung im Haushalt, und sie können nur durchgeführt werden, wenn die Voraussetzungen der Förderungsmaßnahmen jedenfalls in Verwaltungsvorschriften (Richtlinien) festgelegt sind.

b) Wirtschafts-, Haushalts- und Entwicklungsplanung

Große Vorhaben der Landesentwicklung und Raumordnung, die Verteilung der finanziellen und sonstigen Ressourcen der Verwaltung auf die verschiedenen Bereiche, Ressorts und Programme (*Ausgangsfall 3*) erfordern – wenn sie verbindlich sein sollen – entweder die Rechtsform des Gesetzes oder eine ähnliche Form, die sicherstellt, dass die einmal getroffenen Entscheidungen über einen längeren Zeitraum hin für möglichst alle Beteiligten und Betroffenen in Kraft bleiben und vollzogen werden. **274**

Der älteste Plan, den die Verwaltung kennt, der *Haushaltsplan,* wird durch das Haushaltsgesetz förmlich festgestellt (Art. 110 Abs. 2 S. 1 GG), aber jeweils nur für ein Jahr (nach Art. 110 Abs. 2 GG zulässig und in einigen Bundesländern auch praktiziert: „Doppelhaushalt" für zwei Jahre). Die mittelfristige *Finanzplanung* wird als Regierungsbeschluss dem Parlament nur zur Kenntnis vorgelegt (§§ 9 ff. StabG, 50 Abs. 3 HGrG). Mehrjährige Wirtschaftspläne, wie sie aus dem Dritten Reich und den Ostblock-Staaten bekannt sind, wurden in der Bundesrepublik nicht beschlossen, nur partiell wurde die Wirtschaftshilfe nach dem Kriege auf der Grundlage von Plänen gewährt (Marshall-/ERP-Plan). Auf der Ebene der Europäischen Gemeinschaften sind eine Reihe von Plänen durchgeführt worden. **275**

Doch haben manche Länder einen Landesentwicklungsplan aufgestellt („Niedersachsen-Plan", „Hessen-Plan" u. ä.) und darin die voraussichtlichen und die gewünschten Entwicklungen entweder im übergreifenden Sinne oder ressortspezifisch (Hochschulplanung, Bildungsgesamtplan, Verkehrsentwicklungsplan) darge- **276**

---

8 BVerfG a. a. O. (vorige Fn.) m. w. N.

stellt. In der Regel werden diese Pläne nicht als Gesetze beschlossen; sie sind auch überwiegend nicht dazu geeignet und bestimmt, die geplanten Vorhaben *genau* und *verbindlich* festzulegen – dazu ist auch die Vorausschau der Finanzlage zu unsicher. Wenn die Entwicklung nicht vorhersehbar ist, wäre ein zu hoher Geltungsanspruch bei Programmen und Plänen unangemessen; solche Richtlinien würden entweder gar nicht oder sinnwidrig durchgeführt[9]. Des Gesetzes bedarf es, wenn die Planung schon heute die Rechtssituation Einzelner verändert. Wann dies der Fall ist – wann also z. B. die Planung sich auf Grundstückswerte und andere Positionen der Planbetroffenen auswirkt –, ist im Einzelfall sorgfältig zu untersuchen[10].

c) Raumordnung, Bauleitplanung und Fachplanungen

277 Für die Raumordnung – die Vorstufe der Bauplanung – gelten das Raumordnungsgesetz des Bundes und Landesgesetze. Raumordnungspläne sind ebenfalls nicht unbedingt als Gesetze zu erlassen, obwohl sie bereits den verbindlichen Rahmen für die Bauplanung abgeben.

Die „Grundsätze der Raumordnung" (§ 2 ROG) gelten für die Behörden des Bundes und für die Landesplanung in den Ländern, aber sie haben dem Einzelnen gegenüber nur mittelbare Rechtswirkung (§ 4 Abs. 1 ROG). Der Bund hat vorgeschrieben, dass die Länder „Rechtsgrundlagen für eine Raumordnung in ihrem Gebiet (Landesplanung)" zu schaffen haben (§ 6 S. 1 ROG), aber nicht, in welcher Form das zu geschehen hat.

Nach Art. 14 Abs. 3 des Bayerischen Landesplanungsgesetzes i. d. F. v. 4. 1. 1982[11] werden „die im Landesentwicklungsprogramm enthaltenen Ziele der Raumordnung und Landesplanung von der Staatsregierung mit Zustimmung des Landtags *als Rechtsverordnung* beschlossen". Für die fachlichen Programme und Pläne sowie für Regionalplanungen enthält das Landesplanungsgesetz keine Rechtsformbestimmung, sondern nur Verfahrensnormen.

278 Für die Bauplanung ist die Rechtsform gesetzlich bestimmt. Nach § 10 Abs. 1 BauGB werden die Bebauungspläne als gemeindliche **Satzungen,** also Rechtsnormen (materielle Gesetze) erlassen.

Die vorangehenden Flächennutzungspläne (§ 5 BauGB) sind jedoch keine Satzungen[12]. In einzelnen Ländern sind nach § 246 Abs. 2 BauGB andere Formen der Rechtsetzung als die dort vorgesehenen Satzungen zugelassen (Hamburg: Rechts-

---

9 *Wagener,* in: Antworten der öffentlichen Verwaltung auf die Anforderungen der heutigen Gesellschaftssysteme, hrsg. v. *v. Oertzen,* Bonn 1980, S. 21; s. a. *Renger/Scharpf,* in: Politik als gelebte Verfassung, Festschrift für Schäfer, Opladen 1980, S. 87 ff., 93 ff.
10 Dazu *Voigt,* Die Rechtsformen staatlicher Pläne, 1979; *Becker,* Planung und Organisation der Planung in der öffentlichen Verwaltung, 1978. – S. a. unten Rn. 525 f. zur Problematik von Planungsgesetzen.
11 BayGVBl. S. 2.
12 *Ernst/Hoppe,* Das öffentliche Bau- und Bodenrecht, Raumplanungsrecht, 2. A. 1981, S. 150 f.: „nur qualifizierter Sachverhalt".

verordnung des Senats, ausnahmsweise Gesetz[13]. „Satzungsvertretende" *Bebauungsplangesetze* unterliegen der Normenkontrolle nach § 47 VwGO![14]).

Da es für diese Rechtsformen keine differenzierten Regeln über Wirksamkeit, Aufhebungsgründe und die Folgen von Verfahrensfehlern gibt, sind im BauGB besondere Bestimmungen eingefügt worden, durch die vermieden werden soll, dass rechtsfehlerhafte Bebauungspläne stets nichtig sind (§§ 214, 215)[15] (s. u. Rn. 606). Zu dem neuen Rechtsinstitut der Vorhaben- und Erschließungspläne vgl. § 12 BauGB.

Andere Arten der Bauplanung, die sog. **Fachplanungen**, die nicht den Gemeinden, sondern staatlichen Behörden obliegen, werden in der Form des *Verwaltungsaktes* verbindlich gemacht, so der Feststellungsbeschluss nach § 18 Allgemeines Eisenbahngesetz oder §§ 17 ff. Bundesfernstraßengesetz. Außer der Planung von Verkehrswegen[16] sind hier auch Abfallbeseitigungsanlagen, Kraftwerke und Flughäfen zu nennen. 279

5. Realakte

Eine weitere Unterscheidung orientiert sich an dem *rechtlichen Gehalt* der Verwaltungsmaßnahme. Verwaltungshandlungen, die auf Rechtswirkungen abzielen (*Regelungen*), stehen anderen gegenüber, bei denen diese Intention fehlt (*Realakte*). Auch die Letzteren können Rechtswirkungen haben, so wie eine unerlaubte Handlung oder eine falsche Auskunft Schadensersatzansprüche begründet, eine Zahlung die Schuld erlöschen lässt oder eine Datenspeicherung einen Auskunftsanspruch zur Entstehung bringt (§ 19 BDSG). 280

Bei Realakten ist oft schwer zu entscheiden, ob sie als öffentlich-rechtliche oder privatrechtliche Verwaltungshandlungen anzusehen sind. Davon hängt dann insbesondere ab, in welchem Rechtsweg und aufgrund welcher Haftungsnormen eventuelle Schadensersatz- oder Beseitigungsansprüche geltend zu machen sind. Es fehlt in diesen Fällen nämlich häufig der Anknüpfungspunkt in Gestalt einer in Bezug genommenen Rechtsnorm (s. schon oben Rn. 79). Als typische Realakte sind zu nennen:

a) Vollzugsakte

Der Vollzug von Verwaltungsakten im Wege der Verwaltungsvollstreckung oder die unmittelbare Durchsetzung genereller Normen durch Zwangsmaßnahmen ist stets öffentlich-rechtliches Handeln. Selbst der im Auftrage eines privaten Gläubigers tätige Gerichtsvollzieher wendet öffentliches Recht (der Justiz) an[17]. Wegen dieses 281

---

13 Vgl. Gesetz über die Feststellung von Bauleitplänen und ihre Sicherung v. 4.4.1978, GVBl. S. 89.
14 BVerfGE 70, 35, 54 ff.
15 Zu deren Problematik vgl. *Breuer*, NVwZ 1982, 273 ff.
16 Anschauungsmaterial enthalten z. B. BVerwGE 110, 302 ff.; 112, 140 ff. und BVerfGE 95, 1 ff.
17 Vgl. oben Rn. 42; s. a. BVerfGE 51, 97, 114; 57, 346, 355.

funktionalen Bezuges sind auch *Vollzugsexzesse* als öffentlich-rechtlich anzusehen, selbst wenn sie in ihrem äußeren Erscheinungsbild mit korrektem Verwaltungshandeln nicht übereinstimmen. Der moderne Rechtsstaat lässt sich – anders als sein Vorgänger im 19. Jahrhundert (vgl. Rn. 1089) – solch rechtswidriges Handlung seiner Organe zurechnen. Das bedeutet, dass für rechtswidrige Vollzugshandlungen Schadensersatz oder Entschädigung zu leisten ist (dazu unten § 26).

b) Dienstliche Äußerungen ohne Verwaltungsaktscharakter

282 Realakte der Verwaltung sind auch die einer Behörde zurechenbaren mündlichen oder schriftlichen *Tatsachenbehauptungen* und *Werturteile* ihrer Mitarbeiter. Nicht selten wehren sich Betroffene gegen solche Äußerungen unter Berufung auf ihr Persönlichkeitsrecht; dann ist wegen der Rechtswegfrage zu klären, ob öffentlich-rechtliche oder privatrechtliche Handlungen gegeben sind. „Gegen dienstliche Äußerungen im hoheitlichen Bereich kann grundsätzlich nicht mit den für den bürgerlich-rechtlichen Ehrenschutz entwickelten Mitteln vor den Zivilgerichten vorgegangen werden"; vielmehr prägt „in aller Regel" der öffentlich-rechtliche Charakter der Beziehungen in diesem Bereich auch solche Äußerungen[18]. Die Zivilgerichte wollen und sollen nicht in die amtliche Tätigkeit der Verwaltung eingreifen.

c) Sonstige Fälle

283 Realakte, aus denen verwaltungsrechtliche Streitigkeiten entstehen können, sind auch Immissionen, die von Einrichtungen des Staates oder der Gemeinden ausgehen, ferner Dienstfahrten, auf denen Unfälle geschehen können, und eine Vielfalt wettbewerbsrelevanter Handlungen von Stellen der öffentlichen Verwaltung. Diese Fallgruppen sollen im Zusammenhang mit den Rechtsweg- und Haftungsfragen behandelt werden, in deren Rahmen sie bedeutsam sind (s. unten Rn. 1014 ff. und 1118).

---

[18] BGH, NJW 1978, 1860 m. w. N.; Bestätigung dieser Rspr. durch das BVerwG z. B. in BVerwGE 82, 76 – „Transzendentale Meditation" –; vgl. Rn. 192.

6. Systematische Übersicht über die öffentlich-rechtlichen Handlungsformen der Verwaltung

a) Individuelle Verwaltungshandlungen   **284**

aa) einseitige:
- *Verwaltungsakte* (unten §§ 18, 19)
- *Realakte*
- schlichte Verwaltungsgebote, insbesondere Anordnungen in besonderen Rechtsverhältnissen

bb) zweiseitige:
- öffentlich-rechtliche Verträge (§ 21),

cc) mitwirkungsbedürftige Verwaltungshandlungen (also solche, die einen Antrag oder die Zustimmung des Betroffenen voraussetzen, so die meisten begünstigenden VAe, die Beamtenernennung u. a.).

b) Generelle Verwaltungshandlungen (Normen)

aa) Rechtsverordnungen (vgl. Art. 80 GG und entsprechende Regelungen in den Landesverfassungen) (dazu Rn. 218 f.),

bb) Satzungen (dazu Rn. 220 f.): gemeindliche (z. B.: Bebauungspläne, Abgabensatzungen) und berufsständische (Satzungen der Kammern),

cc) Verwaltungsvorschriften (dazu Rn. 226 ff.)

c) Sonder- und Zwischenformen

aa) kombinierte Regelung mehrerer gleichartiger (paralleler) Fälle: Allgemeinverfügung (= Verwaltungsakt, s. § 35 S. 2 VwVfG).

bb) Verbundregelung eines komplexen Aufgabenzusammenhangs (insbesondere Planungsvorhaben): Verwaltungsakt oder Rechtsnorm (Satzung, Rechtsverordnung, u. U. Gesetz), vgl. oben Rn. 273 ff.

cc) Schlichte (externe) Amtshandlungen ohne Regelungsgehalt und ohne Eingriffsnatur gegenüber Einzelnen (ungezielte Leistungsgewährung wie Straßenbeleuchtung und -reinigung, Straßenbau): Verwaltungsakte dienen hier nur als Instrumente (Beschaffung von Grundstücken). Presseerklärungen und Informationen an die Allgemeinheit können allerdings Eingriffe in Individualrechte enthalten.

dd) Interne Vor-Akte außenwirksamer Verwaltungshandlungen:
- *Entwürfe:* keine Verwaltungsakte;
- *Weisungen und Befehle* im hierarchischen Behördenaufbau: keine Verwaltungsakte (vgl. Rn. 390 ff. und 730 ff.);
- *zwischenbehördliche Mitwirkungsakte* (Beratung, „Benehmen" oder „Einvernehmen" zwischen Behörden, vgl. Rn. 693; interne Teilakte bei mehrstufigen Verwaltungsverfahren): ausnahmsweise können hier bereits anfechtbare Verwaltungsakte vorliegen.

7. Nichthandeln und Duldung als Handlungsform?

285 Wenn die Verwaltung *nicht* handelt, obwohl ein Handeln zu erwarten wäre, kann auch dies selbstverständlich rechtlich bedeutsam sein. Es kommt nicht selten vor, dass die Behörden ein genehmigungsbedürftiges, aber nicht genehmigtes privates Verhalten (insbesondere Umweltbeeinträchtigungen) *dulden*. Sie ergreifen also keine Sanktion, um das rechtswidrige Verhalten bzw. den dadurch verursachten Zustand zu beenden (erklären aber auch nicht ausdrücklich die Duldung – dies wäre wiederum ein VA). „Die in gerichtlichen Entscheidungen zu Tage tretenden Fälle ungenehmigter Handlungen und Zustände dürften nur die Spitze eines Eisberges bilden, dessen genaue Vermessung ertragreich zu werden verspricht"[19]. Ob diese Praxis aber richtig charakterisiert wird, wenn man sie (wie die eben genannten Autoren) als eigenständige *Handlungsform* ansieht, ist ungewiss. Zumindest muss zwischen bloßem Nichthandeln und qualifizierten Formen des Unterlassens („aktive" Duldung i. S. v. *Randelzhofer/Wilke*) unterschieden werden; es dürfte u. a. darauf ankommen, ob die Behörde den Sachverhalt und die Rechtslage geprüft hat, ob etwa Vereinbarungen (Verträge?) mit den Beteiligten getroffen wurden usw.

Übersichten und weiterführende Erörterung: *Krause,* Rechtsformen des Verwaltungshandelns, 1974; *Bohne,* Informales Verwaltungs- und Regierungshandeln als Instrument des Umweltschutzes, VerwArch. 75, 1984, 343 ff.; *Hoffmann-Riem,* Selbstbindungen der Verwaltung, VVDStRL 40, 187 ff.; *Hill* (Hrsg.), Verwaltungshandeln durch Verträge und Absprachen, 1990.

Zu den Ausgangsfällen:

286 1. Hier ist nicht – wie sonst – aus der Perspektive des Verwaltungsgerichts gefragt, und das Ziel der Beratung darf nicht sein, die Verantwortung abzuschieben, sondern das Unfallrisiko zu vermindern. Lesen Sie Rn. 269 f.!

2. Die Landesregierung wird erwägen, ein Handwerksförderungsgesetz im Landtag einzubringen, zumindest aber ein entsprechendes Förderungsprogramm in den Haushaltsplanentwurf einzusetzen und Richtlinien dafür zu erlassen. Vgl. Rn. 273.

3. Ein Landesentwicklungsplan wird als umfassende politische Absichtserklärung der Landesregierung beschlossen, häufig und sinnvollerweise nach Beratung im Landtag. Die Gesetzesform eignet sich dafür nicht, vgl. Rn. 276.

4. Es kommt darauf an, ob die Presseerklärung des Behördenleiters als dienstliche Äußerung und daher als öffentlich-rechtliche Handlung anzusehen ist oder ob sie nur seine persönliche Meinung zu dem Fall oder der Person des Betroffenen darstellt. Im Zweifel ist das erstere anzunehmen, vgl. Rn. 282. Rechtsschutz ist dann vor dem Verwaltungsgericht anzustreben.

5. Die Sendetätigkeit des öffentlich-rechtlichen Rundfunks passt nicht in die Kategorie der Verwaltungshandlungen; ihre Rechtsnatur ist umstritten. Unabhängig davon halten aber sowohl der BGH wie das BVerwG für Unterlassungsansprüche

---

[19] *Randelzhofer/Wilke,* Die Duldung als Form flexiblen Verwaltungshandelns, 1981, S. 192.

wegen Persönlichkeitsverletzungen den Zivilrechtsweg für eröffnet (BGHZ 66, 182, 187; 102, 280, 284; BVerwG, NJW 1994, 2500). Die Rundfunkanstalten müssten die zivilrechtlichen Vorschriften über den Persönlichkeitsschutz wie jeder Private beachten. Entsprechend muss auch der zivilrechtliche Schutz des Gewerbebetriebes im Zivilrechtsweg geltend gemacht werden.

6. Die Übermittlung personenbezogener Daten ist ein Realakt, der besonderen gesetzlichen Vorschriften unterliegt. Vgl. oben Rn. 266.

§ 8 Verwaltungsrechtliche Rechtsverhältnisse – Allgemeine Lehren

Ausgangsfälle:

1. Ein Unternehmen, das seinen Betrieb ausweiten will, verhandelt mit der Gemeinde über den Anschluss an eine Kläranlage. Die Gemeinde ist sehr daran interessiert, den Betrieb am Orte zu behalten; wahrheitswidrig erklärt der Bürgermeister aus diesem Motiv heraus, die tatsächlichen Voraussetzungen dafür seien schon gegeben. Der Unternehmer erfährt jedoch, dass eine notwendige Leitung noch nicht verlegt ist, und verzichtet aus diesem Grunde auf die Betriebserweiterung. Inzwischen ist ihm ein günstiges Objekt in einer anderen Gemeinde entgangen. Kann er von der Gemeinde Schadensersatz verlangen?

2. Ein Tankwagen kippt bei einem Verkehrsunfall um; das auslaufende Öl droht ein nahes Wasserschutzgebiet (§ 19 WHG) zu verseuchen. Die Polizei beauftragt daraufhin einen Bauunternehmer, das kontaminierte Erdreich abzuräumen. Vom Halter des Tankwagens fordert sie sodann Ersatz ihrer Aufwendungen gegenüber dem Bauunternehmer.

3. Jemand hat Wiedergutmachungsleistungen erhalten, die zu hoch berechnet waren. Nachdem dies rechtskräftig festgestellt ist, verlangt die Bundesrepublik die überzahlten Leistungen durch VA (Erstattungsbescheid) zurück. Der Empfänger wendet ein, er habe das Geld längst verbraucht.

4. Ein ehemaliger Kriegsgefangener macht einen Anspruch nach dem Kriegsgefangenen-Entschädigungsgesetz geltend. Die Behörde lehnt den Antrag ab; erst nach Jahren setzt der Antragsteller seinen Anspruch mit Hilfe der Gerichte durch. Er verlangt nunmehr außer dem Entschädigungsbetrag auch Verzugs- und Prozesszinsen. Mit Recht?

(Lösungshinweise in Rn. 328)

Wollte man Verwaltungsrecht nur oder vornehmlich als Lehre von den Handlungsformen der Verwaltung auffassen – und die stark vom Prozessrecht beeinflusste Lehre zeigte lange eine Tendenz dahin –, so geriete man in Gefahr, wichtige Teile

287

der Staat-Bürger-Beziehungen auszuklammern. Viele praktisch bedeutsame Fragen könnten dann nur als Gegenstände des jeweils einschlägigen *besonderen* Verwaltungsrechts behandelt werden; übergreifende Aspekte würden eher zurückgedrängt. Deshalb darf das Augenmerk nicht auf das Verfahren und die Handlungsformen der Verwaltung beschränkt bleiben; wenn das Ziel des Verwaltungsverfahrens, der Erlass eines Verwaltungsaktes oder der Abschluss eines verwaltungsrechtlichen Vertrages, erreicht ist, fangen die Probleme häufig erst an.

Hier aber, wenn sich die rechtlichen Beziehungen zwischen Verwaltung und Bürgern schon „verdichtet" haben[1], kann der Begriff des Verwaltungsrechtsverhältnisses eine wichtige Hilfe darstellen, um sich die materiellen Rechtsbeziehungen genauer vorzustellen und sie in größere Zusammenhänge einzuordnen. Rechtsprechung und Lehre haben Regeln über öffentlich-rechtliche Rechtsverhältnisse entwickelt, die als Ausgangspunkte und Argumentationsansätze für die Feststellung von Rechten und Pflichten der Beteiligten dienen können[2]. Im Prozessrecht taucht der Begriff des Rechtsverhältnisses bei der Feststellungsklage auf (§ 43 VwGO)[3].

1. Das allgemeine Staat/Bürger-Verhältnis, die Verwaltungsrechtsverhältnisse und die besonderen Rechts- und Pflichtverhältnisse

288 Die Rechtsordnung nimmt jeden, der ihr unterworfen ist, in Pflicht und gibt jedem bestimmte Rechte, angefangen von den Grundrechten der Verfassung. Deshalb steht jeder zum Staat in *einem „allgemeinen Rechtsverhältnis"*. Allerdings ist dies noch kein Rechtsverhältnis des Bürgers gerade zur *Verwaltung,* und vor allem ist es noch in so hohem Grade allgemein, dass es nicht als Rechtsverhältnis im Sinne des Prozessrechts (§ 43 VwGO) anerkannt wird; man kann also z. B. nicht die gerichtliche Feststellung erlangen, dass ein Grundrecht auf freie Demonstration (oder irgendein anderes Recht aus dem Katalog der Art. 1 bis 19 GG) besteht – oder vielmehr: eine solche Klage ist nur zulässig, wenn sich die rechtlichen Beziehungen zwischen Staat und Bürger schon verdichtet, konkretisiert haben, wenn also etwa eine Behörde einem Bürger, der eine Versammlung angekündigt hat, das Recht zur Kundgabe einer Meinung bestreitet. Solange es nicht zu einer „Berührung" zwischen Staat und Bürger gekommen ist, bleiben die Rechtsbeziehungen zwischen diesen beiden Rechtssubjekten verborgen (lateinisch: latent), sie „ruhen". Gerade in dieser „*Latenz*" des allgemeinen Rechtsverhältnisses zeigt sich der rechtsstaatliche Charakter des Gemeinwesens: der Staat nimmt den Bürger konkret nur in Anspruch, wenn ein besonderer Anlass dazu besteht, der Bürger braucht auf seine allgemeinen Rechte gegen den Staat erst zurückzugreifen, wenn er schon in einen engeren Kontakt zum Staat geraten ist. Erst dann entsteht ein **„Verwaltungsrechtsverhältnis".**

---

1 Vgl. *Erichsen*, in: *ders./Ehlers*, § 11 Rn. 3 ff.
2 Skeptisch gegenüber der Leistungsfähigkeit dieses Ansatzes jedoch insbesondere *Maurer*, § 8 Rn. 24 f. sowie *Peters*, Die Verwaltung 2002, 177 ff.
3 Ausführlich zum Verhältnis von Handlungsformenlehre und Rechtsverhältnislehre *Bauer*, Die Verwaltung 1992, 301. Er begründet die Notwendigkeit, die eine durch die andere zu ergänzen.

Früher konnte man von einem *allgemeinen Gewaltverhältnis* als Gegenstück zum *besonderen Gewaltverhältnis* sprechen, innerhalb dessen der Bürger stark eingebunden war. Diese Rechtsfigur ist schon wegen ihrer Begrifflichkeit („Gewalt") nicht mehr zeitgemäß; *alle* Beziehungen zwischen Staat und Bürger sind heute durch *Recht* bestimmt und beschränkt (zur Kritik des besonderen Gewaltverhältnisses s. schon oben Rn. 187 ff.). Aus demselben Grunde – um die Beschränkung der Befugnisse zu betonen – wurde im Privatrecht z. B. die „elterliche Gewalt" durch die „elterliche Sorge" ersetzt; die Sorge für die Person des Kindes wird seit 1979 definiert als „das Recht und die Pflicht, das Kind zu pflegen, zu erziehen" etc. (§§ 1626, 1631 BGB). Freilich sollte durch Änderung der Terminologie nicht verdrängt werden, dass Recht seinerseits „Herrschaft" über Menschen begründet und diese oft – vor allem wenn sie ungerecht ausgeübt wird – als „Gewalt" empfunden wird.

289

Gewisse Rechtsbeziehungen, die früher wegen der starken Stellung der einen Seite als Gewaltverhältnisse bezeichnet wurden, sind auch heute noch durch deutliche, rechtlich gesicherte Überlegenheit des einen Partners gekennzeichnet. Sie sollen als besondere Rechts- und Pflichtverhältnisse zusammengefasst werden. Sie haben regelmäßig den Charakter eines *personenbezogenen* Rechtsverhältnisses (s. u. Rn. 304 f. und Rn. 880 ff.). Zwischen dem latenten allgemeinen Rechtsverhältnis des Bürgers zum Staat und den besonderen Rechts- und Pflichtverhältnissen liegt die Vielzahl und Vielfalt der „normalen" Verwaltungsrechtsverhältnisse, die im Folgenden zunächst zu behandeln sind.

290

Auch sie sind, wie insbesondere *Häberle*[4] dargelegt hat, „etwas Besonderes" gegenüber dem allgemeinen Staat/Bürger-Verhältnis; „es gibt kein allgemeines Staat/Bürger-Verwaltungsrechtsverhältnis; es gibt nur je besondere Verwaltungsrechtsverhältnisse, sei es in Gestalt des Sonderstatus, sei es in Form von verwaltungsrechtlichen Sonderverbindungen oder in anderer Form". Auch *Häberle* betont aber, dass Verwaltungsrechtsverhältnisse „die Normalität des Verwaltungsalltags im Hinblick auf die Bürger" bestimmen[5].

Zur Vertiefung: vgl. a. *Henke,* Das subjektive Recht im System des öffentlichen Rechts, DÖV 1980, 621; *Zuleeg,* Hat das subjektive öffentliche Recht noch eine Daseinsberechtigung?, DVBl. 1976, 509; *Fleiner-Gerster, Öhlinger* und *Krause,* Rechtsverhältnisse in der Leistungsverwaltung, VVDStRL 45, 1987, 152 ff.; *Pietzker, Gröschner* und *von Danwitz,* Die Verwaltung 1997, 281-363.

291

2. Entstehung von Verwaltungsrechtsverhältnissen

Rechtsverhältnisse, auch die des Verwaltungsrechts, sind nicht denkbar ohne die Vorprägung durch *Gesetzesnormen,* die den Handlungen der Beteiligten als regelmäßige Rechtsfolge bestimmte Veränderungen, Klarstellungen oder Bekräftigun-

292

---

4 Das Verwaltungsrechtsverhältnis – eine Problemskizze, in: *ders.*, Die Verfassung des Pluralismus, 1980, S. 248 ff.
5 A. a. O., S. 70.

gen in der Rechte- und Pflichtenverteilung zuordnen. Im Allgemeinen bedarf es aber zusätzlich der konkreten Entscheidung durch VA oder Vertrag, um ein bestimmtes Rechtsverhältnis zwischen Staat und Bürger zu begründen.

a) Entstehung durch Gesetz

293 Zentrale Rechte und Pflichten des Staatsbürgers – Wahlrecht, Steuerpflicht, Wehr- und Zivildienstpflicht (Art. 12 a GG), Schulpflicht, Sozialleistungsansprüche –, aber auch Verhaltensgebote und -verbote für viele Lebenssituationen – insbesondere Teilnahme am Straßen-, Luft- und Wasserstraßenverkehr, Benutzung öffentlicher Einrichtungen – sind durch Gesetze unmittelbar geregelt. Die Schulpflicht entsteht für alle Einwohner nach Vollendung des sechsten Lebensjahres; die Wehrpflicht für alle Männer bei Vollendung des achtzehnten Lebensjahres; die Umsatzsteuerschuld entsteht mit der jeweiligen Lieferung oder Leistung, der Sozialhilfeanspruch bei Bedürftigkeit. Auch Verordnungen und Satzungen können Rechtsverhältnisse begründen (z. B. Anzeige- und Auskunftspflichten, Anschluss- und Benutzungszwang mit weiteren Konsequenzen).

b) Konkretisierung durch Verwaltungsakt

294 In aller Regel bedarf es aber zusätzlich der *Konkretisierung,* um genau festzulegen, welche Rechte und Pflichten für die jeweils Beteiligten gelten sollen, und dazu dient normalerweise der VA. Ob ein im Jahre 2000 geborenes Kind im Jahre 2006 oder erst 2007 eingeschult wird, wird nach einem Schuleignungstest und schulärztlicher Untersuchung entschieden; ob der Wehrpflichtige X zum Wehrdienst einberufen wird, hängt vom Ergebnis der Musterung ab; außerdem ist es möglich, dass er den Wehrdienst verweigert und zum Zivildienst einberufen wird. Während die Lohnsteuer regelmäßig vom Gehalt abgezogen wird, muss die Einkommensteuerschuld durch Steuerbescheid, also einen VA, festgesetzt werden; für viele andere Steuern gilt dasselbe. Nur bei straf- oder bußgeldbewehrten Verhaltenspflichten entfällt meist die zusätzliche (vorherige) Konkretisierung; doch muss ja die Höhe der Strafe oder des Bußgeldes nachträglich in einem besonderen Verfahren festgesetzt werden.

295 In der AO spiegelt sich diese Konstellation so: Die Ansprüche aus dem Steuerschuldverhältnis „entstehen" zwar nach § 38 AO bereits, „sobald der Tatbestand verwirklicht ist, an den das Gesetz die Leistungspflicht knüpft". Aber mit der *Entstehung* der Ansprüche ist es nicht getan, es bedarf ihrer *Verwirklichung,* und hierzu bestimmt § 218 Abs. 1 AO: „Grundlage für die Verwirklichung von Ansprüchen aus dem Steuerschuldverhältnis (§ 37) sind die Steuerbescheide, die Steuervergütungsbescheide, die Haftungsbescheide und die Verwaltungsakte, durch die steuerliche Nebenleistungen festgesetzt werden; bei den Säumniszuschlägen genügt die Verwirklichung des gesetzlichen Tatbestandes (§ 240). Die Steueranmeldungen (§ 168) stehen den Steuerbescheiden gleich." Realistischerweise rechnet der Gesetzgeber auch mit Streitigkeiten und erinnert daran, dass dann der VA als Mittel der verbindlichen Entscheidung zur Verfügung steht: „Über Streitigkeiten, die die Verwirklichung der Ansprüche im Sinne des Absatz 1 betreffen, entscheidet die Finanzbehörde durch Verwaltungsakt ..." (§ 218 Abs. 2).

Überall da, wo die Verwaltung Leistungen nach bestimmten Regeln (Subventionsrichtlinien, Benutzungsordnungen, Anstaltsordnungen) erbringt, ist eine Prüfung erforderlich, ob die Voraussetzungen im Einzelfall erfüllt sind, und diese Prüfung führt zum Erlass eines VA (Bewilligung, Zulassung). Auch die meisten Sozialleistungen müssen individuell berechnet und durch VA (Leistungsbescheid) festgesetzt werden. Die einseitige Zusicherung (Zusage) gemäß § 38 Abs. 1 S. 1 VwVfG begründet ebenfalls ein Verwaltungsrechtsverhältnis. S. a. unten Rn. 682 ff. und 841. 296

Davon, ob ein Gesetz oder eine andere Rechtsnorm „*self executing*" ist, es also keines Vollzugsaktes mehr zur Individualisierung der Regelung bedarf, hängt die Zulässigkeit einer Verfassungsbeschwerde gegen diese Rechtsnorm ab; denn der Beschwerdeführer muss von dieser Norm „gegenwärtig und unmittelbar" betroffen sein. Für einen Bebauungsplan ist dies vom BVerfG[6] bejaht worden. Dieser Plan hatte eine öffentliche Straße festgesetzt und damit die Rechtsgrundlage für Verkehrslärmimmissionen geschaffen, und durch die spätere Widmung der Straße zum Verkehr wurde diese Wirkung des Bebauungsplanes nach Ansicht des BVerfG „lediglich aktualisiert". 297

Weitere Gruppen von Rechtsverhältnissen bedürfen schon deshalb der Begründung durch einen besonderen Rechtsakt, weil die Verwaltung hier auch in Bezug auf die Beteiligten die Wahl hat: Beamte und Berufssoldaten werden nach einem Auswahlverfahren ernannt, und von mehreren polizeirechtlich gleichrangig Verantwortlichen darf nur derjenige zu einer Verpflichtung herangezogen werden, der am wenigsten belastet wird. 298

c) Verwaltungsrechtlicher Vertrag

Auch durch einen verwaltungsrechtlichen Vertrag können Rechte und Pflichten des Bürgers und darüber hinaus solche der Verwaltung konkretisiert werden. Bei komplexeren Regelungsgegenständen müssen die einzelnen Pflichten und Rechte entweder ausgehandelt werden – dann entsteht das neue Rechtsverhältnis durch verwaltungsrechtlichen Vertrag – oder in einem Planungsverfahren bestimmt werden. 299

Die **Aufnahme von Verhandlungen** über ein Verwaltungsrechtsverhältnis begründet ihrerseits schon ein Vorverhältnis, das durchaus die Grundlage für Rechte und Pflichten sein kann, so wie im Zivilrecht Ansprüche aus Verschulden beim Vertragsschluss (culpa in contrahendo) anerkannt sind. So hat das OVG Münster[7] in dem Fall der misslungenen Betriebserweiterung (*Ausgangsfall 1*) einen Schadensersatzanspruch zugebilligt, und ebenso hat der BGH entschieden, weil eine Planung und die dazu vorgesehene Vereinbarung jahrelang offen gehalten wurden[8]. 300

Ob analog der früher vertretenen (inzwischen aber aufgegebenen) zivilrechtlichen Lehre auch im öffentlichen Recht der **faktische Vertrag** anerkannt werden kann, ist umstritten. *Henke*, der dafür eintritt, verweist auf den Fall der Elektrizitätslieferung 301

---

6 BVerfGE 79, 174, 187 ff.
7 OVG Münster, MDR 1971, 331.
8 BGH, DVBl. 1979, 230.

§ 8 *Verwaltungsrechtliche Rechtsverhältnisse – Allgemeine Lehren*

bei fehlerhaftem oder fehlendem Vertragsschluss[9] – freilich ist diese *Leistungsbeziehung* in der Regel zivilrechtlicher Natur. Die Alternative besteht darin, die Begründung des Rechtsverhältnisses in dem *Realakt* der Inanspruchnahme von Leistungen zu sehen; dazu sogleich mehr. Mit der Prüfung, ob bei fehlerhafter Begründung eines Beamtenverhältnisses ein faktisches Dienstverhältnis oder eine ähnliche durch Fakten begründete Rechtsbeziehung anzunehmen ist, tut sich die Rechtsprechung schwer[10].

d) Realakte

302 Rechtsverhältnisse des Verwaltungsrechts entstehen aber nicht nur aus Rechtsakten, sondern auch aus *Realakten*. In Betracht kommen:
– Handlungen und Unterlassungen ohne Regelungsgehalt, die bei anderen einen Schaden verursachen (**Delikte**), sie können ein *Haftungs*verhältnis entstehen lassen, s. unten Rn. 1105 ff.
– „**Geschäftsführung**" für andere *mit oder ohne Auftrag*.
– **Fund** oder **Verwahrung** von Sachen kann ebenfalls zur Haftung führen; auf jeden Fall besteht ein Rückgabeanspruch des Eigentümers; vgl. Rn. 958 ff. („**öffentlich-rechtliche Verwahrung**").
– **Leistungen ohne Rechtsgrund** begründen eine Rückerstattungspflicht des „ungerechtfertigt Bereicherten" analog zivilrechtlichen Grundsätzen (§ 812 ff. BGB, s. a. Rn. 875 ff.).
– Freigabe eines Weges zum öffentlichen Verkehr („**Eröffnung von Verkehr**") kann zur Haftung für Schäden führen, die den Benutzern durch schlechten Zustand des Weges entstehen (Verkehrssicherungspflicht, vgl. Rn. 951 ff. und 1118).
– Die **Speicherung personenbezogener Daten** begründet ein Rechtsverhältnis zum Betroffenen, aus dem Ansprüche auf Auskunft, Berichtigung, Sperrung oder Löschung nach BDSG, Landesdatenschutzgesetzen oder bereichsspezifischem Datenschutzrecht (z. B. SGB X §§ 79 ff.) folgen können.

Genau genommen, ist die Entstehung von Rechtsverhältnissen aus Realakten ein Unterfall ihrer Entstehung durch Gesetz; denn ohne die entsprechende gesetzliche Bestimmung hätte die Handlung oder das Ereignis keine oder eine andere rechtliche Bedeutung.

3. Arten verwaltungsrechtlicher Rechtsverhältnisse

a) Unterscheidung nach Beteiligten

303 An einem Verwaltungsrechtsverhältnis ist stets mindestens eine Verwaltungsbehörde beteiligt – sonst wäre es kein Verwaltungsrechtsverhältnis, auf der anderen Seite aber kann ein Einzelner (natürliche oder juristische Person des Privatrechts) oder eine andere Behörde stehen (vgl. zum verwaltungsrechtlichen Vertrag unten

---
9 JZ 1984, 443.
10 Vgl. *Schenke*, Fälle zum Beamtenrecht, 2. A. 1990, S. 40 ff. m. w. N.

Rn. 848 ff. und Rn. 873 f.). Neben dem „schlichten" Verwaltungsrechtsverhältnis zwischen zwei Beteiligten gibt es komplizierte Drei- und Mehrecksverhältnisse. An Massenrechtsverhältnissen (z. B. Planungen) können Hunderte von Personen beteiligt sein.

b) Unterscheidung nach Gegenständen

Der Charakter eines Verwaltungsrechtsverhältnisses hängt selbstverständlich entscheidend davon ab, worauf es sich bezieht: auf persönliche Verhaltensweisen (Handeln, Unterlassen oder Dulden) der beteiligten Bürger, auf vermögenswerte Leistungen oder auf die Nutzung körperlicher Gegenstände (Sachen). Die Intensität der Rechtsbeziehungen, der Grad an Bindung, das Gewicht allgemeiner Grundsätze wie Treu und Glauben sind notwendigerweise unterschiedlich, je nachdem ob es sich um personenbezogene Rechtsverhältnisse wie das Beamtenverhältnis oder die Unterbringung geistig Kranker oder aber um schuldrechtliche Beziehungen wie das Steuerrechts- oder Subventionsverhältnis handelt. **304**

Eine grobe Einteilung mag so aussehen:

aa) **Personenbezogene Rechtsverhältnisse mit besonders intensiver Bindung** *(besondere Rechts- und Pflichtverhältnisse,* früher als „besondere *Gewalt*verhältnisse" bezeichnet, vgl. Rn. 186 ff.): **305**
– Beamten-/Soldaten-/Richterverhältnis;
 andere Dienst- und Leistungsverhältnisse (Zivildienst, Feuerwehrdienst, ähnlich die alten „Hand- und Spanndienste");
– Verhältnis Schüler/Schule;
– Mitgliedschaftsverhältnis in öffentlich-rechtlichen Körperschaften (Kammern, Hochschulen usw.);
– Verhältnis Strafgefangener bzw. Untersuchungshäftling/Vollzugsanstalt;
– Verhältnis Untergebrachter/Krankenhaus bzw. Erziehungsanstalt;
– Fürsorge-Verhältnis bei Heimaufenthalt (Pflegebedürftiger/Heimträger) oder in der Jugend- und Familienfürsorge.

bb) **Verhaltensbezogene Rechtsverhältnisse**, in denen die Person nur teilweise, in einzelnen Beziehungen und i. d. R. nur zeitweise (also nicht für längere Zeit oder auf Dauer) in Anspruch genommen wird. Man kann hier auch von *Ordnungsrechtsverhältnis (Aufsichtsverhältnis)* sprechen; denn das Sicherheits- und Ordnungsrecht, das die potenziellen Aufsichtsbefugnisse begründet, ist der Hauptanwendungsbereich: **306**
– Rechtsverhältnisse als Folge von *Polizeipflichten* (Durchführung eines Abriss- oder Ausbesserungsgebotes für ein Bauwerk, Beseitigung einer Ölspur, Duldung der Inanspruchnahme eigener Sachen für polizeiliche Zwecke). Diese Rechtsverhältnisse sind im Allgemeinen von flüchtiger Natur; sie erschöpfen sich in der Regel in der Durchführung der jeweiligen polizeilichen Verfügung, aber gelegentlich können auch hier Nebenpflichten, Obhutsgebote und Haftungsfragen akut werden, so dass allgemeine Grundsätze über das Verwaltungsrechtsverhältnis anwendbar sein können.

– Entsprechende Verhaltensgebote kommen auch in anderen Bereichen der Verwaltung vor, z. B. im Gewerbe- und Umweltschutzrecht (die ja verselbstständigte „Ableger" des Polizeirechts darstellen). So folgen gewisse gegenseitige Pflichten u. U. aus gewerberechtlichen Erlaubnissen. Die Auflagen, die dem Betreiber umweltgefährdender Anlagen gemacht werden, lassen sich meist nicht sofort erfüllen, und ihre Erfüllung muss über längere Zeiträume hin kontrolliert werden. Dadurch besteht ein längerfristiges oder gar dauerndes Verwaltungsrechtsverhältnis zwischen Betreiber und Erlaubnis-(Genehmigungs-)behörde.

307 *cc)* **Vermögensbezogene Verwaltungsrechtsverhältnisse** (verwaltungsrechtliche Schuldverhältnisse):

Leistungs-, insbesondere Zahlungspflichten ergeben sich in allen möglichen Bereichen der Verwaltung. Soweit sie aus *Dienstverhältnissen* herrühren (Beamten- und Angestelltengehalt, Wehrsold u. ä.), folgen sie speziellen Regeln des jeweiligen Sonderrechts. Die *Steuerpflicht* als *die* typische öffentlich-rechtliche Zahlungspflicht ist in den Steuergesetzen ausführlich geregelt, so dass für die Anwendung allgemeiner Grundsätze wenig oder kein Raum bleibt. Auch *andere öffentliche Abgaben* (Beiträge und Gebühren) sind überwiegend spezialgesetzlich geregelt; zu nennen sind auch die wirtschaftslenkenden Abgaben an Fonds (z. B. Stabilisierungsfonds für Wein[11]). Umfassende, z. T. hochkomplizierte Normenwerke gelten schließlich für die vermögenswerten Leistungen der *Sozialleistungsträger*. Die Verwaltungsrechtslehre ist sich noch uneinig darüber, inwieweit das allgemeine Rechtsinstitut „Verwaltungsrechtsverhältnis" auch für diese Gebiete brauchbar ist[12].

Als verwaltungsrechtliche Schuldverhältnisse, die *nicht spezialgesetzlichen* Bestimmungen unterworfen sind, bleiben einige Fallgruppen übrig, in denen vermögenswerte Leistungen aus eher *zufälligem* oder jedenfalls nicht alltäglichem Anlass geschuldet werden[13]:
– aus Verträgen (die meist eine besondere Situation voraussetzen, in der die gesetzlichen Lösungsmodelle nicht ganz passen); zu ihnen vgl. § 21;
– aus ungerechtfertigter Bereicherung und Geschäftsführung für andere mit oder ohne Auftrag, dazu Rn. 309 ff.;
– aus der Bewilligung von Zuwendungen (Subventionen), vgl. Rn. 909 ff. (auch hierfür gelten aber in manchen Bereichen schon gesetzliche Bestimmungen).

308 *dd)* **Sachbezogene Verwaltungsrechtsverhältnisse:**

Sie sind von den schuldrechtlichen Beziehungen dadurch abgesetzt, dass hier die Nutzung von Sachen den Ausgangspunkt der Rechtsbeziehung bildet. Selbstverständlich können auch daraus vermögenswerte Ansprüche (z. B. auf Herausgabe und Schadensersatz) folgen. Im Einzelnen lassen sich unterscheiden:

---

11 Dazu BVerfGE 37, 1.
12 Vgl. dazu *Häberle*, a. a. O. (Anm. 4), aber auch *Pietzker* u. a., Die Verwaltung 1997, 281 ff.
13 S. a. *Windthorst*, JuS 1996, 605.

– Nutzungsverhältnisse in Bezug auf öffentliche Sachen (dazu Rn. 919 ff.),
– Rechtsbeziehungen in Bezug auf private Sachen, die sich in der tatsächlichen Gewalt öffentlicher Stellen befinden, insbesondere *öffentlich-rechtliche Verwahrung* (vgl. BGHZ 4, 192, unten Rn. 958 ff.).
– Eine besondere Kategorie bilden die *Planungsverhältnisse* (Raumordnung, Bauplanung, Sanierung, Umlegung und Flurbereinigung). Sie sind in einer Darstellung des allgemeinen Verwaltungsrechts nicht mehr unterzubringen (vgl. jedoch Rn. 273 ff. und 658 ff.).

4. Allgemeine Regeln über Verwaltungsrechtsverhältnisse

„Allgemeine Teile" einer Rechtsmaterie sind oft fragwürdig. Wenn sie so abstrakt ausfallen, dass sie für die Lösung gegebener Probleme kaum noch etwas erbringen, sollte man ganz auf sie verzichten. Auf jeden Fall ist bei der Beurteilung eines Rechtsproblems stets zunächst zu prüfen, welche *speziellen* Gesetzesbestimmungen einschlägig sind. Andererseits müssen einige übergreifende Grundsätze in *allen* Rechtsgebieten zur Geltung gebracht werden. Zur Vereinfachung der Rechtstechnik ist es überdies zweckmäßig, diejenigen Fragen, die sich überall gleich stellen, vor die Klammer zu ziehen und gleich zu beantworten.

309

a) Haupt- und Nebenpflichten; Beachtung von Treu und Glauben

Als Ausdruck allgemeiner Rechtsgedanken, die möglichst in allen Rechtsgebieten gelten müssen, werden verschiedene Rechtsinstitute des **Zivilrechts** angesehen. Zum einen entstehen aus dieser „Rezeption" des Zivilrechts bestimmte öffentlich-rechtliche Ansprüche, zum anderen wirken zivilrechtliche Grundsätze wie die Rücksicht auf Treu und Glauben in die verwaltungsrechtlichen Rechtsverhältnisse hinein. Daraus folgt u. a.:

310

Aus dem jeweiligen Verwaltungsrechtsverhältnis folgen *Hauptpflichten* (Erfüllung des verwaltungsrechtlichen Vertrages, Leistung der Dienste im Rahmen des Beamtenverhältnisses, Erfüllung der Auflagen bei der Planung eines Bauwerkes). Außerdem aber können – je nach der Intensität der Bindung, die durch das konkrete Rechtsverhältnis begründet ist – *Nebenpflichten* bestehen, die der gebotenen Rücksicht auf die Interessen der anderen Seite dienen sollen[14]. Die Grundsätze von *Treu und Glauben* sind auch im Verwaltungsrecht zu beachten. Je stärker ein Verwaltungsrechtsverhältnis auf Kooperation der Beteiligten angelegt ist, desto stärker sind auch die Pflichten zur gegenseitigen Information, Rücksichtnahme, u. U. Fürsorge. Die Verwaltung hat z. B. im Verwaltungsverfahren *Auskunfts- und Fürsorgepflichten* gegenüber ihren „Kunden" (vgl. Rn. 644 ff.). Aus Treu und Glauben kann

311

---

[14] Krit. gegenüber der Unterscheidung von Haupt- und Nebenpflichten *Peters*, Die Verwaltung 2002, 195 ff. Dass bestimmte Pflichten der Verwaltung „konstitutiv für ein rechtsstaatliches Verfahren" sind (*Peters* a. a. O. S. 205), ändert aber nichts an ihrem nachrangigen („dienenden") Verhältnis zu dem materiellen Ziel des jeweiligen Verfahrens.

als eine Nebenpflicht des Verwaltungsrechtsverhältnisses auch nach einem abgeschlossenen Verwaltungsverfahren ein Anspruch auf ermessensfehlerfreie Entscheidung über Akteneinsicht folgen[15]. Umgekehrt sind auch die anderen Beteiligten – z. B. Planer und Betreiber eines Industrieunternehmens, Nutzer einer speziellen Infrastruktur-Anlage – zur Anzeige an die Verwaltung verpflichtet, wenn sich z. B. Daten ändern, die für weitere Entscheidungen der Verwaltung bedeutsam sind.

312 Ein *Zurückbehaltungsrecht* analog § 273 BGB wird im öffentlichen Recht nur ausnahmsweise anerkannt, nämlich wenn sich auch die Leistungspflicht analog aus dem BGB ergibt und nicht wenn der Anspruch durch bestandskräftigen VA festgestellt ist; sonst könnten auf diese Weise die Bestimmungen der §§ 48 ff. VwVfG umgangen werden[16].

313 In diesen Zusammenhang der Nebenpflichten aus dem Verwaltungsrechtsverhältnis gehört auch die Pflicht, *personenbezogene Daten* des Bürgers *zu schützen*. Die Datenschutzgesetze haben Ermächtigungstatbestände aufgestellt, die dem Gesetzesvorbehalt (Verarbeitung personenbezogener Daten nur mit Einwilligung des Betroffenen oder aufgrund gesetzlicher Ermächtigung, vgl. § 4 BDSG) entsprechen. Die Verwaltung ist durch diese Bestimmungen zu einem entsprechenden Verhalten dem Betroffenen gegenüber verpflichtet (Unterlassungs-, Löschungs- oder Berichtigungsanspruch; vgl. §§ 6, 19, 20, 34 BDSG).

b) Abwicklung, Leistungsstörungen

314 Für die *Abwicklung* des Verwaltungsrechtsverhältnisses und für die Folgen von *Leistungsstörungen* und anderen Pflichtverletzungen sind subsidiär, also sofern keine speziellen Normen eingreifen, ebenfalls Regeln des Zivilrechts heranzuziehen. Das Einstehenmüssen für die Folgen pflichtwidriger, zu vertretender Störungen einer geschuldeten Leistung ist ein allgemeiner Rechtsgrundsatz wie der, dass Verträge einzuhalten sind. Freilich gibt es im öffentlichen Recht ein System besonderer Regeln, verkürzt als Staatshaftung bezeichnet; die meisten Fälle der Verletzung öffentlich-rechtlicher Pflichten unterfallen (auch) den Regeln der Staatshaftung (s. unten § 26).

315 Die Haftung nach dem Staatshaftungsrecht schließt aber diejenige aus öffentlich-rechtlichen Verträgen und ähnlichen Rechtsverhältnissen einschließlich Dienstverhältnissen nicht aus, vielmehr können entsprechende Schadensersatzansprüche wegen desselben Sachverhalts *neben* der Staatshaftung geltend gemacht werden. Die entsprechende Klarstellung, die § 15 Nr. 1 StHG enthielt, ist als weiterhin gültig anzusehen. Der wesentliche Vorteil der besonderen Haftung aus dem jeweiligen Verwaltungsrechtsverhältnis besteht darin, dass die Regel des § 278 BGB (Verschulden des gesetzlichen Vertreters und der Erfüllungsgehilfen ist wie eigenes

---

15 Vgl. OVG Rh.-Pf., DVBl. 1991, 1367.
16 VGH Kassel, NJW 1996, 2746.

Verschulden zu vertreten) anzuwenden ist, die den Geschädigten günstiger stellt als die Amtshaftungsnorm des § 839 BGB. Schadensersatzansprüche aus der Verletzung von Pflichten aus öffentlich-rechtlichen Verträgen sind vor den Verwaltungsgerichten geltend zu machen (§ 40 Abs. 2 S. 1 VwGO).

Beispiele für Schadensersatzpflichten aus Verwaltungsrechtsverhältnissen: positive Forderungsverletzung durch Leistungsstörung bei der (durch Satzung geregelten) Benutzung eines städtischen Schlachthofes: BGHZ 63, 7, 11; Verletzung der beamtenrechtlichen Fürsorgepflicht: BVerwGE 94, 163.

Die Regeln über die Leistungsstörungen im Verwaltungsrechtsverhältnis begründen u. U. auch die Haftung der beteiligten Privaten. **316**

Ein **Beispiel:** der Arbeitgeber haftet entsprechend § 278 BGB der Bundesanstalt für Arbeit auf Schadensersatz, wenn seine Buchhaltung eine Arbeits- oder Verdienstbescheinigung nach § 133 AFG zu Lasten des Arbeitsamtes falsch ausfüllt (LSG Celle, NdsRpfl. 1979, 130)[17]. Die Ansprüche aus dem Sozialrechtsverhältnis sind aber im SGB X abschließend geregelt; deshalb kann der Leistungsträger keinen Schadensersatzanspruch wegen Verletzung der Mitwirkungspflicht geltend machen, wenn er unter diesen Umständen Sozialleistungen mehrfach erbracht hat (BVerwG, DÖV 1993, 344, 345).

Ohne hinreichend klare Bestimmungen lassen sich aus dem Verwaltungsrechtsverhältnis keine Schadensersatzansprüche herleiten. Mit dieser Begründung hat das BVerwG[18] einen Anspruch aus öffentlich-rechtlicher positiver Forderungsverletzung abgelehnt, den ein Land gegen Studentenvertreter geltend gemacht hatte. Die Rechtsbeziehungen waren in diesem Fall zu vielschichtig, die herangezogenen Rechtssätze als Eingriffsnormen zu unbestimmt. Nicht nur Erstattungsansprüche, sondern auch Schadensersatzansprüche können im Rahmen von Über-/Unterordnungsverhältnissen durch Verwaltungsakt geltend gemacht werden. **317**

Ein **Beispiel** dafür, dass dieses Verhältnis *nicht* gegeben ist, bringt BSGE 49, 291: ein Arbeitgeber hatte der Bundesanstalt für Arbeit durch unrichtiges Ausfüllen einer Arbeitsbescheinigung Schaden zugefügt; der Ersatzanspruch konnte nur im Klagewege geltend gemacht werden, weil der Arbeitgeber bei *dieser* Verpflichtung (anders als in Bezug auf *Beitragspflichten* zur Sozialversicherung) dem Leistungsträger nicht „untergeordnet" ist.

c) Vorschriften der Abgabenordnung

Hier nicht näher zu besprechende Einzelregelungen für das *Steuerschuldverhältnis* enthält die Abgabenordnung (§§ 33-50, aber auch §§ 218 ff.). Von allgemeinem Interesse für verwaltungsrechtliche Schuldverhältnisse – weil in den Verwaltungsvollstreckungsgesetzen auf sie verwiesen wird – sind dabei die Bestimmungen über Gesamtschuld (§ 44), Gesamtrechtsnachfolge (§ 45), Abtretung, Verpfändung und Pfändung (§ 46), Erlöschen der Ansprüche (§ 47 f., 224 ff.), Leistung durch Dritte und Haftung Dritter (§ 48). Für die *Aufrechnung* mit Ansprüchen aus dem Steuer- **318**

---

17 Dazu *Rüfner*, JuS 1981, 259.
18 BVerfG, NJW 1996, 2669.

schuldverhältnis sowie für die Aufrechnung gegen diese Ansprüche verweist § 226 AO auf die Vorschriften des bürgerlichen Rechts, modifiziert diese jedoch im Interesse des Fiskus (Abs. 2 und 3).

d) Verzinsung von Forderungen

319 Eine Besonderheit des Verwaltungsrechts gegenüber dem Zivilrecht besteht darin, dass in aller Regel bei *Verzug* des Leistungspflichtigen *keine Zinsen* geschuldet werden[19]. Allerdings enthält § 49a Abs. 3 VwVfG eine Vorschrift über die Verzinsung von Erstattungsforderungen nach Rücknahme oder Widerruf von VAen (5 Prozentpunkte über dem Basiszinssatz jährlich). Auch das SGB trifft Bestimmungen über die Verzinsung (§§ 44 SGB I, 27 SGB IV). Nach § 233 S. 1 AO werden Ansprüche aus dem Steuerschuldverhältnis nur verzinst, soweit dies gesetzlich vorgeschrieben ist.

Der Steuerpflichtige muss seinerseits bei Verzug einen *Säumniszuschlag* zahlen (§ 240 AO). Nach Ansicht des BayerVGH[20] ist die Verwaltung berechtigt, bei verspäteter Erfüllung ihrer vertraglichen Ansprüche Verzugszinsen zu verlangen. Von dem Interesse des Schuldners und von dem Prinzip der Gleichbehandlung von Staat und Bürger ist in dieser Entscheidung nicht die Rede. – Im Übrigen sind Prozesszinsen zu zahlen[21].

e) Auftrag und Geschäftsführung ohne Auftrag

320 Auftrag und Geschäftsführung ohne Auftrag sind als Verwaltungsrechtsverhältnisse in Analogie zu den zivilrechtlichen Rechtsfiguren dieses Namens entwickelt worden. Wenn jemand befugterweise für einen anderen handelt, muss er nach allgemeinen Rechtsgrundsätzen **das Erlangte herausgeben** und kann andererseits **Ersatz seiner Aufwendungen** verlangen.

321 Allerdings geschieht es selten, dass eine Behörde ohne besondere gesetzliche Grundlage für einen Bürger tätig wird – der Schulfall ist die Tätigkeit von Polizei und Feuerwehr zur Rettung von Menschenleben oder zur sofortigen Beseitigung von Gefahren, die von privaten Gegenständen ausgehen (aus einem Tankwagen auslaufendes Öl, einsturzgefährdeter Balkon). Soweit nicht ein gesetzlicher Rettungs- oder Feuerwehrtarif anzuwenden ist, kommt eine Inanspruchnahme des eigentlich Polizeipflichtigen, nämlich des Eigentümers oder dessen, der die tatsächliche Gewalt über die Sache ausübt, aufgrund von Polizeirecht (§ 5 ME PolG, *Ausgangsfall 2*) in Betracht. Nur wenn auch diese Bestimmungen nicht anwendbar

---

19 St. Rspr., vgl. BVerwGE 14, 1 für die Kriegsgefangenenentschädigung; 16, 346 für Dienst- und Versorgungsbezüge; 21, 44 für Lastenausgleichs-Leistungen; BSG 24, 16, 19 für Renten nach § 186 AVAVG; BVerwGE 15, 78, 81 f. für wiedergutmachungsrechtliche Entschädigung; vgl. näher *Heintschel v. Heinegg*, NVwZ 1992, 522 ff.; BSG, DÖV 1993, 395, 396.
20 DöD 1979, 115.
21 BVerwGE 14, 1; 15, 106; a. A. BSGE 24, 16, 19.

4. Allgemeine Regeln über Verwaltungsrechtsverhältnisse § 8

sind, kann auf die allgemeine Rechtsregel zurückgegriffen werden, wonach die im fremden Interesse erbrachten Aufwendungen vom Begünstigten zu erstatten sind. Zu beachten ist auch, dass die Konstruktion eines Auftragsverhältnisses oder einer Geschäftsführung ohne Auftrag nicht dazu benutzt werden darf, diejenigen Vorschriften zu umgehen, die die Vollstreckung eines VA von strengen förmlichen Voraussetzungen abhängig machen: die Behörde darf z. B. die Ersatzvornahme zur Durchführung eines Verwaltungsgebotes in der Regel erst nach schriftlicher Androhung mit Fristsetzung einleiten (§§ 10, 13 VwVG, s. unten Rn. 982 f.).

Wohl noch seltener wird es geschehen, dass ein Bürger eine Angelegenheit der Verwaltung auftragsweise oder gar in Geschäftsführung ohne Auftrag wahrnimmt. Eher mag es vorkommen, dass öffentlich-rechtliche Körperschaften sich gegenseitig auf diese Weise helfen; dann sind allerdings die Kostenregelungen der einschlägigen Amtshilfebestimmungen zu beachten. Spezielle Bestimmungen gelten auch für die Kostenerstattung unter Sozialleistungsträgern, vgl. z. B. §§ 106 ff. SGB XII. **322**

Beispiele aus der Rechtsprechung: Löschaufwendungen der Feuerwehr nach Funkenflug aus der Bundesbahn: *zivilrechtliche* Geschäftsführung ohne Auftrag (BGHZ 40, 28); Bergung eines verunglückten Tankwagens: ebenfalls zivilrechtliche G.o.A. (BGHZ 63, 167); desgleichen in einem Fall von Bergungsaufwendungen der Wasser- und Schifffahrtsdirektion (BGHZ 67, 255); kritisch dazu *Scherer*, NJW 1989, 2724: Wenn und soweit eine öffentlich-rechtliche Handlungspflicht – z. B. für die Feuerwehr – bestand, wurde kein *fremdes* Geschäft wahrgenommen.

Aus der Literatur: *Claudio Nedden*, Die Geschäftsführung ohne Auftrag im öffentlichen Recht, 1994.

f) Herausgabe des ohne Rechtsgrund Erlangten

Jeder muss dasjenige *herausgeben,* was er *ohne rechtlichen Grund erlangt* hat (ungerechtfertigte Bereicherung). Dieser Rechtssatz wurde früher als Analogie zu den §§ 812 ff. BGB verstanden, gilt heute aber als allgemeiner Grundsatz auch des öffentlichen Rechts[22]. Aus Überzahlungen – sei es des Bürgers (Abgaben), sei es der Verwaltung (Sozialleistungen, Subventionen) – entstehen also öffentlich-rechtliche Erstattungsansprüche. Gesetzliche Ausformungen dieses Anspruchs finden sich in §§ 49a VwVfG, 37 Abs. 2 AO; 26 SGB IV, 50 SGB X. Die §§ 812 ff. BGB, die die Herausgabe ungerechtfertigter Bereicherung im Zivilrecht regeln, sind jedoch nicht unmittelbar und nicht vollständig anwendbar; dies ist vor allem bei § 818 Abs. 3 und § 819 Abs. 1 zu beachten. In verschiedenen öffentlich-rechtlichen Normen ist die entsprechende Anwendung der BGB-Vorschriften ausdrücklich angeordnet und eingegrenzt (vgl. insbesondere § 49a Abs. 2 VwVfG, § 87 Abs. 2 BBG). Lesenswert: BGH, NJW 1985, 2436! **323**

Bei der Prüfung, ob ein Erstattungsanspruch vorliegt, ist zu beachten, dass auch bei Verstößen gegen das materielle Recht ein „rechtfertigender Grund" für die geleistete Zahlung solange fortbesteht, wie der die Zahlung anordnende VA wirksam ist. **324**

---

[22] Vgl. etwa BayerVGH, VerwRspr. 13, 283.

Erstattungsansprüche gegen Private werden häufig durch VA geltend gemacht; es ist aber umstritten, inwieweit dies zulässig ist und nicht vielmehr die Behörde auf den Weg der Klage verwiesen werden muss. *§ 49a Abs. 1 S. 2 VwVfG* bestimmt, dass die zu erstattende Leistung durch schriftlichen VA festzusetzen ist, ebenso § 50 Abs. 3 SGB X. Sonst gilt dies nur *innerhalb eines Über/Unterordnungsverhältnisses* – insbesondere im Beamten- und Soldatenverhältnis[23] (dazu unten Rn. 890).

Der Erstattungsanspruch aus ungerechtfertigter Bereicherung ist die Kehrseite des Leistungsanspruchs; seine Rechtsnatur richtet sich also nach der des Leistungsanspruchs. Ist der Erstattungsanspruch danach privatrechtlich, so verbietet sich folgerichtig die Geltendmachung durch VA[24].

Für die Erstattung von Fehlbeträgen durch Kassenverwalter gilt ein Sondergesetz: das **Erstattungsgesetz** (Sartorius Nr. 215).

325 **Vertiefend zum Erstattungsanspruch:** *Morlok,* Die Verwaltung 1992, S. 371 ff. mit Fallbeispielen.

5. Beendigung von Verwaltungsrechtsverhältnissen

a) Regelmäßige Beendigungsgründe

326 Es gibt ebenso viele Beendigungsgründe wie Entstehungsgründe für das Verwaltungsrechtsverhältnis. Das durch VA begründete Rechtsverhältnis kann u. a. durch Widerruf oder Rücknahme des VA (§§ 48, 49 VwVfG, s. oben § 12) beendet werden, und es kann durch Zeitablauf oder auf andere Weise erledigt werden (vgl. § 43 Abs. 2 VwVfG).

Das Vertragsverhältnis endet durch Vertragserfüllung, Kündigung (vgl. § 60 VwVfG) oder Auflösungsvertrag. Die gesetzliche Regelung ist für das durch VA oder Vertrag begründete Rechtsverhältnis abschließend; für andere Verwaltungsrechtsverhältnisse kann eine Anpassung oder Auflösung analog geboten sein, wenn die „Geschäftsgrundlage", also die von beiden Beteiligten vorausgesetzte Sach- und Rechtslage, wegfällt, sich wesentlich ändert oder als irrig herausstellt (clausula rebus sic stantibus, ein allgemeiner Rechtsgrundsatz). Schließlich können auch öffentlich-rechtliche Ansprüche *verjähren*. Die regelmäßige Verjährungsfrist beträgt seit der Schuldrechtsreform 2002 drei Jahre (§ 195 BGB ist analog anwendbar[25]).

---

23 Vgl. BVerwGE 25, 72, 76; 50, 171 f.; BSGE 40, 96 f.; OVG Münster, DÖV 1982, 124: kein Rückforderungsbescheid für zuviel erstattete Rundfunkgebühr.
24 BVerwG, DÖV 1990, 521 = JZ 1990, 863 m. Anm. *Maurer.*
25 Vgl. BVerwGE 28, 336. S. a. *Geis,* NVwZ 2002, 385 ff.

b) Verwirkung

Ausnahmsweise kann öffentlich-rechtlichen Ansprüchen der Einwand der *Verwirkung* entgegengehalten werden. Nach Treu und Glauben ist es auch Trägern öffentlicher Verwaltung verboten, sich widersprüchlich zu verhalten (venire contra factum proprium). Dies kann angenommen werden, wenn ein Recht längere Zeit nicht geltend gemacht wird und dadurch die Erwartung geweckt wird, auf die Geltendmachung werde ganz verzichtet. Nichtstun allein begründet keine Verwirkung, sondern es müssen *besondere Umstände* hinzukommen. Das BVerwG[26] hat die Voraussetzungen zusammengestellt: das „*Verwirkungsverhalten*" des Gläubigers ist die „Vertrauensgrundlage"; der Verpflichtete vertraut tatsächlich auf die Nichtgeltendmachung („Vertrauenstatbestand") und verhält sich deshalb so, dass ihm durch die verspätete Durchsetzung des Rechts ein unzumutbarer Schaden entstehen würde („Vertrauensverhalten"). Meist wird der Einwand der Verwirkung zurückgewiesen.

327

Zu den Ausgangsfällen:

1. Ja! Zur Begründung s. Rn. 300 m. w. N.

328

2. In diesen Fällen ist zu prüfen, ob die Behörde eine Ersatzvornahme angeordnet hat, also die dem Pflichtigen (Störer) obliegende Handlung von einem Dritten hat vornehmen lassen. Dann kann sie die Kosten der Maßnahme aufgrund der entsprechenden Bestimmungen des Polizeirechts bzw. des Verwaltungsvollstreckungsrechts erstattet verlangen. Ist kein VA vorausgegangen, so kommt sofortiger Vollzug bzw. unmittelbare Ausführung einer polizeilichen Maßnahme in Betracht; die Kostenerstattung ist für diese Fälle ebenfalls spezialgesetzlich geregelt. Man kann dies als einen Fall öffentlich-rechtlicher Geschäftsführung ohne Auftrag ansehen, vgl. oben Rn. 321.

3. Der Erstattungsanspruch aus ungerechtfertigter Bereicherung ist dem Grunde nach gegeben. Nach § 49a Abs. 2 S. 1 VwVfG ist der Wegfall der Bereicherung (§ 818 Abs. 3 BGB) zu beachten, es sei denn, der Begünstigte habe die tatsächlichen Umstände gekannt oder infolge grober Fahrlässigkeit nicht gekannt, die zur Rücknahme, zum Widerruf oder zur Unwirksamkeit des VA geführt haben (a. a. O. S. 2).

4. Ja; vgl. § 44 SGB I und § 27 SGB IV sowie allgemein § 49a Abs. 3 VwVfG.

---

26 E 44, 339, 343 f. im Anschluss an BSGE 47, 194.

2. Kapitel
Theorie und Empirie der Verwaltung (Einführung in die Verwaltungslehre)

329 In diesem Kapitel soll die Verwaltung in ihren tatsächlichen Erscheinungs- und Handlungsformen dargestellt und analysiert werden. Dies geschieht vorwiegend in sozialwissenschaftlicher (verwaltungswissenschaftlicher) Betrachtungsweise, jedoch in ständiger Gegenüberstellung mit der rechtswissenschaftlichen Perspektive. Das Recht stellt nämlich auch eine Realität dar, die der beschreibenden Darstellung zugänglich ist, ja es bildet so etwas wie das „Rückgrat" der öffentlichen Verwaltung – es gäbe diese nicht ohne das sie konstruierende, ermächtigende und begrenzende Verwaltungsrecht. Ein genaues Bild ergibt sich erst aus der Gegenüberstellung und Zusammenführung verschiedener Sichtweisen.

330 Wir gehen im Folgenden von den *Aufgaben* der Verwaltung aus und fragen nach den Formen ihrer Wahrnehmung (§ 8) und betrachten sodann die zu ihrer Ausführung erforderliche *Organisation* einschließlich der Inanspruchnahme privatrechtlicher Einheiten (§ 9)[1]. Zur vertieften Erkenntnissen dessen, was öffentliche Verwaltung ausmacht, ist sodann der Blick auf das *Personal* zu richten (§ 10), und schließlich sind die sächlichen Ressourcen zu besprechen, wozu in erster Linie die *Finanzen* gehören; dabei interessiert auch die Methodik ihrer Bewirtschaftung in den öffentlichen Haushalten (§ 11). Die das Kapitel abschließende Untersuchung der verwaltungsinternen Prozesse konzentriert sich auf die *Entscheidungslehre* (§ 12), in der juristische und sozialwissenschaftliche Betrachtungsweise besonders eng aufeinander bezogen sind (vgl. schon Rn. 5), und leitet damit über zur Dogmatik des Verwaltungsrecht (3. Kapitel).

331 Damit wird der Kern dessen behandelt, was man unter *Verwaltungslehre* versteht[2]. Weitere Elemente der Verwaltungslehre sind in die juristischen Ausführungen der anderen Kapitel integriert, d. h. als Argumentationsansätze und zur Erläuterung tatsächlicher Verhältnisse verwendet, die im juristischen Kontext von Bedeutung sind.

Zur Verwaltungs*wissenschaft* im übergreifenden Sinne (vgl. Einleitung Rn. 6) gehört selbstverständlich auch eine Theorie der Verwaltung in sozialwissenschaftlicher Vertiefung. Die Stellung der Verwaltung in Staat und Gesellschaft war und ist Gegenstand historischer, staats- und gesellschaftstheoretischer, politik- und wirt-

---
1 Ähnlich geht auch *Grimmer* vor in seiner „problemorientierten Einführung": Öffentliche Verwaltung in Deutschland, 2004.
2 Vgl. etwa *Thieme*, Verwaltungslehre, 4. Aufl. 1984, Rn. 10-22.

schaftswissenschaftlicher Betrachtung. Auch die Binnenstrukturen der öffentlichen Verwaltung – also Interessenkonstellationen, Handlungslogiken, Verhaltensmuster und Entscheidungsprozesse – sind empirisch wie theoretisch vielfach untersucht worden. Dies alles kann hier nur angedeutet werden; es geht uns vielmehr hier vornehmlich darum, die „außerrechtliche Umwelt" des Verwaltungsrechts zu verdeutlichen. Wer die herausragenden Autoren der Verwaltungswissenschaft von *Lorenz von Stein* über *Max Weber*[3] bis zu *Niklas Luhmann* genauer kennen lernen will, sollte zu den Originalwerken greifen. Wesentliche Entwicklungslinien – auch im internationalen wissenschaftlichen Austausch – sind gut nachvollziehbar in dem Sammelband von *Siedentopf*[4] und den konzentrierten Überblicksartikeln von *Jann*[5] dargestellt.

Beliebt ist heute das Denken in „Staatstypen" („Verwaltungsstaat", „Beamtenstaat", „Steuerstaat", „Interventionsstaat", „Leistungsstaat", „verhandelnder Staat", „kooperativer", „korporatistischer" Staat usw.)[6]. Es verdeutlicht mancherlei Einsichten über große Zusammenhänge der gegenwärtigen politischen Organisation und bringt Funktionsveränderungen auf den Begriff[7], verleitet aber zu einem deduktiven Denken von abstrakten Begriffen her, das den tatsächlichen Erscheinungsformen der Verwaltung nicht immer gerecht wird und zu praktischen Problemlösungen nicht genug beiträgt.

Literatur zur Einführung in die Verwaltungslehre: 332

- *Thieme*, Verwaltungslehre, 4. Aufl. Köln u. a. 1984;
- *ders.*, Einführung in die Verwaltungslehre, Köln u. a. 1995;
- *Püttner*, Verwaltungslehre, 3. Aufl. München 2000;
- *König* (Hrsg.), Deutsche Verwaltung an der Wende zum 21. Jahrhundert, Baden-Baden 2002;
- *Blanke/von Bandemer/Nullmeier/Wewer* (Hrsg.), Handbuch zur Verwaltungsreform, 3. Aufl. Opladen 2005;
- *Grimmer*, Öffentliche Verwaltung in Deutschland. Grundlagen, Funktionen, Reformen. Eine problemorientierte Einführung, Wiesbaden 2004;
- *Bogumil/Jann*, Einführung in die Verwaltungswissenschaft, Wiesbaden 2005.

Verwaltungswissenschaftliche Vertiefungsliteratur: 333

- *Becker*, Öffentliche Verwaltung. Lehrbuch für Wissenschaft und Praxis, Percha am Starnberger See 1989;
- *Eichhorn* (Hrsg.), Verwaltungslexikon, 3. Aufl. Baden-Baden 2003;
- *Heady*, Public Administration – A Comparative Perspective, New York/Basel 2001;
- *Koch/Conrad* (Hrsg.), New Public Service, Wiesbaden 2003;
- *Luhmann*, Theorie der Verwaltungswissenschaft, Köln/Berlin 1966;
- *Mayntz*, Soziologie der öffentlichen Verwaltung, 4. Aufl. Heidelberg 1998;
- *Pollitt/Bouckaert*, Public Management Reform – A Comparative Analysis, 2. Aufl. 2004;

---

3 Zu seiner Bürokratietheorie vgl. unten Rn. 424, 433 und 463 ff.
4 *Siedentopf* (Hrsg.), Verwaltungswissenschaft, 1976.
5 *Jann*, Verwaltungswissenschaft und Managementlehre, in: *Blanke/von Bandemer/Nullmeier/Wewer* (Hrsg.), Handbuch zur Verwaltungsreform, 3. Aufl. 2005, S. 50 ff.
6 Dazu insbesondere *Schuppert*, Verwaltungswissenschaft, S. 55 ff.
7 *Schuppert* (vorige Fn.) S. 56.

§ 9 *Aufgaben der Verwaltung und Formen ihrer Wahrnehmung*

- *Schuppert*, Verwaltungswissenschaft. Verwaltung – Verwaltungsrecht – Verwaltungslehre, Baden-Baden 2000;
- *Siedentopf* (Hrsg.), Verwaltungswissenschaft, Darmstadt 1976 (Sammlung klassischer Texte);
- *Thom/Ritz*, Public Management. Innovative Konzepte zur Führung im öffentlichen Sektor, Wiesbaden 2000.

§ 9 Aufgaben der Verwaltung und Formen ihrer Wahrnehmung

Ausgangsfragen und -fälle:

1. *Wie unterscheiden sich „öffentliche Aufgaben" und „Staatsaufgaben" voneinander?*
2. *Welche Anhaltspunkte für die Bestimmung der Staatsaufgaben enthält das Grundgesetz?*
3. *Angenommen, eine Gemeinde will*
   - *ihren Einwohnern Grundstücke zum Bau von Eigenheimen verschaffen;*
   - *ein Altenheim errichten oder errichten lassen,*
   - *gewerbliche Betriebe anwerben, die sich im Gemeindegebiet ansiedeln,*
   - *kulturelle Aktivitäten der Einwohner fördern*

   Mit welchen Entscheidungen und in welchen Rechtsformen wird sie diese Zwecke anstreben?
4. *Welche Überlegungen sind anzustellen, wenn eine Gemeinde zur Entlastung ihres Etats ihre Wasserwerke oder ihr Krankenhaus veräußern will?*

(Lösungshinweise in Rn. 370)

1. Bedeutung des Aufgabenbegriffs

334 Der alltägliche politische Streit darüber, was der Staat (und dementsprechend die Verwaltung) tun darf, soll oder muss, welche Aufgaben ihm andererseits verschlossen sind oder sein sollen, ist zwar nicht juristischer Art. Die hier verwendeten Formeln wie die vom „schlanken Staat" oder vom „Bürokratieabbau" taugen nicht unmittelbar für die Lösung verwaltungsrechtlicher Fälle. Gleichwohl schlägt diese Diskussion auch auf das Verwaltungsrecht durch. Je nachdem welche Grundposition jemand in diesen Fragen vertritt, wird entweder die Verantwortung der staatlichen Stellen oder der Anspruch Privater auf freie Betätigung betont. Konkret hängt davon u.a. ab, welche Stelle für eine Aufgabe zuständig ist und in welcher Rechtsform sie diese erfüllt bzw. erfüllen soll. Die Frage, um welche Aufgabe der Verwaltung es sich handelt, bildet in der Praxis die Einstiegsfrage in die Zuständigkeitsprüfung. In der weiteren Prüfung der Rechtmäßigkeit von Verwaltungshandeln

kann und muss selbstverständlich auch gefragt werden, ob eine Tätigkeit dem Staat erlaubt oder verboten ist; die Antwort wird sich freilich in der Regel aus speziellen gesetzlichen Vorschriften ergeben und nur ausnahmsweise durch Rückgriff auf verfassungsrechtliche (nicht: politische) Erwägungen zu gewinnen sein. So kann man durch Auslegung des Grundrechts der Berufs- und Gewerbefreiheit (Art. 12 Abs. 1 GG) u. U. zu dem Ergebnis kommen, dass es einer Kommune nicht gestattet ist, Dienstleistungen im Bauwesen o. ä. auch Privaten anzubieten, weil dadurch die privatwirtschaftlichen Wettbewerber geschädigt würden.

Verwaltungspraktisch hängt auch die Organisation der Aufgabenerfüllung ganz wesentlich von der Art der Aufgabe ab. Bei den Bemühungen um die Reform der Verwaltung spielt die Aufgabenkritik eine wichtige Rolle. Sie obliegt zwar auch der Politik, wird aber zu einem erheblichen Teil von der Verwaltung selbst geleistet.

2. Begriffsklärung[8]

Die Begriffe „öffentliche Aufgaben", „Staatsaufgaben", „Verwaltungsaufgaben" werden in der wissenschaftlichen Literatur wie in den allgemeinen Medien in ganz unterschiedlicher Weise verwendet. So geschieht es, dass einerseits unter dem Begriff der „Staatsaufgaben" nur die obersten Ziele der Organisationsform „Staat" verstanden werden, also die Bewahrung von Frieden und Recht, evtl. noch die Sorge um Wohlfahrt und Kultur und eine gewisse Umverteilung durch Steuererhebung und Sozialleistungen, dass jedoch andererseits manche Autoren als „Staatsaufgaben" oder „Aufgaben der Verwaltung" noch die unbedeutendste Einzeltätigkeit einer Behörde zur Durchführung ihres konkreten Auftrags, also etwa die Herstellung von Drucksachen oder die Wartung von Fahrzeugen bezeichnen. Als „öffentliche" Aufgaben werden sogar Tätigkeiten von Rechtssubjekten des Privatrechts angeführt, soweit sie einen „öffentlichen" Bezug oder Wert haben, anders ausgedrückt dem Gemeinwohl dienen; so wird von der „öffentlichen Aufgabe" der Medien gesprochen[9]. **335**

Solange nicht Konsens über die Begriffsinhalte besteht, ist die Erörterung sinnlos, welche Aufgaben der einen und welche der anderen Seite – Staat oder Gesellschaft – zukommen. Über den Umfang der staatlichen Aufgaben kann keine Klarheit bestehen, solange nicht Einigkeit darüber herrscht, was damit eigentlich gemeint ist. Bei richtiger Begriffsverwendung können aber der Verfassung hinreichend deutliche Aussagen über die Staatsaufgaben – und damit auch über die Verwaltungsaufgaben – entnommen werden. **336**

---
8 Die folgenden Ausführungen beruhen auf: *Bull*, Wandel der Verwaltungsaufgaben, in: *Klaus König* (Hrsg.), Deutsche Verwaltung an der Wende zum 21. Jahrhundert, 2002, S. 77 ff.
9 Vgl. schon BVerfGE 12, 205 (243) für die Veranstaltung von Rundfunksendungen auch außerhalb des öffentlich-rechtlichen Rundfunks; BVerfGE 20, 70, 162 (175) für die Presse.

§ 9 *Aufgaben der Verwaltung und Formen ihrer Wahrnehmung*

a) Der Aufgabenbegriff in deskriptiven und in normativen Aussagen

337 Für die Feststellung tatsächlicher Entwicklungen bedarf es nicht zwingend derselben begrifflichen Schärfe wie für normative Aussagen. Die empirische und prognostische Betrachtung mag sich einer historisch-erzählenden Methode bedienen, die mehr Wert auf Anschaulichkeit als auf Systematik legt, solange nur gesichert ist, dass daraus nicht unvermittelt Empfehlungen für künftiges Handeln staatlicher Einheiten (i. w. S.) abgeleitet werden. Eine Darstellung der höchst unterschiedlichen Beziehungen zwischen dem Staat, seinen Untereinheiten und seinen privatrechtlichen „Trabanten", wie sie z. B. als einer der ersten *Gunnar F. Schuppert* geliefert hat[10], brauchte sich nicht an die Terminologie des öffentlichen Rechts zu halten; zu analytischen Zwecken müssen in einem solchen Kontext u. U. sogar eigene Begriffe geprägt werden, die für die normative Beurteilung irrelevant sind.

338 Es ist allerdings unzweckmäßig, den Aufgabenbegriff in verschiedenen Zusammenhängen unterschiedlich zu verwenden. Der Begriff „Aufgabe" enthält ein Element von *Normativität*; er impliziert notwendigerweise ein Sollen (freilich manchmal in dem Zusammenhang, dass auch tatsächlich entsprechend gehandelt wird). Es stiftet Verwirrung, wenn staatliche und gesellschaftliche Aktivitäten unter demselben Oberbegriff der „öffentlichen Aufgaben" behandelt werden. Verfassungsrechtlich besehen, hat „die Gesellschaft" keine „Aufgaben". Sie ist überhaupt kein denkbares Subjekt von Pflichten und Rechten; dies sind nur ihre Mitglieder. Die Gesellschaft übt vielmehr „Freiheiten" aus, die kraft Verfassung als Grundrechte garantiert sind, und zwar als dem Staat vorgegebene Grundrechte (vgl. Art. 1 Abs. 2 GG). Deshalb ist es falsch, überhaupt von „Aufgaben" der Privaten zu sprechen (es sind allenfalls *selbstgesetzte* Aufgaben!) und sich eine Art „Aufgabenteilung" zwischen Staat und Gesellschaft vorzustellen[11], so wie es etwa in Bezug auf die „Gemeinschaftsaufgaben" von Bund und Ländern geregelt ist (Art. 91a, b GG). Angemessen ist es vielmehr – auch in empirischen Aussagen –, zwischen „Aufgaben" des Staates (Bund, Länder, Kommunen) und seiner öffentlich-rechtlichen Untereinheiten (juristische Personen des öffentlichen Rechts) einerseits und den „Tätigkeiten" (Aktivitäten) privatrechtlicher Rechtssubjekte zu unterscheiden. Eine Ausnahme bildet nur der Bereich, in dem privatrechtliche Rechtssubjekte als „Beliehene" tätig sind.

339 Wenn dagegen eingewandt wird, die aktuelle Situation sei gerade durch die gegenseitige Annäherung und Vermischung der Rechtsformen und den variablen Einsatz der Organisationstypen zu kennzeichnen, so ist dies empirisch vollkommen richtig, führt aber bei der notwendigen Erörterung von Chancen und Risiken künftiger Entwicklung nicht weiter. Weder sollte die Beschreibung des gegenwärtigen Bildes bei der Feststellung solcher Überschneidungen stehen bleiben noch können daraus Empfehlungen für zweckmäßige Organisations- und Prozessgestaltung entnommen werden. Sicheren Boden betritt hingegen, wer das jeweilige mixtum compo-

---

10 Die Erfüllung öffentlicher Aufgaben durch verselbständigte Verwaltungseinheiten, 1981.
11 Ähnlich aber *Schuppert* in: Beiheft 2 zu: Die Verwaltung, 1999, S. 117 („arbeitsteilige Gemeinwohlkonkretisierung").

situm an dem Katalog der in Betracht kommenden Organisationstypen misst und es dem einen oder dem anderen Typ zuordnet und die Eignung der gewählten Form(en) bewertet. Dass dabei Abwägungen vorzunehmen sind (welche Merkmale überwiegen? welche sind weniger prägend?), ändert nichts an der Notwendigkeit dieser Zuordnung.

Eine „Abwendung von dem Begriff der Aufgaben, der Staatsaufgaben und der Verwaltungsaufgaben" konstatiert *Hans-Heinrich Trute* und meint, stattdessen werde der Begriff des *Gemeinwohls* zunehmend zu einer zentralen Begriffskategorie[12]. Damit wird die inhaltliche Bestimmung des Aufgabenbegriffs betont, was gewiss in manchen Zusammenhängen weiterführend ist. So erschließt sich mit dieser veränderten Akzentuierung jedenfalls eine *Richtungsangabe* für Antworten auf die Frage, welche Aktivitäten eher der staatlichen Seite und welche eher der gesellschaftlichen Seite zukommen. Aber ein Verzicht auf den Aufgabenbegriff ist nicht zu empfehlen. Abgesehen davon, dass der Begriff des „Gemeinwohls" alles andere als konkret ist, sondern nur durch vielschichtige weitere Überlegungen operationalisiert werden kann, ginge damit auch ein verfassungsrechtlicher Schlüsselbegriff[13] verloren. 340

b) Der juristische Begriff der Verwaltungsaufgaben

aa) Ausgangspunkte

Für rechtliche Argumentationen ist der Aufgabenbegriff erst recht in der strengen Form zu benutzen, die soeben für die empirische Betrachtungsweise empfohlen wurde. Es ist also anzuknüpfen an die Wahrnehmungs*zuständigkeit* des Staates, der Kommunen und ihrer anderen öffentlich-rechtlichen Untereinheiten in Abgrenzung zu den Aktivitäten Privater und privatrechtlicher Rechtssubjekte. Als „Verwaltungs"-Aufgaben können selbstverständlich nur diejenigen gelten, die nicht von Legislativ- oder Justizorganen wahrzunehmen sind. 341

bb) Faktisch wahrgenommene Aufgaben

Um der methodischen Klarheit willen sei angemerkt, dass es sich auch um eine juristische Redeweise handeln kann, wenn von faktisch wahrgenommenen Staats- oder Verwaltungsaufgaben gesprochen wird. Eine solche Aussage enthält dann den Vergleich zwischen dem Aufgegebenen und dem tatsächlich Getanen. Dies wird gelegentlich übersehen. 342

---

12 In: Die Wissenschaft vom Verwaltungsrecht. Beiheft 2 zu: Die Verwaltung, 1999, S. 9 ff. (12) unter Berufung auf *Wahl*, in: *Schmidt-Aßmann/Hoffmann-Riem* (Hrsg.), Verwaltungsorganisationsrecht als Steuerungsressource, 1997, S. 301 (335 ff.).
13 Dazu *Denninger* in: FS Wassermann 1985, S. 279 ff.

cc) Zugelassene und gebotene Tätigkeiten

343 Für verfassungsrechtliche Erörterungen ist vor allem zwischen rechtlich *zugelassenen* und *gebotenen* staatlichen Tätigkeiten zu unterscheiden. Dem Staat (und den Kommunen) sind nach überkommener Rechtsauffassung viele Tätigkeiten gestattet, ohne dass sie zugleich geboten wären. Weite Bereiche der wirtschaftlichen Betätigung von Staat und Kommunen beruhen auf der bewussten Entscheidung, bestimmte Einrichtungen zu schaffen oder zu übernehmen. Vielfach sind sie Ergebnis davon, dass Industrie- und Verkehrsbetriebe in Zeiten des Wandels in die Krise gerieten und von der öffentlichen Hand übernommen wurden (oft: übernommen werden mussten). Diese Zweige der öffentlichen Wirtschaft im weiteren Sinne werden heute besonders kritisiert, gelten vielfach als nicht mehr gerechtfertigt und werden schrittweise abgebaut.

344 Auf der anderen Seite sind dem Staat verpflichtende Aufgaben zugewachsen, die vor allem dem Ausgleich negativer Folgen der Industrialisierung und heute auch solcher der Globalisierung der Wirtschaft dienen. Das Sozialstaatsprinzip hat solche Typen der Staatstätigkeit in einem nicht unerheblichen Maße verbindlich gemacht. Verpflichtend sind auch die Aufgaben, bei deren Wahrnehmung regelmäßig unmittelbarer Zwang gegen Personen ausgeübt werden muss; dies folgt aus dem Monopol legitimer Gewaltausübung, das ein Wesensmerkmal des modernen Staates ist (vgl. a. Art. 33 Abs. 4 GG).

dd) Abgrenzung von „Staatszwecken", „Staatszielen" und „Staatsaufgaben"

345 Die Begriffe „Staatszwecke" und „Staatsziele" weisen über das Verfassungs*recht* hinaus in die Staatsphilosophie[14]. Dabei ist die Lehre vom „Staatszweck" rein philosophischer Art, sie führt „auf die fundamentale Frage nach dem Sein und der Sinnbestimmung des Staates" zurück[15], während „Staatsziele" eine staatstheoretische Kategorie darstellen und ihren verfassungsrechtlichen Niederschlag in Staatszielbestimmungen gefunden haben[16].

346 Der Aufgabenbegriff impliziert die Perspektive eines künftigen sozialen Zustandes. Aufgabennormen sind Zielnormen; sie stellen Projektionen in die Zukunft her und bestimmen die Richtung staatlicher Aktivitäten. In der Regel begründet eine Staatsaufgabennorm die *Pflicht* zu entsprechendem staatlichem Handeln. Selbstverständlich sind alle Staatsaktivitäten, die zur Erfüllung einer verbindlichen Staatsaufgabe dienen, ihrerseits zulässig (ohne dass schon deswegen jede einzelne Handlung rechtmäßig wäre; dazu müssen weitere Bedingungen erfüllt sein). Es kann aber umgekehrt der Fall eintreten, dass eine vom Staat übernommene Tätigkeit aus seinem Aufgabenkreis herausfällt oder -gefallen ist, so dass sie verfassungsrechtlich unzulässig (geworden) ist[17].

---

14 Dazu *Bull*, NVwZ 1989, 801 ff. m. w. N.
15 *Scheuner*, in: FS Forsthoff, 1972, S. 341 f.
16 Vgl. *Sommermann*, Staatsziele und Staatszielbestimmungen, 1998. S. a. schon *Ipsen*, Über das Grundgesetz, 1950, S. 14.
17 Vgl. *Bull*, Die Staatsaufgaben nach dem Grundgesetz, 2. A. 1977, S. 135.

Typische Staatszielbestimmung ist das Sozialstaatsprinzip. *Badura* sieht darin „die 347
klassische Verfassungsnorm über die Aufgaben des Staates"[18]. „Staatsaufgaben"
sind u. a. aus Staatszielen abzuleiten, aber weniger abstrakt als diese. So stellt das
Sozialstaatsprinzip in der Formulierung des BVerfG dem Staat „die Aufgabe bzw.
begründet die Pflicht", „für eine gerechte Sozialordnung zu sorgen"[19]. Damit ist
noch nichts darüber gesagt, wie diese Aufgabe zu erfüllen ist; das BVerfG räumt
dem Gesetzgeber einen weiten Gestaltungsspielraum ein und betont den Vorbehalt
des „finanziell, personell, sachlich und organisatorisch Möglichen" und die Berücksichtigung anderer gleichrangiger Staatsaufgaben[20].

Der Bestand an Staatsaufgaben im hier verwendeten „eigentlichen" Sinne hat sich 348
unter der Geltung des Grundgesetzes nur wenig verändert; cum grano salis kann
gesagt werden, dass die verfassungsmäßigen Aufgaben des Staates mit den so genannten „Kernaufgaben" identisch sind, die in der besagten öffentlichen Diskussion als eine Auffangposition gegenüber dem vermeintlich fortschreitenden Wegfall
staatlicher Aufgaben angesehen wird.

ee) „Staatsaufgaben" und „Verwaltungsaufgaben"

„Staatsaufgabe" in diesem Sinne ist z. B. nicht die Gewährung bestimmter Sozial- 349
leistungen und schon gar nicht eine bestimmte Qualität davon, sondern die Schaffung oder Erhaltung der „Mindestvoraussetzungen für ein menschenwürdiges
Dasein"[21]. „Staatsaufgabe" ist auch nicht die Bereitstellung einer nach fachlicher
Ansicht erforderlichen Personalstärke der Polizei oder die Schaffung bestimmter
polizeilicher Befugnisse, sondern die Gewährleistung eines möglichst hohen Grades an Sicherheit der Einwohner[22]. Als Staatsaufgabe kann ferner z. B. nicht die
Bereitstellung mehrerer Instanzen gerichtlichen Rechtsschutzes in Zivil- oder Verwaltungsstreitsachen angesehen werden, sondern nur die Einrichtung unabhängiger Gerichte überhaupt und die Gewährleistung des Zugangs zu ihnen sowie des
effektiven Rechtsschutzes.

Damit ist der Aufgabenbegriff auch nach „unten" hin abgegrenzt: die staatlichen 350
Handlungen zur *Ausführung* der Staatsaufgaben sind in dieser Terminologie nicht
obligatorische Staatsaufgaben. In der politischen Diskussion wie auch in der Fachliteratur wird diese Sprachregelung häufig übersehen, so dass z. B. unter dem Titel
„Abbau von Staatsaufgaben" tatsächlich nur über *Modalitäten der Erfüllung* solcher Aufgaben gehandelt wird[23]. Es ist schwierig, diese Terminologie gegen den
eingefahrenen Sprachgebrauch durchzuhalten; deshalb mag es angehen, auch die
bloßen Durchführungsaktivitäten als „Verwaltungsaufgaben" zu bezeichnen, wenn
nur klargemacht wird, dass dieser Bereich nur die „Aufgaben kleinen Maßstabs"

---

18 DÖV 1989, 492.
19 BVerfGE 59, 231 (263); 69, 272 (314); 94, 241 (263); 97, 169 (185).
20 BVerfGE 59, 231 (263); 82, 60 (80); 94, 241 (263); 96, 288 (306, 308); 98, 169 (201).
21 BVerfGE 82, 60 (80).
22 Dazu auch *Bull*, Staatsaufgabe Sicherheit, Leipzig 1994.
23 Dazu schon *Bull*, Die Staatsaufgaben nach dem Grundgesetz (Anm. 17), § 21, S. 422 ff.

§ 9 *Aufgaben der Verwaltung und Formen ihrer Wahrnehmung*

betrifft und die verfassungsrechtlichen Aussagen über Zulässigkeit und Verbote staatlichen Handelns sich nicht ohne weiteres auf die Erfüllungsmodalitäten beziehen.

351 Die kleinteilige Aufgliederung der Ministerien und Behörden in zahlreiche Abteilungen, Dezernate, Referate, Gruppen und Einzeldienstposten macht eine entsprechend ausdifferenzierte Verteilung der (Ausführungs-)Aufgaben erforderlich. Es muss feststehen, welche Arbeiten an der jeweiligen Stelle zu erfüllen sind. Dazu dienen insbesondere „Geschäftsverteilungspläne". Die in ihnen bezeichneten „Geschäfte" sind nicht „Staatsaufgaben" in dem oben (zu dd) bezeichneten Sinne, sondern nur Elemente komplexerer Aufgaben, allenfalls „Teilaufgaben" oder Teilbeiträge zur Aufgabenerfüllung. Erst recht gilt das für die „Produkte" der Verwaltung, wie sie seit einiger Zeit im Rahmen von Rationalisierungs- und Budgetierungskonzepten beschrieben werden.

c) „Aufgabe" und „Verantwortung"

352 Die neuerdings von manchen propagierte Ersetzung des Aufgabenbegriffs durch den Begriff der Verantwortung[24] ist nicht zu beanstanden, solange klar ist, dass Verantwortung nicht bloß eine Zuordnungsregel oder eine Haftungsbegründung bedeuten soll, sondern das Moment des Auftrags oder der Verpflichtung zu entsprechenden Maßnahmen oder zumindest das der Zulässigkeit entsprechender staatlicher Handlungen enthält. „Aufgaben" und „Verantwortung" können, richtig verwandt, als Synonym verstanden werden.

353 Mit der Unterscheidung zwischen Erfüllungs- und Gewährleistungsverantwortung wird aber bereits die Ebene der Aufgaben verlassen und auf die Erfüllungsweise abgestellt. Das führt u. U. zu irritierenden Ergebnissen. So könnte unter der neuen Terminologie gesagt werden, nicht nur der Staat, sondern auch Dritte hätten eine Gewährleistungsverantwortung. Auch die Behauptung, Staat und Gesellschaft hätten für bestimmte Bereiche eine gemeinsame Verantwortung, ist insofern schief, als damit die staatliche Tätigkeit im Rahmen der Verfassung und die Wahrnehmung eigener Angelegenheiten, also die Ausübung von Freiheiten durch Mitglieder der Gesellschaft unangemessen auf dieselbe Stufe gestellt werden (vgl. schon oben Rn. 338). Aber auch sonst ist auf genaue Begrifflichkeit zu achten. Wenn etwa gesagt wird, an die Stelle der Erfüllungsverantwortung für wichtige Bereiche der Daseinsvorsorge sei die bloße Gewährleistungsverantwortung von Staat und Kommunen – als ein Minus – getreten, so bedeutet das nicht ohne weiteres, dass auch die „Aufgaben" sich geändert hätten; die auf einen bestimmten Sektor bezogene Daseinsvorsorge bleibt als obligatorische „Aufgabe" und „Verantwortung" bei den Trägern der öffentlichen Verwaltung, mag auch die unmittelbare Beschäftigung staatlicher Stellen mit dieser Aufgabe reduziert sein. Anders ist die Entwicklung bei den großen Infrastrukturunternehmen des Bundes zu verstehen; hier bestand eine Erfüllungs*aufgabe* des Bundes („bundeseigene Verwaltung mit eigenem Verwal-

---

24 *Hoffmann-Riem*, DÖV 1997, 441; *Schuppert* a. a. O. (Fn. 11).

tungsunterbau" nach Art. 87 Abs. 1 a.F. GG), die durch Verfassungsänderung (Art. 87e und f sowie Art. 143a und b GG) ausdrücklich auf eine Gewährleistungsaufgabe zurückgenommen worden ist (Art. 87e Abs. 4 und Art. 87f Abs. 1 GG).

d) Aufgaben im föderalistisch-finanzverfassungsrechtlichen Sinne

Der Vollständigkeit halber sei eine weitere Verwendungsweise des Aufgabenbegriffs erwähnt. Das Grundgesetz behandelt die Aufgaben des Staates unter dem föderalistischen Aspekt ihrer Verteilung auf Bund und Länder und als Element der Finanzverfassung. Nach Art. 30 GG obliegt die Ausübung der staatlichen Befugnisse und die Erfüllung der staatlichen Aufgaben den Ländern, soweit dieses Grundgesetz keine andere Regelung trifft oder zulässt, und Art. 104a Abs. 1 GG bestimmt, dass Bund und Länder „gesondert" die Ausgaben tragen, „die sich aus der Wahrnehmung ihrer Aufgaben ergeben". Die h. L. stellt dabei auf die verwaltungsmäßige Ausführung von Aufgaben und nicht auf ihre gesetzliche Festlegung ab. „Die u. U. erheblichen Folgekosten von Gesetzen sind dementsprechend nicht dem jeweiligen Gesetzgeber zuzurechnen"[25]. Die Länder – und die ihnen zuzurechnenden Gemeinden (vgl. Art. 106 Abs. 9 GG) – sind also für die Kosten auch derjenigen Aufgaben zuständig, die durch Bundesgesetze bestimmt sind, und dies obwohl der Bund nicht selten so viele Festlegungen über Umfang und Intensität der Aufgabenerfüllung trifft, dass für die ausführenden Stellen nur wenig Variationsmöglichkeiten übrig bleiben.

354

Die genaue Aufgabenabgrenzung im Verhältnis von Bund und Ländern ist daher verständlicherweise ein Gegenstand immer wiederkehrenden politischen Streits. Sie wird aber meist nicht als Auftrag zu ausdrücklichen Aufgabennormen verstanden, sondern der Gesetzgeber beschließt sie implizit bei Finanzierungsregelungen oder bei der Bestimmung der Modalitäten (z. B. durch die Formulierung der Tatbestandsvoraussetzungen und des Leistungsumfangs für Subventionen und Sozialleistungen). Eine konsequente Gesetzgebungspolitik müsste darauf achten, dass zumindest für die Zwecke der Finanzverfassung die Aufgaben selbst genauer bestimmt werden[26]. Die vielbeklagte Vermischung und damit Verwischung der Verantwortlichkeiten kann nicht ausgeräumt werden, wenn es dabei bleibt, dass zahlreiche Aufgaben von verschiedenen Stellen gemeinsam finanziert werden – was heute fast den Regelfall darstellt und nicht die Ausnahme. Das Bundesstaatsprinzip lässt zwar unterschiedliche Methoden der Aufgabenaufteilung und des Aufgabenverbundes zu (s. u. a. Art. 91a und b sowie Art. 104a Abs. 4 GG), aber es gibt gewichtige Gründe dafür, die Verantwortung für die staatlichen Aufgaben deutlicher als bisher zu trennen.

355

Das BVerfG hat die Berücksichtigung der Aufgaben als Grundlage des Finanzausgleichs gefordert[27]. Der im Grundgesetz (Art. 106 Abs. 3 Satz 4 Nr. 1) verwendete

356

---

25 *Siekmann* in: Sachs (Hrsg.), Grundgesetz, Art. 104a Rn. 4 m. w. N. Kritisch dazu *Bull/Welti*, NVwZ 1996, 838 ff., 844.
26 Vgl. dazu *Bull/Mehde,* DÖV 2000, 305, 313 f.
27 BVerfGE 101, 158, 223.

§ 9 *Aufgaben der Verwaltung und Formen ihrer Wahrnehmung*

und vom BVerfG mehrfach erwähnte[28] Begriff der „notwendigen Ausgaben" enthält ebenfalls eine Verweisung auf die notwendigen Aufgaben des Bundes und der Länder; denn „notwendig" sind Ausgaben nur, soweit sie zur Erfüllung obligatorischer Aufgaben dienen.

3. Der normative Rahmen der Aufgabenentwicklung

a) Möglichkeit und Relevanz juristischer Aufgabenbestimmung

357 Die Möglichkeit, Staats- und Verwaltungsaufgaben rechtlich zu bestimmen, ist oft mit Hinweis auf die Kompetenzkompetenz des Staates, seine „innere Souveränität" bestritten worden[29]. Auch die sozialwissenschaftliche Theorie bestreitet der Verfassungsrechtslehre in der Regel die Fähigkeit, rechtliche Eingrenzungen der Staatstätigkeit festzustellen. Tatsächlich ist nur selten eindeutig erkennbar, dass Rechtsnormen den Umfang der gebotenen oder zugelassenen Staatstätigkeit beeinflusst hätten; immer scheinen es politische Vorgänge zu sein, die eine Ausdehnung oder Einschränkung der wahrgenommenen Staatsaufgaben verursacht haben. Richtig ist selbstverständlich auch, dass verfassungsrechtliche Festlegungen und erst recht einfache Gesetze geändert werden können. Mit diesen Einwänden ist aber weder die theoretische Richtigkeit noch die Relevanz der verfassungsrechtlichen Betrachtungsweise widerlegt. Zum einen sind rechtliche Beurteilungen unter dem Maßstab „verfassungsrechtlich zulässig/unzulässig" bzw. „geboten/nicht geboten" selbst dann möglich, wenn die Staatspraxis darauf nicht Bezug nimmt – vielleicht sind sie gerade dann besonders wünschenswert. Zum anderen lässt sich die Relevanz juristischer Bewertungen bei genauem Hinsehen gelegentlich durchaus belegen – sehr deutlich im Falle der Bahn- und Postprivatisierung, weniger auffällig in manchen Auseinandersetzungen um die Ausgestaltung des Sozialleistungssystems, wo jedenfalls die Bedeutung der Staatsaufgabe „soziale Sicherung" für Änderungsvorhaben diskutiert werden muss. Die Suche nach normativen Richtlinien für die Entwicklung der Staatsaufgaben kann jedenfalls nicht damit abgeschlossen werden, dass auf die geringe Steuerungsfähigkeit des Rechts hingewiesen wird. So gering gegenwärtig der Einfluss der Verfassung und erst recht derjenige der Gesetze auf das wirtschaftliche Geschehen auch sein mag, ihre Bedeutung dürfte wieder zunehmen, wenn die gegenwärtige Welle der Privatisierung und Ausgliederung ausgelaufen ist und das allgemeine Vertrauen in rein privatwirtschaftliche Lösungen enttäuscht wurde. Damit ist schon deshalb zu rechnen, weil die internationalen Einflüsse im nationalen Rahmen erhebliche wirtschaftliche Nachteile verursachen können.

358 Mit *Franz-Xaver Kaufmann* ist zu fragen, ob es Kriterien gibt, „nach denen sich Vorschläge zum Aus- oder Abbau der Staatstätigkeit unabhängig von partikularen Interessen oder parteipolitischen bzw. ideologischen Präferenzen beurteilen lassen"[30]. Wir brauchen zumindest „normative Kriterien, um die Zweckmäßigkeit po-

---

28 BVerfGE 101, 158, 216, 220.
29 Vgl. dazu die Nachweise bei *Bull*, Die Staatsaufgaben nach dem Grundgesetz, S. 90 ff.
30 *Kaufmann* in: *Grimm* (Hrsg.), Staatsaufgaben, S. 19.

litischer Forderungen beurteilen zu können"[31]. Was läge näher, als die geltenden Verfassungen und Gesetze danach zu befragen? (*Kaufmann* selbst gibt übrigens keine Antwort auf seine Frage!).

b) Einschlägige Verfassungs- und Gesetzesbestimmungen

Die Verfassungen des Bundes und der Länder setzen für die Aufgabenbestimmung nur einen recht lockeren Rahmen. In einigen Landesverfassungen sind zwar detaillierte Staatsaufgabennormen enthalten[32], aber für ihre Erfüllung ergeben sich zum Teil Kompetenzprobleme; so ist das Arbeits-, Wirtschafts-, Steuer- und Sozialrecht weitgehend dem Bundesgesetzgeber vorbehalten (Art. 74 Abs. 1 Nr. 1, 6, 7, 11, 12 GG).

359

Den wichtigsten Anknüpfungspunkt bildet das **Sozialstaatsprinzip** (siehe schon oben Rn. 347). Es ist zwar vielfältiger Interpretation zugänglich[33], und das BVerfG hat immer wieder betont, wie weit der Gestaltungsraum des Gesetzgebers reicht. Trotzdem taugt das Prinzip als Grundlage von Überlegungen zur Staatsaufgabenbestimmung, weil es jedenfalls die Vernachlässigung der sozialen Folgen von Staatshandeln verbietet und einen Mindeststandard garantiert. Der Staat muss für die Existenzsicherung seiner Einwohner sorgen und daher ein Mindestmaß an Sozialleistungen gewährleisten. Aus dem Sozialstaatsprinzip folgt auch die Verpflichtung von Staat und Kommunen, lebenswichtige Güter und Einrichtungen (Wasserversorgung und Abwasserentsorgung, Stromversorgung, Müllabfuhr) zu garantieren. Es genügt aber, wenn die Bereitstellung solcher Einrichtungen und Leistungen von der Verwaltung überwacht wird (Einwirkungspflicht der Verwaltung) und diese bei Versagen der privaten Unternehmen wieder in die Bresche springt: Gewährleistungs- statt Durchführungsverantwortung von Staat und Kommunen (s. a. oben Rn. 353).

360

Auch aus dem **Rechtsstaatsprinzip** folgen Aufgaben des Staates, z. B. eine angemessene Personal-Ausstattung der Gerichte[34]. Fest steht auch, dass das staatliche Gewaltmonopol Verfassungsrang hat. Es muss durch Personen wahrgenommen werden, die in einem besonderen Rechts- und Pflichtverhältnis stehen (Art. 33 Abs. 4 GG); deshalb darf z. B. eine Behörde oder öffentlich-rechtliche Körperschaft zur Abwehr von Gefahren für die öffentliche Sicherheit oder für ihren Betrieb nicht etwa ein private „Hilfstruppe" anstellen.

361

Andere Ansätze lassen sich der **Staatszielbestimmung** Umweltschutz (Art. 20a GG), den **Grundrechten** und zum Teil auch den **Kompetenzbestimmungen** der Verfassung entnehmen[35]. Mit der Lehre von den aus den Grundrechten herzuleitenden Schutzpflichten hat das BVerfG die bereits früher hergestellten Zusammenhänge zwischen einzelnen Grundrechtsnormen und bestimmten Staatsaufgaben bestätigt und weitergetrieben.

362

---

31 *Kaufmann* a. a. O. S. 38.
32 Vgl. insbesondere die Verfassungen der neuen Bundesländer.
33 Vgl. dazu *Bull*, Die Staatsaufgaben nach dem Grundgesetz (Fn. 17), S. 163 ff.
34 So das BVerfG in einem Beschluss v. 17. 11. 1999, NJW 2000, 797.
35 Vgl. auch dazu *Bull* a. a. O. (Fn. 17), S. 149 ff.

363 Unterhalb der Verfassungsebene finden sich Bestimmungen über die zulässige Verwaltungstätigkeit insbesondere in den *Haushaltsordnungen* des Bundes und der Länder und für die Gemeinden in den *Gemeindeordnungen*. So bestimmen § 65 BHO und die entsprechenden Ländervorschriften, dass sich der Staat an privatrechtlichen Unternehmen nur unter bestimmten Voraussetzungen beteiligen soll; insbesondere wird ein „wichtiges Interesse" des Staates verlangt, und der angestrebte Zweck „darf nicht besser und wirtschaftlicher auf andere Weise" erreichbar sein (Subsidiaritätsprinzip[36]).

4. Historische Entwicklung der Verwaltungsaufgaben, aktuelle Veränderungstendenzen

a) Die Aufbauphase 1945–1980

364 In der Frühphase der Bundesrepublik bestand die wichtigste Aufgabe des Staates darin, die verheerenden Folgen des Krieges zu beseitigen, insbesondere eine verlässliche Rechts- und Wirtschaftsordnung wiederaufzubauen und ein soziales Leistungssystem zu schaffen, das eine Grundsicherung gegen die wichtigsten Lebensrisiken gewährleistete. Die Versorgung der Kriegsopfer und Hinterbliebenen, der Lastenausgleich und der wirtschaftliche Wiederaufbau verlangten den vollen Einsatz aller staatlichen Ressourcen. Zunächst waren es die Gemeinden und Länder, die diese Aufgabe erfüllten, aber es entsprach der Logik des Bundesstaates, dass die Kriegsfolge- und Lastenausgleichsaufgaben dem Gesamtstaat auferlegt wurden, sobald dieser wieder handlungsfähig wurde. In den Fünfzigerjahren wurde das *Sozialleistungssystem* im Konsens der großen politischen Gruppen umfassend ausgebaut, z. B. durch Dynamisierung der Rente (1957) und flexible Altersgrenze (1972), Neuordnung von Jugendhilfe und Sozialhilfe (1961), Einführung von Kindergeld (1954), Wohngeld (1960) und Ausbildungsförderung (1971). Als Nachzügler kam 1994 die lange geforderte und zur Entlastung der Gemeinden notwendige Pflegeversicherung hinzu (die inzwischen politisch wieder in Frage gestellt wird).

365 In den Jahren 1960–1980 fand dann jener gewaltige Ausbau des *Bildungswesens* statt, der das Land aus der von Georg Picht festgestellten „deutschen Bildungskatastrophe" herausführen sollte – begonnen in einer Phase prosperierender Wirtschaft, später trotz konjunktureller Einbrüche fortgesetzt. Diese „Bildungsexplosion" war die Folge sehr bewusster, allgemein akzeptierter politischer Weichenstellungen, aber eben dieser personelle und bauliche Ausbau des Bildungswesens hat wesentlich zu der später beklagten Ausdehnung der öffentlichen Haushalte und damit zur Zunahme des Staatsanteils am Sozialprodukt beigetragen. Die Vermehrung des staatlichen Personals fand fast ausschließlich bei den Ländern statt; der Bundeshaushalt wurde durch Mitfinanzierung des Hochschulbaus belastet[37].

---

36 Dieses ist in den Ländern unterschiedlich ausgestaltet und z. B. in der Bayerischen Gemeindeordnung (Art. 89 Abs. 1) noch verstärkt: Die Gemeinde darf nur tätig werden, wenn der Zweck „nicht ebenso gut und wirtschaftlich durch einen anderen erfüllt wird oder erfüllt werden kann".

37 Vgl. hierzu auch *Bull*, Aufgabenentwicklung und Aufgabenkritik, in *König/Siedentopf* (Hrsg.), Öffentliche Verwaltung in Deutschland, 1997, S. 343 ff., 346 ff.

b) Die Wende zum „Rückbau" des Staates

366 Seit den Achtzigerjahren hat sich die vorherrschende Einschätzung in Politik und Wissenschaft gewandelt. Zunehmend wurde eine **Konzentration des Staates auf seine „Kernaufgaben"** gefordert, und infolge der ständig wachsenden Finanznot bemühen sich Bund und Länder um einen Abbau verzichtbarer Aktivitäten. Unter dem Titel „Bürokratieabbau" wird versucht, überflüssige Regelungen abzuschaffen, aber auch Aufgaben der öffentlichen Hand zu reduzieren[38]. Auf vielen Feldern wird die **Privatisierung** bisher in öffentlicher Verantwortung wahrgenommener Aufgaben betrieben. Dem Staat verbleiben jedoch auch in diesem Rahmen „**Gewährleistungsaufgaben**" von erheblicher Bedeutung[39]. Er hat dafür einzustehen, dass die notwendigen Leistungen von den unmittelbar Ausführenden für jedermann in angemessener Qualität und zu erträglichen Konditionen angeboten und die Standards eingehalten werden.

367 Im Einzelnen ist zwischen verschiedenen Formen von Privatisierung zu unterscheiden[40]. Die **Vermögensprivatisierung** durch Bund und Länder, die bereits weitgehend abgeschlossen worden ist[41], stellt überwiegend keinen Abbau staatlicher *Aufgaben* dar; denn die betroffenen Unternehmen dienten und dienen im Großen und Ganzen keinen öffentlichen Zwecken, sondern nur der Einnahmenerzielung. **Aufgabenabbau** großen Ausmaßes hingegen bedeutet die Privatisierung der *Verkehrsunternehmen* des Bundes im Zuge von Post- und Bahnreform, die auch durch europarechtliche Vorgaben bestimmt wurde. Anders als die Veräußerung industriellen Vermögens bildet die Entlassung der bundeseigenen Post-Nachfolgeunternehmen und der Bahn in den Wettbewerb einen Einschnitt in der Geschichte der Staatstätigkeit, den man wohl „epochal" nennen kann. Während manch eine andere Privatisierungsaktion nur auf einen Austausch der Rechtsform und Bezeichnungen (**formelle oder organisatorische Privatisierung**) hinauslief, sind die großen Kommunikations- und Verkehrs-Aktiengesellschaften Deutsche Telekom, Deutsche Post, Postbank und Deutsche Bahn heute trotz fortbestehenden Aktienbesitzes des Bundes keine eigentlich „staatlichen" Unternehmen mehr. Hier hat also eine **materielle Privatisierung** stattgefunden. Das Grundgesetz verpflichtet diese Unternehmen eindeutig auf die Teilnahme am privatwirtschaftlichen Wettbewerb (Art. 87e Abs. 3 u. Art. 87f Abs. 2 Satz 1 GG). Der Staat muss seine Gewährleistungsaufgabe durch Maßnahmen der „**Regulierung**" wahrnehmen. Eine ähnliche Entwicklung zeichnet sich bei den kommunalen Verkehrsbetrieben des ÖPNV ab: Die europarechtlich begründete Verpflichtung zum Wettbewerb führt indirekt zur Privatisierung vieler kommuna-

---

38 Dazu *Bull*, in: Die Verwaltung 2005 (i. E.).
39 Einzelheiten aus rechtspolitischer Sicht im Bericht der Regierungskommission „Zukunft des öffentlichen Dienstes – öffentlicher Dienst der Zukunft", hrsg. v. Innenministerium Nordrhein-Westfalen, 2. Aufl. 2004, S. 71 ff.
40 Aus der Lit.: *R. Schmidt*, Der Übergang öffentlicher Aufgabenerfüllung in private Rechtsformen, ZGR 1996, 345 ff.; *Gusy* (Hrsg.), Privatisierung von Staatsaufgaben: Kriterien – Grenzen – Folgen, 1998; *Schuppert* (Hrsg.), Jenseits von Privatisierung und „schlankem" Staat, 1999; *Kämmerer*, Privatisierung, 2001;
41 Übersicht: *Jann/Wewer*, in: Bilanz der Ära Kohl, hrsg. v. *Wewer*, 1998, S. 229 ff., 232 f.

ler Unternehmen⁴². Heftig umstritten ist gegenwärtig noch, wie weit die Legitimation der öffentlich-rechtlichen Kreditwirtschaft reicht (Landesbanken, Sparkassen).

368 Als Aufgabenabbau wird auch die **funktionelle Privatisierung** von Einrichtungen der Daseinsvorsorge – Ver- und Entsorgungsbetriebe aller Art, Verkehrsbetriebe, Bäder, Heime u. Ä. – angesehen. Sie stellt aber in der Regel nur eine Änderung der Aufgaben*erfüllungsweise* dar. Staat oder Kommune verzichten darauf, die notwendigen Leistungen durch eigenes Personal und unter unmittelbarer eigener Verantwortung zu erbringen, sondern bedienen sich privater „Verwaltungshelfer"; ihnen verbleibt aber auch hier die „Gewährleistungsverantwortung". Sie haben also dafür zu sorgen, dass die Existenzbedingungen der Einwohner gewahrt sind, also Wasser geliefert und Abwasser geklärt wird, Busse und Bahnen verkehren, Heime für alte Menschen zur Verfügung stehen usw. Auch solche Veränderungen können große Wirkungen auslösen. Die Energiewirtschaftsreform liefert Anschauungsmaterial dafür, welche Verwerfungen dadurch entstehen, dass eine bisher unter starkem staatlichen und kommunalen Einfluss oligopolistisch wahrgenommene Aufgabe der Daseinsvorsorge dem Spiel der Marktkräfte überlassen wird. Für die kommunalen Betriebe, die bisher das Versorgungsmonopol in ihrem Gebiet hatten, ist die Liberalisierung des Energiemarkts existenzgefährdend, und damit ist auch die Wahrnehmung anderer kommunaler Aufgaben – z. B. im Bereich des Umweltschutzes – gefährdet und muss auf neue Grundlagen gestellt werden. Eine vergleichbare Problematik folgte schon aus der Umstellung der Abfallentsorgung in eine Kreislaufwirtschaft. Sollten die neu entstandenen Märkte versagen, werden jedoch Staat und Kommunen wieder an ihre Verantwortung erinnert werden.

369 Bei Untersuchung der Bund-Länder-Relationen ergibt sich eine recht unterschiedliche Verteilung der Aufgaben. Die Finanzstatistik⁴³ weist aus, dass bestimmte Aufgabenbereiche schwerpunktmäßig beim Bund, andere bei den Ländern und wieder andere bei den Gemeinden angesiedelt sind⁴⁴. Das ist nicht nur die Folge verfassungsrechtlicher Zuweisungen, sondern auch Ergebnis der historischen Entwicklung. Reformbestrebungen wie der Versuch, die Gemeinschaftsfinanzierung zahlreicher Einrichtungen abzuschaffen, sind bisher gescheitert.

Zu den Ausgangsfragen und -fällen:

370 1. „Öffentliche Aufgaben" können auch von Privaten wahrgenommen werden, z. B. von der Presse. „Staatsaufgaben" obliegen dem Staat und seinen Untereinheiten wie den Kommunen. Vgl. oben Rn. 335.

2. Wichtige Ansätze für die Bestimmung der Staatsaufgaben finden sich in den Staatszielbestimmungen der Art. 20 und 20a GG, also dem Rechtsstaats- und dem Sozialstaatsprinzip und dem Gebot des Schutzes der natürlichen Ressourcen, aber auch in den Grundrechten und in den Kompetenznormen der Verfassung. S. Rn. 359 ff.

---

42 Dazu die Hamburger Dissertation von *Landsberg,* Der Einfluss des Gemeinwesens bei der Sicherstellung des öffentlichen Personennahverkehrs, 2000.
43 Z. B. Finanzbericht 1998, hrsg. vom Bundesministerium der Finanzen, 1999, S. 324 ff.
44 Einzelheiten bei *Bull* (Fn. 8) S. 89 ff.

3. Die Gemeinde wird Grundstücke an ihre Einwohner privatrechtlich veräußern oder über eine privatrechtsförmige Grundstücksverwaltungsgesellschaft veräußern lassen. Das Altenheim wird sie entweder selbst errichten und in eigener Regie betreiben oder auch hier eine privatrechtliche Gesellschaft zwischenschalten; denkbar ist auch der Betrieb durch eine von der Gemeinde gegründete öffentlich-rechtliche Anstalt (dazu Rn. 103). Zur Förderung der Gewerbeansiedlung gründen größere Gemeinden ebenfalls besondere Gesellschaften; den Unternehmen werden häufig Vergünstigungen bei den Grundstückspreisen eingeräumt, nicht selten werden andererseits besondere Beiträge der Unternehmen zu den Folgekosten der Ansiedlung vereinbart (zur Zulässigkeit vgl. unten § 21 Rn. 863 f.). Kulturelle Initiativen werden hingegen häufig durch Zuwendungen an private Träger gefördert. Die kommunalen Museen und Theater sind i. d. R. noch eigene Einrichtungen (unselbstständige Anstalten öffentlichen Rechts).

4. Bei der Privatisierung von Wasserwerken und Krankenhäusern ist die Gewährleistungsaufgabe der Kommunen zu beachten. Durch Vertrag muss die sichere und angemessene Versorgung mit den entsprechenden Leistungen gewährleistet werden. Es müssen also ausreichende Einwirkungsbefugnisse der Gemeinde vereinbart werden. Hinzu kommen regelmäßig Regelungen über die Übernahme des Personals und dessen Rechte, insbesondere die Altersversorgung. Bevor ein solcher Vertrag geschlossen wird, muss die Gemeinde sorgfältig prüfen, wie sich die Veränderung auf ihre künftigen Haushalte auswirken wird (vgl. a. die Bestimmungen der Gemeindeordnungen über die Beteiligung an Gesellschaften und die Veräußerung von wirtschaftlichen Unternehmen der Gemeinden, z. B. §§ 102 f. GO SH). Die Bewertung der abzugebenden Vermögensgegenstände durch Sachverständige ist ebenso erforderlich wie eine genaue Vorausberechnung verbleibender Lasten der Gemeinde.

§ 10 Organisationstheorie und Organisationsrecht

Ausgangsfragen und -fälle:

1. Welche organisatorischen Konsequenzen können aus den verfassungsmäßigen Zielen „Verwirklichung des Demokratieprinzips" und „Sicherung der Rechtsstaatlichkeit" hergeleitet werden? Welche Zielvorstellungen laufen in dem Prinzip der „Gewaltenteilung" zusammen?

2. Was spricht für, was spricht gegen die Bildung großräumiger Verwaltungseinheiten, wie sie bei den verschiedenen Gebietsreformen der Vergangenheit durch Auflösung kleinerer Kreise, Zusammenlegung von Gemeinden und Eingemeindung von Stadtrandgemeinden geschaffen wurden?

3. Welche Interessen spielen bei Entscheidungen über die sachliche und geografische Organisation der öffentlichen Verwaltung eine Rolle?

4. Was ist eine Behörde?

§ 10 *Organisationstheorie und Organisationsrecht*

5. *Die in der Stadt S erscheinende Tageszeitung bringt in ihrem Lokalteil innerhalb einer Woche u.a. folgende Meldungen:*
   a) *Die Stadt plane die Freigabe eines größeren Teils des Stadtparks für den Bau von Eigentumswohnungen. Eine Reihe von Anliegern und andere Bürger hätten gegen diesen Plan protestiert. Der auf einer Protestversammlung anwesende Leiter des Stadtbauamtes habe sich bemüht, die aufgebrachten Bürger mit der Erklärung zu beruhigen, es handle sich bisher erst um eine völlig unverbindliche innerbehördliche Überlegung, die zu gegebener Zeit den zuständigen Vertretungsgremien vorgelegt werde.*
   b) *Die Stadtverwaltung beabsichtige die Aufnahme eines Kredites von 3,1 Mio. Euro, um eine der Stadt gehörende Fläche für Zwecke der Industrieansiedlung zu erschließen. Die Oppositionsfraktionen in der Gemeindevertretung seien der Ansicht, die Stadt sei bereits viel zu hoch verschuldet; eine weitere Kreditaufnahme sei nicht zu verantworten.*
   c) *„Der Landesverband der Heizstoffhändler hat sich auf seiner gestrigen Sitzung mit Vorwürfen gegen die Stadt befasst, sie decke den städtischen Bedarf an Heizöl zu über 80 Prozent bei dem örtlichen Unternehmen U. Es müsse befremden, dass diese Firma einen so hohen Anteil am Umsatz mit der Stadt an sich gezogen habe, obwohl es noch mehrere leistungsstarke Händler am Ort gebe".*
   d) *Beim Versorgungsamt sei in der letzten Zeit eine erhebliche Verzögerung eingetreten. Einige Versorgungsberechtigte hätten noch immer nicht die höheren Leistungen erhalten, die ihnen aufgrund der letzten Gesetzesänderung seit einem Vierteljahr zuständen.*

   Überlegen Sie, auf welche Weise die jeweils Betroffenen bzw. die Kritiker ihren Beschwerden (in rechtlich geordneten Verfahrensweisen oder durch sonstige Maßnahmen) Nachdruck verleihen können.

(Lösungshinweise in Rn. 416)

1. Ansätze zur Begriffsklärung

371 Die öffentliche Verwaltung ist – wie soeben dargestellt – selbst das Produkt von Organisation; sie ist aber zugleich *Subjekt* von Organisation, verstanden als Handlungs- und Entscheidungsform. Für die wissenschaftliche Betrachtung der Verwaltung spielt der Organisationsbegriff daher eine zentrale Rolle. Die Wissenschaft vom Verwaltungsrecht hat sich hierfür bisher wesentlich weniger interessiert als für das Verhältnis von Staat und Bürger. Zu Unrecht – Organisationsrecht ist *keine bloß formale Materie,* sondern beeinflusst „das Ausmaß an möglicher Grundrechtsverwirklichung, an Rechtsstaatlichkeit und Demokratie" wesentlich[1].

In der Literatur werden zahlreiche Definitionen des Organisationsbegriffs angeboten[2]. Mehrere Aspekte müssen auseinander gehalten werden:

---
1 *Koch/Rubel/Heselhaus*, Allgemeines Verwaltungsrecht, § 2 Rn. 2.
2 Vgl. die Zusammenstellung bei *Becker*, Zweck und Maß der Organisation, in: Handbuch der Verwaltung, Heft 3.1 Rn. 3106, sowie *Siepmann/Siepmann*, Verwaltungsorganisation, 6. A. 2004, S. 3 ff.

1. Ansätze zur Begriffsklärung § 10

a) Organisation kann als *deskriptiver* oder als *präskriptiver (normativer)* Begriff benutzt werden. Im ersten Fall lautet die Frage: Wie ist Verwaltung tatsächlich organisiert?, im zweiten: Wie soll sie organisiert sein oder werden? Organisiert-sein oder „organisiert-werden" ist aber noch mehrdeutig. Gemeint sein kann:

aa) Organisation als *Institution,* als „Gesamtheit" innerhalb ihrer „Umwelt". Sie „existiert und agiert"[3].

bb) Organisation als *Instrument* zur Erfüllung der Aufgaben der Institution entspricht dem Sinn des ursprünglichen Wortes am meisten (organon = Werkzeug). Damit sind insbesondere die Menschen und Mittel, das sozio-technische System erfasst, das durch den Bezug auf eine bestimmte oder eine Mehrzahl bestimmter Aufgaben seine Prägung erfährt. Wenn eine Organisation zur Erfüllung von Aufgaben zur Verfügung steht, kann man sagen, dass die Aufgabenerledigung „organisiert (worden) ist".

cc) Dieses Instrument wird in einem „iterativen Prozess" *hergestellt,* in dem zunächst die Grundelemente (Personal und Technik) nach ihren Eigenschaften ausgewählt und dann in ein Beziehungsgefüge, eine Struktur, gebracht werden; die Rede ist von „dem Organisieren"; „eine Behörde wird organisiert"[4].

372

b) Die Differenzierung geht weiter: „Organisiert" wird die Institution selbst, aber auch der Ablauf von Prozessen innerhalb von Organisationen und zwischen ihnen. Das Ergebnis solcher Organisationstätigkeit ist einerseits die *Aufbauorganisation* („institutionelle Organisation"), andererseits die *Ablauforganisation* (funktionale oder funktionelle Organisation).

373

aa) Unter **Aufbauorganisation** versteht man die Verteilung von Aufgaben und Kompetenzen oder Zuständigkeiten auf die verschiedenen Stellen der jeweiligen Gesamtorganisation. Hier herrscht eine statische Betrachtungsweise vor; die Aufbauorganisation bildet sozusagen das Gerüst der Organisation im weiteren Sinne. Sie wird grafisch in so genannten Organigrammen abgebildet, in denen Abteilungen, Referate oder auch einzelne Arbeitseinheiten bzw. Personen durch Kästen symbolisiert werden.

bb) Gegenstand der **Ablauforganisation** ist „die konkrete zeitlich-räumliche Aufgabenerfüllung durch menschliche oder maschinelle Tätigkeit"[5]. Hier geht es also um Verfahrensfragen („Geschäftsprozesse"), und zwar unabhängig davon, ob diese rechtlich abgesichert sind.

Sadler vergleicht die Aufbauorganisation mit dem Streckennetz der Bundesbahn und die Ablauforganisation mit dem „fahrplanmäßig und außerfahrplanmäßig ablaufenden Zugverkehr über Schienen, Weichen und Stationen unter Berücksichtigung von Fahrgastzahlen, Zuglängen und Geschwindigkeiten, Besetzungs- und Schichtplänen, Arbeits- und Betriebszeiten, Umsteigeverkehr, Abfahrts-, Ankunfts- und Wartezeiten"[6]. Hier geht es also um die Bewegung des Systems in Richtung auf das Ziel (Verwaltungsentscheidung, Leistung).

Die Unterscheidung von Aufbau- und Ablauforganisation ist nicht mehr als ein Hilfsmittel der Darstellung; in der Realität der Verwaltung ist selbstverständlich die Organisation der Abläufe nicht ohne Überdenken der Aufgabenzuordnungen mög-

---

3 *Becker,* a. a. O., Rn. 3108.
4 *Becker,* a. a. O., Rn. 3110.
5 So *Sadler,* Ablauforganisation, in: Handbuch der Verwaltung, Heft 3.3 Rn. 3303.
6 A. a. O.

lich und reicht umgekehrt die Festlegung von Kompetenzen und Zuständigkeiten nicht aus. Die Rechtsprechung bezieht Verwaltungsabläufe normalerweise nur insofern in die Betrachtung ein, als sie einen „Außenbezug" zum Bürger haben. In der Verwaltungsrechtswissenschaft ist in zunehmendem Maße ein Interesse an den verwaltungsinternen Prozessen erkennbar[7].

Dabei handelt es sich oftmals um Ansätze, die aus der Verwaltungswissenschaft „hinübergeschwappt" sind und nunmehr aus rechtlicher Sicht fruchtbar gemacht, jedenfalls aber in ihrer Bedeutung untersucht werden sollen. Beispielhaft zu nennen ist hier etwa die Diskussion um die Steuerung der Verwaltung[8] und um die Prozesse, die mit dem Begriff „Governance"[9] beschrieben werden.

2. Zwecke (Ziele) von Organisation

374 Man kann und muss fragen, welchem Zweck Organisation (im instrumentalen Sinne) dienen soll bzw. welchem sie faktisch dient (das Letztere wird sich allerdings nur in Bezug auf spezielle Organisationsprozesse und nicht allgemein ausführen lassen).

Eine andere Fragestellung wäre es, welche Zwecke eine (bestimmte) Organisation (als Institution) verfolgt, z. B. ob sie Interessen vertritt, Entscheidungen produziert, Rechtsstreitigkeiten entscheidet usw.

Die Bestimmung der Zwecke von Organisation allgemein oder eines bestimmten Organisationsvorganges (-vorhabens) sind in ihrem Kern aus der Verfassung herzuleiten; es liegt allerdings auf der Hand, dass diese keine konkret umsetzbaren Anweisungen für die Tätigkeit der Organisation in einzelnen Zusammenhängen liefert.

375 *Becker* nennt als Zweck der Organisation: Erfüllung der Aufgaben, Wirtschaftlichkeit, Sicherung der Rechtsstaatlichkeit, Festigung der Demokratie, Befriedigung der Grundbedürfnisse der Menschen, Koordination und Gleichgewicht[10]. Aus den einzelnen Zweckbestimmungen sind weitere, zum Teil auch konfligierende Unterziele abzuleiten und Wechselwirkungen zu beachten. Z.B. erzeugt Organisation erst manche Grundbedürfnisse wie die nach Information und Anerkennung oder verstärkt sie wenigstens, weil nämlich der Einzelne seine „organisierte" Arbeitswelt nicht mehr durchschaut[11].

Bestimmte Organisationsprinzipien sind andererseits auf eine Mehrzahl von sich überschneidenden Zielbestimmungen zu stützen. In der aktuellen verfassungsrechtlichen Diskussion ist umstritten, inwieweit die *Grundrechte* bestimmte orga-

---

[7] Vgl. *Brohm*, VVDStRL 30, 285 ff., 293 ff.
[8] Vgl. *Schmidt-Aßmann/Hoffmann-Riem* (Hrsg.), Verwaltungsorganisationsrecht als Steuerungsressource, 1997.
[9] Siehe dazu *Trute/Denkhaus/Kühlers*, Die Verwaltung 37 (2004), 451 ff.; *Hoffmann-Riem*, Governance im Gewährleistungsstaat, in: Schuppert (Hrsg.), Governance-Forschung, Baden-Baden 2005, S. 195 ff.
[10] *Becker*, a. a. O., Rn. 3124-3158.
[11] *Becker*, a. a. O., Rn. 3149.

nisatorische Gestaltungsweisen zwingend vorschreiben. Das bekannteste Beispiel dazu ist die Hochschulverfassung. (Untersuchen Sie unter diesem Aspekt die Entscheidungen des Bundesverfassungsgerichts zum Niedersächsischen Vorschaltgesetz, E 35, 79 und zum Hamburger Universitätsgesetz, E 43, 242! Vgl. a. E 39, 247 zur Organisationsform der Gruppenuniversität und E 111, 333 zum Brandenburgischen Hochschulgesetz.)

Organisationsrechtliche Schlussfolgerungen lassen sich aber auch aus dem Grundrecht auf informationelle Selbstbestimmung (vgl. BVerfGE 65, 1; 100, 313) herleiten. Im einfachen Recht zeigt sich dieser Zusammenhang etwa in §§ 90a S. 3 BBG, 56a S. 3 BRRG, nach denen die Beihilfeakten von Beamten, da sie Aufschluss über deren gesundheitlichen Zustand geben können, in einer von der übrigen Personalverwaltung getrennten Organisationseinheit bearbeitet werden sollen. Ein entsprechendes Gebot lässt sich auch für die Trennung von Polizei und Nachrichtendiensten herleiten. Man spricht in diesem Zusammenhang von einer **informationellen Gewaltenteilung**. Die Beispiele zeigen, dass bestimmte Grundrechte nur dann wirksam zu verwirklichen sind, wenn dies organisatorisch „abgestützt" ist. Insofern kann sich in besonderen Gefährdungslagen für die Verwirklichung von Grundrechten das Argument der organisatorischen Sinnhaftigkeit einer Maßnahme sogar zu einem subjektiven Recht auf eine bestimmte Ausgestaltung von Behördenstrukturen verdichten. 376

Die Prinzipien der *Demokratie*, der *Rechtsstaatlichkeit* und der *Gewaltenteilung* (*Frage 1*) müssen bei Organisationsentscheidungen selbstverständlich ebenfalls berücksichtigt werden. „Berücksichtigung" dieser Prinzipien heißt, dass sie in die Abwägung der Vor- und Nachteile einzubeziehen sind; sie stellen also keine „Regeln" dar, die strikt zu befolgen sind (vgl. Rn. 536). Ämterhäufungen und Personalunionen sind folglich unerwünscht und in extremen Fällen verboten. Kontrollen der Rechtmäßigkeit durch andere als die primär handelnden Stellen müssen möglich sein, die „kompetente" Sachverhaltsermittlung und die angemessene rechtliche Bewertung durch richtige Zuständigkeitsverteilung müssen gewährleistet sein, befangene Amtswalter dürfen nicht entscheiden usw. Diese Vorgaben haben im geltenden Recht ihren Niederschlag gefunden. 377

Unterschiedliche Zielvorstellungen stehen auch – z. T. in verdeckter Form – hinter den sozialwissenschaftlichen **Organisationstheorien**. Vgl. dazu die verschiedenen Beiträge in: *Ortmann/Sydow/Türk* (Hrsg.), Theorien der Organisation, 1997.

3. Grundbegriffe des Organisationsrechts

Vorbemerkung: Eine strikte Trennung zwischen Organisationsrecht und sonstiger Organisationslehre ist kaum möglich und auch gar nicht anzustreben. Mit der Terminologie in der Überschrift dieses Abschnitts soll verhindert werden, dass falsche Erwartungen entstehen; im Folgenden kann nur auf die juristisch einigermaßen durchgearbeiteten Begriffe der Verwaltungsorganisation hingewiesen werden; die zugrunde liegenden Prinzipien können aber nicht ausschließlich als solche der Rechtswissenschaft betrachtet werden. 378

a) Stelle

379 Grundeinheit der Aufbauorganisation ist die Stelle. Sie ist „Grundelement jeder Organisation" und bezeichnet den **„Aufgaben- und Arbeitsbereich einer lediglich gedachten, abstrakten Person"**, des „Aufgabenträgers"[12]. Die Zusammenfassung von Aufgaben in einer Stelle dient dazu, Zuständigkeitsbereiche voneinander abzugrenzen, sie für längere Zeit festzulegen – so dass bei einem Personalwechsel nicht auch die Aufgaben ausgetauscht zu werden brauchen –, ferner dazu, bestimmte arbeitstechnische Gegebenheiten auszunutzen und die in der Organisation tätigen Personen auszulasten. Nicht jede „Stelle" ist an einen „Arbeitsplatz" gebunden (Gegenbeispiel: Bürobote; mehrere Stellen bei einem Arbeitsplatz: Telefon- und andere Schichtdienste). Statt des Begriffs Stelle wird in der öffentlichen Verwaltung auch der Begriff „Dienstposten" benutzt, der beamtenrechtlich wiederum als Amt im konkret-funktionalen Sinn verstanden wird (dazu sogleich zu b)). (Der Begriff „öffentliche Stelle" – vgl. etwa § 1 Abs. 4 VwVfG und in diesem Sinne auch § 7 Abs. 1 BDSG – hat eine andere Bedeutung, nämlich Auffangfunktion für Organe der juristischen Personen des öffentlichen Rechts, die nicht „Behörde" sind, s. u. Rn. 382 ff. und Rn. 385).

Schon bei der Bildung von Stellen als den kleinsten Einheiten innerhalb der Organisation kann unterschiedlich vorgegangen werden. Zu unterscheiden ist zwischen Organisation ad rem (rein aufgabenorientiert), ad personam (personenbezogen) und ad instrumentum (sachmittel-orientiert)[13].

b) Amt

380 Von großer Bedeutung ist auch der Begriff „Amt". Im *Beamtenrecht* wird er in unterschiedlichen Bedeutungsvarianten verwendet, die jeweils einem bestimmten Kontext zugeordnet sind. Im *statusrechtlichen* Sinn erfolgt die Verleihung eines Amtes durch einen Ernennungsakt. Aus ihm folgen die besoldungsrechtliche Einstufung sowie eine bestimmte Dienstbezeichnung (z. B. Oberinspektor, Regierungsrat, Ministerialdirigent etc.). Vor Verleihung eines Amtes müssen neu ernannte Beamte eine Probezeit absolvieren, in der sie den Zusatz „z. A." (zur Anstellung) hinter der Dienstbezeichnung zu führen haben. Daneben wird das Amt auch im *funktionalen* Sinne verstanden. Abstrakt-funktional geht damit die Zuweisung zu einer bestimmten Behörde einher, konkret-funktional die Übertragung eines bestimmten Aufgabenbereichs (Dienstpostens).

381 Im *organisationsrechtlichen* Sinne bedeutet „Amt" die Zusammenfassung verschiedener Stellen (Dienstposten) zu Organisationseinheiten. Der Amts-Begriff wird in diesem Sinne insbesondere in der Kommunalverwaltung verwendet (aber z. B. auch im Stadtstaat Hamburg). Im staatlichen Bereich entspricht dem kommunalen „Amt" meist das „*Referat*"; die Terminologie der Länderverwaltungen ist aber uneinheitlich. Die Zusammenfassung von Ämtern im organisatorischen Sinn ist eine

---

[12] *Kübler*, Organisation und Führung in Behörden, 1974, Abschnitt 32.
[13] A. a. O., Abschnitt 35.

„Behörde" (s. u. Rn. 385). Über der Ebene der Ämter findet sich jedoch in der Regel unterhalb der Verwaltungsspitze noch die Ebene der **Dezernate**, die bei den Ministerien „**Abteilungen**" heißen[14].

Während „Amt" als Begriff der Verwaltungsorganisation also von den vorhandenen Aufgaben ausgeht und davon absieht, welche Person sie ausführt, ist es bei dem dienstrechtlichen Amtsbegriff umgekehrt, er knüpft an den vorhandenen Beamten an und ordnet ihm einen Pflichtenkreis zu. Die Person, die die in einem „Amt" zusammengefassten Zuständigkeiten in concreto wahrzunehmen hat, ist der „*Amtswalter*"[15].

c) Organ und Organwalter

Der „Organ"-Begriff gehört zu einer anderen Kategorie als „Stelle" und „Amt"; er dient der Zurechnung menschlichen Handelns zu einem Träger öffentlicher Verwaltung entsprechend der Satzung (Verfassung) dieses Trägers, vgl. §§ 31, 89 BGB. Innerhalb einer Organisation müssen die Aufgaben zu arbeitsteiliger Erfüllung auf bestimmte Untereinheiten verteilt werden. Letztlich müssen die Menschen bestimmt sein, die im konkreten Einzelfall eine bestimmte Aufgabe auszuführen haben. In früheren Epochen wurden Aufgaben häufig ad hoc und nicht im Rahmen eines strengen Schemas verteilt, wodurch die Effektivität der Verwaltung und die Berechenbarkeit ihrer Aktivitäten stark von der Person an der Spitze abhängig wurden. Unsystematische und punktuelle Aufgabenverteilung gilt heute erst recht als anstößig. 382

Am Beginn jeder Organisation steht daher die **Gliederung der Aufgaben** (*Aufgabengliederungsplan*). Sie bildet die Grundlage für die Organisation i. e. S., die ihre rechtssatzmäßige Formulierung in der Verfassung (Satzung, Organisationsplan, Geschäftsverteilungsplan) einer Organisation findet. Die Verfassung einer Organisation beruft aber in der Regel nicht einzelne Menschen, sondern schafft künstliche innerorganisatorische Subjekte (*Organe*), denen bestimmte Aufgabengruppen und die zu ihrer Erfüllung erforderlichen Befugnisse zugewiesen werden[16]. 383

„**Organ**" ist also im juristischen Sinne ein abstrakter Begriff des Organisationsrechts, ein Zurechnungssubjekt. Jede Organisation hat notwendigerweise Organe. Natürlich handeln nur Menschen für oder als Organ der Organisation; dies sind die „Organwalter". Wenn man genau sein will, muss man es also so kompliziert ausdrücken wie *Wolff/Bachof*[17], dass nämlich „Organwalterverhalten Organverhalten und dieses Organisationsverhalten ist, d. h. dass das Verhalten *zugerechnet* und deshalb *zugeordnet* wird". 384

Man kann wiederum zwischen „selbstständigen Organen" und „Organteilen" unterscheiden: Organe im engeren Sinne sind „nur diejenigen organisatorischen Funktionseinheiten

---

14 Wegen der Einzelheiten vgl. *Kübler*, a. a. O., Abschnitt 37 bis 41.
15 *Wolff/Bachof* II, § 73 IIIa.
16 *Wolff/Bachof* II, § 72 I a.
17 VwR II, § 74 I f 1.

(Subjekte), die rechtlich in ihrem Namen für eine Organisation zu handeln befugt sind", z. B. der Bundespräsident, die Bundes- und die Landesregierungen, die Minister, die Bezirksregierungen, die Kreistage, Landräte, die Gemeinderäte und Bürgermeister und Gemeindedirektoren, ferner die durch formelles Gesetz, Rechtsverordnungen oder Satzung geschaffenen Ausschüsse (z. B. Deputationen nach Hamburger Recht).

Gremien oder andere Unterkomplexe hingegen, die innerhalb eines Organs eingerichtet sind, z. B. Abteilungen, Referate und Sachbereiche der Ministerien, Ämter im organisatorischen Sinne in der Kommunalverwaltung sind nur als „Organteile" anzusehen. Das hat z. B. Bedeutung für die Art und Weise, in der Äußerungen für die Verwaltungseinheit abgegeben werden.

d) Behörde

385 Mehrere „Ämter" im organisatorischen Sinne bilden eine *Behörde*; allerdings ist der Behördenbegriff mehrdeutig. Behörde ist zunächst eine Organ-Art des Staates oder eines anderen Trägers öffentlicher Verwaltung; es gibt aber mehr „Behörden" als „Organe". Behörden im **organisatorischen** (organisationsrechtlichen) Sinne sind selbstständige, eigenverantwortliche Verwaltungsorgane des Staates oder seiner Untereinheiten (Gemeinden und Kreise, öffentlich-rechtliche Körperschaften, Anstalten und Stiftungen). Juristische Personen des Privatrechts können keine Behörden haben. Im Sinne des Verwaltungsverfahrensgesetzes ist weitergehend Behörde „jede Stelle, die Aufgaben der öffentlichen Verwaltung wahrnimmt" (§ 1 Abs. 4 VwVfG, funktioneller Behördenbegriff. Sogar Beliehene (Rn. 1110) sind in diesem Sinne Behörde[18]. Der Behördenbegriff taucht dann auch als ein Merkmal des Verwaltungsaktes in § 35 VwVfG auf.

Behörden sind fähig, am Verwaltungsgerichtsverfahren beteiligt zu sein, sofern das Landesrecht dies ausdrücklich bestimmt (§ 61 Nr. 3 VwGO). Die Klage ist ebenfalls nur dann gegen die Behörde selbst zu richten, wenn das Landesrecht dies bestimmt (§ 78 Abs. 1 Nr. 2 VwGO). In den übrigen Fällen gilt das Rechtsträgerprinzip, d. h. zu verklagen ist der Bund, das Land oder die Körperschaft, „deren Behörde den angefochtenen Verwaltungsakt erlassen oder den beantragten Verwaltungsakt unterlassen hat" (§ 78 Abs. 1 Nr. 1 VwGO). Für die verwaltungsprozessuale Behördeneigenschaft kommt es auf die Selbstständigkeit und Eigenverantwortlichkeit der betreffenden Stelle an; hier gilt also der organisatorische Behördenbegriff. Nicht „Behörde" sind Teile einer Organisationseinheit (Dezernate, Abteilungen, Ämter im organisatorischen Sinne).

e) Zuständigkeit

386 Die Verwaltungsaufgaben müssen auf die verschiedenen Subjekte innerhalb der Verwaltungsorganisation verteilt und gegeneinander abgegrenzt werden. Dadurch wird die *Zuständigkeit* der verschiedenen Stellen begründet. Die Zuständigkeitsbestimmung ist aus mehreren Gründen notwendig: Sie soll die vollständige und

---

18 Vgl. *Meyer*, in: *Knack*, VwVfG, § 1 Rn. 7. VwR II, § 74 I f 1.

3. Grundbegriffe des Organisationsrechts § 10

sachgerechte Erledigung der verschiedenen Aufgaben durch die jeweils am besten geeigneten Stellen und Personen gewährleisten, Doppelarbeit vermeiden und andererseits für jede Aufgabe eine Verantwortlichkeit begründen. Auch für den „Kunden" der Verwaltung haben klare Zuständigkeitsregeln eine positive Bedeutung.

Die Zuständigkeit bedeutet also die Verpflichtung und Berechtigung, bestimmte Angelegenheiten (Aufgaben) einer Organisationseinheit wahrzunehmen. „Zuständigkeit" und „Kompetenz" werden meist gleichbedeutend gebraucht, man kann aber genauer unterscheiden, indem man „Kompetenz" nur den *Gegenstand* der Zuständigkeit, also die wahrzunehmende Aufgabe nennt. Ist eine Stelle zur Erledigung einer Aufgabe zuständig, so ist sie deshalb allein aber noch nicht ermächtigt, alle Mittel anzuwenden, die zur Erfüllung dieser Aufgabe etwa erforderlich erscheinen. Für Eingriffe in die Rechtssphäre des Bürgers bedarf es vielmehr zusätzlich der Ermächtigungsnorm (vgl. Rn. 159 ff.).

Zu unterscheiden sind verschiedene Arten von Zuständigkeit: **387**

– **Verbandszuständigkeit**: Die betreffende Tätigkeit muss zum Aufgabenkreis derjenigen juristischen Person des öffentlichen Rechts (Staat, Gemeinde, Gemeindeverband oder sonstiges Rechtssubjekt des öffentlichen Rechts) gehören, zu der die handelnde Behörde gehört;

– **Organzuständigkeit**: Innerhalb des zuständigen Verbandes muss auch das zuständige Organ bzw. der zuständige Organteil handeln (Bsp.: Ist die Gemeinde zuständig, so ist weiterhin zu fragen, ob die entsprechende Aufgabe nach der gemeindlichen Kompetenzordnung dem Bürgermeister oder der Gemeindevertretung zugewiesen ist).

– **Sachliche Zuständigkeit** der Behörde: Innerhalb des Verbandes im eben bezeichneten Sinne muss die Aufgabe in den Zuständigkeitsbereich des handelnden Verwaltungszweiges („Ressorts", Geschäftsbereichs) fallen;

– **Instantielle Zuständigkeit**: Sie betrifft die Frage, ob zunächst eine untere Behörde oder sogleich eine höhere Instanz entscheidet – vgl. etwa § 36 BauGB, § 73 VwGO. Der „Einstieg" bei der höheren Behörde soll sichern, dass sogleich eine intensive Prüfung durch besonders erfahrene Organwalter stattfindet; er hat aber den Nachteil, dass es weniger Nachprüfungsmöglichkeiten gibt.

In den Einzelgesetzen des materiellen Verwaltungsrechts ist regelmäßig von „unterer", „oberer" und „oberster" Landes- oder Bundesbehörde die Rede. Welche Behörden damit gemeint sind, ist meist nicht im Gesetz gesagt, sondern nur – wenn überhaupt – durch Verwaltungsvorschriften geregelt. Mangels anderer Bestimmung (also soweit nicht Sonderbehörden errichtet sind) gilt:

„*Untere Verwaltungsbehörde*" ist die Kreis- oder Stadtverwaltung (oft personalisiert ausgedrückt, also: „Der Landrat", „Der Oberbürgermeister" oder „Der Bürgermeister").

„*Obere Verwaltungsbehörde*" ist in Ländern mit einer Mittelinstanz (vgl. Rn. 117) das Regierungspräsidium, die Bezirksregierung oder schlicht „Regierung" (auch hier z. T. personifiziert als „Der Regierungspräsident"). Der Begriff „Oberbehörde" hat eine andere Bedeutung (vgl. Rn. 113 und 116).

„*Oberste Verwaltungsbehörde*" ist das fachlich zuständige Ministerium (bzw. „Der Minister für …", „Die Ministerin für …").

173

§ 10 *Organisationstheorie und Organisationsrecht*

- **Örtliche Zuständigkeit**: Sie soll Berücksichtigung lokaler Besonderheiten und Bürgernähe garantieren, im Allgemeinen ist sie unproblematisch.
- **Funktionelle Zuständigkeit** als Sonderfall ist schließlich zu erwähnen, da auch innerhalb einer Behörde eine „hierarchische" Zuständigkeitsverteilung vorkommt, nämlich die funktionelle Zuständigkeit des Behördenleiters oder eines besonderen Beauftragten (vgl. etwa § 68 Abs. 2 SGB X).

f) Amtshilfe

388 Nach Art. 35 Abs. 1 GG haben sich alle Behörden des Bundes und der Länder gegenseitig Amtshilfe zu leisten. Diese Pflicht erweitert nicht die rechtlichen Befugnisse der Behörden, sondern nur die tatsächlichen Handlungsmöglichkeiten. Die Amtshilfe ist in §§ 4-8 VwVfG ausführlich geregelt. Einzelheiten vgl. unter Rn. 665 ff.

4. Hierarchie: Leitung von Behörden und Aufsicht über nachgeordnete Behörden

389 Die verschiedenen Untereinheiten der Verwaltungsorganisation stehen in vielfältigen Beziehungen zueinander. Zu unterscheiden sind Beziehungen *innerhalb* eines Verwaltungsträgers sowie *zwischen* verschiedenen Verwaltungsträgern.

a) Leitung

390 Innerhalb eines Verwaltungsträgers gilt das Prinzip der hierarchischen Ordnung. Die obersten Organe *leiten*[19] die gesamte ihnen untergeordnete Verwaltung, d.h. die Behörde selbst, an deren Spitze sie stehen, und den sog. „nachgeordneten" Bereich („Geschäftsbereich" der Ministerien).

Für den innerbehördlichen Bereich ist die Weisungsbefugnis der Vorgesetzten ausdrücklich beamten- und tarifrechtlich abgesichert (lesen Sie § 3 Abs. 2 und § 55 BBG und die entsprechenden Bestimmungen der Landesbeamtengesetze sowie § 8 Abs. 2 BAT!) Innerhalb der Behörden ergehen auch *allgemeine* Weisungen, z. B. als „Hausanordnungen" oder „Erlasse". Diese werden als rechtliche Kategorie unter dem Begriff der „*Verwaltungsvorschrift*" zusammengefasst (vgl. Rn. 226 ff.). Aus der hierarchischen Organisation folgt damit auch, dass der jeweilige Vorgesetzte für seine Einzelweisungen sowie für den Erlass von Weisungen in abstrakt-genereller Form (Verwaltungsvorschriften) keiner ausdrücklichen Ermächtigungsgrunlage bedarf.

Die höheren Behörden können den Gesetzesvollzug durch Einzelweisungen und durch allgemeine Weisungen lenken. Beim Vollzug von Bundesgesetzen durch die Landesverwaltung besteht jedoch keine entsprechende Überordnung des Bundes.

---

[19] Der Begriff erscheint z. B. in Art. 55 der Hamburger Verfassung.

Das Grundgesetz sieht hier aber ausdrücklich die Möglichkeit der Bundesregierung vor, allgemeine Verwaltungsvorschriften zu erlassen (Art. 84 Abs. 2, 85 Abs. 2 GG). Entsprechend der grundgesetzlichen Systematik des Bund-Länder-Verhältnisses ist sie in diesem Fall allerdings von der Zustimmung des Bundesrates abhängig.

b) Fachaufsicht

Die **vorgesetzten Behörden** haben die nachgeordneten auch zu *beaufsichtigen*. Mit den Mitteln der **Fachaufsicht** überprüfen sie *Zweckmäßigkeit* und *Rechtmäßigkeit* von Entscheidungen der nachgeordneten Behörden; die Fachaufsicht ist das Verfahren, in dem die erwähnten Anweisungen von einer Instanz zur anderen ergehen, und insofern mit der „Leitung" einer Behörde durch den Behördenchef gleichzusetzen. Doch ist zu bedenken, dass auch die Fachaufsicht eingeschränkt sein kann, z. B. in der Art, dass der höheren Behörde nur der Erlass *genereller* Weisungen gestattet ist.

391

c) Dienstaufsicht

Neben der Fachaufsicht gibt es die **Dienstaufsicht**, besser: allgemeine Behördenaufsicht[20]. Sie gewährleistet die ordnungsgemäße Ausstattung der nachgeordneten Stellen mit Personal und Sachmitteln und umfasst auch die Entscheidungsbefugnis über dienstrechtliche Angelegenheiten der dort beschäftigten Mitarbeiter des öffentlichen Dienstes. Zu unterscheiden ist zwischen „Vorgesetzten" (§ 3 Abs. 2 S. 2 BBG) und „Dienstvorgesetzten" (§ 3 Abs. 2 S. 1 BBG). „Oberste Dienstbehörde" ist das dafür bestimmte Ministerium (vgl. § 3 Abs. 1 BBG). (Die „Dienstaufsichtsbeschwerde" zielt häufig aber nicht auf Maßnahmen der Dienstaufsicht, sondern auf solche der Fachaufsicht ab.)

392

d) Aufsicht über selbstständige Verwaltungsträger

Im Verhältnis selbstständiger Verwaltungsträger zueinander kann die Aufsicht eingeschränkt sein. Zwar gibt es Fachaufsicht auch hier, wenn nämlich Aufgaben im Auftrage oder auf Weisung des Staates von einer anderen öffentlich-rechtlichen Körperschaft erfüllt werden. Auch die Länder unterstehen dem Weisungsrecht des Bundes, wenn sie Gesetze im Auftrage des Bundes ausführen (aber mit bestimmten Vorbehalten in Bezug auf die Art und Weise der Erteilung von Weisungen). Bei Selbstverwaltungsaufgaben ist grundsätzlich nur Rechtsaufsicht des Staates gegeben, der Staat garantiert also nur die Rechtmäßigkeit, nicht aber die Zweckmäßigkeit des Verwaltungshandelns der Selbstverwaltungskörperschaften (Rn. 105). Diese Aufsicht ist also nicht geeignet, politische oder andere Zweckmäßigkeitserwägungen der Aufsichtsinstanzen durchzusetzen. Allerdings kann unter dem Titel der Rechtsaufsicht doch eine erhebliche Anzahl von Einwirkungen auf die Selbst-

393

---

20 Zur Terminologie *Wolff/Bachof* II, § 77 II b 4-6; s. a. Rn. 407.

verwaltungskörperschaften zulässig sein, da heute alle irgend bedeutsamen Verwaltungsprobleme durch Gesetz geregelt oder von Richterrecht beeinflusst sind und z. B. der Gleichheitssatz oder die – häufig rechtlich vorgeschriebenen – Grundsätze der Wirtschaftlichkeit und Sparsamkeit der Verwaltungsführung hinreichend Ansatzpunkte für Aufsichtsmaßnahmen bieten.

5. Organisationsgewalt (Organisationsrecht)

394 Es ist selbstverständlich, dass der Staat befugt ist, seine eigene Organisation auf- und auszubauen sowie zu erhalten. Er hat also die Befugnis zur „Schaffung, Veränderung, Zusammenordnung, Bestimmung der Aufgaben und inneren Gliederung und Geschäftsregelung von Funktionsträgern, die als Handlungseinheiten einer in ihnen zur Erscheinung und Wirksamkeit kommenden Ganzheit tätig werden", also die „Organisationsgewalt" bzw. das Organisationsrecht[21].

Damit ist noch nicht gesagt, wer innerhalb der Staatsorganisation hierfür zuständig ist (Organkompetenz). In der konstitutionellen Monarchie schien es selbstverständlich, dass die Organisationsgewalt der Spitze der Exekutive, also dem Monarchen zukam. Nach dem Grundgesetz ist die Organisationsgewalt auf mehrere Verfassungsorgane verteilt. Eine Reihe von Organisationsentscheidungen muss durch den Gesetzgeber erfolgen („institutioneller Gesetzesvorbehalt"), so z. B. die Bildung und Errichtung der Bundesoberbehörden (Art. 87 Abs. 3 GG) oder die Aufgabenübertragung auf Körperschaften, Anstalten und Stiftungen des öffentlichen Rechts nach schleswig-holsteinischem Recht (§ 23 LVwG). In manchen Fällen haben aber die Regierungsorgane des Staates und seiner Untereinheiten die Kompetenz, neue Organisationseinheiten zu bilden („Regierungsvorbehalt")[22]. Dies gilt jedenfalls im Wesentlichen für die Ressortaufteilung in der Regierung selbst; sie ist Sache des Regierungschefs; das Parlament hat hier nur ein Zugriffsrecht[23].

6. Zentralisation und Dezentralisation als Grundtendenzen der Verwaltungsorganisation

a) Terminologie

395 „Das Maß der Zentralisation bzw. Dezentralisation ist eine grundlegende Gestaltungsfrage des Aufbaugefüges jeder Organisation. *Zentralisation* lässt sich als ein **Streben zu einem Mittelpunkt hin** (z. B. zur Behördenspitze), *Dezentralisation* als **ein Streben vom Mittelpunkt weg** umschreiben"[24].

---

21 *Böckenförde*, Die Organisationsgewalt im Bereich der Regierung, 1964, S. 29.
22 Einzelheiten bei *Wolff/Bachof* II, § 78 II und III; s. a. *Ossenbühl* und *Krebs* in: *Isensee/Kirchhof* (Hrsg.), HdbStR, III. Bd., § 65 Rn. 14 und § 69 Rn. 85 ff.
23 Vgl. dazu *Böckenförde*, NJW 1999, 1235 f.; *Isensee*, JZ 1999, 1113 ff. gegen VerfGH NW, NJW 1999, 1243. S. a. Rn. 170 ff.
24 *Kübler*, a. a. O., Abschnitt 48.

Zu beachten ist, dass es eine feste Terminologie gibt, die dem Begriff **"Dezentrali-** **396** **sation"** im rechtlichen Sinne die Bedeutung der Übertragung von Verwaltungskompetenzen auf *selbstständige* Verwaltungsträger zuweist. Das wichtigste Beispiel durchgeführter Dezentralisation ist die in Art. 28 Abs. 2 GG verfassungsmäßig festgeschriebene kommunale Selbstverwaltung. **"Dekonzentration"** nennt man hingegen die Aufteilung der Kompetenzen innerhalb einer Verwaltungseinheit auf mehrere Behörden (horizontal oder vertikal). Die vertikale Dekonzentration erfüllt denselben Zweck wie die Dezentralisation, wenn auch in geringerem Maße: sie fördert die Ortsnähe der Verwaltung. Die vertikale Konzentration (Kompetenzverlagerung nach oben) erleichtert die „Regierbarkeit" der jeweiligen Einheit. Die horizontale Konzentration (Zusammenfassung von Kompetenzen bei einer Behörde in einem bestimmten Bezirk) ist gegenwärtig insbesondere auf die Mittelstufe der allgemeinen inneren Verwaltung verwirklicht (Bezirksregierungen, Regierungspräsidenten). Gelegentlich wird behauptet, die „Einheit der Verwaltung" gebiete eine organisatorische Konzentration oder eine harmonisierende Auslegung von Verwaltungshandlungen; ein entsprechendes Rechtsprinzip gilt aber nicht, und faktisch setzen sich immer wieder Differenzierungen durch.

b) Räumliche Gliederung, Gebietsreformen

Die *Gebietsreformen* der Siebzigerjahre (vgl. *Ausgangsfrage 2*) haben zwar bewirkt, **397** dass die Verwaltungsaufgaben wohl in allen Teilen der Bundesrepublik „professioneller" als vorher und damit in der Regel auch effizienter und schneller ausgeführt werden. Der Verlust an räumlicher Bürgernähe kann sich allerdings auf die Entscheidungsqualität auswirken, und der Abbau bürgerschaftlicher Mitwirkung in zahllosen kleinen Gemeinden steht in Widerspruch zu den Partizipationsansprüchen der Bevölkerung. Andererseits kann Distanz zu den örtlichen Akteuren die Verwaltungseffizienz und die Objektivität der Entscheidungen fördern.

Bei der Beurteilung konkreter Organisationsentscheidungen ist selbstverständlich auch der Einfluss *wirtschaftlicher Interessen*, von Prestigegesichtspunkten und der Karriereerwartungen beteiligter bzw. betroffener Politiker zu bedenken. So gab es bei den Gebietsreformen erhebliche Schwierigkeiten manchmal nur deswegen, weil amtierende Bürgermeister und Gemeindedirektoren oder Landräte und Oberkreisdirektoren „untergebracht" werden sollten. Dass eine Stadt die Kreisverwaltung, ein Gericht oder eine bedeutende Fachverwaltungsbehörde beherbergt, gilt als förderlich für die heimische Wirtschaft und das Ansehen der Kommune (dies zu *Frage 3*).

c) Verselbstständigung von Verwaltungsträgern und ministerialfreie Räume

Im Gegensatz zu den zentralistischen Tendenzen, die in den Gebietsreformen zur **398** Wirkung kamen, sind eine ganze Reihe von *organisatorischen Sonderformen* entstanden, die auf eine mehr oder weniger deutliche Verselbstständigung von Untereinheiten der öffentlichen Verwaltung hinauslaufen. Die „Erfüllung öffentlicher Aufgaben durch verselbstständigte Verwaltungseinheiten"[25] ist zu einem viel be-

---

25 So der Titel der Schrift von *Schuppert*, 1981.

sprochenen Thema von Verwaltungswissenschaft und Verwaltungspolitik geworden. Dabei zeigt sich, dass „Dezentralisation" faktisch nicht auf die rechtliche Erscheinungsform (siehe oben a) beschränkt ist, sondern dass es tatsächlich eine vielfache Stufung von Dezentralisationsmöglichkeiten gibt, die von der Lockerung der hierarchischen Aufsicht bis zur faktischen Unbeeinflussbarkeit der verselbstständigten Einheit reicht[26]. Auch die *„Privatisierung"* von Verwaltungsaufgaben (vgl. Rn. 366 ff.) gehört in diesen Zusammenhang. Tatsächlich haben die großen Verwaltungsträger bereits eine Vielzahl *privatrechtlicher „Trabanten"*[27].

Solche Organisationsformen werfen sowohl *verfassungs- wie verwaltungsrechtliche* als auch erhebliche *verwaltungspolitische Probleme* auf. Staat und Gemeinden dürfen die Verantwortung für ihre Aufgaben nicht ohne ausreichende Rechtfertigung und ohne Sicherung einer Einflussmöglichkeit auf private Stellen abwälzen. Sie könnten sich sonst zum Nachteil des betroffenen Bürgers von Pflichten des öffentlichen Rechts entlasten[28]. Eine Lockerung des „hierarchischen Prinzips" (Rn. 389 ff.), also die Einräumung größerer Selbstständigkeit innerhalb der Verwaltung, ist ebenfalls nicht ohne weiteres zulässig[29].

399 Soweit bisher „ministerialfreie Räume" verfassungsrechtlich gebilligt wurden, handelt es sich vor allem um solche Einrichtungen, bei denen in besonders hohem Maße *unabhängiger Sachverstand oder Erfahrung* eingebracht werden sollte (z. B. Bundespersonalausschuss, der frühere Personalgutacherausschuss für die Streitkräfte, der Bundesbeauftragte und die Landesbeauftragten für den Datenschutz) – bis hin zu Stellen, die *gerichtsähnliche* Funktionen haben, also im Vorfeld der Verwaltungsgerichtsbarkeit Streitigkeiten zwischen der „aktiven" Verwaltung und den Bürgern zu entscheiden haben (z. B. Beschlussgremien beim Bundeskartellamt, Bundespatentamt und bei der Bundesnetzagentur, der früheren Regulierungsbehörde für Telekommunikation und Post, ferner Widerspruchsausschüsse, Kreis- und Stadtrechtsausschüsse)[30]. Die genaue verfassungsrechtliche Begründung für die ausnahmsweise Zulässigkeit der ministerialfreien Räume ist nach wie vor sehr streitig. *Kay Waechter*[31] hat sechs verschiedene Begründungsansätze gezählt. Zu verlangen ist in jedem Fall eine gesetzliche Grundlage (institutioneller Gesetzesvorbehalt) und eine sachlich zwingende Begründung, da die Verwaltung allenfalls ausnahmsweise und bei besonderer Rechtfertigung der parlamentarischen Kontrolle entzogen werden darf.

---

26 Vgl. dazu *Wagener* (Hrsg.), Regierbarkeit? Dezentralisation? Entstaatlichung?, Schriften der Deutschen Sektion des Internationalen Instituts für Verwaltungswissenschaften Bd. 3, Bonn 1976, Zitat S. 245.
27 Vgl. auch *Ehlers*, Verwaltung in Privatrechtsform, 1984, S. 15 ff.; *Stober*, Die privatrechtlich organisierte öffentliche Verwaltung, NJW 1984, 449 ff.; siehe auch Rn. 121 ff.
28 Vgl. dazu ausführlich *Bull*, in: AK-GG, 2. A., Rn. 64 ff. vor Art. 83.
29 Vgl. dazu BVerfGE 9, 268, 281.
30 Vgl. zu diesem Themenkreis *Bull*, in: AK-GG, 2. A., Rn. 27 ff. zu Art. 86 m. w. N. Zur verwaltungspolitischen Erörterung vgl. *Wagener* (Hrsg.), Verselbständigung von Verwaltungsträgern, Schriften der Deutschen Sektion des Internationalen Instituts für Verwaltungswissenschaften Bd. 1, 1976.
31 Geminderte demokratische Legitimation staatlicher Institutionen im parlamentarischen Regierungssystem, 1994, S. 19 ff.

Zur Vertiefung: *Becker,* Öffentliche Verwaltung, 1989, S. 190 ff.; *Siepmann*, Verwaltungsorganisation, 5. A. Stuttgart 1996 (behandelt die Grundbegriffe der Organisation und die verschiedenen theoretischen Ansätze, die Instrumente und Techniken des Organisierens und der Zusammenarbeit in Organisationen); *Becker/Graf Vitzthum*, Grundfragen der Verwaltungsorganisation, München 1980 (Arbeitshefte Staat und Wirtschaft, Heft 2); *Wolff/Bachof*, Verwaltungsrecht II, 4. A. 1976, §§ 71-78 (vielschichtige umfassende Darstellung der Verwaltungsorganisation in rechtlicher Sicht auf verwaltungswissenschaftlicher Grundlage, mit zahlreichen weiterführenden Nachweisen); *Dreier*, Hierarchische Verwaltung im demokratischen Staat, 1991 (sehr gründliche geistes- und realgeschichtlich inspirierte Problembearbeitung); *Waechter*, Geminderte parlamentarische Legitimation[32]; *Oebbecke*, Weisungs- und unterrichtungsfreie Räume in der Verwaltung, 1986; *Schmidt-Aßmann/Hoffmann-Riem* (Hrsg.), Verwaltungsorganisationsrecht als Steuerungsressource, 1997; *Schmidt-Aßmann*, Das allgemeine Verwaltungsrecht als Ordnungsidee, 2. Aufl. 2004, S. 239-275.

400

7. Kontrolle und Korrektur der Verwaltung

Die zahllosen Stellen der öffentlichen Verwaltung bedürfen – wie jedes „soziale System", das Macht ausübt – der Kontrolle und Korrektur. Mit *Adalbert Podlech* muss man von der **Vermutung** ausgehen, **dass jedes unkontrollierte soziale System sich regelwidrig verhält**[33].

401

Dieses Misstrauen in die Rechtmäßigkeit des Verwaltungshandelns ist als Ausgangspunkt rechts- und verwaltungspolitischer Überlegungen von großer Bedeutung. Daran anknüpfende Kontrollmechanismen werden in der Regel als rechtsstaatliche Notwendigkeit qualifiziert, unabhängig davon ob man einzelne Mittel rechtlich als Ausdruck eines konkreten verfassungsrechtlichen Gebots ansehen kann. Tatsächlich kann ein Rechtsstaat niemals auf ein Prinzip uneingeschränkten Vertrauens in die rechtmäßige und uneigennützige Pflichterfüllung der Amtswalter gestützt werden. Das schließt nicht aus, dass Vorgesetzte ihrer Mitarbeitern Vertrauen entgegen bringen und ihnen folglich große Spielräume bei der Wahrnehmung ihrer Aufgaben lassen sollen.

Andererseits wird die Notwendigkeit von Kontrolle gegenüber verschiedenen Behörden unterschiedlich eingeschätzt. So werden Kontrollmechanismen als Behinderung der effektiven Arbeitsmöglichkeit dargestellt. Dass hier ein Interessenkonflikt bestehen kann, ist richtig, und überzogenes Misstrauen belastet die Betroffenen unangemessen. Die rechtlich gebotene Kontrolle zielt aber nicht auf den Einzelnen, sondern die Anforderungen an die Organisation insgesamt. Schon gar nicht impliziert sie ein Misstrauen gegenüber Einzelnen oder Gruppen der in den Behörden tätigen Personen.

402

Aus der Sicht des **Bürgers** ist die Kontrolle der Verwaltung die **notwendige Ergänzung seiner materiellen Rechte**. Ohne Kontrollorgane und -verfahren nützen noch

403

---
32 Vgl. vorige Fußnote.
33 Datenschutz im Bereich der öffentlichen Verwaltung, Beiheft 1 zur Zeitschrift „Datenverarbeitung im Recht", 1973, S. 41.

so weitgehende Rechtsansprüche nichts; sie verwirklichen sich nicht von selbst und nicht gegen den Willen der für die Entscheidungen zuständigen Stellen. In manchen Zusammenhängen wird dem Staat sogar „zugemutet", den Verpflichteten vor Gericht zu verklagen, statt seine einseitige Festsetzung sogleich durchzusetzen, s. u. Rn. 873. Das Bedürfnis nach Anrufung von Kontrollinstanzen ist nicht etwa dadurch zurückgegangen, dass die Verwaltung in relativ geringerem Maße als früher mit Geboten und Verboten („eingreifend") agiert und in zunehmendem Maße Leistungen gewährt: Die Verweigerung oder Verzögerung von Leistungen, auf die der Bürger sich einrichtet, kann genau so hart treffen wie ein Eingriff in den Bestand seiner Rechte. Gerichtlicher Rechtsschutz ist freilich nicht nur als Kontrolle der Verwaltung zu verstehen, sondern auch als Streitentscheidung durch eine sachlich unbeteiligte Stelle. Der Verwaltungsprozess ist ein echter Prozess zwischen Gleichgeordneten; die Überordnung des Staates wird für die Dauer des Prozesses suspendiert[34].

404 Die Kontrolle wird daher grundsätzlich nur dann wirksam, wenn subjektive Rechte des Einzelnen durchgesetzt werden sollen. Die *Verbandsklage* ermöglicht es, die Kontrolle seitens der Gerichte auszuweiten, und zwar mit Blick auf Situationen, in denen keine subjektiven Rechte, wohl aber andere schützenswerte Belange gefährdet sind. Diesen Belangen kann etwa durch anerkannte Vereine (vgl. etwa §§ 58 ff. BNatSchG) „eine Stimme gegeben" werden.

Spezieller als „Kontrolle" ist **„Controlling"**. Dieser Begriff aus der Verwaltungsbetriebswirtschaftslehre bezeichnet das Verfahren der Steuerung und Überwachung von Organisationseinheiten im Rahmen des „outputorientierten" Neuen Steuerungsmodells. Ob und inwieweit Zielvereinbarungen erfüllt und zugeteilte Budgets eingehalten werden, muss laufend beobachtet und ggf. korrigiert werden. Dazu dient als wesentlicher Kern des Controlling ein auszuarbeitendes Berichtswesen[35].

8. Mittel der Verwaltungskontrolle

405 Es gibt „politische" und „juristische", „informelle" und „formelle", „interne" und „externe" Methoden der Verwaltungskontrolle. In manchen Fällen muss die Überprüfung von Verwaltungsmaßnahmen erst durch **öffentliche Kritik,** Bürgerinitiativen, Demonstrationen und auf anderen nicht formalisierten Wegen angeregt werden (*Fall 5*). Rechtlich geordnete Verfahrensweisen setzen in der Regel erst dann an, wenn die interne Meinungsbildung der Verwaltung zu einem gewissen Abschluss gekommen ist, wenn also eine Entscheidung nach „außen" abgegeben wird. Der „vorbeugende Rechtsschutz" ist den Bürgern nur in eingeschränktem Umfang zugestanden, weil die Gerichte möglichst nicht mit Angelegenheiten befasst werden sollen, deren Behandlung innerhalb der Verwaltung noch nicht abgeschlossen ist. Aus der Sicht der Betroffenen kann sich dies als nachteilig erweisen,

---

34 *Henke*, JZ 1984, 442.
35 Vgl. etwa *Schedler*, Verwaltungscontrolling, in: *Blanke/von Bandemer/Nullmeier/Wewer* (Hrsg.), Handbuch zur Verwaltungsreform, 3. Aufl. 2005, S. 413 ff.

8. Mittel der Verwaltungskontrolle **§ 10**

weil der Klärungsprozess innerhalb der Verwaltung oft auch schon Präjudizwirkung entfaltet, vollendete Tatsachen schafft.

Die Kontrolle muss sich auf alle Verhaltensweisen der Verwaltung erstrecken, die praktisch vorkommen, also nicht nur aktives, insbesondere eingreifendes Handeln, sondern auch Unterlassen oder Verzögern vorgeschriebener Aktivitäten. Doch unterscheiden sich die Formen des Rechtsschutzes nach den Handlungsweisen der Verwaltung: die Klagearten sind davon abhängig, s. u. Rn. 1026 ff. Instanzen der Verwaltungskontrolle sind außer der unstrukturierten „Öffentlichkeit", die tatsächlich vor allem durch die Medien dargestellt wird: verwaltungsinterne Instanzen, das Parlament, der Rechnungshof und vor allem die Gerichte. **406**

a) Verwaltungsinterne Kontrolle

Von Außenstehenden häufig übersehen und jedenfalls in seiner praktischen Bedeutung unterschätzt, ist das System verwaltungsinterner Kontrolle **(Dienst-, Fach- und** – in geringerem Maße – **Rechtsaufsicht)** ein wichtiges und wirksames Instrument der Steuerung und Korrektur. Die jeweils untergeordneten Stellen sind, wie in Rn. 390 ff. ausgeführt, den *Weisungen* der höheren Stellen in Bezug auf die Erfüllung ihrer Aufgaben ausgesetzt, und die höhere Instanz ist befugt, auf Beschwerde hin die Entscheidungen der unteren Stellen *aufzuheben.* Allerdings gibt es Grenzen der Änderbarkeit von Verwaltungshandlungen, weil „sowohl die erlassende Behörde wie die Betroffenen und oft auch Dritte oder sogar die Allgemeinheit ein Interesse daran haben, dass eine einmal getroffene Regelung nicht ohne wichtigen Grund wieder neu aufgegriffen wird"[36]. Die Anregung zur Überprüfung kann durch **„formlose Rechtsbehelfe"** geschehen *(Gegenvorstellung; Aufsichtsbeschwerde,* meist fälschlich „Dienstaufsichtsbeschwerde" genannt), deren Legitimität letztlich aus Art. 17 GG folgt[37]. Daneben wird auch eine Selbstkontrolle der Verwaltung aus eigener Initiative praktiziert, und zwar sowohl durch die Behörde, die zunächst gehandelt hat, wie vor allem auch durch die Aufsichtsbehörden und **besondere Beauftragte.** **407**

Der Bundesbeauftragte für den **Datenschutz** (§§ 22 ff. BDSG) ist ein unabhängiges Selbstkontroll-Organ innerhalb der Bundesregierung, das zugleich die parlamentarische Kontrolle der Bundesregierung unterstützt, indem es unmittelbar dem Bundestag berichtet. In Hessen, Rheinland-Pfalz und Schleswig-Holstein ist der Datenschutzbeauftragte außerhalb der Exekutive eingerichtet und dem Parlament zugeordnet, in Berlin ist er oberste Landesbehörde (§ 22 Abs. 2 BlnDSG). Nach den Datenschutzgesetzen kann sich jedermann an den zuständigen Datenschutzbeauftragten bzw. die Datenschutzkommission wenden, wenn er der Ansicht ist, bei der Verarbeitung seiner personenbezogenen Daten durch Behörden oder andere öffentliche Stellen in seinen Rechten (einige Länder: in seinen „schutzwürdigen Belangen") verletzt worden zu sein. Daneben kontrollieren diese Instanzen die Informationsverarbeitung der Behörden auch aus eigener Initiative und in systematisch angelegten Prüfungen. **408**

---

36 *Wolff/Bachof* I, § 52 Ic S. 443.
37 Vgl. *Wolff/Bachof* III, § 161 IVa.

b) Parlamentarische Kontrolle

409 Die Weisungsabhängigkeit der Verwaltungsbehörden bildet eine Voraussetzung wirkungsvoller *parlamentarischer Kontrolle* der Exekutive. Das Parlament kann die Minister nur insoweit kritisieren, als diese auf die Entscheidungen der „nachgeordneten" Verwaltungsstellen Einfluss genommen haben oder hätten nehmen müssen – sei es durch Weisungen oder eine bestimmte Organisationsstruktur[38].

Die parlamentarische Kontrolle erfolgt über die **Kontrollrechte des Parlaments** im Ganzen und die speziellen Untersuchungen der **Eingaben- oder Petitionsausschüsse.**

410 Als Hilfsorgan des Parlaments bei der Ausübung der parlamentarischen Kontrolle im Bereich der Streitkräfte und der Wehrverwaltung und zum Schutze der Grundrechte der Soldaten ist der **Wehrbeauftragte** des Deutschen Bundestages berufen (Art. 45b GG)[39]. Er nimmt Beschwerden von Betroffenen entgegen, erfüllt Aufträge des Bundestags-Verteidigungsausschusses und greift unter gewissen Bedingungen auch Probleme selbst auf.

411 Das **Petitionsrecht** ist in Art. 17 GG garantiert, der Petitionsausschuss des Bundestages seit 1975 in Art. 45 c GG festgelegt, seine Tätigkeit ist durch ein besonderes Bundesgesetz vom 19.7.1975 über die Befugnisse des Petitionsausschusses des Deutschen Bundestages des Näheren geregelt. Weitere Einzelheiten finden sich in den Geschäftsordnungen der Parlamente, z. B. §§ 75 Abs. 7, 112/113 GO BT.

412 Einen **Bürgerbeauftragten,** der die Verwaltung im Auftrage des Parlaments allgemein überwacht und die Bürger bei ihren Verwaltungskontakten berät, gibt es nur im Lande Rheinland-Pfalz[40]. Diese Einrichtung hat viel Anklang gefunden und wird von der Bevölkerung mit Erfolg in Anspruch genommen. Die aus Skandinavien stammende und inzwischen in zahlreichen Ländern insbesondere des angelsächsischen Rechtskreises eingeführte Institution des *Ombudsman* wird in der Bundesrepublik überwiegend als überflüssig angesehen, weil ihre Funktion von Verwaltungsgerichten und Petitionsausschüssen wahrgenommen werde; doch gibt es auch hierzulande erheblichen Bedarf an „unbürokratischer" Beratung und Unterstützung des Bürgers. In Schleswig-Holstein ist im Rahmen der Landes*regierung* ein Bürgerbeauftragter für soziale Angelegenheiten eingerichtet worden, dessen Rechtsstatus und Befugnisse sich aus einem Gesetz v. 15. 1. 1992 ergeben[41].

c) Rechnungshöfe

413 Den *Rechnungshöfen* obliegt die **Wirtschaftlichkeitskontrolle** der Verwaltung. So hat der Bundesrechnungshof die Aufgabe zu prüfen, ob die „für die Haushalts- und Wirtschaftsführung geltenden Vorschriften und Grundsätze" eingehalten worden sind, und zwar insbesondere, ob

---

38 Vgl. dazu *Mehde*, DVBl. 2001, 13 ff.
39 Vgl. Gesetz i. d. F. v. 16. 6. 1982, BGBl. I S. 678.
40 G. v. 3. 5. 1974, GVBl. S. 187.
41 GVOBl. S. 42.

„1. das Haushaltsgesetz und der Haushaltsplan eingehalten worden sind,
2. die Einnahmen und Ausgaben begründet oder belegt sind und die Haushaltsrechnung und die Vermögensrechnung ordnungsgemäß aufgestellt sind,
3. wirtschaftlich und sparsam verfahren wird,
4. die Aufgabe mit geringerem Personal- oder Sachaufwand oder auf andere Weise wirksamer erfüllt werden kann."[42]

Der Bundesrechnungshof, dessen Mitglieder richterliche Unabhängigkeit besitzen, hat „außer der Bundesregierung unmittelbar dem Bundestag und dem Bundesrat jährlich zu berichten" (a. a. O. Abs. 2 S. 2). Für die Länder gilt Entsprechendes. Die Rechnungshöfe beraten die Verwaltung vielfach schon im Vorfeld von Entscheidungen (vgl. §§ 27 Abs. 2 S. 2, 88 Abs. 2 S. 1 BHO und entsprechende Vorschriften der LHO'en)[43].

Die in *Fall 5b)* erwähnte Kreditaufnahme und die in *Fall 5c)* behauptete Einkaufspraxis müssten bei einer Rechnungshofsprüfung auf Verstöße gegen die Pflicht zur Wirtschaftlichkeit und Sparsamkeit untersucht werden; in *Fall 5c)* wäre besonders auf die Ausschreibungspflicht zu achten (und bei Korruptionsverdacht müsste außerdem der Staatsanwalt eingeschaltet werden!).

d) Gerichtliche Kontrolle

Die Verwaltungskontrolle durch die *Gerichte* wird in § 24 behandelt. Hier sei vorweg nur bemerkt, dass sie sich im Gegensatz zu den bisher bezeichneten Kontrollarten nur auf die **Rechtmäßigkeit, nicht** aber auf die **Zweckmäßigkeit** der Verwaltungshandlungen erstreckt. Der so verstandene Rechtsschutz durch die Gerichte ist die formelle Ergänzung und Bedingung der Realisierung des materiellen Rechtsstaatsprinzips. Denn rechtswidrige Verwaltungshandlungen sind in der Regel nicht wirkungslos. Sie dürfen, solange sie wirksam sind, nicht einfach missachtet werden (vgl. Rn. 748); die Feststellung, dass sie rechtswidrig sind, ist nicht dem Adressaten überlassen, sondern kann mit verbindlicher Wirkung nur durch die Gerichte erfolgen. Wird innerhalb einer bestimmten Frist kein Gericht angerufen, so wird der Verwaltungsakt unanfechtbar, d.h. der Betroffene muss ihn gegen sich gelten lassen und wird mit der Behauptung, die Verwaltung habe rechtswidrig gehandelt, nicht mehr gehört.

414

Zur Vertiefung: *Kluth*, in: *Wolff/Bachof/Stober*, Bd. III, § 101 f.; *Püttner*, Verwaltungslehre, 3. A. 2000, S. 339 ff.; *Lecheler*, Verwaltungslehre, 1988, § 17; *Becker*, Öffentliche Verwaltung, 1989, §§ 47-49; *Brunner*, Kontrolle in Deutschland, 1972; *Obenhaus*, Kontrollen des Verwaltungshandelns, in: Mattern (Hrsg.), Allgemeine Verwaltungslehre, 4. A. 1994, S. 318 ff.; *Thieme* (Hrsg.), Mängel im Verhältnis von Bürger und Staat, 1970; *Dammann*, Die Kontrolle des Datenschutzes, 1977; *J. Hansen*, Die Institution des Ombudsman, 1972, *Matthes*, Der Bürgerbeauftragte, 1981; *Kempf/Uppendahl* (Hrsg.), Mittler zwischen Bürger und Verwaltung, 1985.

415

---

42 § 90 Bundeshaushaltsordnung (BHO), s. a. das Gesetz über den Bundesrechnungshof vom 11. 7. 1985.
43 Vgl. *Blasius*, DÖV 1989, 298 ff.

Zu den Ausgangsfällen:

416 1. Das Demokratieprinzip verbietet die Errichtung von Verwaltungsbehörden, die niemandem verantwortlich sind – mit den in Rn. 399 erwähnten Ausnahmen und Randerscheinungen. Soweit es Forderungen nach Beteiligung Betroffener legitimieren soll, ist die Rechtsprechung abweisend (vgl. BVerfGE 93, 37 – Mitbestimmung der Personalvertretungen). Das Rechtsstaatsprinzip und die Gewaltenteilung fordern insbesondere Unabhängigkeit der Gerichte und verbieten z. B. Entscheidungen in eigener Sache, so dass Ausschluss- und Befangenheitsvorschriften erforderlich sind.

2. Vgl. oben Rn. 397. Großräumigkeit erleichtert die Zusammenfassung von Sachverstand und „Verwaltungskraft" an einer Stelle, was effizienzsteigernd und Kosten sparend wirken kann. Andererseits wird dadurch den Bürgern u.U. ein größerer Aufwand für Behördenbesuche zugemutet (sofern nicht Außenstellen und „Kundenzentren" eingerichtet sind). Zu bedenken ist auch, dass die örtlichen Einheiten die Grundlage der kommunalen Selbstverwaltung bilden; werden sie abgeschafft oder wesentlich reduziert, so werden auch die Möglichkeiten zum ehrenamtlichen Engagement der Bewohner eingeschränkt. Einen „optimalen" Gebietszuschnitt gibt es unter diesen Umständen nicht, sondern immer nur Kompromisse unterschiedlicher Qualität.

3. S. nochmals Rn. 397.

4. „Eine Behörde ist jede Stelle, die Aufgaben der öffentlichen Verwaltung wahrnimmt" (§ 1 Abs. 4 VwVfG).

5. Die Verwaltung wird schon im Vorfeld ihrer Entscheidungen vielfach kontrolliert, z. T. informell und „hinter den Kulissen", z. T. öffentlich in Versammlungen und in den Medien. Die Beteiligung der Bürgerinnen und Bürger an der Bauleitplanung ist auch formalisiert (§ 3 BauGB). In den Gemeindeordnungen sind außerdem Bürgerversammlungen vorgesehen, auf denen die Verwaltung über ihre Planungen informiert und sich der Kritik stellt. Die Aufnahme von Krediten kann der Gemeinde von der Kommunalaufsichtsbehörde verweigert werden (vgl. Rn. 105 und 393). Auch die Instanzen der Wirtschaftlichkeitskontrolle, also die Rechnungshöfe und die eigenen Rechnungsprüfungsämter der Kommunen haben Verstöße gegen die Pflicht zur Wirtschaftlichkeit und Sparsamkeit zu beanstanden (vgl. Rn. 413). Sie ermahnen die Kommunen vielfach schon im Vorhinein, sich nicht zu überschulden. Mit den Heizöllieferungen müsste sich der Gemeinderat im Rahmen seiner Kontrollzuständigkeit gegenüber der Verwaltung befassen und evtl. eine Überprüfung – z. B. durch eine unabhängige Stelle – beschließen. Falls der Verdacht der Korruption aufkäme, wäre auch die Staatsanwaltschaft zu informieren. Auch wegen der Verzögerung beim Versorgungsamt wäre zunächst die interne Kontrolle durch die Vorgesetzten und/oder die Vertretungskörperschaft, evtl. durch die Kommunalaufsicht gefordert. Die Betroffenen können den Rechtsweg beschreiten (Leistungs- oder Verpflichtungsklage).

§ 11 Das Personal der öffentlichen Verwaltung

Ausgangsfragen:
1. *Welche Gruppen von öffentlich Beschäftigten sind zu unterscheiden?*
2. *Wie ist die vielfach erhobene Forderung nach Verringerung der Zahl der Beamten verfassungsrechtlich, politisch und verwaltungspraktisch zu bewerten?*
3. *Welche Bedeutung für den Zustand des öffentlichen Dienstes in Deutschland haben die „hergebrachten Grundsätze des Berufsbeamtentums"?*
4. *In vielen Behörden werden Regierungsräte nach einigen Jahren zu Oberregierungsräten befördert, ohne dass sich ihre Aufgaben und ihre Leistungen geändert hätten („Kommt Zeit, kommt Rat, kommt Oberrat"). Entspricht das den Grundsätzen moderner Personalwirtschaft? Besteht vielleicht sogar ein Anspruch auf solche Beförderungen?*
(Lösungshinweise in Rn. 435)

1. Bedeutung des öffentlichen Dienstes

Das Personal ist die wichtigste Ressource der öffentlichen Verwaltung und prägt deren Bild in der Öffentlichkeit mindestens ebenso stark wie das anzuwendende Recht. In dem Begriff „öffentlicher Dienst" spiegelt sich die Tradition, aus der die deutsche Verwaltung entstanden ist. Die Verpflichtung auf das „Dienen" wurde in idealisierender Weise schon dem Wort Friedrichs II. von Preußen entnommen, er sei „der erste Diener" seines Staates; im republikanischen Staat wird die Pflicht zum „Dienst am Allgemeinwohl" als Gegensatz zur Verfolgung von Individualinteressen verstanden. In der Staatstheorie werden die Beamten heute vielfach als die notwendige Gegenmacht gegen parteipolitische Usurpation des Staates angesehen. So hat das BVerfG das Berufsbeamtentum gekennzeichnet als „eine Institution, die, gegründet auf Sachwissen, fachliche Leistung und loyale Pflichterfüllung, eine stabile Verwaltung sichern und damit einen ausgleichenden Faktor gegenüber den das Staatsleben gestaltenden politischen Kräften darstellen soll"[1]. In dieser Einschätzung klingt eine Herabsetzung der „politischen Kräfte" an, die mit deren verfassungsmäßiger Stellung nicht ohne weiteres vereinbar ist und andererseits die tatsächliche Funktion der Beamtenschaft überhöht[2]. Der englische Begriff „civil service" (Staatsdienst i. e. S.) hat eine ganz andere Bedeutung, zumal in neuerer Zeit, seitdem der Status des Verwaltungspersonals in Großbritannien weitgehend nach dem Vorbild des privatwirtschaftlichen Management umgestaltet worden ist[3].

417

---
[1] BVerfGE 7, 155 (162); ähnlich noch E 70, 69 (80) und E 99, 300 (315).
[2] Kritik m. w. N. bei *Bull*, in: Die Verwaltung 2004, S. 327 ff. (337), und in: *Bull/Bonorden* (Hrsg.), Personalrecht und Personalwirtschaft als Handlungsfelder der Verwaltungspolitik, 2001, S. 17 ff. (19).
[3] Dazu *Niedobitek*, in: *Magiera/Siedentopf* (Hrsg.), Das Recht des öffentlichen Dienstes in den Mitgliedstaaten der Europäischen Gemeinschaft, 1994, S. 11 ff. (22 f.); *Johnson*, ebd. S. 343 ff. (409 ff.); *ders.*, DÖV 2001, 317 ff.

§ 11 *Das Personal der öffentlichen Verwaltung*

In Frankreich spricht man von „Fonction Publique"[4]. Die Begriffe „public service" oder „service publique" wiederum beziehen sich auf die in öffentlicher Regie zu erbringenden Leistungen (ähnlich dem deutschen Begriff „Daseinsvorsorge"). Der „Service"-Gedanke im Sinne von „Bürger"- oder „Kundenfreundlichkeit" wird inzwischen auch in der deutschen Verwaltung propagiert.

418 Zum „öffentlichen Dienst" im weiteren Sinne gehört nicht nur das Personal der Behörden der allgemeinen Verwaltung und der verschiedenen besonderen Verwaltungszweige, sondern auch das zahlreicher öffentlicher Einrichtungen, selbstständiger und unselbstständiger Anstalten und Körperschaften des öffentlichen Rechts und sogar privatrechtlicher Vereine und Gesellschaften, soweit sie eine Aufgabe des Staates oder der Kommune wahrnehmen. Das hängt auch mit der Einbeziehung weiter Bereiche in die Tarifverträge des öffentlichen Dienstes zusammen. Sie sind vielfach für die Beschäftigten günstiger als die in der Privatwirtschaft geltenden. Auch Wohlfahrtsverbände und Religionsgemeinschaften haben solche Tarifverträge abgeschlossen. In der Personalstatistik werden die zuletzt genannten Bereiche aber meist ausgeklammert.

2. Zahlenmäßiger Umfang des öffentlichen Dienstes[5]

419 Das Personal des Bundes, der Länder, der Gemeinden und Zweckverbände und des mittelbaren öffentlichen Dienstes umfasste am 30. Juni 2002 insgesamt ca. 4,8 Mio. Personen. Davon waren rd. 550 000 beim *Bund*, rd. 2,1 Mio. bei den *Ländern* und rd. 1,5 Mio. bei den *Gemeinden und Zweckverbänden* beschäftigt, während fast 600 000 zum „*mittelbaren öffentlichen Dienst*" gezählt wurden (s. o. Rn. 418). Die hohe Zahl bei den Ländern erklärt sich daraus, dass bei ihnen die allermeisten Polizeibeamten (fast 300 000), Lehrer (über 800 000) und Hochschulmitarbeiter (184 000) und das Gros des Justizpersonals (knapp 190 000) sowie der Finanzbeamten (150 000) angestellt sind. Den größten Posten im Personaletat des Bundes bildet der Verteidigungsbereich (über 300 000), während die politische Führung nur ca. 30 000 und der diplomatische Dienst nur ca. 6000 Personen umfasst. Beim Personal der Kommunen liegt das Schwergewicht in den Bereichen Krankenhäuser und Heilstätten (260 000) sowie Soziale Sicherung (255 000); hinzu kommen eine ganze Reihe anderer öffentlicher Einrichtungen und Förderungsbereiche.

420 Die **Gesamtzahl** der Beschäftigten im deutschen öffentlichen Dienst ist in den Jahren seit 1991 ständig zurückgegangen. Sie hatte 1990, vor der Wiedervereinigung, etwa 4,9 Mio. betragen; der Beitritt der DDR zur Bundesrepublik brachte auf einen Schlag fast 2 Mio. Staatsfunktionäre hinzu, so dass der deutsche öffentliche Dienst im Jahre 1991 aus ca. 6,7 Mio. Menschen bestand. Seitdem haben Bund,

---

[4] Näheres bei *Bossaert/Demmke/Nomden/Polet*, Der öffentliche Dienst im Europa der Fünfzehn: Trends und neue Entwicklungen, Maastricht 2001, S. 24 f.

[5] Quelle: Statistisches Jahrbuch der Bundesrepublik Deutschland 2003, z. T. auch Auswertungen des Bundesministeriums des Innern in der Broschüre: Der öffentliche Dienst in Deutschland – Grundlagen, Daten und Fakten, Februar 2004. S. a. die Tabellen bei *Derlien/Frank*, in: Die Verwaltung 2004, 295 ff.

Länder und Gemeinden ihr Personal erheblich reduziert, wobei sich am stärksten die Privatisierung von Bahn und Post auswirkte. Nur im mittelbaren öffentlichen Dienst, also bei den Sozialversicherungsträgern (Krankenkassen!) und bei der Arbeitsverwaltung, gab es einen Anstieg. Demgemäß ist auch der Anteil der Personalkosten an den Gesamtausgaben von Bund und Ländern deutlich gesunken (nicht jedoch bei den Gemeinden). In vielen Fällen werden nun allerdings dieselben Aufgaben von privaten Unternehmen mit öffentlicher Subventionierung erfüllt, so dass eine Verlagerung von den Personalkosten zu den Sachkosten stattgefunden hat. Selbst wenn man dies berücksichtigt, hat aber zweifellos ein Abbau stattgefunden.

Eine andere Einteilung als die nach Anstellungskörperschaften ist praktisch fast ebenso bedeutsam: die nach dem **Rechtsstatus**. Das Personal der öffentlichen Verwaltung teilt sich in drei Gruppen auf, nämlich Beamte, Angestellte und Arbeiter. Diese Aufgliederung lässt sich noch zu einer *Zweiteilung* vereinfachen: auf der einen Seite stehen die **Beamten** mit ihrem eigenen traditionsgeprägten Recht, auf der anderen die Beschäftigten nach **Tarifrecht** (Bundesangestellten-Tarifvertrag für die öffentlichen Angestellten in Bund und Ländern, mit kleinen Modifikationen auch für die Angestellten der Kommunen; Manteltarifvertrag für die Arbeiter des öffentlichen Dienstes; dazu jeweils eine Vielzahl von Vergütungs- bzw. Lohntarifverträgen und Sondervereinbarungen). Beamtenrecht und Tarifrecht haben sich zwar gegenseitig in vielerlei Hinsicht beeinflusst; gleichwohl bestehen zwischen Beamten einerseits, Arbeitnehmern andererseits erhebliche Unterschiede in der Bezahlung und Versorgung und in vielen Einzelfragen des Beschäftigungsverhältnisses[6]. **421**

Die Beamten sind zahlenmäßig bereits in der Minderheit (zusammen mit den Richtern insgesamt 1 675 000, während es schon über 2 323 000 Angestellte gibt. Als Arbeiter werden nur rd. 625 000 Menschen beschäftigt. Dazu kommen noch ca. 185 000 Soldaten. Ein wachsender Teil der öffentlich Beschäftigten arbeitet in Teilzeit.

3. Historische Entwicklung des öffentlichen Dienstes

Der öffentliche Dienst ist ein Produkt des neuzeitlichen Staates und auch in seinen Unterschieden bezeichnend für die unterschiedliche Entwicklung der einzelnen Staaten. Überall spielten die Beamten eine wesentliche Rolle in den Auseinandersetzungen zwischen Zentralgewalt (König, Hof) und Partikulargewalten (Adel, Kirche, Städte, kurz „Stände" verschiedener Art) und trugen entscheidend zum Aufbau einer starken Staatsspitze bei. Aus den ursprünglichen „Fürstendienern" wurden im Laufe des 18. Jahrhunderts „Staatsdiener"; zu Beginn des 19. Jahrhunderts bildeten sie in Deutschland die eigentlich treibende Kraft beim Aufbau einer modernen Wirtschafts- und Gesellschaftsordnung. **422**

---

6 Zu den daraus entstehenden Problemen s. den Bericht der nordrhein-westfälischen Regierungskommission „Zukunft des öffentlichen Dienstes – öffentlicher Dienst der Zukunft", hrsg. v. Innenministerium Nordrhein-Westfalen, 2. Aufl. 2004.

423 Die eigene Rechtsstellung der Beamten (wie auch der Richter) blieb bis weit ins 19. Jahrhundert hinein unsicher. Das Preußische Allgemeine Landrecht von 1794 gewährte ihnen erstmals bestimmte Rechte und Schutz gegen willkürliche Entlassung[7]; die Bayerische Haupt-Landespragmatik von 1805[8] ging darüber wesentlich hinaus und garantierte u.a. die Anstellung auf Lebenszeit und den Rechtsanspruch auf Besoldung und Versorgung als dauerhafte „Alimentation". In der Folge wurden in den meisten deutschen Ländern die Unabsetzbarkeit und die angemessene Versorgung der Beamten und Richter und ihrer Hinterbliebenen eingeführt. **Verfassungsrechtliche Garantien** der Beamtenrechte und des Berufsbeamtentums enthielten sodann die Weimarer Reichsverfassung von 1919 in ihren Artikeln 128 bis 131 und später einige Landesverfassungen der Nachkriegszeit sowie als Abschluss der Entwicklung Art. 33 Abs. 4 und 5 GG. Während aber in Art. 129 WRV die „wohlerworbenen Rechte der Beamten" als „unverletzlich" bezeichnet worden waren, formulierten die Grundgesetzautoren zurückhaltender: Art. 33 Abs. 4 GG statuiert einen **Funktionsvorbehalt** zugunsten der Beamten mit dem abschwächenden Zusatz „in der Regel" und Art. 33 Abs. 5 GG einen **Regelungsauftrag,** der nur die „Berücksichtigung", nicht aber die vollständige Beachtung der „hergebrachten Grundsätze des Berufsbeamtentums fordert. Darunter werden diejenigen Grundsätze des Beamtenrechts verstanden, die „allgemein oder doch ganz überwiegend und während eines längeren, Tradition bildenden Zeitraums, mindestens unter der Verfassung von Weimar, als verbindlich anerkannt und gewahrt worden sind"[9]. Eine rechtliche Garantie der „wohlerworbenen Rechte" enthält das Grundgesetz nicht; doch sind insbesondere durch die Gesetzgebung zu Art. 131 GG die Rechte aller früherer Beamten gewahrt worden, und das BVerfG hat den Regelungsauftrag an den Gesetzgeber so ausgelegt, dass im Ergebnis doch grundrechtsgleiche einklagbare Ansprüche der Beamten nach den Maßstäben des Rechtszustandes während der Weimarer Zeit dabei herausgekommen sind[10].

424 Als solche **„hergebrachte Grundsätze des Berufsbeamtentums"** werden insbesondere das *Lebenszeitprinzip*, das *Alimentationsprinzip*, das *Leistungsprinzip,* die Pflicht zur *Verfassungstreue* und das *Laufbahnprinzip* angesehen; es gehört u. a. auch ein Recht auf eine angemessene *Amtsbezeichnung* dazu[11]. Auf diesem Hintergrund spiegeln sich bestimmte Elemente der Staatsorganisation wider: Eine durchnormierte innere Ordnung der staatlichen Organisation und eine sorgfältig auszubildende Schicht von Menschen, die die ihnen zugewiesenen Aufgaben nach gegebenen Regeln normgetreu und unparteiisch ausführen, bilden den Kern der „bürokratischen" Herrschaftsorganisation, wie sie von *Max Weber* idealtypisch dargestellt worden ist[12].

---

7 Titel 10 des II. Teils: „Von den Rechten und Pflichten der Diener des Staates", abgedruckt bei *Summer* (Hrsg.), Dokumente zur Geschichte des Beamtenrechts, 1986, S. 291-300.
8 Abdruck bei *Summer* (vorige Anm.) S. 114-126.
9 BVerfGE 8, 332, 343; 9, 268, 286; 70, 69, 79; 83, 89, 98.
10 Vgl. BVerfGE 8, 1, 14 ff.; 71, 39, 62 f.; 106, 225, 232.
11 BVerfGE 38, 1, 12; 62, 374, 383; 64, 323, 351.
12 *Weber*, Wirtschaft und Gesellschaft. Grundriss der verstehenden Soziologie. Studienausgabe 1964, 1. Halbband S. 164 ff. – ein klassischer Text, den jeder gelesen haben sollte, der sich für Staat und Verwaltung interessiert! Er enthält noch wesentlich mehr, als hier herangezogen werden kann.

Neben die Beamten ist aber, wie schon erwähnt, seit langem eine immer größere Gruppe von Arbeitnehmern des öffentlichen Dienstes getreten, für die jene „hergebrachten Grundsätze" nicht gelten und die z. T. anders sozialisiert und ausgebildet sind als die Beamten. Es waren zunächst die Kommunen, die seit über hundert Jahren für ihre Aufgaben (z. B. in den Bereichen Verkehr, Versorgung mit Energie und Wasser, Entsorgung von Müll und Abwasser) und bei ihren sozialen Einrichtungen Hunderttausende von Angestellten und Arbeitern beschäftigten. Inzwischen sind aber auch in der staatlichen Verwaltung große Mengen von Angestellten tätig, nicht selten sogar in denselben Funktionen wie Beamte.

425

4. Aktuelle Situation des öffentlichen Dienstes und Reformansätze

Inzwischen haben sich nicht nur die Aufgaben der Verwaltung in vielen Beziehungen verändert – auch die **Methoden** ihrer Erledigung sind nicht mehr dieselben wie in der Vergangenheit. Nach verbreiteter Ansicht hat die Steuerungskraft des Rechts nachgelassen; an die Stelle der rechtlichen Regelung und ihres Vollzugs sind neue Formen der Aufgabenerledigung getreten, die allesamt auf eine (mehr oder weniger intensive) Zusammenarbeit zwischen der Verwaltung und den Normadressaten hinauslaufen. Die Mitarbeiter der öffentlichen Verwaltung müssen sich jedenfalls in einigen Bereichen auf diese neue Kooperation einlassen und auch Methoden anwenden, die aus der Wirtschaft übernommen wurden. Sie müssen ökonomisch und ergebnisorientiert denken und mit materiellen und immateriellen Anreizen zu steuern versuchen. Wie sich dies in verwaltungsrechtlichen Instituten und Argumentationen niederschlägt, wird in den betreffenden Abschnitten dieses Lehrbuches angesprochen und zusammengefasst noch einmal im Schlusskapitel behandelt.

426

Die politischen, ökonomischen und sozialen Veränderungen der letzten Jahrzehnte haben sich selbstverständlich auf die Lage des öffentlichen Dienstes ausgewirkt und überdies zu intensiven **Reformdiskussionen** geführt. Tatsächlich sieht der deutsche öffentliche Dienst heute deutlich anders aus als noch vor zwanzig Jahren. Nicht nur dass die Gesamtzahl der öffentlich Beschäftigten planmäßig gesenkt wurde und die Beamtenschaft dabei ihr früheres quantitatives Übergewicht eingebüßt hat – die vielfältige Ausgliederung von Aufgaben und Verselbstständigung von Verwaltungseinheiten, vor allem aber die Privatisierung der großen Staatsunternehmen Bahn und Post hat auch das Bewusstsein der im öffentlichen Dienst Verbleibenden beeinflusst. So ist heute interner Wettbewerb von Verwaltungseinheiten um die günstigste Art und Weise der Leistungserbringung schon fast selbstverständlich geworden. „Benchmarking" findet in zahllosen Bereichen statt und kann zur Straffung von Organisationen und zur Einsparung von Stellen und Mitteln beitragen.

427

In sozialwissenschaftlicher Strukturanalyse des heutigen öffentlichen Dienstes[13] ist auch festgestellt worden, dass sich zahlreiche Relationen verschoben haben, so das Verhältnis zwischen den verschiedenen Aufgabenbereichen und damit zwischen

428

---
13 *Derlien*, DÖV 2001, 322 ff.

den Beschäftigungsebenen (s. schon oben Rn. 420: der Bund, der 1960 noch die größte Personalzahl hatte[14], hat heute die kleinste). Verschoben hat sich auch das Mengenverhältnis zwischen den Laufbahnen (einfacher, mittlerer, gehobener und höherer Dienst): Der mittlere Dienst ist geschrumpft, der einfache Dienst fast ganz verschwunden, während höherer und gehobener Dienst zugenommen haben. Bei den Statusgruppen ist festzustellen, dass die Zahl der Beamten und der Arbeiter abgenommen hat, während die der Angestellten erheblich gestiegen ist. Ferner ist unverkennbar, dass Frauen und Teilzeitbeschäftigte (was oft zusammenfällt) heute einen größeren Anteil ausmachen als früher. Im höheren Dienst besteht kein „Juristenmonopol" mehr, sondern es werden auch Sozialwissenschaftler und Ökonomen eingestellt.

429 Unter dem Eindruck dieser Wandlungen ist auch das **Dienstrecht** als **reformbedürftig** erkannt worden. Die „hergebrachten Grundsätze des Berufsbeamtentums" werden von Lit. und Rspr. zwar großzügig interpretiert und erlauben dann auch Abweichungen von bisherigen Standards wie dem Gebot der „vollen Hingabe" an das Amt – woraus bei strenger Auslegung ein Verbot von Teilzeitarbeit und eine Beschränkung von Nebentätigkeiten folgen würde –, aber sie setzen doch Grenzen, die einer umfassenden Modernisierung des Dienstrechts entgegenstehen. So verhindert insbesondere das Alimentationsprinzip eine Neugestaltung des Bezahlungssystems als Anreizinstrument zur Leistungssteigerung. Es ist weitgehend anerkannt, dass solche Anreize derzeit zu schwach ausgebildet sind, und die Vorschläge zur Verbesserung liegen bereit[15]. Nach einem ersten Ansatz mit dem Dienstrechtsreformgesetz vom 24. 2. 1997, das die Leistungsbelohnung durch Prämien, Zulagen und vorzeitiges Aufsteigen in der Besoldungsstufe für eine Quote von 10 (später 15) Prozent der Beschäftigten einführte, hat das Bundesministerium des Innern im Frühjahr 2005 einen Gesetzentwurf vorgelegt, der die Bezahlung der Beamten vollkommen neu ordnet; danach soll bei allen Beamten die erbrachte Leistung – positiv oder negativ – berücksichtigt werden, und zwar auf der Grundlage von Zielvereinbarungen oder von regelmäßigen Leistungsbeurteilungen.

Mit diesem „Gesetz zur Reform der Strukturen des öffentlichen Dienstrechts" soll eine zwischen dem Bund und den Tarifvertragsparteien erzielte Einigung auf den Beamtenbereich übertragen werden. Beabsichtigt ist neben der Reform der Bezahlungsstrukturen auch die „Modernisierung und Deregulierung der statusrechtlichen Vorgaben bei den allgemeinen dienstrechtlichen Beschäftigungsbedingungen" (u. a. auch Flexibilisierung des Laufbahnrechts) sowie die Anpassung des Versorgungsrechts an die neuen Bezahlungsstrukturen.

430 Damit kann allerdings die in Art. 33 Abs. 4 und 5 GG festgeschriebene **Zweiteilung in Beamten- und Tarifrecht** noch nicht überwunden werden. Sie ist aber fragwürdig geworden, weil sie zur Ungleichbehandlung gleicher Tätigkeiten führt und damit Nichtbeamte demotiviert. Andererseits halten viele das Berufsbeamtentum in der in Deutschland bestehenden Form für eine unverzichtbare Funktionsbedingung eines modernen Rechtsstaates und sehen in anderen Gestaltungsformen des öffent-

---

14 *Derlien* ebd. S. 323.
15 Vgl. nochmals den Bericht der nordrhein-westfälischen Regierungskommission (Anm. 6).

lichen Dienstes schwere Gefahren für eine unparteiliche, gesetzmäßige Erfüllung der staatlichen Aufgaben[16]. Der Funktionsvorbehalt des Art. 33 Abs. 4 GG wird von der h. L. so weit ausgelegt, dass danach auch große Gruppen von Beschäftigten Beamte sein müssen, deren Aufgaben nur marginal durch die „Ausübung hoheitsrechtlicher Befugnisse" charakterisiert werden können, insbesondere die Lehrer[17]. Ob eine große Reform des öffentlichen Dienstes Erfolgschancen hat, ist ungewiss; die Finanznot des Staates wird aber weitere Änderungsversuche provozieren, die auf eine Angleichung der Rechtsverhältnisse abzielen. Auch das Tarifrecht für den öffentlichen Dienst ist in Bewegung geraten.

431 Welche der beiden Statusgruppen Beamte oder Tarifangestellte für die Anstellungskörperschaften günstiger ist, darüber wird lebhaft gestritten. Eine Reihe von Vergleichsrechnungen hat ergeben, dass offenbar die Kosten der Beamten relativ geringer sind als die der Angestellten – vorausgesetzt, man berücksichtigt die unterschiedliche Verteilung höherwertiger Funktionen auf die Gruppen: Beamte üben insgesamt mehr Tätigkeiten aus, die auch im Bereich der Privatwirtschaft höher bezahlt werden – man denke an Ministerialbeamte, die gleiche Funktionen ausüben wie Manager der mittleren und höheren Ebenen, ferner an die akademisch ausgebildeten Lehrer und Hochschullehrer, aber auch an die intensiv ausgebildeten Polizeibeamten, die nicht mit Wachleuten privater Sicherheitsunternehmen verglichen werden dürfen. Für Angestellte und Arbeiter müssen Sozialversicherungsbeiträge entrichtet werden; für die Alterssicherung der Beamten werden bisher kaum Rücklagen gebildet, und die Fürsorge im Krankheitsfall („Beihilfe") ist rechnerisch günstiger es als die Beitragszahlung an Krankenkassen wäre. Andererseits belasten Beamte die öffentlichen Haushalte, und zwar wegen der mangelnden Rücklagen in geradezu bedrohlicher Weise auch noch lange Zeit nach ihrem Ausscheiden aus dem aktiven Dienst, während Angestellte von der Rentenversicherung (und z. T. von Zusatzversorgungseinrichtungen) versorgt werden. Eine Vereinheitlichung dieses dualistischen Versorgungssystems ist dadurch erschwert, dass während des Umstellungszeitraums sowohl Beiträge zur Sozialversicherung geleistet als auch Pensionen nach Beamtenrecht gezahlt werden müssten; die Liquidität der öffentlichen Kassen würde dabei stark strapaziert. Wenn aber nichts geändert würde, wären jedenfalls die Länder in der Zukunft kaum noch in der Lage, ihre Versorgungspflichten zu erfüllen.

432 Nicht absehbar ist, ob es im Zuge der **Föderalismusreform** zu einer Dezentralisierung des Dienstrechts kommen wird. Gegenwärtig sind nicht nur die Grundzüge des Beamtenrechts durch das Rahmengesetz des Bundes (BRRG) bundesweit einheitlich geregelt, sondern vor allem auch die Bezahlung („Besoldung", s. unten Rn. 904); die konkurrierende Gesetzgebungskompetenz des Bundes in Art. 74a GG ist im Jahre 1971 auf Wunsch der Länder eingeführt worden, um einen Wettbewerb der Länder um die seinerzeit knappen Nachwuchskräfte zu verhindern. Heute sind die Berufsvertretungen und Gewerkschaften sowohl der Beamten wie der Angestellten für die Beibehaltung der Kompetenzen des Bundes, weil sie andernfalls Gehaltssenkungen in den ärmeren Ländern befürchten, während die Länder jetzt überwiegend eine Ausweitung ihrer Regelungsbefugnisse anstreben, wobei die reicheren Länder in einen Wettbewerb um die besten Bewerber eintreten und die schwächeren durch geringere Bezahlung sparen wollen. Der Entwurf eines Struk-

---

16 Eine besonders abgewogene Stellungnahme dazu: *Remmert*, JZ 2005, 53 ff.
17 Str.! Für die obligatorische Verbeamtung der Lehrer etwa *Isensee*, ZBR 1998, 295, 307; dazu *Bull*, DÖV 2004, 155, 158 m. w. N.

§ 11 *Das Personal der öffentlichen Verwaltung*

turreformgesetzes (s. oben Rn. 429) verteilt die Regelungskompetenzen für die Bezahlung zwischen Bund und Ländern neu; den Ländern wird die nähere Ausgestaltung und Umsetzung des neuen Systems übertragen.

5. Verzahnung von Beamten- und Amtsrecht

433 Einige zentrale Normen des Beamtenrechts sind nicht nur für die Rechtsstellung der Beamten selbst von Bedeutung, sondern enthalten **Aussagen über die Organisation der öffentlichen Verwaltung**, die auch bei Einführung eines anderen Dienstrechts notwendig wären (s. schon § 5 Rn. 199). Solche Bestimmungen sind in entsprechender Fassung z. T. auch im BAT enthalten. Die Weisungsgebundenheit gegenüber Vorgesetzten (§ 37 BRRG, § 8 Abs. 2 BAT) ist in einer Organisation, die der demokratischen Legitimation bedarf, zwingend erforderlich und kann nicht vom Rechtsstatus der ausführenden Personen abhängen. Zu den Merkmalen des modernen Staates gehört ebenso die Pflicht seiner Organe und Organwalter zu unparteiischer und gerechter Aufgabenerfüllung (§ 35 Abs. 1 BRRG, §§ 6 und 8 Abs. 1 BAT). Um diese dem Volk glaubhaft zu demonstrieren, ist es wiederum geboten, dass sich die öffentlich Beschäftigten bei politischer Betätigung zurückhalten (§ 35 Abs. 2 BRRG), ihr Amt uneigennützig führen und sich (auch außerhalb des Dienstes) so verhalten, dass sie „der Achtung und dem Vertrauen gerecht werden", die ihr öffentlicher Beruf erfordern (§ 36 BRRG, § 8 Abs. 1 BAT; s. a. das Verbot der Annahme von Geschenken in Bezug auf das Amt oder auf die dienstliche Tätigkeit, § 43 BRRG, § 10 BAT). In diesen Bestimmungen sind Elemente des rational-bürokratischen Staates abgebildet, wie ihn *Max Weber* beschrieben hat[18].

434 In der aktuellen Reformdiskussion werden solche Feststellungen von funktionalen, auf die Leistungsfähigkeit der Verwaltung ausgerichteten Überlegungen überlagert. Verkürzt gesagt, tritt neben das Statusdenken eine **stärkere Orientierung an Funktionen**. Das bedeutet z. B., dass die Gleichbehandlung der Beamten, die das gleiche Amt im beamtenrechtlichen Sinne innehaben (s. oben Rn. 380), nicht mehr durchgängig akzeptiert wird, sondern eine – zumindest zusätzliche – Unterscheidung nach den wahrgenommenen Funktionen eingeführt wird. So haben zwar nach den geltenden Beamtengesetzen alle Regierungsräte gleiche Rechte und Pflichten, aber in der Praxis spielen die durch die zugewiesene Funktion (Amt im organisationsrechtlichen Sinne, Dienstposten) begründeten Unterschiede eine gewichtige Rolle: Der Regierungsrat in der Bezirksregierung muss andere Leistungen erbringen als sein Kollege bei der Polizeidirektion oder beim Verfassungsschutzamt, und auch die Pflichten unterscheiden sich deutlich. Der Regierungsdirektor, der ein Finanzamt leiten soll, muss eine andere Qualifikation aufweisen als der gleichrangige Chef einer Bauplanungsbehörde oder einer Liegenschaftsverwaltung. In der Auseinandersetzung um die Einstellungsprüfungen wurde das funktionale Denken dem Statusdenken entgegengesetzt, um eine angemessen differenzierende Auslegung der Pflicht zur Verfassungstreue zu erreichen; heute wird auf die auszuüben-

---

18 S. nochmals oben Fn. 12 sowie *Schuppert*, Verwaltungswissenschaft, S. 68.

den Funktionen vor allem deshalb stärker abgestellt, weil man sich davon ein effizienteres Behördenmanagement verspricht. Aus konservativer Sicht wird demgegenüber herausgestellt, dass die Verwaltung gerade breit ausgebildete Beamte benötige, die als „Generalisten" für eine Mehrzahl von Funktionen geeignet sind.

Konsens besteht aber insofern, als die **„Stellenbündelung"** abgeschafft werden sollte, also die Zusammenfassung aufeinander folgender Ämter (im beamten- und besoldungsrechtlichen Sinne) mit gleichem Aufgabengehalt zu einer Teil-„Laufbahn", innerhalb derer die Beamten von dem niedrigsten bis zum höchsten Amt befördert werden können, ohne höheren Anforderungen ausgesetzt zu sein.

Literaturhinweise zur Vertiefung: *Hattenhauer*, Geschichte des deutschen Beamtentums, 2. Aufl. 1993; *Wiese*, Der Staatsdienst in der Bundesrepublik Deutschland, 1972; *Wunder*, Geschichte der Bürokratie in Deutschland, 1986; *Mayntz*, Soziologie der öffentlichen Verwaltung, 4. Aufl. 1998. Zur Entwicklung in Österreich: *Wimmer*, Dynamische Verwaltungslehre, 2004, S. 268-286.

Zu den Ausgangsfragen:

1. Beamte, Angestellte und Arbeiter – oder Beamte und Arbeitnehmer (Tarifbeschäftigte). Vgl. oben Rn. 421. **435**

2. Wird pauschal von Verringerung der Beamten gesprochen, so ist nicht bedacht, dass die notwendige Zahl von Mitarbeitern der öffentlichen Verwaltung von deren Aufgaben abhängt und nicht willkürlich herabgesetzt werden kann. Die Forderung hat aber einen anderen Sinn, wenn sie auf die Veränderung des Rechtsstatus abzielt. Es gibt gute Gründe dafür, u.a. die Lehrer und Hochschullehrer nicht mehr zu Beamten zu ernennen. Verfassungsrechtlich wäre das zulässig (str.; vielfach wird angenommen, auch diese Gruppen fielen unter Art. 33 Abs. 4 GG). Verwaltungspraktisch ist die Umstellung deshalb schwierig, weil Arbeitnehmer wegen der zu zahlenden Sozialbeiträge zunächst „teurer" sind als Beamte, die Liquidität der zuständigen öffentlichen Kasse also beeinträchtigt wird. Vgl. Rn. 431.

3. Die „hergebrachten Grundsätze" werden zwar vielfach so ausgelegt, dass sie Anpassungen des Beamtenrechts an neue Entwicklungen erlauben. Verfassungsrechtliche Bedenken sind aber von der Rechtsprechung zum Teil übernommen worden, so etwa wenn aus Arbeitsmarktgründen Beamte auf Teilzeitstellen eingestellt (BVerwGE 110, 363) und wenn Führungsfunktionen auf Zeit statt dauerhaft vergeben werden sollen (dazu BayerVerfGH, ZBR 2005, 32). Ähnliche Probleme könnten sich bei einer möglichen Umstellung des Bezahlungssystems vom Alimentationsprinzip auf Leistungsorientierung ergeben. Vor allem hindert die Bezugnahme auf die traditionellen Grundsätze eine Überwindung des Dualismus von Beamtenrecht und Tarifrecht.

4. Die Beförderung ohne Änderung des Aufgabenkreises widerspricht dem Prinzip, dass die Grundvergütung der Beamten nach der Wertigkeit des Amtes bestimmt werden soll (s. a. § 18 BBesG). Ein Anspruch auf eine entsprechende Beförderung kann auch nicht daraus hergeleitet werden, dass in anderen Fällen regelmäßig so verfahren wurde; die Abweichung von dieser Praxis wäre kein Verstoß gegen den Gleichbehandlungsgrundsatz (Art. 3 Abs. 1 GG), sondern würde eine rechtmäßige Praxis erst herstellen. S.a. Rn. 434 zur „Stellenbündelung".

§ 12 Finanzen und Haushalt der Verwaltung

Ausgangsfragen:
1. Aus welchen Quellen finanziert sich die Verwaltung? Welches sind ihre größten Ausgabenposten? Wo bestehen Einsparpotenziale?
2. Wie kann die Finanzierung der folgenden Vorhaben gesichert werden:
   – Bau, Unterhaltung und Betrieb von Hochschulen;
   – Versorgung mit Trinkwasser;
   – Bau und Unterhaltung von Straßen, Kanälen und Schienenwegen;
   – Einrichtung von Kindertagesstätten und Kindergärten;
   – Straßenbeleuchtung und Straßenreinigung, öffentliche Parks?
3. Was bedeutet „Budgetierung"?
(Lösungshinweise in Rn. 446)

436 Die Lehre von den öffentlichen Finanzen kommt in der Juristenausbildung nicht vor. Diese konzentriert sich auch dort, wo sie sich mit der Verwaltung befasst, auf die Steuerung durch Recht. Die Steuerungsfunktion der öffentlichen Finanzen darf aber nicht gering geschätzt werden, und so gehört die Finanzwissenschaft mit gutem Grund zu den Elementen einer modernen Verwaltungswissenschaft. Sie ist für die Praxis der öffentlichen Verwaltung und für deren anstehende Modernisierung von großer Bedeutung. Deshalb sollen hier zumindest einige Hinweise auf diese Materie gegeben werden (s. a. unten § 28).

1. Die Lage der öffentlichen Haushalte

437 Stagnation der Wirtschaft und dadurch verursachte Verminderung des Steueraufkommens bei gleichzeitiger Steigerung des Sozialleistungsbedarfs belasten die öffentlichen Haushalte seit einigen Jahren schwer. Die wesentlichen Einnahmequellen des Staates, die Einkommen- und Körperschaftsteuer und die Umsatzsteuer, sind kontinuierlich zurückgegangen. Um die Konjunktur anzukurbeln, sind überdies die Steuersätze erheblich gesenkt worden. Der Rückgang der verfügbaren Mittel nötigt Staat und Kommunen immer wieder zu Sparprogrammen, wobei insbesondere die Streichung von Stellen und die Privatisierung von Teilen der Verwaltungstätigkeit praktiziert werden. Trotz dieser Anstrengungen ist die Verschuldung der öffentlichen Körperschaften fast ununterbrochen gestiegen; die entstandenen Zins- und Tilgungspflichten schränken die Möglichkeiten von Politik und Verwaltung stark ein. Auf der Ebene der einzelnen Verwaltungseinheiten ist dadurch besonderes Geschick bei der Bewirtschaftung der knappen Mittel gefordert (s. unten 3., Rn. 442 ff.).

2. Die Einnahmen der Verwaltung im Überblick

a) Steuern

Steuern sind Geldleistungen, die geschuldet werden, ohne dass dafür eine bestimmte Leistung der anderen Seite zu erbringen ist (lesen Sie die Definition in § 3 AO nach!); die Steuereinnahmen fließen in den Gesamthaushalt der jeweiligen Körperschaft, aus dem – grundsätzlich – auch alle Ausgaben zu begleichen sind (Grundsatz der Gesamtdeckung, § 7 HGrG). Die zulässigen Arten von Steuern ergeben sich im Wesentlichen aus der grundgesetzlichen Finanzverfassung (Art. 106 GG); ein begrenztes „Steuererfindungsrecht" haben nur die Gemeinden. Die Verteilung der Steuern auf Bund, Länder und Gemeinden muss immer wieder geändert werden (vgl. Art. 106 Abs. 3-8 GG); die wichtigste Stellschraube dabei ist die Festlegung der jeweiligen Anteile an der Umsatzsteuer (Art. 106 Abs. 3 S. 3-5 und Abs. 4 GG).

438

b) Gebühren und Beiträge, privatrechtliche Entgelte

Anders als die Steuern stellen Gebühren und Beiträge eine Gegenleistung für Handlungen oder Angebote der Verwaltung dar. **Gebühren** werden für eine konkrete Inanspruchnahme in Gestalt von Verwaltungshandlungen (Verwaltungsgebühren, z. B. für die Ausstellung von Personalausweisen und Pässen oder die Erteilung oder Verweigerung von Genehmigungen und Erlaubnissen) oder für die Benutzung öffentlicher Einrichtungen erhoben (Benutzungsgebühren, z. B. für die Abwasserentsorgung über gemeindliche Siele, Müllbeseitigung, Benutzung besonderer Straßen, aber auch Nutzung von Kindergärten, Museen u. a.). **Beiträge** sind zu zahlen für die Zulassung zu einem Leistungsangebot, also die Einräumung der Möglichkeit einer Nutzung (Sielanschlussbeitrag, Straßenanliegerbeitrag u. ä.).

439

Gebühren werden nach dem Verwaltungsaufwand, dem Wert der Leistung und dem wirtschaftlichen oder sonstigen Interesse des Empfängers bemessen[1]. Die Gebühr ist nach oben durch das Kostendeckungsprinzip (Verbot der Kostenüberschreitung) und durch das Äquivalenzprinzip (angemessenes Verhältnis zwischen Wert der Leistung und Gebühr) begrenzt. Sie sollen aber auch nicht wesentlich niedriger sein als die der Verwaltung entstehenden Kosten. An die Stelle der öffentlich-rechtlichen Gebühren können u. U. – nämlich wenn die öffentliche Leistung durch ein privates Unternehmen vermittelt wird – privatrechtliche **Entgelte** treten. In wieder anderen Fällen lassen Gemeinden zwar die Leistungen (etwa eines Klärwerkes oder der Müllabfuhr) durch ein privates Unternehmen erbringen, verlangen aber weiterhin von den Nutzern Beiträge und/oder Gebühren. Eine weitere Variante stellt die private Finanzierung öffentlicher Straßen und Tunnels dar; zur Refinanzierung wird den Betreibern die Erhebung einer Maut gestattet oder der Bund oder das Land zahlt diesen die Kosten aus einer von ihm erhobenen Benutzungsgebühr[2].

440

---

[1] Einzelheiten bei *Wolff/Bachof/Stober*, Bd. I, § 42 Rn. 14 ff.
[2] Fernstraßenbauprivatfinanzierungsgesetz vom 30. 8. 1994, BGBl. I, 2243, neu bekanntgemacht am 20. 1. 2003, BGBl. I S. 98.

§ 12 *Finanzen und Haushalt der Verwaltung*

Die Finanzierung öffentlicher Leistungen und Einrichtungen (z. B. solche der Versorgung und Entsorgung) durch Beiträge und Gebühren ist zunehmend beliebt geworden, weil damit die öffentlichen Kassen entlastet werden. Wenn die Kosten von den Benutzern vollständig (einschließlich der Finanzierungskosten) aufgebracht werden müssen, ist es auch relativ unproblematisch (und wird deshalb von der Kommunalaufsichtsbehörde regelmäßig genehmigt), für entsprechende Investitionen Kredite aufzunehmen. Wo aber die Abrechnung der einzelnen Nutzung zu aufwendig wäre (etwa bei der Straßenbeleuchtung oder der Parkbenutzung), muss es bei der Finanzierung aus anderen Quellen, in erster Linie Steuern, bleiben.

c) Andere Einnahmequellen

441 Hinzu kommen Einnahmen der Verwaltung aus Zuweisungen anderer Ebenen, z. B. Leistungen des Bundes oder der „reicheren" Länder an unterdurchschnittlich ausgestattete Länder im Rahmen des **Finanzausgleichs** nach Art. 107 Abs. 2 GG. In den Flächenländern findet außerdem ein kommunaler Finanzausgleich statt, der die Steuerkraftunterschiede zwischen wohlhabenden und armen Kommunen teilweise ausgleicht. Für viele Städte sind die Zuweisungen aus dem kommunalen Finanzausgleich unverzichtbar, weil die eigenen Steuereinnahmen bei weitem nicht für die notwendigen Ausgaben reichen, und erst recht für die Kreise, deren Steuerquellen ohnehin minimal sind und die sich im Übrigen von **Umlagen** finanzieren, zu denen die kreisangehörigen Gemeinden herangezogen werden. Nicht zu vergessen sind die **Kredite**, die von Bund, Ländern wie Gemeinden in großem Umfang aufgenommen werden (vgl. a. Art. 115 GG und entsprechendes Landesrecht).

3. Ausgabenplanung und Bewirtschaftung der öffentlichen Mittel

a) Haushaltsgrundsätze

442 Öffentliche Körperschaften müssen ihre Ausgaben im Voraus planen und dabei einen Ausgleich von Einnahmen und Ausgaben anstreben. Grundsätze und Regeln über Planung, Aufstellung und Ausführung des jeweiligen Haushalts (gleichbedeutend: Etat, Budget) sind im Grundgesetz (Art. 109-115), in den Landesverfassungen und in Bundes- und Landesgesetzen festgelegt, insbesondere in Art. 110 GG, im Haushaltsgrundsätzegesetz (HGrG) und in den Haushaltsordnungen (BHO). Ihr Kern besteht in folgenden Prinzipien: Jede öffentliche Körperschaft muss ihren eigenen Haushalt feststellen und selbstständig ausführen (Art. 109 Abs. 1 GG). Die Entscheidung über den Haushalt ist Sache des Parlaments bzw. der Vertretungskörperschaft, das „Budgetrecht" ist ureigene Befugnis des Parlaments. Inhaltlich sind Haushaltsaufstellung und -ausführung an die Grundsätze der Sparsamkeit und Wirtschaftlichkeit und an die Rücksicht auf das gesamtwirtschaftliche Gleichgewicht (Art. 109 Abs. 2 GG), formal an eine Reihe von Haushaltsgrundsätzen gebunden (vgl. §§ 6 ff. HGrG)[3]. Dazu gehören die Jährlichkeit und die Vorherigkeit

---

3 Vgl. etwa *Grupp*, Haushalts- und Abgabenrecht, in: *Achterberg/Püttner/Würtenberger* (Hrsg.), Besonderes Verwaltungsrecht, Band II, 2. Aufl. 2000, S. 182-201.

des Haushalts (Art. 110 Abs. 2 GG, § 4 HGrG, s. a. § 9), der bereits erwähnte Grundsatz der Gesamtdeckung („Nonaffektation") und die Vollständigkeit und Einheit sowie Klarheit und Wahrheit des Haushaltsplans. Für die Praxis besonders wichtig sind die Grundsätze der Einzelveranschlagung und der sachlichen Bindung: Ausgaben dürfen nur zu dem im Haushaltsplan bezeichneten Zweck geleistet werden (Spezifikationsprinzip).

Diese Grundsätze sind teilweise hinderlich bei der Einführung neuer Steuerungsmethoden, die auf eine elastischere Praxis der Mittelverwendung angewiesen sind. So wird die Steuerung des Verwaltungshandelns beeinträchtigt, wenn die Zwecke, zu denen die Mittel ausgegeben werden dürfen, zu eng gefasst sind oder wenn nicht ausgegebene Mittel nicht in das folgende Haushaltsjahr übertragen werden dürfen. Als ein wichtiges Instrument der „neuen Steuerung" der Verwaltung dient insbesondere die „Budgetierung" (mittels „Globalbudget"): Nach § 6a HGrG und vergleichbarem Landesrecht kann ein System der dezentralen Verantwortung eingeführt werden, bei dem die Finanzverantwortung auf die Organisationseinheiten übertragen wird, die die Fach- und Sachverantwortung haben (s. unten § 28, Rn. 1230) mit Hilfe der Budgetierung bekommen die haushaltsbewirtschaftenden Stellen größere Spielräume, Einsparungen dort vorzunehmen, wo diese am einfachsten zu erzielen sind. Mehrausgaben für bestimmte Zwecke müssen nicht mehr durch die nachträgliche Bereitstellung von Mitteln kompensiert, sondern können durch Einsparungen finanziert werden. Entfallen soll so auch das „Dezemberfieber", also die kurz vor Ende des Haushaltsjahres vorgenommene Anschaffung von nicht unbedingt benötigten Dingen, umso einen entsprechenden Finanzbedarf zu „beweisen" und eine Kürzung der Mittel im nächsten Jahr zu verhindern.

b) Die Kunst der Finanzierung öffentlicher Leistungen

Viele Einrichtungen der Verwaltung werden gemeinschaftlich von Bund und Ländern finanziert, so die Hochschulen und andere Gegenstände der Gemeinschaftsaufgaben nach Art. 91a GG, die überregionale wissenschaftliche Forschung gemäß Art. 91b GG und die „besonders bedeutsamen Investitionen der Länder und Gemeinden (Gemeindeverbände)" im Sinne von Art. 104a Abs. 4 GG. Zusätzlich werden Förderungsmittel der Europäischen Union in Anspruch genommen, z. B. aus den Strukturfonds i. S. v. Art. 159 EGV (u. a. Europäischer Fonds für regionale Entwicklung, Art. 160 EGV). Landesregierungen, Landräte und Bürgermeister beweisen heute ihre Fähigkeiten vornehmlich dadurch, dass sie für ihre Vorhaben Fördermittel aus den verschiedensten „Töpfen" anwerben. Soziale und kulturelle Einrichtungen (Altenheime, Seniorenwohnungen, Jugendzentren, Museen, Stadtteilkultur usw.) werden vielfach auch mit Hilfe privater Sponsoren finanziert, seien es gemeinnützige Stiftungen oder Vereine, seien es freie Wohlfahrtsverbände oder Religionsgemeinschaften oder einzelne Mäzene. Die Finanznot von Staat und Kommunen wird somit teilweise durch „zivilgesellschaftliche" Aktivität kompensiert.

4. Buchführung und Rechnungslegung

445 Finanzminister und Kämmerer müssen über ihren Umgang mit den öffentlichen Mitteln Rechenschaft ablegen (Art. 114 Abs. 1 GG und entsprechende Landesverfassungsartikel sowie Vorschriften des Gemeindehaushaltsrechts). Dies setzt eine geeignete Buchführung voraus (§ 33 HGrG). Die bisher übliche **„kameralistische" Buchführung** ist unvollständig und intransparent, und sie ermöglicht nicht die notwendigen Kostenrechnungen. Die Verwaltung weiß daher bisher nicht genau, welcher Aufwand ihren Leistungen gegenübersteht. Es gibt auch keine aussagefähige Vermögensbuchführung, wie sie eigentlich in § 35 HGrG vorgeschrieben ist, und keine Abschreibungen, so dass der Investitionsplanung der Verwaltungsträger eine wichtige Grundlage fehlt[4]. Gefordert und teilweise durchgeführt wird eine Umstellung auf ein **„doppisches" Rechnungssystem**[5], das diese Mängel vermeidet.

Weiterführende Literatur: *Blankart*, Öffentliche Finanzen in der Demokratie, 5. Aufl. München 2003; *Henneke*, Öffentliches Finanzwesen, 2. Aufl. Heidelberg 2000. Das Bundesministerium der Finanzen bringt jährlich den Finanzbericht und den Finanzplan des Bundes heraus, auch zugänglich über www.bundesfinanzministerium.de.

Zu den Ausgangsfragen:

446 1. Im „Steuerstaat" des Grundgesetzes werden die Leistungen der Verwaltung überwiegend durch Steuereinnahmen finanziert; ein starker Trend geht jedoch in die Richtung der Gebühren- und Entgeltfinanzierungen. Größte Ausgabenposten sind im Bundeshaushalt die Sozialausgaben, gefolgt von Verteidigungskosten und Verkehrsinvestitionen, bei den Ländern die Personalausgaben (Bildung und öffentliche Sicherheit). Einsparpotenziale sind in gewissem Maße bei den steuerlichen und nichtsteuerlichen Subventionen gegeben, im Sozialleistungsbereich nur mit erheblichen Risiken, in anderen Bereichen um den Preis von Leistungsminderungen oder Privatisierung.

2. Bau und Ausbau der Hochschulen werden als Gemeinschaftsaufgabe nach Art. 91a Abs. 1 Nr.1 GG von Bund und Ländern gemeinsam finanziert. Die Versorgung mit Trinkwasser ist bisher überwiegend eine Aufgabe der Kommunen, wird aber heute teilweise schon von privaten Unternehmen wahrgenommen, die dann auch für die Finanzierung der Anlagen verantwortlich sind. Verkehrswege zu schaffen, ist Aufgabe des Staates und im örtlichen Bereich der Kommunen; auch hier kommt aber inzwischen private Finanzierung vor. Die Errichtung von Kindergärten und Kindertagesstätten ist von den Gemeinden zu finanzieren, doch erheben sie Benutzungsgebühren von den Eltern, z. T. sozial gestaffelt. Im Rahmen von Gutscheinsystemen stellen manche Gemeinden den Eltern günstige Angebote und Auswahlmöglichkeiten zur Verfügung. Straßenbeleuchtung und Parkspaziergänge

---

[4] Zu allem s. *Lüder*, Innovationen im öffentlichen Rechnungswesen, in: *ders.* (Hrsg.), Staat und Verwaltung – Fünfzig Jahre Hochschule für Verwaltungswissenschaften Speyer, 1997, S. 249 ff.
[5] Auch dazu *Lüder* ebd. S. 253 ff. und *ders.*, Konzeptionelle Grundlagen des Neuen Kommunalen Rechnungswesens (Speyerer Verfahren), 1996.

könnten nicht ohne unsinnigen Verwaltungsaufwand kostenpflichtig gemacht werden; rechtlich ausgeschlossen wäre dies allerdings nicht. Das gilt ebenso für die Straßenreinigung; doch obliegt die Pflicht zur Fußwegreinigung vielfach den Anliegern.

3. „Budgetierung" bedeutet die Zuweisung eines „globalen", also nicht in einzelne Titel mit unterschiedlichen Zweckbestimmungen aufgeteilten Haushalts an teilselbstständige Untereinheiten eines Verwaltungsträgers, z. B. die Universität, eine Fachbehörde, einen Regiebetrieb (Theater, Museum etc.).

§ 13 Entscheidungslehre

Ausgangsfragen:
1. *Was ist von der Forderung zu halten, die Verwaltung müsse einen zu entscheidenden Sachverhalt „vollständig" ermitteln und sich dann um eine „optimale" Entscheidung bemühen?*
2. *Welche Entscheidungsschritte kann man identifizieren, wenn die Verwaltung überlegt, die Attraktivität der örtlichen Hauptstraße dadurch zu erhöhen, dass dort eine Fußgängerzone eingerichtet wird?*
3. *Wie verhalten sich juristische und sozialwissenschaftliche Entscheidungslehren zueinander?*
4. *Welche Bedeutung hat die Unterscheidung zwischen normativen und empirischen Herangehensweisen?*

(Lösungshinweise vgl. Rn. 472)

1. Die Erkenntnisziele

Die Handlungen der Verwaltung werden durch Rechtsnormen determiniert – aber nicht vollständig. Juristen pflegen, wenn von nicht vollständig durch das Gesetz determinierten Entscheidungen die Rede ist, als erstes an Ermessens- oder auch Beurteilungsspielräume zu denken (dazu unten § 16). Tatsächlich bestehen aber selbst dort, wo aus rechtsdogmatischer Sicht von einer „gebundenen" bzw. voll gerichtlich überprüfbaren Entscheidung gesprochen wird, erhebliche Spielräume der Verwaltung bzw. des die Entscheidung treffenden Sachbearbeiters. Kaum eine Norm ist so eindeutig, dass bei ihrer Anwendung auf eine bestimmte Konstellation nur eine einzige Entscheidung als richtig erscheint. Aber selbst in einem solchen Fall hat der Sachbearbeiter gewisse Spielräume, etwa hinsichtlich der Frage, welche Sachverhaltsermittlungen angestellt werden und wie schnell das Verfahren betrieben wird. Diesen Möglichkeiten ist gemeinsam, dass der jeweilige Entscheidungsträger überlegen muss, welche der rechtlich zulässigen Handlungsoptionen im konkreten Fall als sinnvoll erscheinen.

447

448 Diese Erwägungen zur **Sinnhaftigkeit** bestimmter Verwaltungshandlungen sind nicht etwa als eine Abkehr vom „reinen" Modell einer rechtsstaatlichen Verwaltung anzusehen, die bloß mangels hinreichender Kontrollen hinzunehmen wäre. Dass neben der Rechtmäßigkeit auch **Zweckmäßigkeitserwägungen** in Verwaltungsentscheidungen zum Tragen kommen, ist vielmehr von der Rechtsordnung ausdrücklich anerkannt, wie § 68 Abs. 1 S. 1 VwGO zeigt, der für das Widerspruchsverfahren eine Überprüfung der angegriffenen Verwaltungsakte an diesem Maßstab vorschreibt. Dabei ist die „Einhegung" und „Bändigung" unerwünschter subjektiver Einflüsse, also insbesondere der individuellen Präferenzen des jeweiligen Entscheidungsträgers auf die Verwaltungsentscheidungen, Aufgabe der juristischen Methodenlehre (s. unten § 15) und zahlreicher Rechtsnormen, insbesondere des Verwaltungsverfahrensrechts (s. unten § 17), welches einen rechtsstaatlichen Mindeststandard hinsichtlich der konkreten Abläufe garantiert. Es zeichnet gute Rechtsanwendung aus, dass sie sich der subjektiven und nicht-rechtsnormativen Momente bewusst ist, die auch bei Methodenstrenge und Rechtstreue verbleiben, und diese möglichst offen ausweist.

449 Welche Gesetzmäßigkeiten bei den Entscheidungen der Verwaltung feststellbar sind oder auch welche Überlegungen eine Rolle spielen sollten, ist Gegenstand der – nicht-juristischen – Entscheidungslehre. Sie knüpft dort an, wo die juristische Methodenlehre aufhört, nämlich bei der Ausfüllung der gesetzlichen Vorgaben, soweit diese rechtliche oder faktische Spielräume eröffnen[1]. Sie hat daher im weitesten Sinne **sozialwissenschaftlichen** Charakter, wobei die Wirtschaftswissenschaften einbezogen werden müssen. Entscheidungen und die Möglichkeiten, sie „rationaler" zu gestalten, spielen nämlich auch und gerade in der Ökonomie eine zentrale Rolle. Methodische Überlegungen dieser Art sind keine Besonderheit der Wissenschaften, die sich mit dem öffentlichen Sektor beschäftigen. Natürlich muss man sich auch in privaten Unternehmen überlegen, wie Entscheidungen rationaler getroffen werden können. Insofern sind die methodischen Anforderungen oftmals in beiden Konstellationen dieselben. Das ändert natürlich nichts an der Tatsache, dass die Methoden mit anderen Inhalten auszufüllen sein mögen, je nachdem ob es um die auf das Gemeinwohl verpflichtete öffentliche Verwaltung oder um ein legitimerweise am eigenen Gewinn ausgerichtetes Unternehmen geht. Ziel ist in beiden Fällen, die Qualität von Entscheidungen zu erhöhen. Hierin liegt auch der für Juristen interessante Blick über den „rechtsmethodischen Tellerrand". Wer die Grenzen seiner Disziplin und die Möglichkeiten der anderen kennt, kann souveräner mit Herausforderungen umgehen.

2. Kategorien der nicht-juristischen Entscheidungslehren

450 Die im weitesten Sinne sozialwissenschaftliche Entscheidungslehre bewegt sich auf zwei Ebenen. Die erste betrifft die Beschreibung und Analyse von Entscheidungssituationen. An dieser Stelle soll also in erster Linie das Verständnis von tatsächlich

---

[1] Vgl. *Mehde*, in: *Bull* (Hrsg.), Verwaltungslehre in Hamburg 1962–2002, 2003, S. 87 ff.

2. Kategorien der nicht-juristischen Entscheidungslehren § 13

vorgekommenen Entscheidungen gefördert werden. Eine solche Analyse ist der erste Schritt, um etwa Fehlentwicklungen zu korrigieren und Erkenntnisse über sachgerechte oder aber dysfunktionale Abläufe zu gewinnen. In verwaltungswissenschaftlicher Terminologie spricht man in diesen Fällen von **deskriptiven** Ansätzen, bei denen man *empirische* Methoden anwendet. Um das so gewonnene Verständnis auch für zukünftige Entscheidungen fruchtbar zu machen, muss die Entscheidungslehre aber darüber hinausgehen, namentlich einen **präskriptiven** Charakter bekommen und insbesondere Empfehlungen abgeben können. Damit ein solcher Schritt vom „Sein" auf das „Sollen" nicht als ein Fehlschluss erscheint, müssen die methodischen Ansatzpunkte für eine solche Schlussfolgerung offen gelegt werden. Insbesondere sind die Argumente zu benennen, die dafür sprechen, bestimmte Strukturen und Verfahren zu fordern. Als Gegenbegriff zu der empirischen Methodik spricht man dann von einer *normativen* Herangehensweise. Für Juristen sind Normen natürlich in erster Linie die rechtlichen Vorgaben. Diese sind hier aber nicht gemeint, sollen doch gerade die von diesen gelassenen Spielräume ausgefüllt werden. Auch dies zeigt wiederum die Notwendigkeit, die Überlegungen, die den Empfehlungen zugrunde liegen, präzise zu benennen. Nur auf diese Weise kann gewährleistet werden, dass bei der Beurteilung konkreter Empfehlungen nicht nur die Ergebnisse, sondern auch deren Grundlagen kritisch überprüft werden können.

Sieht man sich insbesondere die betriebswirtschaftliche Literatur an, so fällt eine weitere Unterscheidung ins Auge. Die Möglichkeiten, Entscheidungen zu analysieren und Strukturen für zukünftige Entscheidungssituationen zu treffen, haben nämlich zwei Anknüpfungspunkte. Einerseits können sie sich **quantitativer** Methoden, also vor allem mathematisch-modellhafter Betrachtungen bedienen. Hier wird versucht, im Modell bestimmte Entscheidungen und ihre Konsequenzen mit konkreten Zahlen zu belegen und auf dieser Grundlage die in Anbetracht der zugrunde gelegten Prämissen optimale Entscheidung zu errechnen. Auch wenn mathematische Methoden als präzise erscheinen, so liegt doch auf der Hand, dass mit solchen Modellannahmen stets nur eine Annäherung an die Realität erreicht werden kann. Je größer diese Annäherung ist, desto schwieriger wird es, das auf diese Weise empfohlene Ergebnis zu ignorieren. Auf eine derartige numerische Annäherung und insbesondere auf derartige Modellannahmen verzichtet die empirische oder **behavioristische Entscheidungstheorie**, bei der das tatsächliche Entscheidungsverhalten in Organisationen zum Gegenstand der Betrachtung gemacht wird. Sie ist realitätsnäher in dem Sinne, dass sie nicht „nur" auf Modellannahmen fußt. Andererseits eröffnet auch das tatsächliche Verhalten und seine Beschreibung eine Vielzahl von Interpretationsmöglichkeiten. Die Realität der Verwaltung ist so komplex und die Entscheidungssituationen sind so facettenreich, dass auch eine solche konkrete Beschreibung und Analyse von Situationen stets mit Unsicherheiten über die tatsächlich wirkenden Zusammenhänge verbunden ist. **451**

Die Verwaltungswissenschaft bzw. die (vor allem von Juristen betriebene) Verwaltungslehre nimmt diese verschiedenen Ansätze auf. Da sie über keine eigene Methodik verfügt, muss sie auf diese Methoden zugreifen, die ihr die Sozial-, Wirtschafts- oder auch die Rechtswissenschaft bieten. Es ist insbesondere die Entschei- **452** dung, die dabei einen besonders nahe liegenden Ansatzpunkt für interdisziplinäres Arbeiten bietet. Die Unvollkommenheit jeder Einzeldisziplin, die hier schon für die Rechtswissenschaft einleitend hervorgehoben wurde, bietet einen Anlass, die Methodenangebote anderer Wissenschaftsdisziplinen anzunehmen. Nicht umsonst ist daher auch die Verwaltungslehre als eine Entscheidungswissenschaft beschrieben worden. Verwaltungswissenschaft ist in diesem Sinne ein Oberbegriff für die verschiedenen Ansätze, die sich mit den Entscheidungen der öffentlichen Verwaltung auseinander setzen.

3. Zum Verhältnis juristischer und sozialwissenschaftlicher Entscheidungslehren: Trennende und integrative Tendenzen

453 Bislang ist die sozialwissenschaftliche Entscheidungslehre hier als eine die juristische Methodenlehre ergänzende beschrieben worden. Damit ist aber noch nichts darüber gesagt, auf welche Art diese Ergänzung stattfinden kann bzw. wo trennende, aber auch integrative Tendenzen zwischen beiden festzustellen sind.

454 *Thieme* hat in seinem Buch über die Entscheidungen in der öffentlichen Verwaltung die juristische Entscheidungslehre einerseits und die sozialwissenschaftliche andererseits gegenübergestellt[2]. Während er bei der ersten die Auslegung des Norminhalts durch Auslegung und die Subsumtion des Sachverhalt unter Normen als die wesentlichen Zwischenschritte auf dem Weg zum Finden einer Rechtsfolge beschreibt, sieht er die sozial- bzw. verwaltungswissenschaftliche Entscheidung von der Frage der Zielerreichung geprägt. Systematisch folgt nämlich in *Thiemes* Modell nach der Aufstellung der Zielsysteme und der Bestimmung des Ausmaßes der Zielerreichung der verschiedenen Handlungsalternativen die Auswahl der Maßnahme. Bei dieser Beschreibung wird ein wesentlicher Unterschied zwischen beiden Herangehensweisen offensichtlich[3]: Während der Jurist im Wege der Auslegung eine vorgefundene Norm aus Anlass einer konkreten Entscheidungssituation konkretisiert, steht im anderen Fall das Normensystem nicht fest, sondern muss im Rahmen der Entscheidungsfindung vom Entscheider selbst gebildet oder aus gesellschaftlichen Wertungen hergeleitet werden. Mögliche Konflikte zwischen juristischen Normen werden mit Hilfe von Kollisionsregeln aufgelöst, während in der Verwaltungswissenschaft eher die Tendenz besteht, die unterschiedlichen Ziele möglichst ohne Abstriche, also ohne Kompromisse mit Blick auf einzelne von ihnen zu erreichen. Damit einher geht auch die Tatsache, dass sich eine juristische Entscheidung regelmäßig in der Auswahl zwischen zwei Alternativen erschöpft, also etwa ein Anspruch entweder besteht oder eben nicht besteht. Bei der Anwendung einer verwaltungswissenschaftlichen Methodik steht dagegen grundsätzlich eine größere Zahl von Optionen zur Verfügung, aus der dann diejenige mit dem besten Grad der Zielerreichung ausgewählt werden kann. Gerade diese Art der Optimierung ist in der rechtlichen Entscheidung nicht angelegt. Auch wenn die

---

[2] *Thieme*, Entscheidungen in der öffentlichen Verwaltung, 1982, S. 31 ff.
[3] Hierzu und zum Folgenden *Thieme*, a. a. O., S. 32.

Rechtsordnung, wie etwa im Fall der Ermessensentscheidung, ausdrücklich Spielräume anerkennt, bietet die juristische Methodenlehre kein „Handwerkszeug", um neben der Rechtmäßigkeit einer bestimmten Variante auch zu prüfen, ob es sich um „die beste" Möglichkeit handelt.

Gegen diese Gegenüberstellung von verwaltungswissenschaftlichen und juristischen Entscheidungen hat sich vor allem *Schuppert* gewendet[4]. Er betont die hier schon angesprochene Tatsache, dass sich auch mit Blick auf das Recht Entscheidungen nicht auf Normanwendung und -konkretisierung beschränken lassen. Demgegenüber befürchtet er durch die Entgegensetzung von juristischen und sozialwissenschaftlichen Entscheidungen eine Zementierung der Beschränkungen der Rechtswissenschaft. Für ihn liegt das Schwergewicht der Argumentation demgegenüber auf der Tatsache, dass Entscheidungsspielräume als „Einfallstor" und „Schleusenbegriffe" dienen können, um so sozialwissenschaftliche Erkenntnisse und Methoden in den Prozess der Entscheidungsfindung einfließen lassen zu können[5]. Auf diese Weise kommt er zu einer Zusammenführung der beiden methodischen Ansätze anstelle der klaren Gegenüberstellung, wie er sie bei *Thieme* feststellt. 455

Der Gegensatz zwischen den beiden Positionen, wie er von *Schuppert* als Kritik an *Thieme* formuliert wird, wirkt überbetont und löst sich bei näherer Betrachtung ohne weiteres auf. Natürlich kann es weder einen Zweifel geben, dass die juristische Methodik eine andere als die der Sozialwissenschaften ist, noch steht in Frage, dass beide in einer konkreten Entscheidung zum Tragen kommen müssen, um zu rechtmäßigen und sachgerechten Ergebnissen zu gelangen. Beides stellt die idealtypische Darstellung von *Thieme* auch gar nicht in Zweifel. Insofern bringt die Aussage von *Schuppert* in dieser Hinsicht keine Neubestimmung, wohl aber benennt sie einen präzisen Ansatzpunkt für die wechselseitige Ergänzung, nämlich die so genannten „Schleusenbegriffe"[6]. In der Tat sind die „Einfallstore" für die sozialwissenschaftliche Methodik oftmals identisch mit konkreten Begriffen, die in rechtlichen oder sonst normativen Vorgaben für eine Entscheidung vorgegeben sind. Auch wenn der Gegensatz zwischen den beiden Positionen also überzeichnet erscheint, so bringt die Kontroverse doch eine Reihe von wichtigen Erkenntnissen mit sich. Wichtig ist in erster Linie Einsicht in die Beschränktheit einer juristischen Theorie, die sich nur als Subsumtionslehre versteht. 456

4. Begriff und Arten von Entscheidungen

Das Verständnis der Methoden der Entscheidungslehre setzt voraus, dass man sich die verschiedenen Arten von Entscheidungen vergegenwärtigt, wie sie von der Verwaltung zu treffen sind. Das folgt schon aus der Überlegung, dass den unterschiedlichen Entscheidungssituationen auch unterschiedliche Gesetzmäßigkeiten zu eigen 457

---

[4] Vgl. dazu *Schuppert*, Verwaltungswissenschaft, 2000, S. 754 ff.
[5] *Schuppert*, S. 756 f.
[6] Zur Kritik daran vgl. jedoch *Bull*, „Vernunft" gegen „Recht"? Zum Rationalitätsbegriff der Planungs- und Entscheidungslehre, in: FS König, 2004, S. 179 ff. (199).

§ 13 *Entscheidungslehre*

sind. Auch wenn sich dann die Methoden als solche nicht von Situation zu Situation verändern, so bleibt doch die Tatsache, dass die Elemente, mit denen diese Methoden auszufüllen sind, verschieden sein können.

458 Verwaltungsrechtliche Fallgestaltungen betreffen in aller Regel **Entscheidungen im Außenverhältnis**, also – in verwaltungswissenschaftlicher Terminologie – den output der Verwaltung. Auch hier sind die Möglichkeiten so vielfältig, dass sich kaum eine weitere Kategorisierung aufdrängt. Von einiger Bedeutung ist allerdings die Unterscheidung zwischen *konditional* und *final programmierten Entscheidungen*. Im ersten Fall lassen sich rechtliche oder sonstige Normen finden, die für den Fall des Vorliegens bestimmter Umstände – rechtlich gesprochen: bestimmter Tatbestandsmerkmale – eine bestimmte (Rechts-)Folge vorsehen. Nach den Anforderungen des Vorbehalts des Gesetzes (siehe § 5) sind dies die Voraussetzungen für die Qualifikation einer Rechtsnorm als Ermächtigungsgrundlage für belastende Verwaltungsmaßnahmen. Aus verwaltungswissenschaftlicher Sicht kann eine konditionale Programmierung aber natürlich auch erfolgen, ohne dass die entsprechende Norm als rechtlich zu qualifizieren ist. Insbesondere kann sie in Verwaltungsvorschriften geregelt sein (vgl. § 6 Rn. 226 ff.). Aber selbst Empfehlungen, die für die Entscheider in der Verwaltung nicht verbindlich sind, können als konditionale Programmierung erfolgen. Als Gegenbegriff zur konditionalen fungiert die finale Programmierung. Hier werden nicht die Voraussetzungen mit einer bestimmten Entscheidungsfolge kombiniert, sondern lediglich ein bestimmtes Ziel vorgegeben. Die Art und Weise, wie dieses Ziel zu erreichen ist, obliegt demgegenüber der Eigenverantwortung der Verwaltung als dem Adressaten der Verpflichtung. Es überrascht daher nicht, dass bei dieser Art von Vorgabe der Spielraum der Verwaltung als größer angesehen wird. Dies steckt als Überlegung auch hinter der Anforderung einer konditionalen Programmierung im Rahmen des Vorbehalts des Gesetzes. Es ist aber zu beachten, dass auch bei einer konditionalen Programmierung die Vorgaben oftmals präziser scheinen als sie in der Anwendung tatsächlich sind. Umgekehrt können in der Praxis manche Ziele in Anbetracht der sonstigen Rahmenbedingungen nur auf eine bestimmte Option zulaufen, so dass sehr genau auf jeden Einzelfall geschaut werden muss, wenn man hier zu einer Einschätzung der bestehenden Spielräume gelangen will.

459 Die Fixierung der juristischen Betrachtung auf Entscheidungen, die an Bürger oder andere Adressaten außerhalb der Verwaltung adressiert sind, darf nicht darüber hinwegtäuschen, dass in der Verwaltung eine Vielzahl von Entscheidungen getroffen werden, die **nicht unmittelbar nach außen wirken** und die deshalb auch äußerst selten in gerichtlichen Verfahren eine Rolle spielen. Auch diese Entscheidungen können, wenn auch nicht unmittelbare Außen-, so doch erhebliche Auswirkungen haben. Zu nennen sind etwa *Organisations- und Haushaltsentscheidungen*, die *Gestaltung von Geschäftsprozessen*, *Leistungsvergleiche*, *Personalplanung* etc. Es handelt sich also in erster Linie um Entscheidungen, welche die Ressourcen der Verwaltung bzw. des Verwaltungshandelns betreffen, namentlich Personal, Finanzen, Sachmittel, aber auch interne Regelungen, etc. In all diesen Fällen organisiert sich die Verwaltung in erster Linie selbst, prägt damit aber natürlich mittelbar auch ihre Außenbeziehungen. Besonders schwierig zu treffen ist diese Unterscheidung

4. Begriff und Arten von Entscheidungen § 13

schließlich bei den Entscheidungen, die man als „integriert" oder „integrierend" bezeichnen könnte. Dies betrifft etwa *Pläne*, die gleichzeitig output- wie inputbezogen sind. Bei einer ausführlichen Planung, durch die zukünftige Entwicklungen gestaltet werden sollen, finden sich sowohl Ziele als auch Mittel und Maßnahmen integriert in einer einzigen Handlungsform (zur Planung als Handlungsform siehe schon unter § 7 Rn. 273 ff.).

Unterscheiden lassen sich Entscheidungen auch nach dem Wissen, das in ihnen zum Tragen kommt bzw. kommen kann. Insofern mag man von **„informierten"**, im umgekehrten Fall von **„uninformierten" Entscheidungen** sprechen. Gemäß § 24 Abs. 1 S. 1 VwVfG hat die Behörde den Sachverhalt von Amts wegen zu ermitteln. Wie im nächsten Abschnitt zu zeigen sein wird, kann dabei eine vollumfängliche Information nicht das Ziel sein, da jeder einzelne Fall eine so große Zahl von weiteren Bezügen, möglichen Auswirkungen und Drittbetroffenen aufweist, dass unmöglich alle dieser Aspekte vorher aufgeklärt werden können. Insofern kann es immer nur darum gehen, eine *hinreichend* informierte Entscheidung zu treffen. Das VwVfG macht dies deutlich, wenn es in § 24 Abs. 1 S. 2, 1. HS die Behörde über Art und Umfang der Ermittlungen bestimmen lässt. Hier tut sich ein erheblicher Spielraum für die Verwaltung auf, die stets überlegen muss, welche Art von Ermittlungen in Anbetracht des Falles noch als bedeutsam erscheinen und welche Aspekte demgegenüber ohne weitere Ermittlungen, also im Zweifel sogar unaufgeklärt bleiben können. Abstrakt-generelle Maßstäbe lassen sich für diese Entscheidung letztlich nicht aufstellen. Dies gilt insbesondere für eine besonderes wichtige Untergruppe der „uninformierten" Entscheidungen, nämlich der so genannten **Prognoseentscheidungen**, bei denen über ein zukünftiges Geschehen eine Vermutung abgegeben wird, ohne dass sich ein bestimmter Geschehensablauf als sicher vorhersagen ließe. **460**

Zu dieser Art von Prognose gehören insbesondere auch die **Risikoentscheidungen**. In diesen Fällen ist der Verwaltung von vornherein bewusst, dass sie über eine zukünftige und potenziell gefährliche Entwicklung zu entscheiden hat. Hier muss sie nicht nur die Größe eines möglicherweise eintretenden Schadens abschätzen, sondern darüber hinaus auch die Wahrscheinlichkeit seines Eintritts bestimmen. Erst die Zusammenschau dieser beiden Aspekte kann letztlich Auskunft darüber geben, ob etwa eine bestimmte Genehmigung erteilt werden kann. Der jeweilige Entscheidungsträger kommt nicht umhin, ein bestimmtes Risiko als nicht hinnehmbar, ein darunter liegendes aber als noch vertretbar zu bestimmen, auch wenn im Falle seiner tatsächlichen Verwirklichung die Folgen womöglich verheerend sein mögen. Eine solche Entscheidung ist überaus komplex, da auch zu berücksichtigen ist, dass die Untersagung einer bestimmten Maßnahme wegen eines zu hohen Risikos zwar die konkret von ihr ausgehende Gefahr abwendet, damit aber auch andere negative Aspekte verbunden sein können. Nicht umsonst haben wir uns daran gewöhnt, den Straßenverkehr mit privaten PKW als zulässig anzusehen, obwohl dabei jedes Jahr eine große Anzahl von Menschen aufgrund eigenen oder fremden Verschuldens zu Tode kommt. Beim Einsatz von risikobehafteten Technologien sind etwa die Auswirkungen der an ihrer Stelle eingesetzten zu berücksichtigen. Zunehmend gerät auch das Argument der mit der Entwicklung einer Technologie verbundenen wirtschaftlichen Vorzüge und der dadurch geschaffenen Arbeitsplätze ins **461**

§ 13 *Entscheidungslehre*

Blickfeld. Insofern hat eine solche Entscheidung eine Vielzahl von möglichen und tatsächlich eintretenden Auswirkungen, die bei der Entscheidung in verantwortlicher Weise abzuwägen sind. Eine Grundlinie etwa der Art, dass Risiken stets vermieden werden müssten, ist vor diesem Hintergrund nicht zu vertreten.

5. „Rationalität" des Verwaltungshandelns: Welche Ziele verfolgt die Verwaltung?

462 Eingangs dieses Kapitels wurde die „Rationalität" einer Entscheidung als zentrales Ziel der Entscheidungslehre sowohl im öffentlichen wie im privaten Sektor beschrieben. In der Tat würde man wohl kaum die Gültigkeit dieses Ziels in Frage stellen können. Weniger klar ist dagegen, was mit dem Begriff der „Rationalität" in diesem Zusammenhang gemeint ist. Tatsächlich gibt es nicht die eine, sondern unterschiedliche Arten von Rationalität, die im Folgenden mit Blick auf die Verwaltungsentscheidungen dargestellt werden sollen.

463 Für den „Vater der **Bürokratietheorie**", den deutschen Juristen und Soziologen *Max Weber* war die Rationalität des Verwaltungshandelns untrennbar mit dem Idealtypus der legalen Herrschaft verbunden. Neben der legalen Herrschaft identifizierte er die charismatische, also die an eine Führerpersönlichkeit gebundene, und die traditionale, auf Erbfolge basierende als idealtypische Kategorien. Im Gegensatz zu diesen gründet die legale Herrschaft auf bestimmten Regeln, die bei der Auswahl der Führung eingehalten werden. Die Verwaltung, die „Bürokratie", zeichnet sich durch eine Reihe von Elementen aus, die ihr das besondere rationale Gepräge geben.

464 Erster Maßstab für eine solche Überlegung ist natürlich die **Rechtmäßigkeit** des Verwaltungshandelns. Soweit die gesetzlichen Grundlagen eine Entscheidung vorprägen, ist dies von der Verwaltung umzusetzen. Das folgt schon aus der Gesetzesbindung der Exekutive (vgl. Art. 20 Abs. 3 GG). Aus der Sicht der Entscheidungsadressaten ist dies ein Gebot der Rechtssicherheit und Berechenbarkeit des Verwaltungshandelns. Diese Anforderungen sind von überragender Bedeutung, um den Betroffenen Klarheit über ihre Handlungsoptionen und damit letztlich einen Freiheitsraum zu eröffnen. Fehlende Rechtssicherheit verursacht auch unnötige Effizienzverluste, da sie zu Planungen der Bürger führt, die diese dann womöglich doch nicht verwirklichen können. Insofern ist es nicht nur aus der Sicht von Juristen von großer Bedeutung, dass die Verwaltung stets rational handelt, und es ist durchaus berechtigt, eine rechtswidrige Entscheidung in diesem Sinne auch als irrational zu bezeichnen.

465 Im Zuge der Diskussion um eine Verwaltungsreform, wie sie in Deutschland zu Beginn der 1990er-Jahre mit großer Intensität geführt wurde, ist um den Stellenwert der Rechtmäßigkeit im Rahmen einer rationalen Staats- und Verwaltungsorganisation intensiv gestritten worden[7]. Insbesondere aus der ökonomisch inspirierten

---

7 Zu dieser Diskussion vgl. etwa *Wallerath*, Der ökonomisierte Staat, JZ 2001, 209 ff.

5. „Rationalität" des Verwaltungshandelns: Welche Ziele verfolgt die Verwaltung? § 13

Literatur war der Vorwurf zu vernehmen, die Dominanz des Rechtmäßigkeitspostulats müsse zugunsten einer stärkeren Betonung der **Wirtschaftlichkeit und Effizienz** zurückgedrängt werden. In Anbetracht der Widerstände seitens der Rechtswissenschaft und der rechtlich geprägten Praxis sind z. B. die Autoren eines später erschienenen Buchs, das aus ökonomischer Sicht die Reformoptionen beschreibt, vorsichtiger: *Schedler/Proeller* bemerken, das Ziel der Reform sei „nicht die Schwächung des Rechtsstaats und der Demokratie, sondern eine ausgewogenere Berücksichtigung rechtlicher und ökonomischer Erfordernisse"[8]. Auch wenn hier das Bemühen um einen Ausgleich zwischen den widerstreitenden rechtlichen und ökonomischen Anforderungen zu begrüßen ist und die rechtsstaatlichen Erfordernisse ausdrücklich anerkannt werden, so ist doch auch diese Argumentation aus juristischer Sicht nicht hinnehmbar. Ökonomische Überlegungen dürfen nicht gegen rechtliche ausgespielt werden. Insbesondere darf natürlich keine Entwicklung eintreten, bei der rechtliche Anforderungen missachtet werden, wenn ökonomische Überlegungen eine andere Lösung nahe legen oder fordern. Auch ineffiziente Maßnahmen müssen getroffen werden, wenn der Gesetzgeber – was er ohne weiteres tun kann – deren Vornahme vorschreibt. Insofern erweckt die Forderung nach einer „ausgewogeneren Berücksichtigung" falsche Vorstellungen von dem, was die rechtsstaatlichen Anforderungen an das Verwaltungshandeln sind.

Eine wichtige Erkenntnis betreffend den Grad der Informiertheit, den die Verwaltung für ihre Entscheidungstätigkeit anzustreben hat bzw. anstreben kann, wird in Anlehnung an *H.A. Simon* mit dem Schlagwort der **„bounded rationality"** charakterisiert. Er verweist darauf, dass vollständige Information in einer Entscheidungssituation nicht vorliegen kann, so dass in diesem Sinne auch die Rationalität stets eine begrenzte sein muss[9]. Vollständige Informiertheit setzte voraus, dass man die zukünftigen Ergebnisse und mittelbaren Wirkungen einer Entscheidung sicher einschätzen könnte. Es liegt auf der Hand, dass dies in einer hochkomplexen Welt niemals mit letzter Gewissheit geschehen kann. Insofern gibt es hier Beschränkungen der Rationalität, die auch mit größten Anstrengungen nicht überwunden werden können; wir können in der Regel keine optimalen Entscheidungen erwarten, sondern müssen uns mit „befriedigenden" Ergebnissen begnügen[10]. Aus der ex-ante Sicht werden dabei Erwartungen über die vermutlich eintretenden Ergebnisse formuliert, die einerseits auf der bestehenden Situation, andererseits auf vorliegenden Erkenntnissen über empirische Beziehungen beruhen[11].

466

Davon zu unterscheiden ist die Frage, ob es effizient ist, bestimmte Informationen zu erheben, ob also der Aufwand, der damit verbunden ist, in Anbetracht der zu erwartenden Verbesserung der Qualität gerechtfertigt erscheint. Oben wurde bereits angesprochen, dass es dabei nicht um eine vollständig, sondern immer nur um eine hinreichend informierte Entscheidung gehen kann. Der Gesichtspunkt der

467

---
8 *Schedler/Proeller*, New Public Management, 2. Aufl. 2003, S. 194.
9 *Simon*, Administrative Behaviour, 3. Aufl. New York 1976, dt.: Das Verwaltungshandeln, Stuttgart 1955; 3. Aufl. 1981 unter dem Titel: Entscheidungsverhalten in Organisationen, dort S. 100 ff.
10 So auch *Schuppert*, Verwaltungswissenschaft, S. 765 f.
11 *Simon*, Das Verwaltungshandeln, S. 105.

§ 13 *Entscheidungslehre*

Effizienz verweist nun auf das **Verhältnis von Zweck und Mittel**, hier also auf die Kosten der Entscheidungsvorbereitung einerseits, die Qualität der Entscheidung andererseits. Aus ökonomischer Sicht müsste man versuchen, dieses Verhältnis zu optimieren. Aus juristischer Perspektive ergeben sich bestimmte Beschränkungen aus der Tatsache, dass der Rechtsstaat eine unzureichende Rechtsanwendung auch dann nicht dulden kann, wenn dies effizient ist, weil etwa eine Qualitätsverbesserung nicht so groß ist, dass damit die Kosten zu rechtfertigen wären. Insofern ist es zweifellos ökomisch rational, nach Effizienz zu streben. Rechtlich trägt dieser Maßstab aber nicht uneingeschränkt.

468 Bei den Überlegungen zum Zweck-Mittel-Verhältnis ist zu bedenken, dass hinter den Zwecken, die in erster Linie angestrebt werden, oft weitere („höhere") Zwecke stehen, die für die Auswahl der Mittel bedeutsam sein können, und dass sich auch aus der Auswahl der geeigneten Mittel u. U. Rückwirkungen auf die Zwecke ergeben: Wenn das Mittel zu viele ungünstige „Nebenfolgen" verursacht, muss möglicherweise das Ziel korrigiert werden. Wenn z. B. das an sich legitime kriminalpolitische Ziel „weitestgehende Sicherheit vor Raubüberfällen" nur durch die vorbeugende Inhaftierung Verdächtiger erreichbar wäre, müsste es aufgegeben werden. Anders ausgedrückt: Alternative Mittel sind meist nicht wertneutral[12].

Die Rechtsprechung nimmt in Anwendung des **Verhältnismäßigkeitsprinzips** (vgl. oben § 4 Rn. 149 ff.) regelmäßig Abwägungen vor. Dabei werden mögliche Beeinträchtigungen bestimmter Interessen miteinander verglichen; es werden Kosten-Nutzen-Kalküle angestellt, und insofern berühren sich hier juristische und ökonomische Überlegungen[13]. In der Lehre vom Ermessen (vgl. § 16 Rn. 584 ff.) und im Planungsrecht (§ 16 Rn. 601 ff.) können diese Ansätze fruchtbar sein.

6. Das Entscheidungsverfahren

469 Da es eine abstrakte Umschreibung für eine optimale Entscheidung nicht gibt, soll im Folgenden wenigstens versucht werden, das Verfahren zu beschreiben, in dessen Rahmen nach einer möglichst guten Entscheidung gesucht werden sollte. Dabei kann in Anlehnung an *Thieme* die Aufstellung eines „Zielbaums" nützlich sein[14]. Die so aufgeschlüsselten Ziele können sodann bei der Entscheidungsfindung wegweisend sein.

470 Am Anfang stehen zwangsläufig bestimmte **Grob- oder auch Fernziele**, die mit einer Entscheidung verfolgt werden sollen. Solche Fernziele können etwa sein die Bekämpfung der Raubkriminalität, die Verbesserung der Lebensmittelkontrolle oder auch die Aufdeckung der Ursachen einer Tierseuche. Um dieser abschließenden Entscheidung näher zu kommen, ist sodann systematisch eine umfassende **Problemanalyse** erforderlich, die zu einer klaren Herausarbeitung bestehender Mängel

---

12 *Ebenda*, S. 102.
13 Vgl. nochmals *Bull*, „Vernunft" gegen „Recht"? (Fn. 6) S. 195 f.
14 Siehe *Thieme*, Einführung in die Verwaltungslehre, 1995, S. 145.

führen soll und zu der auch die Feststellung der Beteiligten mit ihren Interessen, Strategien u. ä. gehört. Diese Analyse bietet die Möglichkeit der Herleitung und schließlich der **Festlegung der Handlungsziele**, also in den genannten Beispielen z. B. die Intensivierung der Überwachung durch Streifenpolizisten und Kontrollbeamte, die Aufstellung eines Ermittlungsplans usw. Hier befindet man sich also schon auf der Ebene der Elemente, die bei der Erreichung der Ziele eingesetzt werden sollen. Diese sind dann in die dazu **erforderlichen Maßnahmen** umzusetzen, also etwa die Erstellung von Dienstplänen, die eine intensivere Überwachung ermöglichen, die Einstellung zusätzlichen Personals etc. Schließlich gehört zu einem sachgerechten Entscheidungsverfahren auch die **Kontrolle der Ausführung** und eine genaue **Evaluation** der Maßnahmen und ihrer Erfolge. Wird dies systematisch betrieben, so ergibt sich die Möglichkeit von „**Rückkopplungsschleifen**", also des sofortigen Einstellens der gewonnenen Erkenntnisse in ein erneutes Verfahren, in dem auf dieser Grundlage über neue Maßnahmen entschieden werden kann. Aus Sicht der vorgesetzten Stellen ist dann oftmals von einem „Nachsteuern" die Rede, mit dem den nachgeordneten Stellen neue Vorgaben für ihr weiteres Agieren gesetzt werden.

Auch hier stellt sich natürlich das Problem, dass die Informationen, aufgrund derer **471** die Handlungsoptionen bestimmt werden können, notwendig beschränkt sind und eine Prognose über die Folgen der Maßnahmen immer mit erheblichen Unsicherheiten belastet ist. Deutlich wird aber noch eine weitere Schwierigkeit, nämlich die **Gewichtung unterschiedlicher Zielkomponenten**. Das hier beschriebene Modell ist natürlich stark vereinfacht. Reale Entscheidungssituationen sind in aller Regel überaus komplex – und zwar auch und gerade hinsichtlich der handlungsleitenden Ziele. Außer dem abstrakten, aber doch einigermaßen klar zu benennenden Hauptziel spielt oftmals noch eine Vielzahl weiterer Vorgaben eine wesentliche Rolle, die ebenfalls in unterschiedlichen Ausmaß verwirklicht werden, aber eben auch unterschiedliches Gewicht haben (s. a. oben Rn. 468). So mag etwa bei der Bekämpfung der Raubkriminalität auch die Aufwertung bestimmter Stadtviertel oder der Schutz bestimmter Altersgruppen vor dem „Abrutschen" in die Kriminalität als „Nebenziel" eine wichtige Rolle spielen. Gleichzeitig kann damit auch die Vorgabe verbunden sein, bei der Polizei keine zusätzlichen Überstunden anfallen zu lassen oder den vermehrten Einsatz kostenneutral zu gestalten. Man rechnet also nicht nur mit einer, sondern mit vielen Unbekannten, denen aber unterschiedliches Gewicht zukommt. In der Dogmatik des Verwaltungsrechts sind derartige Konflikte vor allem aus dem Bereich der Fachplanungen bekannt. Die Verwaltungsgerichte haben versucht, diesem Problem mit Hilfe von Abwägungsgrundsätzen beizukommen (dazu Rn. 591 und 605 ff.).

Zu den Ausgangsfragen:

1. Eine vollständige Information kann es ebenso wenig geben wie eine im absolu- **472** ten Sinne „optimale" Entscheidung. Die Verwaltung muss versuchen, die von ihr als entscheidungserheblich erkannten Aspekte – nicht aber alle denkbaren auch nur mittelbaren Auswirkungen der Entscheidung – vollständig zu ermitteln und zu würdigen. Dabei muss sie sich auf empirische Erkenntnisse über die zu erwartenden

Kausalverläufe stützen. Insofern darf weder der Grad der Informiertheit noch die Qualität der Entscheidung an „idealen" Anforderungen gemessen werden.

2. Als Grobziel ist die Verbesserung der Attraktivität einer Straße recht vage. Dem Handlungsziel der Einrichtung einer Fußgängerzone liegt offenbar eine konkrete Problemanalyse zugrunde, wie etwa die, dass die Passanten und Verkehrsteilnehmer nicht lange genug verweilen, um die Angebote des Einzelhandels und der Gastronomie zu würdigen. Die konkret erforderlichen Maßnahmen sind etwa das Aufstellen entsprechender Verkehrsschilder und die Nivellierung von Bürgersteig und Straße. Es liegt auf der Hand, dass dieses Modell stark vereinfacht ist. So mag etwa eine Evaluation ergeben, dass die Einzelhändler Verluste erleiden, weil keine Autofahrer kurz für Besorgungen halten, und dass diese Verluste durch die größere Zahl der Fußgänger nicht aufgewogen wird. In einem solchen Fall muss daher „nachgesteuert" werden.

3. Juristische Entscheidungslehren entsprechen im Wesentlichen der juristischen Methodenlehre. Sie können einen Rahmen für Verwaltungsentscheidungen aufzeigen, vermögen aber nichts zur Ausfüllung desselben auszusagen. Sozialwissenschaftliche können hierfür Methoden liefern.

4. Empirische Herangehensweisen bemühen sich um eine möglichst präzise Beschreibung der tatsächlichen Verhältnisse. Um von dieser Beschreibung des „Seins" zu einer Aussage über das „Sollen" zu kommen, müssen normative Maßstäbe gebildet werden. Diese Maßstäbe sollten offen gelegt werden, um auf diese Weise die Kritik an ihnen zu ermöglichen.

3. Kapitel
Dogmatik des Verwaltungsrechts

§ 14 Geschichte der Verwaltung und des Verwaltungsrechts

Ausgangsfragen:
1. *Was bedeutet der Begriff „Polizeistaat" in der Verwaltungsgeschichte?*
2. *Was bedeutet der Satz „Landtag ist Geldtag" für die Geschichte des Verwaltungsrechts?*
3. *Wann und wo ist der „Vorbehalt des Gesetzes" erstmals verbürgt worden?*
4. *Wie ist die frühere Lehre von der Einordnung der Beamten, Soldaten, Schüler und Gefangenen in ein „besonderes Gewaltverhältnis" zu erklären?*
5. *Benennen Sie die Unterschiede zwischen dem „formalen" („bürgerlichen") Rechtsstaat und dem sozialen Rechtsstaat!*

(Antworthinweise in Rn. 527)

1. Entstehungsgeschichte der Verwaltung

Was sich heute als Verwaltung darstellt, beruht nicht auf willkürlicher Gedankenkonstruktion und ist auch kein Produkt zufälliger Ereignisse, sondern das Resultat eines langen historischen Prozesses der Absonderung „öffentlicher" Ämter von privaten Befugnissen und weiterer Ausdifferenzierung innerhalb der so entstandenen öffentlichen Organisation. **473**

Das Bedürfnis nach Arbeitsteilung und damit die Tendenz zur Verselbstständigung von Fachleuten besteht in jeder gesellschaftlichen Organisation. Doch es ist keineswegs selbstverständlich, dass die Arbeit nach Sachbereichen verteilt wird. In den antiken Staatswesen und noch weit in unsere Zeit hinein wurde vielfach die territoriale Untergliederung bevorzugt. Über lange Epochen hin waren alle wesentlichen „öffentlichen" Funktionen in den Händen eines Herrschers oder einer Herrschergruppe vereinigt, manchmal auch in einem Dualismus von politisch-militärischer Führung und Priesterschaft. Diese Machtkonstellation wiederholte sich vielfach auf den unteren Stufen, z. B. bei den Statthaltern in den „Provinzen".

Die *mittelalterlichen germanischen Gemeinwesen* waren keine Gebietsherrschaften, sondern *Personenverbände*. Ihre Verwaltung war daher ebenfalls stark auf die per- **474** sonalen Bindungen zwischen dem Herrscher und seinen Vertrauensleuten abgestellt[1]. Die Zentralgewalt war schwach ausgebildet; sie konnte die einzelnen Bewohner des Reiches kaum erreichen, weil zwischen ihnen und dem König eine Vielzahl von Zwischen-Herren stand, die nach dem alles durchdringenden Lehnsrecht nur einander zu Treue und Leistungen verpflichtet waren, aber keine Rechtsbeziehung zwischen den jeweils „über" und „unter" den beiden Beteiligten stehenden Menschen vermittelten. Je mehr Lehen (Lehnsgüter, Benefizien) der König den Herzögen und diese ihren eigenen Vasallen ausgaben, desto fester wurde die Position dieser Zwischen-Herrscher. Sie konnten später ihre Lehnsgüter vererben und unterverleihen, so dass die Herrschaft über einen Bezirk mitsamt dazugehörigen „Hoheits"-Rechten wie gewöhnliche „private" Rechte behandelt wurden – „hoheitsrechtlich" und „privat" wurden überhaupt noch nicht unterschieden, es gab nur das *eine* Recht[2]. Besonders wichtig war die *Gerichts*hoheit über die Untertanen; mit ihr waren Aufgaben und Befugnisse verbunden, die wir heute als Verwaltung bezeichnen.

475 Im *absolutistischen* Staat bildete sich aus dem Bündel der Hoheitsrechte die einheitliche **„Staatsgewalt"** heraus (s. a. Rn. 481). *Otto Mayer* hat diese Entwicklung so geschildert, dass zuerst der Begriff „Regierung" für die *ganze* Staatstätigkeit stand, dass sodann die *Justiz* aus dem Regierungsbegriff ausschied und schließlich infolge der bürgerlichen Revolution mit der Ausbildung des neuen Verfassungsrechts auch die *Gesetzgebung* zu den übrigen Staatstätigkeiten „in Gegensatz gestellt" wurde[3]. Die Unterscheidung zwischen Justiz- und Regierungssachen wurde zum Ansatzpunkt des Rechtsschutzes für den Bürger gegen den Staat, die Verselbstständigung der Gesetzgebung war die Folge davon, dass dafür jetzt die Mitwirkung der Volksvertretung durchgesetzt wurde. Der Name „Verwaltung" sei als Letztes aufgekommen. Für die *Regierung*, die ursprünglich die gesamte Staatstätigkeit bedeutete, ist am Ende „nichts übrig geblieben als das Allgemeine, das darüber steht, die Oberleitung des Ganzen, das einheitliche Richtunggeben für die politischen Geschicke des Staates und die kulturelle Entwicklung im Innern"[4].

2. Wandlungen der Verwaltung in neuerer Zeit

476 Seit den Verfassungswandlungen des frühen 19. Jahrhunderts hat die Verwaltung enorme Veränderungen erfahren. Die aus der fürstlichen Regierung ausdifferenzierte, je nach den politischen Umständen mehr oder weniger unabhängig gewordene Bürokratie trug erheblich zur Modernisierung der deutschen Staaten bei und setzte teilweise – insbesondere in Preußen – *Reformen* durch, die eine wesentliche Grundlage für die wirtschaftliche Entwicklung des Landes auf der Basis der neuen

---

1 *Wolff/Bachof*, § 6.
2 Zur späteren Trennung von privatem und öffentlichen Recht siehe unten Rn. 485.
3 Deutsches Verwaltungsrecht I, 3. A. S. 2 unter Hinweis auf *Stahl*, Philosophie des Rechts, II 2, S. 43.
4 *Mayer*, a. a. O. Weitere Einzelheiten zur Entwicklung des Verwaltungsbegriffs bei *Damkowski*, Die Entstehung des Verwaltungsbegriffs, 1969. Vgl. auch die historischen Abschnitte in den großen Lehrbüchern (*Forsthoff*, § 2; *Wolff/Bachof*, §§ 5-11).

kapitalistischen Produktionsweise darstellten. Gleichzeitig versuchte diese Beamtenschaft, die sozialen Folgen der Industrialisierung abzumildern, indem sie patriarchalisch-fürsorgliche und genossenschaftliche Elemente, die aus dem alten obrigkeitlichen Wohlfahrtsstaat überliefert waren, ins Bewusstsein der Bürger zurückholte.

Die größte personelle Ausdehnung erfuhr die Verwaltung in fast allen großen Staaten des Westens kurz vor und nach der Wende vom 19. zum 20. Jahrhundert[5]. Die stärkste *Expansion und Intensivierung der Verwaltungsaufgaben* geschah etwas später und hängt mit dem Ersten Weltkrieg und mit der Entwicklung zu einer immer stärker konzentrierten und vermachteten Wirtschaft zusammen. Sie ist auch Folge eines veränderten Staatsverständnisses: An die Stelle des „formalen" („bürgerlichen") Rechtsstaates ist spätestens mit der Weimarer Verfassung das Leitbild des sozialen Rechtsstaates getreten. Dieser bekämpft z. B. Armut nicht mehr unter dem Titel der „Armenpolizei", sondern durch „Fürsorge", und den Unternehmen tritt er nicht mehr ausschließlich „gewerbepolizeilich" gegenüber, sondern fördert die Wirtschaftsentwicklung durch Subventionen

477

Zur Vertiefung: *Jeserich/Pohl/von Unruh* (Hrsg.), Deutsche Verwaltungsgeschichte, 5 Bde. 1983–1987; *Koselleck*, Preußen zwischen Reform und Revolution, Stuttgart 1967; *Fischer*, Das Verhältnis von Staat und Wirtschaft in Deutschland am Beginn der Industrialisierung, in: *Braun/Fischer/Großkreuz/Volkmann* (Hrsg.), Industrielle Revolution. Wirtschaftliche Aspekte, Köln/Berlin 1972, S. 287-304; *Winter*, Die Reorganisation des Preußischen Staates unter Stein und Hardenberg, Leipzig 1931 (dort S. 302-363 die berühmte Denkschrift von Hardenberg). Zur aktuellen Entwicklung: *König* (Hrsg.), Deutsche Verwaltung an der Wende zum 21. Jahrhundert, Baden-Baden 2002 (mit zahlreichen informativen Artikeln); *König*, Verwaltungsstaat im Übergang, 1999 (mit ausführlichen Hinweisen auf die neuere [auch ausländische] Literatur).

3. Geschichte des Verwaltungsrechts

a) Überblick

Die Geschichte des Verwaltungsrechts ist keine Geschichte großer Gesetzbücher wie die des Zivil- und Strafrechts. *Kodifikationen* wie das Bürgerliche Gesetzbuch, das österreichische Allgemeine Bürgerliche Gesetzbuch, der französische Code Civil oder das Reichs-Strafgesetzbuch haben keine Entsprechung im Verwaltungsrecht. Zu allen Zeiten hat es eine *große Anzahl spezieller Verwaltungsgesetze* gegeben, und im Preußischen Allgemeinen Landrecht (ALR) von 1794 sind weite Teile des damaligen öffentlichen Rechts zusammengefasst. Teile des ALR galten über die Jahrhunderte hin fort, und eines der wichtigsten Institute des Verwaltungsrechts, der Aufopferungsgrundsatz, wird noch heute auf das ALR zurückgeführt. Doch ist

478

---

5 *Sturm*, Die Entwicklung des öffentlichen Dienstes in Deutschland. Eine Untersuchung über die Wachstumstendenzen der deutschen Verwaltung, in: *Ule* (Hrsg.), Die Entwicklung des öffentlichen Dienstes, Köln u. a. 1961, S. 1-285 (dort Aufarbeitung zahlreicher Statistiken und schwer zugänglicher Quellen).

§ 14 *Geschichte der Verwaltung und des Verwaltungsrechts*

die große Menge seiner Vorschriften im Verlauf des 19. Jahrhunderts außer Kraft getreten, und zwar wesentliche Teile bereits zu Beginn jenes Jahrhunderts, im Zuge der preußischen Reformen von 1807 ff.

479 Das **moderne Verwaltungsrecht** ist erst in jüngster Zeit zu einem gewissen Teil in umfassenderen Gesetzen zusammengefasst worden: zuerst das Recht des verwaltungs*gerichtlichen* Verfahrens in der VwGO von 1960, später dann Teile des Allgemeinen Verwaltungsrechts im Verwaltungsverfahrensgesetz 1976, das Polizei- und Ordnungsrecht in darauf bezogenen Ländergesetzen, in Schleswig-Holstein schon 1968 in einem umfassenden Landesverwaltungsgesetz. Vorangegangen waren während der Weimarer Zeit das Preußische Polizeiverwaltungsgesetz von 1931 und die süddeutschen Polizeigesetze aus derselben Zeit. Das anspruchsvolle Vorhaben einer Verwaltungsrechtsordnung für Württemberg ist Entwurf geblieben (1931).

480 Die älteste noch geltende **Teilkodifikation** ist die *Gewerbeordnung* von 1869, die auf der Preußischen Gewerbeordnung von 1845 aufbaute. Die Sozialversicherung erhielt nach den ersten, von Bismarck initiierten Gesetzen von 1884, 1886 und 1887 mit der Reichsversicherungsordnung 1911 ihre „Bibel". Das Sozialrecht ist nach einem komplizierten, lange währenden Gesetzgebungsprozess schließlich (weitgehend) im *Sozialgesetzbuch* zusammengefasst. Das Gesetzbuch des Steuerrechts ist die *Abgabenordnung*, ursprünglich von 1919, seit 1977 ersetzt durch eine vollständige Neufassung.

War somit das Verwaltungsrecht lange Zeit nur punktuell oder allenfalls für Teilmaterien gesetzlich geregelt, so muss die historische Entwicklung dieses Rechtsgebietes mit Hilfe anderer Einteilungen verfolgt werden. Dabei spielt die *Verfassungsentwicklung* eine entscheidende Rolle. In diesem Rahmen haben die Entscheidungen der Gerichte und die Arbeiten der Rechtswissenschaft erheblichen Einfluss auf die Rechtsentwicklung gewonnen.

Man muss seit den Anfängen des neuzeitlichen Staates mindestens *vier Epochen der Verfassungs- und Verwaltungsrechtsgeschichte* unterscheiden, die zwar zeitlich nicht genau gegeneinander abgeschichtet werden können (weil die Entwicklung in den verschiedenen Staaten unterschiedlich verlaufen ist), deren Isolierung aber Erkenntniswert hat[6].

b) Der ältere Justizstaat

481 Noch im Banne mittelalterlicher Vorstellungen steht der ältere Justizstaat, der nur *eine* Art von „Recht" und daher keine Absonderung des Verwaltungsrechts kennt, in dem daher die **„landesherrlichen Hoheitsrechte"** wie andere („private") Rechte behandelt werden. Mit zunehmender Verkehrsdichte und fortschreitender Komplizierung der Lebensverhältnisse wuchs auch der Bedarf an öffentlicher Verwaltung; damit bildeten sich – zunächst vielfach gegen den Widerstand der örtlichen Machthaber, der „Stände" – neue Hoheitsrechte heraus. Diese fielen seit dem Westfäli-

---

6 Vgl. *Mayer*, Deutsches Verwaltungsrecht, Bd. I, §§ 3-5.

schen Frieden regelmäßig der „Landeshoheit" zu. Am Ende dieser Entwicklungsstufe stehen umfangreiche Kataloge von Hoheitsrechten.

Hierzu gehören insbesondere die Befugnis zur Rechtsprechung (*potestas iurisdictionis*) und das Recht zur Aufstellung von Rechtssätzen des Zivil- und Strafrechts (*ius legislatorium*); umstritten waren die Steuererhebungsrechte und sonstigen vermögenswerten Vorrechte (iura fisci, regalia, vectigalia u. ä.). Unter dem Titel „*ius politiae*" (Recht der „Polizey" – was soviel wie „gute Verwaltung" bzw. „gute Ordnung des Gemeinwesens" bedeutete) versammelten sich schließlich viele weitere Hoheitsrechte; der Begriff wurde zu „einer Art Generaltitel für alles Mögliche"[7]. Sogar der Bau eines Zuchthauses (Bruchsal) wurde mit dem ius politiae des Landesherrn gerechtfertigt[8]. Die Hoheitsrechte waren dem Fürsten nach der Anschauung der Zeit aber nur zum Zwecke des „allgemeinen Besten" anvertraut; missbrauchte er sie, so handelte er rechtswidrig und konnte zu Schadensersatz und sogar Geldstrafe verurteilt werden.

Den Rechten des Landesherrn konnten – der Grundvorstellung der Zeit entsprechend auf gleicher Stufe – Gegenrechte der Untertanen gegenüberstehen. Diese *iura quaesita* („wohl"-erworbene Rechte) standen auch der Gesetzgebung des Landesherrn entgegen, wenn sie nicht durch dessen wiederum überlegenes *ius eminens* überwunden wurden[9]. Musste das Recht des Einzelnen somit schließlich doch zurückstehen, so konnte er immerhin Entschädigung für den Verlust verlangen. **482**

Das Gericht, das den Bürgern zu ihrem Recht auch gegen die Landesherren verhelfen sollte, war das 1495 eingerichtete *Reichskammergericht*, für den östlichen Teil des Reiches der *Reichshofrat*. Doch lange bevor diese im Jahre 1806 ihre Tätigkeit einstellten, hatten zahlreiche Fürsten, insbesondere die Kurfürsten von Brandenburg und späteren preußischen Könige, das *privilegium de non appellando* erworben, das den eigenen Untertanen die Berufung gegen Urteile von Gerichten des Landes an das Reichsgericht versagte[10].

c) Der „Polizeistaat"

Nachdem sich der Gedanke der umfassenden „Landeshoheit" durchgesetzt hatte, wurde es für den Landesherrn überflüssig, sich auf einzelne Hoheitsrechte zu berufen. Der Staat, der sich von reichsgerichtlichen Bindungen befreit hatte, weitete den Kreis seiner Aktivitäten immer mehr aus; die landesherrliche Fürsorge erstreckte sich schließlich auf die „innerliche gute Einrichtung der Bürgerlichen Verfassung". Zum Zentralbegriff wurde die „**Polizei**", d. h. – wie bereits erwähnt – einerseits der wohl geordnete Zustand des Gemeinwesens, andererseits die darauf gerichtete Tätigkeit der Verwaltung. In diesem Sinne – nicht in dem eines exzessiven Gebrauchs staatlicher Repressionsgewalt – sprach man vom „*Polizeistaat*". Seine Verfassung kann auch durch die Inanspruchnahme der vollen Souveränität gekennzeichnet werden. Der Polizei-Begriff wurde auch zu einem der wichtigsten **483**

---
7 *Mayer*, S. 30.
8 *Mayer*, a. a. O., Anm. 9.
9 *Mayer*, S. 32, Anm. 14.
10 Vgl. *Stödter*, Öffentlich-rechtliche Entschädigung, 1933, S. 52 ff.

§ 14 *Geschichte der Verwaltung und des Verwaltungsrechts*

Ansatzpunkte verwaltungsrechtlicher Überlegungen. Er wurde in das Preußische Allgemeine Landrecht übernommen, wo es heißt:

„Die nöthigen Anstalten zur Erhaltung der öffentlichen Ruhe, Sicherheit und Ordnung, und zur Abwendung der dem Publiko, oder einzelnen Mitgliedern desselben bevorstehenden Gefahr zu treffen, ist das Amt der Polizey"[11].

484 In dem Streit um die Auslegung dieser „*polizeilichen Generalklausel*" spiegelte sich später die Auseinandersetzung um das bürgerlich-liberale Staatsverständnis wider. Der Wortlaut der Bestimmung ließ sowohl die obrigkeitsstaatlich-autoritär-fürsorgliche Auslegung zu, nach der dem Staat die Sorge für das Wohlergehen der Bürger in jeder Beziehung oblag, wie auch die liberal-rechtsstaatliche Interpretation, nach der die staatlichen Instanzen auf eine Rahmensetzung für das freie Spiel der gesellschaftlichen Kräfte beschränkt waren.

In dem berühmten „*Kreuzberg*"-Urteil des Preußischen Oberverwaltungsgerichts vom 14. 6. 1882[12] wurde ein Sieg der neueren Ansicht gesehen, dass die Polizei nur der *Sicherheit und Ordnung*, nicht aber mehr der Wohlfahrt der Gesellschaft zu dienen habe. Das OVG hob eine Polizeiverordnung wegen Unzuständigkeit auf, in der das Bauen in der näheren Umgebung des Kreuzberges in Berlin beschränkt worden war, um den Blick von dem dort errichteten Schinkelschen Denkmal auf die Stadt und umgekehrt die Ansicht des Denkmals von unten her nicht zu beeinträchtigen. Diese Baubeschränkung sei unter dem (allein in Betracht kommenden) polizeilichen Auftrag, die öffentliche Ordnung zu schützen, nicht mehr gerechtfertigt. Als eine Regelung der *Baugestaltung* wäre sie aber durch *Spezialgesetz* zulässig gewesen[13].

In der Fassung des Preußischen Polizeiverwaltungsgesetzes von 1931 wurde die „polizeiliche Generalklausel" (§ 14 Abs. 1) zu einem Kernbegriff des Verwaltungsrechts mit Wirkung weit über den Freistaat Preußen hinaus:

„Die Polizeibehörden haben im Rahmen der geltenden Gesetze die nach pflichtmäßigem Ermessen notwendigen Maßnahmen zu treffen, um von der Allgemeinheit oder dem einzelnen Gefahren abzuwehren, durch die die öffentliche Sicherheit oder Ordnung bedroht wird."

Diese Formulierung findet sich in verschiedenen Variationen heute in allen einschlägigen Landesgesetzen. Trotz des Begriffs „Polizei" prägt sie den Gegentyp zum „Polizeistaat", wie er umgangssprachlich verstanden wird, nämlich den Staat, in dem die Abwehr von Gefahren mittels der Verwaltung rechtlich auf das Notwendige beschränkt und das Ermessen der Behörden pflichtgebunden ist.

Zur Vertiefung: *Lisken/Denninger* (Hrsg.), Handbuch des Polizeirechts, 3. A. 2001; *Maier*, Die ältere deutsche Staats- und Verwaltungslehre, 2. A. 1980.

---

11 Siehe § 10 II 17, d. h. Teil II Titel 17 § 10.
12 PrOVGE 9, 353-384.
13 Vgl. *Drews/Wacke/Martens*, Gefahrenabwehr, 8. A. 1977, Band 2, S. 5 f. und die zutreffend kritischen Bemerkungen zur Entgegensetzung von „Gefahrenabwehr" und „Gestaltung" von *Weyreuther*, Eigentum, öffentliche Ordnung und Baupolizei, 1972.

Im Polizeistaat bildete sich auch die **Unterscheidung von öffentlichem und privatem Recht** heraus. Das gestiegene Selbstbewusstsein der Landesherren ließ nicht mehr zu, dass ihre Hoheitsrechte und die privaten Rechte der Bürger auf derselben Stufe angesiedelt wurden. Die staatliche Organisation sonderte sich immer stärker von der Sphäre der „Untertanen" ab, insbesondere setzte sich die Zentralgewalt zunehmend gegen die lokalen Machthaber durch.   485

Das Private konnte unter den Bedingungen des Absolutismus „nur jeweils negativ vom Öffentlichen her definiert werden"[14]. „Privatmann war, wer nicht an der Ausübung öffentlicher Gewalt teil hatte, Privatsache, was der Fürst nicht für seine Regelungsbefugnis in Anspruch nahm. Die Spaltung der mittelalterlichen Gemeinschaft musste sich in der Rechtsordnung widerspiegeln. Es gab hinfort zwei Arten von Rechtsbeziehungen, die zwischen Fürst und Untertanen und die zwischen Untertanen unter sich. Die erste galt als öffentlich, die zweite als privat; hier wurde vereinbart, dort befohlen"[15].

Diese aus politischen Interessen heraus entstandene Aufteilung wurde später ideologisch überhöht und zugleich verändert. Rechtsphilosophen machten aus ihr einen Wesensgegensatz und verbanden ihn zum Teil mit Vorstellungen der Aufklärung und des Liberalismus, wie etwa *Johann Georg Schlosser*, der meinte, die privatrechtlichen Gesetze wollten verbindlich fixieren, was zwischen den Staatsbürgern Recht und Unrecht sei, während die öffentlich-rechtlichen (zu ergänzen: nur) bestimmte politische Ziele erreichen sollten. Damit sollte die Gesetzgebungsgewalt des Fürsten jedenfalls für das Privatrecht zurückgedrängt werden[16]. Die Ausgestaltung der Rechtsbeziehungen zwischen den Bürgern sollte deren privatem Belieben (ihrer „Privatautonomie") überlassen bleiben, denn der Marktmechanismus, so glaubte man, würde für einen Ausgleich der Interessen sorgen und aus der Auseinandersetzung der Einzel-Egoismen das gesellschaftliche Optimum hervortreten lassen.

Als die Trennung von Staat und Gesellschaft sich in der sozialen Realität und in der staatsphilosophischen Betrachtung durchgesetzt hatte, konnte die Trennung von öffentlichem und privatem Recht einerseits dazu dienen, Angelegenheiten von politischer und administrativer Bedeutung der gerichtlichen Kontrolle zu entziehen, andererseits die Ausgrenzung einer vom Staat nicht regulierten Privatsphäre zu garantieren.

Mit dieser Entwicklung gingen erhebliche Wandlungen im Bereich der Gerichtsbarkeit einher. Nachdem der Staat und seine Rechte einen Rang *über* den privaten Rechten der Untertanen errungen hatten, schien es kaum noch möglich, ihn vor seinen eigenen Gerichten (oder auch den fortbestehenden Reichsgerichten) zu verklagen. Die Notwendigkeit, den Bürgern zumindest einen **Ausgleich in Geld für staatliche Eingriffe in ihre Rechte** zuzubilligen, wurde aber auch damals anerkannt (vgl. insbes. §§ 74, 75 der Einleitung zum Preußischen ALR, s. unten Rn. 1094). Deshalb verfiel man auf den juristischen Kunstgriff, den Staat in zwei Rechtspersonen aufzuspalten, d. h. sich vorzustellen, dass neben dem „eigentlichen" Staat (der „Staatsgesellschaft"), der eine juristische Person des öffentlichen Rechts darstelle, noch der Staat als „Erwerbsgesellschaft" stehe, der eine juristische Person des Zivil-   486

---

14 *Grimm*, Zur Trennung von öffentlichem und privatem Recht, in: Studien zur europäischen Rechtsgeschichte, hrsg. v. *Wilhelm*, 1972, S. 226.
15 *Grimm*, a. a. O.
16 Auch dazu *Grimm*, a. a. O., S. 224 f.

rechts bilde und für die vermögensrechtlichen Pflichten des Staates einzustehen habe. Die letztere Erscheinungsform des Staates nannte man den *Fiskus*. Gegen den Staat selbst konnte der Bürger nichts ausrichten, aber den Fiskus konnte er auf Zahlung von Geldentschädigung – und nur darauf – verklagen. „Alle Garantie der bürgerlichen Freiheit im Polizeistaat" lief also „auf den Satz hinaus: dulde und liquidiere"[17]. Anders ausgedrückt: Der Fiskus war der „Prügelknabe für den Staat"[18].

487 Die **Fiskus-Theorie** ist das hervorragende Beispiel für *Anleihen beim Zivilrecht zur Lösung verwaltungsrechtlicher Probleme*. Sie hat lange über das Ende des Polizeistaates hinaus nachgewirkt: für vermögensrechtliche Klagen gegen den Staat blieben auch nach Einführung der Verwaltungsgerichtsbarkeit die „ordentlichen Gerichte", d. h. die Zivilgerichte zuständig.

Solange spezifisch öffentlich-rechtliche Gesetze und Rechtsinstitute nicht zur Verfügung standen, wurden viele Gegenstände des Verwaltungsrechts zivilrechtlich begriffen oder „konstruiert". So galt das Beamtenverhältnis lange Zeit als eine Art „Dienstleihe" (precarium). Als sich dann die Erkenntnis herausbildete, dass der Staat nicht mit dem Fürsten identisch sei und dass die Beamten dem Rechtssubjekt „Staat", nicht aber dem Staatsoberhaupt persönlich verpflichtet seien, versuchte man sich an gewagten öffentlich-rechtlichen Konstruktionen wie z. B. einer Anwendung des Aufopferungsgrundsatzes (der Beamte habe – als eine Art „Zwangsverpflichteter" – seine private Freiheit aufgegeben, um dem Staat zu dienen, und müsse dafür vom Staat entschädigt werden). Die Haftung des Staates für die Sicherheit von Straßen und Wegen wird bis jetzt von der Rechtsprechung überwiegend als ein Fall der privatrechtlichen Verkehrssicherungspflicht angesehen; in den frühesten Urteilen zu diesem Thema wird ausdrücklich auf das römische Recht Bezug genommen. Erst neuere Landesgesetze haben eigenständige öffentlich-rechtliche Lösungen entwickelt, vgl. unten Rn. 929 und 952 f.

„Mitten in den Polizeistaat hinein"[19] entwickelte sich die **Unabhängigkeit der Gerichte;** zur vollen Entfaltung kam sie freilich erst sehr viel später[20].

d) Die konstitutionelle Monarchie

488 Zu den Konstruktionsprinzipien der *konstitutionellen Monarchie* gehörte die Idee der Trennung von Staat und Gesellschaft, die zentrale Grundvorstellung des Liberalismus, der auch die soziale Realität weitgehend (wenn auch in Deutschland weniger ausgeprägt als in England und Frankreich) entsprach. Damit hängt ein besonderes *Rechtsstaatsverständnis* zusammen. Für das Verwaltungsrecht brachte die konstitutionelle Monarchie insbesondere den auch für die heutige Verwaltung wesentlichen **Vorbehalt des Gesetzes** (dazu oben § 5). In dem Gegeneinander von Monarch und Bürgertum, dessen verfassungsrechtliche Entsprechung die Ausein-

---

[17] *Mayer*, S. 53 Anm. 37.
[18] *Bornhak*, Preußisches Staatsrecht II, 1. A. 1889, S. 464.
[19] *Mayer*, S. 41.
[20] Vgl. *Grimm*, a. a. O., S. 231 ff.

andersetzungen zwischen der „vollziehenden Gewalt" und dem Parlament darstellen, hatte das Gesetz eine Schlüsselfunktion: Wo die Verfassung eine Regelung durch Gesetz verlangte, zog sie zugleich die Grenze zwischen den beiden Machtsphären. Der Gesetzesbegriff musste zum Streitobjekt werden, denn sein Umfang und Inhalt bestimmte das Maß der Machtbeschränkung des Monarchen, umgekehrt gesehen das Maß der Mitbestimmung des Bürgertums durch das Parlament. Dieser Streit kulminierte im preußischen Budgetkonflikt (s. unten Rn. 511 f.).

Es ist umstritten, ob die konstitutionelle Monarchie durch ein Übergewicht des Monarchen oder des Parlaments gekennzeichnet war oder ob sie als ein langdauernder Schwebezustand, ein „Unentschieden" im Kräftespiel des 19. Jahrhunderts verstanden werden muss[21]. Zu bedenken ist jedenfalls, dass in großen Bereichen der Verwaltung (insbesondere Heer, Beamtentum, Bildungswesen) über 1848 hinaus „polizeistaatliche" Zustände herrschten; in einigen von ihnen bestanden sie bis in die jüngste Zeit hinein fort. Denn dort galt der Vorbehalt des Gesetzes nicht, sondern die Exekutive besaß – unbestritten – eine Regelungsbefugnis. Schon der dafür verwendete Begriff **„besondere Gewaltverhältnisse"** (s. oben Rn. 186 ff.) beweist, dass hier bestimmte Bereiche aus der rechtlichen Regelung ausgeklammert werden sollten.

In diese Epoche fällt die **Entwicklung eines eigenständigen Verwaltungsrechts** insbesondere durch die Arbeiten von *Otto Mayer*. In weitgehender Anlehnung an das seinerzeit bereits schärfer durchdachte französische Verwaltungsrecht und in teilweiser Übernahme zivilrechtlicher Rechtsinstitute schuf *Mayer* ein durch die Strenge seiner Begrifflichkeit und die Höhe der Abstraktion überzeugendes gedankliches System, das den praktischen Anforderungen von Verwaltung und Justiz gerecht wurde und daher starke Wirkungen entfaltete. Diese wissenschaftliche Verselbstständigung des Verwaltungsrechts musste mit einer *Lockerung des Zusammenhanges* bezahlt werden, der bis dahin *zwischen den verschiedenen „Staatswissenschaften"* bestanden hatte. Die bedeutende Tradition der Verwaltungswissenschaft, die in *Lorenz von Steins* „Verwaltungslehre" (1866–84) einen letzten Höhepunkt erreicht hatte, wurde seitdem vernachlässigt. Empirische Betrachtung der Verwaltung und ihres Wirkungsfeldes trat zurück gegenüber einer sich geisteswissenschaftlich verstehenden juristischen Durchdringung des Normenmaterials, aus der ganz bewusst die politischen, philosophischen und sozialwissenschaftlichen Bezüge ausgeklammert wurden. Diese **„positivistische" Rechtswissenschaft** (s. a. oben Rn. 52) fand schon in ihrer Ursprungszeit ihre Kritiker; so wandte sich *Lorenz von Stein* 1876 mit aller Deutlichkeit dagegen, dass bei der Ausbildung von Verwaltungsbeamten die Vermittlung von Kenntnissen über die soziale Realität ausgespart werde[22]. Doch entsprach dieser Positivismus den herrschenden Vorstellungen, und er ist bis heute nicht vollständig überwunden. In den Auseinandersetzungen um die juris-

489

---

21 So letztlich die Einschätzung von *Böckenförde*, Der Verfassungstyp der deutschen konstitutionellen Monarchie im 19. Jahrhundert in: *ders.* (Hrsg.), Moderne deutsche Verfassungsgeschichte (1815–1918), Köln 1972, S. 146-170.
22 *Stein*, Gegenwart und Zukunft der Rechts- und Staatswissenschaft Deutschlands, Neudruck in: *ders.*, Gesellschaft – Staat – Recht, Frankfurt/M. u. a. 1972, S. 147 ff., 175 ff.

§ 14 *Geschichte der Verwaltung und des Verwaltungsrechts*

tische Ausbildungsreform stehen sich immer wieder dieselben Sichtweisen gegenüber.

490 In der zweiten Hälfte des 19. Jahrhunderts entstanden auch die ersten selbstständigen und unabhängigen Verwaltungsgerichte (allerdings war die deutliche Trennung von der Verwaltung zunächst auf die oberste Instanz beschränkt, während die erste und eventuell zweite Instanz der Verwaltungskontrolle eine Zwitterstellung zwischen Behördenzugehörigkeit und Gerichtsförmigkeit hatte). Seitdem konnte die Gesetzmäßigkeit der Verwaltungspraxis im Interesse der Bürger von Instanzen überprüft werden, die in geringerem Maße als die bis dahin bestehenden Kontrollgremien in die Verwaltung eingefügt waren. Zu beachten ist, dass diese frühe Phase der Verwaltungsgerichtsbarkeit noch keine Kontrolle der Verfassungsmäßigkeit kannte, sondern nur die Übereinstimmung von Verwaltungshandlungen mit Gesetzen sowie anderen unterverfassungsrechtlichen Rechtsnormen zum Gegenstand hatte.

e) Die parlamentarische Demokratie

491 Die parlamentarische Demokratie, die die Monarchie ablöste, hatte zunächst mit wirtschaftlicher Not früher nicht gekannten Ausmaßes und schwersten politischen Konflikten zu kämpfen. Die Verwaltung sah sich Ansprüchen der Bürger ausgesetzt, zu deren Befriedigung umfassende Eingriffe in das Wirtschafts- und Sozialleben erforderlich waren. Diesen Problemen war nicht dadurch beizukommen, dass die Verwaltung einen Rahmen für „gesellschaftliches" Handeln setzte. Sie musste durch die Gesetzgebung zu einer Vielzahl von Maßnahmen **sozialer Umgestaltung, Umverteilung und Neuordnung** ermächtigt werden.

492 Bei der Ausfüllung dieser Ermächtigungen entwickelten sich auch **neue Formen des Verwaltungshandelns,** insbesondere das für frühere Zeiten kaum denkbare Paktieren mit Bürgern und Unternehmern und die Gründung zahlreicher „gemischtwirtschaftlicher Unternehmungen". In dieser Zeit entdeckte die Verwaltung auch die Möglichkeit, privatrechtliche Instrumente für Verwaltungszwecke einzusetzen.

493 Die **Verwaltungsgerichtsbarkeit** wurde seit dem Übergang zur parlamentarischen Demokratie erheblich ausgebaut. So gingen einige Länder, zuerst Hamburg (1921), bereits während der Weimarer Zeit zur Nachprüfbarkeit aller Verwaltungsakte über[23].

494 Die ordentliche Gerichtsbarkeit nahm seit 1925 ein Recht zur **Prüfung von Gesetzen auf ihre Verfassungsmäßigkeit** in Anspruch. Dieses richterliche Prüfungsrecht wurde zu einer Waffe des besitzenden Bürgertums gegen die Neuordnung der sozialen Verhältnisse durch Gesetzgeber und Verwaltung, auch wenn es nicht in dem Umfange benutzt wurde, wie man nach einer aufsehenerregenden Androhung des Richtervereins beim Reichsgericht im Jahre 1924 annehmen musste. Damals hatten

---

23 Sehr anschaulich dargestellt ist diese Epoche bei *W. Jellinek*, Verwaltungsrecht, 3. A. 1931, S. 297 ff. mit Nachtrag 1950, S. 20 ff.

die Richter des höchsten deutschen Gerichts – der Staatsgerichtshof war mit relativ geringen Kompetenzen ausgestattet – die geplante Aufwertungsregelung als treu- und sittenwidrig bezeichnet[24].

Bei der Entscheidung eines entsprechenden Prozesses begründete das Reichsgericht die Befugnis zur Verfassungsprüfung des Aufwertungsgesetzes schlicht damit, dass dieses Recht den Gerichten durch die Reichsverfassung *nicht entzogen* sei[25]. Dass es ihnen nach der Funktionenordnung der Weimarer Verfassung gar nicht zustehen könne, wurde nicht in Erwägung gezogen. In der Sache selbst bestätigte das Gericht jedoch die Gestaltungsbefugnis des Gesetzgebers[26], während in anderen Fällen ein Verstoß gegen den Gleichheitssatz und/oder die Eigentumsgarantie der Verfassung angenommen wurde. Von dieser Rechtsprechung sind starke Impulse ausgegangen. Das richterliche Prüfungsrecht ist heute unbestritten, die Kompetenz zur Aufhebung von formellen nachkonstitutionellen Gesetzen im Grundgesetz allerdings beim Bundesverfassungsgericht konzentriert (Art. 100 Abs. 1 GG).

In der weiteren Entwicklung nach dem Zweiten Weltkrieg wurde die **Gesetzmäßigkeit der Verwaltung** noch stärker als vorher betont und die verwaltungsgerichtliche Kontrolle durch die **Rechtsschutzgarantie des Art. 19 Abs. 4 GG** und die **verwaltungsgerichtliche Generalklausel** (heute § 40 VwGO) umfassend ausgestaltet[27]. Der Gleichheitssatz wurde weiter aktiviert, um die Verwaltung auch dort stärker einbinden zu können, wo sie bisher nur nach eigenen Richtlinien gehandelt hat. Dabei geht die Tendenz hin zu einer Verrechtlichung auch der fördernden und leistenden Verwaltung. Es gibt praktisch **keine „gesetzesfreie" Verwaltung mehr.** 495

Allerdings wird in der Literatur neuerdings häufig in Zweifel gezogen, ob (Verwaltungs-)Recht (noch) eine *effektive Steuerungsfunktion* für das gesellschaftliche Geschehen hat – sei es, dass im Vergleich zu früheren Epochen behauptet wird, die Steuerung durch Recht habe an Wirkung verloren, sei es, dass diese Wirkung auch für die Vergangenheit bezweifelt wird. Während vielfach die angeblich übertriebene „Verrechtlichung" sozialer Tatbestände beklagt wird – also der Umstand, dass dort, wo bisher nur gesellschaftliche Normen oder „lockere" Rechtsnormen galten, nunmehr verbindliche Rechtssätze mit höherer Regelungsdichte und Detailliertheit eingreifen –, sind gleichzeitig *Vollzugsdefizite* festzustellen, z. B. bei der Durchsetzung von Umweltschutznormen. (Genauer gesehen, ergeben sich schon Programmierungsdefizite, also gerade das Gegenteil von überzogener Verrechtlichung, und die Programmanwendungsdefizite beruhen ihrerseits teils auf Akzeptanzmangel, teils auf Kontroll- und Sanktionsdefiziten[28]).

Die Verwaltung sucht vielfach den **Konsens** mit den Betroffenen, statt „einseitig" von ihrer Regelungsbefugnis Gebrauch zu machen. Dabei kommt es vor, dass die Behörde sich auf Vereinbarungen einlässt, die nicht oder nicht in vollem Umfang 496

---

24 Vgl. DJZ 1924, 108 f., 202, 864.
25 RGZ 111, 320, 323.
26 S. a. RGZ 107, 370. Zur Weimarer Entwicklung vgl. a. *Kirchheimer*, Die Grenzen der Enteignung, Berlin/Leipzig 1930, auch in: *ders.*, Funktionen des Staates und der Verfassung, Frankfurt/M. 1972, S. 223 ff.; *Fraenkel*, Zur Soziologie der Klassenjustiz, Berlin 1927, Neudruck Darmstadt 1961, insbes. S. 21 ff.; *Heller*, Rechtsstaat oder Diktatur? in: *ders.*, Gesammelte Schriften, 2. Bd., 1971, S. 443 ff., 449 f.
27 Auch dazu lesenswert *Jellinek*, a. a. O. (Fn. 23); ferner *Hufen*, Verwaltungsprozeßrecht, § 2 Rn. 20 ff.
28 *Hoffmann-Riem*, AöR 115, 1990, 404.

§ 14 *Geschichte der Verwaltung und des Verwaltungsrechts*

den gesetzlichen Vorschriften entsprechen; z. B. wird Betreibern umweltgefährdender Anlagen eine Frist zur Anpassung an die vorgeschriebenen Werte eingeräumt, die im Gesetz nicht vorgesehen ist. Solche Vereinbarungen müssen u. U. als rechtswidrig angesehen und dürfen dann nicht verwirklicht werden; tritt aber kein „Kläger" dagegen auf – etwa weil eine förmliche Klage nicht zulässig ist (s. u. Rn. 143 ff. und 1034 ff.) oder die potenziellen öffentlichen „Ankläger" wie die Umweltschutzverbände oder die Medien nichts davon wissen –, dann entfalten solche Abmachungen faktische Wirkungen. Die Verwaltung steht in derartigen Auseinandersetzungen oft auch ungünstig da: sie muss wählen zwischen Absprachen, die zwar hinter der Rechtslage zurückbleiben, aber mit hoher Wahrscheinlichkeit eingehalten werden, und einseitiger Regelung, die zwar das geltende Recht voll umsetzt, aber bei rechtlich korrektem Vorgehen mit Ausnutzung aller Rechtsbehelfe, vielleicht sogar Verzögerungstaktik der Betroffenen erst erheblich später durchgesetzt werden würde.

So kommt es, dass Rechtspositionen zum Verhandlungsgegenstand werden, dass über das Ob oder zumindest das Wie der Ausübung von Ge- oder Verbotsbefugnissen und auf der anderen Seite die Geltendmachung von Entschädigungsansprüchen verhandelt wird. **Recht als Tauschobjekt und Drohpotenzial** in Verhältnis von Verwaltung und Unternehmen – dazu eignen sich z. B. auch Entscheidungen über die Anwendung von Zwangsmitteln oder den Verzicht auf Rechtsmittel. Diese Instrumentierung von Recht mag manchen erschrecken, aber statt davor die Augen zu schließen, muss die rechtliche Bewältigung auch dieses Phänomens versucht werden. Deshalb wird auch bei der Lehre von der Gesetzesbindung und bei den Handlungsformen der Verwaltung auf diese Verhaltensweisen der Verwaltung und ihrer Kontrahenten eingegangen (vgl. Rn. 154 ff. und 257 ff.).

497 Eine weitere Methode, die Durchsetzung rechtlich festgelegter Ziele ohne „Befehl" und „Zwang" zu erzielen, besteht in der Übertragung von Regelungs- und Überwachungsfunktionen auf Organisationen der beteiligten Wirtschafts- oder Berufszweige. Der Staat zieht sich auf „Rahmensetzungen" und Gewährleistung von Zielen zurück und überlässt die Umsetzung der mehr oder weniger detailliert gebundenen Selbstverantwortung Privater. An die Stelle staatlicher „Regulierung" tritt „Selbstregulierung". Der Begriff der „Regulierung" stammt aus der angelsächsischen Rechtssprache und wird im deutschen Recht erstmals in §§ 1-3 Telekommunikationsgesetz[29] verwendet. Ob damit eine neue Qualität von Recht und eine bessere Durchsetzungschance gegeben ist, muss zunächst offen bleiben[30].

---

29 Vom 25. 7. 1996, BGBl. I, S. 1120. S.a. §§ 1 und 2 Postgesetz v. 22. 12. 1997, BGBl. I, S. 3294.
30 Zur Diskussion über „Verwaltung und Verwaltungsrecht zwischen gesellschaftlicher Selbstregulierung und staatlicher Steuerung" vgl. die Referate von *Schmidt-Preuss* und *Di Fabio* in VVDStRL 56, 1997, S. 160 ff. und 235 ff. – S. a. § 28 Rn. 1234 ff.

f) Staats- und Verwaltungsrecht in der ehemaligen DDR und in den Transformationsstaaten

Der sozialistische Staat kommunistischer Prägung, wie er bis vor kurzem in den meisten Staaten Osteuropas verstanden wurde, kannte keine Trennung zwischen Staat und Gesellschaft. Subjektive Rechte des Bürgers gegen den Staat – sei es als Abwehrrechte, sei es als Teilhaberechte – ergaben bei dieser Staatsform keinen Sinn. Gesetzmäßigkeit der Verwaltung bedeutete hier vielmehr Einhaltung der von höchster Stelle („demokratischer Zentralismus") erlassenen Direktiven und nicht oder nur in dem dadurch vorgegebenen Rahmen Wahrung der verfassungsmäßigen Rechte des Individuums.

So war auch bis zur Revolution im November 1989 das Staats- und Verwaltungsrecht der DDR angelegt. Die verschiedenen Verfassungen der DDR brachten von Mal zu Mal stärker die Inpflichtnahme der Menschen für die einzig als richtig und erlaubt angesehene Politik der Staatspartei und ihrer „Ableger" („Blockparteien") zum Ausdruck; die Grundrechte, formal noch aufrechterhalten, standen unter dem Vorbehalt der Gesellschaftsverträglichkeit in diesem Sinne. Da der Staat eine Allzuständigkeit für die gesellschaftlichen Angelegenheiten und weitgehende Regelungsbefugnis auch für die private Lebensführung der Menschen in Anspruch nahm, befasste sich die Verwaltung mit allen Lebensbereichen, besonders mit allen wirtschaftlichen Aktivitäten der Einzelnen, jedoch ohne dass dies in einem durchgeformten Verwaltungsrecht zum Ausdruck gekommen wäre. Das Verteilungsmonopol des Staates machte die Menschen machtlos; Rechtsschutz durch unabhängige Gerichte war nicht vorgesehen[31].

Zur Vertiefung: Verwaltungsrechtsgeschichte ist auf dem Hintergrund der Verfassungsgeschichte zu studieren, daher sind z. B. heranzuziehen: *Dürig/Rudolf*, Texte zur deutschen Verfassungsgeschichte, 3. A. München 1996 (Verfassungstexte des 19. Jahrhunderts); *Menger*, Deutsche Verfassungsgeschichte der Neuzeit, 8. A. Heidelberg 1993 (guter Überblick); *Coing*, Epochen der Rechtsgeschichte in Deutschland, 4. A. München 1981 (behandelt Verfassungs- und Rechtsgeschichte im Zusammenhang, als Rundfunkserie besonders leicht verständlich); *Frotscher/Pieroth*, Verfassungsgeschichte, 5. A. 2005; *Huber*, Deutsche Verfassungsgeschichte seit 1789, 8 Bände Stuttgart 1957–1988 (umfassendes und tief gehendes Nachschlagewerk), dazu die ebenfalls von *Huber* zusammengestellten Dokumente zur deutschen Verfassungsgeschichte, 3 Bände Stuttgart 1961–1966. Materialreich ist auch der schon im Text erwähnte Sammelband von *Böckenförde* (unter Mitarbeit von *Wahl)*, Moderne deutsche Verfassungsgeschichte (1815–1914), 2. A. Köln 1981. Zum älteren Justizstaat und zum Absolutismus vgl. u. a. die grundlegenden Forschungen von *Brunner*, Land und Herrschaft, 5. A. Neudruck Darmstadt 1970.

Zur Entwicklung des öffentlichen Rechts: *Bullinger*, Öffentliches Recht und Privatrecht, 1968; *Stolleis*, Geschichte des öffentlichen Rechts in Deutschland, Bd. 1 1988, Bd. 2 1992,

---

[31] Wer sich diese vergangene Epoche noch einmal in Erinnerung rufen will, sei auf das offizielle Lehrbuch der ehemaligen „Führungsschmiede" der DDR, der Akademie für Staats- und Rechtswissenschaft Potsdam-Babelsberg verwiesen: Staatsrecht der DDR, 2. A. 1984; ferner das Lehrbuch Verwaltungsrecht, 1988; zur Überführung in das rechtsstaatliche Verwaltungsrechtssystem *Brachmann*, LKV 1991, 13; *König*, DÖV 1991, 177 ff.; *Stelkens*, DVBl. 1992, 248 ff., insbes. 253 f.

Bd. 3 1999. Materielle Fragen des historischen Verwaltungsrechts behandelt *Erichsen*, Verfassungs- und verwaltungsrechtsgeschichtliche Grundlagen der Lehre vom fehlerhaften belastenden Verwaltungsakt und seiner Aufhebung im Prozess, Frankfurt/M. 1971. Zur Prozessrechtsentwicklung vgl. u. a. *Rüfner*, Verwaltungsrechtsschutz in Preußen von 1749 bis 1842, Bonn 1962. Die Regierungs- und Verwaltungsreformen in Deutschland zu Beginn des 19. Jahrhunderts sind behandelt in der gleichnamigen Schrift von *Knemeyer*, Köln/Berlin 1970.

Einen internationalen Vergleich bietet das Werk von *Heyen* (Hrsg.), Geschichte der Verwaltungsrechtswissenschaft in Europa, Frankfurt/M. 1982. Von großer Bedeutung ist auch die Entwicklung eines nationenübergreifenden Verwaltungsrechts auf EG-Ebene; dazu die große Arbeit von *Schwarze*, Europäisches Verwaltungsrecht, 2. Aufl., Baden-Baden 2005.

4. Gesetzmäßigkeit der Verwaltung in der Geschichte

a) Von der Magna Charta zur französischen Revolution

500 Die Bindung der Verwaltung an das Gesetz ist als Postulat und erst recht als tatsächlich befolgtes Handlungsprinzip ziemlich jung. Sie ist das Ergebnis der politischen Entwicklung vom absolutistischen Polizeistaat zum bürgerlichen Verfassungsstaat (s. oben Rn. 483 ff.).

Die frühesten Formen einer Anbindung der Exekutive an Entscheidungen der Vertretungskörperschaften stellen das Verfassungsprinzip „*nullum crimen, nulla poena sine lege*" und der Vorbehalt der parlamentarischen *Steuerbewilligung* dar. Beide gehen sogar auf vorabsolutistische Verhältnisse zurück: der Schutz gegen willkürliche Strafen findet sich bereits in der Magna Charta Libertatum, die die englischen Barone dem König Johann ohne Land im Jahre 1215 abrangen. Dies geschah, der Zeit entsprechend, noch nicht durch „Gesetz", sondern durch eine vertragliche Abmachung. In der englischen Verfassungsentwicklung gab es seither eine ganze Reihe ähnlicher Verträge. Als Gesetzesvorbehalt kehrt das Verbot willkürlicher Bestrafung später in der „Bill of Rights" des nordamerikanischen Staates Virginia vom 12. Juni 1776 wieder:

„Kein Mensch kann seiner Freiheit beraubt werden außer aufgrund des Landesgesetzes oder des Urteilsspruches von seinesgleichen"[32].

Freiheitsverbürgungen finden sich auch in anderen Rechtsordnungen, so z. B. im mittelalterlichen Recht deutscher Städte[33].

501 Von nicht minder großer Bedeutung war der andere Vorläufer des demokratischen Gesetzesvorbehalts, das alte ständische Recht der Steuerbewilligung. Die Stände (d.h. die Vertretungen des Adels, der Städte und der Geistlichkeit), die jahrhundertelang die Herrschaft über das Land mit dem Fürsten teilten und sie ihm in vieler

---

32 Art. 8 a. E., Übersetzung nach *Hartung*, Die Entwicklung der Menschen- und Bürgerrechte von 1776 bis zur Gegenwart, 1972, S. 43.
33 Vgl. etwa *Holbeck*, Freiheitsrechte in Köln von 1396 bis 1513, in: Jahrbuch des Kölnischen Geschichtsvereins Band 41, 1967, S. 31 ff.

Beziehung mit Erfolg vorenthalten konnten, wehrten sich unter dem Motto „Nil de nobis sine nobis" (nichts kann von uns ohne unsere Mitwirkung verlangt werden) lange Zeit erfolgreich gegen einseitige Festsetzung der Steuerlast durch den Fürsten. Der Landesherr musste die Stände immer wieder um die Bewilligung außerordentlicher Abgaben bitten, weil seine ordentlichen Einkünfte (aus Regalien verschiedenster Art und land- und forstwirtschaftlicher Nutzung der Domänen) sehr häufig nicht ausreichten. Die ständischen Tagungen befassten sich deshalb vornehmlich mit der Bewilligung solcher „Steuern": „Landtag ist Geldtag"[34]. Die Form solcher Steuerbewilligung war nicht die des Gesetzes, aber inhaltlich gehen Steuergesetzgebung und Budgetbewilligung (Ausgabengenehmigung des Parlaments an die Exekutive) auf die Finanzgewalt der Stände zurück[35].

Ideengeschichtliche Wurzeln des Schutzes von „Freiheit und Eigentum" sind die naturrechtliche Lehre von den Menschenrechten, die Idee der Gewaltenteilung und das Prinzip der Volkssouveränität. Ein Bereich individueller Freiheit soll dem Einzelnen unentziehbar zustehen; zu dessen Garantie bedarf es einer Teilung (besser: Verteilung) der Gewalten, durch die verhindert wird, dass eine und dieselbe Instanz allgemeine Regeln erlässt und sie auch ausführt, und schließlich muss die dem Einzelnen „eingreifend" gegenübertretende Staatsgewalt letztlich auf den Willen des Volkes und damit eine fingierte Einwilligung aller Bürger zurückzuführen sein. Die damit angesprochene Lehre vom Gesellschaftsvertrag ist insbesondere in der Version von *John Locke* über die Verfassungen der amerikanischen Gliedstaaten in die Deklaration der Menschen- und Bürgerrechte und letztlich auch in die Verfassungen der deutschen konstitutionellen Monarchien eingeflossen. *Locke* hat bereits formuliert, dass der Staat dazu bestimmt sei, die Rechte, d. h. Leben, Freiheit und Eigentum der Menschen zu schützen, zu verteidigen und zu erhalten: „Government has no other end but the preservation of property", wobei „property" für „life, liberty and estates" oder auch für „liberty and property" steht[36]. **502**

Die angelsächsische Rechtsstaatsvorstellung ist vielfach auch in die Formel gekleidet worden, dass „nicht Menschen, sondern Gesetze herrschen" sollten (Art. XXX der Verfassung von Massachusetts von 1780). *Herbert Krüger* hat die noch älteren Wurzeln dieses Satzes aufgezeigt[37]. Klassische Formulierungen von Freiheitsbegriff und Gesetzesfunktion enthält die Erklärung der Menschen- und Bürgerrechte vom 17. August 1789 (übernommen in die französische Verfassung vom 3. September 1791), insbesondere Art. 4 bis 6: **503**

„Die Freiheit besteht darin, alles tun zu können, was einem anderen nicht schadet. Also hat die Ausübung der natürlichen Rechte jedes Menschen keine Grenzen als jene, die den übrigen Gliedern der Gesellschaft den Genuß dieser nämlichen Rechte sichern. Diese Grenzen können nur durch das Gesetz bestimmt werden.

---

34 *Jesch*, Gesetz und Verwaltung, 1968, S. 104, Anm. 8 m. w. N.
35 *Jesch*, a. a. O., S. 105 f.
36 *Jesch*, a. a. O., S. 118.
37 *Krüger*, Allgemeine Staatslehre, Stuttgart 1964, S. 277 ff.

Das Gesetz hat nur das Recht, solche Handlungen zu verbieten, die der Gesellschaft schädlich sind. Alles was durch das Gesetz nicht verboten ist, kann nicht verhindert werden, und niemand kann genötigt werden, zu tun, was das Gesetz nicht verordnet.

Das Gesetz ist der Ausdruck des allgemeinen Willens. Alle Staatsbürger sind befugt, zur Feststellung desselben persönlich oder durch ihre Repräsentanten mitzuwirken. Das soll für alle das gleiche sein, es mag beschützen oder bestrafen ..."

Diese grundlegenden Aussagen über die freiheitliche Funktion des Gesetzes werden ergänzt durch Art. 16:

„Jede Gesellschaft, in der weder die Garantie der Rechte zugesichert noch die Trennung der Gewalten festgelegt ist, hat keine Verfassung."[38]

b) Der Gesetzesbegriff des bürgerlichen Rechtsstaats

504 Zwei Momente kennzeichnen nach den neuzeitlichen rationalen Staatstheorien das Gesetz: seine *Allgemeinheit* und seine *Vernünftigkeit*[39]. Beide Momente sind aufeinander bezogen: das Gesetz wird durch seine Allgemeinheit zugleich „vernünftig", und es soll als Gesetz nur gelten, wenn es allgemeine Anerkennung wegen seiner Vernünftigkeit beansprucht. Dann kann und soll es *auf Dauer* gelten.

Wegen seiner Allgemeinheit kann das Gesetz nach dieser Ansicht auch als Mittel zur Herstellung von Freiheit und Gleichheit angesehen werden: Eine allgemeine Regelung muss immer auch die Situation des jeweils anderen berücksichtigen, muss also als *gegenseitige* soziale Schrankenziehung formuliert werden. Zugleich ist damit der Gewaltentrennung Rechnung getragen: die Einzelanordnung, die Durchführung des Gesetzes für Einzelfälle kann und soll der Exekutive überlassen bleiben; dort hat dann auch die Einzelfallgerechtigkeit ihren Ort.

505 Damit ist eine andere, insbesondere von *Hobbes* vertretene Ansicht abgelehnt, nämlich die, dass das Gesetz in erster Linie „nicht Rat, sondern Befehl; nicht Vernunft, sondern Wille" (auctoritas non veritas, voluntas non ratio) sei. Im absolutistischen Staat konnte diese Meinung, dass das Gesetz letztlich Dezision (Entscheidung) des „Souveräns" sei, noch vertreten werden. In dem Maße jedoch, wie die Souveränität des Fürsten durch Beteiligung der Volksvertretung eingeschränkt wurde (mag auch in der Idee die Souveränität beim Monarchen verblieben sein), musste die rationale Rechtfertigung des Gesetzes über die voluntaristische siegen.

Die gegen das „alte Regime" (*Tocqueville*) revoltierenden Gruppen erkämpften dem Bürgertum zuerst die Mitwirkung an der Rechtsetzung über die Parlamente; die Exekutive blieb der Befehlsgewalt der Fürsten unterworfen und war die Basis von deren weiterer Macht (Heer, Beamtentum, Bildungswesen). Mit Recht ist allerdings darauf hingewiesen worden, dass das Bürgertum – wenn auch von Land zu

---

38 Übersetzung von *Hartung*, a. a. O. (Fn. 32), S. 47 f.
39 Vgl. *Denninger*, Staatsrecht 1, S. 111 ff.

Land verschieden – auch in dem und durch das Beamtentum wirkte und damit auch die Exekutive nicht völlig der Direktion des Fürsten unterlag[40].

Die Produkte der Gesetzgebung richteten sich nicht nur an diejenigen, die schon bisher Rechtsunterworfene waren, die Staatsbürger und sonst auf dem Territorium lebenden Menschen; die Gesetze also regelten nicht nur die Beziehungen der Bürger (im weiteren Sinne) untereinander, sondern in gewissem Umfange auch das Verhältnis zwischen Staat und Bürgern, und diese Verrechtlichung brachte es zwangsläufig mit sich, dass auch der Repräsentant des Staates, der Fürst, mitsamt seiner Verwaltung in zunehmendem Maße dem parlamentarisch (mit-)beschlossenen Gesetzesrecht unterworfen wurde. Diese **Gesetzesunterworfenheit des Fürsten** wurde in um so höherem Maße möglich, je stärker eine **rechtliche Verselbständigung des Rechtssubjekts „Staat"** voranschritt, je mehr also der Monarch und sein „Hof" in der staatsrechtlichen Betrachtungsweise von dem abstrakten Rechtssubjekt „Staat" abgesondert wurde. 506

Die Tendenz dazu ist bereits im Preußischen Allgemeinen Landrecht von 1794 erkennbar, wo das „Oberhaupt des Staates" als Verfassungsorgan behandelt wird; die geistige Wurzel dieser Vorstellung dürfte u. a. in der Selbsteinschätzung des preußischen Königs (Friedrich II.) als „erster Diener seines Staates" zu suchen sein. Die Verfassungs-Urkunde für den Preußischen Staat vom 31. 1. 1850 stellt dann freilich wieder einen Rückschritt in dieser Entwicklung dar; dort ist „vom Könige" die Rede (Titel III), dessen Person als unverletzlich bezeichnet wird (Art. 43) und dem „allein" die vollziehende Gewalt zusteht (Art. 45 Satz 1), der den Oberbefehl über das Heer führt und zahlreiche andere Rechte in seiner Person vereinigt – es dürfte kein Zufall sein, dass hier in besonderer Weise auf die „Person des Königs" abgestellt ist. 507

Mittelbar übte das im Parlament vorherrschende Bürgertum aber auch nach dieser Verfassung Einfluss auf die Exekutive aus, da die Einschränkungen der persönlichen Freiheit einer gesetzlichen Regelung vorbehalten waren (Titel II Art. 3 ff.). Eine gesetzliche Regelung war in gewissem Umfang auch für die politisch besonders bedeutsamen Fragen der Heeresverfassung (Art. 34 bis 39) und des Schulwesens (Art. 21 ff., insbesondere Art. 26) vorgesehen. Nicht alle Verfassungsgebote zur gesetzlichen Regelung von Sachkomplexen wurden jedoch ausgeführt; so wurde noch 1906 der Art. 26 dahin geändert, dass zwar der Gesetzgebungsauftrag für das Schul- und Unterrichtswesen bestätigt, gleichzeitig aber bestimmt wurde, dass es „bis zu anderweiter gesetzlicher Regelung" „bei dem geltenden Rechte" verbleiben solle.

Der strafrechtliche Gesetzesvorbehalt bedeutete für die kontinentaleuropäische Monarchie den Ausschluss der „Kabinettsjustiz", wie sie auch von aufgeklärten Monarchen bis gegen Ende des 18. Jahrhunderts geübt wurde. Verboten wurde auch die Analogie zu Lasten des Angeklagten, so dass die neueren Strafgesetzbücher, weil nur sie den Kreis der strafrechtlich zu sanktionierenden Taten umschrieben, zur „Magna Charta des Verbrechers" erklärt werden konnten[41].

---

40 *Krüger*, Allgemeine Staatslehre, 1966, S. 345 f.; *Vogel*, Gesetzgeber und Verwaltung, VVDStRL 24, 1966, S. 136, im Anschluss an *Koselleck*, Staat und Gesellschaft in Preußen 1815–1848, in: Staat und Gesellschaft im deutschen Vormärz, hrsg. v. *Conze*, 1962, S. 79 ff., 87 ff.; vgl. a. *ders.*, Preußen zwischen Reform und Revolution, 1967; *Kehr*, Zur Genesis der preußischen Bürokratie und des Rechtsstaates, in: *ders.*, Der Primat der Innenpolitik, 1965, S. 38-54.
41 *Von Liszt*, Zeitschrift für die gesamte Strafrechtswissenschaft Bd. VIII, S. 357, zitiert von *Jesch*, Gesetz und Verwaltung, 2. Aufl. 1968, S. 103.

c) Gesetzmäßigkeit der Verwaltung in der konstitutionellen Monarchie

508 Als allgemeines Prinzip erscheint die „Gesetzmäßigkeit der Verwaltung" erst in der konstitutionellen Monarchie. Die Verfassungen der deutschen Staaten aus der ersten Hälfte des 19. Jahrhunderts enthalten zum Teil noch die speziellen Gesetzesvorbehalte strafrechtlicher und steuerrechtlicher Art, daneben aber nunmehr auch einen „**Allgemeinvorbehalt**" des Gesetzes für alle „Eingriffe" in „Freiheit und Eigentum"[42].

Unter dem Einfluss des Freiherrn vom *Stein* wurde die „Freiheit und Eigentum"-Klausel zuerst in das Nassauische Verfassungspatent vom 1./2. 9. 1814 aufgenommen, wo der Herzog erklärte, „dass wir die Sicherheit des Eigentums und der persönlichen Freiheit unter die mitwirkende Gewährleistung unserer Landstände stellen. Überdies sollen wichtige, das Eigentum, die persönliche Freiheit und die Verfassung betreffende, neue Landesgesetze nicht ohne den Rat und die Zustimmung der Landstände eingeführt werden."[43]

In Titel VII § 2 der Bayerischen Verfassung von 1818 heißt es:

„Ohne den Beirat und die Zustimmung der Stände des Königreichs kann kein allgemeines neues Gesetz, welches die Freiheit der Personen oder das Eigentum der Staatsangehörigen betrifft, erlassen, noch ein schon bestehendes abgeändert, authentisch erläutert oder aufgehoben werden."

Der so formulierte Gesetzesvorbehalt findet sich in weiteren Verfassungen zum Teil im Grundrechtsteil, zum Teil bei der Regelung der parlamentarischen Mitwirkung an der Gesetzgebung, zum Teil auch in beiden Zusammenhängen.

509 Es liegt auf der Hand, dass die Abgrenzung der Bereiche, die dem Vorbehalt des Gesetzes unterliegen sollten, von den **gesetzesfreien Bereichen** der Staatstätigkeit eine eminente politische Bedeutung hatte. Denn die Gesetze, die nun „herrschen" sollten, mussten ja erst einmal „gemacht" werden; die neue Staatsauffassung ließ die Berufung auf Naturrecht oder „die Natur der Sache", auf eine irgendwie geoffenbarte Ordnung und letztlich auch auf Gewohnheitsrecht nicht mehr zu, sondern verlangte die bewusste, verfahrensmäßig geordnete „Setzung" (ältere Form: „Satzung") von Recht, „positivem" Recht. Diejenigen, die zur Rechtssetzung zuständig waren, übten faktisch – wenn auch durch Vermittlung der von ihnen geschaffenen Gesetze – Herrschaft aus. Wie weit sich diese Herrschaft erstreckte, das ergab sich aus dem Umfang des Vorbehalts des Gesetzes. Deshalb muss der Blick auch auf die *gesetzgebende Gewalt* gerichtet werden. Die Art und Weise ihres Zustandekommens und ihrer Mitwirkung an der Gesetzgebung gibt Auskunft über die Machtstrukturen der konstitutionellen Monarchie (lesen Sie dazu die entsprechenden Bestimmungen der Preußischen Verfassung von 1850, insbesondere auch diejenigen über das Wahlsystem[44]).

510 Wo der Vorbehalt des Gesetzes nicht galt, hatte die Exekutive ein *selbstständiges Verordnungsrecht*. Sie konnte also Anordnungen treffen, die nach heutigem Ver-

---

[42] Ausführlich zu den Einzelheiten der Verfassungsentwicklung *Jesch*, a. a. O. (Fn. 34), S. 110 ff. und 117 ff.
[43] Nach *Jesch*, a. a. O., S. 124.
[44] Z. B. in der Sammlung *Dürig/Rudolf*, Texte zur deutschen Verfassungsgeschichte, 3. A. 1996.

ständnis Rechtssätze waren, ohne dass eine Ermächtigung durch ein Gesetz vorlag. Dies betraf insbesondere die Verwaltungsorganisation (für die die Notwendigkeit einer gesetzlichen Regelung auch heute noch umstritten ist, s. oben Rn. 194 f. und 394) und die Heeresverfassung (politisch besonders wichtig). Auf der Vorstellung solcher „Freiräume der Exekutive", in die die gesetzgebende Gewalt nicht „hineinregieren" konnte, beruht auch die Rechtsfigur des „besonderen Gewaltverhältnisses", die bis in die jüngste Zeit hinein für einige Verwaltungsbereiche Bedeutung hatte (vgl. Rn. 186 ff., 289 und 880 ff.).

d) Gesetz im formellen und im materiellen Sinne

511 Neben den bisher behandelten Gesetzesbegriff trat in der Staatsrechtslehre gegen Ende des Jahrhunderts ein zweiter, der des *Gesetzes im formellen Sinne*. Dabei wird an die Entstehungsweise des Gesetzes statt an seinen Inhalt angeknüpft. Ausgangspunkt war die Feststellung, dass das Parlament tatsächlich auch Gesetze erließ, die nicht zu Eingriffen in Freiheit und Eigentum ermächtigten und auch nicht in dem dargestellten Sinne „allgemein" waren. Insbesondere die *Haushaltsgesetze* wurden als eine solche Ausnahme von der „eigentlichen" Kompetenzverteilung zwischen Parlament und Exekutive angesehen; sie wurden als „bloß" formelle Gesetze betrachtet[45]. Der Erlass des Haushaltsplanes gehörte nach dieser Ansicht nicht dem Bereich der materiellen Gesetzgebung an und damit auch nicht zur „naturgegebenen" Zuständigkeit des Parlamentes. Diese historisch unzutreffende Ansicht (die insbesondere von *Laband*, einem der prominentesten Staatsrechtslehrer des Bismarck-Reiches, vertreten wurde) geht auf den *preußischen Budget-Konflikt* und seinen Abschluss zurück.

Dieser Konflikt war dadurch entstanden, dass der preußische Landtag im Jahre 1862 die von König und Regierung geplante Heeresreform ablehnte und die Mittel dafür zunächst nur provisorisch bewilligte und später ganz verweigerte. Die Regierung unter Bismarck führte ihre Pläne ohne ordnungsmäßig beschlossenes Budget gleichwohl durch – was ein eindeutiger Verstoß gegen die Verfassung war, von Bismarck jedoch mit der Behauptung gerechtfertigt wurde, die Verfassung enthalte hier eine Lücke. Nach den militärischen Siegen gegen Dänemark und Österreich ließ Bismarck die Handlungsweise der Regierung nachträglich durch ein „Indemnitätsgesetz" genehmigen.

512 Die „*dualistische Gesetzesdoktrin*" war der konstitutionellen Monarchie „auf den Leib geschrieben" (*Jesch*). Sie wurde schon zur Zeit ihrer Entstehung von einer Minderheit in der Staatsrechtslehre entschieden bekämpft[46]. Erst recht ist die dualistische Gesetzestheorie mit dem geltenden Verfassungsrecht unvereinbar[47]. Ausgangspunkt von Überlegungen zur aktuellen Verfassungslage muss „der Gesetzesbegriff des Grundgesetzes" oder besser müssen die möglicherweise unterschiedlich zu interpretierenden Gesetzesbegriffe des Grundgesetzes sein[48].

---

45 Vgl. *Jesch*, a. a. O., S. 20 ff.
46 *Haenel*, Das Gesetz im formellen und materiellen Sinne, 1888 (Nachdruck 1968).
47 *Hesse*, Grundzüge des Verfassungsrechts der Bundesrepublik Deutschland, 20. Aufl. 1995, Rn. 506.
48 Vgl. *Hesse*, Rn. 507.

Zur Vertiefung: *Böckenförde*, Gesetz und gesetzgebende Gewalt, Berlin 1981 und *ders.*, Der Verfassungstyp der deutschen konstitutionellen Monarchie im 19. Jahrhundert, in: *ders.* (Hrsg.), Moderne deutsche Verfassungsgeschichte (1815–1918), 1972, S. 146 ff., 156 f.

5. Die Veränderungen der Gewaltenteilung

513   Heute sind Parlament und Verwaltung nicht mehr Repräsentanten verschiedener Machtgruppen, die sich „antagonistisch" gegenüberstehen, sondern sie repräsentieren beide das sich durch sie selbst bestimmende Volk. Da Parlament *und* Verwaltung demokratisch legitimiert sind, stellt sich die Abgrenzung zwischen ihnen heute anders dar als zu den Zeiten, da das Ziel der Verfassungskonstruktion in der Stabilisierung eines Gleichgewichts widerstreitender, unterschiedlich legitimierter Kräfte gesehen werden musste.

Das Parlament gilt wegen seiner Entstehung aus der Wahlentscheidung der Bürger als besser legitimiert; seine Beschlüsse genießen den höheren Rang. Dass die anderen, nur *mittelbar* demokratisch legitimierten staatlichen Instanzen nicht gegen Entscheidungen der Volksvertretung verstoßen dürfen, dass sie sich in all ihren Äußerungen und Handlungen im Rahmen dessen halten müssen, was diese beschlossen hat, erscheint daher als selbstverständlich.

Der gedankliche Ansatz der Gewaltenteilung und gegenseitigen Gewaltenkontrolle, den man im bürgerlichen Rechtsstaat an der gegenseitigen Beeinflussung von Parlament und Verwaltung festmachen konnte, gerät heute noch aus einem anderen Grunde in die Gefahr, relativiert zu werden, nämlich aus dem der *strukturellen Gleichheit von Parlament und Verwaltung* wegen der Rekrutierung aus Vertretern der politischen Parteien. Wenn dieselben politischen Gruppierungen im Parlament, in der Regierung und in den Spitzenstellen der Verwaltung vertreten sind, kann die gegenseitige Kontrolle nicht so intensiv sein, wie wenn verschiedene soziale Gruppen sich beobachten. Die Aufgabe der Kontrolle der Exekutive fällt daher heute in besonderem Maße der parlamentarischen *Opposition* zu; freilich ist zweifelhaft, inwieweit diese die früheren Parlamentsfunktionen effektiv übernehmen kann.

514   Der Machtzuwachs des Parlaments seit dem Übergang zum parlamentarischen Regierungssystem hat bereits in der Weimarer Zeit zu Abwehrtendenzen geführt. Maßnahmen der sozialen Umgestaltung in Gesetzesform wurden als Beeinträchtigung des Eigentums angefochten, und die Gerichte billigten sich selbst ein Recht zur Überprüfung von Gesetzen am Maßstab der Verfassung zu, das bis dahin nicht anerkannt war (s. o. Rn. 494). Die damalige Kontroverse ist durch das Grundgesetz im Sinne eines umfassenden richterlichen Prüfungsrechts entschieden; die damals dagegen geäußerten Bedenken sind gelegentlich, ausgelöst durch umstrittene Entscheidungen des Bundesverfassungsgerichts, wieder neu belebt worden. Die Erfahrungen mit einem totalitären Gesetzgeber unter dem NS-Regime und der Vergleich mit der Gewaltenkonzentration in den „sozialistischen" Staaten lassen jedoch die Entscheidung für eine eindeutige Übermacht der Volksvertretung nicht mehr zu. Es entspricht heute dem Grundkonsens der herrschenden politischen Gruppen, dass eine **gegenseitige Hemmung bei der Machtausübung** erforderlich ist, dass also auch die Befugnisse des Parlaments ihre verfassungsmäßigen Grenzen haben, wobei der Akzent – anders als in der Frühzeit der Gewaltenteilungslehre – mehr auf der

richterlichen Kontrolle als auf der Unterscheidung von Gesetzgebung und Gesetzesausführung liegt. Das Grundgesetz enthält aber auch rechtliche Sicherungen dagegen, dass das Parlament in wesentlichem Maße andere als gesetzgeberische Funktionen wahrnimmt, dass es sich also in die Vollziehung der Gesetze und andere Verwaltungsaktivitäten einmengt (von der – in der Regel nachgehenden – Kontrolle abgesehen).

Hier ist insbesondere Art. 19 Abs. 1 Satz 1 GG zu nennen, wonach Grundrechte nur durch *allgemeine* Regelungen eingeschränkt werden dürfen, grundrechtsbeeinträchtigende **Einzelfallgesetze** also verboten sind. Dieses Verbot ist auch gerichtlich durchsetzbar; im Wege der Verfassungsbeschwerde kann jede Beeinträchtigung der allgemeinen Handlungsfreiheit nach Art. 2 Abs. 1 GG[49] und jede Verletzung des Gleichheitssatzes vor das Verfassungsgericht gebracht werden. Allerdings ist die verfassungsgerichtliche Sperre gegenüber Einzelakten des Parlaments durchlässig, weil das Bundesverfassungsgericht zwar auch getarnte Einzelfallgesetze missbilligt, dem Gesetzgeber aber Formulierungen erlaubt, die sich in ihrer Wirkung davon kaum unterscheiden (dazu sogleich mehr).

515

Das Demokratieprinzip könnte dafür sprechen, dass *jegliches* Handeln staatlicher Organe durch eine vom Parlament beschlossene gesetzliche Regelung legitimiert sein muss. Eine solche Lehre vom „Totalvorbehalt" des Gesetzes wäre aber nicht durchhaltbar. Es muss schon um der Gewaltentrennung willen Entscheidungsalternativen für die Verwaltung geben – so fragwürdig der Begriff des „Verwaltungsvorbehalts" auch ist[50].

516

Die Verwaltung könnte auch bei explosionsartig gesteigerter Gesetzgebung nicht lückenlos „an die Leine gelegt" werden, und zwar schon deshalb nicht, weil Verwaltung niemals ausschließlich Ausführung von Gesetzen war und ist. Vielmehr ist zwischen solchen Verwaltungstätigkeiten zu unterscheiden, bei denen Gesetze zu *vollziehen* sind, und solchen, bei denen Gesetze (nur) zu *beachten* (zu befolgen) sind[51].

Das Parlament wäre überdies überlastet, wenn es sich regelmäßig um die laufenden Verwaltungsgeschäfte kümmern wollte; es kann dies aus Zeitgründen und wegen seiner Struktur nur gelegentlich, aus besonderem Anlass tun. Tatsächlich ist ja die Exekutive auch in weitem Umfang bei der Vorbereitung von Gesetzgebung tätig, in der überwiegenden Zahl der Fälle sogar initiativ. In der Gesetzgebungslehre nimmt also auch die Exekutive einen bedeutenden Platz ein. Die untergesetzliche Rechtsetzung durch die Verwaltung gehört sogar zum üblichen Programm der Verwaltungsrechtslehre.

517

Im demokratischen Rechtsstaat des Grundgesetzes gilt für die Abgrenzung zwischen notwendig „legislativen" und zugelassenen „exekutiven" Regelungen die Wesentlichkeitstheorie des BVerfG: Alle wesentlichen, insbesondere die für die Verwirklichung von Grundrechten bedeutsamen Entscheidungen bedürfen der Grundlage eines förmlichen Gesetzes (Einzelheiten in § 5, Rn. 170 ff.).

518

---

49 Lesen Sie dazu das Elfes-Urteil BVerfGE 6, 32.
50 Dazu *Maurer* und *Schnapp*, VVDStRL 43, 1985, 135 ff., 172 ff.
51 Vgl. *Püttner*, Allgemeines Verwaltungsrecht, S. 44 ff.

§ 14 *Geschichte der Verwaltung und des Verwaltungsrechts*

6. Zum Wandel des Gesetzesbegriffs

a) Der neue Gesetzestyp

519 Im liberalen Rechtsstaat war mit dem Begriff „Gesetz" die Vorstellung „des prinzipiellen Charakters, der Dauer und der Gerechtigkeit einer ein für alle Mal getroffenen Regelung" verbunden, die sich von dem (einmaligen, auf eine aktuelle Situation bezogenen) „Befehl" und der „Einzelmaßnahme" unterschied. „Typisches" Gesetz war die groß angelegte Kodifikation; man denke an die Bürgerlichen Gesetzbücher (Frankreich 1804, Österreich 1811, schließlich auch Deutschland 1896/1900); andere Gesetze sollten jedenfalls die vorhandene Rechtsordnung weiterbilden.

520 Mit der zunehmenden Einflussnahme des Staates auf die Gesellschaft verlor das Gesetz in wichtigen Bereichen diesen seinen „Ewigkeits"-Charakter, wurde es vielfach zum Instrument, mit dem akute Krisen bewältigt und kurz- oder mittelfristige Regeln festgelegt wurden. Gesetze waren nunmehr, so schien es, nicht mehr notwendigerweise „allgemein" (und damit „vernünftig"), sondern betrafen bestimmte oder doch leicht bestimmbare Fälle, manchmal nur wenige Einzelfälle. Der „klassische" Gesetzesbegriff geriet ins Wanken.

Beispiele für den neuen Gesetzestyp bilden:
- *Wirtschaftslenkungsgesetze*, die nur einen bestimmten Teil der Wirtschaft betreffen (belasten), um einen speziellen strukturpolitischen Zweck zu erzielen (z. B. „Kohlepfennig"[52], „Leberpfennig", „Rheinstahl"-Mitbestimmungs-Verlängerung[53]).
- *gesetzliche Enteignung* nach Art. 14 Abs. 3 GG (ein einzelnes Grundstück oder eine eindeutig feststehende Menge von Grundstücken wird durch ein Gesetz für öffentliche Zwecke enteignet), auch im Rahmen der Planung großer Vorhaben.
- *Amnestie-Gesetze*, die (trotz generell-abstrakter Formulierung) Straflosigkeit nur einer bestimmten Tätergruppe bezwecken (dieser Fall – „Lex Platow" – war Anlass einer verfassungsrechtlichen Auseinandersetzung[54]).

521 Diese „Gesetze neueren Typs" sind in der Literatur zunächst kritisiert worden. *Forsthoff* hat für sie den Begriff „Maßnahmegesetze" geprägt[55]. Weil Gesetze „allgemein" gefasst sein müssten, seien solche auf Einzelfälle bezogenen Gesetze verfassungswidrig. Anders ausgedrückt: Dem Gesetzgeber steht nach dieser Ansicht nur die Schaffung allgemeiner Gesetze zu; Einzelfälle sollen – im Rahmen der Gesetze – von der Exekutive geregelt werden. Trifft diese Auffassung zu? Dazu sind insbesondere Art. 3 und Art. 19 Abs. 1 S. 1 GG zu untersuchen.

---

52 Diese Sonderabgabe war nach BVerfGE 91, 186 verfassungswidrig, weil nicht mit der Finanzverfassung des Grundgesetzes vereinbar.
53 Dazu BVerfGE 25, 371.
54 BVerfGE 10, 244.
55 *Forsthoff*, Über Maßnahme-Gesetze, in: Forschungen und Berichte aus dem öffentlichen Recht, Gedächtnisschrift für Jellinek, 1955, S. 221-236.

b) Bedeutung von Art. 3 und 19 Abs. 1 S. 1 GG

Im Grundgesetz gibt es Anhaltspunkte für diese Ansicht in den Artikeln 3 und 19 Abs. 1 S. 1. „Individualgesetze", in denen Grundrechte eingeschränkt werden, sind verboten.

522

Beispiel: Ein Gesetz, das die wirtschaftliche Betätigung von Mitgliedern der „Familie Krupp" (Flick, Sachs ...) beschränken wollte, würde gegen Art. 19 Abs. 1 S. 1 GG verstoßen.

Aber: Für eine gesetzliche *Enteignung* gilt diese Bestimmung nach der Rechtsprechung des BVerfG *nicht*[56].

Der Gesetzgeber könnte versuchen, das Verbot von Individualgesetzen durch eine generelle Fassung des Textes zu umgehen, die in Wahrheit nur auf einen, eben den gewollten Fall passt (*„getarntes Individualgesetz"*). „Doch dürfte kaum jemals ein Gesetz aus diesen Gründen für nichtig erklärt werden, weil die Rechtsprechung das Vorliegen eines allgemeinen Rechtssatzes immer schon dann bejaht, wenn es auch nur denkmöglich ist, dass die Rechtsfolge nicht nur ein einziges Mal eintritt, sondern dass eine unbestimmte Mehrzahl von Fällen auftritt."[57]

523

Beispiele:
– Das Ladenschlussgesetz bestimmt in § 8 Abs. 3, dass *Bahnhofsapotheken* – anders als sonstige Ladengeschäfte auf Bahnhöfen – keine längeren Öffnungszeiten als andere Apotheken haben dürfen. Ein Verstoß gegen Art. 19 Abs. 1 S. 1 GG wird vom BVerfG verneint, obwohl der Gesetzgeber beim Erlass dieses Gesetzes davon ausging, dass nur ein einziger Fall davon betroffen war! Es genügt dem Gericht, dass auch solche Bahnhofsapotheken betroffen waren, die künftig gegründet würden[58].
– Das oben schon erwähnte *Amnestiegesetz* „Lex Platow", das hauptsächlich eine Reihe von Bediensteten aus Bundesministerien straflos stellte, war sogar in der Absicht erlassen, „vorwiegend bestimmte Einzelfälle zu treffen". Gleichwohl erkannte das BVerfG es für verfassungsmäßig, weil das Gesetz die Fähigkeit hatte, noch unbestimmt viele weitere Sachverhalte zu erfassen[59].

Unter diesen Einschränkungen kommt der Schutzfunktion des Art. 19 Abs. 1 GG nur noch minimale Bedeutung zu[60]. – Keinesfalls kann nach dieser Rechtsprechung noch gesagt werden, „Maßnahmegesetze" seien generell verboten. Dieser Begriff ist vielmehr verfassungsrechtlich irrelevant[61]. Die Theorie vom Maßnahmegesetz bleibt auf eine soziologisch beachtliche, aber rechtlich unerhebliche Klassifizierung beschränkt[62]. Oder positiv ausgedrückt: Der Typus des Maßnahmegesetzes ist heute ein unentbehrliches Regelungskonzept (*Denninger*). Es ist „die sozialstaatliche Form des rechtsstaatlichen Gesetzesbegriffs"[63].

524

---

56 BVerfGE 24, 367, 396 – Hamburger Deichgesetz; E 95, 1, 26 – Südumfahrung Stendal.
57 *Denninger*, Staatsrecht 1, S. 119.
58 BVerfGE 13, 225 ff.
59 BVerfGE 10, 244 ff.
60 *Denninger*, a. a. O.
61 BVerfGE 25, 371, 396 – Rheinstahl-Urteil.
62 *Scheuner*, DÖV 1969, 590.
63 *Huber*, Maßnahmegesetz und Rechtsgesetz, 1963, S. 182.

c) Planungsgesetze

525 Sowohl das „klassische" Ordnungsgesetz als auch das „sozialstaatliche" Maßnahmegesetz werden von der Verwaltung durch Gebote und Verbote, Erlaubnisse, Beitreibung und Leistung von Zahlungen sowie andere Formen konkreter Entscheidung und Dienstleistung vollzogen. Daneben aber haben sich Gesetzestypen entwickelt, die nicht oder noch nicht in gleicher Weise vollziehbar sind, sondern weiterer Konkretisierung bedürfen: die *Programm- und Planungsgesetze*, die dazu dienen, Zielvorstellungen für die künftige Entwicklung der sozialen, wirtschaftlichen und kulturellen Verhältnisse eines Raumes festzuschreiben und deren Verwirklichung in die Wege zu leiten.

526 Eine Besonderheit dieser Gesetze ist auch, dass sie ständig an veränderte Verhältnisse *angepasst* werden müssen, soweit sie konkrete (raumbezogene) Zielvorstellungen enthalten. *Denninger*[64] spricht hier von „kybernetischen Regelelementen" der Strukturplanungsgesetze; er sieht dies in noch höherem Grade als Charakteristika der *Systemsteuerungsgesetze* (Gesetz zur Förderung der Stabilität und des Wachstums der Wirtschaft v. 8. 6. 1967) und des Europäischen Gemeinschaftsrechts.

Diese Gesetze und Verträge bezwecken die dauerhafte Stabilisierung einer „Ordnung", die aber nicht als statischer Rahmen für willkürliche Aktivitäten der Bürger begriffen wird, sondern als „ein Systemgleichgewicht interdependenter Zielsetzungen, die in ihrer Verwirklichung einander tendenziell ausschließen können"[65]. Im Stabilitäts- und Wachstumsgesetz ist dies das „gesamtwirtschaftliche Gleichgewicht", resultierend aus gleichzeitiger Stabilität des Preisniveaus, hohem Beschäftigungsstand, außenwirtschaftlichem Gleichgewicht und stetigem und angemessenem Wachstum. Eine Reihe von speziellen Maßnahme-Befugnissen soll dieses Zielbündel erreichen helfen. Angesichts der seitdem erfahrenen Wirtschaftskrisen ist überdeutlich, dass der Gesetzgeber hier mehr versprochen hat als er (oder irgendjemand?) halten konnte.

Mit der praktischen Vernachlässigung der wirtschaftlichen Instrumente dieses Gesetzes ist auch das wissenschaftliche Interesse daran zurückgegangen.

Zu den Ausgangsfragen:

527 1. „Polizeistaat" war historisch der wohlgeordnete, fürsorgliche Staat im Zeitalter des Absolutismus und bis ins 19. Jahrhundert hinein. Die exzessive Ausübung repressiver Gewalt ist erst später als bezeichnend für einen bestimmten Staatstyp verwandt worden. Vgl. Rn. 483.

2. Der Satz macht auf die Bedeutung des Steuerbewilligungsrechts der Stände aufmerksam. Der Fürst musste den Landtag einberufen, wenn er Geld brauchte. Vgl. Rn. 501.

3. In den Verfassungen deutscher Staaten zu Beginn des 19. Jahrhunderts. Vgl. Rn. 508.

4. Aus ihrer Zuordnung zu den „Freiräumen der Exekutive". Vgl. Rn. 510 m. w. N.

---

64 *Denninger*, Staatsrecht 1, S. 121.
65 *Denninger*, a. a. O., S. 120.

5. Der „bürgerliche" Rechtsstaat zeichnete sich im Gegensatz zur absoluten Monarchie durch die Bindung der staatlichen Gewalt an eine Verfassung und die Beteiligung des Parlaments an der Gesetzgebung aus; er schützte die Rechte des Einzelnen, insbesondere das Eigentum, gegen willkürlichen staatlichen Zugriff, indem er diesen von der Ermächtigung durch Gesetz abhängig machte. Vgl. insofern Rn. 504 ff. Der „soziale" Rechtsstaat hat die Aufgabe, für eine gerechte Sozialordnung zu sorgen (s. oben Rn. 347 und 360). Er muss zumindest die Existenz seiner Einwohner sichern, also die Infrastruktur und ein Mindestmaß an Sozialleistungen, Bildung, Gesundheit und Kultur gewährleisten. Dazu hat er die Befugnis, – im Rahmen des verfassungsmäßig gewährleisteten Grundrechtsschutzes und gegen Entschädigung – auch in die Eigentumsverhältnisse einzugreifen. Das Gesetz hat dabei eine andere Funktion als vorher (Rn. 519 ff.).

§ 15 Methodik der Rechtsanwendung

Ausgangsfälle:

1. In der Geschäftsordnung eines Landtages heißt es, dass jede Fraktion Anspruch auf Vertretung in jedem von dem Landtag eingesetzten Gremium hat. Als nunmehr eine von den anderen Parteien als extremistisch angesehene Partei in Fraktionsstärke in den Landtag gewählt wird, will diese auch in dem Ausschuss zur Kontrolle des Verfassungsschutzes vertreten sein. Die anderen Fraktionen erklären jedoch, so sei die Bestimmung der Geschäftsordnung nicht gemeint gewesen; nach ihrem Sinn gehörten diejenigen Organisationen, die vom Verfassungsschutz beobachtet würden, gerade nicht in das Kontrollgremium.

2. Im ersten Abhör-Urteil des BVerfG heißt es: „Es kann nicht der Sinn der Verfassung sein, zwar den verfassungsmäßigen obersten Organen im Staat eine Aufgabe zu stellen und für diesen Zweck ein besonderes Amt vorzusehen, aber den verfassungsmäßigen Organen und dem Amt die Mittel vorzuenthalten, die zur Erfüllung ihres Verfassungsauftrags nötig sind" (BVerfGE 30, 1, 20). Welche Bedeutung kann diese Argumentation haben?

3. Nach einer Bestimmung des hessischen Landesrechts konnten Beamte als Teilzeitbeschäftigte eingestellt werden; man wollte damit mehr Nachwuchskräften eine Einstellungschance geben. Das BVerwG hat in dieser zwangsweisen Einstellungsteilzeit einen Verstoß gegen hergebrachte Grundsätze des Berufsbeamtentums gesehen (BVerwGE 110, 363), die Sache aber nicht gemäß Art. 100 Abs. 1 GG dem BVerfG vorgelegt, sondern sie „verfassungskonform" so ausgelegt, dass die Bewerber die freie Wahl zwischen voller Beschäftigung und Teilzeitarbeit haben müssen. Ist dieses Vorgehen mit den Grundsätzen der verfassungskonformen Auslegung vereinbar?

(Lösungshinweise in Rn. 555)

1. Zur Funktion juristischer Methodenlehre

528 „Jede Rechtsnorm gewinnt erst durch die Art ihrer Anwendung Leben und Wirklichkeit. Das gilt ganz besonders von Verwaltungsgesetzen, da für ihre Ausführung mehr oder minder weitgehende, aber praktisch meist sehr dehnbare Ermessensklauseln gegeben sind, deren Anwendung auch eine noch so intensive Aufsicht nicht überwachen kann." Was *Lassar*[1] hier unter dem Aspekt der Reichsaufsicht über die Länderverwaltung bemerkt hat, gilt generell: wer nur den Text der Rechtsnormen kennt, weiß noch lange nicht, welche Wirkungen sie in der Praxis entfalten werden.

529 Die *Rechtssoziologie* lehrt, welche Bedeutung soziale Herkunft, Vorverständnis und Interessen der Rechtsanwender für die Rechtspraxis haben. Eine Meinung geht dahin, dass letztlich nur die soziale Lage und das (politische) Bewusstsein des jeweiligen Rechtspraktikers seine Entscheidungen bestimmen; juristische Argumentation diene nicht der *„Herstellung"*, sondern nur der *Darstellung* anders zustande gekommener Entscheidungen und der Überzeugung oder Überredung anderer. Die extreme Gegenposition besteht darin, solche Zusammenhänge ganz zu leugnen und die Vorstellung von der vollständigen Gesetzesbindung der Rechtsanwender als Realität auszugeben. Beide Extreme sind falsch. Eine – wenn auch komplizierte, vielfach vermittelte – Abhängigkeit der Entscheidung von der Person des Entscheiders ist gegeben, und es ist nicht einmal wünschenswert, dass sie fehlt; denn die Arbeit des Verwaltungsbediensteten gewinnt dadurch an Selbstständigkeit und Verantwortbarkeit. Es auch richtig, dass die angegebenen Gründe einer Entscheidung nicht immer die wirklich maßgeblichen sind. Andererseits sind viele Rechtsnormen hinreichend eindeutig und ihre faktische Geltung durch verwaltungsinterne Kontrollmechanismen (s. oben Rn. 389 ff. und Rn. 407) ist so weit gesichert, dass ein „Ausbrechen" einzelner Organwalter eher die Ausnahme darstellt (z. B. in weiten Bereichen der Steuer-, Beitrags- und Gebührenfestsetzung). Auf manchen Gebieten und bei manchen Rechtsnormen wiederum ist die Gestaltungsfreiheit der Verwaltung insgesamt oder des einzelnen Organwalters größer (so u. a. bei der Bauleitplanung und den verschiedenen Fachplanungen); diese Stellen der Verwaltungsrechtsordnung verdienen besonderes Interesse.

530 Freilich kann die rechtssoziologische Betrachtung hier nicht fortgesetzt werden. So lehrreich es gerade für den Rechtspraktiker ist, die Rechtswirklichkeit wissenschaftlich zu untersuchen, so darf darüber nicht die Aufgabe vergessen werden, Orientierungen für die künftige Arbeit zu gewinnen. Die Fragen, die hier – aus starkem praktischen Interesse heraus – zu beantworten sind, lauten also: Wie wende ich das Recht „richtig" an? Wie vermeide ich es insbesondere, *Ideologien* (also Rechtfertigungsstrategien zur Durchsetzung bestimmter Interessen, die gerade nicht durch den betreffenden Normenkomplex geschützt werden sollen) zum Opfer zu fallen? Als Unterfragen gehören dazu: Welche *Regeln methodisch richtigen Umgangs mit Rechtsnormen* des Verwaltungsrechts lassen sich formulieren? Wie „stellt" man Entscheidungen verfassungs- und gesetzestreu „her", statt sie bloß „darzustellen"?

---

[1] JöR 14, 1, 23.

Juristische Methodenlehre wird hier also als *praktische*, handlungsanleitende Wissenschaft verstanden, die zum Ziele hat, die Bindung des Rechtsanwenders an Gesetz und Recht zu sichern oder zumindest zu fördern. Ob sie damit in strengem Sinne wirklich **„Wissenschaft" oder „nur Kunstlehre"** ist, das braucht – weil bloß von akademischem Interesse – nicht untersucht zu werden. Entscheidend ist, dass man mit Gewissenhaftigkeit, Sorgfalt und Gründlichkeit nach Antworten sucht.

2. Zum Stand der juristischen Methodenlehre

Während Juristen, die über die eigene Wissenschaft sprechen, oft „die juristische Methode" oder „das juristische Denken" als wesentliches Unterscheidungsmerkmal gegenüber anderen Disziplinen herausstellen, sind Nichtjuristen im Allgemeinen enttäuscht über die Ungenauigkeit juristischer Argumentationen, die Unschärfe der rechtlichen Begriffe, den Mangel an Logik in der vermeintlich so logischen Jurisprudenz. Man erwartet exakte Aussagen über Rechtmäßigkeit und Rechtswidrigkeit bestimmter Handlungsweisen und ist durch die Vielfalt der „vertretbaren" Rechtsmeinungen irritiert. Das „Rechtsgefühl" wird immer wieder beschworen – und so zutreffend es auch ist, dass viele scheinbar rationale Erwägungen in Wahrheit emotional gesteuert sind, so fragwürdig ist doch die – ernsthaft von manchen empfohlene – Überprüfung juristischer Lösungen an der gefühlsmäßigen Entscheidung eines „normalen", juristisch unausgebildeten Mitmenschen. **531**

Seit den 70er-Jahren des vorigen Jahrhunderts ist viel über eine **Neuorientierung der Rechtswissenschaft,** insbesondere über ihr **Verhältnis zu den Sozialwissenschaften** nachgedacht worden (s. schon Einleitung Rn. 5). Es gab kritische Reflexionen der eigenen Praxis durch sozialwissenschaftlich interessierte Juristen, empirische Analysen der Juristenberufe durch Soziologen, Untersuchungen der historischen und sozialökonomischen Bedingungen der gegenwärtigen Rechtsordnung und bedeutende Beiträge zur **Argumentationstheorie** und **Ideologiekritik.** **532**

Trotz solcher Entwicklungen und vieler interessanter Schriften ist der **Stand der normativen juristischen Methodenlehre,** die dem Lernenden hinreichend Handlungsorientierung geben könnte, insgesamt nicht hoch genug, und vor allem ist ihre Wirkung in Ausbildung und Praxis zu gering. Die Anleitungsbücher zur Fallbearbeitung und (im Zivilrecht) Relationstechnik wollen nicht mehr leisten als eine erste Schulung in juristischer Arbeitsweise. Sie vermitteln einfache Regeln der Gedankenfolge (z. B. prozesslogische Gebote wie die, dass die Zulässigkeit eines Antrages vor seiner Begründetheit zu prüfen ist und dass über eine nicht „schlüssige" Klage kein Beweis erhoben werden darf) und der Auslegung (dazu mehr unter Rn. 537 ff.) ohne theoretische Fundierung. Dieses Defizit an praxisnaher Theorie kann hier selbstverständlich nicht überwunden werden. Die folgenden Ausführungen enthalten nur erste Ansätze einer verwaltungsrechtlichen Methodenlehre.

Zur Vertiefung: Gut orientierende bibliographische Hinweise finden sich bei *Simon*, Die Unabhängigkeit des Richters, Darmstadt 1975. Sehr lesenswert sind ferner: *Kaupen*, Die Hüter von Recht und Ordnung, 1969; *Kaupen/Rasehorn*, Die Justiz zwischen Obrigkeitsstaat und Demokratie, 1971; *Lautmann*, Soziologie vor den Toren der Jurisprudenz, 1971; **533**

§ 15 *Methodik der Rechtsanwendung*

ders., Justiz – die stille Gewalt, 1972; *Esser,* Vorverständnis und Methodenwahl in der Rechtsfindung, 1970; *Viehweg,* Topik und Jurisprudenz, 5. A. 1974; *Wiethölter,* Rechtswissenschaft, 1970.

Besonders empfehlenswert zur Einführung in die Methodenlehre: *Koch/Rüßmann,* Juristische Begründungslehre, 1982; *Engisch/Würtenberger/Otto,* Einführung in das juristische Denken, 10. A. 2005; *Zippelius,* Juristische Methodenlehre, 9. A. 2005. Zur historischen Entwicklung: *Wieacker,* Privatrechtsgeschichte der Neuzeit, 2. A. 1967; v. *Oertzen,* Die soziale Funktion des staatsrechtlichen Positivismus, 2. A. 1974. Anspruchsvolle vertiefende Lektüre: *Alexy,* Theorie der juristischen Argumentation, 2. A. 1991; *Larenz,* Methodenlehre der Rechtswissenschaft, 6. A. 1991; *Müller,* Juristische Methodik, 9. A. 2004; *Rottleuthner,* Rechtswissenschaft als Sozialwissenschaft, 1973; *ders.,* Richterliches Handeln. Zur Kritik der juristischen Dogmatik, 1973.

Einen hervorragenden Einstieg in das Methodenproblem bietet auch *Rinken,* Einführung in das juristische Studium, 3. A. 1996. Zur Bedeutung und Methode der interdisziplinären Zusammenarbeit vgl. schließlich *Hoffmann-Riem* (Hrsg.), Sozialwissenschaft im Studium des Rechts, Bd. II: Verfassungs- und Verwaltungsrecht, 1977; *ders.* (Hrsg.), Sozialwissenschaften im Öffentlichen Recht, 1981 (mit interessanten Fall-Besprechungen) sowie: Die Wissenschaft vom Verwaltungsrecht, Beiheft 2 zu: Die Verwaltung, 1999 (u. a. mit Beiträgen von *Trute, Hoffmann-Riem* und *Krebs*).

3. Rechtsnormen über richtiges Rechtsverständnis?

534 Methodenlehre ist im Verhältnis zur **Rechtswissenschaft insofern eine „Metawissenschaft",** als sie nicht selbst Rechtsnormen verstehen will, sondern die Art und Weise des Verstehens von Rechtsnormen – immer, wie mehrfach betont, mit dem Ziel der Handlungsorientierung. Während der Jurist sonst bei der Bewertung eines Sachverhalts Sicherheit in den einschlägigen Normen sucht, sieht er sich hier einem von Rechtsnormen fast freien Feld gegenüber. Gewiss lassen sich die Auslegungsgebote, die in §§ 133 und 157 BGB für Willenserklärungen und Verträge aufgestellt sind – Erforschung des „wirklichen Willens", „nicht an dem buchstäblichen Sinn des Ausdrucks haften", Ausrichtung an Treu und Glauben und „Rücksicht auf die Verkehrssitte" – verallgemeinern; sie haben zweifellos auch Bedeutung für die Auslegung von Rechtsnormen. Aber diese Grundsätze tragen nicht weit.

535 Die Gerichte erläutern nur selten, auf welchem Wege sie zu einem bestimmten Ergebnis gekommen sind (ein Beispiel für Methodenerörterung: BGHZ 46, 74); sie wählen einmal diese, ein andermal jene „Methode", und schreiben in einem Fall etwa die Berücksichtigung der Gesetzesentstehung vor, während sie in einem anderen – ohne zu sagen, warum – der Gesetzessystematik größeres Gewicht beimessen. Die Lehre findet sich mit diesem **„Methodensynkretismus" der Praxis** ab[2]. Wenn eine so zustandegekommene Gesetzesauslegung sich durchsetzt, wird schließlich nicht mehr nach der angewandten Methode gefragt – aber bei neuen Problemen und neuen Gesetzen wird die große methodische Unsicherheit der Anwender oft erschreckend deutlich.

---

2 *Wolff/Bachof/Stober* I, § 28 Rn. 55 unter Berufung auf BVerfGE 11, 126, 130.

4. Die Unterscheidung zwischen Regeln und Prinzipien

In den letzten Jahren ist zunehmend die rechtstheoretische Unterscheidung von **Regeln und Prinzipien** als wichtig erkannt worden. Die von *Ronald Dworkin*[3] geprägte internationale Diskussion hat *Robert Alexy*[4] vor allem für den Bereich der Grundrechtsinterpretation fruchtbar gemacht. Sie sollte aber auch für die anderen Bereiche des öffentlichen Rechts als wichtiges methodisches Hilfsmittel verstanden werden. Der Unterscheidung liegt die Auffassung zugrunde, dass es zwei grundlegend verschiedene Arten von Rechtsnormen gibt. „Prinzipien" sind „Normen, die gebieten, dass etwas in einem ... möglichst hohen Maße realisiert wird", also „Optimierungsgebote"[5]. Demgegenüber sind „Regeln" solche Normen, „die nur entweder erfüllt oder nicht erfüllt werden können". „Wenn eine Regel gilt, dann ist es geboten, genau das zu tun, was sie verlangt"[6]. „Prinzipien" können durch kollidierende Prinzipien eingeschränkt werden, während Konflikte zwischen „Regeln" nur dadurch gelöst werden können, dass entweder eine Ausnahmeklausel greift oder eine der Regeln für ungültig erklärt wird[7]. Für die Lösung von Prinzipienkollisionen hat sich in der verfassungsrechtlichen Literatur der Begriff der „praktischen Konkordanz" herausgebildet[8]: nach einer Abwägung tritt das eine Prinzip hinter dem anderen zurück. Es ist somit möglich, dass sich ein einschlägiges Prinzip nicht im Ergebnis einer Entscheidung niederschlägt, ohne dass es deswegen als ungültig angesehen würde.

536

Hilfreich ist die Unterscheidung vor allem für das Verständnis juristischer Texte. Sie bietet eine „analytische Folie"[9], um beispielsweise bei Urteilen die Bestandteile einer Abwägungsentscheidung (zwei oder mehr Prinzipien) von dem Ergebnis derselben (eine konkret anzuwendende Regel) abzugrenzen. Aber auch für die eigene Argumentation kann es die nötige gedankliche Strenge fördern, wenn man sich vor Augen führt, mit welcher Art von Norm man es jeweils zu tun hat und was das für die Anwendung im konkreten Fall bedeutet. So kann man etwa eine Regel nicht unter Hinweis auf ein Prinzip unangewendet lassen, ohne diese damit auch gleichzeitig für ungültig zu erklären. Umgekehrt darf man nicht eines von mehreren einschlägigen Prinzipien für allein anwendbar erklären, ohne eine konkrete Abwägungsentscheidung getroffen zu haben.

Beispiele: Die Gebote und Verbote der StVO, z. B. das Rechtsfahr-Gebot und das Linksüberhol-Gebot, sind Regeln, die genau zu befolgen sind; die verfassungsrechtlich garantierten Grundrechte sind teils „Regeln", teils „Prinzipien", und die „Verfassungswerte" oder „kollektiven Güter" (Volksgesundheit, Sicherheit des Staates, Funktionsfähigkeit der Strafrechtspflege u. ä.) sind „Prinzipien", die zur Einschränkung an sich schrankenloser Grund-

---

3 Taking Rights Seriously, dt.: Bürgerrechte ernstgenommen, 1990.
4 In seiner 1985 in erster Auflage erschienenen Habilitationsschrift: Theorie der Grundrechte.
5 *Alexy* (Fn. 4) S. 75.
6 *Alexy* S. 76.
7 *Alexy* S. 77.
8 *Hesse*, Grundzüge des Verfassungsrechts der Bundesrepublik Deutschland, 20. A. 1995, Rn. 72.
9 *Dreier*, in: *ders.* (Hrsg.), GG, 2. A. 2004, Vorb. vor Art. 1, Rn. 79.

§ 15 *Methodik der Rechtsanwendung*

rechte herangezogen werden[10]. Der Charakter der Grundrechte als „Prinzipien" nötigt zu vielfachen Abwägungen und verschafft dadurch den Rechtsanwendern größere Spielräume.

5. Die traditionellen Argumentationsregeln

537 In einer Vorlesung über „Juristische Methodenlehre" hat *Friedrich Carl von Savigny* im Jahre 1802/3 die verschiedenen „Elemente" der Auslegung von Rechtsnormen zusammengestellt, die – bei unterschiedlichem Gewicht – zum richtigen Ergebnis führen sollen. Man spricht auch von **„canones" der Auslegung**[11]. Hier erkennt man die historisch enge Verbindung der Jurisprudenz mit der theologischen und philosophischen **Lehre vom Verstehen (Hermeneutik);** anders ausgedrückt: „Die allgemeine, umfassende Theorie vom Verstehen entwickelte sich aus der traditionellen theologischen und juristischen Lehre über das richtige Verstehen von Bibel und Corpus Juris"[12].

Im Einzelnen wurden und werden nach wie vor – bei gewissen Abweichungen in der Zuordnung und Begriffsbestimmung – zumindest die folgenden Ansätze unterschieden[13]:

538 a) Die **grammatische Interpretation** (so der Begriff von *Savigny*), besser: *semantische* Auslegung oder Auslegung nach dem Wortsinn (nicht: „Wortlaut"): Sie fragt nach dem Sinn, der „Bedeutung" der in den Rechtssätzen benutzten Worte, und zwar in erster Linie nach dem spezifisch juristischen und in zweiter Linie (hilfsweise) nach dem allgemeinen umgangssprachlichen Sinn.

„Die Auslegung der Gesetze beginnt mit der strikten Wortinterpretation"[14]. Wortgetreue Interpretation ist besonders dort geboten, wo die Rechtsnorm ein Eingreifen in die Rechtssphäre des einzelnen gestattet. S. a. *Ausgangsfall 1!*

Freilich führt die Wortinterpretation oft nicht aus der Ungewissheit heraus. Die Rechtsprechung hat sich auch häufig über den „buchstäblichen" Sinn oder überhaupt über den Text einer Norm hinweggesetzt (s. a. § 133 BGB, oben Rn. 534), weil Sinn und Zweck des Gesetzes „höher als der Wortlaut" (!) stünden[15].

Beispiele für eine höchst fragwürdige Auslegung gegen den Wortsinn bilden auch die Rspr. des *BVerfG* zu Art. 12a Abs. 2 S. 2 GG[16] und die h. M. in Rspr. und Literatur, wonach das GG Bundeswehreinsätze „außer zur Verteidigung" trotz des Wortes „ausdrücklich" in Art. 87 a Abs. 2 GG über die im GG genannten Fälle hinaus zulasse[17].

---

10 *Alexy*, S. 76, 79 ff., 84 ff.
11 canon (griechisch) = Richtschnur, Maßstab, Regel; der Begriff canones soll auf Schleiermacher zurückgehen, vgl. *Esser*, Vorverständnis und Methodenwahl in der Rechtsfindung, S. 121.
12 *Dubischar*, Vorstudien zur Rechtswissenschaft, S. 99.
13 Vgl. a. *Wolff/Bachof/Stober* I (Anm. 2), Rn. 56 ff.
14 *Bartholomeyczik*, Die Kunst der Gesetzesauslegung, S. 18.
15 So BGHZ 17, 276.
16 „Die Dauer des Ersatzdienstes darf die Dauer des Wehrdienstes nicht übersteigen", s. dazu BVerfGE 69, 1, 28 ff., Abw. Meinung S. 57, 66 ff., s. a. E 48, 127, 170 f. und E 78, 364, 371 f.
17 BVerfGE 90, 286, 355 ff.; danach wollte der verfassungsändernde Gesetzgeber nur den Einsatz der Bundeswehr *im Innern* „durch strikte Texttreue begrenzen" (S. 357). S. a. *Tomuschat*, Bonner Kommentar, Art. 24 Rn. 174 und andererseits *Arndt*, DÖV 1992, 618 ff., sowie NJW 1994, 2197 f.

Der „mögliche Wortsinn" wird allgemein als Grenze der Auslegung angesehen, gegen ihn soll nicht entschieden werden. Was aber möglicher Wortsinn bedeutet, bleibt vielfach offen, und die Rechtsprechung legt Gesetzesbegriffe u. U. entgegen dem üblichen Sprachgebrauch aus. So hat der *BGH*[18] entschieden, eine „Bande" im Sinne von § 244 Abs. 1 Nr. 3 (jetzt: Nr. 2) StGB könne auch aus bloß zwei Mitgliedern bestehen[19].

b) Die **logische oder systematische Interpretation** erarbeitet Schlüsse aus dem Verhältnis der einzelnen Teile zueinander, dem Sinnzusammenhang der Rechtsnormen; auf diese Weise soll die Einheit bzw. Widerspruchsfreiheit der Rechtsordnung gesichert werden. Aufgabe systematischer Interpretation ist es auch, das Verhältnis zwischen konkurrierenden Gesetzesbestimmungen zu klären, die nach dem Wortsinn sämtlich auf einen Sachverhalt anwendbar sind, und ein Rangverhältnis zwischen ihnen herzustellen oder die verschiedenen Normen sonstwie aufeinander abzustimmen.

539

Eine Unterart der systematischen Interpretation ist die **„verfassungskonforme Auslegung"**, bei der Sätze des Verfassungsrechts dazu benutzt werden, die Bandbreite der möglichen Verständnisse einer Gesetzesnorm einzuengen; diese Auslegung „zugunsten des Gesetzes" soll vermeiden, dass die Norm wegen des Verfassungsverstoßes für nichtig erklärt wird, und dies lässt sich rechtfertigen, weil eben nur eine bestimmte Auslegungsweise den Verfassungsverstoß begründen würde[20]. Ist eine verfassungskonforme Auslegung möglich, so darf die Norm nicht für verfassungswidrig erklärt werden – es sei denn, der Wortsinn oder das erkennbare Ziel des Gesetzgebers verböten die darin liegende Umdeutung.

Die systematische Auslegung nach dem Bedeutungszusammenhang des Gesetzes stellt die einfachste Form des **„hermeneutischen Zirkels"** dar: die Bedeutung ergibt sich aus dem vom Rechtsanwender erschlossenen Sinnzusammenhang; dieser Zusammenhang aber ist endgültig erst aus der Bedeutung der ihn bildenden Wörter zu entnehmen. Verstehen setzt Erwartungen und Vor-Verstehen voraus (oder wenn man das Paradox zuspitzt: man versteht immer nur, was man schon kennt!)[21].

c) Die **historische (subjektive, genetische) Interpretation** wird entweder als Hilfsmittel der systematischen oder einer anderen Interpretationsweise eingesetzt oder auch selbstständig benutzt. Ihr Ziel ist es, den *„Willen des Gesetzgebers"*, d. h. seine Regelungsabsicht, die verfolgten Zwecke zu erforschen; dazu werden die näheren Umstände der „Genesis" eines Gesetzes und die dabei geäußerten Ansichten von Mitwirkenden (Abgeordneten, Ministerialbeamten, Experten, Interessenten) herangezogen, vor allem soweit sie sich in amtlichen Dokumenten (Gesetzesbegründungen, Ausschussberichte, Gutachten) niedergeschlagen haben. In einem weiten Verständnis soll die historische Interpretation auch feststellen, „welche wirtschaft-

540

---

18 NJW 1970, 1279.
19 Kritisch dazu u. a. *Neumann*, in: *Eike von Savigny* u. a., Juristische Dogmatik und Wissenschaftstheorie, 1976, S. 42 ff., 47 ff.
20 Hierzu BVerfGE 69, 1, 55 m. w. N. sowie BGHZ 46, 74, 86.
21 Vgl. *Larenz*, Methodenlehre der Rechtswissenschaft, S. 311.

§ 15   *Methodik der Rechtsanwendung*

lichen und sozialen Verhältnisse die Gesetzesverfasser vor Augen hatten, von welchem Rechtszustand man ausging und welchen Reformbestrebungen der Gesetzgeber Rechnung tragen wollte"[22].

Nach Auffassung von *Starck* kommt der historischen Auslegung „eine wichtige, ja primäre Rolle" zu[23]. Denn eine zureichende Begründung für eine bestimmte Auslegung verlange, „den historischen Regelungsansatz festzustellen, der in der Formel vom Willen des Gesetzgebers gemeint ist". Tatsächlich wird in der Praxis sehr häufig „historisch" oder „genetisch" argumentiert – freilich mit der Folge, dass auch solche Aussagen in das Gesetz hineingelesen werden, von denen man annehmen könnte, sie seien bewusst weggelassen worden. Beispiele für keineswegs überzeugende Bezugnahmen auf historische Tatbestände finden sich in der Rechtsprechung des *BVerfG* zum Extremistenerlass (BVerfGE 39, 334, 346, 361 ff.) und zu dem damaligen § 218a StGB (BVerfGE 39, 1, 38 ff.)[24].

Es gibt auch eine historische Interpretation *ohne* unmittelbaren Bezug zur Entstehung des betreffenden Rechtssatzes: so wird gelegentlich die Geschichte von Rechtsinstituten über längere Zeiträume oder über nationale Grenzen hinweg verglichen. Diese **„komparative Auslegung"** kann bei solchen Rechtsfiguren hilfreich sein, die eine gewisse „Identität" erworben haben, weniger jedoch bei neuen und selteneren Fragestellungen.

541   d) Die praktisch wichtigste und am häufigsten verwendete Auslegungsmethode ist die **teleologische Interpretation** (= von telos [griechisch] = Ende, Ziel, Zweck). Während die historische Interpretation den („subjektiven") Willen des *Gesetzgebers* feststellen will und damit „auf die Werturteile und Zielsetzungen der Kulturschicht abstellt", „die im Zeitpunkt der Gesetzgebung" maßgebend waren, geht es bei der teleologischen Interpretation um den *(„objektiven") „Willen des Gesetzes"*. Dabei gewinnt man die Richtlinie „aus den Werturteilen der bei der Entscheidung, nicht bei der Setzung herrschenden Kulturschicht"[25] und ermöglicht dadurch eine Anpassung der Gesetzesanwendung an neuere Entwicklungen.

542   Der *BGH* verknüpft historische und teleologische Interpretation, indem er als Ziel der Auslegung den „in der Gesetzesvorschrift zum Ausdruck kommenden objektivierten Willen des Gesetzgebers" bezeichnet und den Zweck der Vorschrift wiederum aus der Entstehungsgeschichte ermitteln will[26]. Notwendiger Bestandteil eines jeden teleologischen Arguments – sei es „objektiv -", sei es „subjektiv-teleologisch" – ist der *Schluss vom Zweck auf das Mittel*. In der Praxis wirft dieser Schluss aber erhebliche Probleme auf, s. unten Rn. 549.

Eine Kombination der verschiedenen Interpretationsansätze erblicken auch *Wolff/Bachof* in der teleologischen Methode; danach ermittelt sie „unter Berücksichtigung des Rechtssystems, der Rechtsgeschichte, des Willens des Gesetzgebers und der – historisch oft gewandelten – sozialen Institution, auf die sich die Regelung bezieht, die in dem Rechtssatz zum

---

22 BGHZ 46, 74, 80.
23 *Starck*, VVDStRL 34, 72.
24 Vgl. dazu *Esser*, JZ 1975, 555.
25 *Bartholomeyczik*, a. a. O. (Fn. 14), S. 43 f.
26 BGHZ 46, 74, 76, 79.

5. Die traditionellen Argumentationsregeln § 15

Ausdruck gekommenen Bewertungen der beteiligten Interessen"[27]. Hier wird also an die Interessenjurisprudenz angeknüpft, die seinerzeit den Gegenpol zur (älteren) Begriffsjurisprudenz bildete.

So einleuchtend es ist, dass der Sinn und Zweck einer Norm sich gegen widerstreitende Begrifflichkeit, Systematik und historische Bedingtheiten durchsetzen muss, so notwendig ist es andererseits sich klarzumachen, dass die teleologische Interpretation dem *subjektiven Verständnis des jeweiligen Rechtsanwenders* vom Normzweck und den aktuell herrschenden Wertungen zum Durchbruch verhilft und dass dabei möglicherweise die ursprünglich von den Gesetzesverfassern verfolgte Absicht vernachlässigt wird. Das läuft dann auf eine Korrektur des Gesetzes durch seine Anwender hinaus – ein keineswegs immer unbedenkliches Ergebnis. Hier stehen also u. U. Anpassungsfähigkeit und Elastizität des Rechts im Konflikt mit Gehorsam gegenüber dem Gesetzgeber und Kontinuität der Rechtsordnung. Die Wandlungsfähigkeit des Rechts erleichtert die Bewältigung neuer sozialer Probleme; die Bindung an frühere Interpretationen muss schwächer werden, je mehr Zeit vergeht. Bei sehr jungen Gesetzen ist aber eine teleologische Korrektur eines zweifelsfrei feststehenden gesetzgeberischen Willens nicht akzeptabel. **543**

Von solchen Überlegungen abgesehen, hat der Rechtsanwender nach überwiegender Ansicht der Literatur unter den dargestellten methodischen Ansätzen die Wahl; **eine verbindliche Rangordnung besteht nicht,** und die Gerichte wählen, wie bereits gesagt, abwechselnd diese und jene Methode oder Methodenkombination, wobei als durchgängiges Auswahlkriterium allenfalls die Plausibili- tät des Ergebnisses erkennbar ist[28]. Auch die umfangreichen Abhandlungen von *Larenz* (Methodenlehre der Rechtswissenschaft) und *Engisch* (Einführung in das juristische Denken) führen am Ende zu einem Unentschieden. Wollte man die methodischen Regeln der Rechtsanwendung selbst in Rechtsnormen fassen, so stünde man sogleich wieder vor der Notwendigkeit, auch zu diesen Normen Interpretationsregeln zu entwickeln – man geriete also in einen „infiniten Regress"[29]. **544**

Gleichwohl sollte man sich mit diesem „Unentschieden" nicht abfinden. Staatstheoretische Betrachtungsweise führt zu dem Ergebnis, dass die Gesetzesbindung von Justiz und Exekutive einen **Vorrang der semantischen Auslegung** fordert. Nur soweit diese nicht eindeutig ist, darf zu subjektiv-teleologischen Auslegungen übergegangen werden, also nach dem Willen und den Zielvorstellungen des historischen Gesetzgebers gefragt werden, und erst wenn auch dabei Unklarheit bleibt, ist der Rückgriff auf den angenommenen Willen „des Gesetzes" zulässig, also die objektivteleologische Auslegung, die in Wahrheit „jenseits der Gesetzesbindung" steht[30].

---

27 *Wolff/Bachof/Stober* I, Rn. 60.
28 *Esser*, Vorverständnis (vgl. Rn. 533), S. 123.
29 *Krawietz*, VVDStRL 34, 114 f.
30 Zum Ganzen *Koch/Rüßmann*, Juristische Begründungslehre, S. 181 ff.

6. Weitere Argumentationsmethoden; Lückenfüllung

545 Der Rechtspraktiker hat nicht nur vorgefundene Gesetze auszulegen und anzuwenden, er muss häufig auch das **Recht „fortbilden"**. Es tauchen immer wieder Fragen auf, für die keine Lösungen „bereitliegen", zum Teil weil die Gesetze „Lücken" aufweisen, zum Teil weil die von Lehre und Rechtsprechung angebotenen Entscheidungsvorschläge als unzureichend, nicht (mehr) sach- oder zeitgerecht erscheinen. Es kann keine vollständige und dauerhafte Ordnung des gesellschaftlichen Zusammenlebens durch Recht geben, so dass bei neuen Streitfragen immer wieder rechtsschöpferische Entscheidungen des im konkreten Fall Zuständigen nötig werden.

Im Schweizer Recht gibt es eine Bestimmung (Art. 1 des Zivilgesetzbuches) zur Methode der Rechtsfindung, von der gesagt wird, sie gelte gewohnheitsrechtlich auch in Deutschland: „Das Gesetz findet auf alle Rechtsfragen Anwendung, für die es nach Wortlaut oder Auslegung eine Bestimmung enthält. Kann dem Gesetz keine Vorschrift entnommen werden, so soll der Richter nach Gewohnheitsrecht und, wo auch solches fehlt, nach der Regel entscheiden, die er als Gesetzgeber aufstellen würde. Er folgt dabei bewährter Lehre und Überlieferung". Aber woran erkennt man diese?

546 Die Funktion der teleologischen Auslegung als Ventil für neue Rechtsentwicklungen ist eben (Rn. 543) schon angesprochen worden. Zur *Lückenfüllung* – die nicht selten auch als *ausdehnende (extensive)* oder *einschränkende (restriktive) Auslegung* verstanden wird – bedient man sich entweder der **Analogie** oder des **Umkehrschlusses** (argumentum e contrario). In dem einen Fall wird die Entscheidung einer anderen Frage nachgebildet, im entgegengesetzten Fall wird aus dem Umstand, dass eine Rechtsnorm eine an sich „nahe liegende", „ähnliche" Frage nicht mit erfasst hat, der Schluss gezogen, dass diese andere Frage auch anders beurteilt werden solle.

Bei der *Analogie* unterscheidet man weiter zwischen Einzel-(Gesetzes-)Analogie, die sich auf einen einzelnen ähnlichen Rechtssatz stützt, und Gesamt-(Rechts-)Analogie, die einen aus mehreren Rechtssätzen gewonnenen Rechtsgedanken wegen der Ähnlichkeit der Interessenlage auf einen nicht ausdrücklich geregelten Fall überträgt. Die Rechtsanalogie ist nahe verwandt der Anwendung von *Rechtsgrundsätzen,* die in angebbaren Rechtsnormen Ausdruck gefunden haben (vgl. oben Rn. 210 und 536).

547 Zu erwähnen sind ferner die Folgerungsweisen[31]:
- **a maiore ad minus:** von allgemeinen auf besondere Fälle, oder: wenn die umfassende Regelung des einen Falles gilt, dann muss in dem ähnlichen, aber spezielleren anderen Fall dasselbe gelten.
- **a fortiori:** wenn schon in dem einen Falle die (weitgehende) Rechtsfolge X gilt, dann „erst recht" in dem anderen, ähnlichen Falle;
- **a minore ad maius:** von einer besonderen Rechtsfolge auf eine allgemeine, oder: wenn in dem speziellen Fall A die Rechtsfolge X gilt, dann muss das auch in dem allgemeinen Fall B so sein.

---

31 Vgl. *Wolff/Bachof/Stober* I, Rn. 67.

5. Weitere Argumentationsmethoden; Lückenfüllung § 15

Die **Induktion**, von *Wolff/Bachof* als weiteres Schlussverfahren genannt, ist kaum gebräuchlich und braucht wohl auch nicht von den genannten Folgerungsweisen abgesondert zu werden. Das **argumentum ad absurdum** („jede andere Auslegung wäre falsch oder widerspruchsvoll") ist als rhetorisches Mittel beliebt, aber kaum je mit Recht einsetzbar, weil fast nie alle nur möglichen Fallgestaltungen einbezogen werden können.

548

Besondere Behutsamkeit ist auch beim **Schluss vom Zweck auf das Mittel** angebracht (s. o. Rn. 542). „Wenn der gesicherte Zweck des Rechtssatzes oder der Rechtsinstitution nur durch eine bestimmte Rechtsfolge bzw. einen bestimmten Rechtssatz erreicht werden kann, dann gilt diese Rechtsfolge bzw. dieser Rechtssatz"[32]. Aber so überzeugend die Formel auch erscheinen mag, dass aus der gesetzlichen Billigung eines Verwaltungs*ziels* oder aus dem ausdrücklichen *Auftrag* an die Verwaltung, sich einer Angelegenheit anzunehmen, auch die Zuweisung der dafür erforderlichen Mittel folge – so unsicher und rechtsstaatlich bedenklich ist dieser einfache Schluss. Es gibt zur Erreichung eines Zieles regelmäßig mehrere Wege, und gerade um die Mittel und Wege muss gestritten werden und wird in der Praxis mehr gestritten als über die (regelmäßig konsensfähigen) Ziele und Zwecke.

549

Ein **Beispiel** dafür, welche Missverständnisse der Schluss vom Zweck auf das Mittel verursachen kann, liefert die „Abhör-Entscheidung" des *BVerfG* (E 30, 1). Die oben in *Ausgangsfall 2* zitierte Formulierung wird von manchen so verstanden, als stünden dem Bundesamt für Verfassungsschutz schon von Verfassungs wegen all die Befugnisse zu, die zur Erfüllung seiner Aufgaben von den Rechtsanwendern (also auch von dem Amt selbst!) für erforderlich gehalten werden. Richtig verstanden, ist damit nur ein Appell an den *Gesetzgeber* ausgesprochen, dem Amt ausreichende Befugnisse einzuräumen. Zum Abhör-Urteil vgl. a. oben Rn. 136.

Die Befugnisnormen dürfen nicht einfach im Wege der Auslegung von Aufgabennormen gewonnen werden (s. a. unten Rn. 552); die rechtsstaatlich gebotene Kontrolle der Verwaltung wäre damit unterlaufen.

550

Auf einem besonders wichtigen Gebiet des Verwaltungshandelns, nämlich dem der *Polizei- und Ordnungsbehörden,* ist die Trennung von Aufgabe und Befugnis durchgesetzt worden. Während im alten preußischen Polizeirecht Aufgabenzuweisung und Eingriffsermächtigung in ein und derselben Rechtsnorm, der *„polizeilichen Generalklausel"* des § 14 PrPVG, zusammengefasst waren – was viele norddeutsche Länder übernommen hatten –, sind die süddeutschen Polizeigesetze seit je genauer. Die Aufgabennormen reichen allein nicht aus; den Anforderungen des Gesetzesvorbehalts genügen nur Befugnisnormen, die Tatbestand und Rechtsfolge präzise umschreiben. Nunmehr ist die Unterscheidung zwischen Aufgaben und Befugnissen in allen Bundesländern durchgeführt, nachdem der *Musterentwurf für ein einheitliches Polizeigesetz* den Anstoß dazu gegeben hatte. Auch die *Verfassungsschutzgesetze* unterscheiden neuerdings zwischen der Aufgabenzuweisung und der Ermächtigung zu bestimmten Maßnahmen (vgl. nochmals Rn. 136).

---

32 *Wolff/Bachof/Stober*, a. a. O.

7. Besonderheiten moderner Verwaltungsgesetze; Anwendungsstrategien

551 *a)* Moderne Verwaltungsgesetze erschließen sich dem Leser schwer. Oft stehen am Anfang Bestimmungen über die Ziele, den Geltungsbereich und die Bedeutung der wichtigsten Begriffe des Gesetzes – also Sätze, die für sich genommen gar keine sinnvollen Aussagen enthalten. Man denke an §§ 1 f., 9 VwVfG, 1 f. BDSG. Zum Verständnis der Spezialgesetze ist es also nötig, sich jeweils ihre Struktur deutlich zu machen und die inhaltlichen Kernpunkte herauszufinden. Was eigentlich regeln §§ 2 ff. des Gesetzes über die Bevorratung mit Erdöl und Erdölerzeugnissen[33] oder das Berufsbildungsförderungsgesetz[34]? Entscheidend ist jeweils die Errichtung einer Organisation.

Allerdings sei davor gewarnt, die Bedeutung reiner Organisationsgesetze zu verkennen. Schon die Einsetzung eines Kontrollorgans ohne Eingriffsbefugnisse (z. B. Datenschutzbeauftragter) kann durchaus erhebliche praktische Bedeutung haben.

552 *b)* Eine wichtige Unterscheidung ist in diesem Zusammenhang die bereits (Rn. 550) angesprochene **Trennung von Aufgaben- und Befugnisnormen.**

Das in Jahrhunderten gewachsene Recht ist zwar selbstverständlich nicht derart „logisch" aufgebaut, dass für jede Aktivität eines Trägers öffentlicher Verwaltung eine hinreichend klare gesetzliche Aufgabenregelung und entsprechende, ebenfalls hinreichend bestimmte Befugniszuweisungen vorliegen. Aber wie schon ausgeführt (auch in der Kritik des Abhör-Urteils), rechtfertigt eine Aufgabennorm allein nicht Eingriffe in die Rechtssphäre des Bürgers, und andererseits ist auch die Gesetzesform der Aufgabenbestimmung anzustreben und teilweise bereits verwirklicht, weil dadurch die Transparenz des Verwaltungsapparats und seine rechtliche Kontrollierbarkeit größer werden.

553 *c)* Wo immer der Gesetzgeber mit unbestimmten Rechtsbegriffen arbeitet, kann der wichtigste Ratschlag nur sein: sich auf **Sinn und Zweck** der Regelungen konzentrieren – freilich ohne damit Abweichungen von ihrem Inhalt rechtfertigen zu wollen. Es führt nicht weit, Begriffe zu pauken; viel fruchtbarer ist es, sich die Fragen zu vergegenwärtigen, auf die das Gesetz antwortet, sich deren Relevanz klarzumachen. Oft hilft es auch weiter, sich die denkbaren Alternativen vorzustellen.

Man muss auch beachten, dass von interessierter oder sonst engagierter Seite häufig **Argumentationen „aufgebaut" werden,** um bestimmten unerwünschten Folgen eines Gesetzes entgegenzuwirken. Häufig besteht die Taktik darin, gegen bestimmte Normen mit **allgemeinen Grundsätzen und Plausibilitätserwägungen** anzugehen – etwa nach dem Muster: es könne „nicht Sinn des Gesetzes (der Verfassung, konkreter: des Datenschutzes, des Umweltschutzes, des Denkmalschutzes, der Einrichtung des X-Amtes) sein", diese und jene Rechtsfolge hervorzurufen. Wenn die „Sinn"-Frage in dieser Form aufgeworfen wird, ist regelmäßig besondere Skepsis gegenüber der so verkleideten Rechtsbehauptung angebracht; denn dabei wird suggeriert, der

---

33 BGBl. 1998 I S. 679.
34 BGBl. 1994 I S. 78.

Gesetzgeber habe die Reichweite seiner Entscheidung nicht bedacht, man müsse ihn wohlwollend korrigieren, obwohl der Gesetzestext dies nicht zulässt.

Kritische Aufmerksamkeit empfiehlt sich aus demselben Grund, wenn eine Regelung **ad absurdum** geführt und dadurch – teilweise oder ganz – ihrer Geltung beraubt werden soll. Zu prüfen ist dann immer zunächst, ob die gewählten „absurden" Beispiele wirklich zwingend sind und ob sie nicht auf andere Weise ausgeschlossen werden können, insbesondere ob nicht eine Auslegung möglich ist, die die unangemessene Folge vermeidet. **554**

Zu den Formeln, die in rechtspraktischen, vor allem aber auch in rechtspolitischen Auseinandersetzungen gern verwendet werden, aber gleichwohl wenig Gehalt besitzen, gehören auch die Beschwörungen der **Einheit von Systemen, Organisationen und Begriffen.** Wenn etwa gesagt wird, die „Einheit der Staatsgewalt" erfordere die Zulassung bestimmter Datenübermittlungen, die im allgemeinen oder bereichsspezifischen Datenschutzrecht gerade nicht zugelassen sind, so ist dieser „Einheits-Appell" eben irrelevant. Auch die „Einheit der Rechtsordnung" ist ein Kunstbegriff, der nicht nur mit der historischen Wahrheit unvereinbar ist, sondern auch mit wichtigen Prinzipien der Rechtsanwendung kollidiert: Sach- und Zeitnähe und Einzelfallgerechtigkeit können gerade eine unterschiedliche Interpretation gleicher Begriffe sogar in ein und demselben Gesetz nötig machen. Nur wenn die Adressaten des Rechts Grund haben, auf gleiche Interpretation in verschiedenen Zusammenhängen zu vertrauen, hat das Argument der Einheitlichkeit seine Bedeutung. Um Missverständnissen vorzubeugen: hier wird kein platter Gesetzespositivismus propagiert, im Gegenteil: die Bedeutung der Verfassung für die gesamte Verwaltungstätigkeit muss immer wieder betont werden. Aber methodisch überzeugende verfassungsrechtliche Argumentation ist etwas ganz anderes als deren Instrumentalisierung für Zweckmäßigkeitsüberlegungen und Interessenvertretung gegen demokratisch beschlossene Gesetze.

Zu den Ausgangsfällen:

1. Bei eindeutigem Wortlaut ist die Auslegung nach dem vermeintlich anderen Sinn nicht zulässig. Gerade im Parlamentsrecht ist Gleichbehandlung nach formalen Kriterien geboten. Um die extremistische Partei von dem Kontrollausschuss fern zu halten, bedürfte es einer ausdrücklichen Änderung der Geschäftsordnung. Die veränderte Regelung und die darauf beruhende Entscheidung müssen sich aber an der Verfassung messen lassen. Dabei kann es, jedenfalls „aus zwingenden Gründen des Geheimschutzes, verfassungsrechtlich hinzunehmen sein, dass auch einzelne Fraktionen bei der Besetzung eines Ausschusses unberücksichtigt bleiben" (BVerfGE 70, 324 [366]). **555**

2. Vgl. oben Rn. 549.

3. Das BVerwG hat in dieser Entscheidung die hessische Regelung anders interpretiert, als sie dem eindeutigen Willen des Gesetzgebers und auch ihrem Wortlaut entsprach, und damit die Grenzen der verfassungskonformen Auslegung überschritten. Es hätte die Sache dem BVerfG vorlegen müssen (vgl. *Bull*, DVBl. 2000, 1773, 1775; ebenso *Battis*, AuR 2000, 233).

§ 16 Unbestimmte Rechtsbegriffe und Ermessen

Ausgangsfälle und -fragen:

1. *Nach den einschlägigen Gesetzen des Bundeslandes B kann die Verwaltung anordnen, dass gefährliche Hunde einen Maulkorb zu tragen haben. Hundebesitzer H bekommt eine entsprechende Verfügung zugestellt. Da er seinen Labrador für völlig ungefährlich hält, klagt er gegen die Anordnung. Der Behördenvertreter trägt vor Gericht vor, man müsse schon der Verwaltung überlassen, über die Gefährlichkeit von Hunden zu entscheiden. Die Gerichte dürften sich bei dieser Entscheidung nicht einmischen.*

2. *Nach § 35 Abs. 1 BauGB ist das Bauen im Außenbereich nur zulässig, wenn „öffentliche Belange nicht entgegenstehen, die ausreichende Erschließung gesichert ist und wenn" eine von mehreren weiteren Voraussetzungen erfüllt ist, z. B. wenn (Nr. 4) das Vorhaben „wegen seiner besonderen Anforderungen an die Umgebung, wegen seiner nachteiligen Wirkung auf die Umgebung oder wegen seiner besonderen Zweckbestimmung nur im Außenbereich ausgeführt werden soll". Sonstige Vorhaben können nach § 35 Abs. 2 „im Einzelfall zugelassen werden, wenn ihre Ausführung oder Benutzung öffentliche Belange nicht beeinträchtigt und die Erschließung gesichert ist". In den folgenden Absätzen ist weiter ausgeführt, wann eine Beeinträchtigung öffentlicher Belange vorliegt bzw. nicht vorliegt.*
   Welche Art von Rechtsbegriffen ist in diesen Bestimmungen verwendet? Kann ein Verwaltungsgericht, das von einem abgewiesenen Baubewerber angerufen wird, all diese Voraussetzungen voll nachprüfen?

3. *S besteht sein Erstes juristisches Staatsexamen mit der Note „befriedigend (8,7 Punkte)". Er ist der Meinung, seine Leistungen in der mündlichen Prüfung seien mindestens 10 Punkte „wert" gewesen; damit hätte er nach seinen Klausurnoten die Endnote „vollbefriedigend" erhalten müssen. Zum Beweis seiner mündlichen Prüfungsleistungen benennt er die Prüfer und fünf Zuhörer als Zeugen. Außerdem rügt S, eine der Klausuren sei zu schlecht bewertet worden, weil – was zutrifft – der Erstvotant die darin vertretene Rechtsauffassung zu einem wesentlichen Teil des Falles, die der herrschenden Meinung entspreche, für falsch und „nicht verwertbar" erklärt habe. Er klagt vor dem Verwaltungsgericht auf die Erteilung der Note „vollbefriedigend". Wie wird das Gericht seine Rügen beurteilen?*

4. *Die Bundesprüfstelle für jugendgefährdende Medien (§§ 17 ff. Jugendschutzgesetz) hat ein Buch auf die Liste jugendgefährdender Medien (§ 18 des Gesetzes) gesetzt, weil es verrohend wirke und zu Rassenhass anreize. Der Verleger will diese Entscheidung anfechten, weil die behauptete Wirkung wissenschaftlich nicht erwiesen sei. Kann das Gericht die Einschätzung der Prüfstelle für rechtswidrig erklären?*

5. *§ 1 des Wohnwagengesetzes des Landes L lautet: „Das Ordnungsamt kann das dauerhafte Wohnen in fahrbaren Räumen untersagen, wenn davon Belästigungen für die Allgemeinheit oder die Anwohner ausgehen". Die Bewohner einer Bau-*

wagensiedlung erhalten vom Ordnungsamt Bescheide, in denen ihnen das Wohnen in ihren Bauwagen untersagt wird.

a) Nehmen Sie Stellung zu folgenden Begründungen der Bescheide:
  – Es komme durch die Bauwagensiedlung regelmäßig zu Ruhestörungen. Daher sei man verpflichtet, von der Ermächtigung in § 1 des Gesetzes Gebrauch zu machen.
  – In der Siedlung hielten sich Personen auf, die regelmäßig an verbotenen Demonstrationen teilnähmen.
  – Die hygienischen Verhältnisse könnten zu erheblichen Gesundheitsgefahren für die Bewohner, aber auch für die Nachbarschaft führen. Daher habe man trotz der Eröffnung des Ermessens keine andere Wahl gehabt als das Wohnen in den Bauwagen zu verbieten.

b) Mehrere der Bewohner legen Widerspruch gegen den Bescheid ein und tragen vor, ihnen drohe Obdachlosigkeit. Die Behörde erklärt dazu, dies spiele nach dem Gesetz keine Rolle.

(Lösungshinweise in Rn. 609)

1. Richtiger Umgang mit unbestimmten Begriffen

a) Problemübersicht

556 Moderne Gesetze, insbesondere Verwaltungsgesetze, enthalten viele Begriffe, die sehr allgemein und vieldeutig erscheinen, bei denen die Erforschung des Wortsinns nicht weiterhilft und die auch mit systematischen Überlegungen schwer eingrenzbar sind. Da ist die Rede von „Interessen der Bundesrepublik Deutschland" (§ 7 Abs. 2 Nr. 3 AuslG), „öffentlichen Belangen" (§ 35 Abs. 1 BauGB; *Fall 2*) und „auswärtigen Belangen der Bundesrepublik Deutschland" (§ 3 Abs. 1 Nr. 3 Bundesverfassungsschutzgesetz); das Polizei- und Ordnungsrecht baut weitgehend auf den Begriffen „öffentliche Sicherheit und Ordnung" auf (vgl. § 1 Musterentwurf eines einheitlichen Polizeigesetzes des Bundes und der Länder). Ein Beamter kann gegen seinen Willen versetzt werden, wenn ein „dienstliches Bedürfnis" besteht (§ 26 Abs. 1 S. 1 BBG, § 18 Abs. 1 BRRG); ein Wehrpflichtiger ist aus der Bundeswehr zu entlassen, wenn durch sein Verbleiben „die militärische Ordnung oder die Sicherheit der Truppe ernstlich gefährdet würde" (§ 29 Abs. 1 Nr. 5 WPflG). In manchen Bestimmungen wird nur darauf abgestellt, ob ein „wichtiger Grund" für eine bestimmte Entscheidung spricht (so in § 2 Abs. 1 Namensänderungsgesetz), ob von „besonderen Einzelfällen" oder „Gründen des öffentlichen Gesundheitsinteresses" (§ 3 Abs. 3 Bundesärzteordnung[1]) gesprochen werden kann oder das „Wohl der Allgemeinheit" berührt ist (vgl. § 31 Abs. 2 Nr. 1 BauGB). Manche Gesetze verlangen auch die Prüfung, ob eine Maßnahme „unbillig" ist.

---
1 Dazu instruktiv BVerwGE 46, 190, 194.

§ 16 *Unbestimmte Rechtsbegriffe und Ermessen*

Der Rechtsanwender, der mit solchen Gesetzesformulierungen umgehen soll, wird sie je nach persönlicher Einstellung entweder als Ermächtigung zu subjektiv „vernünftigen" Entscheidungen begrüßen oder aber wegen ihrer geringen Orientierungskraft als gesetzgeberisches Versagen bedauern. Die Rechtslehre hat die Problematik überwiegend aus der Perspektive des Richters behandelt und hat aus der Erkenntnis, dass die Handhabung der „unbestimmten Rechtsbegriffe" besonders schwierig ist und dass man mit guten Gründen die eine wie die andere Interpretation für richtig halten kann, den Schluss gezogen, ihre Anwendung *dürfe* in manchen Fällen durch die Gerichte *nur beschränkt überprüft* werden. Aber ist das angemessen?

557 Die **rechtstheoretische („erkennistheoretische")** Frage – wie sind „unbestimmte" Begriffe zu verstehen und anzuwenden? – wirft in der Praxis stets sogleich die **verfassungsrechtliche** Problematik mit auf: Wer soll entscheiden, welche Bedeutung im konkreten Fall verbindlich ist? Im konkreten Streitfall stehen sich nicht nur verschiedene denkbare Interpretationen desselben Rechtssatzes, sondern auch verschiedene Interpreten – Behörde und Gericht – gegenüber, und es ist am Gebot der Gewaltenteilung zu prüfen, ob der eine oder der andere zuständig ist.

b) Normstrukturelle Überlegungen

558 In der Diskussion um die unbestimmten Rechtsbegriffe spielt die Behauptung eine wichtige Rolle, bei der Anwendung von Rechtssätzen gebe es – wenn man richtig vorgehe – nur *eine* richtige Entscheidung. Wenn die behördliche Entscheidung A richtig (rechtmäßig) sei, könne bei unveränderter Sachlage nicht auch die Entscheidung B richtig sein. Wo aber die Rechtsordnung offensichtlich mehr als eine Entscheidung als richtig zulasse, da habe sie der Verwaltung entweder *Ermessen* oder einen *Beurteilungsspielraum* eingeräumt. Wer den Beurteilungsspielraum leugne, verfälsche die gewollte Unbestimmtheit der Begriffe in eine vermeintliche Bestimmtheit und setze den Richter – über seine kontrollierende Funktion hinaus – an die Stelle des Verwaltungsorgans.

Diese Vorstellung von der „einen richtigen" Entscheidung hat eine wichtige Funktion: Unentschlossenheit und Widersprüchlichkeit werden disqualifiziert; betont wird die Notwendigkeit, die zu treffende Entscheidung intersubjektiv verständlich und akzeptabel zu machen. Aber angesichts unendlicher Meinungsverschiedenheiten über „bestimmte" wie „unbestimmte" Gesetzesbegriffe und Rechtssätze wäre es naiv anzunehmen, dass dem Ideal der einen richtigen Entscheidung eine auch nur annäherungsweise einheitliche Praxis entsprechen könne. „Absolut bestimmte" Begriffe gibt es in der Rechtssprache nicht. „Vielmehr trägt gerade die unausweichliche, mehr oder minder große Vagheit und Mehrdeutigkeit des Rechtsmaterials das Geschäft der Jurisprudenz. Denn auf diese Weise wird Entscheidbarkeit auch in unvorhergesehenen und atypischen Fällen gewährleistet; eine formalisierte interpretationsfreie Sprache könnte diese Funktion nicht erfüllen"[2].

---

2 *Olshausen*, JuS 1973, 218.

Die Unbestimmtheit der Rechtsbegriffe beruht in vielen Fällen auf der Schwierigkeit, komplexe Lebenssachverhalte oder Umweltzustände *sprachlich* auf eine Formel zu bringen; oft ist sie freilich (zumindest auch) Ausdruck von *Wertungsunsicherheiten* des Gesetzgebers oder seiner Absicht, die für die Entscheidung der Einzelfälle zuständigen Stellen, also Verwaltung und Justiz, nur locker anzuleiten. Nicht alle „außergewöhnlichen Umstände" oder „Härtefälle" lassen sich näher umschreiben; der Gesetzgeber ist auch nicht imstande, alle in der Zukunft denkbaren Konstellationen gedanklich vorwegzunehmen. Es wäre auch unrealistisch zu hoffen, durch größere sprachliche Genauigkeit, eine ausgebreitete Kasuistik oder sprachliche Raffinessen könnte stets ein wesentlich höherer Grad an Bestimmtheit erreicht werden.

559

Auch eine weitere Untergliederung nach den verschiedenen *Arten* unbestimmter Begriffe hilft nur wenig weiter. So hat die Differenzierung zwischen *deskriptiven* und *normativen* Begriffen nur analytischen Wert; sie ist für rechtliche Folgerungen nicht hinreichend eindeutig zu vollziehen. Ein Begriff wie „schädliche Umwelteinwirkungen" (§ 3 BImSchG) enthält deskriptive wie normative Elemente. Erst auf der Ebene weiterer Hilfsüberlegungen können *einzelne nicht-normative Elemente* eines solchen Begriffs isoliert werden, so etwa die Definition von „Schädlichkeit" für ein bestimmtes Gut unter bestimmten Voraussetzungen. Dies, aber auch nur dies kann naturwissenschaftlich geklärt werden, z. B.: Welchen Schaden verursacht ein bestimmtes Quantum von Immissionen eines bestimmten Stoffes unter welchen klimatischen und sonstigen Umweltbedingungen bei Menschen, Tieren oder Pflanzen (die ebenfalls bei exaktem Vorgehen näher bestimmt sein müssen)?

560

Von den Annahmen über gegenwärtige und vergangene Sachverhalte, die bei der Anwendung von Rechtsnormen gemacht werden müssen, werden die Annahmen über künftiges Verhalten, die **Prognosen,** häufig als eine besondere Gruppe von Entscheidungen getrennt. Prognosebegriffe wie „Gefahr" gelten als eine besondere Kategorie unbestimmter Rechtsbegriffe. Auch bei manchen Personalbeurteilungen ist eine Vorausschau erforderlich, sofern die Eignung oder Leistungsfähigkeit eines Bewerbers eingeschätzt werden soll. Das Problem der richtigen Prognose hat aber mit der Unbestimmtheit der Begriffe nichts zu tun. Die Vermeidung von Schäden, also die Abwehr von Gefahren, ist ein klares Ziel; unzureichend ist nur unsere Fähigkeit, alle dafür geeigneten Maßnahmen zu erkennen, weil wir die künftige Entwicklung nicht voll voraussagen können. Ebenso liegen die meisten Schwierigkeiten bei der Beurteilung der Eignung, Zuverlässigkeit oder Leistungsfähigkeit von Bewerbern für bestimmte Aufgaben nicht auf der Ebene des Begriffes, der die gewünschten Qualitäten umschreiben soll; sie rühren vielmehr daher, dass man Menschen und ihre Entwicklung schwer einschätzen kann.

561

Die Rechtsprechung hilft sich in all diesen Fällen, wie bereits am Beispiel der „schädlichen Umwelteinwirkungen" angedeutet, mit der Bildung von *Hilfsnormen:* Für häufig vorkommende oder leicht darstellbare Fälle und Fallgruppen bildet man Unternormen, die dann veranschaulichen, welche Wertungen gelten sollen, und die im Wege von Analogien und Umkehrschlüssen wiederum weiter verfeinert und auf andere Fälle übertragen werden können. Auf diese Weise werden auch solche Normen, die zunächst unerhört weit erscheinen und für eine Vielzahl divergierender

562

§ 16 *Unbestimmte Rechtsbegriffe und Ermessen*

Entscheidungen Raum ließen, im Laufe der Zeit besser handhabbar. Die relative Unbestimmtheit der unbestimmten Gesetzesbegriffe wird langsam abgebaut, indem die Rechtsprechung ihre Auslegung schrittweise zur verbindlichen macht. Wir sprechen dann davon, dass die Bedeutung der Begriffe „geklärt" sei – dies gilt zum Beispiel für die polizeiliche Generalklausel („Öffentliche Sicherheit und Ordnung"), ohne noch zu bedenken, dass diese Klärung immer auch eine Einengung des Normbereiches bedeutet.

563 Von einer Ermächtigung an die Verwaltung, unter sehr unbestimmten Voraussetzungen zu handeln, ist es nur ein kleiner Schritt bis zur Einräumung von *Ermessen*. Der Abstand ist heute auch deshalb relativ gering, weil das Ermessen in vielfacher Weise gebunden ist – dies wird zugleich unter Rn. 584 ff. zu behandeln sein. Im Allgemeinen wird jedoch die Ermessenseinräumung von der Verwendung unbestimmter Begriffe unterschieden; Ermessen gibt es danach nur auf der *Rechtsfolgenseite* der Normen, nicht aber auf der Tatbestandsseite. Früher hingegen wurde auch von „kognitivem Ermessen" (als Gegenstück zum „volitiven Ermessen", also dem Abstellen auf den Willen der Verwaltung) gesprochen. Eine allgemein übliche Terminologie soll man nicht ohne Not verwerfen; sie darf aber auch nicht den Blick dafür versperren, dass sowohl bei der Anwendung unbestimmter Begriffe wie bei der Ausnutzung von Ermessensermächtigungen („Kann"-Vorschriften) dieselbe Technik der Bildung von Hilfsnormen verwendet wird[3].

c) Auslegung unbestimmter Begriffe durch die Verwaltung

564 Zunächst ist zu fragen, wie denn die Verwaltung selbst – die ja zuerst „am Zuge ist" – mit den unbestimmten Begriffen fertig werden soll. Dass keine Behörde nach Gutdünken bestimmen kann, welches in einem konkreten Fall die „Belange der Bundesrepublik" usw. sind, liegt auf der Hand. Auch bei solchen Begriffen ist zunächst mit den Methoden der **Auslegung** anzusetzen, wie sie zu aller juristischen Arbeit gehören. So ist vielfach schon durch die ausdrückliche oder stillschweigende Bezugnahme auf den Normzweck Klarheit zu gewinnen: Die im GaststG geforderte „Zuverlässigkeit" eines Gastwirtes ist selbstverständlich nicht dieselbe Form von Vertrauenswürdigkeit wie diejenige, die man von einem Amtsarzt oder Notar erwarten muss. Richtig praktizierte teleologische, z. T. wohl auch historische Auslegung und entsprechende Subsumtion helfen jedenfalls ein Stück weiter. Vorschnelle Resignation und Flucht in rein subjektive Wertungen sind schon deshalb nicht gestattet, weil die Verwaltung ihre Entscheidungen – die oft stark in den persönlichen Lebensbereich der Betroffenen eingreifen (Ausländer-Ausweisung!) – *zu begründen* hat (vgl. § 39 Abs. 1 S. 2 VwVfG, s. a. S. 3 und unten Rn. 591) – und dies nicht nur formal, sondern mit dem Ziel der intersubjektiven Verständigung oder zumindest Respektierung.

---

3 Vgl. ausführlich *Koch*, Unbestimmte Rechtsbegriffe und Ermessensermächtigungen im Verwaltungsrecht, 1979, S. 101 ff.

Deshalb ist nachdrücklich daran zu erinnern, dass auch komplexe Zusammenhänge 565
unter den verschiedenen in Betracht kommenden Gesichtspunkten untersucht und
die Entscheidungsalternativen durchdacht, aber auch den Betroffenen dargelegt
werden müssen. Insbesondere sind die Erkenntnisse der Praxis und die Problematisierungen der Wissenschaft (also z. B. der Wirtschafts- und Sozialwissenschaften) zu berücksichtigen, wenn über das richtige Verständnis von Rechtsbegriffen
wie „öffentliches Interesse" zu beraten ist. Dies bedeutet selbstverständlich nicht,
dass empirische oder sonstige realwissenschaftliche Erkenntnisse über ökonomische, politische oder soziale Zusammenhänge zur Norm zu erheben sind; ein solcher
unreflektierter Positivismus widerspräche auch heutigem Verständnis von Sozialwissenschaft. Wirklichkeitswissenschaftliche Erkenntnisse können aber dazu beitragen, den zu beurteilenden Lebensbereich genauer zu erkennen, die Wirkungen
alternativ in Betracht kommender Maßnahmen genauer einzuschätzen und die *beteiligten bzw. betroffenen Interessen* vollständiger und genauer zu analysieren. In
anderen Bereichen sind *ästhetische* Aspekte einzubringen, etwa wenn im Rahmen
der Bauplanung oder Baupflege die Einfügung eines Bauwerks in die Umgebung
zu beurteilen ist.

Wo der Sachverstand der Verwaltung endet, kann und soll sie externe Sachverständige heranziehen. Diese sollen nicht bestimmen, wie die Rechtsnormen zu verstehen sind, wohl aber sollen sie Lösungsmöglichkeiten aufzeigen und deren Vor- und
Nachteile erläutern. 566

Es bleiben viele Fälle, in denen die Verwaltung mit guten Gründen die eine wie die
andere Einschätzung eines Sachverhalts vertreten kann, so dass die Frage entsteht,
ob sie insofern frei ist.

d) Die Überprüfung der Verwaltungsentscheidungen; Beurteilungsspielraum und Vertretbarkeit

Literatur und Rechtsprechung haben die *faktische* Begrenzung richterlicher Korrekturmöglichkeit zu einer *normativen* Schranke der Überprüfbarkeit gemacht.
Aus dem verständlichen Impuls heraus, in besonders schwierigen Fragen nicht aus
der Distanz des Gerichtsverfahrens heraus besserwisserisch in die aktive, oft unter
Zeitdruck handelnde Verwaltung hineinreden zu wollen, haben manche Richter
sich selbst solche Beschränkungen auferlegt. Danach steht den Behörden bei der
Auslegung oder Anwendung unbestimmter Rechts- oder Gesetzesbegriffe ein **Beurteilungsspielraum** zu. 567

Dieser Begriff ist von *Bachof* geprägt worden[4]. *Bachof* räumt einen solchen Beurteilungsspielraum (den er vom „Beurteilungsermessen" oder „Subsumtionsermessen" trennt) der Verwaltung *nicht bei der Auslegung unbestimmter Begriffe,
wohl aber bei ihrer Anwendung* ein – soweit sich dies aus dem Gesetz entnehmen 568

---

[4] Beurteilungsspielraum, Ermessen und unbestimmter Rechtsbegriff im Verwaltungsrecht, JZ 1955, 97 ff.; s. auch *ders.*, Urteilsanmerkung, JZ 1972, 208 ff.; ferner u. a. *Ossenbühl*, DVBl. 1974, 309 ff.

§ 16 *Unbestimmte Rechtsbegriffe und Ermessen*

lässt. Auch der behördliche Beurteilungsspielraum unterliege jedoch der gerichtlichen Nachprüfung auf die Einhaltung seiner *Grenzen*. Die Terminologie hat sich durchgesetzt; neuerdings werden aber auch wieder Gemeinsamkeiten und Verschränkungen von Ermessenseinräumung und Beurteilungsspielraum betont[5], und in manchen Entscheidungen finden sich Begriffe wie „Beurteilungsermessen" oder „Einschätzungsermessen."[6]

569 Einen anderen Ansatz wählte *Ule* in seinem Beitrag zur Gedächtnisschrift für *Jellinek*[7]. Danach haben sich die Gerichte auf die Prüfung zu beschränken, ob die behördliche Entscheidung **„vertretbar"** sei.

570 Als Gründe für ein Verbot vollständiger rechtlicher Überprüfung unbestimmter Begriffe sind in diesem Zusammenhang auch *Eigenheiten der Verwaltung* angeführt worden, die den Gerichten fehlten: Die Verwaltung sei schöpferisch, produktiv, während die Gerichte bloß reproduktiv, nachvollziehend tätig sein könnten; die Verwaltung müsse auch politische (Zweckmäßigkeits-) Erwägungen anstellen, den Richtern sei dies gerade verboten.

571 All diese Überlegungen, die als Aussagen über die faktischen Schwierigkeiten gerichtlicher Kontrolle durchaus realitätsgerecht sind, sind verfassungsrechtlich bedenklich, wenn sie als Anweisung zu einem Rückzug der Verwaltungsgerichtsbarkeit oder gar zu einem Verbot vollständiger gerichtlicher Kontrolle verstanden werden. Richtig ist zwar, dass die Gesetzmäßigkeit der Verwaltung nicht umfassende „Gerichtsmäßigkeit" bedeutet. Die Verwaltung soll das Gesetz vollziehen, sie bedarf dazu keiner vorherigen richterlichen Bestätigung. Aber *wenn* die Verwaltungsgerichte angerufen werden, dürfen sie der Aufgabe, die Übereinstimmung von Gesetz und Verwaltungsmaßnahme zu überprüfen, nach Art. 19 Abs. 4 GG nicht ausweichen. Sie haben ebenso wie vorher die Verwaltung alle zur Verfügung stehenden Methoden der Auslegung und Anwendung von Rechtsnormen zu benutzen und *gerechte* Entscheidungen anzustreben. Dazu besteht insbesondere Anlass, wenn das Gesetz für „Härtefälle" oder bei „schwerwiegenden Gründen" o. ä. eine Ausnahmeentscheidung vorschreibt.

572 Die Gerichte haben es dementsprechend in den meisten Fällen abgelehnt, einen Beurteilungsspielraum der Verwaltung anzuerkennen.

Vgl. etwa BVerwGE 42, 20, 22 (militärische Ordnung); E 45, 162, 164 ff. („besonderer Einzelfall" im Sinne von § 3 Abs. 3 Bundesärzteordnung); E 46, 175 („dienstliches Bedürfnis"); E 49, 79, 85 ff. („Unbilligkeit" im Kriegsopferrecht); E 56, 71, 75 („Wohl der Allgemeinheit"); E 59, 1, 2 („besondere Umstände des Einzelfalls" i. S. v. § 6 BAföG); E 59, 188, 190 („Unzumutbarkeit" i. S. v. § 7 Abs. 2 Nr. 4 USG a.F.); E 62, 86, 101 ff. („Bedarfsgerechtigkeit, Leistungsfähigkeit und Kostengünstigkeit" i. S. der damaligen §§ 1, 8 KHG; ebenso BVerwG, DVBl. 1989, 517 ff.); E 65, 19, 22 („im Interesse der ärztlichen Versorgung der Bevölkerung";

---

5 Vgl. *Pache*, Tatbestandliche Abwägung und Ermessensspielraum – Zur Einheitlichkeit administrativer Entscheidungsfreiräume und deren Konsequenzen im verwaltungsgerichtlichen Verfahren. Versuch einer Modernisierung, 2001.
6 Vgl. BVerwGE 64, 238, 242.
7 *Ule*, Zur Anwendung unbestimmter Rechtsbegriffe im Verwaltungsrecht, S. 309 ff.

E 68, 267, 271 („Gefahr im Verzug"); E 81, 12, 17 („nach dem Stand der Wissenschaft nicht vertretbare sonstige Auswirkungen auf den Naturhaushalt"). Grundsätzlich *gilt* also in all solchen Fällen das Urteil der Gerichte, mag auch in dem einen oder anderen Fall die Ansicht der Verwaltung einleuchtend, vertretbar oder sogar gut begründet erscheinen. – Jedoch hat das BVerwG einen Beurteilungsspielraum für *planerische* Abwägungsentscheidungen konzediert: E 72, 38, 52 ff. (Auswahl eines Krankenhauses als desjenigen, das den Planungszielen des Landes am besten gerecht werde); E 82, 260, 264 f. (Bewertung der „öffentlichen Verkehrsinteressen" beim Buslinienverkehr).

Für die Anerkennung oder Nichtanerkennung eines „besonderen pädagogischen Interesses" an der Errichtung einer Schule (Art. 7 Abs. 5 GG) hat das BVerwG (E 75, 275) der Unterrichtsverwaltung einen Beurteilungsspielraum zugebilligt; das BVerfG aber hat diese Entscheidung korrigiert (E 88, 40): das Urteil des BVerwG verletze den Schulträgerverein in seinen Grundrechten aus Art. 7 Abs. 4 S. 1 und Art. 19 Abs. 4 GG. Das BVerfG untersucht in diesem Zusammenhang die Entwicklung der Schulverfassung seit dem „Weimarer Schulkompromiss" (S. 47 ff.) und berücksichtigt „die gesamte Bandbreite pädagogischer Lehrmeinungen" (S. 51 ff.).

Auch dort, wo die Verwaltungsgerichte an sich einen Beurteilungsspielraum anerkennen, prüfen sie in der Regel streng, ob dessen Grenzen eingehalten sind. Dies belegt z. B. die Rechtsprechung zum Namensrecht. Regelmäßig haben die Gerichte im Gegensatz zu den Verwaltungsbehörden das Vorliegen eines *wichtigen Grundes* für die Namensänderung anerkannt[8]. **573**

Auch **wertende Begriffe** sind nach der Rechtsprechung uneingeschränkt nachprüfbar. So wurde die Denkmalswürdigkeit eines Hamburger Lotsenhauses vom *BVerwG* überprüft (E 24, 60, 63) und sogar – nicht ganz unbedenklich – die künstlerische Bewertung eines Dokumentarfilms durch die Filmbewertungsstelle der Länder auf ihre Gesetzeskonformität hin kontrolliert (BVerwGE 23, 194, 200 f.). In einem anderen Fall überprüfte das Gericht die Entscheidung eines Sortenausschusses beim Bundessortenamt, ob eine angemeldete Getreidesorte „landeskulturellen Wert" hat (BVerwGE 62, 330).

Noch ein **Beispiel:** der Begriff des „*berechtigten Interesses*" wird im allgemeinen als ein „durch sachliche Erwägungen gerechtfertigtes schutzwürdiges Interesse ideeller, wirtschaftlicher oder rechtlicher Natur" definiert[9]. Es ist weiter als das „rechtliche", d. h. für eine bestehende Rechtsbeziehung relevante Interesse. Es dürfte wenig Fälle geben, in denen die Behörde einem Bürger bestätigen darf, sein Interesse sei nicht berechtigt (was ja nicht heißt, dass er ein entsprechendes „Recht" auf seiner Seite hat!).

Zur Vertiefung: Eine grundsätzliche und umfassende Kritik der verschiedenen Ansätze, die verwaltungsgerichtliche Kontrolle zu beschränken, liefert *Ibler*, Rechtspflegender Rechtsschutz im Verwaltungsrecht, 1999.

e) Situations- und personengebundene Entscheidungen

Da, wie gezeigt, Art. 19 Abs. 4 GG so interpretiert wird, dass unbestimmte Rechtsbegriffe grundsätzlich voll gerichtlich überprüfbar sind, bedarf es zwingender Gründe, welche die Anerkennung eines Beurteilungsspielraums der Verwaltung **574**

---

[8] BVerwGE 15, 207; 22, 312; 40, 353; 40, 359. Fragwürdig dagegen VGH München, BayVBl. 1998, 632 (Berücksichtigung der allgemeinen Verwaltungsvorschriften zum Namensänderungsgesetz).
[9] *Eyermann/Fröhler*, Handwerksordnung, 3. A. 1973, Rn. 12 zu § 6.

§ 16 Unbestimmte Rechtsbegriffe und Ermessen

verlangen. Das Bundesverfassungsgericht hat dafür den wichtigsten Anhaltspunkt herausgearbeitet: „Unbestimmte Rechtsbegriffe können (...) wegen hoher Komplexität oder besonderer Dynamik der geregelten Materie so vage und ihre Konkretisierung im Nachvollzug der Verwaltungsentscheidung so schwierig sein, dass die gerichtliche Kontrolle an die Funktionsgrenzen der Rechtsprechung stößt" (BVerfGE 84, 34, 50). Es sind also nicht zwingende rechtliche Erwägungen, sondern faktische Probleme der gerichtlichen Überprüfung – die *„Funktionsgrenzen der Rechtsprechung"* –, welche die ansonsten angezeigte Prüfungsdichte ausschließen. Hierfür haben sich bestimmte Fallgruppen herausgebildet.

575 Anerkannt wurden behördliche Beurteilungsspielräume und damit eine eingeschränkte Prüfungskompetenz der Verwaltungsgerichte in Fällen, bei denen die Entscheidungssituation Besonderheiten aufweist oder bei denen es auf besondere Qualifikation(en) der beurteilenden Person(en) ankommt, nämlich bei
– Prüfungen und prüfungsähnlichen Entscheidungen (z. B. in der Schule),
– beamtenrechtlichen Entscheidungen und
– Entscheidungen weisungsfreier Ausschüsse.

Hinzu kommen nach der Rechtsprechung als weitere Sonderfälle Prognoseentscheidungen und Risikobewertungen.

576 In hohem Maße situations- und personengebunden sind **Prüfungsentscheidungen.** Die Entscheidungssituation ist schon in einer zeitlich versetzten Beratung nur noch schwer zu rekonstruieren, erst recht kann das Verwaltungsgericht sie nicht nachvollziehen. Es soll dies auch nicht; denn für die umfassende Bewertung der Leistung sind nur die Prüfer („höchstpersönlich") zuständig, sie sollen ihre pädagogischen, wissenschaftlichen, u. U. ästhetischen Maßstäbe einbringen, die rechtlich nicht fassbar sind.

Das *BVerwG* hatte den Prüfern ein erhebliches Maß an Freiheit eingeräumt, indem es sogar Irrtümer der Prüfer für nicht korrigierbar erklärte: Es gebe keinen allgemein gültigen Bewertungsgrundsatz des Inhalts, dass Richtiges nicht als falsch gewertet werden dürfe[10]! Pädagogisch-fachliche Bewertungen führten nach dieser Ansicht erst dann zur Rechtswidrigkeit einer Prüfungsentscheidung, wenn sie „auf einer derart eklatanten und außerhalb jedes vernünftigen Rahmens liegenden Fehleinschätzung wissenschaftlich-fachlicher Gesichtspunkte beruhen, dass sich ihr Ergebnis dem Gericht als gänzlich unhaltbar bzw. willkürlich aufdrängen muss."[11] Aber die Entscheidung über Rechtmäßigkeit oder Rechtswidrigkeit kann nicht von dem Grad an fachlicher Kompetenz abhängen, den das jeweilige Gericht aufweist! Fehlt dem Gericht die Sachkunde, so muss es sich eines Sachverständigen bedienen – eben dies aber lehnte das *BVerwG* ab[12].

Mit dieser Auffassung hat das *BVerfG* Schluss gemacht und den so begründeten Beurteilungsspielraum der Prüfer eingeengt[13]. Der Grundrechtsschutz der Prüflin-

---

10 BVerwG, DÖV 1980, 380.
11 BVerwG, a. a. O.
12 BVerwG, NVwZ 1991, 271.
13 BVerfGE 84, 34 und 84, 59.

ge erfordere auch eine fachwissenschaftliche Richtigkeitskontrolle durch die Gerichte. Diese hat auch sicherzustellen, dass „eine vertretbare und mit gewichtigen Argumenten folgerichtig begründete Lösung" einer Prüfungsaufgabe nicht als falsch gewertet wird. Letzteres sei ein allgemeiner Bewertungsgrundsatz, der bei berufsbezogenen Prüfungen aus Art. 12 Abs. 1 GG folge[14]. Nur bezüglich „prüfungsspezifischer Wertungen" erkennt das *BVerfG* noch einen Entscheidungsspielraum der Prüfer an – dies im Interesse der Chancengleichheit aller Prüfungsteilnehmer: Die Prüfungsbedingungen und Bewertungskriterien müssen so weit wie möglich vergleichbar sein[15].

Das Gericht kann selbstverständlich – nach früherer wie nach neuerer Rspr. – auch prüfen,
– ob das Prüfungs*verfahren* rechtmäßig war,
– ob *Tatsachen* verkannt oder übersehen wurden,
– ob die *Grenzen des Beurteilungsspielraums* eingehalten wurden,
– ob *allgemeine Bewertungsgrundsätze* beachtet worden sind oder
– ob *etwa sachfremde Erwägungen* bestimmend waren.

Einzelheiten aus der Rspr.: Die Prüflinge müssen das Recht haben, Einwände gegen ihre Abschlussnoten wirksam anzubringen (BVerfGE 84, 34, 46 f.; BVerwGE 91, 262 und 92, 132). Es sind u. U. Vorkehrungen nötig, um die Folgen fehlerhaft gestellter Aufgaben auszugleichen (BVerfGE 84, 59, 73). Unlösbare Aufgaben und unverständliche, missverständliche oder mehrdeutige Fragen dürfen nicht gestellt werden (BVerfGE 84, 59, 78). S. a. OVG Münster, E 21, 288 und BVerwGE 99, 74 (Punktabzug ist begründungsbedürftig).

Insgesamt bemüht sich die Rechtsprechung also, dort eine gerichtliche Überprüfung vorzunehmen, wo dies *ex post* trotz der genannten funktionalen Problembereiche möglich ist. Dies betrifft zum einen Fragen, die eher formal erscheinen, wie etwa die Vorbereitung und die einzelnen Elemente der Verwaltungsentscheidung. Zum anderen sind es aber auch eindeutig materielle Ansatzpunkte, die sich vor allem am Gesichtspunkt der allgemein gültigen Bewertungsmaßstäbe und der Chancengleichheit festmachen.

577

Fachliche Einschätzungen außerhalb von Prüfungen („Eignung" von Personen für bestimmte Aufgaben und Ämter, „*Bewährung*" im Beamtenrecht, notwendige „*Erfahrung* auf dem Gebiet der Selbstverwaltung"[16]) werden von manchen ebenfalls als nur beschränkt nachprüfbar bezeichnet. *Wolff/Bachof*[17] billigen hier der Behörde eine *Einschätzungsprärogative* zu. Auch hier wird jedoch eine „sachfremde" Einschätzung von den Gerichten nicht hingenommen[18]. Die Konkretisierung und Anwendung dieser Begriffe mag schwierig sein, sie wird aber leichter, wenn mit anderen Fällen *verglichen* werden kann, sei es in derselben Verwaltungseinheit, sei es über die Organisationsgrenzen hinaus. Ein Einschätzungsvorrecht der Behörde

578

---

14 Hierzu mit Recht kritisch *von Mutius/Sperlich*, DÖV 1993, 50 – es geht nicht nur um die Berufsfreiheit!
15 BVerfGE 84, 34, 52.
16 Dazu OVG Lüneburg, DVBl. 1958, 837.
17 A. a. O, § 31 I c 4.
18 Vgl. BVerwGE 32, 237.

§ 16 *Unbestimmte Rechtsbegriffe und Ermessen*

kann allenfalls in dem Sinne anerkannt werden, dass Unwägbarkeiten, persönliche Eindrücke der Beurteiler vom Gericht nicht einfach als irrelevant vernachlässigt werden dürfen – auch dann nicht, wenn sie sprachlich schwer vermittelbar sind.

Aus der Rechtsprechung: BVerwGE 21, 127, 129 f.; 26, 65; 107, 360 – dienstliche Beurteilung von Beamten; E 12, 20 – Personalgutachterausschuss. Fragwürdig BVerwG NVwZ 1982, 101: Bindung an falsche Ausführung von Beurteilungsrichtlinien! Vgl. a. BVerwGE 60, 245; 80, 224, 225 f. – Entscheidung über den Aufstieg eines Beamten in die höhere Laufbahngruppe; die Behörde darf sich für die psychologische Eignungsuntersuchung auf ein Gutachten der Deutschen Gesellschaft für Personalwesen stützen. Die Entscheidung des Dienstherrn aufgrund der Kriterien des Art. 33 Abs. 2 GG, „welcher Beamte der Bestgeeignete für einen Beförderungsdienstposten ist, kann als Akt wertender Erkenntnis des für die Beurteilung zuständigen Organs gerichtlich nur eingeschränkt überprüft werden" (BVerwGE 115, 58, 60). Die Feststellung, ob sich ein Beamter auf Probe „bewährt" hat, kann vom Verwaltungsgericht nicht uneingeschränkt überprüft werden (BVerwGE 85, 177, 180; 106, 263, 267). „Soweit es um spezifische Werturteile und Prognosen geht", sei „nur der Dienstherr in der Lage, den Gleichbehandlungsanspruch im Hinblick auf den Zugang zu den von ihm eingerichteten öffentlichen Ämtern zu wahren und durchzusetzen" (a. a. O. S. 267 f.). Anders aber BVerwGE 107, 221, 226 für die Überprüfung der Kenntnisse und Fähigkeiten eines Heilpraktikeranwärters: keine „Einschätzungsprärogative" des Amtsarztes.

579 **Entscheidungen weisungsfreier Ausschüsse:** Das *BVerwG* hat in einer seinerzeit aufsehenerregenden, aber folgenlos gebliebenen Entscheidung (E 39, 197) einen Beurteilungsspielraum bei der Verwaltungsentscheidung darüber anerkannt, ob eine Schrift in die Liste der jugendgefährdenden Schriften aufzunehmen sei (*Fall 4*). Ein anderer Senat des *BVerwG* hatte dies früher abgelehnt[19]. In der neueren Entscheidung beruft sich das *BVerwG* auf Überlegungen, die hier noch nicht behandelt sind. Die Entscheidungen **„gesellschafts-repräsentativer" Kollegialorgane** wie der Bundesprüfstelle für jugendgefährdende Schriften (Medien) seien „unvertretbar", daher dem gerichtlichen Nachvollzug entzogen.

580 Diese Rspr. ist nicht überzeugend. Auch Kollegialorgane, die ein Spiegelbild der gesellschaftlichen Kräfte darstellen (sollen), sind der gerichtlichen Kontrolle nicht enthoben; die „Herrschaft der Gesellschaft" ist nicht identisch mit der Herrschaft des Rechts[20]. Die Aufdeckung der (wahren) Gründe von Kollegialentscheidungen kann schwieriger sein als die von Entscheidungen einzelner; aber das sollte eigentlich zu einer noch sorgfältigeren Prüfung veranlassen.

Inzwischen hat auch das *BVerfG* der Ansicht des *BVerwG* eine Absage erteilt: Nach der „Mutzenbacher"-Entscheidung[21] sind Indizierungen voller richterlicher Kontrolle unterworfen, soweit es um die nötige Abwägung zwischen Kunstfreiheit und Jugendschutz geht. Ein Beurteilungsspielraum sei insofern nicht mit Art. 5 Abs. 3 S. 1 GG zu vereinbaren. Offen gelassen wurde, ob hinsichtlich des Vorhandenseins einer Jugendgefährdung oder der Zuordnung der Schrift zur Kunst ein Beurteilungsspielraum besteht[22].

---

19 BVerwGE 23, 112; 28, 223.
20 *Olshausen*, JuS 1973, 220.
21 BVerfGE 83, 130.
22 Zu diesem Urteil vgl. *Reidt*, DÖV 1992, 916 m. w. N.; *Würkner*, NVwZ 1992, 309; *Kalm*, DÖV 1994, 23 (gegen einen Beurteilungsspielraum).

Einem Richterwahlausschuss, der die sachlichen und persönlichen Voraussetzungen für die Übernahme eines früheren DDR-Richters in das Richterverhältnis prüfen soll – insbesondere die „Treue zum freiheitlichen, demokratischen, föderativen, sozialen und ökologisch orientierten Rechtsstaat" und die „moralische und politische Integrität" – hat das BVerwG einen Beurteilungsspielraum eingeräumt, zugleich aber die von diesem Ausschuss zugrundegelegte Gesamtwürdigung kritisch überprüft (BVerwGE 99, 371, 377 ff.). Die Beteiligung dieses Ausschusses soll nicht nur für angemessene Ergebnisse in der Sache sorgen, sondern auch zur Akzeptanz der Entscheidung in der Bevölkerung beitragen, deshalb sei der Ausschuss mit Mitgliedern unterschiedlicher Herkunft – aus Politik und Justiz – besetzt (a. a. O. S. 377 f.).

Für die Einräumung von Beurteilungsspielräumen spricht in diesen Konstellationen allerdings, dass die Sachkunde, die in solchen hochspezialisierten Gremien anzutreffen ist, von den Gerichten kaum nachvollzogen werden kann. Eine vollständige gerichtliche Überprüfung bedeutet damit im Klartext, dass das Gericht – gestützt auf die Expertise einzelner angehörter Sachverständiger – die Entscheidung eines Gremiums korrigiert, in dem eine Vielzahl dieser Experten um eine Antwort auf fachlich überaus anspruchsvolle Fragen gerungen hat. Andererseits ist natürlich auch hier zu beachten, dass auch die Experten, die in solche Gremien berufen werden, keinen neutralen Sachverstand verkörpern. Auch und gerade Fachleute haben Meinungen zu den Fragen, mit denen sie sich hochspezialisiert beschäftigen. Insofern kann durch die Besetzung solcher Gremien „Politik gemacht" werden, was wiederum das Bedürfnis nach einer weiteren, wenn natürlich ebenfalls nicht gänzlich „unpolitischen" Prüfung durch die Gerichte entstehen lässt. 581

Bezüglich des Vorhandenseins einer Jugendgefährdung hatte sich das *BVerwG* in seiner oben genannten Entscheidung (E 39, 197) zur Indizierung festgelegt: Der zweite Aspekt seiner Begründung eines Beurteilungsspielraums war nämlich gewesen, dass auch **Prognosen** über künftige Entwicklungen „unvertretbar" seien. Auch diese Überlegung überzeugt nicht: Prognosen können falsch und die auf sie gestützten Entscheidungen daher rechtswidrig sein. Im Polizeirecht sind dazu aus praktischer Erfahrung heraus angemessene Regeln entwickelt worden. Was der Richter nicht darf, ist: rückwärts gewandte Prophetie betreiben, d. h. seine bessere Kenntnis von heute an die Stelle der früheren Entscheidungsgrundlage setzen[23]. Aber das hat mit einem Überprüfungsverbot nichts zu tun. 582

Nach allem ist davon auszugehen, dass auch Entscheidungen, die auf der Auslegung und Anwendung unbestimmter Rechtsbegriffe beruhen, durch die Verwaltungsgerichte grundsätzlich voll auf ihre Rechtmäßigkeit nachzuprüfen sind. Im Ergebnis bedeutet das, dass die Gerichte dieselbe Entscheidung über die Anwendung rechtlicher Vorgaben, die bereits von der Verwaltung getroffen worden ist, erneut treffen und die Ergebnisse miteinander vergleichen. Weichen sie voneinander ab, so gilt die Verwaltungsentscheidung als rechtswidrig[24]. Nur ausnahmsweise, vor allem wenn der Nachvollzug der Entscheidung aus funktionalen Gründen als unmöglich 583

---

[23] Ein lehrreiches Beispiel dazu: OVG Münster, DVBl. 1980, 966. S. a. BVerwG, DVBl. 1999, 1138 (Risiken der Gentechnik).
[24] Zu diesem methodischen Ansatz vgl. *Ramsauer*, in: Festgabe 50 Jahre BVerwG, 2003, S. 699 ff.

erscheint, ist ein Beurteilungsspielraum der Verwaltung anzuerkennen. Die Prüfung besteht dann nicht mehr in einem vollständigen Nachvollzug, sondern einer Suche nach dem Vorliegen von Beurteilungsfehlern. Bei dieser Prüfung sind diejenigen Entscheidungen als rechtmäßig zu akzeptieren, bei denen die Verwaltung die aus der Unbestimmtheit der Rechtsbegriffe folgenden Wahlmöglichkeiten genutzt hat, ohne gegen allgemeine Rechtsgrundsätze oder übergeordnete Rechtsnormen zu verstoßen. Man kann hier von *äquivalenten* Entscheidungen sprechen; sie sind gleich rechtmäßig, ohne dass rechtsfrei (also willkürlich) entschieden worden wäre.

Stets haben die Gerichte die Entscheidung der Verwaltung auf folgende Beurteilungsfehler hin zu überprüfen:
– *Ist die Behörde von einem* zutreffenden und vollständig ermittelten Sachverhalt *ausgegangen?*
– Hat sie die *Grenzen eines Beurteilungsspielraums* eingehalten und
– hat sie die *richtigen Wertmaßstäbe* angewendet?

Insbesondere die letztgenannte Überprüfung hält dem Gericht praktisch fast alle Möglichkeiten offen, seine Wertungen gegen diejenigen der Verwaltung durchzusetzen.

2. Ermessen der Verwaltung

a) Ermessensvorschriften

584 In zahlreichen Rechtsnormen wird der Verwaltung eine Handlungsbefugnis in der Form eingeräumt, dass es heißt, diese und jene Maßnahme *„kann"* getroffen werden. Man spricht hier von Ermessenseinräumung, und nicht selten ist auch ausdrücklich gesagt, die Verwaltung solle **„nach pflichtmäßigem Ermessen"** handeln. Andere Formulierungen sind „darf", „ist berechtigt", „ist befugt"; oder die Ermessenseinräumung ergibt sich aus der Aufzählung von Handlungsalternativen. Auch das Wort „soll" kann auf Ermessen hinweisen. Anders als bei den Beurteilungsspielräumen ergibt sich der Spielraum der Verwaltung hier nicht aus Überlegungen zu den funktionalen Grenzen der Rechtsprechung, sondern aus der gesetzlichen Regelung selbst. Es ist also der Gesetzgeber, der das Ermessen einräumt, das sodann auch bei der gerichtlichen Überprüfung zu beachten ist und zu einer Einschränkung der Prüfungstiefe führt.

Der Gesetzgeber räumt der Verwaltung auf diese Weise die Möglichkeit zur eigenverantwortlichen Entscheidung über die Rechtsfolge ein. Damit kann ein höheres Maß an Einzelfallgerechtigkeit erzielt werden. Die Verwaltung bemüht sich aber immer auch um Gleichbehandlung gleicher Sachverhalte und tendiert deshalb dazu, die Handhabung des ihr zugestandenen Ermessens durch Verwaltungsvorschriften einheitlich auszurichten[25].

---

25 *Maurer*, § 7 Rn. 13 f.

Diese Regelungstechnik kommt vor allem bei **finaler Programmierung** vor, wenn   585
also nur das *Ziel* des Verwaltungshandelns, nicht aber die einzelnen Maßnahmen festgelegt sind. Allerdings gibt es auch die Kombination mit dem Gegentyp, der **konditionalen Programmierung** (wenn ein Tatbestand erfüllt ist, tritt diese und jene Rechtsfolge ein); so ist insbesondere die Gefahrenabwehr durch die Polizei einerseits von der Feststellung einer konkreten Gefahr abhängig, andererseits muss nicht in jedem solchen Falle eine polizeiliche Maßnahme erfolgen, sondern die Behörde hat die nach ihrer Einschätzung notwendigen Mittel nach pflichtmäßigem Ermessen auszuwählen (und kann daher auch ganz von einem Eingreifen absehen).

Man unterscheidet **Entschließungs-** und **Auswahl-Ermessen:**   586
– Wenn es der Behörde freigestellt ist, **ob** sie überhaupt tätig werden will, spricht man von *Entschließungsermessen*,
– wenn ihr die Entscheidung überlassen ist, **welche** von mehreren (nach dem Gesetz zulässigen) Maßnahmen ergriffen werden soll, liegt *Auswahlermessen* vor.

Beispiel: Bei Auskünften nach dem Umwelt-Informationsgesetz hat die Behörde zwar kein Entschließungs-, aber Auswahlermessen (BVerwGE 102, 282).

Ermessenseinräumung an die Verwaltung ist nicht, wie von manchen behauptet   587
wird, rechtsstaatsfeindlich. Der Gesetzgeber ist nicht in der Lage, die Maßnahmen der Verwaltung, die in allen denkbaren künftigen Fällen notwendig werden können, im Voraus hinreichend bestimmt festzulegen. Das Handlungsermessen erlaubt **situationsgerechte und gerade dadurch (einzelfall-)gerechte Entscheidungen.** Dieser Aspekt wird in der Literatur betont[26], freilich z. T. mit der bedenklichen Konsequenz einer erheblichen Einschränkung gerichtlicher Überprüfung.

Auf *Sozialleistungen* besteht jedoch nach § 38 SGB I ein Anspruch, „soweit nicht nach den besonderen Teilen dieses Gesetzbuches die Leistungsträger ermächtigt sind, bei der Entscheidung über die Leistung nach ihrem Ermessen zu handeln".

In Rn. 563 ist bereits die gängige Terminologie wiedergegeben, wonach von Er-   588
messen nur bei der *Rechtsfolge* gesprochen wird, nicht aber auf der Tatbestandsseite der Rechtsnorm. Tatsächlich kommen aber im Tatbestand mancher Rechtsnormen Begriffe vor, die in so hohem Maße unbestimmt sind, dass die dadurch bedingte „äquivalente" (rechtmäßige) Wahlmöglichkeit der Behörde bei unbefangenem Sprachgebrauch durchaus als „Ermessen" bezeichnet werden könnte – was man freilich vermeiden sollte, um nicht Irritation zu verursachen. Terminologische Fragen mögen unlogisch oder sonst unbefriedigend gelöst sein – es erleichtert aber die Arbeit, wenn man sich dabei an das Übliche hält.

Der unbestimmte Rechtsbegriff „unbillig" in § 131 Abs. 1 S. 1 AO alter Fassung (jetzt § 227   589
Abs. 1 AO 1977) ist nach Ansicht des Gemeinsamen Senats der obersten Gerichtshöfe des Bundes (vgl. Art. 95 Abs. 3 GG) mit der dort ebenfalls enthaltenen Ermessenseinräumung in fast unlösbarer Weise verzahnt („**Koppelungsvorschrift**").
Die Entscheidung darüber, ob die Einziehung von Steuerforderungen nach Lage des einzelnen Falles unbillig wäre, sei deshalb von den Gerichten nach den (sogleich – unter Rn. 590 ff. – zu

---

26 Vgl. insbes. *Bullinger*, JZ 1984, 1001 ff.

§ 16 Unbestimmte Rechtsbegriffe und Ermessen

behandelnden) Grundsätzen zu überprüfen, die für die Überprüfung von Ermessensentscheidungen gelten (BVerwGE 39, 355). Gleichen Charakter wie der Unbilligkeits-Begriff haben Begriffe wie „öffentliches Interesse", „Gemeinwohl", „Interesse der Allgemeinheit", wenn sie mit „Kann"-Vorschriften kombiniert sind.

Trotz der Einschränkung gegenüber der vollen richterlichen Nachprüfung korrigierte der Gemeinsame Senat in der Sache die Behörde, die den Steuererlass abgelehnt hatte. Hier wie anderswo zeigte sich, dass die Gerichte auch gegenüber Ermessensakten der Verwaltung eine durchaus bemerkbare, z. T. sogar recht weitgehende Kontrolle ausüben.

b) Bindungen des Ermessens

590 Zunächst ist festzuhalten, dass die Behörde ihr Ermessen „entsprechend dem Zweck der Ermächtigung auszuüben und die gesetzlichen Grenzen des Ermessens einzuhalten" hat (§ 40 VwVfG). Das Verwaltungsgericht prüft daher gemäß § 114 VwGO „auch, ob der Verwaltungsakt oder die Ablehnung oder Unterlassung des Verwaltungsaktes rechtswidrig ist, weil die gesetzlichen Grenzen des Ermessens überschritten sind oder von dem Ermessen in einer dem Zweck der Ermächtigung nicht entsprechenden Weise Gebrauch gemacht ist". Der Bürger hat auch Anspruch auf pflichtgemäße, fehlerfreie Ausübung des Ermessens[27]. Eine ausführliche Anleitung zur richtigen Ermessensausübung enthält § 73 LVwG SH.

591 Ermessen, manchmal auch als „freies Ermessen" bezeichnet, bedeutet also keineswegs Willkür. Die Behörde ist verpflichtet, das Für und Wider ihres Handelns – ob und wie – sorgfältig zu erwägen und dabei **die betroffenen Interessen** – private wie öffentliche – **gegeneinander abzuwägen.** Eine Behörde, die meinte, sie dürfe wegen ihrer Ermessensfreiheit weniger sorgfältig entscheiden, hätte schon den ersten Ermessensfehler gemacht[28]. Die Begründung von Ermessensentscheidungen soll nach § 39 Abs. 1 S. 3 VwVfG „auch die Gesichtspunkte erkennen lassen, von denen die Behörde bei der Ausübung ihres Ermessens ausgegangen ist". Vielfach ist der Ermessensgebrauch in einem Verwaltungszweig oder einer Behörde durch Verwaltungsvorschriften oder Hausanordnungen gebunden. Diese Ermessensrichtlinien (s. o. Rn. 228) werden von manchen Behörden wie ein Geschäftsgeheimnis gehütet; andere publizieren sie und gehen damit das „Risiko" ein, sich auch im Außenverhältnis zu binden.

So hat z. B. die Bundesbank die Grundsätze veröffentlicht, nach denen sie Geldwertsicherungsklauseln (§§ 3 S. 3 Währungsgesetz, 49 Abs. 2 AWG) genehmigt[29].

592 Das *Gleichbehandlungsgebot* bewirkt eine Bindung an die eigene Ermessensausübung, also an Präjudizien. Diese Theorie der **Selbstbindung der Verwaltung** ist von Literatur und Rechtsprechung zu einem sehr wirksamen Instrument der Verwaltungskontrolle ausgebaut worden (vgl. oben Rn. 233 ff.).

---

27 So ausdrücklich § 39 Abs. 1 S. 2 SGB I; vgl. ferner BVerfGE 27, 297 (307 ff. – sehr entschieden gegen andere Tendenzen!); BVerwGE 2, 288, 290; 11, 95; 37, 112.
28 *Cattepoel*, VerwArch 71, 1980, 148. S. a. BVerwG, DVBl. 1997, 189.
29 BAnz. v. 29. 8. 1964 und 12. 9. 1969.

c) Ermessensfehler

Durch Einräumung von Ermessen soll es der Verwaltung auch ermöglicht werden, im Rahmen sachlicher Erwägungen *Zweckmäßigkeitsgründe* zu berücksichtigen. Stellt eine andere Instanz nachträglich fest, dass die Entscheidung doch unzweckmäßig gewesen sei, so ist das *kein Rechtsfehler*, die behördliche Entscheidung kann dann zwar von der vorgesetzten Stelle – aus eigener Initiative oder auf Widerspruch des Betroffenen hin (§§ 68 Abs. 1 S. 1, 69 VwGO) – aufgehoben werden, aber sie bleibt rechtmäßig und vor Gericht unangreifbar.

593

„Ermessensfehler" (Rechtsfehler) sind jedoch gegeben, wenn die Gebote des § 40 VwVfG nicht beachtet werden, also
- die gesetzlichen Grenzen des Ermessens überschritten werden **(Ermessensüberschreitung)** oder
- von dem Ermessen in einer dem Zweck des Ermessens nicht entsprechenden Weise Gebrauch gemacht wird **(Ermessensfehlgebrauch** oder – inhaltlich gleich, sprachlich kräftiger – **Ermessensmissbrauch)**.

594

Nicht ausdrücklich erwähnt, aber unbestritten ebenfalls ein Rechtsfehler ist es, wenn
- die Behörde eine ihr zustehende Entscheidungsbefugnis nicht wahrnimmt, weil sie sich irrigerweise gebunden fühlt oder die Rechtslage gar nicht prüft **(Ermessensunterschreitung)**.

Beispiele für Ermessensüberschreitung: die Polizei entscheidet sich für eine Maßnahme, die zur Gefahrenabwehr zwar nützlich, aber nicht erforderlich ist; die Baugenehmigungsbehörde lässt eine Ausnahme von Festsetzungen des Bebauungsplans zu, die in dem Plan nicht vorgesehen ist (§ 31 Abs. 1 BauGB).

595

Beim Ermessensfehlgebrauch lassen sich wiederum zwei unterschiedliche Konstellationen unterscheiden. Ein **Ermessensdefizit** liegt vor, wenn Erwägungen, die nach der konkreten Ermessensvorschrift anzustellen gewesen wären, bei der Entscheidung nicht einbezogen worden sind. Umgekehrt liegt ein Fehler vor, wenn die Verwaltung **sachwidrige Erwägungen** anstellt, also gerade Gesichtspunkte berücksichtigt, die nicht berücksichtigt werden durften. In beiden Fällen überprüfen die Gerichte also die materiellen Überlegungen, welche die Verwaltung angestellt hat, im ersten Fall auf Vollständigkeit, im zweiten hinsichtlich ihrer rechtlichen Zulässigkeit im Einzelfall.

596

Eine Ermessensunterschreitung liegt hingegen vor, wenn die Baugenehmigungsbehörde einen Antrag auf Befreiung von solchen Festsetzungen des Bebauungsplanes ohne Prüfung der Voraussetzungen (§ 31 Abs. 2 BauGB) ablehnt. Das Parallel-Beispiel aus dem Polizeirecht: Der bei einer Schlägerei zu Hilfe gerufene Polizeibeamte wendet sich mit der Begründung von dem Geschehen ab, Streitigkeiten unter Privaten gingen die Polizei nichts an: er muss zumindest prüfen, ob jemand Schutz braucht. Einen lehrreichen Fall hat das BVerwG entschieden: Der Erstattungsanspruch nach § 84 Abs. 1 Ausländergesetz (Haftung für den Lebensunterhalt von Ausländern) darf nicht ohne Beachtung des Einzelfalls geltend gemacht werden, obwohl das Gesetz diesen Anspruch ohne Einschränkung begründet. Im konkreten Fall ging es um Kriegsflüchtlinge aus Bosnien, die im Rahmen einer Hilfsaktion (Beschluss der Innenministerkonferenz) zu Verwandten in die Bundesrepublik gekommen

§ 16 *Unbestimmte Rechtsbegriffe und Ermessen*

waren. Die Behörde hätte auf die individuelle Leistungsfähigkeit der Verpflichteten abstellen müssen. Das BVerwG rügt, dass sie keinerlei Ermessenserwägungen angestellt hat[30].

597 Von Ermessensüberschreitung i. w. S. kann auch gesprochen werden, wenn die **gesetzlichen Voraussetzungen der Ermessensausübung** im konkreten Fall nicht gegeben sind, insbesondere wenn Rechtsbegriffe falsch ausgelegt oder angewendet werden (z. B. bei der Polizei: es ist gar keine Gefahr für die öffentliche Sicherheit gegeben; s. aber auch oben Rn. 202).

Verstöße gegen den Gleichheitssatz oder das Verhältnismäßigkeitsprinzip machen selbstverständlich nicht nur gebundene VAe, sondern auch Ermessensakte rechtswidrig. *Wolff/Bachof* zählen diese Fälle zum **Ermessensmissbrauch**[31]. Sprachlich richtiger ist es, den Missbrauchsbegriff für *subjektives* Fehlverhalten zu reservieren, also die Fälle unzulässiger *Motivation* an sich zulässiger Maßnahmen.

Beispiele: Die Polizei lässt falsch geparkte Fahrzeuge regelmäßig sofort abschleppen, um den eigenen oder einen „befreundeten" Abschleppbetrieb besser auszulasten. Ein Dienstvorgesetzter lehnt die Beförderung eines qualifizierten Beamten ab, weil er die Stelle für einen Parteifreund offen halten will.

Es liegt auf der Hand: ein Ermessensmissbrauch kann selten nachgewiesen werden. Wenn – wie meist – die Akten keine Hinweise enthalten, ist es leicht, die wahren Motive zu vertuschen und andere Gründe vor- (oder nach-)zuschieben[32]. Das Nachschieben von Ermessenserwägungen ist überdies durch § 114 S. 2 VwGO ausdrücklich erlaubt worden; die Rspr. hat dies als verfassungsrechtlich unbedenklich gebilligt[33].

Zur Vertiefung: *Alexy,* Ermessensfehler, JZ 1986, 701 ff.

d) Ermessensreduktion „auf Null"

598 Es gibt Situationen, in denen aus der theoretisch zur Auswahl stehenden Mehrzahl von Entscheidungen doch nur eine einzige überzeugend begründbar erscheint. Ist etwa ein Menschenleben durch eine akute Bedrohung gefährdet, so darf ein anwesender Polizeibeamter nicht untätig bleiben; er muss handeln, und er muss das Mittel ergreifen, das am sichersten zur Abwehr der Gefahr führt. In dem Fall, der zu der Leitentscheidung des *BVerwG* über diese Frage geführt hat[34], waren Nachbarn eines Kohlen- und Fuhrgeschäfts durch Staub und Geräusch so stark belastet, dass sie ein baupolizeiliches Verbot dieses Gewerbebetriebes beantragten. Die Behörde war nach der einschlägigen Bauordnung befugt, nach pflichtgemäßem Ermessen gegen vorschriftswidrige Zustände einzuschreiten. Das *OVG* hatte festgestellt, die Nachbarn hätten nur Anspruch auf ermessensfehlerfreie Entscheidung, nicht aber auf ein bestimmtes Handeln der Polizei. Das *BVerwG* hat – unter Berufung auf das Grundrecht nach Art. 14 Abs. 1 GG – entschieden, für eine rechtsfehlerfreie Ermessensausübung könne auch das **Ausmaß oder die Schwere der Störung oder**

---
30 BVerwGE 108, 1, 17 ff..
31 *Wolff/Bachof/Stober*, § 31 Rn. 49 ff.
32 Vgl. *Wolff/Bachof/Stober*, a. a. O.
33 BVerwGE 106, 351, 363 ff.
34 E 11, 95.

Gefährdung eine maßgebende Bedeutung haben. „Bei hoher Intensität der Störung oder Gefährdung kann eine Entschließung der Behörde zum Nichteinschreiten unter Umständen sogar als schlechthin ermessensfehlerhaft erscheinen. Praktisch kann dieserhalb die rechtlich gegebene Ermessensfreiheit derart zusammenschrumpfen, dass nur eine einzige ermessensfehlerfreie Entschließung, nämlich die zum Einschreiten, denkbar ist und höchstens für das Wie des Einschreitens noch ein ausnutzbarer Ermessensspielraum der Behörde offen bleibt. Unter dieser besonderen Voraussetzung kann der an sich nur auf ermessensfehlerfreie Entschließung der Behörde gehende Rechtsanspruch im praktischen Ergebnis einem strikten Rechtsanspruch auf ein bestimmtes Verwaltungshandeln gleichkommen". Im konkreten Fall wurde der Rechtsstreit an das Berufungsgericht zurückverwiesen[35].

Diese Lehre von der **Ermessensreduzierung oder Ermessensschrumpfung** (auf „Eins" – eine rechtmäßige Entscheidung – oder, wie heute allgemein gesagt wird, auf „Null" – weil der Spielraum verschwindet) ist in Rechtsprechung und Literatur allgemein anerkannt, auch in anderen Rechtsgebieten als dem Polizei- und Ordnungsrecht.

599

Vgl. für Entschädigungsleistungen nach LAG BVerwGE 16, 214; für die Entziehung der Kassenarzt-Zulassung nach dem damaligen § 368a Abs. 6 RVO gegenüber einem rauschmittelabhängigen Arzt BSGE 28, 83; für die Übernahme einer Bewerberin in das Beamtenverhältnis bei Vorliegen der gesetzlichen Voraussetzungen (Ablehnung war Diskriminierung einer Frau nur wegen ihres Geschlechts) BayVGHE 10, 110.

Nicht allgemein gutgeheißen wird hingegen die „Erfindung" des **„intendierten Ermessens"** (oder gelenktes Ermessen, s. E 105, 55, 57), die das BVerwG einer Reihe von Entscheidungen zugrunde gelegt hat (BVerwGE 72, 1, 6; 91, 82, 90; 105, 55, 57). Das Gericht meint, es bedürfe bei denjenigen Ermessensbetätigungen, „deren Richtung vom Gesetz vorgezeichnet ist", keiner Abwägung des „Für und Wider"; damit entfalle zugleich auch eine entsprechende Begründungspflicht der Behörde. In den entsprechenden Fällen – also wenn die Auslegung einer konkreten Vorschrift ergibt, dass (nur) „intendiertes Ermessen" eingeräumt werde – sei die zuständige Stelle nicht ermächtigt, bei ihrer Ermessensentscheidung zwischen der Gewährung und der Ablehnung einer Ausnahme „frei" zu wählen und das „Für und Wider" ohne gesetzliche Intention abzuwägen. Die Ermessensermächtigung solle es vielmehr der zuständigen Stelle in solchen Fällen „lediglich ermöglichen, von einer nach der grundsätzlichen Zielsetzung des Gesetzes an sich gebotenen Versagung ... ausnahmsweise dann abzusehen, wenn sie dies aufgrund bestimmter besonderer Umstände des Einzelfalles ... zur Vermeidung einer ungewöhnlichen Härte für angemessen hält" (E 72, 1, 6)[36]. Damit werden Kann-Vorschriften wie Soll-Vorschriften behandelt, was nur Verwirrung stiftet[37]. Zur Klarstellung: die Ermessensreduktion auf Null (vorige Rn.) findet immer nur im Einzelfall statt; die Lehre

600

---

35 BVerwGE 11, 95, 97.
36 Zustimmend zu dieser Rspr. *Schwabe*, DVBl. 1998, 145 f.
37 So auch *Volkmann*, DÖV 1996, 281 ff., 284; *Maurer* § 7 Rn. 12; kritisch gegenüber der Rspr. auch *Sachs*, in: *Stelkens/Bonk/Sachs*, § 40 Rn. 28 ff.; *Gerhardt* in: *Schoch*, VwGO, § 114 Rn. 20. S. a. *Pabst*, VerwArch 93 (2002), 40 ff.

§ 16 Unbestimmte Rechtsbegriffe und Ermessen

vom „intendierten Ermessen" will demgegenüber gerade von der Einzelfallprüfung teilweise dispensieren und ist deswegen fragwürdig.

3. Planungsmaßstäbe und Planungsermessen

601 Besonders große Schwierigkeiten bereitet die gerichtliche Überprüfung von Planungsentscheidungen (Bebauungsplänen, raumbezogenen Planfeststellungsbeschlüssen), weil die dabei zu beachtenden Rechtsnormen in aller Regel sehr allgemein formuliert sind und sich zu einem erheblichen Teil gegenseitig widersprechen.

So bestimmt § 1 Abs. 5 S. 1 BauGB: „Die Bauleitpläne sollen eine nachhaltige städtebauliche Entwicklung und eine dem Wohl der Allgemeinheit entsprechende sozialgerechte Bodennutzung gewährleisten und dazu beitragen, eine menschenwürdige Umwelt zu sichern und die natürlichen Lebensgrundlagen zu schützen und zu entwickeln", und in S. 2 ist dann eine Vielzahl von Gesichtspunkten („Anforderungen", „Bedürfnisse" und „Belange") aufgezählt, die bei der Aufstellung der Bauleitpläne „insbesondere" (!) zu berücksichtigen sind – von den „allgemeinen Anforderungen an gesunde Wohn- und Arbeitsverhältnisse" über die „Belange des Umweltschutzes" bis zu den „Belangen der Wirtschaft, des Verkehrs usw.". Abs. 6 bestimmt, dass die (alle!) „öffentlichen und privaten Belange gegeneinander und untereinander gerecht abzuwägen" sind.

602 Es liegt nahe, der Verwaltung bei der Umsetzung so komplexer, z. T. notwendig konfligierender Ziele weitgehende Entscheidungsfreiheit zu konzedieren, die gerichtliche Überprüfung der schließlich zustandekommenden Pläne also einzuschränken. Für eine verstärkte Bestandssicherung der Bauleitpläne spricht auch, dass ihre Aufhebung – die oft erst nach jahrelangem Prozess geschehen könnte – „einen städtebaulichen Torso und einen Scherbenhaufen gescheiterter Dispositionen und Investitionen" hinterlässt[38]. Das gewünschte höhere Maß an Rechtssicherheit könnte erreicht werden, indem man die Planungsziele nur als beschränkt justiziabel ansähe oder den Regeln über die Planaufstellung eine Ermächtigung an die Verwaltung entnähme, nach ihrem „Ermessen" zu handeln.

603 In der Tat unterscheiden manche diejenige Form von Entscheidungsspielraum, die bei Planungen besteht, als *„Planungsermessen"* von anderen Formen des Verwaltungsermessens. Die zugrunde liegenden Rechtsnormen ordnen keine bestimmte Rechtsfolge an; es wird auch keine Subsumtion unter einen bestimmten Gesetzestatbestand vorgenommen. Die Verwaltung hat einen Gestaltungsauftrag wahrzunehmen, bei dem nicht „nachvollziehend" sondern eben „gestaltend" abzuwägen sei[39]. Auch das *BVerwG* hat immer wieder herausgestellt, dass sich aus der Übertragung der Planungsbefugnis auf die Planfeststellungsbehörde eine *„planerische Gestaltungsfreiheit"* ergebe. Die Befugnis zur Planung müsse einen „mehr oder weniger ausgedehnten Spielraum an Gestaltungsfreiheit" einschließen, „weil Planung ohne Planungsfreiheit ein Widerspruch in sich wäre."[40]

---

38 *Breuer*, NVwZ 1982, 274.
39 *Wolff/Bachof/Stober*, § 31 Rn. 59.
40 BVerwGE 34, 301, 304; E 48, 56, 59; E 55, 220, 226; E 56, 110, 116.

3. Planungsmaßstäbe und Planungsermessen § 16

Rubel hat demgegenüber nachgewiesen, dass das Planungsermessen keine grundsätzlich andersartige Normstruktur hat und dass eine weitgehende Kontrolle planerischer Entscheidungen sehr wohl mit dem „Wesen" der Planung vereinbar ist; er plädiert für eine „Vollkontrolle" im Sinne einer Prüfung, ob „Zweckkongruenz, Verhältnismäßigkeit und ggf. der Gleichheitssatz" gewahrt sind[41]. Das *BVerwG* kommt trotz seiner andersartigen Ausgangsüberlegungen in den Ergebnissen regelmäßig ebenfalls zu einer **weitgehenden Überprüfung der planerischen Entscheidungen.** Schranken der Gestaltungsfreiheit folgert es aus der behördeninternen Bindung an vorbereitende Planungsentscheidungen höherer Instanzen (z. B. im Fernstraßenrecht und Luftrecht solche des Bundesverkehrsministeriums), aus dem Erfordernis einer an den Zielen des Gesetzes ausgerichteten Rechtfertigung des konkreten Vorhabens und aus den Anforderungen des Abwägungsgebotes. Die in **§ 1 Abs. 6 BauGB** angeführten Zielbestimmungen sind nach Ansicht des BVerwG **zwar unbestimmte, aber in vollem Umfang justiziable Rechtsbegriffe** (auf der Tatbestandsseite der Normen)[42]. Dies gilt auch für die in § 35 BauGB verwendeten Begriffe (*Fall 2!*).

604

So ist schon oft gerichtlich überprüft worden, ob die Verwaltung das Gebot gerechter Abwägung (§ 1 Abs. 5 BauGB) richtig praktiziert hat, und nach der insofern allgemein akzeptierten Rechtsprechung des *BVerwG* sind vier Fallgruppen von **Abwägungsmängeln** zu unterscheiden, die zur Rechtswidrigkeit des beschlossenen Planes führen:
(1) Es hat überhaupt keine Abwägung stattgefunden *(Abwägungsausfall)*.
(2) Bestimmte Belange, die nach Lage der Dinge in die Abwägung hätten einbezogen werden müssen, sind nicht einbezogen worden *(Abwägungsdefizit)*.
(3) Die Bedeutung bestimmter Belange ist verkannt worden *(Fehleinschätzung)*.
(4) Der Ausgleich zwischen den von der Planung berührten öffentlichen Belangen ist in einer Weise vorgenommen worden, die „zur objektiven Gewichtigkeit einzelner Belange außer Verhältnis steht" *(Disproportionalität)*[43].

605

Bei Fachplanungen in der Form von Planfeststellungsbeschlüssen ist zudem zu beachten, dass es nach der Rspr. des *BVerwG*[44] zwingende, vom Gesetz vorgegebene **„Planungsleitsätze"** gibt, die nicht durch Abwägung überwunden werden können. Erst „nach" deren Beachtung ist Raum für Abwägung zwischen Optimierungsgeboten und für die Berücksichtigung sonstiger Abwägungsgebote[45].

Damit ist eine angemessene gerichtliche Kontrolle auch dieser schwierigen Entscheidungsprozesse möglich – mögen auch die Ergebnisse der Judikatur nicht immer voll überzeugen.

Ein gutes **Beispiel** für gerichtliche Planungskontrolle liefert der *„Flachglas"-Fall* (BVerwGE 45, 309). In unmittelbarer Nachbarschaft eines Wohngebietes und zu Lasten einer Grünflä-

---

41 Planungsermessen, 1982; s. a. *Koch/Rubel/Heselhaus*, § 5 Rn. 110 f.; *Koch*, DVBl. 1983, 1125 ff. sowie DVBl. 1989, 399 ff.
42 BVerwGE 34, 301, 308; 47, 144, 146 ff.
43 Dazu a. *Breuer* (Fn. 38) m. w. N.; BVerwGE 34, 301, 309; 45, 309, 314; E 47, 144, 146.
44 E 71, 163.
45 Zum Ganzen vgl. *Steinberg*, DVBl. 1992, 1501 ff.

che war ein äußerst umfangreiches Fabrikgelände vorgesehen. Das BVerwG stellt hier eine falsche Gewichtung der Belange unter Verletzung des Gebots der Rücksichtnahme fest; der materielle Maßstab, den es anwandte, bestand in dem Gebot, Wohngebiete und belastende Industriegebiete nicht nebeneinander vorzusehen[46]. Ausführliche Erwägungen zur angemessenen planerischen Abwägung hat das *BVerwG* auch in den Entscheidungen zum Neubau der *Bundesstraße 42* (E 48, 56) und zur *Frankfurter Startbahn West* (E 56, 110) angestellt. Zur Vermeidung von Eingriffen in Natur und Landschaft bei der Fernstraßenplanung vgl. a. BVerwGE 104, 144; 110, 302 ff.; 112, 140 ff.

606 Nachdem die Verwaltungsgerichte in immer stärkerem Maße dazu übergegangen waren, Bebauungspläne wegen Fehlern im Verfahren und beim Abwägungsvorgang aufzuheben, schränkte der Gesetzgeber ihre Möglichkeiten ein. Zunächst wurde in erheblichem Umfang die Heilung von Verfahrens- und Formfehlern angeordnet, dann erklärte der Gesetzgeber in § 155b BBauG (heute: § 214 Abs. 2 BauGB) gewisse Mängel der Abwägung für „unbeachtlich", wenn (zu ergänzen: im übrigen) „die Grundsätze der Bauleitplanung und die Anforderungen an die Abwägung" gewahrt waren. Mit der Neufassung des BauGB ist diese Regelung in § 214 BauGB geändert worden; bestehen geblieben ist aber die Vorschrift des § 155b Abs. 2 S. 2 BBauG (jetzt § 214 Abs. 3 S. 2): In einer aus der Rechtsprechung übernommenen Unterscheidung zwischen *Abwägungsvorgang und Abwägungsergebnis* wurde festgelegt, dass Mängel im Abwägungsvorgang nur erheblich werden sollten, „wenn sie offensichtlich und auf das Abwägungsergebnis von Einfluss gewesen sind." Diese Einschränkung ist rechtsstaatlich sehr bedenklich[47] (Art. 19 Abs. 4 GG!, s. auch unten Rn. 674). Das BVerwG hat diese Klausel restriktiv angewendet (E 64, 33). Verfassungskonforme Auslegung gebiete, dass „Einfluss auf das Abwägungsergebnis" schon anzunehmen sei, wenn die konkrete *Möglichkeit* eines solchen Einflusses bestehe. Unzutreffende Vorstellungen über den Verlauf der Grenze eines Landschaftschutzgebietes seien ein offensichtlicher Mangel des Abwägungsvorgangs; der betreffende Bebauungsplan wurde deshalb aufgehoben.

607 Die Unterscheidung zwischen Abwägungsvorgang und Abwägungsergebnis ist nach Ansicht von *Koch*[48] in eine Parallele zu setzen mit der Unterscheidung zwischen der *Begründung* (im materiellen Sinne) und der *Begründbarkeit* einer planerischen Festsetzung. Daraus folgen einige zusätzliche Erkenntnisse: so schließt eine fehlerfreie Begründung selbstverständlich die Begründbarkeit ein; anders ausgedrückt: wenn die Abwägung richtig vorgenommen worden ist, kann das Ergebnis nicht falsch sein. Ist jedoch ein Fehler bei der Abwägung (also der gegebenen Begründung) festzustellen, so hat die Prüfung, ob dennoch das Ergebnis rechtmäßig ist, allenfalls noch die Funktion, den Mangel des Abwägungsvorganges zu heilen („ergebniskonservierende Funktion der Begründbarkeitskontrolle"). § 214 Abs. 3 S. 2 BauGB führt zu eben diesem Ergebnis – wenn auch aus einer anderen Perspektive, nämlich mit der Zielsetzung, die Aufhebung von Plänen wegen Mängeln des Abwägungsvorgangs einzuschränken.

Die Methode, die Einschränkung der gerichtlichen Kontrolle von Planungsfehlern in speziellen Vorschriften des materiellen Verwaltungsrechts zu verfügen, ist in verschiedenen Fachplanungsgesetzen fortgesetzt worden, so in § 17 Abs. 6c Bundesfernstraßengesetz und im Planungsbeschleunigungsgesetz.

608 Die Verwaltung geht bei der Anwendung unbestimmter Rechtsbegriffe und bei Abwägungen im Rahmen von Ermessensermächtigungen fast gleichartig vor (vgl.

---

46 Zu dieser Entscheidung *Schulze-Fielitz*, Jura 1992, 201.
47 *Breuer*, NVwZ 1982, 278 f.
48 *Koch*, DVBl. 1983, 1125, 1132.

schon Rn. 604); sie bildet nämlich aufgrund von Erwägungen über den *Zweck* des Gesetzes und der Ermessungseinräumung *Hilfsnormen* und ergänzt die gesetzlichen *Tatbestände* um diese (teils ausdrücklich, durch Verwaltungsvorschriften, teils unausgesprochen). Trotzdem bestehen Unterschiede, was die gerichtliche Nachprüfbarkeit angeht.

Zu den Ausgangsfällen und -fragen:

1. Der Begriff „gefährlich" ist ein unbestimmter Rechtsbegriff; er ist gerichtlich nachprüfbar. (In manchen Ländern ist dieser Begriff jedoch durch Rechtsverordnung konkretisiert worden.) **609**

2. In § 35 BauGB sind zahlreiche unbestimmte Rechtsbegriffe verwendet. Ihre Auslegung und Anwendung kann von den Verwaltungsgerichten auf Übereinstimmung mit dem Gesetz nachgeprüft werden. Allerdings enthalten die Entscheidungen über die Zulässigkeit von Bauvorhaben im Außenbereich auch ein *planerisches* Moment; sie beruhen auf Abwägungen zwischen mehreren, oft gleichwertigen Belangen, wie sie auch bei der Aufstellung von Bebauungsplänen vorkommen. Ein planerisches Ermessen steht der Baugenehmigungsbehörde aber nicht zu; sie muss vielmehr die planerischen Vorstellungen der Gemeinde (die eben dafür zuständig ist) als Konkretisierung der „öffentlichen Belange" berücksichtigen (BVerwGE 18, 247).

3. Das Verwaltungsgericht kann die mündliche Prüfung nicht „nachspielen"; es wird deshalb die Beurteilung durch die Prüfungskommission akzeptieren und das Beweisangebot ablehnen, vgl. Rn. 576. Die Bewertung der Klausur ist allerdings fehlerhaft, soweit die Berufung auf die herrschende Meinung als „falsch" und „nicht verwertbar" bezeichnet wurde (lesen Sie aber nach: BVerfGE 84, 34, 55 f.!).

4. Die Entscheidungen der Bundesprüfstelle für jugendgefährdende Medien unterliegen voller richterlicher Nachprüfung, soweit es sich um die Abwägung zwischen Jugendschutz und Kunstfreiheit handelt (BVerfGE 83, 130; anders BVerwGE 39, 197: Beurteilungsspielraum). Das Gericht hält eine verfassungsrechtliche Prüfung „bis in die Einzelheiten der behördlichen und fachgerichtlichen Rechtsanwendung" für geboten (a. a. O. S. 145). Der Verleger in dem Ausgangsfall wendet sich gegen die Subsumtion des von ihm herausgegebenen Buches unter die Begriffe „verrohend" und „Anreiz zum Rassenhass" und im Kern gegen die dem Gesetz zugrunde liegende sozialpsychologische Vorstellung von der Wirkungsweise von Medien. Da aber die Wirksamkeit der Kunstfreiheit auch davon abhängt, dürfte die frühere Rspr. des BVerwG auch hier unanwendbar sein.

5. Die Ordnungsbehörde verfügt bei ihrer Entscheidung über einen Ermessensspielraum. Die Begründungen halten einer Nachprüfung auf pflichtgemäße Ermessensausübung nicht vollständig stand. Eindeutig von der Ermächtigungsgrundlage umfasst ist es, ungesunde Wohnverhältnisse zu beenden. Im Fall von erheblichen Gesundheitsgefahren muss man sogar von einer „Ermessensreduktion auf Null" sprechen, so dass jede andere Entscheidung der Behörde als die Beseitigung der Gefahren ermessensfehlerhaft ist.

Anders verhält es sich mit der Teilnahme der Bewohner an verbotenen Demonstrationen. Dies allein reicht nicht aus, um die Tatbestandsvoraussetzungen des § 1 zu erfüllen. Es fehlt dann schon an den Voraussetzungen für eine Ermessensausübung. Selbst wenn sie aber aufgrund anderer Vorgänge vorliegen, ist es nicht Zweck der Norm, die Allgemeinheit vor verbotenen Demonstrationen zu schützen, so dass die entsprechende Begründung eine sachwidrige Erwägung aufweist.

Erhebliche Ruhestörungen der Anwohner sind als Belästigungen im Sinne der Ermächtigungsgrundlage zu verstehen. Im Rahmen der Ermessensüberprüfung sind Überlegungen darüber anzustellen, ob diese so erheblich sind, dass der Zustand nicht mehr hingenommen werden kann.

Entgegen der Ansicht der Behörde hat sie auch abzuwägen, ob der angestrebte Gewinn an „Ordnung" und Hygiene die Inkaufnahme von Obdachlosigkeit der Bewohner rechtfertigt (dabei ist z. B. zu prüfen, ob andere Unterbringungsmöglichkeiten angeboten werden können). Dies folgt schon aus der Tatsache, dass dem Staat eine Schutzpflicht für die Gesundheit der Bürger obliegt (Art. 2 Abs. 2 S. 1 GG). Durch Obdachlosigkeit wird die Gesundheit gefährdet, so dass bei einer Ermessensentscheidung mit diesen Folgen entsprechende Überlegungen anzustellen sind. Bei der Frage, welche Ermessenserwägungen geboten sind, ist neben den konkreten gesetzlichen Vorgaben stets auch auf die Anforderungen des höherrangigen Rechts einzugehen.

§ 17 Verwaltungsverfahrensrecht

Ausgangsfälle:

1. *Hauptsekretär H möchte in den gehobenen Dienst aufsteigen. Dazu ist nach § 33 Bundeslaufbahnverordnung ein Auswahlverfahren mit schriftlichen Aufgaben vor einer Auswahlkommission erforderlich. Weil H in seiner bisherigen Tätigkeit Schwierigkeiten mit einem Mitglied der Auswahlkommission hatte, möchte er zu dem Vorstellungstermin einen Rechtsbeistand mitnehmen. Hat er darauf Anspruch?*

2. *Der arbeitslose Ingenieur I verhandelt mit der Firma F über eine Anstellung. Die Agentur für Arbeit möchte prüfen, ob I eine ihm angebotene Stelle zu Recht als unzumutbar abgelehnt hat, und lädt ihn auf einen bestimmten Termin zur Rücksprache. I schreibt zurück, er habe zu der angesetzten Zeit ein abschließendes Gespräch mit der Firma F, und bittet um Verlegung der Rücksprache. Der zuständige Sachbearbeiter ruft bei der Firma an, um sich zu vergewissern, ob diese Angabe zutrifft. Dabei gibt er zu erkennen, das I bereits seit mehreren Jahren arbeitslos ist. Die Firma F, die bisher davon ausgegangen war, dass I freiberuflich tätig sei, wird nunmehr misstrauisch und bietet ihm nur noch eine Anstellung zu ungünstigeren Bedingungen als vorher an. Hat sich der Sachbearbeiter richtig verhalten?*

3. Nach der Landes-Hundeverordnung müssen Rottweiler auf öffentlichen Wegen einen Maulkorb tragen. H besitzt eine Kreuzung aus Rottweiler und Labrador. Die zuständige Behörde, die zur Durchsetzung der Anforderungen ermächtigt ist, teilt ihm mit, dass sein Hund unter die Regelung falle und ihm bei Zuwiderhandlung ein Bußgeld drohe. H meint, er hätte zuvor angehört werden müssen. Die Behörde meint, die Hundeverordnung sehe das nicht vor. Was gilt?

4. Die Partei P wird im Verfassungsschutzbericht des Landes L als extremistisch eingestuft. Sie beantragt, zukünftig vor einer Nennung in dem Bericht angehört zu werden. Kann sie das verlangen?

5. P beliefert die Verwaltung seiner Heimatgemeinde mit Papier. Nachdem er erfahren hat, dass der Papierhändler in der Nachbargemeinde ihm Konkurrenz machen möchte, fragt er bei der Gemeinde nach, ob ein Angebot seines Konkurrenten vorliege. Als ihm diese Auskunft verweigert wird, beantragt er Akteneinsicht nach § 29 VwVfG. Mit Recht?

6. Die Stadt S hat ihre Stadtwerke privatisiert. In dem Vertrag, mit dem das Unternehmen an die Energie-AG E veräußert wird, hat sich S vorbehalten, im Aufsichtsrat vertreten zu sein. Dieses Mandat wird von dem für Straßen und öffentliche Einrichtungen zuständigen Dezernenten D wahrgenommen. Als die E eine Erlaubnis zur Verlegung neuer Leitungen beantragt, fordert eine Stadtratsfraktion, dass D sich aus diesem Verfahren heraushalte; er sei kraft Gesetzes ausgeschlossen. Wie ist diese Forderung zu beurteilen?

7. Ein Informant teilt einer Polizeidienststelle mit, der Ausländer A sei an der illegalen Einschleusung von Ausländern in die Bundesrepublik beteiligt und intensiv im Drogenhandel tätig. Daraufhin wird die Wohnung des A durchsucht und er zur erkennungsdienstlichen Behandlung festgenommen. Das Ermittlungsverfahren wird jedoch mangels hinreichenden Tatverdachts eingestellt. A will gegen den Informanten straf- und zivilrechtlich vorgehen und verlangt daher von der Polizei Auskunft über dessen Namen; diese wird ihm verweigert. Kann er (nach einem Widerspruch) mit Aussicht auf Erfolg verwaltungsgerichtliche Klage erheben?

(Lösungshinweise in Rn. 678)

1. Bedeutung des Verwaltungsverfahrens

Die Behörde und ihre Organwalter haben nicht nur die Pflicht, objektiv und subjektiv rechtmäßige „Produkte" herzustellen (vgl. oben Rn. 196 ff.), sondern schon das dazu hinführende *Verfahren* muss bestimmten Anforderungen genügen. Fehler im Verwaltungsverfahren begründen in manchen Fällen ebenso wie materielle Rechtsfehler einen Aufhebungsanspruch des Betroffenen (formelle Rechtswidrigkeit, „verfahrensfehlerhafte Verwaltungsakte", s. u. Rn. 673 ff.). **610**

Die Bestimmungen über das Verwaltungsverfahren sind auf mehrere Gesetze verteilt; für die Bundesverwaltung gelten das (allgemeine) Verwaltungsverfahrensgesetz, das Sozialgesetzbuch Buch I und X, die Abgabenordnung, das Lastenausgleichsgesetz und Einzelnormen in weiteren Spezialgesetzen (vgl. auch § 2 Abs. 2 **611**

§ 17 *Verwaltungsverfahrensrecht*

VwVfG). Vereinfacht ausgedrückt, sind es drei „Säulen", die das Verwaltungsverfahrensrecht tragen: das allgemeine VwVfG, das SGB und die AO. Die Länder haben ihr allgemeines Verwaltungsverfahrensrecht in engster Anlehnung an das Bundesgesetz geregelt. Die komplizierte Bestimmung des § 1 VwVfG über den Anwendungsbereich dieses Gesetzes ist heute – nach Erlass der Landes-Verwaltungsverfahrensgesetze – einfach zu lesen: für die öffentlich-rechtliche Verwaltungstätigkeit der Behörden des Bundes gilt (von den Ausnahmen in § 2 abgesehen) das Bundes-VwVfG; für die entsprechende Tätigkeit der Landes- und Kommunalbehörden gelten – auch wenn sie Bundesrecht ausführen – die Landes-Verwaltungsverfahrensgesetze[1]. In diesem Lehrbuch kann deshalb vom VwVfG des Bundes ausgegangen werden[2].

612 Die Regeln darüber, wie die Verwaltung verfahren muss, um zu dem richtigen Ergebnis zu kommen, scheinen für den Bürger weniger relevant zu sein als die Aussagen darüber, was er fordern kann oder leisten muss. Das Verwaltungsverfahrensrecht wende sich, so meint man, nur an die Organwalter und verpflichte oder berechtige die Außenstehenden nicht. Aber diese Vorstellung enthält mehrere Irrtümer: Zum einen ist am Verfahren auch derjenige beteiligt, um dessen Rechtsstellung es geht, und das Verfahrensrecht begründet und verändert sehr wohl auch Pflichten und Rechte der „Privaten" (außerhalb der Verwaltung stehenden Beteiligten). Zum anderen aber hängt die faktische Durchsetzung des materiellen Rechts entscheidend von der angemessenen und fairen Verfahrensweise der Behörde, insbesondere ihrer Sachverhaltsfeststellung und der Anhörung aller Beteiligten ab[3]. Auch der *Stil* des Umgangs der Verwaltung mit dem Bürger und das *Tempo*, in dem Entscheidungen ergehen, sind von großer Bedeutung.

613 Die Einsicht in die große Bedeutung des Verwaltungsverfahrens hat inzwischen in eindrucksvoller Weise Niederschlag gefunden in Art. 41 der Charta der Grundrechte der EU v. 7. 12. 2000, wo das **„Recht auf eine gute Verwaltung"** bekräftigt wird: „Jede Person hat ein Recht darauf, dass ihre Angelegenheiten von den Organen und Einrichtungen der Union unparteiisch, gerecht und innerhalb einer angemessenen Frist behandelt werden" (Abs. 1); des Weiteren werden insbesondere die Rechte auf Anhörung, Akteneinsicht und Begründungen betont (Abs. 2). In einem Anhang zur Geschäftsordnung der Europäischen Kommission ist sogar ein **„Kodex für gute Verwaltungspraxis** in den Beziehungen der Bediensteten der Europäischen Kommission zur Öffentlichkeit" festgelegt worden, der als allgemeiner Leitfaden rechtmäßiger, bürgerfreundlicher, datenschutzgerechter und zügiger Praxis auch für die deutsche Verwaltung benutzt werden könnte[4].

614 Im VwVfG ist das Verfahren der Verwaltung ist allerdings nur zu einem geringen Teil geregelt. Normen über das angemessene Vorgehen bei Informationsbeschaf-

---

1 *Bonk*, DVBl. 1986, 488.
2 Zur Diskussion um die Vereinheitlichung des Verwaltungsverfahrensrechts vgl. *Bonk*, DVBl. 1986, 485 ff. und *Stelkens*, NVwZ 1986, 541 ff.; zu Rechtseinheit und Rechtsvielfalt im Verwaltungsrecht (am Beispiel der Bestandskraft von VAen) die gleichnamige Schrift von *Klappstein* 1994.
3 Akzeptanz durch Verfahren: *Würtenberger*, NJW 1991, 257 ff.
4 Abdruck in Sartorius II Nr. 235.

fung und Entscheidungsvorbereitung, über das Verhältnis zu den Betroffenen im Vorstadium der Entscheidung oder Abmachung und über die Koordination von Beteiligungswünschen und -notwendigkeiten können dem VwVfG kaum entnommen werden, und es enthält keine Regeln über den richtigen Einsatz der Verwaltungs-„Ressourcen" Personal, Sachmittel, Geld und Organisation. Komplexe Verwaltungsvorgänge erfordern aber vielfältige Erkundungs- und Abstimmungsschritte, Interessenabwägungen und die Suche nach Alternativen oder Modifikationen. Zu all dem setzt das VwVfG allenfalls äußere Grenzen des Zulässigen, weist aber nicht inhaltlich die Richtung. Die Praxis ist daher auf „Verwaltungskunst" angewiesen, soweit nicht Spezialgesetze – etwa für den Umweltschutz das UVPG – halbwegs konkrete Richtlinien enthalten[5].

Im Verwaltungsverfahrensrecht wird der **status activus processualis**[6], also die grundsätzliche Gewährleistung einer festen Rechtsposition für den Bürger im Verfahren, konkretisiert. Es wird zunehmend erkannt, dass das Verfahrensrecht in vielen Einzelheiten **verfassungsrechtlich begründet** und damit gegen Änderungen und Einschränkungen gesichert ist. Das *BVerfG* hat dies in seinem Beschluss zum Kernkraftwerk Mülheim-Kärlich besonders herausgestellt[7]. In der Literatur hat insbesondere *Häberle*[8] die Verfassungsprinzipien aufgezeigt, die im Verwaltungsverfahrensgesetz wirksam geworden sind oder werden sollen – von der Menschenwürde bis zur Unparteilichkeit der Verwaltung; er nennt das VwVfG „eine Art Grundgesetz für die zweite Gewalt."[9] **615**

Hinter vielen Normen des Verwaltungsverfahrensrechts steht das Rechtsstaatsprinzip; zu nennen ist hier insbesondere das Recht auf Gehör (§ 28 VwVfG, s. u. Rn. 633 f.); hinter anderen – wie der Beratungspflicht nach § 25 VwVfG – auch das Sozialstaatsprinzip. Das Akteneinsichtsrecht (§ 29) ist nicht nur Individualrecht, sondern dient auch der öffentlichen Kontrolle der Verwaltung, die wiederum vom Demokratieprinzip herzuleiten ist[10]. **616**

Einige Vorschriften des VwVfG verfehlen allerdings die Gebote der Grundrechte (Einzelheiten unter Rn. 619 ff.). Ein solches verfassungsrechtliches Defizit besteht insbesondere gegenüber Ausländern: die Amtssprache ist ausschließlich deutsch (§ 23 Abs. 1); die Bestimmungen zum Schutze derer, die unsere Sprache nicht verstehen, werden dem Anspruch auf ein faires Verfahren kaum gerecht[11].

Das deutsche Verwaltungsverfahren ist in der Regel **nicht förmlich** (§ 10, S. 1 VwVfG: „an bestimmte Formen nicht gebunden"). Dadurch unterscheidet es sich wesentlich z. B. vom amerikanischen Verwaltungsverfahren, das prozessartig gestaltet ist (Administrative Procedure Act von 1946[12]). **617**

---

5 Vgl. hierzu *Hoffmann-Riem*, AöR 115, 1990, 400, 403 ff. Zur Bedeutung und zum Stand des Verwaltungsverfahrensrechts s. a. *Wahl/Pietzcker*, Verwaltungsverfahren zwischen Verwaltungseffizienz und Rechtsschutzauftrag, VVDStRL 41, 1983, 151-231, und die umfassende Untersuchung von *Hufen*, Fehler im Verwaltungsverfahren, 4. A. 2002.
6 Begriff von *Häberle*, VVDStRL 30, 86 ff.
7 BVerfGE 53, 30, 65 f., 74 ff.
8 In: *Schmitt Glaeser* (Hrsg.), Verwaltungsverfahren: Festschrift für Boorberg Verlag, 1977, S. 47 ff., 55.
9 *Häberle* (Fn. 8), S. 49; s. a. *Goerlich*, Grundrechte als Verfahrensgarantien, 1981.
10 *Kopp*, VwVfG, § 29 Anm. 2; *Häberle*, a. a. O., S. 59, s. a. S. 61 mit Anm. 50.
11 Scharfe Kritik auch bei *Häberle*, a. a. O., S. 61 f.
12 Dt. bei *C.H. Ule*, Verwaltungsverfahrensgesetze des Auslands, Berlin 1967, Bd. 2, S. 924 ff.; dazu *Marx* ebenda S. 899 ff.; *Scharpf*, Die politischen Kosten des Rechtsstaates, Tübingen 1970, S. 17 ff.

§ 17 *Verwaltungsverfahrensrecht*

In Reaktion auf den technischen Wandel hat der Gesetzgeber im Jahre 2002 ausdrücklich die elektronische Kommunikation zugelassen: Nach § 3a VwVfG ist die Übermittlung elektronischer Dokumente zulässig, soweit der Empfänger hierfür einen Zugang eröffnet[13].

2. Der gesetzliche Begriff des Verwaltungsverfahrens

618 *Verwaltungsverfahren im Sinne des VwVfG* (§ 9) ist „die nach außen wirkende Tätigkeit der Behörden, die auf die Prüfung der Voraussetzungen, die Vorbereitung und den Erlass eines Verwaltungsaktes oder auf den Abschluss eines öffentlich-rechtlichen Vertrages gerichtet ist"; „es schließt den Erlass des Verwaltungsaktes oder den Abschluss des öffentlich-rechtlichen Vertrages ein". Dieser Begriff (der entsprechend auch in § 8 SGB X enthalten ist) muss weit ausgelegt werden. Verwaltungsverfahren ist bereits die Prüfung, ob ein Antrag überhaupt zulässig ist. Der Rechtsbegriff Verwaltungsverfahren hat die Funktion, das damit erfasste Geschehen von dem Zustand der Beziehungslosigkeit zwischen Behörde und Bürgern abzugrenzen, der sonst besteht. Wenn ein Verwaltungsverfahren anhängig ist, besteht ein *Verfahrensrechtsverhältnis*, aus dem Pflichten beider Seiten resultieren, zumindest Informationspflichten, und unter Umständen Vertrauensschutz begründet wird.

Die gesetzliche Definition hätte auch darauf abstellen können, dass die Begründung, Änderung oder Aufhebung eines Verwaltungsrechtsverhältnisses (vgl. § 8 Rn. 288 ff.) beabsichtigt ist. Das wäre angemessener gewesen, weil damit das *materielle* Ziel des Verfahrens in den Blick gekommen wäre. Der Erlass des VA bzw. der Abschluss des Vertrages ist ja nur (förmliches) Zwischenziel des Verwaltungsverfahrens.

3. Die Pflichten der Verwaltung im Einzelnen

619 Welche Pflichten die Verwaltung im Verwaltungsverfahren hat, ist im Abschnitt „Verfahrensgrundsätze" des VwVfG (§§ 9 bis 30) nur zum Teil geregelt. Für den Verwaltungsakt enthalten §§ 37 ff. weitere Vorschriften. Vor allem aber ist hier ergänzend die Rechtsprechung zu den Amtspflichten heranzuziehen, die im Rahmen von Schadensersatzprozessen gegen Träger öffentlicher Verwaltung seit Jahrzehnten dazu beigetragen hat, die Verwaltung rechtlich auf bestimmte Interessen der Bürger zu verpflichten. Diese Rechtsprechung hat sich zwar lange Zeit unabhängig von der verwaltungsrechtlichen Lehre entwickelt und daher einige Probleme anders als diese behandelt (insbesondere den Begriff des Ermessensfehlers), sie kann und muss aber heute in die Lehre vom Verwaltungsrecht einbezogen werden.

Aus diesen verschiedenen Quellen sind eine Reihe von **Verhaltenspflichten der Behörden** abzuleiten, die über den Mindeststandard von richtiger Gesetzesanwendung hinausgehen. Sie sollen im Folgenden besonders skizziert werden.

---

13 Dazu *Skrobotz*, Das elektronische Verwaltungsverfahren, 2005, sowie *Ernst*, Modernisierung der Wirtschaftsverwaltung durch elektronische Kommunikation, 2005.

a) Beginn der behördlichen Aktivität, „Einleitung des Verfahrens"

Bei der Vielfalt der vorkommenden Arten von Verwaltungsverfahren konnte das VwVfG nicht allgemein festlegen, dass die Behörde von sich aus in jedem Falle tätig werden muss, wenn ihr irgendein Anhaltspunkt für eine relevante Veränderung im Faktischen vorliegt. Das wäre auch deswegen bedenklich, weil dann z. B. jede noch so geringe Unregelmäßigkeit, jeder Verstoß gegen irgendwelche Ordnungsvorschriften – deren es zahllose gibt und geben muss – eine behördliche Reaktion herausfordern würde. Der Rechtsstaat könnte auf diese Weise zum autoritären Überwachungsstaat werden. Folgt man aber dieser Grundauffassung, so ist es folgerichtig, der Verwaltung ein Ermessen darüber einzuräumen, ob und wann sie tätig wird[14] (§§ 22 S. 1 VwVfG, 18 SGB X, 86 AO) – so genanntes **Opportunitätsprinzip,** wobei „opportun" (deutsch: geeignet, angemessen, günstig) nicht mit „opportunistisch" verwechselt werden darf. Das Ermessen der Behörde ist pflichtgebunden, darf keineswegs als Willkürermächtigung verstanden werden. Dieses Angemessenheitsprinzip gilt insbesondere im Polizei- und Ordnungsrecht: die Abwehr von Gefahren für die öffentliche Sicherheit, die Ahndung von Ordnungswidrigkeiten steht im pflichtgemäßen Ermessen der zuständigen Behörden. Auch hier ist anzumerken: in schweren Fällen (z. B. Einsturzgefahr bei einem baufälligen Haus) kann sich die Entscheidungsfreiheit soweit reduzieren, dass nur noch *eine* Lösung, nämlich das Tätigwerden, rechtlich einwandfrei ist („Ermessensreduktion auf Null" vgl. oben Rn. 598 f.). 620

Pflichten zum Tätigwerden folgen auch aus einer größeren Anzahl von Spezialbestimmungen. So sind Polizei und Staatsanwaltschaft verpflichtet, strafbare Handlungen zu erforschen (§ 152 StPO); dieses „Legalitätsprinzip", dessen Gegensatz das „Opportunitätsprinzip" darstellt, soll Ungleichbehandlung und Begünstigung verhindern. In anderen Verwaltungszweigen dient die Verpflichtung zur Aktivität der gleichmäßigen Durchführung von Leistungsgesetzen (Sozialhilfe, § 18 SGB XII). 621

Meist sind Leistungen der Verwaltung allerdings von einem Antrag des Anspruchsberechtigten abhängig (z. B. Versorgungsrenten der Sozialversicherten und Kriegsopfer). Natürlich beruhen solche **Antragserfordernisse** auch auf einer bestimmten Einschätzung der Informationslage: Wenn die Verwaltung nicht ohne weiteres wissen kann, wie die Situation „vor Ort", beim Bürger ist, ist es angemessen, ihr Tätigwerden von einem „Anstoß" durch den Bürger abhängig zu machen. 622

Die schlichteste Form dieses „Anstoßes" ist die Mitteilung eines Sachverhalts an die Behörde; man spricht auch von „Anzeige" – insbesondere, aber nicht nur, wenn damit eine behördliche Maßnahme gegen einen Dritten herbeigeführt werden soll (vgl. § 152 StPO). Der „Antrag" ist die förmliche Aufforderung an die Behörde, einen begünstigenden Verwaltungsakt zu erlassen.

---

14 Krit. dazu *Martens*, JuS 1978, 99.

623 Wenn ein Antrag gestellt wird, muss die Verwaltung ihn bescheiden. Es beginnt also ein Verwaltungsverfahren. § 22 S. 2 Nr. 1 VwVfG sagt dies nicht hinreichend deutlich; richtig ist allein: die Behörde muss auf *jeden* Antrag hin prüfen, ob die Voraussetzungen für den Erlass der beantragten Entscheidung vorliegen, und in der Regel das Ergebnis dem Antragsteller mitteilen; dies ist dann eben bereits ein Verwaltungsverfahren. (Freilich geht die Prüfungspflicht unterschiedlich weit; z. B. braucht eine bereits mehrfach geprüfte Bitte nicht jedes Mal mit gleicher Intensität bearbeitet zu werden).

Wenn es erforderlich ist, muss die Behörde auch verbindlich erklären, *dass* ein Verwaltungsverfahren begonnen hat, der Bürger somit, wenn er zu den in § 13 Abs. 1 VwVfG bezeichneten Personen gehört, die Stellung eines Beteiligten hat. Entsprechendes gilt auch gegenüber hinzugezogenen oder durch Verfahrensverbindung beteiligten Bürgern[15].

624 **Beteiligte** im Sinne der gesetzlichen Festlegung (§§ 13 VwVfG, 12 SGB X, 78 AO) sind zum einen – kraft Gesetzes – die *notwendigen „Gegenspieler"* oder „Partner", also Antragsteller und Antragsgegner, die Adressaten des beabsichtigten Verwaltungsaktes und die Kontrahenten des abzuschließenden öffentlich-rechtlichen Vertrages (§ 78 Abs. 1 Nr. 1-3 AO), zum anderen die Betroffenen, also diejenigen, deren rechtliche Interessen durch den Ausgang des Verfahrens berührt werden können, diese jedoch erst nach ausdrücklicher Hinzuziehung (§ 12 Abs. 1 Nr. 4, Abs. 2 SGB X, vgl. a. § 360 AO, § 65 VwGO, § 60 FGO).

Ob man in der Erweiterung des Beteiligtenkreises (§ 13 Abs. 2 VwVfG) wirklich ein Stück Partizipation des Bürgers an der Verwaltung sehen kann[16], hängt von der Anwendung dieser Kann-Vorschrift ab. Jedenfalls wird nicht Beteiligter, wer über den Kreis der zuvor Benannten hinaus (nur) anzuhören ist, § 13 Abs. 3 VwVfG („Anhörungsrecht im öffentlichen Interesse", nur aufgrund *besonderer* Vorschriften, z. B. nach § 73 Abs. 4 VwVfG, oder Anhörung von Verbänden)[17].

b) Unparteilichkeit der Verwaltung

625 Die *Unparteilichkeit* der Verwaltung wird durch Vorschriften über den Ausschluss persönlich beteiligter und sonst befangener Amtswalter gesichert (§§ 20 VwVfG; 16 f. SGB X, 82 f. AO). In dem einen Teil der Fälle wird die Befangenheit immer unterstellt; daher sind Angehörige, Vertreter, Angestellte und Gutachter der Beteiligten kraft Gesetzes gehindert, auf Seiten der Behörde an dem Verwaltungsverfahren mitzuwirken. Im übrigen kann ein Mitwirkender wegen Besorgnis der Befangenheit abgelehnt werden oder sich selbst der Mitwirkung enthalten; dann entscheidet der Leiter (bzw. Vorstand) der Behörde (bzw. Körperschaft) bzw. die Aufsichtsbehörde. Dass der befangene Amtswalter nicht mitwirken darf, entspricht auch dem beamtenrechtlichen Gebot der unparteiischen und uneigennützigen Amtsführung (§§ 35 Abs. 1 S. 2, 36 S. 2 BRRG).

---

15 *Martens*, JuS 1978, 99 f.
16 So *Häberle* (Fn. 8), S. 68 f.
17 Vgl. *Kopp/Ramsauer*, VwVfG, § 13 Rn. 54 f..

3. Die Pflichten der Verwaltung im Einzelnen § 17

Goldene Worte über die Unparteilichkeit der Verwaltung, ihre notwendige Distanz zu den Interessenten, ihre „Freiheit zur eigenen planerischen Gestaltung" finden sich z. B. in BVerwGE 75, 214, 230 f. Dies schließe Beratung und Information nicht aus, wohl aber vorherige Bindung. Der Antragsteller dürfe nicht etwa „selbst mit am Entscheidungstisch sitzen". – Die um der Entscheidungsakzeptanz willen u. U. nötige gesteigerte Distanz kann durch Einsetzen eines *Konfliktmittlers* erreicht werden, s. u. Rn. 638.

Die gesetzliche Regelung erweist sich aber in manchen Fällen als sinnwidrig. Im **626** Zuge der Ausgliederung und Privatisierung von Verwaltungseinheiten in privatrechtliche Gesellschaften, Stiftungen und (öffentlich-rechtliche) Anstalten muss der Einfluss des Staates bzw. der Kommune gesichert werden. Das ist nicht nur ein Gebot der verwaltungspolitischen Klugheit, sondern auch rechtlich vorgeschrieben (vgl. § 65 Abs. 1 Nr. 3 BHO und entsprechende Bestimmungen der Gemeindeordnungen, z. B. § 102 Abs. 1 Nr. 3 SH GO). Wenn also ein Organwalter oder Beschäftigter der zuständigen Behörde zum Aufsichts- oder Verwaltungsratsmitglied einer vormals staatlichen oder kommunalen Einrichtung bestellt wird, kann es gerade unangebracht sein, ihn von allen Verwaltungsverfahren mit dem privatisierten oder verselbstständigten Unternehmen auszuschließen. Der Sinn der Ausschlussvorschrift, das öffentliche Interesse vor Einflussnahmen der privaten Seite zu schützen, kann in dieser Konstellation nicht zur Geltung kommen; im Gegenteil wird gerade das öffentliche Interesse am besten dadurch gewahrt, dass die politisch und administrativ Verantwortlichen sich um alle Angelegenheiten der Unternehmen usw. kümmern. Wegen des eindeutigen Wortlauts der Bestimmung ist dies aber nicht durchhaltbar, sondern es müssen konkrete Ausschluss- und Vertretungsregeln für die jeweilige Lage beschlossen und eingehalten werden. Um die Problematik grundsätzlich zu klären, sollte sich der Gesetzgeber um eine adäquate Gesamtlösung bemühen.

c) Ermittlungsregeln, Informationssammlung, Anhörung

Die Behörde *ermittelt* nach § 24 VwVfG den Sachverhalt, auf den sie ihre Entschei- **627** dung gründen soll, von Amts wegen. „Sie bestimmt Art und Umfang der Ermittlungen; an das Vorbringen und an die Beweisanträge der Beteiligten ist sie nicht gebunden". Das Gesetz betont damit den **Untersuchungsgrundsatz.** Sein Gegenstück, der *Beibringungsgrundsatz*, gilt im Zivilprozess: dort können die Parteien schon durch ihre Darstellung des Sachverhalts die Entscheidung des Gerichts wesentlich beeinflussen, ja bis zu einem gewissen Grade „steuern". Doch schon in einigen Verfahrensarten der Ziviljustiz (Familienrecht, Betreuung), wo das öffentliche Interesse mitspielt, ist diese Beibringungs- und damit Steuerungsbefugnis zurückgenommen. Im Verwaltungsverfahren und Verwaltungsgerichtsverfahren wäre sie unangemessen, wenngleich faktisch auch dort die Entscheidung von der Art und Weise der Ermittlungen abhängt. Selbstverständlich muss die Behörde gründlich ermitteln, „alle für den Einzelfall bedeutsamen Umstände berücksichtigen". Dass die „für die Beteiligten günstigen" Umstände besonders erwähnt werden, fällt auf, weil es im Rechts- und Sozialstaat eigentlich selbstverständlich sein sollte, zumal dieselbe Regel für die Ermittlungsbehörde im Strafprozess bereits seit langem gilt.

§ 17 Verwaltungsverfahrensrecht

628 In welcher Weise der Sachverhalt jeweils aufgeklärt wird, lässt sich im Gesetz nicht vollständig vorprogrammieren. § 26 VwVfG benennt die **Beweismittel,** deren sich die Behörde bedienen darf, aber die Aufzählung ist nicht vollständig (vgl. das Wort „insbesondere"), und die rechtlichen Voraussetzungen für die Zulässigkeit der jeweiligen Ermittlungshandlung sind dort nicht abschließend festgelegt: das Verhältnis zu Verfahrensbeteiligten ist teilweise nur durch Verweisung geregelt (Abs. 2 S. 3), das zu Nichtbeteiligten ist nur für Zeugen und Sachverständige geregelt (Abs. 3), ergänzend sind Bestimmungen des Datenschutzrechts heranzuziehen. S. a. Rn. 156.

629 Es ist wichtig, sich die **Systematik von §§ 24-29 VwVfG** klarzumachen. Sie enthalten
– einerseits Normen zur Sachverhaltsermittlung *(§§ 24 Abs. 1 und 2; z. T. Abs. 3; §§ 26 und 27, z. T. §§ 28 und 29),*
– andererseits solche zur richtigen Behandlung von *Rechtsförmlichkeiten* und *rechtlichen Streitfragen* (§§ 24 Abs. 3 – teilweise –; 25; 28 und 29 – teilweise).

630 In der ersten Gruppe, der **Sachverhaltsermittlung**, ist weiter zu unterscheiden:
– der allgemeine Verfahrensgrundsatz – Untersuchungsgrundsatz – in § 24 Abs. 1 und 2,
– die Ermessenseinräumung für die *Auswahl* der jeweils erforderlichen Beweismittel, § 26 Abs. 1 S. 1,
– die beispielhafte Aufzählung einiger *Beweismittel* (Auskünfte; Anhörung der Beteiligten; Zeugen und Sachverständige; Urkunden- und Aktenbeiziehung; Augenscheinseinnahmen),
– die Festlegung von *Mitwirkungspflichten* der Beteiligten und der Pflichten von *Zeugen und Sachverständigen,* § 26 Abs. 2 und 3,
– zusätzliche Vorschriften für *bestimmte Beweismittel,* nämlich Versicherung an Eides Statt, § 27, Anhörung Beteiligter, § 28, und Akteneinsicht, § 29.

Inhaltlich ist hiervon besonders wichtig:

631 – Die Beteiligten haben eine **Mitwirkungspflicht**; diese ist jedoch in der allgemeinen Form nur als Soll-Vorschrift gefasst. Dies bedeutet hier eine „Obliegenheit" des Bürgers: wenn der Beteiligte nicht mitwirkt, können für ihn nachteilige Konsequenzen gezogen werden. Intensivere Mitwirkung der Beteiligten kann nur aufgrund besonderer Rechtsvorschriften verlangt werden (§ 26 Abs. 2). Beispiel: Mitwirkungspflicht des Sozialleistungsberechtigten nach § 60 SGB I (s. aber auch § 65!), des Steuerpflichtigen im Besteuerungsverfahren, § 90 AO. Erst recht bedürfen Mitwirkungspflichten Dritter einer besonderen rechtlichen Grundlage, § 26 Abs. 3 S. 1; dies folgt aus dem allgemeinen Gesetzesvorbehalt (oben § 5). Beispiel: Mitwirkungspflicht von Zeugen und Sachverständigen nach § 65 VwVfG im *förmlichen* Verwaltungsverfahren.

632 – Der *nicht geregelte* Fall – **Einholung von Auskünften** über Beteiligte bei Dritten – ist analog zu behandeln: Einer Pflicht zur Erteilung von Auskünften unterliegen Private nur, wenn sie durch Rechtsvorschrift vorgesehen ist. In diesem Fall muss auch der Betroffene die entsprechende Auskunft hinnehmen (wie auch in dem Fall, dass ein Dritter freiwillig Angaben macht und dies mit den Offenbarungs- bzw. Übermittlungsermächtigungen des Datenschutzrechts vereinbar ist). Behörden sind zur Erteilung von Auskünften z. T. aufgrund besonderer Vorschriften verpflichtet, z. T. nach Datenschutzrecht ermächtigt. Die allgemeine Amtshilfepflicht (Art. 35 GG, §§ 4 ff. VwVfG) rechtfertigt keine Eingriffe in Rechte Betroffener[18].

– § 28 VwVfG (ebenso § 91 AO) begründet ein **Recht auf Anhörung**, stellt also ein Gegenstück zu Art. 103 Abs. 1 GG für das Verwaltungsverfahren dar. Voraussetzung der Anhörung ist, dass ein VA erlassen werden soll, der in Rechte des Beteiligten eingreifen würde. Dieser soll sich zu den für die Entscheidung erheblichen Tatsachen äußern können. Nach den Intentionen des Gesetzgebers soll er auf eine solche Sachdarstellung aus seiner Sicht beschränkt sein; einen „Zwang zum Rechtsgespräch" soll es nicht geben[19]. Diese Ansicht ist mit dem Rechtsstaatsgebot kaum vereinbar; bei verfassungskonformer Auslegung muss der Betroffene daher auch das Recht haben, Rechtsausführungen zu machen[20]. Besonders wichtig ist die Anhörung in allen Verfahren, bei denen Dritte betroffen sein können, also in „mehrpoligen" Verfahren[21]; allerdings ist zu beachten, dass hier nach der Gesetzeslage eine bedenkliche Lücke klafft: „Dritte" sind nicht automatisch auch „Beteiligte" (vgl. oben Rn. 624 a. E.)! Schon jetzt sei auf §§ 66 ff. VwVfG hingewiesen: im förmlichen Verwaltungsverfahren ist die Anhörungspflicht besonders betont (mehr dazu unten zu Rn. 656 f.). 633

– Die **Ausnahmen** von diesem Quasi-Grundrecht auf Gehör, die § 28 Abs. 2 VwVfG (§ 91 Abs. 2 AO) zulässt, sind z. T. nicht unbedenklich. So ist die Anhörung nicht obligatorisch, wenn die Behörde die Angelegenheit für eilbedürftig hält (§ 28 Abs. 2 Nr. 1, s. a. Nr. 2: drohender Fristablauf – eine verfassungsrechtlich bedenkliche Begünstigung der Behörde!), ferner bei Allgemeinverfügungen und gleichartigen VAen sowie automatisiert hergestellten VAen[22] (Nr. 4). Nach Abs. 3 (entgegenstehendes zwingendes öffentliches Interesse) muss die Anhörung sogar unterbleiben. Hier ist das Wort „zwingend" zu betonen. 634

Eine bemerkenswerte, ebenfalls sehr fragwürdige Ausnahme vom Anhörungsrecht besteht nach der Begründung zu § 24 Abs. 1 des Gesetzentwurfs der Bundesregierung[23] und der ihr zustimmenden Rechtsprechung: wenn nicht in bestehende Rechte eingegriffen, sondern eine beantragte Begünstigung abgelehnt werden soll[24].

Die Verwaltung lässt sich andererseits häufig auf *Verhandlungen* mit den Beteiligten ein und verspricht dabei nicht selten, einen Sachverhalt in bestimmter Weise zu bewerten und entsprechend zu entscheiden (s. schon Rn. 154 ff.). Es entspricht auch der Pflicht zur gründlichen Sachaufklärung, zur Anhörung der Beteiligten (§ 28 VwVfG) und zur gerechten Entscheidung, dass das Gespräch mit den Beteiligten 635

---

18 *Bull*, DÖV 1979, 689 und unten Rn. 665 ff.
19 Amtliche Begründung, BT-Drucks. 7/910 S. 51.
20 So auch *Kopp/Ramsauer*, VwVfG, § 28 Rn. 30 f.; *Koch/Rubel/Heselhaus*, § 4 Rn. 28; *Hufen*, Fehler im Verwaltungsverfahren, 4. A. Rn. 190 f.; ähnlich *Badura*, in: *Erichsen*, § 37 Rn. 13 ff.
21 *Hoffmann-Riem*, VVDStRL 40, 203 ff.
22 Dazu *Bull*, Verwaltung durch Maschinen, 2. A. 1964, S. 123 f.
23 BT-Drucks. 7/910 S. 51.
24 Vgl. BVerwGE 66, 184, 186; a. A. aber *Laubinger*, VerwArch 75, 1984, S. 55 ff., 70 f. sowie *Maurer*, § 19 Rn. 20, der hier eine Ausdehnung durch verfassungskonforme Auslegung erreichen will.

über die streitigen Sach- und Rechtsfragen gesucht wird. Dass auf diesem Wege das Verhandeln und schließlich „Sich-Vertragen" an die Stelle einseitiger hoheitlicher Entscheidung tritt, ist gewiss insofern ein Fortschritt, als dadurch Akzeptanz der nötigen Entscheidungen gesichert werden kann. Aber dieser Weg birgt auch Risiken. Nicht jeder kann der Verwaltung *faktisch* gleichberechtigt gegenübertreten; vielmehr werden Verhandlungen im Allgemeinen nur mit relativ mächtigen „Partnern" aufgenommen. Eine Chance, durch Vereinbarungen zu einem besseren Ergebnis zu kommen, haben vor allem die Repräsentanten großer Unternehmen und großer gesellschaftlicher Organisationen.

In komplexen (mehrpoligen) Rechtsverhältnissen ist es deshalb u. U. bedenklich, wenn die Verwaltung Vereinbarungen mit bestimmten Beteiligten trifft[25]; geboten kann es vielmehr sein, die Entscheidung zunächst offen zu halten.

636 Das VwVfG behandelt solche Abmachungen, soweit sie nicht in Form des öffentlich-rechtlichen Vertrages abgeschlossen werden, unter dem Begriff der *Zusicherung* (§ 38), das ist „eine von der zuständigen Behörde erteilte Zusage, einen bestimmten VA später zu erlassen oder zu unterlassen". Solche Zusicherungen dürfen gemäß § 38 Abs. 1 S. 2 VwVfG erst gegeben werden, wenn eine vorgeschriebene Anhörung oder Mitwirkung einer anderen Behörde oder eines Ausschusses stattgefunden hat; doch ist dieses Gebot nicht hinreichend abgesichert: die Anhörung bzw. Mitwirkung kann nachgeholt werden (§ 38 Abs. 2 i. V. m. § 45 Abs. 1 Nr. 3-5). Eine rechtswidrige Zusicherung kann nicht unbeschränkt zurückgenommen werden (§ 38 Abs. 2 i. V. m. § 48). Freilich stehen alle Zusicherungen unter dem Vorbehalt nachträglicher erheblicher Änderungen der Sach- oder Rechtslage (§ 38 Abs. 3). S. a. Rn. 782 ff.

637 Als Verhaltenspflicht der Verwaltung sei festgehalten: keine unerfüllbaren Erwartungen wecken, nicht über klare Rechtsverhältnisse Kompromisse schließen (die oft genug den Interessen Dritter schaden!), die Rechte und Pflichten wie auch die Ungewissheiten in der Sach- und Rechtsbeurteilung offen ansprechen, auf dieser Basis entscheiden. Rechtswidrig ist auch eine Schein-Ausschreibung, bei der die Bewerber in Wahrheit nichts mehr erreichen können.

638 Für die Planung größerer Vorhaben wie Fernstraßen, Entsorgungsanlagen, Flughäfen und Kernkraftwerke, die regelmäßig auf Widerstand stoßen, sind besonders aufwendige, förmliche Verfahrensweisen notwendig und gesetzlich vorgeschrieben (s. u. Rn. 656 ff.). Eine neue, in den USA und in Ansätzen auch anderswo erfolgreich erprobte Methode des Interessenausgleichs in solchen Verfahren ist es, einen **„Konfliktmittler"** (Mediator) damit zu beauftragen, alle Beteiligten und Betroffenen zusammenzubringen und mit ihnen gemeinsam einen Lösungsvorschlag zu erarbeiten. Ist dies eine außerhalb der Verwaltung stehende Person, so kann sie unbefangener und weniger förmlich, weil weniger gebunden, an die Vermittlungsaufgabe herangehen. Möglicherweise ist diese Methode in besonders schwierigen Entscheidungsprozessen die angemessenste. Problematisch ist dann allerdings, dass

---

25 Vgl. *Mehde*, BauR 2002, 876 ff.

zwar der Ausgleich der beteiligten Partikularinteressen untereinander, nicht aber auch die Berücksichtigung des öffentlichen Interesses gewährleistet ist.

Zur Vertiefung: *Hoffmann-Riem,* Konfliktmittler in Verwaltungsverhandlungen, 1989; *ders.* und *Schmidt-Aßmann* (Hrsg.), Konfliktbewältigung durch Verhandlungen, Bd. I und II, 1990; *Brohm,* DVBl. 1990, 321 ff.; NVwZ 1991, 1025 ff. und DÖV 1992, 1025 ff.; *Würtenberger,* NJW 1991, 257 ff.; *Kunig/Rublack,* Jura 1990, 1 ff. **639**

d) Akteneinsicht, Informationsfreiheit

Akteneinsicht steht den Beteiligten zu, „soweit" die Kenntnis dieser Akten „zur Geltendmachung oder Verteidigung ihrer rechtlichen Interessen erforderlich ist", §§ 29 Abs. 1 S. 1 VwVfG, 25 SGB X. Dieser somit von einer Interessenbewertung durch die Behörde abhängige Einsichtsanspruch – der in Abs. 2 durch weit gefasste Ausnahmeklauseln eingeschränkt und im SGB I (§ 25 Abs. 2) für Gesundheitsangaben modifiziert ist; in der AO hat er keine Entsprechung – wird ergänzt durch das Auskunftsrecht des Betroffenen über die Daten, die zu seiner Person gespeichert sind (§ 19 BDSG und entsprechende Vorschriften der Landesdatenschutzgesetze). **640**

Zu *Fall 7* hat das BVerwG (E 89, 14) ausgeführt, § 19 Abs. 4 BDSG erfordere eine Güterabwägung zwischen dort genannten Geheimhaltungsinteressen und dem Auskunftsrecht des Betroffenen. Im konkreten Fall wurde der Anspruch abgelehnt, weil nicht ersichtlich sei, dass der Informant leichtfertig oder gar vorsätzlich gehandelt habe[26].

Sowohl das Verwaltungsverfahrensgesetz wie die Datenschutzgesetze stellen also auf die eigene Betroffenheit des Einsicht Begehrenden ab. Zunehmend gewinnt aber das umgekehrte Prinzip an Boden, nämlich dass die Akten der Verwaltung grundsätzlich für jedermann – welches Interesse er auch verfolgen mag – offen sind und die Geheimhaltung nur in bestimmten Fällen (laufende Ermittlungen in Strafsachen, Staatsschutz, Rechte der Betroffenen und Dritter, Geschäftsgeheimnisse) zulässig ist („Freedom of Information")[27]. Die Wendung hin zu größerer Öffentlichkeit der Verwaltung ist aber in einigen Ländern und im Sommer 2005 auch auf Bundesebene mit dem Informationsfreiheitsgesetz vollzogen worden[28]. **641**

e) Geheimhaltung, Datenschutz

Der Geheimhaltungsanspruch nach § 30 VwVfG (s. a. §§ 35 SGB I, 67 ff. SGB X, 30 AO) schützt die Beteiligten gegen unbefugte Offenbarung ihrer **„Geheimnisse"** durch die Behörde, schirmt also das Verwaltungsverfahren insgesamt nach außen ab. Die Bestimmung ist als „andere (Rechts-)Vorschrift über den Datenschutz" i. S. v. §§ 18 Abs. 1 S. 1, 24 Abs. 1 S. 1 und 25 Abs. 1 S. 1 BDSG anzusehen. Sie ist das notwendige Gegenstück, wenn sich die Verwaltung durch erweiterte Aktenöffentlichkeit stärker der Kontrolle öffnet: „Öffentlichkeit der Verwaltung zum Nutzen, **642**

---

26 Zum Thema vgl. *Knemeyer,* JZ 1992, 348 ff.
27 Vgl. *Scherer,* JZ 1979, 389 m. w. N.
28 Vgl. BR-Drs. 450/05, Beschluss v. 8.7.2005. Zum Thema vgl. a. *Bull,* ZG 2002, 209 ff. m. w. N.; *Gröschner/Masing,* VVDStRL 63, 344 ff. und 377 ff.

nicht auf Kosten der Bürger und ihrer Privatschutzbereiche"[29]. Soweit das Akteneinsichtsrecht von der Voraussetzung der eigenen Betroffenheit gelöst wird, gewinnt § 30 als Ausnahme davon zusätzliche Bedeutung.

643 Neben dem Anspruch nach § 30 VwVfG bestehen die Rechte und Pflichten aus dem allgemeinen und speziellen Datenschutzrecht (BDSG, Landesdatenschutzgesetze, MRRG, Sozialgeheimnis nach § 35 SGB I, §§ 67 ff. SGB X).

f) Beratungspflicht

644 Man mag es für selbstverständlich halten, dass die Verwaltung den Sachverhalt sorgfältig ermittelt, bevor sie eine Entscheidung trifft oder einen öffentlich-rechtlichen Vertrag schließt. Nicht so selbstverständlich ist wohl die Pflicht, dem Bürger zur Durchsetzung seines Rechts mit Rat und Tat zu *helfen*. Im angelsächsischen Rechtskreis würde eine solche Aussage Befremden erregen; dort wird das Verhältnis von Bürger und Staat in wesentlich stärkerem Maße als nach unserem Recht wie eine Auseinandersetzung zwischen streitenden Parteien, also prozessförmig gesehen, und im Prozess herrscht dort der Beibringungsgrundsatz: Die Parteien haben nicht nur die Darlegungslast, sondern müssen auch die Beweismittel beschaffen; das Gericht hilft nur ausnahmsweise mit Anordnungen gegen Dritte. Rechtsberatung wird dort bisher ausschließlich als Sache der Anwälte aufgefasst und von der Verwaltung nicht erwartet; freilich lässt sich voraussehen, dass auch dort im Laufe der Zeit ein anderes Verständnis der Verwaltung aufkommen wird.

Die deutsche Rechtsprechung hat demgegenüber eine *Pflicht der Verwaltung zur Unterstützung des Bürgers* herausgearbeitet. So sagt der *BGH* in einem immer wieder zitierten Urteil, der Beamte müsse „dem Bürger zu erreichen helfen, was ihm zusteht oder er im Rahmen des Möglichen und Zulässigen zu erreichen wünscht."[30]

645 Diese **Fürsorgepflicht** folgt aus dem Sozialstaatsprinzip des Grundgesetzes. In § 25 VwVfG ist diese Fürsorgepflicht teilweise konkretisiert. Danach soll die Behörde „die Abgabe von Erklärungen, die Stellung von Anträgen oder die Berichtigung von Erklärungen oder Anträgen anregen, wenn diese offensichtlich nur versehentlich oder aus Unkenntnis unterblieben oder unrichtig abgegeben oder gestellt worden sind". Ferner hat die Behörde „Auskunft über die den Beteiligten im Verwaltungsverfahren zustehenden Rechte und die ihnen obliegenden Pflichten" zu erteilen – freilich nur „soweit erforderlich" (womit der Behörde eine Beurteilungsermächtigung darüber verbleibt, was dem Bürger frommt).

Im Allgemeinen Teil des Sozialgesetzbuchs ist die Beratungs-, Auskunfts- und Hilfspflicht der Sozialleistungsträger strenger ausgestaltet. Nach § 14 SGB I hat jeder „Anspruch auf Beratung über seine Rechte und Pflichten nach diesem Gesetzbuch"; nach § 15 Abs. 1 sind die Behörden „verpflichtet, über alle sozialen Angelegenheiten nach diesem Gesetzbuch Auskünfte zu erteilen". Anträge und Sozialleistungen müssen auch von nicht-zuständigen

---
29 *Häberle* (Fn. 8), S. 67, 74 f.
30 BGH, NJW 1957, 1873; wiederholt in NJW 1960, 1244; 1965, 1226; 1970, 1414.

Leistungsträgern entgegengenommen werden, und die Leistungsträger sind „verpflichtet, darauf hinzuwirken, dass unverzüglich klare und sachdienliche Anträge gestellt und unvollständige Angaben ergänzt werden", § 16 Abs. 3 SGB I. Weitere Pflichten der Leistungsträger bei der Ausführung von Sozialleistungen folgen aus § 17 SGB I.

Auch die Finanzbehörden sind zu Beratung und Auskunft verpflichtet, § 89 AO. Bei *Gesetzesänderungen* besteht aber keine Pflicht der Behörde, potenzielle Berechtigte einzeln aufmerksam zu machen. (Wohl aber ist der Staat verpflichtet, allgemein für Information über Gesetzgebung zu sorgen!).

Diesen allgemeinen Geboten entspricht es, dass **Auskünfte** der Behörden nicht nur richtig, sondern – aus der Sicht des Empfängers und gemessen an seiner Interessenlage bei der Fragestellung – auch unmissverständlich sein müssen. Der Empfänger muss sich darauf verlassen und entsprechend seine eigenen Verfügungen treffen können[31]. 646

Allerdings haben die Gerichte es bisher bestritten, dass es eine allgemeine Auskunftspflicht der Behörden über verwaltungsinterne *Erlasse und Vorschriften* gebe. Selbst ein Rechtsanwalt, der sich ständig mit einer bestimmten Materie des Verwaltungsrechts (im konkreten Fall: Ausländerberatung) befasst, hat nach höchstrichterlicher Rspr. keinen Anspruch auf solche Auskunft[32].

Nun muss man zwar anerkennen, dass auch die Verwaltung einen Beratungs-Freiraum braucht und dass es angesichts schwieriger Lagen gerechtfertigt sein mag, die eigene „Strategie" nicht im Vorhinein bekannt zu geben, aber sowie die Verwaltungspraxis für eine Mehrzahl von Fällen normativ festgelegt wird, kann dies in einem demokratischen Rechtsstaat legitimerweise nicht mehr „Geheimsache" sein. Selbst wenn man keine Pflicht zur Veröffentlichung von Verwaltungsvorschriften annimmt – Auskunft über die eigene ständige Praxis und die zugrunde liegenden Vorschriften ist verfassungsrechtlich geboten.

g) Recht auf Beistand

Nicht minder wichtig als das Recht auf Unterstützung durch die Behörde, ja aus der Sicht des „mündigen Bürgers" wesentlich wichtiger ist das Recht, sich durch einen **Bevollmächtigten** vertreten zu lassen und zu Verhandlungen und Besprechungen mit einem **Beistand** zu erscheinen (§ 14 Abs. 1 S. 1 und Abs. 4 S. 1 VwVfG). Ein solches Recht hat nach BVerfGE 38, 105 sogar der Zeuge in einem Disziplinarverfahren. Das *BVerfG* betont in diesem Zusammenhang das „im Rechtsstaatsprinzip enthaltene Recht auf ein faires Verfahren"; der Zeuge dürfe „ungeachtet seiner prozessualen Funktion als Beweismittel nicht zum bloßen Objekt eines Verfahrens gemacht werden"[33]. Das *BVerwG* wendet demgegenüber § 2 Abs. 3 VwVfG an, wonach § 14 (wie auch § 39) nicht für die Tätigkeit der Behörden bei „*Leistungs-, Eignungs- und ähnlichen Prüfungen von Personen*" gilt; eine solche „Prüfung" liegt nach dem BVerwG[34] auch beim Vorstellungsgespräch eines Beamtenbewerbers vor[35]. 647

---

31 BGH, NJW 1976, 1631 u. a.
32 VGH Mannheim, NJW 1979, 2177; BVerwG, NJW 1981, 2776 und 1984, 2590 sowie 1985, 1234.
33 BVerfGE 38, 105, 114.
34 BVerwGE 62, 169, 172; BVerwG, NJW 2002, 3346..
35 Differenzierend *Koch/Rubel/Heselhaus*, § 4 Rn. 29 ff. („Prüfung" ist eng auszulegen).

h) Schnelligkeit der Entscheidung

648 „Doppelt gibt, wer schnell gibt" – zumindest in der Leistungsverwaltung hat der Bürger ein erhebliches Interesse an *schneller* Entscheidung, und das SGB bekräftigt daher das Gebot zügiger Entscheidung (§ 17 SGB I). Aber auch in der eingreifenden Verwaltung kann es durchaus im Interesse des Betroffenen liegen, schnell Klarheit über die konkreten Verpflichtungen zu erhalten. In diesem Sinne gebietet auch das VwVfG (§ 10 S. 2) generell ein zügiges Verfahren und bietet Beschleunigungsmöglichkeiten für spezielle Verfahren an (§§ 71a ff. VwVfG)[36]. Zögern bei notwendigen Entscheidungen kann überdies Vertrauenstatbestände schaffen, die der Behörde später die Durchsetzung der Rechtsnorm erschweren und allemal Unsicherheit begründen.

Versäumt umgekehrt der Bürger, Einwendungen gegen beabsichtigtes Verwaltungshandeln unverzüglich geltend zu machen, so kann er u. U. aufgrund von **Präklusionsvorschriften** erhebliche Nachteile erleiden. Ein Beispiel: BVerwGE 60, 297, 301 ff.[37]

i) Bürgerfreundlicher Stil der Verwaltung

649 Der *Stil* der Kommunikation zwischen Bürger und Verwaltung ist auch sonst nicht ganz irrelevant. Bürgernähe und Bürgerfreundlichkeit sind im sozialen Rechtsstaat keine bloßen Zweckmäßigkeitsgebote mehr, als welche sie früher vielleicht aufgefasst wurden. Aus der bereits erwähnten Aufklärungs- und Beratungspflicht der Verwaltung (s. oben Rn. 644 ff.) folgt, dass die Verwaltung sich dem Bürger verständlich machen muss, und dazu taugt autoritäres, „von oben herab" belehrendes Verhalten gewiss nicht. Es ist eine Zumutung für den Bürger, wenn Behörden unübersichtliche und nicht erklärte Vordrucke verwenden (und ihre Verwendung durch die Bürger verlangen) oder in Korrespondenz und Gespräch eine unverständliche Amtssprache benutzen. Die zahllosen Ermahnungen der Verwaltungsspitzen, klares und höfliches Deutsch zu reden und zu schreiben, werden immer noch nicht hinreichend befolgt.

Das *OVG Koblenz* hat eine allgemeine Pflicht von Amtsträgern zu bürgerfreundlichem Verhalten postuliert und sie so beschrieben: „In der Art und Weise, wie Träger öffentlicher Befugnisse ihre Aufgaben erfüllen, muss für den davon berührten Bürger erfahrbar sein, dass er nicht zu deren bloßem Objekt herabgewürdigt wird."[38] Freilich besteht Anlass zu erwähnen, dass auch die Bürger nicht das Recht haben, Verwaltungsangehörige wegen ihrer Entscheidungen oder ihres Verfahrens zu beleidigen. Nicht selten werden Organwalter schriftlich beschimpft, wenn sie Erwartungen enttäuschen; für manche Petenten bricht bei einer für sie ungünstigen Maßnahme „der Rechtsstaat" zusammen!

---

36 Zum Zügigkeitsprinzip vgl. *Stelkens/Schmitz*, in: *Stelkens/Bonk/Sachs*, VwVfG, § 10 Rn. 20 ff.
37 S. a. BVerfGE 61, 82, 109 ff. (KKW Wyhl); krit. dazu mit gewichtigen Argumenten *Koch/Rubel/Heselhaus*, § 4 Rn. 39 ff.
38 OVG Koblenz, NJW 1990, 465 f.

j) Verständlichkeit des Ergebnisses und Begründungspflicht

Der am Schluss des Verwaltungsverfahrens erlassene VA soll *verständlich* sein. Die Verwaltung ist verpflichtet, sich so auszudrücken, dass der Bürger es versteht. Dies folgt für Verwaltungsakte auch aus der in § 39 festgelegten Begründungspflicht (s. a. §§ 35 SGB X, 121 AO). Diese steht in engem Zusammenhang mit dem Recht auf Gehör (s. oben Rn. 633 ff.) und auf wirksamen Rechtsschutz (Art. 19 Abs. 4 GG)[39]. § 39 Abs. 2 VwVfG lässt eine Reihe von Ausnahmen zu. Eine weitere Ausnahme steht an versteckter Stelle: in § 2 Abs. 3 Nr. 2 VwVfG für Prüfungsentscheidungen.

650

Von den **Ausnahmen** darf nur sparsam Gebrauch gemacht werden[40]. Das Weglassen einer Begründung kann dem Betroffenen wie der Behörde unnötigen Ärger verursachen, und sei es nur die Kostenerstattungspflicht nach überflüssigem Prozess (§ 155 Abs. 4 VwGO). Auch wenn VAe „mit Hilfe automatischer Einrichtungen" erlassen werden („Verwaltungsfabrikate", § 39 Abs. 2 Nr. 3 VwVfG), fällt der Aufwand für eine Begründung heute nicht mehr ins Gewicht.

651

Die Begründung ist besonders wichtig bei Ermessensentscheidungen[41]. Unverständlichkeit gilt als Unwirksamkeitsgrund bei einem maschinell gefertigten Bußgeldbescheid[42].

4. Besondere Verfahrensarten

a) Massenverfahren

Einige Bestimmungen des Verwaltungsverfahrensrechts – und zwar sowohl im VwVfG als auch in Sondergesetzen wie der Atomrechtlichen Verfahrensverordnung sind dazu bestimmt, Schwierigkeiten auszuräumen, die entstehen können, wenn eine Vielzahl von Personen an einem Verwaltungsverfahren beteiligt ist. Dies betrifft insbesondere die Genehmigung von Groß-Projekten, z. B. Kernkraftwerken und Flughäfen. In manchen Fällen ist über Einwendungen von einigen Tausend Betroffenen zu verhandeln und zu entscheiden.

652

Für die Verwaltungsgerichtsverfahren, die sich hier regelmäßig angeschlossen haben, besteht die Möglichkeit, Musterverfahren vorab durchzuführen, wenn mehr als zwanzig Verfahren anhängig sind (§ 93a VwGO i. d. F. v. 1. 11. 1996[43]). Vgl. a. den Streit um die Abtrennung einer Anzahl von Verfahren im Prozess um den Flughafen München II; das *BVerfG* (E 54, 39) hielt dieses Verfahren für zulässig; vorsichtige Kritik daran bei *Schmitt Glaeser*[44] unter Hinweis auf den Rechtsschutzanspruch nach Art. 19 Abs. 4 GG.

---

39 Dazu BVerfGE 6, 32, 44.
40 *Stelkens/Bonk/Sachs*, VwVfG, § 39 Rn. 44 ff.
41 Ein Beispiel für zu geringe Strenge in diesem Punkt: BVerwGE 22, 215, 217 ff.
42 AG Hersbruck, NJW 1984, 2426.
43 BGBl. I S. 1626.
44 DRiZ 1980, 289.

§ 17 *Verwaltungsverfahrensrecht*

653 Im Verwaltungsverfahrensrecht sind – im Anschluss an *Kopp*[45] **vier Arten von Sonderregelungen** für Massenverfahren zu unterscheiden:
(1) Vorschriften, die die Verpflichtung zur Feststellung und Beiladung *Drittbetroffener* einschränken (Beispiel: nach § 13 Abs. 2 S. 2 VwVfG sind Drittbetroffene nur auf eigenen Antrag hinzuzuziehen);
(2) Vorschriften über die *gemeinsame Vertretung* bei gleichförmigen Eingaben oder gleichem Interesse (Beispiel: §§ 17 ff. VwVfG),
(3) Vorschriften über *vereinfachte Verfahren* bei Mitteilungen, Ladungen und der Bekanntgabe von Entscheidungen (Beispiel: § 69 Abs. 2 S. 2 und Abs. 3 sowie § 74 Abs. 5 VwVfG – förmliches Verwaltungsverfahren und Planfeststellungsverfahren, dazu noch unten Rn. 656 ff., §§ 5 Abs. 1 Nr. 4, 17 AtVfV; § 10 Abs. 4 und Abs. 8 BImSchG);
(4) Vorschriften zu sonstigen Fragen, insbesondere Einschränkungen der Anhörung und der Akteneinsicht (Beispiel: § 28 Abs. 2 Nr. 4 VwVfG, dazu kritisch schon oben Rn. 633 f.; § 29 Abs. 1 S. 3 und Abs. 2 VwVfG: Akteneinsicht nur an Vertreter und beschränkbar; § 6 Abs. 3 AtVfV – Akteneinsicht nur nach Ermessen der Genehmigungsbehörde).

654 Manche dieser Vorschriften, die ein „zügigeres" Verfahren ermöglichen sollen, sind nicht nur rechtsstaatlich bedenklich, sondern auch unzweckmäßig; wenn z. B. die Entscheidung in enger Auslegung von § 13 Abs. 2 S. 2 VwVfG nicht wenigstens rechtlich Betroffenen bekannt gemacht wird, kann sie ihnen gegenüber auch nicht wirksam werden (§§ 41, 43 VwVfG). Die §§ 17 ff. VwVfG werfen durch ihre Unklarheit praktische Probleme auf; sie werden deshalb bisher kaum angewandt. Die Akteneinsicht kann zwar im Verwaltungsverfahren, nicht aber im späteren Verwaltungsprozess eingeschränkt werden. So kommt *Kopp*[46] zu dem Ergebnis, dass diese Sondervorschriften überwiegend entbehrlich sind. Wegen ihrer verfassungsrechtlichen Fragwürdigkeit sind sie jedenfalls mit großer Behutsamkeit anzuwenden.

Möglicherweise ist *konsensuales Verwaltungshandeln*, das versucht, unter weitreichender Beteiligung der Betroffenen Informationen zu sammeln und einen möglichst breit akzeptierten Interessenausgleich zustande zu bringen, der bessere Weg, die z. T. äußerst langwierigen Verwaltungsverfahren bei Großvorhaben zu verkürzen – besser vielleicht auch als Beschleunigungsgesetze, die Beteiligungsrechte beschneiden[47].

655 **Zur Vertiefung** s. a.: *Schmel,* Massenverfahren vor den Verwaltungsbehörden und den Verwaltungsgerichten, 1982 (untersucht auch die Rechtmäßigkeit der Praxis und schlägt Lösungsalternativen vor).

---

45 DVBl. 1980, 320 ff.
46 A. a. O. S. 329.
47 In diesem Sinne z. B. *Brohm*, NVwZ 1991, 1025 ff. Für ein konsensuales Verwaltungsrecht plädiert auch *Pitschas* in seiner umfassenden Schrift: Verwaltungsverantwortung und Verwaltungsverfahren, 1990.

b) Das förmliche Verwaltungsverfahren

656 Das normale Verwaltungsverfahren ist nichtförmlich: „an bestimmte Formen nicht gebunden"; „einfach und zweckmäßig durchzuführen" (§ 10 VwVfG). Aber „besondere Rechtsvorschriften" können eine besondere Form vorschreiben. Das VwVfG hält für diesen Fall in §§ 63-71 ein Regelungsmodell bereit; dieses wird aktuell, wenn eine andere Rechtsvorschrift es ausdrücklich anordnet (§ 63 Abs. 1 VwVfG). Der Bundesgesetzgeber hat allerdings von solchen Anordnungen bisher abgesehen und stattdessen in einer Reihe von Gesetzen – z. B. §§ 10 ff. BImSchG und dazu 9. BImSchV, §§ 207 ff. BauGB, §§ 12 ff. GjS, und DVO dazu – eigene, z. T. inhaltlich mit §§ 63-71 VwVfG übereinstimmende, z. T. sogar noch wesentlich detailliertere Verfahrensvorschriften erlassen. Eine Verweisung auf § 73 Abs. 3, 4-7 VwVfG findet sich in § 9 Abs. 1 S. 2 UVPG. Damit gelten diese Vorschriften des VwVfG jetzt für das Anhörungsverfahren bei allen Vorhaben, bei denen eine Umweltverträglichkeitsprüfung vorgeschrieben ist (§ 3 UVPG und Anlage dazu).

Der folgende Überblick soll deshalb die **allgemeinen Charakteristika des förmlichen Verwaltungsverfahrens** herausstellen; Einzelheiten sind den Spezialregelungen zu entnehmen.

657 Das förmliche Verfahren soll immer dann stattfinden, wenn die Verwaltungsentscheidung besonderes Gewicht hat, wenn sie erheblich in Rechte von Bürgern eingreifen kann. Wegen dieser besonderen Bedeutung ist das förmliche Verwaltungsverfahren in gewissen Beziehungen *dem Gerichtsverfahren nachgebildet* worden. Seine Merkmale sind
– **mündliche Verhandlung,** §§ 67 f. VwVfG, freilich nicht öffentlich,
– **verstärkte Mitwirkungspflicht** von Zeugen und Sachverständigen, § 65 VwVfG,
– **ausnahmslose Pflicht zur Anhörung** der Beteiligten, § 66 VwVfG.

Wenn das förmliche Verwaltungsverfahren vor einem Ausschuss stattfindet, gelten für diesen ähnliche Regeln wie für Spruchkörper eines Gerichts, vgl. §§ 71 und 88 ff. VwVfG.

c) Planfeststellungsverfahren

658 Auch für Planfeststellungsverfahren sind im VwVfG Sondervorschriften (§§ 72-78) vorgesehen, die nur gelten, wenn „durch Rechtsvorschrift ein Planfeststellungsverfahren angeordnet ist". Das ist z. B. für Anlagen zur Endlagerung radioaktiver Abfälle in § 9b Atomgesetz, für den Ausbau und Neubau von Bundeswasserstraßen in § 14 WStrG, für Schienenwege der Eisenbahnen in §§ 18 ff. Allgemeines Eisenbahngesetz geschehen.

659 Mit diesen Vorschriften ist versucht worden, die höchst komplexen, fast immer kontroversen, mit materiellen Maßstäben allein kaum gestaltbaren Vorgänge raumbezogener Planung jedenfalls verfahrensmäßig so zu strukturieren, dass ein hohes Maß an Sorgfalt gewährleistet ist. Die Planung soll rational sein: die tatsächlichen Voraussetzungen und widerstreitenden Interessen sollen möglichst vollständig jedenfalls bekannt sein, damit ein angemessener Ausgleich erreichbar ist. So hat

jeder, dessen „Belange" durch das Vorhaben „berührt" werden, das **Recht zu Einwendungen** (§ 73 Abs. 4 S. 1 VwVfG). Das ist ein wesentlich größerer Kreis als diejenigen, in deren „Rechte eingegriffen" wird, die also nach § 28 Abs. 1 anhörungsberechtigt sind, und als diejenigen, die „beteiligt" sind (§§ 13 Abs. 1, 66). Das ausführlich geregelte Anhörungsverfahren (§ 73) ist zwar nicht öffentlich (§ 68 Abs. 1 S. 1 gilt auch hier, vgl. § 73 Abs. 6 S. 6); doch ist die **Auslegung des Planes** öffentlich bekannt zu machen (§ 73 Abs. 5 S. 1). Einwendungen müssen dann binnen zwei Wochen nach Ablauf der Auslegungsfrist geltend gemacht werden (§ 73 Abs. 4, entsprechende Hinweise muss die Bekanntmachung enthalten, Abs. 5). Hier wird also eine gewisse *Publizität* bewirkt; die **obligatorische Erörterung** gemäß § 73 Abs. 6 dient der Anhörung der Betroffenen.

660 Diese Regeln sind im Ansatz dazu geeignet, Bedürfnisse nach Partizipation in Planungsprozessen mehr als früher zur Geltung zu bringen; sie gehen aber nicht so weit wie § 3 BauGB für die Bürgerbeteiligung bei der Bauleitplanung, und sie setzen erst an, wenn der Träger des Vorhabens den Plan(-Entwurf) fertig gestellt hat, also wichtige Vorentscheidungen bereits gefallen sind (§ 73 Abs. 1 S. 1).

661 Die Öffnung der Verwaltung zum Bürger hin hat aber auch ihren Preis z. B. in Gestalt von **Präklusions- und Konzentrationsnormen**: verspätete Einwendungen können unberücksichtigt bleiben (§ 73 Abs. 4 S. 3 und Abs. 5 S. 2 Nr. 2 und 3; s. a. Abs. 6 S. 1); die Planfeststellung regelt *alle* öffentlich-rechtlichen Beziehungen zwischen dem Träger des Vorhabens und den durch den Plan Betroffenen, schließt alle Ansprüche auf Unterlassung des Vorhabens, auf Beseitigung oder Änderung der Anlagen oder auf Unterlassung ihrer Benutzung aus und stellt die Zulässigkeit des Vorhabens (einschließlich der notwendigen Folgemaßnahmen an anderen Anlagen!) „im Hinblick auf *alle* von ihnen berührten öffentlichen Belange" fest (§ 75 Abs. 1 und 2 S. 1). Wegen der Entschädigung für Planungsbetroffene vgl. unten Rn. 1187.

662 In komplexen Planungsprozessen (Kernkraftwerke, Flughäfen, Industrieanlagen u. ä.) können Teile der Gesamtentscheidung vorweg abgeschichtet werden. So sind in § 8 BImSchG und § 7 b AtomG (i. V. m. § 18 AtVfV) **Teilgenehmigungen** vorgesehen, und zwar für die Einrichtung oder den Betrieb von Teilen der geplanten Anlagen. Sie ergehen, wenn eine *vorläufige* Prüfung ergibt, dass die *gesamte* Anlage und ihr Betrieb zulässig sein werden, und ein berechtigtes Interesse an der Teilgenehmigung besteht. Diese Teilgenehmigungen haben entsprechend den jeweiligen Einzelbestimmungen (vgl. z. B. § 11 BImSchG) Verbindlichkeit und begründen zugunsten des Antragstellers einen gewissen Vertrauensschutz auch in Bezug auf die weiteren Stufen des Entscheidungsprozesses. Umgekehrt ist dadurch Dritten die Chance geboten, relativ(!) früh das ganze Projekt gerichtlich anzufechten – freilich entsteht auch der Zwang, dieses zu tun, wenn nicht eine Bindung der Verwaltung an ihr vorläufiges positives Gesamturteil eintreten soll. Im Einzelnen ist vieles umstritten[48].

---

48 Vgl. etwa *Ossenbühl*, Regelungsgehalt und Bindungswirkung der 1. Teilgenehmigung im Atomrecht, NJW 1980, 1353 ff.

Eine ähnliche Abschichtungsfunktion haben **Vorbescheide,** wie sie z. B. nach § 9 BImSchG und § 7a AtomG (§ 19 AtVfV) ergehen können; in ihnen wird vorab über einzelne Genehmigungsvoraussetzungen entschieden, insbesondere über den Standort der Anlage (vgl. unten Rn. 783).

Durch das Genehmigungsverfahrensbeschleunigungsgesetz[49] ist überdies ein neuer Abschnitt „Beschleunigung von Genehmigungsverfahren" in das VwVfG eingefügt worden (§§ 71a-71e); dadurch soll die „Durchführung von Vorhaben im Rahmen einer wirtschaftlichen Unternehmung des Antragstellers" erleichtert werden.

d) Das Ordnungswidrigkeiten-Verfahren

Die Polizei hatte bis zum Ende des Zweiten Weltkrieges nach Landesrecht die Befugnis, bei Übertretungen *Strafverfügungen* zu erlassen (§§ 59-69 PrPVG, § 413 StPO a.F.). Diese Befugnis wurde von den Besatzungsmächten beseitigt[50]. Auch Übertretungen mussten seitdem von den Gerichten abgeurteilt werden. Zu deren Entlastung wurde jedoch das Ordnungswidrigkeitenverfahren eingeführt. Ein Teil der früheren Übertretungstatbestände, die insgesamt durch die Strafrechtsreform aus dem StGB gestrichen wurden, und die neu hinzugekommenen *Ordnungswidrigkeitstatbestände* sehen die Verhängung von Geldbußen vor; dies geschieht in einem Verfahren vor Verwaltungsbehörden, das kein Verwaltungsverfahren im Sinne des VwVfG ist (§ 2 Abs. 2 Nr. 2 VwVfG), sondern im OWiG besonders geregelt ist. Die Praxis dieses Verfahrens hat sich – wohl vor allem wegen der Vielzahl gleichartiger Vorgänge – ungünstig entwickelt. „Mangels ausdrücklicher gesetzlicher Regelung sieht die Verwaltungsbehörde vor allem in Massenverfahren vielfach von einer näheren Nachprüfung ab und übersendet nach Einspruch durch den Betroffenen die vorhandenen, meist dürftigen Aktenunterlagen an die Staatsanwaltschaft, so dass dann im gerichtlichen Verfahren Schwierigkeiten entstehen"[51]. Es ist aber selbstverständlich, dass die – verfassungsrechtlich (Art. 19 Abs. 4 GG) begründete – Pflicht zur Aufklärung des Sachverhalts auch im Ordnungswidrigkeiten-Verfahren gilt.

663

e) Das Widerspruchsverfahren

Unter dem Titel „Rechtsbehelfsverfahren" behandelt Teil VI des VwVfG vor allem die Verpflichtung des unterlegenen Verwaltungsträgers, die notwendigen Kosten der Rechtsverfolgung zu erstatten (§ 80) – eine vorher sehr umstrittene Frage. Auch die jetzige Regelung belässt dem Widersprechenden ein gewisses Risiko: Was ist „zweckentsprechend" (Abs. 1 S. 1), wann ist die Zuziehung eines Bevollmächtigten notwendig (Abs. 2)?

664

---

49 V. 12. 9. 1996, BGBl. I, S. 1354; dazu *Schmitz/Wessendorf*, NVwZ 1996, 956.
50 Vgl. *Drews/Wacke*, Allgemeines Polizeirecht, 6. A. 1955, S. 192 ff.
51 So die amtliche Begründung zum Referentenentwurf des Bundesjustizministeriums für ein Änderungsgesetz zum OWiG u. a.

§ 17 *Verwaltungsverfahrensrecht*

Im übrigen verweist das VwVfG auf die VwGO; die Rechtsbehelfe werden also als Vorverfahren zum Gerichtsverfahren behandelt. Deshalb wird auch hier auf den Abschnitt Rechtsschutz (unten § 24) verwiesen.

5. Amtshilfe

a) Grundsätzliches

665 „Alle Behörden des Bundes und der Länder leisten sich gegenseitig Rechts- und Amtshilfe" (Art. 35 Abs. 1 GG). Dieser einfache Satz schafft erhebliche Probleme. Die im Verfassungstext uneingeschränkte Hilfspflicht erweist sich schon nach den konkretisierenden Bestimmungen des VwVfG (§§ 4-8) als nur teilweise durchführbar, diese ihrerseits haben nur eine begrenzte Funktion. Wenn die Behörde jeder anderen im Wege der Amts- oder Rechtshilfe (wobei die Unterscheidung zwischen beiden irrelevant ist) dasjenige an Unterstützung gewähren wollte, was die andere braucht, um ihre Aufgaben vollständig zu erfüllen, liefen die Zuständigkeitsnormen leer. Das hätte nicht nur Abstriche an der Qualität (Bürgernähe, Sachgerechtigkeit) von Verfahren und Entscheidungen zur Folge, sondern würde die Gewichte im Verhältnis von Bürger und Verwaltung entscheidend – zum Nachteil der Bürger – verschieben.

666 Die allgemeine Pflicht zur gegenseitigen Unterstützung besteht daher von vornherein nur unter dem Vorbehalt, dass dadurch nicht Rechte der Betroffenen beeinträchtigt werden. Anders ausgedrückt: sofern die Amtshilfe (belastende) *Außenwirkung* hat, ist eine Abweichung von der gesetzlichen Zuständigkeit nur rechtmäßig, wenn eine gesetzliche Bestimmung eben dazu ermächtigt. Noch anders gesagt: Art. 35 GG ist nur die *formelle* Rechtsgrundlage der Amtshilfe, reicht nur für das „Binnenverhältnis" der beteiligten Behörden, nicht aber für das Verhältnis zum Bürger aus[52]. Hier bedarf es vielmehr einer gerade diese Behörde ermächtigenden gesetzlichen Grundlage.

667 Ausreichende Bestimmungen enthalten verschiedene Gesetze, die den Einsatz von *Vollstreckungsbefugnissen* für andere Behörden zulassen, z. B. § 8 VwVfG Bund und entsprechende landesrechtliche Vorschriften, § 46 Abs. 2 S. 1 Bad.-Württ. Polizeigesetz, Art. 2 i. V. m. Art. 29 Bayer. Polizeiaufgabengesetz, § 44 Abs. 3 Hessisches SOG. Zu nennen sind ferner die Rechtsnormen, die eine Pflicht zur – u. U. eidlichen – *Aussage vor einem ersuchten* (also zur Entscheidung in der Sache nicht zuständigen) *Richter* begründen, z. B. § 65 VwVfG i. V. m. §§ 355 ff. (362) ZPO, §§ 96 Abs. 2, 98 VwGO, §§ 175, 182 AO, § 22 SGB X § 330 LAG.

---

52 BVerfGE 27, 344, 352; BVerwGE 38, 336, 340; E 50, 301, 310; *Benda*, Privatsphäre und „Persönlichkeitsprofil", Festschrift für Geiger, Tübingen 1974, S. 23; *Schmidt*, ZRP 1979, 186; *Denninger*, JA 1980, 282; *Schlink*, Die Amtshilfe, 1982, S. 145 ff.

b) Informationsübermittlung

Auch die Übermittlung von *Informationen* durch die eine Behörde an eine andere kann in Rechte des Betroffenen eingreifen[53]. Das BVerfG hat festgestellt, dass das **Grundrecht auf informationelle Selbstbestimmung** nur durch „normenklare", dem Verhältnismäßigkeitsprinzip entsprechende gesetzliche Vorschriften beschränkt werden darf[54]. In der Folge sind zahlreiche bereichsspezifische Gesetzesregeln über den angemessenen Umgang mit personenbezogenen Informationen geschaffen worden, z. B. in neuen Polizeigesetzen der Länder und in dem Bundesgesetz zur Fortentwicklung der Datenverarbeitung und des Datenschutzes vom 20. 12. 1990[55]. **668**

Das BDSG behält eine Auffang- und Rahmenfunktion für die nicht spezialgesetzlich geregelten Bereiche der Informationsverarbeitung, insbesondere für die Wirtschaft. „Datenschutz" erfasst in der Verwaltung nunmehr nicht nur in „Dateien" gespeicherte und aus Dateien übermittelte Informationen, sondern auch solche, die in Akten gesammelt und aus Akten weitergegeben werden. Für die Landesverwaltungen sind die Landesdatenschutzgesetze zu beachten. **669**

Zur Vertiefung: *Bull,* Datenschutz, Informationsrecht und Rechtspolitik, 2005; *Simitis/ Damann/Geiger/Mallmann/Walz,* Kommentar zum Datenschutzgesetz, 5. A., 2003, insbesondere die Kommentierung zu § 1. **670**

c) Die Bestimmungen des VwVfG

Die „Querschnittsnormen"[56], die ganz allgemein (unspezifisch) die Amtshilfe unter Verwaltungsbehörden gestatten bzw. vorschreiben, wie insbesondere §§ 4-8 VwVfG (und die entsprechenden Vorschriften der Landes-Verwaltungsverfahrensgesetze) rechtfertigen Unterstützungsmaßnahmen nur insoweit, als damit keine Rechte der Betroffenen beeinträchtigt werden, also entweder gar keine Außenwirkung eintritt (Bereitstellung von Personal, Räumen oder Geräten) oder die Betroffenen nicht belastet werden. Dies muss bei der Auslegung dieser Vorschriften bedacht werden. So scheint § 5 Abs. 1 VwVfG die Amtshilfe sehr „großzügig", im Interesse der Verwaltungs-Effektivität zuzulassen; schon der erste der fünf dort angeführten Zulässigkeitstatbestände könnte – aus dem Zusammenhang gerissen – fast jede Amtshilfe rechtfertigen. Aber § 5 Abs. 2 Nr. 1 schränkt sogleich wieder ein: die Hilfeleistung ist unzulässig, wenn die ersuchte Behörde dazu **„aus rechtlichen Gründen nicht in der Lage ist"**. So zeigt sich § 5 im Wechselspiel seiner Absätze 1 und 2 als Blankett- oder Verweisungsnorm; entscheidend sind jeweils die im Text nicht genannten rechtlichen Gründe pro und contra, und dazu gehört vor allem der oben dargestellte Gesetzesvorbehalt für „Eingriffe". **671**

---

53 Vgl. u. a. *Bull,* Verfassungsrechtlicher Datenschutz, in: Gedächtnisschrift für Sasse, 1981, Bd. 2, S. 869 ff.
54 BVerfGE 65, 1, 43 ff. – Volkszählungs-Urteil; dazu u. v. a. *Hufen,* JZ 1984, 1072 ff.
55 BGBl. I S. 2954.
56 Begriff von *Schlink,* Die Amtshilfe, S. 148 ff., 155 f.

§ 17 *Verwaltungsverfahrensrecht*

672 Weitere – und konkretere – Eingrenzungen der Amtshilfe folgen schon aus den Definitionen in § 4 VwVfG. Danach ist überhaupt nur „ergänzende Hilfe" als Amtshilfe zu verstehen; Handlungen, die sozusagen den „Grundstock" oder den größten Teil der jeweiligen behördlichen Aktivitäten ausmachen, sind keine Amtshilfe mehr; vielmehr wäre dann die Verwaltungstätigkeit (unzulässig) auf die „ersuchte" Behörde verlagert. Innerhalb eines bestehenden Weisungsverhältnisses gelten ebenfalls nicht die Amtshilfebestimmungen (§ 4 Abs. 2 Nr. 1; das betrifft z. B. die Polizei bei der Strafverfolgung, wo die Staatsanwaltschaft weisungsbefugt ist, § 163 StPO), und auch wenn eine Behörde eine andere um eine Amtshandlung bittet, die zu deren eigenen Aufgaben gehört, handelt es sich nach § 4 Abs. 2 Nr. 2 VwVfG nicht um ein Amtshilfeersuchen, sondern um eine Anregung oder Aufforderung zum Tätigwerden aufgrund eigener Zuständigkeit. Eine nicht minder wichtige (ungeschriebene) Einschränkung ergibt sich aus dem Sinn und Zweck der Amtshilfe: sie ist nur als Einzelfall-Vorgang zugelassen, nicht jedoch als ständige Kooperation[57]. Regelmäßige, auf Dauer angelegte Zusammenarbeit von Behörden erfordert eine entsprechende gesetzliche Regelung. Beispiele: §§ 5 ff. Bundesverfassungsschutzgesetz, Zusammenarbeit der Verfassungsschutzämter von Bund und Ländern; §§ 1 ff. BKAG, Bund-Länder-Kooperation auf dem Gebiet der Polizei). Zumindest ist eine generelle Zuständigkeitsanordnung nötig, die die verschiedenen beteiligten Behörden in das Verfahren einbezieht (soweit das einschlägige Gesetz es zulässt).

6. Folgen des Verstoßes gegen Verfahrensnormen

a) Verwaltungsakte: Heilung, Folgenlosigkeit, Aufhebbarkeit und Nichtigkeit

673 Verstößt die Behörde gegen Vorschriften des Verwaltungsverfahrensrechts, so macht dies den so zustande gekommenen Verwaltungsakt *rechtswidrig*. Doch kann nicht in jedem Fall die Aufhebung des Verwaltungsaktes wegen dieser Rechtswidrigkeit verlangt werden. Die einschlägigen Vorschriften der §§ 45, 46 VwVfG sind in Rn. 774 ff. behandelt.

b) Bauleitpläne: partielle Folgenlosigkeit oder Nichtigkeit

674 Nach § 214, 215 Abs. 1 BauGB ist bei Bauleitplänen die Verletzung von Verfahrens- oder Formvorschriften des BauGB, die sonst zur Nichtigkeit führt, unter gewissen Bedingungen unbeachtlich; solche Fehler von Flächennutzungsplänen oder Satzungen nach dem BauGB müssen schriftlich innerhalb von zwei Jahren nach der Bekanntmachung geltend gemacht werden. In der Praxis sind neben Abwägungsmängeln die häufigsten Fehler von Bebauungsplänen formaler Art, z. B. fehlerhafte Bekanntmachung wegen unzureichender Bezeichnung des Plangebietes oder Unbestimmtheit der Festsetzungen.

---

57 *Dreher*, Die Amtshilfe, 1959, S. 19 f., 25; *Wolff/Bachof* II, § 77 VIb 7; *Prost*, DÖV 1956, 81; *Meyer/Borgs*, VwVfG, 2. Aufl. 1982, Rn. 19 zu § 4.

c) Andere Handlungsformen: Nichtigkeit

Für andere Handlungsformen der Verwaltung fehlen entsprechende Vorschriften. Eine analoge Anwendung von § 46 VwVfG auf Rechtsnormen verbietet sich: Fehler im Rechtssetzungsverfahren führen regelmäßig zur Nichtigkeit[58]. Für öffentlich-rechtliche Verträge nimmt § 59 Abs. 2 Nr. 2 auf § 46 Bezug (und fügt als zusätzliche Voraussetzung die Kenntnis der Vertragschließenden von dem Mangel hinzu, dazu unten Rn. 870 ff.). **675**

d) Prozessuales

Das Fehlen wirksamer Sanktionen gegen die Verletzung von Form- und Verfahrensvorschriften bewirkt nach der Beobachtung eines Verwaltungsrichters[59] eine zu „großzügige" Handhabung vieler Vorschriften durch die Verwaltung. Dies wiederum habe unnötige Gerichtsverfahren zur Folge. Um so wichtiger ist es, die rechtliche Kontrolle dort zu effektivieren, wo das Gesetz sie fordert oder zulässt. **676**

Auch das Prozessrecht stellt aber an einer bedeutsamen Stelle auf die Ergebnisrichtigkeit ab, relativiert also die Bedeutung der Verfahrensfehler: auch wenn die Entscheidungsgründe (des durch Revision angefochtenen Berufungsurteils) „eine Gesetzesverletzung ergeben", ist das Rechtsmittel zurückzuweisen, falls die Entscheidung selbst aus anderen Gründen sich als richtig darstellt (§§ 561 ZPO, 144 Abs. 4 VwGO, 126 Abs. 4 FGO, 170 Abs. 1 S. 2 SGG). Nur in einigen Fällen wird stets angenommen, dass die Entscheidung „auf einer Verletzung des Gesetzes beruht" (und daher nicht richtig sein kann), nämlich bei vorschriftswidriger Besetzung des erkennenden Gerichts, Versagung des rechtlichen Gehörs, mangelhafter Prozessvertretung eines Beteiligten, Verletzung der Bestimmungen über die Öffentlichkeit des Verfahrens und bei Fehlen von Entscheidungsgründen („absolute Revisionsgründe", § 138 VwGO, ähnlich § 547 ZPO). Diese Grundsätze des Revisionsrechts dürfen aber nicht einfach auf das Verwaltungsverfahrensrecht übertragen werden; es ist weniger bedenklich, wenn Gerichtsentscheidungen gegen weitere Überprüfungen abgeschirmt werden, als wenn dies mit den Verwaltungsentscheidungen selbst geschieht.

Im übrigen können **Rechtsbehelfe gegen** behördliche **Verfahrenshandlungen „nur gleichzeitig mit den gegen die Sachentscheidung zulässigen Rechtsbehelfen** geltend gemacht werden", § 44a VwGO. Eine Ausnahme hiervon gilt, wenn behördliche Verfahrenshandlungen **vollstreckt** werden können oder sich gegen **einen Nichtbeteiligten** richten. **677**

Umfassend zu den Verstößen gegen Verfahrensnormen *Hufen*, Fehler im Verwaltungsverfahren, 4. A. 2002; *ders.*, DVBl. 1988, 69 ff.; *Hill*, Das fehlerhafte Verfahren und seine Folgen im Verwaltungsrecht, 1986.

---

58 Allerdings gilt diese Rechtsfolge heute nicht mehr uneingeschränkt, vgl. BVerfGE 34, 9, 25 f., dazu kritisch *Papier*, Der verfahrensfehlerhafte Staatsakt, 1973, S. 6 f., 21 ff. S. a. BVerfGE 91, 148 (Umlaufverfahren in der Bundesregierung bei Erlass einer AusfuhrbeschränkungsVO – Irak-Embargo).
59 *Stelkens*, NVwZ 1982, 83 Anm. 29.

§ 17 *Verwaltungsverfahrensrecht*

Zu den Ausgangsfällen:

678 1. Das Recht auf einen Beistand (§ 14 Abs. 1 S. 1 und Abs. 4 S. 1VwVfG) besteht nicht bei Prüfungen wie diesem Auswahlverfahren, da diese Bestimmung in § 2 Abs. 3 Nr. 2 VwVfG von der Anwendung ausgenommen ist. Allenfalls kann H behaupten, der Vorgesetzte sei befangen (§ 21 Abs. 1 VwVfG).

2. Die Sozialleistungsträger – also auch die Agentur für Arbeit – haben das Sozialgeheimnis zu wahren, § 35 SGB I. Der Sachbearbeiter hat Einzelangaben über persönliche Verhältnisse des Arbeitslosen an die Firma übermittelt. Dies war nach §§ 67 d Abs. 1, 69 Abs. 1 Nr. 1 SGB X nur zulässig, soweit es zur Erfüllung einer gesetzlichen Aufgabe der Agentur für Arbeit erforderlich war. Die Rückfrage war erforderlich, nicht aber die Preisgabe der Information, dass I arbeitslos war und erst recht wie lange. Der Mitarbeiter hat also seine Amtspflichten verletzt.

3. Regelungen des besonderen Verwaltungsrechts sehen oftmals keine eigenen Verfahrensvorschriften vor. In diesem Fall ist grundsätzlich das VwVfG als Auffangrecht anwendbar. Hier ist allerdings zu prüfen, ob das Schreiben überhaupt ein Verwaltungsakt ist. Das ist der Fall: Insbesondere liegt hier eine Regelung vor, da die zur Durchsetzung der Norm berufene Behörde nicht nur auf die Rechtslage hinweist, sondern einen bestimmten Tatbestand für einschlägig erklärt und dabei eine nicht selbstverständliche Subsumtion vornimmt (feststellender VA). Eine Anhörung nach § 28 VwVfG hätte erfolgen müssen.

4. Der Verfassungsschutzbericht ist kein VA. Deshalb handelt es sich bei seiner Erstellung und Veröffentlichung nicht um ein Verwaltungsverfahren nach § 9 VwVfG. Daher gilt auch die Verpflichtung zur Anhörung der Beteiligten nach § 28 VwVfG nicht. Vgl. VGH Kassel, NVwZ 2003, 1000.

5. Die Beschaffung von Papier für dienstliche Zwecke geschieht außerhalb der „Verwaltungsverfahren", von denen § 9 VwVfG spricht. P ist deshalb nicht „Beteiligter" i. S. v. § 29 und kann in diesem Zusammenhang keine „rechtlichen Interessen" geltend machen. Nur wenn in dem betreffenden Land ein Informationsfreiheitsgesetz (IFG) gilt, das den Bürgern Informationsansprüche unabhängig von einem eigenen Interesse gewährleistet, kann P einen Anspruch auf Akteneinsicht haben – aber dann wäre zu prüfen, ob das IFG für solche Fälle etwa eine Ausnahme zum Schutz von Geschäftsgeheimnissen vorsieht. Vgl. Rn. 641!

6. Nach § 20 Abs. 1 Nr. 5 VwVfG darf in einem Verwaltungsverfahren für eine Behörde – hier die Stadtverwaltung – nicht tätig werden, wer bei einem Beteiligten – hier die Energie AG E – als Mitglied des Aufsichtsrates tätig ist. Das trifft auf den Dezernenten D zu; er muss sich also in dem Verfahren über die Erlaubnis zur Wegenutzung vertreten lassen. S. a. oben Rn. 626.

7. A kann geltend machen, in seinem Recht auf informationelle Selbstbestimmung beeinträchtigt zu sein. Ein Auskunftsanspruch könnte sich also aus dem Datenschutzrecht ergeben, auf Bundesebene aus § 19 Abs. 1 BDSG (s. a. § 37 BGSG für die „Bundespolizei" BGS). Die Auskunftserteilung unterbleibt jedoch nach § 19 Abs. 4 BDSG und entsprechenden Bestimmungen der Landesdatenschutzgesetze, „soweit die Auskunft die ordnungsgemäße Erfüllung der in der Zuständigkeit der

verantwortlichen Stelle liegenden Aufgaben gefährden würde". Das wird man bei kriminalpolizeilichen Ermittlungen oft annehmen müssen, zumindest wenn dem Anzeigenden in rechtmäßiger Weise Vertraulichkeit zugesagt worden ist – ausgenommen wiederum wenn der Informant wider besseres Wissen oder leichtfertig gehandelt hat. Vgl. BVerwGE 89, 14.

4. Kapitel
Handlungsformen und Rechtsverhältnisse im Einzelnen

§ 18 Verwaltungsaktslehre I: Der förmliche Verwaltungsakt und das schlichte Verwaltungsgebot

Ausgangsfälle:

1. a) Das Ordnungsamt der Stadt S verbietet gemäß § 15 Abs. 1 Versammlungsgesetz einen bei ihm angemeldeten Demonstrationszug, weil erhebliche Gefahren für die öffentliche Sicherheit bestünden.
   b) *Eine Versammlung wird gemäß § 15 Abs. 2 Versammlungsgesetz aufgelöst.*

   Die Veranstalter im Fall a) wollen das Verbot gerichtlich anfechten; die Teilnehmer im Fall b) wollen die Auflösung nicht hinnehmen. Welche Bedeutung hat in diesem Zusammenhang die Frage, ob jeweils ein Verwaltungsakt vorliegt?

2. Student S erhält vom Bafög-Amt einen mit „Bescheid" überschriebenen Brief, in dem es heißt: „Ihnen wird eine monatliche Zuwendung in Höhe von 200 Euro bewilligt". In den folgenden Monaten stellt S fest, dass ihm nur jeweils 150 Euro überwiesen werden. Auf Nachfrage teilt das Bafög-Amt mit, dass sich die gesetzlichen Grundlagen geändert hätten, so dass sich sein Anspruch reduziert habe. Kann S verlangen, dass ihm weiter 200 Euro monatlich gezahlt werden?

3. Das Kongresszentrum in der Stadt K wird von einer GmbH betrieben, die sich zu 100 Prozent im Eigentum der Stadt befindet. Der Eventveranstalter E fragt an, ob er das Zentrum zu einem bestimmten Zeitpunkt für eine Konzertveranstaltung mieten könne. Daraufhin sendet ihm die GmbH einen „Bescheid", in dem ihm mitgeteilt wird, dass die Halle bereits anderweitig vergeben sei. Wie ist das Schreiben rechtlich zu qualifizieren?

4. Nach dem Jahressteuergesetz für das Jahr X ändern sich die rechtlichen Grundlagen der Besteuerung von Handwerksbetrieben. Um die Betriebe in ihrem Bezirk „vorzuwarnen", sendet die für die Handwerksaufsicht zuständige Wirtschaftsbehörde einen entsprechenden Hinweis an alle Handwerksbetriebe. Handwerker H ist darüber empört und strebt eine verfassungsrechtliche Überprüfung des Gesetzes an. Dazu legt er zunächst Widerspruch bei der Wirtschaftsbehörde ein. Mit Aussicht auf Erfolg?

5. Ein Schüler will sich gegen eine zu schlechte Deutsch-Note in seinem Abiturzeugnis wehren, ein Student gegen eine zu schlechte Examensnote. Sind die angegriffenen Bewertungen Verwaltungsakte?

6. Jemand ist unschuldig in den Verdacht der strafbaren Spionage für einen ausländischen Nachrichtendienst geraten. Das Bundesamt für Verfassungsschutz hat Informationen über ihn gesammelt und die Staatsanwaltschaft benachrichtigt. Nach Einstellung des Ermittlungsverfahrens durch die Staatsanwaltschaft möchte der Betroffene wissen, wer ihn beim Verfassungsschutz denunziert hat. Die damit beantragte Auskunft ist nach Ansicht des BVerwG (E 31, 301, 306) ein Verwaltungsakt. Welche Gründe für und gegen diese Auffassung lassen sich anführen?

7. An einem Baggersee ereignen sich mehrfach Badeunfälle. Daraufhin beschließt die Gemeinde, zu deren Gebiet der See gehört, ein Badeverbot zu erlassen. In welcher Form müsste ein solches Verbot ergehen?

8. Ein Gebiet, aus dem Grundwasser geschöpft wird, soll als Wasserschutzgebiet besonders abgeschirmt werden; insbesondere soll die Bebauung verboten werden. In welcher Rechtsform kann bzw. muss dies geschehen?

9. Der Bauherr eines Geschäftshauses in dem sehr engen mittelalterlichen Stadtkern einer Kleinstadt erhält die Baugenehmigung unter der Bedingung, dass er Parkplätze für neun Kraftfahrzeuge schafft. Dies erscheint ihm unmöglich. Kann er sich gegen die Bedingung wehren, ohne den Bestand der Baugenehmigung selbst zu gefährden?

10. Unternehmer U beantragt eine Baugenehmigung für ein privates Wohnhaus. In seinem Unternehmen werden die gesetzlichen Umweltstandards nicht immer eingehalten. Die Behörde genehmigt deshalb sein Wohnhaus nur „unter der Bedingung, dass demnächst in Ihrem Unternehmen die Emissionsgrenzwerte eingehalten werden". Ist diese Bedingung zulässig?

11. Nachbarn beschweren sich regelmäßig über den Lärm, der von einem Tanzlokal ausgeht. Das Ordnungsamt erteilt dem Wirt die Auflage, Tanzveranstaltungen täglich um 22 Uhr zu beenden. Ist eine solche Auflage zulässig, wenn der Lärm tatsächlich die Nachtruhe erheblich stört?

12. Ein Beamter erhält von seinem Vorgesetzten die Anweisung, täglich mindestens vier Stunden für Antragsteller Sprechstunden zu halten. Ist diese Weisung ein Verwaltungsakt im Sinne von § 35 VwVfG?

13. Die zuständige Behörde gibt Smogalarm bekannt (§§ 40, 49 Abs. 2 BImSchG). Welche Form von Verwaltungshandeln liegt hier vor?

(Lösungshinweise in Rn. 740).

§ 18 Verwaltungsaktslehre I: Der förmliche Verwaltungsakt

1. Bedeutung des Verwaltungsakts und Zulässigkeit dieser Handlungsform

679 Was für das Privatrecht der Vertrag ist, das ist für das Verwaltungsrecht der Verwaltungsakt (VA): diejenige Form rechtlich bedeutsamen Handelns, in der man die das jeweilige Rechtsgebiet beherrschenden Prinzipien am besten ausgedrückt fand. Der Vertrag galt und gilt als die Form, in der sich die freie Übereinkunft von gleich oder fast gleich stark gedachten Partnern am besten ausdrückt; **der Verwaltungsakt war und ist typische Handlungsform der „hoheitlich" handelnden,** insbesondere einseitig aus rechtlicher Überlegenheit heraus regelnden **Verwaltung.** Die Repräsentativität von Vertrag und Verwaltungsakt für die beiden großen Rechtsgebiete ist jedoch in dem Maße fragwürdig geworden, wie die Privatautonomie als Charakteristikum zivilrechtlichen Handelns und die Hoheitlichkeit als Merkmal von Verwaltungshandeln an Gewicht verloren haben.

680 Tatsächlich ist die **„Diversifikation" der Handlungsformen** in beiden Rechtsgebieten seit langem im Gange: das Privatrecht kennt die Formen des faktischen und des diktierten Vertrages („privatrechts-gestaltender Hoheitsakt"), und allgemeine Geschäftsbedingungen verdrängen Individualabreden, während umgekehrt im Verhältnis von Bürgern und Verwaltung die Einigung im Vertragswege zunehmend an Boden gewinnt.

Heute ist es nicht mehr selbstverständlich, dass die Konkretisierung verwaltungsrechtlicher Rechtsbeziehungen durch Verwaltungsakt geschieht. Es ist aber nach wie vor der Normalfall: Der VA ist und bleibt die Standard-Handlungsform des Verwaltungsrechts, die durch andere Formen ergänzt wird. Öffentlich-rechtliche Rechtsbeziehungen zwischen Staat und Bürger (und vielfach auch zwischen Hoheitsträgern selbst) können durch VA geregelt werden, **ohne** dass man für die Wahl dieser Form auf eine **ausdrückliche gesetzliche Bestimmung** Bezug nehmen müsste. Die Behörde *darf* also immer dann die Handlungsform VA wählen, wenn sie zur einseitigen („hoheitsrechtlichen") Regelung einer Rechtsbeziehung ermächtigt ist.

681 So dürfen die Kosten, die der Polizei durch eine Ersatzvornahme (vgl. Rn. 983) entstehen, vom Pflichtigen mittels VA eingefordert werden. Ein **Beispiel** für einen VA gegenüber einer öffentlich-rechtlichen Körperschaft, die insofern einer anderen untergeordnet war: Beitragsbescheid einer Krankenkasse an eine Berufsgenossenschaft (BSGE 45, 296).

Bedenklich erschien manchem, dass auch Schadensersatzansprüche und Rückforderungen durch VA geltend gemacht werden (z. B. im Beamten- und Soldatenrecht). Auch diese Ansprüche sind aber von der Regelungsbefugnis des Hoheitsträgers umfasst, der Schuldner ist auf den Rechtsschutz durch Anfechtung des betreffenden Bescheides verwiesen (vgl. Rn. 890).

2. Funktionen des VA-Begriffs

682 Es bedurfte und bedarf im konkreten Verhältnis des einzelnen Bürgers zum Staat eines „Fixpunktes", von dem aus weitere Entwicklungen gesteuert werden. Die abstrakten und generellen Regeln der Gesetze mussten und müssen in konkrete und individuelle Bestimmungen umgesetzt werden: Der Bürger soll wissen, wozu *gerade er* zu einem bestimmten Zeitpunkt oder in einem bestimmten Zeitraum berechtigt oder verpflichtet ist, z. B. welcher Betrag an Arbeitslosengeld ihm „hier und heute" zusteht; der Staat in seiner konkreten Gestalt als im Einzelfall zuständige Behörde braucht dieses Wissen ebenfalls, weil auch er weiter „disponieren" muss. Anders ausgedrückt: die Dinge dürfen nicht dauernd im Fluss bleiben, es muss entschieden werden, damit weiter entschieden werden kann. Die förmliche Entscheidung in der Sache, über die konkreten Rechtsbeziehungen zwischen dem Staat und dem einzelnen Bürger, ist auch notwendige Grundlage für die zwangsweise Durchsetzung (Vollstreckung) der jeweiligen Verpflichtungen (wie etwa an *Fall 1* näher dargelegt werden könnte). Um der Rechtssicherheit und des Rechtsschutzes willen muss dieser Abschnitt der beiderseitigen Rechtsbeziehungen von dem „eigentlichen" Rechtsverhältnis abgetrennt und besonderen, förmlichen Regeln unterworfen sein.

Durch die Fixierung der Rechtsbeziehungen im Verwaltungsakt wird darüber hinaus die diesen erlassende Behörde in gewissem Maße an ihre eigene Feststellung *gebunden.*

Umgekehrt kann der Betroffene in der Regel erst nach einer solchen behördlichen Selbst-Festlegung gerichtlichen **Rechtsschutz** in der Form der Anfechtungsklage beanspruchen (andere Formen von Rechtsschutz haben jedoch andere Voraussetzungen).

Die Funktionen des Verwaltungsaktes sind also: **683**
– förmlicher und verbindlicher Ausspruch dessen, was *in einem bestimmten Rechtsverhältnis zwischen einem Träger öffentlicher Verwaltung und einem (oder mehreren) dieser Hoheitsmacht unterworfenen Rechtssubjekt(en)* rechtens ist,
– rechtliche Zulässigkeitsbedingung der *Vollstreckung* verwaltungsrechtlicher Pflichten,
– *Zulässigkeitsbedingung* für eine bestimmte *Form gerichtlichen Rechtsschutzes* (Anfechtungsklage),
– Begründung eines gewissen *Vertrauensschutzes* in den Fortbestand der zum Ausdruck gekommenen tatsächlichen und rechtlichen Einschätzung; erschwerte Rücknehmbarkeit.

Insbesondere die erste Funktion hat schon *Otto Mayer* in seinem Deutschen Verwaltungsrecht von 1895 herausgearbeitet[1]. Die Terminologie hat lange geschwankt; „Verwaltungsakt", „Verfügung" (aus dem Polizeirecht stammender Begriff), „Anordnung", „Entscheidung" und manche andere Begriffe wurden nebeneinander benutzt, und so hat die erste (materiell-)gesetzliche Definition, die in § 25 Abs. 1 MRVO 165 von 1948 für die Britische Zone, alle diese Worte nebeneinander gestellt, um ihre Gleichwertigkeit zu betonen. In den ersten Jahren nach dem Zweiten Weltkrieg gewann der VA-Begriff dadurch besondere Bedeutung, dass die Zulässigkeit des Verwaltungsrechtsweges, also *jede* Form von Rechtsschutz gegen die Exekutive, vom Vorliegen eines VA abhängig gemacht wurde. Gegen Verwaltungs- **684**

---
1 Dort Bd. I, S. 95.

handeln ohne VA-Qualität gab es also zunächst gar keinen Rechtsschutz durch die Verwaltungsgerichte. Das war teils gewollte Folge der (zunächst besatzungsrechtlichen) Verwaltungsgerichtsgesetze und -verordnungen, teils war es auf eine zu enge Interpretation dieser Normen zurückzuführen. Diese Etappe der Verwaltungsrechtsentwicklung wurde durch Art. 19 Abs. 4 GG beendet, der eine Rechtsschutzgarantie für *jede* Rechtsverletzung durch die öffentliche Gewalt enthält. Die gegen VAe gerichtete Anfechtungsklage hat aber auch heute noch praktisch besonders große Bedeutung.

685 Die Qualifizierung als VA kann im Prozesss überraschende Folgen haben. Wird nämlich eine Verwaltungshandlung, gegen die sich der Bürger wehrt, die er aber nicht als VA angesehen hat (z. B. die Erteilung einer behördlichen „Auskunft" über den Betroffenen an einen Dritten oder eine andere Behörde, also eine Datenübermittlung) nachträglich vom Gericht als VA qualifiziert (vgl. *Fall 6*, dazu Rn. 692), so hängt der Ausgang des Prozesses davon ab, ob die für Anfechtungsklagen geltenden besonderen Zulässigkeitsbedingungen (Vorverfahren, Fristwahrung) erfüllt sind. Auf das Vorverfahren kann zwar unter bestimmten Voraussetzungen verzichtet werden, nicht aber auf die Einhaltung der Fristen; auch die Fristverlängerung, die bei Fehlen einer Rechtsmittelbelehrung eintritt, würde oft nicht mehr helfen.

686 Im Verwaltungsverfahrensgesetz ist der VA-Begriff in einem besonderen Zusammenhang gebraucht: Von dem Ziel „Erlass eines VA" her ist das Verwaltungsverfahren selbst definiert als das Vorgehen der Behörde, das eben auf den Erlass eines VA (oder den Abschluss eines öffentlich-rechtlichen Vertrages) abzielt (Rn. 618). Was den Ausgangspunkt eines Verwaltungsstreitverfahrens ausmacht, ist der Endpunkt des Verfahrens vor der Verwaltungsbehörde. (Ein Verfahren, bei dessen Beginn noch nicht feststeht, ob es einen VA hervorbringen wird, ist aber nach denselben Regeln zu gestalten!)

3. Merkmale des Verwaltungsakts

687 Aus der Funktionsbestimmung folgen ohne weiteres die rechtlichen Merkmale des VA. Nach der gesetzlichen Definition in § 35 S. 1 VwVfG (ebenso die Verwaltungsverfahrensgesetze der Länder, § 31 SGB X und § 118 AO 1977) ist VA
– eine „Verfügung, Entscheidung oder andere **hoheitliche Maßnahme**",
– die eine **Behörde** (s.o. Rn. 385)
– zur **Regelung** eines **Einzelfalls**
  (Gegensatz also: für eine Vielzahl von Fällen; „Einzelfall" kann aber auch bei einer Mehrzahl bestimmbarer Adressaten vorliegen)
– auf dem **Gebiet des öffentlichen Rechts** (s. Rn. 67 ff.) trifft und die
– **auf unmittelbare Rechtswirkung nach außen gerichtet** ist (zum Bürger), d. h. auf das Verhältnis des Trägers öffentlicher Gewalt zu dem Bürger einwirkt; es kann sich um die Begründung, Veränderung oder Aufhebung eines Rechtsverhältnisses handeln.

3. Merkmale des Verwaltungsakts § 18

Diese Definition lässt sich noch weiter verkürzen: **688**

Bei der Prüfung, ob in einem konkreten Fall ein VA vorliegt, beginnt man zweckmäßigerweise mit dem Merkmal „hoheitlich", prüft also, ob die Behörde auf dem Gebiet des öffentlichen Rechts gehandelt hat (sofern diese Frage nicht bereits beim Rechtsweg [§ 40 Abs. 1 VwGO] erörtert wurde – s. dazu Rn. 1003 ff.). Hier sind somit diejenigen Überlegungen anzustellen, die oben in Rn. 67 ff. erläutert wurden. Ob eine Behörde i. S. v. § 1 Abs. 4 VwVfG gehandelt hat, wird meist leicht feststellbar sein. Beim Begriff der „Regelung" und beim „Einzelfall" können jedoch schwierige Abgrenzungen nötig werden.

a) Regelung mit unmittelbarer Außenwirkung

Eine „Regelung" liegt vor, wenn die Erklärung der Behörde **auf die Begründung,** **689**
Aufhebung oder Veränderung von Rechten bzw. Pflichten gerichtet ist. Wenn keine „Regelung" vorliegt, kann auch keine „Rechtswirkung nach außen" eintreten (wohl aber die Außenwirkung von Realakten). Umgekehrt kann man aber gewisse Maßnahmen, die auf Rechtswirkungen innerhalb der Verwaltung selbst abzielen, als „Regelung" bezeichnen; dies sind insbesondere die „schlichten Verwaltungsgebote", die unten in Rn. 730 ff. behandelt werden. Sie sind zwar Regelungen, aber mangels Außenwirkung keine „Verwaltungsakte".

Eine Regelung (und infolgedessen: eine Rechtswirkung nach außen) liegt insbe- **690**
sondere in zwei Fallgruppen **nicht vor:**
– wenn die Maßnahme nur der **Vorbereitung** einer Rechtsänderung gilt (aa) oder
– überhaupt nicht auf eine Rechtswirkung abzielt (**Realakt** [bb]);
– daneben ist zu beachten, dass die Behörden auch rechtserhebliche Willenserklärungen im Rahmen **verwaltungsrechtlicher Schuldverhältnisse** abgeben, die nicht selbst rechtsverbindliche Anordnungen (Regelungen) enthalten, sondern an die die Rechtsordnung ihrerseits Folgen knüpft, z. B. Aufrechnungserklärungen, Stundungen, die Ausübung des Zurückbehaltungsrechts[2].

aa) Jeder Verwaltungshandlung geht eine *interne* Willensbildung der Behörde da- **691**
rüber voraus, ob und wie die jeweilige Angelegenheit entschieden werden soll – ob z. B. dem Antrag des Bürgers stattgegeben oder ob er abgelehnt werden soll, ob auf eine Eingabe hin ein freundlicher Brief mit Sachangaben oder eine unverbindliche allgemeine Antwort geschrieben oder überhaupt nicht reagiert werden soll – und so weiter. Die interne Entscheidung ist aber selbst noch nicht der VA; sie ist in aller Regel nicht mit Rechtsbehelfen angreifbar. Vielmehr kann nur das, was nach außen hin erklärt wird, überhaupt VA sein, und nur dieses externe „Produkt" der Verwaltung ist darauf zu prüfen, ob es eine Regelung (also eine *auf Rechtswirkung gerichtete Maßnahme*) darstellt.

Falsch war es daher, die Bekanntgabe eines Verfassungsschutz-Informanten deswegen als **692**
VA zu qualifizieren (vgl. *Fall 6*), weil vor Erteilung dieser Auskunft „hätte eingehend geprüft werden müssen, ob sie mit der Erfüllung der gesetzlichen Aufgaben der Behörde vereinbar"

---
2 Vgl. *Maurer*, § 9 Rn. 10.

war (BVerwGE 31, 301, 306). Nach dieser – unzutreffenden – Rechtsprechung gäbe es keine Verwaltungshandlung von irgendeiner Bedeutung (nicht einmal die vom BVerwG als Gegenbeispiel genannte Melderegisterauskunft, denn auch dort ist eine gewisse Mindestprüfung vorzunehmen, vgl. § 21 MRRG), die nicht VA wäre. Wegen der strengen Frist für die Anfechtungsklage wäre der Rechtsschutz erheblich eingeschränkt, und Leistungsklagen kämen nicht mehr in Betracht[3].

Eine die eigentliche Entscheidung vorbereitende Verfahrenshandlung muss auch dann kein VA sein, wenn sie dem Bürger gegenüber etwas anordnet, nämlich dann, wenn sie nicht zwangsweise durchsetzbar ist. Deshalb ist nach BVerwGE 34, 248 eine Anordnung zur Beibringung eines medizinisch-psychologischen Gutachtens über die Eignung zum Führen eines Kraftfahrzeuges kein VA.

Bloß **internen** Charakter haben i. d. R. auch Organisationsakte (vgl. BVerwGE 90, 220: „Abwicklung" einer DDR-Einrichtung) und andere Maßnahmen, die sich an die Mitarbeiter der Behörde richten (Weisungen, Erlasse). Sie sind nicht auf Rechtsänderungen „gerichtet". Über ihre rechtliche Einordnung s. unten Rn. 730 ff.

693 Häufig muss eine Behörde vor Erlass eines Verwaltungsaktes das „Einvernehmen" mit einer anderen Behörde herstellen, also deren Zustimmung einholen (Bsp.: §§ 36 f. BauGB). Solche **Mitwirkungsakte** in „mehrstufigen Verwaltungsverfahren" sind in aller Regel mangels unmittelbarer Außenwirkung ebenfalls keine VAe[4]. Die h. L. sieht in dem Beitrag der anderen Behörden nur eine verwaltungsinterne Beteiligung; Rechtswirkungen auf den Bürger gingen erst von der abschließenden Entscheidung aus. Diese Ansicht ist aber nicht unbestritten. Mit guten Gründen lässt sich auch die Auffassung vertreten, ein „Mitwirkungsakt" wie die Erteilung oder Versagung des Einvernehmens sei selbst ein VA[5].

Was es bedeuten kann, wenn eine Behörde an das Einvernehmen mit einer anderen gebunden ist, zeigt die Entscheidung des BVerwG, NVwZ 1986, 556: danach durfte sich eine Baugenehmigungsbehörde über das Fehlen des Einvernehmens der Gemeinde (§ 36 BauGB) nicht hinwegsetzen, auch wenn sie meinte, die Gemeinde habe ihr Einvernehmen rechtswidrig verweigert. Für den Bauantragsteller hieß das, dass er die Baugenehmigungsbehörde verklagen musste und erst das Gericht entscheiden konnte, die Baugenehmigung sei trotz des fehlenden Einvernehmens der Gemeinde zu erteilen. Mittlerweile hat sich die Gesetzeslage insofern geändert, als ein rechtswidrig versagtes Einvernehmen schon im Genehmigungsverfahren durch die zuständige Landesbehörde gem. § 36 Abs. 2 S. 3 BauGB ersetzt werden kann. Diese Vorschrift ist auch im Interesse der Bauwilligen zur Beschleunigung der Genehmigungsverfahren und zur zügigeren Durchführung des Rechtsschutzverfahrens erlassen worden und verschafft daher dem Bauantragsteller einen Anspruch auf eine ermessensfehlerfreie Ersetzungsentscheidung.

694 Von der internen Vorbereitung eines VA ist der **vorläufige VA** zu unterscheiden. Er ist „Regelung", wenn auch unter dem Vorbehalt späterer abschließender (verbindlicher) Entscheidung (vgl. für das Steuerrecht §§ 164 f. AO). Bei einer vorläufigen

---

3 Scharf kritisch zu der Entscheidung des BVerwG auch *Krause*, Rechtsformen des Verwaltungshandelns, 1974, S. 338: „fadenscheinigste Gründe"!
4 Vgl. BVerwGE 22, 342; 26, 31; 28, 145; 32, 148; BGHZ 65, 182.
5 *Jäde*, ThürVBl. 1997, 217 ff.; *Haldenwang*, FS *Gelzer*, S. 201, 209; *Schwabe*, DVBl. 1997, 1322 f.; a. A. (da die Handlung „nicht auf unmittelbare Außenwirkung gerichtet" sei): *Lasotta*, Das Einvernehmen der Gemeinde nach § 36 BauGB, 1998, S. 201 f.

Subventionsgewährung bedeutet das, dass ein Rechtsgrund für das endgültige Behalten nicht besteht und die spätere Entscheidung über das endgültige Behaltendürfen keiner Aufhebung des vorläufigen VA bedarf (BVerwGE 67, 99, 103).

Der endgültige VA darf aber von dem vorläufigen nur hinsichtlich der im Vorbehalt genannten Gründe abweichen. In der Leitentscheidung des BVerwG hatte die Behörde den vorläufigen VA „vorbehaltlich des Ergebnisses der noch durchzuführenden Betriebsprüfung" erlassen. Es wäre daher nicht zulässig gewesen, den Erlass des endgültigen VA aus anderen Gründen als solchen, die sich aus der Betriebsprüfung ergaben, zu verweigern. – „Vorläufig" sind auch alle befristeten VAe (Rn. 554). Das Vertrauen auf den Fortbestand der Regelung wird in diesen Fällen nicht geschützt[6], vgl. unten Rn. 721.

Literatur zum vorläufigen VA: *Schimmelpfennig,* Vorläufige Verwaltungsakte, 1989; *Kemser,* Der vorläufige Verwaltungsakt, 1990; *Kopp,* Vorläufiges Verwaltungsverfahren und vorläufiger Verwaltungsakt, 1991; *ders.,* DVBl. 1989, 238 ff.; *Di Fabio,* DÖV 1991, 629 ff.; *Axer,* Verwaltungsakt unter Berichtigungsvorbehalt, DÖV 2003, 271 ff.

Aus der Rechtsprechung: OVG Münster, DVBl. 1991, 1365 f.

Noch „unfertig" ist demgegenüber der **vorsorgliche VA,** der mit dem Vorbehalt erlassen wird, dass eine seiner tatbestandsmäßigen Voraussetzungen erst noch von einer anderen, dafür zuständigen Behörde festgestellt wird[7]. Praktisch hat dieser Begriff keine Bedeutung: wird das fehlende Element nicht festgestellt, so ist der vorsorglich erlassene VA hinfällig, also unwirksam[8].

bb) Die Zahlung von Geld, Dienstleistungen aller Art, Äußerungen ohne Regelungscharakter und die Übermittlung von Informationen sind nicht „Verwaltungsakte" in dem hier besprochenen technischen Sinn, sondern **Realakte.** Wohl aber bedarf es bei der Gewährung von Leistungen in aller Regel vor dem jeweiligen Realakt einer Entscheidung gegenüber dem Betroffenen, die das kraft Gesetzes bestehende Rechtsverhältnis konkretisiert (vgl. a. Rn. 294 ff.). Die Empfänger von Sozialleistungen erhalten einen Bewilligungsbescheid. Nur in einigen einfach strukturierten Rechtsverhältnissen spart man sich die ausdrückliche Bewilligung und gewährt die notwendige Leistung unmittelbar.

Die oben erwähnte *Auskunft* (*Fall 6*) ist bei richtiger Interpretation als Realakt zu qualifizieren. Entsprechendes gilt für andere Arten von *„Wissenserklärungen"*[9] von Behörden, z. B. die gesetzlich besonders geregelte *Tarifauskunft* nach Art. 12 Zollkodex, VO (EWG) Nr. 2913/92: Sie ist keine vorweggenommene Teilregelung eines künftigen Abgabenrechtsverhältnisses – zumal ja nicht feststeht, ob der Tatbestand, der die Zollpflicht begründet, tatsächlich entstehen wird –, aber sie ist für die Behörde verbindlich.

Auf der Grenze zwischen Vorbereitungshandlungen und Realakten stehen *Gutachten, Untersuchungsberichte* und ähnliche Äußerungen der Verwaltung, die keinen regelnden Charakter haben. Dass sie möglicherweise für künftige Verwaltungshandlungen inhaltliche Bedeutung haben, macht sie nicht zu Verwaltungsakten.

---

6 Vgl. auch BVerwGE 67, 99.
7 BVerwGE 81, 84, 94 = JZ 1989, 843 m. abl. Anm. *Püttner.*
8 Vgl. a. *Maurer,* § 9 Rn. 63c.
9 *Koch/Rubel,* S. 37.

Zu nennen sind Untersuchungsberichte des Luftfahrt-Bundesamtes (BVerwGE 14, 323) und Sprüche des Bundesoberseeamtes (BVerwGE 32, 21; 59, 319). Die Eintragung ins Verkehrszentralregister ist nach BVerwGE 77, 268, 271 ff. ebenfalls kein VA. Ebenfalls nicht als VA zu qualifizieren ist der Verfassungsschutzbericht einer Landesregierung (VGH Kassel, NVwZ 2003, 1000, 1001, vgl. § 17 *Ausgangsfall 4* mit Rn. 678).

699 Die verbindliche **Ablehnung** einer beantragten Leistung ist – wie die Versagung einer erbetenen Genehmigung oder eines sonstigen begünstigenden VA – ihrerseits stets ein VA, also auch wenn die Gewährung der Leistung keinen VA enthält (Rn. 696), nicht aber ein einfaches behördliches Schreiben, in dem der geltend gemachte Anspruch bestritten oder die Bearbeitung abgelehnt wird[10].

Weitere Beispiele:

Die *Gewährung* der Einsicht in die Personalakten wird vom BVerwG (E 12, 296) als VA angesehen – u.E. zu Unrecht, denn hier folgt die konkrete Befugnis unmittelbar und eindeutig aus dem Gesetz; nur eventuelle Einschränkungen müssen konkret besonders festgelegt werden. Die *Versagung* der Einsicht ist hingegen in der Tat ein VA (a. a. O.). S. dazu auch Rn. 707 mit Anm. 28.

Keinen VA, weil nicht „regelnd", stellt nach BVerwG die dienstliche Beurteilung eines Beamten dar[11]. Die Folgen, die eine ungünstige Beurteilung hat, sind nicht „rechtliche" Nachteile, sondern „nur" faktische. In der Tat „regelt" die Beurteilung nichts. Der Betroffene erleidet auch keine Nachteile, denn der Rechtsschutz gegen ungerechte Beurteilungen ist gesichert[12] – der Betroffene ist dadurch, dass er nicht einen „VA" anfechten muss (Frist! s.o.), sogar etwas günstiger gestellt; er kann eine sog. Leistungsklage erheben (vgl. Rn. 1060). Für Schulzeugnisse muss Entsprechendes gelten (*Ausgangsfall 5*) (s.a. BVerwGE 49, 351). Doch wird auch die Ansicht vertreten, die einzelne Note könne für sich betrachtet rechtserheblich sein, etwa für die Zulassung zum Studium, und daher einen VA darstellen[13]. Ein Abschlusszeugnis, das einen weiteren Bildungsweg eröffnet (wie das Abiturzeugnis), ist als VA anerkannt.

Eine Regelung enthält u. E. auch die Bekanntgabe des Smog-Alarms (*Fall 13*). Manche wollen hierin nur eine *„rechtserhebliche Tatsache"* oder eine *„objektivierte Sachverhaltsfeststellung"* sehen[14]. Aber die Bekanntgabe des Alarms setzt eine Reihe von Feststellungen und Bewertungen voraus, folgt nicht quasi automatisch aus bestimmten Messdaten[15]. Die Smog-Verordnungen sind nicht ebenso einfache Verhaltensrichtlinien wie das Gebot, „bei Dunkelheit" (§ 17 Abs. 1 StVO) die Autoscheinwerfer einzuschalten. Schwierig ist allerdings die Entscheidung, ob die Bekanntgabe des Smog-Alarms eine generelle Regelung, also Verordnung, oder ein Verwaltungsakt ist (dazu Rn. 705). Beide Probleme (Regelung? Einzelfall?) bestehen auch hinsichtlich der Feststellung, dass die Voraussetzungen für die Erhebung des Dosenpfandes gegeben sind (§ 9 Abs. 2 S. 2 VerpackungsVO). Das BVerwG spricht hier von einer „feststellenden Allgemeinverfügung" (BVerwGE 117, 322, 326 ff.).

---

10 VGH München, NVwZ 1990, 775.
11 BVerwGE 28, 191, 192 f.; 49, 351, 353 ff.; 106, 318, 320.
12 Dazu *Mehde*, RiA 1998, 65 ff.
13 *Maurer*, § 9 Rn. 9: anfechtbarer Teil eines VA, nämlich der Abschlussprüfung. S. a. BVerwG, DVBl. 2003, 371 (Bewertung einer juristischen Examensklausur ist kein VA).
14 *Hansmann*, in: *Landmann/Rohmer*, GewO, Bd. III, § 40 BImSchG Rn. 28; *Kluth*, NVwZ 1987, 960 f.; *Maurer*, § 9 Rn. 21.
15 *Jarass*, NVwZ 1987, 95 ff.

b) Einzelfallentscheidung/Allgemeinverfügung

Der VA ist zwar die typische *individuelle* Verwaltungshandlung, aber die **Zusammenfassung mehrerer Einzelfälle** unter dem „Dach" eines VA ist zulässig. Die Rechtsprechung hat den Begriff der „**Allgemeinverfügung**" entwickelt, um einem praktischen Bedürfnis nach einer derartigen Zusammenfassung zu genügen: Von der Selbstverständlichkeit, dass der Verkehrspolizist seine Zeichen jeweils nicht den an die Kreuzung heranfahrenden Autofahrern einzeln gibt, sondern sie an alle richtet, die in seinem Gesichtskreis bzw. in der Richtung des Zeichens auftauchen, über den Schulfall der Auflösung einer unfriedlich werdenden Versammlung (*Fall 1b*) bis zu dem Räumungsgebot an die sämtlichen, ebenfalls namentlich nicht notwendig bekannten Besetzer eines bestimmten Hauses. Es wäre äußerst unpraktisch und es ist rechtlich nicht geboten, bei einem größeren Kreis von Betroffenen entweder den Erlass einer Vielzahl von Einzel-Verwaltungsakten oder den umständlicheren und oft praktisch nicht gangbaren Weg der Verordnungsgebung vorzuschreiben. § 35 S. 2 VwVfG lässt ausdrücklich die Allgemeinverfügung als einen VA zu, „der sich an einen nach allgemeinen Merkmalen bestimmten oder bestimmbaren Personenkreis richtet". 700

„**Bestimmbar**" ist freilich ein sehr weiter Begriff. Auch ein im Gesetz abstrakt umschriebener Personenkreis könnte bestimmbar sein. Gemeint ist aber ein enger Begriff, der jedenfalls die Konkretheit, den Bezug auf einmal (zeitlich!) abgegrenzte Lebenssituationen unausgesprochen mitenthält. 701

Das *BVerwG* (E 12, 87, 89) hat sogar die angesichts einer Typhusepidemie von einem Landesministerium getroffene Anordnung, dass „von sofort an bis auf weiteres in den vom Typhus betroffenen Kreisen Nord- und Süd-Württembergs der Groß- und Einzelhandel mit Endiviensalat verboten" sei, als Allgemeinverfügung angesehen. Es ist aber – von der Vielzahl der Adressaten abgesehen – auch zu bestreiten, dass dies eine konkrete Anweisung sei; die Berufung auf „ein einzelnes reales Vorkommnis" wirkt gekünstelt[16]. Das *BVerwG* lässt seine Zweifel selbst erkennen, setzt sich aber darüber hinweg.

Daneben ist im VwVfG noch eine zweite Abweichung von der „normalen" Einzelfall-Regelung zugelassen worden: der „**dingliche VA**". Nach dem eben zitierten § 35 S. 2 VwVfG ist Allgemeinverfügung auch „ein VA, der die öffentlich-rechtliche Eigenschaft einer Sache oder ihre Benutzung durch die Allgemeinheit betrifft". So kann ein Badeverbot (*Fall 7*) u. U. als dinglicher VA ergehen, während früher eine Rechtsverordnung nötig war. 702

(Die Rechtmäßigkeit dieser Anordnung setzt voraus, dass die Gemeinde in Ausübung ihrer öffentlich-rechtlichen Sachherrschaft über eine dem Gemeingebrauch [Erholungsgebiet] gewidmete Sache handelt; dazu unten Rn. 919, 930 ff.).

Damit sind aber nicht generell alle lokal (statt nach Adressaten) bestimmten Geschehenseinheiten als Einzelfälle anerkannt. 703

Die lang anhaltenden Auseinandersetzungen darüber, ob bei den **Verkehrszeichen** die Einheit des Ortes einen Einzelfall konstituierte oder ob nicht wegen der Vielzahl und Unbe-

---

16 Kritisch insofern auch *Koch/Rubel/Heselhaus*, § 3 Rn. 33 sowie *Laubinger*, in: FS für Walter Rudolf, 2001, S. 305 ff. (319).

stimmbarkeit der Betroffenen und der Bestimmung auf Dauer doch Rechtsverordnungen vorlägen (deren Rechtmäßigkeit dann wegen Art. 80 GG sehr zweifelhaft sein müsste), sind inzwischen beendet. Zwar hat der VGH München[17] trotz § 35 S. 2 VwVfG die Verkehrszeichen noch als Hinweis auf Rechtsverordnungen aufgefasst, und die Gründe dafür sind gewichtig[18]. Die meisten Gerichte sind jedoch zu der Meinung gelangt, es handle sich um Allgemeinverfügungen[19]. Diese Rechtsansicht hat einige praktische Gründe und den Text von § 35 S. 2 für sich – insbesondere „kanalisiert" sie den Rechtsschutz. Die aufschiebende Wirkung des Widerspruchs entfällt analog § 80 Abs. 2 Nr. 2 VwGO[20].

704 Dieselbe Problematik ist auch bei **anderen raumbezogenen Regelungen** erörtert worden. So qualifizieren manche auch diejenigen Verwaltungsmaßnahmen, die sich mit der Nutzung von Sachen durch eine unbestimmte Vielzahl von Personen befassen, als Allgemeinverfügungen – so der *Hessische VGH*[21] die Freigabe von *Wasserskistrecken* auf Bundeswasserstraßen mit der schlichten Begründung, dass entsprechende Straßenverkehrsanordnungen als Allgemeinverfügungen anerkannt seien, und das *OLG Celle*[22] die Festlegung von *Flugsperrgebieten* oder Gebieten mit Flugbeschränkung. In beiden Fällen hatte die Behörde ihre Anordnung in einem amtlichen Verkündungsblatt bekannt gemacht, und es ist offensichtlich, dass der Erlass einer Rechtsnorm beabsichtigt war. Das OLG Celle lässt überdies deutlich erkennen, dass Zweckmäßigkeitserwägungen den Ausschlag gaben: die Form der Rechtsverordnung, die sonst vorgelegen hätte, sei zu „schwerfällig", die Allgemeinverfügung sei „das beweglichere Mittel". Vor solcher Argumentation ist zu warnen: Sie ist zu stark vom gewünschten Ergebnis bestimmt statt von angemessener Qualifizierung der wirklich gewählten Handlungsform. Wie sonst hätte man eine über zwanzig Jahre bestehende Flugbeschränkung als „nur vorübergehender Natur" bezeichnen können!

705 Das *BVerwG* hat demgegenüber die Festlegung von Wasserschutzgebieten (E 18, 1; 29, 207) (s. *Fall 8*), Wasserskistrecken (E 26, 251) und Landschaftsschutzgebieten (NJW 1958, 1600; DVBl. 1963, 441) als *Rechtsverordnung* angesehen. Für Ski-Hauptabfahrtsstrecken schreibt Art. 29 Bay. LStVG die Festsetzung durch Rechtsverordnung vor. Diese Form ist in der Tat angemessen, weil durch solche Anordnungen eine unbestimmte Vielzahl von Adressaten angesprochen ist.

Eine dem Namen nach ähnliche Anordnung, nämlich die Festlegung eines Schutzbereichs nach § 2 Schutzbereichsgesetz ist als enteignender Verwaltungsakt anzusehen, weil nur die (bestimmten) Grundeigentümer angesprochen sind (BVerwGE 70, 77)[23].

Die Bekanntgabe des Smog-Alarms (Rn. 699, *Fall 13*) stellt einen Grenzfall zwischen genereller und individueller Regelung dar. Nur unter extensiver Auslegung von § 35 S. 2 VwVfG lässt sich sagen, dass hier (gerade noch) eine Allgemeinverfügung vorliege. Praktische Gründe und die Kurzfristigkeit der Maßnahme sprechen für diese Annahme, zumal wenn man den Suspensiveffekt des Rechtsbehelfs (§ 80 Abs. 1 VwGO) mittels einer Analogie zu § 80 Abs. 2 Nr. 2 ausschließt[24].

---

17 DVBl. 1979, 742, aufgehoben durch BVerwGE 59, 221 und inzwischen aufgegeben, vgl. BayVGH, NVwZ 1984, 383; *Renck*, NVwZ 1984, 355.
18 Vgl. *Czermak*, JuS 1981, 25.
19 BVerwGE 27, 181; 59, 221; 102, 316, 318; BGHSt 23, 86, 88; BVerfG, NJW 1965, 2395; bei einer Parkuhr: BVerwG, DÖV 1988, 644.
20 BVerwG, NJW 1978, 656; *Kopp/Schenke*, § 80 Rn. 64.
21 Hessischer VGH, DÖV 1966, 871.
22 OLG Celle, NJW 1972, 1767.
23 In ausdrücklicher Abweichung von BVerwGE 30, 287; s. a. *Franz*, DVBl. 1969, 549 f. Zu den verschiedenen Fachplänen, die dem Umweltschutz dienen, vgl. *Breuer*, Umweltschutz, in: *Schmidt-Aßmann* (Hrsg.), S. 504 ff. Rn. 62 ff.
24 *Jarass*, NVwZ 1987, 97 ff.

In Rechtsprechung und Literatur besteht die Tendenz, Qualifikationsfragen der hier behandelten Art zu hoch zu bewerten. Künftige Fortschritte des Verwaltungsrechts werden aber, wie *Rainer Wahl*[25] mit Recht bemerkt, „nicht in der weiteren Filigranarbeit an den abstrakten begrifflichen Merkmalen des Verwaltungsaktes und des Verwaltungsvertrages liegen, sondern in Zukunft dürften sach- und problemnähere Figuren erforderlich sein und wieder stärker betont werden müssen". Sehr lesenswert auch das temperamentvolle Plädoyer von *Ludwig Renck* für einen „formalisierten Verwaltungsakt"[26]!

4. Arten von Verwaltungsakten

a) Belastende und begünstigende Verwaltungsakte

Verwaltungsakte sind so vielgestaltig wie die Rechtsverhältnisse zwischen Staat und Bürger. Neben den **belastenden VA,** der am deutlichsten das Verhältnis von Bürger und Verwaltung im liberalen Rechtsstaat widerspiegelt („The Man versus the State"[27]) und der typischerweise ein Gebot oder Verbot an den Bürger enthält, ist im Sozialstaat längst der **begünstigende VA** getreten, der eine Zahlung oder eine andere Leistung an den Bürger bewilligt, und in den komplexen Verhältnissen des nicht nur ordnenden, sondern planenden und lenkenden Staates der Gegenwart hat der VA mit *Doppelwirkung* (auch **Dritt- oder Mehrfachwirkung** genannt) an Bedeutung gewonnen. Der typische Fall ist die Baugenehmigung – sie verbessert (u. U. mit Einschränkungen, vgl. *Fall 9*) die Rechtslage des Bauherrn, verschlechtert aber die faktische und rechtliche Situation des oder der Nachbarn, sofern diese(r) durch das Bauvorhaben beeinträchtigt wird (werden). Bei Subventionen gilt dasselbe: ein Unternehmen wird begünstigt, ein anderes erleidet einen Wettbewerbsnachteil. **706**

Jeder eine Leistung **ablehnende VA** ist belastend in dem Sinne, dass er angefochten werden kann, und er muss angefochten werden, wenn er nicht „bestandskräftig" werden soll. Wird die Ablehnung bestandskräftig, so kann der behauptete Anspruch nämlich gar nicht mehr mit Erfolgsaussicht geltend gemacht werden, s. unten § 19 Rn. 748 ff.[28]. **707**

Die Unterschiede des Inhalts bedingen Unterschiede im Rechtsschutzverfahren: ein rein begünstigender VA kann vom Adressaten nicht angefochten werden, weil es an der Rechtsbeeinträchtigung (§ 42 Abs. 2 VwGO) fehlt; beim belastenden VA ist der Adressat immer klagebefugt (sog. „Adressatentheorie", vgl. Rn. 1035). **708**

Auch bei einem auf den ersten Blick ausschließlich begünstigenden VA kann eine (zur Klage berechtigende) Belastung vorliegen – nämlich wenn ein *weitergehender*

---

25 DVBl. 1982, 52.
26 In: FS für *Franz Knöpfle*, 1996, S. 291 ff.
27 So der Titel einer berühmten Schrift von *Herbert Spencer*, 1884.
28 Eine weitere (prozessrechtliche) Frage ist es, ob die Aufhebung des ablehnenden VA implizit mit der Verpflichtungsklage auf Erlass des abgelehnten VA oder der Klage auf die abgelehnte Leistung beantragt werden kann oder aber selbständig beantragt werden muss. Dazu *Kopp/Schenke*, VwGO, § 42 Rn. 29 (Aufhebungsantrag i. d.R. nicht nötig, aber wünschenswert) und unten Rn. 1033.

Antrag (ausdrücklich oder auch unausgesprochen) *abgelehnt* wird (s. schon Rn. 27). Andererseits enthält ein belastender VA eine Begünstigung, wenn und soweit die Verpflichtung auf den in ihm bezeichneten Umfang beschränkt wird; hier schützt die Bestandskraft (vgl. Rn. 750 f.) den Adressaten, der sich nur gegen den belastenden Teil des VA wehrt, vor noch weitergehenden Nachforderungen.

Diese Überlegungen sind allerdings von der Frage zu unterscheiden, unter welchen Voraussetzungen die Verwaltung nur aufgrund einer gesetzlichen Ermächtigung rechtmäßig handeln kann. Nach dem Vorbehalt des Gesetzes ist das nur der Fall, wenn die Verwaltung in bestehende – etwa grundrechtliche oder durch VA begründete – Rechtspositionen eingreift.

Die Unterscheidung nach der Wirkung für den betroffenen Bürger (zwischen begünstigenden und belastenden VAen) ist von einer anderen überlagert, die auf den *Regelungsgehalt* der Verwaltungsmaßnahmen abstellt und für die Durchsetzung (Vollstreckung) bedeutsam ist:

b) Gebote und Verbote

709 Sie verpflichten zu einem bestimmten Verhalten (Tun oder Unterlassen) und sind mit den Mitteln des Verwaltungszwanges zu vollstrecken (s. Rn. 973 ff.). Einige wichtige Beispiele: die Polizeiverfügung, also die Anordnung einer Polizei- oder Ordnungsbehörde zu einem bestimmten Verhalten, um Gefahren für die öffentliche Sicherheit oder Ordnung abzuwehren; das Versammlungsverbot nach § 15 Abs. 1 VersG; die Verkehrslenkung durch Polizeibeamte und Ampeln; baurechtliche Verbote oder Gebote (Abrissverfügung!); Auskunftsverlangen verschiedenster Art bis zur Statistik; Zahlungsaufforderungen, insbesondere Steuerbescheide, Gebührenbescheide etc.; Einberufungsbescheid bei Wehrpflichtigen.

c) Gestaltende Verwaltungsakte

710 Solche VAe begründen, verändern oder beseitigen ein konkretes Rechtsverhältnis (vgl. Rn. 294 ff.), und zwar unmittelbar, ohne zusätzliche Durchsetzungsmaßnahmen; hierzu gehört auch die Zusicherung (§ 38 VwVfG, s.u. Rn. 782 ff.); Beispiele: Baugenehmigung, andere Erlaubnisse verschiedenster Art, z. B. zur Wege- und Wassernutzung; Aufenthaltserlaubnis; Einbürgerung; Beamtenernennung und -entlassung; Zulassung zum Studium.

Die verschiedenen Arten von Erlaubnissen entsprechen den unterschiedlichen gesetzlichen Verboten. Zu unterscheiden sind:

711 – *Repressive Verbote,* also solche, die das beschriebene Verhalten möglichst weitgehend zurückdrängen wollen[29], z. B. das Verbot, Wasserläufe zu verunreinigen, Öl ins Erdreich gelangen zu lassen, die Luft durch Abgase zu verunreinigen. Trotz

---

29 Beachtenswert jedoch die scharfsinnige Kritik von *Schwab* an dieser Begrifflichkeit: Das sogenannte repressive Verbot, in: FS Folz, 2003, S. 305 ff.

der Strenge des Verbots sind auch hier regelmäßig Ausnahmen möglich; die entsprechenden Bestimmungen enthalten gewöhnlich einen *Befreiungsvorbehalt.* Die Behörde kann dann durch Ausnahmebewilligung („Befreiung", „Dispens") in Härtefällen von der Durchsetzung des gesetzlichen Verbots absehen. Wichtigstes Beispiel: die Befreiung von Bestimmungen der Bebauungspläne nach § 31 Abs. 2 BauGB und entsprechende Bestimmungen der Landesbauordnungen.

– Der mildere Typ des gesetzlichen Verbots dient dazu, der Verwaltung die vorherige Prüfung des Sachverhaltes zu ermöglichen. Ergibt die Prüfung, dass das Vorhaben des Bürgers mit dem materiellen Recht vereinbar ist, so wird nicht eine „Ausnahme" bewilligt, sondern eine Erlaubnis erteilt. Hier handelt es sich also um ein *präventives Verbot mit Erlaubnisvorbehalt* (in der Terminologie von *Maurer*[30] „*Kontrollerlaubnis*"). Auf die Erteilung der Erlaubnis besteht ein Anspruch, wenn die materiellen Voraussetzungen erfüllt sind („gebundener Verwaltungsakt"), während die Bewilligung von Befreiungen durch den Gesetzgeber regelmäßig in das Ermessen der Behörden gestellt ist. **712**

Das Hauptbeispiel für die Erlaubnis im Rahmen eines bloß präventiven Verbotes ist die Baugenehmigung. Es soll nicht verhindert werden, dass Gebäude errichtet werden, sondern gewährleistet werden, dass sie in Übereinstimmung mit dem materiellem Baurecht entstehen[31].

Noch milder als das Verbot mit Erlaubnisvorbehalt ist das gesetzliche Verbot mit *Anzeigevorbehalt*, z. B. § 14 GewO: Gewerbeanzeige. Hier wird keine Erlaubnis erteilt; die Behörde wird durch die Anzeige aber in die Lage versetzt, eine Prüfung zu beginnen und eventuell nachträglich ein Verbot auszusprechen (etwa nach § 35 GewO). **713**

Wesentlich komplexer ist die Entscheidung der Verwaltung im Planungsverfahren; *Planfeststellungsbeschlüsse* (Rn. 273, 279) enthalten eine Vielzahl von Erlaubnissen, aber diese sind konkret-genereller Art; die Planfeststellung für einen Flughafen ist dem Bebauungsplan für ein Industriegebiet strukturell näher verwandt als der Erlaubnis zur Inbetriebnahme eines Schmelzofens. Dadurch, dass im Planfeststellungsverfahren eine Vielzahl höchst unterschiedlicher Interessen gegeneinander abgewogen werden muss, unterscheidet sich dieses Verfahren von der „Zweier-Beziehung" zwischen Antragsteller und Behörde in einem gewöhnlichen Erlaubnisverfahren wesentlich, mag auch die Rechtsform der Entscheidung schließlich – entsprechend den geltenden Bestimmungen über die verschiedenen Planfeststellungsverfahren – dieselbe sein. Solche Besonderheiten des Verwaltungsverfahrens und der materiellen Entscheidungsprobleme kommen in der Handlungsformenlehre nicht immer zum Ausdruck; deren relativ einfache Regelungsmuster werden den komplexen Verwaltungsentscheidungen nicht voll gerecht[32]. Die Baugenehmigung kann auch als Kombination von Planungsentscheidung und Kontrollerlaubnis verstanden werden[33]. **714**

---

30 § 9 Rn. 51.
31 Zur Kontrollerlaubnis vgl. a. BVerwGE 71, 324 – Reiten im Walde.
32 *Wahl*, DVBl. 1982, 57.
33 Vgl. nochmals den lesenswerten Aufsatz von *Wahl*, a. a. O., S. 51 ff.

d) Feststellende Verwaltungsakte

715 VAe, die ein Recht oder eine rechtlich erhebliche Eigenschaft einer Person feststellen, bedürfen ebenfalls keiner Vollstreckung; wichtigste Fälle sind die Ablehnung eines Antrages und die Feststellung eines Leistungsanspruchs des Bürgers (Leistungsbescheid). Die „Regelung" liegt bei feststellenden VAen in der Konkretisierung der gesetzlich schon vorgesehenen Rechtsfolge[34].

Beispiele: Steuermessbescheid, Dienstaltersfestsetzung, Anerkennung als Schwerbeschädigter u. ä.

e) Mitwirkungsbedürftige Verwaltungsakte

716 Die meisten begünstigenden VAe werden nur auf Antrag oder mit Einverständnis des Betroffenen erlassen. Die Mitwirkungshandlung ist eine verwaltungsrechtliche Willenserklärung; ihr Fehlen macht den VA rechtswidrig (s.u. Rn. 762 und 776 f.). Hingegen ist die von *Mayer* überkommene Rechtsfigur des „*Verwaltungsakts auf Unterwerfung*"[35] obsolet geworden[36]. „Unterwerfung" rechtfertigt nicht den Verzicht auf eine gesetzliche Grundlage.

Die Rechtsfigur des „zustimmungsbedürftigen VA" ist durch die Anerkennung des verwaltungsrechtlichen Vertrages nicht hinfällig geworden[37]. Nicht jeder mitwirkungsbedürftige VA ließe sich auch als Vertrag gestalten. Typische Fälle: Beamtenernennung (vgl. Rn. 887), Einbürgerung.

f) Formfreie und formgebundene Verwaltungsakte

717 Das VwVfG schreibt für Verwaltungsakte keine Form vor; nach § 17 Abs. 2 S. 1 kann der VA „schriftlich, elektronisch, mündlich oder in anderer Weise erlassen werden". Tatsächlich ist **Schriftlichkeit** die Regel, schon weil damit mehr Klarheit, Beweisbarkeit und Rechtssicherheit erreicht wird. Mündlich werden VAe z. B. von Polizeivollzugsbeamten im Einsatz „vor Ort" erlassen. Auf Verlangen müssen mündliche VAe schriftlich oder elektronisch und elektronische schriftlich bestätigt werden, wenn hieran ein berechtigtes Interesse besteht, § 37 Abs. 2 S. 2. Für schriftliche und elektronische VAe sind in § 37 Abs. 3 weitere Anforderungen festgelegt. Bei „Verwaltungsfabrikaten" (s. oben Rn. 203) können Unterschrift und Namensangabe fehlen, und u. U. sind weitere Vereinfachungen zulässig, § 37 Abs. 5.

718 Soweit die Schriftform durch Rechtsvorschrift angeordnet ist, ist i. d. R. auch die elektronische Form zugelassen, jedoch bedarf es dann einer qualifizierten **elektro-**

---

34 Vgl. etwa BVerwGE 102, 274, 276 f. Eine „feststellende Allgemeinverfügung" war Gegenstand der Entscheidung BVerwGE 117, 322, 326 ff. (zu § 9 Abs. 2 S. 2 VerpackungsVO).
35 Vgl. *Renck*, JuS 1971, 77 zu BVerwG, DVBl. 1969, 665.
36 Vgl. a. *Erichsen*, in: *Erichsen/Ehlers*, Allg. VwR., § 12 Rn. 23.
37 So aber *Gusy*, DVBl. 1983, 1226; zweifelnd *Maurer*, DVBl. 1989, 798, 805.

nischen Signatur nach dem Signaturgesetz[38]. Hierauf nehmen § 37 Abs. 3 S. 2 und Abs. 4 mit weiteren Anforderungen Bezug[39].

Für formgebunden hat der Gesetzgeber solche VAe erklärt, die besondere Bedeutung haben, insbesondere eine erhebliche und dauerhafte Rechtsstellung begründen, z. B. die Anstellung und Beförderung von Beamten („Ernennung" i. S. v. § 5 Abs. 2 BRRG: Aushändigung einer Ernennungsurkunde mit vorgeschriebenem Inhalt) sowie die Einbürgerung von Ausländern (ebenfalls Aushändigung einer Urkunde, § 16 Staatsangehörigkeitsgesetz).

5. Nebenbestimmungen zu Verwaltungsakten

Die Einordnung eines VA als belastend oder begünstigend (oben 4a) wird noch schwieriger, wenn er sich aus unterschiedlich zu bewertenden Teilen zusammensetzt: Die Erlaubnis zur Nutzung eines Gewässers für eine industrielle Anlage ist zeitlich befristet oder mit dem Vorbehalt späteren Widerrufs belastet, eine Baugenehmigung ist mit „Bedingungen" verknüpft, die den Wert der Genehmigung selbst wesentlich mindern (*Fall 9*). Die den VA erlassende Behörde sagt nicht schroff „nein", sondern „ja, aber"; denn sie hat ein Interesse daran, sich durch solche Nebenbestimmungen für die Zukunft Flexibilität zu erhalten oder den durch eine Begünstigung begründeten wirtschaftlichen Vorteil des Bürgers zumindest teilweise abzuschöpfen. In diesen Fällen sind verfahrensrechtliche und materiellrechtliche Besonderheiten zu beachten: **719**

Zunächst ist zu klären, ob sich der Adressat isoliert gegen den ihn störenden Teil des VA wehren kann oder ob er nur die Wahl hat, auf den ganzen VA – „den guten wie den bösen Tropfen" – zu verzichten oder ihn ganz hinzunehmen; ferner ist es eine Verfahrensfrage, *wie* der angestrebte Rechtsschutz zu beantragen ist. **720**

Außerdem steht die materielle Frage zur Debatte, ob die Verwaltung die Begünstigung mit einer Belastung verknüpfen durfte.

Beispiel: Darf eine Güterfernverkehrsgenehmigung mit der auflösenden Bedingung verknüpft werden, dass das Unternehmen seinen Sitz beibehält? Das BVerwG hat dies zugelassen (E 78, 114).

Das VwVfG (§ 36) behandelt nur die zweite Frage, die nach der Zulässigkeit der Nebenbestimmungen, ausdrücklich; im übrigen verweist es implizit auf die Verfahrensrechtslehre zu § 42 Abs. 2 VwGO. Einen Hinweis dazu, wie über die Anfechtungsmöglichkeit entschieden werden könnte, kann man jedoch aus dem Aufbau des § 36 Abs. 2 entnehmen. Die Begründung zu § 36 VwVfG hat überdies die von

---

38 Eine Ausnahme hiervon gilt in Hamburg: Ermächtigung an den Senat, durch Rechtsverordnung zu bestimmen, dass auch andere Methoden als die qualifizierte Signatur in Betracht kommen, § 3a Abs. 4 HmbVwVfG.
39 Allgemein zur elektronischen Verwaltungskommunikation und zu dem einschlägigen 3. VwVfG-Änderungsgesetz v. 21. 8. 2002 (BGBl. I S. 3322) vgl. *Schmitz*, NVwZ 2000, 1238; *Schmitz/Schlatmann*, NVwZ 2002, 1281 ff. sowie *Schlatmann*, DVBl. 2002, 1005 ff. S. a. oben Rn. 617 mit Fn. 13.

§ 18 *Verwaltungsaktslehre I: Der förmliche Verwaltungsakt*

der Lehre entwickelte **Einteilung der Nebenbestimmungen** übernommen, indem sie wie folgt unterscheidet:

a) Arten von Nebenbestimmungen

721 aa) „Regelungen, die **Bestandteile des Verwaltungsaktes selbst** sind" (also auch nur mit diesem zusammen angefochten werden können?):
- die **Befristung**, die nach § 36 Abs. 2 Nr. 1 VwVfG eine Bestimmung bedeutet, „nach der eine Vergünstigung oder Belastung zu einem bestimmten Zeitpunkt beginnt, endet oder für einen bestimmten Zeitraum gilt",
- die **Bedingung** im rechtstechnischen Sinne, wie § 36 Abs. 2 Nr. 2 VwVfG sie in Übereinstimmung mit dem bürgerlichen Recht (§ 158 BGB) definiert, nämlich „eine Bestimmung, nach der der Eintritt oder der Wegfall einer Vergünstigung oder einer Belastung von dem ungewissen Eintritt eines zukünftigen Ereignisses abhängt",
- der **Vorbehalt des Widerrufs** (§ 36 Abs. 2 Nr. 3), der ebenfalls mit dem VA „erlassen" wird und diesen von vornherein in seinem Wert einschränkt; ein unter Widerrufsvorbehalt ergangener VA kann nach § 49 Abs. 2 Nr. 1 VwVfG ohne weitere Voraussetzungen zurückgenommen werden;

722 bb) „konkrete Anordnungen, die von einem die Hauptsache regelnden Verwaltungsakt *abhängen*" und die nach dem Gesetzestext **mit dem VA** „verbunden" werden (akzessorische Nebenbestimmungen). Dies gilt für
- die **Auflagen** gemäß § 36 Abs. 2 Nr. 4, nämlich Bestimmungen, „durch die einem Begünstigten ein Tun, Dulden oder Unterlassen vorgeschrieben wird";
- den **Vorbehalt nachträglicher** Aufnahme, Änderung oder Ergänzung einer **Auflage**, § 36 Abs. 2 Nr. 5 (also ein Minus gegenüber der schon beigefügten Auflage).

Die Abhängigkeit von dem Haupt-VA bedeutet, dass die Auflage und der Auflagenvorbehalt bei dessen Wegfall ebenfalls obsolet werden, aber eben nicht, dass jener nicht u. U. doch ohne die Nebenbestimmung bestehen bleiben könnte.

723 Abgrenzungsprobleme bestehen insbesondere zwischen Bedingung (zeitlicher Geltungsbereich des VA) einerseits und Auflage (eigene Sachregelung) andererseits. Es gilt der auf Savigny zurückgehende Merksatz: „Die Bedingung suspendiert, zwingt aber nicht; die Auflage zwingt, suspendiert aber nicht". Konkret bedeutet dies, dass durch Auslegung zu ermitteln ist, ob die Verwaltung die Wirksamkeit der Hauptregelung von der Erfüllung der Bedingung abhängig machen wollte oder ob sie vielmehr zwei Regelungen zu treffen beabsichtigte, die unabhängig voneinander durchsetzbar, also insbesondere vollstreckbar sind. Der Unterschied zwischen den beiden Arten von Nebenbestimmungen wird besonders deutlich, wenn man die Rückforderung von Geldleistungen betrachtet, die aufgrund der Hauptregelung gezahlt wurden. Wird eine Bedingung nicht erfüllt, so kann die Verwaltung das Geld unmittelbar nach § 49a Abs. 1 VwVfG zurückfordern. Im Fall der Nichterfüllung einer Auflage ist zunächst der Leistungs-VA gemäß § 49 Abs. 3 Nr. 2 VwVfG mit Wirkung für die Vergangenheit zu widerrufen. Sodann kann ebenfalls nach § 49a Abs. 1 die Rückforderung erfolgen.

5. Nebenbestimmungen zu Verwaltungsakten § 18

Keine Auflagen im Sinne von § 36 VwVfG sind die „Auflagen" gemäß § 15 Abs. 1 VersG; sie stellen vielmehr selbstständige Anordnungen dar.

Die sog. **modifizierende Auflage**[40] ist ebenfalls keine Auflage, sondern eine inhaltliche Einschränkung des VA in Abweichung vom Antrag. Anders ausgedrückt: bevor man die Art der Nebenbestimmung prüft, ist zu fragen, ob nicht etwa eine einschränkende Inhaltsbestimmung vorliegt, also ein untrennbarer Teil des VA. Das ist insbesondere geboten, wenn Formulierungen verwendet werden wie „genehmigt nach Maßgabe ..." oder „mit der Einschränkung ...". So werden z. B. Baugenehmigungen mit „Auflagen" zur Lärmbegrenzung oder zur Brandsicherung erteilt; Feuerungsanlagen werden mit der „Maßgabe" genehmigt, dass nur Heizöl mit einem Schwefelgehalt von höchstens 1 % verwendet wird[41] usw. Wer die Einschränkung gerichtlich aufheben lassen will, stellt damit die ganze Verfügung zur Disposition. d. h. muss eine Verpflichtungsklage auf uneingeschränkte Genehmigung erheben; ein Verstoß gegen die „Maßgabe" bedeutet ungenehmigten Betrieb der Anlage. Im Einzelnen ist hier noch vieles umstritten[42].

724

Beispiele: BVerwGE 27, 263 (bedingte Einberufung zum Wehrdienst); 60, 269, 275 (befristete Aufnahme in Krankenhausbedarfsplan – unzulässig!); 85, 24 (Kautionsfestsetzung als Duldungsauflage); 88, 348 (Auflage zu Spielhallengenehmigung).

b) Zulässigkeit von Nebenbestimmungen

Die materiell-rechtlichen Voraussetzungen einer einschränkenden Nebenbestimmung sind aus den jeweiligen speziellen Regelungen zu entnehmen. Als allgemeines Prinzip bestimmt § 36 Abs. 1, dass ein VA, **auf den ein Anspruch besteht** („gebundener VA"), mit einer Nebenbestimmung nur versehen werden darf, „wenn sie durch Rechtsvorschrift zugelassen ist oder wenn sie sicherstellen soll, dass die gesetzlichen Voraussetzungen des Verwaltungsaktes erfüllt werden". Der erste Fall ist selbstverständlich; soweit das Gesetz Anspruch auf eine uneingeschränkte Begünstigung gewährt, darf die Verwaltung nicht durch Nebenbestimmungen einen Teil davon vorenthalten oder sich die Zurücknahme vorbehalten. In Spezialgesetzen jedoch kann ein solcher Anspruch außer durch bestimmte Tatbestandsvoraussetzungen auch durch den Vorbehalt einschränkender Nebenbestimmungen begrenzt sein, sofern nicht der uneingeschränkte Anspruch schon aus der Verfassung herzuleiten ist.

725

Praktisch und theoretisch interessanter ist der zweite Fall von § 36 Abs. 1: Die Nebenbestimmung soll hier überhaupt erst **die Voraussetzungen dafür schaffen, dass** dem Bürger **die Begünstigung** (Erlaubnis, Genehmigung) **gewährt werden darf.**

Beispiele: Baugenehmigungen dürfen unter Umständen nur erteilt werden, wenn der Bauherr für die Schaffung von Abstellplätzen sorgt; wer zusätzlichen Kraftfahrzeugverkehr in die Städte zieht, soll verständlicherweise die Allgemeinheit von der dadurch verursachten

---

40 Dazu *Henneke*, in: *Knack*, VwVfG, § 36 Rn. 6.
41 BVerwGE 69, 37; E 85, 24; s. a. BVerwG, DÖV 1974, 380 (Transportbetonwerk) und NVwZ 1984, 367.
42 Vgl. *Richter/Schuppert*, Casebook Verwaltungsrecht, S. 159 ff (der Begriff der modifizierenden Auflage sei entbehrlich); *Erichsen*, in: *Erichsen/Ehlers*, § 14 Rn. 8.

Belastung frei halten. Eine entsprechende Auflage oder Bedingung kann bewirken, dass eine sonst nicht zulässige Baugenehmigung erteilt werden darf. Denkbar ist auch, dass eine förmliche Befreiung von der baurechtlichen Verpflichtung zur Schaffung von Parkplätzen erteilt wird, wenn gleichzeitig durch Nebenbestimmung zu der Baugenehmigung verfügt werden kann, dass der Bewerber sich an den Kosten eines Gemeinschafts-Parkhauses beteiligt. Auch hier begründet die Nebenbestimmung überhaupt erst die Zulässigkeit des Haupt-Verwaltungsaktes (vgl. *Fall 9*).

726   Im Übrigen können Nebenbestimmungen zu **Ermessensakten** verfügt werden, und zwar hat die Behörde auch insofern „**nach pflichtgemäßem Ermessen**" zu entscheiden. Sie darf keine Bestimmungen wählen, die dem Zweck des VA zuwiderlaufen (§ 36 Abs. 3; dies wäre auch nach der Ermessenslehre rechtswidrig, vgl. Rn. 594). Der Gesetzgeber hat sehr fein unterschieden; ein positives Gebot, dass die Nebenbestimmung „in der Zweckbestimmung des VA liegen" müsse, wurde als unangebrachte Einschränkung des behördlichen Ermessens abgelehnt[43]. Das hat aber die Lehre nicht davon abgehalten, Regeln zu entwickeln, wonach bestimmten Arten von Verwaltungsakten gar keine Nebenbestimmungen oder nur gewisse Arten davon beigefügt werden dürfen.

Soweit der Haupt-VA selbst im Ermessen der Behörde liegt, ist die Gestaltungsfreiheit der Verwaltung selbstverständlich größer als bei mehr oder weniger streng gebundenen Verwaltungsakten. Hier dürfen zwar auch keine zweckwidrigen (§ 36 Abs. 3) Nebenbestimmungen festgelegt werden, doch bleiben mancherlei Möglichkeiten zur fantasievollen Gestaltung der Rechtsbeziehungen durch Auflagen, Bedingungen und Widerrufsvorbehalte.

Beispiele: BVerwGE 36, 145 (Heimfallauflage bei wasserrechtlicher Erlaubnis); 65, 139 (Auflage bei Zweckentfremdungsgenehmigung); 81, 185 (Objektsicherungsverpflichtung bei KKW-Genehmigung). Die Approbation als Arzt kann nicht unter Auflagen oder anderen einschränkenden Nebenbestimmungen erteilt werden (BVerwGE 108, 100, 103 ff.).

c) Selbstständige Anfechtbarkeit von Nebenbestimmungen?

727   Von der materiell-rechtlichen Zulässigkeit der Nebenbestimmungen ist die Frage zu unterscheiden, ob sie im verwaltungsgerichtlichen Prozess selbstständig anfechtbar sind oder nicht. Diese prozessuale Frage kann genau nur beantwortet werden, wenn die Rechtsfolgen der unterschiedlichen Ansichten klar sind; das setzt die Kenntnis der einschlägigen Vorschriften der VwGO und ihrer Zusammenhänge voraus und kann deshalb eigentlich an dieser Stelle noch nicht behandelt werden. Üblicherweise wird aber doch im Vorgriff auf die prozessrechtlichen Grundlagen schon an dieser Stelle gefragt, welche Klageart angebracht und „statthaft" ist (vgl. Rn. 1026 ff.).

In Literatur und Rechtsprechung werden dazu die verschiedensten Meinungen vertreten – von der selbstständigen Anfechtbarkeit aller Nebenbestimmungen bis zu der strengen Sichtweise, dass die Nebenbestimmungen immer nur gemeinsam mit der Hauptregelung zur Überprüfung gestellt werden dürften (was prozessual bedeutet, dass eine neue Gesamt-

---

43 Begründung S. 58.

regelung ohne die für rechtswidrig gehaltene Nebenbestimmung eingeklagt werden muss). Nach der ersten Meinung ist stets die Anfechtungsklage gegen die Nebenbestimmung statthaft, nach der zweiten Meinung ist stets die Verpflichtungsklage geboten; die Anfechtungsklage griffe nach der zweiten Meinung zu kurz.

Das BVerwG hat seine Linie mehrfach gewechselt[44], und die Literatur hat eine Vielfalt von Variationen hinzugefügt[45]. Die Meinungsgruppen lassen sich wie folgt zusammenfassen:
1. Es kommt auf die *Art der Nebenbestimmung* an. Danach sind Auflagen stets selbstständig anfechtbar, weil sie auch selbstständig durchsetzbar sind (außer der oben [Rn. 724] behandelten „modifizierenden Auflage", die eben gar keine Auflage ist). Dies wird als die „ältere Auffassung" bezeichnet; allerdings empfehlen manche, zu ihr zurückzukehren[46].
2. Nicht durchgesetzt hat sich die Ansicht, Nebenbestimmungen könnten immer nur dadurch aus der Welt geschafft werden, dass der gesamte VA aufgrund einer Verpflichtungsklage durch einen uneingeschränkten VA ersetzt werde (Rn. 1055 ff.)[47].
3. Eine weitere Meinungsgruppe stellt auf die *Art der Hauptregelung* ab, nämlich ob darauf ein Anspruch besteht (gebundener VA, s. o. Rn. 725) oder ob die Angelegenheit nach pflichtgemäßem Ermessen zu regeln sei (vgl. oben Rn. 726). Eine isolierte Anfechtung kommt danach nicht in Betracht, wenn der VA „auf einer unteilbaren Gesamt-Ermessensentscheidung beruht" (BVerwGE 55, 135). Diese Ansicht hat das BVerwG selbst später wieder aufgegeben (BVerwGE 65, 139).
4. Als herrschende Meinung wird heute angesehen, dass grundsätzlich *alle Nebenbestimmungen selbstständig angefochten werden können*, also die Anfechtungsklage die richtige Klageart darstellt (so die eben schon zitierte Entscheidung BVerwGE 65, 139 sowie E 85, 24; 88, 348; 100, 335 und 112, 221, 224; s. a. E 112, 263, 265).

Stellungnahme: Die Ansicht, alle Nebenbestimmungen müssten gemeinsam mit der Hauptregelung zur Überprüfung gestellt werden, verlangt von demjenigen, der sich nur gegen einzelne Elemente des VA wehren will, eine nicht immer zumutbare Vorleistung, nämlich den Verzicht auf die Ausnutzung des für rechtmäßig gehaltenen Hauptteils, und führt auch das Gericht auf den Gedanken hin, es gäbe nur die Wahl zwischen „ganz" oder „gar nicht". Die entgegengesetzte Position, dass alle Nebenbestimmungen selbstständig anfechtbar seien, kann für die Behörde nachteilige Folgen haben, z. B. die aufschiebende Wirkung der Klage (vgl. Rn. 1069 ff.), und in dem Fall, dass die Nebenbestimmung für rechtswidrig erklärt wird, ergibt sich für die Behörde die unerwünschte Folge, dass ein „Rest-VA" bestehen bleibt, den die Behörde so nicht erlassen hätte. Deshalb wollen manche Autoren diese Möglichkeit ausschließen, indem sie für die Fälle, dass der VA ohne die angegriffene Nebenbestimmung rechtswidrig ist oder der Erlass der Hauptregelung im Ermessen der Behörde lag und sie den VA ohne die Nebenbestimmung nicht erlassen hätte, die isolierte Anfechtung ausschließen[48]. Man will der Behörde keinen unerwünschten VA „aufdrängen". Richtig ist auch, dass das Gericht z. B. eine nur bedingt oder befristet gewährte Leistung jedenfalls dann nicht in eine unbedingte oder unbefristete umwandeln darf, wenn dies nicht beantragt worden ist.

728

---

44 Vgl. die ausführliche Darstellung bei *Maurer*, § 12 Rn. 24.
45 Vgl. u. v. a. *Remmert*, VerwArch 88 (1997), 112 ff.; *Siekmann*, DÖV 1998, 525 ff.
46 *Maurer*, § 12 Rn. 23; vgl. a. *Ramsauer*, Die Assessorprüfung im öffentlichen Recht, 5. A. 2001, § 34 Rn. 37 ff.
47 *Pietzker*, NVwZ 1995, 15; *Fehn*, DÖV 1988, 202; *Stadie*, DVBl. 1991, 613 ff.
48 Zu dieser Überlegung vgl. *Maurer*, § 12 Rn. 28.

Der Antrag auf Aufhebung der Nebenbestimmung bedeutet jedoch bei lebensnaher Auslegung, dass eben eine uneingeschränkte Leistung erstrebt wird. Will man im Rahmen dieser prozessualen Erörterungen die Behörde vor Überraschungen bei der materiellen Überprüfung des VA schützen, so wälzt man das Risiko nachteiliger Folgen der gerichtlichen Überprüfung auf den klagenden Bürger ab; das ist unbillig. Bei Prüfungsarbeiten stellt sich das Problem, dass einige der zitierten Meinungen außerordentlich voraussetzungsvoll sind. Wollte man sie schulmäßig durchprüfen und sich sodann – sollten sie zu unterschiedlichen Ergebnissen führen – zwischen ihnen entscheiden, so würde dies die Prüfung der Zulässigkeit der Klage völlig unangemessen „aufblähen" und kaum etwas für die Prüfung der Begründetheit „übrig lassen". Insofern gibt es hier nur eine halbwegs „elegante" Lösung: Mit der spätestens seit BVerwGE 112, 221, 224 eindeutigen Rechtsprechung sollte man die isolierte Anfechtbarkeit aller belastenden Nebenbestimmungen bejahen und hinsichtlich möglicher Probleme des Verhältnisses von Nebenbestimmung und Hauptregelung auf die Prüfung der Begründetheit verweisen.

Die Prüfung der Begründetheit erfordert zunächst eine Prüfung der Rechtmäßigkeit der Nebenbestimmung selbst. Hier liefert § 36 VwVfG die Maßstäbe. Um der angesprochenen Gefahr zu begegnen, dass der Verwaltung ein an und für sich nicht beabsichtigter VA „aufgedrängt" wird, setzt die Begründetheit der Klage auf einer zweiten Stufe voraus, dass der VA „ohne die Nebenbestimmung sinnvoller- und rechtmäßigerweise bestehen bleiben kann"[49]. Das Bundesverwaltungsgericht stellt hier also nicht nur auf die Frage der Rechtmäßigkeit des „übrig" bleibenden VA ab. Es geht vielmehr in einem umfassenden Sinn um die Frage der Teilbarkeit beider Regelungen in Anbetracht der Gestaltungsvorstellungen der Verwaltung. Die Nebenbestimmung kann nur aufgehoben werden, wenn sie rechtswidrig ist und zusätzlich das Verhältnis zwischen ihr und der Hauptregelung einen solchen gerichtlichen Gestaltungsakt vertretbar erscheinen lässt. Dies ist auch zu verneinen, „wenn die Behörde Ermessen hat und davon nur deshalb zugunsten des Antragstellers Gebrauch gemacht hat, weil sie gegenläufigen Ermessenserwägungen durch eine Nebenbestimmung Rechnung tragen kann"[50]. Insofern erfordert insbesondere dieser zweite Teil der Prüfung eine sorgfältige Auseinandersetzung mit der Rolle des Gerichts bei der Überprüfung von Verwaltungsmaßnahmen.

729 Das Thema ist ein Beispiel dafür, wie manche Gerichte und Autoren prozessuale Feinheiten, die mit praktischer Verfahrenskunst – insbesondere durch richtige Ausübung der Pflicht des Vorsitzenden darauf hinzuwirken, dass sachdienliche Anträge gestellt werden (§ 86 Abs. 3 VwGO) – ohne weiteres bewältigt werden können, zu dogmatischen Grundsatzfragen hochstilisieren und dadurch die Leistungen der Justiz für ihre „Kunden" verschlechtern. Mit Recht erklärt *Maurer* es für „grundsätzlich verfehlt, materiell-rechtliche Probleme vom Prozessrecht her zu lösen"[51]; vielmehr muss das Prozessrecht Formen und Verfahrensweisen bereitstellen, die dem materiellen Recht zur Durchsetzung verhelfen. Die eventuell unerwünschten Folgen einer vermeintlich zu „großzügigen" Zulassung des Rechtsschutzes (z. B.

---

49 BVerwGE 112, 221 (224).
50 Brüning, NVwZ 2002, 1081.
51 A. a. O. Rn. 30. S. a. die Umdeutung des Antrages durch das BVerwG in BVerwGE 55, 135, 138.

für den einstweiligen Rechtsschutz, vgl. Rn. 1067, oder für die Anpassung der Rechtslage an ein die Behörde überraschendes materielles Urteil) lassen sich auf andere Weise vermeiden als eben durch die Einschränkung der Anfechtbarkeit; die Einzelheiten ergeben sich u. a. aus den Bestimmungen der §§ 80, 123 VwGO und §§ 48 ff. VwVfG (Rn. 1068 ff., Rn. 789 ff.).

Das BVerwG behandelt die Dinge souverän; es schreibt zu den hier besprochenen prozessualen Fragen jeweils nur wenige Sätze und konzentriert sich auf die materiellen Streitfragen. Es scheint manchmal so, als ob die nachgeordneten Gerichte aus einer einzelnen Bemerkung des Revisionsgerichts ein ganzes dogmatisches System entwickeln wollten. Die Lernenden werden auf diese Weise mit überflüssigem Stoff zugeschüttet.

6. Das schlichte Verwaltungsgebot

a) Funktion des Verwaltungsgebots

Nicht immer benutzt die Verwaltung die Form des Verwaltungsaktes, um ein Gebot oder Verbot zu erlassen. Die VA-Form ist erforderlich, wenn eine Folgepflicht dem Bürger auferlegt wird, der noch nicht in einem engen Verhältnis zum Staat, sondern im allgemeinen Staat/Bürger-Verhältnis („allgemeinen Gewaltverhältnis", vgl. Rn. 288) steht: hier nötigt der Bedarf an rechtsstaatlicher Eindeutigkeit zur Wahl der gesetzlich festgelegten Form VA. Anders jedoch, wenn schon eine Rechtsbeziehung zwischen Staat und Bürger besteht, die auf eine Weisungsabhängigkeit der einen Seite von der anderen abzielt. „Die Gefahr des Konflikts zwischen Selbstbestimmung und Fremdbestimmung tritt immer zurück, wo ein Gebot als eines unter vielen möglichen Geboten **in einem klar- und fest umrissenen Rechtsverhältnis** ergeht, **welches Weisungsunterworfenheit begründet**"[52]. Hier kann auf die einseitige verbindliche Festlegung dessen, was zwischen den Beteiligten rechtens sein soll, zugunsten einer weniger strengen Form verzichtet werden. In solchen Zusammenhängen ergehen schlichte Verwaltungsgebote, die nicht vollstreckt, aber andererseits vom Adressaten nicht angefochten werden können, z. B. dienstliche Weisungen an Beamte, Befehle an Soldaten, Hausaufgaben an Schüler.

730

Die Verwaltung braucht solche Anordnungen nicht zu begründen (§ 39 VwVfG) oder gar mit einer Rechtsmittelbelehrung zu versehen (§ 59 VwGO), und sie kann doch in der Regel sicher sein, dass die Anordnung befolgt wird. Der Adressat braucht umgekehrt seine Rechte – falls er solche zu besitzen glaubt – nicht binnen der Widerspruchs- und Klagefrist (§§ 70, 74 VwGO) geltend zu machen; er erzielt den grundgesetzlich (Art. 19 Abs. 4 GG) garantierten Rechtsschutz durch eine nicht fristgebundene Klage (vgl. Rn. 1030). Vor allem aber kann der Streit um die Rechtmäßigkeit der Anordnung auch in einem ganz anderen Verfahren entschieden werden, nämlich in dem über die Rechtmäßigkeit der Sanktion wegen Nichtbefolgung der Anordnung (Straf- oder Ordnungswidrigkeitenverfahren, Disziplinarverfahren, u. U. Zwischenverfahren in einem gerichtlichen Prozess).

731

---

52 *Krause*, Rechtsformen des Verwaltungshandelns, 1974, S. 262.

b) Die innerdienstliche Weisung

732 Hauptbeispiel für das schlichte Verwaltungsgebot ist die *innerdienstliche Weisung*. Die Anordnungen, die ein Vorgesetzter innerhalb einer Behörde oder eine vorgesetzte einer nachgeordneten Behörde erteilt, sind zwar „Regelungen", haben aber solange keine „unmittelbare Rechtswirkung nach außen" und sind deshalb keine Verwaltungsakte gemäß § 35 VwVfG, wie sie sich nur auf die *Art und Weise der Ausführung* der – durch die Zuweisung eines Dienstpostens und den Geschäftsverteilungsplan festgelegten – Aufgaben beziehen. Das Außenverhältnis zum Bürger ist erst betroffen, wenn der Amtswalter die Weisung den Adressaten gegenüber ausführt oder etwas anderes tut, was dem Bürger gegenüber wirkt; die intern beteiligten Personen sind an der Sache nicht persönlich interessiert (sonst gelten Ausschlussvorschriften, s. oben Rn. 625). Sie stehen allerdings insofern der Verwaltung „außen", als „Umwelt" gegenüber, als sie eigene Rechte haben, z. B. auf eine Beschäftigung, die ihrer Ausbildung und Erfahrung entspricht. Soll die Weisung auch die Rechtsposition der für die Verwaltung handelnden Person selbst ändern, so bedarf es eines Verwaltungsaktes.

733 Häufig wird die Sache anders dargestellt: Wenn persönliche Rechte des Weisungsempfängers berührt sind, wenn über das „Betriebsverhältnis" hinaus das „Grundverhältnis" betroffen sei[53], dann liege ein VA und nicht bloß eine innerdienstliche Weisung vor (vgl. Rn. 896). Dem liegt die richtige Vorstellung zugrunde, dass durch Regelungen der Betriebsabläufe regelmäßig keine subjektiven Rechte der Amtswalter berührt werden. Aber bei schwerwiegenden Änderungen kann dies sehr wohl der Fall sein. Man denke an Reformen der „Geschäftsprozesse", durch die sich die Arbeitsbedingungen für die Sachbearbeiter deutlich verschlechtern, an die Auferlegung besonders unangenehmer Arbeiten[54] oder im Bereich der Schule an Änderungen der Schulordnung, die für die Schülerinnen und Schüler eine erhebliche Mehrbelastung z. B. mit Hausaufgaben verursachen. Im Rahmen des „Betriebsverhältnisses" bleiben die Verteilung zu bearbeitender Fälle nach neuen Kriterien, solange die Belastung insgesamt im Wesentlichen gleich bleibt, und die Neufestsetzung von Leistungsnachweisen im Rahmen des angemessenen (rechtlich zugelassenen) Gesamtvolumens. Das „Grundverhältnis" wird berührt, wenn z. B. ein Schichtbetrieb eingeführt wird oder die Schule die Fächerwahl beschränkt. Es kommt nicht darauf an, ob die Berührung oder Beeinträchtigung der persönlichen Sphäre *intendiert* ist oder nicht, sondern auf die Wirkung.

734 Innerdienstliche Weisungen (Anordnungen im „amtlichen Verhältnis"[55]) sind alle diejenigen, die sich auf die **Art der Aufgabenerfüllung** beziehen:
– *formell:* **Aktenordnung, Stil und Fristen im** Schriftverkehr, Sprechstunde etc. *(Fall 12!)*;
– *materiell:* **Maßstäbe der Ermessensausübung**, Entscheidung von Streitfragen entsprechend der **Amtsmeinung** der jeweiligen Behörde, Vertreten bestimmter Standpunkte in Verhandlungen mit Dritten etc.

---

53 Begriffe von *Ule*, VVDStRL 15, 133.
54 Beispiel von *Krause* S. 250: „Wem durch ein Gebot eine – ekelerregende oder gefährliche, aber auch nur lästige – Arbeit abgefordert wird, ist persönlich betroffen".
55 *Maurer*, § 9 Rn. 28.

Das persönliche Rechtsverhältnis des Amtswalters wird nicht berührt, wenn er eine andere Aufgabe (einen anderen „Dienstposten") zugewiesen bekommt, also „umgesetzt" wird (s. unten Rn. 889)[56]. Wohl aber geschehen Versetzungen (§ 18 BRRG) und Abordnungen (zu einem anderen Dienstherrn, aber auch innerhalb desselben Geschäftsbereichs, § 17 Abs. 1 BRRG) durch VA – weil diese Anordnungen wesentlich in die Situation des Beamten eingreifen[57]. **735**

Auch in anderen verwaltungsrechtlichen „Sonderverhältnissen" werden statt VA schlichte Verwaltungsgebote erlassen, so im **Schulverhältnis** (Hausaufgaben, Einzelnoten, Ausschluss von einem Kursus u. ä.). Auch hier bedarf es nicht der verbindlichen Rechtsfeststellung durch VA; wird das Gebot nicht befolgt, so stehen andere Sanktionen als die Vollstreckung gerade dieser Anordnung zur Verfügung[58]. **736**

Schließlich wird man auch bei anderen Geboten, die nur **geringfügige Beeinträchtigungen** mit sich bringen, die Form des schlichten Verwaltungsgebots annehmen können[59]. So hat es wenig Sinn, die Aufforderung zur Abgabe einer Steuererklärung (§ 149 AO) als anfechtbaren VA anzusehen[60]; Nichtbefolgung führt dazu, dass das zu versteuernde Einkommen geschätzt wird (§ 162 AO). Ähnliche Verwaltungsmaßnahmen stellen manche Gebote in Ermittlungsverfahren und in Vollstreckungsverfahren dar[61].

c) Fehlerhafte Verwaltungsgebote

Die materielle Rechtmäßigkeit der Anordnung kann in der Regel unabhängig von der Formrichtigkeit beurteilt werden. Auch das schlichte Verwaltungsgebot ist nur aufgrund einer Rechtsnorm zulässig, wenn es ein subjektives Recht des Adressaten beeinträchtigt. Bei der innerdienstlichen Weisung besteht kraft Gesetzes Gehorsamspflicht; der Beamte muss rechtliche Bedenken auf dem Dienstweg geltend machen (Remonstration, §§ 38 Abs. 2 BRRG, 56 Abs. 2 BBG – nachlesen!). Bei Vollstreckungsbeamten ist die Bindung an Anweisungen noch verschärft (§§ 7 UZwG, 11 SoldatenG). Die verstärkte Bindung im innerdienstlichen Verhältnis wird durch Entlastung von der (disziplinarischen, haftungs- und strafrechtlichen) Verantwortung im Außenverhältnis ausgeglichen: Der (normale) Beamte ist „von der eigenen Verantwortung befreit", wenn ein höherer Vorgesetzter die Anordnung bestätigt (§§ 38 Abs. 2 S. 2 BRRG, 56 Abs. 2 S. 3 BBG), den Vollzugsbeamten „trifft eine Schuld nur, wenn er erkennt oder wenn es … offensichtlich ist, dass eine Straftat begangen wird" (§§ 7 Abs. 2 UZwG, vgl. a. 11 Abs. 2 S. 2 SoldatenG). **737**

---

56 Str.; für VA-Charakter der Umsetzung: *Wiese*, Beamtenrecht, 3. A. 1988, S. 93; differenzierend BVerwGE 14, 84.
57 *Koch/Rubel/Heselhaus*, § 3 Rn. 42.
58 *Krause*, S. 280.
59 *Krause*, S. 262.
60 *Krause*, S. 280.
61 *Krause*, S. 281 ff. S. a. § 44 a VwGO: Verfahrenshandlungen sind nicht selbstständig anfechtbar!

Wird eine Anordnung, die als schlichtes Verwaltungsgebot ergehen könnte, in der Form des Verwaltungsaktes erlassen – was man insbesondere daran erkennen kann, dass eine Rechtsmittelbelehrung beigefügt ist –, so obliegt es dem Adressaten, Widerspruch zu erheben, weil sonst – trotz Rechtswidrigkeit – Bestandskraft eintritt (siehe sogleich § 19 Rn. 741 ff.).

738 Wenn ein VA hätte ergehen müssen, aber bloß eine Weisung ergangen ist, die der Betroffene für rechtswidrig hält, so besteht ebenfalls Bedarf an förmlichem Rechtsschutz. Die Weisung kann vom Verwaltungsgericht zwar nicht aufgrund einer Anfechtungsklage, wohl aber aufgrund einer Leistungsklage aufgehoben werden.

d) Verstöße gegen rechtmäßige Verwaltungsgebote

739 Verstöße gegen rechtmäßige und damit gültige Verwaltungsgebote können gegenüber dem Beamten zumindest disziplinarisch, im Übrigen je nach spezieller Rechtslage u. U. als Ordnungswidrigkeit oder Straftat geahndet werden. Eine selbstständige Vollstreckung entfällt, weil sie dem Sinn dieser Handlungsform widerspräche.

In der Rechtsprechung der Strafjustiz wird der dienstlichen Anweisung noch eine weitere Wirkung beigelegt: Der Angewiesene handelt danach angeblich rechtmäßig im Sinne des § 113 StGB (Widerstand gegen Vollstreckungsbeamte), so dass Widerstand gegen die befohlene Amtshandlung nicht erlaubt ist. So erklärt das *KG*[62]: „Ein Polizeibeamter handelt stets rechtmäßig, wenn er einen von dem sachlich und örtlich zuständigen Vorgesetzten erteilten dienstlichen, nicht offensichtlich rechtswidrigen Befehl im Vertrauen auf seine Rechtmäßigkeit in gesetzlicher Form vollzieht." Gegen diesen „strafrechtlichen Rechtmäßigkeitsbegriff"[63] wendet sich mit Recht *Wagner*[64]; der „unkritische Befehlsempfänger"[65] ist kein angemessenes Leitbild. Es kommt also nicht darauf an, ob die *Anweisung*, sondern ob die *angewiesene* Handlung rechtmäßig war; allerdings macht bloße Aufhebbarkeit die Handlung noch nicht rechtswidrig im Sinne des § 113 StGB.

Zu den Ausgangsfällen:

740 1. Ob ein VA vorliegt, hat praktische Bedeutung für die Art der Durchsetzung der jeweiligen Rechte und Pflichten und für die Art des Rechtsschutzes. Der VA bindet überdies die Behörde an die darin getroffene Regelung und begründet einen gewissen Vertrauensschutz. Vgl. Rn. 682 ff. Im Fall 1 b) handelt es sich um eine Allgemeinverfügung, vgl. Rn. 700 ff.

2. S hat aufgrund des „Bescheids" einen Anspruch auf Zahlung von monatlich 200 Euro. Die Gesetzesänderung muss durch einen Änderungsbescheid umgesetzt

---

62 NJW 1972, 781.
63 Der auch in anderen Entscheidungen vorkommt, z. B. in BGHSt 4, 161; 21, 365; OLG Karlsruhe, NJW 1974, 2142.
64 JuS 1975, 224.
65 *Rostek*, NJW 1975, 862.

werden. Solange dieser nicht ergangen ist, bleibt der Anspruch bestehen. Zu der Frage, ob später eine rückwirkende Änderung des ursprünglichen Bescheids zulässig ist, vgl. § 20 Rn. 808 ff.

3. Die das Kongresszentrum betreibende GmbH handelt in der Privatrechtsform. Private können nur dann auf dem Gebiet des öffentlichen Rechts handeln, wenn sie durch oder aufgrund eines Gesetzes entsprechend „beliehen" worden sind. Dies ist hier weder nach dem Sachverhalt geschehen noch irgendwie realistisch. Der „Bescheid" ist deshalb kein VA, sondern die Ablehnung eines Vertragsangebots oder der Aufforderung des E, ein Angebot abzugeben.

4. Der Hinweis der Wirtschaftsbehörde an die Handwerksbetriebe regelt nichts und ist daher kein VA; der Widerspruch ist unzulässig. H muss abwarten, bis er zu einer höheren Steuer herangezogen wird, dann steht ihm der Rechtsweg offen. Unter bestimmten Voraussetzungen kann ein Betroffener allerdings gegen ein Gesetz unmittelbar Verfassungsbeschwerde erheben (§ 90 Abs. 2 S. 2 BVerfGG).

5. Schulzeugnisse enthalten keine „Regelung", sondern sind nur Begründungselemente für die Versetzungs- oder Nichtversetzungsentscheidung der Schule (unselbstständige Vorbereitungsregelungen). Anders können aber Einzelnoten wie die für Deutsch im Abiturzeugnis oder in einem anderen Abschlusszeugnis beurteilt werden, die i. d. R. rechtlich erheblich sind, nämlich als Zulassungsvoraussetzung für bestimmte Studienfächer. Die Examensnoten der Hochschulen und Prüfungsämter sind ebenfalls keine Verwaltungsakte; sie regeln nicht den Rechtsstatus der Kandidaten, sondern begründen nur faktische Vor- oder Nachteile. Der gleichwohl bestehende Rechtsschutzbedarf wird dadurch erfüllt, dass rechtswidrig erteilte Noten aufgrund einer *Leistungsklage* aufgehoben werden müssen, soweit ein Rechtsschutzbedürfnis besteht – was regelmäßig zutrifft. Vgl. dazu a. § 24 Rn. 1060.

6. Für die Einstufung als VA sprach nach Ansicht des BVerwG der Umstand, dass die Verfassungsschutzbehörden weitgehend geheim arbeiten und daher vor Erteilung einer Auskunft besonders sorgfältig prüfen müssen, ob diese mit den Aufgaben der Behörde vereinbar sei. Damit sind aber keine Begriffsmerkmale des VA angesprochen. Vgl. Rn. 692.

7. Als „dinglicher VA", vgl. Rn. 702. S. a. oben Rn. 219.

8. Als Rechtsverordnung, vgl. Rn. 705.

9. Es dürfte sich um eine Bedingung und nicht um eine Auflage handeln (so für einen vergleichbaren Fall BVerwGE 29, 261). Zu ihrer Zulässigkeit vgl. Rn. 725. Nach der hier vertretenen Meinung kann die Bedingung selbstständig angefochten werden. Das Gericht wird aber in der Begründetheitsstation prüfen, ob sie allein aufgehoben werden kann oder ob nicht der ganze VA durch ihre Aufhebung rechtswidrig würde; alternativ wird es die Klage abweisen.

10. Der Verwaltung ist bei Erlass von Nebenbestimmungen gemäß § 36 VwVfG Ermessen eingeräumt. Die Verknüpfung der dem U erteilten Baugenehmigung mit seinem Verhalten im Betrieb stellt eine sachwidrige Erwägung dar, so dass der Erlass der Nebenbestimmung ermessensfehlerhaft war. Die Nebenbestimmung ist auch mit dem Zweck der Baugenehmigung – festzustellen, dass U's Vorhaben den

gesetzlichen Vorschriften entspricht – unvereinbar und ist deshalb auch nach § 36 Abs. 3 VwVfG unzulässig.

11. Auflagen zur Gaststättenerlaubnis sind nach § 5 Abs. 1 GastG jederzeit zulässig, u. U. im Interesse der Nachbarn sogar geboten. Über die konkrete Ausgestaltung hat die Behörde nach pflichtgemäßem Ermessen zu entscheiden, im Fall vor allem über die Zeit, zu der die Tanzveranstaltungen enden sollen.

12. Die Weisung, bestimmte Sprechstunden einzuhalten, dient dem ordnungsgemäßen Betriebsablauf und trifft den Beamten nicht in seiner persönlichen Rechtssphäre. Ein VA ist also nicht gegeben.

13. Die Bekanntgabe des Smogalarms ist nach verbreiteter Meinung nur eine Tatbestandsvoraussetzung der von den Straßenverkehrsbehörden anzuordnenden Verkehrsbeschränkungen und kein selbstständiger Rechtsakt. Dagegen bestehen aber Bedenken, vgl. Rn. 705.

§ 19 Verwaltungsaktslehre II: Wirksamkeit, Rechtmäßigkeit und Rechtsfehler

Ausgangsfälle:

1. Einem Grundstückseigentümer wird ein Anbau an seinem Haus genehmigt, durch den die Räume im Nachbarhaus erheblich verdunkelt werden. Der Nachbar fühlt sich dadurch in seinem Eigentum beeinträchtigt und fragt, ob die Baugenehmigung auch ihm gegenüber wirksam ist. Er hat von dieser Genehmigung erst erfahren, als der Anbau schon zur Hälfte vollendet war; sie ist ihm nicht zugestellt worden. Kann er sich noch dagegen wehren?

2. K ist Halter eines PKW. Diesen parkt er auf einer öffentlichen Straße und begibt sich für eine mehrwöchige stationäre Behandlung ins Krankenhaus. Danach werden in dem betreffenden Straßenabschnitt zur Vorbereitung eines Straßenfestes von der Stadt mobile Halteverbotsschilder aufgestellt. Sind diese dem K bekannt gegeben worden?

3. Die zuständige Behörde hat dem Gastwirt G die Erlaubnis nach § 33d GewO zum Betrieb eines (nicht mechanischen) Glücksspiels erteilt, obwohl das Bundeskriminalamt die Erteilung einer Unbedenklichkeitsbescheinigung abgelehnt hatte. Ist die Erlaubnis nichtig?

4. Das für den Stadtteil Neustadt zutändige Finanzamt erlässt einen Steuerbescheid gegen eine GmbH, deren Geschäftssitz – wie sich nachträglich herausstellt – im Bezirk Altstadt derselben Großstadt liegt. Ist der Steuerbescheid nichtig?

5. Eine Studentin lieferte in der Diplom-Prüfung für Pädagogen eine in der Form bewusst unwissenschaftlich gehaltene schriftliche Arbeit ab, die mit einer leicht variierten Asterix-Zeichnung beginnt und mit dem Götz-Zitat endet; ihre mündliche Prüfung organisierte sie selbst „als Mummenschanz und Prüfungstheater mit verteiltem Rollenspiel, in dem die Prüfer zu Geprüften werden" sollten. Die Prüfer bewerteten ihre Leistungen gleichwohl mit „gut"; der Rektor der Pädagogischen Hochschule händigte ihr das Zeugnis jedoch nicht aus. Zu Recht?

6. Das zuständige Ordnungsamt entzieht dem Gastwirt W wegen Unzuverlässigkeit die Erlaubnis (§ 2 Gaststättengesetz), nachdem bekannt geworden sei, dass W mehrfach wegen Betruges, Hehlerei und Diebstahls vorbestraft sei und sich früher als Zuhälter betätigt habe. Später wird deutlich, dass W mit jemand anders verwechselt worden ist. Die Entziehung der Erlaubnis ist aber inzwischen unanfechtbar geworden. Was hat zu geschehen?

7. Gastwirt G hat drei Kinder im Alter von unter zehn Jahren. Als seine Ehefrau mehrere Wochen stationär im Krankenhaus behandelt werden muss, bittet er seinen Schwager, die Gastwirtschaft vorübergehend zu führen, um sich um die Kinder zu kümmern. In den folgenden Wochen wird G bei Kontrollen durch die zuständige Behörde in seinem Betrieb nicht angetroffen, Briefe beantwortet der Schwager. Daraufhin entzieht ihm die Behörde die Gaststättenerlaubnis. Nehmen Sie zu den folgenden Konstellationen Stellung:
   a) G hält den VA für rechtswidrig, weil ihm keine Begründung beigefügt ist.
   b) Nach erfolgloser Durchführung des Widerspruchsverfahren, klagt G vor dem Verwaltungsgericht. Da auch der Widerspruchsbescheid keine Begründung enthält, beruft er sich erneut auf die formelle Rechtswidrigkeit des VA. Daraufhin sendet ihm die Ausgangsbehörde einen Brief, in dem ausdrücklich auf die erste Entscheidung Bezug genommen und ihm der Grund für die Entziehung mitgeteilt wird.
   c) Das Gericht stellt nach Durchführung der mündlichen Verhandlung fest, dass die Begründung nach wie vor nicht gegeben wurde. Allerdings ist es nach dem Ergebnis der Beweisaufnahme überzeugt, dass die Behörde nicht anders entscheiden konnte.
   d) G führt in seiner Klagebegründung aus, dass die Behörde im Widerspruchsverfahren zwar eine Begründung gegeben habe und auch auf seine Notlage eingegangen sei. Nicht berücksichtigt habe man aber sein Versprechen, bei derartigen Fällen demnächst eine anderweitige Betreuung für die Kinder zu gewährleisten, so dass er die Gaststätte weiter selbst führen werde. Die Behörde trägt nunmehr dazu vor, dass dies nicht glaubhaft sei, da G bislang erklärt habe, er denke nicht daran, andere Leute seine Kinder erziehen zu lassen.

8. Unternehmer U erhält einen Bescheid, in dem ihm mitgeteilt wird, dass er eine Subvention erhalten werde. Die Entscheidung verdankt er seinem alten Freund F, der in der für Subventionen zuständigen Behörde arbeitet und den Bescheid auch unterzeichnet hat. Nach den rechtlichen Vorgaben hätte der Bescheid nicht erlassen werden dürfen. Da die Sache „auffliegt", wird F disziplinarrechtlich belangt. In der Behörde überlegt man, ob man, um einen Anspruch des U auszuschließen, den Bescheid ausdrücklich zurücknehmen muss

(Lösungshinweise in Rn. 788)

§ 19 *Verwaltungsaktslehre II: Wirksamkeit, Rechtmäßigkeit und Rechtsfehler*

1. Das Wirksamwerden des Verwaltungsaktes

a) Bekanntgabe als „Erlass" des Verwaltungsaktes

741 Aus der Vorstellung des Amtswalters über die weitere Gestaltung des Rechtsverhältnisses zum Bürger wird irgendwann einmal ein VA. Dessen Merkmale sind in § 18 behandelt worden – aber das war eine Betrachtung des *fertigen* Produkts. Jetzt ist zu fragen: wann „kommt" dieser VA „auf die Welt"? So wie der Beginn des Verwaltungsverfahrens klar sein muss, muss der Umwelt auch erkennbar sein, ob ein VA im Rechtssinne *erlassen* ist und rechtliche Wirkungen entfaltet.

Der entscheidende Zeitpunkt ist sicher noch nicht der, in dem der Sachbearbeiter den **Entwurf** abzeichnet, andererseits aber auch nicht erst derjenige, in dem der Empfänger ihn schließlich **zur Kenntnis nimmt** – möglicherweise liegt dieser Zeitpunkt ja so spät, dass der Inhalt des VA gar nicht mehr auf die veränderte Situation passt. Als angemessen erscheint der Zeitpunkt, zu dem der Adressat oder Betroffene den VA unter normalen Umständen mit einiger Sicherheit zur Kenntnis nehmen *kann*. Um dies auf einen verständlichen Begriff zu bringen, stellt das Gesetz auf die **Bekanntgabe** des VA ab – freilich wird diese in einer spezifischen Weise verstanden, und um der Eindeutigkeit willen benutzt man gesetzliche Vermutungen, die im Folgenden zu erläutern sind.

742 § 43 Abs. 1 VwVfG bestimmt zweierlei:
– Zeitpunkt des Wirksamwerdens ist die *Bekanntgabe* an den Adressaten bzw. Betroffenen. Der VA ist dann eindeutig aus der Eigensphäre der Verwaltung herausgelangt, aber es kommt nicht darauf an, dass der Empfänger/Betroffene ihn tatsächlich schon zur Kenntnis genommen hat. Mit einer wenig glücklichen Analogie zum bürgerlichen Recht wird dies so ausgedrückt, der VA sei „empfangs-", nicht annahmebedürftig"[1]. Beide Begriffe sind nicht die des Gesetzes, wenn auch die Begründung[2] sie benutzt.
– Ein VA wird – anders als eine Rechtsnorm oder eine sonstige generelle Verwaltungshandlung – nur *relativ* wirksam, nämlich „gegenüber demjenigen, für den er bestimmt ist oder der von ihm betroffen wird" (künftig: „Adressat" und „Betroffener").

743 Dementsprechend schreibt § 41 Abs. 1 S. 1 VwVfG vor, dass der VA „demjenigen Beteiligten bekanntzugeben" ist, „für den er bestimmt ist oder der von ihm betroffen wird", gegebenenfalls einem Bevollmächtigten. Der Oberbegriff **„Beteiligte"** ist in § 13 VwVfG umschrieben (vgl. oben Rn. 624). Die Bekanntgabe ist nach § 41 Abs. 1 nicht nur gegenüber dem Begünstigten oder (primär) Verpflichteten geboten, sondern auch gegenüber anderen (Mitverpflichteten, sekundär Betroffenen) – sonst wird der VA im Verhältnis zu diesen nicht wirksam, kann von ihnen daher noch später angefochten werden als von dem „Erst-Beteiligten" (*Fall 1*).

744 Es reicht allerdings zur Bekanntgabe eines VA aus, wenn die Behörde jedem Adressaten von seinem Inhalt Kenntnis verschafft (BVerwG, DVBl. 1994, 810, 812; NJW 1994, 2633, 2634).

---

1 BVerwGE 13, 7.
2 Drs. 7/910, zu § 37 des Entwurfes.

Daher liegt z. B. eine wirksame Bekanntgabe vor, wenn an Eheleute nur eine Ausfertigung eines Bescheids versandt wird, so dass nicht jeder in den Besitz einer Ausfertigung gelangt (BVerwG, NVwZ 1992, 565, 566).

Zur Annahme einer Bevollmächtigung i. S. von § 41 Abs. 1 S. 2 genügt eine Anscheins- oder Duldungsvollmacht (BVerwG, DVBl. 1994, 810, 812).

745 Einen Sonderfall stellt die *Bekanntgabe von Verkehrsschildern* dar. Bei ihnen handelt es sich nach jetzt herrschender Meinung[3] (Rn. 703) um einen VA in Form der Allgemeinverfügung (§ 35 S. 2 VwVfG). Insbesondere für die Entscheidung, unter welchen Voraussetzungen ein falsch geparktes Auto abgeschleppt werden darf, wenn die Schilder erst nach dem Abstellen des Fahrzeugs aufgestellt worden sind (sog. Wanderschilder, *Fall 2*), kommt es auf die Wirksamkeit des VA gegenüber dem Fahrer und damit die Bekanntgabe an. Die Rechtsprechung hatte dazu die Unterscheidung von *äußerer und innerer Wirksamkeit* entwickelt[4]. Danach sollte die öffentliche Bekanntgabe gemäß § 41 Abs. 3 S. 2 VwVfG lediglich die äußere Wirksamkeit nach sich ziehen. Für die Vornahme von Vollstreckungshandlungen wird aber die innere Wirksamkeit verlangt. Gegenüber dem Verkehrsteilnehmer sollte die Anordnung durch das Verkehrszeichen nämlich ursprünglich erst dann wirksam werden, „wenn er in den Wirkungsbereich des Verkehrszeichens gelangt und es wahrnehmen kann"[5]. Diese Unterscheidung hat durch die jüngere Rechtsprechung des BVerwG an Bedeutung verloren. Das Gericht führt aus: „Sind Verkehrszeichen so aufgestellt oder angebracht, dass sie ein durchschnittlicher Kraftfahrer bei Einhaltung der nach § 1 StVO erforderlichen Sorgfalt schon mit einem raschen und beiläufigen Blick erfassen kann (...), so äußern sie ihre Rechtswirkung gegenüber jedem von der Regelung betroffenen Verkehrsteilnehmer, gleichgültig, ob er das Verkehrszeichen tatsächlich wahrnimmt oder nicht"[6]. Verkehrsteilnehmer soll dabei auch der Halter eines am Straßenrand geparkten Fahrzeugs sein, solange er Inhaber der tatsächlichen Gewalt über das Fahrzeug ist[7]. Diese tatsächliche Gewalt bleibt nach dem Urteil auch bei einer mehrwöchigen stationären Behandlung im Krankenhaus bestehen. Für die Bekanntgabe gegenüber einer bestimmten Person ist somit nur erforderlich
– dass das Verkehrszeichen sichtbar,
– die Person davon „betroffen" und
– der Betroffene Verkehrsteilnehmer ist.

Diese Rechtsprechung lässt also eine bloß fiktive Kenntnisnahme statt der vom Gesetz vorausgesetzten Bekanntgabe genügen; sie behandelt die Verkehrsschilder wie Normen, nicht wie (Allgemein)Verfügungen. Nötig war diese Interpretation nicht; denn die Kostentragung, auf die es letztlich ankommt, kann und muss ohnehin nach dem Gesichtspunkt der Zumutbarkeit entschieden werden (vgl. Rn. 983 f.).

---

3 BVerwGE 27, 181, 182 ff.; 59, 221, 224 f.; 92, 32, 34; *Lorz*, DÖV 1993, 129 sowie *Hendler*, JZ 1997, 782.
4 VGH Mannheim, DÖV 1991, 163, 164, unter Berufung auf BayObLG, BayVBl. 1984, 441.
5 Ebenda.
6 BVerwGE 102, 316.
7 Kritisch dazu *Mehde*, Jura 1998, 297, 299 f.; siehe auch *ders.*, NJW 1999, 767 ff. sowie *Hendler*, JZ 1997, 782.

b) Der entscheidende Zeitpunkt

746 Die nächste Frage, *wann* denn die Bekanntgabe vollzogen ist, muss je nach der Art des VA unterschiedlich beantwortet werden. Beim mündlichen VA (z. B. Aufforderung eines Verkehrspolizisten, die Kreuzung zu räumen) fallen „Erlass" und „Bekanntgabe" zusammen. Für den *gewöhnlichen schriftlichen VA* bestimmt § 41 Abs. 2 VwVfG den Zeitpunkt der Bekanntgabe (Regelfall: mit dem dritten Tag nach der Aufgabe zur Post gilt der VA als bekannt gegeben); für die Sonderfälle, in denen nach Abs. 3 die *öffentliche Bekanntgabe* zugelassen ist, erhält Abs. 4 diese Bestimmung (zwei Wochen nach ortsüblicher Bekanntmachung). Die Bekanntgabe durch *Zustellung* ist besonders geregelt (§ 41 Abs. 5 VwVfG), und zwar im Verwaltungszustellungsgesetz (VwZG)[8]. Diese Vorschriften wirken recht förmlich. Das ist die Folge jenes Kompromisses zwischen dem Bestreben, den normalen Abläufen in möglichst differenzierter Weise gerecht zu werden, und dem Interesse an Eindeutigkeit.

c) Was wird wirksam?

747 Der VA wird mit dem Inhalt wirksam, mit dem er bekannt gegeben wird (§ 43 Abs. 1 S. 2 VwVfG). Diese selbstverständlich scheinende Bestimmung soll klarstellen, dass es im Zweifelsfall auf **das tatsächlich Erklärte** ankommt und nicht auf den Willen der Behörde, wie er sich vielleicht aus der Aktenverfügung ergibt[9].

d) Bedeutung der Wirksamkeit und Bestandskraft des Verwaltungsaktes

748 Ist der VA „in der Welt", so kann er „wirken", auch wenn der Empfänger meint, sein Inhalt sei rechtswidrig. Das folgt aus der Funktion des VA, *verbindlich* auszusagen, was zwischen Bürger und Staat rechtens sein soll, und die Befugnis hierzu steht der Verwaltung als Ausfluss der Staatsgewalt zu, weil sie – anders als der Partner des Bürgers im Anwendungsbereich des Privatrechts – *einseitig* regeln kann. Solange der VA wirksam ist, kann er auch vollzogen, also gegen den Willen des Bürgers durchgesetzt werden (zu Einzelheiten vgl. § 23). Mag der Betroffene noch so gute Gründe gegen die Rechtmäßigkeit des VA anführen – sie ändern zunächst nichts an der Wirksamkeit (Ausnahme: nichtiger VA, dazu sogleich Rn. 759 ff.).

Früher war auch der Begriff „Gültigkeit" in Gebrauch; er ist aus der Mode gekommen.

749 Wer einem ihn beeinträchtigenden VA seine Wirksamkeit wieder nehmen will, der muss in der Regel eine förmliche Überprüfung durch die erlassende oder höhere Behörde und/oder das zuständige Gericht einleiten und dadurch die förmliche **Aufhebung** des VA herbeiführen; dazu ist es nötig, dass er einen förmlichen Rechtsbehelf einlegt, nämlich den *Widerspruch* im Sinne von § 68 VwGO, bei dessen Erfolglosigkeit die verwaltungsgerichtliche **Anfechtungsklage** gemäß § 42 Abs. 1

---

[8] Zur fiktiven Zustellung vgl. BVerwG, NVwZ 1988, 63.
[9] *Sachs* in: *Stelkens/Bonk/Sachs*, VwVfG, § 43 Rn. 175 f.

VwGO. Widerspruch und Anfechtungsklage haben in der Regel „aufschiebende Wirkung", § 80 Abs. 1 VwGO; das heißt: nach ihrer Erhebung darf die Behörde den angefochtenen VA nicht mehr vollziehen (es sei denn, es handele sich um bestimmte, in § 80 Abs. 2 Nr. 1-3 VwGO genannte Arten von VA, oder die Behörde ordne die „sofortige Vollziehung" an, § 80 Abs. 2 Nr. 4 VwGO).

Für diese Rechtsbehelfe gelten Fristen. Die Frist für die Erhebung des Widerspruches, also den normalen „Einstieg" in die verwaltungsgerichtliche Anfechtung, beträgt einen Monat, und sie beginnt mit der Bekanntgabe des VA (§ 70 Abs. 1 S. 1 VwGO) – damit wird erneut die Klarstellungsfunktion des gesetzlichen „Bekanntgabe"-Begriffs bedeutsam.

Lässt der Adressat bzw. Betroffene (hier derjenige, dem der VA bekannt gegeben worden ist) diese Frist verstreichen, ohne Widerspruch zu erheben (oder – in besonderen Fällen – sogleich Klage zu erheben), so wird der VA **unanfechtbar (bestandskräftig).** Unanfechtbarkeit oder Bestandskraft bedeutet, dass derjenige, gegenüber dem sie eintritt, keinen Rechtsbehelf mehr gegen den VA zur Verfügung hat (ihm hilft dann allenfalls noch die Wiedereinsetzung in den vorigen Stand gemäß § 60 VwGO). **750**

Verwaltungsakte der DDR sind nach dem Beitritt zur Bundesrepublik wirksam geblieben, können aber aufgehoben werden, wenn sie mit rechtsstaatlichen Grundsätzen oder mit den Regelungen des EV unvereinbar sind (Art. 19 EV).

Die Behörde, die den VA erlassen hat, ist freilich im Allgemeinen befugt, ihn auch nach Eintritt der Unanfechtbarkeit zurückzunehmen oder zu widerrufen – jedenfalls wenn sich der VA als rechtswidrig belastend herausstellt (es gelten die §§ 48, 49 VwVfG; weiteres dazu in § 20, insbes. Rn. 804 ff. und 829 f.). **751**

Verwaltungsakte werden bestandskräftig, Urteile rechtskräftig. An die Entscheidung, die in dem von ihm erlassenen Urteil enthalten ist, ist das Gericht gebunden (§§ 318 ZPO, 173 VwGO); die Bindung der Verwaltungsbehörde ist weniger streng. Im Prozess werden freilich auch die behördlichen Entscheidungen am Ende insofern rechtskräftig, als sie „Streitgegenstand" sind: Rechtskräftige (also nicht mehr anfechtbare) Urteile der Verwaltungsgerichte binden die Beteiligten (einschließlich der beklagten Körperschaft oder Behörde, vgl. §§ 61 Nr. 3, 78 Abs. 1 VwGO) und ihre Rechtsnachfolger soweit, als über den Streitgegenstand entschieden worden ist (§ 121 VwGO). **752**

Zum Vergleich: bei **Rechtsnormen** spricht man nicht von Wirksamkeit, sondern von Geltung", sie „treten in Kraft" oder „außer Kraft". Rechtswidrige Rechtsnormen (z. B. verfassungswidrige Gesetze oder gesetzwidrige Rechtsverordnungen) werden als nichtig (unwirksam) angesehen. Als Normalfall der Normenkontrolle ist daher die *Inzidentkontrolle* anzusehen, die in ein Gerichtsverfahren über einen anderen Streitgegenstand (z. B. die Strafbarkeit eines Verstoßes gegen die betreffende Norm oder das Bestehen eines daraus abgeleiteten Rechts) eingebettet ist. **753**

Diese mittelbare Normenkontrolle ist auch diejenige, die in vielen anderen Staaten praktiziert wird und in Deutschland früher praktiziert wurde. Nach dem Grundgesetz gilt jedoch eine wesentliche Modifikation: Bei nachkonstitutionellen förmlichen Gesetzen ist die Erklärung der Nichtigkeit dem BVerfG vorbehalten (Art. 100 Abs. 1 GG).

2. Die möglichen Arten der Aufhebung und Erledigung des Verwaltungsaktes

754 Die möglichen „Schicksale" eines wirksam gewordenen Verwaltungsaktes sind in § 43 Abs. 2 VwVfG zusammengestellt: „Ein VA bleibt wirksam, solange und soweit er nicht zurückgenommen, widerrufen, anderweitig aufgehoben oder durch Zeitablauf oder auf andere Weise erledigt ist."

755 Der rechtmäßige und nicht angefochtene VA erledigt sich normalerweise dadurch, dass er – wenn er ein Gebot oder Verbot enthält – **befolgt** bzw. dass er – in anderen Fällen – **beachtet** wird. Auch die **Vollstreckung** des VA im Wege des Verwaltungszwanges (vgl. § 23) ist eine Art von Erledigung. Manche VAe werden auch dadurch unwirksam, dass ihre Durchführung **unmöglich** wird (z. B.: die abzuwehrende polizeiliche Gefahr fällt weg). Manche bleiben lange Zeit wirksam (z. B. die Festsetzung des Besoldungsdienstalters oder die Widmung eines öffentlichen Weges). Ein weiterer Sonderfall: Erledigung dadurch, dass alle Beteiligten „davon ausgehen", dass die Sach- und Rechtslage sich geändert hat (BVerwG, NVwZ 1998, 729).

756 Die in Betracht kommenden Arten von **Aufhebung** des VA sind in § 43 Abs. 2 nicht vollzählig erwähnt. Es fehlt die praktisch wohl wichtigste: die Aufhebung durch die höhere Behörde oder das Gericht. Die rechtlichen Voraussetzungen der Aufhebbarkeit werden in Abschnitt 5 dieses Kapitels (Rn. 767 ff.) besprochen. Zuvor sind noch zwei Konstellationen zu behandeln, in denen eine Aufhebung nicht in Frage kommt: in einem Falle, weil der VA nur an einem leichten, behebbaren Fehler leidet (Korrigierbarkeit), im anderen, weil der Fehler so schwer ist, dass es ausnahmsweise gar keiner Aufhebung bedarf, um ihn unwirksam zu machen (Nichtigkeit).

3. Berichtigung des Verwaltungsaktes

757 Enthält ein VA „offenbare Unrichtigkeiten", so kann die Behörde ihn *berichtigen* (§ 42 VwVfG). Das ist keine Aufhebung (weder Rücknahme noch Widerruf), sondern eine ohne weitere Voraussetzungen und sogar noch nach längerer Zeit[10] zulässige Maßnahme, durch die der eigentlich gewollte, jedoch falsch ausgedrückte Inhalt des VA klargestellt wird. Das Rechtsinstitut der Berichtigung ist bei allen Handlungsformen des öffentlichen Rechts anerkannt; versehentlich falsch verkündete Rechtsnormen werden ebenso berichtigt[11] wie gerichtliche Urteile, die offenbare Unrichtigkeiten aufweisen (§ 319 ZPO, § 173 VwGO; s. a. § 320 ZPO).

758 Als berichtigungsfähig bezeichnet § 42 VwVfG „Schreibfehler, Rechenfehler und ähnliche **offenbare Unrichtigkeiten**". Selbstverständlich ist es unzulässig, inhaltliche Fehler als Erklärungsfehler auszugeben und ohne Beachtung der §§ 48, 49 VwVfG zu „berichtigen". Doch ist die Grenzziehung nicht ganz eindeutig. So sind die Gerichte bereit, die fehlerhafte Berechnung einer öffentlichen Leistung in weitem Umfange als „Rechenfehler" anzuerkennen. Das *BVerwG* hat es als Berichti-

---
10 BVerwG, VerwRspr. 31, 285.
11 Vgl. etwa BGBl. 1977 I S. 795!

gung gelten lassen, dass eine zu hohe Wohngeldbewilligung, die auf der Eintragung eines zu niedrigen Bruttoeinkommens beruhte, durch einen neuen Bescheid ohne weiteres mit Rückwirkung geändert wurde, weil die falsche Eintragung auf einem nachträglich festgestellten Fehler im Bereich der **Datenverarbeitung** beruht habe[12]. An dieser Entscheidung ist zumindest unklar, welcher Art der Fehler denn gewesen ist; vermutlich war der Fehler nicht bei der Datenverarbeitung selbst, sondern bei der Festsetzung des Eingabewertes, also bei einem „manuellen" Beitrag zu dem Verfahren geschehen. Mag das Ergebnis hier auch zutreffen, so ist doch der Hinweis angebracht, dass die Risiken der Verwaltungsautomation nicht auf den Bürger abgewälzt werden dürfen[13].

In der Entscheidung NVwZ 1986, 198 f. hat das *BVerwG* seine Rechtsprechung zur offenbaren Unrichtigkeit fortgesetzt: Der Kläger, ein Student der Wirtschaftswissenschaften, hatte eine computergefertigte Studienbescheinigung erhalten, die als Studienfach „Zahnmedizin" angab. Das Gericht entschied, dass sich die offenbare Unrichtigkeit nicht nur aus dem Bescheid selbst, sondern aus den äußeren Umständen ergeben könne (hier insbesondere aus dem Immatrikulationsantrag des Klägers!). Entscheidend sei – und dem ist zuzustimmen –, dass „den Beteiligten aus einer solchen Konstellation heraus die Unrichtigkeit ohne weiteres auffällt".

4. Nichtige Verwaltungsakte und Nichtakte

„Ein nichtiger Verwaltungsakt ist unwirksam" (§ 43 Abs. 3 VwVfG). Diese Abweichung von der Regel, dass ordnungsgemäß bekannt gegebene VAe wirksam sind, war angebracht, weil und soweit damit Fälle erfasst sind, bei denen die Gründe für die Wirksamkeit des VA – Klarheit der Rechtsverhältnisse, Kanalisierung der Anfechtungsmöglichkeit – hinter dem Interesse an der Rechtmäßigkeit der Verwaltung zurücktreten müssen. Wenn ein VA einen **besonders schweren Fehler** aufweist, ist es nicht mehr gerechtfertigt, ihn gleichwohl wirksam (und damit vollziehbar) werden zu lassen. Erst recht gilt das für **„Nichtakte"**, also Amtsanmaßungen, die wie VAe erscheinen, oder behördliche Handlungen, die aus besonderen Gründen nicht als VAe anerkannt werden (Scherzerklärung, erpresste Maßnahmen u. a., s. unten b).

759

a) Nichtigkeit

Es war lange umstritten, unter welchen Voraussetzungen ein VA als nichtig anzusehen sei. Eine gewichtige Meinungsgruppe wollte nur *objektive* Rechtsverstöße, also nicht Verfahrensfehler oder Fehler in der Willensbildung der Behörde als Nichtigkeitsgründe anerkennen. *Wolff* stellte darauf ab, ob der VA tatsächlich oder rechtlich *unmöglich* ist[14].

760

---

12 BVerwGE 48, 336, 338 f.
13 Eine insofern strengere Betrachtungsweise der Datenverarbeitung – unklare Verschlüsselungen gehen zu Lasten der Verwaltung – in BVerwGE 40, 212, 216.
14 Vgl. die Darstellung bei *Wolff/Bachof/Stober* I, § 49 Rn. 8; ein Anwendungsfall: Einbürgerung eines Ausländers, der bereits Deutscher ist, BayVGH, VwRspr. 13, 283.

§ 19 Verwaltungsaktslehre II: Wirksamkeit, Rechtmäßigkeit und Rechtsfehler

Das VwVfG hat sich der bereits vorher herrschenden Lehre angeschlossen, wonach auch subjektive Elemente eine zentrale Rolle spielen. Im Sinne der sog. **Evidenztheorie** ist nach § 44 Abs. 1 VwVfG ein VA nichtig, „soweit er an einem besonders schweren Fehler leidet und dies bei verständiger Würdigung aller in Betracht kommenden Umstände offensichtlich ist"[15].

Ein VA ist also nicht schon dann unbeachtlich, wenn ein scharfsinniger Jurist etwa einen schweren Verstoß gegen einen Verfassungsgrundsatz darin erkennt; **„Offensichtlichkeit"** heißt, dass auch ein **„Durchschnittsbetrachter"**[16], ein „urteilsfähiger Bürger"[17], zu dieser Einschätzung gelangt. Wenn über die Frage der Rechtmäßigkeit oder Rechtswidrigkeit „vernünftigerweise" noch Zweifel bestehen können, muss der VA um der Rechtssicherheit willen zunächst (bis zur förmlichen Aufhebung) hingenommen werden.

Demgegenüber wird bei Prüfung der Nichtigkeit wegen zu großer Unbestimmtheit des VA (Art. 20 Abs. 3 GG, § 37 Abs. 1 VwVfG) ausschließlich darauf abgestellt, wie der Betroffene selbst nach den ihm bekannten Umständen den Regelungsgehalt der Bescheide verstehen musste (BVerwG, DVBl. 1992, 1061, 1062).

761 Da es sehr selten vorkommt, dass die Verwaltung wirklich willkürlich handelt, da also über die rechtliche Beurteilung fast immer gestritten werden kann, sind **nichtige VAe Ausnahmefälle**[18]. Die Gerichte haben nur in ganz wenigen Fällen auf Nichtigkeit von VAen erkannt.

So das OLG Celle (NJW 1969, 2250) in einer wenig überzeugenden Entscheidung zu *Ausgangsfall 3* – Glücksspielerlaubnis ohne Unbedenklichkeitsbescheinigung; ferner das OVG Berlin (DVBl. 1979, 355) zu dem Prüfungs-„Happening" (*Fall 5*). Der VGH München hat ein Verkehrsschild (Verbotszeichen für Fahrzeuge aller Art) für nichtig erklärt, das die – unzuständige – Forstverwaltung an einem tatsächlich öffentlichen Weg im Staatsforst aufgestellt hatte (NVwZ 1988, 399). Vereinzelt haben auch ordentliche Gerichte in Straf- und Ordnungswidrigkeitsverfahren entschieden, dass Verkehrszeichen und VAe von Polizeibeamten nichtig seien (OLG Köln, NJW 1979, 2161; AG Düren, NJW 1980, 1117; krit. dazu mit Recht *Stelkens*, NJW 1980, 2174).

Aus der älteren Rechtsprechung: Polizeiverfügung zur Geltendmachung einer privatrechtlichen Schadensersatzforderung (PrOVGE 50, 248).

762 Mehrfach haben die Gerichte jedoch klargestellt, dass „normale" Fehler bei der Rechtsanwendung *nicht* zur Nichtigkeit führen[19]. Auch ein Verstoß gegen europäisches Gemeinschaftsrecht beeinträchtigt die Wirksamkeit des VA nicht[20]. Wohl aber kann die Rücknahme des VA geboten sein. Der EuGH hat ausdrücklich bestätigt, dass das Gemeinschaftsrecht nicht verbietet, einem Bürger innerstaatlich den

---

15 Fassung bis 1998: „offenkundig". Ein Bedeutungsunterschied besteht nicht.
16 BVerwGE 19, 287.
17 BSGE 24, 162; *Schmitz/Olbers*, NVwZ 1999, 126, 127.
18 So im Ergebnis auch *Wolff/Bachof/Stober* I, § 49 Rn. 28, die alle in Betracht kommenden Fälle auflisten.
19 Neuere Beispiele u. a.: BVerwGE 104, 289; BVerwG, NVwZ 1998, 1061; BVerwG, LKV 1998, 487; OVG Brandenburg, LKV 1998, 272.
20 BVerwG, NJW 1978, 508; OVG Koblenz, NVwZ 1999, 198.

Ablauf der im nationalen Recht vorgesehenen Fristen für die Rechtsverfolgung entgegenzuhalten[21].

Denkbare, aber wohl kaum vorkommende Fälle nichtiger VAe nach § 44 Abs. 1 VwVfG:
– Dem Bewohner eines durch Sturm beschädigten Hauses wird zur Abwehr von Gefahren für die Passanten statt der Reparatur der Abriss des Hauses vorgeschrieben.
– Einem Hilfsbedürftigen, der betrunken auf dem Sozialamt erscheint, wird „zur Strafe" die Sozialhilfe verweigert.
– Durch Mehrdeutigkeit eines Vornamens („Toni") wird eine Frau zur Musterung geladen[22].
– Jemand wird ohne seine Zustimmung zum Beamten ernannt.

Klarstellend fügt **§ 44 Abs. 2 VwVfG** einige Nichtigkeitstatbestände hinzu, bei denen Schwere und Evidenz des Fehlers nicht mehr ausdrücklich geprüft zu werden brauchen. Die Vorschrift in Nr. 1 ist schon deshalb nötig, damit der von der Vewaltung quasi anonym angesprochene Bürger sich überhaupt wehren kann; denn ohne Bezeichnung der erlassenden Behörde wären Widerspruch und Klage ja nicht möglich. Nr. 2 betrifft vor allem Beamtenernennung und Einbürgerung. Bei Nr. 3 ist zu beachten, dass nur auf die Zuständigkeit nach § 3 Abs. 1 Nr. 1 VwVfG verwiesen wird; es sind also nur VAe einbezogen, die sich auf unbewegliches Vermögen oder ortsgebundene Rechte beziehen (Widmung eines Weges außerhalb des eigenen Bezirks); im übrigen ist die Verfehlung der örtlichen Zuständigkeit gerade kein Nichtigkeitsgrund (§ 44 Abs. 3 Nr. 1); sie begründet, für sich genommen, nicht einmal einen Anspruch auf Aufhebung des VA (§ 46 VwVfG). Dass Nr. 6 schließlich einen Verstoß gegen die „guten Sitten" als Nichtigkeitsgrund (ohne Evidenz!) feststellt, ist unangemessen[23], weil sich gerade darüber trefflich streiten lässt. 763

§ 44 Abs. 3 stellt klar, welche Rechtsverstöße *keine* Nichtigkeit (sondern allenfalls Aufhebbarkeit, s. aber § 46) begründen[24].

b) Nichtakte

Noch seltener als nichtige VAe sind Nichtakte, vielleicht besser als **Schein-Verwaltungsakte** zu bezeichnen. Gemeint sind 764
– Handlungen, die gar keiner Behörde zugerechnet werden können, weil sie von Personen außerhalb der Verwaltungsorganisation vorgenommen wurden, also Amtsanmaßungen (Hauptmann von Köpenick – man beachte aber den Unterschied zur zwar nichtigen, aber vollzogenen Beamtenernennung, § 14 BBG und § 1310 Abs. 2 BGB!),
– Scherzerklärungen, die äußerlich einem VA ähneln (vgl. § 118 BGB) und
– Verwaltungshandlungen, die durch unmittelbaren Zwang (vis absoluta) bewirkt worden sind (str., ob dies Nichtakt[25] oder nichtiger VA ist).

---

21 EuGH, NJW 1977, 495.
22 *Wolff/Bachof/Stober* I, § 49 Rn. 33.
23 *Wolff/Bachof/Stober* I, § 49 Rn. 28.
24 Vgl. a. §§ 125 Abs. 3 AO, 7 FGG (*Fall 4!*).
25 So *Wolff/Bachof/Stober* I, § 49 Rn. 20.

Behördliche Äußerungen, die nach ihrem äußeren Eindruck wie VAe erscheinen, können wie „echte" VAe angefochten werden[26].

c) Feststellung der Nichtigkeit

765 Obwohl es an sich keines förmlichen Verfahrens bedarf, um einen nichtigen VA aus der Welt zu schaffen, stellt das VwVfG eine Möglichkeit zur Verfügung, sich dieser Rechtslage zu vergewissern: die Feststellung der Nichtigkeit durch die erlassende Behörde. Sie ist jederzeit zulässig, und auf Antrag hin muss sie erfolgen, wenn der Antragsteller ein berechtigtes Interesse an dieser Feststellung hat (§ 44 Abs. 5). In § 43 Abs. 2 S. 2 VwGO ist zudem die gerichtliche Feststellung der Nichtigkeit eines VA dadurch erleichtert worden, dass diese Klage nicht – wie sonst – nur subsidiär zulässig ist.

d) Teilnichtigkeit

766 *Teilnichtigkeit* eines VA bewirkt Nichtigkeit des gesamten VA nur, „wenn der nichtige Teil so wesentlich ist, dass die Behörde den VA ohne den nichtigen Teil nicht erlassen hätte", § 44 Abs. 4 (anders als nach § 139 BGB für privatrechtliche Willenserklärungen).

5. Aufhebbarkeit des Verwaltungsaktes

a) Fehlen von Rechtmäßigkeitsbedingungen

767 Ist der VA wirksam, leidet er also nicht an einem so schweren Fehler, dass er nichtig ist, so ist seine weitere rechtliche Beurteilung nach den oben (§§ 4 f.) dargelegten *Rechtmäßigkeitsbedingungen* vorzunehmen. Fehlt eine Bedingung der Rechtmäßigkeit, so ist der VA *aufhebbar,* und die Behörde ist jedenfalls auf den Widerspruch des Betroffenen hin, u. U. aber sogar von Amts wegen verpflichtet, ihn aufzuheben (zurückzunehmen) (vgl. Rn. 634 ff.); tut sie das nicht und wird daraufhin Klage erhoben, so hat das Gericht den VA aufzuheben, wenn der Kläger durch den VA in seinen Rechten verletzt wird.

768 Die Perspektive ist hier umgekehrt wie in §§ 4 ff. und 17; dort wurde behandelt, welche Regeln die Verwaltung zu beachten hat, um rechtmäßige Verwaltungsakte (und andere Verwaltungshandlungen) zu produzieren; jetzt gilt es festzustellen, welche Folgen das Fehlen (Verfehlen) der dortigen Voraussetzungen jeweils hat.

Zu beachten ist aber: Wenn der Verwaltungsakt zwar rechtswidrig, der Betroffene dadurch aber nicht „*in seinen Rechten verletzt*" ist, so hebt das Gericht ihn *nicht* auf (§ 113 Abs. 1 S. 1 VwGO). Der Gesetzgeber wollte vermeiden, dass jemand sich ohne „Auftrag" zum Hüter der Gesetzlichkeit macht; erst bei Beeinträchtigung in eigenen Rechten soll ein subjektives Aufhebungsrecht bestehen.

---

26 OVG Schleswig, NordÖR 1999, 446 mit Anm. *Nolte.*

b) Typische Fälle

Typische Fälle der Aufhebbarkeit sind: 769
(1) Der VA ist rechtswidrig, weil die **Tatbestandsvoraussetzungen** der Rechtsnorm, die zum Erlass solcher VAe ermächtigen, im konkreten Fall nicht gegeben sind.

> **Beispiele:** Die als Grund für eine Polizeiverfügung (Demonstrationsverbot, Ingewahrsamnahme, Straßensperrung usw.) angenommene Gefahr lag tatsächlich nicht vor (aber es genügt, wenn Umstände vorlagen, die die Annahme einer solchen Gefahr rechtfertigten, s. oben Rn. 201 f.).
>
> Ein Schüler wird wegen einmaliger Störung des Unterrichts von der Schule verwiesen, obwohl das einschlägige Schulgesetz dies nur bei besonders schwerwiegenden oder wiederholten Verstößen gegen die Schulordnung vorsieht.
>
> Die Versicherungszeiten, die zur Begründung eines Rentenanspruchs nachgewiesen werden müssen, sind falsch berechnet.
>
> Der Verstoß gegen die StVO, der beim Erlass eines Bußgeldbescheides zugrundegelegt wurde, hat in der von der Behörde behaupteten Weise nicht stattgefunden.
>
> Der Adressat des VA ist mit jemand anders verwechselt worden (*Fall 6*).

(2) Es fehlt an der notwendigen **Ermächtigungsgrundlage** für einen VA dieser Art 770 überhaupt oder im konkreten Fall. Ist nach den Rechtsgrundsätzen über den Vorbehalt des Gesetzes (oben Rn. 159 ff.) eine gesetzliche Ermächtigung erforderlich und fehlt sie in dem zu beurteilenden Fall, so ist der Verwaltungsakt rechtswidrig und aufhebbar. Ebenso ist es, wenn die Ermächtigungsgrundlage verfassungswidrig ist.

> **Beispiele:** Nicht polizeipflichtige Personen werden für Zwecke der Gefahrenabwehr in Pflicht genommen (vgl. *Ausgangsfall 3* zu § 5).
>
> Ein Landeswirtschaftsministerium verteilt große Summen an Subventionen ohne gesetzliche Grundlage oder aufgrund eines verfassungswidrigen Gesetzes. Die Bewilligungsbescheide sind rechtswidrig (vgl. oben Rn. 182 ff. und unten 911 ff.).

(3) Rechtsnormen sind zu Unrecht als einschlägig angesehen, falsch ausgelegt oder 771 sonst wie **falsch angewendet** worden. Dabei sind formelle Fehler (z. B. Verstoß gegen Zuständigkeitsnormen) und materielle Rechtsverstöße zu unterscheiden, bei den formellen ist § 46 VwVfG zu beachten (s. oben Rn. 673 und unten Rn. 774 f.).

> **Beispiele:** Die Vollzugspolizei erlässt eine Abrissverfügung, ohne dass Gefahr im Verzuge vorliegt (vgl. § 1 MEPolG). Es fehlt die sachliche Zuständigkeit.
>
> Eine Maßnahme einer Bundespolizeibehörde wird nach dem Polizeigesetz des Landes beurteilt, in dem die Handlung vorgenommen wurde.
>
> In einem Baugenehmigungsverfahren ist nur die Landesbauordnung des betreffenden Bundeslandes, nicht aber §§ 29 ff. BauGB herangezogen worden.
>
> Ein Kreiswehrersatzamt lehnt es ab, die Beeinträchtigung eines bereits weitgehend fortgeschrittenen Ausbildungsabschnittes als „besondere Härte" im Sinne von § 12 Abs. 4 WehrpflG anzuerkennen (s. aber dort S. 2 Nr. 3 a).

(4) *Rechtsfehler* sind auch bei der Rechtsanwendung im Einzelfall vorkommende 772 **Verfassungsverstöße**, z. B. falsche Einschätzung von Grundrechten, Nichtbeachtung des Verhältnismäßigkeitsgrundsatzes, Verletzung des Gleichheitssatzes.

Beispiele: Ein Ausländer wird gemäß § 45 Abs. 1 AuslG ausgewiesen, obwohl seine schwer kranke Frau auf seine persönliche Hilfe angewiesen ist und ihm nicht in sein Heimatland folgen kann.

Ein Gericht beschlagnahmt auf Antrag der Staatsanwaltschaft die Patientenkartei eines Arztes, um einen Rauschgiftabhängigen zu überführen[27].

Der Leiter einer Justizvollzugsanstalt lässt sich jedes dritte Schreiben zur Kontrolle vorlegen, das Insassen seiner Anstalt absenden[28].

773 (5) Die Behörde hat ihr **Ermessen** falsch ausgeübt (vgl. Rn. 593 ff.).

Beispiele: Ein Dienstvorgesetzter lehnt aus Verärgerung über den Mitarbeiter einen Antrag auf Dienstbefreiung ab.

Ein Polizeibeamter untersucht das Fahrzeug eines Nachbarn bei einer Verkehrskontrolle besonders intensiv, um ihn zu schikanieren.

Eine Landesversicherungsanstalt lehnt den Antrag eines Versicherten auf eine Kur ohne Prüfung ab.

c) Unbeachtlichkeit von Form- und Verfahrensfehlern

774 Bei strenger Auffassung müssen auch Form- und Verfahrensfehler Aufhebungsgründe sein. In der Rechtsprechung ist jedoch schon vor Erlass des VwVfG die Ansicht aufgekommen, solche Mängel seien **unbeachtlich**, wenn die Entscheidung in der Sache richtig (rechtmäßig) erscheint. Dafür spricht, dass es unzweckmäßig ist, einen VA – eventuell nach langem Prozess – aufzuheben und der Behörde anheim zu stellen, denselben Inhalt noch einmal in dem richtigen Verfahren und der richtigen Form zu verfügen, so dass über die materielle Rechtmäßigkeit eventuell in einem zweiten Prozess entschieden werden muss. Aus diesem Grunde der „Verfahrensökonomie" ist diese Lösung von § 46 VwVfG übernommen worden: „Die Aufhebung eines Verwaltungsaktes, der nicht nach § 44 nichtig ist, kann nicht allein deshalb beansprucht werden, weil er unter Verletzung von Vorschriften über das Verfahren, die Form oder die örtliche Zuständigkeit zustandegekommen ist, wenn offensichtlich ist, dass die Verletzung die Entscheidung in der Sache nicht beeinflusst hat". Der letzte Halbsatz hat diese Fassung durch das Genehmigungsverfahrensbeschleunigungsgesetz[29] erhalten. Nunmehr sollen Verfahrens- und Formfehler nur dann zur Aufhebung des VA führen, wenn sie die Sachentscheidung tatsächlich beeinflusst haben[30], während vor der Änderung der Anspruch auf Aufhebung nur dann ausgeschlossen war, „wenn keine andere Entscheidung in der Sache hätte getroffen werden können".

So einleuchtend der Grundgedanke auch sein mag – § 46 VwVfG entwertet die verfahrensrechtlichen Vorschriften; seine Anwendung kann die Position der Betroffenen erheblich verschlechtern und zu unerkannten Fehlentscheidungen führen.

---

27 Vgl. BVerfGE 32, 373 – zwar kein *Verwaltungsakt*, aber parallele Problematik.
28 Vgl. § 29 Abs. 3 Strafvollzugsgesetz.
29 Vom 12.9.1996, BGBl. I, S. 1354.
30 Vgl. *Schmitz/Wessendorf*, NVwZ 1996, 955, 958; *Hufen*, Fehler im Verwaltungsverfahren, 4. A. 2002, Rn. 625 ff.

Wenn z. B. die in § 28 VwVfG vorgeschriebene Anhörung Beteiligter unterbleibt und das Gericht gemäß § 46 feststellt, die Behörde hätte ohne diesen Fehler nicht anders entschieden[31], dann steht eine solche Feststellung auf schwachen Füßen; denn es lässt sich gar nicht sicher rekonstruieren, wie die Entscheidung bei angemessener Anhörung ausgefallen wäre. Die Vorschrift führt zwar nicht dazu, dass ein Grundrechtsverstoß aufrechterhalten bleibt, denn dies würde voraussetzen, dass der angefochtene VA materiell rechtswidrig ist. Aber es bestehen große rechtspolitische Bedenken dagegen, dass auf diese Weise die Beachtung von Verfahrensvorschriften indirekt für überflüssig erklärt wird[32]. Unabhängig davon ist zu beachten, dass § 46 nur gebundene VAe betrifft, also keine Ermessensakte.

Zuständigkeitsmängel gehören (mit Ausnahme der besonders erwähnten örtlichen Zuständigkeit) nicht zu den nach § 46 „privilegierten" Fehlern, ebenso wenig Verstöße gegen die Anforderungen des *Bestimmtheitsgrundsatzes* aus § 37 Abs. 1 VwVfG[33]. Ein interessanter Fall: BVerwGE 30, 138 (Gewerbeuntersagung durch sachlich unzuständige Behörde). 775

d) Heilung von Form- und Verfahrensfehlern

Bestimmte Form- und Verfahrensfehler können nach § 45 VwVfG *geheilt* werden, so dass sie auch dann nicht zur Aufhebung führen, wenn § 46 nicht angewendet wird. Die „Heilung" erfolgt dadurch, dass das Fehlende nachgeholt wird. Nach dem im Jahre 1996 neu gefassten[34] § 45 Abs. 2 können sämtliche in § 45 Abs. 1 aufgezählten Verfahrenshandlungen bis zum Abschluss des verwaltungsgerichtlichen Verfahrens (!) nachgeholt werden. 776

Vorbehalten bleibt nur der Fall, dass der Mangel zur Nichtigkeit des VA führt (§ 45 Abs. 1 i. V. m. § 44 VwVfG). So ergibt sich die Konstellation, dass ein gleichartiger Fehler (z. B. eine unterlassene Anhörung) im Normalfall ohne weiteres behoben werden kann, dass auch die Aufhebung nicht erreicht werden kann, dass aber in einem schweren Fall nicht einmal eine gerichtliche Entscheidung nötig ist, um dem VA die Wirkung zu nehmen – Überraschungen sind hier nicht ausgeschlossen.

Dass § 45 VwVfG das Nachholen einer fehlenden Begründung, einer Anhörung des Beteiligten und auch einer Mitwirkung dritter Stellen zulässt, ist keineswegs unproblematisch. Diese Verfahrensvorschriften haben eine materielle Schutzfunktion; diese wird nicht nur gefährdet, wenn der jeweils erforderliche Verfahrensschritt ganz unterbleibt, sondern auch wenn er zu spät, unter veränderten Umständen erfolgt – insbesondere wenn durch Erhebung des Widerspruchs oder der Klage schon deutlich ist, dass der Betroffene sich wehrt, die Fronten also verhärtet sind[35]. 777

---
31 So z. B. BVerwG, DVBl. 1998, 1184 – Nachtflugregelung für einen Flugplatz.
32 Vgl. *Sachs* in *Stelkens/Bonk/Sachs*, § 46 Rn. 4 ff.; *Meyer*, in: *Knack*, § 46 Rn. 10 f.
33 VGH Kassel, NVwZ-RR 1996, 287, 289 (es handelt sich hier um materielle Mängel!).
34 S. o. Anm. 29.
35 Vgl. a. den Fall BSGE 49, 229. Ausführliche kritische Besprechung bei *Hufen*, Fehler im Verwaltungsverfahren (Fn. 30) Rz. 584 ff.

778 § 45 Abs. 3 VwVfG beseitigt wenigstens die besonders nachteilige Folge, dass durch Unterbleiben der Begründung oder Anhörung die Anfechtungsfrist versäumt wurde. Einen Ausgleich der Aufwendungen für das erfolglose Widerspruchsverfahren gewährt § 80 Abs. 1 S. 2 VwVfG (s. a. § 155 Abs. 4 VwGO). Die Verfahrensnachteile, die der Beteiligte z. B. durch verspätete Begründung oder verspätete Anhörung erleidet, bleiben aber unausgeglichen. Als geltendes Recht muss § 45 VwVfG freilich beachtet werden; verfassungswidrig ist er nicht[36].

779 Die Aufzählung der Verfahrens- und Formvorschriften in § 45 VwVfG ist nicht abschließend. Auch die Verletzung anderer als der genannten Verfahrens- und Formvorschriften kann geheilt werden, sofern dies nicht nach der jeweiligen Verfahrensvorschrift ausgeschlossen ist[37].

e) Umdeutung

780 Das VwVfG enthält noch eine weitere Möglichkeit, einen fehlerhaften (d. h. rechtswidrigen oder nichtigen) VA zu „retten": die Umdeutung (Konversion) in einen rechtmäßigen VA, § 47 VwVfG. Diese setzt voraus, dass der fehlerhafte und der fehlerfreie VA auf das gleiche Ziel gerichtet sind, dass der „umgedeutete" VA von derselben Behörde „in der geschehen Verfahrensweise und Form rechtmäßig hätte erlassen werden können" und dass – selbstverständlich – „die Voraussetzungen für dessen Erlass erfüllt sind" (§ 47 Abs. 1 VwVfG). Der andere VA darf aber nicht der erkennbaren Absicht der Behörde widersprechen, und seine Rechtsfolgen dürfen für den Betroffenen nicht ungünstiger sein als die des fehlerhaften VA (§ 47 Abs. 2 S. 1). Unzulässig ist die Umdeutung auch, wenn der fehlerhafte VA nicht zurückgenommen werden durfte (vgl. § 48 VwVfG) oder wenn ein gebundener VA in eine Ermessensentscheidung umgedeutet werden müsste (§ 47 Abs. 2 S. 2 und Abs. 3 VwVfG)[38].

781 Streitig ist die Rechtsnatur der Umdeutung. Während sie z. T. als deklaratorischer Erkenntnisakt angesehen wird, dessen Wirkungen unmittelbar durch Gesetz eintreten, handelt es sich nach einer anderen Ansicht um einen VA; die Umdeutungserklärung habe rechtsgestaltenden, konstitutiven Charakter[39].

Die Rechtsprechung nimmt zulässige Umdeutungen fehlerhafter VAe nur sehr zurückhaltend an; meist wird die Umdeutung abgelehnt[40]. Dabei ist streitig, ob außer der Ausgangs- und der Widerspruchsbehörde (bis zum Erlass des Widerspruchsbescheids) auch die Verwaltungsgerichte zur Umdeutung berechtigt sind. Dagegen

---

36 A. A. *Bracher*, DVBl. 1997, 534, 536 f. (Verstoß gegen das Rechtsstaatsprinzip und die Rechtsschutzgarantie). Kritisch zu der Neuregelung u. a. auch *Hatje*, DÖV 1997, 477.
37 *Sachs* in: *Stelkens/Bonk/Sachs*, § 45 Rn. 132 ff. Interessant: OVG Münster, NVwZ-RR 1995, 314 – Darstellung charakteristischer Merkmale eines Gebäudes in einer Denkmalliste nach nw Recht.
38 Die letztgenannte Einschränkung geht auf BVerwGE 15, 196 (199) zurück; ebenso OVG Münster, OVGE 37, 129 (133 f.).
39 *Windthorst/Lüdemann*, NVwZ 1994, 244, 245.
40 BVerwGE 48, 81; 109, 68, 73 f.; BSGE 25, 255; VGH München, NVwZ 1983, 161; OVG Lüneburg, NJW 1984, 2652, 2653; VGH Mannheim, NVwZ 1990, 789; OVG Brandenburg, DVBl. 1999, 57. Für zulässig gehalten wurde die Umdeutung z. B. in BVerwGE 110, 111, 114 f. und 115, 111, 113 f.

spricht, dass der Erlass von VAen nicht Aufgabe der Gerichte ist und dass § 47 eine Ermessensvorschrift darstellt, Ermessensentscheidungen aber von der Exekutive getroffen werden[41]. Für eine Umdeutungsbefugnis der Gerichte wird hingegen geltend gemacht, dass § 47 nicht regle, wer eine Umdeutung vornehmen darf, so dass es bei der Rechtsprechung aus der Zeit vor In-Kraft-Treten des VwVfG bleibe[42].

Einen praktisch bedeutsamen Fall hat das BAG – vor Erlass des VwVfG und über den Regelungsgehalt von § 47 hinaus – ebenfalls negativ entschieden: Ein nichtiges Beamtenverhältnis kann in der Regel nicht in ein Arbeitsverhältnis umgedeutet werden (BAG 8, 260, 267).

6. Der Sonderfall Zusicherung

Eine Gruppe von Verwaltungsakten, die sich durch ihren Inhalt von anderen unterscheiden, ist im Gesetz besonders behandelt: die Zusicherungen. Es kommt nicht selten vor, dass eine Behörde in Verhandlungen mit Privatpersonen in Aussicht stellt, eine bestimmte Maßnahme zu ergreifen oder nicht zu ergreifen. Soweit sich die „Zusage" (Oberbegriff) auf einen VA bezieht, handelt es sich nach der gesetzlichen Terminologie um eine „Zusicherung" (§ 38 Abs. 1 S. 1 VwVfG). Zum Beispiel wird einem Beamten eine Beförderung zu einem bestimmten Zeitpunkt versprochen[43], einem Unternehmer der Erlass von Teilen der Gewerbesteuer[44], einem Bauherrn eine Befreiung von Vorschriften des Bebauungsplans[45] oder einem Anlieger die Beschränkung der zulässigen Geschwindigkeit[46]. Solche Versprechungen können unter dem Aspekt der Gesetzmäßigkeit der Verwaltung sehr problematisch sein. Ebenso wie wenn die Behörde mit dem Bürger Verträge schließt (vgl. unten § 21), besteht die Gefahr der Ungleichbehandlung. Zwar ist es praktisch und kann der Beilegung eines unfruchtbaren Streites dienen, wenn schon vor Erlass der endgültigen Entscheidung klargestellt wird, wie die Entscheidung im Wesentlichen ausfallen wird (deshalb hat § 204 AO es zugelassen, dass die Finanzbehörde im Anschluss an eine Außenprüfung verbindliche Zusagen macht, wie ein geprüfter Sachverhalt steuerrechtlich behandelt werden wird), doch darf darunter nicht die Sorgfalt der Prüfung und die Korrektheit des Verfahrens leiden, und zu rechtswidrigen Zusicherungen darf sich die Verwaltung nicht bereitfinden. Tatsächlich dürfte die Versuchung zu ungerechtfertigten Konzessionen hier aber höher sein, weil die Kontrolle durch den Adressaten des Verwaltungshandelns entfällt (dieser ist begünstigt und hat deshalb keinen Anlass zu klagen) und diejenige durch Drittbetroffene praktisch schwierig ist: Die unmittelbar Beteiligten, Behörde und Zusicherungsempfänger, werden die Zusicherung in der Regel geheim halten, und die Rechtsverfolgung durch Dritte wirft prozessuale Schwierigkeiten auf[47].

782

---

41 *Windthorst/Lüdemann*, a. a. O. (Anm. 40).
42 BVerwG, NVwZ 1984, 645; VGH Mannheim, NVwZ 1985, 349.
43 BVerwG, DVBl. 1966, 857; s. a. BVerwGE 106, 129, 133.
44 Fall in BVerwGE 48, 166.
45 Vgl. § 31 Abs. 2 BauGB.
46 Fall in BVerwGE 97, 323; dazu *Baumeister*, DÖV 1997, 229 ff.
47 Dass sie allerdings nicht unmöglich ist, belegt BVerwGE 49, 244, 251 f.

Eine höhere Besoldung oder Versorgung als die gesetzlich zulässige darf dem Beamten nicht versprochen werden, §§ 183 Abs. 1 BBG, 50 Abs. 2 BRRG, 2 Abs. 2 BBesG, 3 Abs. 2 BVersG.

783 § 38 VwVfG definiert die **Zusicherung** als „eine von der zuständigen Behörde erteilte Zusage, einen bestimmten Verwaltungsakt zu erlassen oder zu unterlassen", bezieht also in diesen Gesetzesbegriff diejenigen Zusagen nicht mit ein, die auf andere Verwaltungshandlungen als einen VA gerichtet sind. Aber zumindest teilweise muss dieser Fall analog behandelt werden; das BVerwG tut dies auch, sofern die Verwaltungstätigkeit in Zusammenhang mit dem Erlass von VAen steht[48]. Die Zusicherung im Sinne von § 38 VwVfG ist selbst ein VA, weil sie die Rechtsposition des Adressaten verbindlich verändert, indem sie eine sichere Anwartschaft begründet, die nicht ohne weiteres wieder beseitigt werden kann (str.). Freilich muss feststehen, dass die Behörde eine verbindliche Erklärung abgeben wollte – für eine Äußerung im Prozess, die mit der Klage begehrte Baugenehmigung werde „in Kürze erteilt werden", hat das BVerwG den Charakter als Zusicherung verneint[49]. Selbst der „Ruf" an einen Bewerber um eine Professorenstelle wird vom BVerwG nur als „unselbstständige Vorbereitungshandlung" für eine spätere Anstellung als Professor angesehen[50].

Durch den Regelungscharakter unterscheidet sich die Zusicherung von der behördlichen Auskunft (z. B. über Gebühren, Bauleitpläne u. a.), die zwar Entscheidungsgrundlage für den Auskunftsempfänger ist (und insofern auch Vertrauensschutz begründen kann), die Behörde aber nicht bindet.

Eine weitere verwandte Handlungsform ist der **Vorbescheid;** er regelt bestimmte Teilfragen eines Rechtsverhältnisses vorweg, diese aber bereits endgültig. **Beispiele:**
– Eine „Bebauungsgenehmigung" stellt die Übereinstimmung eines Bauvorhabens mit dem Bau*planungs*recht – § 29 ff. BauGB – fest, der Bau darf aber erst nach Vorliegen der Baugenehmigung begonnen werden, in der die Rechtmäßigkeit nach dem Bauordnungsrecht des betreffenden Landes festgestellt wird.
– Ein zweistufiges Genehmigungsverfahren ist für umweltgefährdende Anlagen in § 9 BImSchG und § 7a AtomG vorgesehen, s. o. Rn. 662.

784 Die Zusicherung muss, um wirksam zu sein, **in schriftlicher Form** ergehen (§ 38 Abs. 1 S. 1 VwVfG.). § 205 Abs. 1 AO bestimmt darüber hinaus, dass die Zusage, die im Anschluss an eine Außenprüfung ergeht, als verbindlich gekennzeichnet werden und dass sie „den ihr zugrunde gelegten Sachverhalt", „die Entscheidung über den Antrag und die dafür maßgebenden Gründe" sowie eine Angabe darüber enthalten muss, für welche Steuern und für welchen Zeitraum die verbindliche Zusage gilt. Diese strenge Form der steuerrechtlichen Zusage betont die Bindung an das Gesetz; fast erscheint dieser VA wie eine vorgezogene richterliche Entscheidung.

785 Die Zusicherung ist **rechtswidrig,** wenn Beteiligte vorschriftswidrig nicht angehört wurden oder eine andere Behörde oder ein Ausschuss vorschriftswidrig nicht mitgewirkt haben (§ 38 Abs. 1 S. 2 VwVfG), aber dieser Mangel kann – anders als das Fehlen der Schriftform – durch Nachholung des Versäumten geheilt werden (§ 45

---
48 Im Übrigen offen gelassen in BVerwGE 97, 323, 331.
49 BVerwGE 74, 15, 17 f.
50 BVerwGE 106, 187, 190.

6. Der Sonderfall Zusicherung § 19

Abs. 1 Nr. 3 bis 5 i. V. m. § 38 Abs. 2 VwVfG). Außerdem sind für den Geltungsbereich des VwVfG die Nichtigkeitsgründe (§ 44) und die Bestimmungen über Rücknahme und Widerruf (§§ 49 ff., s. unten § 12) für anwendbar erklärt. Daher kann eine Zusicherung nicht nach § 119 BGB angefochten werden[51]. Die Behörde ist darüber hinaus an die Zusicherung nicht mehr gebunden, wenn sich die Sach- oder Rechtslage derart ändert, „dass die Behörde bei Kenntnis der nachträglich eingetretenen Änderung die Zusicherung nicht gegeben hätte oder aus rechtlichen Gründen nicht hätte geben dürfen" (§ 38 Abs. 3 VwVfG). Hier ist also ein Fall des Wegfalls der Geschäftsgrundlage spezialgesetzlich geregelt, der den Widerrufsgründen des § 49 Abs. 2 Nr. 3 und 4 vorgeht[52].

Die steuerrechtliche Zusage aufgrund einer Außenprüfung „tritt außer Kraft, wenn die Rechtsvorschriften, auf denen die Entscheidung beruht, geändert werden" (§ 207 Abs. 1 AO); außerdem kann die Finanzbehörde die verbindliche Zusage mit Wirkung für die Zukunft aufheben oder ändern (§ 207 Abs. 2; s. a. Abs. 3 und § 206 Abs. 2 AO).

Mit den dargestellten gesetzlichen Bestimmungen sind keineswegs alle Probleme der Zusicherung gelöst. Ergänzend ist aus dem Prinzip der Gesetzmäßigkeit der Verwaltung herzuleiten, dass Zusagen, die **inhaltlich gegen das Gesetz verstoßen,** rechtswidrig sind. Dies ändert zwar nichts an der Wirksamkeit, solange die Zusicherung nicht von einem Dritten (der sich ungleich behandelt fühlt) angefochten wird, aber bei besonders schweren und offenkundigen Verstößen ist gemäß §§ 38 Abs. 2, 44 Abs. 1 VwVfG Nichtigkeit anzunehmen, und dies kann in vielen Zusammenhängen berücksichtigt werden (z. B. wenn die Behörde die Zusage nicht erfüllt).

786

Ein solcher Fall ist in BVerwGE 49, 359 – aus der Zeit vor In-Kraft-Treten des VwVfG – behandelt: Ein Waldbesitzer hatte sich dagegen gewandt, dass einem Nachbarn der Bau einer Schreinerei gestattet wurde, die Klage aber zurückgenommen, als die Behörde ihm in einem außergerichtlichen Vergleich die Baugenehmigung für ein Wohnhaus auf seinem Grundstück versprach. Diese Genehmigung durfte nach §§ 29 ff. BauGB (damals: BBauG) nicht erteilt werden, da das Grundstück weit außerhalb der im Zusammenhang bebauten Ortsteile lag. Das *BVerwG* kritisiert in deutlichen Worten, dass hier nicht Zusammengehörendes verkoppelt wurde.

Gemeinden haben vielfach versucht, mit dem Versprechen von Steuervergünstigungen um die Ansiedlung von Gewerbebetrieben zu werben. Die Praxis, zu diesem Zwecke Steuervereinbarungen zu treffen, ist vom *BVerwG* schon im Jahre 1959 für unzulässig erklärt worden. Der Grundsatz, dass die Steuererhebung nur nach Maßgabe der Gesetze erfolgen kann, sei „für einen Rechtsstaat so fundamental und für jeden rechtlich Denkenden so einleuchtend, dass seine Verletzung als Verstoß gegen ein gesetzliches Verbot zu betrachten ist, das Nichtigkeit zur Folge hat"[53]. Gleichwohl sind dem widersprechende Steuervereinbarungen und Zusagen noch lange Zeit später vorgekommen[54].

Zur Vertiefung: *Fiedler,* Funktion und Bedeutung öffentlich-rechtlicher Zusagen im Verwaltungsrecht, 1977.

787

---

51 BVerwGE 97, 323, 330.
52 BVerwG a. a. O.
53 BVerwGE 8, 329, 330.
54 Vgl. BVerwGE 48, 166.

§ 19 *Verwaltungsaktslehre II: Wirksamkeit, Rechtmäßigkeit und Rechtsfehler*

Zu den Ausgangsfällen:

788 1. Die Baugenehmigung hätte dem Nachbarn zwar bekannt gegeben werden müssen, aber da dies nicht geschehen ist, ist sie ihm gegenüber nicht wirksam geworden. Er kann sich dagegen noch durch Erhebung des Widerspruchs (§ 69 VwGO) wehren; die Monatsfrist nach § 70 Abs. 1 VwGO läuft erst von der Bekanntgabe an. Die Anfechtungsfrist kann aber nach den Grundsätzen von Treu und Glauben begrenzt sein. Lesen Sie auch § 80a VwGO!

2. Nach der Rechtsprechung des BVerwG ist die Bekanntgabe erfolgt; vgl. Rn. 745 und *Fall 2* zu § 23 mit Rn. 991.

3. Das Fehlen der Unbedenklichkeitsbescheinigung führt nach Ansicht des OLG Celle (NJW 1969, 2250) zur Nichtigkeit der Glücksspielerlaubnis. Diese Entscheidung ist mit den sonst angelegten Maßstäben kaum vereinbar, vgl. Rn. 761.

4. Fehler bei der örtlichen Zuständigkeit führen nicht zur Nichtigkeit des VA, vgl. § 44 Abs. 3 Nr. 1 VwVfG, § 127 AO (Rn. 775).

5. Der Prüfungsbescheid im Fall des „Happenings" war nichtig (OVG Berlin, DVBl. 1979, 355; Rn. 761).

6. Die Verwechselung der Personen macht die Entziehung der Gaststättenerlaubnis nicht nichtig. Es handelt sich zwar um einen besonders schwerwiegenden Fehler, aber dieser ist nicht ohne weiteres „offenkundig" i. S. v. § 44 Abs. 1 VwVfG. Freilich lässt sich hierüber streiten. Der VA ist aber jedenfalls rechtswidrig (vgl. Rn. 769); deshalb muss die Behörde prüfen, ob sie ihn zurücknimmt. Nach den Grundsätzen richtiger Ermessensausübung besteht hier eine Pflicht zur Rücknahme. W kann beim Ordnungsamt die Rücknahme anregen oder förmlich das Wiederaufgreifen des Verfahrens gem. § 51 VwVfG beantragen. Über das Wiederaufgreifen muss zu seinen Gunsten entschieden werden.

7. a) Die Gaststättenerlaubnis kann nach § 15 Abs. 3 Nr. 3 GastG widerrufen werden. Der Bescheid leidet an einem formellen Fehler (vgl. § 39 VwVfG). Fehler, die zur formellen Rechtswidrigkeit führen, können allerdings nachträglich geheilt werden (§ 45 VwVfG; für die Begründung siehe § 45 Abs. 1 Nr. 2). Nicht geheilte Fehler können unter den Voraussetzungen des § 46 VwVfG unbeachtlich sein.

b) Die Handlungen nach § 45 Abs. 1, also auch das nachträgliche Geben einer Begründung, kann nach Abs. 2 bis zum Abschluss der letzten Tatsacheninstanz eines verwaltungsgerichtlichen Verfahrens nachgeholt werden. Die Behörden müssen, wenn sie die Handlung nachgeholt haben, *noch einmal umfassend entscheiden*, ob an dem VA festgehalten werden soll. Dies dürfte sich allerdings regelmäßig aus den Umständen ergeben.

c) Nach § 46 verletzen sachlich richtige VAe den Bürger auch dann nicht in seinen Rechten, wenn die Entscheidung formell fehlerhaft zustande gekommen ist.

d) Berücksichtigt die Verwaltung bei ihrer Ermessensentscheidung nicht, dass die Voraussetzungen der Ermächtigungsgrundlage in Zukunft womöglich oder wahrscheinlich nicht mehr vorliegen werden, so liegt ein Ermessensdefizit vor. Unvollständige Ermessenerwägungen können jedoch nach § 114 S. 2 VwGO im gerichtlichen Verfahren ergänzt werden, so dass die Entscheidung nicht mehr als ermessensfehlerhaft gilt. Vorliegend macht die Behörde deutlich, warum sie die Erwägungen nicht einbezogen hat, so dass im Ergebnis kein Defizit vorliegt.

8. Der Bescheid ist eine Zusicherung i. S. von § 38 VwVfG, einen Subventions-Bewilligungsbescheid zu erlassen. Bei nachträglicher Änderung der Sach- oder Rechtslage ist die Behörde an eine solche Zusicherung nicht gebunden, § 38 Abs. 3 VwVfG. Hier war aber die Lage anders: der VA war von Anfang an rechtswidrig. Deshalb bedarf es grundsätzlich der Rücknahme, vgl. § 38 Abs. 2 mit der Verweisung auf § 48 VwVfG. Liegt neben dem Verstoß gegen die Rechtsvorschriften zusätzlich ein kollusives Zusammenwirken vor, so ist auch zu erwägen, ob der Verwaltungsakt nicht sogar als nichtig anzusehen ist. Von den speziellen Nichtigkeitsgründen ist an § 44 Abs. 2 Nr. 6 zu denken. Für die Annahme eines Verstoßes gegen die guten Sitten sind die Informationen im Sachverhalt aber wohl noch nicht ausreichend. Vertretbar ist auch, § 44 Abs. 1 VwVfG hier für einschlägig zu halten. In so einem Fall wird die Behörde allerdings jedenfalls vorsorglich eine Rücknahme verfügen.

§ 20 Verwaltungsaktslehre III: Rücknahme und Widerruf von Verwaltungsakten

Ausgangsfälle:

1. *Die zuständige Behörde hält Gastwirt G für unzuverlässig und entzieht ihm daher die Gaststättenerlaubnis. Später stellt sich heraus, dass die Tatsachen eine solche Annahme nicht gerechtfertigt haben. Was ist zu tun, damit G seine Gaststätte weiter betreiben kann?*

2. *S hat das „Wirtschaftsabitur" bestanden, das dem Fachabitur entspricht. Da er meint, mit dieser Qualifikation auch Mathematik studieren zu dürfen, bewirbt er sich um einen entsprechenden Studienplatz an einer Universität in einem anderen Bundesland. Da man das Wirtschaftsabitur irrtümlich für die allgemeine Hochschulreife hält, wird S zum Mathematikstudium zugelassen, obwohl nach dem einschlägigen Landesgesetz dafür das Abitur erforderlich ist. Nach dem dritten Semester verlässt er seine Freundin. Diese will Rache nehmen und berichtet deshalb der Rechtsabteilung der Universität von dem Fall. Dort ist man so überlastet, dass man erst nach fünf Monaten einen Vermerk schreibt und an die zuständige Zulassungsstelle weiterleitet. Nach acht weiteren Monaten nimmt diese die Zulassung zurück. Ist das rechtmäßig?*

3. *Rentner R hatte sein Leben lang den Wunsch, außerhalb der Stadt in der Natur zu wohnen. Er hat schließlich ein passendes Grundstück im Grünen erworben und die Baugenehmigung für ein Einfamilienhaus in ländlichem Stil erhalten. Kurz*

§ 20 *Verwaltungsaktslehre III: Rücknahme und Widerruf von Verwaltungsakten*

nach dem Richtfest erhält er ein Schreiben des Bauamtes, in dem die Baugenehmigung „widerrufen" und R zum Abbruch des Bauwerkes binnen eines Monats aufgefordert wird. Zur Begründung heißt es, bei der Erteilung der Baugenehmigung sei übersehen worden, dass das Grundstück im Außenbereich liege; die Baugenehmigung hätte nach § 35 BauGB nicht erteilt werden dürfen. Kann sich R mit Aussicht auf Erfolg gegen dieses Ansinnen wehren?

4. Der Zivildienstleistende Z erhält nach dem Unterhaltssicherungsgesetz monatlich einen Mietzuschuss, dessen Höhe aufgrund seiner Angabe berechnet wurde, er zahle (zum Zeitpunkt seiner Einberufung) für Unterkunft, Heizung und Beleuchtung monatlich 250 Euro. Nach einer Mieterhöhung zahlt Z jedoch monatlich 50 Euro mehr. Den Antrag auf einen höheren Mietzuschuss lehnt die Behörde ab. Z versäumt es, rechtzeitig gegen diese Ablehnung vorzugehen, beantragt jedoch bald danach, den rechtzeitig gestellten Antrag neu zu bearbeiten. Darauf teilt ihm die Behörde in einem formlosen Schreiben mit, über den Antrag sei durch den unanfechtbar gewordenen Bescheid entschieden worden, die Antragsfrist für einen neuen Antrag sei abgelaufen, und für eine erneute Bearbeitung oder Wiederbearbeitung des alten Antrags bestehe keine Veranlassung. Kann Z durchsetzen, dass die Behörde erneut über den Antrag entscheidet?

5. Das Finanzamt hat einem Steuerpflichtigen auf seinen Antrag für eine Steuerschuld Ratenzahlung bewilligt. Nun gewinnt der Steuerpflichtige im Lotto ein Vielfaches der Steuerschuld. Muss es bei der Ratenzahlung bleiben?

6. Das Unternehmen U erhält vom Bundesland B eine monatliche Subvention. Diese war nach den Vorschriften des EG-Rechts der Europäischen Kommission anzuzeigen, was aber nicht geschah. Nun stellt sich heraus, dass die Subvention auch materiell gegen das europäische Beihilfenrecht verstößt. Die Kommission fordert daraufhin von B die Rücknahme des Subventionsbescheides und die Rückforderung der gezahlten Beträge. Nach Erhalt des Schreibens der Kommission wartet das Land achtzehn Monate, ohne etwas zu unternehmen. Danach erklärt es, nach § 48 Abs. 4 VwVfG sei nun eine Rücknahme des Bescheids ausgeschlossen. Zu Recht?

7. Die Bühnentechnik eines Privattheaters entspricht nicht mehr den modernen Anforderungen. Um die Wettbewerbsfähigkeit des Theaters weiterhin zu gewährleisten, bewilligt die Stadt einen Zuschuss. In dem Bescheid darüber wird als Zweck ausdrücklich die Verbesserung der Bühnentechnik genannt. Die Eigentümer des Theaters meinen aber, dass Menschen wichtiger seien als Technik, und nehmen daher für die neue Produktion einen bekannten Schauspieler unter Vertrag, dessen Gage sie mit dem städtischen Geld finanzieren. Auf diese Weise wollen sie ein größeres Publikum ansprechen und ihre Position im Wettbewerb der Theater verbessern. Die Stadtverwaltung erwägt, den Zuschuss zurückzufordern. Wie ist die Rechtslage?

(*Lösungshinweise in Rn. 839*)

1. Das Grundproblem: Vertrauensschutz versus Gesetzmäßigkeit

Die Bestandskraft (Rn. 750 f.) des VA schließt nicht aus, dass er von der Behörde unter bestimmten Umständen wieder aufgehoben (zurückgenommen oder widerrufen) wird. Das VwVfG und das SGB X enthalten zu diesem lange umstrittenen Fragebereich differenzierte Lösungen. Bevor sie im Einzelnen erläutert werden, sind die der gesetzlichen Regelung zugrunde liegenden Prinzipien darzustellen. 789

a) Terminologie

Man spricht von **Rücknahme rechtswidriger** VAe und **Widerruf rechtmäßiger** VAe. Natürlich könnte man auch andere Begriffe wählen – und hat dies zu Zeiten getan. Aber von einer eingeführten Begrifflichkeit – die jetzt auch durch das Gesetz bestätigt ist – sollte man nicht ohne Grund abgehen. 790

b) Die Interessenlage bei rechtswidrigen Begünstigungen

Zur Sache: Der Ausgangspunkt ist für Bürger und Verwaltung unterschiedlich. Der Bürger hat ein Interesse daran, dass ihn begünstigende VAe bestehen bleiben, belastende aber auch dann noch beseitigt werden, wenn sie nicht mehr förmlich angefochten werden können. Die Verwaltung hingegen muss notwendigerweise dazu tendieren, rechtswidrige VAe auch noch nachträglich zu beseitigen, während bei rechtmäßigen VAen je nach weiterer Entwicklung des Sachverhalts aus der Sicht der Verwaltung sich Beständigkeit *oder* Änderung empfehlen kann – in beiden Fallgruppen zunächst ohne Rücksicht darauf, ob der VA den Bürger begünstigt oder belastet hat. Der Bürger wird also sein Vertrauen auf den Tatbestand einer Begünstigung betonen, auch wenn diese rechtswidrig ist, die Behörde wird versuchen, die Rechtmäßigkeit des Verwaltungshandelns (wieder) herzustellen, auch wenn der Bürger dadurch nachträglich belastet wird: **Vertrauensschutzinteresse contra Gesetzmäßigkeitsprinzip.** Bis in die Fünfzigerjahre hinein herrschte in Rechtsprechung und Lehre die Ansicht, dass das Gesetzmäßigkeitsprinzip vorgehe, rechtswidrige Begünstigungen also jederzeit zurückgenommen werden könnten. 791

Noch 1973 vertrat *Forsthoff* in der 10. Auflage seines Lehrbuches diesen Standpunkt und sah in der Gegenmeinung, die dem Vertrauensschutz Vorrang einräumte, eine äußerst bedenkliche Aufweichung des Rechtsstaatsprinzips (S. 262 ff.). Es waren die Gerichte, die eine Beschränkung der Rücknehmbarkeit begünstigender VAe einführten, weil sie es als unbillig empfanden, dass Fehler der Verwaltung dem auf die Rechtmäßigkeit der Entscheidung vertrauenden Bürger entgegengehalten werden sollten. 792

Bei der Versorgung von Hinterbliebenen, Kriegsopfern und Besatzungsgeschädigten kam es – nicht zuletzt wegen der äußerst komplizierten Vorschriften – immer wieder vor, dass Bescheide über Witwen- und Waisenrenten und ähnliche Sozialleistungen nachträglich zungunsten der Berechtigten geändert wurden. Die Regelung der Rechtsverhältnisse der Personen, die unter Art. 131 GG fielen (Angehörige des öffentlichen Dienstes, die nach Kriegsende aus anderen als beamten- oder tarifrechtlichen Gründen ausgeschieden waren und nicht wie früher verwendet wurden, und der entsprechenden Versorgungsberechtigten) begründete eine Spezialwissenschaft, das „131er-Recht". Das Ziel, diesem großen Kreis der (i. w. S.) Kriegsgeschädigten nachhaltig zu helfen, scheiterte häufig an der Lückenhaftigkeit und Kompliziertheit der Rechtsnormen. Wurde gleichwohl zunächst zugunsten der Antragsteller entschieden, so erschien die spätere Rücknahme der Begünstigung doppelt ungerecht.

793 Auf diesem Hintergrund ist die Rechtsprechung – etwa ab Mitte der 50er-Jahre – zu sehen, nach der die **Rücknahme rechtswidriger Verwaltungsakte** nicht zwingend vorgeschrieben ist, sondern es umgekehrt rechtlich geboten sein kann, Begünstigungen trotz Rechtswidrigkeit bestehen zu lassen oder nur für die Zukunft, nicht für die Vergangenheit zurückzunehmen.

Nachdem schon zuvor verschiedene Obergerichte der Länder aus dem Grundsatz von Treu und Glauben bzw. dem Sozialstaatsprinzip das Gebot des Vertrauensschutzes bei fehlerhaften begünstigenden VAen entwickelt hatten, schloss sich das BVerwG dem in einer Reihe von Urteilen an.

Einen besonders bemerkenswerten Fall behandelt BVerwGE 9, 251 (Vorinstanz OVG Berlin, DVBl. 1957, 503): Die Witwe eines früheren Beamten zog aus der DDR nach West-Berlin, nachdem ihr der Innensenator zur Vorlage bei der Zuzugsstelle bescheinigt hatte, dass ihr im Fall ihres Umzugs nach Berlin ein Anspruch auf Versorgung nach dem Gesetz zu Art. 131 GG zustehe. Das Witwengeld wurde ihr zunächst bewilligt; nach einem Jahr aber teilte ihr die Behörde mit, die Voraussetzungen dafür seien zu Unrecht angenommen worden, die Zahlung werde eingestellt, die überzahlten Bezüge müssten zurückgezahlt werden. Das BVerwG sah in der „Zuzugsbescheinigung" einen vorweggenommenen Bestandteil der späteren Versorgungsregelung und die Ursache für jene einschneidende Änderung der Lebensführung, die in dem Umzug im höheren Lebensalter lag. Das Vertrauen auf den Fortbestand dieser Regelung wurde geschützt; die nachträgliche Einstellung der Versorgung erschien dem Gericht als Verstoß gegen Treu und Glauben (a. a. O. S. 254 f.)[1].

794 Die Rechtsprechung beruft sich auf das Prinzip von **Treu und Glauben**, das Gebot der **Rechtssicherheit** und das **Sozialstaatsprinzip.** Dass der Staat Rechtssicherheit gewähren soll, folgt aus demselben Verfassungsgebot der Rechtsstaatlichkeit, aus dem die Gegenmeinung die strenge Verpflichtung auf die Gesetzmäßigkeit herleitete, die heute als zu starr erscheint, weil die Verwaltung – insbesondere im Sozialleistungsbereich – ständig auf die Lebensverhältnisse der Menschen einwirkt: die *Verwirklichung* des begünstigenden VA im Vertrauen auf seine Wirksamkeit ist ein *neuer* Tatbestand, der rechtlich neu und unter Umständen anders beurteilt werden muss als die Situation vor Erlass dieses VA; an die Stelle der „statischen" muss eine „dynamische" Beurteilung treten. Wenn schon das BGB die Verpflichtung zur Herausgabe einer ohne rechtlichen Grund erlangten Leistung (bzw. zum Ersatz ihres Wertes) ausgeschlossen hat, „soweit der Empfänger nicht mehr bereichert ist" (§ 818 Abs. 3), muss es sich auch der Staat zumindest entgegenhalten lassen, wenn die rechtswidrig bewilligte Leistung verbraucht oder über das Gewährte in einer Weise verfügt ist, dass die Rückerstattung für den Verpflichteten zu einem unerwarteten Opfer würde. Über die zivilrechtliche Parallele hinaus kann es geboten sein,

---

[1] Weitere Beispiele aus der Rspr.: BVerwGE 8, 261; 11, 136; 18, 168; 23, 25.

auch das Vertrauen auf den Fortbestand anderer begünstigender VAe zu schützen, z. B. wenn diese ihrerseits die „Kalkulationsgrundlage" für Handlungen des Begünstigten dargestellt haben: Derjenige, dem die Benutzung des Bürgersteiges zum Abstellen von Baugeräten genehmigt wird, trifft ebenso seine Vorbereitungen wie derjenige, der eine Kur beantragt und bewilligt erhält.

c) Rechtswidrige Belastungen

Die Rücknahme rechtswidriger *Belastungen* wirft kaum Probleme auf. Stellt die Behörde fest, dass sie jemandem zu Unrecht die Fahrerlaubnis entzogen hatte – z. B. weil sie ihn mit jemand anderes verwechselt hat –, so *kann* sie nicht nur, sondern in aller Regel *muss* sie diesen rechtswidrigen belastenden VA widerrufen. 795

d) Die Interessenlage bei rechtmäßigen Verwaltungsakten

Ganz anders ist die Lage, wenn der nachträglich in Zweifel gezogene VA *rechtmäßig* war. Das Interesse des Bürgers daran, eine rechtmäßige *Belastung* beendet zu sehen, kann im Einzelfall so stark sein oder im Laufe der Zeit – u. U. lange nach Ablauf der Rechtsmittelfristen – so stark werden, dass entgegen dem Gebot der Rechtssicherheit, aber wiederum nach Treu und Glauben eine Überprüfung angebracht erscheint. (Das Sozialstaatsprinzip spielt hier keine Rolle, wenn man davon absieht, dass die hier gebotene Bürgerfreundlichkeit und die „dynamische" Betrachtungsweise sozialstaatstypisch sind.) 796

Ein Interesse der *Verwaltung*, rechtmäßige *begünstigende* VAe wieder aufzuheben, kann hingegen nur ausnahmsweise anerkannt werden. Der Grundsatz der Gesetzmäßigkeit der Verwaltung gebietet im Gegenteil (anders als beim rechtswidrigen VA), dass rechtmäßige VAe in Kraft bleiben – es sei denn, die Sach- und Rechtslage ändere sich in relevanter Weise. Aus nachträglich auftretenden Gründen überwiegenden öffentlichen Interesses kann aber auch hier eine Aufhebung ausnahmsweise zulässig sein; der Betroffene hat dann jedoch einen Ausgleichs- oder Entschädigungsanspruch. 797

Auch hier ist also u. U. eine mit dem Zeitablauf sich ändernde Beurteilung geboten. Die *ursprüngliche* Rechtmäßigkeit des VA verliert bei Änderung der Verhältnisse (sei es der tatsächlichen Gegebenheiten, sei es der Gesetzeslage) an Wirkkraft; in veränderter Lage wird auch eine andere, der früheren widersprechende Reaktion der Verwaltung rechtmäßig. Hier könnte man daran denken, der Verwaltungsakt sei nachträglich „rücknehmbar" geworden, also § 48 VwVfG anzuwenden. Die h. M. hält in diesen Fällen jedoch den Widerruf nach § 49 VwVfG für zulässig. Durch die Vorschrift des § 49 Abs. 3 VwVfG ist der Streit entschärft, nach einer Ansicht sogar erledigt[2]. Nach dieser Vorschrift können Verwaltungsakte jetzt auch mit Wirkung für die Vergangenheit „widerrufen" werden. 798

---

2 *Dickersbach*, NVwZ 1996, 962, 966.

Soweit unter der alten Rechtslage versucht wurde, für diese Fälle eine Rücknahmemöglichkeit zu begründen, war dies vor allem dadurch veranlasst, dass Leistungen während der Bearbeitungszeit der Behörde weitergewährt werden mussten, obwohl die Rechtswidrigkeit des Grund-VA schon erkannt war; eine Rückforderung war dann ausgeschlossen[3].

2. Die Rücknahme rechtswidriger VAe nach dem Verwaltungsverfahrensrecht (VwVfG und SGB X, AO)

799 Der Gesetzgeber hat die Rechtsprechung zur Rücknahme rechtswidriger VAe zu einer wohlabgewogenen Lösung verarbeitet. Dem VwVfG wie dem SGB X (§§ 44 ff.) sind hinreichend konkrete, aber auch anpassungsfähige Regeln zu entnehmen, mit denen wohl die meisten Streitfälle bewältigt werden können. Für einige Materien gelten gesetzliche Sonderbestimmungen: § 15 Abs. 1 GaststG, § 17 Abs. 2 AtomG, § 45 Abs. 1 WaffenG, § 12 BBG, für Steuerbescheide § 172 AO (für andere VAe der Finanzbehörden gilt jedoch der den Vorschriften des VwVfG und des SGB X verwandte §§ 130 AO).

a) Struktur der Regelung

800 Das Gesetz unterscheidet zwischen
– der **Aufhebung des ursprünglichen** VA; sie geschieht durch einen neuen VA, eben die Rücknahme, in der Regel ausdrücklich unter Benutzung dieses Begriffs, und
– der **Rückabwicklung** des durch den ursprünglichen VA begründeten Rechtsverhältnisses; hierzu sind je nach Inhalt des ersten VA Geldzahlungen oder die Herausgabe von Sachen, rechtlich relevante Erklärungen oder auch nur Realakte (Räumung eines Grundstücks usw.) nötig, aber je nach den Umständen auch Ausgleichsleistungen der Verwaltung.

Die Erstattungspflicht des Bürgers ist in § 49 a Abs. 2 VwVfG durch Verweis auf die bereits erwähnten Vorschriften des Bürgerlichen Gesetzbuches über die Herausgabe einer ungerechtfertigten Bereicherung beschränkt. Im Extremfall kann es also so sein, dass zwar der begünstigende VA nachträglich wegfällt, der Begünstigte aber trotzdem zu keiner Rückzahlung verpflichtet ist.

In § 48 Abs. 3 S. 1 VwVfG sind allerdings Rücknehmbarkeit des VA und Vermögensausgleich in einem Bedingungszusammenhang miteinander verbunden: Die Rücknahme ist bei Vermögensausgleich zulässig. An die Stelle des Bestandsschutzes tritt Vermögensschutz[4]. Das SGB hat diesen Lösungsweg nicht übernommen, vgl. § 45 SGB X.

---

3 Vgl. *Frohn*, Jura 1993, 393, 397.
4 *Frotscher*, DVBl. 1976, 284; *Maurer*, Festschrift Boorberg Verlag 1977, S. 236.

b) Die Grundregel

Nach § 48 Abs. 1 S. 1 VwVfG (ebenso § 130 Abs. 1 AO) steht die Rücknahme **801** rechtswidriger VAe im **Ermessen** der Behörden. Damit ist nicht etwa gesagt, dass die Behörde ganz freie Hand habe, auch rechtswidrige Belastungen fortbestehen zu lassen. Das Ermessen ist – wie immer – gebunden (§ 40 VwVfG, s. o. Rn. 590 ff.). Wird etwa nach Ablauf der Rechtsmittelfrist bemerkt, dass eine Baugenehmigung zu Unrecht abgelehnt wurde (z. B. weil man die Statik falsch berechnet hatte), so „schmilzt" der Ermessensspielraum der Behörde zusammen: Fehlerfrei kann das Ermessen hier nur ausgeübt werden, wenn die Ablehnung aufgehoben und der zugrunde liegende Genehmigungsantrag neu bearbeitet wird, so als sei er nicht abgelehnt worden.

Das BVerwG hat mit Blick auf § 48 Abs. 2 und die Zweckverfehlung bei Subventionsbescheiden die Rechtsfigur des *„intendierten Ermessens"* erfunden (vgl. BVerwGE 105, 55, 57 f.). Danach entspricht der gesetzlichen Wertung in der Regel nur eine Rücknahme bzw. ein Widerruf, von dem nur bei Vorliegen außergewöhnlicher Umstände abgesehen werden kann. Folgt die Verwaltung dieser Wertung, so soll es keiner weiteren Begründung für eine solche Rücknahme bzw. einen solchen Widerruf bedürfen. Das Fehlen einer Begründung lasse folglich nicht auf Fehler der Ermessensentscheidung schließen. Diese Überlegungen sind sehr problematisch (zur Kritik vgl. oben Rn. 600). Auch wenn man einen Fall des intendierten Ermessens annimmt, ist „jedenfalls ein Mindestmaß an Sachverhaltsaufklärung geboten, um feststellen zu können, ob überhaupt ein Regelfall gegeben ist"[5].

Nach Art. 19 S. 2 EV können *VAe der DDR* (auch) aufgehoben werden, „wenn sie mit **802** rechtsstaatlichen Grundsätzen oder mit den Regelungen dieses Vertrages unvereinbar sind". Im übrigen bleiben nach S. 3 die Vorschriften über die Bestandskraft von VAen unberührt. Diese Vorschrift wirft einige Rätsel auf. Ein „mit rechtsstaatlichen Grundsätzen unvereinbarer" VA ist stets rechtswidrig und daher unter den Voraussetzungen und mit den Folgen des § 48 VwVfG rücknehmbar. Vermutlich ist Art. 19 S. 2 EV nur *als Bekräftigung* der Rücknehmbarkeit gedacht, auch als politisches Bekenntnis der Diskontinuität. Vertrauensschutz nach § 48 Abs. 1 S. 2 und Abs. 2-4 ist gegeben, wie Satz 3 bestätigt. – In dem 2. SED-Unrechtsbereinigungsgesetz[6] (Verwaltungsrechtliches Rehabilitierungsgesetz) ist die Aufhebung rechtsstaatswidriger Verwaltungsentscheidungen auf Antrag vorgesehen und im Einzelnen geregelt.

Der Grundsatz der Rücknahme nach pflichtgemäßem Ermessen erlaubt es der **803** Verwaltung auch, das ins „Zwielicht" geratene Rechtsverhältnis sachgerecht *umzugestalten,* sei es durch vollständige Rücknahme des ursprünglichen VA mit Rückwirkung – so dass für Vergangenheit wie Zukunft eine neue Lösung erarbeitet werden muss –, sei es durch Beschränkung auf eine Teilrücknahme und/oder Wirkung bloß für die Zukunft. Bedenkt man zusätzlich, dass bei der *Abwicklung* noch weitere Ermessensentscheidungen zugelassen sind, so wird erkennbar, wie elastisch die Regelung dieses Gesamtkomplexes ausgefallen ist. Der Bürger braucht dadurch keine

---
5 OVG Greifswald, NVwZ-RR 2002, 805, 806.
6 BGBl. I S. 1311; s. dazu *Leutheusser-Schnarrenberger,* DtZ 1994, 291 ff.

Nachteile zu erleiden, denn die Ermessenskontrolle der Gerichte ist inzwischen hinreichend stark ausgebaut; er hat deshalb auch seinerseits einen gewissen Verhandlungsspielraum: Einigt sich die Verwaltung mit ihm über Rücknahme- und Abwicklungsmodalitäten, so vermeidet sie einen Verwaltungsgerichtsprozess.

c) Rücknahme rechtswidriger belastender Verwaltungsakte

804 Wie zu b) schon ausgeführt, ist die Rücknahme rechtswidriger Belastungen (genauer: nicht begünstigender VAe) zwar nicht ausdrücklich vorgeschrieben, aber nach Ermessensgrundsätzen **in der Regel geboten.**

805 Im **Sozialrecht** besteht grundsätzlich eine *Pflicht* zur Rücknahme mit Rückwirkung, „soweit sich im Einzelfall ergibt, dass bei Erlass eines Verwaltungsaktes das Recht unrichtig angewandt oder von einem Sachverhalt ausgegangen worden ist, der sich als unrichtig erweist, und soweit deshalb Sozialleistungen zu Unrecht nicht erbracht oder Beiträge zu Unrecht erhoben worden sind" (§ 44 Abs. 1 S. 1 SGB X). Diese Pflicht zur ex-tunc-Rücknahme besteht jedoch nicht, „wenn der VA auf Angaben beruht, die der Betroffene vorsätzlich in wesentlicher Beziehung unrichtig oder unvollständig gemacht hat"; in diesem Fall gilt § 44 Abs. 2: Pflicht zur Rücknahme für die *Zukunft, Zulässigkeit* der Rücknahme (nach dem Ermessen des Leistungsträgers) für die *Vergangenheit*[7].

806 Ist ein Antrag auf Erlass eines begünstigenden VA nach ausführlicher Verhandlung zwischen Bürger und Behörde schließlich abgelehnt worden, ist diese Ablehnung vielleicht gar in einem Verwaltungsgerichtsverfahren bestätigt worden und taucht nunmehr nachträglich ein neuer Gesichtspunkt für den Erlass eines begehrten VA auf, so spricht der Gedanke der Rechtssicherheit im Rahmen der Ermessensabwägung für die Aufrechterhaltung der Ablehnung.

807 Die geeignete Form, eine erneute Prüfung des Antrags durch die Behörde zu erreichen, ist in solchen Fällen die Erneuerung des ursprünglichen Antrags. In einem neuen Verwaltungsverfahren auf Erlass eines schon früher beantragten VA kann die Behörde zwar ebenfalls auf die Bestandskraft der früheren Ablehnung verweisen (*Fall 4*); der Entscheidungsspielraum ist aber größer als wenn nur deren Rücknahme begehrt würde, denn es ist auf einen anderen Zeitpunkt abzustellen. Inzwischen können sich überdies die Sach- und Rechtslage und die für die Behörde verfügbaren Mittel verändert haben (vgl. § 51 VwVfG und dazu unten Rn. 837 f.). Ein *subjektives Recht* hat der Antragsteller nur auf eine neue ermessensfehlerfreie Entscheidung[8]. Somit besteht ein Anspruch auf Rücknahme nur im Sonderfall der Ermessensreduktion auf Null.

---

7 Vgl. *Kaltenbach*, Die Angestelltenversicherung 1980, S. 472.
8 *Kopp*, VwVfG, 6. A., § 48 Rn. 36.

d) Rücknahme rechtswidriger begünstigender Verwaltungsakte

808 Nach § 48 Abs. 1 S. 2 VwVfG darf ein VA, der ein Recht oder einen rechtlich erheblichen Vorteil begründet oder bestätigt hat, nur unter bestimmten Einschränkungen zurückgenommen werden (lesen Sie die Bestimmung nach und beachten Sie, dass hier der Begriff des „begünstigenden Verwaltungsaktes" gesetzlich definiert ist). Die Behörde ist also nicht zur Rücknahme verpflichtet, sondern hat nach ihrem pflichtgemäßen **Ermessen** darüber zu entscheiden, ob sie die Rücknahme verfügt. Dies gilt nach § 45 SGB X auch im Sozialbereich, während § 130 AO nur eine knappe Aufzählung spezieller Rücknahmegründe enthält (überwiegend: Unredlichkeit des Begünstigten).

809 Nach dem VwVfG (nicht jedoch nach SGB X) ist zu unterscheiden, ob der VA
– „eine einmalige oder laufende **Geldleistung** oder teilbare Sachleistung gewährt oder hierfür Voraussetzung ist" (Abs. 2) oder ob
– er nicht unter Absatz 2 fällt, insbesondere also ein anderes Recht oder einen **anderen rechtlichen Vorteil** begründet oder bestätigt (Abs. 3) (*Ausgangsfall 3*).

In beiden Fällen (und sowohl nach § 48 VwVfG wie nach § 45 SGB X) wird darauf abgestellt, inwieweit der Begünstigte *„auf den Bestand des VA* **vertraut** *hat und sein Vertrauen unter Abwägung mit dem öffentlichen Interesse an einer Rücknahme* **schutzwürdig** *ist"* (§ 48 Abs. 2 S. 1 VwVfG, fast gleich Abs. 3 S. 1). Bei den Geld- und Sachleistungen hängt von dieser Abwägung die *Rücknehmbarkeit* des bewilligenden VA ab, bei den anderen Begünstigungen der *Umfang des Vermögensausgleichs* (dazu unten e), Rn. 823 ff.). Nach § 45 SGB X, der diesen Unterschied nicht macht, ist immer die Rücknehmbarkeit des VA selbst von dieser Beurteilung abhängig.

810 Die genannte Bestimmung enthält *zwei* Komponenten: das Vertrauen muss *gerechtfertigt* und bei Abwägung mit dem öffentlichen Interesse *schutzwürdig sein*. Wann das Vertrauen des Bürgers als schutzwürdig gelten soll, darüber bestimmen Abs. 2 S. 2 und 3 (gleich lautend in § 48 VwVfG und § 45 SGB X) nämlich „in der Regel" dann, „wenn der Begünstigte gewährte Leistungen *verbraucht* oder eine *Vermögensdisposition getroffen* hat, die er nicht mehr oder nur unter unzumutbaren Nachteilen rückgängig machen kann".

811 Das Vertrauen ist jedoch **nicht gerechtfertigt** (und deshalb nicht schutzwürdig), wenn der Begünstigte
1. den VA durch arglistige Täuschung, Drohung oder Bestechung erwirkt hat;
2. den VA durch Angaben erwirkt hat, die in wesentlichen Beziehungen unrichtig oder unvollständig waren;
3. die Rechtswidrigkeit des VA kannte oder infolge grober Fahrlässigkeit nicht kannte.

Diese Vertrauens-Ausschlussklauseln gelten auch in den Fällen des Abs. 3 (Verweisung durch S. 2)[9].

---

9 Beispielsfall (Rücknahme einer erschlichenen Einbürgerung): HmbOVG, NVwZ 2002, 885 = NordÖR 2002, 165.

812 **Geschützt** wird also der Rentner, der aufgrund einer falschen Berechnung oder Gesetzesauslegung eine höhere Rente bezogen hat als ihm zusteht und der dieses Geld nicht gewinnbringend angelegt, sondern für seinen Lebensunterhalt oder für Geschenke an Kinder und Enkelkinder ausgegeben hat – der Bewilligungsbescheid wird nicht für die Vergangenheit (ex tunc, mit Rückwirkung) zurückgenommen; für die Zukunft (ex nunc) kann er zurückgenommen werden, es sei denn, der Begünstigte hat sich rechtlich bindend zu Zahlungen in Höhe des Mehrbetrages verpflichtet und kann diese Verpflichtung nicht ohne unzumutbare Nachteile wieder rückgängig machen (ihm droht z. B. eine Vertragsstrafe oder er verliert eine Anwartschaft, ohne einen Ausgleich für die bereits geleisteten Teilzahlungen zu erhalten).

813 **Nicht geschützt** wird der Empfänger einer staatlichen Leistung, der das entsprechende Antragsformular falsch ausgefüllt, z. B. anzurechnendes Einkommen verschwiegen hat (deshalb müssen die Vordrucke entsprechende Fragen enthalten). Selbstverständlich genießt auch derjenige keinen Vertrauensschutz, der den Sachbearbeiter durch unerlaubte Mittel – das Gesetz nennt arglistige Täuschung, Drohung und Bestechung – zu einer rechtswidrigen Entscheidung verführt hat; hier wird häufig zugleich einer der Tatbestände von Nr. 2 oder 3 erfüllt sein: Durch unrichtige Angaben einen Verwaltungsakt zu erwirken, ist ein „minder schwerer" Fall von Täuschung, so dass es im Ergebnis (Rücknehmbarkeit des VA) auf die in Nr. 1 vorausgesetzte „Arglist" gar nicht ankommt, und wer hierzulande den zuständigen Beamten bedroht oder besticht, dürfte in aller Regel sehr genau wissen, dass ihm nicht zusteht, was er fordert – schon deshalb wird die Berufung des Staates auf Bestechung höchst selten bleiben; es genügt, die Rücknahme bzw. die Versagung des Vertrauensschutzes nach Nr. 3 zu begründen.

814 Freilich darf nicht jede kleine Unrichtigkeit in einem Antragsformular (Nr. 2) oder die bessere Rechtskenntnis des Antragstellers (Nr. 3) zum Verlust des Vertrauensschutzes führen. Die Fragebögen sind oft äußerst schwer verständlich; vor allem sollen sie meist eine Vielzahl von denkbaren Konstellationen abdecken und enthalten daher Fragen, die in einfachen Fällen überflüssig sind. Die Bestimmungen des Datenschutzrechts, dass nur die für die jeweilige Verwaltungsaufgabe erforderlichen Angaben erhoben werden dürfen, sind häufig in den Vordrucken noch nicht umgesetzt; auch fällt bisher die Belehrung nach § 4 Abs. 3 BDSG über die Rechtsgrundlage oder Freiwilligkeit der Angaben nicht selten unzureichend aus. Zu beachten ist deshalb, dass nur die Angaben zum Verlust des Vertrauensschutzes führen, die **„in wesentlicher Beziehung"** unrichtig oder unvollständig" sind; das muss so gelesen werden, dass auch schon die *Fragen* „wesentlich", also als Entscheidungsgrundlage erforderlich und nicht nur für Verwaltungszwecke nützlich sein müssen.

815 Es schadet dem Begünstigten auch, wenn er weiß oder infolge grober Fahrlässigkeit nicht weiß, dass der VA rechtswidrig ist. Das ist zwar folgerichtig, kann aber ungerecht wirken – der rechtskundige oder besonders sorgfältige Bürger wird stärker in Pflicht genommen als derjenige, der sich keine Gedanken über die Rechtslage macht; denn dieser hat allenfalls die Folgen einer groben Nachlässigkeit zu tragen. Man wird diese Bestimmung deshalb so auslegen müssen, dass z. B. nicht schon derjenige den Vertrauensschutz verliert, der den an sich feststehenden Sachverhalt anders bewertet oder eine andere Gesetzesauslegung für richtig hält als der Sachbearbeiter; wohl aber, wer weiß, dass dieser von einem falschen Sachverhalt ausgeht oder gegen eine Verwaltungsvorschrift oder Dienstanweisung verstößt, die das Gesetz in zutreffender Weise **konkretisiert.**

Grob fahrlässige Unkenntnis der Rechtswidrigkeit kann z. B. vorliegen, wenn der Begünstigte einen VA, der ausdrücklich auf einen ganz anderen Sachverhalt abstellt, gar nicht liest. Ein Beispiel, in dem der Begünstigte nicht schutzbedürftig ist: Bei der Festsetzung des Besoldungsdienstalters für einen Beamten (§ 28 Bundesbesoldungsgesetz) wird beim Geburtstag versehentlich statt „1970" das Jahr „1960" zugrundegelegt; dadurch erhält der Beamte ein um mehrere Dienstaltersstufen zu hohes Gehalt. Das muss ihm auffallen! 816

Nach der Rechtsprechung des BVerwG kommt es allein darauf an, ob der Betroffene *objektiv* falsche Angaben gemacht hat; ein Verschulden ist unerheblich[10]. Das gilt aber nur, soweit die falschen Angaben dem Begünstigten *zuzurechnen* sind. Beruhen sie auf einem Fehler der Behörde (z. B. einem gänzlich unverständlichen Formular), so greift der Ausschlussgrund des § 48 Abs. 2 S. 3 Nr. 2 VwVfG nicht[11].

Greifen die oben erörterten speziellen Vertrauensausschlussklauseln nicht ein, so ist **abzuwägen,** ob das gerechtfertigte Vertrauen gegenüber dem öffentlichen Interesse an der Aufhebung der rechtswidrigen Begünstigung durchschlägt. Entsprechend der geänderten Grundauffassung von Rechtsstaatlichkeit (Rn. 794) *müssen* rechtswidrige VAe *nicht mehr* zurückgenommen werden; die Verwaltung hat nach pflichtgemäßem Ermessen zu entscheiden. Unter Umständen ist nur *eine* Entscheidung angemessen und rechtmäßig: Bei starkem Übergewicht des privaten Bestandsinteresses *darf* der VA, obwohl rechtswidrig, nicht zurückgenommen werden. 817

Beispiel: Eine irrtümlich erteilte Baugenehmigung wird ausgenutzt, nach Errichtung des Baues wird sie zurückgenommen (*Fall 3*).

Der Vertrauensschutz als Bestandsschutz spielt also im Ergebnis (vermittelt durch die Ermessensprüfung) auch bei denjenigen VAen eine Rolle, die nicht unter § 48 Abs. 2 fallen und deshalb an sich zurückgenommen werden dürfen. Soweit diese VAe nicht „entschädigungsfähig" sind (Beispiel: Einbürgerung), wäre ihre Rücknahme als Ungleichbehandlung im Verhältnis zu den entschädigungsfähigen VAen verfassungsrechtlich bedenklich[12].

Probleme bereitet der Umgang mit Subventionen (Beihilfen), die gegen **europäisches Gemeinschaftsrecht** verstoßen. Die Rechtsprechung befindet sich hier in einem Dilemma: Einerseits ist die Bundesrepublik Deutschland europarechtlich verpflichtet, rechtswidrige Beihilfen zurückzufordern. Andererseits stehen für die Abwicklung nur die Rechtsinstitute des nationalen Verwaltungsrechts zur Verfügung. In dem Konflikt zwischen beidem hat der Europäische Gerichtshof immer wieder (z. B. EuGH, Slg. 1997 I-1591 – Alcan, Slg. 2002 I-11695) die Anwendung des europäischen Maßstabs und damit – vorsichtig ausgedrückt – die „Dehnung" des deutschen VwVfG angemahnt. Das BVerwG hat daher im Falle staatlicher Beihilfen, die gegen europäisches Gemeinschaftsrecht verstoßen, das Vertrauensschutzinteresse sehr stark zugunsten der Rücknahme rechtswidriger Verwaltungsakte zurückgedrängt (auch wenn keiner der Fälle des § 48 Abs. 2 Satz 3 vorliegt). Die gemein- 818

---

10 BVerwGE 74, 357, 364; 78, 139, 142 f.
11 BVerwGE 10, 12, 15; a. A. bei einem „Mitverschulden" E 74, 357, 364.
12 Zum Thema: *Kopp/Ramsauer,* VwVfG, § 48 Rn. 122 f.

schaftsrechtlich gebotene Rückforderung staatlicher Beihilfen dürfe nicht praktisch unmöglich gemacht werden (BVerwGE 92, 81, 85 f.). Dem Rücknahmeinteresse komme in diesen Fällen grundsätzlich größeres Gewicht zu als bei Geldleistungs-VAen, die nur gegen nationales Recht verstoßen (BVerwG a. a. O. und NVwZ 1995, 703, 706). Das bedeutet allerdings nicht, dass damit jeglicher Vertrauensschutz entfiele (BVerwGE 92, 81, 86; 95, 213, 226 ff.). In der zuletzt genannten Entscheidung schien sich das BVerwG wieder dem „klassischen" Schutzwürdigkeitsmaßstab zu nähern; doch verlangt das Gericht in der später erlassenen Entscheidung NVwZ 1995, 703, 706 als Voraussetzung von Vertrauensschutz „außergewöhnliche Umstände", sofern die Rechtswidrigkeit auf einem Verstoß gegen das in Art. 93 EGV vorgeschriebene Überwachungsverfahren beruht. Einem „sorgfältigen Wirtschaftsunternehmen" sei es regelmäßig möglich, sich zu vergewissern, ob die nationale Behörde das Überwachungsverfahren eingeleitet hat[13].

819 Im Sozialbereich sind VAe mit **Dauerwirkung** besonders geregelt: die Rücknahme ist in der Regel nur bis zum Ablauf von zwei Jahren seit der Bekanntgabe zulässig, § 45 Abs. 3 SGB X. Aber auch hier gibt es wiederum Ausnahmen, nämlich für die auf „anstößige" Weise zustande gekommenen Dauer-VAe, a. a. O. S. 2 und 3. Eine Zehn-Jahres-Frist beendet auch hier die Unsicherheit.

820 Zu beachten ist auch § 50 VwVfG: die rechtlichen Grenzen der Rücknehmbarkeit und die Ausgleichspflicht gelten nicht, wenn der rechtswidrige begünstigende VA von einem *Dritten* (z. B. dem durch die Begünstigung benachteiligten Nachbarn oder Konkurrenten) angefochten worden ist und die Behörde daraufhin im Widerspruchsverfahren oder vor dem Verwaltungsgericht den VA zur Beseitigung dieser „Drittbeschwernis" zurücknehmen will. Diese Vorschrift „ist in mehrfacher Hinsicht missglückt"[14]. Wichtig ist, dass § 48 Abs. 1 S. 1 anwendbar bleibt. Ein gewisser Vertrauensschutz ist trotz § 50 auch bei Drittanfechtung gegeben.

821 Erhebliche Auslegungsschwierigkeiten verursacht die **Rücknahmefrist gemäß § 48 Abs. 4 VwVfG** (s.a. § 45 Abs. 4 S. 2 SGB): „Erhält die Behörde von Tatsachen Kenntnis, welche die Rücknahme eines rechtswidrigen Verwaltungsaktes rechtfertigen, so ist die Rücknahme nur innerhalb eines Jahres seit dem Zeitpunkt der Kenntnisnahme zulässig" (Ausnahme: arglistige Täuschung, Drohung, Bestechung). Nach der Rechtsprechung[15] schützt die Jahresfrist den Begünstigten auch dann, wenn die Behörde zwar von zutreffenden Tatsachen ausgegangen ist, aber sich bei der Rechtsanwendung geirrt hat („Rechtsanwendungsfehler").

Nach einer Entscheidung des Großen Senats des BVerwG (E 70, 356)[16] beginnt die Frist erst zu laufen, wenn die Behörde alle für die Rücknahmeentscheidung relevanten Umstände einschließlich der Rechtswidrigkeit des VA kennt. Zweck der Jahresfrist sei es zu gewährleisten, dass die Behörde die Rechtslage innerhalb dieser Frist klarstelle, und zwar von dem Zeitpunkt an, an dem sie sich der Notwendigkeit einer Entscheidung bewusst wird und

---

13 Siehe auch *Dickersbach*, NVwZ 1996, 962, 968. Zum ganzen Themenbereich vgl. a. *Beckmann*, Die Rückforderung gemeinschaftswidriger staatlicher Beihilfen, Frankfurt/M. 1996. Nicht überzeugend: *Scholz*, DÖV 1998, 261; dagegen zu Recht *Winkler*, DÖV 1999, 148; vgl. a. BVerwG, NJW 1998, 3728, 3729 f.; BVerfG, NJW 2000, 2015 f.
14 *Meyer*, in: *Meyer/Borgs*, Rn. 1.
15 BVerwGE 66, 61; 70, 356.
16 Ebenso BVerwG, NVwZ 1986, 119.

2. Die Rücknahme rechtswidriger VAe nach dem Verwaltungsverfahrensrecht § 20

infolge vollständiger Kenntnis des Sachverhalts auch entscheiden kann. Das ist eine sehr fragwürdige Interpretation. Wie *Maurer*[17] ausführlich begründet, wird damit aus der „Bearbeitungsfrist" des § 48 Abs. 4 VwVfG eine „Entscheidungsfrist", was dem Zweck der Vorschrift widerspricht, die Rücknahme zeitlich zu begrenzen. Richtig ist vielmehr, dass die Frist beginnt, „wenn die Behörde erkennt, dass der VA aus tatsächlichen oder rechtlichen Gründen rechtswidrig ist und damit vor der Frage der Rücknahme steht."[18] Unzutreffend ist auch die Ansicht des BVerwG (a. a. O.), es komme auf die Kenntnis des innerbehördlich zuständigen Sachbearbeiters an. Die Behörde ist im Außenverhältnis als Einheit anzusehen[19].

Für die Verstöße gegen europäisches Beihilferecht gelten auch hier Besonderheiten. Der Europäische Gerichtshof (EuGH, Slg. 1997 I-1591, umgesetzt von BVerwGE 106, 328) hat gegen die rechtsstaatlichen Sicherungen des deutschen VwVfG und für die Funktionsfähigkeit der europäischen Rechtsordnung votiert. Lässt die nationale Behörde, die nach einer Entscheidung der Kommission der Europäischen Gemeinschaften verpflichtet ist, eine Beihilfe zurückzufordern, die Rücknahmefrist des § 48 Abs. 4 VwVfG verstreichen, so muss eine Rücknahme trotz Ablaufs der Frist erfolgen. Dies erscheint gerechtfertigt, da ein Vertrauensschutz hier von vornherein gar nicht bestehen kann. Mit der Entscheidung der Kommission über die Rechtswidrigkeit einer Beihilfe entsteht für die nationale Behörde die Verpflichtung ohne jeglichen Ermessensspielraum. Auch der Empfänger der Beihilfe musste somit spätestens mit der Entscheidung der Kommission jederzeit mit der Rückforderung rechnen. Hintergrund der Entscheidung ist offensichtlich auch, dass sich die nationalen Behörden oftmals mehr der Wahrung „nationaler" Interessen verpflichtet fühlen als der Einhaltung der europäischen Rechtsordnung. Der EuGH muss dies im Rahmen seiner Möglichkeiten verhindern.

Einer Rücknahme bedarf es gar nicht, wenn die ursprüngliche Regelung als **vorläufig** bezeichnet worden war; dann gilt auch kein Vertrauensschutz nach § 48 VwVfG (s. o. Rn. 694). Diese Fallgestaltung kommt z. B. bei schwierigen Subventionsberechnungen vor. So hatte das BVerwG über eine Beihilfe für die Verwendung von Magermilchpulver zu Futterzwecken zu entscheiden, die „vorbehaltlich des Ergebnisses der noch durchzuführenden Betriebsprüfung" erfolgt war; als sich daraus ein niedrigerer Betrag ergab, machte die subventionierte Firma geltend, der Bewilligungsbescheid dürfe nicht mehr aufgehoben werden, weil die Jahresfrist des § 48 Abs. 4 VwVfG abgelaufen sei – erfolglos, denn die „Aufhebung" des ersten Bescheides war in Wahrheit die vorbehaltene endgültige Entscheidung[20]; der erste Bescheid wurde dadurch ersetzt und im Sinne von § 43 Abs. 2 VwVfG „erledigt"[21].

822

e) Abwicklung

Die Art und Weise der Abwicklung wird relevant,
— soweit die Rücknahme eines VA im Sinne von § 48 Abs. 2 VwVfG (Geldleistung oder teilbare Sachleistung) zulässig ist oder
— wenn ein VA anderer Art, weil rechtswidrig, zurückgenommen wird.

823

---

17 Allg. VwR, § 11 Rn. 35a.
18 *Maurer,* § 11 Rn. 35a.
19 So ebenfalls *Maurer,* a. a. O.
20 BVerwGE 67, 99, 103 f.
21 Vgl. a. *Maurer,* § 9 Rn. 63b.

824 Da im ersten Fall der Vertrauensschutz schon geprüft und verneint worden ist (sonst wäre die Rücknahme unzulässig), ist hier eine volle Rückabwicklung des durch den VA begründeten Verwaltungsrechtsverhältnisses geboten (§ 48 Abs. 2 S. 4). Die Behörde soll sogleich mit der Rücknahme des VA festsetzen, welche Leistungen der Begünstigte zu erbringen hat. Dabei hat sie sich nach §§ 812 ff. BGB zu richten, vgl. § 49a Abs. 2 S. 1 VwVfG. Der Begünstigte kann sich nicht darauf berufen, seine Bereicherung sei „weggefallen", er habe also nichts mehr zu erstatten (wie sonst nach § 820 BGB), soweit er die Umstände kannte oder infolge grober Fahrlässigkeit nicht kannte, die den VA rechtswidrig gemacht haben, § 49a Abs. 2 S. 2 VwVfG.

825 Bei der zweiten Fallgruppe ist die Vertrauensschutz-Erwägung erst im *Anschluss an die Rücknahmeverfügung* vorzunehmen (§ 48 Abs. 3 S. 1 und 2). Der *Vertrauensschutz durch Vermögensschutz* folgt also der Prüfung nach, ob Vertrauensschutz durch Bestandsschutz zu gewähren ist[22]. Hier muss ein Vermögensausgleich erfolgen, „jedoch nicht über den Betrag des Interesses hinaus, das der Betroffene an dem Bestand des Verwaltungsaktes hat" (S. 3), das heißt: der Begünstigte, der z. B. auf den Fortbestand einer Baugenehmigung gerechtfertigt vertraut hatte und in diesem Vertrauen schutzwürdig ist, darf nicht nach der zulässigen Rücknahme der Genehmigung besser gestellt werden als wenn die Genehmigung fortbestünde; er kann also zwar seine Investitionen ersetzt verlangen, wenn das Haus abgerissen wird, aber nicht den Wertzuwachs des Grundstücks bei planmäßiger Bebauung.

826 Die Erstattung zu Unrecht erbrachter Leistungen der Sozialleistungsträger ist in § 50 SGB X angeordnet. Auch die Rückzahlung zu Unrecht erhaltener Beiträge ist geboten, § 26 SGB IV.

Vorschüsse auf Sozialleistungen sind auf die endgültige Festsetzung anzurechnen, Überzahlungen zu erstatten (§ 42 SGB I)[23]. Man kann das auch so konstruieren, dass mit der Zahlung konkludent ein vorläufiger VA erlassen werde[24].

827 § 48 Abs. 6 VwVfG bestimmte in der Vergangenheit ausdrücklich, dass der Ausgleichsanspruch im Verwaltungsrechtsweg geltend zu machen sei, soweit es sich nicht um einen Anspruch wegen enteignungsgleichen Eingriffs handelte. Dies ist durch Gesetz vom 2. 5. 1996[25] aufgehoben worden. Welcher Rechtsweg zu beschreiten ist, richtet sich nun nach den allgemeinen Regeln; diese führen bei der Rücknahme rechtswidriger Verwaltungsakte ebenfalls auf den Verwaltungsrechtsweg, da es sich um einen Unterfall des Folgenbeseitigungsanspruchs und allenfalls ganz ausnahmsweise um eine Entschädigung wegen Aufopferung oder Enteignung handelt[26]. Der frühere § 48 Abs. 6 hatte nach richtiger Ansicht also nur klarstellenden Charakter; eben deshalb ist er gestrichen worden.

---

22 *Sachs* in: *Stelkens/Bonk/Sachs*, § 48 Rn. 183 ff.
23 Vgl. a. BVerfGE 59, 128, 152, 164 f.
24 Vgl. BSG, NVwZ 1987, 929 und DVBl. 1990, 215 f.
25 BGBl. I S. 656.
26 *Meyer*, in: *Knack*, VwVfG, § 48 Rn. 117.

3. Widerruf rechtmäßiger Verwaltungsakte

Entsprechend den oben (zu 1.) skizzierten Grundsätzen gestattet § 49 VwVfG die nachträgliche Aufhebung, den „Widerruf" rechtmäßiger VAe für die Zukunft und unter den Voraussetzungen des Abs. 3 auch für die Vergangenheit. Die Regelungen für die Sozial- und die Finanzverwaltung finden sich in §§ 46 f. SGB X sowie § 131 AO.

828

a) Belastende Verwaltungsakte

Belastende (genauer: nicht begünstigende) rechtmäßige VAe können widerrufen werden; die Verwaltung ist nicht gehalten, ihre einmal erlassenen VAe unter allen Umständen bestehen zu lassen. Allerdings kann das Ermessen unter dem Gesichtspunkt des Gleichheitssatzes eingeschränkt sein. Grundsätzlich ist von einem Ermessensspielraum der Behörde auszugehen[27]. So braucht sie einen belastenden VA nicht schon deshalb zu widerrufen, weil sie ihre Rechtsmeinung ändert und nach der neuen Ansicht die Rechtmäßigkeit wegfiele oder zweifelhaft würde.

829

Das Ermessen kann aber, wie auch sonst (Rn. 598 f.), auf Null reduziert sein; dies nimmt die Rechtsprechung bei einer Veränderung der Verhältnisse zum Vorteil des Betroffenen an, wenn der belastende VA grundrechtseinschränkend ist – in diesen Fällen soll der Widerruf geboten sein (BVerfGE 28, 202, 204; 39, 197, 202; 84, 292, 298 f.). Auf diese Weise kann freilich fast immer eine Widerrufspflicht begründet werden; denn Belastungen schränken regelmäßig Grundrechte ein, und sei es die allgemeine Handlungsfreiheit des Art. 2 Abs. 1 GG. Der Pflicht der Behörde korrespondiert dann auch ein subjektives öffentliches Recht des Adressaten des belastenden (Ausgangs)VA.

VwVfG, SGB und AO **verbieten** den Widerruf jedoch für den Fall, dass anstelle des zu widerrufenden rechtmäßigen belastenden VA ein neuer gleichen Inhalts erlassen werden müsste (z. B. weil der Adressat die öffentliche Sicherheit oder Ordnung weiter stört oder ein Dritter Anspruch darauf hat, dass der Adressat durch einen belastenden VA „in seine Schranken verwiesen" wird).

830

Wenn darüber hinaus der Vorbehalt gemacht wird, dass ein Widerruf auch **„aus anderen Gründen unzulässig"** sein kann, so ist offenbar an Ermessensfehler gedacht.

Das Ermessen bezieht sich auch auf den *Umfang* des Widerrufs (teilweise/ganz). Rückwirkung ist jedoch nach Abs. 1 ausgeschlossen! Wie der Betroffene auf eine Änderung drängen kann, dazu unten Rn. 837 f. (§ 51 VwVfG).

b) Begünstigende Verwaltungsakte

Auch der rechtmäßige *begünstigende* VA ist nicht für alle Zeiten in seinem Bestand gesichert. § 49 Abs. 2 VwVfG lässt den Widerruf – freilich nur mit Wirkung für die Zukunft – in zwei Fallgruppen zu:

831

---

27 BVerwGE 11, 124; 15, 155; 28, 122.

- wenn von vornherein dafür **vorgesorgt war, dass kein Vertrauen in den dauernden** Bestand des VA entstehen konnte, nämlich

  „1. wenn der Widerruf durch Rechtsvorschrift zugelassen oder im VA selbst vorbehalten war" (häufiger Fall: straßen- und wasserrechtliche Sondernutzungserlaubnisse),

  „2. wenn mit dem VA eine Auflage verbunden war und der Begünstigte diese nicht oder nicht fristgerecht erfüllt hat"[28];

- wenn das nachträgliche Abrücken von rechtmäßigen Begünstigungen durch **Gründe des öffentlichen Interesses** gerechtfertigt erscheint, insbesondere bei **nachträglicher Änderung von Tatsachen oder Rechtslage,** nämlich:

  „3. wenn die Behörde aufgrund nachträglich eingetretener Tatsachen berechtigt wäre, den VA nicht zu erlassen, und wenn ohne den Widerruf das öffentliche Interesse gefährdet würde";

  „4. wenn die Behörde aufgrund einer geänderten Rechtsvorschrift berechtigt wäre, den VA nicht zu erlassen, soweit der Begünstigte von der Ermächtigung noch keinen Gebrauch gemacht oder aufgrund des VA noch keine Leistungen empfangen hat, und wenn ohne den Widerruf das öffentliche Interesse gefährdet würde";

  „5. um schwere Nachteile für das Gemeinwohl zu verhüten oder zu beseitigen".

832 In der ersten Fallgruppe ist umstritten, ob die Rechtmäßigkeit des Widerrufs auch davon abhängt, ob der im Ausgangs-VA vorbehaltene Widerruf oder die mit ihm verbundene Auflage *rechtmäßig* war. Einerseits kann und muss von dem Betroffenen erwartet werden, dass er gegen eine rechtswidrige Nebenbestimmung rechtzeitig Rechtsschutz sucht, sonst erwächst diese in Bestandskraft[29]; andererseits kann die Verwaltung ihre Eingriffsbefugnisse gegenüber den Bürgern nicht durch rechtswidriges Handeln erweitern[30]. Jedenfalls ist es kaum vorstellbar, dass ein Widerruf ermessensfehlerfrei sein könnte, wenn der Widerrufsvorbehalt oder die Auflage erkannt oder offensichtlich rechtswidrig war.

833 In der zweiten Fallgruppe ist wie in Nr. 4 mit Recht wiederum der Vertrauenstatbestand berücksichtigt, dass der Begünstigte sich bereits auf den VA eingestellt hat. Ohnehin kann der Widerruf bei gleich bleibenden tatsächlichen und rechtlichen Verhältnissen nicht damit begründet werden, nachträgliche Überlegungen hätten die Behörde zu einer *anderen Bewertung* veranlasst[31].

834 Durchweg ist dem öffentlichen Interesse ein hoher Rang eingeräumt; schon seine „Gefährdung" reicht nach Nr. 3 und 4 zusammen mit den dort bezeichneten weiteren Voraussetzungen für den Widerruf aus; in Nr. 5 wird sogar ausschließlich auf das öffentliche Interesse (Gemeinwohl) abgestellt – ein nicht unbedenkliches Notstandsrecht der Behörden. SGB X (§§ 47, 48) und AO (§ 131 Abs. 2) bewerten das öffentliche Interesse nicht ebenso hoch.

Ein gewisses Maß an Rechtssicherheit schafft die Verweisung auf § 48 Abs. 4 (Jahresfrist). S. dazu oben Rn. 821.

---

28 Vgl. BVerwG, NVwZ 1987, 498.
29 Siehe auch *Kopp*, VwVfG, § 49 Rn. 30 f., vgl. BVerwG, NVwZ 1987, 498, 499; VGH Mannheim, NVwZ 1990, 482.
30 Vgl. zum Widerrufsvorbehalt *Weides*, JuS 1985, 364, 367; zur Auflage *Schenke*, DÖV 1983, 320, 326.
31 BVerwG, DVBl. 1994, 588; BVerwGE 112, 80, 86.

Entsprechend dem Prinzip „Dulde und liquidiere" (s. oben Rn. 486) hat der Betroffene Anspruch auf Ersatz des Vertrauensinteresses (hier übrigens – anders als bei § 48 – im Zivilrechtsweg, vgl. § 49 Abs. 6 S. 3).

Auf *rechtswidrige* VAe findet § 49 VwVfG entsprechende Anwendung; denn die an sich weniger „sicheren" rechtswidrigen VAe können „erst recht" aufgehoben werden, wenn schon die rechtmäßigen VAe einer nachträglichen Entwicklung nicht standhalten. Rechtswidrige VAe können also zurückgenommen oder widerrufen werden[32].

835

c) Sonderregelung für Verwaltungsakte zur Gewährung von Geld- oder teilbaren Sachleistungen

Die Vorschrift des § 49 Abs. 3 VwVfG erlaubt den Widerruf bestimmter Verwaltungsakte auch für die Vergangenheit[33]. Damit ist die frühere Vorschrift des § 44a BHO (mit nur unwesentlichen Änderungen) in das VwVfG übernommen worden (weitere Teile der BHO-Vorschrift finden sich jetzt in § 49a VwVfG). Der Tatbestand knüpft an die *Zweckverfehlung* und das *Zuwiderhandeln gegen eine Auflage* an. Der widerrufbare Verwaltungsakt muss eine einmalige oder laufende Geldleistung oder teilbare Sachleistung zur Erfüllung eines bestimmten Zweckes gewährt haben oder hierfür Voraussetzung sein. In diesen Formulierungen wird deutlich, dass es hier im Kern um Subventionen geht. Wird eine entsprechende Leistung nicht oder nicht rechtzeitig für den vorgesehenen Zweck verwendet oder eine mit der Bewilligung verbundene Auflage nicht oder nicht rechtzeitig erfüllt, so wiegt das öffentliche Interesse an einem Widerruf stärker als das Individualinteresse am Bestand der Zuwendung. Der Widerruf muss rückwirkend sein, damit der Rechtsgrund für die Leistung von Anfang an entfällt und somit nach bereicherungsrechtlichen Grundsätzen (vgl. § 49a Abs. 2) die Rückforderung begründet ist. Mit dieser Vorschrift erübrigen sich problematische Ansätze in der früheren Rechtsprechung, die dasselbe Ergebnis auf anderen Wegen angestrebt hatten[34]. – Die Parallelvorschrift des § 47 Abs. 2 SGB X sieht Vertrauensschutz vor, § 49 Abs. 3 VwVfG nicht!

836

4. Neueröffnung des Verfahrens

Um eine nachträgliche Aufhebung eines unanfechtbar gewordenen belastenden VA auch dann zu erreichen, wenn die Behörde von sich aus den VA nicht zurücknehmen oder widerrufen will, bietet das VwVfG in § 51 jedenfalls einen Verfahrensweg an.

837

Zur Beschreibung der *Ausgangslage* sei daran erinnert, dass die Behörde keineswegs verpflichtet ist, rechtswidrige belastende VAe zurückzunehmen, die nicht an

---
32 BVerwGE 112, 80, 86.
33 Dazu *Baumeister,* NVwZ 1997, 19.
34 BVerwG, NVwZ 1984, 36, 37 f.; *Dickersbach,* NVwZ 1996, 962, 966.

„qualifizierten" Fehlern leiden, dass die Rücknahme hier vielmehr im Ermessen der Behörde liegt (s. o. Rn. 804 ff.).

838 Bei *rechtmäßigen* belastenden VAen drängt das Gesetz die Behörde erst recht nicht zum Widerruf (s. o. Rn. 829). Aber für bestimmte Fälle räumt es dem Betroffenen das **subjektive prozessuale Recht auf Entscheidung über die Aufhebung oder Änderung eines unanfechtbaren Verwaltungsaktes** ein, nämlich wenn sich die Sach-, Rechts- oder Beweislage zugunsten des Betroffenen geändert hat. Einzelheiten sind § 51 Abs. 1 Nr. 1-3 VwVfG zu entnehmen (wobei Nr. 3 – Wiederaufnahmegründe entsprechend § 580 ZPO – im Wesentlichen ein konkretisierter Unterfall von Nr. 1 ist). Wohlgemerkt, der Anspruch geht auf **„Neubescheidung"** bzw. einen **„Zweitbescheid",** nicht auf Änderung zugunsten des Betroffenen – das wird durch § 51 Abs. 5 nochmals betont –, aber der Betroffene hat die Chance, dass der ihn belastende VA in dem dadurch neu eröffneten Verwaltungsverfahren aufgehoben oder geändert wird.

Zu bedenken ist auch, dass eine Änderung der Rechtsprechung keine „Änderung der Rechtslage" i. S. v. § 51 Abs. 1 VwVfG bedeutet (BVerwG, NVwZ 1989, 161).

Zu den Ausgangsfällen:

839 1. Die Behörde muss die Entziehung der Gaststättenerlaubnis zurücknehmen, da sie rechtswidrig war und es keinen sachlich gerechtfertigten Grund gibt, es etwa trotzdem bei der Entziehung zu belassen. Falls die Behörde nicht von sich aus aktiv wird, kann G das Wiederaufgreifen des Verfahrens beantragen, § 51 Abs. 1 Nr. 2 VwVfG.

2. Die Rücknahme der Zulassung ist nach § 48 Abs. 1 S. 2 VwVfG nach pflichtgemäßem Ermessen zulässig. § 48 Abs. 2 ist nicht einschlägig, und der Ausgleich etwa erlittener Vermögensnachteile hilft dem S nicht, sein begonnenes Studium abzuschließen. Die nachträgliche „Aussperrung" beruht aber auf einem Ermessensfehlgebrauch infolge unzureichender Interessenabwägung, da der ursprüngliche Fehler von der Zulassungsstelle hätte bemerkt werden müssen und S sich bereits im fünften Semester befindet, also schon weit fortgeschritten ist. Vgl. oben Rn. 817. Die Rücknahme der Zulassung ist außerdem deshalb unzulässig, weil die Frist nach § 48 Abs. 4 VwVfG abgelaufen ist. Nach der Gegenmeinung ist die Jahresfrist allerdings noch nicht abgelaufen, weil die innerhalb der Universität zuständige Stelle erst vor acht Monaten von der Mitteilung der früheren Freundin erfahren hat; u. E. kommt es jedoch auf die Kenntnis der Behörde „Universitätsverwaltung" als ganzer an, die hier weitere fünf Monate zurückliegt.

3. Die Baugenehmigung ist rechtswidrig und kann daher nach § 48 Abs. 1 Satz 1 VwVfG nach pflichtgemäßen Ermessen zurückgenommen werden („Widerruf" ist hier der falsche Begriff! S. aber auch Rn. 835!). Da es sich um einen begünstigenden Verwaltungsakt handelt, der nicht auf eine Geld- oder teilbare Sachleistung gerichtet ist, verweist § 48 Abs. 1 Satz 2 weiter auf Abs. 3 der Vorschrift. R hat in schutzwürdiger Weise auf den Bestand des VA vertraut und hat deshalb Anspruch auf Vermögensausgleich. Ausnahmsweise kommt im Rahmen der Ermessensüberprüfung aber auch die Aufrechterhaltung der Baugenehmigung in Betracht, etwa

wenn die Belastung des R durch die Rücknahme unverhältnismäßig hart wäre (auf Vertrauensschutz kommt es in diesem Zusammenhang, bei der Prüfung nach Abs. 1 Satz 1, nicht an, da hierfür der Vermögensausgleich vorgesehen ist). Die Fristsetzung von zwei Wochen für den Abriss des Hauses verstößt auf jeden Fall gegen den Verhältnismäßigkeitsgrundsatz.

4. Z hat einen Anspruch auf ermessensfehlerfreie Prüfung seines Antrages, die Sache wieder aufzugreifen, § 51 VwVfG. Das BVerfG hat – vor Erlass des VwVfG – entschieden, dass die Behörde sich ohne Ermessensfehler auf die Unanfechtbarkeit des früheren Bescheides berufen durfte. Es liege auch kein Zweitbescheid vor, der seinerseits anfechtbar wäre, denn die Behörde hatte auf den neuen Antrag hin nur formlos eben die Bestandskraft ihres früheren Bescheides geltend gemacht (BVerwGE 44, 333; siehe auch BVerwG und VG Berlin, NJW 1981, 2595, sowie *Schwabe*, JZ 1985, 545). Z muss also einen neuen Antrag stellen (für die Zukunft).

5. Die Voraussetzungen der Stundung (§ 222 AO) sind nach dem Lottogewinn nicht mehr erfüllt. Das Finanzamt kann daher den Stundungsbescheid nach § 131 Abs. 2 Nr. 3 AO widerrufen.

6. Auf den Ablauf der Frist gemäß § 48 Abs. 4 VwVfG kann sich das Land nicht berufen. Es ist vielmehr europarechtlich verpflichtet, die Subvention von U zurückzufordern. Aus europarechtlicher Sicht ist das schon deswegen zwingend, weil ansonsten jeder Mitgliedstaat die Erfüllung seiner Verpflichtungen aus dem EGV hintertreiben könnte. Dies ist deswegen für die Mitgliedstaaten „verlockend", weil die mit der Subvention verfolgten Zwecke oftmals große Bedeutung für sie haben, so dass ihnen die Einhaltung des Europarechts „lästig" erscheinen muss. Zu rechtfertigen ist die Unbeachtlichkeit der Frist im konkreten Fall deswegen, weil der Unternehmer kein schutzwürdiges Vertrauen entwickeln konnte, musste ihm die Rechtswidrigkeit der Beihilfe doch bewusst sein (BVerwGE 106, 328). Vgl. Rn. 821.

7. Die Subvention ist von dem Theater zweckwidrig verwendet worden. Darin liegt ein Widerrufsgrund nach § 49 Abs. 3 VwVfG. Wenn die Behörde in diesem Fall die Bewilligung widerruft und die Summe zurückfordert, ist ein Ermessensfehler schwer vorstellbar.

§ 21 Öffentlich-rechtliche Verträge

Ausgangsfälle:
1. a) Die reiche Gemeinde G verkauft der armen Nachbargemeinde N ihre alten Computer.
   b) Die Nachbargemeinden G und N vereinbaren, die Gemeindestraße, die durch beide Gemeinden führt, regelmäßig zu erneuern und die Bauarbeiten zeitlich aufeinander abzustimmen.
   Handelt es sich um öffentlich-rechtliche Verträge?
2. Nach der Landesbauordnung des Landes L werden Baugenehmigungen nur erteilt, wenn eine ausreichende Zahl von Parkplätzen zur Verfügung gestellt wird. Von dieser Verpflichtung kann die Baugenehmigungsbehörde Ausnahmen vorsehen (Dispens). B will ein großes Bürogebäude errichten, kann aber nach der Gestalt des Grundstücks nicht genug Parkplätze bereitstellen.
   a) Die Behörde verpflichtet sich in einem Vertrag mit B, diesem den Dispens zu erteilen, wenn er einen bestimmten Beitrag für ein in der Nähe zu errichtendes Parkhaus leistet.
   b) Variation: B hat nach dem Vertrag das Parkhaus selbst zu errichten. Bei einer schweren Flut wird das bereits fertig gestellte Parkhaus vollständig zerstört. Muss er es auf eigene Kosten neu errichten lassen?
3. a) Die Stadt S will eine neue Wohnsiedlung errichten. Dafür ist ein geeignetes Gebiet vorhanden, aber es fehlt an Geld für die Erschließung und die Folgelasten (erhöhter Bedarf an Schulen, Kindergärten, Sportplätzen, Krankenhausbetten usw.). Sie schließt daher mit der Wohnungsgesellschaft „Schöne Stadt" einen Vertrag, in dem die Gesellschaft sich verpflichtet, die Erschließung des Siedlungsgebietes vorzunehmen (§ 124 Abs. 1 BauGB). In einem zweiten Vertrag verpflichtet sich die Gesellschaft, der Stadt für die kommunalen Folgeeinrichtungen je Wohnungseinheit 1500 Euro zu zahlen. Die Gemeinde verspricht, das Bauvorhaben der Gesellschaft im Rahmen ihrer Zuständigkeit für baurechtliche Entscheidungen zu unterstützen. Ist dieser Vertrag gültig?
   b) Wie eben, jedoch mit der Variation, dass die Baugesellschaft eine Spende von drei Millionen Euro zur Errichtung einer repräsentativen Festhalle verspricht.
4. G ist schwer alkoholkrank. Er erklärt sich bereit, ein seit langem leer stehendes und als „Schandfleck" empfundenes Gebäude instand zu setzen. Zur Bedingung macht er, dass ihm die Stadtverwaltung eine Erlaubnis erteilt, in dem Haus eine Gaststätte zu betreiben. Diese Erlaubnis war ihm bisher unter Hinweis auf seine Alkoholkrankheit versagt worden. Die Stadt ist nunmehr aber einverstanden. Man schließt daher einen Vertrag des gewünschten Inhalts. Ist er gültig?
5. Ein Industrieunternehmen betrieb zwei Heizkessel mit schwerem Heizöl. Nach den einschlägigen Vorschriften („TA-Luft") musste es ab 1991 bestimmte Emissionsgrenzwerte einhalten, die nicht sehr streng sind. Das zuständige Regierungspräsidium wollte erreichen, dass das Unternehmen seinen Betrieb auf den umwelt-

günstigeren Brennstoff Gas oder wenigstens auf leichtes Heizöl umstellte; dafür gelten wesentlich strengere Beschränkungen. Im Gegenzug war die Behörde bereit, den Betrieb eines der beiden Heizkessel bis 1992 zu dulden. Im Ergebnis hätte sich dann eine Reduzierung der Schadstoffemission um die Hälfte erzielen lassen, verglichen mit der vollen Durchsetzung der Vorschriften beim schweren Heizöl. Wäre es zulässig gewesen, die Umstellung auf den anderen Brennstoff im Austausch gegen die Duldung des einen Kessels über die Frist hinaus vertraglich zu vereinbaren?

6. *Die Gaststättengenehmigung des Nachtclub-Besitzers N ist mit der Begründung widerrufen worden, er habe den Betrieb ohne Erlaubnis durch einen Stellvertreter führen lassen. Als sich im Prozess beim ersten Beweistermin nicht hinreichend aufklären lässt, ob das zutrifft, wollen die Behörde und N einen Vergleich dahin abschließen, dass die Behörde den Widerruf zurücknehme und N sich verpflichtet, in regelmäßigen Abständen unter Vorlage eines Dienstplans über die Führung des Nachtclubs zu berichten. Der Richter hat Bedenken gegen einen solchen Vergleich.*

7. *Bei einer Betriebsprüfung in einem kleinen Schifffahrtsbetrieb wurde festgestellt, dass die Buchführung unzureichend war und daher keine Beweiskraft für die Besteuerung hatte. Die Betriebseinnahmen waren daher zu schätzen. Über die Schätzung des Finanzamts entstand Streit. Auf Anregung des Finanzgerichts verständigten sich das Finanzamt und der Steuerpflichtige schließlich auf eine bestimmte Summe, die als Einnahmen zugrundegelegt werden sollte. Im weiteren Verfahren meinte das Finanzamt aber, über Steuerschulden könne es keine Vereinbarungen geben, und wollte eine höhere Einnahmesumme annehmen. War das noch zulässig?*

(Lösungshinweise in Rn. 879)

1. Die Zulässigkeit der Vertragsform im Staat/Bürger-Verhältnis (Abschlussfreiheit, Formwahlfreiheit)

Verträge, die der Staat (oder eine seiner Untereinheiten) mit Bürgern schließt, **840** galten der Verwaltungsrechtslehre lange als verdächtig. Weil der Staat immer einseitig zu befehlen habe, hielt *Otto Mayer* verwaltungsrechtliche Verträge für unzulässig[1], und **Vorbehalte gegen diese Handlungsform** wurden von vielen selbst dann noch vorgebracht, als sie in der Praxis schon durchaus häufig war. In den letzten Jahren vor Erlass des VwVfG war die Auffassung verbreitet, die Vertragsform könne gewählt werden, wenn dafür (für diese Form) eine gesetzliche Ermächtigung gegeben sei. Das BVerwG hat diese Lehre mit überzeugenden Gründen abgelehnt[2]. Der Abschluss eines Vertrages ist kein Eingriff in die Rechtssphäre des beteiligten Bürgers, allenfalls kann der Vertrag solche Eingriffe vorsehen, aber wenn dies be-

---
1 JöR 3, 1.
2 Vgl. BVerwGE 42, 331 (335) – nachlesen!

§ 21 Öffentlich-rechtliche Verträge

hauptet wird, ist deren Rechtmäßigkeit zu prüfen. Sie kann durch die in dem Vertrag ausgesprochene Einwilligung des Betroffenen oder durch eine schon vorher bestehende, in dem Vertrag konkretisierte oder für den besonderen Fall modifizierte gesetzliche Grundlage begründet sein.

841 Allerdings ist die *Gleichordnung* von Staat und Bürger, die im Vertragsschluss zum Ausdruck zu kommen scheint, in Wahrheit *oft nur eine scheinbare* – die eine wie die andere Seite kann überlegen sein und diese Überlegenheit durch den Vertragsschluss zusätzlich sichern. Der Staat darf jedenfalls nicht mit dem Bürger über die Durchsetzung der geltenden Gesetze verhandeln; **die Vertragsform** kommt daher nur in Betracht, **soweit das Gesetz einen Dispositionsspielraum eröffnet.** Dies ist insbesondere der Fall, wenn die Verwaltung zum Handeln nach **Ermessen** befugt ist. Hier kann die Vereinbarung mit dem Bürger auch dazu dienen, die Voraussetzungen für eine ihm günstige oder im Allgemeininteresse liegende Verwaltungsentscheidung zu schaffen (z. B. indem der Bürger verspricht, den Zweck einer gesetzlichen Bestimmung durch eigene Leistung zu unterstützen: Parkhaus-Beteiligung statt Stellplatzbau, s. a. *Fall 2*). Ein Dispositionsspielraum besteht ferner, wenn Ungewissheit über die Sach- oder Rechtslage herrscht.

Heute sind öffentlich-rechtliche Verträge nicht mehr selten. Der Vorteil der Vertragsform liegt darin, dass sie „maßgeschneiderte" Lösungen für atypische und komplexe Fälle erleichtert und es ermöglicht, die besonderen Kenntnisse, Erfahrungen und Interessen der Bürger stärker als bei einseitigem Verwaltungshandeln zu nutzen und damit die Akzeptanz und Befolgungsbereitschaft zu erhöhen. Andererseits mag es nicht unbedenklich sein, wenn bestimmte Verwaltungsverträge durch zunehmende Verbreitung *typisiert* werden, also wie Musterregelungen ohne Anpassung an die konkrete Konstellation benutzt werden[3]. Problematisch ist dabei und auch sonst vor allem, ob die Gesetzmäßigkeit der Verwaltung noch gewährleistet ist (s. u. Rn. 859 ff.)[4].

842 Das VwVfG hat die Zulässigkeit verwaltungsrechtlicher Verträge generell bejaht. Nach § 54 S. 1 VwVfG kann ein Rechtsverhältnis auf dem Gebiet des öffentlichen Rechts durch Vertrag begründet, geändert oder aufgehoben werden, „soweit Rechtsvorschriften nicht entgegenstehen". S. 2 fügt erläuternd hinzu: „Insbesondere kann die Behörde, anstatt einen Verwaltungsakt zu erlassen, einen öffentlich-rechtlichen Vertrag mit demjenigen schließen, an den sie sonst den Verwaltungsakt richten würde" (sog. subordinationsrechtlicher Vertrag, s. u. Rn. 849). Im BauGB (§ 11) ist der „städtebauliche Vertrag" ausdrücklich zugelassen (und im Einzelnen geregelt).

843 Die Verwaltung hat also insoweit die „Freiheit" zum Vertrags*abschluss*, die **Formwahlfreiheit**[5]. Mit dieser Entscheidung wollte der Gesetzgeber nicht nur „eine gegenüber dem hergebrachten Verwaltungshandeln aufgelockerte und elastischere Gestaltung der Verhältnisse des Einzelfalls" fördern, sondern auch deutlich ma-

---

3 *Maurer*, § 14 Rn. 24.
4 Kritisch zur Eignung der Vertragsform für die hoheitliche Verwaltung äußert sich auch *Bullinger* in seiner nach wie vor lesenswerten Schrift: Vertrag und Verwaltungsakt, 1962.
5 *Göldner*, JZ 1976, 354.

chen, dass der Bürger nicht mehr bloß „Verwaltungsobjekt" ist[6]. Vor dem Bundesgesetzgeber hatte bereits Schleswig-Holstein in § 121 seines Landes-Verwaltungsgesetzes dieselbe Entscheidung getroffen.

Zu beachten ist zweierlei: **844**
- Die **Vertragsform** kann durch spezielle Rechtsvorschriften **ausgeschlossen** sein (z. B.: Beamternennung, § 5 Abs. 2 BRRG; Einbürgerung, § 16 StAG). Steuern werden nach § 155 Abs. 1 AO durch Steuerbescheid festgesetzt; damit scheidet eine vertragliche Festsetzung aus. Über Sozialleistungen darf ein öffentlich-rechtlicher Vertrag nur geschlossen werden, soweit die Erbringung der Leistung im Ermessen des Leistungsträgers steht (§ 53 Abs. 2 SGB X).
- Der **Inhalt** des Vertrages ist den Beteiligten keineswegs freigestellt. Hier gelten vielmehr zahlreiche gesetzliche Einschränkungen (dazu unten Rn. 859 ff.).

Es handelt sich nicht um „Privatautonomie" des Staates, sondern das Rechtsinstitut „Vertrag" ist als ein inhaltlich gebundenes Instrument zur Erfüllung der Verwaltungsaufgaben zugelassen[7]. Der öffentlich-rechtliche Vertrag steht zwischen den Handlungsformen des VA und des informellen Verwaltungshandelns. Er stellt kooperatives Staatshandeln dar und kann insofern zur rechtsverbindlichen Regelung (VA) einerseits, zum bloß abgestimmten (konsensualen) Handeln andererseits abgegrenzt werden (vgl. die Ausführungen zum informellen Verwaltungshandeln in Rn. 156 und 258).

2. Fälle vertraglichen Verwaltungshandelns im Verhältnis Staat/Bürger

Tatsächlich werden heute – und nicht erst seit den ausdrücklichen Zulassungsnormen der Verwaltungsverfahrensgesetze – in vielen Gebieten der öffentlichen Verwaltung Verträge abgeschlossen. Nicht nur dass in Verwaltungsgerichtsverfahren Vergleiche abgeschlossen werden (*Ausgangsfall 6* und unten Rn. 866) – der Vertrag ist auch sonst ein Mittel der Verwaltung, schwierige Aufgaben „elegant" zu bewältigen. Er bewährt sich insbesondere dort, wo die Sach- und Rechtslage nicht eindeutig ist und wo die im Gesetz vorgesehenen Rechtsfolgen den Besonderheiten des Einzelfalls nicht hinreichend gerecht werden, z. B. wenn über die Höhe von Entschädigungsleistungen gestritten wird. Viele Wiedergutmachungssachen sind durch Vertrag abgeschlossen worden[8]. Vor allem im kommunalen Bereich werden aber auch zahlreiche öffentlich-rechtliche Verträge in Routineangelegenheiten abgeschlossen, so insbesondere auf den Gebieten des *Anliegerrechts, des Wege- und Wegereinigungsrechts und des Baurechts*[9]. Im Fachplanungs- und Umweltrecht ist **845**

---

6 Begründung zum Entwurf des VwVfG, BT-Drs. 7/910, S. 78 unter Berufung auf BVerwGE 23, 213, 216; vgl. a. *Henke*, JZ 1984, 441 ff.
7 *Göldner*, JZ 1976, 358.
8 Angaben in der Begründung zum VwVfG S. 77.
9 Auch dazu Angaben a. a. O., ferner *Maurer*, in: *Hill* (Hrsg.), Verwaltungshandeln durch Verträge und Absprachen, 1990, S. 29 f.; *Schmidt-Eichstädt*, DÖV 1995, 95 f; *Grziwotz*, NVwZ 1996, 637. Ein interessanter Fall: BVerwGE 104, 353 ff. (öffentlich-rechtlicher Vertrag zur Sicherung von Naturschutzmaßnahmen zur Kompensation planungsrechtlicher Eingriffe).

die Vertragsform gleichfalls im Vordringen. Früher beliebt waren *Ausbildungsförderungsverträge*[10]. Weitere Beispiele aus dem Bildungsbereich: die Begründung des Doktorandenverhältnisses; Berufungsvereinbarungen.

846 **Steuervereinbarungen** kommen ebenfalls vor, sind aber sehr bedenklich[11]. Die AO nimmt von den Willenserklärungen Privater noch keine Notiz, obwohl auch im Steuerrecht die Mitwirkung Privater an öffentlich-rechtlichen Rechtsverhältnissen inzwischen an der Tagesordnung ist. Zulässig ist eine „tatsächliche Verständigung" über schwer zu ermittelnde Sachverhalte (nicht über Steueransprüche), auch über Wertverluste u. Ä. (*Ausgangsfall 7*). Der BFH unterscheidet sie aber von einem öffentlich-rechtlichen Vertrag und sieht „ihre Grundlage in dem bestehenden, konkreten Steuerrechtsverhältnis zwischen dem Finanzamt und dem Steuerpflichtigen" (BFHE 181, 103, 106). – Einen Sonderfall bildet der öffentlich-rechtliche Vertrag nach § 224 a AO über die Hingabe von Kunstgegenständen u. ä. an Zahlungs statt.

847 Über **Sozialleistungen** werden kaum Verträge geschlossen, aber wichtig sind die Pflegesatzvereinbarungen zwischen Krankenkassen und Krankenhäusern[12] und andere Abmachungen zwischen Sozialversicherungsträgern und Leistungserbringern. Hier neigt die Rspr. allerdings teilweise noch – zu Unrecht – zur Einordnung als zivilrechtlich (vgl. Rn. 1017). Auch **Subventionen** können durch Vertrag bewilligt werden[13]. Interessante, bisher wenig beachtete Fälle öffentlich-rechtlicher Verträge untersucht *Henke*[14]: **Kooperationsverträge** über die Hilfeleistung bei Tankerunfällen, Altölbeseitigung, Rettungsdienste[15], Schülerbeförderung, Schülervorführung und Tierkörperbeseitigung[16]. Im Zuge vermehrter „Privatisierung" von Verwaltungsaufgaben haben auch entsprechende Kooperationsverträge „Konjunktur".

3. Arten öffentlich-rechtlicher Verträge

848 Bevor auf die zulässigen Inhalte von Verträgen der Verwaltung eingegangen wird, ist noch eine Klärung der Terminologie nötig.

„Öffentlich-rechtliche Verträge" (dieser Begriff erscheint in der grundlegenden Bestimmung des § 54 S. 1 VwVfG als gesetzliche Definition) sind auch
– Verträge zwischen Rechtssubjekten des Völkerrechts,
– verfassungsrechtliche Verträge (zwischen Verfassungsorganen) und
– Verträge zwischen Staat und Kirchen (bei der Katholischen Kirche: Konkordate).

---

10 Vgl. etwa BVerwGE 30, 65; BVerwG, NJW 1995, 1104.
11 Vgl. insbes. BVerwGE 8, 329; BFHE 142, 549; *Tipke/Lang*, Steuerrecht, 17. A. 2002, § 21 Rn. 19 ff. Ein zulässiger Ablösungsvertrag: BayVGH, NVwZ-RR 1999, 194 f.
12 Vgl. BVerwG, DÖV 1994, 473.
13 *Braun*, JZ 1983, 841 ff.; *Ehlers*, VerwArch 74, 1983, 112; s. a. Rn. 915 f.
14 DÖV 1985, 41 ff.
15 Dazu z. B. § 7 HmbRettungsdienstgesetz.
16 Dazu BVerwG, DVBl. 1995, 1088.

3. Arten öffentlich-rechtlicher Verträge § 21

Diese alle sind hier (und auch in §§ 54 ff. VwVfG) nicht gemeint, es geht nur um verwaltungsrechtliche Verträge, also Verträge zwischen Trägern öffentlicher Verwaltung und solche zwischen Staat (oder Kommunen) und Bürgern über Gegenstände des Verwaltungsrechts, also über die Begründung, Änderung und Aufhebung verwaltungsrechtlicher Rechtsverhältnisse im Einzelfall. Diese verwaltungsrechtlichen Verträge müssen wiederum von privatrechtlichen Verträgen unterschieden werden, wozu die oben (Rn. 67 ff.) dargelegten Kriterien heranzuziehen sind. In der Praxis kommt es dabei zu erheblichen Abgrenzungsschwierigkeiten (dazu unten Rn. 853 ff.). Ebenfalls nicht gemeint sind „Verwaltungsabkommen" zwischen Ländern oder zwischen Bund und Ländern; diese sind im hier gemeinten Sinne verfassungsrechtliche Verträge.

849 Unter den **verwaltungsrechtlichen** Verträgen muss nochmals differenziert werden. Verträge zwischen Staat und Bürger haben einen anderen Charakter als Verträge zwischen Rechtssubjekten des öffentlichen Rechts, also z. B. zwischen Gemeinden oder Ländern oder zwischen dem Bund und einem Land. Man bezeichnet die einen als *subordinationsrechtliche*, die anderen als *koordinationsrechtliche Verträge*. Das bedeutet: der Vertrag zwischen Staat und Bürger (Fall des § 54 S. 2 VwVfG) wirkt auf ein Subordinations-(Unterordnungs-) Verhältnis ein, derjenige zwischen öffentlich-rechtlichen Körperschaften trifft auf ein Verhältnis der Koordination (Gleichordnung). Irreführend ist diese Begrifflichkeit freilich insofern, als übersehen wird, dass der Vertrag gerade auch im Verhältnis Staat/Bürger zur Gleichrangigkeit führt (jedenfalls rechtlich; dass der Vertrag faktisch häufig keine Gleichberechtigung schaffen kann, sondern nur Ungleichheiten besiegelt, gilt auch sonst – im öffentlichen wie im privaten Recht). „Man hat nicht den subordinationsrechtlichen Vertrag zugelassen, sondern die Subordination abgeschafft"[17] – soweit sie „abschaffbar" ist.

850 Darüber hinaus ist zu beachten, dass in verwaltungsrechtlichen Verträgen auch Verpflichtungen (beider Seiten) vereinbart werden können, die in einem Verwaltungsakt nicht ohne weiteres enthalten sein können, weil sie nicht einfach als Vollzug von Rechtsnormen anzusehen sind bzw. aus der Anwendung von Rechtsnormen auf konkrete Sachverhalte folgen. Die Vertragsform kann gerade dazu dienen, künftige Entwicklungen zu gestalten oder Vorsorge für künftige Streitfälle zu treffen. Das betrifft besonders die schon erwähnten (oben Rn. 847) **Kooperationsverträge**. Beispiele[18] bilden die zahlreichen *Privatisierungsvereinbarungen*, die gesetzlich überwiegend nicht ausgeformte Sachverhalte regeln, ferner Verträge über die gemeinsame *erwerbswirtschaftliche* Betätigung (soweit sie zulässig ist) und über die Erbringung von Leistungen der *Daseinsvorsorge*, aber auch Kooperationsverträge nach §§ 14, 15 *Wohnraumförderungsgesetz*, in denen einerseits u. a. bauliche und soziale Maßnahmen und andererseits Abweichungen von den gesetzlichen Standards vereinbart werden können. Die Vorschriften der §§ 54 ff. VwVfG enthalten keine ausreichenden Anknüpfungspunkte für diese Methode der Sozialgestal-

---

17 *Püttner*, Allgemeines Verwaltungsrecht, S. 99.
18 Ansätze einer Typologie bei *Krebs*, VVDStRL 52, 248 ff., 277 ff.

tung durch Verwaltungsverträge. Es ist daher notwendig, diese Materie weiterzuentwickeln[19]. Das kann freilich teilweise auch ohne Gesetzesänderung geschehen. Wo das Gesetz keine konkreten Anweisungen gibt, ist die Kunst der Rechtspraktiker gefordert, und tatsächlich ist für viele Fallgruppen bereits eine ausgefeilte „Klauselpraxis" entstanden[20].

Die Verträge zwischen Gemeinden und anderen Körperschaften des öffentlichen Rechts sind heute durch besondere Gesetze über kommunale Gemeinschaftsarbeit geregelt; hier ist der Begriff **„öffentlich-rechtliche Vereinbarung"** benutzt worden. Auch die Garnisons-Verträge, die bereits zwischen dem *Reich* und den Garnisons-Städten geschlossen wurden, können als Schulfall gelten (sie sind grundsätzlich noch gültig, aber an veränderte Umstände anzupassen[21]). Zielvereinbarungen, die in dem Bemühen um einen stärker auf Konsens und Kooperation setzenden Führungsstil zwischen Organen desselben Verwaltungsträgers abgeschlossen werden (sog. „Kontraktmanagement") sind keine Verträge, sondern informelle „politische" Absprachen, die nur mit außerrechtlichen Mitteln durchgesetzt werden können[22].

851 Als weitere Kategorien sind zu beachten:
– Verpflichtungs- und Verfügungsverträge. Die Ersteren begründen nur Pflichten der Beteiligten, später eine Rechtsänderung vorzunehmen, die anderen enthalten die Rechtsänderung bereits;
– Austauschverträge (s. u. Rn. 863 f.);
– Vergleichsverträge (s. u. Rn. 866).

852 Zur **Vertragsgestaltung** im Öffentlichen Recht vgl. die gleichnamige Schrift *Grziwotz,* 2002 (aus der Sicht eines Notars!).

4. Grenzfälle von öffentlich-rechtlichem und privatrechtlichem Vertrag

853 „Ein Vertrag ist dem öffentlichen Recht zuzuordnen, wenn sein *Gegenstand* sich auf von der Rechtsordnung öffentlich-rechtlich geregelte Sachverhalte bezieht"[23]. Welche Sachverhalte öffentlich-rechtlich geregelt sind, ist oben Rn. 80 ff. dargestellt.

---

19 So auch der Beirat Verwaltungsverfahrensrecht beim Bundesministerium des Innern (BMI), vgl. dessen Beschlussempfehlung, NVwZ 2002, 834 f. Das BMI hat dazu Gutachten eingeholt: *Schuppert,* Grundzüge eines zu entwickelnden Verwaltungskooperationsrechts, und *Ziekow,* Verankerung verwaltungsrechtlicher Kooperationsverhältnisse (Public Private Partnership) im Verwaltungsverfahrensgesetz, abgedruckt in: BMI (Hrsg.), Verwaltungskooperationsrecht (Public Private Partnership), Berlin 2001. S. a. *Schmidt-Aßmann,* Das allgemeine Verwaltungsrecht als Ordnungsidee, 2. A. 2004, S. 345. S. dazu auch *Bull,* Gesetzgebungsbedarf im Allgemeinen Verwaltungsrecht, in: Festgabe für Thieme, 2003, S. 9 ff., 25 ff.
20 *Schmidt-Aßmann* (vorige Fn.) S. 347 f. – Man spricht auch von „Kautelarjurisprudenz".
21 Vgl. BVerwGE 25, 299.
22 Vgl. dazu *Bull,* in: *Ipsen* (Hrsg.), Verwaltungsreform – Herausforderung für Staat und Gemeinden, 1996, S. 69 ff., 75 ff.; *Wallerath,* DÖV 1997, 57 ff.; *Wolf,* NordÖR 1999, 131 ff.; *Pünder,* DÖV 1998, 63 ff.; *Otting,* VR 1997, 361 ff. sowie unten Rn. 1233.
23 BVerwG, NJW 1976, 2360 unter Hinweis auf BVerwGE 42, 331, 332 und BGHZ 56, 365, 368; BVerwGE 92, 56, 58 f.; 96, 326, 331.

Die eingangs wiedergegebene Erläuterung hat aber Schwächen: einerseits regelt 854
die Rechtsordnung manche Sachverhalte *sowohl* öffentlich-rechtlich *als auch* privatrechtlich, z. T. steht den Beteiligten die Wahl zwischen beiden Rechtsformen offen, und andererseits gibt es manchmal mehrere Möglichkeiten, den *Gegenstand* des Vertrages zu umschreiben. Schwierig wird die Abgrenzung gerade da, wo die Regelung durch *öffentliches Recht* nicht selbstverständlich ist, etwa bei Subventionen oder Stipendien[24]. Hier versagt die Lehre, die auf den Vertrags*gegenstand* abstellt; es sind andere Maßstäbe anzulegen, etwa der „Gesamtcharakter" des Vertrages.

Im Zweifel ist ein Vertrag, der zur Erfüllung von *Verwaltungsaufgaben* geschlossen 855
wird, als öffentlich-rechtlich anzusehen. Die Aufgaben, die der Verwaltung gesetzlich zugewiesen sind, werden in aller Regel nicht privatrechtlich erfüllt. Eine Wahlfreiheit der Verwaltung, ihren hiervon abweichenden Willen durch „privatrechtstypische" Gestaltung oder Terminologie zur Geltung zu bringen[25], ist abzulehnen (s. a. oben Rn. 247 ff.). Wird allerdings tatsächlich eine solche Form gewählt, so ist sie nach den dafür geltenden Rechtsnormen zu beurteilen. Das Ergebnis dürfte in vielen Fällen bei öffentlich-rechtlichem und privatrechtlichem Vertrag übereinstimmen (vgl. Rn. 252 ff.).

Das BVerwG hat einen Vertrag, der einen typischerweise privatrechtlich geregelten Sach- 856
verhalt zum Gegenstand hatte, nämlich den Tausch zweier Grundstücke, gleichwohl als öffentlich-rechtlich angesehen – weil er in einen *Prozessvergleich* vor dem Verwaltungsgericht eingebettet war; er stand in einem „engen, untrennbaren Zusammenhang" mit dem Prozessgegenstand und erhielt „durch diese enge Verknüpfung mit einer öffentlich-rechtlichen Berechtigung und Verpflichtung sein Gepräge."[26]
Diese Entscheidung – die auf einer Erweiterung des Vertrags-„Gegenstandes" beruht – mag im Ergebnis angemessen sein (zumal sie einmal mehr den unfruchtbaren Streit um den richtigen Rechtsweg zugunsten der Gerichtsbarkeit beendet hat, bei der das Verfahren gerade anhängig war), aber die Abweichung des Gerichts von den selbstgesetzten Maßstäben bleibt bedenklich. Die Berufung auf einen *Zusammenhang* des einen Gegenstandes mit einem anderen ist fast immer fragwürdig; die juristische Kunst besteht gerade darin, die verschiedenen Bestandteile einer Gemengelage auseinanderzulegen.

5. Zustandekommen von Verträgen

Es gelten die allgemeinen Vorschriften über das Verwaltungsverfahren (§§ 10 ff. 857
VwVfG). Denn § 9 VwVfG besagt, dass auch die (nach außen wirkende) Tätigkeit der Behörden, die auf den Abschluss eines öffentlich-rechtlichen Vertrages gerichtet ist, und der Abschluss eines solchen Vertrages selbst „Verwaltungsverfahren" darstellen. Im übrigen verweist § 62 VwVfG auf das Vertragsrecht des BGB, so dass z. B. dessen Vorschriften über Willensmängel (§§ 116 ff., 154 BGB) und Vertragsanfechtung (§§ 119, 120, 123 Abs. 1 – nicht jedoch § 123 Abs. 2) anwendbar sind.

---

24 S. dazu etwa BVerwGE 6, 244 und BVerwG, NJW 1995, 1904.
25 So *Erichsen*, Jura 1982, 544.
26 BVerwG, NJW 1976, 2360.

§ 21 Öffentlich-rechtliche Verträge

858 Als weitere formelle Rechtmäßigkeitsbedingungen verwaltungsrechtlicher Verträge sind das Gebot der *Schriftlichkeit* (§ 57) und bei Eingriff in Rechte Dritter die *Zustimmung dieser Dritten* (§ 58 Abs. 1) zu beachten. Auch das Erfordernis der Genehmigung oder Zustimmung oder des Einvernehmens mit einer anderen Behörde entfällt nicht, wenn statt eines Verwaltungsaktes ein Vertrag geschlossen wird (§ 58 Abs. 2). Selbstverständlich gelten auch Zuständigkeitsregeln (§ 3 und besondere Vorschriften).

Umstritten ist, ob der Grundsatz der *Urkundeneinheit* auch im öffentlichen Recht gilt. Das BVerwG hat dies für den Fall verneint, dass der Vertrag nur eine einseitige Verpflichtung des Bürgers enthält und die schriftliche Annahmeerklärung der Verwaltung unmissverständlich ist (BVerwGE 96, 326, 333 f.), andere bestehen auf der Unterzeichnung durch beide Vertragspartner auf einer Urkunde (OVG Lüneburg, NJW 1998, 2921).

Zum Zustimmungserfordernis: § 58 Abs. 1 VwVfG erfasst vom Wortsinn her nur Verfügungsverträge, doch gilt die Vorschrift nach h. M. für Verpflichtungsverträge entsprechend. Fehlt die erforderliche Mitwirkung, so ist der Vertrag schwebend unwirksam. Wird die Mitwirkung nachträglich erklärt, so ist er als von Anfang an wirksam zu betrachten.

6. Inhaltliche Beschränkungen für verwaltungsrechtliche Verträge

a) Allgemeine Bindung an gesetzliche Vorschriften

859 Die Verwaltung ist selbstverständlich auch bei vertraglichem Handeln an „Gesetz und Recht" gebunden (Art. 20 Abs. 3 GG). Doch die Konsequenzen aus diesem Gebot der Gesetzmäßigkeit sind bei Verträgen nicht so klar ableitbar wie bei einseitigem Verwaltungshandeln; denn hier muss auch geprüft werden, ob und inwieweit die Einigung mit dem Bürger eine Abweichung von der gesetzlichen Gestaltung des betreffenden Lebenssachverhalts erlaubt oder sogar dazu nötigt. Wäre jede Diskrepanz des Vertrages zu dem entsprechenden gesetzlichen Regelungsmodell ein Grund, die Bindung an den Vertrag zu verneinen, so hätte diese Form überhaupt keine eigene Bedeutung, sondern würde nur die vollkommene Überlegenheit der Verwaltung verschleiern.

860 Es gilt also herauszufinden, unter welchen Umständen die Abweichung von den sonst eingreifenden gesetzlichen Bestimmungen so erheblich ist, dass der Vertrag trotz der Zustimmung des Bürgers als unverbindlich angesehen werden muss. Von der Seite der Gesetzesnorm aus betrachtet, wird damit eine Unterscheidung zwischen dispositiven (abdingbaren) und strikten (unverzichtbaren) Normen erforderlich. Dabei stellen manche darauf ab, ob eine Norm als **gesetzliches Verbot** einer bestimmten Vertragsgestaltung anzusehen ist oder ob das Gesetz so formuliert ist, dass „nur" eine andere Vertragsgestaltung positiv geregelt ist; die Abweichung von dem gesetzlichen Modell wäre im zweiten Fall noch kein Grund, den Vertrag für unwirksam zu halten. Das BVerwG hält den Verbotscharakter der Gesetzesnorm für unwesentlich[27] und prüft stattdessen die einzelnen in Betracht kommenden ge-

---

27 BVerwGE 42, 331, 334.

6. Inhaltliche Beschränkungen für verwaltungsrechtliche Verträge § 21

setzlichen Bestimmungen auf ihre Bedeutung für den Vertrag. Dies ist der angemessenere Weg; denn die Gesetzesformulierungen sind zufällig, und nur aus einem hinreichend weit angelegten Verständnis der (möglicherweise) einschlägigen Gesetze lässt sich mit einiger Sicherheit entnehmen, ob der Vertragspartner (in der Regel: der Bürger) gegen eigene vertragliche Zugeständnisse geschützt werden muss (s. hierzu sogleich zu b).

Der zentrale Gesichtspunkt kann dabei nur sein, dass **Machtmissbrauch zu verhindern** ist. „Verwaltungsrechtliche Verträge sind stärker als privatrechtliche anfällig dafür, dass ein dem Vertrag vorgegebenes Machtgefälle ausgenutzt wird und als Folge dessen von einer echten Freiheit der am Vertrag Beteiligten nicht gesprochen werden kann ... Verträge, die unter Missbrauch der Überlegenheit des einen oder des anderen Vertragsteiles zustande kommen, sind ohne verpflichtende Wirkung."[28] Andererseits brauchen Verträge, die „eine von der gesetzlichen Ordnung abweichende Verschiebung öffentlich-rechtlicher Lasten und Pflichten" vorsehen, nicht allein aus diesem Grunde für rechtswidrig erklärt zu werden[29]. Das Übergewicht an Macht braucht übrigens keinesfalls immer bei der Verwaltung zu liegen, es kann auch bei den privaten Parteien vorhanden sein (z. B.: große Unternehmen, die als Steuerzahler und wegen der Arbeitsplätze erhebliche Bedeutung für Staat und Gemeinden haben).

861

Im *Fall 5* spricht (trotz des Nötigungspotenzials des Unternehmens) viel dafür, die Abmachung wegen ihres insgesamt positiven Effekts für rechtmäßig zu halten. Erst recht gilt dies, wenn die Verwaltung nur Räumungsfristen oder andere Umsetzungserleichterungen gewährt (wie im Fall der „Schwarzbauten"-Beseitigung[30]).

Ein ganz anderer gedanklicher Ansatz führt ebenfalls zu einer Beschränkung der Vertrags(inhalts)freiheit: das **Verbot, staatliche Hoheitsrechte zu „verkaufen"**. Staatliche Entscheidungen sollen nicht zur Ware werden. Die Verwaltung kann sich zwar den Verwaltungsaufwand bezahlen und eventuelle Folgeaufwendungen begünstigender Verwaltungsakte durch den Begünstigten ersetzen lassen, aber sie soll keine „Geschäfte machen", keine Gegenleistungen für ihre Handlungen verlangen. Sonst würden diejenigen, die solche Gegenleistungen aufbringen können, in unzulässiger Weise vor den anderen begünstigt, die das nicht können oder wollen. Ihren Finanzbedarf sollen Staat und Gemeinden auf andere Weise, insbesondere durch Steuern, Beiträge und Gebühren decken.

862

b) Austauschverträge

Gleichwohl lässt das VwVfG unter bestimmten Voraussetzungen auch *Austauschverträge* zu. Dabei ist jedoch sogleich eine wichtige Einschränkung zu beachten: wenn ein Anspruch auf die Leistung der Behörde besteht, die im Vertrag geregelt werden soll, so kann nur eine solche Gegenleistung vereinbart werden, die bei Erlass eines Verwaltungsaktes Inhalt einer Nebenbestimmung nach § 36 sein könn-

863

---

28 BVerwGE 42, 331, 342 f.
29 Vgl. BGHZ 32, 214, 216; 56, 365, 368; a. A. *Wolff/Bachof* I, § 44 II.
30 Vgl. *Bulling*, in: *Hill* (oben Anm. 9), S. 148; *Maurer*, DVBl. 1989, 798, 807.

§ 21 *Öffentlich-rechtliche Verträge*

te (§ 56 Abs. 2 VwVfG). Der entsprechende Verwaltungsakt wäre „gebunden"; die Nebenbestimmung müsste durch Rechtsvorschrift zugelassen sein oder es müsste sich um eine solche handeln, die die Erfüllung der gesetzlichen Voraussetzungen sicherstellen soll (s. oben Rn. 725). Alles andere würde auf eine gesetzwidrige Verkürzung des bestehenden Anspruchs hinauslaufen; dies soll auch durch Vertrag nicht zugelassen werden.

Besteht aber kein Anspruch auf die behördliche Leistung, so kann sich der Vertragspartner der Behörde wirksam zu einer Gegenleistung verpflichten, wenn die Gegenleistung
– für einen *bestimmten Zweck* im Vertrag vereinbart wird,
– der Behörde *zur Erfüllung ihrer öffentlichen Aufgaben* dient,
– den gesamten Umständen nach *angemessen* ist und
– im *sachlichen Zusammenhang* mit der vertraglichen Leistung der Behörde steht

(§ 56 Abs. 1). Am wichtigsten ist die letzte Voraussetzung: Erst der **sachliche Zusammenhang der Gegenleistung mit der vertraglichen Leistung der Behörde** rechtfertigt den Austausch; die Gegenleistung darf nicht zur Erfüllung *irgendwelcher* öffentlicher Aufgaben der Behörde dienen und schon gar nicht in den allgemeinen Staats- oder Gemeindehaushalt fließen, sondern muss zweckgerecht verwendet werden. Die Bestimmungen des § 56 Abs. 1 verfolgen also letztlich denselben Zweck wie die Vorschrift in § 36 Abs. 1 a.E.; sie dienen dazu oder können jedenfalls dazu benutzt werden, das (umfassend gedachte) Gesetzesziel zu verwirklichen, z. B. einen Planungskomplex insgesamt generell zu regeln. Nicht zulässig ist es natürlich, wenn die Behörde eine Gegenleistung verspricht, auf die der Vertragspartner ohnehin einen Anspruch hat[31].

Nicht erforderlich ist nach h. M., dass der Zusammenhang „synallagmatisch" i. S. des zivilrechtlichen gegenseitigen Vertrages ist. Es reicht sogar aus, wenn nur die von der einen Seite zu erbringende Leistung ausdrücklich im Vertrag geregelt wurde, sofern die Parteien dabei stillschweigend von einer Gegenleistung als Vertragsvoraussetzung ausgehen („hinkender Austauschvertrag")[32].

864 **Beispiele für zulässige und unzulässige Koppelung:** die *Folgekosten der Erschließung eines Baugebietes* dürfen vertraglich vom Bauträger übernommen werden (*Ausgangsfall 3 a*). Die Finanzierung einer repräsentativen *Festhalle* (*Ausgangsfall 3 b*) stünde hingegen nicht mehr im sachlichen Zusammenhang mit der Leistung der Gemeinde (Förderung des Bauvorhabens im Rahmen ihrer planungsrechtlichen Zuständigkeit), sie wäre auch nicht mehr „angemessen" i. S. von § 56 Abs. 1 S. 2, sondern „anrüchig"[33] in jenem Sinne, dass die Gemeinde sich ihre Zustimmung zu dem Bauvorhaben „abkaufen" ließe[34].

---

31 BVerwGE 96, 162, 335; 111, 162, 169.
32 BVerwG NJW 1995, 1104, 1104; s. a. OVG Koblenz, DVBl. 1992, 785, 786.
33 BVerwGE 42, 340.
34 Interessant auch BVerwG, DVBl. 1990, 376, sowie VG München, NJW 1998, 2070 (sittenwidriger „Grundstückssicherungsvertrag" zugunsten Einheimischer); krit. dazu aber *Reidt*, NVwZ 1999, 149 ff. Ein weiterer Fall unzulässiger Koppelung: VG Darmstadt, NJW 1998, 2073 (Einvernehmen der Gemeinde gegen zusätzlichen „Kaufpreis"). Das BVerwG hält das „Weilheimer Modell" zur Abwehr einer „Überfremdung" des Gemeindegebiets für zulässig (BVerwGE 92, 56, 59 f.).

Nach BVerwGE 111, 162 verstößt es gegen das Koppelungsverbot, die Ausweisung eines Außenbereichsgrundstück als Wohngebiet in einem verwaltungsrechtlichen Vertrag davon abhängig zu machen, dass der Eigentümer des darin einbezogenen Grundstücks an der Stelle eines nicht mehr festsetzbaren Erschließungsbeitrags einen Beitrag zur Erhaltung der städtischen Kinderspielplätze leistet. Dies ist sehr restriktiv[35]; denn zufällig anfallende Begünstigungen einzelner Eigentümer müssen danach hingenommen werden, ohne dass es zu einem Ausgleich in Form einer für die Gemeinde insgesamt günstigen Lösung kommt.

Bei *Ausbildungsverträgen* ist Gegenleistung für das Stipendium nicht die Verpflichtung zum gewissenhaften Studium, sondern der Eintritt in den Dienst des Förderers und der Verbleib dort für eine gewisse Zeit.

Diejenigen verwaltungsrechtlichen Verträge, die auf die **Nutzung von Leistungsangeboten gegen Entgelt** abzielen, stellen die einfachste Form des Austauschvertrages dar; hier ist der Unterschied zum einseitig gestalteten Nutzungsverhältnis, bei dem die Gegenleistung als Gebühr geschuldet wird, sehr gering. **865**

Bestimmten Vertragsklauseln stehen *gesetzliche Vorschriften* entgegen, die – entsprechend den Ausführungen oben Rn. 859 ff. – nicht abbedungen werden können. So kann z. B. eine Gemeinde keine Verpflichtung eingehen, einen Bebauungsplan zu erlassen oder zu ändern[36]. Das BVerwG[37] hat darüber hinaus z. B. entschieden, dass der „Selbstbehalt" von mindestens 10 % des beitragsfähigen Erschließungsaufwandes nach § 129 Abs. 1 S. 4 BBauG (jetzt: § 129 Abs. 1 S. 3 BauGB) für die Gemeinden zwingend sei, also nicht vertraglich abbedungen werden dürfe. Ob dies notwendig war, kann man allerdings bezweifeln; der Zweck der Vorschrift schließt die Abbedingung nicht aus.

c) Vergleichsverträge

Vergleichsverträge sind in § 55 VwVfG besonders erwähnt und für zulässig erklärt. Nach der gesetzlichen Definition ist „Vergleich" „ein öffentlich-rechtlicher Vertrag im Sinne des § 54 S. 2, durch den eine bei verständiger Würdigung des Sachverhalts oder der Rechtslage bestehende **Ungewissheit durch gegenseitiges Nachgeben beseitigt wird"**. Ein solcher Vergleich kann geschlossen werden, wenn die Behörde ihn „zur Beseitigung der Ungewissheit nach pflichtgemäßem Ermessen für zweckmäßig hält". Die Vorschrift gibt mehr Spielraum als § 106 VwGO, der einen Vergleich für zulässig erklärt, wenn die Parteien über den Streitgegenstand verfügen können (was streng genommen im Allgemeinen nur für den Bürger, nicht aber für die Behörde gilt). **866**

Im *Ausgangsfall 6* geben beide Seiten nach: die Behörde durch Rücknahme des Widerrufs und der Gaststättenbesitzer durch das Versprechen, sich überwachen zu lassen. Es bestand auch eine Ungewissheit über die Sachlage – jedenfalls für die

---
35 So auch *Schmidt-Aßmann*, Das allgemeine Verwaltungsrecht als Ordnungsidee, S. 342
36 Vgl. BVerwG, DÖV 1981, 878.
37 BVerwGE 32, 37; vgl. a. E 89, 7.

Behörde und das Gericht. Ohne den Vergleich müsste das Gericht, wenn die Aufklärung nicht gelingt, dem Gastwirt Recht geben. Somit sind die Bedenken des Richters unbegründet. – Ein weiteres Beispiel: vorläufige Zuständigkeitsvereinbarung zwischen Bund und Land (BVerwGE 102, 119, 123 f. – Schweinepest)

d) Sonstige rechtliche Bindungen

867 Über die speziellen Regelungen für Austausch- und Vergleichsverträge hinaus verweist § 62 VwVfG auf „die übrigen Vorschriften dieses Gesetzes" und schreibt ergänzend die entsprechende Anwendung des Bürgerlichen Gesetzbuches vor. Auch § 59 Abs. 1 (Nichtigkeit des öffentlich-rechtlichen Vertrages, s. dazu sogleich zu 7.) verweist auf das BGB. Zu denken ist insbesondere an das Gebot, Treu und Glauben zu wahren (§§ 157, 242 BGB).

7. Nichtigkeit des verwaltungsrechtlichen Vertrages

a) Nichtigkeit als regelmäßige Fehlerfolge

868 Verträge, die den gesetzlichen Anforderungen an die inhaltliche Ausgestaltung nicht genügen, sind nichtig. Anders als bei Verwaltungsakten (s. o. Rn. 767 f.) gibt es nur die Alternative zwischen voller, nicht anfechtbarer Wirksamkeit und voller Unwirksamkeit, nicht aber die Zwischenstufe der Anfechtbarkeit (oder der Kündigung oder des Rücktritts) wegen Rechtswidrigkeit des Vertrages. Doch kann die Nichtigkeit auf einen Teil des Vertrages beschränkt sein (§ 59 Abs. 3 VwVfG).

b) Nichtigkeitsgründe

869 Überraschenderweise verweist § 59 Abs. 1 zunächst auf die entsprechende Anwendung des BGB-Vertragsrechts. Man denkt also zunächst an die Nichtigkeitsgründe der §§ 134 (Verstoß gegen ein gesetzliches Verbot) und 138 (Verstoß gegen die guten Sitten). Beide passen nicht ohne weiteres. Auch wäre bei schematischer Anwendung des § 134 BGB jeder Vertrag mit rechtswidrigem Inhalt nichtig, da ein solcher Inhalt eben verboten ist. Ob dies der Sinn von § 59 Abs. 1 VwVfG ist, muss deshalb bezweifelt werden, weil dann die Aufzählung in Abs. 2 („ferner nichtig") unverständlich wäre. Analoge Anwendung des BGB bedeutet also keineswegs, dass jede Abweichung von einer bestehenden gesetzlichen Regelung bereits als Verstoß gegen ein gesetzliches „Verbot" anzusehen sei; denn insofern ergibt sich aus dem VwVfG „ein anderes" (vgl. den letzten Halbsatz von § 134 BGB und die amtliche Begründung zu § 59 VwVfG, S. 81). Wann im Einzelnen eine Nichtigkeit nach § 59 Abs. 1 VwVfG, § 134 BGB anzunehmen ist, ist in der Literatur strittig[38]. Es gibt auch Meinungen, die die ganze Konstruktion über § 134 BGB für verfehlt halten[39].

---

38 Zum Streitstand vgl. *Bonk* in: *Stelkens/Bonk/Sachs*, VwVfG, § 59 Rn. 49 ff. m. w. N.
39 *Götz*, NJW 1976, 1430.

Im Ergebnis wird man schwere Verstöße gegen zwingende Normen unter § 59 Abs. 1 VwVfG subsumieren müssen; sonst könnte es zu einer nicht hinnehmbaren allgemeinen Ermöglichung gesetzwidrigen Handelns kommen.

Diejenigen Vorschriften des § 59 VwVfG, die die allgemeinste Regelung enthalten und den Anschluss an die materiellen Rechtmäßigkeitsbedingungen herstellen sollen, sind auffällig restriktiv formuliert: Nach Abs. 2 Nr. 1 und 2 ist ein Bürger-Staat-Vertrag nur dann nichtig, **wenn ein Verwaltungsakt mit entsprechendem Inhalt nichtig oder aus materiellen Gründen** („nicht nur wegen eines Verfahrens- oder Formfehlers im Sinne des § 46") **rechtswidrig wäre**; in dem 2. Fall (Rechtswidrigkeit) soll jedoch außerdem hinzukommen, dass **„dies den Vertragschließenden bekannt war"**. 870

Im ersten Fall (§ 59 Abs. 2 Nr. 1) ist also auf § 44 VwVfG verwiesen, wonach ein Verwaltungsakt nichtig ist, wenn er „an einem besonders schwerwiegenden Fehler leidet und dies bei verständiger Würdigung aller in Betracht kommenden Umstände offenkundig ist" oder aber besondere Voraussetzungen erfüllt sind, die Abs. 2 dieser Bestimmung regelt. Für Verträge werden insbesondere § 44 Abs. 2 Nr. 2-6 als denkbare Nichtigkeitsgründe in Betracht kommen. 871

„Nur" *rechtswidrige* öffentlich-rechtliche Verträge können nach § 59 Abs. 2 Nr. 2 VwVfG wirksam sein; unwirksam sind rechtswidrige Verträge danach nur, wenn die Rechtswidrigkeit des Vereinbarten oder die Verletzung wesentlicher Zuständigkeits- oder Verfahrensvorschriften beim Zustandekommen des Vertrages den Vertragspartnern (allen!) bekannt war. Damit soll insbesondere ausgeschlossen werden, dass Behörde und Bürger in bewusstem und gewolltem Zusammenwirken (**„Kollusion"**) auf dem Umweg über einen öffentlich-rechtlichen Vertrag einen auch im Ergebnis rechtswidrigen Erfolg herbeiführen[40]. Diese Regelung ist nach Ansicht von *Götz*[41] „sinnlos und rechtsstaatswidrig". Er weist mit Recht darauf hin, dass es dem Sachbearbeiter meist nicht nachzuweisen sein wird, dass er vorsätzlich rechtswidrig gehandelt habe, und selbst wenn dieser Nachweis gelänge, könnte immer noch einer der beteiligten Bürger an die Gesetzmäßigkeit des ihm vertraglich Abgeforderten geglaubt haben. Beim rechtswidrig *begünstigenden* Verwaltungsvertrag sei diese Regelung nicht minder bedenklich. Möglicherweise wird die Rechtsprechung diese Vorschrift uminterpretieren oder durch „verfassungskonforme Auslegung" verändern[42]. 872

8. Verwaltungsrechtliche Verträge zwischen Privaten?

Gelegentlich wird behauptet, auch zwischen Privaten („Zivilpersonen") könnten verwaltungsrechtliche Verträge geschlossen werden. Als Beispiele werden genannt: der Vertrag zur Abrundung von Jagdbezirken nach § 7 nds. LJagdG, die Einigung 873

---
40 Amtliche Begründung S. 82.
41 A. a. O. (Fn. 39).
42 Vgl. schon BVerwGE 49, 359!

und Teileinigung der Beteiligten in Enteignungsverfahren (§§ 110 f. BauGB), die Übernahme der Unterhaltspflicht für einen Wasserlauf durch eine andere Zivilperson[43] (§§ 95 nw Wassergesetz). Es ist aber nicht ersichtlich, aus welchen sachlichen Gründen hier nicht Zivilrecht gelten soll, wie es sonst für Verträge unter Privaten gilt und angemessen ist. Die größere Sachkompetenz der Verwaltungsgerichte für die zu entscheidenden öffentlich-rechtlichen Fragen kann durch größere Erfahrung der Zivilgerichte in der Beurteilung privater Dispositionen und ihrer rechtlichen Grenzen kompensiert werden.

874 Wenn man davon ausgeht, dass es auf den Gegenstand des Vertrages ankommt, ist es zwar konsequent, öffentlich-rechtliche Verträge auch zwischen Privaten anzunehmen, aber nichts spricht dagegen, die zusätzliche Voraussetzung aufzustellen, dass **mindestens ein Beteiligter ein Träger öffentlicher Verwaltung sein muss**[44]. Die Zivilgerichte haben denn auch Verträge zwischen Privaten, in denen Abweichungen von der öffentlich-rechtlichen Rechtslage vereinbart worden waren (Überlassung eines Studienplatzes gegen Entgelt[45], Zulassung eines geringeren Bauwichs durch den Nachbarn[46]), als zivilrechtlich anerkannt, ohne überhaupt die Einordnung als öffentlich-rechtlich zu erwägen.

9. Vertragsabwicklung; Folgen des Vertragsverstoßes

875 a) Die Rechte aus öffentlich-rechtlichen Verträgen müssen **vor dem Verwaltungsgericht eingeklagt** werden[47]. Die Behörde kann nicht die Vollstreckung ohne gerichtliches Urteil einleiten, wie sie es dürfte, wenn sie einen entsprechenden Verwaltungsakt erlassen hätte (vgl. u. Rn. 962). Vollstreckung ohne Urteil ist nur zulässig, wenn sich der Verpflichtete der sofortigen Vollstreckung unterworfen hat. Diese Möglichkeit ist in § 61 VwVfG ausdrücklich vorgesehen und im Einzelnen geregelt[48].

Zu § 61 sind landesrechtliche Besonderheiten zu beachten: Während alle übrigen Bestimmungen über öffentlich-rechtliche Verträge unverändert aus dem Bundesgesetz in die Landes-Verwaltungsverfahrensgesetze übernommen sind, hat man hier kleinere Änderungen vorgenommen, z. B. in den Hansestädten wegen der stadtstaatlichen Struktur.

876 b) Bei **fehlerhafter Abwicklung öffentlich-rechtlicher Verträge** gelten nach § 62 S. 2 VwVfG die Bestimmungen des BGB entsprechend, allerdings muss sorgfältig geprüft werden, ob sie vielleicht wegen der Besonderheiten des öffentlichen Rechts nur modifiziert anwendbar sind (s. a. Rn. 314 ff.). Schadensersatzansprüche aus

---

43 *Wolff/Bachof* I, § 44 II b.
44 So auch *Gern*, NJW 1979, 694.
45 OLG München, NJW 1978, 701.
46 BGH, NJW 1978, 695.
47 A. A. – u. E. unzutreffend – BGH, DVBl. 1986, 409 für die culpa in contrahendo.
48 Man beachte die Neuregelung durch das 2. VwVfÄndG v. 6. 8. 1998, BGBl. I 2022; dazu *Schmitz/Olbers*, NVwZ 1999, 126. S. a. BVerwGE 98, 58 zur früheren Rechtslage und zu den Vertragsstrafen; krit. dazu *Meyer*, JZ 1996, 76; *Maurer*, DVBl. 1989, 798, 803 f.; ferner *Schilling*, VerwArch. 1994, 226.

öffentlich-rechtlichen Verträgen sind ebenso wie Erfüllungsansprüche vor den Verwaltungsgerichten geltend zu machen; dies wurde durch eine Neufassung des § 40 Abs. 2 VwGO klargestellt, nachdem es in der früheren Rechtsprechung zum Teil anders behandelt worden war[49].

c) Eine Sonderregelung gegenüber dem BGB stellt auch das **Anpassungs- und Kündigungsrecht dar,** das § 60 VwVfG einräumt, wenn sich die Verhältnisse, „die für die Festsetzung des Vertragsinhalts maßgebend gewesen sind", seit Abschluss des Vertrages „so wesentlich geändert" haben, „dass einer Vertragspartei das Festhalten an der ursprünglichen vertraglichen Regelung nicht zuzumuten ist". Die Behörde kann nach dieser Vorschrift einen Vertrag auch kündigen, „um schwere Nachteile für das Gemeinwohl zu verhüten oder zu beseitigen".

877

Weiterführende Literatur: *Burmeister/Krebs/Autexier/Hengstschläger/Schweizer,* Verträge und Absprachen zwischen der Verwaltung und Privaten, VVDStRL 52, 190 ff.; *Bauer,* Anpassungsflexibilität im öffentlichen Recht, in: *Hoffmann-Riem/Schmidt-Aßmann* (Hrsg.), Innovation und Flexibilität des Verwaltungshandelns, 1994, S. 245 ff.; *Spannowsky,* Grenzen des Verwaltungshandelns durch Verträge und Absprachen, 1994; *Gurlitt,* Verwaltungsvertrag und Gesetz, 2000; *Schlette,* Die Verwaltung als Vertragspartner, 2000. Vgl. a. die schon mehrfach erwähnte Schrift: *Hill* (Hrsg.), Verwaltungshandeln durch Verträge und Absprachen; der Beitrag von *Maurer* zu dieser Schrift ist auch erschienen in DVBl. 1989, 798 ff.

878

Zu den Ausgangsfällen

1. a/b) Der Kaufvertrag über die Computer ist zivilrechtlicher Natur, während die Vereinbarung über den Ausbau der Gemeindestraße öffentlich-rechtlichen Charakter hat.

879

2. Im Fall a) handelt es sich um ein typisches Beispiel dafür, wie in öffentlich-rechtlichen Verträgen ein sachgerechter und rechtmäßiger Interessenausgleich erreicht werden kann. Das Koppelungsverbot birgt hier keinerlei Probleme, da der Zweck der gesetzlichen Regel durch die Maßnahme zweifellos erreicht wird. Fall b) betrifft die Frage der clausula rebus sic stantibus, wie sie in § 60 VwVfG näher ausgestaltet ist. Zwar kann B nunmehr entgegen seiner Verpflichtung nicht mehr die erforderlichen Parkplätze bereitstellen. Andererseits ist ihm wahrscheinlich ein erheblicher wirtschaftlicher Schaden entstanden, so dass die Zumutbarkeit einer erneuten Errichtung des Parkhauses jedenfalls zweifelhaft ist.

3. Der Erschließungsvertrag zwischen der Stadt S und der Wohnungsgesellschaft ist gültig. Die weitere Vereinbarung (Folgekostenvertrag) steht in untrennbarem Zusammenhang mit der Aufstellung des Bebauungsplanes und ist daher ebenfalls ein öffentlich-rechtlicher Vertrag. Das BVerwG hat die Gültigkeit solcher Verträge (vor In-Kraft-Treten des VwVfG) daran gemessen, ob in ihnen Gegenstände miteinander verknüpft worden sind, die nicht in „innerem Zusammenhang" miteinander stehen, anders ausgedrückt: ob hier hoheitliche Entscheidungen von (zusätzlichen) wirtschaftlichen Gegenleistungen abhängig gemacht werden. Mit der Zusage

---

49 A. A. jedoch BGH, DVBl. 1986, 409.

der Folgekostenerstattung trägt die private Gesellschaft dazu bei, dass das Bauvorhaben finanziert, also den Planvorgaben entsprechend durchgeführt werden kann. Die Zusage einer Spende für eine Festhalle steht allerdings außerhalb dieses Zusammenhanges. Vgl. Rn. 841 und 863 sowie BVerwGE 42, 331. In § 11 BauGB ist diese Materie auf der Grundlage der Rspr. zusammenfassend geregelt.

4. Der Verwaltungsakt, durch den einem Alkoholkranken eine Gaststättenerlaubnis erteilt würde, wäre rechtswidrig (§ 4 Abs. 1 Nr. 1 GastG). Daher ist ein Vertrag dieses Inhalts nichtig gemäß § 59 Abs. 2 Nr. 2 VwVfG.

5. Der Fall ist formuliert nach *Bulling*, in: *Hill* (Hrsg.), Verwaltungshandeln durch Verträge und Absprachen, 1990, S. 148. Dort auch Argumente für die Rechtmäßigkeit der Abmachung. Vgl. Rn. 861.

6. Der Vergleich ist zulässig, s. Rn. 866 (Fall nach *Püttner*, S. 122).

7. Die Vereinbarung war zulässig, vgl. Rn. 846 und BFH, NVwZ 1985, 863.

§ 22 Einzelne verwaltungsrechtliche Rechtsverhältnisse

Ausgangsfälle:

1. *Staatsanwalt S hat in der Fachliteratur mehrfach Aufsätze veröffentlicht, in denen er Mängel des Ermittlungsverfahrens in Wirtschaftsstrafsachen kritisiert und diese Mängel mit der Weisungsgebundenheit der ermittelnden Staatsanwälte in Verbindung bringt. Daraufhin schreibt ihm sein vorgesetzter Generalstaatsanwalt, die Veröffentlichung dieser Abhandlungen verstoße gegen die dienstliche Treuepflicht, weil sie für Außenstehende Rückschlüsse auf dienstliche Vorgänge zulasse. Vor weiteren Publikationen zu Themen, mit denen er auch dienstlich befasst sei, habe S das Manuskript dem Generalstaatsanwalt vorzulegen. S erwidert, er sei gerade aufgrund seiner Verpflichtung als Beamter auf das Gemeinwohl bestrebt, die Diskussion um das Strafverfahren zu fördern. Ein Pflichtverstoß liege nicht vor. Da die Vorzensur nach Art. 5 Abs. 1 S. 3 GG verboten sei, werde er künftige Arbeiten nicht zur Genehmigung vorlegen. Wie ist die Rechtslage?*

2. *Liegt ein Dienstvergehen vor, wenn ein Sachbearbeiter in einem Innenministerium/ein Staatsanwalt mehrfach am Wochenende in volltrunkenem Zustand in einem öffentlichen Park aufgefunden wird?*

3. *Einem Beamten werden bei einer Gehaltserhöhung um 4 % versehentlich 40 % mehr gezahlt. Er kauft für das unverhoffte Zusatzeinkommen ein teures Hifi-Gerät und gibt sein altes, noch brauchbares in Zahlung. Als sich der Irrtum herausstellt, verlangt der Dienstherr Rückzahlung. In welcher Form kann er diesen Anspruch geltend machen?*

Einzelne verwaltungsrechtliche Rechtsverhältnisse § 22

4. *Der pensionierte Präsident einer bayerischen Behörde wurde vom Land wegen eines Vergütungsanspruches für Privatfahrten mit Dienstwagen in Anspruch genommen. Sein Amtsnachfolger wollte die Angelegenheit „nicht unnötig aufbauschen", er schrieb deshalb – am 7. 6. 1963 – sehr höflich, dass er nach beamtenrechtlichen und allgemeinen haushaltsrechtlichen Grundsätzen „gehalten" sei, „den Erstattungsanspruch des Freistaates Bayern in Höhe von DM 284,50 hiermit geltend zu machen (Art. 85 BayBG 1960)". Er bitte, den Betrag einzuzahlen. Eine Rechtsmittelbelehrung wurde absichtlich nicht erteilt. Der Adressat weigerte sich zu zahlen. Wie kann das Land seinen Anspruch durchsetzen?*

5. *a) Ein männlicher Zollbeamter trägt im Dienst in Uniform einen kleinen Ohrring, ein Polizeibeamter einen „Lagerfeld-Zopf". Die Vorgesetzten verbieten das. Sind die Verbote rechtmäßig?*
   b) Ein Lehrer trägt im Unterricht eine Anti-Atomkraft-Plakette. Dies wird ihm verboten. Mit Recht?

6. *Das Wirtschaftsministerium des Landes L gewährt dem Unternehmer U aufgrund einer Ermächtigung im Haushaltsplan und dazu erlassener Richtlinien einen Lohnkostenzuschuss zur Beschäftigung von zwanzig Arbeitern in Höhe von 80 000 Euro. U bestätigt schriftlich, dass er die Arbeiter „nicht nur vorläufig" einstellen werde, und verpflichtet sich zur Rückzahlung des gesamten Betrages in einer Summe, wenn er einen Arbeitnehmer innerhalb von sechs Monaten nach der Anstellung wieder entlasse, es sei denn, dass in der Person des Arbeitnehmers ein wichtiger Grund dafür gegeben sei oder zwingende Gründe vorlägen. Alle zwanzig Arbeiter scheiden jedoch nach wenigen Wochen wieder aus, davon zwölf nach Entlassung durch U. Kann das Ministerium den Lohnkostenzuschuss zurückfordern?*

7. *Können für die Benutzung der Fernstraßen Gebühren eingeführt werden?*

8. *a) Viele an der Küste gelegene Gemeinden haben den gesamten Strand vor ihrem Ortsgebiet eingezäunt und verlangen für den Zutritt ein Entgelt. Zu Recht?*
   b) Eine Gemeinde stellt am Ufer eines Baggersees ein Schild mit den Worten „Baden verboten" auf. Kann jemand, der dort regelmäßig geschwommen ist, die Entfernung dieses Schildes verlangen, wenn er geltend macht, dass die Unfälle sämtlich auf eigenes Verschulden der Badenden zurückzuführen sind?

9. *a) Ein Anlieger möchte vor seinem Grundstück auf einem Teil des Fußweges Baumaterial lagern, das er für einen Anbau braucht.*
   b) Ein Kaufhaus stellt vor seinem Grundstück Tische auf und verteilt dort Werbezettel und Warenproben.
   c) Eine politische Gruppe baut in der Fußgängerzone Infostände mit Tischen und großen Schirmen auf und zieht Passanten ins Gespräch.
   Sind diese Aktivitäten ohne weiteres zulässig?

10. *In dem Rathaus einer Großstadt verbringen regelmäßig Nichtsesshafte den Tag auf Bänken im Flur. Besucher empören sich über den Aufenthalt der ungepflegten Männer und fordern vom Bürgermeister, dass er Hausverbote ausspreche. Darf dies geschehen?*

§ 22 Einzelne verwaltungsrechtliche Rechtsverhältnisse

11. a) Nach einem kalten Winter sind auf einer Straße zahlreiche Schlaglöcher. Die Stadt unterlässt die nötigen Reparaturen aus Mangel an Geld. An verschiedenen Autos entsteht dadurch erheblicher Schaden. Ersatzpflicht der Stadt?
b) Ein Autofahrer fährt durch Unachtsamkeit gegen einen Straßenbaum; der muss gefällt und ein neuer gepflanzt werden. Kann die Stadt Schadensersatz verlangen?

(*Lösungshinweise in Rn. 961*)

1. Dienstverhältnisse

a) Die rechtlichen Grundlagen

880 Unter den Verwaltungsrechtsverhältnissen sind die Dienstverhältnisse rechtlich am weitesten durchstrukturiert. Im **Beamtenrecht** ist eine alte Tradition in relativ jungen Gesetzen (BBG und BRRG sowie die Landesbeamtengesetze, SoldatenG, DRiG, BBesG, BeamtVG) festgeschrieben worden. Die frühere Rechtskonstruktion, wonach die „verschärfte Abhängigkeit" des Beamten vom Staat (*Otto Mayer*) außerhalb gesetzlicher Regelungen aus dem „besonderen Gewaltverhältnis" (s.o. Rn. 187 ff. und 288!) herzuleiten sei, war im Grunde schon durch die Vorgänger dieser Gesetze (Landesbeamtengesetze der Weimarer Zeit, Deutsches Beamtengesetz von 1937) überholt; durch die umfassende Grundrechtsgeltung nach dem Grundgesetz (Art. 1 Abs. 3) war diese Lehre vollends obsolet geworden – was das BVerfG[1] schließlich ausdrücklich feststellte, und die neuere Gesetzgebung hat diese Konstruktion endgültig überflüssig gemacht.

881 Richtig ist nur, dass die Rechtsbeziehungen zwischen dem Staat und den in den öffentlichen Dienst eingetretenen Personen besonders eng sind. Die Personen sind in die Verwaltung „einbezogen" und *insofern* nicht Inhaber von Grundrechten, wie sie für den Verwaltungsträger handeln. Auch der Vorbehalt des Gesetzes gilt insofern nicht; die Verwaltungsspitze kann Verwaltungsvorschriften erlassen und Weisungen erteilen. Um dies zu erklären, bedarf es aber nicht der Konstruktion eines besonderen Gewaltverhältnisses, auch nicht als bloß verwaltungsrechtlicher Begriff, wie *Ronellenfitsch*[2] meint. Dem Vorbehalt des Gesetzes ist durch die §§ 37 S. 2 BRRG, 55 S. 2 BBG und die entsprechenden Landesgesetze genügt; nur die zulässigen *Inhalte* der Weisungen und Verwaltungsvorschriften ergeben sich nicht aus diesen Normen, sondern aus den auszuführenden oder zu beachtenden Sachnormen.

882 Sofern behauptet wird, bei der Auslegung dieser Generalklauseln werde „der allgemeine Gemeinschaftsvorbehalt der Grundrechte durch das Kriterium der Funktionsfähigkeit des jeweiligen Gewaltverhältnisses konkretisiert"[3], sind solche Konstruktionen erst recht unangebracht bei **Dienstverhältnissen anderer Art** als dem

---
1 BVerfGE 33, 1, s. a. BVerfGE 40, 237, 246 ff.
2 *Ronellenfitsch*, DÖV 1981, 933 ff.
3 *Ronellenfitsch*, a. a. O.

1. Dienstverhältnisse § 22

Beamtenverhältnis. Wehrpflicht und Zivildienst sind gesetzlich geregelt, die Auslegung dieser Gesetze hat nicht einseitig der Funktionsfähigkeit von „Gewaltverhältnissen" – die in Wahrheit Rechtsverhältnisse sind – zu dienen, sondern eine Annäherung zwischen den Interessen der Allgemeinheit an dem jeweiligen Dienst und den Interessen der Dienstpflichtigen anzustreben.

b) Arten von Dienstverhältnissen

Die Angehörigen des Öffentlichen Dienstes sind nach ihrem Rechtsstatus in folgende Gruppen eingeteilt: **883**

a) **Beamte:** Sie stehen in einem öffentlich-rechtlichen „Dienst- und Treueverhältnis", dessen Inhalt gesetzlich geregelt ist, das im Einzelfall durch Verwaltungsakt begründet und ausgestaltet wird und das sich durch Unterordnung statt Gleichordnung kennzeichnen lässt.

b) **Arbeitnehmer:**
– *Angestellte* im Öffentlichen Dienst: Sie sind aufgrund privatrechtlichen Vertrages angestellt, aber der Inhalt ihres Dienstverhältnisses ist durch tarifvertragliche Regelung (BAT/TVÖD) in verschiedenen Beziehungen dem des Beamtenverhältnisses angenähert.
– *Arbeiter* im Öffentlichen Dienst: Hier gilt grundsätzlich allgemeines Arbeitsrecht, daneben bestehen mehrere Manteltarifverträge und Sondertarifverträge für spezielle Berufsgruppen. Auch das Recht der Arbeiter im Öffentlichen Dienst hat Elemente des Beamtenrechts übernommen.

c) **Richter:** Sie stehen in einem besonderen Amtsverhältnis, das teilweise schon in der Verfassung (Art. 97, 98 GG), teilweise in einem Sondergesetz (Deutsches Richtergesetz) geregelt ist. Inhaltlich entspricht dieses Richterrecht jedoch weitgehend dem Beamtenrecht.

d) **Soldaten:** Auch ihr Rechtsstatus entspricht in allen wesentlichen Elementen dem des Beamten, doch geht die Unterordnung beim Soldaten weiter. Vgl. dazu das Gesetz über die Rechtsstellung der Soldaten (Soldatengesetz) sowie für Wehrpflichtige dessen § 58 und das Wehrpflichtgesetz.

e) **Zivildienstleistende:** Das Zivildienstverhältnis ist als Kombination von Elementen des Wehrdienstverhältnisses und des Beamtenverhältnisses gestaltet (Zivildienstgesetz).

f) **Spezielle Dienstverhältnisse:**
– *Dienstordnungs-Angestellte* der Berufsgenossenschaften (§§ 144 ff. SGB VII): arbeitsrechtliche, vertragliche Anstellung mit besonderen Bestimmungen über Pflichten des Angestellten und Kündigungsschutz; die Dienstordnung geht Tarifverträgen vor. Sie bedarf der Genehmigung der Versicherungsaufsichtsbehörde.
– Bedienstete der *Kirchen* (Beamte und Angestellte) gehören zwar zum großen Bereich des „Öffentlichen Dienstes", was sich z. B. in der Übernahme von Regelungen des BAT ausdrückt; doch sind Kirchenbeamte den Beamten des Staates

§ 22 *Einzelne verwaltungsrechtliche Rechtsverhältnisse*

und der Gemeinden sowie der „echten" Körperschaften des öffentlichen Rechts nicht vollständig gleichgestellt[4].

884 In der grundsätzlichen Auseinandersetzung um den öffentlichen Dienst wird diese Aufgliederung zu einer *Zweiteilung* in Beamte und Arbeitnehmer vereinfacht (s. schon oben Rn. 421). Damit lassen sich in der Tat die wichtigsten Unterschiede bezeichnen. Richter und (Berufs-)Soldaten haben in allen wesentlichen Punkten denselben Rechtsstatus wie Beamte; es gibt auch gemeinsame „standespolitische" Aktivitäten von Verbänden der Beamten, Richter und Soldaten (Deutscher Beamtenbund, Deutscher Richterbund und Bundeswehrverband). Ein erheblicher Teil der Beamten ist jedoch in den DGB-Gewerkschaften des Öffentlichen Dienstes organisiert, die stärker die Gemeinsamkeiten des Dienstrechts und der Interessenlage betonen.

Zu beachten ist, dass es **Amtsverhältnisse** gibt, die nicht Dienstverhältnisse sind: Minister, Parlamentarische Staatssekretäre und Staatsminister, Bundesverfassungsrichter, Bundes- und Landesbeauftragte (z. T.), Notare.

885 „Das Recht Beamte zu haben", also die **Dienstherrnfähigkeit**, besitzen nur der Bund, die Länder, die Gemeinden und Gemeindeverbände sowie eine Reihe juristischer Personen des öffentlichen Rechts (§ 121 BRRG – nachlesen!).

Durch die Privatisierung von Bahn, Post und Flugsicherung sind jedoch Hunderttausende von Beamten aus dem öffentlichen Dienst ausgegliedert worden und nunmehr bei privaten Arbeitgebern beschäftigt. Um ihre Rechte zu wahren, sind verfassungsrechtliche und gesetzliche Sondervorschriften beschlossen worden: Die Beamten der früheren Bundeseisenbahnen sind der Deutschen Bahn AG zur Dienstleistung zugewiesen worden[5], die der Bundespost werden „bei den privaten Unternehmen" Deutsche Post AG, Deutsche Telekom AG und Postbank AG beschäftigt, denen „Dienstherrnbefugnisse" verliehen wurden[6]. Die Flugsicherung wurde durch eine Novelle zum Luftverkehrsgesetz v. 23. 7. 1992[7] auf der Grundlage des Art. 87d Abs. 1 S. 2 GG privatisiert.

Bei den Nachfolgeunternehmen der Bundespost sind aufgrund der Privatisierungsgesetze neben Angestellten und Arbeitern eine große Zahl von Beamtinnen und Beamten tätig, und zwar „unmittelbare Bundesbeamte". Ihr Besitzstand aus dem Beamtenverhältnis ist geschützt; sie können aber außerdem in privatrechtliche Anstellungsverhältnisse überwechseln[8] – eine früher undenkbare Vermengung des öffentlich-rechtlichen mit dem privatrechtlichen Rechte- und Pflichtstatus. Da die Unternehmen keine Beamten mehr anstellen dürfen, wird dieser Zustand in einigen Jahrzehnten enden.

---

[4] BVerwGE 10, 355.
[5] Art. 143a Abs. 1 GG; § 7 Gesetz zur Zusammenführung und Neugliederung der Bundeseisenbahnen vom 27. 12. 1993, BGBl. I S. 2378.
[6] Art. 143b Abs. 3 und Postpersonalrechtsgesetz (Art. 4 des Postneuordnungsgesetzes vom 14.9.1994, BGBl. I S. 2325, 2353. Lesen Sie §§ 1-7 dieses Gesetzes!). S. a. *Böhm/Schneider*, „Beamtenprivatisierung" bei der Deutschen Bahn AG, 2002.
[7] Dort §§ 27a ff., BGBl. I S. 1370.
[8] § 4 Abs. 3 Postpersonalrechtsgesetz.

886 Neu ist auch die Öffnung des Beamtenstatus für Ausländer, wie sie durch die Freizügigkeit der Arbeitnehmer nach Art. 48 EGV bewirkt worden ist. Der deutsche Gesetzgeber hat sie in § 4 Abs. 1 Nr. 1 BRRG und § 7 Abs. 1 Nr. 1 BBG umgesetzt und die – vom EuGH eng ausgelegte – Ausnahme des Art. 48 Abs. 4 EGV („Beschäftigung in der öffentlichen Verwaltung") durch die Formel umschrieben, dass nur Deutsche in das Beamtenverhältnis berufen werden dürfen, „wenn die Aufgaben es erfordern"[9].

c) Handlungsformen bei der Begründung und Abwicklung von Dienstverhältnissen

aa) Begründung durch Verwaltungsakt

887 Öffentlich-rechtliche Dienstverhältnisse werden regelmäßig durch Verwaltungsakt begründet. Das Beamtenrecht befasst sich mit diesem VA unter dem speziellen Begriff der **Ernennung**. In § 5 BRRG und § 6 BBG ist genau bestimmt, für welche Veränderungen der Rechtslage es einer Ernennung bedarf. Die Ernennung ist streng formgebunden; das Gesetz schreibt sogar die Worte vor, die in der Ernennungsurkunde enthalten sein müssen. Das Dienstverhältnis der Beamten (und ebenso das der Richter und Berufssoldaten) kann danach ausschließlich durch **Aushändigung einer Ernennungsurkunde** entstehen (§ 5 BRRG, § 6 BBG, § 17 DRiG, § 41 SoldG). Bei der Ernennung muss der Beamte in eine freie Planstelle eingewiesen werden (§ 49 Abs. 1 BHO); doch ist die Ernennung unabhängig davon wirksam. Die Ernennung ist ein mitwirkungsbedürftiger VA und bedarf daher zu ihrer Wirksamkeit der Zustimmung des zu Ernennenden. Die vorbehaltlose Entgegennahme der Ernennungsurkunde ist in der Regel als Zustimmung zu verstehen. § 113 BGB ist entsprechend anzuwenden (BVerwGE 34, 16, 171).

Die Gesetze bestimmen auch sorgfältig, welche Folgen **Fehler der Ernennung** haben (§ 5 Abs. 3 und 4, §§ 8 und 10 BRRG, §§ 11-14 BBG). Bemerkenswert ist vor allem § 14 BBG: „Ist eine Ernennung nichtig oder ist sie zurückgenommen worden, so sind die bis zu dem Verbot ... (der Führung weiterer Dienstgeschäfte) oder bis zur Zustellung der Erklärung der Rücknahme ... vorgenommenen Amtshandlungen des Ernannten in gleicher Weise gültig, wie wenn sie ein Beamter ausgeführt hätte". Das Vertrauen der Bürger in die Gültigkeit der Amtshandlungen wird also geschützt. Die Berufung in das Beamtenverhältnis ist materiell und formell genau geregelt; insbesondere ist das Leistungsprinzip zu beachten (Art. 33 Abs. 2 und 3 GG, § 7 BRRG, § 8 Abs. 1, S. 2 BBG). Das gilt auch bei Beförderungen (§ 23 BBG). Zu den häufig vorkommenden beamtenrechtlichen *Konkurrentenklagen* vgl. Rn. 1042.

---

9 Hierzu *Schotten*, DVBl. 1994, 567 m. w. N.; *Everling*, DVBl. 1990, 225.

bb) Zuweisung eines Dienstpostens, Umsetzung

888 Von der Ernennung zu unterscheiden ist die **Zuweisung eines Dienstpostens**. Sie betrifft den Beamten in aller Regel nicht in seinem persönlichen Rechtsverhältnis zum Dienstherrn, sondern regelt nur die konkrete Art und Weise der Dienstleistung im Rahmen des abstrakten Amtes. Als interner Organisationsakt ist sie keine *auf Außenwirkung gerichtete* Regelung, deshalb kein VA[10]; in der *Ule*'schen Terminologie gehört sie zum Betriebsverhältnis (s. a. oben Rn. 732 f.). Sie kann ausnahmsweise doch in das persönliche Rechtsverhältnis des Beamten eingreifen. Dann müsste sie als Verwaltungsakt ergehen; allerdings geschieht dies nicht immer.

889 Entsprechendes gilt für die **Umsetzung** eines Beamten auf einen anderen Dienstposten innerhalb derselben Behörde: auch sie verändert nicht das Grundverhältnis des Beamten zum Dienstherrn, sondern ist ein Unterfall der Zuweisung eines Dienstpostens. Wie die Umsetzung ist auch die sonstige *Änderung des Aufgabenbereichs* durch Organisationsakt zu behandeln; dabei entsteht ein neuer Dienstposten. Eine qualifizierte Form ist die *Übertragung eines höherwertigen Dienstpostens*, um eine künftige Beförderung vorzubereiten; auch hier ist aber kein Verwaltungsakt anzunehmen, denn es geht nur um eine vorbereitende Maßnahme, die selbst noch nicht den Status ändert. Auch wenn bei einer Umsetzung die Rechtsverletzung offensichtlich erscheint, ist keineswegs ohne weiteres ein VA anzunehmen; denn sie beschränkt sich ihrer Bestimmung nach auf den verwaltungsinternen Bereich, ist also nicht auf Außenwirkung gerichtet[11] – mögen auch die tatsächlichen Wirkungen sich auf die persönliche Rechtsstellung des Beamten erstrecken.

Mit dieser Qualifizierung ist weder über die Zulässigkeit einer Klage noch über ihre Erfolgsaussicht entschieden. Der Beamte kann sich gegen Rechtsbeeinträchtigungen auch wehren, wenn sie nicht als Verwaltungsakte ergehen (von der Form der Regelung hängt nur die Klageart ab: i. d. R. Leistungsklage; u. U.[12] Feststellungsklage). Begründet sind solche Klagen allerdings nur ausnahmsweise; denn der Beamte hat kein Recht darauf, einen bestimmten Aufgabenbereich zu erhalten oder zu behalten. Nur wenn ihm unterwertige, nicht seiner Laufbahn entsprechende Tätigkeit zugewiesen wird, hat die Klage Erfolg[13].

Von der Umsetzung zu unterscheiden sind die vorübergehende **Abordnung** an eine andere Dienststelle (§ 18 BRRG, § 27 BRRG) und die **Versetzung**, d. h. die dauernde Übertragung eines anderen Amtes (§ 17 BRRG, § 27 BBG). Sie erfolgen in der Form des VA, da ihre Rechtsgrundlagen unter bestimmten Voraussetzungen die Zustimmung des Beamten verlangen und somit erkennen lassen, dass sie dessen persönliche Rechtsstellung gestalten[14] (s. oben Rn. 735). Schließlich ist als neues

---

10 So auch *Maurer*, § 9 Rn. 28.
11 BVerwGE 60, 144, 149; s. a. E 75, 138, 89, 199, 200; *Kunig* in: *Schmidt-Aßmann*, Besonderes Verwaltungsrecht, 6. Kap., Rn. 113 und 182 (S. 686 und 719 f.).
12 Vgl. *Gönsch*, DÖV 1978, 253.
13 Beispiele: BVerwGE 14, 84; OVG Münster, DöD 1977, 281; für einen Soldaten BVerwGE 53, 155; zur Rückgängigmachung einer fehlerhaften Umsetzung BVerwGE 75, 138; 89, 199.
14 *Kunig* (Fn. 11) Rn. 112, 174 und 182; *Köpp* in: *Steiner*, III Rn. 120 f. und 150.

1. Dienstverhältnisse § 22

Rechtsinstitut die Zuweisung zu einer öffentlichen Einrichtung ohne Dienstherrnfähigkeit eingeführt worden (§ 123a BBG)[15].

cc) Schadensersatzansprüche

Ansprüche auf Schadensersatz wegen schuldhafter Pflichtverletzung des Bediensteten (§§ 46 Abs. 1 oder 2 BRRG, 78 Abs. 1 und 2 BBG, 24 Abs. 1 und 2 SoldG) kann der Dienstherr **durch Verwaltungsakt geltend machen**[16]; er ist nicht darauf angewiesen, den Bediensteten zu verklagen (vgl. schon oben Rn. 681). Dasselbe gilt für die Rückforderung zu viel bezahlter Bezüge (vgl. *Fall 3*)[17].

890

Allerdings muss eindeutig ausgedrückt werden, dass ein VA ergehen soll. Im *Ausgangsfall 4* war das nach Ansicht des BVerwG nicht geschehen. Das Gericht bemerkte dazu, „unter dem an sich begrüßenswerten und förderungswürdigen Bestreben einer Behörde, sich höflicher Formen zu bedienen", dürfe die Klarheit nicht leiden[18].

d) Beamtenpflichten

Die „rechtliche Stellung des Beamten wird entscheidend von seinen Pflichten geprägt. Der Gesetzgeber hat dies dadurch zum Ausdruck gebracht, dass sowohl das Bundesbeamtengesetz als auch das Beamtenrechtsrahmengesetz und die Landesbeamtengesetze bewusst die Pflichten vor den Rechten aufzählen. Die Pflichtigkeit des Beamtenverhältnisses ist die Konsequenz der Tatsache, dass das Beamtenverhältnis ein öffentlich-rechtliches Dienst- und Treueverhältnis ist"[19].

891

aa) Verfassungstreue

Der unparteiische „Dienst" der Beamten wird schon in der WRV betont. Der Inhalt ihres Art. 130 – „Die Beamten sind Diener der Gesamtheit, nicht einer Partei" kehrt in § 35 Abs. 1 S. 1 BRRG und § 52 Abs. 1 S. 1 BBG sowie in einigen Landesverfassungen wieder. In engem Zusammenhang hiermit steht die *Forderung* nach *Verfassungstreue* des Beamten, wie sie ebenfalls als „Bekenntnispflicht" u. a. in § 35 Abs. 1 S. 3 BRRG und § 52 Abs. 2 BBG statuiert ist.

892

Die Auseinandersetzung um die **Einstellungsüberprüfungen,** die im Anschluss an den vom Bundeskanzler und den Ministerpräsidenten der Länder beschlossenen Extremistenerlass vom 28. 1. 1972[20] die Ausmaße einer Verfassungskrise angenommen hat, kann hier nicht

893

---

15 Vgl. dazu *Kathke*, ZBR 1999, 325 f.
16 St. Rspr. seit BVerwGE 19, 243, 245. Dagegen die h. L., die eine Leistungsklage der Behörde für erforderlich hält, z. B. *Kunig*, in: *Schmidt-Aßmann*, Besonderes Verwaltungsrecht, 6. Kap. Rn. 147. Wie hier aber *Maurer* § 10 Rn. 7 und *Erichsen*, in: *ders./Ehlers*, § 15 Rn. 4.
17 BVerwGE 71, 354, 357 f.
18 BVerwGE 29, 310, 313.
19 *Von Münch*, in: *ders.*, Besonderes Verwaltungsrecht, 8. A. 1988, S. 40; ähnlich: *Kunig*, in: *Schmidt-Aßmann*, Besonderes Verwaltungsrecht, 6. Kap., Rn. 128.
20 Veröffentl. u. a. im Bulletin des Presse- und Informationsamtes der Bundesregierung Nr. 15 v. 3. 2. 1972, S. 142; auch in BVerfGE 39, 334, 366.

behandelt werden. Das Urteil des *BVerfG* v. 22. 5. 1975[21] hat die grundsätzliche Zulässigkeit solcher Überprüfungen bestätigt, aber viele Fragen offen gelassen, und vor allem konnte es nicht das Unbehagen beseitigen, das daraus herrührt, dass die zuständigen Stellen von den verfassungsrechtlichen Befugnissen (Partei- und Organisationsverbot, Verwirkung von Grundrechten) keinen Gebrauch gemacht, sondern sich auf die Möglichkeiten individueller Kontrolle nach dem Beamtenrecht gestützt haben. Der *Europäische Gerichtshof für Menschenrechte* hat die auf den Extremistenausschluss gestützte Entlassung einer Lehrerin – die sich für die DKP engagiert und für sie kandidiert hatte – als einen Verstoß gegen Art. 10 und 11 EMRK (Meinungs- und Vereinigungsfreiheit) bezeichnet (U. v. 26. 9. 1995, NJW 1996, 375; die Entscheidung erging mit einer Mehrheit von 10 zu 9 Stimmen; Abweichende Meinungen der überstimmten Richter a. a. O. S. 378 ff.).

Nachweise aus der Fülle von Veröffentlichungen bei *Denninger*, VVDStRL 37, 32 ff., und *Klein,* ebenda 83 ff. Rechtsvergleich: *Doehring u. a.*, Verfassungstreue im öffentlichen Dienst europäischer Staaten, 1980; *Böckenförde/Tomuschat/Umbach* (Hrsg.), Extremisten und öffentlicher Dienst, 1981. Die Bundesregierung hat die Verfahrensregeln neu gefasst in Richtlinien v. 14. 11. 1978 (Bulletin Nr. 131 v. 18. 11. 1978) und 17. 1. 1979 (Bulletin Nr. 6 v. 19. 1. 1979); die meisten Länder haben die „Regelanfrage" beim Verfassungsschutz ebenfalls abgeschafft. S. a. *Koschnick,* Der Abschied vom Extremistenbeschluß, 1979; *Häde/Jachmann,* ZBR 1997, 8.

bb) Gesetzestreue

894 Kann sich der Beamte der Anwendung eines Gesetzes widersetzen, wenn er es für verfassungswidrig hält? Hinter dieser Frage verbirgt sich die Problematik um die Prüfungs- und Verwerfungskompetenz des Beamten (zu unterscheiden von der der Behörde; dazu Rn. 140). Aus der Pflicht, die Gesetze zu beachten, ergibt sich auch die Pflicht zur *Prüfung* der Gesetze auf Verfassungsmäßigkeit. Aber dies berechtigt den Beamten noch nicht zur *Verwerfung,* d. h. Nichtbeachtung des Gesetzes. Zunächst muss der Beamte die Angelegenheit auf dem Dienstweg seinen Vorgesetzten zur Entscheidung vorlegen (wie bei rechtswidrigen Anweisungen, dazu unten Rn. 897). Sie können z. B. einen Normenkontrollantrag durch die Bundes- oder Landesregierung[22] anregen. Wird auf Anwendung des Gesetzes bestanden, so ist der Beamte grundsätzlich zum Gehorsam verpflichtet (Ausnahmen: § 38 Abs. 2 S. 2 BRRG, § 56 Abs. 2 S. 2 BBG). Zuweilen aber muss sehr schnell entschieden werden. Solange den Gerichten keine Befugnisse vorenthalten und den Betroffenen keine Rechte genommen oder beeinträchtigt werden, darf der Rechtsanwender im Eilfall eine Rechtsnorm „verwerfen", von deren Verfassungswidrigkeit er überzeugt ist[23]. Eine *beschränkte Verwerfungskompetenz* der Verwaltung und damit auch des einzelnen Organwalters ist auch gegeben, wenn die Verfassungswidrigkeit offensichtlich ist, insbesondere weil das BVerfG eine gleiche Norm bereits für verfassungswidrig erklärt hat[24].

---

21 BVerfGE 39, 334.
22 *Wolff/Bachof/Stober*, § 28 Rn. 20.
23 Vgl. *Bachof*, AöR 87, 1962, 1 ff., 47.
24 BVerfGE 12, 186 f.; *Hoffmann-Riem*, DVBl. 1971, 842.

cc) Dienstleistung

In der Terminologie des Beamtenrechts stellt die **„Grundpflicht" des Beamten**, nämlich seinen Dienst zu leisten, etwas anderes dar als die Arbeitspflicht von Arbeitnehmern. So wird noch in § 36 BRRG gesagt, der Beamte habe sich „mit voller Hingabe seinem Beruf zu widmen". Mit Recht bemerkt dazu *von Münch*, dass diese Dienstpflicht – nüchtern betrachtet – nichts anderes als eine Dienstleistungspflicht, d. h. eine Arbeitspflicht darstellt[25].

895

Der Beamte ist danach verpflichtet, in der regelmäßigen Arbeitszeit und unter Umständen darüber hinaus Dienst zu tun. Er darf ohne Genehmigung seines Dienstvorgesetzten dem Dienst nicht fernbleiben; sonst erhält er keine Dienstbezüge. Die Arbeitszeit der Beamten ist durch Verordnungen auf Bundes- und Landesebene geregelt. Für Angestellte gilt hingegen, dass sie Überstunden grundsätzlich nur gegen besondere Vergütung zu leisten brauchen (ausgenommen die höchsten Vergütungsgruppen). Neuerdings ist jedoch auch für Beamte eine Vergütung für Dienst über die regelmäßige Arbeitszeit hinaus unter bestimmten Voraussetzungen vorgesehen; sie heißt hier „Mehrarbeitsvergütung" und wird erst gewährt, wenn ein Ausgleich durch Dienstbefreiung nicht möglich ist (§ 44 BRRG).

dd) Befolgung von Anweisungen

Der Beamte hat die **Weisungen seiner Vorgesetzten** (nicht, wie oft falsch gesagt wird, „Dienstherrn", s. Rn. 885) zu befolgen. In den neueren Beamtengesetzen wird freilich zunächst betont, dass der Beamte „seine Vorgesetzten zu beraten und zu unterstützen" habe; erst in zweiter Linie wird gesagt, dass er „die von ihnen erlassenen Anordnungen auszuführen und ihre allgemeinen Richtlinien zu befolgen" habe (§ 37 BRRG, § 55 BBG).

896

Diese Bestimmungen (die sich im Landesrecht entsprechend finden) bilden, wie schon bei der Kritik der Lehre vom besonderen Gewaltverhältnis (oben Rn. 186 ff., 289 und 880 f.) ausgeführt, die Rechtsgrundlage für Erlasse und Weisungen, also interne Verwaltungsgebote in dem besprochenen Sinne (Rn. 732 ff.). Zum besseren Verständnis dieser Rechtslage hilft die von *Ule* entwickelte Lehre[26], wonach zwischen „Grundverhältnis" und „Betriebsverhältnis", zu unterscheiden ist: die Gehorsamspflicht als solche trifft den Beamten in seinem „Grundverhältnis", der Inhalt der Weisung gehört zum „Betriebsverhältnis" und berührt deshalb in der Regel nicht die persönliche Rechtsstellung des Beamten zum Dienstherrn (s. aber auch oben Rn. 733). Statt „Grundverhältnis" kann man auch „persönliches Verhältnis", statt „Betriebsverhältnis" „amtliches (dienstliches) Verhältnis" sagen[27].

Hat der Beamte Bedenken gegen die Rechtmäßigkeit von Weisungen – etwa weil er der Ansicht ist, das von ihm Verlangte verletze Rechte der betroffenen Bürger – so muss er diese unverzüglich auf dem Dienstwege geltend machen **(Remonstrationsrecht,** § 38 Abs. 2 BRRG, § 56 Abs. 2 BBG)[28]. Wenn in diesem Fall ein höherer (!)

897

---
25 *Von Münch*, a. a. O. (Fn. 19) Rn. 875.
26 VVDStRL 15, 133.
27 Vgl. a. *Maurer*, § 9 Rn. 28.
28 Dazu *Felix*, ZBR 1994, 18.

§ 22 *Einzelne verwaltungsrechtliche Rechtsverhältnisse*

Vorgesetzter die Anordnung bestätigt, muss der Beamte sie trotz seiner Bedenken befolgen; er ist dann aber von seiner sonst gegebenen persönlichen Verantwortung (§ 38 Abs. 1 BRRG) befreit, außer wenn das ihm aufgetragene Verhalten – für ihn erkennbar – strafbar oder ordnungswidrig ist oder die Würde des Menschen verletzt (Abs. 2 S. 2, s. a. Abs. 3) (s. schon oben Rn. 894 zur Prüfungs- und Verwerfungskompetenz des Beamten gegenüber verfassungswidrigen Gesetzen).

Dass der Beamte auch gegenüber einer verfassungswidrigen Weisung (nämlich: auf bestreikten Arbeitsplätzen Dienst zu tun, vgl. BVerfGE 88, 103) zum Gehorsam verpflichtet ist, betont BVerfG, DVBl. 1995, 192. Nur *offenkundig* rechtswidrige Weisungen seien unverbindlich.

898 Befolgt der Beamte dienstliche Anordnungen nicht, so kann er dazu durch **Disziplinarmaßnahmen** angehalten werden, die für Bundesbeamte in §§ 5-16 BDG (s. a. §§ 77 BBG) geregelt sind (Verfahrensregeln in den übrigen Bestimmungen des BDG; zum Disziplinarrecht der Landesbeamten: § 45 BRRG und Landesdisziplinargesetze).

ee) Pflicht zu „richtigem" dienstlichen Verhalten

899 Die allgemeinen Verhaltenspflichten des Beamten sind z. T. in Sonderbestimmungen (z. B. über Nebentätigkeiten, Annahme von Belohnungen oder Geschenken, Verschwiegenheit) konkretisiert, z. T. aber auch aus den ganz generell formulierten Bestimmungen wie § 36 BRRG herzuleiten.

900 Eine andere Gruppe von Verhaltenspflichten erstreckt sich in den außerdienstlichen Bereich hinein. Sein Verhalten „muss der Achtung und dem Vertrauen gerecht werden, die sein Beruf erfordert" (§ 36 Satz 3 BRRG, § 54 S. 3 BBG), und zwar „innerhalb und außerhalb des Dienstes". Bei politischer Betätigung hat der Beamte „Mäßigung und Zurückhaltung zu wahren" (§ 35 Abs. 2 BRRG, § 53 BBG). Man beachte: Was „achtungs- und vertrauenswürdiges Verhalten" ist, bestimmt sich auch aus der Perspektive des Publikums; der einzelne Beamte muss darauf Rücksicht nehmen, was die Bürger von einem Beamten des betreffenden Ranges und der betreffenden Funktion erwarten und angemessenerweise erwarten dürfen. Das heißt nicht, dass die Beamten zum Konformismus verurteilt wären, aber es bedeutet die Pflicht zur Vorsorge gegen den Eindruck der Einseitigkeit, Befangenheit oder Maßlosigkeit und zur Wahrung angemessener, sachlicher Form der Äußerung. So darf sich ein Beamter nicht öffentlich zu Fragen seines Arbeitsgebietes oder zur Politik der Regierung, der er Loyalität schuldet, einseitig oder überzogen kritisch äußern.

Die Auslegung mag noch relativ einfach sein, wenn sich ein *Zusammenhang* zwischen dem (inner- oder außerdienstlichen) Verhalten des Beamten und seiner Funktion feststellen lässt. Ein Polizeibeamter darf nicht Streifengänge zur Kontaktaufnahme mit der Unterwelt benutzen, und er darf auch „außerdienstlich" nicht zum Hehler werden. Ein Lehrer darf keinen sexuellen Kontakt zu Schülern aufnehmen, ein Kassenverwalter nicht am Glücksspiel teilnehmen. Vorgesetzte dürfen ihre Mitarbeiter nicht beleidigen. Richter und Staatsanwälte, die gegen verkehrsrechtliche Bestimmungen verstoßen, z. B. betrunken Auto fahren, verstoßen gleichzeitig gegen Dienstpflichten.

Sehr viel schwieriger ist die Beurteilung jedoch, wenn das außerdienstliche Verhalten *keinen unmittelbaren Bezug zum Dienst* hat. So ist es schwer zu entscheiden, unter welchen Voraussetzungen Trunkenheit außerhalb des Dienstes eine Pflichtverletzung darstellt (*Fall 2:* jedenfalls wenn der Staatsanwalt erpressbar würde oder mit Straftätern seiner Zuständigkeit zusammentreffen könnte).

Besonders konfliktträchtig sind Fragen der Meinungsfreiheit im Dienst. So hat das BVerwG im *Fall 5b* festgestellt, ein Lehrer dürfe im Unterricht keine Anti-Atomkraft-Plakette tragen, weil dies gegen das Gebot der Zurückhaltung bei politischer Betätigung (§ 35 Abs. 2 BRRG, § 58 Hamburgisches Beamtengesetz) verstoße[29]. Die Mäßigungs- und Zurückhaltungspflicht wurde nach Ansicht des BVerwG auch verletzt, als 35 Richter und Staatsanwälte eine Zeitungsanzeige gegen die Raketen-Nachrüstung aufgaben und diese Maßnahme unter Inanspruchnahme ihres Amtes als Verstoß gegen Verfassungsrecht darstellten (BVerwGE 78, 216 – nachlesen! –; s. a. BVerwG, NJW 1988, 1747 und BVerfG, NJW 1989, 93). Auf die beteiligten Richter wurde § 39 DRiG angewendet, der den erwähnten beamtenrechtlichen Mäßigungsgeboten entspricht.

901

Das Verbot des Tragens von Ohrringen für männliche Uniformträger (*Fall 5a*) hielt das Gericht für rechtmäßig[30]. Ein Polizeibeamter durfte jedoch einen „Lagerfeld-Zopf" tragen; ein Zwangshaarschnitt darf nicht verlangt werden, weil damit in das Grundrecht des Art. 2 Abs. 1 GG eingegriffen würde[31].

e) Beamtenrechte

aa) Fürsorgeanspruch

Wie bei den Pflichten, so steht auch bei den Rechten des Beamten in den gesetzlichen Regelungen nicht die für das Arbeitsleben sonst wesentliche Leistung – hier also das Entgelt – im Vordergrund, sondern eine sehr allgemein umschriebene Pflicht des Dienstherrn, „für das Wohl des Beamten und seiner Familie, auch für die Zeit nach Beendigung des Beamtenverhältnisses, zu sorgen" (§ 48 S. 1 BRRG, § 79 S. 1 BBG). Hier wirkt das patriarchalische Verständnis des Beamtenverhältnisses nach: Staat und Beamter schulden sich gegenseitig Treue; weil der Beamte sich „mit voller Hingabe", mit seiner ganzen Person dem Staatsdienst widmet, gewährt der Staat ihm und den Seinen **Fürsorge und Schutz.** Auch das Gehalt wird als Ausdruck der Fürsorge für den Unterhalt des Beamten und seiner Familie verstanden, es gilt nicht als Gegenleistung, Entgelt, sondern als „Alimentation". Damit soll zugleich die Unabhängigkeit des Beamten gesichert werden; er soll nicht um seinen Unterhalt „betteln" müssen und auch nicht in die Lage kommen, sich zusätzliche Einkünfte suchen zu müssen.

902

Die Besoldung ist heute speziell geregelt (dazu sogleich Rn. 904 ff.); als Konkretisierungen der Sorgepflicht des Dienstherrn sind heute insbesondere die verschiedenen Beihilfen (für Krankheits-, Geburts- und Todesfälle) zu nennen. Aber weiterhin wird als der eigentliche Grund für die verschiedenen Leistungen der

903

---

29 BVerwGE 84, 292.
30 BVerwGE 84, 287, 292 – mit schwacher Begründung, zum kritischen Nachlesen empfohlen!
31 VGH Kassel, NJW 1996, 1164.

§ 22 *Einzelne verwaltungsrechtliche Rechtsverhältnisse*

Alimentationsgrundsatz angesehen[32]. Als generelles Gebot folgt aus der Sorgepflicht, dass der Dienstherr Handlungen unterlassen muss, die den Beamten schädigen, dass er ihn vor Nachteilen bewahren und möglichst positiv fördern soll. Hierzu gehört auch die Förderung des dienstlichen Fortkommens. Verletzungen der Fürsorgepflicht führen zu einem Schadensersatzanspruch des Beamten, und zwar u. U. *neben* einem Anspruch aus Amtspflichtverletzung[33].

Beispiele: Die Fürsorgepflicht kann den Verzicht auf einen Anspruch gegen den Beamten gebieten (BGH, DÖV 1994, 387). Sie verbietet dem Dienstherrn, Beamte durch Kritik an ihrer Amtsführung bloßzustellen (BVerwG, DVBl. 1995, 1248). Für eigene Gegenstände, die der Beamte notwendigerweise und im Rahmen des Üblichen in den Dienst einbringt, hat der Dienstherr eine Schutzpflicht (aber nicht für ständig in die Hochschule „ausgelagerte" Gemälde eines Kunstprofessors – so BVerwG, NJW 1995, 271).

Wieder anders wird der Anspruch auf Schadensersatz konstruiert, der aus einer Vernachlässigung der **Auslesekriterien** Eignung, Befähigung und fachliche Leistung (Art. 33 Abs. 2 GG) folgen kann, nämlich unmittelbar aus der Verletzung einer eigenen, in einem öffentlich-rechtlichen Dienstverhältnis wurzelnden **(quasi-vertraglichen) Verbindlichkeit**, ohne Rückgriff auf das „Rechtsinstitut der Verletzung der Fürsorgepflicht" (BVerwGE 80, 123, 125).

bb) Dienst- und Versorgungsbezüge

904 Beamte werden bisher nicht „bezahlt", sondern „besoldet". Ruhestandsbeamte und ihre Hinterbliebenen erhalten „Versorgung". Besoldung und Versorgung der Beamten sind bundesrechtlich geregelt (Art. 74a GG, für die Bundesbeamten Art. 73 Nr. 8 GG). Besoldung und Versorgung der Beamten, Richter und Soldaten sind gesetzlich zu regeln (§ 2 Abs. 1 Bundesbesoldungsgesetz, § 3 Abs. 1 Beamtenversorgungsgesetz); höhere Leistungen können nicht vereinbart oder zugesichert werden (§ 2 Abs. 2 BBesG, § 3 Abs. 2 BeamtVG). Das Besoldungs- und Versorgungsrecht stellt eine komplizierte Spezialmaterie dar, die überdies ständig geändert wird. Zu den Reformbestrebungen, die auch neue „Bezahlungsstrukturen" umfassen, s. oben § 11 Rn. 426 ff.

cc) Unkündbarkeit

905 Die Rechtsstellung des Beamten ist insbesondere durch seine „Unkündbarkeit" von der anderer Arbeitnehmer abgehoben. *Beamte* werden, von einigen wenigen Gruppen abgesehen, **auf Lebenszeit angestellt;** sie können nur unter erschwerten Bedingungen aus ihrer Stellung entfernt werden (vgl. §§ 21 bis 24 BRRG). – Die Kündigung der *Angestellten* im öffentlichen Dienst ist aber gleichfalls nicht durchweg möglich; nach einer Beschäftigungszeit von 15 Jahren (frühestens nach Vollendung des 40. Lebensjahres) sind Angestellte im öffentlichen Dienst **unkündbar** (§ 53 Abs. 3 BAT). Unkündbaren Angestellten kann nur noch aus wichtigen Gründen fristlos gekündigt werden, wenn diese Gründe in der Person oder im Verhalten der Angestellten liegen (§ 55 Abs. 1 BAT).

---

32 Die Beihilfen sind jedoch nicht als Ausprägung der „hergebrachten Grundsätze" garantiert.
33 BGHZ 43, 178.

dd) Ausübung von Grundrechten

Beamte haben selbstverständlich Grundrechte wie andere Bürger auch, die Konstruktion des „besonderen Gewaltverhältnisses", die der Grundrechtsgeltung im Beamtenverhältnis entgegenstand, ist überholt (vgl. oben Rn. 187 ff., 288 ff.). Deshalb können sich Beamte auch auf die **Meinungsfreiheit** berufen (*Fall 1*). **906**

Sie haben auch wie andere Arbeitnehmer das **Koalitionsrecht;** ihr Recht, sich in Gewerkschaften oder Berufsverbänden zusammenzuschließen und diese mit ihrer Vertretung zu beauftragen („soweit gesetzlich nichts anderes bestimmt ist"), ist in § 57 BRRG festgelegt[34]. Sehr umstritten ist aber, ob Beamte das **Streikrecht** haben. Nach traditioneller Lehre stehen einem Streikrecht der Beamten die hergebrachten Grundsätze des Berufsbeamtentums und die Treuepflicht entgegen. Andere berufen sich darüber hinaus auf das Sozialstaatsprinzip: „Der öffentliche Dienst erbringt Leistungen, die zumeist nicht ersetzbar oder austauschbar sind, so dass ein Streik im öffentlichen Dienst nicht nur die Allgemeinheit insgesamt extrem belastet, sondern gerade die sozial schwachen Schichten des Volkes besonders hart trifft"[35]. BVerfG und BVerwG haben die Zulässigkeit von Kampfmaßnahmen der Beamten verneint[36]. Dem ist zuzustimmen. Man kann zwar sehr wohl den Standpunkt vertreten, dass den Beamten das Streikrecht eingeräumt werden müsse; dass es jedoch schon jetzt gegeben sei, ist kaum zu begründen. **907**

ee) Einsicht in die Personalakte

Unter den Nebenrechten des Beamten, die letztlich auf die Fürsorgepflicht zurückzuführen sind, ist das erstmals 1919 in Preußen eingeführte Recht auf **Einsicht** in die Personalakten zu erwähnen (vgl. Art. 129 Abs. 3 S. 3 WRV). Das Personalaktenrecht ist in §§ 56-56 f BRRG und §§ 90-90g BBG ausführlich geregelt. Die detaillierten Vorschriften gewährleisten ein hohes Maß an bereichsspezifischem Datenschutz, wahren aber (z. B. durch Sonderregeln über Sicherheitsakten) auch das Interesse der Verwaltung[37]. **908**

---

[34] S. a. BVerfGE 19, 303, 322.
[35] *Von Münch*, Besonderes Verwaltungsrecht, S. 69.
[36] BVerfGE 8, 1, 17; 44, 249, 264; BVerwGE 53, 330 und NJW 1980, 1809; s. a. BVerwGE 69, 208 und BAG, NJW 1986, 211. Literatur hierzu: *Hoffmann*, AöR 91, 1966, 141 ff.; *Däubler*, Der Streik im Öffentlichen Dienst, 2. Aufl. 1971; *Ramm*, Das Koalitions- und Streikrecht der Beamten, 1972; *Benz*, Beamtenverhältnis und Arbeitsverhältnis, 1969, S. 128; *Isensee*, Beamtenstreik, 1971; *von Münch*, Rechtsgutachten zur Frage eines Streikrechts der Beamten, 1970; *Blanke/Sterzel*, Beamtenstreikrecht, 1980.
[37] Vgl. u. a. *Gola*, NVwZ 1993, 552; *Eckl*, BayVBl. 1993, 614; VGH Kassel, DVBl. 1994, 592 (zum Akteneinsichtsrecht eines Mitbewerbers im beamtenrechtlichen Konkurrentenstreit). Die ältere Rspr. zum Personalaktenrecht (s. u. a. BVerwGE 55, 186; dazu kritisch *Wiese*, DVBl. 1979, 846 ff. und ZBR 1981, 55, 58 f.) ist damit überholt.

2. Das Subventionsverhältnis

a) Subventionsbegriff

909 Dasjenige Verwaltungsrechtsverhältnis, das die kompliziertesten Einzelprobleme aufwirft, dürfte das Subventionsverhältnis sein. Denn hier ist der gesetzliche Rahmen – aus Gründen, die in der Sache liegen und nicht leicht auszuräumen sind – nur sehr locker und skizzenhaft; dies führt zu rechtlichen Gestaltungen, die sich nicht ohne weiteres eindeutig zuordnen lassen; die Verwaltung hat faktisch viel Spielraum für differenzierte Regelungen und pflegt diesen auch zu nutzen.

Subventionen sind **vermögenswerte Zuwendungen aus öffentlichen Mitteln**, die ein Träger öffentlicher Verwaltung oder eine von ihm beauftragte Institution einem Privatrechtssubjekt zukommen lässt, sofern sich dieses statt zur Leistung eines marktmäßigen Entgelts zu einem im öffentlichen Interesse liegenden subventionsgerechten Verhalten bereit erklärt[38]. Eine (ähnliche) gesetzliche Definition enthält § 264 Abs. 7 StGB, die Strafbestimmung gegen den Subventionsbetrug.

910 Die Erscheinungsformen der Subvention sind vielfältig, die Zwecke gleichfalls – von der reinen Konjunkturförderung über Strukturverbesserung, wirtschaftliche Stärkung benachteiligter Regionen, Beschäftigungssubventionen über die Film- und Pressesubventionierung bis zur Stützung der Privattheater und zahlreicher Sportarten. Nicht alle diese Subventionen dienen wirklich, wie es von Verfassung und Gesetz (§§ 14, 26 HGrG, 23, 44 BHO) gefordert wird, einem im öffentlichen Interesse liegenden Zweck.

b) Rechtsgrundlagen der Subvention

911 Subventionen werden vielfach aufgrund von Spezialgesetzen gewährt (z. B. Investitionszulagengesetz u. ä.). Dazu kommen spezielle Rechtsnormen des EG-Rechts. In anderen Fällen begnügt man sich mit der Mittelausweisung im Haushaltsplan und ergänzenden Richtlinien der Exekutive (vgl. oben Rn. 182 ff.). Soweit allerdings die Förderung ohne ausgestaltende gesetzliche Entscheidungen nicht willkürfrei durchgeführt werden kann, ist sie rechtswidrig[39].

Manche fordern darüber hinaus für staatliche Förderungsmaßnahmen eine gesetzliche Aufgabenbestimmung, wie sie z. B. in § 1 des Gesetzes über die Aufgaben des Bundes auf dem Gebiet der Seeschifffahrt v. 24. 5. 1965 enthalten ist. Die „Förderung der deutschen Handelsflotte im allgemeinen deutschen Interesse" gehört danach zu den Aufgaben des Bundes; diese Bestimmung könnte als gesetzliche Grundlage für die Gewährung von Abwrackprämien durch die Verwaltung anzusehen sein[40]. Aber schon dieses Beispiel zeigt, dass die geforderte Gesetzesbestimmung sehr pauschal sein kann – oder vielleicht sogar sein muss. Die Zweckbestimmung im Haushaltsplan ist im allgemeinen nicht weniger genau; häufig widmet der Haushaltsplan die Mittel sogar viel präziser.

---

38 *Wenger*, Förderungsverwaltung, Wien 1973, S. 42.
39 Vgl. a. *Martens*, Prinzipien der Leistungsverwaltung, in: Festschrift für H.J. Wolff 1972, S. 429 ff., 435.
40 Vgl. *Götz*, Allgemeines Verwaltungsrecht, S. 33 f.

Zu beachten sind insbesondere Art. 92 und 93 EGV. Danach sind „staatliche oder aus staatlichen Mitteln gewährte Beihilfen gleich welcher Art, die ... den Wettbewerb verfälschen oder zu verfälschen drohen", grundsätzlich rechtswidrig, „soweit sie den Handel zwischen Mitgliedstaaten beeinträchtigen" (Art. 92 Abs. 1; s. a. die Abgrenzung in Abs. 2 und die Ausnahmemöglichkeiten in Abs. 3 – hier ist den Gemeinschaftsorganen ein weiter Ermessensspielraum eingeräumt). Verfahrensrechtlich abgesichert wird die Anwendung des Art. 92 durch das Beihilfeaufsichtsverfahren und die „Notifikationspflicht" gem. Art. 93 EGV[41]. S. a. oben Rn. 818.

912

Die Bestimmungen des Haushaltsrechts (s. o.) und die dazu ergangenen Verwaltungsvorschriften – VorlVV[42] – ergänzen diese Vorschriften durch Verfahrensnormen, die dem fiskalischen Interesse an sparsamem Mitteleinsatz und der Sicherung der zweckgerechten Verwendung dienen.

913

c) Formen der Subvention

Die Hauptform der Subvention ist die „Zuwendung", in der Formulierung des HGrG (§ 14) „Ausgaben und Verpflichtungsermächtigungen für Leistungen an Stellen außerhalb der Verwaltung des Bundes oder des Landes zur Erfüllung bestimmter Zwecke" (entspr. § 23 BHO), also „verlorene Zuschüsse"[43]. Häufig wird von Finanzhilfe, Prämien und Zuschüssen gesprochen (Zinszuschüsse, Lohnkostenzuschüsse, s. *Fall 6*). Zwar sollen nach Nr. 1.1 der VorlVV-BHO Zuwendungen nur bewilligt werden, wenn der Zweck durch die Übernahme von Bürgschaften, Garantien oder sonstigen Gewährleistungen nicht erreicht werden kann, aber tatsächlich dürfte dies eher der Ausnahmefall sein. Zu unterscheiden ist ferner zwischen rückzahlbaren Leistungen (*Darlehen*) und nicht rückzahlbaren Zuwendungen.

914

d) Rechtsformen der Subventionsgewährung

Die Entscheidung über die Förderung des einzelnen Vorhabens ergeht in der Regel als VA („Bewilligung", „Zuwendungsbescheid"). Darin sind insbesondere der Zuwendungszweck genau zu bezeichnen und die anzuwendenden Nebenbestimmungen i. S. v. § 36 VwVfG anzugeben. Statt einen Zuwendungsbescheid zu erlassen, kann die Bewilligungsbehörde aber auch einen Zuwendungs*vertrag* mit dem Zuwendungsempfänger schließen, es handelt sich dann um einen verwaltungsrechtlichen Vertrag i. S. v. § 54 VwVfG.

915

Für die Förderung des Wohnungsbaus bestimmt § 13 Abs. 3 S. 1 WoFG ausdrücklich, dass die „Förderzusage" der zuständigen Stelle schriftlich „durch Verwaltungsakt oder durch öffentlich-rechtlichen Vertrag" erteilt wird.

---

41 Vgl. *Pache*, NVwZ 1994, 318; zur prozessualen Seite *Schneider*, DVBl. 1996, 1301.
42 Zu den §§ 44, 44a BHO: MinBl. BMF und BMWi 32 (1981) S. 398, für § 44a aufgehoben durch Rschr. BMF vom 16. 9. 1996.
43 *Maurer*, § 17 Rn. 6 u. 29.

§ 22 Einzelne verwaltungsrechtliche Rechtsverhältnisse

916 Die Rechtsbeziehungen werden kompliziert, wenn die Zuwendung statt als verlorener Zuschuss als Darlehen (zu günstigen Bedingungen) gegeben wird. Hier wurde ursprünglich privatrechtliches Verwaltungshandeln angenommen. Es lag nahe, das vorhandene rechtliche Instrumentarium des BGB anzuwenden, aber die Bedingungen, die der Verwaltung aus verfassungsrechtlichen Gründen auferlegt sind, kamen dabei nicht zum Ausdruck. Bei der rechtlichen Beurteilung der zahlreichen Spielarten von Aufbaudarlehen, die der Staat nach dem Kriege ausgab, wurde bald deutlich, dass zumindest eine öffentlich-rechtliche Vorstufe zu dem privatrechtlichen Darlehensverhältnis angenommen werden muss. So entstand die in Rn. 250 f. angesprochene sog. **Zwei-Stufen-Lehre**, die zwischen öffentlich-rechtlicher Bewilligung und privatrechtlichem Abwicklungsverhältnis unterschied[44]. Wird zur Durchführung der Zuwendung eine Bank eingeschaltet – sei sie privatrechtlich, sei sie öffentlich-rechtlich –, so ist diese Vorstellung von zwei unterschiedlich zu qualifizierenden Teilvorgängen zwingend. Führt jedoch die Behörde die Bewilligung selbst aus, so bedarf es der Aufteilung nicht mehr, denn die Einschätzung des Subventionsdarlehens als rein privatrechtlich ist – nicht zuletzt dank der Zwei-Stufen-Lehre – überholt.

e) Abwicklung und Rückabwicklung

917 Die zweckgerechte Verwendung der Mittel kann durch Befristungen, Auflagen oder Bedingungen, Prüfungsrecht und Widerrufsvorbehalte sichergestellt werden. Zwar kommt eine Vollstreckung der Verpflichtungen des Subventionsempfängers nicht in Betracht[45], aber zur Verfügung steht das Arsenal der Rücknahme- und Widerrufsmöglichkeiten mit nachfolgender Erstattungs- und Verzinsungspflicht, insbesondere §§ 48, 49 und 49a VwVfG. Subventionsbetrug ist strafbar (§ 264 StGB); s. a. § 2 Abs. 1 Subventionsgesetz v. 29. 7. 1976[46].

918 Dass gleichwohl erhebliche Probleme entstehen, wenn Unternehmer durch Subventionen zu wirtschaftlichen Dispositionen veranlasst werden sollen, die mit der Marktsituation unvereinbar sind, zeigt der Fall BSGE 48, 120. Ein Bauunternehmer war eine Verpflichtung eingegangen, die Arbeitnehmer, für die er Lohnsteuerzuschüsse empfing, mindestens sechs Monate zu beschäftigen (*Ausgangsfall 6*). (Das BSG wertet die Bewilligung als „VA auf Unterwerfung"; möglicherweise hätte man stattdessen eher einen verwaltungsrechtlichen Vertrag annehmen müssen, aber das kann offen bleiben.) Als Ausnahme war aber zugelassen, dass die Entlassung aus „zwingenden betrieblichen Gründen" erfolgte. Der Unternehmer sah diese in der schlechten Auftragslage, aber gerade wegen der dadurch verursachten schlechten Beschäftigungslage waren die Lohnkostenzuschüsse gezahlt worden. Das BSG fand die Sache noch nicht hinreichend aufgeklärt; möglicherweise durfte der Unternehmer die Subvention also trotz offensichtlicher Zweckverfehlung behalten.

---

44 Grundlegend seinerzeit *Hans Peter Ipsen*, Öffentliche Subventionierung Privater, 1956; *ders.*, VVDStRL 25, 298; aus der (z. T. kontroversen) Rspr.: BVerwGE 1, 308; 13, 47; 13, 307; 35, 170; 45, 13; BGHZ 40, 206, 210; 52, 155, 160; 61, 296, 299.

45 *Bullinger*, in: Subventionen im Gemeinsamen Markt, hrsg. von *Börner* und *Bullinger*, 1978, S. 161, 189; a. A. *Zuleeg*, ebenda, S. 7, 39.

46 S. a. BT-Drs. 11/3920.

3. Rechtsverhältnisse mit Bezug auf öffentliche Sachen

a) Öffentliche Sachen

Sachen, die dazu bestimmt sind, von der Allgemeinheit genutzt zu werden – Wege, Parks, Flüsse und Kanäle, Häfen, der Meeresstrand, der Luftraum werden als „öffentliche Sachen" bezeichnet, ebenso diejenigen Sachen, die der Verwaltung zur Erfüllung ihrer Aufgaben dienen – Rathäuser, andere Dienstgebäude, Schulen, Kasernen, Dienstwagen, Polizeiausrüstung, Lehrmittel, Mülldeponien usw. Beide Arten von öffentlichen Sachen – die im **„Zivilgebrauch"** und das **„Verwaltungsvermögen"** – unterstehen zumindest teilweise einer besonderen öffentlich-rechtlichen Rechtsordnung, die die privatrechtlichen Rechtsverhältnisse (das Eigentum und die Nutzungsrechte nach BGB) so sehr überlagert, dass sie weitgehend irrelevant werden.

919

Nicht öffentliche Sachen im rechtstechnischen Sinne sind die Sachen, die dem Staat als Finanzvermögen gehören, d. h. nicht unmittelbar Verwaltungszwecken dienen, sondern nur der Erzielung von Einnahmen – Domänen, Forsten, Wirtschaftsunternehmen und Beteiligungen daran. Die rechtlich öffentlichen Sachen sind auch von den bloß tatsächlich öffentlichen Sachen zu unterscheiden, die von Privaten der Allgemeinheit zugänglich gemacht werden – private Krankenhäuser, private Museen, Omnibusbahnhöfe auf privatem Grundstück, u. U. Taxistände auf Bahnhofsvorplätzen, ausnahmsweise auch andere tatsächlich allgemein zugängliche Wege.

920

In Bezug auf öffentliche Sachen bestehen einerseits komplizierte, sich teilweise überlagernde Rechtsbeziehungen zwischen verschiedenen Trägern öffentlicher Verwaltung und – selten – einem Privaten (als Eigentümer eines Straßengrundstücks oder einer Wasserfläche), andererseits zwischen diesen und dem „Publikum", den Nutzern.

921

b) Gesetzliche Regelungen

Die besonderen Rechtsbeziehungen in Bezug auf öffentliche Sachen sind nirgends gesetzlich zusammengefasst. Sie sind vielmehr von Rechtsprechung und Lehre entwickelt und vom Bundes- und Landesgesetzgeber in einzelnen Gesetzen aufgenommen und nach den besonderen Bedürfnissen des jeweiligen Sachgebiets ausgestaltet worden.

922

aa) **Straßen- und Wegerecht:** Hier besteht als Bundesrecht (vgl. Art. 74 Abs. 1 Nr. 22 GG) das Bundesfernstraßengesetz. Das Straßenverkehrsgesetz und die Straßenverkehrsordnung (vgl. vor allem § 1!) regeln die Benutzung der Straßen zu Verkehrszwecken und wirken in das öffentliche Sachenrecht hinein. Im übrigen ist das Straßen- und Wegerecht Landesrecht. Die Straßen- und Wegegesetze der Länder bestimmen die Rechtsverhältnisse an den öffentlichen Wegen, die nicht Bundesstraßen („Landstraßen für den Fernverkehr", Art. 74 Abs. 1 Nr. 22 GG) sind (vgl. Art. 90 Abs. 1 GG). Die Länder wären aber nicht befugt, die Benutzung der Straßen durch die Allgemeinheit in grundsätzlicher Abkehr von der bisherigen Rechtslage restriktiv zu regeln; der *Gemeingebrauch* an Straßen ist „in seinem Kern" durch Art. 2 Abs. 1, Art. 3 Abs. 1 und Art. 14 GG gewährleistet und kann

923

§ 22 *Einzelne verwaltungsrechtliche Rechtsverhältnisse*

vom Landesrecht nur in dem Umfang ausgestaltet werden, den das Bundesrecht für eine Konkretisierung zulässt[47].

Spezialliteratur: *Papier*, Recht der öffentlichen Sachen, 3. A. 1998; *Steiner*, Straßen- und Wegerecht, in: *ders.* (Hrsg.), Besonderes Verwaltungsrecht, S. 745 ff.; *von Danwitz*, Straßen- und Verkehrsrecht, in: *Schmidt-Aßmann* (Hrsg.), Besonderes Verwaltungsrecht, S. 883 ff. (beide zum Einstieg sehr gut geeignet).

924 *bb)* **Wasserrecht:** Auch hier hat der Bund nur eine beschränkte Gesetzgebungsbefugnis (Art. 74 Abs. 1 Nr. 21, Art. 75 Nr. 4 GG)[48]. Es gelten das Bundeswasserstraßengesetz und das Wasserhaushaltsgesetz, im übrigen die Wassergesetze der Länder. Auch im Wasserrecht überlagern Verkehrsordnungen (Binnenschifffahrtsordnung und Seeschifffahrtsordnung) das öffentliche Sachenrecht[49].

c) Entstehung öffentlicher Sachen

925 Der Meeresstrand gilt **gewohnheitsrechtlich** als öffentliche Sache (was eine „Kommerzialisierung" durch Konzessionierung eines Unternehmens nicht gehindert hat[50]).

926 Bei den anderen öffentlichen Sachen ist eine **Widmung** erforderlich, die für die Sachen im Zivilgebrauch teils durch Gesetz, teils durch einen anderen förmlichen Rechtsakt erfolgt; die Benutzung des Luftraums durch Luftfahrzeuge ist gemäß § 1 Abs. 1 LuftverkehrsG grundsätzlich frei, die Wasserläufe sind in §§ 5, 6 Bundeswasserstraßengesetz und in den Wassergesetzen der Länder zu öffentlichem Gebrauch gewidmet worden, z. T. auch in landesrechtlichen Verordnungen. Die betroffenen Gewässer sind teilweise in Verzeichnissen, die den Wassergesetzen anliegen, einzeln aufgeführt. Straßen werden in der Regel auf der Grundlage einer gesetzlichen Bestimmung (z. B. § 2 FStrG) durch VA gewidmet. Bei bloßen Umbauten (§ 2 Abs. 6a FStrG) genügt freilich die „Verkehrsübergabe" (Widmung durch schlüssiges Handeln). Auch sonst kann sich die Widmung konkludent aus der faktischen Übergabe an den allgemeinen Verkehr ergeben. Bei Sachen des Verwaltungsvermögens kann meist allenfalls ein „stillschweigender VA" festgestellt werden: Fahrzeuge, Möbel, Schreibmaschinen und Büromaterial werden angeschafft, die nicht verbrauchbaren davon werden inventarisiert, und sodann werden sie ohne weiteres benutzt.

927 Natürlich darf die Verwaltung nicht einfach private Rechte dadurch verdrängen, dass sie eine Sache zur öffentlichen erklärt. Soweit nicht das Gesetz unmittelbar die Widmung ausspricht, müssen dem erforderlichen VA der Widmung diejenigen **zustimmen**, die dadurch belastet werden, nämlich der Eigentümer und der Unterhaltspflichtige. – Zur Form der Widmung (und des actus contrarius, der Entwidmung) vgl. BVerwGE 81, 111 und 102, 269.

---

47 BVerwGE 30, 235.
48 Dazu BVerGE 15, 1 und 21, 310.
49 Noch komplizierter wird die Rechtslage dadurch, dass auch landesrechtlich begründete Pflichten des Bundes als Eigentümer der Bundeswasserstraßen bestehen können, BVerwG, JZ 1993, 947 mit krit. Anm. *Faber*, S. 950 – Beseitigung von Ölverschmutzungen.
50 Dazu BGH, DÖV 1965, 568 – Staatsbad Norderney – unter Berufung auf das PrALR von 1794!

3. Rechtsverhältnisse mit Bezug auf öffentliche Sachen § 22

d) Eigentümer, Sachherr und Unterhaltungspflichtiger

Zu unterscheiden sind der **Eigentümer** (z. B. bei Straßen der Bund, das Land, der Kreis, die Gemeinde oder ein Verband, gelegentlich auch ein Privater), der öffentlich-rechtliche **Sachherr**, d. h. die Behörde, der die hoheitliche Verfügungsbefugnis über die Sache zusteht, die insbesondere die Widmung ausspricht, und der **Träger der Bau- und Unterhaltungslast** (Unterhaltungspflichtige). Nach den neueren Straßengesetzen ist aber der Träger der Straßenbaulast i. d. R. auch Eigentümer der Grundstücke (geworden). **928**

In Hamburg als einzigem Bundesland hat man statt des Nebeneinander von privatrechtlichem Eigentum und öffentlich-rechtlicher Sachherrschaft die aus dem französischen Recht stammende Konstruktion des **„öffentlichen Eigentums"** gewählt (HmbWegeG v. 4. 4. 1961 i. d. F. vom 22. 1. 1974 und – für Hochwasserschutzanlagen – HmbDeichG v. 29. 4. 1964)[51]. In Baden-Württemberg besteht öffentliches Eigentum am Flussbett[52]. **929**

Die Widmung zur öffentlichen Sache bewirkt, dass die Herrschaftsmacht des Eigentümers hinter der öffentlichen Zweckbestimmung der Sache zurücktreten muss.

e) Bürger als Nutzer

Für den Bürger ist – außer im Fall eines Schadensersatzprozesses, wo die Zuständigkeit bedeutsam werden kann – vor allem von Interesse, welche *Nutzungsrechte* ihm und anderen zustehen. Damit befassen sich die folgenden Abschnitte. **930**

Die Rechtsposition der Bürger ist auch durch *Grundrechte* geprägt. Das allgemeine Freiheitsrecht des Art. 2 Abs. 1 GG ist ebenso einschlägig wie die meisten anderen Freiheitsrechte, die ohne einen unbehinderten Gemeingebrauch kaum ausgeübt werden können[53].

aa) Gemeingebrauch

Kernbegriff der Nutzungsregeln ist der *Gemeingebrauch*. So heißt es in § 7 FStrG: „Der Gebrauch der Bundesfernstraßen ist jedermann im Rahmen der Widmung und der verkehrsbehördlichen Vorschriften zum Verkehr gestattet (Gemeingebrauch)". § 23 WHG sagt, schon wesentlich vorsichtiger: „Jedermann darf oberirdische Gewässer in einem Umfang benutzen, wie dies nach Landesrecht als Gemeingebrauch gestattet ist, soweit nicht Rechte anderer entgegenstehen und soweit Befugnisse oder der Eigentümer- oder Anliegergebrauch anderer dadurch nicht beeinträchtigt werden". Entsprechende Bestimmungen enthalten die Wege- und Wassergesetze der Länder. Wesentlich ist, dass das hiermit jedermann eingeräumte (oder besser: bestätigte) Recht, die öffentliche Sache im Rahmen ihrer Zweck- **931**

---

51 Dazu BVerwGE 27, 131; BVerfGE 24, 367; 42, 20.
52 §§ 4, 5 Wassergesetz BW i. d. F. v. 20. 1. 2005.
53 *Papier*, in *Erichsen/Ehlers*, § 43 Rn. 63.

§ 22 *Einzelne verwaltungsrechtliche Rechtsverhältnisse*

bestimmung zu nutzen, **nicht von einer besonderen Erlaubnis oder Zulassung abhängt.**

Unentgeltlichkeit gehört allerdings nicht zu den unveränderlichen Merkmalen des Gemeingebrauchs; die Straßenbenutzungsgebühr (Maut) ist ein altes Rechtsinstitut, und der Gesetzgeber kann auch heute zur Gebührenerhebung ermächtigen. Gemeinden können jedoch aufgrund ihrer Autonomie (ohne besondere Ermächtigung) nur Gebühren zur Deckung der Kosten spezieller Einrichtungen erheben[54]. Für die Strandgebühr kommt es also darauf an, ob das einschlägige Landesrecht eine entsprechende Ermächtigung enthält. Für die Straßenbenutzung im Rahmen des Gemeingebrauchs darf nach geltendem Recht **keine Gebühr verlangt** werden; für die Bundesstraßen kann allerdings nach § 7 Abs. 1 S. 4 FStrG durch Gesetz eine Gebührenpflicht eingeführt werden. So ist die Autobahnmaut für Lkw eingeführt worden[55].

932 Der „**ruhende Verkehr**" (Abstellen von Kraftfahrzeugen auf öffentlichen Straßen) gehört zum Gemeingebrauch. Die Einschränkungsmöglichkeit nach Hamburger Landesrecht, § 16 Abs. 2 HmbWegeG – „Laternengaragen" konnten verboten werden – war bundesrechtswidrig[56]. Da die Benutzung der Straßen im Rahmen des Gemeingebrauchs immer zugleich Teilnahme am Straßenverkehr ist, überlagert sozusagen das Straßenverkehrsrecht insofern die landesrechtlichen Bestimmungen[57].

933 Der **Gemeingebrauch an Gewässern** (§ 23 WHG, §§ 5, 6 Bundeswasserstraßengesetz und Wasserrecht der Länder) umfasst die Schifffahrt und – mit regionalen und örtlichen Unterschieden – das Baden, Waschen, Viehtränken, die Entnahme von Wasser in begrenzten Mengen u. ä. Die Länder und für die Bundeswasserstraßen auch der Bund können den Gemeingebrauch in vielfältiger Hinsicht regeln und dabei einschränken.

934 Immer steht der Gemeingebrauch unter dem **Vorbehalt der Gemeinverträglichkeit:** Der Einzelne hat sein Recht so auszuüben, dass auch andere ihr gleichartiges Recht wahrnehmen können. Für den Straßenverkehr ist dies in § 1 StVO verdeutlicht. Entsprechende (und weitere) Rechtsnormen bilden die „Wegeordnung" (z. B.: §§ 20 ff. HmbWegeG). Dazu gehört auch die Verpflichtung der Nutzer, schonend mit den öffentlichen Sachen umzugehen. Die Verletzung dieser Pflicht führt zur Schadensersatzpflicht.

935 An der Benutzung einer Straße oder eines Gewässers haben diejenigen ein gesteigertes Interesse, die dort wohnen oder sonst ein Grundstück nutzen oder besitzen, kurz: die **Anlieger**. Das frühere Recht gewährte ihnen einen *gesteigerten Gemeingebrauch*. In neueren Gesetzen erscheint dieser Begriff kaum noch. Nur in § 17 HmbWegeG ist festgelegt, dass der Anlieger „die an sein Grundstück angrenzen-

---

54 *Wolff/Bachof* I, § 58 II e; *Fehling*, JuS 2003, 246, 249.
55 G. über die Erhebung von streckenbezogenen Gebühren für die Benutzung von Bundesautobahnen mit schweren Nutzfahrzeugen v. 5. 4. 2002, neu gefasst durch Bek. v. 2. 12. 2004 (BGBl. I S. 3122).
56 BVerfGE 67, 299.
57 Krit. zur Annahme einer „Überlagerung" aber BVerfGE 67, 299, 320.

den Wegeteile über den Gemeingebrauch hinaus auch für die Zwecke seines Grundstückes benutzen" darf, „soweit nicht diese Benutzung den Gemeingebrauch dauernd ausschließt oder erheblich beeinträchtigt oder in den Wegekörper eingreift". (Umgekehrt hat er nach derselben Vorschrift „Beeinträchtigungen des Anliegergebrauchs zu dulden, die sich aus einer zeitweiligen Beschränkung oder Aufhebung des Gemeingebrauchs oder aus einer Sondernutzung ergeben"). Im Wasserrecht räumt § 24 WHG dem Eigentümer (der dort eine etwas größere Rolle spielt) und – als „Wechsel auf das Landesrecht" – auch dem Anlieger eine günstigere Position ein.

Der Sache nach handelt es sich um eine spezielle Form von Sondernutzung[58]. Auch dort, wo dies nicht durch eine besondere Vorschrift bestimmt ist, gilt eine gewisse Ausweitung des Gemeingebrauchs zugunsten des Anliegers (*Fall 9a* und *b:* zulässig), sie wird sogar verfassungsrechtlich (aus Art. 2. Abs. 1, 3 Abs. 1 und 14 Abs. 1 GG) begründet: der Anlieger hat danach nicht nur Anspruch auf gesteigerten Gebrauch der öffentlichen Sache, sondern auch ein durch Art. 14 Abs. 1 GG garantiertes **Recht auf Zugänglichkeit („Kontaktmöglichkeit nach außen")**[59]. Rechtsstreitigkeiten um den Anliegergebrauch hatten bisher meist den Ausgleich geschäftlicher Nachteile zum Gegenstand, die durch Bauarbeiten an, auf oder unter der Straße oder Veränderungen der Verkehrsführung verursacht wurden; hierzu liegt eine umfängliche Judikatur vor, die teilweise in Rn. 1189 f. besprochen wird. Das **„Umwelt-Grundrecht" auf Zutritt von Licht und Luft** ist ebenfalls anerkannt.

936

bb) Sondernutzungen

(1) Straßen

Wer eine *Straße* nicht zum Verkehr benutzt, überschreitet – vom Anliegergebrauch abgesehen – die Grenzen des Gemeingebrauchs und bedarf einer Erlaubnis. In dieser Feststellung spiegelt sich viel von der sozialen Entwicklung der letzten Jahrzehnte. Der (fließende) Verkehr ist zu einem zentralen, äußerst hochrangig eingeschätzten Gemeinschaftsgut geworden; es ist herrschende Meinung, dass Straßen und Wege zur Fortbewegung da sind, aber vermeintlich nicht zum Stehenbleiben, Schauen, Reden, Verhandeln, Feilschen, Spielen. Ein Gemüsehändler, der seine Waren in Kisten auf dem Bürgersteig vor dem Laden aufstellt, eine Gruppe, die Flugblätter verteilen oder „gar" einen Informationsstand aufbauen will, Laienspieler, die Straßentheater anbieten möchten – sie alle bedürfen einer **Erlaubnis der Wegeaufsichtsbehörde bzw. Straßenbaubehörde.** Diese wird zwar in den meisten Fällen formularmäßig erteilt, aber erst nach einem Antrag und gegen Gebühren (Sondernutzungsgebühr und Verwaltungsgebühr)[60] und selbstverständlich nicht in jedem Falle – sonst wäre der Erlaubnisvorbehalt ja sinnlos. – Eine Sondernutzung

937

---

58 A. A. *Hobe*, DÖV 1997, 323.
59 BVerwGE 30, 235 (239); 32, 322; *Papier*, Recht der öffentlichen Sachen, 3. A. 1998, S. 80, 98 ff.; *Wolff/Bachof* I, § 58 III a und b S. 513, 515. S. a. § 8a Abs. 4 FStrG (Ersatzanspruch bei Unterbrechung oder Erschwerung der Zufahrt); dazu BVerwG, DÖV 1999, 963.
60 Vgl. *Wolff/Bachof* I, § 59 II d.

nimmt auch in Anspruch, wer andere vom Gebrauch der öffentlichen Sache ausschließt oder in den Wegekörper eingreift[61].

Streitig ist die Einordnung des **Bettelns**[62]. Jedenfalls das „stille" Betteln ohne Belästigungen aggressiver Art wird man dem Gemeingebrauch zuordnen müssen[63].

938 Dass auch die der **Kommunikation** dienenden Formen der Straßennutzung von einer Erlaubnis abhängig sind, wird vielfach als unangemessen bezeichnet. Manche Gerichte haben deshalb die Verteilung politischer Flugschriften (*Fall 9 c*) mit unterschiedlicher Begründung für erlaubnisfrei erklärt[64]. Auch das Aufstellen von Informationsständen und Plakatträgern (Stellschildern) wird neuerdings nicht mehr allgemein als Überschreitung des Gemeingebrauchs betrachtet. „Der verfassungsrechtlich gebotene Grund- und Normaltyp der Straßenbenutzung für Informations- und Werbungszwecke" ist der (zulassungsfreie) Gemeingebrauch[65]. „Der Schutz der Sicherheit und Leichtigkeit des Verkehrs ist nicht generell geeignet, einen Erlaubnisvorbehalt zu rechtfertigen, unabhängig davon, ob es sich um eine Bundesfernstraße oder um innerörtliche Fußgängerzonen oder verkehrsberuhigte Bereiche handelt"[66]. Das Erfordernis, vor der Grundrechtsausübung eine Genehmigung einholen zu müssen, stellt also für sich genommen schon einen Eingriff dar, der sich am Grundsatz der Verhältnismäßigkeit messen lassen muss.

Zwar wird der **„kommunikative Gemeingebrauch"** inzwischen vielfach als Grundlage dafür anerkannt, dass Flugblattverteilung erlaubnisfrei ist[67], aber bei Benutzung von „Aufbauten und Vorrichtungen" wie Plakatträgern sei „regelmäßig von einer möglichen Behinderung des Straßenverkehrs auszugehen"[68], und diese Möglichkeit (!) genüge, um die vorgängige Prüfung mit dem Ziel zu rechtfertigen, „Gefahren für die Sicherheit und Leichtigkeit des Verkehrs möglichst auszuschließen oder doch in erheblichem Maße zu mindern".

939 Ebenso ist gegenüber der **Straßenkunst** entschieden worden. Trotz des hohen Ranges, den die Grundrechte einnehmen, werden solche administrativen Hürden zur angemessenen Nutzung der „knappen Ressource" Wegeflächen für unverzichtbar gehalten. So meint *Steinberg* (a. a. O.) in Anlehnung an *Köttgen*, um der Gefahr der „Überforderung und damit Zweckzerstörung" der öffentlichen Sache zu begegnen und das „Vielzweckinstitut" des öffentlichen Weges der aktuellen Bedarfslage anzupassen, sei ein „Verteilungs- oder Zulassungsverfahren" notwendig; das Erlaubnisverfahren für Sondernutzungen diene diesem Zweck. Im Rahmen dieses

---

61 Vgl. die Definition in § 19 Abs. 1 S. 1 HambWegeG. Vgl. a. OLG Schleswig, NordÖR 1998, 456 (Abnutzung durch Schwertransporte).
62 Zur historischen Entwicklung vgl. *Bindzus/Lange*, JuS 1996, 482.
63 So auch VGH Stuttgart, DÖV 1998, 1015; generell gegen die Annahme einer Sondernutzung: *Holzkämper*, NVwZ 1994, 146; differenzierend: *Fahl*, DÖV 1996, 955, 956 f.
64 Vgl. dazu *R. Steinberg*, NJW 1978, 1898 ff. m. w. N.
65 *Hoffmann-Riem* in der Einführung – S. 4 – zu der grundlegenden Untersuchung von *M. Stock*, Straßenkommunikation als Gemeingebrauch, 1979.
66 BVerfG, Kammerentscheidung, NVwZ 1992, 53.
67 Vgl. BVerfG, NVwZ 1992, 53, dazu *Enders*, VerwArch 83, 1992, 527 ff.; OLG Düsseldorf, NJW 1998, 2373.
68 BVerwGE 56, 63, 67 f.

Verfahrens seien die Grundrechte besonders zu beachten. „Die Erlaubnis darf nicht mehr freiheitsgewährend, sondern freiheitsbestätigend wirken"[69]. Sofern keine gesetzlichen Hinderungsgründe bestehen, ist deshalb ein Anspruch auf die Erlaubnis gegeben[70], der unmittelbar auf die einschlägigen Grundrechte (in Verbindung mit den entsprechenden, die Genehmigung regelnden Vorschriften des Landesrechts) zu stützen ist. Nicht angehen kann es jedenfalls, die Grundrechtsausübung in das „freie" Ermessen der Genehmigungsbehörden zu stellen (BVerfG, NVwZ 1992, 53, 54). – Für kommerzielle Zwecke der Straßennutzung bleibt es bei der Erlaubnispflichtigkeit und dem Ermessen der Behörde.

Damit wird den Grundrechten im Wesentlichen Rechnung getragen, aber es bleibt ein bürokratisches Hemmnis und ein Stück Unsicherheit selbst dann, wenn man der Behörde nicht – wie manche wollen – einen Ermessensspielraum einräumt. Die Nachteile, die von der Straßennutzung zu Werbungszwecken ausgehen – seien sie politischer, seien sie kommerzieller oder sonstiger Art – werden offenbar weitgehend unverhältnismäßig schwer gewichtet. Vergleicht man insgesamt z. B. die Opfer, die überall etwa den Fußgängern durch Duldung des Parkens auf Gehwegen zugemutet werden, aber auch die Erschwernisse für Radfahrer in manchen Städten mit der Belästigung durch „verkehrsfremde" Aktivitäten auf Fußwegen und Plätzen, so lässt sich die Vermutung kaum unterdrücken, dass die Sorge um die „Reinhaltung" des Straßenraumes gelegentlich auch durch den Wunsch begründet ist, nicht mit unerwarteten und unerfreulichen Anblicken, Ansichten und Ansinnen konfrontiert zu werden. Deshalb ist es „freiheitsfreundlicher", dass einige Gemeinden in Ausnutzung landesrechtlicher Ermächtigungen bestimmte Arten von Sondernutzung für erlaubt erklärt haben[71]. **940**

(2) Gewässer

Zum Schutz der *Gewässer* sind Reglementierungen in wesentlich höherem Maße erforderlich als zur Sicherstellung des Gemeingebrauchs an Straßen. Das Wasser ist nicht nur Verkehrsweg, sondern ein besonders schützenswertes und schutzbedürftiges **knappes Gut**. Deshalb sind „alle irgend erheblichen Wassernutzungen erlaubnispflichtige Sondernutzungen"[72]. **941**

Die **Entnahme von Wasser** aus Flüssen und die **Einleitung von Abwasser** in Flüsse fallen hierunter schon bei geringen Mengen. Unerlaubte Gewässernutzung ist auch ein Bußgeldtatbestand (§ 41 Abs. 1 Nr. 1 WHG) und erfüllt nach dem Umweltstrafrecht u. U. auch einen oder mehrere Straftatbestände (§§ 324, 326 Abs. 1 Nr. 4 a, 330 Abs. 1 Nr. 1 und 2 StGB).

---

69 *Stern*, Ev. Staatslexikon, 2. A., S. 221; str.
70 Aber nach der fragwürdigen Ansicht des BVerwG a. a. O. nicht für Plakate von Parteien außerhalb von Wahlkämpfen.
71 Nachweise bei *Steinberg*, S. 1903; s. a. § 18 Abs. 2 Bremisches Straßengesetz v. 20. 12. 1976; vgl. a. die Kontroverse zwischen BVerwG, NJW 1987, 1836, und VGH Mannheim, DÖV 1989, 128 m. Anm. *Goerlich*; das BVerwG hat die Entscheidung des VGH aufgehoben, s. NJW 1990, 2011 – ein Urteil, das der Kunstfreiheit wohl nicht hinreichend Rechnung trägt, vgl. *Steinberg/Hartung*, JuS 1990, 795. – Zum Sonderrecht der Post vgl. BVerwGE 82, 266.
72 *Wolff/Bachof*, § 69 II a 1.

§ 22 *Einzelne verwaltungsrechtliche Rechtsverhältnisse*

Gewässer werden häufig äußerst intensiv genutzt, z. B. durch Errichtung von Anlegestellen, Uferbefestigungen, Stauwerken, Häfen, Schleusen oder durch Entnahme großer Mengen Wasser zu Kühl- oder Produktionszwecken oder Einleitung großer Mengen von Abwasser, sei es geklärt, sei es ungeklärt. Dabei geht es in aller Regel um gewerbliche Nutzung des Gewässers oder aber um die Nutzung durch Anlieger-Gemeinden.

942 Anders als der Straßenanlieger ist kaum noch ein **Wasseranlieger** – auch nicht derjenige, der dort wohnt – auf den Zugang über und die Entsorgung durch den Wasserlauf angewiesen. § 24 Abs. 1 WHG erlaubt jedoch dem Gewässereigentümer eine gewisse schonende Nutzung des Gewässers zu eigenen Zwecken (mit dem Vorbehalt landesrechtlicher Zurücknahme dieses Privilegs). Nach § 24 Abs. 2 WHG können die Länder den Gewässeranlieger entsprechend begünstigen. Wer am oder im Wasser eine aufwendige Anlage errichten will, hat ein starkes Interesse an der Sicherung seiner Rechtsposition auf längere Zeit. Der Bundesgesetzgeber hat deshalb ein Rechtsinstitut zur Verfügung gestellt, das dem Nutzer mehr Sicherheit bietet als die stets **widerrufliche Erlaubnis nach § 7 WHG,** nämlich die **Bewilligung nach § 8 WHG**. Die Bewilligung begründet ein Recht auf die Gewässerbenutzung, das nicht widerrufen werden, sondern nur nach einem strengen Maßstab (§ 12 WHG) – u. U. gegen Entschädigung – beschränkt oder zurückgenommen werden darf. Von der Erlaubnis unterscheidet sich die Bewilligung aber nicht nach dem Gegenstand oder dem Umfang der zugelassenen Wasserbenutzung, sondern eben nach der durch sie begründeten Rechtsstellung. Daher stehen für wasserrechtliche Sondernutzungen aller Art – je nach Zumutbarkeit – beide Gestaltungsformen nebeneinander zur Verfügung[73].

(3) Luft

943 Das „öffentliche Gut" *Luft* bedarf ebenfalls des Schutzes gegen übermäßige Nutzung. Hier spricht man zwar nicht von Sondernutzung, aber der Sache nach sind Luftverunreinigungen dasselbe. Es ist Zweck des **Bundes-Immissionsschutzgesetzes (BImSchG)**, „Menschen sowie Tiere, Pflanzen und andere Sachen" u. a. „vor schädlichen Umwelteinwirkungen zu schützen und dem Entstehen schädlicher Umwelteinwirkungen vorzubeugen" (§ 1). Außer Luftverunreinigungen zählen zu den Immissionen im Sinne des Gesetzes auch „Geräusche, Erschütterungen, Licht, Wärme, Strahlen und ähnliche Erscheinungen" (§ 3 Abs. 2). Das BImSchG hat neben den Genehmigungsvorbehalten für die Errichtung und den Betrieb von Anlagen zusätzlich ein Arsenal von Ermächtigungen zu Umweltschutzmaßnahmen bis hin zu Smogalarm (Rechtsverordnungsermächtigung in § 40) und Luftreinhalteplänen (§ 47) geschaffen. Die Vorschriften über genehmigungsbedürftige Anlagen (§§ 4-21) sind von großer praktischer Bedeutung; sie enthalten auch einige Ergänzungen zu den allgemeinen Bestimmungen über Verwaltungsakte und über das förmliche Verwaltungsverfahren.

---

73 BVerwGE 20, 219, 225 f.; 41, 58, 60.

f) „Nutzbare Anstalten"

Manche öffentliche Sachen – Museen, Bibliotheken, Theater, Badeanstalten, Fußballstadien, kommunale Versorgungsbetriebe u. ä. – werden der Allgemeinheit nicht zum Gemeingebrauch überlassen, sondern ihre Nutzung wird durch die zuständige Verwaltungsbehörde oder eine andere Stelle vermittelt. Genau genommen, handelt es sich nicht um die öffentlichen Sachen (Grundstücke, Gebäude, Ausstellungsgegenstände etc.) allein, sondern nutzbar und von Interesse ist die **Zusammenfassung sächlicher und persönlicher Mittel zu einer öffentlichen Anstalt.** Der Interessent kann nicht unmittelbar auf die Sachen zugreifen, weil sie der Obhut und Pflege bedürfen; das Rechtsverhältnis des einzelnen zur Anstalt ist deshalb nicht „dinglich", „sachenrechtlich", sondern gleichsam „schuldrechtlich"[74]. Wegen des engen Bezuges zu den sachenrechtlichen Rechtsverhältnissen wird die anstaltliche Nutzung hier gleichwohl mitbehandelt.

944

Man kann die Anstaltsnutzung und die Nutzung öffentlicher Sachen mit *Salzwedel*[75] als **„zwei Formen der Inanspruchnahme von Daseinsvorsorge"** auffassen; aber in der Feststellung, dass das Anstaltsrecht dem Bürger (nur) bestimmte öffentliche *Leistungen* verschafft, während öffentliches Sachenrecht seinen *Freiheitsspielraum* erweitert[76], ist der Unterschied zwischen den beiden Gestaltungsformen überbetont. *Salzwedel* bemerkt selbst, dass die technischen Verkehrsabläufe auf Bundesautobahnen und Kanälen immer komplizierter werden, so dass die Versuchung bestehe, „die sachenrechtliche Benutzung zu einer bloß anstaltlichen zurückzustufen" – was gewiss bedenklich wäre. Umgekehrt darf auch nicht verkannt werden, dass nutzbare Anstalten ihrerseits den Benutzern in mehrfachem Sinne Bereiche der Selbstentfaltung bieten können.

945

Otto Mayer hatte den Anstaltsbegriff geprägt; in seiner Definition handelt es sich um einen „Bestand von Mitteln, sächlichen und persönlichen, welche in der Hand eines Trägers öffentlicher Verwaltung einem besonderen öffentlichen Zweck dauernd zu dienen bestimmt sind"[77]. Neben **rechtsfähigen** gibt es auch **nicht rechtsfähige (unselbstständige) Anstalten.** Zwischen der organisationsrechtlichen (Rn. 103) und der nutzungsrechtlichen Bedeutung des Anstaltsbegriffs ist zu unterscheiden. Für die Klärung, in welcher Rechtsform eine Anstalt genutzt wird, ist die Organisationsfrage jedenfalls nicht ausschlaggebend.

946

Der kommunalrechtliche Begriff **„öffentliche Einrichtungen"** (vgl. etwa § 18 GemO NW) umfasst auch solche, die keine eigene Organisation erfordern, sondern „nur einen Sachinbegriff in der Hand eines Trägers öffentlicher Verwaltung darstellen" (Sportplatz, Schleuse, Park), er ist also weiter als „Anstalt"[78].

Die Funktion des Anstaltsbegriffs für das Nutzungsrecht ist allerdings durchaus nicht eindeutig. Die Rechtsbeziehungen zwischen der Anstalt und ihren Nutzern

947

---

74 Vgl. a. *Papier*, Recht der öffentlichen Sachen, 3. A. 1998, S. 13.
75 In: *Erichsen* (Hrsg.), Allgemeines Verwaltungsrecht, 10. A. 1995, § 40.
76 A. a. O., S. 462.
77 Deutsches Verwaltungsrecht, Band 2, §§ 51, 52.
78 *Papier* (Anm. 74), S. 27.

§ 22 *Einzelne verwaltungsrechtliche Rechtsverhältnisse*

müssen, jedenfalls soweit sie für die Nutzer belastend sind, in Rechtsnormen enthalten sein. Die zahlreichen kommunalen Versorgungsanstalten und kulturellen Einrichtungen (soweit sie nicht Privatrechtsform haben) sind in **Gemeindeordnungen** und **gemeindlichen Satzungen** vorgesehen. In **Benutzungsordnungen,** die der Anstaltsträger im Rahmen der rechtlichen Vorgaben selbst erlassen kann, wird der Anstaltszweck näher konkretisiert und werden die Rechtsbeziehungen zu den Nutzern ausgestaltet. Es ist umstritten, ob Anstalts- und Benutzungsordnungen als Rechtssätze gelten können, wenn sie nicht in der Form der Satzung erlassen sind. Manche verstehen sie als *„Sonderverordnungen"*, die auf gewohnheitsrechtlicher Ermächtigung beruhen[79]. Richtig erscheint jedoch die Ansicht, dass sie nur *Verwaltungsvorschriften* sind. Auf jeden Fall müssen sie sich im Rahmen des Anstaltszwecks halten und mit höherem Recht vereinbar sein (Grundrechte einschließlich Gleichheitssatz, Verhältnismäßigkeitsprinzip).

Vielfach wird allerdings die Form des *zivilrechtlichen* Vertrages gewählt; dann kann es sein, dass die Benutzungsordnung die allgemeinen Geschäftsbedingungen enthält. Zu den mit der Privatrechtsform verbundenen Problemen vgl. oben Rn. 247 ff.

948 Die **Zulassung zur Anstaltsnutzung** kann danach in der Form des begünstigenden Verwaltungsaktes oder des zivilrechtlichen Vertrages erfolgen. Selbstverständlich sind die Zulassungsbedingungen je nach Art der Anstalt verschieden: soweit lebensnotwendige Leistungen gewährt werden (Verkehrs- und Versorgungsunternehmen), gilt ein **Kontrahierungs- bzw. Zulassungszwang.** Bei begrenzter Kapazität ist die **Bewirtschaftung** – nach sachgerechten, gleichen Maßstäben – nicht nur zulässig, sondern geboten.

949 Auch im Rahmen von Anstalten sind unterschiedlich intensive Nutzungen möglich[80]. Wer in einem Museum nicht nur Kunst betrachten, sondern kopieren will, wer in einem Archiv wissenschaftliche Studien betreiben will, wer als Sportverein ein Hallenbad zum Training unter Ausschluss der Öffentlichkeit benutzen will, beansprucht eine besonders intensive Nutzung. Zu so unterschiedlichen Nutzungsformen sind viele Anstalten gewidmet, so dass die eine wie die andere im Rahmen des Anstaltszwecks bleibt. Dann ist die Nutzung je nach Bedarf allen Interessenten zu gestatten – gegebenenfalls unter Auflagen, die eine allzu starke Inanspruchnahme abwehren und den Schutz der benutzten Gegenstände sicherstellen.

950 Im Rahmen des Anstaltszwecks ergibt sich ein Anspruch auf Zulassung, bei unzureichenden Kapazitäten auf ermessensfehlerfreie Auswahlentscheidung, aus Art. 3 Abs. 1 GG sowie aus den entsprechenden Anspruchsnormen der Gemeindeordnungen. Außerhalb des Anstaltszwecks gibt es grundsätzlich keinen Zulassungsanspruch. Nach der Rechtsprechung des BVerwG sind bei der Ermessensausübung über einen entsprechenden Antrag von der zuständigen Behörde die Grundrechte zu berücksichtigen[81].

---

79 *Wolff/Bachof* I, § 25 VIII und II, § 99 D.
80 *Papier* S. 32.
81 BVerwG, NJW 1993, 609, 610 mit Anm. *Schlink* – Bonner Hofgartenwiese; dazu auch *Fehling*, JuS 2003, 246, 248.

g) Verkehrssicherungspflichten

951 Auf öffentlichen Straßen und Wasserstraßen, in Verwaltungs-, Schul- und Universitätsgebäuden, Sportanlagen und Parks geschehen täglich Unfälle, die zumindest teilweise auf den schlechten Zustand dieser öffentlichen Sachen zurückzuführen sind. Können die Geschädigten von den für Bau und Pflege der öffentlichen Wege etc. verantwortlichen Verwaltungsträgern Schadensersatz verlangen?

Ein Privater, der ein Gebäude oder einen Weg **dem Verkehr zugänglich macht,** ist für deren Verkehrssicherheit verantwortlich; bei schuldhafter Verletzung dieser Pflicht haftet er nach § 823 Abs. 1 BGB für die Schäden, die durch fehlerhaften Zustand der Verkehrsflächen verursacht werden. Wer einen schadhaften Weg freigibt, nicht ausbessert oder sperrt, wird also so angesehen wie jemand, der in anderer Weise das Leben, den Körper, die Gesundheit oder das Eigentum der Benutzer verletzt. Diesen Grundsatz hat die Rechtsprechung auch auf die Träger der Straßenbaulast angewendet, sie also für zivilrechtlich haftbar erklärt[82] (*Fall 11a*).

952 Diese Übertragung eines unter Zivilrechtssubjekten geltenden allgemeinen Rechtsgrundsatzes war durchaus sinnvoll. Es stellte jedoch ein rechtsdogmatisches Problem dar, dass die Nicht- oder Schlechterfüllung der Straßenbaulast, einer zweifellos öffentlich-rechtlichen Pflicht des Verwaltungsträgers, nach dieser Rechtsprechung **keine Amtspflichtverletzung** im Sinne von § 839 BGB/Art. 34 GG bedeutete. RG und BGH vertraten nämlich die Ansicht, dass diese Pflicht den Straßenbaulastträgern nicht gegenüber den Geschädigten obliege, sondern nur gegenüber der Allgemeinheit (die von der Straßen*aufsichts*behörde repräsentiert werde). In der Literatur wurde hingegen die Anwendung des Amtshaftungsrechts für richtig gehalten[83]. Die Rechtsprechung ging auf diese Kritik teilweise ein, indem sie konzedierte, dass der verkehrssicherungspflichtige Verwaltungsträger sich durch ausdrücklichen **Organisationsakt** – der öffentlich bekannt zu machen sei – **für die öffentlich-rechtliche Erfüllung seiner Straßenbaulast** entscheiden könne[84]. Diese Lösung kam den Interessen der Kostenträger entgegen, denn sie erlaubte nach § 839 Abs. 1 S. 2 BGB die Verweisung auf eine „anderweitige Ersatzmöglichkeit", so wenn der Schaden durch die Sozialversicherung oder eine private Versicherung abgedeckt war[85]. In den **neueren Straßengesetzen der meisten Länder** ist denn auch festgelegt worden, dass der Bau und die Unterhaltung öffentlicher Straßen und die Erhaltung ihrer Verkehrssicherheit den dafür zuständigen Körperschaften als Amtspflichten in Ausübung hoheitlicher Gewalt obliegen. Der BGH bleibt aber bei seinem Prinzip: mangels anderer Organisationsentscheidung ist die Verkehrssicherungspflicht privatrechtlich[86]. Doch ist die Verweisung auf anderweitigen Ersatz nach der Rspr. nicht mehr zulässig[87].

---

82 Vgl. schon RGZ 54, 53; später RGZ 154, 25; BGHZ 9, 373; 24, 124; 37, 69; 37, 165; 60, 54.
83 *Wolff/Bachof* I, § 57, III b und V.
84 BGHZ 9, 373, 387; 35, 112.
85 Vgl. dazu Rn. 1132 ff.
86 BGHZ 86, 152.
87 BGHZ 75, 134.

§ 22   Einzelne verwaltungsrechtliche Rechtsverhältnisse

953   Im StHG hatte der Gesetzgeber diese Rechtsentwicklung bestätigt: nach § 17 Abs. 3 StHG sollte die Pflicht zur Verkehrssicherung für Straßen, Wege, Plätze und für Wasserstraßen und Wasserflächen, die dem öffentlichen Verkehr gewidmet sind, für die Anwendung dieses Gesetzes als eine Pflicht des öffentlichen Rechts gelten; für ihre Verletzung sollte der Träger nur nach diesem Gesetz haften – jedoch nicht unabhängig von jedem Verschulden. Nach § 17 Abs. 2 Nr. 1 StHG sollte es bei der zivilrechtlichen Verkehrssicherungspflicht für „Grundstücke, Gewässer, Bauwerke und sonstige Anlagen" bleiben. Man musste danach also zwischen *Straßen*verkehrssicherung und sonstiger Verkehrssicherung unterscheiden.

Die öffentlich-rechtliche Regelung der Straßenverkehrssicherungspflicht bleibt angemessen (s. a. unten Rn. 1118). Die durch die Rechtsprechung und die Landesgesetzgebung verursachte Rechtszersplitterung ist ärgerlich, die Rückkehr zu einer bundesweit einheitlichen Rechtsgrundlage ist zu wünschen[88].

h) Hausrecht an Gebäuden des Verwaltungsvermögens

954   Verwaltungs- und Gerichtsgebäude werden häufig von unwillkommenen Besuchern betreten, z. B. von Geschäftsleuten, die dort ihrem Gewerbe nachgehen wollen, Zettelverteilern, Lobbyisten oder Menschen, die sich immer wieder beschweren und deshalb als „Querulanten" bezeichnet werden, Obdachlosen und Betrunkenen (vgl. *Fall 10*). Die Behörden erlassen in solchen Fällen gelegentlich **Hausverbote,** deren rechtliche Begründung freilich nicht eindeutig ist. Die gesetzlichen Regelungen sind spärlich; die Rechtsprechung hat zwar billigenswerte Entscheidungen gefällt, die Grundlagen aber nicht hinreichend geklärt.

955   Nach Art. 40 Abs. 2 S. 1 GG und entsprechenden Bestimmungen der Landesverfassungen übt der *Parlaments*präsident im Parlamentsgebäude „das **Hausrecht**" und die – davon zu unterscheidende – „**Polizeigewalt**" (als besondere Polizeibehörde) aus. Bei der Leitung der Sitzungen hat er eine **Ordnungsgewalt,** die u. a. den Ausschluss von Abgeordneten von der Sitzung oder die Entfernung von Zuhörern erlaubt (§§ 38, 41 Abs. 2 GO BT). Für die Gerichte bestimmt § 176 GVG, dass dem Vorsitzenden „die Aufrechterhaltung der Ordnung in den Sitzungen" obliegt (die nicht amtliche Überschrift „**Sitzungspolizei**" ist veraltet, weil es sich nach heutigem Verständnis nicht um Polizeigewalt handelt). Im Bereich der Verwaltung finden sich solche Ordnungsbefugnisse nur in Bezug auf das förmliche Verfahren (§§ 68 Abs. 3, 73 Abs. 6 S. 6 VwVfG) und das Verfahren vor Ausschüssen (§ 89 VwVfG) sowie in Gemeindeordnungen für die Sitzungen der Gemeindevertretungen.

956   Ein darüber hinaus gehendes Hausrecht des Behördenleiters oder Gerichtspräsidenten (-direktors) wird von der Rspr. aus dem privatrechtlichen **Eigentum** des Staates bzw. der Gemeinde an dem Verwaltungs- oder Gerichtsgebäude abgeleitet.

Bei Besuchern, die nur privatrechtliche Geschäfte betreiben wollen (Hausierer, Standesamts-Fotograf) oder sich dort nur aufhalten wollen, ohne eine Behördenangelegenheit zu erledigen, hält die Rechtsprechung ein privatrechtliches Hausverbot für zulässig[89]. Privatrechtlich war nach Ansicht des BVerwG[90] auch das Hausverbot an den Repräsentanten einer Firma, der mit dem Bundesverteidigungsministerium über Forschungs- und Ferti-

---

88   So auch *Salzwedel*, in: *Erichsen* (Hrsg.), Allg. VwR, 10. A. S. 554.
89   BGH, DVBl. 1961, 46; 1968, 145; OVG Münster, DVBl. 1968, 157.
90   E 35, 103.

gungsaufträge verhandeln wollte (und der angeblich falsche Behauptungen über Beamte des Ministeriums aufgestellt hatte).

Wer aber in dem Gebäude Angelegenheiten verfolgen will, die in der Zuständigkeit der Behörde oder des Gerichts liegen, dem darf danach nur durch Verwaltungsakt der Zutritt verwehrt werden[91].

Doch ist diese ganze Sichtweise fragwürdig. Man sollte nicht auf die Absichten des Besuchers, etwa gar auf die Rechtsnatur des von ihm angestrebten „Geschäfts" mit der Verwaltung abstellen, sondern darauf, welche Wirkung sein Verhalten auf die **Funktionsfähigkeit des Verwaltungsgebäudes** hat[92].

957

Nach § 903 BGB kann der Eigentümer einer Sache „andere von jeder Einwirkung ausschließen", aber das private „Jedermann-Hausrecht" knüpft nicht an das Eigentum, sondern an den Besitz an (§§ 858 ff. BGB) und steht dem Besitzer sogar gegen den Eigentümer zu. Das Hausrecht an Verwaltungsgebäuden dient auch nicht dazu, die Eigentümerposition zu schützen, sondern die **Nutzung im Rahmen des Widmungszwecks** zu ermöglichen; es wird auch benötigt, wenn das Gebäude nur gemietet ist. Deshalb ist diese Form des Hausrechts, die auch in § 123 StGB von dem privaten Hausfrieden unterschieden wird, als **öffentlich-rechtlicher „Annex zur Sachkompetenz"** anzusehen[93]. Die Ordnungsgewalt in Sitzungen richtet sich gegen Teilnehmer, die zumindest am Anfang befugt anwesend sind; das Hausrecht richtet sich gegen die von außen kommende Störung durch Personen, die nicht berechtigt sind, in den räumlichen Bereich einzudringen oder sich darin aufzuhalten[94].

i) Verwahrung von Sachen

Das Rechtsinstitut der **öffentlich-rechtlichen Verwahrung,** das bei den allgemeinen Ausführungen zum verwaltungsrechtlichen Rechtsverhältnis (Rn. 302) schon kurz erwähnt wurde, betrifft gerade nicht „öffentliche" Sachen. Es ist eine Hilfskonstruktion der Rechtsprechung, um in Fällen, wo dies gerecht erschien, die Einschränkungen des Amtshaftungsanspruchs (vor allem die Subsidiaritätsklausel des § 839 Abs. 1 S. 2 BGB; s. u. Rn. 1132 ff.) zu umgehen und die Haftung für Erfüllungsgehilfen nach § 278 BGB zu begründen[95].

958

Beispiel: Im Jahre 1942 forderte die Baupolizei nach schweren Bombenangriffen die Bevölkerung auf, gefährdete Wohnungen zu räumen und den Hausrat und die Möbel in ein städtisches Bergungslager zu bringen. Dort kam vieles weg. Der BGH gab einer späteren Schadensersatzklage statt, weil die Stadt die Sachen in Erfüllung öffentlich-rechtlicher Pflichten im öffentlichen Interesse in Verwahrung genommen habe (BGHZ 4, 192). – Zur Abgrenzung

---

91 OVG Münster, DVBl. 1963, 450.
92 So auch *Knemeyer*, Hausrecht, in: Handwörterbuch des öffentlichen Dienstes. Das Personalwesen, 1976, Sp. 766.
93 *Knemeyer*, a. a. O.; ähnlich schon *Knoke*, AöR 94, 1969, 388 ff., 398, der allerdings den Begriff des Hausrechts durch eine auch die Sitzungsgewalt umfassende „betriebliche Ordnungsgewalt" ersetzen will.
94 *Knemeyer*, a. a. O., Sp. 764; vgl. a. VGH München, NJW 1980, 2722.
95 Vgl. schon RGZ 84, 338; 115, 419; 166, 218; BGHZ 1, 369 m. w. N. Lesenswert *Quaritsch* in: *Lüder* (Hrsg.), Staat und Verwaltung. Fünfzig Jahre Hochschule für Verwaltungswissenschaften Speyer, 1997, S. 169 ff.

§ 22   *Einzelne verwaltungsrechtliche Rechtsverhältnisse*

von anderen Anspruchsgrundlagen (beamtenrechtliche Fürsorgepflicht, Verkehrssicherungspflicht und Amtspflicht i. S. v. § 839 BGB): VGH München, NVwZ 1998, 421.

959 So wie in jenem Fall eine Haftungsminderung analog § 690 BGB abgelehnt wurde, weil dies mit der Interessenlage der Betroffenen nicht übereingestimmt hätte, so passen die §§ 688 ff. BGB auch im übrigen häufig nicht für die Verwahrung von Sachen durch die Verwaltung. Sehr oft geht dieser Verwahrung nämlich eine Beschlagnahme oder die Freiheitsentziehung des Besitzers voraus[96], also eine ganz andere Ausgangssituation als beim schuldrechtlichen Verwahrungsvertrag. Andererseits ist zuzugeben, dass die Verwahrung von Sachen durch die Verwaltung besondere Obhutspflichten begründet.

960 Gesetzlich geregelte Fälle öffentlich-rechtlicher Verwahrung sind die Hinterlegung und die Sicherheitsleistung, vgl. die Hinterlegungsordnung und §§ 241 ff. AO. Auch die Beschlagnahme oder Sicherstellung von Sachen nach Polizeirecht begründet ein öffentlich-rechtliches Verwahrungsverhältnis.

Der Prozessrechtsgesetzgeber hat die Rechtsfigur der öffentlich-rechtlichen Verwahrung in § 40 Abs. 2 VwGO „anerkannt" und zusammen mit anderen vermögensrechtlichen Ansprüchen dem ordentlichen Rechtsweg zugewiesen.

Zu den Ausgangsfällen:

961 1. S. genießt das Grundrecht der Meinungsfreiheit, soweit er nicht durch verfassungskonforme beamtenrechtliche Einschränkungen daran gehindert ist. Die durch Art. 33 Abs. 5 GG gedeckte Pflicht des Beamten zur Mäßigung und Zurückhaltung bei öffentlichen Äußerungen (§ 35 Abs. 2 BRRG) ist als Grundrechtsschranke in einem „allgemeinen Gesetz" enthalten und daher mit Art. 5 Abs. 1 Satz 1 GG vereinbar (BVerfGE 39, 334, 367). Sie geht aber nicht so weit, dass jede Publikation zu Themen, mit denen der Staatsanwalt auch dienstlich befasst ist, verboten oder erlaubnispflichtig gemacht werden kann. Vom Zensurverbot gibt es überdies keine Ausnahme, auch nicht durch „allgemeine Gesetze" (BVerfGE 33, 52, 72). Vgl. Rn. 906.

2. Bei dem Sachbearbeiter im Ministerium mag man noch zweifeln, ob die mehrfache öffentlich sichtbare Volltrunkenheit gegen seine Beamtenpflichten verstieß; hier kommt es auch auf die konkrete Funktion an, die er ausübt. Der Staatsanwalt wird in dem vergleichbaren Fall jedenfalls eindeutig „der Achtung und dem Vertrauen, die sein Beruf erfordert (§ 36 Satz 3 BRRG), nicht mehr gerecht. Vgl. Rn. 900.

3. Der Anspruch kann durch Leistungsbescheid geltend gemacht werden, vgl. Rn. 890.

4. Der Dienstherr kann zwar öffentlich-rechtliche Ersatz- und Erstattungsansprüche durch Leistungsbescheid geltend machen, aber er kann sie auch stattdessen gerichtlich einklagen. Das Rechtsschutzbedürfnis für eine Klage besteht insbesondere dann, wenn ohnehin eine gerichtliche Auseinandersetzung zu erwarten ist.

---

96 Vgl. BGHZ 1, 369; 3, 162; 21, 214.

Unter diesen Umständen gilt: wenn eine Behörde eine Zahlungsaufforderung als Leistungsbescheid verstanden wissen will, muss sie dies für die Betroffenen unmissverständlich klarstellen. Dies ist in dem höflichen Brief noch nicht geschehen. Deshalb muss das Land jetzt nachträglich einen verbindlichen Bescheid erlassen oder vor dem VG auf Zahlung klagen. Vgl. Rn. 890 und BVerwGE 29, 310.

5. a) „Das generelle Verbot für männliche Zollbeamte, zur Dienstkleidung Ohrschmuck zu tragen", ist rechtmäßig (BVerwGE 84, 287). Das BVerwG beruft sich in seinem Urteil vom 25. 1. 1990 auf § 55 Satz 2 BBG i. V. m. § 76 BBG und die darauf gestützte Dienstkleidungsordnung des Bundesfinanzministers für die Zollverwaltung. Darin sind „aus dem Rahmen fallende Erscheinungsformen" ausgeschlossen. Diese Bestimmung solle das einheitliche äußere Erscheinungsbild der Hoheitsträger sichern. Eine Verletzung des Gleichheitssatzes sei darin nicht zu sehen. Der VGH Kassel hingegen hat ein Verbot an einen Polizeibeamten aufgehoben, den „Lagerfeld-Zopf" zu tragen (NJW 1996, 1164). Vgl. Rn. 901.

b) „Das Tragen einer Anti-Atomkraft-Plakette durch einen Lehrer während des Schuldienstes verstößt gegen das Gebot der Zurückhaltung bei politischer Betätigung" (BVerwGE 84, 292; das VG Hamburg hatte anders entschieden).

6. Vgl. Rn. 914 und 918 und BSGE 48, 120.

7. Ja, nicht nur in dem bisherigen Umfang (Lkw-Maut), vgl. § 7 Abs. 4 FStrG und Rn. 931. Es bedarf dazu einer besonderen gesetzlichen Regelung.

8. a) Das Betreten des Strandes kann in gewissen Grenzen entgelt-(gebühren-)pflichtig gemacht werden, vgl. BGH, DÖV 1965, 568 und Rn. 925.

b) Auch der Baggersee kann im Gemeingebrauch stehen, aber die Gemeinde ist berechtigt, diesen durch ein Badeverbot einzuschränken und damit insbesondere ihre Verkehrssicherungspflicht auszuschließen. Verstöße gegen das Verbot sind nicht strafbar und auch keine Ordnungswidrigkeiten. Wer trotz des Schildes in dem See schwimmt, handelt auf eigenes Risiko.

9. a) Ja, der Anlieger kann den Fußweg vor seinem Haus vorübergehend stärker nutzen als die Allgemeinheit, sofern dies zur angemessenen Nutzung des Grundstücks erforderlich ist. Vgl. Rn. 935 f.

b) Die Verteilung eigener Werbezettel und kleiner Warenproben vor einem Kaufhaus ist noch durch den Anliegergebrauch gedeckt, das Aufstellen von Tischen wohl nicht mehr (es kommt auf die örtliche Situation an).

c) Die Verteilung politischer Flugblätter und die Nutzung der Fußgängerzone zur Anbahnung von Kontakten mit Bürgern gehört zum „kommunikativen Gemeingebrauch", vgl. Rn. 938 ff. Für die Aufstellung von Infoständen bedarf es aber einer Sondernutzungserlaubnis, wobei auf diese jedenfalls in Wahlkampfzeiten ein Anspruch besteht. Die Behörde muss dann einen angemessenen Ausgleich finden zwischen der Sicherheit und Leichtigkeit des Verkehrs einerseits und der in einer Demokratie essenziellen Information der Öffentlichkeit.

10. Ein Hausverbot ist zulässig, wenn sonst die Funktionsfähigkeit des Gebäudes gestört würde. Bei einzelnen ungebetenen Besuchern ist das nicht der Fall, bei einer

§ 23 *Verwaltungsvollstreckung*

größeren Gruppe schon eher. Ergänzend kann nach Ansicht der Rspr. das zivilrechtliche Hausrecht geltend gemacht werden. Vgl. Rn. 956 f.

11. a) Der Träger der Straßenbaulast – je nach Art der Straße Bund, Land oder Kommune – verletzt seine Verkehrssicherungspflicht, wenn er es unterlässt, die Straße in einen ungefährlichen Zustand zu bringen und darin zu erhalten.

b) Auch im Rahmen des Gemeingebrauchs gelten Sorgfaltspflichten, bei deren Verletzung die geschädigte öffentliche Körperschaft Schadensersatz verlangen kann, vgl. Rn. 934.

§ 23 Verwaltungsvollstreckung

Ausgangsfälle:

1. Womit muss derjenige rechnen, der seine Steuern nicht zahlt?

2. a) Frau F parkt ihren Wagen am 15. September in Heidelberg vor dem Hause Neue Schlossstraße 38. Am 20. September lässt die Stadt an dieser Stelle Schilder mit einem eingeschränkten Halteverbot „ab 22. 9., 7 Uhr" aufstellen, um dort Markierungen anbringen zu können. Frau F ist am 19. September für einige Tage verreist und weiß nichts von dem neuen Schild. Da das Fahrzeug am 22. die Markierungsarbeiten behindert, lässt die Stadt es abschleppen und auf einem Betriebshof abstellen. Als Frau F ihr Auto am 28. September abholt, wird ihr eine Niederschrift über eine Abschleppmaßnahme und ein Kostenbescheid über 175 Euro Abschleppkosten, 84 Euro Verwahrkosten und 30 Euro Verwaltungsgebühr ausgehändigt. Hiergegen will sie sich wehren.

b) P parkt seinen PKW am Montagabend auf einem Platz, auf dem dienstags und freitags ein Wochenmarkt stattfindet. An der Zufahrt zum Platz befindet sich ein Halteverbotsschild mit der Einschränkung „nur Dienstag und Freitag". Hinter die Windschutzscheibe legt er einen Zettel, auf dem seine Handynummer und der Hinweis „Bei Störung anrufen, bin in einer Minute da" geschrieben steht. Als er am Dienstag um 7 Uhr wegfahren will, ist sein Auto bereits abgeschleppt worden. Wenige Tage später erhält er einen Kostenbescheid. Auch P will sich wehren.

3. a) Ein Grundstückseigentümer beginnt vorschriftswidrig mit einem Anbau an sein Haus. Die Bauaufsichtsbehörde verbietet ihm die Fortführung des Bauvorhabens, dieses Verbot wird unanfechtbar. Gleichwohl wird weitergebaut; deswegen schreibt die Behörde dem Bauherrn: „Gegen Sie wird hiermit ein Zwangsgeld von 500 Euro festgesetzt. Der Betrag ist sofort auf das Konto ... bei der Stadtsparkasse einzuzahlen." Kann sich der Betroffene noch gegen das Zwangsgeld wehren? Mit Aussicht auf Erfolg?

b) *Abwandlung: Der Anbau ist fertig. Die Behörde setzt nunmehr kein Zwangsgeld fest, sondern beauftragt einen Bauunternehmer, das rechtswidrig errichtete Bauwerk abzureißen. Ist das zulässig?*

4. *Die Ordnungsbehörde hat eine Demonstration nach § 15 Versammlungsgesetz verboten. Gleichwohl versammeln sich hundert Personen am vorgesehenen Ort. Die Polizei fordert die Menge auf, sich zu entfernen. Niemand folgt dieser Aufforderung. Wie kann die Anordnung nunmehr durchgesetzt werden? Ist die Vollstreckung auch zulässig, wenn die Auflösung der Versammlung rechtswidrig war?*

(Lösungshinweise in Rn. 991)

1. Begriff und Funktion der Verwaltungsvollstreckung

Während zivilrechtliche Forderungen – auch soweit sie einer Behörde zustehen – durch Klage vor den Zivilgerichten und anschließendes Vollstreckungsverfahren (§§ 704 ff. ZPO) durchgesetzt werden müssen, hat die Verwaltung es in verwaltungsrechtlichen Rechtsbeziehungen leichter: da sie einen VA erlassen kann, ist sie in der Lage, sich selbst die Grundlage für das Vollstreckungsverfahren, d. h. für die zwangsweise Durchsetzung verwaltungsrechtlicher Verpflichtungen zu schaffen: den **(Rechts-)„Titel"** (vgl. oben Rn. 683). Der beteiligte Bürger muss auch im Rahmen des Verwaltungsrechtsverhältnisses erst vor Gericht gehen und als Vollstreckungstitel ein Urteil erstreiten (was lange währen kann). *Nicht* befugt ist die Verwaltung, die Vollstreckung aus einem verwaltungsrechtlichen *Vertrag* ohne richterliches Urteil zu beginnen, sofern sich der Vertragspartner nicht der sofortigen Vollstreckung unterworfen hat (Rn. 875); sie kann auch nicht einen der Durchsetzung von Vertragspflichten dienenden VA erlassen und diesen als Vollstreckungstitel nutzen[1].

962

Die Privilegierung der Verwaltung bei der Vollstreckung von Verwaltungsakten lässt sich damit rechtfertigen, dass die Behörden *vor* Erlass des VA sorgfältig zu prüfen haben, ob die Rechtmäßigkeitsvoraussetzungen gegeben sind. Ausbildungssystem und interne Kontrollen (Dienst- und Fachaufsicht) sorgen dafür, dass die Gesetzesbindung nicht nur auf dem *Papier* steht, so dass heute in aller Regel jedenfalls nicht vorsätzlich rechtswidrige VAe erlassen werden. Auch die weitgehende Schematisierung und Formalisierung vieler Verwaltungsvorgänge verhindert jedenfalls Willkür und Schikane. Es wäre nicht vertretbar und praktisch undurchführbar, die Vollstreckbarkeit all der zahllosen täglich erlassenen VAe, die nicht freiwillig befolgt werden, von einer weiteren, diesmal richterlichen Bestätigung abhängig zu machen.

963

Bedarf an unabhängiger Überprüfung besteht aber vor allem unter dem Aspekt, dass die rechtlichen Besonderheiten des Einzelfalls leicht übersehen werden. Für die notwendigen Korrekturen können und müssen die Belasteten ihrerseits die Initiative ergreifen; das Rechtsbehelfssystem (§ 19) ist in Art. 19 Abs. 4 GG garantiert.

---
1 Vgl. BVerwGE 50, 171; DÖV 1980, 644; *Meyer/Borgs*, VwVfG, 2. A. 1982, § 54 Rn. 6.

§ 23 *Verwaltungsvollstreckung*

2. Einschlägige Gesetze

964 Das Verwaltungs-Vollstreckungsgesetz (VwVG) des Bundes vom 27. 4. 1953, das im Folgenden besprochen wird, gilt nicht für Finanzbehörden, Sozialversicherungsträger und die Justizverwaltung (§ 1 Abs. 3, s. a. § 20, 2. Halbsatz VwVG). Die Bestimmungen der AO und des SGB sind jedoch mitbehandelt, soweit sie von allgemeiner Bedeutung sind. Die Landesgesetze weichen in einigen Einzelheiten vom Bundes-VwVG ab; die Länder haben (mit Ausnahme Berlins) die Übernahme des Bundesgesetzes seinerzeit abgelehnt, weil es nicht auf der Höhe der Zeit sei.

Die Unterschiede müssen sorgfältig beachtet werden; gerade im Vollstreckungsrecht herrschen strenge Bräuche, und ein rechtlich fehlerhaftes Vollstreckungsverfahren kann für die Behörde oder den Vollstreckungsschuldner sehr ärgerlich und teuer werden. In den Grundzügen stimmen aber Bundes- und Landesrecht überein.

3. Vollstreckung wegen Geldforderungen

965 Die Vollstreckung von Geldforderungen ist eine Routineaufgabe der Verwaltung, die in besonders hohem Maße durchnormiert ist. Als Muster-Regelung bot sich hier das **Abgabenrecht** an, in dem die jahrzehntelangen Erfahrungen der Finanzverwaltung mit der Vollstreckung von Steuerbescheiden ihren Niederschlag gefunden haben. § 5 Abs. 1 VwVG verweist deshalb weitgehend auf die AO. Die AO wiederum stimmt in den Grundzügen mit dem **Zwangsvollstreckungsrecht der ZPO** überein, was angesichts der Verschiedenheit der zu vollstreckenden materiellen Ansprüche überraschen mag – die Rechtsformen der Zwangsvollstreckung sind aber weitgehend unabhängig von der Art dieser Ansprüche, die Interessenkollision zwischen den Beteiligten, insbesondere die Notwendigkeit eines gewissen Schuldnerschutzes, ist in beiden Bereichen gegeben, und die rechtsstaatlichen Formerfordernisse folgen aus dem Monopol des Staates zur Zwangsanwendung.

a) Voraussetzungen

966 Die Voraussetzungen rechtmäßiger Vollstreckung öffentlich-rechtlicher Geldforderungen sind nach § 3 Abs. 2 VwVG:
- dass der Schuldner durch einen **Leistungsbescheid** zur Zahlung aufgefordert worden ist; dieser Bescheid braucht noch nicht unanfechtbar zu sein;
- dass die Leistung **fällig** ist,
- dass seit Bekanntgabe des Bescheides bzw. Fälligkeit **eine Woche** vergangen ist.

Wenn diese Voraussetzungen erfüllt sind, kann die Behörde, die den Anspruch geltend machen darf (§ 3 Abs. 4 VwVG), **die Vollstreckung förmlich durch eine Vollstreckungsanordnung „einleiten"** (§ 3 Abs. 1 VwVG). Sie soll den Schuldner jedoch (nach § 3 Abs. 3) vorher noch einmal mit einer Zahlungsfrist von einer weiteren Woche besonders *mahnen* (Spezialvorschriften hierzu enthält § 259 AO, s. a. § 254 AO).

Wird der zu vollstreckende Leistungsbescheid angefochten, so wird die Vollstreckung *nicht* ohne weiteres unzulässig. § 256 AO (anwendbar nach § 5 Abs. 1 VwVG) verweist den Streit um die Rechtmäßigkeit des zu vollstreckenden VA aus dem Vollstreckungsverfahren heraus (das entspricht der Verweisung auf eine besondere Vollstreckungsgegenklage in § 767 ZPO). Nach § 251 AO (ebenfalls anwendbar) entfällt die Vollstreckbarkeit zwar, wenn die Vollziehung ausgesetzt oder durch Einlegung eines Rechtsbehelfs gehemmt ist. Dies wiederum richtet sich für Steuerschulden nach § 361 AO i. V. m. § 69 FGO und für andere Geldforderungen nach der VwGO (§ 80) – in beiden Bereichen gilt die Regel, dass die **Anfechtung keine aufschiebende Wirkung** hat, die Vollziehung also nicht hemmt (§ 361 Abs. 1 AO, § 80 Abs. 2 Nr. 1 für „öffentliche Abgaben und Kosten"); die Behörde kann aber die Vollziehung ganz oder teilweise aussetzen (§ 361 Abs. 2 AO, § 80 Abs. 4, s. a. S. 2 und 3). Auf Antrag kann das Gericht die aufschiebende Wirkung des Rechtsbehelfs anordnen (§ 80 Abs. 5 VwGO). 967

Ist der Steuerverwaltungsakt schon vollzogen, so tritt an die Stelle der Aussetzung der Vollziehung die *Aufhebung* der Vollziehung (§ 361 Abs. 2 S. 3 AO)[2].

Ausnahmsweise können auch **privatrechtliche Forderungen** der Verwaltung mit öffentlich-rechtlichen Mitteln vollstreckt werden. Dies galt bisher für die Forderungen der Post, und zwar sogar noch als diese schon ausdrücklich als privatrechtlich bezeichnet wurden[3]. Eine landesrechtliche Besonderheit dieser Art findet sich aber auch in Hamburg: § 2 Abs. 3 des Landes-VwVG erlaubt i. V. m. einer VO des Senats nach alter Tradition die zwangsweise Beitreibung von Forderungen der Gas- und Wasserwerke und der Hafenlotsen[4]. 968

b) Vollstreckungsmaßnahmen

Aufgrund der Vollstreckungsanordnung wird die *Vollstreckungsbehörde* tätig. Das sind in der Finanzverwaltung die Finanzämter und die Hauptzollämter (§ 249 Abs. 1 S. 3 AO), also in aller Regel diejenigen Stellen, die auch den zu vollstreckenden Bescheid erlassen haben (aber intern eine andere Abteilung). In anderen Verwaltungszweigen ist die Durchführung der Vollstreckung stärker von deren Anordnung (§ 3 Abs. 4 VwVG) getrennt; entweder haben die obersten Bundesbehörden (im Einvernehmen mit dem Bundesminister des Innern) bestimmte Behörden ihres Verwaltungszweiges als Vollstreckungsbehörden bestimmt oder es sind die Vollstreckungsbehörden der Bundesfinanzverwaltung (also die Hauptzollämter) zuständig (§ 4 VwVG). 969

Als Vollstreckungsmaßnahmen kommen in Betracht: 970
– zur Vollstreckung in das bewegliche Vermögen (Sachen und Forderungen bzw. andere Vermögensrechte) die *Pfändung* (§ 281 AO i. V. m. § 5 Abs. 1 VwVG),

---
2 BGBl. 1996 I S. 2049, 2075.
3 § 9 Abs. 2 Fernmeldeanlagengesetz i. d. Fassung v. 14. 9. 1996 (Ende 1997 außer Kraft getreten, vgl. § 28, und durch das Telekommunikationsgesetz ersetzt).
4 Dazu *Bull*, bei: *Hoffmann-Riem/Koch*, Hamburgisches Staats- und Verwaltungsrecht, 2. A. 1998, S. 125. Vgl. a. Rn. 866 und 875.

§ 23 *Verwaltungsvollstreckung*

– zur Vollstreckung in das unbewegliche Vermögen die Eintragung einer *Sicherungshypothek,* die *Zwangsversteigerung* und die *Zwangsverwaltung (*§ 322 AO, §§ 864-871 ZPO sowie das Gesetz über die Zwangsversteigerung und die Zwangsverwaltung v. 24. 3. 1897 i. V. m. § 5 Abs. 1 VwVG).

971 Bei der Pfändung von Sachen geht die Behörde fast genauso vor wie ein privater Gläubiger, der ein Urteil gegen einen anderen vollstrecken lässt: während dieser einen Gerichtsvollzieher mit einer Sachpfändung beauftragt, entsendet die Vollstreckungsbehörde einen **Vollziehungsbeamten,** der Sachen des Schuldners (vor allem Geld, „Kostbarkeiten" und Wertpapiere) pfändet, indem er sie in Besitz nimmt oder ein Siegel anlegt (§§ 285 f. AO i. V. m. § 5 Abs. 1 VwVG). Forderungen des Schuldners gegen andere („Drittschuldner") werden ebenfalls gepfändet, nach der ZPO (§ 828 f.) durch Gerichtsbeschluss, nach Verwaltungsvollstreckungsrecht durch eine förmliche Vollstreckungsverfügung der Vollstreckungsbehörde selbst (dem Drittschuldner wird verboten, an den Vollstreckungsschuldner zu zahlen, diesem wird geboten, sich jeder Verfügung über die Forderung zu enthalten, § 309 AO i. V. m. § 5 Abs. 1 VwVG). Eine vorherige Androhung dieser Maßnahmen ist nicht erforderlich.

c) Rechtsbehelfe gegen die Vollstreckungsmaßnahmen

972 Nach der ZPO können beim Vollstreckungsgericht **„Anträge, Einwendungen und Erinnerungen"** vorgebracht werden, „welche die Art und Weise der Zwangsvollstreckung oder das von dem Gerichtsvollzieher zu beobachtende Verfahren betreffen" (§ 766). Eine entsprechende Vorschrift fehlt im Verwaltungsvollstreckungsrecht; doch sind selbstverständlich formlose Gegenvorstellungen und die Dienstaufsichtsbeschwerde gegen den Vollziehungsbeamten zulässig. Die Sachpfändung wie die Forderungspfändung sind **selbstständig anfechtbare Verwaltungsakte,** die Anfechtung kann aber auf Fehler des zu vollstreckenden VA nur solange gestützt werden, wie dieser selbst noch anfechtbar ist. Dritte werden gegen unberechtigte Inanspruchnahme ihrer Vermögenswerte durch die **Drittwiderspruchsklage** entsprechend § 771 ZPO geschützt (§ 262 AO i. V. m. § 5 Abs. 1 VwVG).

Im Fall der mittels Verwaltungsvollstreckung beigetriebenen privatrechtlichen Forderungen liegt die Entscheidungskompetenz bei den Zivilgerichten. Nach dem oben (Rn. 968) erwähnten Hamburger Recht muss der Schuldner seine Einwendungen durch Klage vor dem ordentlichen Gericht geltend machen.

4. Erzwingung von Handlungen, Duldungen oder Unterlassungen

973 Für die Vollstreckung anderer verwaltungsrechtlicher Verpflichtungen als Geldschulden gelten sowohl andere (strengere) Voraussetzungen als auch andere Zwangsmittel und Verfahrensvorschriften.

Als Vorbild sind auch hier Bestimmungen der ZPO (§§ 887 ff.) erkennbar; doch enthält das **Verwaltungsvollstreckungsgesetz** (§§ 6-18) (anders als für die Vollstreckung wegen Geldforderungen) eine eigene, in sich geschlossene Regelung.

4. Erzwingung von Handlungen, Duldungen oder Unterlassungen § 23

Der Zweite Abschnitt des VwVG behandelt unter dem Titel „Erzwingung von Handlungen, Duldungen oder Unterlassungen" in § 6 Abs. 1 auch die **„Herausgabe einer Sache"**, ohne dass im Folgenden noch auf diesen Tatbestand eingegangen würde. Eine geschuldete Sache darf dem Schuldner also – anders als nach § 883 Abs. 1 ZPO (s. a. §§ 884 ff.) – nicht ohne weiteres durch einen Vollziehungsbeamten weggenommen werden; die Herausgabepflicht darf nur nach den Regeln der §§ 6 ff. durchgesetzt werden.

974

Die AO behandelt die Vollstreckung wegen Handlungen, Duldungen oder Unterlassungen unter der Überschrift „Vollstreckung wegen anderer Leistungen als Geldforderungen" zusammen mit der Erzwingung von Sicherheiten (§§ 328-336).

Um die Bedeutung des Verwaltungszwanges zu ermessen, muss man bedenken, dass die Durchsetzung zahlreicher verwaltungsrechtlicher Pflichten auch durch **Ordnungswidrigkeits-Bestimmungen** gefördert wird. Wenn die Verletzung einer durch VA festgesetzten Pflicht zugleich eine Ordnungswidrigkeit (oder gar eine Straftat) darstellt, bedarf es häufig nicht der Vollstreckung durch Verwaltungszwang. Die Verhängung einer Geldbuße fungiert nicht nur als nachträgliche Sanktion eines Fehlverhaltens, sondern auch als präventives Instrument, das oft wirksamer ist als die Zwangsmittel nach dem VwVG (die gleichwohl zulässig sind, § 13 Abs. 6 VwVG). Aber es ist nicht zulässig, bei Dauerordnungswidrigkeiten statt des Verwaltungszwanges ständig neue Bußgelder festzusetzen[5].

975

Die heutigen Regeln des Verwaltungszwanges sind hinreichend streng, um die Durchsetzung staatlicher Gebote und Verbote zu gewährleisten. Sie geben der Verwaltung übrigens wesentlich mehr Macht als etwa den Aufsichtsbehörden gegenüber Sozialversicherungsträgern zusteht (§§ 89 ff. SGB IV); dort ist kaum noch Verwaltungszwang vorgesehen, vielmehr fast alles den Gerichten überlassen (s. a. § 17 VwVG). Durch den gut ausgebauten Rechtsschutz ist aber auch der Bürger gegenüber dem Verwaltungszwang keineswegs hilflos.

976

a) Vollstreckungstitel

Die Erzwingung von Handlungen, Duldungen oder Unterlassungen ist nach § 6 Abs. 1 VwVG zulässig, wenn
- der betreffende VA (die „Grundverfügung" oder „der Ausgangs-VA") **unanfechtbar ist** oder
- sein **sofortiger Vollzug angeordnet** oder
- dem **Rechtsmittel keine aufschiebende Wirkung beigelegt** ist".

977

Der Normalfall ist also, dass der VA unanfechtbar *geworden* ist (dass ein VA von Anfang an unanfechtbar ist, kann wegen Art. 19 Abs. 4 GG nicht vorkommen). Er ist auch erzwingbar, wenn er zwar angefochten wird, die Behörde aber nach § 80 Abs. 2 Nr. 4 VwGO im öffentlichen Interesse seine sofortige Vollziehung anordnet (s. a. § 80 Abs. 3 VwGO).

---

5 *Schickedanz*, NJW 1982, 320.

978 Die letzte der drei alternativen Voraussetzungen bezieht sich auf § 80 Abs. 2 Nr. 1-3 VwGO, in den dort bezeichneten Fällen soll der Widerspruch die Vollstreckung nicht aufhalten.

Der praktisch bedeutsamste Fall, nämlich Nr. 1 – öffentliche Abgaben und Kosten – betrifft nicht die Erzwingung von Handlungen etc. und ist als Vollstreckung von Geldforderungen abweichend geregelt, wie schon besprochen – s. oben Rn. 965 ff.; gemeint sind also vor allem die „unaufschiebbaren Anordnungen und Maßnahmen von Polizeivollzugsbeamten".

Wie aber, wenn der Widerspruch zwar aufschiebende Wirkung hätte und auch noch eingelegt werden könnte, aber tatsächlich bisher nicht eingelegt worden ist? Auch in diesem Fall ist die Erzwingung unzulässig; solange die Anfechtungsfrist nicht abgelaufen ist, ist der VA eben nicht „unanfechtbar", und die Verwaltung muss das Ende der Frist abwarten oder die sofortige Vollziehung anordnen. (Die Worte „dem Rechtsmittel" am Schluss von § 6 Abs. 1 beziehen sich also nicht auf das tatsächlich eingelegte, sondern das an sich zulässige Rechtsmittel.)

979 Auf die *Rechtmäßigkeit* des Ausgangs-VA kommt es gerade nicht an. Es gilt vielmehr das so genannte **vollstreckungsrechtliche Trennungsprinzip**; danach hängt die Rechtmäßigkeit der Ersatzvornahme nicht von der Rechtmäßigkeit des zu vollziehenden Grundverwaltungsakts ab[6]. Dies ergibt sich eindeutig aus den gesetzlichen Vollstreckungsvoraussetzungen. Danach muss der Verwaltungsakt als Vollstreckungstitel zwei Voraussetzungen erfüllen: Er muss wirksam, also dem Betroffenen bekannt gegeben und nicht nichtig sein (§ 43 VwVfG); und er muss vollstreckbar sein, also entsprechend den schon dargestellten Anforderungen entweder unanfechtbar oder aber sofort vollziehbar gemäß § 80 Abs. 2 VwGO. Fehlt eine dieser Voraussetzungen, so sind die Vollstreckungsmaßnahmen rechtswidrig – aber eben nur dann. Folgerichtig kann eine Vollstreckungsmaßnahme nicht unter Hinweis auf die Rechtswidrigkeit des Grund-VA angegriffen werden. Der Betroffene muss stattdessen versuchen, dem VA die Vollziehbarkeit zu nehmen. Dies geschieht durch Widerspruch und Anfechtungsklage (§ 80 Abs. 1 VwGO) oder – im Fall der sofortigen Vollziehbarkeit – durch einen Antrag nach § 80 Abs. 5 VwGO.

980 Eine merkwürdige Konstruktion scheint § 6 Abs. 2 VwVG zu enthalten: dort wird anscheinend der „Vollzug" eines gar nicht erlassenen VA gestattet (so auch § 28 Abs. 2 MEPolG). Richtig interpretiert, ist der Vorgang freilich weniger widersprüchlich: gemeint ist nämlich zum einen, dass in besonderen Situationen **der zur Gefahrenabwehr erforderliche VA sofort vollzogen werden darf.** Der VA fehlt dann nicht, aber er geht dem Vollzug nicht voraus, sondern wird gleichzeitig erlassen, u.U. sogar nur durch konkludentes Handeln (**sofortiger Vollzug**).

In einigen Fällen ist auch die Annahme eines mit den Vollzugsmaßnahmen zeitlich zusammenfallenden VA irreal; wenn z. B. ein Brand gelöscht oder ein Mensch vor einem körperlichen Angriff geschützt wird, wäre es gekünstelt, noch eine entsprechende Duldungsverfügung zu konstruieren. Ebenso, wenn ein Auto abgeschleppt

---

6 BVerwG, NJW 1984, 2591, 2592; zur verfassungsrechtlichen Zulässigkeit BVerfG, NVwZ 1999, 290, 292 (Wasserwerfereinsatz!); vgl. dazu auch BVerfGE 87, 399, 409.

wird, ohne dass gegenüber dem Halter bzw. Fahrer ein VA – etwa in Form eines Verkehrsschildes – wirksam geworden wäre, der das Entfernen des Autos verfügt. Dann scheitert die Annahme eines zu vollstreckenden Grund-VA schon an der Tatsache, dass der Pflichtige regelmäßig nicht vor Ort sein dürfte, der VA also an einen Abwesenden ergehen müsste[7]. Man spricht dann von **„unmittelbarer Ausführung"** einer polizeilichen Maßnahme[8]. Dieselben Tatbestände waren im Preußischen Polizeiverwaltungsgesetz als Sonderfall der polizeilichen Verfügung geregelt (§ 44 Abs. 1 S. 2: „Die unmittelbare Ausführung einer polizeilichen Maßnahme steht dem Erlass einer polizeilichen Verfügung gleich"). § 6 Abs. 2 VwVG stellt sicher, dass auch diese Eilmaßnahmen, soweit das mit ihrer Besonderheit vereinbar ist, durch die Rechtsregeln über Verwaltungszwang gebunden sind (natürlich entfallen vorherige Androhungen und förmliche Festsetzungen (§ 13 Abs. 1 S. 1 und § 14 S. 2 VwVG, ebenso schon § 55 Abs. 2 S. 1 PrPVG). Dass auch Rechtsschutz wie gegen normale VAe gegeben ist, bestätigt § 18 Abs. 2 VwVG.

Die Abgrenzung zwischen sofortigem Vollzug und unmittelbarer Ausführung ist nicht ganz eindeutig. In der Regel wird darauf abgestellt, dass bei der unmittelbaren Ausführung der Adressat der Maßnahme nicht erreichbar ist und eine Zustimmung zum Handeln der Polizei vermutet werden kann. Wo diese Unterscheidung im Gesetz nicht getroffen wird, kann aber zwanglos die eine Maßnahme die andere ersetzen.

Die Rechtslage in den Ländern ist unterschiedlich. Einige (Baden-Württemberg, Hamburg, Sachsen) haben nur die unmittelbare Ausführung geregelt, der Bund und einige andere Länder nur den sofortigen Vollzug (Bremen, Mecklenburg-Vorpommern, Niedersachsen, Nordrhein-Westfalen, Saarland, Schleswig-Holstein) und wieder andere beide Handlungsformen (Bayern, Berlin, Brandenburg, Hessen, Rheinland-Pfalz, Sachsen-Anhalt und Thüringen)[9]. – Zur Terminologie: „Sofortiger Vollzug" ist von „sofortiger Vollziehung" nach § 80 Abs. 2 Nr. 4 VwGO zu unterscheiden.

981

b) Allgemeine Bestimmungen über die Zwangsmittel

Als Zwangsmittel stehen die Ersatzvornahme, das Zwangsgeld und der unmittelbare Zwang zur Verfügung (§ 9 VwVG). Andere Instrumente sind nicht vorgesehen (die *Zwangshaft* nach § 16 VwVG ist Ersatz des Zwangsgeldes).

982

Allgemeine Prinzipien des Verwaltungszwanges sind:
– Das Gebot **vorheriger bestimmter Androhung** mit angemessener Fristsetzung (§ 13 Abs. 1 und 3, siehe aber auch Abs. 2: Verbindung von VA und Zwangsmittel-Androhung ist zulässig, u. U. geboten);
– das Gebot **förmlicher Festsetzung** des bestimmten Zwangsmittels (§ 14);

---

[7] Vgl. *Denninger*, in: Lisken/Denninger (Hrsg.) Handbuch des Polizeirechts, 3. Aufl., 2001, Rn. E 148.
[8] Vgl. § 5a MEPolG, dessen Verhältnis zu § 28 Abs. 2 ME nicht ganz klar ist; dazu die Begründungen bei *Heise/Riegel*, Musterentwurf eines einheitlichen Polizeigesetzes, 2. A. 1978, S. 38 f., 95 f.
[9] Übersicht bei *Knemeyer*, Polizei- und Ordnungsrecht, 10. Aufl. 2004, Rn. 264; *Selmer/Gersdorf*, Verwaltungsvollstreckungsverfahren, 1996, S. 23 f.

§ 23 *Verwaltungsvollstreckung*

– die Gebote der **Verhältnismäßigkeit** von Zweck und Zwangsmittel und des **mildesten Mittels** (§ 9 Abs. 2 VwVG, § 328 Abs. 2 AO). Bei der Auswahl des Zwangsmittels hat die Behörde im Übrigen ein gewisses Ermessen. Der Betroffene kann Alternativen anbieten;
– die **Einstellung** des Vollzugs **bei Zweckerreichung** (§ 15 Abs. 3 VwVG, § 335 AO).

In *Fall 3* fehlt in beiden Varianten die Androhung.

c) Einzelne Vollstreckungsmaßnahmen I: Die Ersatzvornahme

983 Hier wird eine „vertretbare", also auch von einem anderen als dem Pflichtigen ausführbare Handlung, durch die Behörde oder in ihrem Auftrage durch einen Dritten auf Kosten des Pflichtigen vorgenommen (Beispiel: *Fall 3 b*). Die Androhung der Ersatzvornahme muss einen Kostenvoranschlag enthalten (§ 13 Abs. 4 VwVG, § 332 Abs. 4 AO). Nach der Ersatzvornahme wird durch VA vom Pflichtigen Kostenerstattung gefordert (die Ermächtigung, dies durch VA zu tun, ist zwar im VwVG nicht eindeutig formuliert; sie wird aber aus dem Über-/Unterordnungsverhältnis hergeleitet; sachliche Bedenken dagegen bestehen nicht)[10].

984 Die Ermächtigung dazu findet sich in den entsprechenden landesgesetzlichen Regelungen. Voraussetzung ist, dass die Ersatzvornahme rechtmäßig war. Bei strenger Anwendung des vollstreckungsrechtlichen Trennungsgebots kommt es auch für die Frage, wer die Kosten zu tragen hat, auf die Rechtmäßigkeit des im Wege der Ersatzvornahme vollstreckten Grund-VA nicht an. Das soll selbst dann gelten, wenn der VA bereits vor Eintritt der Bestandskraft irreversibel vollzogen worden ist[11]. Dies ist unter Rechtsschutzgesichtspunkten nicht akzeptabel. Zwar ist es richtig, dass Primärrechtsschutz – bei Vorliegen eines Rechtsschutzinteresses – auch gegen bereits erledigte Maßnahmen im Wege der Feststellungsklage möglich ist. Die Konsequenzen sind bedenklich; denn danach bekommt ein Kläger womöglich von einem Verwaltungsgericht bestätigt, dass die ursprüngliche Verpflichtung rechtswidrig war, aber ausgerechnet die fortwirkende Belastung – die Pflicht zur Erstattung der Kosten – bleibt bestehen. Der Betroffene wird so gezwungen, die Kosten für eine Vollstreckungsmaßnahmen zu tragen, die der Durchsetzung einer rechtswidrigen Pflicht gedient hat.

Durch die formalistische Betrachtungsweise gerät der Gedanke in den Hintergrund, dass die Entscheidung auf der Sekundärebene, über die Kosten, eine Möglichkeit bietet, eine neue Risikozuschreibung vorzunehmen. Zumindest dann, wenn der Betroffene fristgemäß Rechtsschutz gegen den Grund-VA gesucht hat, muss das Kostenrisiko eindeutig bei der Verwaltung verbleiben. Kennzeichnend für die Problemlage ist gerade, dass die Vollstreckungsmaßnahme – insbesondere in Eilfällen – aufgrund einer ex-ante Bewertung durchzuführen ist; der Vollzug kann nicht mit langwierigen Überlegungen zur Rechtmäßigkeit des Grund-VA belastet

---

10 Vgl. *Rüfner*, JuS 1981, 260.
11 So ausdrücklich OVG Hamburg, NordÖR 2002, 469 (471).

werden. Auf der Sekundärebene, also hinsichtlich der Kosten, kann aber ex post eine sachgerechte Lösung gefunden werden. Zu beachten ist allerdings, dass die Ermächtigungsnormen regelmäßig kein Ermessen vorsehen, die Verwaltung nach dem Wortlaut des Gesetzes also gar keinen Spielraum hat, sich gegen eine Abwälzung der Kosten zu entscheiden. Hier ist aber der Grundsatz der Verhältnismäßigkeit zu berücksichtigen – er kann ausnahmsweise auch außerhalb von Ermessensentscheidungen bedeutsam sein[12]. Dies ist auch aus dem Gebot verfassungskonformer Auslegung des einfachen Rechts herzuleiten.

Praktisch bedeutsam sind insbesondere die Fälle, in denen die Polizei Eilmaßnahmen getroffen hat; die Kostentragung ist in den Polizei- bzw. Sicherheits- und Ordnungsgesetzen der Länder speziell geregelt (s. a. § 5a und § 30 MEPolG). **985**

Zu beachten ist, dass in diesen Fällen zwischen dem Pflichtigen und dem Dritten keine Rechtsbeziehungen bestehen, sondern nur zwischen der Behörde und dem Dritten (privatrechtlicher Vertrag) sowie zwischen der Behörde und dem Pflichtigen (öffentlich-rechtliche Beziehung). Ein interessanter Fall: BGH, JZ 1993, 1001 – Abschleppunternehmer verursacht Straßenverkehrsunfall; Haftung des Landes)[13].

Hat die Behörde einen Eingriff zur Gefahren*erforschung* vorgenommen und wird der ursprüngliche Gefahrenverdacht widerlegt, so hat die Behörde die Kosten zu tragen (OVG Münster, NWVBl. 1996, 340 – Dioxinproben nach Brand in PVC-Fabrik). Hier war der Eingriff – bei der gebotenen ex-ante-Betrachtung – rechtmäßig, aber für die Kostentragung gilt ex-post-Betrachtung!

d) Einzelne Vollstreckungsmaßnahmen II: Das Zwangsgeld

Nicht vertretbare Handlungen sowie Unterlassungen und Duldungen können nicht im Wege der Ersatzvornahme vollstreckt werden. In diesen Fällen und wenn bei vertretbaren Handlungen die Ersatzvornahme untunlich ist (dies könnte u. U. für *Fall 3b* gelten), kommt die Festsetzung eines Zwangsgeldes in Betracht (§ 11 VwVG). Das Zwangsgeld kann gemäß § 11 Abs. 3 VwVG in einer Höhe von drei DM bis 2000 DM verfügt werden, nach der AO sogar bis 25 000 Euro (§ 329); es kann „so oft wiederholt und hierbei jeweils erhöht" werden, bis die Verpflichtung erfüllt ist (§ 13 Abs. 6 S. 1 VwVG). Doch ist eine neue Androhung erst zulässig, wenn das zunächst angedrohte Zwangsmittel erfolglos ist (§ 13 Abs. 6 S. 2 VwVG). **986**

Das Landesrecht kennt auch insofern abweichende Lösungen[14]. Dabei spielen auch Ermessensfragen eine Rolle[15].

Ist das Zwangsgeld uneinbringlich, so kommt als allerletztes Zwangsmittel die Anordnung von Ersatzzwangshaft in Frage (mindestens ein Tag, höchstens zwei Wochen), dafür ist das Verwaltungsgericht zuständig (§ 16 VwVG; im Steuerrecht das Amtsgericht, § 334 AO).

---

12 Das OVG Hamburg (NordÖR 2004, 399 [401]) spricht insofern von einer „Anwendungskorrektur im Einzelfall".
13 Zu Problemen des Abschleppens s. a. *Janssen*, JA 1996, 165 und *Bodanowitz*, JuS 1996, 911.
14 Zu Hamburg vgl. *Bull*, a. a. O. (Anm. 4), S. 170 ff.; s. a. OVG Hamburg, HmbJVBl. 1996, 54.
15 Vgl. etwa VGH Kassel, NVwZ 1990, 584.

§ 23 *Verwaltungsvollstreckung*

Fallbeispiele für Ersatzzwangshaft: VG Oldenburg, NJW 1988, 580 (Herausgabe von Bundeswehr-Ausrüstungsgegenständen); BayVGH, BayVBl. 1988, 372 (Subsidiarität der Ersatzzwangshaft betont).

e) Einzelne Vollstreckungsmaßnahmen III: Unmittelbarer Zwang

987 Bei Erfolglosigkeit oder Unzweckmäßigkeit von Ersatzvornahme oder Zwangsgeld „kann die Vollzugsbehörde den Pflichtigen zur Handlung, Duldung oder Unterlassung zwingen oder die Handlung selbst vornehmen" (§ 12 VwVG, § 331 AO). Wenn der Pflichtige hierbei (oder bei der Ersatzvornahme) Widerstand leistet, kann dieser mit Gewalt gebrochen werden (§ 15 Abs. 2 VwVG).

988 Hier beginnt die Zuständigkeit der **Vollzugspolizei**. Soweit die Vollzugsbeamten der anderen Behörden sich nicht durchsetzen können, hat die Polizei Amtshilfe zu leisten. Was „unmittelbarer Zwang" bedeutet, ist im Polizeirecht näher umschrieben („die Einwirkung auf Personen oder Sachen durch körperliche Gewalt, durch Hilfsmittel der körperlichen Gewalt und durch Waffen", so z. B. § 18 Abs. 1 HmbSOG; § 36 MEPolG). „Unmittelbarer Zwang" ist also auch der Gebrauch des Gummiknüppels.

989 Der unmittelbare Zwang ist das stärkste, den Bürger am schwersten belastende Zwangsmittel. Er muss *Ultima Ratio* bleiben, darf also erst nach anderen in Betracht kommenden Zwangsmitteln angewandt werden. Deshalb gelten hier auch Spezialvorschriften – für die Bundesebene das Gesetz über den unmittelbaren Zwang bei Ausübung öffentlicher Gewalt durch Vollzugsbeamte des Bundes (UZwG) und das ergänzende Gesetz für Soldaten der Bundeswehr und ziviles Wachpersonal (UZwGBw), für die Länderebene die Polizei- und Ordnungsgesetze.

In der Kombination „unmittelbare Ausführung einer polizeilichen Maßnahme" und „unmittelbarer Zwang" liegt der stärkste Eingriff (z. B. gewaltsames Räumen eines Platzes ohne vorherige Aufforderung).

f) Rechtsschutz

990 Schon die Androhung eines Zwangsmittels ist nach § 18 Abs. 1 VwVG selbstständig anfechtbar. Ohne diese ausdrückliche Bestimmung könnte man zweifeln, ob die Androhung selbst einen VA darstellt. Die selbstständige Anfechtung der Zwangsmittel-Androhung kann selbstverständlich nicht auf Fehler des zu vollstreckenden VA gestützt werden. – Auch die Festsetzung eines Zwangsgeldes (*Fall 3a*) und der Kosten der Ersatzvornahme sind VAe. Für ihre Anfechtung gelten die Grundsätze, die oben mit Blick auf die Ersatzvornahme diskutiert worden sind. Grundsätzlich spielt bei der Anfechtung von Vollstreckungsmaßnahmen die Rechtswidrigkeit des Grundverwaltungsakts keine Rolle. Soweit es aber um die Kosten einer solchen Maßnahme geht, also die Sekundärebene, muss die Rechtswidrigkeit dieser das Ver- oder Gebot regelnden Maßnahme jedenfalls dann berücksichtigt werden, wenn der Betroffene keine Chance hatte, vor der Erledigung der Maßnahme Primärrechtsschutz zu erlangen.

4. Erzwingung von Handlungen, Duldungen oder Unterlassungen § 23

Zu den Ausgangsfällen:

1. Wer die durch Steuerbescheid festgesetzte, fällige Steuerschuld nicht in der angegebenen Frist begleicht, geht das Risiko ein, sehr bald mit Vollstreckungsmaßnahmen konfrontiert zu werden (es sei denn, er erhalte Stundung bewilligt). So droht ihm insbesondere ohne Vorwarnung die Pfändung. Vgl. Rn.969 f.

991

2. a) Die Rechtmäßigkeit des Kostenbescheides hängt von der Rechtmäßigkeit der Abschleppmaßnahme ab. Dabei handelt es sich entweder um eine Ersatzvornahme oder um die unmittelbare Ausführung einer polizeilichen Maßnahme. Die Ersatzvornahme setzt eine Grundverfügung voraus, die hier in der Aufstellung des Halteverbotsschildes liegt. Diese Grundverfügung hat zwar noch keine Bestandskraft, sie ist aber sofort vollziehbar analog § 80 Abs. 2 Nr. 2 VwGO. Bedenken ergeben sich hier daraus, dass F das Verkehrsschild nicht zur Kenntnis nehmen konnte. Nach § 41 Abs. 3 VwVfG genügt jedoch bei einem Verkehrszeichen die öffentliche Bekanntmachung. Zu der dadurch begründeten „äußeren Wirksamkeit" muss aber die „innere Wirksamkeit" hinzukommen; diese setzt voraus, dass der Verkehrsteilnehmer „sich der Regelung des Verkehrszeichens gegenübersieht" (BVerwGE 59, 221, 226). Auf dieser Grundlage wurde von der Rspr. das Fehlen eines vollstreckbaren Grund-VA ohne weiteres angenommen[16]. Als „unmittelbare Ausführung" war die Maßnahme rechtmäßig, aber die Kostenersatzpflicht fraglich (lesen Sie VGH Mannheim, NJW 1991, 1698!). Das BVerwG lässt aber inzwischen die fiktive Kenntnisnahme des Kfz-Halters für die „innere Wirksamkeit" ausreichen, solange er Inhaber der tatsächlichen Gewalt ist (BVerwGE 102, 316; s. Rn. 745).

b) Zweifel an der Rechtmäßigkeit des Kostenbescheids ergeben sich auch hier, da die Rechtmäßigkeit der Ersatzvornahme selbst problematisch erscheint. Ein vollstreckbarer Grund-VA, der das Entfernen des PKW verlangt, liegt in Gestalt des dem P auch bekannt gegebenen Halteverbotsschilds vor. Fraglich ist allerdings die Verhältnismäßigkeit der Ersatzvornahme. So kommt als milderes Mittel ein Anruf unter der angegebenen Handynummer in Betracht. Problematisch ist allenfalls, ob dieses Mittel auch gleich wirksam ist. Dafür spricht, dass nach den Angaben auf dem Zettel die Störung sogar schneller und mit weniger Beeinträchtigungen für die Anwohner beseitigt werden könnte als im Fall des Abschleppens. Andererseits ist nicht zu bezweifeln, dass das Risiko der Nichterreichbarkeit vom Störer zu tragen ist und der Anruf hinreichende Erfolgsaussichten der Störungsbeseitigung versprechen muss. Der Zettel hinter der Windschutzscheibe muss also hinsichtlich des Aufenthaltsorts des Störers und seiner Bereitschaft zum Entfernen des Kfz eindeutig bestimmt sein. Insofern wird man wohl verlangen müssen, dass der Aufenthaltsort niedergeschrieben ist und deutlich wird, dass es sich um einen aktuellen Zettel handelt (vgl. OVG Hamburg, NordÖR 2001, 495 [496 f.]). Dies ist hier nicht der Fall. Nach Aussage des BVerwG sollen überdies auch spezial- und generalpräventive Überlegungen bei der Entscheidung zugunsten des Abschleppens eine Rolle spielen dürfen (BVerwG, DVBl. 2002, 1560, 1561). Dies ist „evident unrichtig" (*Schwabe*, DVBl. 2002, 1561, 1562), da durch die Ersatzvornahme lediglich ein

---

16 OVG Hamburg, NJW 1992, 1909; DÖV 1995, 783.

§ 23 *Verwaltungsvollstreckung*

Verwaltungsakt, der die Beseitigung des Kfz verlangt, durchgesetzt werden soll. Der Prävention dient das Bußgeld, das daneben verhängt werden darf.

3. a) Gegen die Grundverfügung (Verbot) kann sich der Eigentümer nicht mehr wehren, da diese bestandskräftig geworden ist mit der Folge, dass es auf deren Rechtmäßigkeit nicht mehr ankommt, vgl. Rn. 979. Nur die Anwendung des Zwangsmittels könnte wegen Verfahrensfehlern oder eines Verstoßes gegen den Verhältnismäßigkeitsgrundsatz rechtswidrig sein. Hier fehlt es an der vorherigen Androhung des Zwangsgeldes. Die Festsetzung ist rechtswidrig.

b) Ein sofortiger Abriss (Ersatzvornahme) verstößt gegen den Grundsatz der Verhältnismäßigkeit; als milderes Mittel hätte ein Zwangsgeld angedroht und gesetzt werden müssen, zumal u.U. noch auf andere Weise als durch Abriss ein rechtmäßiger Zustand hergestellt werden kann.

4. Die Vollstreckung ist nur zulässig, wenn das Verbot der Versammlung unanfechtbar oder für sofort vollziehbar erklärt ist. Die Aufforderung der Polizei, sich zu entfernen, bedeutet noch keine Auflösung der Versammlung. Die Ordnungsbehörde müsste also das Verbot für sofort vollziehbar erklären und die Versammlung auflösen. Die Polizei kann die Versammlung nur unter den Voraussetzungen des § 13 VersG auflösen (vgl. dort insbesondere Nr. 2 und 4). Die Mittel der Durchsetzung richten sich nach Polizeirecht; es durfte also unmittelbarer Zwang (körperliche Gewalt) angewendet werden. Die Pflicht der Teilnehmer, sich von einer aufgelösten Versammlung zu entfernen, ist nicht von der *Rechtmäßigkeit* der Auflösungsverfügung abhängig (BVerfGE 87, 399, 409 und BVerfG, NVwZ 1999, 290, 292). „Den Versammlungsteilnehmern bleibt lediglich die Möglichkeit, die Rechtswidrigkeit des polizeilichen Vorgehens nachträglich gerichtlich feststellen zu lassen". Andererseits kann die Weigerung, sich zu entfernen, nicht ohne Rücksicht darauf (als Ordnungswidrigkeit nach § 29 Abs. 1 Nr. 2 VersG) geahndet werden, ob die Auflösung rechtmäßig war (BVerfGE 87, 399, 410 f.).

5. Kapitel

Rechtsschutz und Folgenausgleich

§ 24 Verwaltungsgerichtlicher Rechtsschutz

Ausgangsfälle:
1. *Ein Arbeitnehmer verlangt*
   a) *von seiner Berufsgenossenschaft die Bewilligung einer Kur zur beruflichen Rehabilitation,*
   b) *von der Agentur für Arbeit die Förderung seiner Teilnahme an einer beruflichen Fortbildungsmaßnahme,*
   c) *vom Finanzamt die steuerliche Anrechnung von Aufwendungen für seine berufliche Fortbildung als Sonderausgaben gemäß § 10 Abs. 1 Nr. 7 Einkommensteuergesetz.*
   Alle drei Stellen lehnen ab. Bei welchem Gericht (welchen Gerichten) kann Klage erhoben werden?
2. *Eine Industrie- und Handelskammer berät „Existenzgründer" auf deren Antrag über geeignete Unternehmensberater, indem sie aus einem Kreis von zehn bis fünfzehn ihr bekannten und geeignet erscheinenden Beratern jeweils zwei oder drei im Wechsel benennt, darunter auch Herrn U. Nachdem die Kammer Zweifel an U's Eignung bekommen hat, benennt sie ihn jedoch nicht mehr. U will die Kammer verklagen, es zu unterlassen, eine Auswahl unter den Beratern zu treffen. Welches Gericht ist zuständig?*
3. *Die Allgemeine Ortskrankenkasse in A. nimmt von ihr gekaufte und an Versicherte ausgegebene Rollstühle regelmäßig wieder zurück und gibt sie erneut aus. Die Innung für Orthopädietechnik hält dies für einen Verstoß gegen die von ihr mit der AOK abgeschlossene Vereinbarung und will diese gerichtlich zur Einstellung ihrer Praxis zwingen. Vor welchem Gericht ist dieser Streit auszutragen?*
4. *Der Student S hat das Referendarexamen beim ersten Versuch nicht bestanden und den negativen Prüfungsbescheid angefochten. Bei der Wiederholung besteht er das Examen. Er möchte aber trotzdem vom Gericht bestätigt erhalten, dass der erste Bescheid rechtswidrig war. Ist ein solcher Antrag zulässig?*
5. *Die Stadt X beschließt einen Bebauungsplan, der in einem bisher zweigeschossig bebauten Wohngebiet nunmehr viergeschossige Bauweise und auch die Nutzung zu Gewerbezwecken zulässt. Ein Hauseigentümer in dem betreffenden Gebiet fürchtet, dass der Wohnwert der Gegend erheblich sinkt. Kann man ihm einen Rechtsbehelf anraten?*

§ 24 *Verwaltungsgerichtlicher Rechtsschutz*

6. *Angenommen, die zuständige Landesbehörde genehmigt einem Energieversorgungsunternehmen die Errichtung eines Kraftwerkes am Rhein bei Bonn. Könnten sich*
   a) *die Nachbarn des in Aussicht genommenen Geländes,*
   b) *ein Umweltschutzverband,*
   c) *die Stadt Bonn,*
   d) *das Bundesministerium der Verteidigung, dessen Dienstgebäude sich in einigen Kilometern Entfernung befinden,*
   in einem Verwaltungsgerichtsverfahren gegen die zu erwartenden Belästigungen wenden?

7. *Iranische Staatsangehörige, die in der Bundesrepublik in eine Schlägerei mit Gegnern der derzeitigen iranischen Regierung verwickelt waren, sollen nach § 45 Abs. 1 i. V. m. § 46 Nr. 2 Ausländergesetz ausgewiesen werden. Gleich nach ihrer Verurteilung wegen Körperverletzung werden ihnen noch im Gerichtssaal Ausweisungs- und Abschiebungsverfügungen zugestellt; die Frist für die Ausreise (§ 50 Abs. 1 S. 1 AuslG) wird auf 6 Stunden festgesetzt. Die Flugtickets für eine planmäßige Maschine am selben Tage sind schon besorgt. Wie können die Ausgewiesenen eventuell noch erreichen, dass sie hier bleiben dürfen?*

8. *Jemand hat die Genehmigung zum Bau einer Garagenanlage erhalten. Zwei Nachbarn haben dagegen Klage erhoben. Im Verwaltungsstreitverfahren wird der Bauherr beigeladen. Auf seinen Antrag hin ordnet die Baugenehmigungsbehörde die sofortige Vollziehung der Baugenehmigung an. Die Nachbarn möchten sich hiergegen wehren. Was müssen sie unternehmen und wovon hängen die Erfolgsaussichten ab?*

9. *Einem Sozialhilfeempfänger war als Hilfe zum Lebensunterhalt neben laufenden Leistungen ein Mehrbedarf wegen Blindheit zugebilligt worden. Später wurden jedoch die Voraussetzungen für die Anerkennung eines Mehrbedarfs verneint, und der Kläger erhielt nur noch die nach landesrechtlichen Bestimmungen vorgesehenen Leistungen für Sehschwache. Die monatlichen Leistungen wurden dementsprechend gekürzt. Wie kann in diesem Fall vorläufiger Rechtsschutz erlangt werden?*

(Lösungshinweise in Rn. 1081)

1. Die Entwicklung des Verwaltungsrechtsschutzes

992 Es erscheint uns heute selbstverständlich, dass der Einzelne jede ihn beeinträchtigende Maßnahme der Verwaltung durch ein unabhängiges Gericht überprüfen lassen kann. Noch in der Weimarer Republik war dies keineswegs geltendes Recht; erst nach dem Zweiten Weltkrieg wurde die **umfassende Rechtsschutzgarantie** eingeführt.

993 In Rn. 478 ff. ist die Entwicklung des Rechtsschutzes gegen die Verwaltung bereits kurz skizziert. Den Gerichten war die Kontrolle von Verwaltungsentscheidungen bis weit ins 19. Jahrhundert hinein noch zu einem erheblichen Teil vorenthalten; sie

1. Die Entwicklung des Verwaltungsrechtsschutzes § 24

wurde zwar, soweit die Fiskuslehre wirkte, mittelbar auch von den Gerichten geleistet, überwiegend jedoch – soweit überhaupt Anfechtbarkeit vorgesehen war – von verwaltungsinternen Instanzen in justizförmigem Verfahren. Diese so genannte **Administrativjustiz,** die u.a. auch französische Vorbilder hatte, konnte unter günstigen Umständen zwar ebenfalls einen vollwertigen Schutz für den Bürger bedeuten[1], erschien jedoch den Vertretern eines liberalen, gewaltenteilenden Rechtsstaates nicht als ausreichende Garantie gegen exekutiven Machtmissbrauch. Die Paulskirchen-Verfassung bestimmte daher (§ 182): „Die Verwaltungsrechtspflege hört auf, über alle Rechtsverletzungen entscheiden die Gerichte". Damals waren damit nur die „ordentlichen" (Zivil- und Straf-)Gerichte gemeint – die Einzigen, die es gab. Die Ziviljustiz garantierte dann zumindest in den Hansestädten und einigen anderen Ländern einen umfassenden Rechtsschutz. So galt nach § 15 der Bremischen Verfassung von 1854: „Jedem, der sich durch eine Verwaltungsmaßregel in seinen Rechten gekränkt glaubt, steht der Rechtsweg offen"[2].

Doch wurde schon bald um die richtige Ausgestaltung des Rechtsschutzes gegen Akte der Verwaltung gestritten. Während die eine Richtung um den Kasseler Richter *Otto Bähr* die eben beschriebene **„justizstaatliche" Lösung** propagierte, forderten andere unter Führung des Staatsrechtlers *Rudolf von Gneist* eine **besondere Verwaltungsgerichtsbarkeit.** **994**

Eine gewisse Rolle für angemessenen Rechtsschutz spielte übrigens auch die Strafjustiz: sie war zur Überprüfung von Polizeiverordnungen und Polizeiverfügungen schon zuständig, als von einer selbstständigen Anfechtung solcher Verwaltungsmaßnahmen noch nicht die Rede war – nur dass diese Form des Rechtsschutzes für die Betroffenen riskant war: sie mussten ja zunächst gegen die Anordnungen verstoßen und liefen Gefahr, bestraft zu werden, wenn das Gericht ihrer Rechtsansicht nicht folgte.

Im Jahre 1863 wurde in Baden das erste deutsche Verwaltungsgericht errichtet. Andere Länder folgten bald, so Preußen, Hessen, Österreich 1875 mit der Errichtung des Oberverwaltungsgerichts bzw. Verwaltungsgerichtshofes. In den folgenden Jahren und Jahrzehnten schlossen sich die anderen deutschen Länder – mit unterschiedlicher Ausgestaltung – an. Die unteren Stufen der Verwaltungsgerichtsbarkeit bildeten bis in die Zwanzigerjahre hinein nicht selbstständige Verwaltungsgerichte, sondern Kreis-, Bezirks-, Provinzial- und/oder Stadtausschüsse, Bezirksämter, Stadträte, Kreishauptmannschaften und wie all die Gremien hießen, die man zur Kontrolle der Verwaltung aus Beamten und Laienbeisitzern errichtete[3]. **995**

Vor den Verwaltungsgerichten konnte aber nur die Aufhebung bestimmter, im Einzelnen in verschiedenen Gesetzen aufgeführter Verwaltungsakte erreicht werden **(Enumerationsprinzip).** **996**

Vgl. z. B. Rechtsmittel gegen Vereins- und Versammlungsverbote nach §§ 2 Abs. 2, 15 Vereinsgesetz vom 19. 4. 1908 (RGBl. S. 151), gegen gewerberechtliche Verfügungen nach § 20

---
1 So *Jellinek*, Verwaltungsrecht, 3. A. 1931/1950, S. 91.
2 *Jellinek*, a. a. O.
3 Einzelheiten bei *Jellinek*, S. 93 f. Für Preußen vgl. §§ 7 und 50 ff. des Gesetzes über die allgemeine Landesverwaltung vom 30. 7. 1883 (GS S. 195).

§ 24 *Verwaltungsgerichtlicher Rechtsschutz*

GewO i. d. F. v. 21. 6. 1869 (BGBl. S. 245). Das eben erwähnte preußische Gesetz über die allgemeine Landesverwaltung enthielt schon eine Teil-Generalklausel für Rechtsmittel gegen polizeiliche Verfügungen (§§ 127 ff.).

997 Art. 107 WRV bestimmte sodann: „Im Reich und in den Ländern müssen nach Maßgabe der Gesetze Verwaltungsgerichte zum Schutze der Einzelnen gegen Anordnungen und Verfügungen der Verwaltungsbehörden bestehen." Nunmehr entstanden zunehmend auch auf der unteren Stufe **unabhängige Verwaltungsgerichte.** Freilich konnte *Jellinek* noch 1930 feststellen: „Die verwaltungsgerichtliche Sitzung eines Kreisausschusses unterscheidet sich von der sonstigen äußerlich nur durch ein gewisses Mehr an Feierlichkeit, so besteht während der Verhandlung unbedingtes Rauchverbot"[4]. Nur das Verwaltungsgericht Hamburg (seit 1921) entsprach nach dem Urteil dieses Beobachters „den höchsten Anforderungen des Rechtsstaates". Die „justizstaatliche" Tradition wurde dort dadurch fortgesetzt, dass der Vorsitzende des Verwaltungsgerichts aus den Berufsrichtern des Landgerichts ausgewählt wurde.

998 Auch unter der Weimarer Verfassung blieb in vielen Ländern (einschließlich Preußen) das Aufzählungsprinzip gültig, wonach die verwaltungsgerichtliche Klage nur für die im Gesetz genannten Streitfälle zulässig war. Einige Länder (zuerst, 1921, Hamburg; es folgten Bremen, Lübeck, Sachsen, Thüringen und Württemberg) führten jedoch die **Generalklausel** ein, nach der die verwaltungsgerichtliche Klage in allen verwaltungsrechtlichen Streitsachen gegeben war (wenn auch z. T. noch mit der Einschränkung, dass ein einzelnes Gesetz diese Kontrolle für seinen Bereich ausschließen konnte). Unter dem nationalsozialistischen Regime wurde dieser umfassende Rechtsschutz des Bürgers allgemein wieder zurückgenommen.

999 Die Unabhängigkeit aller Verwaltungsgerichte und die verwaltungsgerichtliche Generalklausel wurden nach 1945 durch die Besatzungsmächte (wieder) eingeführt. Für die weitere Rechtsentwicklung sind besonders die Militärregierungs-Verordnung Nr. 165 für die Britische Zone und die süddeutschen Verwaltungsgerichtsgesetze bedeutsam geworden. Das Grundgesetz brachte dann die umfassende Rechtsschutzgarantie (dazu sogleich Rn. 1001 f.).

1000 Da sich in der Geschichte der Verwaltungsgerichtsbarkeit viel von der allgemeinen Verfassungs- und Rechtsgeschichte spiegelt, sei die Befassung mit diesem Thema nachdrücklich empfohlen. Dazu einige Hinweise: Zum hundertjährigen Bestehen der Verwaltungsgerichtsbarkeit in Deutschland erschien eine zweibändige Jubiläumsschrift mit vielen, auch rechtsvergleichenden Beiträgen: Staatsbürger und Staatsgewalt, hrsg. v. *Külz* und *Naumann*, Karlsruhe 1963; ferner: Aus 100 Jahren Verwaltungsgerichtsbarkeit, hrsg. v. *Baring*, 1963; *v. Unruh*, DÖV 1975, 725; *Reuß* JR 1963, 321. Fünfzig Jahre Verwaltungsgerichtsbarkeit in der Bundesrepublik Deutschland wurden besprochen von *Franßen*, DBVl. 1998, 413 ff. und *Kanther*, NVwZ 1998, 922 ff. Vgl. a. *Heinsen, Stiebeler* und *Ipsen* in HmbJVBl. 1972, 141 ff.; *Schwarz*, DBVl. 1998, 267 ff. (zu Rheinland-Pfalz) und *Henne*, DVBl. 1998, 354 ff. (zu Braunschweig) sowie die Festgabe Fünfzig Jahre Bundesverwaltungsgericht, hrsg. von *Schmidt-Aßmann* u. a., 2003.

---

[4] A. a. O., S. 94.

2. Das Grundrecht auf umfassenden Rechtsschutz

Das Grundgesetz gewährleistet in Art. 19 Abs. 4 ein *Grundrecht auf umfassenden Rechtsschutz*. Sein erster Satz darf allerdings nicht wörtlich genommen werden. Selbstverständlich ist nicht gemeint, dass man erst klagen kann, wenn feststeht, dass man in seinen Rechten verletzt ist[5]. Das angerufene Gericht soll auch nicht erst prüfen, ob eine Rechtsverletzung vorliegt, bevor es die Klage für *zulässig* erklärt. Die Vorschrift will ja gerade jedermann das Recht einräumen, zur verbindlichen Feststellung der Rechtsverletzung ein Gericht anzurufen. Die Rechtsschutzgarantie setzt also gerade nicht das Bestehen und die Verletzung des subjektiven Rechts voraus. Für die Öffnung des „Rechtsweges" (d. h.: des Weges zu dem zuständigen Gericht) genügt es vielmehr, dass die Verletzung von Rechten *behauptet* wird; es gelten dieselben Überlegungen wie bei der Klagebefugnis im Rahmen von Anfechtungs- und Verpflichtungsklage (s. u. Rn. 1034 ff.). Nur in ganz besonderen Ausnahmefällen (insbesondere wenn von vornherein feststeht, dass der Kläger nicht in eigenen Rechten betroffen sein kann) ist eine Klage trotz Behauptung der Rechtsverletzung unzulässig. – Der Begriff „öffentliche Gewalt" in Art. 19 Abs. 4 GG umfasst nicht die Rechtsprechung und nur bedingt die Gesetzgebung. 1001

Bestimmte Maßnahmen geheimer Nachrichtenbeschaffung, die in Art. 10 Abs. 2 GG und in dem dazu ergangenen Gesetz zur Beschränkung des Brief-, Post- und Fernmeldegeheimnisses (G 10) zugelassen sind, sind nicht (genauer: nicht sogleich) gerichtlich anfechtbar, Art. 10 Abs. 2 S. 2 und 19 Abs. 4 S. 3 GG, § 9 Abs. 6 G 10; s. aber auch § 5 Abs. 5 a. E.: Anfechtbarkeit nach der gebotenen nachträglichen Mitteilung. Das BVerfG hat diese Einschränkung der gerichtlichen Kontrolle für zulässig erklärt[6].

Der zweite Satz von Art. 19 Abs. 4 GG hat nur geringe praktische Bedeutung: die *Auffangzuständigkeit der ordentlichen Gerichte* wird nicht aktuell, weil nach § 40 VwGO alle öffentlich-rechtlichen Streitigkeiten vor die Verwaltungsgerichte gehören – mit Ausnahmen, für die eine Weiterverweisung an andere Gerichte in § 40 selbst enthalten ist. 1002

3. Die verwaltungsgerichtliche Generalklausel

a) Der Grundtatbestand

Nach § 40 Abs. 1 VwGO ist der Verwaltungsrechtsweg „in allen öffentlich-rechtlichen Streitigkeiten nichtverfassungsrechtlicher Art gegeben, soweit die Streitigkeit nicht durch Bundesgesetz" (für das Gebiet des Landesrechts: durch Landesgesetz) „einem anderen Gericht ausdrücklich zugewiesen sind". An dieser Stelle ist also zu 1003

---

[5] Missverständlich daher auch *Krüger*, in: *Sachs* (Hrsg.), GG, Art. 19 Rn. 130 und *Schmidt-Aßmann*, in: *Maunz/Dürig*, GG, Art. 19 Rn. 120.
[6] BVerfGE 30, 1; s. aber die Abweichende Meinung von *Geller, v. Schlabrendorff* und *Rupp*, a. a. O., S. 33; zu § 3 G 10: BVerfGE 67, 157.

§ 24 *Verwaltungsgerichtlicher Rechtsschutz*

prüfen, ob nach den Abgrenzungsregeln, die in Rn. 67 ff. ausführlich behandelt wurden, eine öffentlich-rechtliche Streitigkeit gegeben ist. Soweit dies nicht der Fall ist, kommt in erster Linie der Rechtsweg zu den „ordentlichen" (Zivil-)Gerichten nach § 13 GVG in Betracht.

1004 Es ist also in Fällen, wo dazu Anlass besteht, zunächst zu prüfen, ob etwa eine *verfassungsrechtliche* Streitigkeit vorliegt. Darunter versteht man nur solche, an denen Verfassungsorgane („am Verfassungsleben unmittelbar beteiligte Rechtsträger" – Bundestag, Bundesrat, Bundesregierung, Landtag, Landesregierung, u. U. politische Parteien und Wählergruppen) beteiligt sind und die auf unmittelbar in der Verfassung geregelte Rechte und Pflichten Bezug nehmen („doppelte Verfassungsunmittelbarkeit"), nicht jedoch solche, in denen verfassungsrechtliche Fragen zwischen anderen Beteiligten eine Rolle spielen. Dass in einem Streit zwischen Staat und Bürger Grundrechte auszulegen sind, ändert nichts an der Zuständigkeit der Verwaltungsgerichte. Auch Fragen des Wahlrechts (einschließlich Wahlkampfkostenerstattung und Überlassung von Räumen für Veranstaltungen) bleiben trotz Verfassungsbezuges *verwaltungs*rechtlicher Natur. Streitigkeiten zwischen einem parlamentarischen Untersuchungsausschuss und betroffenen Privatpersonen sind ebenfalls nicht verfassungs-, sondern verwaltungsrechtlich. Dies gilt auch für den Streit einiger Bundesländer um die richtige Anwendung des Staatsvertrages über die Vergabe von Studienplätzen[7].

b) Ausdrückliche Zuweisungen

1005 Einige Fallgruppen sind ausdrücklich dem Verwaltungsrechtsweg zugewiesen. In der Literatur wird hier von *„aufdrängenden Sonderzuweisungen"* gesprochen. Diese Fallgruppe umfasst nur zwei bedeutendere Bereiche, nämlich die Klagen aus dem Beamtenverhältnis (§ 126 BRRG) und die Streitigkeiten aus der Verletzung öffentlich-rechtlicher Vertragspflichten (Umkehrschluss aus § 40 Abs. 2 Satz 1 VwGO). Der dritte Fall stand bis 1996 in § 48 Abs. 6 VwVfG[8]; die Streitigkeiten über eine Entschädigung für Vertrauensschäden und den Ausgleich der Vermögensnachteile nach Rücknahme rechtswidriger Verwaltungsakte gehören aber weiterhin vor die Verwaltungsgerichte (sofern nicht eine Entschädigung wegen enteignungsgleichen Eingriffs in Betracht kommt)[9]. Unerfindlich ist, warum die Klarstellung in § 48 Abs. 6 VwVfG aufgehoben wurde. Ist einer der hier genannten Fälle gegeben, so erübrigt sich die Prüfung, ob die Sache „öffentlich-rechtlicher" Natur ist.

c) Abdrängende Verweisungen

1006 Praktisch wesentlich bedeutsamer als die ausdrücklichen Zuweisungen zum Verwaltungsrechtsweg sind die Spezialzuweisungen zu anderen Gerichtsbarkeiten. § 40 VwGO lässt diese *„abdrängenden Verweisungen"* in Abs. 1 und Abs. 2 in erheblichem Maße zu, und zwar teils durch den generellen Vorbehalt anderweitiger Regelung durch Bundes- oder Landesgesetz (Abs. 1 Satz 1 und 2), teils durch Be-

---

7 BVerfGE 42, 103.
8 Geändert durch Gesetz v. 2.5.1996, BGBl. I, S. 656.
9 Vgl. *Meyer*, in: *Knack*, VwVfG, § 48 Rn. 117.

3. *Die verwaltungsgerichtliche Generalklausel* § 24

nennung einer Reihe von Materien, die dem ordentlichen Rechtsweg zugewiesen werden, in § 40 Abs. 2 Satz 1.

Im Einzelnen sind folgende Spezialzuständigkeiten zu beachten:

aa) Spezielle öffentlich-rechtliche Rechtswege

– Streitigkeiten auf dem Gebiet des **Sozialrechts** Gemäß § 51 SGG sind die Sozialgerichte zuständig für die öffentlich-rechtlichen Streitigkeiten auf dem Gebiet der **Sozialversicherung**, namentlich der gesetzlichen Renten-, Unfall- und Krankenversicherung *(Fall 1a)*. Hinzu kommen Verfahren im Aufgabenbereich der Bundesagentur für Arbeit *(Fall 1b)*. Seit dem 1.1.2005 entscheiden die Sozialgerichte auch in Angelegenheiten der **Sozialhilfe** und des Asylbewerberleistungsgesetzes (§ 51 Abs. 1 Nr. 6a SGG) sowie der Grundsicherung für Arbeitsuchende (§ 51 Abs. 1 Nr. 4a SGG). Hier ist den Verwaltungsgerichten ein wichtiger Teil ihrer traditionellen Zuständigkeiten entzogen worden, was auch zu personalen Umschichtungen von den Verwaltungs- zu den Sozialgerichten geführt hat und auch den Bemühungen um eine Zusammenlegung der beiden Gerichtszweige neue Nahrung gegeben hat. **1007**

In Angelegenheiten der **Pflegeversicherung** sind die Sozialgerichte auch für private Versicherungsunternehmen zuständig (§ 57 Abs. 1 S.2 SGG[10]).

– Auch der **Finanzrechtsweg** kommt als Alternative zum Verwaltungsrechtsweg in Betracht, nämlich für öffentlich-rechtliche Streitigkeiten über Abgabenangelegenheiten, soweit die Abgaben der Gesetzgebung des Bundes unterliegen und durch Bundesfinanzbehörden oder Landesfinanzbehörden verwaltet werden *(Fall 1c)*, ferner in den berufsrechtlichen Rechtsstreitigkeiten der Steuerberater und Steuerbevollmächtigten und in einigen anderen, spezialgesetzlich geregelten Fällen (§ 33 Finanzgerichtsordnung), auch für den Normalfall des Kindergeldes (Steuervergütung; s. FG Neustadt a. W., ZBR 1996, 408 f.). **1008**

Beachten Sie aber: soweit Abgaben von Gemeindebehörden erhoben werden, ist der Rechtsweg zu den Verwaltungsgerichten eröffnet. Beispiel: Grundsteuer, Gewerbesteuer, Hundesteuer usw.

– Verwaltungsakte von **Justizbehörden** werden nach §§ 23 ff. EGGVG in einem besonderen Rechtsweg überprüft, der in erster und letzter Instanz zum Oberlandesgericht führt. **1009**

Es geht um „Anordnungen, Verfügungen oder sonstige Maßnahmen, die von den Justizbehörden zur Regelung einzelner Angelegenheiten auf den Gebieten des bürgerlichen Rechts einschließlich des Handelsrechts, des Zivilprozesses, der freiwilligen Gerichtsbarkeit und der Strafrechtspflege getroffen werden", sowie um „Maßnahmen der Vollzugsbehörden im Vollzug der Jugendstrafe, des Jugendarrestes und der Untersuchungshaft sowie derjenigen Freiheitsstrafen und Maßregeln der Besserung und Sicherung, die außerhalb des Justizvollzuges vollzogen werden" (für Maßnahmen im Justizvollzug selbst sieht § 180 Strafvollzugsgesetz die Überprüfung durch die Strafvollstreckungskammer

---

10 I. d. F. v. 30. 3. 1998, BGBl. I S. 638.

vor). Die Verfahrenshandlungen der Gerichte sind hier nicht einbezogen; sie werden nach den Vorschriften der jeweiligen Prozessordnung überprüft – in der Regel nicht selbstständig, sondern nur als Vorfrage zu der abschließenden inhaltlichen Entscheidung des Gerichts. Der Rechtsweg für die Justizverwaltungsakte betrifft also eher Randfragen des Geschehens im Bereich der Justiz; doch ist die Abgrenzung oft nicht ganz einfach: Die Polizei handelt teils nach Strafprozessrecht (repressiv), teils nach Polizeirecht (präventiv), im ersten Fall also als „Justizbehörde", im zweiten als Verwaltungsbehörde (so dass der Verwaltungsrechtsweg gegeben ist). Bei doppelfunktionalem Handeln kommt es auf den Schwerpunkt an (z. B. hat bei Maßnahmen zur Beendigung einer Geiselnahme die Gefahrenabwehr [Prävention] das Übergewicht[11]). Zu Presseerklärungen aus Justiz oder Polizei vgl. einerseits BVerwG, NJW 1989, 412; andererseits OLG Karlsruhe, NJW 1995, 899.

bb) Spezialzuständigkeiten der ordentlichen Gerichte

1010 *(1)* Das Grundgesetz selbst weist zwei wichtige Materien den ordentlichen Gerichten zu, nämlich den Streit **um die Höhe der Enteignungsentschädigung** (Art. 14 Abs. 3 Satz 4) sowie den **Schadensersatz bei Amtspflichtverletzungen** (Art. 34 Satz 3).

Die Zivilgerichte haben in der Vergangenheit auch dem Grunde nach über Enteignungsentschädigungen entschieden und den Enteignungsbegriff sehr weit ausgedehnt, insbesondere auch Entschädigung wegen nichtbeabsichtigter Eingriffe in das Eigentum und wegen solcher Eingriffe zugesprochen, die nach dem Wortlaut des Art. 14 Abs. 3 GG verfassungswidrig waren und deshalb von den Betroffenen hätten angefochten werden können (zu dieser Rechtsprechung und ihrer Korrektur durch das BVerfG vgl. Rn. 1194 ff.).

In Anknüpfung an diese Tradition, dass die Zivilgerichte in weitem Maße die Entschädigungsansprüche wegen Eingriffen in vermögenswerte Rechte festlegen, hat der Gesetzgeber verschiedene ausdrückliche Rechtswegzuweisungen vorgenommen, insbesondere in § 217 BauGB: Streitigkeiten aus den Gebieten der *Bodenordnung und Enteignung* sind in weitem Umfang den Kammern bzw. Senaten für Baulandsachen bei den Landgerichten und Oberlandesgerichten und für die Revision dem Bundesgerichtshof zugewiesen.

1011 *(2) Ausdrückliche Verweisungen* i. S. von § 40 Abs. 1 Satz 1 und Satz 2 VwGO sind auch in weiteren bundes- und landesrechtlichen Vorschriften enthalten, so in
- § 49 Abs. 5 VwVfG (Widerruf eines begünstigenden Verwaltungsaktes; diese Rechtswegregelung ist sozusagen „bestätigt" in § 40 Abs. 2 Satz 2, 2. Alternative!), § 21 Abs. 6 BImSchG (ein gleichartiger Fall) und § 68 Abs. 1 i. V. m. § 56 Infektionsschutzgesetz (IfSG) (Verdienstausfall und Vermögensschäden bei Quarantänemaßnahmen);
- den Bestimmungen über die Entschädigung von Nichtstörern wegen ihrer Inanspruchnahme als Polizeipflichtige (vgl. § 45 MEPolG und die entsprechenden landesrechtlichen Vorschriften)[12];
- § 68 OWiG (Einspruch gegen Bußgeldbescheide der Verwaltungsbehörden).

1012 *(3)* Diejenigen abdrängenden Verweisungen, die an bestimmte *Arten von Streitgegenständen* anknüpfen, sind in § 40 Abs. 2 VwGO geregelt:

---

11 *Hufen*, Verwaltungsprozeßrecht, § 11 Rn. 84 ff.
12 S. a. *Drews/Wacke/Vogel/Martens*, Gefahrenabwehr, 9. A. 1986, S. 664 ff., 673. In den meisten Ländern finden sich ausdrückliche Zuweisungen an die ordentlichen Gerichte.

– Ansprüche aus **Aufopferung für das gemeine Wohl**, also die Ergänzung zur Enteignungsentschädigung (Art. 14 Abs. 3 GG), die bei Beeinträchtigungen nichtvermögenswerter Rechte, insbesondere der körperlichen Unversehrtheit zu gewähren ist, nach umstrittener Ansicht des BGH auch bei solchen Eigentumsverletzungen, die keine Enteignung sind (BGHZ 90, 17, 31; s. a. Rn. 1207 ff.). Die meisten in Betracht kommenden Fälle sind inzwischen spezialgesetzlich geregelt (Beispiel: der eben erwähnte § 68 Abs. 1 IfSG). Die Entschädigung für Impfschäden, die ebenfalls Aufopferungscharakter hat, ist den Sozialgerichten zugewiesen (§ 68 Abs. 2 i. V. m. §§ 60-63 IfSG– mit einer weiteren Ausnahme in § 68 Abs. 3!).
– Ansprüche aus **öffentlich-rechtlicher Verwahrung** (vgl. Rn. 958 ff.), z. B. nach Abschleppen eines falsch abgestellten Kraftfahrzeuges. Die ordentlichen Gerichte haben aber nur über Ansprüche des Bürgers aus dem Verwahrungsverhältnis zu entscheiden und nicht über den Folgenbeseitigungsanspruch nach rechtswidriger Verwahrung[13];
– Ansprüche „aus der Verletzung **öffentlich-rechtlicher Pflichten**, die nicht auf einem öffentlich-rechtlichen Vertrag beruhen", also z. B. auf einem Anschluss- und Benutzungsverhältnis bei kommunalen Einrichtungen.

Insgesamt geben diese Verweisungen manches Rätsel auf und sind nach Einführung der verwaltungsgerichtlichen Generalklausel nicht mehr sachgerecht. Soweit sie nicht verfassungsrechtlich zwingend sind (vgl. nochmals Art. 14 Abs. 3 Satz 4 und Art. 34 Satz 3 GG), ist ihr Fortbestand nur noch aus der Scheu des Gesetzgebers vor einer Beschneidung der zivilgerichtlichen Zuständigkeit zu erklären. Betroffene, Anwälte und Gerichte würden von einer systematisch klaren Neuregelung profitieren.

d) Problembereiche (Realakte)

Nicht nur die gesetzlichen Regelungen werfen Probleme auf, sondern auch die einzuordnenden tatsächlichen Fälle werden z. T. kontrovers beurteilt. Die Frage, wie bestimmte Arten von Realakten zu qualifizieren sind, ist bereits in § 7 Rn. 280 ff. in einem ersten Durchgang angesprochen worden. Einfach ist noch die Zuordnung der Vollzugsakte zum öffentlichen Recht (oben Rn. 281). Zu anderen Typen von Realakten ist Folgendes festzustellen:

aa) Gegen **amtliche Äußerungen einer Behörde** ist in aller Regel Rechtsschutz vor den Verwaltungsgerichten gegeben. Der Zivilrechtsweg ist inadäquat, weil meist auch in nicht regelnden Bekundungen einer öffentlichen Stelle eine gewisse Überordnung über die Betroffenen ausgedrückt wird[14]. Für das Ansehen des Bürgers in der Öffentlichkeit ist es jedenfalls nicht gleichgültig, ob sich ein Privatmann oder der Staat negativ über ihn äußert[15]. Allerdings kommt der Zivilrechtsweg für Wi-

---
13 *Hufen*, Verwaltungsprozeßrecht, § 11 Rn. 91.
14 Vgl. BGH, NJW 1978, 1861; VGH Mannheim, NJW 1977, 754 (Äußerung über einen Scientologen).
15 VG Düsseldorf, NJW 1982, 2234.

derrufs- und Unterlassungsklagen in Betracht, wenn „ein von einem Beamten erhobener Vorwurf unbeschadet seiner Zurechnung zur Amtsführung so sehr *Ausdruck seiner persönlichen Einstellung oder Meinung* ist, dass wegen des persönlichen Gepräges der Ehrkränkung die Widerrufserklärung eine unvertretbare persönliche Leistung des Beamten darstellt"[16].

1016 *Behördliche Presseinformationen* haben in aller Regel amtlichen Charakter[17]. Jedoch kann gegen sie nach Ansicht des *BGH*[18] vor dem Zivilgericht vorgegangen werden, „wenn der betroffene Lebensbereich der Beteiligten in ihrem Verhältnis zueinander durch bürgerlich-rechtliche Gleichordnung geprägt ist, so dass sich ihre Beziehungen nach zivilrechtlichen Regeln richten"; dies komme vor allem dann in Betracht, wenn die Erklärung „im Bereich privatrechtlicher (fiskalischer) Betätigung der öffentlichen Hand gegeben wurde". Diese Rechtsprechung ist schwer verständlich und wird zu Recht kritisiert[19]. Die Äußerungen eines hauptamtlichen Kreisbeigeordneten und Finanzdezernenten über angeblich unseriöse Geschäftspraktiken einer Bank wurden zutreffend als „eindeutig verwaltungspolitisch ausgerichtet" qualifiziert, obwohl sie sich ihrem Inhalt nach auf zivilrechtliche Rechtsbeziehungen des Kreises zu der Bank bezogen[20]. Aber der Betrugsvorwurf eines Amtsbaumeisters gegenüber einem Lieferanten wurden wegen des engen Zusammenhangs mit bloßer „fiskalischer" Tätigkeit als privatrechtlich gewertet[21]. Auch kritische Äußerungen eines Staatssekretärs des Bundesgesundheitsministeriums gegenüber dem Medizinkritiker Hackethal hat ein Gericht als zivilrechtlich betrachtet, weil ein Verhältnis der „Gleichordnung" zwischen den beiden Beteiligten bestehe[22].

bb) Wettbewerbsrelevantes Handeln öffentlicher Stellen

1017 Die *Kassenärztliche Bundesvereinigung* handelt öffentlich-rechtlich, wenn sie gutachtliche Stellungnahmen über die therapeutische Wirksamkeit von Arzneimitteln veröffentlicht und verbreitet (BVerwGE 58, 167). Sprüche des seinerzeitigen *Bundesoberseeamtes,* die ein schuldhaftes Verhalten eines Beteiligten feststellen, waren öffentlich-rechtliche Verwaltungstätigkeit (BVerwGE 59, 319). Demgegenüber hat der BGH die *Mitgliederwerbung einer Ortskrankenkasse* als unlauteren Wettbewerb im Verhältnis zu privaten Versicherungsgesellschaften angesehen (BGHZ 66, 229 – Studentenversicherung) und die *Boykottaufforderung öffentlich-rechtlicher Ärzteorganisationen* (Kassenärztliche Vereinigung und Landesärztekammer) gegenüber einem medizinischen Dienstleistungsunternehmen für Blutuntersuchungen als Vertretung wirtschaftlicher Interessen der Mitglieder ebenfalls dem Zivilrecht zugerechnet (BGHZ 67, 81 – Auto-Analyser). Diese Rspr. überzeugt nicht; die privaten „Wettbewerber" wenden sich auch in diesen Fällen gegen öffentlich-rechtliche Tätigkeit, deren Grenzen sich aus dem Sozialrecht ergeben.

---

16 OLG Zweibrücken, NVwZ 1982, 332; in gleichem Sinne BVerwG, JZ 1987, 422; siehe auch schon BGHZ 34, 99.
17 Vgl. BVerwG, JZ 1990, 862.
18 BGH, NJW 1978, 1860.
19 Vgl. vor allem *Berg*, JuS 1984, 521 ff. m. w. N.
20 Fall nach BGH, NJW 1978, 1860.
21 Fall nach BGHZ 34, 99.
22 OLG Düsseldorf, Archiv für Presserecht 1980, 47. S. a. Rn. 191 ff.

3. Die verwaltungsgerichtliche Generalklausel § 24

Der Gemeinsame Senat der Obersten Gerichtshöfe des Bundes hat die Rechtsprechung des *BGH* fortgesetzt und ihr noch die Pointe hinzugefügt, schlichtes Verwaltungshandeln könne gleichzeitig öffentlich-rechtlich und privatrechtlich sein (BGHZ 102, 285 ff.)! Diese Vorstellung von *Realakten mit „Doppelnatur"*, also eines „hybriden Verwaltungshandelns"[23] beruht auf der Annahme, Verwaltungshandeln mit Wettbewerbsbezug geschehe zwar in Ausübung öffentlich-rechtlicher Befugnisse, wirke aber auf Privatrechtsverhältnisse ein. Dass das Letztere kein angemessenes Qualifikationsmerkmal ist, zeigt schon die vage Ausdrucksweise des Gemeinsamen Senats: „wettbewerbliche" oder „wettbewerbsrechtlich relevante Auswirkungen". Solche „Aus-" oder „Einwirkungen" können von den verschiedensten öffentlich-rechtlichen Handlungen der Verwaltung ausgehen; ihr Rechtscharakter ändert sich dadurch nicht. Der Schluss von der Wirkung auf die Rechtsnatur der Maßnahme ist verfehlt[24].

Das *BVerwG* hält die Linie des *BGH* mit seiner eigenen für vereinbar, weil in den BGH-Fällen das Wettbewerbsverhältnis den Ausschlag gegeben habe. Die Veröffentlichung von *Arzneimittel-Transparenzlisten* ist danach aber öffentlich-rechtliche Verwaltungstätigkeit (BVerwGE 71, 183, 187; zur materiellen Beurteilung s. unten Rn. 191). Dem ist zuzustimmen.

Das BSG hat sich den Konsequenzen der Rechtsprechung des Gemeinsamen Senats durch Berufung auf eine inzwischen erfolgte Gesetzesänderung entzogen: Streitigkeiten zwischen einem Träger der gesetzlichen Krankenversicherung und den Lieferanten von Heil- und Hilfsmitteln sind danach gemäß § 51 Abs. 2 SGG n.F. vor den Sozialgerichten auszutragen (NJW 1989, 2773). Der Gemeinsame Senat wollte den Anspruch auf „Unterlassung der wettbewerbswidrigen Auswirkungen" (!) in den Zivilrechtsweg verweisen. Der BGH hat die Zuordnung ähnlicher Streitigkeiten in den Zivilrechtsweg trotz des neuen § 51 Abs. 2 SGG bekräftigt, weil es sich um kartellrechtliche Angelegenheiten handle und die kartellrechtliche Zuständigkeit jeder anderen vorgehe (BGHZ 114, 218 [Kartellsenat] – Rettungsdienst). Die öffentlich-rechtliche Ordnung der Sozialversicherung darf aber nicht durch Überlegungen zum Wert des Wettbewerbs beiseitegeschoben werden (so im Ergebnis auch BGH, NJW 1998, 825 f.!). S. a. Rn. 1007.

Die Problematik ist schließlich von Gesetzen geklärt worden, § 69 S. 1 SGB V[25] legt die öffentlich-rechtliche Rechtsnatur der Leistungsbeziehungen fest; flankierend dazu § 87 Abs. 1 S. 3 GWB[26].

cc) *Immissionen*

Soweit von Einrichtungen des Staates oder der Gemeinden störende Einwirkungen auf die Umgebung ausgehen – eine Kläranlage stinkt, eine Mülldeponie lockt kreischende Vögel an, ein Jahrmarkt stört durch Lärm –, könnte das privatrechtliche Nachbarrecht die Grundlage von Abwehr- oder Entschädigungsansprüchen der betroffenen Nachbarn darstellen. Im Verhältnis zwischen dem Träger öffentlicher Verwaltung, der die betreffende Anlage oder Einrichtung zugelassen oder geduldet hat, und den Nachbarn ist jedoch ein öffentlich-rechtliches Rechtsverhältnis anzunehmen, weil die Rechtsnormen, um deren richtige Anwendung gestritten wird, dem öffentlichen Recht zuzuordnen sind: sie räumen der Verwaltung hoheitliche Befugnisse (Genehmigungs- und Überwachungsrechte) gegenüber den Interessenten (Betreibern der störenden Anlagen) ein und begründen u. U. Duldungspflichten

1018

---
23 *Scherer*, NJW 1989, 2724.
24 So auch *Scherer*, a. a. O., S. 2727 ff.
25 I. d. F. der GKV-GRG v. 22. 11. 1999 (BGBl. I S. 2626).
26 Ebenfalls i. d. F. des GKV-GRG (vorige Fn.). S. a. *Pitschas*, VSSR 1999, 221, 225.

der Nachbarn, und der Streit geht um die richtige Anwendung gerade solcher Normen, selbst wenn im Einzelfall der Staat oder die Gemeinde zugleich privatrechtlicher Eigentümer des Grundstücks ist, von dem die Störung ausgeht. Dies gilt auch, wenn das Verhältnis zu den Benutzern (Begünstigten) privatrechtlich geregelt ist[27]. U. E. kommt es im Verhältnis zu den Nachbarn (Belasteten) auf die *Widmung* an, denn nur aufgrund einer solchen – hoheitlichen – Maßnahme können Dritte mit einer besonderen öffentlich-rechtlichen Duldungspflicht belegt werden.

Aus der Rechtsprechung: BGHZ 91, 20 (Kläranlagen); VG Münster, NVwZ 1982, 327 (Verwaltungsrechtsweg für Abwehrklage gegen Spielplatz-Lärm; entscheidend ist die Widmung des Platzes zu einem öffentlichen Zweck); BVerwG, JZ 1984, 228 (liturgisches Geläut; *Goerlich* liefert dazu a. a. O. S. 221 ff. die Begründung: Kirchenglocken als res sacrae werden öffentlich-rechtlich genutzt); anders jedoch BVerwG, NJW 1994, 956 für das Zeitschlagen von Kirchturmuhren (zivilrechtlicher Nachbarschutz); VGH Mannheim, NVwZ 1986, 62 (Kommunaler Waldfestplatz); VGH München, NVwZ 1989, 269 (nochmals: Kinderspielplatz). Zu anderen, fragwürdigen Ergebnissen kommt z. T. der *BGH*: Nach BGHZ 41, 264 ist die Widmung eines städtischen Grundstücks zum Kirmesplatz als privatrechtliche Verfügung über das Eigentum anzusehen[28]. Problematisch auch BGHZ 48, 98 – Staubimmissionen beim Autobahnbau.

dd) Weitere Fallgruppen

1019 Eine besondere Beurteilung erfahren noch weitere Arten von Realakten, so die Dienstfahrten und manche Handlungen im Rahmen des öffentlichen Sachenrechts. Für die Rechtswegbestimmung sind diese Fälle aber weniger von Interesse, weil die in Betracht kommenden Ansprüche aus Amtshaftung ohnehin dem Zivilrechtsweg zugewiesen sind (s. oben Rn. 1010).

e) Folgen der Rechtswegverfehlung

1020 Die Folgen der komplizierten Rechtslage sind durch §§ 17, 17a und b GVG i. d. F. v. 17. 12. 1990 abgemildert. Wer jetzt vor dem falschen Gericht klagt, wird nicht mehr mit der Abweisung der Klage als unzulässig „bestraft"; vielmehr hat das angerufene Gericht die Sache nach § 17a Abs. 2 S. 1 GVG auch ohne einen entsprechenden Antrag auf den nach seiner Ansicht gegebenen Rechtsweg zu verweisen. Diese Verfahrenserleichterung gilt nach § 83 VwGO überdies auch dann, wenn die sachliche und örtliche Zuständigkeit verfehlt wird. Der Beschluss ist für das Gericht, in das der Rechtsstreit verwiesen worden ist, hinsichtlich des Rechtsweges bindend, § 17a Abs. 2 Satz 3 GVG.

1021 Um eine Aufteilung eines Rechtsstreites auf verschiedene Gerichtsbarkeiten zu vermeiden, bestimmt § 17 Abs. 2 Satz 1 GVG, dass das angerufene Gericht den Rechtsstreit „unter allen in Betracht kommenden rechtlichen Gesichtspunkten" entscheidet (außer soweit Art. 14 Abs. 3 Satz 4 und Art. 34 Satz 3 GG entgegenstehen). Man spricht auch von einem *„Rechtsweg kraft Sachzusammenhangs"*.

---

27 A. A. *Papier*, Münchener Kommentar zum BGB, 4. A. 2004, § 839 Rn. 144 a. E.
28 Kritisch auch *Kopp/Schenke*, VwGO, § 40 Rn. 29 („überholt").

4. Zulässigkeit von Rechtsbehelfen

1022 Für die *förmlichen* Rechtsbehelfe gelten bestimmte Zulässigkeitsvoraussetzungen, d. h. die für die Entscheidung zuständige Stelle (hier: das Gericht; Entsprechendes gilt aber auch für Rechtsbehelfe wie den Widerspruch, die bei den Verwaltungsbehörden einzulegen sind) untersucht zunächst, ob sie sich überhaupt mit diesem Rechtsbehelf (Antrag, Klage, Rechtsmittel) befassen darf oder muss. Beim Gerichtsverfahren spricht man deshalb von *Sachurteilsvoraussetzungen* (ungenau: Prozessvoraussetzungen, noch genauer[29]: Sach*entscheidungs*voraussetzungen): eine Entscheidung zur Sache selbst (zum Streitgegenstand, zur „Begründetheit" der Klage oder des Antrags) darf nur ergehen, wenn festgestellt ist, dass diese („Zulässigkeits"-)Voraussetzungen gegeben sind. (Ein Prozessurteil kann natürlich auch ergehen, wenn sie nicht vorliegen. Ist eine Klage „unzulässig" und wird sie nicht zurückgenommen oder erledigt sich das Verfahren nicht auf andere Weise, so *muss* ein Prozessurteil ergehen, das die Feststellung der Unzulässigkeit enthält).

1023 *a)* **Allgemeine Sachentscheidungsvoraussetzungen** – also bei jeder Art von verwaltungsgerichtlicher Klage zu prüfen – sind:
- *aa)* *die Zulässigkeit des Rechtsweges zu dem angerufenen Gericht (§ 40 VwGO),*
- *bb)* *die sachliche Zuständigkeit dieses Gerichts (§§ 45 ff.),*
- *cc)* *die örtliche Zuständigkeit dieses Gerichts (§ 52),*
- *dd)* *Beteiligungsfähigkeit (§ 61),*
- *ee)* *Prozessfähigkeit und richtige gesetzliche Vertretung (§ 62),*
- *ff)* *richtige Klageerhebung (§ 81),*
- *gg)* *keine anderweitige Rechtshängigkeit oder gar Rechtskraft einer Entscheidung in der gleichen Sache (§§ 90 Abs. 2, 121),*
- *hh)* *allgemeines Rechtsschutzbedürfnis.*

Diese Aufzählung ist noch nicht einmal vollständig, es wäre aber trotzdem falsch, auch „nur" diese Liste bei jeder Zulässigkeitsprüfung durchzugehen. Die einzelne Zulässigkeitsvoraussetzung ist vielmehr dann ausdrücklich anzusprechen, wenn Zweifel an ihrem Vorhandensein besteht.

1024 Bemerkenswert ist, dass das (allgemeine) Rechtsschutzbedürfnis für eine Klage u. a. dann verneint wird, wenn der Kläger das angestrebte Ziel *auf einfachere Weise* erreichen kann oder wenn der angestrebte Rechtsschutz für ihn *ohne Nutzen* ist. Schließlich wird eine Klage auch dann als unzulässig behandelt, wenn ihr Ziel „rechtlich missbilligenswert" ist. All diese Überlegungen sind nur mit großer Vorsicht aufzunehmen. Mag es noch angehen, offensichtliche Schikane oder die Wiederholung eines bereits mehrfach in gleicher oder ähnlicher Form gestellten Antrages auf diese Weise „abzuwimmeln" – meist sind die Fälle aber nicht so eindeutig, und regelmäßig wird durch diese Formeln das Gericht genötigt, hypothetische Erörterungen anzustellen, den „wirklichen Nutzen" des Klägers zu ergründen und Alternativprozesse „durchzuspielen", statt auf den tatsächlich gestellten Antrag einzugehen (was oft einfacher ist!).

---

[29] Vgl. *Schenke*, VerwPrR, Rn. 58.

§ 24 *Verwaltungsgerichtlicher Rechtsschutz*

Die Frage, ob ein Rechtsschutzbedürfnis gegeben ist, stellt sich auch in *Ausgangsfall 4*; sie ist zu bejahen. Das Interesse des Betroffenen, nicht als „Durchfaller" zu gelten, rechtfertigt die gerichtliche Überprüfung. Anders jedoch ist es zu beurteilen, wenn eine Note nicht im Zeugnis erscheint und für das weitere berufliche Fortkommen irrelevant ist, so für die Dissertationsnote VGH Mannheim, DÖV 1982, 164, und für das Stationszeugnis aus dem juristischen Vorbereitungsdienst VGH München, BayVBl. 1996, 27; dagegen freilich Martensen, JuS 1996, 1076[30].

1025 **Besondere Sachentscheidungsvoraussetzungen** müssen darüber hinaus erfüllt sein, wenn bestimmte Klagen zulässig sein sollen. Das bedeutet: die Zulässigkeit (Statthaftigkeit) der gewählten oder zu wählenden Klageart muss vorab geprüft werden (dazu unten Rn. 1026 ff.). Am wichtigsten ist die *Klagebefugnis* als Zulässigkeitsvoraussetzung von Anfechtungs- und Verpflichtungsklage (§ 42 Abs. 2 VwGO), dazu sogleich Rn. 1032 ff. Für die Feststellungsklage wird ein „berechtigtes Interesse an der baldigen Feststellung" und darüber hinaus verlangt, dass Gestaltungs- oder Leistungsklage nicht in Betracht kamen (besonderes Rechtsschutzbedürfnis, Subsidiarität – § 43 Abs. 2 VwGO)[31]. Zu beachten sind auch das Erfordernis eines Vorverfahrens (§ 68 VwGO, gilt für Anfechtungs- und Verpflichtungsklage und generell für Klagen „der Beamten, Ruhestandsbeamten, früheren Beamten und der Hinterbliebenen aus dem Beamtenverhältnis", § 126 Abs. 1 und Abs. 3 Nr. 1 BRRG) sowie die Klagefrist nach § 74 VwGO.

5. Die Klage- und Urteilsarten im Überblick

1026 Art. 19 Abs. 4 GG und die VwGO garantieren umfassenden Rechtsschutz – aber bei der Rechtsverfolgung müssen Formen und Verfahrensschritte eingehalten werden, die in den Bestimmungen über die Klagearten und über das Verfahren der Verwaltungsgerichte festgelegt sind. Sie unterscheiden sich je nach dem Prozessziel des Klägers. Wer ein Rechtsschutzbegehren an das Verwaltungsgericht heranträgt, muss es in die Form einer der *„statthaften"* Klagearten bringen und die für diese Klageart vorgeschriebenen Verfahrensschritte und formalen Bedingungen beachten.

1027 Die im Folgenden darzustellenden Klagearten decken alle in Betracht kommenden Prozessziele ab. Nur in ganz seltenen, ungewöhnlichen Fällen wird eine „Klage sui generis" angenommen; dabei ist streitig, ob solche vermeintlich besonderen Klagearten nicht doch nur Varianten der bekannten Klagearten darstellen. Vgl. dazu *Hufen*, § 22.

Ist eine statthafte Klage gegeben, so kann sie dennoch unzulässig sein, z. B. weil die Klagebefugnis (unten Rn. 1034) oder das Rechtsschutzbedürfnis fehlt. In solchen Fällen wird deutlich, dass die Eröffnung des Rechtsweges nicht die Garantie einer inhaltlichen Überprüfung des geltend gemachten Anliegens umfasst. Auch im voll ausgebauten Rechtsschutzsystem des Grundgesetzes bleiben also manche Rechtsstreitigkeiten unentschieden, und die prozessualen Vorschriften sind deshalb nicht bloße Formalien, sondern haben durchaus praktische Bedeutung.

---

30 S. a. BVerwG, NJW 1992, 56.
31 Fallbeispiel: OVG Münster, DÖV 1982, 551: Rehabilitationsinteresse nach Durchsuchung bei Kalkar-Demonstration.

5. Die Klage- und Urteilsarten im Überblick § 24

Zu unterscheiden sind zunächst Anfechtungsklage, Verpflichtungsklage, Feststellungsklage und Leistungsklage. Jeder dieser Klagearten entspricht eine Urteilsart: Aufhebungsurteil, Verpflichtungsurteil, Feststellungsurteil und Leistungsurteil. (Machen Sie sich die Zusammenhänge klar und vergleichen Sie dazu §§ 42/43 mit den verschiedenen Fällen des § 113 VwGO!) **1028**

Das „Leitmodell" im Feld der Klagearten ist die **Anfechtungsklage** (vgl. Rn. 1032 ff.). Sie dient dazu, Eingriffe der Verwaltung in die Rechtssphäre des Individuums abzuwehren. Demgegenüber dient die **Verpflichtungsklage** dazu, eine Erweiterung des eigenen Rechtskreises (Begünstigung) herbeizuführen. In beiden Fällen geht es um einen Verwaltungsakt – bei der Anfechtungsklage um einen bereits erlassenen, bei der Verpflichtungsklage um einen zu erlassenden. **1029**

Gegen belastende untergesetzliche Normen ist unter bestimmten Voraussetzungen der **Antrag auf Normenkontrolle** (§ 47 VwGO) gegeben (s. u. Rn. 1078 f.). Ob auch eine Klage auf Erlass einer Norm statthaft ist, ist umstritten.

Wer nicht einen Verwaltungsakt, sondern eine andere Art von Leistung der Verwaltung begehrt, muss eine **Leistungsklage** erheben (dazu Rn. 1060 f.). Dieser Klagetyp ist in der VwGO nicht geregelt, sondern nur vorausgesetzt (§ 43 Abs. 2 S. 1). Wer eine andere Art von Eingriff oder Störung abwehren will als den Erlass eines (belastenden) Verwaltungsaktes, bedient sich einer **Unterlassungsklage** (Rn. 1061). Sie stellt eine Unterart der Leistungsklage dar und kann unter besonderen Umständen auch als vorbeugende Unterlassungsklage gegen drohendes hoheitliches Handeln erhoben werden[32]. **1030**

Die dritte der in §§ 42 und 43 VwGO ausdrücklich benannten Klagearten ist die **Feststellungsklage** (Rn. 1062 f.). Sie hat das Ziel, das Bestehen oder Nichtbestehen eines Rechtsverhältnisses oder die Nichtigkeit eines Verwaltungsaktes klären zu lassen; der Kläger erstrebt eine verbindliche Feststellung seiner konkreten Rechte und Pflichten in einem bestimmten Zusammenhang (Rechtsverhältnis). Diese Klageart ist aber nur *subsidiär* gegeben, nämlich nicht, „soweit der Kläger seine Rechte durch Gestaltungs- oder Leistungsklage verfolgen kann oder hätte verfolgen können" (Ausnahme: Feststellung der Nichtigkeit eines Verwaltungsakts). Mit der „Gestaltungsklage" ist die Anfechtungsklage gemeint. Die Subsidiaritätsklausel soll dem Risiko entgegenwirken, dass eine Streitigkeit mehrfach vor die Verwaltungsgerichte gebracht wird, was geschehen kann, wenn die Behörde aus dem Feststellungsurteil keine Konsequenzen zieht, und sie soll verhindern, dass die besonderen Sachurteilsvoraussetzungen von Anfechtungs- und Verpflichtungsklagen (§§ 68 ff. VwGO) unterlaufen werden. **1031**

---

32 Zum vorbeugenden Rechtsschutz: *Dreier*, JA 1987, 415.

6. Die Anfechtungsklage

a) Klageziel

1032 Die Anfechtungsklage ist auf die Aufhebung eines Verwaltungsaktes gerichtet, sie ist also eine Gestaltungsklage. Sie kommt besonders häufig im Bereich der Eingriffsverwaltung vor (insbesondere Polizei-, Sicherheits- und Ordnungsrecht). Weil es zu den Zulässigkeitsvoraussetzungen der Anfechtungsklage gehört, dass ein *Verwaltungsakt* vorliegt, wird in den Lehrbüchern und Kommentaren im Allgemeinen an dieser Stelle, nämlich bei der Behandlung des § 42 VwGO, der Begriff des Verwaltungsaktes besprochen (was zu umfangreichen „Ausbauchungen" der betreffenden Schriften an dieser Stelle führt!).

Schon an dieser Stelle muss geprüft werden, ob etwa außer oder statt der Aufhebung eines Verwaltungsaktes die Verurteilung zum Erlass eines Verwaltungsaktes gewollt ist oder aus praktischen oder dogmatischen Gründen angestrebt werden muss. Wer über die Aufhebung des erlassenen Verwaltungsakts hinaus eine zusätzliche oder andere Entscheidung der Behörde durch Verwaltungsakt anstrebt, muss konsequenterweise die Verpflichtungsklage erheben. Dies wird insbesondere bei der Anfechtung von Nebenbestimmungen akut (vgl. oben Rn. 727 ff.). Das Verhältnis von Anfechtungs- und Verpflichtungsklage ist aber zu prüfen, wenn in einem Dreiecksverhältnis die Belastung des Dritten durch einen Verwaltungsakt erstrebt wird (Beispiel: Klage auf eine Schallschutzauflage zu Lasten des Nachbarn, vgl. BVerwG, NVwZ 1988, 534.)

1033 Wer eine Verpflichtung will, stattdessen aber nur die Ablehnung anficht, dem fehlt es in der Regel am Rechtsschutzbedürfnis, weil diese Klage ihm letztlich nichts bringt. In Ausnahmefällen kann aber die Klage auf die Anfechtung beschränkt werden, z. B. wenn der Kläger aus anzuerkennenden Gründen eine Klarstellung der Rechtslage erreichen, aber daraus noch keine weiteren Konsequenzen derart ziehen will, dass er seine eigene Begünstigung nutzt. Es kann auch sein, dass die ursprünglich angestrebte Verpflichtung nicht mehr sinnvoll ist, für den Kläger keinen Nutzen bringen würde. In solchen Fällen ist die *isolierte Anfechtung* des ablehnenden Bescheids statthaft[33].

b) Klagebefugnis

1034 Die Anfechtungsklage (und auch die Verpflichtungsklage) ist nur zulässig, wenn der Kläger „geltend macht, durch den Verwaltungsakt oder seine Ablehnung oder Unterlassung in seinen Rechten verletzt zu sein (§ 42 Abs. 2 VwGO). Diese Zulässigkeitsvoraussetzung wird *Klagebefugnis* genannt; sie wirft eine Vielzahl schwieriger Fragen auf. Dass die Klagebefugnis gegeben sein muss, soll der Abwehr von „Popularklagen" dienen, also solcher Klagen, bei denen sich jemand zum Anwalt der Allgemeinheit macht, statt eigene Rechte durchzusetzen. Die Gerichte sollen

---

33 *Hufen,* § 14 Rn. 19-21.

nicht mit Streitigkeiten behelligt werden, bei denen offensichtlich keine Rechtsverletzung des Klägers vorliegt. Freilich ist diese Grundentscheidung nicht so selbstverständlich, wie sie scheinen mag. Wäre der Gesetzgeber dem Konzept einer umfassenden objektiv-rechtlichen Verwaltungskontrolle gefolgt, wie es im 19. Jahrhundert *Rudolf von Gneist* vertreten hat, so wäre diese Regelung nicht zustande gekommen[34].

aa) Die Klagebefugnis ist unproblematisch, wenn jemand einen an ihn gerichteten belastenden Verwaltungsakt anficht. Nach der so genannten „**Adressatentheorie**" ist die Klagebefugnis hier immer gegeben. **1035**

Das Bundesverwaltungsgericht hat anlässlich einer Klage gegen ein Verkehrsschild deutlich gemacht, dass die Klage gegen belastende Dauerverwaltungsakte keine Nachhaltigkeit oder Regelmäßigkeit der Rechtsverletzung voraussetzt[35]. Im konkreten Fall hatte das BVerwG keine Bedenken gegen die Klagebefugnis eines Radfahrers, der sich gegen die Radwegbenutzungspflicht an einer bestimmten Straße wendete, obwohl er zwischenzeitlich in eine andere Stadt verzogen war. Schon durch das ein- bzw. mehrmalige Befahren dieser Straße sei er zum Adressaten eines belastenden Dauerverwaltungsakts geworden. Auch vereinzelte Rechtsverletzungen müssten die Bürger nicht erdulden.

bb) Darüber hinaus lässt eine Reihe von Sonderbestimmungen die **Vertretung fremder Interessen** zu. So sind gemäß § 61 BNatSchG Naturschutzbehörden zu Rechtsbehelfen gegen Eingriffe in Natur und Landschaft befugt. In bestimmten Fällen können nach Landesrecht auch (Beispiele: Klagebefugnis bestimmter Behörden in den ihnen obliegenden Verwaltungsangelegenheiten) Behördenleiter oder Aufsichtsbehörden gegen Verwaltungsakte weisungsunabhängiger Ausschüsse eine „Aufsichtsklage" erheben. Ein die Klagebefugnis begründendes Recht liegt in aller Regel vor, wenn jemand zu dem Verfahren hinzugezogen worden ist; die rechtliche Betroffenheit ist ja nach § 13 Abs. 2 VwVfG Voraussetzung dieser Hinzuziehung. Umgekehrt brauchen aber nicht alle Betroffenen beteiligt zu werden, vgl. § 13 Abs. 2 S. 2 VwVfG (Antragserfordernis) und Abs. 3; dazu auch oben Rn. 624. **1036**

cc) Klagt ein **Dritter,** so stellen sich folgende weitere Fragen:
(1) Kann der Kläger ein **Recht** geltend machen (Gegensatz: bloße Interessen, Chancen, Vorteile der Lage oder der wirtschaftlichen Situation)?
(2) Ist dieses ein **subjektives** Recht des Klägers (oder vielmehr ein Recht eines Dritten oder der Allgemeinheit)?
(3) **Macht der Kläger geltend**, dass dieses sein subjektives Recht **verletzt sein kann**[36]? **1037**

Zu (1): Bloß *faktische* Vor- oder Nachteile, Annehmlichkeiten oder Unannehmlichkeiten, Interessen oder Chancen sind keine „Rechte" in dem geforderten Sinne. **1038**

Beispiel: Kein „Recht" im Sinne von § 42 Abs. 2 VwGO macht geltend, wer eine schöne Aussicht behalten will, die durch ein dem Nachbarn genehmigtes Bauwerk gestört würde (vgl. VGH München, BayVBl. 1991, 369), oder wer sich durch ein ästhetisch misslungenes

---
34 Vgl. dazu auch *Hufen,* § 14 Rn. 69 f.
35 BVerwG, DÖV 2004, 166.
36 Übersichtliche Einzeldarstellung dieser Fragen bei *Hufen,* § 14 Rn. 82 ff.

Gebäude in seinem Wohlbefinden beeinträchtigt fühlt. Ein Straßenanlieger hat kein Recht darauf, dass der Name der Straße geändert wird (OVG Münster, NJW 1993, 2131), ein Hotelbesitzer kein Recht darauf, dass seine Gemeinde als Heilbad anerkannt wird (BVerwG, NVwZ 1993, 63).

1039 Ein Teil der Fälle, in denen „Rechte" und bloße „Chancen" voneinander abzugrenzen sind, kommt dadurch zustande, dass wirtschaftliche Vorteile sowohl durch *günstige Marktverhältnisse* oder die *Lage* eines Unternehmens im Raum (z. B. nahe bei Verkehrswegen oder Parkplätzen usw.) begründet sein können als auch durch Maßnahmen der Verwaltung (Subventionen des einen, Benachteiligung des anderen) gefördert oder beeinträchtigt werden können. Dasselbe gilt für den Wettbewerb um Fortkommensmöglichkeiten zwischen Individuen, die durch Entscheidungen der öffentlichen Verwaltung – Zulassung zu öffentlichen Einrichtungen, Vergabe von Studienplätzen, Beamtenbeförderungen u. Ä. – beeinflusst werden. Chancen und Rechtspositionen sind auch in diesen Bereichen zu unterscheiden; vor dem Wettbewerb als solchem ist niemand durch subjektive Rechte geschützt. Wenn aber eine Behörde *gezielt* in den Wettbewerb eingreift, also die eine Seite begünstigt oder benachteiligt, kann der Betroffene das Gericht anrufen. Denn nunmehr ist eine Rechtsposition berührt, nämlich die wirtschaftliche oder berufliche Entfaltungsfreiheit (Art. 2 Abs. 1 bzw. Art. 12 Abs. 1 GG) und im Zusammenhang damit u.U. der Gleichheitssatz (Art. 3 Abs. 1 GG). Zur weiteren Begründung dieser Sichtweise wird häufig darauf hingewiesen, dass der Staat nicht die wirtschaftliche Existenz eines Unternehmens oder Unternehmers gefährden darf (was freilich etwas ganz anderes ist als die Veränderung von Marktchancen).

1040 Das BVerwG hat formuliert, der benachteiligte Dritte müsse zumindest dann eine Anfechtungsmöglichkeit haben, wenn er geltend macht, dass seine schutzwürdigen Interessen „willkürlich vernachlässigt worden" seien; als verletztes Recht käme die Wettbewerbsfreiheit in Betracht, die durch Art. 2 GG geschützt sei (BVerfGE 30, 191, 197 – Weinhandelsunternehmen gegen Winzergenossenschaft). Die Träger von Krankenhäusern können in ihren Rechten aus Art. 2 Abs. 1 GG „auf Teilnahme am freien Wettbewerb" verletzt sein, wenn die Pflegesätze für ein Konkurrenzkrankenhaus zu hoch festgesetzt werden (BVerwGE 60, 154, 159). Einem Personenbeförderungsunternehmen hat das BVerwG ein Recht zugesprochen, dass anderen Unternehmen keine Linienverkehrsgenehmigung für das gleiche Gebiet erteilt wird[37].

1041 In Konkurrenzsituationen, bei denen Rechtspositionen nur begrenzt vergeben werden können (wie z. B. Spielbankkonzessionen, Standplätze auf einem Jahrmarkt, terrestrische Frequenzen für Rundfunkveranstalter[38]), werden Rechte eines unterlegenen Bewerbers zwangsläufig berührt, wenn durch die Begünstigung eines Konkurrenten das Kontingent ausgeschöpft wird. In diesen Fällen hält auch die Rechtsprechung nunmehr einhellig Klagen gegen die Begünstigung des Konkurrenten für zulässig[39]. Voraussetzung für die Klagebefugnis ist bei solchen **Konkurrentenverdrängungsklagen** immer, dass dem unterlegenen Bewerber überhaupt ein Recht hinsichtlich der eigenen Begünstigung zusteht. Im Bereich der Subventionsvergabe

---

37 DVBl. 1969, 367.
38 BVerwGE 96, 302; BVerwG, NVwZ 1984, 585; OVG Berlin, DVBl. 1991, 1265.
39 Vgl. den Befund von *Wieland*, Die Verwaltung 1999, 217, 220 f.

ist die Ableitung eines solchen Rechts insofern schwierig, als gesetzliche Regeln häufig nur in Form von Haushaltsgesetzen bestehen, die keine Außenwirkung gegenüber dem Bürger entfalten[40]. Subventionsansprüche des unterlegenen Bewerbers lassen sich in diesen Fällen allenfalls über eine Selbstbindung der Verwaltung (Rn. 592) herleiten.

Einem Notar, der sich gegen die Zulassung eines anderen Notars gewandt hatte, wurde ein subjektives öffentliches Recht auf Konkurrenzfreiheit abgesprochen[41]; ein Repetitor scheiterte mit seinem Antrag, einem Beamten die außerdienstliche Nachhilfe für Prüfungskandidaten zu untersagen[42]. Die Erteilung einer Apothekenkonzession trifft andere Apotheker nicht in ihren Rechten[43].

Im Bereich des *öffentlichen Dienstes* kann die Klagebefugnis eines Konkurrenten auf Art. 33 Abs. 2 GG und seinen einfachgesetzlichen Ausprägungen (§§ 7 BRRG, 8 Abs. 1 Satz 2, 23 BBG, 1, 4 Abs. 4 BLV) beruhen. Danach haben Bewerber für Einstellung und Beförderung zumindest ein *formelles subjektives öffentliches Recht* darauf, dass über die Ernennung nach den dort bezeichneten Grundsätzen entschieden wird. **1042**

Allerdings sollen entsprechend den Grundsätzen der *Ämterstabilität* und des Vertrauensschutzes einmal erfolgte Stellenbesetzungen wegen eines Verstoßes gegen Art. 33 Abs. 2 und 3 GG nicht wieder rückgängig gemacht werden können[44]. Diese Ansicht hat eine Kammer des BVerfG gebilligt, jedoch um der Effektivität des Rechtsschutzes willen gefordert, die negative Auswahlentscheidung dem unterlegenen Bewerber angemessene Zeit vor Ernennung des Konkurrenten mitzuteilen[45]. Mit der Ernennung werden demnach vollendete Tatsachen geschaffen, deren Eintritt der unterlegene Bewerber effektiv nur mit Hilfe des einstweiligen Rechtsschutzes verhindern kann.

Das BVerwG hat inzwischen selbst Zweifel an dieser Rechtsprechung formuliert: „Es erscheint mit Art. 19 Abs. 4 GG schwer vereinbar, einem Beamten den Rechtsschutz mit der Begründung zu versagen, sein Anspruch auf eine den Grundsätzen des Art. 33 Abs. 2 GG entsprechende Auswahlentscheidung sei durch den Vollzug der getroffenen, diese Grundsätze möglicherweise verletzenden Auswahlentscheidung untergegangen"[46]. Es ist wohl kein Zufall, dass das Gericht ausgerechnet in einem Fall diesen „Stein ins Wasser geworfen hat", bei dem es letztlich auf die praktischen Probleme nicht ankam, die sich mit der Auswahlentscheidung nach

---

40 Eine im Umfang bedeutende Ausnahme stellen die Investitionszulagengesetze zur wirtschaftlichen Förderung in den neuen Bundesländern, dar, so z. B. das InvZulG 1999, BGBl. I, S. 2070.
41 OVG Lüneburg, DVBl. 1952, 369.
42 OVG Hamburg, DVBl. 1964, 282.
43 BVerwG, NJW 1958, 643.
44 BVerwGE 80, 127; BVerwG, DVBl. 1989, 1150; *Erichsen*, Jura 1994, 385, 388; *Frenz*, Verwaltungsgerichtlicher Rechtsschutz in Konkurrenzsituationen, 1999, 88 f.; *Sodan* in: *Sodan-Ziekow*, VwGO, § 42 Rn. 166 m. w. N.; a. A. *Wieland*, FS Blümel 1999, 647, 655 ff.; *Kopp/Schenke*, VwGO, § 42 Rn. 49 m. w. N.
45 NJW 1990, 501 f. = DVBl. 1989, 1247. Dem ist der BGH inzwischen gefolgt, vgl. JZ 1996, 146; dazu *Huber*, JZ 1996, 149.
46 BVerwGE 115, 89, 92.

§ 24 *Verwaltungsgerichtlicher Rechtsschutz*

einer bereits erfolgten Ernennung eines anderen Bewerbers stellen. Solange diese Probleme aber nicht überzeugend gelöst sind, ob denn ein einmal ernannter Beamter wieder aus seinem Amt entfernt werden soll oder ob der Dienstherr zur Schaffung einer neuen Stelle verpflichtet ist, kommt man an Überlegungen hinsichtlich der Ämterstabilität nicht vorbei.

1043 Die Frage, ob Rechtsvorschriften des *Baurechts* – z. B. über die zugelassene Baugestaltung – „Rechte" oder bloß faktische Vor- oder Nachteile begründen, wird im Allgemeinen nicht thematisiert, sondern sogleich unter der Frage behandelt, ob solche Rechte – wenn sie denn bestehen – nur dem Bauherrn oder auch dem Nachbarn zugeordnet werden können (dazu sogleich mehr).

1044 **Zu (2):** Der Kläger muss geltend machen, **unmittelbar in eigenen subjektiven Rechten** beeinträchtigt zu sein. Er muss also darlegen, dass die Rechtsnorm, auf die er sich berufen will, gerade für ihn ein subjektives Recht begründet (gegenwärtige und unmittelbare Selbstbetroffenheit). Es reicht also nicht aus, wenn die Beeinträchtigung erst in der Zukunft liegt oder erst eine für später vorgesehene Maßnahme (Folgemaßnahme) den Kläger beeinträchtigen wird. Kern der Prüfung ist regelmäßig die Frage der Zuordnung des geltend gemachten Rechts gerade zum Kläger. Nochmals: Sinn dieser Bestimmung ist, dass nicht jemand Rechte anderer im eigenen Namen vor Gericht geltend machen soll, z. B. ein Gemeindebürger gegen eine an die Gemeinde gerichtete Aufsichtsverfügung oder ein Vereinsmitglied gegen eine den Verein betreffende Verfügung[47].

1045 Diese Prüfung ist auf der Grundlage der **Schutznormtheorie** vorzunehmen[48] (vgl. oben Rn. 144 ff.). Man prüft also zunächst, ob der Zweck der anzuwendenden Rechtsnorm des einfachen Gesetzes auch dahin geht, das Interesse einer bestimmten abgrenzbaren Personengruppe zu schützen, und zweitens, oben der Kläger zu dieser Gruppe gehört. Der entgegengesetzte Fall ist, dass die Norm ausschließlich das öffentliche Interesse fördern soll.

1046 Die Rechtsprechung hat für immer mehr Rechtsnormen festgestellt, dass sie auch privaten Interessen dienen. Auf diese Weise sind zahlreiche Normen zum Schutze von *Nachbarn, Konkurrenten und Emissionsbetroffenen* herausgearbeitet worden. Dies wird u. a. dadurch erleichtert, dass neuere Gesetze die Nachbarn vielfach besonders erwähnen (z. B.: § 3 Abs. 1 und § 5 Abs. 1 BImSchG). Darüber hinaus ist der Kreis der Klagebefugten dadurch erweitert worden, dass *auch Grundrechte* unmittelbar zur Begründung der Klagebefugnis herangezogen wurden. Für eine Reihe von Fällen, die weder durch einfache Gesetze noch durch Grundrechte eindeutig erfassbar waren, hat die Rechtsprechung auf ein allgemeines Prinzip, nämlich das *Gebot der Rücksichtnahme* Bezug genommen, das aus § 15 Abs. 1 BauNVO hergeleitet wurde. Diese Rechtsprechung ist zum Teil widersprüchlich und häufig so formelhaft, dass ihre Anwendbarkeit auf neue Fälle jeweils sehr sorgfältig geprüft werden muss. Klarheit über die Grundlinien der Judikatur gewinnt nur, wer sich eine größere Zahl von Entscheidungen ansieht und versucht, die Wertungen hinter

---

47 *Hufen*, § 14 Rn. 94.
48 Vgl. dazu BVerwGE 98, 118, 120 ff.

den Formeln aufzudecken. Dazu gehört nicht nur das ursprüngliche Ziel des § 42 Abs. 2 VwGO, Popularklagen zu verhindern, sondern nicht selten ganz offensichtlich auch eine materielle Wertung der baurechtlichen Situation, die von derjenigen der Behörde abweicht.

Die Festsetzung von Baugebieten durch *Bebauungspläne* hat nach der Leitentscheidung des BVerwG vom 16. 9. 1993 (E 94, 151) kraft Bundesrechts grundsätzlich nachbarschützende Funktion. Der Bebauungsplan schließt nach Ansicht des BVerwG die Nachbarn zu einer „Schicksalsgemeinschaft" zusammen, die wechselseitig zu Vor- und Nachteilen führt und daher auch Abwehrrechte gegen übermäßige Begünstigung einzelner begründet[49]. Der Nachbar kann sich auch dagegen wehren, dass die Grenzabstände vorschriftswidrig verringert werden oder dass von Grundanforderungen an Feuersicherheit sowie Zugänglichkeit (einschließlich Licht und Luft) abgewichen wird. Versagt ist ihm jedoch die Geltendmachung rein ästhetischer Bedenken (Baupflege, Baugestaltung). **1047**

Derselbe Nachbarschutz besteht nach dieser Entscheidung im *unbeplanten Innenbereich*, wenn die Eigenart der näheren Umgebung einem der Baugebiete der Baunutzungsverordnung entspricht (§ 34 Abs. 2 BauGB). Das BVerwG hat seine frühere zurückhaltendere Rechtsprechung teilweise korrigiert. Das Gebot der Rücksichtnahme fungiert nicht mehr als eigenständiges Tatbestandsmerkmal[50].

Ein Kläger hatte sich gegen eine seinem Nachbarn erteilte Baugenehmigung für fünf Garagen gewandt. Das BVerwG räumte ihm ein, dass seine Rechte verletzt werden, wenn diese Garagen nach dem Charakter des Baugebietes (reines Wohngebiet) für den Bedarf der Bewohner nicht benötigt werden. Damit soll eine „Verfremdung des Gebiets" verhindert werden (a. a. O. S. 161).

Nach diesen Erwägungen sind auch die Ausgangsfälle zu 6. zu bearbeiten. Die Nachbarn haben in aller Regel die Klagebefugnis, und wenn die Verwaltungsmaßnahme (hier die Bau- und u. U. Betriebsgenehmigung für das Kraftwerk) rechtswidrig ist, sind auch ihre Rechte verletzt. Ein Umweltschutzverband hat schon keine Klagebefugnis (außer soweit das Landesrecht die naturschutzrechtliche „Verbandsklage" eingeführt hat). Die Stadt Bonn wäre an dem Planungsverfahren als „Träger öffentlicher Belange" zu beteiligen und könnte deshalb möglicherweise die Beeinträchtigung eigener Rechte geltend machen. Der Bundestag wäre eventuell bei einem besonders großen und gefährlichen Kraftwerk klagebefugt, wenn nämlich auch entfernte „Nachbarn" beeinträchtigt sein können. **1048**

Schwer nachvollziehbar ist demgegenüber eine Entscheidung des BVerwG, die dem Investor (der im zu beurteilenden Fall immerhin eine beträchtliche Summe in ein Grundstück in den neuen Ländern investiert hatte) die Klagebefugnis gegen die Aufhebung des Investitionsvorrangbescheides verweigert (und zwar auch dann, wenn er bereits das Eigentum an dem restitutionsbelasteten Vermögenswert erworben hat); nicht einmal ein Anspruch auf ermessensfehlerfreie Entscheidung der Behörde wird ihm zugebilligt – der Investor werde nämlich durch den Vorrangbescheid „lediglich mittelbar-tatsächlich begünstigt, ohne dass dem Ge- **1049**

---

49 So schon BVerwGE 27, 29, 33; Weiterentwicklung der Rspr.: BVerwGE 101, 364.
50 *Koch/Hendler*, Baurecht, Raumordnungs- und Landesplanungsrecht, S. 384.

setz eine entsprechende Begünstigungsabsicht zu entnehmen wäre" (BVerwGE 97, 39). Möglicherweise ist diese Entscheidung nur aus Besonderheiten des entschiedenen Falles heraus zu verstehen.

1050 Im *Gewerberecht* – das einen Schwerpunkt des Umweltschutzrechts bildet – werden dieselben Grundsätze wie im Baurecht angewandt. Auch hier fragen die Gerichte jeweils, ob die anzuwendenden Bestimmungen Dritte, insbesondere die engeren oder weiteren Nachbarn schützen sollen.

1051 **Zu (3): „Geltendmachen" einer Rechtsverletzung**: Das Erfordernis der Klagebefugnis nach § 42 Abs. 2 VwGO wird durch eine in der Literatur und Rechtsprechung herausgebildete Modalität betont. Danach genügt es nicht, dass der Kläger einfach eine Verletzung seiner Rechte behauptet; er muss vielmehr „einen Geschehensablauf schildern und gleichzeitig zu erkennen geben, dass er mit Hilfe dieser Darstellung einem darin ausgewiesenen Recht Geltung verschaffen will", und dies soll heißen: nach seinem Vorbringen muss die Rechtsverletzung **möglich** sein. (sog. „Möglichkeitstheorie")[51]. Eine andere Formulierung geht dahin, dass die Rechtsbehauptung des Klägers **schlüssig** oder zumindest „substantiiert" sein muss. Wenn die vom Kläger behaupteten Rechte „offensichtlich unter keinen rechtlichen Gesichtspunkten bestehen oder ihm zustehen, ist die Klage unzulässig"[52]. In manchen Urteilen, insbesondere aus früherer Zeit, überwuchern freilich die Ausführungen zur „Möglichkeit" oder „Schlüssigkeit" der Rechtsverletzung und damit der prozessuale Teil die eigentlich entscheidenden materiellrechtlichen Ausführungen zur Begründetheit der Klage. Im Filter des § 42 Abs. 2 VwGO sollten nur diejenigen Klagen hängen bleiben, die ganz offensichtlich nicht zum Erfolg führen können; sonst geben die Gerichte den Bürgern Steine (Prozessurteile) statt Brot (Urteile über die eigentlichen Streitpunkte).

c) Vorverfahren

1052 Hinzuweisen ist auf die bereits erwähnte besondere Sachentscheidungsvoraussetzung, dass (i. d. R.) ein Vorverfahren durchgeführt worden ist (§ 68 VwGO, Ausnahmen in Abs. 2). Dieses Vorverfahren „beginnt mit der Erhebung des Widerspruchs" (§ 69 VwGO – beachten Sie die Terminologie des Gesetzes und halten Sie sich daran!). Der Widerspruch ist innerhalb eines Monats nach Bekanntgabe des VA an den Beschwerten schriftlich oder zur Niederschrift bei der erlassenden Behörde zu erheben; es genügt aber die Form des Telefax-Schreibens[53].

d) Begründetheit der Anfechtungsklage

1053 Die Anfechtungsklage ist begründet, wenn der angefochtene Verwaltungsakt rechtswidrig *und der Kläger dadurch in seinen Rechten verletzt ist.* Soweit diese Voraussetzungen erfüllt sind, hebt das Gericht den Verwaltungsakt und den etwai-

---

51 H. M:, vgl. etwa *Schmitt Glaeser*, VerwPrR., Rn. 155.
52 So *Redeker/von Oertzen*, § 42 Rn. 20, vgl. a. Rn. 15.
53 BVerwGE 77, 38; ebenso BFH, NJW 1982, 2520.

gen Widerspruchsbescheid auf, § 113 Abs. 1 S. 1 VwGO. Wann der VA rechtswidrig ist, wurde oben in § 19 behandelt (Rn. 767 ff.); das Thema wird unten noch einmal aufgegriffen (Rn. 1064 ff.).

e) Fortsetzungsfeststellungsklage

Ein Sonderproblem tritt auf, wenn ein Verwaltungsakt vor Beendigung des Prozesses zurückgenommen wird oder sich auf andere *Weise „erledigt"*, also keine Rechtswirkungen mehr hat und daher den Betroffenen auch nicht mehr „beschwert". Für diesen Fall schreibt § 113 Abs. 1 S. 4 VwGO vor, dass das Gericht im Urteil die Feststellung der Rechtswidrigkeit jenes Verwaltungsaktes treffen kann (Fortsetzungsfeststellungsklage). In analoger Anwendung dieser Bestimmung hat man schließlich auch Klagen gegen solche Verwaltungsakte für zulässig gehalten, die sich bereits *vor* der Klageerhebung erledigt hatten[54]; man spricht von *erweiterter Fortsetzungsfeststellungsklage*. Beispiel: nachträgliche Überprüfung einer Beschlagnahme bei einer Demonstration[55]. Das bedeutet: eine Fortsetzungsfeststellungsklage ist zulässig, wenn der Kläger ein berechtigtes Interesse an dieser Feststellung hat, z. B. weil er eine Wiederholung der Maßnahme befürchten muss oder weil sein Interesse an Rehabilitation hinreichend gewichtig ist. Zur Vorbereitung eines Amtshaftungsprozesses wird die Feststellungsklage vor dem Verwaltungsgericht aber nur als zulässig anerkannt, wenn sich der VA *nach* der Klageerhebung erledigt hat; sonst wird sogleich auf den ordentlichen Rechtsweg verwiesen (mit der Folge, dass der Untersuchungsgrundsatz [vgl. Rn. 1058] nicht gilt, der Kläger also Beweise anbieten muss).

1054

Sofern sich der Verwaltungsakt vor Klageerhebung erledigt hat, stellt sich die Frage, ob die Fristen für Widerspruch und Anfechtungsklage eingehalten werden müssen, lässt doch der Kontext des § 113 Abs. 1 S. 4 VwGO erkennen, dass es sich „eigentlich" um diese Klagen handelt. Das BVerwG hat allerdings im Jahr 1999 klargestellt, dass „eine derartige ‚spezielle' Feststellungsklage keiner Fristbindung" unterliege[56]. Es sei nicht vertretbar, dem Verwaltungsakt trotz der beendeten Verbindlichkeit seiner Regelung eine „im Hinblick auf den Lauf von Klagefristen fortdauernde Wirkung beizumessen".

7. Die Verpflichtungsklage

Die Verpflichtungsklage ist eine spezielle Art der Leistungsklage. Sie richtet sich auf den Erlass eines Verwaltungsaktes, der entweder ausdrücklich von der Behörde abgelehnt worden ist oder den zu erlassen die Behörde (trotz Antrag) unterlassen hat. Die erste Art wird auch *Vornahmeklage* (von einigen: Versagungsgegenklage), die zweite *Untätigkeitsklage* genannt. Für die Untätigkeitsklage entfällt ein Vorverfahren, und die Klagefrist kann sich nicht nach § 74 VwGO richten, sondern ist in § 75 S. 2/3 VwGO besonders geregelt.

1055

---
54 BVerwGE 12, 87, 90; 26, 161, 165; 49, 36, 39; 81, 226, 227; 109, 203, 207.
55 OVG Münster, DÖV 1982, 551.
56 BVerwGE 109, 203, 207.

1056 Das Durchlaufen eines Widerspruchsverfahrens ist gemäß § 68 Abs. 2 VwGO auch bei der Verpflichtungsklage Zulässigkeitsvoraussetzung. Die Klage selbst zielt aber natürlich nicht nur auf die Aufhebung der Ablehnung des beantragten VA. Für eine solche Klage würde in aller Regel das Rechtsschutzbedürfnis fehlen, da die Klage auf Erlass des begehrten Bescheids (§ 113 Abs. 5 VwGO) dem Begehren des Klägers in effektiver Weise Rechnung trägt.

1057 Es muss unterschieden werden, ob die Sache „**spruchreif**" ist oder nicht. Spruchreif ist eine Sache, für die die sachlichen und rechtlichen Voraussetzungen zum Erlass der endgültigen Entscheidung gegeben sind. Dann muss der Antrag des Klägers so formuliert werden, dass das Gericht verurteilen kann; daraufhin ergeht dann ein Verpflichtungsurteil (§ 113 Abs. 5 S. 1 VwGO).

1058 Das Gericht muss nach dem „Untersuchungsgrundsatz" (§ 86 VwGO) den Sachverhalt von Amts wegen erforschen und die Sache so weit fördern, dass „Spruchreife" eintritt. Aber es darf dabei nicht unter Verstoß gegen den Grundsatz der Gewaltentrennung selbst Funktionen der Verwaltung übernehmen; es darf insbesondere sein Ermessen nicht an die Stelle des Ermessens der Verwaltungsbehörde setzen. Daher kann Spruchreife bei Streitigkeiten um *Ermessensentscheidungen* in der Regel gar nicht herbeigeführt werden; das Gericht muss vielmehr der Behörde die Gelegenheit geben, ihr Ermessen selbst auszuüben. Dies geschieht, indem es statt eines Verpflichtungs- nur ein *Bescheidungsurteil* erlässt: Es spricht „die Verpflichtung aus, den Kläger unter Beachtung der Rechtsauffassung des Gerichts zu bescheiden" (richtiger: neu zu bescheiden) (§ 113 Abs. 5 S. 2 VwGO).

1059 Beantragt jemand in einer Ermessenssache ein Verpflichtungsurteil des Gerichts im Sinne von § 113 Abs. 5 Satz 1 VwGO, so stellt er einen zu weit gehenden Antrag und muss mit teilweiser Klageabweisung rechnen; er erhält dann vom Gericht als „Minus" gegenüber seinem Antrag ein Bescheidungsurteil und muss einen Teil der Kosten tragen. Ein Verpflichtungsurteil ergeht nur, wenn jede andere Entscheidung als die beantragte eine fehlerhafte Ausübung des Ermessens darstellen würde („Ermessensreduzierung auf Null", vgl. oben Rn. 598 ff.).

8. Die Leistungsklage

1060 Die Leistungsklage im engeren Sinne (auch: „allgemeine Leistungsklage", s. a. oben Rn. 941) ist gerichtet auf die Verurteilung einer Behörde zu einem Tun, Dulden oder Unterlassen, insbesondere zur Zahlung. Mit der Leistungsklage können vermögensrechtliche Ansprüche der Beamten, Richter und Soldaten (nicht aber der Angestellten und Arbeiter des öffentlichen Dienstes; diese gehören vor die Arbeitsgerichte), Erstattungsansprüche und Subventionsansprüche sowie Ansprüche auf Sozialleistungen und andere Leistungen der Daseinsvorsorge verfolgt werden. Auch der Folgenbeseitigungsanspruch (Anspruch auf Beseitigung der Folgen eines rechtswidrigen Verwaltungsaktes) kann durch Leistungsklage geltend gemacht werden; in der Regel ist er freilich auf den Erlass eines dem Kläger günstigen Verwaltungsaktes gerichtet und dann durch Verpflichtungsklage zu verfolgen (vgl. a.

Rn. 1156 ff.). Gegenstände der Leistungsklage können außer der Folgenbeseitigung im engeren Sinne (z. B.: Ausquartierung der zu Unrecht Eingewiesenen) auch sein: Informationshandlungen wie Auskünfte und „Wissenserklärungen", der Widerruf amtlicher Äußerungen, die Aufhebung einer innerdienstlichen Weisung, die Korrektur eines amtlichen Untersuchungsberichts[57], die Vernichtung erkennungsdienstlicher Unterlagen[58] oder die Änderung einer Dienstpostenbewertung[59]. Es muss aber jeweils geprüft werden, ob nicht doch ein dem tatsächlichen Verwaltungshandeln vorausgehender VA begehrt wird; dann ist die Verpflichtungsklage zu wählen.

Die Leistungsklage ist in der VwGO nur in § 43 Abs. 2 S. 1 erwähnt, ohne dass konkrete Anforderungen hinsichtlich ihrer Zulässigkeit oder Begründetheit normiert wären. Anerkannt ist jedenfalls, dass die Vorschrift über die Klagebefugnis (§ 42 Abs. 2 VwGO) analoge Anwendung findet. Ein Widerspruchsverfahren ist jedoch nicht erforderlich (Ausnahme: in Beamtenrechtssachen, § 126 Abs. 3 BRRG). Eine Klagefrist ist nicht einzuhalten; doch kann das Rechtsschutzbedürfnis durch Zeitablauf entfallen.

Als Unterart der Leistungsklage kann es auch die *Unterlassungsklage* geben; sie ist **1061** gerichtet auf die Unterlassung oder Beendigung einer Störung, die nicht im Erlass eines VA liegt. Unterlassungsansprüche des Einzelnen gegenüber dem Staat können aus der Beeinträchtigung grundrechtlich geschützter Rechtspositionen folgen. Die Unterlassungsklage kommt (als ein „Gegenstück" zur Verpflichtungsklage) auch in Betracht, wenn die Verurteilung der Behörde begehrt wird, den Erlass eines bestimmten Verwaltungsaktes zu unterlassen. In jedem Falle bedarf die Unterlassungsklage eines „qualifizierten" Rechtsschutzbedürfnisses. Denn für solchen vorbeugenden Rechtsschutz ist „kein Raum, wo und solange der Betroffene zumutbarerweise auf den von der VwGO als grundsätzlich angemessen und ausreichend angesehenen nachträglichen Rechtsschutz verwiesen werden kann"[60].

9. Die Feststellungsklage

Für sie gelten besondere Regeln, und zwar sowohl was die zulässigen Gegenstände **1062** als auch was das Rechtsschutzbedürfnis betrifft. Zum einen kann mit dieser Klage nur die Feststellung des Bestehens oder Nichtbestehens eines Rechtsverhältnisses oder der Nichtigkeit (nicht: Rechtswidrigkeit, und auch nicht: Rechtmäßigkeit!) eines Verwaltungsaktes begehrt werden; zum anderen muss der Kläger ein „berechtigtes Interesse an der baldigen Feststellung" haben. In § 43 Abs. 2 VwGO ist darüber hinaus die Feststellung des Bestehens oder Nichtbestehens eines Rechtsverhältnisses für den Fall ausgeschlossen worden, dass der Kläger „seine Rechte durch Gestaltungs- oder Leistungsklage verfolgen kann oder hätte verfolgen können".

---

57 Vgl. BVerwGE 14, 323 – Luftfahrt-Bundesamt; 32, 21 – Bundesoberseeamt.
58 OVG Münster, E 27, 314.
59 BVerwGE 36, 192; 41, 253. Vgl. a. die Fälle BVerwGE 60, 144 (Rechtsschutz gegen Umsetzung eines Beamten); 75, 128 (Klage auf Rückübertragung des alten Dienstpostens); 89, 199 (nochmals Umsetzung).
60 BVerwGE 40, 323, 326.

§ 24 *Verwaltungsgerichtlicher Rechtsschutz*

1063 Die in dieser „Subsidiaritätsklausel" zum Ausdruck kommende Zurückhaltung des Gesetzgebers gegenüber der Feststellungsklage rührt daher, dass mit dieser Klageart noch kein endgültiges Ende des Streites erreicht wird. Wenn schon gestritten wird, dann soll möglichst der ganze Streitgegenstand in einem Verfahren erledigt und zu einem vollziehbaren Ergebnis gebracht werden. Oder anders ausgedrückt: Es soll *der* Klageweg beschritten werden, der den Rechtsschutzsuchenden am weitesten führt.

10. Zur Begründetheit der Klagen: Rechtsverletzung als Voraussetzung von Aufhebungs- und Verpflichtungsurteil

1064 Das Gericht hebt den Verwaltungsakt und den etwaigen Widerspruchsbescheid auf, „soweit der Verwaltungsakt rechtswidrig und der Kläger dadurch in seinen Rechten verletzt ist" (§ 113 Abs. 1 S. 1 VwGO); es spricht die Verpflichtung der Verwaltungsbehörde aus, die beantragte Amtshandlung vorzunehmen, wenn die Sache spruchreif ist (s. o. Rn. 1057 f.) und „soweit die Ablehnung oder Unterlassung des Verwaltungsaktes rechtswidrig und der Kläger dadurch in seinen Rechten verletzt ist" (§ 113 Abs. 5 S. 1 VwGO). Die Problematik der **„Rechtsverletzung"**, auf die hier abgestellt wird, ist oben (Rn. 142 ff.) schon angesprochen worden. Zu beachten ist auch, dass die Rspr. die Frage der Rechtsverletzung häufig schon bei der im Verfahrensrecht vorrangigen Prüfung der Klagebefugnis erörtert, also zunächst untersucht, ob eine Verletzung eigener Rechte des Klägers überhaupt „möglich" ist (s. o. Rn. 1034 ff.).

Die häufigsten Fälle dieser Art sind bau- und gewerberechtliche *Nachbarklagen* und *Konkurrentenklagen*, vgl. dazu unter dem Aspekt der Klagebefugnis oben Rn. 1046 f.

1065 Konkurrentenklagen um kontingentierte Rechtspositionen (Rn. 1041) sind meist in der Sache chancenlos, weil regelmäßig der Kläger (wenn überhaupt) nur einen Anspruch auf ermessens- bzw. beurteilungsfehlerfreie Entscheidung hat. Ist das Kontingent ausgeschöpft, so setzt die effektive Korrektur des fehlgelaufenen Auswahlverfahrens voraus, dass der Vollzug des Ergebnisses noch rückgängig zu machen ist. Im beamtenrechtlichen Konkurrentenstreit ist nach der Rechtsprechung die Aufhebung einer unter Verstoß gegen Art. 33 Abs. 2 GG erfolgten Ernennung um der Ämterstabilität willen regelmäßig ausgeschlossen (Rn. 1042).

1066 Im Übrigen sind solche Klagen nicht selten *unbegründet,* weil die Auswahlentscheidung im Ermessen der Behörde stand oder deswegen nicht rechtswidrig genannt werden kann, weil ein gerichtlich nur beschränkt nachprüfbarer Beurteilungsspielraum gegeben war (vgl. oben Rn. 578). Die umständliche Prüfung, ob die verletzte Norm dem Benachteiligten ein eigenes Recht einräumen wollte oder nicht, erweist sich als müßig, wenn dies nicht der Fall ist. Sonst muss freilich weiter mit der Regel gearbeitet werden, dass der Verstoß gegen objektives Recht vom einzelnen nicht ohne weiteres gerichtlich beseitigt werden kann. Bei der Konkurrentenklage ist dies noch am plausibelsten auf die Formel zu bringen: die ungerechte Begünstigung des einen verschafft dem anderen keinen Anspruch.

11. Vorläufiger Rechtsschutz, Eilmaßnahmen

Art. 19 Abs. 4 GG wird zutreffend so verstanden, dass er effektiven Rechtsschutz garantiere. Dafür genügt es nicht, dass das Gesetz theoretisch ausreichende Klagemöglichkeiten und ein mit rechtlichen Garantien ausgestattetes Verfahren zur Verfügung stellt. „Ebenso wichtig ist die Frage, ob die Verwaltungsbehörden im Bereich der Eingriffsverwaltung gehindert werden können, vor der Entscheidung über die Klage vollendete Tatsachen zu schaffen, und ob sie im Bereich der Leistungsverwaltung dazu angehalten werden können, vorläufige Leistungen zu gewähren"[61]. Vorläufige Hilfe bis zum (oft erst in Jahren zu erwartenden) Abschluss des Gerichtsverfahrens bieten zwei Rechtsbehelfe, die immer bedeutsamer werden: der Antrag auf Anordnung oder Wiederherstellung der aufschiebenden Wirkung nach *§ 80 Abs. 5 VwGO* und die einstweilige Anordnung nach *§ 123 VwGO*.

1067

a) Aufschiebende Wirkung des Widerspruchs

Gegen belastende Verwaltungsakte und gegen die Ablehnung beantragter Verwaltungsakte muss man zunächst *Widerspruch* erheben (§§ 68, 69 VwGO). In dem dadurch begonnenen *Vorverfahren* werden „Rechtmäßigkeit und Zweckmäßigkeit des Verwaltungsaktes" nachgeprüft. Dieses Vorverfahren dient der Entlastung der Gerichte. Es schützt den Bürger gegen solche Verwaltungsakte, die sogleich im Bereich der Verwaltung korrigiert werden können, und hat außerdem die Funktion einer Selbstkontrolle der Verwaltung.

1068

Für den Betroffenen ist besonders wichtig, dass der Widerspruch (soweit er zulässig, insbesondere fristgerecht erhoben ist[62]) und die Anfechtungsklage *aufschiebende Wirkung* besitzen (§ 80 Abs. 1 VwGO). Dies gilt nach einer ausdrücklichen Klarstellung im Gesetz (a. a. O. S. 2) auch bei rechtsgestaltenden und feststellenden VAen sowie bei VAen mit Doppelwirkung (s. a. § 80a VwGO). Das hat Bedeutung in Fällen wie dem *Ausgangsfall 8:* der Bauherr „vollzieht" die Genehmigung nicht, sondern „macht Gebrauch" von ihr, aber der Nachbarwiderspruch soll ihn daran hindern. Aufschiebende Wirkung hat aber selbstverständlich nicht der Widerspruch gegen die Ablehnung eines Antrags („Verpflichtungswiderspruch").

1069

Die aufschiebende Wirkung entfällt allerdings in bestimmten Fällen (§ 80 Abs. 2 VwGO), insbesondere „bei unaufschiebbaren Anordnungen und Maßnahmen von Polizeivollzugsbeamten" und wenn die Behörde „die sofortige Vollziehung im öffentlichen Interesse oder im überwiegenden Interesse eines Beteiligten" „besonders angeordnet" hat. In diesen Fällen kann der Betroffene den erwähnten Antrag auf Wiederherstellung der aufschiebenden Wirkung (§ 80 Abs. 5 Satz 1) stellen (dies auch zu *Fall 7*; es muss auch die faktische Möglichkeit zu einem solchen Antrag eingeräumt werden). (In den Fällen, in denen die aufschiebende Wirkung ohne behördlichen Akt nach § 80 Abs. 2 Nr. 1-3 „entfällt", kommt natürlich keine

---

61 *Ule*, Verwaltungsprozeßrecht S. 364.
62 Vgl. VGH Mannheim, DÖV 2004, 844.

§ 24 *Verwaltungsgerichtlicher Rechtsschutz*

„Wieder"-Herstellung, sondern nur die „Anordnung" der aufschiebenden Wirkung in Betracht).

Auch in *Fall 8* kann eine gerichtliche Entscheidung ergehen: trotz der Anordnung der sofortigen Vollziehung durch die Behörde kann das Verwaltungsgericht die aufschiebende Wirkung des Nachbar-Widerspruchs bzw. der Nachbarklage wieder herstellen.

1070 Umstritten ist, ob die aufschiebende Wirkung nur die *Vollziehung* des VA hemmt oder ihm (vorläufig oder bis zur rechtskräftigen Entscheidung) die *Wirksamkeit* nimmt[63]. Dies spielt eine Rolle, wenn die Rechtsbehelfe erfolglos bleiben und im Nachhinein zu entscheiden ist, ob die Rechtslage während des Schwebezustandes – also während des Rechtsbehelfsverfahrens – nach dem Inhalt des VA oder so zu beurteilen sind, als sei dieser erst mit der Gerichtsentscheidung dazugekommen. Nach der „strengen Wirksamkeitstheorie" würde die Einlegung eines jeden – auch unzulässigen oder missbräuchlichen – Widerspruchs mit einem Aufschub der unerwünschten Rechtsfolgen belohnt; das kann im Interesse der Gesetzmäßigkeit der Verwaltung nicht rechtens sein[64]. Die Wirksamkeit des VA kann also durch den Widerspruch nur vorläufig gehemmt werden („eingeschränkte Wirksamkeitstheorie" i. S. von *Schenke*)[65]. Die von der Rechtsprechung[66] vertretene „Vollziehbarkeitstheorie" lässt außer Acht, dass VAe nicht nur von der Verwaltung „vollzogen", sondern auch von Betroffenen und Dritten (Nachbarn, Konkurrenten) beachtet werden müssen, wenn sie nicht in ihrer Wirksamkeit gehemmt werden. Die Erhebung des Widerspruchs bewirkt daher, dass zunächst niemand aus dem angefochtenen VA Folgerungen ziehen darf.

1071 Für viele wichtige Fälle ist die aufschiebende Wirkung des Widerspruchs und der Anfechtungsklage durch spezielle Vorschriften ausgeschlossen worden (§ 80 Abs. 2 Nr. 3 VwGO), insbesondere in § 84 Aufenthaltsgesetz für die Ablehnung der Aufenthaltsgenehmigung und weitere ausländerrechtliche Entscheidungen, in § 212a Abs. 1 BauGB für die bauaufsichtliche Zulassung von Vorhaben, in § 14 PassG für Untersagung der Ausreise und Sicherstellung des Passes, in § 33 Abs. 4 S. 2 und § 35 S. 1 WPflG für Musterungs- und Einberufungsbescheid, entsprechend in § 74 ZDG für den Zivildienst-Einberufungsbescheid. Nach § 80 Tierseuchengesetz hat die Anfechtung bestimmter Maßnahmen der Tierseuchenbekämpfung keine aufschiebende Wirkung. Den gleichen Effekt der sofortigen Durchführbarkeit eingreifender Maßnahmen ordnen Planungsgesetze an, so § 18f Abs. 6a FStrG und § 21 Abs. 7 AEG für die vorzeitige Besitzeinweisung. Gegen Maßnahmen und Entscheidungen nach dem Asylverfahrensgesetz ist der Widerspruch ganz ausgeschlossen (§ 11), und die Klage hat nur in den Fällen der § 38 Abs. 1 und § 73 dieses Gesetzes aufschiebende Wirkung (§ 75). Vgl. auch § 80 TKG und die Ermächtigung in § 80 Abs. 2 Nr. 3 VwGO an die Länder, die aufschiebende Wirkung in noch weiterem Umfang entfallen zu lassen, insbesondere bei Rechtsbehelfen gegen VAe, „die In-

---

[63] Vgl. dazu *Schenke*, VerwPrR., Rn. 949 ff.
[64] So auch *Schenke*, a. a. O., Rn. 953.
[65] A. a. O. Rn. 953 ff.; *ders.*, JZ 1996, 1156.
[66] Vgl. u. a. BVerwGE 66, 218 (222).

vestitionen oder die Schaffung von Arbeitsplätzen betreffen. Mit diesen Einschränkungen des vorläufigen Rechtsschutzes dürfte z. T. die Grenze dessen überschritten sein, was noch mit dem Verfassungsgebot effektiven Rechtsschutzes vereinbar ist[67].

Nach welchen **Kriterien** hat sich das Gericht zu richten, wenn es über einen Antrag auf Herstellung oder Wiederherstellung der aufschiebenden Wirkung entscheidet? Das Gesetz gibt nur eine sehr vage Richtlinie, indem es die Anordnung der sofortigen Vollziehung durch die Behörde vom „öffentlichen Interesse" oder vom „überwiegenden Interesse eines Beteiligten" abhängig macht bzw. eine „Notstandsmaßnahme" zulässt (§ 80 Abs. 3). 1072

Als Faustregel wird man sagen können, dass die Herstellung der aufschiebenden Wirkung geboten ist, wenn die Klage bei summarischer Prüfung **offensichtlich begründet** erscheint. Die umgekehrte Schlussfolgerung – die sofortige Vollziehung sei geboten, wenn die Klage offensichtlich aussichtslos erscheine – ist nach der Rechtsprechung jedoch nicht mehr zulässig. Nach Ansicht des Bundesverfassungsgerichts und des Bundesverwaltungsgerichts[68] muss für die sofortige Vollziehung eines Verwaltungsaktes ein **besonderes öffentliches Interesse** dargetan werden, das „über jenes Interesse hinausgeht, das den Verwaltungsakt selbst rechtfertigt"[69]. 1073

Das Gericht muss also eine zumindest *summarische Prüfung* der Sach- und Rechtslage vornehmen. Es muss außerdem prüfen, ob die behördliche Anordnung ohne Schaden auch noch später vollzogen werden kann. Dabei gilt: „Der Rechtsschutzanspruch des Bürgers ist um so stärker und darf umso weniger zurückstehen, je schwerwiegender die ihm auferlegte Belastung ist und je mehr die Maßnahmen der Verwaltung Unabänderliches bewirken"[70]. 1074

Dabei ist von der Wertung des Gesetzes auszugehen. Nach § 80 Abs. 2 Nr. 1-3 VwGO soll eine aufschiebende Wirkung grundsätzlich nicht bestehen. Demgegenüber ist die sofortige Vollziehbarkeit gemäß § 80 Abs. 2 Nr. 4 VwGO der Ausnahmefall. In Klausuren und Hausarbeiten kommt es im letztlich auf eine „gewöhnliche" Prüfung der Rechtmäßigkeit des behördlichen Handelns oder Unterlassens an, die aber entsprechend dem Verfahren des einstweiligen Rechtsschutzes „eingekleidet" sein muss.

b) Einstweilige Anordnung

Die zweite Form des vorläufigen Rechtsschutzes ist die einstweilige Anordnung gemäß § 123 VwGO. Sie kommt in den Fällen in Betracht, in denen §§ 80, 80a nicht anwendbar sind, also es nicht um die Suspendierung eines VA geht. Die einstweilige Anordnung ist beim Gericht der Hauptsache zu beantragen. 1075

---

67 Vgl. u.a. BVerfGE 35, 382, 402; *Redeker*, NVwZ 1996, 521; *Stelkens*, NVwZ 1995, 325 und DVBl. 1995, 1105.
68 BVerfGE 35, 382, 402 – Palästinenser-Fall; BVerwG NJW 1974, 1294.
69 Insofern streng auch BVerfG, NVwZ 1985, 409.
70 BVerwG, a. a. O.; s. a. *Drews/Wacke/Vogel*, Gefahrenabwehr, S. 615 f. mit Beispielen aus der Rechtsprechung. S. a. *Schoch*, Vorläufiger Rechtsschutz und Risikoverteilung im Verwaltungsrecht, 1988.

1076 Nach § 123 Abs. 1 ist entweder eine *Sicherungsanordnung* (S. 1) oder eine *Regelungsanordnung* (S. 2) statthaft. Die Sicherungsanordnung soll den bestehenden Rechtszustand bewahren, Angriffe darauf *abwehren*; sie kann daher ergehen, wenn „die Gefahr besteht, dass durch eine Veränderung ... die Verwirklichung eines Rechts des Antragstellers vereitelt oder wesentlich erschwert werden könnte". Die Regelungsanordnung soll in die Zukunft hinein gestaltend wirken und damit u. U. auch die bisherigen Rechtspositionen vorübergehend *erweitern*; sie ist nämlich zulässig „zur Regelung eines vorläufigen Zustands in Bezug auf ein streitiges Rechtsverhältnis" (lesen Sie S. 2!). Es liegt auf der Hand, dass hier Überschneidungen möglich sind und eine eindeutige Abgrenzung schwierig ist; sie ist auch nicht nötig. Jedenfalls kommen auch einstweilige Anordnungen auf vorläufige Zulassung zu einem Studium oder auf Zahlung (z. B. von Ausbildungsförderung oder Sozialhilfe) in Betracht.

Der Antrag auf einstweilige Anordnung muss *zulässig* sein; dies ist nach denselben Regeln zu prüfen wie für die Klage. (Ausnahme von der Zulässigkeit einer einstweiligen Anordnung: § 34a Abs. 2 AsylVfG – Abschiebung eines Ausländers in einen sicheren Drittstaat).

1077 *Begründet* ist der Antrag, wenn ein **Anordnungsanspruch** und ein **Anordnungsgrund** gegeben sind. Der Begriff „Anspruch" ist weit zu verstehen; gemeint ist jedes Recht des Antragstellers, das gefährdet sein könnte. Der Anordnungsgrund bewirkt die Eilbedürftigkeit; hier sind also die Nachteile zu bedenken, die ohne die Anordnung eintreten würden.

Das Gericht hat eine summarische materiell-rechtliche Prüfung vorzunehmen, ob das Begehren in der Hauptsache Erfolgschancen hat (auch wenn noch kein Hauptsacheverfahren anhängig ist), und die Vor- und Nachteile gegeneinander abwägen, die entstehen, wenn die Anordnung ergeht oder wenn sie unterbleibt[71].

Grundsätzlich soll die einstweilige Anordnung wie jede Form des vorläufigen Rechtsschutzes nicht die Entscheidung in der Hauptsache vorwegnehmen. Die einstweilige Anordnung dient „nur der Sicherung von Rechten des Antragstellers, nicht ihrer Befriedigung"[72]. Doch ist die Abgrenzung zwischen zulässiger Sicherung und unzulässiger vorläufiger Verurteilung in der Hauptsache ziemlich schwierig, insbesondere bei Zahlungsanordnungen (s. a. *Fall 9*)[73]. Sofern ansonsten der Rechtsschutz leer laufen würde, gebietet schon Art. 19 Abs. 4 GG ausnahmsweise auch die Vorwegnahme der Hauptsache hinzunehmen. Dies ist aber besonders begründungsbedürftig.

---

71 Vgl. nochmals *Schenke*, Rn. 1033.
72 *Redeker/von Oertzen*, VwGO, § 123 Rn. 11.
73 Vgl. z. B. VGH Mannheim, ESVGH 25, 166 – vorläufige BAföG-Zahlung.

12. Der Rechtsschutz gegen Rechtsnormen

a) Abstrakte Kontrolle untergesetzlicher Normen (§ 47 VwGO)

Nicht nur Einzelakte der Verwaltung, sondern auch von ihr gesetzte Rechtsnormen (Verordnungen oder sonstige im Range unter dem Gesetz stehende Rechtsvorschriften) können den Einzelnen in seiner Rechtsstellung beeinträchtigen. Es ist nicht eindeutig, ob auch in diesem Fall durch Art. 19 Abs. 4 GG Rechtsschutz garantiert ist. Die VwGO sieht eine besondere Normenkontrolle nur in engem Umfang und z. T. nur unter der Voraussetzung vor, dass die Landesgesetzgebung sie besonders eingeführt (§ 47 VwGO). Es handelt sich um eine *abstrakte* Normenkontrolle (im Gegensatz zur konkreten Normenkontrolle, die im Rahmen eines anderen Verfahrens stattfindet, dazu sogleich zu b), und ursprünglich eher um ein *objektives* Rechtsbeanstandungsverfahren (mit allgemeiner Verbindlichkeit). Spätestens seit der 6. VwGO-Novelle[74], die eine Neufassung der Antragsbefugnis gebracht hat, steht aber die *subjektive* Rechtsschutzfunktion im Vordergrund auch der Normenkontrolle nach § 47. Die antragstellende Person muss jetzt wie bei der Anfechtungs- und Verpflichtungsklage geltend machen, durch die Rechtsvorschrift oder deren Anwendung in ihren Rechten verletzt zu sein oder in absehbarer Zeit verletzt zu werden. Die Änderung gegenüber der früheren Fassung, die auf den erlittenen oder zu befürchtenden „Nachteil" abstellte[75], hat praktisch allerdings nur geringe Bedeutung. Bedeutsamer ist, dass der Antrag künftig nur noch innerhalb von zwei Jahren nach Bekanntmachung der Rechtsvorschrift gestellt werden kann

1078

Der Normalfall der Normenkontrolle nach § 47 VwGO ist der des Abs. 1 Nr. 1: die Anfechtung von Satzungen[76] nach dem BauGB, also insbesondere Bebauungsplänen nach § 10 BauGB (vgl. *Ausgangsfall* 5). Von der Ermächtigung, auch andere untergesetzliche Rechtsvorschriften des Landesrechts zur Überprüfung durch die Oberverwaltungsgerichte zu stellen (§ 47 Abs. 1 Nr. 2), haben die meisten Länder Gebrauch gemacht. S. a. oben Rn. 601 ff. Einzelheiten können hier nicht behandelt werden[77].

1079

b) Konkrete Kontrolle nachkonstitutioneller Gesetze

Hält ein Gericht eine Rechtsnorm, auf die es in einem Verwaltungsgerichtsverfahren ankommt, für grundgesetzwidrig, so hat es das Verfahren auszusetzen und die Entscheidung des Bundesverfassungsgerichts einzuholen (Art. 100 Abs. 1 GG). Diese Vorlagepflicht gilt allerdings in restriktiver Auslegung des Wortlauts nur für nachkonstitutionelle förmliche Gesetze, also nicht für solche, die aus der Zeit vor In-Kraft-Treten des Grundgesetzes stammen. Untergesetzliche Rechtsnormen sind von jedem Richter auf ihre Gültigkeit zu überprüfen (Inzidentkontrolle).

1080

---

74 V. 1. 11. 1996, BGBl. I, S. 1626.
75 Dazu BVerwGE 59, 87.
76 Für die Stadtstaaten wichtig: BVerfGE 70, 35 (Bebauungsplangesetze als „Satzungen" i. S. dieser Vorschrift!).
77 Zur Kritik des § 47 VwGO vgl. etwa *Berg*, DÖV 1981, 889; *Renck*, DÖV 1996, 409; zur Neufassung *Redeker*, NJW 1996, 523, 526.

§ 24 *Verwaltungsgerichtlicher Rechtsschutz*

Zu den Ausgangsfällen:

1081 1. Fälle a) und b): Sozialgericht, Fall c): Finanzgericht.

2. Die Beratungstätigkeit der IHK, aus der U. seinen Anspruch bezieht, ist öffentlich-rechtlicher Natur; daher ist das Verwaltungsgericht zuständig; vgl. BVerwGE 89, 281.

3. Die AOK handelt im Rahmen ihrer Aufgabe nach dem SGB, Kranken und Behinderten Hilfsmittel zur Verfügung zu stellen, also öffentlich-rechtlich. Der Gemeinsame Senat der obersten Gerichtshöfe des Bundes hat allerdings entschieden, im Verhältnis zwischen der Kasse und den Orthopädietechnikern bestehe ein zivilrechtliches Rechtsverhältnis (BGHZ 102, 280); denn es gehe um die Feststellung eines Wettbewerbsverhältnisses. Damit werden die *Handlung*, aus der ein Anspruch abgeleitet wird, und ihre *Auswirkungen* miteinander vermengt. Kritisch auch *Scherer*, NJW 1989, 2724.

4. Die Frage ist, ob für einen solchen Antrag ein Rechtsschutzbedürfnis besteht. Zur Antwort vgl. Rn. 1024.

5. In Betracht kommt ein Normenkontrollantrag nach § 47 VwGO an das OVG. Der Hauseigentümer müsste geltend machen, durch den Bebauungsplan in seinen Rechten beeinträchtigt zu werden, hier also in seinem Eigentum an dem im Plangebiet liegenden Grundstück. Da dies immerhin möglich ist, steht ihm die Antragsbefugnis zu; ob es tatsächlich der Fall ist, gehört erst zur Prüfung der Begründetheit des Antrags.

6. Entscheidend ist, ob in diesen Fällen jeweils die Klagebefugnis gemäß § 42 Abs. 2 VwGO gegeben ist. Dies ist in Rn. 1048 behandelt.

7. Die Ausgewiesenen müssen Widerspruch gegen die behördlichen Verfügungen einlegen. Allerdings lassen Widerspruch und Klage „unbeschadet ihrer aufschiebenden Wirkung die Wirksamkeit der Ausweisung ... unberührt", vgl. § 72 Abs. 2 S. 1 AuslG. Dies stellt einen Fall spezialgesetzlicher Regelung i. S. v. § 80 Abs. 2 Nr. 3 VwGO dar, in dem die aufschiebende Wirkung zwar nicht entfällt, aber relativiert wird. Deshalb müssen die Betroffenen beim Verwaltungsgericht nach § 80 Abs. 5 VwGO beantragen, die aufschiebende Wirkung vollen Umfangs herzustellen.

8. Die Nachbarn können einen Antrag nach § 80 Abs. 5 VwGO auf Wiederherstellung der aufschiebenden Wirkung ihres Widerspruchs stellen, vgl. § 80a Abs. 3 S. 2. Zu den Erfolgschancen vgl. Rn. 1072 ff.

9. Durch eine einstweilige Anordnung gemäß § 123 Abs. 1 S. 2 VwGO. Vgl. Rn. 1077.

§ 25 Folgenausgleich im Überblick

Ausgangsfälle:
1. *Ein Gastwirt beantragt die Erlaubnis zur Eröffnung eines Restaurants; der zuständige Sachbearbeiter lässt den Antrag liegen. Nach einiger Zeit des Abwartens schreibt der Antragsteller an die Behörde, er verlange jetzt Schadensersatz wegen entgangenen Gewinns. Die Behörde meint, ein solcher Anspruch sei selbst dann nicht gegeben, wenn die Erlaubnis hätte erteilt werden müssen. Kann dieser Einwand zutreffen?*
2. *Ein Vollstreckungsbeamter einer Gemeinde beschlagnahmt eine Wohnung zugunsten von Obdachlosen, ohne dass dafür eine ausreichende Rechtsgrundlage vorhanden gewesen wäre. Kann der Hauseigentümer von der Gemeinde Schadensersatz verlangen?*
3. *Ein Polizeibeamter verfolgt auf der Straße einen flüchtigen Räuber und rennt dabei einen Passanten um, so dass dieser sich ein Bein bricht. Welche Rechtsnormen kommen als Anspruchsgrundlage für eine Entschädigung des Passanten in Betracht?*

(Lösungshinweise in Rn. 1097)

1. Die zentralen Begriffe

Im folgenden Abschnitt sind die Rechtsfragen zu behandeln, die sich stellen, wenn sich jemand durch den Staat oder eine seiner Untereinheiten bzw. die für diese handelnden Personen geschädigt fühlt. Für dieses Rechtsgebiet gibt es bisher keinen voll befriedigenden Oberbegriff; je nach Betrachtungsweise werden vielmehr unterschiedliche Teilbereiche zusammengefasst. So halten manche es für wesentlich, zwischen **„Schadensersatz"** und **„Entschädigung"** zu unterscheiden; der erste Begriff bedeutet den „vollen" Ausgleich für rechtswidrige, der zweite den (u. U. nicht alle Nachteile kompensierenden, sondern nur „angemessenen") Ausgleich für rechtmäßige Handlungen. So gesehen, ist weder „öffentlich-rechtliche Ersatzleistungen" noch „öffentlich-rechtliche Entschädigung" als *Ober*begriff ganz korrekt. Auch **„Staatshaftung"** trifft nicht ganz zu, weil auch andere öffentlich-rechtliche Körperschaften nach denselben Grundsätzen haften. Deshalb ist hier von **Folgenausgleich** die Rede, die genaue Bezeichnung *(„Ausgleich für Folgen des staatlichen und sonstigen öffentlich-rechtlichen Handelns")* wäre zu umständlich.

„Haftung" wird meist auf Schadensersatz bezogen. Dabei wird übersehen, dass die *erste* Folge von Rechtsverstößen darin bestehen muss, den rechtmäßigen Zustand herzustellen. Dies wird im Verhältnis Verwaltung/Bürger überwiegend in der besonderen Form des *verwaltungsgerichtlichen Rechtsschutzes* geleistet, nämlich durch Aufhebung des rechtswidrigen Verwaltungsaktes oder gerichtliche Verpflichtung zum Erlass eines Verwaltungsaktes. Das Interesse der Wissenschaft an einem

1082

1083

§ 25 Folgenausgleich im Überblick

öffentlich-rechtlichen Ersatz- und Entschädigungssystem konzentriert sich auf die Fälle, in denen die Herstellung des „ursprünglichen" Zustandes (desjenigen, der bei rechtmäßiger Verhaltensweise der Verwaltung entstanden wäre) *nicht mehr möglich ist* oder für den Betroffenen *keinen Sinn mehr hat*.

2. Überblick

1084 Das **System des Folgenausgleichs** stellt sich im Überblick wie folgt dar:

a) Der Anspruch auf **Herstellung des rechtmäßigen Zustandes** durch VA begründet entweder einen
- Anspruch auf *Aufhebung* eines entgegenstehenden rechtswidrigen Verwaltungsaktes oder
- auf *Erlass* des begehrten rechtmäßigen Verwaltungsaktes. Beide Ansprüche sind prozessualer *und* materieller Art; der materielle Charakter wird meist nicht besonders beachtet, weil die prozessuale Durchsetzung im Zentrum des Interesses steht.

b) Das Ziel, einen rechtswidrigen (oder nachträglich rechtswidrig werdenden) tatsächlichen Zustand zu beseitigen, kann durch den *Folgenbeseitigungsanspruch* verfolgt werden. Dieser geht auf **Herstellung des früheren oder eines gleichwertigen Zustandes.** Er ist in dem Gerichtszweig geltend zu machen, „in dem über die Rechtmäßigkeit der die Staatshaftung begründenden Ausübung öffentlicher Gewalt zu entscheiden ist"[1].

c) Ist die Folgenbeseitigung nicht möglich, nicht zulässig oder nicht zumutbar, so entfällt dieser Anspruch[2], und es kommt bei pflichtwidrig-schuldhaftem Verhalten der Verwaltung **Schadensausgleich in Geld** in Betracht (**Amtshaftung**).

d) Sofern die Verwaltung einen öffentlich-rechtlichen Vertrag verletzt, gelten – zumindest *neben* der Staatshaftung – die besonderen Regeln über Vertragsverletzung (s. oben Rn. 875 ff.), die in der Regel einen Schadensersatzanspruch begründen.

e) Aber auch bei rechtmäßigem Handeln der Verwaltung kommen Entschädigungsansprüche in Frage, und zwar unter den Gesichtspunkten der **Aufopferung** (Rn. 1166 ff.) **und Enteignung** (Rn. 1181 ff.).

f) Zivilrechtliche Rechtsverhältnisse zwischen Verwaltung und Bürger werden nach den Regeln des *Zivilrechts* abgewickelt.

Der Anspruch auf verwaltungsgerichtlichen Rechtsschutz ist bereits in § 24 behandelt. Im Folgenden werden unter dem Oberbegriff „Folgenausgleich" die Fallgruppen *b)* bis *e)* behandelt, und zwar in § 26 der Ausgleich bei rechtswidrigem Verhalten eines Trägers öffentlicher Gewalt und in § 27 der Ausgleich für rechtmäßige Handlungen, durch die ein besonderes Opfer abverlangt wurde.

---

1 So die Formulierung von § 18 Abs. 2 S. 1 StHG, der die einschlägige Rechtsprechung zutreffend wiedergab.
2 So ausdrücklich § 3 Abs. 2 S. 1 StHG, sinngemäß aber auch schon vorher gültig.

3. Die doppelte Bedeutung von Rechtswidrigkeit

Für die Staatshaftung spielt es eine Rolle, ob eine Maßnahme rechtmäßig oder rechtswidrig genannt wird. Rechtswidrige Staatsakte „schreien" nach Ausgleich, rechtmäßige nicht ohne weiteres. Der Rechtswidrigkeitsbegriff wird aber in zwei Varianten benutzt, die sorgfältig auseinander gehalten werden müssen (s. a. oben Rn. 196 f.), nämlich einmal bezogen auf das *Verhalten* der Staatsorgane, im anderen Fall bezogen auf die *Wirkung* staatlicher Maßnahmen. Ein Beamter *handelt* rechtswidrig, wenn er seine Pflichten verletzt: *Handlungsunrecht;* der Staat verursacht einen rechtswidrigen *Zustand,* wenn er jemanden in einer Weise belastet, die nicht durch eine Rechtsnorm gerechtfertigt ist: *Erfolgsunrecht*. Meist treffen beide Aspekte der Rechtswidrigkeit zusammen: der rechtswidrig handelnde Beamte bewirkt den rechtswidrigen Zustand. Aber wie, wenn alle beteiligten Beamten sich rechtmäßig verhalten und doch ein unerwünschtes Ergebnis herbeiführen? Dann stellt sich die Frage, ob für die rechtliche Bewertung das missbilligte Resultat oder das an sich nicht zu beanstandende Verhalten zugrunde gelegt werden soll[3].

1085

Diese Konstellation ist nicht selten: ein Polizeibeamter schöpft begründeten Verdacht gegen jemanden und verhaftet ihn vorläufig (§ 127 StPO); oder er glaubt aufgrund zuverlässig erscheinender Hinweise, jemand bereite eine strafbare Handlung vor, und hindert ihn an der Fortsetzung seines (in Wahrheit harmlosen) Tuns. Die Handlungsweise des Beamten ist korrekt, aber die Folge ist eine Freiheitsbeeinträchtigung, die gewiss unerwünscht ist und bei der man zögert, sie rechtmäßig zu nennen. Im *Ausgangsfall 3* trifft den Beamten möglicherweise ebenfalls kein Verschulden, aber der unbeteiligte Passant wird verletzt. Oder: der Staat baut zum Schutz vor Hochwasser so hohe Deiche, dass die im Deichvorland liegenden Grundstücke erhöhter Überschwemmungsgefahr ausgesetzt sind[4]. Der Deichbau ist notwendig und rechtmäßig, die Schäden der Grundstückseigentümer im Überschwemmungsgebiet aber sind eine höchst unerwünschte Folge.

In solchen Fällen werden meist die Sichtweise und die Terminologie – mehr oder weniger auffällig – gewechselt: statt von der rechtmäßigen Handlung sprechen die Richter nunmehr von dem „Eingriff" in die Rechte des Geschädigten und messen seine Rechtmäßigkeit, indem sie die tatsächliche Lage des Geschädigten mit der Lage vergleichen, in der sich andere befinden, die nicht so belastet worden sind, obwohl die sonstigen Umstände gleich sind (in den Beispielsfällen: der nicht verhaftete Unbeteiligte, der nicht verletzte Passant, der Grundstückseigentümer *hinter* dem Deich). Man kann kaum genug betonen, dass hier ein ganz anderer Aspekt im Vordergrund steht: ein „Eingriff" kann „rechtswidrig" im Sinne von „Erfolgsunrecht" – oder besser: *ungerecht* – genannt werden, obwohl die ihn bewirkende Amtshandlung „rechtmäßig" war! Der umgekehrte Fall, dass ein Eingriff, der durch eine rechtswidrige Amtshandlung verursacht wurde, als rechtmäßig – weil in höherem Sinne „gerecht" – bezeichnet wird, ist zwar theoretisch nicht ausgeschlossen, bisher aber kaum erörtert worden.

1086

---

[3] Vgl. auch *Olivet*, Der verantwortungsbezogene Rechtswidrigkeitsbegriff im öffentlichen und bürgerlichen Recht, 1996.
[4] Vgl. BGHZ 80, 111.

§ 25 Folgenausgleich im Überblick

1087 Aus der Sicht des *Betroffenen,* der einen Schaden erlitten hat, kommt es nur darauf an, dass der Staat eine Entschädigung schuldet. Für ihn ist kaum von Interesse, ob sein Schaden als „rechtswidriger Eingriff" oder nur als „besonderes Opfer" aufgrund unerwünschter Geschehensabläufe anzusehen ist. Aus der Sicht der *Verwaltung* und der für sie handelnden Personen, z. B. Polizeibeamten, ist es hingegen von Bedeutung, dass zwischen rechts- oder pflichtwidriger Handlungsweise (angemessener ist hier „pflichtwidrig") und schuldlos („zufällig") herbeigeführten Eingriffen in Rechte anderer unterschieden wird; denn davon muss ja auch die interne Abwicklung (Rückgriff oder nicht) abhängen, s. u. Rn. 1154.

4. Entwicklung der einschlägigen Rechtsgrundsätze

a) Von der Beamtenhaftung zur Staatshaftung

1088 Es gilt heute als grundlegendes Gebot der Rechtsstaatlichkeit, dass der Staat für fehlerhaftes Verhalten seiner Organe haftet, also den dadurch entstandenen Schaden ausgleicht. Bis zum Erlass des StHG (1981) war dieser Grundsatz aber noch nicht voll durchgeführt. In den letzten Jahren davor hatte die Rechtsprechung das System der öffentlich-rechtlichen Ersatzleistungen allerdings schon so weit ausgebaut, dass die meisten praktisch bedeutsamen Fälle fehlerhafter Staatshandlungen erfasst wurden. Auch nach der Aufhebung des StHG besteht ein fast vollständiges Ausgleichssystem, das freilich in seiner Vielschichtigkeit und Unübersichtlichkeit zur Kritik herausfordert (vgl. Rn. 1098 ff.).

1089 Bis zur Wende des 19. zum 20. Jahrhundert galt überwiegend die Vorstellung, dass der Staatsdiener sich, wenn er einen Bürger rechtswidrig schädige, *außerhalb seines Amtes* befinde und daher allenfalls selbst für den Schaden aufkommen müsse, nicht aber sein Dienstherr (zu diesem Begriff vgl. Rn. 885!). Nur die rechtmäßigen, nicht aber die rechtswidrigen Handlungen der Amtswalter wurden dem Staat zugerechnet. Die Beamtenhaftung nach § 839 BGB baut darauf auf. „Wenn der Handlungsgehilfe unter Verletzung seiner Dienstpflicht den Kunden seines Prinzipals schlecht bedient und so zu Schaden bringt, so haftet diesem etwa sein Prinzipal, niemals er persönlich. Hier steht es umgekehrt: der Dienstherr Staat gilt dem Bürgerlichen Gesetzbuch als nicht sicher fassbar; deshalb lässt es die ihm geschuldete Dienstpflicht zu Lasten des Beamten nach außen wirken" – so beschreibt *Otto Mayer*[5] den damaligen Rechtszustand und nennt diese Wirkung auffallend und die dafür gegebenen Erklärungen „recht wunderlich".

Im englischen Staatsverständnis entsprach dem der Satz: „The King can do no wrong." In Österreich wurde die Unrechtsunfähigkeit des Monarchen auf die Staatsdiener übertragen[6]; damit entfiel jede Haftung für Fehler der Beamten. Erst das Österreichische Amtshaftungsgesetz von 1949 beendete diese Rechtslage[7].

---

[5] Deutsches Verwaltungsrecht, I. Band, 3. A., S. 186.
[6] Hofdekret vom 14. 3. 1806.
[7] *Schäfer/Bonk*, StHG, Kommentar, 1981, Einführung Rn. 12.

4. Entwicklung der einschlägigen Rechtsgrundsätze § 25

Die nach deutschem, insbesondere preußischem Recht zulässige Klage des Geschädigten gegen den Beamten selbst war noch durch Verfahrenshindernisse erschwert. Dem Beamten stand, wenn eine solche Klage dennoch erfolgreich war, keineswegs ohne weiteres ein Ausgleichsanspruch gegen seinen Dienstherrn zu.

Der Reichsgesetzgeber nutzte 1896 die (nachträglich durch verfassungsänderndes Gesetz vom 20. 12. 1873 erweiterte) Kompetenz zur Gesetzgebung über das gesamte Bürgerliche Recht (Art. 4 Nr. 13 der alten Reichsverfassung), indem er die Amtspflichtverletzung der Beamten als Deliktstatbestand festlegte (§ 839 BGB) und durch die Subsidiaritätsklausel (Abs. 1 S. 2) die Beamten jedenfalls bei leichter Fahrlässigkeit von der Haftung freistellte. Die Staatshaftung blieb jedoch Gegenstand der Landesgesetzgebung (Art. 77 EGBGB). **1090**

Zu Anfang des 20. Jahrhunderts änderte sich die Mehrheitsmeinung in der Juristenschaft: der 28. Deutsche Juristentag, der im Jahre 1905 in Berlin tagte, forderte die Haftung des Staates und anderer juristischer Personen des öffentlichen Rechts für den Schaden, den ihre Beamten Dritten in Ausübung der ihnen anvertrauten öffentlichen Gewalt zufügten. Für Pflichtverletzungen des Grundbuchrichters hatte der Staat schon nach der Grundbuchordnung von 1897 einzustehen. Nunmehr führte insbesondere Preußen (Beamtenhaftungsgesetz 1909), dann das Reich (Reichsbeamtenhaftungsgesetz 1910) die Staatshaftung durch gesetzliche Übernahme der Beamtenhaftung ein. Aus der Beamtenhaftung nach § 839 BGB wurde die Staatshaftung für schuldhafte Amtspflichtverletzungen der Beamten. In der Weimarer Reichsverfassung (Art. 131) wurde diese verfassungsrechtlich festgeschrieben[8]. Das Grundgesetz (Art. 34) bekräftigte diesen Rechtszustand mit gewissen Formulierungsänderungen. **1091**

Vgl. zur historischen Entwicklung der Staatshaftung auch *J. Kohl,* Die Lehre von der Unrechtsunfähigkeit des Staates, 1977; *Krause/Schmitz,* NVwZ 1982, 281 ff; *Schäfer/Bonk,* StHG, Einf. Rn. 232 ff.; *Badura,* NJW 1981, 1337. **1092**

Diese Form der Staatshaftung, die **„Amtshaftung"**, stellte einen großen Fortschritt dar, denn nun hatte der geschädigte Bürger einen stets zahlungsfähigen Schadensersatzschuldner. Der Tatbestand deckte jedoch nicht alle tatsächlich vorkommenden Schadensfälle ab, sondern nur solche, die durch schuldhafte Amtspflichtverletzung gegenüber einem Dritten entstanden und für die – sofern nur Fahrlässigkeit vorlag – keine anderweitige Ersatzmöglichkeit bestand. Die Rechtsprechung hat diese Tatbestandsmerkmale in unzähligen Entscheidungen ausdifferenziert und dabei diejenigen Einschränkungen, die als besonders unbillig empfunden wurden, im Interesse der geschädigten Bürger allmählich so weit relativiert, dass der Unterschied zur verschuldensunabhängigen Staatshaftung immer geringer wurde. **1093**

---

8 Vgl. a. RGZ 102, 166.

b) Opferausgleich und Enteignungsentschädigung

1094 Ein zweiter Strom der Rechtsentwicklung ging von einer anderen Betrachtungsweise des Geschehens und einem anderen rechtlichen Bewertungsansatz aus: von dem Tatbestand der *Verletzung subjektiver Rechte des Bürgers* und dem Gedanken, dass deren Ausgleich vom Gleichbehandlungssatz gefordert werde. Während, wie ausgeführt, die Haftung wegen Fehl*verhaltens* zunächst nur den Beamten traf, war es hier möglich, den Staat selbst wegen des zu missbilligenden *Erfolges*, der Beeinträchtigung von Rechten zu verklagen und Schadensersatz oder Entschädigung als Ausgleich für den Rechtsverlust zu verlangen. Die juristische Konstruktion, die es möglich machte, den Staat vor seinen eigenen Gerichten zu verklagen, war die Fiskustheorie (vgl. oben Rn. 486 f.); die Grundnorm, die den Ausgleich für den erlittenen Nachteil vorschrieb, stand schon im Preußischen Allgemeinen Landrecht von 1794, und ihr Inhalt gilt – als Gewohnheitsrecht – noch heute unter dem Titel „**Aufopferungsanspruch**". Die beiden Paragraphen (§§ 74, 75 Einleitung zum ALR) lauten:

„Einzelne Rechte und Vorteile der Mitglieder des Staates müssen den Rechten und Pflichten zur Beförderung des gemeinschaftlichen Wohls, wenn zwischen beiden ein wirklicher Widerspruch (Kollision) eintritt, nachstehen.

Dagegen ist der Staat denjenigen, der seine besonderen Rechte und Vorteile dem Wohle des gemeinen Wesens aufzuopfern genötigt wird, zu entschädigen gehalten."

1095 Der Aufopferungsanspruch setzte und setzt nicht voraus, dass ein Beamter eine Amtspflicht verletzt; er setzt nicht einmal eine rechtswidrige Beeinträchtigung von Rechten des einzelnen voraus, sondern nur dass ein Einzelner seine „besonderen" Rechte und Vorteile im Interesse der Allgemeinheit aufopfern muss („dulde und liquidiere" im Sinne der Formel von *Otto Mayer*). Dieser Anspruch ist in § 22 zu besprechen.

Dem Aufopferungsanspruch nahe verwandt ist der Anspruch auf **Enteignungsentschädigung**. Im Kern handelt es sich um denselben Anspruch: Ausgleich für einen Rechtsverlust, der dem Einzelnen hoheitlich abgefordert wird; der Unterschied besteht darin, dass Enteignung zunächst nur das *Sacheigentum* traf und zunächst nur diejenige Rechtsentziehung bedeutete, die durch spezielles Gesetz bewirkt oder zugelassen war (klassischer Enteignungsbegriff). Beide Unterschiede wurden von der Rechtsprechung von der Zeit der Weimarer Republik an weitgehend eingeebnet. Nunmehr sind alle vermögenswerten Rechte „enteignungsfähig", und auch das Erfordernis der Rechtsentziehung durch oder aufgrund eines Gesetzes wurde erheblich relativiert (weiter Enteignungsbegriff).

c) Der systematische Zusammenhang

1096 Zwischen den beiden Entwicklungslinien bestand lange Zeit kein systematischer Zusammenhang. Nach Aufopferungs- und Enteignungsrecht wurde keine Entschädigung geschuldet, wenn die Rechtsbeeinträchtigung (genauer: die sie begründende Verwaltungsmaßnahme) rechts*widrig* war. Eine diese Lücke ausfüllende Amtshaftung wurde ebenfalls abgelehnt, wenn die beteiligten Amtswalter ohne Verschulden gehandelt hatten. Die Rechtsprechung half den Geschädigten schließlich auch hier. Das Reichsgericht erkannte, dass eine Aufopferungsentschädigung „erst recht" zu zahlen war, wenn die an sich geforderte Rechtsgrundlage für den hoheitlichen Eingriff fehlte[9]. Der BGH setzte diese Rechtsprechung fort, indem er die rechtswidrig-schuldlose Beeinträchtigung aller vermögenswerten Rechte als „enteignungsgleichen Eingriff" bezeichnete und in zahlreichen Fällen eine ausgleichspflichtige „Sonderopfer"-Lage annahm. Außerdem behandelte der BGH die rechtswidrigschuldlose Beeinträchtigung immaterieller Rechtsgüter, soweit sie mit einem besonderen Opfer verbunden war, nach den gleichen Grundsätzen als „aufopferungsgleichen Eingriff" (s. unten Rn. 1179 f.).

Mit dem Ausbau des Verwaltungsrechtsschutzes, der in der umfassenden Rechtsweggarantie des Art. 19 Abs. 4 GG i. V. m. § 40 VwGO seinen krönenden Abschluss fand, wurde der oben zu 1. geschilderte Zusammenhang zwischen den Ansprüchen auf Schadensersatz und Entschädigung einerseits, dem im Verwaltungsprozess durchzusetzenden „Natural"-Herstellungsanspruch andererseits deutlicher als vorher. Solange die Gerichte noch nicht alle Verwaltungsmaßnahmen überprüfen konnten, lag es nahe, die Lücke wenigstens notdürftig durch Entschädigungsansprüche zu schließen; nachdem aber jedes Verwaltungshandeln kontrollierbar und korrigierbar geworden war, gewann die Meinung an Boden, dass die prozessualen Mittel vorrangig seien (*Ausgangsfall 1!*). Diese Entwicklung ist vom BVerfG bestätigt worden. Es stellte den Vorrang der verwaltungsgerichtlichen Anfechtung vor der Geltendmachung von Entschädigungsansprüchen heraus und kehrte damit das „dulde und liquidiere" des Polizeistaates endgültig in das „wehre dich und liquidiere nur hilfsweise" um, das einem Staat mit ausgebauter Verwaltungsrechtspflege geziemt[10]. **1097**

Dem Gastwirt in *Fall 1* ist daher entgegenzuhalten, dass er zunächst auf die Erlaubnis klagen muss, notfalls mit der Untätigkeitsklage (§ 75 VwGO). Eine gleichwohl erhobene Klage auf Schadensersatz würde abgewiesen, weil der Geschädigte es fahrlässig unterlassen hat, den Schaden durch Gebrauch eines Rechtsmittels abzuwenden (§ 839 Abs. 3 BGB).

In *Fall 2* ist die Beschlagnahme der Wohnung rechtswidrig (um Missverständnisse zu vermeiden: eine solche Inanspruchnahme kann aber – je nach den Umständen – aufgrund der polizeilichen Generalklausel oder einer anderen Rechtsnorm rechtmäßig sein). Es ist zu prüfen, ob der Vollstreckungsbeamte schuldhaft gehandelt hat (§ 839 Abs. 1 S. 1 BGB). Außer Amtshaftung käme aber auch ein Entschädigungsanspruch wegen enteignungsgleichen Eingriffs in Betracht; der BGH hat dieses Rechtsinstitut gerade an einem solchen Fall entwickelt[11]: Dem Hauseigentümer wird durch die rechtswidrige Entziehung seines Nutzungsrechts ein besonderes, anderen nicht zugemutetes Opfer abverlangt. Wenn schon die rechtmäßige Belastung zu einem Entschädigungsanspruch führt, darf die rechtswidrige nicht entschädigungslos bleiben.

Bei *Fall 3* ist nach Amtshaftungsrecht u. U. ein Schadensersatzanspruch gegeben, wenn nämlich dem Polizisten Fahrlässigkeit vorgeworfen werden kann; er hatte die Pflicht, die Unbeteiligten nicht zu behelligen[12]. Außerdem steht dem Passanten ein Aufopferungsanspruch zu:

---

9 RGZ 140, 276.
10 BVerfGE 58, 300 – Naßauskiesung.
11 BGHZ 6, 270.
12 So auch *Jellinek*, Verwaltungsrecht, 3. A. 1950, S. 323.

§ 25 *Folgenausgleich im Überblick*

Im Interesse der Strafverfolgung muss es der Unbeteiligte unter den engen Voraussetzungen des unmittelbaren Zwangs sogar hinnehmen, dass auf der Straße geschossen wird, aber er kann Entschädigung in Geld für den erlittenen Körperschaden verlangen[13].

5. Die gescheiterte Reform

1098   Seit langem wird das Staatshaftungsrecht als unbefriedigend empfunden, weil es aus heterogenen Teilen entstanden und nicht zu einem in sich stimmigen System zusammengewachsen ist. In dem von der Rechtsprechung gewebten „Flickenteppich" des geltenden Rechts kommt insbesondere nicht zum Ausdruck, dass das **Rechtsstaatsprinzip** eigentlich ein Einstehen des Staates für jede rechtswidrige Pflichtverletzung seiner Amtswalter verlangt. Schon 1967 legte das Bundesministerium der Justiz einen Referentenentwurf zur Einführung der unmittelbaren Staatshaftung vor[14]. Er scheiterte ebenso wie ein entsprechender Gesetzentwurf aus der Mitte des Bundestages von 1980. Auch eine ausdrückliche Kompetenzzuweisung an den Bund durch Grundgesetzänderung kam nicht zustande. Gleichwohl beschloss der Bundestag schließlich das **Staatshaftungsgesetz vom 26. 6. 1981**. Trotz einiger Unebenheiten und Kompromisse hätte dieses Gesetz eine geeignetere Grundlage für die Weiterentwicklung des Staatshaftungsrechts dargestellt als das gegenwärtige Gemenge von Einzelnormen und Rechtsprechung. Der Grundtatbestand des StHG (§ 1) lautete:

„Verletzt die öffentliche Gewalt eine Pflicht des öffentlichen Rechts, die ihr einem anderen gegenüber obliegt, so haftet ihr Träger dem anderen für den daraus entstehenden Schaden nach diesem Gesetz."

Das Gesetz brachte darüber hinaus in vielen Details Klärungen, so für die Folgenbeseitigung (§ 3, siehe auch oben Rn. 998), die Anspruchskonkurrenzen, den Umfang des zu leistenden Ersatzes, den Rückgriff (§ 11) und die Schuldnerschaft bei übertragener öffentlicher Gewalt (§ 12). Besonders wichtig hätte die Haftungsabgrenzung zum Privatrecht werden können, die in § 17 StHG enthalten war (Verkehrssicherungspflicht, ärztliche Behandlungsfehler usw.).

1099   Die Geltung des Gesetzes wurde jedoch durch das **Urteil des BVerfG vom 19. 10. 1982** beendet[15]. Auf die Normenkontrollklage einiger Bundesländer hin stellte das BVerfG fest, dass dem Bund die Gesetzgebungskompetenz für das StHG fehlte und das Gesetz daher nichtig sei, und zwar in vollem Umfang (obwohl die teilweise Weitergeltung, nämlich für die öffentliche Gewalt des Bundes und in Bezug auf einige eindeutig privatrechtliche Bestimmungen durchaus in Betracht gekommen wäre).

1100   Die Bemühungen des Bundesgesetzgebers um eine Reform des Staatshaftungsrechts könnten nach der Grundgesetz-Ergänzung von 1994 (Art. 74 Abs. 1 Nr. 25, s. a. Art. 74 Abs. 2) neu aufgenommen werden; sie sind aber offenbar sehr mühsam.

---

13 Vgl. den „Querschläger"-Fall BGHZ 20, 81.
14 Vgl. *Schäfer/Bonk*, StHG, Kommentar, 1982, Rn. 29 ff., 216, 237.
15 BVerfGE 61, 149.

Bis auf weiteres sind daher weiterhin Rechtsprechung und Literatur ausschlaggebend für die Verwirklichung der verfassungsrechtlich gebotenen Haftungsordnung. In einzelnen Beziehungen, z. B. bei der Abgrenzung der verschiedenen Anspruchstypen voneinander, werden die Bestimmungen des StHG auch künftig als Modelle dienen oder zumindest Anregungen für sachgerechte Lösungen geben können.

Literatur: *Ossenbühl,* Staatshaftungsrecht, 5. Aufl. 1998; *Steinberg/Lubberger,* Aufopferung – Enteignung und Staatshaftung, 1991; *Kreft,* Öffentlich-rechtliche Ersatzleistungen. Eigentum, Enteignung, Entschädigung, 2. A. 1998. **1101**

Zur Reformgeschichte: Verhandlungen des 47. Deutschen Juristentages, München 1956, Band I B und II L; *BMJ und BMI* (Hrsg.), Reform des Staatshaftungsrechts, Kommissionsbericht (Okt. 1973); *dies.* (Hrsg.), Referentenentwürfe (Sept. 1974); *Schäfer/Bonk,* StHG, München 1981; BVerfGE 61, 174 ff.

Zur Zukunft der Reform: *BMJ* (Hrsg.), Zur Reform des Staatshaftungsrechts, 1987; *Schullau,* Zur Reform der Staatshaftung, BayVBl. 1990, 360 ff.; *Caesar,* Hat die Staatshaftungsreform noch eine Zukunft? 1989; *Pfab,* Staatshaftung in Deutschland, Diss. München 1996; *Hösch,* DÖV 1999, 192 ff.

6. Zur Rechtslage in den neuen Ländern

In den neuen Bundesländern außer Sachsen, Thüringen und Berlin **gilt das Staatshaftungsgesetz der DDR** vom 12. 5. 1969[16] in veränderter Form als Landesrecht weiter[17]. Der Haftungstatbestand (§ 1 Abs. 1 StHG) ist wie folgt formuliert: **1102**

„Für Schäden, die einer natürlichen oder juristischen Person hinsichtlich ihres Vermögens oder ihrer Rechte durch Mitarbeiter oder Beauftragte staatlicher oder kommunaler Organe in Ausübung staatlicher Tätigkeit rechtswidrig zugefügt werden, haftet das jeweilige staatliche oder kommunale Organ".

Es handelt sich also um unmittelbare und verschuldensunabhängige Staatshaftung, die weiter geht als die Amtshaftung der „alten" Bundesrepublik. Auch die Modalitäten der Haftung sind z. T. abweichend geregelt. Ausgleichsansprüche wegen Aufopferung und Enteignung können daneben bestehen[18].

Zu den Ausgangsfällen:

Die Fälle sind in Rn. 1097 besprochen. **1103**

---

16 GBl. I S. 34.
17 EV Anl. II Kap. III Sachber. B Abschn. III. Zu den landesrechtlichen Änderungen vgl. die Gesetzgebungsübersicht in NJW 1999, 1451 sowie *Maurer* § 29 Rn. 39 ff.
18 Näheres bei *Ossenbühl,* Staatshaftungsrecht, 5. A. 1998, 14. Teil, S. 458 ff.

§ 26 Staatshaftung für fehlerhaftes hoheitliches Verhalten

Ausgangsfälle:

1. *Landwirt L will zur Erweiterung seiner Viehwirtschaft einen neuen Stall bauen. Die beantragte Baugenehmigung wird ihm jedoch verweigert, weil über die Zulässigkeit des Vorhabens zwischen den beteiligten Stellen Streit herrscht. Erst auf Klage hin, nach mehrjährigem Prozess genehmigt die Behörde den Bau. Kann L wegen der Verzögerung, die ihm einen Verdienstausfall gebracht hat, Schadensersatz verlangen?*

2. *Ein Polizeibeamter schützt eine Einbrecherbande vor der Verhaftung, indem er ihr rechtzeitig einen Hinweis gibt. Die Bande setzt ihre Tätigkeit fort. Können die Bestohlenen Schadensersatz vom Land verlangen?*

3. *An einem Flughafen wird anstelle eines zur Festnahme ausgeschriebenen Straftäters ein Unbeteiligter gleichen Namens verhaftet. Die von einem Landeskriminalamt veranlasste Ausschreibung im polizeilichen Informationssystem enthielt kein Geburtsdatum oder anderes zusätzliches Identifikationsmerkmal. Die Verwechslung wurde erst nach mehreren Stunden aufgeklärt, so dass der Betroffene seinen Flug verpasste und erhebliche Kosten hatte. Er will jetzt Schadensersatz*
    a) *von der Bundesrepublik Deutschland wegen des Verhaltens der Grenzschutzbeamten,*
    b) *von dem Land, das die Ausschreibung im Fahndungssystem vorgenommen hat.*

    Hat er Aussicht auf Erfolg?

4. *Ein in Deutschland stationierter amerikanischer Soldat ließ seinen privaten Pkw eines Abends im Winter unbeleuchtet auf der Autobahn München-Stuttgart stehen. Ein anderer Autofahrer kam dadurch zu erheblichem Schaden. Die Versicherungsgesellschaft, bei der der Soldat haftpflichtversichert war, bildete die hierzulande kaum bekannte Tochter eines amerikanischen Unternehmens. Bevor sie den Schaden reguliert hatte, fiel sie in Konkurs. Der Geschädigte verklagte nunmehr die Bundesrepublik Deutschland auf Schadensersatz, weil die Versicherungsaufsichtsbehörde ihre Amtspflicht, die Belange der Versicherten zu wahren, ungenügend wahrgenommen habe.*

5. *In einer Verkehrsampel brennt die Lampe für „Rot" durch. Die Autofahrer, die in der betreffenden Richtung auf die Kreuzung zufahren, glauben, die Anlage sei abgeschaltet, und verlassen sich auf das Vorfahrtsrecht, das ihnen das neben der Ampel angebrachte Verkehrszeichen einzuräumen scheint. Als für die Querrichtung „Grün" erscheint, kommt es zu einem schweren Unfall. Die Opfer wollen Schadensersatz von der Stadt.*

6. *Ein Amtsrichter gibt einer unbegründeten Klage auf Zahlung von 500 Euro (vgl. § 511a Abs. 2 Nr. 1 ZPO) statt, weil er einen Schriftsatz genau umgekehrt versteht wie er formuliert ist. Der Unterlegene (der keine Verfassungsbeschwerde erhoben*

Staatshaftung für fehlerhaftes hoheitliches Verhalten § 26

hat) will wegen des offensichtlichen Fehlers vom Staat Ersatz seines Schadens. Wird er sich damit durchsetzen?

7. Bei einer öffentlichen Ausschreibung erhält ein Unternehmer entgegen den bestehenden Vergabevorschriften den Zuschlag, weil er mit dem zuständigen Sachbearbeiter befreundet ist. Bei korrekter Anwendung der Vorschriften hätte ein bestimmter Konkurrent den Zuschlag erhalten müssen. Kann dieser etwas gegen die Vergabe des Auftrags unternehmen oder Schadensersatzansprüche geltend machen?

8. Ein Student will einen Professor zu einer Klausurbesprechung aufsuchen. An der Tür des Dienstzimmers gleitet er aus und bricht sich den Arm. Ob an diesem Tage der ohnehin nicht ganz rutschfeste Linoleumfußboden frisch gebohnert war, lässt sich nachträglich nicht mehr aufklären. Dem Studenten, der seinen Arm in einer Privatklinik behandeln lässt, entstehen Heilungskosten. Darüber hinaus hat er einen erheblichen Verdienstausfall, weil er ein Engagement als Musiker, das für die Semesterferien bereits fest abgeschlossen war, nicht wahrnehmen kann. Ein entsprechender Verdienstausfall entsteht bei seinen Kommilitonen, mit denen er zusammen auftreten wollte. Haben die Studenten Ersatzansprüche?

9. Ein Fahrzeug einer Straßenmeisterei, das zur Durchführung von Ausbesserungsarbeiten unterwegs ist, stößt mit einem anderen Wagen zusammen. Dabei erleidet die Ehefrau des Unfallgegners, die als Beifahrerin im Wagen saß, erhebliche Verletzungen. Ihr Ehemann und der Fahrer der Straßenmeisterei haben den Unfall zu gleichen Teilen fahrlässig verursacht. Welche Ansprüche hat die Frau gegen das Land, in dessen Diensten der Fahrer steht?

10. Der Fahrer eines Einsatzwagens der Polizei wird über Funk aufgefordert, einen Verkehrsunfall aufzunehmen. Er schaltet Blaulicht und Martinshorn ein und fährt mit hoher Geschwindigkeit zur Unfallstelle. An einer Kurve gerät das Fahrzeug ins Schleudern und verletzt eine Fußgängerin. Diese möchte Schadensersatz und Schmerzensgeld beanspruchen.

11. Nach einer bundesrechtlichen Regelung hätte in der Stadt Düsseldorf die Wohnraumbewirtschaftung zum 1. Juli 1966 durch Landesgesetz aufgehoben werden müssen. Der Landtag hat jedoch ein solches Gesetz zu diesem Zeitpunkt noch nicht erlassen. Verschiedene Vermieter in Düsseldorf fühlen sich dadurch in ihrem Eigentum beeinträchtigt; sie verklagen das Land mit der Begründung, bei rechtzeitiger Aufhebung der Bewirtschaftung hätten sie für die vermieteten Wohnungen einen höheren Mietzins erlangt und dadurch die Häuser besser instandsetzen können. Ist ein solcher Anspruch begründet?

12. Ein Grundstück ist nach § 19 FStrG zur Errichtung eines Autobahnnebenbetriebes enteignet worden. Der Eigentümer erwirkt jedoch vor dem Verwaltungsgericht die Aufhebung des Enteignungsbeschlusses als rechtswidrig. Auf welche Weise kann er nun auch erreichen, dass das Grundstück wieder in den alten Zustand versetzt wird, insbesondere die dort lagernden Baumaterialien entfernt werden?

(Lösungshinweise in Rn. 1165)

1. Verfassungsrechtliche Staatshaftung

1104 Art. 34 GG bestimmt, dass der Staat oder sonstige Dienstherr für Amtspflichtverletzungen seiner Amtswalter einzustehen hat. Diese verfassungsrechtliche Staatshaftung ist freilich – wegen der historischen Entwicklung aus der Beamtenhaftung (s. oben Rn. 1088 ff.) – nicht unmittelbar angeordnet; der Verfassungsartikel gewährleistet bei strenger Auslegung nur die *Haftungsübernahme* durch den Staat bzw. die sonstige Anstellungskörperschaft. Doch ist Art. 34 GG über den Wortsinn hinaus als **verfassungsrechtliche Garantie** dafür zu verstehen, dass dem durch amtspflichtwidrige Ausübung öffentlicher Gewalt geschädigten Bürger ein Schadensersatzanspruch gegen den Träger öffentlicher Gewalt zusteht. Insbesondere Satz 3 („Für den Anspruch auf Schadensersatz ... darf der ordentliche Rechtsweg nicht ausgeschlossen werden") stützt diese Auslegung, dass nämlich die vom Staat übernommene Haftung des Amtswalters nicht etwa ihrerseits durch einfaches Gesetz abgeschafft werden könnte. Auch die historische Interpretation des Art. 34 GG spricht für diese weiter greifende Garantiefunktion. Es ist unbestritten, dass Art. 34 seinerseits die Haftung begründet, wenn andere Personen als die in § 839 BGB genannten „Beamten" (im staatsrechtlichen Sinne) öffentlich-rechtliche Tätigkeit ausüben („jemand"); damit wirkt Art. 34 GG in die Auslegung der haftungsbegründenden Norm hinein[1]. Ebenso ist unbestritten, dass Art. 34 GG nur eine Mindestgarantie enthält; dem Gesetzgeber steht es also frei, die Stellung des Bürgers gegenüber dem Staat durch weitergehende Staatshaftung zu verbessern.

Versuche, den Art. 34 GG so zu ändern, dass eine unmittelbare Haftung des Staates für rechtswidrige Ausübung öffentlicher Gewalt gewährleistet würde, sind bisher gescheitert (s. oben Rn. 1098 ff.).

Damit ist auch der Rechtsweg zu den ordentlichen (also: Zivil-)Gerichten festgeschrieben, der angesichts einer voll ausgebauten Verwaltungsgerichtsbarkeit nicht mehr sachgerecht ist.

2. Der Grundtatbestand der Amtshaftung

a) Übersicht

1105 Der Grundtatbestand der Amtshaftung setzt sich aus Elementen zweier Vorschriften zusammen, nämlich Art. 34 GG und § 839 BGB. Die Vorschrift, die den Kern des Haftungstatbestandes enthält, § 839 BGB, wird durch Art. 34 GG erweitert; denn nach dieser Verfassungsbestimmung ist der Staat zum Schadensersatz nicht nur verpflichtet, wenn „ein Beamter" im strengen Sinne die in § 839 umschriebene Amtspflichtverletzung begeht, sondern auch, wenn jemand anders dies „in Ausübung eines ihm anvertrauten öffentlichen Amtes" tut.

Das bedeutet: Entgegen einer in der Literatur vertretenen Anschauung[2] wird durch Art. 34 GG nicht bloß der Schuldner ausgetauscht, also die „Passivlegitimation" verändert, sondern

---

[1] *Bryde*, in: *von Münch/Kunig*, GG, 4. A. 2001 Art. 34 Rn. 12.
[2] Z. B. *Ossenbühl*, Staatshaftungsrecht, 5. A. 1998, S. 10 f.

es wird an die Stelle des „staatsrechtlichen Beamtenbegriffs" für die Amtshaftung *der „haftungsrechtliche Beamtenbegriff"* gesetzt.

Die so zusammengefügte Haftungsnorm hat die folgenden vier wesentlichen Tatbestandsmerkmale: **1106**
– Jemand hat „in Ausübung eines ihm anvertrauten **öffentlichen Amtes**" gehandelt;
– dabei hat er eine **„Amtspflicht" verletzt**,
– die ihm **„einem Dritten gegenüber"** auferlegt war, und
– ihn traf daran ein **Verschulden**.

Die *Rechtsfolge* davon, dass dieser Tatbestand erfüllt wird, ist: „die Verantwortlichkeit" – und das heißt: die Pflicht zum Schadensersatz nach § 839 BGB – trifft „grundsätzlich den Staat oder die Körperschaft", in deren Dienst der Handelnde steht (Art. 34 S. 1 GG). Die Einzelheiten und Ausnahmen hiervon werden im Folgenden besprochen.

b) Der Schädiger

Erfahrungsgemäß macht es Anfängern Schwierigkeiten, mit dem haftungsrechtlichen Beamtenbegriff zurechtzukommen. Manche prüfen unsinnigerweise zunächst, ob „jemand" gehandelt hat – dies ist natürlich außer bei „höherer Gewalt" und dem Versagen technischer Einrichtungen (*Fall 5*) immer zu bejahen. Es ist auch nicht zweckmäßig, zunächst zu fragen, ob ein Beamter im „staatsrechtlichen" (besser: beamtenrechtlichen) Sinn gehandelt hat; sofern nämlich ein „echter" Beamter nicht öffentlich-rechtlich tätig geworden ist (vgl. oben Rn. 67 ff.), tritt keine Amtshaftung ein, sondern nur persönliche Haftung dieses Beamten. Ebenso ist es fragwürdig, den Begriff des „Beamten im haftungsrechtlichen Sinne" in den Mittelpunkt der Erörterung zu stellen[3]; dieser Begriff hat nur eine erläuternde Funktion und darf nicht selbstständig interpretiert werden. Der Ton ist vielmehr darauf zu legen, ob *jemand „in Ausübung eines öffentlichen Amtes"* gehandelt hat. **1107**

Ampelunfälle und andere Schäden, die auf Versagen technischer Einrichtungen ohne menschliches Verschulden zurückzuführen sind, fallen aus der Amtshaftung heraus und mussten nach der früheren Rechtsprechung (BGHZ 54, 332) vom Geschädigten wie Schicksalsschläge erduldet werden. Das war unbillig, und über das Rechtsinstitut der Aufopferung (Rn. 1166 f.) wäre eine andere, angemessene Entscheidung möglich gewesen[4]. Der BGH hat diese Ansicht aufgegeben und nimmt jetzt in solchen Fällen einen enteignungsgleichen Eingriff an (BGHZ 99, 249). **1108**

In Ausübung eines öffentlichen Amtes handelt eine Person, wenn sie hoheitliche (öffentlich-rechtliche) Funktionen wahrnimmt. Nach herrschender Meinung ist hier auf die Rechts*form* abzustellen, es ist also zu prüfen, ob die Verwaltung eine öffentlich-rechtliche oder eine privatrechtliche Handlungsform gewählt hat. Diese Abgrenzung ist vielfach sehr schwierig, vor allem bei den Realakten. Die Tendenz **1109**

---
3 So auch *Maurer* § 25 Rn. 14.
4 Vgl. *Bull*, DÖV 1971, 305 ff.

in der Literatur geht dahin, den Begriff des „öffentlichen Amtes" weit auszulegen. Aktivitäten der Verwaltung, die der Erfüllung von Verwaltungsaufgaben dienen, sollten grundsätzlich als öffentlich-rechtlich angesehen werden.

So werden **Dienstfahrten** von Angehörigen der öffentlichen Verwaltung, die sich ja dem äußeren Bild nach von der Fortbewegungsweise anderer Verkehrsteilnehmer in keiner Weise unterscheiden, den Regeln der Amtshaftung unterstellt, wenn der *Zweck der Fahrt* in den Bereich des öffentlich-rechtlichen Handelns der Verwaltung gehört, also nicht „nur" fiskalisch ist. Unangemessene Rechtsfolgen dieser Einordnung hat die Rspr. dadurch ausgeräumt, dass sie den Grundsatz aufgestellt hat, alle Verkehrsteilnehmer müssten haftungsrechtlich gleich behandelt werden (s. unten Rn. 1135). Nur solche Fahrten, bei denen *hoheitliche Sonderrechte* in Anspruch genommen werden (das sind aber nicht nur die Fahrten mit Blaulicht und Martinshorn, vgl. § 35 StVO), werden noch nach der ursprünglichen Abgrenzungsregel als rein öffentlich-rechtlich behandelt, was zur Folge hat, dass der Staat sich bei der Haftung günstiger steht (§ 839 Abs. 1 S. 2 BGB).

Zum öffentlich-rechtlichen Charakter typischer Realakte der Verwaltung s. oben Rn. 1014 ff.

1110 Zur Klarstellung: Auf den *Status* des Handelnden kommt es nicht mehr an; § 839 ist insofern von Art. 34 GG verdrängt. Deshalb haftet der Staat oder die Gemeinde usw. auch für Schädigungen durch **Angestellte und Arbeiter des öffentlichen Dienstes** und öffentlich-rechtliche **Amtsträger** wie Minister, Gemeinderats- und Kreistagsmitglieder[5] sowie Parlamentsabgeordnete (siehe Rn. 1112) – vorausgesetzt, die weiteren Voraussetzungen liegen vor, insbesondere das öffentlich-rechtliche Handeln. Sogar Privatpersonen, denen die Erfüllung von Verwaltungsaufgaben übertragen ist („**Beliehene**" und sogar bloße „**Verwaltungshelfer**"[6]) können eine Amtshaftung auslösen.

Beispiele: *Kraftfahrer* sind Arbeiter im öffentlichen Dienst; gleichwohl können von ihnen verschuldete Verkehrsunfälle Amtshaftungsansprüche begründen, wenn nämlich die betreffende Fahrt als öffentlich-rechtliches Handeln der Verwaltung anzusehen war (BGHZ 85, 225).

Es kommt vor, dass in einer Behörde Beamte im beamtenrechtlichen Sinne und *Angestellte* des öffentlichen Dienstes die gleichen Aufgaben erledigen. Für die Amtshaftung kommt es nur darauf an, ob die Erfüllung dieser Aufgaben als öffentlich-rechtlich zu qualifizieren ist.

Beliehene, für deren Verschulden eine Amtshaftung in Betracht kommt, sind u. a. Schiffskapitäne, Jagdaufseher, Fleischbeschauer sowie Sachverständige des Technischen Überwachungsvereins. Schülerlotsen und „Ordnungsschüler" können *Verwaltungshelfer* sein, für deren Handlungen ebenfalls Amtshaftung in Betracht kommt[7]. Ein privater Abschleppunternehmer und seine Mitarbeiter, die im Auftrag der Polizei ein liegen gebliebenes Fahrzeug entfernen, sind ebenfalls Verwaltungshelfer[8]. Nach Ansicht des BGH[9] ist sogar ein Zivildienstleistender bei einem pri-

---

5 Für Minister vgl. BGHZ 63, 319, für Gemeinderäte BGHZ 84, 292, 298 f.
6 Einen wesentlich weiteren Begriff von „Verwaltungshelfer" als hier benutzt *Burgi*, Funktionale Privatisierung und Verwaltungshilfe, 1999, S. 1.
7 OLG Köln, NJW 1968, 655; LG Rottweil, NJW 1970, 474; siehe auch *Ossenbühl*, a. a. O., S. 18 ff.
8 BGH, JZ 1993, 1001.
9 NJW 1992, 2882 ff.; ebenso NJW 1997, 2109.

2. Der Grundtatbestand der Amtshaftung § 26

vatrechtlich organisierten Hilfsdienst „Amtsträger"(haftende Körperschaft ist in diesem Fall die Bundesrepublik Deutschland als Dienstherr des Zivildienstpflichtigen).

Für Pflichtverletzungen von **Richtern** gilt eine Haftungsbeschränkung, das „Richterprivileg" des § 839 Abs. 2 BGB (dazu unten Rn. 1145). Die Haftung der **Notare** ist in § 19 Bundesnotarordnung selbstständig geregelt[10]. **1111**

Amtshaftung kommt aber auch bei Fehlern der mit der **Rechtsetzung** betrauten Amts- oder Mandatsträger in Betracht. Gemeindevertreter können Amtspflichtverletzungen beim Erlass von *Bebauungsplänen* begehen; der Staat kann wegen Fehlern von Ministerialbeamten bei der Abfassung von *Rechtsverordnungen* schadensersatzpflichtig sein. Problematisch erscheint es freilich, den Gesetzgeber im engeren Sinne in die Amtshaftung einzubeziehen, den Staat also für Pflichtverletzungen von Parlamentariern zur Verantwortung zu ziehen. Werden damit nicht die Gewichte zwischen Legislative und Judikative unangemessen verschoben? Wird dadurch nicht der Gesetzgeber teilweise entmachtet? **1112**

Die Rechtsprechung zu § 839 BGB löst dieses Problem, indem sie die Pflicht der für die Gesetzgebung verantwortlichen Amtsträger als eine solche qualifiziert, die in der Regel *nur gegenüber der Allgemeinheit,* nicht gegenüber bestimmten Einzelpersonen oder Gruppen bestehe[11]. Das ist ein Notbehelf, der den bezeichneten Problemen nicht voll gerecht wird (vgl. a. die Ausführungen zum Drittbezug der Amtspflicht unten in Rn. 1119 ff.). Auch das StHG brachte für diesen Themenkreis keine Lösung, sondern verwies nur an den Gesetzgeber zurück (§ 5 Abs. 2 S. 1).

Es gibt Fälle, in denen jemand zwar ein „öffentliches Amt" in dem besprochenen Sinne inne hat, aber nicht **„in Ausübung"** dieses Amtes handelt, sondern nur **„bei Gelegenheit"** der Amtsausübung. Die Rechtsprechung verlangt einen nicht nur äußeren, sondern auch inneren Zusammenhang der Schädigung mit dem Amt; dieser fehlt z. B. nach einer Entscheidung des BGH, wenn ein Polizeibeamter während eines Streifenganges aus persönlichen Motiven auf jemand schießt[12] oder unvorsichtig fährt, um seiner Freundin zu imponieren[13]. **1113**

Der Zusammenhang fehlt aber noch nicht, wenn jemand seine amtlichen Befugnisse aus privaten Gründen überschreitet **(Vollzugsexzess)**; die Amtspflichtverletzung kann gerade darin bestehen, dass der Beamte seine persönliche Voreingenommenheit nicht zurückstellt. Amtsmissbrauch und Kompetenzüberschreitungen sind grundsätzlich als (rechtswidrige) Amtsausübung anzusehen; die Gegenmeinung würde letztlich zu der überholten Ansicht zurückführen, dass rechtswidrige Amtsausübung dem Staat gar nicht zuzurechnen sei (oben Rn. 1089). **1114**

---

10 Zur Haftung des Landes Baden-Württemberg für seine (angestellten, nicht freiberuflich tätigen!) Bezirksnotare vgl. BGH, MDR 1995, 823.
11 BGHZ 56, 40, 46 – zu Fall 11; vgl. a. BGHZ 84, 252, 300; 102, 350, 367.
12 BGHZ 11, 181, 185 ff.
13 Ähnliche Fälle: RGZ 104, 286, 288; 161, 145, 152.

c) Die Amtspflichtverletzung

1115 „Amtspflichten" i. S. v. § 839 BGB und Art. 34 GG sind eigentlich „Dienstpflichten". Die Amtshaftungsnormen knüpfen an die Verletzung solcher Pflichten an, die aus dem Verhältnis der Amtswalter zu ihren Dienstherren (oder – bei Beliehenen und Verwaltungshelfern – „Auftraggebern") herrühren. Dies entspricht der historischen Entwicklung der Amtshaftung aus der Eigenhaftung der Beamten. Dass die Verletzung „interner" Pflichten die Haftung im Außenverhältnis zu den betroffenen Bürgern begründet, wirkt zunächst widersprüchlich, und man fragt sich, ob diese **Transformation** sachgerecht ist. In § 1 StHG hieß es demgegenüber „Pflicht des öffentlichen Rechts"; hier war klar, dass es sich um eine Rechtsbeziehung zwischen der „öffentlichen Gewalt" und dem Bürger handelt.

1116 Der Unterschied zwischen bloß verwaltungsinternen und nach außen bedeutsamen Pflichten kommt aber auch in den Amtshaftungsbestimmungen zum Ausdruck, und zwar durch die sogleich näher zu besprechende Bedingung, dass die Amtspflicht dem Amtswalter *„einem Dritten gegenüber"* obliegen muss (dazu unten Rn. 1119 ff.). Die „Amtspflicht gegenüber einem Dritten" ist also eine qualifizierte Art von „Dienstpflicht". Andererseits gibt es keine Pflichten des Staates aus dem Staat-Bürger-Verhältnis, deren Beachtung und Erfüllung nicht auch Dienstpflicht („Amtspflicht" i. S. v. § 839 BGB und Art. 34 GG) der zuständigen Amtswalter wäre, und wenn niemand für zuständig erklärt wurde, liegt die Amtspflichtverletzung in eben diesem Unterlassen, für das der jeweilige Minister oder die Regierung verantwortlich ist[14].

1117 In der Rechtsprechung der Zivilgerichte sind die so verstandenen Amtspflichten für eine Vielzahl von Fällen herausgearbeitet worden. Die Judikatur hat viele bedeutsame Grundsätze richtigen Staatshandelns entwickelt. Die **wichtigsten Amtspflichten** sind:

(1) Pflicht zu *sorgfältiger Sachverhaltsermittlung*.

(2) Pflicht zu *richtiger Anwendung des geltenden Rechts*, und zwar sowohl des formellen Rechts (insbesondere: Zuständigkeitsprüfung, Beachtung von Verfahrensvorschriften) wie des materiellen allgemeinen und besonderen Verwaltungsrechts; hierzu gehört auch die Beachtung des Verfassungsrechts (Grundrechte, rechtsstaatliche Prinzipien wie Verhältnismäßigkeit von Zweck und Mittel usw.). Formal wird vielfach auch eine Pflicht zur Beachtung der höchstrichterlichen Rechtsprechung angenommen; siehe dazu aber auch Rn. 208 f.

(3) Pflicht zu *richtiger Ermessensausübung* (Prüfung der Voraussetzungen des Ermessens; angemessene Ermessenserwägungen, keine Ermessensüberschreitung und Ermessensmissbrauch; vgl. oben Rn. 593 ff.; Bsp. für Fehlverhalten: *Ausgangsfall 7*).

(4) *Nebenpflichten*:
  – Pflicht zu zutreffender Beratung und zu richtigen Auskünften;
  – Pflicht, die Betroffenen nicht zu schädigen (insbesondere: unerlaubte Handlungen im Sinne von § 823 Abs. 1 BGB zu unterlassen);

---

14 Zur Bedeutung der Unterscheidung zwischen Amtspflichten des Amtswalters und Rechtspflichten des Staates vgl. auch *Maurer*, § 25 Rn. 17.

- Pflicht zu zügiger Bearbeitung aller Anliegen, insbesondere zur Bescheidung von Anträgen innerhalb angemessener Fristen;
- Vertrauensschutz, Pflicht zu konsequentem Verhalten.

Beispiele aus der Rechtsprechung:

Amtspflicht, keine *unerlaubte Handlung* zu begehen: BGHZ 69, 138; 78, 274, 279; dabei gehört auch das *allgemeine Persönlichkeitsrecht* zu den geschützten Rechten: BGHZ 50, 133, 138. **1118**

Amtspflicht zur Einhaltung der *Zuständigkeit:* BGHZ 81, 21, zur Wahrung der *Verschwiegenheit:* BGHZ 34, 184, 186; 58, 370, 379; 78, 274, 281. Amtspflicht zur *Information eines abgelehnten Bewerbers* über das Ergebnis des Auswahlverfahrens (um Gelegenheit zur Einholung von Rechtsschutz zu geben – also eine recht weitgehende Fürsorgepflicht für den Beamten, die sich u. U. gegen seine eigenen Vorgesetzten richtet!): BVerfG, NJW 1990, 501; BVerwGE 80, 127. S. dazu auch *Stangl,* JA 1996, 105 (klausurmäßige Aufbereitung des Problems). Vgl. a. Rn. 1042.

Besonders wichtig ist die *Verkehrssicherungspflicht,* die freilich als zivilrechtlich angesehen wird, soweit nicht Landesrecht oder ein besonderer Organisationsakt öffentlich-rechtliche Regelungen vorsehen (vgl. oben Rn. 951 f.). Demgegenüber ist die *Verkehrsregelung* eine *Amtspflicht i. S. v. § 839 BGB.* In einem Fall, in dem sich die beiden Pflichten *überlagerten* – ein Zebrastreifen war unkenntlich geworden; seine Wiederherstellung obliegt nicht nur der Straßenbaubehörde, sondern auch der Verkehrspolizei – sollte es nach Ansicht des BGH bei der privatrechtlichen Verkehrssicherungspflicht bleiben (JZ 1971, 430). Die Verkehrssicherungspflicht erstreckt sich auch auf die Standsicherheit von Straßenbäumen (BGH, NJW 1993, 2612, 2613). In *Fall 8* besteht ein Ersatzanspruch wegen Verletzung der Verkehrssicherungspflicht (soweit die anderen Voraussetzungen vorliegen, z. B. Verschulden). Die Verkehrssicherungspflicht für einen öffentlichen Kinderspielplatz geht nach BGH (NJW 1977, 1965) dahin, den Platz – wie alle sonstigen dem Verkehr eröffneten Räume oder Sachen – möglichst gefahrlos zu gestalten und zu erhalten. Auch hier ist öffentlich-rechtliche Wahrnehmung möglich; s. aber auch BGH, NJW 1978, 1626 ff. (Abenteuer-Spielplatz, aufgegebener Spielplatz, Schwimmbad-Unfall).

Wegen der *Dienstfahrten* s. oben Rn. 1109.

d) Der Drittbezug der Amtspflicht

Das Gericht kann sich die Auseinandersetzung um die Rechtmäßigkeit des Staatshandelns im konkreten Fall vereinfachen, wenn die möglicherweise verletzte Pflicht nicht „*einem anderen gegenüber*" bestand, d. h. wenn sie nicht den Interessen des Geschädigten dienen sollte. Weil diese Voraussetzung des Drittbezuges der verletzten Pflicht vielfach heftig umstritten war, enthalten zahllose Urteile zu Amtshaftungssachen umfängliche Ausführungen zu dieser Streitfrage, aber wenig zu den materiellen Problemen, um die es „eigentlich" geht. Für Studium und Prüfung ist diese Methode riskant; auf jeden Fall sollten Sie prüfen, ob nicht trotz Verneinung des Drittbezuges zumindest hilfsweise eine materielle Prüfung des Verwaltungshandelns angebracht ist! **1119**

Bezeichnend für das Verständnis der Rechtsprechung von dem Drittbezug der Amtspflichten ist das folgende Zitat aus BGHZ 39, 358, 363: **1120**

„Alle Amtspflichten bestehen zunächst im Interesse des Staates und der Allgemeinheit. Dient eine Amtspflicht lediglich dem Schutz der öffentlichen Ordnung, dem allgemeinen

Interesse des Gemeinwesens an einer ordnungsmäßigen, sauberen Amtsführung, der Wahrung innerdienstlicher Belange oder der Aufrechterhaltung einer wohlfunktionierenden geordneten Verwaltung, dann kommt Dritten gegenüber eine Haftung für die Verletzung derartiger Amtspflichten auch dann nicht in Betracht, wenn die Amtstätigkeit sie betroffen, insbesondere ihre Belange beeinträchtigt hat. Eine Haftung besteht vielmehr nur dann, wenn die verletzte Amtspflicht dem Beamten gerade Dritten gegenüber obgelegen hat. Das wiederum und der Kreis der geschützten Personen bestimmen sich nach dem Zweck, dem die Amtspflicht dient. Dieser Zweck ergibt sich aus den Bestimmungen, die die Amtspflicht begründen und umreißen, sowie aus der besonderen Natur des Amtsgeschäftes. Allerdings genügt es, dass die Amtspflicht neben der Erfüllung allgemeiner Interessen und öffentlicher Zwecke auch den Zweck verfolgt, die Interessen Einzelner wahrzunehmen, selbst wenn der Betroffene einen Rechtsanspruch auf Vornahme der Amtshandlung nicht hat."[15]

1121 In einer späteren Entscheidung fasst der BGH seine Judikatur kurz wie folgt zusammen: Der Geschädigte zählt dann zu dem Kreis der geschützten „Dritten", „wenn die Amtspflicht – wenn auch nicht notwendig allein, so doch auch – *den Zweck hat, das Interesse gerade dieses Geschädigten wahrzunehmen*"[16].

1122 Die starke Betonung des *öffentlichen* Interesses an der ordnungsgemäßen Ausübung öffentlicher Gewalt, die in der Rechtsprechung zum Ausdruck kommt, ist nicht unbedenklich – mit mehr Berechtigung könnte heute, unter dem Grundgesetz gesagt werden: „Alle Amtspflichten bestehen zunächst im Interesse des Einzelnen"; das Gemeinwohl ist ja angemessen nur als Zusammenfassung und Harmonisierung der verschiedenen Einzelinteressen zu verstehen[17] (oben Rn. 50). Auch der Schutz der öffentlichen Ordnung und das Funktionieren der Verwaltung sind kein Selbstzweck, sondern dienen ihrerseits Individualinteressen – wenn man will: höheren (verdichteten, abstrakteren) Interessen der Bürger[18].

1123 Trotz dieser fragwürdigen Prämisse ist die Eingrenzung der Staatshaftung durch die Rechtsprechung im Wesentlichen sachgerecht und geeignet, die wirklich schutzwürdigen Positionen zu schützen. Denn der Bezug zwischen der Pflicht der Behörden und den Interessen von Geschädigten ist nicht immer so eng, dass eine Pflichtverletzung notwendigerweise eine Schadensersatzpflicht nach sich ziehen müsste. Die Verfassung fordert nicht (und es wäre nicht angemessen zu fordern), dass jede Pflichtverletzung einen Ausgleichsanspruch begründet.

aa) Hilfspflichten, Pflicht zur Strafverfolgung:

Die Verwaltung hat zwar die Pflicht, Bedürftigen zu helfen; überlässt sie dies aber anderen, so können diese wegen ihrer Leistungen nicht etwa Schadensersatz verlangen. Die Strafgesetze müssen von Polizei und Justiz durchgesetzt werden, aber wenn die Verbrechensbekämpfung nicht intensiv genug betrieben wird (was natürlich kaum messbar und bewertbar ist), hat das zufällige Opfer eines Verbrechens keinen Schadensersatzanspruch gegen den Staat (wohl aber u. U. andere Ansprüche, z. B. aus der Sozialversicherung und nach dem Opferentschädigungsgesetz – s. unten Rn. 1175 –, und einen Staatshaftungsanspruch dann,

---

15 Vgl. ferner BGHZ 56, 40, 45; 69, 128, 136; 84, 292, 299; 93, 87, 90 ff.; 106, 323, 331; 122, 317.
16 NJW 1995, 1828.
17 Vgl. insbes. *Häberle*, Öffentliches Interesse als juristisches Problem, 1970.
18 Kritisch zur „Drittschutz"-Judikatur auch *Ladeur*, DÖV 1994, 665-675.

wenn bestimmte Straftäter geschont oder gar begünstigt werden, vgl. *Ausgangsfall 2* und BGH, LM Nr. 5 zu § 839 BGB [Fg] = DVBl. 1953, 676). Dass die Strafverfolgungspflicht der Staatsanwaltschaft nur im öffentlichen Interesse, nicht im Interesse der Geschädigten besteht, hat der BGH in NJW 1996, 2373 noch einmal bestätigt[19], aber die Ausnahme der konkreten Schutzpflichten z. B. zur Sicherstellung des Diebesgutes erwähnt. S. a. Rn. 1125.

bb) Aufsichtspflichten:
Die Aufsicht des Staates über die Notare ist u. U. drittbezogen, nämlich wenn die Aufsichtsbehörde Anlass hat anzunehmen, dass ein Notar Dritte bei seiner Amtstätigkeit schädigt (BGHZ 135, 354)[20]. Die Bankenaufsicht findet kraft ausdrücklicher Bestimmung in § 6 Abs. 4 KWG nur im öffentlichen und nicht auch im Interesse der Geldanleger statt. Der BGH hat dies als verfassungs- und europarechtskonform akzeptiert (JZ 2005, 724; anders früher BGHZ 75, 120; s. a. BGHZ 74, 144). In BGHZ 58, 96 (*Ausgangsfall 4*) wurde ein Drittbezug der Amtspflicht verneint.

cc) Genehmigungs- und Zulassungsverfahren:
Der Verkäufer eines Grundstücks kann geschützter Dritter in dem Sinne sein, dass die Amtspflicht, keine rechtswidrige Baugenehmigung zu erteilen, auch ihm gegenüber besteht (BGH, MDR 1994, 555). Zur Drittbezogenheit von Bauvorhaben s. a. BGH, NJW 1993, 2303, 2304. Wird infolge einer Bauleitplanung, die gegen Bestimmungen des BauGB verstößt, eine reizvolle Landschaft verschandelt, so können allenfalls Nachbarn, nicht aber Feriengäste oder sonstige Unbeteiligte Schadensersatzansprüche haben; die Umweltschützer müssen versuchen, auf andere Weise zu wirken.

Ein interessantes Gedankenspiel betrifft die Frage, ob Schulbuchverlagen Amtshaftungsansprüche gehabt hätten, wenn die Rechtschreibreform für verfassungswidrig erklärt worden wäre. In der Literatur wird dazu ausgeführt, dass die Verlage durch den Zulassungsvorbehalt einer rechtlichen „Sonderverbindung" zu den Kultusministern „ausgeliefert" seien[21]. (Allerdings dürfte es am Verschulden fehlen, vgl. Rn. 1127 ff.).

dd) Im **Beamtenernennungsverfahren** bestehen Amtspflichten auch gegenüber den Mitbewerbern (BGH, NJW 1995, 2344)[22].

Ein **anderer Verwaltungsträger** kann grundsätzlich nicht „Dritter" i. S. v. § 839 BGB sein; denn das Amtshaftungsrecht regelt das Verhältnis zwischen Staat und Bürgern. Doch ist Amtshaftung jedenfalls dann möglich, wenn zwei Verwaltungsträger in unterschiedlichen Aufgabenfeldern tätig sind und dabei ein Amtswalter der einen Verwaltung Rechtsgüter der anderen schädigt. **1124**

Solche Aussagen sind selbstverständlich nicht eindeutig aus der Verfassung oder den einschlägigen Gesetzesnormen abzuleiten, sie sind vielmehr Ergebnis *wertender* Betrachtung dieser Normen und von *Abwägungen* der Vor- und Nachteile.

Einigermaßen klar umrissen ist hingegen die häufig zugrunde gelegte Pflicht, „sich bei der Amtsausübung aller Eingriffe in fremde Rechte zu enthalten, die eine unerlaubte Handlung im Sinne des bürgerlichen Rechts darstellen" (s. o. Rn. 1117); diese Pflicht obliegt den Beamten bzw. Behörden gerade gegenüber den Trägern jener **1125**

---

19 Kritisch dazu Vogel, NJW 1996, 3401; *Osterloh,* JuS 1997, 179.
20 Zustimmend *Krohn*, EWiR 1997, 747 f.
21 *Wagner*, NJW 1998, 1184, 1187.
22 Dazu *Czybulka/Biermann*, JZ 1998, 601.

Rechte und Rechtsgüter[23]. Die Tendenz der Rechtsprechung geht seit einiger Zeit dahin, den Bürgerbezug der Amtspflichten auszudehnen, so wie auch in zunehmendem Maße Ansprüche des Bürgers auf staatliches Handeln anerkannt werden. Die Wirkung von Grundrechten wird durch erweiterte Anerkennung korrespondierender Amtspflichten gegenüber den Grundrechtsträgern verstärkt. Man muss freilich auch berücksichtigen, dass u. U. durch verstärkte Beachtung von Rechten des einen die Position des anderen geschwächt wird – zumindest mittelbar, weil nämlich die Verwaltung die Inhaber dieses hervorgehobenen Rechts künftig vor den Trägern konkurrierender Rechtspositionen bevorzugen dürfte.

Beispiele: Das RG hielt eine Polizeibehörde für verpflichtet, dagegen einzuschreiten, dass Leute in ein unbewohntes Gebäude eingedrungen waren und dieses „durch Abreißen alter und Errichten neuer Wände, Anlage neuer Feuerstellen, Legen von Leitungen u. a. m." „beschädigten"(!); zumindest hätte der im Ausland lebende Eigentümer benachrichtigt werden müssen (RGZ 147, 144). Eigentumsschutz gegen „Instandbesetzer" – der Fall aus dem Jahre 1921 zeigt, welche Bedeutung das Merkmal „Drittbezug der Amtspflicht" hat. Die Vorinstanzen hatten übrigens entgegengesetzt entschieden.

Der BGH verurteilte die Bundesrepublik Deutschland zu Schadensersatz wegen des rechtswidrigen Bummelstreiks der Fluglotsen im Jahre 1973. Darin habe ein rechtswidriger Eingriff in Gewerbebetriebe gelegen, die sich auf das ungestörte Funktionieren der Flugsicherung eingerichtet hatten. Der BGH stellte fest, dass die notwendige „besondere Beziehung" zwischen der verletzten Amtspflicht und den geschädigten Dritten bestanden habe (BGHZ 69, 128, 136).

Bei der Aufstellung von Bebauungsplänen haben die Mitglieder des Gemeinderats die Amtspflicht, Gesundheitsgefährdungen zu verhindern, die den zukünftigen Bewohnern des Plangebiets aus der Bodenbeschaffenheit (Altlasten!) drohen (BGHZ 106, 329; 108, 224)[24].

Weitere Fälle: Aufsicht über technische Betriebe: BGHZ 39, 358; Wasseraufsicht und Hochwasserschutz im Interesse gefährdeter Anlieger: BGHZ 54, 165; vollständige und richtige Auskunft: BGH, NVwZ 1986, 76.

1126 **Ablehnung der Amtshaftung:** Ein Betriebsgebäude stürzt wegen falscher Berechnung der Statik ein, ohne dass Personen zu Schaden kommen. Der von der Baugenehmigungsbehörde beauftragte Prüfingenieur für Baustatik hatte den Fehler übersehen. Die Prüfungspflicht besteht im Interesse derjenigen, die durch einen Einsturz verletzt werden konnten, aber sie soll nicht den Bauherrn vor nutzlosen finanziellen Aufwendungen bewahren. „Die sachkundige und in der Regel gründliche Prüfung der Bauunterlagen durch die Baugenehmigungsbehörde mag ... für den Bauherrn die erfreuliche Nebenwirkung haben, ihn vor finanziellem Schaden durch falsche Konstruktionsberechnung zu schützen; es ist jedoch abwegig, aus dieser Nebenwirkung der einem anderen Zweck dienenden behördlichen Prüfung Amtspflichten zum Schutze der Belange des Bauherrn herleiten zu wollen" (BGHZ 39, 358, 365).

Die Pflicht der Mitarbeiter des Deutschen Wetterdienstes, Seefahrt und Luftfahrt vor Unwetter zu warnen, ist nach Ansicht des BGH (NJW 1995, 1828) keine Amtspflicht gegenüber

---

23 BGHZ 78, 274, 279.
24 Dazu *Schink*, NJW 1990, 351 ff.; *Ossenbühl*, DÖV 1992, 762 ff.

den einzelnen See- und Luftfahrern. Für einen Fall unterlassener Hagelwarnung meint das Gericht, der Beitrag des Wetterdienstes zur meteorologischen Sicherung des Luftverkehrs beschränke sich – jedenfalls soweit es um allgemeine Warnungen, nicht individuelle Antworten auf einzelne Anfragen gehe – auf die „Rahmenbedingungen für eine ordnungsgemäße Funktionsfähigkeit der Luftfahrt" (S. 1829; s. a. die Entscheidung auf S. 1830). Der BGH befürchtet offenbar, dass die Haftung des Staates bei anderer Sichtweise allzu weit, nämlich auf eine nicht mehr eingrenzbare Vielzahl von „Wetterabhängigen" ausgedehnt werde. Irritierend ist freilich ein Satz der Begründung wie der, beim Flugwetterdienst komme hinzu, „dass er nicht unmittelbar das Wohl und Wehe der Flugbeteiligten, sondern mehr die Rahmenbedingungen des Flugverkehrs im Blick" habe (S. 1829).

Einem zu Unrecht als tauglich angesehenen Wehrpflichtigen wurde ein Geldersatz für den Verlust an Zeit abgelehnt, den er durch den geleisteten Wehrdienst erlitten hatte. Die Amtspflicht, ihn richtig zu mustern, mag auch in diesem Fall eine (subjektiv) „erfreuliche Nebenwirkung" haben – nämlich Zeitgewinn dessen, der nicht einberufen wird –, aber sie soll nicht dazu dienen, dem Wehrpflichtigen den Zeitverlust durch den Wehrdienst zu ersparen (BGHZ 65, 196, 202)[25].

e) Das Verschulden

Nicht jede Pflichtverletzung gegenüber einem Dritten begründet Amtshaftung; hinzukommen muss ein Verschulden des Handelnden. Dies erschwert die Lage des Geschädigten, hat aber doch einen gewissen Sinn. Das StHG hatte zwar auf diese Bedingung verzichtet, aber eine ähnliche, wenn auch nicht ebenso weitreichende Einschränkung vorgesehen: bei „Unabwendbarkeit" des Schadens entstand auch nach StHG kein Ersatzanspruch (§ 2 Abs. 1 S. 2). **1127**

Gedacht war an Fälle wie diese:

Kann eine Behörde eine beantragte Leistung nicht schnell genug erbringen oder eine Genehmigung nicht zügig erteilen, weil der Arbeitsanfall mit dem verfügbaren Personal nicht zu bewältigen ist, so soll auch kein Schadensersatzanspruch entstehen – es sei denn, die mangelhafte Ausstattung stelle ihrerseits eine Pflichtverletzung gegenüber den „Kunden" der Verwaltung dar.

Fast jede Genehmigung einer großtechnischen Anlage wird heute angefochten, und die Prozesse dauern viele Jahre lang. Wenn der Staat auch bei größter Sorgfalt der Behörden in jedem Falle Schadenersatz leisten müsste, in dem die Genehmigung oder ihre Ablehnung von der letzten gerichtlichen Instanz für rechtswidrig erklärt wird, wäre die Entscheidungsfähigkeit der Verwaltung gefährdet.

Der Geschädigte muss nach § 839 BGB darlegen und ggf. beweisen, dass der Amtswalter seine Amtspflicht ihm gegenüber *schuldhaft*, nämlich **vorsätzlich oder fahrlässig** verletzt hat. Dieses Erfordernis könnte als unbillig empfunden werden, wenn wirklich verlangt würde, dass der Bürger böse Absicht oder mangelnde Sorgfalt eines bestimmten Amtswalters nachweist. Doch ist das Verschuldenserfordernis weitgehend *objektiviert* worden, so dass auch derjenige Geschädigte, der die schadensbegründenden Ereignisse nicht im Einzelnen rekonstruieren kann, nicht chancenlos ist. **1128**

---

25 Weil die Wehrdienstpflicht alle gleich belastet, liegt auch kein entschädigungspflichtiges Opfer vor.

1129 Zum einen ist der **Fahrlässigkeitsmaßstab** nach § 276 Abs. 2 BGB objektiv zu verstehen; „fahrlässig handelt" danach, „wer die im Verkehr erforderliche Sorgfalt außer Acht lässt". „Im Verkehr erforderlich" heißt: Nach den *generell* geltenden Maßstäben (sozialen Normen) über die erforderliche Sorgfalt, gemessen am Vorbild eines „pflichtgetreuen, sorgfältigen Beamten", nicht danach, was dem konkreten Handelnden zumutbar oder nicht zumutbar ist[26]. Vor allem aber lässt die Rechtsprechung es genügen, dass der Geschehensablauf auf einen Mangel an Sorgfalt der Behörde insgesamt hinweist; nicht gefordert wird, dass der Geschädigte den Namen und den genauen Handlungsteil des verantwortlichen Amtswalters angibt. Wenn in einer Behörde Amtspflichten verletzt werden, ohne dass ein Verantwortlicher feststellbar ist, liegt mindestens ein *Organisationsverschulden* vor.

1130 Als Fahrlässigkeit wird es gewertet, wenn eine Behörde **geltendes Recht falsch anwendet.** Die Gerichte orientieren sich dabei insbesondere an der höchstrichterlichen Rechtsprechung. Vertretbare Rechtsmeinungen dürfen allerdings nicht als falsch gewertet werden, und die Rechtsprechung hat es auch als Entschuldigung anerkannt, wenn ein Kollegialgericht das Verhalten des Handelnden als rechtmäßig beurteilt hat („Kollegialgerichtsrichtlinie")[27].

Dass somit im Rahmen von Amtshaftungsprozessen nicht nur die Rechtmäßigkeit von Verwaltungshandlungen überprüft werden kann, an denen unter Umständen bereits mehrere mit Volljuristen besetzte Instanzen entschieden haben, sondern auch geprüft wird, ob die im Ergebnis für falsch gehaltenen Rechtsansichten auf mangelnder Sorgfalt beruhten, ist misslich, aber unvermeidbar, wenn überhaupt auf das Verschulden abgestellt wird, wie es bei der Amtshaftung vorgeschrieben ist (anders die Regelung des gescheiterten StHG).

Für den *nicht zurechnungsfähigen Beamten* haftet der Staat nach dem als Bundesrecht fortgeltendem § 1 Abs. 2 Gesetz über die Haftung des Reichs für seine Beamten v. 22. 5. 1910 **(Billigkeitshaftung).**

1131 Entsprechend den zivilrechtlichen Regeln ist auch die **Kausalität** der Amtspflichtverletzung für den eingetretenen Schaden zu prüfen. Nicht jede Amtspflichtverletzung ist „adäquat kausal" für einen Schaden dessen, dem gegenüber sie bestand. So verneint der BGH die Kausalität in einem Fall, in dem die Behörde einen *Verfahrensfehler* begangen hatte, die getroffene Maßnahme aber auch ohne diesen Fehler hätte getroffen werden müssen[28]. Diese Auffassung ist bedenklich – vgl. dazu die Ausführungen in Rn. 774 f. zu § 46 VwVfG, der gleichfalls hypothetische Überlegungen zur nachträglichen Rechtfertigung des Verwaltungshandelns zugelassen hat.

---

26 Vgl. BGH, NVwZ 1986, 504; BGHZ 106, 323, 330.
27 BGHZ 73, 161, 164 f.; BGH, NVwZ 1985, 265 und 1998, 878; s. aber auch BGH, NVwZ 1987, 258, 260; kritisch dazu mit Recht *Maurer*, § 25 Rn. 25.
28 BGHZ 63, 319, 325.

3. Die Subsidiaritätsklausel

Nach § 839 Abs. 1 S. 2 BGB entfällt die Haftung des Beamten und damit die der Körperschaft, wenn dem Beamten nur Fahrlässigkeit zur Last fällt und der Verletzte **„auf andere Weise Ersatz zu erlangen vermag"**. Der Geschädigte kann danach also darauf verwiesen werden, einen Anspruch gegen jemand anders, insbesondere gegen eine Versicherung oder gegen einen Mitschädiger geltend zu machen. Man spricht deshalb auch von *„Verweisungsprivileg"*. Diese Bestimmung hatte ihren guten Sinn, so lange der Beamte persönlich haftete und seine Ersatzverpflichtung eben nicht vom Staat abgenommen wurde. Es ist nur recht und billig, jemanden von der Haftung für bloße Fahrlässigkeit zu verschonen, wenn er ständig staatliche Kompetenzen gegenüber anderen wahrzunehmen hat und dabei unter Umständen große Schäden anrichten kann; im Arbeitsrecht spricht man von „betrieblich veranlasster (früher: „gefahrgeneigter" oder besser „schadensgeneigter") Tätigkeit. Außerdem sollte durch diese Regelung verhindert werden, dass die Amtswalter ängstlich und verantwortungsscheu würden oder sich ohne Not der Rückendeckung ihrer jeweiligen Vorgesetzten versicherten.

1132

Durch die Amtshaftung wurden diese Zwecke der Subsidiaritätsklausel aber **obsolet**, und schon lange ist es bemängelt worden, dass der Staat sich dadurch ein Privileg zunutze gemacht hat, das anderen, die für ein Verschulden einzutreten haben, nicht zusteht. Auch der BGH hat sich solchen Erwägungen nicht verschlossen; er hat den Anwendungsbereich der Klausel Schritt für Schritt so sehr eingeschränkt, dass sie in den meisten Fällen nicht mehr eingreift.

1133

Zuerst wurde die Anwendung von § 839 Abs. 1 S. 2 BGB in Fällen abgelehnt, in denen der anderweitige Anspruch sich gegen einen *Träger öffentlicher Verwaltung* richtete[29]. Die Begründung: Wenn die öffentliche Hand Ersatz schuldet, soll nicht eine ihrer Organisationen auf die andere verweisen können; die wirtschaftliche Einheit der Verwaltung spreche gegen eine solche Verweisung. Diese Begründung, die zu einem praktisch sinnvollen Ergebnis führt, ist freilich bei grundsätzlicher Betrachtung nicht überzeugend, denn jeder Anspruch müsste für sich geprüft werden.

Wichtiger für das Verhältnis von Staat und Gesellschaft ist die Rechtsprechung zu der Frage, ob die Amtshaftung auch entfällt, wenn eine *private Versicherungsgesellschaft* den Schaden ersetzen muss. Nach § 67 VVG geht ein Schadensersatzanspruch des Geschädigten auf die Versicherung über, wenn sie den Schaden ersetzt; nach früherer Rechtsprechung galt dies jedoch im Falle der Amtspflichtverletzung nicht, sondern es wurde angenommen, dass der Anspruch des Geschädigten gegen die Versicherung eine anderweitige Ersatzmöglichkeit bedeutete und deshalb ein Anspruch aus Amtshaftung gar nicht entstanden sei. Diese Rechtsprechung hat der BGH (BGHZ 79, 35) aufgegeben; nunmehr kann die Versicherungsgesellschaft beim Staat Rückgriff nehmen. Auch ein Träger der gesetzlichen Krankenversicherung wird nunmehr so behandelt (BGHZ 79, 26). Vgl. ferner BGHZ 85, 230 für die Kaskoversicherung.

1134

---

29 BGHZ 13, 88, 101 ff.

1135 Der zweite wichtige Bereich, in dem die Anwendung der Subsidiaritätsklausel nach der neueren Rechtsprechung entfällt, sind die *Verkehrsunfälle bei Dienstfahrten.* Dass in solchen Fällen Amtshaftung eintreten kann, folgt aus dem öffentlich-rechtlichen Charakter des Verwaltungshandelns (vgl. oben Rn. 283, 1109 f.). Hier gilt neben der Amtshaftung auch eine Haftung der öffentlichen Hand als Kraftfahrzeughalter gemäß § 7 StVG (vgl. schon BGHZ 42, 176). Bereits in BGHZ 50, 271, 273 ist festgestellt, dass die für den Amtswalter haftende Körperschaft den Geschädigten nicht auf die Halterhaftung als eine „anderweitige Ersatzmöglichkeit" verweisen kann. Wenn aber die Haftungshöchstgrenzen des StVG überschritten sind, wenn Schmerzensgeld zu leisten ist oder wenn die ersatzpflichtige Körperschaft im Einzelfall gar nicht Halterin des Wagens ist, musste nach der Rechtsprechung ein weitergehender Anspruch aus Deliktsrecht versagt werden, weil die Anstellungskörperschaft den Geschädigten auf eben diese Halterhaftung verweisen konnte. Der BGH hat jedoch in einem Akt kühner Rechtsschöpfung die Subsidiaritätsklausel auch hier für nicht anwendbar erklärt. Der „Grundsatz der *haftungsrechtlichen Gleichbehandlung aller Verkehrsteilnehmer"* gebiete, dass die Sonderregelung des § 839 für die Amtshaftung nicht angewendet werde, wenn ein Amtswalter bei der dienstlichen Teilnahme am allgemeinen Straßenverkehr schuldhaft einen Verkehrsunfall verursache (BGHZ 68, 217; bestätigt u. a. in BGHZ 118, 368, 372; *Fall 9*). Bei der Subsidiarität bleibt es nur dann, wenn der Amtswalter *Sonderrechte* nach § 35 StVO in Anspruch nimmt, also z. B. wenn die Polizei oder Feuerwehr mit Blaulicht und Martinshorn im Einsatz ist (BGHZ 85, 225; *Fall 10*). In diesem Fall haben in der Tat die handelnden Amtsträger „gerade nicht die gleichen Rechte und Pflichten wie andere Verkehrsteilnehmer" (a. a. O. S. 229). Auch bei Verletzung einer öffentlich-rechtlichen *Verkehrssicherungspflicht* ist § 839 Abs. 1 S. 2 nicht mehr anwendbar (BGHZ 75, 134). Etwas anderes gilt dagegen, wenn zugleich ein Deliktstatbestand i. S. v. § 823 ff. BGB erfüllt wird (BGHZ 91, 48, 51).

1136 § 839 Abs. 1 Satz 2 bleibt aber von Bedeutung, wenn und soweit der Beamte *persönlich* haftet, also wenn er privatrechtlich gehandelt hat und wenn die Amtshaftung aus besonderen Gründen (s. u. Rn. 1147 ff.) ausgeschlossen ist.

1137 **Zur Vertiefung:** *Stangl,* Die Subsidiaritätsklausel des § 839 Abs. 1 S. 2 BGB in der Rechtsprechung des BGH, JA 1995, 572.

4. Art und Umfang der Haftung

a) Grundsatz

1138 Nach § 839 BGB ist jeder Vermögensschaden zu ersetzen, also nicht nur die Verletzung der nach § 823 BGB geschützten, dort im Einzelnen aufgeführten subjektiven Rechte. Deshalb kann der Bürger, der durch die Verzögerung von Verwaltungshandlungen z. B. Zinsverluste erleidet, diese ersetzt verlangen (*Fall 1*).

Dieser umfassende Vermögensschutz ist freilich wesentlich dadurch eingeschränkt, dass der Tatbestand durch die soeben in Rn. 1105 ff. behandelten Merkmale eingeschränkt ist (insbesondere: Drittbezug der Amtspflicht).

b) Art der Haftung

Der Amtshaftungsanspruch geht nur auf **Geldersatz** – dies war die lange Zeit kaum in Zweifel gezogene Konsequenz aus der immer noch mitgeschleppten Fiskuslehre (vgl. oben Rn. 486 f.). Nur durch Beschränkung auf Geldersatz entging man der vor Einführung der Verwaltungsgerichtsbarkeit „unmöglichen" Lösung, den Staat auf Erlass oder Aufhebung von Verwaltungsakten zu verurteilen. Auch nach Errichtung der Verwaltungsgerichte blieben für die Amtshaftung die Zivilgerichte zuständig. Da die Amtshaftung als Übernahme der Beamtenhaftung konstruiert ist, kann der Anspruch nur solche Forderungen erfassen, die auch der Beamte persönlich, als Privatperson, erfüllen könnte. Deshalb blieb es auch bei der Folgerung, dass der Schadensersatz für Amtspflichtverletzungen nicht Naturalherstellung im Sinne von § 249 BGB sein könne; denn das hätte die zivilgerichtliche Verurteilung zu Verwaltungsakten bedeutet[30]. Aber der Beamte ist gar nicht Prozessgegner, und die Gerichtszweige sind gleichwertig[31] – die Einschränkung auf Geldersatz ist daher nicht überzeugend; sie ist nur vertretbar angesichts des Umstandes, dass andere Formen von Ausgleich vor den Verwaltungsgerichten eingeklagt werden können. Es bleibt der bedauerliche Umstand, dass die Aufspaltung des Rechtsweges auch hier zu erheblichen Komplikationen führt.

1139

Dies gilt vor allem für diejenigen Amtspflichtverletzungen, die zu immateriellen und durch Geld nicht voll ausgleichbaren Schäden führen, z. B. die in amtlicher Eigenschaft begangenen Beleidigungen. Nach BGHZ 34, 99 konnte im Zivilrechtsweg weder der Amtswalter persönlich, der jemanden „amtlich" beleidigt hatte, noch sein Dienstherr zu Widerruf und künftiger Unterlassung verurteilt werden[32]. Das ergibt sich nach Ansicht des BGH aus den „öffentlich-rechtlichen Besonderheiten dieses Haftungstatbestandes"[33]. Eine Ausnahme macht der BGH für „Nebenansprüche, die nur einen Annex des Schadensersatzanspruches bilden", z. B. Auskunft und Abgabe einer eidesstattlichen Erklärung[34]. Ein eventueller Anspruch auf Beseitigung der immateriellen Folgen muss also gegen den Träger öffentlicher Verwaltung im *Verwaltungsrechtsweg* geltend gemacht werden; nur wenn ein von einem Beamten getaner Ausspruch „so sehr Ausdruck einer persönlichen Meinung oder Einstellung" ist, dass „die Widerrufserklärung eine unvertretbare Leistung des Beamten darstellt", kann dieser selbst dazu (vom Zivilgericht) verurteilt werden[35].

1140

Geldersatz ist auch für Nichtvermögensschaden (Verlust an Lebensfreude, körperliche und seelische Schmerzen usw.) zu leisten, wenn die körperliche Unversehrtheit, die Gesundheit oder die Freiheit eines Menschen verletzt wurde oder eine schwere (!) Verletzung seiner Persönlichkeit geschehen ist[36]. – Drittschaden ist gemäß §§ 844 f. BGB zu ersetzen (also nicht im *Fall 8*).

1141

---

30 Vgl. *W. Jellinek*, Verwaltungsrecht, 3. A., 1950, S. 324.
31 In diesem Sinne auch BGHZ 78, 274, 277.
32 Ebenso BGHZ 67, 92, 100 für den Widerruf eines Befehls.
33 BGHZ 34, 105.
34 Vgl. BGHZ 67, 81, 91; 78, 274, 276 ff.
35 BGHZ 34, 99, 107.
36 § 847 BGB und die Rechtsprechung dazu, die gleichfalls Schmerzensgeld für derartige Beeinträchtigungen persönlicher Rechtsgüter gewährt hat, s. etwa BGHZ 78, 274, 280.

c) Folgenbeseitigung

1142 Falls der Schaden in der Veränderung eines tatsächlichen Zustandes zum Nachteil des Geschädigten besteht, kann *Folgenbeseitigung* durch „Herstellung des früheren oder, falls dies unzweckmäßig ist, eines gleichwertigen Zustandes" verlangt werden (so die Formulierung von § 3 Abs. 1 StHG). Wissenschaft und Rechtsprechung haben dieses Rechtsinstitut aus praktischen Bedürfnissen heraus entwickelt. Bei systematischer Betrachtung des Problemfeldes müsste dieser Ausspruch die erste Stelle einnehmen, weil er auf die Herstellung oder Wiederherstellung des ursprünglich geforderten, rechtmäßigen Zustandes gerichtet ist (vgl. den Problemüberblick oben Rn. 1084). Da es sich um einen anderen Anspruch als den Amtshaftungsanpruch handelt, wird das Weitere erst später (Rn. 1156 ff.) behandelt.

d) Mitverschulden

1143 Haben Umstände, die der Geschädigte zu vertreten hat (Mitverschulden), den Schaden bzw. den rechtswidrigen Zustand mit verursacht, so kann kein voller Schadensersatz bzw. keine vollständige unentgeltliche Folgenbeseitigung verlangt werden. Vielmehr ist der Schaden nach den Grundsätzen des § 254 BGB zu teilen; evtl. entfällt der Anspruch ganz.

Einen besonders wichtigen Fall von Mitverschulden regelt § 839 Abs. 3 BGB: wer es schuldhaft versäumt, den Schaden durch Gebrauch eines Rechtsbehelfs abzuwenden, verliert seinen Ersatzanspruch. Diese Regelung entspricht auch dem Grundsatz, dass der unmittelbare (primäre) Rechtsschutz Vorrang haben soll.

e) Richterprivileg

1144 Nach § 839 Abs. 2 BGB ist ein Richter (im Gesetzestext von 1900 entsprechend der damaligen Einordnung der Richter in die Beamtenschaft noch als „Beamter" bezeichnet, der ein „Urteil in einer Rechtssache" erlässt) für Amtspflichtverletzungen bei rechtsprechender Tätigkeit „nur dann verantwortlich, wenn die Pflichtverletzung in einer Straftat besteht" – so dass nur Rechtsbeugung und Bestechlichkeit einen Haftungsgrund darstellten (in *Fall 6* also kein Ersatzanspruch). Die „pflichtwidrige Verweigerung oder Verzögerung der Ausübung des Amtes" ist aber den Pflichtverletzungen der Verwaltungsbeamten gleichgestellt.

1145 Dieses so genannte „Spruchrichterprivileg" bedeutet bei richtigem Verständnis ein **„Richterspruchprivileg"**[37], und in dieser Bedeutung hat es nach wie vor seine Berechtigung. Es geht nicht oder jedenfalls nicht in erster Linie darum, die Unabhängigkeit der Rechtsprechung zu sichern, sondern die Rechtssicherheit zu wahren. Wenn jedes Urteil in einem Schadensersatzprozess wegen behaupteter Amtspflichtverletzung des Richters erneut in Frage gestellt werden könnte, würde die notwendige Verbindlichkeit noch später erreicht, als sie ohnehin erst möglich ist, wenn der Instanzenzug ausgeschöpft wird.

---

37 *Bender*, Staatshaftungsrecht, 3. A., 1981 Rn. 752 ff.

4. Art und Umfang der Haftung § 26

Ein vom Gericht ernannter **Sachverständiger**, der vorsätzlich oder grob fahrlässig ein unrichtiges Gutachten erstattet, hat nach § 839a BGB den Schaden zu ersetzen, der einem Verfahrensbeteiligten durch eine Entscheidung entsteht, die auf dem Gutachten beruht. **1146**

f) Haftungsausschlüsse

Die Staatshaftung ist durch Art. 34 GG nur „*grundsätzlich*" garantiert; es gibt also Ausnahmen. Insbesondere für den Massenbetrieb der Post war die Haftung schon vor deren Privatisierung durch besondere Vorschriften eingeschränkt. Wegen der Rechtsänderung durch das Poststrukturgesetz (Rn. 76, 84) sind diese Vorschriften jetzt für die Amtshaftung ohne Bedeutung. **1147**

Durch das *Gesetz über die Haftung des Reichs für seine Beamten* v. 22. 10. 1910 (RBHG) und ähnliche Landesgesetze ist die Haftung des Staates in zwei Bereichen ganz ausgeschlossen und in einem dritten von einer Bedingung abhängig gemacht. **Keine Haftung** besteht für **1148**
– „*Gebührenbeamte*" (§ 5 Nr. 1 RBHG) – ein seltener Fall[38]; für die Notare folgt dies aus § 19 Abs. 1 S. 4 BNotO (sie haften selbst nach § 19 Abs. 1 S. 1 BNotO)[39];
– „*politisches Unrecht*" im auswärtigen Dienst (§ 5 Nr. 2 RBHG) – also ein Verhalten, das „nach einer amtlichen Erklärung des Reichskanzlers politischen oder internationalen Rücksichten entsprochen hat".

Die Amtshaftung gegenüber **Ausländern** (außerhalb der EG) kann „zur Herstellung der Gegenseitigkeit" durch RechtsVO der Bundesregierung ausgeschlossen werden, wenn der ausländische Staat bei vergleichbaren Schädigungen keinen gleichwertigen Schadensausgleich gewährt, § 7 RBHG. **1149**

Selbstverständlich sind die Bezugnahmen auf den Reichskanzler heute durch „Bundeskanzler" (und vielleicht bei § 5 Nr. 2 auch „Bundesminister des Auswärtigen") zu ersetzen. Aber es ist fraglich, ob die Haftungsausschlüsse gegenüber Ausländern und bei „politischem Unrecht" überhaupt **verfassungsmäßig** sind. Die Diskriminierung der Ausländer ist im Grunde eine „*Repressalie*" gegenüber einem fremden Staat zu Lasten von Individuen. Zahllose ausländische Staatsbürger, die in der Bundesrepublik leben und hier auf lange Zeit oder auf Dauer bleiben wollen, werden dadurch benachteiligt (sie sind auf Klagen gegen die handelnden Amtswalter persönlich verwiesen). Dies wie auch jene merkwürdige „diplomatische" Klausel, die ein an sich pflichtwidriges Verhalten um der Staatsraison willen aus der staatlichen Verantwortung herausnimmt, sind eines modernen Rechtsstaates unwürdige *Selbstbegünstigungen des* „*Fiskus*". Das StHG hatte diese Möglichkeit erheblich eingeschränkt (§§ 34, 35). **1150**

Der BGH wendet die Ausschlussklausel des § 7 RBHG gleichwohl weiter an; im Fall des Fluglotsenstreiks hat er deshalb der klagenden ausländischen Fluggesellschaft Amtshaftungsansprüche versagt, stattdessen jedoch einen (nicht in dieser Weise eingeschränkten)

---
38 Bezirksschornsteinfeger bei der „Feuerstättenschau": BGHZ 62, 372.
39 Vgl. BGHZ 135, 354.

Anspruch auf Entschädigung wegen enteignungsgleichen Eingriffs zugesprochen (BGHZ 76, 387, 389 f.). Die Konsequenz ist eine Verstärkung des Eigentumsschutzes i. S. v. Art. 14 GG im Verhältnis zum Schutz anderer Interessen, wie er durch Amtshaftung bewirkt wird. (Näheres zum enteignungsgleichen Eingriff s. u. Rn. 1194 ff.). – Ausgeschlossen ist die *satzungsmäßige* Beschränkung der Haftung; denn es fehlt an einer gesetzlichen Grundlage dafür[40].

1151 Soweit der Haftungsausschluss anerkannt wird, kommt **eine Eigenhaftung** des handelnden Beamten in Betracht – jedoch nur soweit er Beamter im „staatsrechtlichen" (beamtenrechtlichen) Sinne ist (s. o. Rn. 1107). Der Beamte hat aber u. U. einen Freistellungsanspruch gegen seinen Dienstherrn aufgrund der Fürsorgepflicht[41]. Der Geschädigte kann von der Anstellungskörperschaft verlangen, dass sie ihm den **Namen** des Verantwortlichen nennt.

5. Zuordnungsregeln

a) Passivlegitimation

1152 Die Entschädigungspflicht trifft nach Art. 34 S. 1 GG „den Staat oder die Körperschaft, in deren Dienst" der Schädiger steht. Die Bestimmung scheint eindeutig zu sein: wenn jemand „im Dienst" einer Körperschaft steht, hat diese ihn **„angestellt"**. Das erschien aber manchen für den Fall ungerecht, dass jemand Aufgaben einer anderen Körperschaft wahrnimmt, z. B. ein Gemeindebediensteter Aufgaben des Staates (übertragener Wirkungskreis, Auftragsverwaltung, s. o. Rn. 124). Noch komplizierter wird es, wenn ein Beamter an eine Behörde eines anderen Verwaltungsträgers abgeordnet wird, z. B. ein Landesbeamter an eine Bundesbehörde. Die Präsidenten der Oberfinanzdirektionen sind sogar kraft Gesetzes zugleich Bundes- und Landesbeamte. Bei Beliehenen (Privatpersonen, denen öffentlich-rechtliche Befugnisse übertragen sind) und Verwaltungshelfern fehlt schließlich die „Anstellung" ganz. Für Zivildienstpflichtige haftet die Bundesrepublik Deutschland als Dienstherr.[42]

1153 Die „Anstellungstheorie" war also um weitere Zuordnungsregeln zu ergänzen. Nicht allgemein durchgesetzt hat sich die **„Funktionstheorie"**, wonach derjenige Träger öffentlicher Verwaltung haftet, dessen *Aufgaben* bei der schädigenden Amtshandlung wahrgenommen wurden. Vielmehr wird heute überwiegend die **„Anvertrauenstheorie"** praktiziert, d. h. es haftet die Körperschaft, die den Handelnden „mit den von ihm ausgeübten hoheitlichen Befugnissen ausgestattet, ihm also das öffentliche Amt (im funktionellen Sinne dieses Begriffs) übertragen hat"[43].

Gemeinden haften also für ihre Beschäftigten auch dann, wenn sie (in öffentlich-rechtlicher Form) eine vom Staat übertragene Aufgabe wahrnehmen. Bei *Doppelstellungen* indessen kommt es auf die Zuordnung der pflichtwidrig erledigten Aufgabe an. Bei *Beliehenen* haftet derjenige Verwaltungsträger, der die Befugnisse übertragen hat, i. d. R. das Land.

---

40 A. A. BayVGH, NVwZ 1985, 344.
41 BGHZ 76, 387.
42 BGH, NJW 1997, 2109 f.
43 *Ossenbühl*, Staatshaftungsrecht, S. 17 und 112 ff.

Sonderprobleme: Haftung für Fehler von *Sachverständigen* der Technischen Überwachungsvereine, der *Prüfingenieure* für Baustatik u. Ä.: vgl. BGHZ 39, 49, 108; BGH, NJW 1970, 750. S. a. § 839a BGB und dazu oben Rn. 1146.

b) Innenhaftung und Rückgriff gegen den Handelnden

Verletzt ein Beamter vorsätzlich oder grob fahrlässig seine Pflichten, so hat er dem Dienstherrn, dessen Aufgaben er wahrgenommen hat, den daraus entstehenden Schaden zu ersetzen. So bestimmen es §§ 46 Abs. 1 S. 1 BRRG, 78 Abs. 1 S. 1 BBG und die daran angepassten Ländergesetze. Bitte beachten: entgegen einem weit verbreiteten Sprachgebrauch ist „Dienstherr" nicht der oberste Vorgesetzte, sondern die Anstellungskörperschaft, also der Bund, das Land, die Gemeinde usw. (vgl. § 121 BRRG). **1154**

Die Schadensersatzpflicht des Beamten tritt auch und gerade dann ein, wenn der Dienstherr einem Dritten wegen einer Handlung des Beamten Schadensersatz geleistet hat (s. a. Abs. 2 S. 2 der genannten Vorschriften); hier spricht man von **„Rückgriff"** gegen den Beamten.

Für Angestellte im öffentlichen Dienst gelten diese Bestimmungen nach § 14 BAT entsprechend. S. a. § 34 Zivildienstgesetz, § 42 SGB IV.

c) Freistellungsanspruch des Beamten

Die *Fürsorgepflicht* des Dienstherrn führt nicht zu einer generellen Begrenzung der Innenhaftung; dies würde den konkreten Vorschriften der §§ 46 BRRG, 78 BBG widersprechen. Aber im Einzelfall kann doch die Milderung einer unzumutbaren Belastung gefordert werden[44]. **1155**

Ist die Amtshaftung ausgeschlossen und haftet der Beamte im Außenverhältnis persönlich (also bei zivilrechtlichem Handeln oder weil eine der Haftungsausschlussklauseln eingreift), so kann ihm unter besonderen Umständen ein *Freistellungsanspruch* gegen den Dienstherrn zustehen[45]. Insbesondere bei *schadensgeneigter Tätigkeit* wäre es unbillig, den Beamten auch für leichte Fahrlässigkeit haften zu lassen, ohne ihm intern Entlastung zu gewähren.

6. Der Folgenbeseitigungsanspruch

In der Nachkriegszeit geschah es immer wieder, dass Flüchtlinge und Obdachlose in Wohnungen eingewiesen wurden, auf Betreiben der Eigentümer und Besitzer hin die **Einweisungsverfügung** aufgehoben wurde, die Eingewiesenen aber trotzdem in der Wohnung blieben. Der für die Einweisung verantwortliche Verwaltungsträger konnte nach Amtshaftungsrecht nur auf Schadensersatz in Geld (entsprechend **1156**

---
44 Vgl. BVerwGE 19, 243, 252; *Schäfer/Bonk*, Rn. 48 zu § 27.
45 BGHZ 76, 387; s. schon oben Rn. 1151.

dem Mietzins) in Anspruch genommen werden, aber auf dieser Rechtsgrundlage bekam der Berechtigte die Räume nicht frei, auch wenn er sie noch so dringend – etwa für die eigene Familie – benötigte. Dies leuchtete umso weniger ein, als der Schadensersatzanspruch nach Zivilrecht auf „Naturalrestitution" ging.

1157 Das öffentliche Recht wies in dieser Beziehung eine Lücke auf, sie wurde durch Rückgriff auf allgemeine Grundsätze der Rechtsstaatlichkeit geschlossen. Mit unterschiedlichen Begründungen im Einzelnen haben insbesondere *Bachof, Bettermann* und *Weyreuther* die Grundlinien eines Anspruchs auf Beseitigung der Folgen rechtswidrigen Verwaltungshandelns herausgearbeitet[46]. Der eine Zweig dieser Diskussion argumentiert stärker vom Prozessrecht her („*Vollzugsfolgenbeseitigungsanspruch*" analog §§ 717, 945, 302, 600 ZPO), der andere mehr von materiellrechtlichen Normen her (Störungsbeseitigungsanspruch analog §§ 12, 862, 1004 BGB). Die später erlassene VwGO setzt einen Folgenbeseitigungsanspruch voraus (§ 113 Abs. 1. S. 2); sie verpflichtet das Gericht, im Urteil auszusprechen, „dass und wie die Folgen zu beseitigen sind".

Beispiele für die Anerkennung eines Folgenbeseitigungsanspruches: Rückgabe eines Grundstückes, das zu Unrecht in eine Straßenbaumaßnahme einbezogen wurde: BVerwG, DÖV 1971, 857; s. a. OVG Hamburg, NJW 1978, 658 (*Ausgangsfall 12*); BGHZ 130, 332, 334 ff. (nachzulesen!). Widerrufsanspruch bei Beleidigung durch einen Beamten: BVerwG, DVBl. 1980, 576; BVerwGE 75, 354, 355. Vernichtungsgebot für rechtswidrig gesammelte, gespeicherte oder übermittelte Informationen, also Löschung der Daten: VG Berlin, U. v. 29. 10. 1980, in: *Simitis/Dammann/Mallmann/Reh,* Dokumentation zum BDSG, § 14 E 2. Vgl. auch *Pietzko,* Der materiell-rechtliche Folgenbeseitigungsanspruch, 1994.

Eine besondere Form des Folgenausgleichs ist im *Sozialversicherungsrecht* entwickelt worden, nämlich ein Ausgleichsanspruch bei Informationsfehlern, der darauf abzielt, den Betroffenen so zu stellen, wie er gestanden hätte, wenn er richtig informiert worden wäre und entsprechende Anträge gestellt, Beiträge gezahlt hätte usw.[47]

1158 Die **Tatbestandsvoraussetzungen des Folgenbeseitigungsanspruchs** sind:
– ein hoheitliches Handeln (positives Tun), das
– eine Rechtsbeeinträchtigung verursacht hat, sowie
– das Bestehen oder Entstehen eines Zustandes, der mit dem objektiven Recht nicht vereinbar ist; die Rechtswidrigkeit in diesem Sinne (Erfolgsunrecht, s. oben Rn. 1085) kann von Anfang an bestehen (Beispiel: rechtswidrige Einweisung eines Obdachlosen) oder nachträglich eintreten (etwa durch Fristablauf einer ursprünglich rechtmäßigen Belastung).

---

46 Nachweise bei *Schäfer/Bonk*, § 3 Rn. 4 ff.
47 Vgl. dazu *H. Bogs*, Sozialversicherungsrechtlicher Schadensausgleich im Staatshaftungssystem, in: Festschrift zum 25jährigen Bestehen des Bundessozialgerichts, Band 1, Seite 149 ff.; *Kreßel*, Öffentliches Haftungsrecht und sozialrechtlicher Herstellungsanspruch, 1990; *Schmidt-De Caluwe*, Der sozialrechtliche Herstellungsanspruch, 1992; BSGE 41, 126 und ständige Rspr. bis E 63, 112.

1159 Der Folgenbeseitigungsanspruch **entfällt,** wenn
– der bestehende Zustand einem Verwaltungsakt oder einer anderen Entscheidung, die für den Geschädigten unanfechtbar geworden ist, entspricht oder wenn
– die Herstellung nicht möglich, nicht zulässig oder nicht zumutbar ist.

Auch ein mitwirkendes Verschulden des Betroffenen kann den Folgenbeseitigungsanspruch mindern, unter Umständen sogar entfallen lassen[48].

7. Anspruchskonkurrenzen

1160 Gleichzeitig mit einer Amtspflicht i. S. v. § 839 BGB wird nicht selten eine Pflicht aus einem öffentlich-rechtlichen Vertrag oder einem anderen *öffentlich-rechtlichen Rechtsverhältnis*, z. B. einem Dienstverhältnis verletzt. In anderen Fällen ist zugleich ein Tatbestand verwirklicht, der eine *Gefährdungshaftung* begründet, z. B. nach §§ 1 Abs. 1, 2 Haftpflichtgesetz, § 7 StVG, § 33 LuftVG, §§ 25 ff. AtomG, § 22 WasserhaushaltsG, § 84 Arzneimittelgesetz oder § 833 BGB. Alle diese Ansprüche und darüber hinaus die öffentlich-rechtliche Entschädigung wegen *Aufopferung oder Enteignung* (s. u. § 27) und die öffentlich-rechtliche *Erstattung* können wegen desselben Sachverhalts neben den Amthaftungsansprüchen geltend gemacht werden.

1161 Nimmt ein Träger öffentlicher Verwaltung am **Privatrechtsverkehr** teil, so haftet er – selbstverständlich – nach den Vorschriften des Privatrechts. Das gilt für die Verletzung vertraglicher Pflichten des privaten Rechts ebenso wie für unerlaubte Handlungen von Organen und Verrichtungsgehilfen des Staates; hier sind Haftungsgrundlage die Vorschriften der §§ 31, 89, 823 ff. BGB (für „verfassungsmäßig berufene Vertreter" des Staates) bzw. §§ 831, 823 ff. BGB (für „Verrichtungsgehilfen"). Der Staat kann sich nach § 831 Abs. 1 Satz 2 BGB „exkulpieren", es kommt also darauf an, ob er seine Verrichtungsgehilfen sorgfältig genug ausgewählt und beaufsichtigt hat. Beamte im „staatsrechtlichen Sinne" (also im Sinne von §§ 2 ff. BRRG) haften für privatrechtliche Amtstätigkeit persönlich nach § 839 BGB, denn insoweit greift die Schuldübernahme durch den Staat nicht ein, und alle übrigen Bediensteten haften persönlich nach §§ 823 ff. BGB, denn insoweit sind die Voraussetzungen der Amtshaftung – hoheitliches Handeln – nicht erfüllt.

8. Rechtsweg

1162 Der Rechtsweg für Staatshaftungssachen ist in Art. 34 Satz 3 GG festgeschrieben: „Für den Anspruch auf Schadensersatz und für den Rückgriff darf der ordentliche Rechtsweg nicht ausgeschlossen werden." Trotz vielfacher Kritik an dieser tradi-

---

48 Vgl. BVerwGE 82, 24. Zu den Einzelheiten vgl. *Ossenbühl*, Staatshaftungsrecht, 5. A. 1998, 7. Teil, insbes. S. 307 ff.

tionellen Regelung ist es bisher nicht gelungen, durch Verfassungsänderung eine Konzentration des gerichtlichen Rechtsschutzes bei den für den „primären" Rechtsschutz (Rechtmäßigkeitskontrolle) zuständigen Gerichten der Verwaltungsgerichtsbarkeit zu erreichen. Für Ansprüche gegen Arbeiter oder Angestellte des öffentlichen Dienstes sind jedoch die Arbeitsgerichte zuständig[49].

Der Folgenbeseitigungsanspruch ist vor dem Verwaltungsgericht zu verfolgen.

9. Staatshaftungsrecht unter EG-Einfluss

1163 Ein Sonderfall von Haftung für legislatives Unrecht ergibt sich aus der Einbindung des deutschen Rechts in die EG-Rechtsordnung: Wenn ein Mitgliedstaat es unterlässt, eine **EG-Richtlinie** in nationales Recht umzusetzen, die einzelnen Bürgern hinreichend bestimmte Rechte verleihen soll, und diesen dadurch Schaden entsteht, ist der Mitgliedstaat verpflichtet, ohne Rücksicht auf ein Verschulden Schadensersatz zu leisten[50]. Anspruchsgrundlage ist das gemeinschaftsrechtskonform auszulegende innerstaatliche Recht, in Deutschland also Art. 34 GG i. V. m. § 839 BGB ohne Verschuldenserfordernis[51]. Der EuGH begründet dies mit dem Grundsatz der Gemeinschaftstreue (Art. 5 EGV) und dem Gebot der effektiven Funktionsfähigkeit der Gemeinschaft („effet utile"). Die betroffenen Bürger können vor nationalen Gerichten nach nationalem Recht auf Entschädigung klagen, wobei dieses europarechtskonform auszulegen ist. Ein deutsches Gericht darf also nicht den Sachverhalt einfach unter § 839 BGB i. V. m. Art. 34 GG subsumieren und den Anspruch mangels „Amtspflichtverletzung" ablehnen[52].

Beispiel: Als ein deutsches Reiseunternehmen im Sommer 1993 zahlungsunfähig wurde, mussten viele Urlauber auf eigene Kosten zurückfliegen. Eine EG-Richtlinie, die für solche Fälle einen Versicherungsfonds vorsah, war von der Bundesrepublik nicht umgesetzt worden. Die Reisenden konnten ihren Schaden von der Bundesrepublik ersetzt verlangen[53].

1164 Diese Rechtsprechung wurde in der letzten Zeit noch erheblich ausgebaut. Für den EuGH sind die einzelnen Organe des Staates untrennbar. Jeder Verstoß eines „Organs" gegen Gemeinschaftsrecht löse Schadensersatzpflichten aus, wenn dieser Verstoß „hinreichend qualifiziert", d. h. für den Staat erkennbar war und der Schaden dadurch verursacht wurde[54]. Bei der Umsetzung von EG-Richtlinien vollziehe die nationale Legislative nur von der Gemeinschaft beschlossenes Recht. Diese Begründungen überzeugen nicht. Im Ergebnis aber ist festzustellen, dass das deutsche

---

49 *Battis*, BBG, 3. A. 1997, § 78 Rn. 19; *Schäfer/Bonk*, StHG, § 27 Rn. 76.
50 EuGH, Slg. I-1991, 5357 (Francovich u. a./Italien).
51 Vgl. dazu *Nettesheim*, DÖV 1992, 999 ff.; *Ossenbühl*, DVBl. 1992, 993.
52 Unrichtig daher OLG Köln, RIW 1991, 870 – Reinheitsgebot für deutsches Bier; dazu *Meier*, EuZW 1991, 574. Das Verhältnis des deutschen Staatshaftungsrechts zum EG-Recht behandelt allgemein *von Bogdandy*, AöR 122 (1997) S. 268 ff.; s. a. *Bröhmer*, JuS 1997, 117.
53 EuGH, Slg. I-1996, 4845; vgl. a. *Wittkowski*, NVwZ 1994, 326.
54 So im Fall EuGH, Slg. I-1996, 1029 und BGHZ 134, 30 – Brasserie du Pêcheur; dazu *Streinz*, EuZW 1996, 201 (Verstoß der Bundesrepublik gegen Art. 30 EGV). S. a. *Pache*, JR 1997, 328.

Staatshaftungsrecht vom EG-Recht teilweise deutlich verändert („überformt"[55]) worden ist.

Zu den Ausgangsfällen:

1. Die Verzögerung von Entscheidungen, die im Interesse der Betroffenen zügig ergehen sollen, stellt eine Amtspflichtverletzung diesen gegenüber dar. Es kommt darauf an, ob Verschulden vorliegt, was nach dem Sachverhalt möglich ist. Vgl. Rn. 1127.

2. Der Drittbezug der Amtspflicht könnte zweifelhaft sein; denn die Strafverfolgungspflicht liegt grundsätzlich nur im öffentlichen Interesse, nicht im Interesse des Geschädigten. Hier ist aber anders zu entscheiden, vgl. Rn. 1123.

3. a) Eine Haftung des Bundes scheidet aus, da kein Verschulden gegeben ist: Die Grenzschutzbeamten haben nur die Maßnahmen getroffen, die aufgrund der Ausschreibung zur Festnahme erforderlich waren.

b) Vom Land kann der Betroffene keinen Schadensersatz verlangen, weil die Pflicht, Ausschreibungen sachgerecht vorzunehmen, nicht drittbezogen ist, sie dient lediglich der effektiven Strafverfolgung.

4. Auch hier fehlt es am Drittbezug. Die Pflicht, Belange des Versicherten zu wahren, dient dem öffentlichen Interesse an einem funktionierenden Versicherungswesen, nicht aber dem Schutz des Geschädigten. (Vgl. BGHZ 58, 96; siehe aber für die Bankenaufsicht BGHZ 75, 120).

5. Amtshaftungsansprüche scheitern am fehlenden Verschulden. Die Autofahrer können jedoch Ansprüche aus aufopferungsgleichem (BGH: enteignungsgleichem) Eingriff geltend machen, vgl. Rn. 1108.

6. Der Richter hat seine Amtspflicht verletzt, ein richtiges Urteil zu fällen. Aber nach § 839 Abs. 2 S. 1 BGB besteht eine Schadensersatzpflicht nur, wenn er dadurch eine Straftat begangen hat. Das ist nicht der Fall. (Zum Sachverhalt vgl. BVerfGE 57, 39). Auf § 839 Abs. 3 BGB kommt es nicht mehr an; s. aber § 511 Abs. 2 Nr. 1 ZPO: keine Berufung zulässig!

7. Der Anspruch, den der Konkurrent geltend machen möchte, ist auf den Abschluss eines zivilrechtlichen Vertrages gerichtet. Das Verhalten der zuständigen Beamten kann trotz der zivilrechtlichen Außenbeziehungen hoheitlichen Charakter haben. Der Sachbearbeiter hat gegen seine Amtspflicht verstoßen, die Interessen der Anbieter korrekt zu berücksichtigen. Daher kommt ein Amtshaftungsanspruch in Frage, den der Unternehmer einklagen muss. Die „Zurückziehung" des Zuschlages kann er nicht verlangen, weil dieser im Außenverhältnis wirksam erteilt ist. S. a. §§ 114 Abs. 2, 123 i. V. m. § 100 GWB.

8. Hier dürfte eine Amtspflicht in Form einer Verkehrssicherungspflicht verletzt sein. Die Heilbehandlung nach dem Arbeitsunfall übernimmt die gesetzliche Unfallversicherung der Studenten nach § 2 Abs. 1 Nr. 8 c SGB VII. Der Verlust der

---

[55] *Schoch*, JZ 1995, 109. Vgl. a. *v. Danwitz*, DVBl. 1997, 1.

Gage ist aber nur als Schadensersatz wegen Amtspflichtverletzung auszugleichen und für die nicht verletzten Kommilitonen gar nicht, da die Verkehrssicherungspflicht nicht ihnen gegenüber bestand. Vgl. Rn. 1118.

9. Die Frau hat Ansprüche aus § 839 BGB i. V. m. Art. 34 GG. Eine Amtspflichtverletzung besteht, da die Autofahrt wegen des engen Sachzusammenhanges zur öffentlich – rechtlichen Aufgabenerfüllung eine hoheitliche Betätigung darstellt.

Die Haftung wird auch nicht dadurch ausgeschlossen, dass der Unfall bloß fahrlässig verursacht wurde. Denn der Grundsatz der haftungsrechtlichen Gleichbehandlung aller Verkehrsteilnehmer hat Vorrang vor § 839 Abs. 1 S. 2 BGB, vgl. BGHZ 68, 217.

10. Ein Anspruch ist gegeben, weil die Fahrt in einem Sachzusammenhang zur öffentlich-rechtlichen Aufgabenerfüllung steht. Allerdings müssen die übrigen Voraussetzungen eines Amtshaftungsanspruches vorliegen, insbesondere muss der Fahrer schuldhaft gehandelt haben. Vgl. auch Rn. 1135.

11. Ein solcher Anspruch ist nicht begründet. Auf Amtshaftungsansprüche können sich die Vermieter nicht berufen, weil es am Drittbezug der Amtspflicht fehlt. Der Gesetzgeber nimmt ausschließlich Aufgaben der Allgemeinheit wahr. Somit sind die Pflichten, die für die dafür Verantwortlichen im Rahmen der Gesetzgebung bestehen, nicht drittbezogen. Die Vermieter können auch keine Entschädigung aus enteignungsgleichem Eingriff verlangen. Das Unterlassen ist keine konkrete hoheitliche Maßnahme, die in den Rechtskreis des Einzelnen eingreift. Vgl. BGHZ 56, 40.

12. Der Eigentümer kann vor dem Verwaltungsgericht auf Folgenbeseitigung gemäß § 113 Abs. 1 S. 2 VwGO klagen. Vgl. auch Rn. 1156.

§ 27 Ausgleich besonderer Belastungen

Ausgangsfälle:

1. Während einer Flutkatastrophe beschlagnahmt die Polizei zur Verstärkung der Deichrettungsmaßnahmen Fahrzeuge, Maschinen und Materialien. Zuschauern, die den gebrochenen Deich betrachten wollen, wird geboten, sich an den Hilfsarbeiten zu beteiligen.

2. Bei der Verfolgung eines flüchtigen Bankräubers durch eine Fußgängerzone macht ein Polizeibeamter von seiner Schusswaffe Gebrauch. Das Geschoss verfehlt den Verfolgten knapp, prallt gegen eine Wand und trifft einen unbeteiligten Passanten. Kann dieser wegen seiner Verletzungen Schadensersatz verlangen?

3. Bei einem Banküberfall gelingt es einem zufällig vorbeikommenden Passanten, dem mit der Beute davonrennenden Täter ein Bein zu stellen. Beide stürzen; der Räuber greift ihn an, wird aber von jemand anders überwältigt. Die beiden Helfer erleiden Körperschaden.

4. Ein Holzhändler hat von der Landesforstverwaltung Holz gekauft und übereignet erhalten, es aber noch in einem zum Truppenübungsplatz gehörenden Wald liegen lassen. Bei Schießübungen verbrennt das Holz. Das Land zahlt den Kaufpreis nicht zurück, weil die Gefahr bereits übergegangen sei. Der Käufer will die Bundesrepublik wegen seines Schadens verklagen.

5. Eine Textilhändlerin betreibt ein „Fahrendes Kaufhaus" für Damen- und Herren-Oberbekleidung. Sie führt in verschiedenen Orten ein- oder zweitägige Verkaufsveranstaltungen durch, auf die sie die Bevölkerung jeweils durch Zeitungsanzeigen hinweist. Das Ordnungsamt der Stadt H verbietet die Abhaltung der angekündigten Verkaufsveranstaltung, weil dafür eine Ausnahmegenehmigung des Regierungspräsidenten nötig gewesen sei. Das Verwaltungsgericht hebt diese Verfügung als rechtswidrig auf. Die Kauffrau möchte nunmehr Entschädigung von der Stadt für ihre durch die Schließung der Verkaufsveranstaltung entstandenen Ausfälle.

6. Knäckebrot wird in Schweden aus Weizen zu Weltmarktpreisen hergestellt, während in der Bundesrepublik ein teurerer Binnenmarktpreis für Weizen gesetzlich festgelegt ist. Aufgrund einer Vereinbarung mit Schweden wird eines Tages der Zoll für schwedisches Knäckebrot, der bis dahin die inländische Produktion schützte, gesenkt. Dadurch erleiden die deutschen Knäckebrothersteller erhebliche Gewinnausfälle. Einer von ihnen ist der Ansicht, die Beamten des Bundesministeriums für Ernährung, Landwirtschaft und Forsten hätten der volkswirtschaftlich nicht zu vertretenden Vereinbarung mit Schweden amtspflichtwidrig zugestimmt; der Bundestag habe sich nach Abschluss der Handelsbesprechungen praktisch gezwungen gesehen, seine Zustimmung zu erteilen. Auch habe man amtspflichtwidrig versäumt, Maßnahmen zu treffen, durch die die Chancengleichheit der deutschen Knäckebroterzeuger wieder hergestellt werden könnte.

7. Der Beamte B hat ein Grundstück gekauft, um darauf ein Eigenheim zu errichten. Kaum ist er im Grundbuch als Eigentümer eingetragen, da erfährt er, dass die Gemeinde für dieses Gebiet eine Veränderungssperre gemäß § 14 BauGB beschlossen hat. B muss daher seine Baupläne zurückstellen. Als nach drei Jahren der Bebauungsplan rechtsverbindlich geworden ist, sind die Hypothekenzinsen erheblich gestiegen, außerdem musste B in der Zwischenzeit eine hohe Miete für die Wohnung zahlen, die er ursprünglich nur für eine kurze Übergangszeit mieten wollte. Kann er von der Gemeinde Entschädigung verlangen?

8. Die Stadt S baut eine neue U-Bahn-Linie. Während der Bauarbeiten sind mehrere Hauptverkehrsstraßen jeweils viele Monate lang für den Kraftfahrzeugverkehr gesperrt und für Fußgänger nur unter erheblichen Erschwerungen benutzbar. Viele Autofahrer, die regelmäßig von auswärts zu ihren Arbeitsplätzen in der City fahren, sind zu Umwegen genötigt; die Inhaber von Einzelhandelsgeschäften erleiden durch die Sperrungen, den Wegfall von Parkplätzen und die „Unzugänglichkeit" ihrer Läden Umsatzeinbußen. Muss die Stadt Entschädigung für diese Nachteile leisten?

(Lösungshinweise in Rn. 1223)

§ 27 Ausgleich besonderer Belastungen

1. Der allgemeine Aufopferungsanspruch

a) Grundüberlegungen

1166 Jeder muss gesetzlich begründete Einschränkungen im Interesse anderer oder der Allgemeinheit hinnehmen. Aber wenn die Gemeinschaft den Einzelnen in Pflicht nimmt, muss sie *gerecht* vorgehen, und das zentrale Gebot der Gerechtigkeit ist die *Gleichbehandlung*. Für das Eigentum bestimmt das GG nachdrücklich, dass es „sozialpflichtig" ist (Art. 14 Abs. 2 GG); bei den anderen Grundrechten ist der Gemeinwohlvorbehalt in die Form des Gesetzesvorbehalts – sei es allgemein, sei es zugunsten bestimmter Gemeinschaftsgüter – gekleidet und dabei mehr oder weniger konkretisiert. Ein Entschädigungsanspruch wegen Beeinträchtigung von Grundrechten ist jedoch nur in Art. 14 und 15 GG vorgesehen; Art. 34 GG garantiert, wie oben Rn. 1018 ausgeführt, nur die anders ansetzende Staatshaftung für Amtspflichtverletzungen.

Über die Enteignungsentschädigung hinaus gilt gewohnheitsrechtlich der Grundsatz, dass der Staat den Einzelnen angemessen zu entschädigen hat, wenn er im Interesse der Allgemeinheit ein besonderes Opfer von ihm verlangt (Aufopferungsanspruch). Die klassische Formulierung dieses Rechtsinstituts im Preußischen ALR ist oben (Rn. 1094) bereits wiedergegeben.

b) Einschränkung des Anwendungsbereiches der Aufopferung

1167 Ginge es in der Rechtsentwicklung logisch zu, müsste der Aufopferungsanspruch bei jedem besonderen Opfer eines Einzelnen für die Allgemeinheit gegeben sein. Aber weder Gesetzgebung noch Rechtsprechung noch die Literatur schreiten systematisch und gleichmäßig fort; die gedanklichen Ansätze, Grundvorstellungen und Einzelüberlegungen wechseln, oft ohne erkennbaren Anlass.

So hat es sich ergeben, dass der Regelungsbereich der Aufopferungslehre wesentlich enger geworden ist als die Ausgangsüberlegungen: Die Aufopferung *materieller* Güter wurde lange fast ausschließlich unter dem Gesichtspunkt der „Enteignung" behandelt, und von einem Entschädigungsanspruch wegen Aufopferung sprach „man" nur noch bei der Beeinträchtigung immaterieller Güter (Leben, Gesundheit, Freiheit und wohl auch Persönlichkeitsrechte).

Auf kaum einem anderen Gebiet sind die „leading cases" so bestimmend geworden wie bei Enteignung und Aufopferung. So ist das Recht der Enteignungsentschädigung fast ausschließlich von dem zuständigen (III.) Senat des Bundesgerichtshofs entwickelt worden. Die Grundsatzentscheidungen[1] sind es, in denen die eben dargestellte Unterscheidung herausgearbeitet wurde (nachlesen!). Das RG hatte demgegenüber einen Aufopferungsanspruch gerade bei immateriellen Schäden abgelehnt[2].

---

1 BGHZ 6, 270; 9, 83 und 13, 88.
2 RGZ 156, 305.

Für die vom BGH gefundene Abgrenzung sprach, dass in Art. 14 Abs. 3 GG eine positive verfassungsrechtliche Grundlage für Entschädigungsansprüche vorhanden zu sein schien, deren Aktivierung für überzeugender gehalten wurde als der Rückgriff auf ein uraltes ungeschriebenes Rechtsprinzip wie die Aufopferung. Sicher geschah es auch nicht zufällig, dass mit so großem Nachdruck gerade auf das *Eigentums*grundrecht abgestellt wurde; die Funktion des Eigentums für die wirtschaftliche Entwicklung nach dem Kriege wurde ja sehr hoch bewertet[3].

2. Spezialgesetzlich geregelte Aufopferungsfälle

Der Gesetzgeber hat in zahlreichen Fällen ausdrücklich geregelt, wie die Lasten bei Maßnahmen, die im allgemeinen Interesse von jedem hingenommen werden müssen, auf den Einzelnen und die Allgemeinheit verteilt werden sollen. Wo eine gesetzliche Regelung vorliegt, scheidet der Rückgriff auf das allgemeine Prinzip aus; dieses gilt insofern als subsidiär. Die Entschädigung richtet sich dann, insbesondere was ihren Umfang und die Modalitäten ihrer Geltendmachung angeht, nach den besonderen gesetzlichen Vorschriften[4].

1168

a) Soziale Entschädigung: die Grundnorm

Hier ist insbesondere die neue Sozialleistungsform der *sozialen Entschädigung* zu nennen[5].

1169

Die „Grundnorm" dazu enthält § 5 SGB I:

„Soziale Entschädigung bei Gesundheitsschäden.

Wer einen Gesundheitsschaden erleidet, für dessen Folgen die staatliche Gemeinschaft in Abgeltung eines besonderen Opfers oder aus anderen Gründen nach versorgungsrechtlichen Grundsätzen einsteht, hat ein Recht auf
1. die notwendigen Maßnahmen zur Erhaltung, zur Besserung und zur Wiederherstellung der Gesundheit und der Leistungsfähigkeit und
2. angemessene wirtschaftliche Versorgung.

Ein Recht auf angemessene wirtschaftliche Versorgung haben auch die Hinterbliebenen eines Beschädigten."

Aus § 5 SGB I allein kann aber kein Leistungsanspruch abgeleitet werden; diese Vorschrift setzt andere, anspruchsbegründende Rechtsnormen voraus (insbesondere: die im folgenden Text besprochenen) und umschreibt deren Inhalt – aber auch dieser wird spezifisch in den Spezialnormen bestimmt.

---

3 Vgl. BGHZ 6, 270, 276 ff.!
4 So auch BGHZ 45, 58, 81.
5 Dazu ausführlich *Schulin*, Soziale Entschädigung als Teilsystem kollektiven Schadensausgleiches, 1981.

§ 27 *Ausgleich besonderer Belastungen*

b) Kriegsopfer-Versorgung

1170 Versorgung zum Ausgleich besonderer Opfer gewährt der Staat nach dem *Bundesversorgungsgesetz* von 1950 (inzwischen vielfach geändert) den Kriegsbeschädigten und ihren Hinterbliebenen. Diese Kriegsopferversorgung wegen Gesundheitsschäden wird für Sachschäden durch das *Lastenausgleichsrecht* ergänzt. Soweit danach Soldaten und andere Dienstverpflichtete versorgt werden, liegt nach Ansicht des BGH[6] kein Sonderopfer vor – eben weil die Geschädigten dienstverpflichtet waren; nach *Wolff/Bachof*, die diese Einschätzung teilen[7], ist die Versorgung vielmehr aus der Fürsorgepflicht des Dienstherrn begründet. Diese Unterscheidung ist fragwürdig: die Dienstpflicht erstreckt sich nicht auf die entschädigungslose (!) Aufopferung der Gesundheit.

c) Unfallversorgung für andere Gruppen

1171 Andere Gesetze, die der Versorgung bestimmter Personengruppen dienen, haben auf die Ausgleichsregelung des Bundesversorgungsgesetzes verwiesen[8]. Das Risiko des *Beamten*, bei dienstlicher Tätigkeit körperlich verletzt zu werden, ist durch Ansprüche auf Unfallfürsorge abgedeckt[9].

d) Unechte Unfallversicherung (§ 2 Abs. 1 Nr. 10 ff. SGB VII)

1172 Soziale Entschädigung gewähren – im Gewande der sozialen Unfallversicherung – auch die Bestimmungen in *§ 2 Abs. 1 Nr. 8-13 SGB VII*. Danach sind verschiedene Gruppen von Personen, die besonderen Gefahren ausgesetzt sind, kraft Gesetzes in der Unfallversicherung versichert, also ohne dass es eines Antrags oder einer Aufnahmeformalität bedürfte[10]. Es handelt sich insbesondere um Personen, die bei gemeinnützigen Tätigkeiten zu Schaden kommen, sei es als ehrenamtlich für eine Körperschaft/Anstalt/Stiftung öffentlichen Rechts Tätige, bei Unglücksfällen Hilfeleistende, Blut- oder Gewebespender, sei es als Verfolger einer Person, die einer Straftat verdächtig ist.

In den *Ausgangsfällen 1, 2* und *3* ist also für eventuelle Körperschäden ein solcher unechter Unfallversicherungsanspruch gegeben. Für Sachschäden vgl. § 13 SGB VII.

e) Polizeirechtliche Vorschriften

1173 Für die „Verwaltungshilfe" Privater kommen auch Entschädigungsansprüche nach dem Polizeirecht in Betracht, sofern die geschädigten Personen nämlich von der Polizei bzw. einer Ordnungsbehörde als „Nichtstörer" (im „Notstandsfall") in An-

---

6 BGHZ 20, 64.
7 Verwaltungsrecht III, § 139 Rn. 16.
8 §§ 80 Soldatenversorgungsgesetz, 47 Zivildienstgesetz, 4-6 Häftlingshilfegesetz.
9 §§ 30 ff. BeamtenversorgungsG, insbes. § 35: Unfallausgleich.
10 Kritisch dazu, dass hier ohne Beitragszahlung Leistungsansprüche entstehen: *Rohwer-Kahlmann/Ströer*, SGB I, Kommentar, 1979, § 5 Rn. 17-23.

spruch genommen worden waren (vgl. *Ausgangsfall 1*). Schon § 70 Preußisches PVG hatte diese Form des Aufopferungsanspruchs ausdrücklich geregelt; alle neuen Polizei- und Ordnungsbehördengesetze und das Bundesgrenzschutzgesetz (§§ 51 ff.) haben dieses Rechtsinstitut übernommen[11].

Nach dem Wortlaut der meisten Bestimmungen ist nur derjenige entschädigungsberechtigt, der von der Behörde (obwohl nicht für den polizeiwidrigen Zustand verantwortlich) in Anspruch genommen wurde[12]. Es ist aber anerkannt, dass dieser Wortlaut zu eng ist und dass eine Entschädigung auch dem zusteht, der *zufällig* – ohne den Willen der Polizei, als Unbeteiligter – durch eine an sich berechtigte polizeiliche Maßnahme geschädigt wurde. Eine weitere Ausdehnung dieses Rechtsinstituts besteht darin, dass auch für *rechtswidrige* Inanspruchnahme Dritter Entschädigung zugebilligt wurde. Dies ist z. T. ausdrücklich geregelt[13], z. T. von der Rechtsprechung und Literatur entwickelt.

All dies ist aber hinfällig, wenn die speziellere Regelung des § 2 SGB VII vorgeht; so die ausdrückliche Subsidiaritätsbestimmung in einigen Landesgesetzen wie § 39 Abs. 2 Buchst. a OBG NW[14]. Nach § 39 Abs. 2 Buchst. b dieses Gesetzes und nach § 221 Abs. 2 Nr. 2 LVwG SH besteht ein Entschädigungsanspruch auch nicht, soweit „die oder der Geschädigte oder ihr oder sein Vermögen durch die Maßnahme geschützt worden ist".

f) Seuchenschutz und Impfschäden

Besonders ausführlich geregelt ist die Entschädigung für Personen, die durch Maßnahmen nach dem Infektionsschutzgesetz, insbesondere durch Quarantäne (§ 56 i. V. m. §§ 30 f. IfSG, vgl. a. § 66 Viehseuchengesetz) und durch eine Impfung (§§ 60 ff.) Schäden erleiden. Dabei werden sowohl die wirtschaftlichen Nachteile wie der Verdienstausfall infolge der angeordneten Absonderung als auch die gesundheitlichen und wirtschaftlichen Folgen von Impfschäden ausführlich geregelt. Für Impfschäden werden die Bestimmungen des Bundesversorgungsgesetzes analog angewendet. § 2 Nr. 11 IfSG definiert den Impfschaden als „die gesundheitlichen und wirtschaftlichen Folgen einer über das übliche Maß hinausgehenden gesundheitlichen Schädigung durch die Schutzimpfung".

1174

Mit diesen Vorschriften hat der Gesetzgeber entsprechende Entscheidungen des BGH in Gesetzesform übernommen und ausgestaltet. Der unmittelbare Rückgriff auf die Rechtsprechung[15] ist damit überflüssig geworden. Neben dem Anspruch aus dem IfSG kommt aber u. U. auch ein Amtshaftungsanspruch aus § 839 BGB i. V. m. Art. 34 GG in Betracht[16]. Zu beachten ist die Rechtswegaufsplitterung nach § 68 IfSG auf drei verschiedene Gerichtsbarkeiten!

---

11 Vgl. *Drews/Wacke/Vogel/Martens*, Gefahrenabwehr, 9. A. 1986, S. 664 ff.; *Treffer*, Staatshaftung im Polizeirecht, 1993; ferner §§ 45 ff. MEPolG sowie §§ 65 ff. AEPolG.
12 Vgl. nochmals *Fall 1*.
13 Vgl. a. § 45 Abs. 1 S. 1 MEPolG.
14 S. a. *Drews/Wacke/Vogel/Martens*, a. a. O., S. 673 ff.
15 BGHZ 9, 83; 24, 45; 31, 187.
16 Vgl. BGH, NJW 1990, 2311 f.

g) Opferentschädigung

1175 Jeder ist dem Risiko ausgesetzt, Opfer einer Straftat zu werden. Die Zurechnung zu einem Handeln der öffentlichen Verwaltung wäre hier in den meisten Fällen kaum möglich; selbst wenn die Polizei Fehler gemacht hat, dürfte nur in den seltensten Fällen die Aussage vertretbar sein, dass eine Straftat durch einen solchen Fehler verursacht worden sei.

Zwar kann die Verletzung einer Pflicht, die den potenziellen Verletzten gegenüber bestand, einen Staatshaftungsanspruch begründen, aber auch dies dürfte selten gegeben sein; denn die Amtspflicht von Polizei und Staatsanwaltschaft zur Strafverfolgung ist im öffentlichen Interesse begründet (vgl. oben Rn. 1123).

Es erscheint gleichwohl gerecht, dass die wenigen von unzähligen Mitbürgern, die von Straftätern körperlich geschädigt werden, den Schaden nicht allein zu tragen haben. Deshalb hat der Gesetzgeber eine besondere Form der sozialen Entschädigung eingeführt, indem er durch das Opferentschädigungsgesetz[17] den Opfern von Gewalttaten Ansprüche auf Leistungen entsprechend dem Bundesversorgungsgesetz gewährt hat.

Auf dieser Grundlage hat z. B. das BSG der Mutter eines ermordeten Kindes Entschädigung für ihren Schockschaden zugebilligt (BSGE 49, 98). Ebenfalls entschädigt wurden die Ehefrau und die Kinder eines Mannes, den seine Geliebte erschossen hatte (BSGE 49, 104). Das BSG hat es (anders als die Vorinstanz) mit Recht abgelehnt, das moralisch vielleicht zu missbilligende Verhalten des Opfers den Hinterbliebenen als einen Grund entgegenzuhalten, der deren Entschädigung „unbillig" erscheinen ließe.

h) Unschuldig erlittene Haft

1176 Weitere gesetzlich geregelte Aufopferungsansprüche enthält das Gesetz über die Entschädigung für Strafverfolgungsmaßnahmen vom 8. 3. 1971.

3. Allgemeine und besondere Opferlagen

1177 Greift keiner der speziellen Tatbestände ein, die soeben dargestellt wurden, so kann nach wie vor ein Anspruch aus dem allgemeinen Prinzip der Aufopferungsentschädigung begründet sein. Doch ist die gesetzliche Regelung inzwischen so umfassend, dass kaum noch entschädigungswürdige Fälle erkennbar sind.

1178 Bei der erforderlichen Prüfung, ob ein Einzelner „besonders" belastet ist, genügt es nicht festzustellen, dass bei ihm ein Schaden eingetreten ist, bei anderen jedoch nicht. Vielmehr ist zwischen den Schäden zu unterscheiden, bei denen sich ein „allgemeines Lebensrisiko" ausgewirkt hat, und den Fällen, in denen der Schaden aus einem darüber hinausgehenden, dem Einzelnen im Interesse der Allgemeinheit auferlegten Risiko entstanden ist. Diese Unterscheidung ist insbesondere bei medizinischen Behandlungen und sportlicher Betätigung von Bedeutung.

---

17 V. 11. 5. 1976, BGBl. I S. 1181.

So sind „normale" Wehrdienstbeschädigungen – etwa die Verwundung bei Schießübungen oder im Kriege – von der gesetzlichen Spezialregelung[18] erfasst. Einem Soldaten, an dem man eine neue Heilmethode zu Forschungszwecken erprobt hatte, erkannte der BGH einen Aufopferungsanspruch zu[19]. Turnunfälle in der Schule wurden vom BGH als Folge des allgemeinen Lebensrisikos angesehen[20]; dieser Fall ist in § 2 Abs. 1 Nr. 8 b SGB VII durch Aufnahme in die soziale Unfallversicherung geregelt (vgl. oben Rn. 1172).

Zum Anwendungsbereich des Aufopferungsanspruchs vgl. *Schenke*, NJW 1991, 1777 ff.

4. Aufopferungsgleicher Eingriff

Wenn das ursprüngliche Opferverlangen *rechtswidrig* war, entsteht nach der Rechtsprechung (schon des RG) „erst recht" ein Entschädigungsanspruch – selbstverständlich nur, wenn die Grundvoraussetzung gegeben ist, dass ein *besonderes* Opfer abverlangt wurde. Durch gesetzliche Regelungen sind diese Fälle kaum erfassbar: Gezielte Eingriffe in immaterielle Güter des einzelnen sind von der Verfassung (Art. 2 Abs. 2) und vom Gesetzgeber nur in engen Grenzen zugelassen; ist dies geschehen, so ist in aller Regel auch die Entschädigung mitgeregelt. Es handelt sich also vornehmlich um Fälle ungezielter Beeinträchtigung, bei denen eine Rechtfertigung durch gesetzliche Bestimmungen gar nicht in Betracht kam.

1179

Nach der grundlegenden Entscheidung des RG in RGZ 140, 276 begründet ein schuldlos rechtswidriger Eingriff in Rechte des einzelnen einen Entschädigungsanspruch zumindest solange, wie dieser unrechtmäßige Eingriff vom Betroffenen hingenommen werden muss. Der BGH hat dann auch die *schuldhaft* rechtswidrige Beeinträchtigung als „aufopferungsgleichen Eingriff" für entschädigungspflichtig erklärt[21]. Damit waren schwierige Konkurrenzfragen zwischen Amtshaftung und Aufopferung aufgeworfen[22].

Die **Tatbestandsvoraussetzungen des Entschädigungsanspruchs aus aufopferungsgleichem Eingriff** sind
- ein hoheitlicher Eingriff (durch positives Handeln; str. ist, ob auch Unterlassen genügt, wenn Handeln geboten war),
- in ein nicht-vermögenswertes Recht (Leben, Gesundheit, Freiheit, wohl auch Persönlichkeitsrecht),
- Unmittelbarkeit des Eingriffs,
- Erforderlichkeit im Interesse des Gemeinwohls (bei rechtswidrigen Eingriffen mindestens die Motivation durch das Gemeinwohl).

1180

---

18 Vgl. § 30 Abs. 1 SoldatenG und Soldatenversorgungsgesetz i. d. F. vom 27. 12. 2004, BGBl. I S. 3822.
19 BGHZ 20, 61.
20 BGHZ 46, 327.
21 BGHZ 13, 88.
22 Dazu schon BGHZ 10, 137; 13, 88: keine Verweisung gem. § 839 Abs. 1 S. 2 BGB auf den Aufopferungsanspruch, sondern Verurteilung des Entschädigungspflichtigen aus „wahlweisem Haftungsgrund".

§ 27 *Ausgleich besonderer Belastungen*

5. Die verfassungsrechtliche Eigentumsgarantie

1181 Der Schutz des Eigentums war ein zentraler Gegenstand schon der allerersten Verfassungen (vgl. die Ausführungen zum Vorbehalt des Gesetzes oben Rn. 508 ff.). In Art. 9 der Preußischen Verfassung von 1850 heißt es:

„Das Eigentum ist unverletzlich. Es kann nur aus Gründen des öffentlichen Wohles gegen vorgängige in dringenden Fällen wenigstens vorläufig festzustellende Entschädigung nach Maßgabe des Gesetzes entzogen oder beschränkt werden."

In der Weimarer Verfassung hingegen wurde die Notwendigkeit einer gesetzgeberischen Umgestaltung der Eigentumsverhältnisse stärker berücksichtigt. Art. 153 WRV lautete:

„Das Eigentum wird von der Verfassung gewährleistet. Sein Inhalt und seine Schranken ergeben sich aus den Gesetzen.

Eine Enteignung kann nur zum Wohle der Allgemeinheit und auf gesetzlicher Grundlage vorgenommen werden. Sie erfolgt gegen angemessene Entschädigung, soweit nicht ein Reichsgesetz etwas anderes bestimmt. Wegen der Höhe der Entschädigung ist im Streitfalle der Rechtsweg bei den ordentlichen Gerichten offen zu halten, soweit Reichsgesetze nichts anderes bestimmen ...

Eigentum verpflichtet. Sein Gebrauch soll zugleich Dienst sein für das Gemeine Beste."

Die Weimarer Verfassung war damit von klassisch-liberalen Vorstellungen weit abgewichen[23].

1182 Das Grundgesetz hat den Eigentumsschutz in Art. 14 in einigen Punkten anders formuliert. So ist eine entschädigungslose Enteignung nicht mehr zulässig. Die Gemeinwohlverpflichtung ist ebenso betont wie in der WRV. Die Befugnis des Gesetzgebers zur Gestaltung von Inhalt und Schranken des Eigentums ist inzwischen in zahllosen Entscheidungen der ordentlichen Gerichte, Verwaltungsgerichte und des BVerfG für alle möglichen Einzelfälle konkretisiert – teils restriktiv, teils im Sinne des gesetzgeberischen Ermessens. Diese Judikatur ist für die gesellschaftliche Entwicklung von großer Bedeutung – das zeigt schon ein Hinweis auf die Themen der Entscheidungen[24]. Aber auch Entscheidungen zu spezielleren Themen enthalten wichtige Ausführungen über die Abgrenzung von Eigentum und übergeordneten allgemeinen Interessen[25].

Der *BGH* hat neben dieser Verfassungsrechtsprechung und weitgehend unabhängig von ihr eine *eigene Lehre von Eigentum und Eigentumsschutz* entwickelt, die gesondert dargestellt werden muss (s. unten Rn. 1194 ff.).

1183 Der **Eigentumsbegriff** bleibt in Literatur und Rechtsprechung oft unklar. Die *zivilrechtliche* Bestimmung des Eigentumsinhalts (§ 903 BGB: *„Der Eigentümer einer*

---

23 Vgl. dazu die eingehende Darstellung von *Rittstieg*, Eigentum als Verfassungsproblem, 2. A. 1977, S. 252 ff., 254.
24 BVerfGE 50, 290 – Mitbestimmung; E 37, 132 u. a., NJW 1991, 157 f. – Kündigungsschutz für Wohnraum; E 42, 263 – Contergan-Schäden.
25 Z. B. BVerfGE 24, 367 – Hamburger Deichordnungsgesetz; E 31, 229 – Urheberrechtsänderung; E 45, 297 – Hamburger Enteignungsgesetz; E 46, 325 – Zwangsversteigerung; E 52, 1 – Kleingartenrecht.

Sache kann, soweit nicht das Gesetz oder Rechte Dritter entgegenstehen, mit der Sache nach Belieben verfahren und andere von jeder Einwirkung ausschließen") ist bloß ein *formaler* Rahmen und für die verfassungsrechtliche Betrachtung irrelevant: kommt es doch gerade darauf an, inwieweit „das Gesetz" dem Belieben des Eigentümers entgegensteht. Das Bürgerliche Recht sagt, wie der Rechtsträger des Eigentums ausgewechselt wird (§§ 929 ff. BGB) und ob ein den Rechtskreis verteidigendes Recht besteht (z. B. §§ 906, 1004, 823 Abs. 1 BGB). Der Inhalt des konkreten „Eigentums", also diejenige Rechtsposition, die Eigentumsschutz genießt, ergibt sich erst aus dem Zusammenspiel sämtlicher einschlägiger zivil- und öffentlich-rechtlicher Normen. Durch diese Normen bestimmt der Gesetzgeber „Inhalt und Schranken" des Eigentums, Art. 14 Abs. 1 S. 2 GG.

Problematisch sind dagegen die *richterrechtlich* geschaffenen „Eigentums"-Positionen wie das Recht am eingerichteten und ausgeübten Gewerbebetrieb. Rechtssystematisch gesehen, handelt es sich hier um nichts anderes als eine Eigentumsinhaltsbestimmung im Wege der Rechtsfortbildung durch die Gerichte, insbesondere den BGH.

6. Gesetzliche Enteignungsregelungen

a) Klassische Enteignungsgesetze

Die Enteignung war in ihrer sog. „klassischen" Form ein Vorgang der Güterbeschaffung, vor allem der Beschaffung von Grundstücken, und zwar zunächst für den Bau von Eisenbahnlinien und Straßen. Das Schulbeispiel eines klassischen Enteignungsgesetzes ist das Preußische Gesetz über die Enteignung von Grundeigentum vom 11. 6. 1874[26]. Unter der Weimarer Verfassung wurde als Enteignung aber auch die Entziehung anderer vermögenswerter Rechte und über die Entziehung hinaus die Beschränkung solcher Rechte verstanden[27]. Außerdem wurde als Enteignung nunmehr auch die Eigentumsentziehung oder -beschränkung durch ein Gesetz (und nicht nur durch einen auf gesetzlicher Grundlage ergehenden Verwaltungsakt) anerkannt. Indem die Rechtsprechung diese Begriffserweiterung vornahm, schützte sie auch solche Formen privaten Vermögens gegen staatliche Eingriffe, die neben dem Grundeigentum zunehmend Bedeutung gewannen, z. B. Beteiligungsrechte, Gehaltsforderungen, Urheberrechte. Dadurch, dass auch Gesetze als unmittelbare Enteignungen angesehen wurden, beschränkte die rechtsprechende Gewalt die Gestaltungsmöglichkeiten des Gesetzgebers. Diese Entwicklung, die sich auch unter dem Grundgesetz fortgesetzt hat, bedeutet einerseits einen verstärkten Schutz des einzelnen gegen für ungerecht gehaltene staatliche Maßnahmen, kann aber auch zur schwerwiegenden Behinderung von Reformvorhaben werden und damit gesellschaftliche Immobilität verursachen. Gegen solche Erstarrungstendenzen ist auf die Sozialpflichtigkeit des Eigentums gemäß Art. 14 Abs. 2 GG und den Sozialstaatsauftrag des GG (Art. 20 Abs. 1) hinzuweisen.

1184

---

26 GS S. 221.
27 Beispiel: Nutzungsbeschränkung durch Verbot baulicher Veränderungen eines Gebäudes, das in die Denkmalschutzliste eingetragen wurde, RGZ 116, 268.

§ 27 *Ausgleich besonderer Belastungen*

b) Entsprechende Fälle im geltenden Recht

1185 Der klassischen Enteignungsermächtigung entsprechende Regelungen finden sich nach wie vor in verschiedenen Gesetzen. In den Ländern gelten Enteignungsgesetze nach dem Muster des erwähnten Preußischen Gesetzes von 1874; aus dem Bundesrecht sind z. B. zu nennen: § 22 Allgemeines Eisenbahngesetz, § 19 Bundesfernstraßengesetz, § 44 Bundeswasserstraßengesetz und § 30 Personenbeförderungsgesetz.

c) Gesetzliche Leistungspflichten und Nutzungsbeschränkungen für Notstands- und Verteidigungszwecke

1186 Rechtsentziehungen erlauben auch die Gesetze, die dem Einzelnen Leistungen für *Notstands- und Verteidigungszwecke* abverlangen, so das Bundesleistungsgesetz (Entschädigungsnormen: §§ 20 ff.) und das Landbeschaffungsgesetz (Entschädigung: §§ 17 ff.). Nutzungsbeschränkungen verfügt z. B. das Gesetz über die Beschränkung von Grundeigentum für die militärische Verteidigung (Schutzbereichgesetz; Entschädigung: §§ 12 ff.). Die Vorschriften des Polizeirechts, nach denen Nichtstörer für Maßnahmen der *Gefahrenabwehr* herangezogen werden können, gehören ebenfalls in diesen Zusammenhang. Dieser Entschädigungsanspruch wird freilich, wie oben (Rn. 1173 f.) erwähnt, durch § 13 i. V. m. § 2 Abs. 1 Nr. 11 bzw. 13 SGB VII verdrängt.

d) Verwirklichung von Bebauungsplänen und Sanierung

1187 Enteignung ist auch zur *Verwirklichung von Bebauungsplänen* und zur *Sanierung* zulässig (§§ 85 ff. BauGB; Entschädigung: §§ 93 ff. BauGB). Vorrangig soll dieser Enteignungszweck aber auf andere Weise angestrebt werden (§ 87 Abs. 1). In der Regel genügt es, die plangemäße Nutzung gegenüber dem Eigentümer durchzusetzen.

Von großer praktischer Bedeutung sind daher die zahlreichen Bestimmungen, in denen *Nutzungsbeschränkungen aufgrund raumbezogener Planungen* angeordnet sind. So sind die Festsetzungen von Bebauungsplänen zu beachten, aber auch die vielerlei Fachplanungen, die in Planfeststellungsbeschlüssen und Plangenehmigungen, z. B. nach dem Allgemeinen Eisenbahngesetz (§§ 18 ff.), dem Bundesfernstraßengesetz (§ 17), dem Bundeswasserstraßengesetz (§§ 14 ff.) und dem Personenbeförderungsgesetz (§§ 28 ff.) festgelegt werden (s. a. Rn. 279 und 658 ff.). Auch für diese Nutzungsbeschränkungen ist dem Eigentümer Entschädigung zu leisten, soweit er nicht die Übernahme des belasteten Grundstücks durch den Begünstigten verlangt. Im Einzelnen ist dies für Bebauungspläne in §§ 39 ff. BauGB bestimmt; im Planfeststellungsverfahren sind die Belange der Betroffenen *vor* dem Beschluss zu berücksichtigen und eventuelle Abwehr- oder Entschädigungsansprüche in den Beschluss aufzunehmen, vgl. § 74 Abs. 2 S. 2 und 3 VwVfG – diese Vorschrift gilt ergänzend zu den spezialgesetzlichen Bestimmungen über Planfeststellungsverfahren²⁸. Zu den nicht voraussehbaren Wirkungen des Vorhabens vgl. § 75 Abs. 2 S. 2-5 VwVfG.

Eine Entschädigung wird auch bei nachträglicher Änderung von Bebauungsplänen geschuldet, wenn Nutzungsberechtigte im berechtigten Vertrauen auf den Bestand des Planes unnütze Aufwendungen gemacht haben, § 42 BauGB.

e) Planungssicherung

Hiervon zu unterscheiden sind die Nutzungsbeschränkungen, die dazu dienen, *die Planung* selbst zu *sichern*. So kann nach §§ 14 ff. BauGB und 9a FStrG eine Veränderungssperre erlassen werden; dauert diese Sperre länger als vier Jahre, so ist den Betroffenen für dadurch entstandene Vermögensnachteile eine angemessene Entschädigung in Geld zu leisten, §§ 18 BauGB, 9a Abs. 2 FStrG; vgl. *Ausgangsfall 7*. 1188

f) Bauarbeiten und Lärmeinwirkung

Die Durchführung von *Bauarbeiten* an, unter und über Straßen führt regelmäßig zu Belästigungen und zu Vermögensnachteilen derer, die die Straße zum Verkehr nutzen oder als Geschäftsleute darauf angewiesen sind, dass die anliegenden Grundstücke ohne Beschwerlichkeiten zugänglich sind. Für diese Fälle gewährt § 8a Abs. 4-7 FStrG unter bestimmten Voraussetzungen Entschädigungsansprüche (bitte nachlesen!). Neuere Straßengesetze der Länder (Art. 17 Abs. 2-4 BayStrWG, § 20 Abs. 5, 6 und 8 NdsStrG) enthalten gleichartige Bestimmungen. Im Übrigen gehört es zu den Pflichten der Planfeststellungsbehörden, die Interessen der Anlieger auch so zu berücksichtigen, dass die Belästigungen während der Bauarbeiten nicht unzumutbar werden oder eine Einschränkung gewährt wird. 1189

Der BGH hatte für die unzumutbare „Absonderung" einer Gastwirtschaft vom Laufpublikum einen Anspruch aus „enteignungsgleichem Eingriff" in den „eingerichteten und ausgeübten Gewerbebetrieb" gewährt (BGHZ 23, 157). Derartige Konstruktionen sind heute überflüssig und angesichts der gesetzlichen Spezialregelung bedenklich: der Gesetzgeber hat diese Materie so detailliert geregelt, dass für richterliche Ergänzungen kaum Raum bleibt.

Eine Entschädigung für Schallschutzmaßnahmen wegen unzumutbarer *Lärmeinwirkungen* ist in § 42 BImSchG vorgesehen²⁹.

Gegen störende Auswirkungen *privatrechtlicher* Tätigkeiten gewährt die Rechtsprechung einen „nachbarrechtlichen Ausgleichsanspruch" nach § 906 Abs. 2 S. 2 BGB. Enteignungsentschädigung hingegen wird zugesprochen, wenn die Einwirkungen „*von hoher Hand* erfolgen, sich als *unmittelbarer Eingriff* in nachbarliches Eigentum darstellen und die Grenze dessen überschreiten, was der Nachbar nach § 906 BGB entschädigungslos hinnehmen muss"³⁰. 1190

---

28 Vgl. *Bonk/Neumann*, in: *Stelkens/Bonk/Sachs*, VwVfG, § 72 Rn. 92, 101.
29 Vgl. dazu BGHZ 64, 220 und BGH, DVBl. 1977, 523.
30 BGHZ 64, 220, 222.

g) Härteausgleich im Baurecht

1191 Über die dargestellten Tatbestände hinaus sollen die Gemeinden wirtschaftliche Nachteile, die durch Bebauungspläne und städtebauliche Sanierungsmaßnahmen für die in dem Gebiet lebenden und arbeitenden Menschen entstehen, möglichst vermeiden oder mildern (*Sozialplan*) und – soweit es die Billigkeit erfordert – *Härteausgleich* in Geld gewähren (vgl. §§ 180, 181 BauGB).

h) Vertrauensschutz bei begünstigenden Verwaltungsakten

1192 Muss die Verwaltung Begünstigungen, die sie dem Einzelnen gewährt hat, aus Gründen des Gemeinwohls wieder rückgängig machen, so entstehen ebenfalls Entschädigungsansprüche. Den Hauptfall dieses Vertrauensschutzes durch Entschädigung bildet § 49 Abs. 6 VwVfG, die Entschädigung für den Widerruf eines rechtmäßigen begünstigenden Verwaltungsaktes nach § 49 Abs. 2 Nr. 3-5 (s. oben Rn. 834). Spezialnormen von Bedeutung sind § 21 Abs. 4 BImSchG und § 12 WHG.

i) Allgemeinwohl bei Enteignungen zugunsten Privater

1193 Eine Enteignung zugunsten eines Privaten ist grundsätzlich zulässig. Nur müssen erhöhte Anforderungen erfüllt sein, was die Förderung des Allgemeinwohls angeht. Der Konflikt liegt auf der Hand: Allgemeinwohl, öffentliches Interesse leitet sich aus („gefilterten") privaten Interessen her, und zu jenen gehört auch das des zu Enteignenden; es muss zurücktreten, wenn andere Belange deutlich schwerer wiegen[31].

7. „Enteignungsgleicher" und „enteignender Eingriff" als Entschädigungstatbestände

a) Die Rechtsprechung des BGH zum „enteignungsgleichen Eingriff"

1194 Als Ergänzung der Amtshaftung hat der BGH Entschädigungsansprüche wegen „enteignungsgleichen Eingriffs" aus Art. 14 Abs. 3 GG hergeleitet. Ein Teil dieser Urteile betraf Fälle, die erst später – auch unter dem Einfluss dieser Judikatur – gesetzlich geregelt wurden; in manchen Urteilen aber hat der BGH über die bestehenden gesetzlichen Entschädigungsvorschriften hinausgegriffen und den von staatlichen Maßnahmen Betroffenen in kühner Ausdeutung der Verfassung einen Ausgleich ihrer Vermögensnachteile zugebilligt.

1195 Nachdem der „klassische" Enteignungsbegriff (Übertragung eines Grundstücks oder sonstigen dinglichen Rechts durch Verwaltungsakt auf einen begünstigten Un-

---

31 Vgl. dazu BVerfGE 66, 248, 257 f. – Energieversorgungsunternehmen; E 74, 264, 285 f. – Auto-Teststrecke; BVerwGE 117, 138 – Transitpipeline nach Tschechien.

7. „Enteignungsgleicher" und „enteignender Eingriff" als Entschädigungstatbestände § 27

ternehmer) bereits unter der Weimarer Verfassung verabschiedet worden war (s. o. Rn. 1181), gelten nunmehr *alle vermögenswerten Rechte* als potenzielle Gegenstände der Enteignung, und diese wird nicht mehr bloß als Vorgang der Güterbeschaffung und zielgerichteten Begünstigung aufgefasst, sondern aus der Sicht der Betroffenen gesehen; aus dieser Perspektive aber ist ein „Eingreifen" in ein Vermögensrecht schon gegeben, wenn das Recht durch hoheitliches Handeln „unmittelbar" beeinträchtigt wird. Damit sind zahllose staatliche Einwirkungen auf individuelle Rechtspositionen entschädigungspflichtig geworden. Die Zivilgerichte schützen auf dieser Grundlage insbesondere Eigentum und Besitz an Grundstücken und den Betrieb gewerblicher Unternehmen; sie rechnen dazu auch den Anliegergebrauch, also insbesondere „Kontakt" von Straßenanliegern „nach außen" (vgl. Rn. 936), so dass Straßensperrungen und Bauarbeiten u. U. Entschädigungsansprüche von Gewerbetreibenden auslösen[32] (aber da – wie erwähnt – diese Tatbestände zum großen Teil inzwischen spezialgesetzlich geregelt sind, ist vorrangig die jeweilige gesetzliche Ausprägung des Eigentumsschutzes zu beachten!).

Zum Recht am *eingerichteten und ausgeübten Gewerbebetrieb* s. zuletzt BGHZ 98, 341, 351 (st. Rspr.); seine Anerkennung bleibt jedoch noch offen gelassen in BVerfGE 68, 193, 222 f.

1196 Es kommt beim Schutz des Eigentums auf der Grundlage des Art. 14 GG wesentlich darauf an, die Fälle der „Inhalts- und Schrankenbestimmung" am Maßstab des Gemeinwohls (Art. 14 Abs. 1 S. 2 und Abs. 2) von den Enteignungsfällen i. S. v. Abs. 3 abzugrenzen. Der BGH hat hierzu die **„Sonderopferlehre"** entwickelt; er fragt, ob dem Betroffenen ein Opfer zugemutet wird, das andere in vergleichbarer Lage nicht zu erbringen brauchen[33]. Daneben werden andere „Theorien" vertreten: so hat das BVerwG in seiner früheren Rechtsprechung stärker auf **Schwere und Zumutbarkeit** des Opfers abgestellt[34]. Inzwischen schließt sich das BVerwG der Rechtsprechung des BVerfG an, nach der es auf den Entzug einer konkreten subjektiven Rechtsposition (dann Enteignung) ankommt[35]. Zu erörtern ist hier auch das Kriterium der **Situationsgebundenheit**: bereits aus den bestehenden Umständen soll sich eine Pflicht ergeben, bestimmte Nutzungen zu unterlassen[36]. In der Praxis werden die verschiedenen Gesichtspunkte häufig nebeneinander verwendet, und diese Kombination von Kriterien entspricht der Aufgabe, eine gerechte Wertung vorzunehmen.

1197 Der Leitentscheidung des BGH (BGHZ 6, 270) lagen mehrere Fälle zugrunde, in denen es um die behördliche Einweisung von Wohnungssuchenden in fremde Räume ging. In dem einen Fall entging dem Eigentümer der Mietzins, weil die Einweisung bestimmter Mieter als rechtswidrig aufgehoben wurde und die Wohnung einige Zeit leer stand, in dem zweiten blieben eingewiesene Mieter die Miete schuldig, und in einem dritten Fall erlitt ein Mieter Schaden, weil die ordnungsgemäß gemietete Wohnung einem anderen zugewiesen wurde.

---

32 Vgl. z. B. BGHZ 57, 359; BGH, NJW 1977, 1817 und DÖV 1981, 177.
33 BGHZ 6, 270; 9, 83; 20, 61; 25, 238; 60, 302; s. a. oben Rn. 1091.
34 BVerwGE 5, 143; 15, 1.
35 BVerwGE 84, 361, 366; BVerwG NVwZ 1993, 772, 773; vgl. auch *Lege*, JZ 1994, 431, 436 ff. mit weiteren Nachweisen.
36 BGHZ 90, 17, 25; BVerwGE 49, 365.

§ 27 Ausgleich besonderer Belastungen

Dem ersten und dem dritten Geschädigten wurde eine Entschädigung zugebilligt, weil in dem durch eine rechtswidrige Zuweisung verursachten Mietausfall ein „enteignungsgleicher Eingriff" gesehen wurde.

Der BGH bezeichnete die Wohnungsgesetzgebung, die nach dem Kriege eine behördliche Erfassung und Zuweisung von Wohnraum erlaubte, als „sinnfälligen Ausdruck" des Verfassungsgebotes „Eigentum verpflichtet" (S. 288) (wie auch die Mietpreisregelung und der Mieterschutz gerechtfertigt seien, weil sie den „verpflichtenden Charakter des Wohnungseigentums in der konkreten historischen Situation" deutlich machten – a. a. O.).

Aber die Besonderheit der zu entscheidenden Fälle lag darin, dass die Zuweisungsverfügungen der Wohnungsbehörden *rechtswidrig* waren. Daher waren sie „nicht mehr die Verwirklichung einer allgemein getroffenen gesetzlichen Regelung, sondern ein selbstständiger Einzeleingriff, der über die allgemeine gesetzliche Begrenzung der Herrschaftsbefugnis hinaus dem Betroffenen ein besonderes, ihn im Verhältnis zu den übrigen ungleich treffendes Opfer auferlegte". Ein solcher Eingriff in die private Eigentumssphäre komme seinem Inhalt und seiner Wirkung nach einer Enteignung gleich.

Der Kernsatz der Entscheidung lautet sodann: „Es ist aber geboten, unrechtmäßige Eingriffe der Staatsgewalt in die Rechtssphäre eines Einzelnen dann wie eine Enteignung zu behandeln, wenn sie sich für den Fall ihrer Zulässigkeit sowohl nach ihrem Inhalt wie nach ihrer Wirkung als eine Enteignung darstellen würden und wenn sie in ihrer tatsächlichen Wirkung dem Betroffenen ein besonderes Opfer auferlegt haben" (a. a. O. S. 291).

1198 „Wie eine Enteignung zu behandeln" – das sollte heißen: zum Ausgleich dieser Quasi-Enteignung sei eine Entschädigung zuzubilligen. Zur Begründung dafür, dass dieser Entschädigungsanspruch unmittelbar aus Art. 14 Abs. 3 GG hergeleitet wurde, heißt es: „Die Beschränkung des Tatbestandes der Enteignung in Art. 153 WRV und in Art. 14 GG auf rechtmäßige Eingriffe des Staates bedeutet ihrem Sinn nach eine Beschränkung für die Zulässigkeitsvoraussetzungen eines solchen Eingriffs, nicht aber eine Beschränkung für die Zubilligung eines Entschädigungsanspruchs". Diese Konstruktion ist schon oft kritisiert worden[37]. Gewiss *beschränkt* Art. 14 Abs. 3 die Entschädigungspflicht nicht, aber er begründet sie eben auch nicht, und gegen seine analoge Anwendung sprach und spricht die vom BGH ignorierte Junktim-Klausel (Art. 14 Abs. 3 S. 2 GG).

1199 Es hätte näher gelegen, die Grundsätze über die Aufopferungsentschädigung (oben Rn. 1094 f. und 1166 f.) anzuwenden. Der BGH wies auf diese auch ausdrücklich hin, beharrte aber auf der fragwürdigen Unterscheidung zwischen Enteignung materieller und Aufopferung immaterieller Güter (dazu schon oben Rn. 1167).

1200 In weiteren Entscheidungen hat der BGH den Bereich der entschädigungspflichtigen enteignungsgleichen Eingriffe noch weiter ausgedehnt. Von besonderer Bedeutung ist hier die Entscheidung BGHZ 32, 208, nach der die *Rechtswidrigkeit* des Eingriffs schon das entscheidende Tatbestandsmerkmal des *enteignungsgleichen* Eingriffs darstellt (a. a. O. S. 211 f.) (*Fall 5!*).

---

37 Vgl etwa *Rittstieg*, Eigentum als Verfassungsproblem, 1975, S. 300 ff.

b) Der „enteignende Eingriff"

Daneben hat der BGH den Begriff des *„enteignenden* Eingriffs" für diejenigen 1201
Maßnahmen geprägt, die „an sich" rechtmäßig sind, aber nicht beabsichtigte und
rechtlich missbilligte Nachteile bei einzelnen Betroffenen auslösen. Bei beiden
Arten von Belastungen hat der BGH die Voraussetzungen der Enteignung im technischen Sinne (gewollte Rechtsentziehung oder -beschränkung) nicht mehr eingehalten, ihm genügte es, dass „unmittelbare Auswirkungen" staatlichen Handelns
auf das Eigentum vorlagen. Deshalb wurden z. B. die Schäden an dem Holz, das auf
dem Truppenübungsplatz lagerte (*Ausgangsfall 4*), dem Staat als „Eingriff" zugerechnet, obwohl das „Sonderopfer" des Käufers durch rechtzeitige Abfuhr des
Holzes vermeidbar war[38]. Es handelt sich – von der Rechtswidrigkeit abgesehen –
um gleichartige Fälle wie oben beim enteignungsgleichen Eingriff (Rn. 1194 ff.),
insbesondere Straßen- und Schnellbahn-Bauarbeiten, die den Zugang zu Grundstücken erschweren und dadurch zu Umsatzeinbußen oder Geschäftsschließungen
führen, und ähnlich schwere Belästigungen durch Maßnahmen, die im Interesse der
Allgemeinheit vorgenommen werden.

Rechtssystematisch ist der enteignende Eingriff u. a. von dem Vorsitzenden des 1202
III. Senats des BGH, der für diese Fragen zuständig ist, zutreffend so beschrieben
worden: „Der Entschädigungsanspruch aus enteignendem Eingriff ist das öffentlich-rechtliche Gegenstück zum zivilrechtlichen Ausgleichsanspruch unter Nachbarn nach § 906 Abs. 2 S. 2 BGB"[39]. Gegen die Kritik der Literatur beharrt der
BGH darauf, dass die Eigentumsgarantie des Art. 14 Abs. 1 GG und der verfassungsrechtliche Grundsatz der Lastengleichheit (Art. 3 Abs. 1 GG) es nötig machten, „die Rechtsfigur des enteignenden Eingriffs, die eine Ausprägung des allgemeinen Aufopferungsgedankens darstellt, im Rahmen ihres hergebrachten
Anwendungsbereichs zur Erfassung der entschädigungswürdigen Fälle auch weiterhin einzusetzen"[40]. Der Grundsatz der Gesetzmäßigkeit der Enteignung gelte für
diesen Anspruch („der nicht die Enteignung im engeren Sinne des Art. 14 Abs. 3
GG betrifft") nicht. Zur Abgrenzung der hiernach entschädigungspflichtigen von
der noch zumutbaren Belastung benutzt der BGH den Begriff der *„Zumutbarkeitsschwelle"*: diese Schwelle wird bei Immissionen von einem Grundstück in ein
anderes überschritten, wenn die vorgegebene Grundstückssituation „nachhaltig
verändert" und dadurch das benachbarte Grundstück „schwer und unerträglich"
betroffen wird[41]. Diese Judikatur ist insbesondere an Fällen von Lärmimmissionen
durch Straßenbau und Flughäfen entwickelt worden.

Die „enteignungsrechtliche Zumutbarkeitsschwelle" ist von der „fachplanungsrechtlichen 1203
Erheblichkeitsschwelle" zu unterscheiden. Eine Störung braucht noch nicht „schwer und
unerträglich" zu sein und kann doch schon Entschädigungsansprüche auslösen, nämlich
solche nach § 906 Abs. 2 S. 2 BGB (Beeinträchtigung über das zumutbare Maß hinaus), § 74
Abs. 2 S. 3 VwVfG (nachteilige Wirkungen) oder § 42 BImSchG (Überschreitung der festge-

---

[38] BGHZ 37, 44, 46 f.; anders für einen Wasserrohrbruch BGHZ 55, 229.
[39] *Schwager/Krohn*, WM 1991, 33, 40.
[40] NJW 1993, 1700 f.
[41] BGH a. a. O. (vorige Anm.).

§ 27 *Ausgleich besonderer Belastungen*

legten Immissionsgrenzwerte)⁴². Die enteignungsrechtliche Zumutbarkeitsschwelle liegt deutlich höher als die Grenze, deren Überschreitung einen einfach-gesetzlichen (auch als „Billigkeitsanspruch" bezeichneten⁴³) Entschädigungsanspruch auslöst.

1204 Abgelehnt wurde eine Entschädigung, wenn die staatliche Maßnahme keine „enteignungsfähige" Rechtsposition betraf, so einerseits wenn nur Chancen und Erwartungen beeinträchtigt wurden, andererseits wenn – bei Beeinträchtigung von Grundeigentum – die besondere Situation (Lage, Beschaffenheit des Grundstücks) von vornherein eine erhebliche Beschränkung der Nutzungsrechte forderte.

Beispiele aus der Rechtsprechung für nicht entschädigungspflichtige Beeinträchtigungen: Eine Kandidatin, die an einer später für verfassungswidrig erklärten Klausel der Prüfungsordnung gescheitert ist, hat keinen Aufopferungsanspruch; ihr sind nur rechtlich noch nicht gesicherte Chancen und Verdienstmöglichkeiten entgangen und keine geschützten Rechtspositionen (BVerfG, NVwZ 1998, 271). – Eine Flussregulierung greift nicht in Rechte der Fischer ein, die dadurch längere Anfahrten brauchen (BGHZ 45, 150 – Elbe-Leitdamm). Das Verbot, ein kriegszerstörtes Haus in gleicher (zu kompakter) Weise wiederaufzubauen, ist wegen geänderter Baugesinnung keine Enteignung (BGHZ 48, 193). Das Gebot, eine Schweinemästerei zu verlegen, deren Umgebung nachträglich mit Wohnhäusern bebaut wurde, war wegen der von Anfang an latent gegebenen Beeinträchtigung der Umwelt entschädigungslos zulässig (BGHZ 45, 23). Wird ein bisher ausschließlich landwirtschaftlich genutztes Grundstück inmitten eines Industriegebietes in ein Grünflächenverzeichnis aufgenommen, so dass es zwar weiter wie bisher verwendet, aber nicht bebaut werden darf, so liegt darin keine Enteignung (BGHZ 23, 30). Ein „Wasserumschlags-Unternehmen" am Elbe-Seitenkanal kann keine Entschädigung wegen der Einbußen verlangen, die durch einen Dammbruch und nachfolgende Sperrung des Kanals entstanden; der „Anliegergebrauch" des Kanals ist insofern nicht „Eigentum" i. S. d. Art. 14 GG (BGHZ 86, 152). Vgl. auch *Jaschinski*, Der Fortbestand des Anspruchs aus enteignendem Eingriff, 1997.

c) Die Korrektur durch das BVerfG und die weitere Entwicklung

1205 Das BVerfG hat in Korrektur der BGH-Rspr. klargestellt, dass die ordentlichen Gerichte „keine Enteignungsentschädigung zusprechen" können, „für die es an einer vom Gesetzgeber geschaffenen Anspruchsgrundlage fehlt" (BVerfGE 58, 300, 319 – Naßauskiesung; unbedingt nachzulesen!)⁴⁴. Ohne die Rechtsprechung des BGH zu zitieren, führt das BVerfG weiter aus: „Sieht der Bürger in der gegen ihn gerichteten Maßnahme eine Enteignung, so kann er eine Entschädigung nur einklagen, wenn hierfür eine gesetzliche Grundlage vorhanden ist. Fehlt sie, so muss er sich bei den Verwaltungsgerichten um die Aufhebung des Eingriffaktes bemühen. Er kann aber nicht nur unter Verzicht auf die Anfechtung eine ihm vom Gesetz nicht zugebilligte Entschädigung beanspruchen; mangels gesetzlicher Grundlage können die Gerichte auch keine Entschädigung zusprechen"⁴⁵. Dieser seit langem erwarteten verfassungsrichterlichen Korrektur ist zuzustimmen. Damit ist die un-

---

42 BGH a. a. O. mit Hinweisen auf weitere Entscheidungen (BGHZ 111, 63; BVerwGE 79, 254; 80, 184; 81, 197).
43 BGH, NJW 1986, 1980 (für den früheren § 17 Abs. 4 S. 2 FStrG).
44 Vgl. vorher schon BVerfGE 46, 268, 285.
45 BVerfGE 58, 300, 320.

7. „Enteignungsgleicher" und „enteignender Eingriff" als Entschädigungstatbestände § 27

veränderte Fortsetzung der BGH-Rechtsprechung zum enteignungsgleichen Eingriff unmöglich geworden.

Eine Enteignung liegt nach der Rechtsprechung des BVerfG nur vor, wenn die öffentliche Gewalt *zweckgerichtet* auf ein vermögenswertes Recht *zugreift*[46]. Nach einer Formel von *Jörn Ipsen* ist „eine Enteignung *stets ex ante, nicht erst ex post* feststellbar"[47]. Die vom BGH einbezogenen nicht-finalen „Eingriffe" (die eben gar keine vorgesehenen „Eingriffe", sondern eine Form von „Erfolgsunrecht" sind) fallen somit aus dem Enteignungsbegriff heraus und können dementsprechend auch keinen Entschädigungsanspruch aus „enteignendem" oder „enteignungsgleichem Eingriff" begründen (wie der BGH angenommen hatte, s. o. Rn. 1201), sondern allenfalls aus Aufopferung (dazu Rn. 1177 ff.).

1206

Der BGH hat trotz der eindeutigen Kritik des BVerfG, die nach § 31 BVerfGG Bindungswirkung hat, jedenfalls im Ergebnis an seiner Eigentums-Rechtsprechung festgehalten. Er benutzt weiter den Begriff des „enteignungsgleichen Eingriffs" und wechselt nur die Rechtsgrundlage aus. Die Bindung an das verfassungsgerichtliche Urteil verbiete nur, die Entschädigung „unmittelbar aus Art. 14 GG" herzuleiten; eine „hinreichende Anspruchsgrundlage" biete jedoch *„der Aufopferungsgedanke in seiner richterrechtlich geprägten Ausformung"*[48]. Damit knüpft der BGH an die Rechtsprechung des Reichsgerichts an[49], die er im Jahre 1952[50] für die hier relevanten Fälle gerade ad acta gelegt hatte; die Berufung auf eben diese Entscheidung in der nunmehr anders begründeten Judikatur[51] berührt merkwürdig.

1207

Im Ergebnis bleibt es nach der Rspr. des BGH bei einem Entschädigungsanspruch aus „enteignendem Eingriff", wenn eine durch Art. 14 Abs. 1 GG geschützte Rechtsposition durch unmittelbare Auswirkungen hoheitlichen Handelns – und sei es auch rechtmäßig – so beeinträchtigt wird, dass der Eigentümer ein „Sonderopfer" erbringt[52]. Da nach dieser Ansicht gerade auch rechtmäßige „Eingriffe" entschädigungspflichtig sind, stellt sich die Frage nicht, ob der Schaden etwa durch ein Rechtsmittel hätte abgewendet werden können, und das „Sonderopfer" ist nicht durch die Rechtswidrigkeit des Eingriffs indiziert. Dies alles zeigt, dass die dogmatischen Grundlagen der BGH-Rspr. schwach sind; es geht in Wahrheit um Abgrenzungen zwischen staatlicher und privater Risikotragung, damit aber auch um die angemessene Bestimmung dessen, was die Eigentumsgarantie schützt (s. unten Rn. 1213 ff.).

Eine wesentliche Aussage des BVerfG bleibt bei dieser Judikatur unbeachtet: dass nämlich *gesetzliche* Vorschriften an die Stelle des in Abweichung von der Verfassung begründeten Richterrechts zu treten hätten[53]. Der BGH beruft sich darauf, dass ohne seine bisher – jedenfalls in den Ergebnissen – vielfach anerkannte Ent-

1208

---

46 BVerfGE 58, 300, 330 ff.; vgl. hierzu und zu der Kontroverse zwischen BVerfG und BGH im übrigen die besonders lesenswerte Beilage 1/1984 zu „Agrarrecht" Heft 4/1984, vor allem den Beitrag von *Böhmer*, S. 2-17; *ders.*, NJW 1988, 2561 ff.
47 DVBl. 1983, 1029 ff., 1030.
48 BGHZ 90, 17; 91, 20; NJW 1984, 1878; BGHZ 99, 4; 100, 136, 145; 102, 350, 357; BGH, JZ 1991, 36.
49 RGZ 140, 276.
50 BGHZ 6, 270.
51 NJW 1984, 1171.
52 Beispiel: Enteignender Eingriff durch Schädigung eines denkmalgeschützten Gebäudes bei Straßenbauarbeiten der öffentlichen Hand: BGH, JZ 1999, 571 m. Anm. *Ossenbühl*.
53 Scharf kritisch insofern *Schröer*, NJW 1984, 1864 ff.

scheidungspraxis ein notwendiges Element des Staatshaftungsrechts fehle. Die Fortsetzung dieser Praxis kann im Grunde als **Ersatzlösung für die gescheiterte Staatshaftungs-Gesetzgebung**[54] angesehen werden. Sieht man von der Beschränkung auf den *Eigentums*schutz einmal ab, so ist ein Satz wie der Folgende[55] dem allgemeinen Staatshaftungsrecht zuzuordnen: „Jeder – auch schuldlose – rechtswidrige hoheitliche Eingriff in eine Eigentumsschutz genießende Rechtsposition" verpflichte die begünstigte Körperschaft zur Entschädigung. Wird das Verschuldenserfordernis bei der Amtshaftung ernst genommen (über die tatsächlich praktizierten Milderungen s. o. Rn. 1129 f.), so ist die **Ergänzung des Haftungssystems durch Anwendung des Aufopferungsgrundsatzes** zu billigen. Der Kern des Streites ist und bleibt die Bestimmung des zu schützenden Rechtskreises, insbesondere die Abgrenzung der entschädigungsfähigen Rechte (ohne die Begrenzung auf „Eigentum") von den bloßen Interessen und Chancen (s. o. Rn. 1204). Auch insofern bestehen große Meinungsverschiedenheiten zwischen BVerfG und BGH, wie ebenfalls an dem Naßauskiesungsbeschluss erkennbar ist[56].

1209 Auch in dem zweiten Punkt, den das BVerfG gerügt hatte, nämlich der *Rechtswegfrage*, bleibt der BGH im Ergebnis bei seiner bisherigen Linie. Er ist zwar an die Aussage des BVerfG gebunden, dass der Betroffene **nicht die Wahl zwischen Anfechtung der** beeinträchtigenden Verwaltungsentscheidung **und** Geltendmachen von **Entschädigungsansprüchen** habe, folgt dem BVerfG aber nicht darin, dass die Nichtanfechtung regelmäßig zum Verlust etwaiger Entschädigungsansprüche führe. Vielmehr wendet der BGH die Bestimmung des **§ 254 BGB** über das Mitverschulden an und legt dem Geschädigten (nur) die Pflicht auf, „nach Bekanntgabe des Verwaltungsaktes zu prüfen, ob der darin enthaltene Eingriff in sein Eigentum rechtmäßig ist oder nicht". „Ergeben sich bei dieser Prüfung für ihn begründete Zweifel an der Rechtmäßigkeit des Eingriffs oder hätte die Prüfung zu diesem Ergebnis geführt, so ist er im Regelfall gehalten, die zulässigen verwaltungsrechtlichen Rechtsbehelfe zu ergreifen, um den drohenden Schaden abzuwenden. Unterlässt er eine zumutbare Anfechtung und kann ihm dies im Sinne des ‚*Verschuldens in eigener Angelegenheit*' ... vorgeworfen werden, so steht ihm im Regelfall ein Entschädigungsanspruch für solche Nachteile nicht zu, die er durch die Anfechtung hätte vermeiden können ..."[57].

1210 Dem Zivilgericht bleibt hier also eine Möglichkeit erhalten, die Überlegungen des Geschädigten zu *bewerten* – was der gesetzlichen Regelung des Rechtsweges widerspricht. Im Interesse des Betroffenen wird auf diese Weise wohl wollend darüber hinweggesehen, wenn jemand einen Eingriff zunächst als rechtmäßig angesehen und hingenommen hat, sich aber später – nach Ablauf der Anfechtungsfrist – anders besinnt.

---

54 BVerfGE 61, 149.
55 Aus BGH, NJW 1984, 1879.
56 Zur Illustration vgl. die äußerst kritische Stellungnahme von *F. Baur*, NJW 1982, 1734, aber auch die Darstellung von *Battis*, NJW 1982, 585 ff., ferner die kritischen Äußerungen von *Schwabe*, JZ 1983, 273; *Leisner*, DVBl. 1983, 61; *Schwerdtfeger*, JuS 1983, 104; *J. Ipsen*, DVBl. 1983, 1029 ff.; *Ossenbühl*, NJW 1983, 1.
57 NJW 1984, 1169, 1172; vgl. ferner BGH, NVwZ 1986, 76, 78; NJW 1990, 898.

7. „Enteignungsgleicher" und „enteignender Eingriff" als Entschädigungstatbestände § 27

So fragwürdig die allgemeinen Ausführungen zum Verhältnis von Anfechtung und Entschädigung sind, so berechtigt sind die Hinweise des BGH auf Fälle, in denen eine Anfechtung nicht möglich ist oder die entstehenden Nachteile nicht ausgleichen kann. Es handelt sich um zwei Fallgruppen: **1211**

– **Verzögerungsschaden:** durch die lange Dauer der verwaltungsmäßigen oder gerichtlichen Auseinandersetzung entstehen Ausfälle, die u.U. durch die spätere Aufhebung der Verwaltungsmaßnahme und Zubilligung des Folgenbeseitigungsanspruchs nicht ausgeglichen werden; auch hier ist freilich sorgfältig zu prüfen, ob eine Entschädigung wegen Aufopferung angemessen ist, und es ist nicht jeder Schaden voll zu ersetzen;

– Schäden durch **Realakte,** die für die Betroffenen nicht anfechtbar sind – dies gilt z. B. für die Gestaltung und Unterhaltung von Verkehrswegen; man denke an den Elbe-Leitdamm-Fall (oben Rn. 1204) und die Folgen des Dammbruchs beim Elbe-Seitenkanal (a. a. O.). Hier, bei den *ungezielten Rechtsbeeinträchtigungen durch Ereignisse und Handlungen, die der Verwaltung zuzurechnen sind,* ohne dass die später Betroffenen zur verwaltungsgerichtlichen Abwehr angehalten gewesen wären, liegt das Anwendungsfeld des *Aufopferungsanspruchs;* die Abkoppelung all dieser Fälle von Art. 14 Abs. 3 GG öffnet den Weg zu sachnäheren Lösungen[58].

Einen Verzögerungsschaden und eine Entschädigungspflicht aus enteignungsgleichem Eingriff hat der BGH (BGHZ 134, 319 und 136, 182) festgestellt, nachdem die Teilungsgenehmigung für ein Grundstück rechtswidrig versagt worden war; der „Eingriff" in das Recht wird hier wieder – wie in der älteren Rechtsprechung – sehr weit verstanden (vgl. dazu nochmals Rn. 1206). Die Stilllegung einer Tierkörperbeseitigungsanstalt infolge einer Neugliederung der Einzugsbereiche dieser Anstalten sieht der BGH jedoch nicht als einen Eingriff in einen „bestandsgeschützten" Gewerbebetrieb an (BGHZ 133, 265). **1212**

d) Beeinträchtigung des Eigentums durch legislatives Handeln, insbesondere die „entschädigungspflichtige Inhaltsbestimmung"

Wegen der unabsehbaren Folgen für die Staatsfinanzen hat der BGH es abgelehnt, einen Entschädigungsanspruch aus enteignungsgleichem Eingriff wegen **legislativen (normativen) Unrechts** anzuerkennen[59]. Gemeint sind damit aber zunächst nur Gesetze im formellen Sinne. Rechtsakte der vollziehenden Gewalt, also Rechtsverordnungen und Satzungen, fallen nicht unter diese Ausnahme[60]. Aus der Sicht des Bürgers mag es – wie *Maurer* bemerkt[61] – nicht einsichtig erscheinen, dass ein Entschädigungsanspruch besteht, wenn der auf einem Gesetz beruhende Akt rechtswidrig ist, dass aber kein Anspruch eingeräumt wird, wenn das betreffende Gesetz selbst rechts-(verfassungs-)widrig ist. Doch folgt diese Unterscheidung aus **1213**

---
58 Vgl. ferner z. B. BGH, NJW 1986, 2421; NJW 1989, 900 und NJW 1993, 1700.
59 BGHZ 100, 136, 145 f.
60 BGH, JZ 1991, 38; zur entsprechenden Frage bei der Amtshaftung s. oben Rn. 1112.
61 JZ 1991, 38.

§ 27 *Ausgleich besonderer Belastungen*

der verfassungsmäßigen Funktionenordnung und soll verhindern, dass die Gerichte noch mächtiger werden als sie ohnehin schon – auch im Verhältnis zu den Parlamenten – sind.

Aber bei dieser Aussage darf nicht übersehen werden, dass die Rspr. tatsächlich in erheblichem Maße Entschädigungen wegen fehlerhafter Gesetzgebung aus Art. 14 GG und dem Aufopferungsgrundsatz hergeleitet hat. Nichts anderes ist ja in den Urteilen geschehen, die einen Entschädigungsanspruch anerkannten, wenn eine über das zulässige Maß hinausgehende Inhaltsbestimmung nach Art. 14 Abs. 1 S. 2 GG in eine „Enteignung" im Sinne von Art. 14 Abs. 3 GG umgedeutet wurde (s. o. Rn. 1194 ff. und 1201 ff.).

1214 Das BVerfG hat, ohne auf Art. 14 Abs. 3 GG „umzusteigen", den Überlegungen über einen Entschädigungsanspruch wegen **fehlerhafter Bestimmung des Eigentumsinhalts** in besonderen Fällen durch seine „Pflichtexemplar-Entscheidung" (BVerfGE 58, 137) Auftrieb gegeben[62]. Danach widerspricht es dem Eigentumsgrundrecht, dass der Verleger eines Druckwerks ein Belegstück auch dann unentgeltlich (!) an eine Landesbibliothek abliefern muss, wenn es sich um ein mit großem Aufwand und in kleiner Auflage hergestelltes Werk handelt. Das BVerfG hat dabei den **Verhältnismäßigkeitsgrundsatz** und den **Gleichheitssatz** als Bewertungsmaßstäbe herangezogen. Es hat aber nicht selbst eine Entschädigung zugesprochen, sondern nur die Verfassungswidrigkeit der genannten Vorschrift festgestellt[63].

1215 In Anknüpfung hieran ist das Rechtsinstitut des **Ausgleichsanspruchs bei Inhaltsbestimmungen** entwickelt worden[64]. Danach ist eine Inhalts- und Schrankenbestimmung i. S. v. Art. 14 Abs. 1 S. 2 GG unter Umständen nur dann mit dem Gebot der Verhältnismäßigkeit vereinbar und somit verfassungsgemäß, wenn die von ihm begründeten Belastungen durch einen Geldausgleich abgemildert werden. Das Gesetz ist in solchen Fällen mit der Verfassung nur vereinbar, wenn es eine entsprechende Ausgleichsregelung enthält; der Ausgleichsanspruch findet seine Grundlage nur im Gesetz.

1216 Das BVerwG ist dieser Sichtweise in seiner „Fischteich-Entscheidung" (BVerwGE 84, 361) gefolgt. Dabei hatte es sich mit einer sog. **„salvatorischen Entschädigungsklausel"** auseinanderzusetzen. Solche Klauseln finden sich vielfach in eigentumsbeschränkenden Gesetzen; sie lauten etwa so: „Soweit Maßnahmen aufgrund dieses Gesetzes eine Enteignung darstellen, ist eine angemessene Entschädigung in Geld zu leisten". Damit will der Gesetzgeber der Junktimklausel (Art. 14 Abs. 3 GG) gerecht werden, ohne doch genau festzulegen, wofür Entschädigung zu leisten ist. Strengen Maßstäben genügen solche Formeln nicht; der BGH hat sie aber ausreichen lassen. Das BVerwG hat sie zwar nicht als Grundlage einer Enteignungsentschädigung akzeptiert, wohl aber als Grundlage eines in „verfassungskonformer

---

62 S. a. BVerfGE 79, 174 (192) und 83, 201, 212 f.
63 Noch entschiedener in der Betonung des Primärrechtsschutzes BVerfGE 100, 226 (zum rheinland-pfälzischen Denkmalschutzgesetz). Vgl. a. *Maurer*, § 27 Rn. 80, 83 und 84.
64 BVerfGE 79, 174, 192; BVerwGE 84, 361 (367); BGH DVBl. 1996, 671, 672; vgl. auch *Götz*, DVBl. 1984, 396; *Knauber*, NVwZ 1984, 756; *Maurer*, § 26 Rn. 32 und 79 ff.

Auslegung" zugebilligten **Härteausgleichs;** damit stimmt es wohl im Ansatz mit dem BVerfG überein, das aber streng auf die gesetzlichen Grundlagen eines solchen Ausgleichs achtet[65].

Zur Klarstellung: wenn ein Gesetz eine Enteignung i. S. der Rspr. des BVerfG, also einen zweckgerichteten Eingriff in das Individualrecht vorsieht, aber keine Entschädigungsregelung enthält, ist es insofern verfassungswidrig; eine Entschädigung kann nicht zugesprochen werden, sondern die auf dieses Gesetz gestützten Eingriffe müssen verwaltungsgerichtlich angefochten werden. Dasselbe gilt, wenn ein verfassungskonformes Enteignungsgesetz auf rechtswidrige Weise (z. B. weil die Voraussetzungen nicht vorliegen) vollzogen wird. Ein Ausgleich wegen verfassungswidriger Eigentums-Inhaltsbestimmung kommt also nur in Betracht, wenn gesetzliche Bestimmungen Einschränkungen unterhalb der Enteignungsschwelle vorsehen. 1217

Beispiel für eine zulässige, nicht entschädigungspflichtige Inhalts- und Schrankenbestimmung durch Rechtsnorm: Die Nutzung von Grundstücken im „Herrschinger Moos" konnte durch NaturschutzVO weitgehend verboten werden. Die Situationsgebundenheit der Grundstücke sprach für die Zulässigkeit der Einschränkungen (BVerwGE 94, 1)[66].

8. Art und Umfang der Entschädigung

Nach Art. 14 Abs. 3 S. 3 GG ist die Enteignungsentschädigung „unter gerechter Abwägung der Interessen der Allgemeinheit und der Beteiligten zu bestimmen". Das BVerfG hatte Anlass, den BGH darauf hinzuweisen, dass damit *nicht ohne weiteres und generell voller Schadensersatz* (bei Grundstücken: nach dem Verkehrswert) gemeint ist[67]. Für die Aufopferungsentschädigung gilt dasselbe: Abwägung zwischen den Interessen des Geschädigten und denen der Allgemeinheit. Die Abwägung führt aber zum vollen Wertersatz, wenn nur dadurch die Lastengleichheit aller Bürger hergestellt werden kann[68]. Mitverschulden wird angerechnet. Entschädigungsansprüche **verjähren** seit der Schuldrechtsreform 2002 grundsätzlich in **drei Jahren**[69]. 1218

9. Zuordnungsregel (Passivlegitimation)

Die Entschädigungspflicht trifft nicht denjenigen Verwaltungsträger, der durch seine Amtswalter in den Rechtskreis des Betroffenen eingegriffen hat, sondern den, der durch das besondere Opfer **„begünstigt"** ist, der also die *Vorteile* des Eingriffs erfährt oder dessen *Aufgaben* wahrgenommen wurden. Das ist eine ziemlich abstrakte Vorstellung – sozusagen die Ergänzung der Fiskuslehre: der Staat ist wiederum der Prügelknabe, weil er der bestgeeignete Repräsentant überindividueller Interessen ist. Er muss entschädigen, auch wenn im konkreten Fall gar kein Nutzen 1219

---

65 Vgl. nochmals BVerfGE 100, 226, 245 ff.
66 S. aber auch BGH, NJW 1995, 964.
67 BVerfGE 24, 367, 420 f.
68 Weitergehend – nämlich regelmäßig für eine volle Entschädigung – *Maurer*, § 27 Rn. 67 f.
69 Dazu *Kellner*, NVwZ 2002, 395, und *Geis*, NVwZ 2002, 385, 390.

§ 27 *Ausgleich besonderer Belastungen*

für ein Gemeinschaftsgut entstanden ist. In aller Regel sind danach die Länder entschädigungspflichtig; denn ihnen obliegt in erster Linie die Ausübung der staatlichen Befugnisse und die Erfüllung der staatlichen Aufgaben (Art. 30, 83 GG). Bei Aufopferung im Zusammenhang mit kommunalen Selbstverwaltungsaufgaben haften die Gemeinden, und nur wenn spezielle Aufgaben zu erfüllen waren die gerade dafür zuständigen Verwaltungsträger.

Eine merkwürdige Konsequenz: ein Bundesland wurde als Universitätsträger für „begünstigt" gehalten durch medizinische Forschungen, die während des Krieges auf Veranlassung der Wehrmacht durchgeführt wurden (BGHZ 20, 61 – Thorotrastinjektion s. schon oben Rn. 1178).

10. Rechtsweg und Konkurrenzen

1220 Der Anspruch ist im Zivilrechtsweg geltend zu machen. Art. 14 Abs. 3 S. 3 GG gewährleistet den „ordentlichen" Rechtsweg zwar nur wegen der Höhe der Entschädigung; § 40 Abs. 2 VwGO verweist jedoch die vermögensrechtlichen Ansprüche „aus Aufopferung für das gemeine Wohl" vollständig in den Zivilrechtsweg[70]. Eine Sonderzuweisung an die Kammern für Baulandsachen findet sich in §§ 217 ff. BauGB.

1221 Hat das Verwaltungsgericht aber festgestellt, dass ein Planfeststellungsbeschluss oder ein anderer VA rechtmäßig gewesen ist, so kann das Zivilgericht nicht von dieser Entscheidung abweichen[71]. Das gilt nicht nur für die Frage nach der Rechtmäßigkeit der Planung bzw. des VA, sondern auch für die Frage nach dem enteignenden Eingriff. Beides kann nur einheitlich entschieden werden[72].

1222 Ansprüche aus enteignungsgleichem Eingriff und Amtshaftungsansprüche können nebeneinander geltend gemacht werden (s. schon oben Rn. 1160). Spezialgesetzliche Entschädigungsansprüche verdrängen jedoch den allgemeinen Aufopferungs- bzw. Enteignungsanspruch (s. o. Rn. 1185 ff.).

Zu den Ausgangsfällen:

1223 1. Entschädigung für den Nothilfeeinsatz kann nach Polizeirecht und nach § 2 Abs. 1 Nr. 11a SGB VII verlangt werden, vgl. Rn. 1173.

2. Es handelt sich um einen typischen Fall von Aufopferung (der Gesundheit) für das gemeine Wohl; daher ist (subsidiär gegenüber Sozialversicherungsansprüchen) ein Anspruch aus § 75 EinlALR gegeben, vgl. BGHZ 20, 81.

3. Hier hilft die gesetzliche Unfallversicherung durch Übernahme der Heilbehandlung, § 2 Abs. 1 Nr. 13 c SGB VII, Rn. 1173.

---

[70] BGHZ 97, 114, 118; 97, 361, 363 für den enteignenden Eingriff.
[71] BGHZ 95, 28 (33 f.).
[72] *Schwager/Krohn*, WM 1991, 33, 54 f.

4. Der Käufer kann Entschädigung aus enteignendem Eingriff verlangen, da ein hoheitlicher unmittelbarer Eingriff vorlag und ein ausgleichspflichtiges Sonderopfer des Klägers anzunehmen ist. Den Kläger trifft auch kein Mitverschulden durch das Liegenlassen des Holzes: Zwar erhöht sich die Gefahr von Waldbränden auf Truppenübungsplätzen, doch ist deshalb nicht mit dem totalen Verlust des Holzes zu rechnen, vgl. BGHZ 37, 44.

5. Die Klägerin hat einen Anspruch aus enteignungsgleichem Eingriff in einen eingerichteten und ausgeübten Gewerbebetrieb, vgl. BGHZ 32, 208.

6. Eine Amtspflicht der Bundesverwaltung gegenüber den Knäckebrot-Herstellern bestand nicht. Ein Schutzzoll ist auch nicht „Eigentum" i. S. v. Art. 14 GG und kann deshalb ohne Ausgleich herabgesetzt werden, vgl. BGHZ 45, 83; Rn. 1204.

7. Ist die Veränderungssperre rechtmäßig, so kann der Eigentümer nach vier Jahren eine Entschädigung gemäß § 18 BauGB verlangen. Ist die Maßnahme dagegen rechtswidrig, so liegt ein enteignungsgleicher Eingriff vor, vgl. dazu Rn. 1194 ff.

8. Diese früher nach allgemeinen Grundsätzen gelöste Frage ist jetzt im Straßen- und Wegerecht anliegerfreundlich geregelt, vgl. Rn. 1189. Bloße Umsatzeinbußen rechtfertigen allerdings noch keine Entschädigung.

6. Kapitel
Verwaltung im Wandel

§ 28 Neue Herausforderungen und neue Ansätze des Verwaltungsrechts

1. Die neuen Herausforderungen

1224 Durch wirtschaftliche und technische Entwicklungen hat sich die soziale Welt in den letzten Jahrzehnten rapide verändert. Zu den alten Problemen, die mit Hilfe des Verwaltungsrechts zu bewältigen sind – Schutz der öffentlichen Sicherheit und Ordnung, soziale Sicherung und Aufsicht über Wirtschaft und Gewerbe in ihren traditionellen Zweigen und Formen – sind neue Herausforderungen getreten: Ordnung und Regulierung der technischen Kommunikation und des entsprechenden Wirtschaftszweiges, Schutz vor neu auftretenden Gefahren für die Gesundheit der Menschen und Erhaltung der natürlichen Ressourcen angesichts globalen Raubbaus. Die weltweite wirtschaftliche Konkurrenz gefährdet einheimische Unternehmen und ganze Branchen. Die Instrumente des Staates scheinen gegenüber manchen dieser Gefahren wirkungslos zu sein. So werden zur Bekämpfung der sozialen Not, die durch die Massenarbeitslosigkeit entstanden ist, neue Formen der Verwaltungsorganisation und neue Handlungsformen eingeführt.

2. Neue Tendenzen

1225 Auch die herrschenden Vorstellungen vom Staat und vom Verhältnis Verwaltung/Bürger haben sich gewandelt. In der neueren verwaltungswissenschaftlichen Literatur wird fast immer vorausgesetzt, dass der Staat seine gebotene Steuerungsfunktion nicht (mehr) hinreichend erfülle bzw. erfüllen könne. Veränderte „Staatsbilder" bestimmen weithin die Diskussion, so die Idee des „**schlanken Staates**"[1] oder des „**aktivierenden Staates**"[2] als Gegensatz zu dem fürsorglichen, aber freiheitsbeschränkenden „Wohlfahrtsstaat". Von diesen Veränderungen bleibt selbst-

---

[1] Vgl. den Abschlussbericht des Sachverständigenrates „Schlanker Staat", hrsg. v. Bundesministerium des Innern, 2. Aufl. Bonn 1998, S. 9 ff.
[2] Dazu von *Bandemer/Blanke/Hilbert/Schmid*, in: *Behrens* u. a., Den Staat neu denken, Berlin 1995, S. 41 ff.

verständlich auch das Verwaltungsrecht nicht unberührt. Seine Inhalte und die Praxis seiner Anwendung wandeln sich zwar langsamer als die ökonomischen Verhältnisse, aber auf lange Sicht schlägt sich der Stimmungswandel auch in der Dogmatik nieder. Seit dem Ende der wirtschaftlichen Blütezeit sind die Forderungen nach „Bürokratieabbau" („Deregulierung") und Beschleunigung des Verwaltungshandelns immer stärker geworden. Sie verbinden sich mit wissenschaftlicher und politischer Kritik an der Funktion der Verwaltung. Die neuen Ansätze sind in vielfacher Hinsicht fruchtbar, dürfen aber nicht unkritisch rezipiert werden.

Es bedarf rechtlicher Sicherungen, um die angestrebte „Aktivierung" zum Erfolg zu bringen. Der Verlust unmittelbarer staatlicher Steuerungs- und Einflusspotenziale muss zumindest teilweise durch andere geeignete Mittel ausgeglichen werden. Es wäre andererseits alles andere als sinnvoll, einfach zu den alten Methoden zurückzukehren; vielmehr muss das Neue so gestaltet werden, dass es mit den unverzichtbaren Grundsätzen der geltenden Verfassung vereinbar ist und ein weiterer Verlust an Steuerungskapazität möglichst vermieden wird. 1226

3. Verwaltungsrechtliche Folgerungen aus verwaltungspolitischen Reformkonzepten

a) Grundsätzliches

Manche verwaltungspolitischen Reformen sind nur durch Gesetzgebung zu realisieren, z. B. Änderungen von Elementen des Verwaltungsverfahrens, die im VwVfG oder in Spezialgesetzen geregelt sind. Andere können durch einen bewussten Wandel der Praxis oder durch veränderte rechtsdogmatische Argumentation bewirkt werden. So können vorhandene Ermessensspielräume zur Neugestaltung von Aufbau- und Ablauforganisation genutzt werden (s. oben § 10, 5). Zur Verwaltungsreform ist oft **Verwaltungskunst** wichtiger als Verwaltungsrecht. Soweit nämlich Rechtsnormen bestimmte Handlungsformen und Organisationsweisen nur bereitstellen, nicht aber vorschreiben, behindern sie kreative Veränderungen nicht. Dass gleichwohl häufig nach neuen Normen gerufen wird, um die Reform voranzutreiben, hat nicht nur mit der Normenorientierung vieler Verwaltungsangehöriger zu tun, sondern auch mit einer tradierten Verwaltungskultur, in der die rechtliche Absicherung des eigenen Handelns einen besonders hohen Stellenwert hat – und zwar manchmal aufgrund übertriebener Sorge vor Verantwortung und Haftung. Im Interesse des Abbaus oder der Vermeidung **überflüssiger „Bürokratie"** sollte davon abgesehen werden, Selbstverständlichkeiten oder administrative Kunstregeln in Gesetzesform zu gießen und den Verwaltern bei allen Neuerungen sozusagen die Hand zu führen[3]. 1227

---

3 Das gilt z. B. für manche Vorschläge zur Regelung des „Kooperationsvertrages" zwischen Behörden und privaten Unternehmen im Rahmen der „Public Private Partnership". S. dazu *Bull*, Gesetzgebungsbedarf im Allgemeinen Verwaltungsrecht, in: Festgabe für Werner Thieme zum 80. Geburtstag, 2003, S. 9 ff. (25 ff.).

1228 Grundsätzlich ist stets für den einzelnen Problemkreis zu fragen, welche der Funktionen des (allgemeinen) Verwaltungsrechts eine rechtliche Neuregelung erfüllen soll, und es ist auch zu prüfen, ob diese Funktion nur durch eine Gesetzesnorm erfüllt werden kann oder auch auf anderem Wege, z.B. durch eine Verwaltungsvorschrift. Das Verwaltungsrecht soll zunächst einen Beitrag zur *Ordnung* des betreffenden Lebensbereichs und zur *Sicherung* der betroffenen Rechte und schutzwürdigen Interessen leisten, so dass möglichst weitgehende Rechts- und Planungssicherheit geschaffen wird. Nach neuerer Ansicht besteht die Funktion des Verwaltungsrechts auch und sogar vornehmlich in der *Steuerung* der sozialen Vorgänge im Sinne der gesetzlichen Vorgaben. Die Ordnungs- und die Rechtssicherheitsfunktion gebieten jeweils zu prüfen, ob die angestrebten Ziele nicht auch in den überlieferten Formen und Methoden erreicht werden können; denn jede Neugestaltung verursacht eine gewisse Unsicherheit. Das Verwaltungsrecht hat darüber hinaus auch die Funktion, *Sonderinteressen zu disziplinieren*[4]: „Standards in einem einzelnen Fachgebiet, die in vergleichbaren Gebieten nicht anzutreffen sind, können legitimerweise nur dann verlangt werden, wenn sie sich entweder als allgemeine Regelungen auch für andere Fachgebiete eignen oder aus dauerhaft rechtlich anzuerkennenden Besonderheiten des betreffenden Bereichs ableitbar sind"[5].

Vor diesem Hintergrund seien einige Bereiche erörtert, in denen die faktischen Probleme zum Überdenken der bisherigen rechtlichen Einschätzungen nötigen.

b) Das Neue Steuerungsmodell

aa) „New Public Management"(NPM) und „Neues Steuerungsmodell" (NSM)

1229 Weltweit ist seit den Achtzigerjahren des 20. Jahrhunderts eine neue „Philosophie" der Verwaltung aufgekommen und hat die frühere, insbesondere durch *Max Weber* geprägte Staats- und Verwaltungstheorie verdrängt oder zumindest als altmodisch diskreditiert. Unter dem Titel „New Public Management" wurde, ausgehend von verschiedenen angelsächsischen Staaten, eine Mehrzahl von Denkansätzen zur Modernisierung der „bürokratischen" Verwaltung verbreitet, die auf ökonomisch geprägten Staatsvorstellungen aufbaut und darauf abzielt, die Verwaltung effektiver und effizienter zu machen. Statt durch hierarchische Regelung soll das Geschehen weitgehend durch Wettbewerb und Marktkräfte gesteuert werden; die Behörden sollen sich als „kundenfreundliche" „Dienstleistungsunternehmen" verstehen, der Typ des „Beamten" soll durch den des öffentlichen „Managers" ersetzt werden[6]. Ungeachtet der Unterschiede der politischen und sozialen Rah-

---

4 *Schmidt-Aßmann*, Das allgemeine Verwaltungsrecht als Ordnungsidee, S. 7
5 *Schmidt-Aßmann* ebd. (vorige Fn.).
6 Zum NPM vgl. etwa *Schedler/Proeller*, New Public Management, Bern 2000; *Schröter/Wollmann*, New Public Management, in: *Blanke/von Bandemer/Nullmeier/Wewer* (Hrsg.), Handbuch zur Verwaltungsreform, 3. A. 2005, S. 63 ff.; *Reichard*, Verwaltung als öffentliches Management, in: *König* (Hrsg.), Deutsche Verwaltung an der Wende zum 21. Jahrhundert, Baden-Baden 2002, S. 255 ff.; *Mehde*, Neues Steuerungsmodell und Demokratieprinzip, Berlin 2000, S. 41 ff.; *Grimmer*, Öffentliche Verwaltung in Deutschland, S. 52 ff.

3. Verwaltungsrechtliche Folgerungen aus verwaltungspolitischen Reformkonzepten § 28

menbedingungen hat die Idee des NPM auch in Deutschland (sowie in Österreich und der Schweiz) Zustimmung und Widerhall gefunden[7]. Dazu haben auch die zunehmende Finanznot der öffentlichen Hände und die sich ausbreitende Politik- und Bürokratieverdrossenheit beigetragen. In der deutschen Diskussion ist aus dem NPM das NSM geworden. Das NSM ist die deutsche Version des NPM[8]; fast alle Bemühungen um die Modernisierung der öffentlichen Verwaltung werden heute unter diesem Begriff zusammengefasst. Besonders einflussreich war dabei das Modell der Verwaltungssteuerung, das die KGSt aus der niederländischen Stadt Tilburg „importiert" und den deutschen Kommunen zur Nachahmung empfohlen hat[9]; viele Kommunen und Teile der Landes- und der Bundesverwaltung haben diese Empfehlung jedenfalls teilweise befolgt.

Das NSM baut insbesondere auf den folgenden Überlegungen auf: **1230**

Verwaltung kann und soll nicht oder nicht nur hierarchisch gesteuert werden, sondern vor allem durch die Schaffung adäquater Rahmenbedingungen, die positive Anreize zur Leistungssteigerung schaffen und dysfunktionale Entwicklungen möglichst ausschließen. Als negativ werden alle Einflüsse der Politik angesehen, die es der Verwaltung erschweren, ihre Aufgaben effizient zu erfüllen. In diesem Sinne ist z. B. vorgeschlagen worden, die großen Städte wie Konzerne zu organisieren und die Organisationseinheiten unterhalb der Spitze wie Unternehmen mit eigener Verantwortung für die wirtschaftlichen Ergebnisse zu führen. Als Mangel wird es empfunden, dass die Verwaltung sich überwiegend an Normen und nicht an den angestrebten Ergebnissen ihres Handelns orientiert (input- statt output-Orientierung) und dass sie nicht wirtschaftlich denkt. Im Kern bedeutet die „neue Steuerung" ein erhebliches Maß an *Dezentralisierung,* also stärkere Verantwortung der „Basis", und eines *wirtschaftlichen Denkens,* wie es der alten Bürokratie fremd ist. In Schlagworten gesprochen, geht es vorrangig um

– *Entflechtung* von Politik und Verwaltung, also Trennung der beiderseitigen Verantwortungsbereiche,
– Einführung von *Wettbewerbselementen* und *„Kundenorientierung"* in die Verwaltung sowie
– *dezentrale Verantwortung* sowohl für die Aufgabenerfüllung wie für den Ressourcenverbrauch.

Dazu sind wiederum neue Methoden der politischen und administrativen Führung **1231** erforderlich. Schon die Festlegung der Ziele muss sich ändern: Die Zuweisung von Mitteln an die einzelnen Verwaltungseinheiten muss davon abhängig gemacht werden, welche Ergebnisse („*Produkte*") die jeweiligen Einheiten erbringen sollen.

---

7 Vgl. dazu etwa *Reichard,* Public Management im deutschsprachigen Raum, in: Öffentliche Verwaltung und Nonprofit-Organisationen, Festschrift für R. Schauer, Wien 2003, S. 495 (mit zahlreichen weiteren Nachweisen); *ders.,* Zum Stand der Öffentlichen Betriebswirtschaftslehre, in: Die Verwaltung 2003, S. 389 ff.; *Jann/Bogumil/Bouckaert* u. a., Status-Report Verwaltungsreform, Berlin 2004; aus Schweizer und österreichischer Sicht *Thom/Ritz,* Public Management, Wiesbaden 2000, insbes. S. 55 ff. sowie *Wimmer,* Dynamische Verwaltungslehre, Wien/New York 2004, S. 243 ff., 402 ff.
8 *Jann,* Neues Steuerungsmodell, in: *Blanke/von Bandemer* usw. (Fn. 6) S. 74 ff.
9 Vgl. die einschlägigen Berichte der KGSt, insbes. Nr. 19/1992, 5/1993 und 10/1995, sowie die ausführliche Darstellung bei *Mehde* (Fn. 6) S. 81 ff., 85 ff.; s. a. *Jann* (Fn. 8) S. 84 ff.

Damit ist schon der Prozess der Haushaltsaufstellung betroffen. Die Zielbestimmung selbst geschieht in den Formen des *„Kontraktmanagement"*, d.h. die anzustrebenden Zielen und die dazu konkret zu erbringenden Leistungen werden zwischen der jeweiligen Leitung und den Mitarbeitern vereinbart und nicht mehr durch Anweisung der Leitung einseitig bestimmt. Die Ziel- (und Leistungs-)Vereinbarungen sind eine wesentliche Grundlage für das angestrebte effizientere Verwaltungsmanagement[10]. Auf dieser Grundlage werden den Organisationseinheiten „globale" *Budgets* zugewiesen, mit denen sie im Rahmen ihrer Zuständigkeit relativ frei wirtschaften können. Für die Einhaltung der vereinbarten Verpflichtungen sorgt ein ständiges Berichtswesen (Controlling) (vgl. schon oben Rn. 404 und 443).

In der Praxis hat das NSM nicht alle darauf gerichteten Erwartungen erfüllt[11]. Die Finanznot von Staat und Kommunen kann durch Organisationsverbesserungen nicht behoben werden, und die vorhandenen Interessengegensätze erschweren richtig gedachte Reformen.

bb) Rechtsfragen

1232 Vor dem Hintergrund der Rechtsprechung des BVerfG zum Demokratieprinzip könnte die grundsätzliche Vereinbarkeit des NSM mit dem GG bezweifelt werden. Diese demokratietheoretische Argumentation hält jedoch genauerer Untersuchung nicht stand[12]. Zu erörtern sind aber verschiedene Einzelaspekte des NSM.

1233 Die Länder haben dazu z. T. besondere Experimentierklauseln beschlossen. Im Haushaltsrecht des Bundes (§ 6a HGrG) und der Länder finden sich Ermächtigungen zur Einführung eines „Systems der dezentralen Verantwortung einer Organisationseinheit" (unter der Voraussetzung „geeigneter Informations- und Steuerungsinstrumente, mit denen insbesondere sichergestellt wird, dass das jeweils verfügbare Ausgabevolumen nicht überschritten wird"). Nicht geregelt sind einige Rechtsfragen wie diejenigen, inwieweit eine rechtliche Bindung an Ziel- und Leistungsvereinbarungen besteht und welche Rechtsfolgen ein Verstoß gegen diese hat[13]. Dass diese „Kontrakte" verwaltungsrechtliche Verträge i. S. der §§ 54 ff. VwVfG darstellen, ist nicht anzunehmen; denn die Beteiligten handeln nicht als selbstständige Rechtssubjekte, sondern als Teile eines Verwaltungsträgers in der Absicht, nur interne Bindungen einzugehen, und eine rechtliche Einklagbarkeit dieser Bindungen ist offenbar nicht gewollt[14]. Die interne „politische" Bindung kann möglicherweise durch spezifische Abmachungen (etwa über Veränderungen der Budgets bei Vernachlässigung der vereinbarten Ziele) verstärkt und vor Schieds-

---

10 Vgl. dazu *Tondorf/Bahnmüller/Klages*, Steuerung durch Zielvereinbarungen, Berlin 2002; s. a. den Bericht der Regierungskommission „Zukunft des öffentlichen Dienstes – öffentlicher Dienst der Zukunft", hrsg. vom Innenministerium Nordrhein-Westfalen, 2. A. Düsseldorf 2004, S. 110 ff.
11 Vgl. den in Fn. 7 genannten Status-Bericht von *Jann* u. a. sowie *Jann* (Fn. 8) S. 88 ff.
12 Ausführlich dazu *Mehde*, Neues Steuerungsmodell und Demokratieprinzip, 2000.
13 *Wallerath*, DÖV 1997, 57 ff.; *Pünder*, DÖV 1998, 63 ff.; *Hill*, NVwZ 2002, 1059 ff. S. oben Rn. 850.
14 So auch die in der vorigen Fn. Genannten sowie *Bull*, Neue Steuerungsmodelle als Teil einer Verwaltungsreform?, in: *J. Ipsen*, Verwaltungsreform – Herausforderung für Staat und Kommunen, Baden-Baden 1996, S. 69 ff. (75 f.).

gerichten verhandelt werden; hier ist Raum für die Entwicklung einer normativen Ordnung unterhalb der strengen Formen des bisherigen Verwaltungsrechts, die auf „weichen" Vereinbarungen aufbauen. Verwaltungsrecht wird in diesen Bereichen zum Gegenstand von Rechtsgestaltung außerhalb des gerichtlichen Rechtsschutzes. Soweit nicht die Organisationseinheiten, sondern einzelne Amtswalter Ziel- und Leistungsvereinbarungen abgeschlossen haben, kommen bei Zielverfehlung auch dienstrechtliche Konsequenzen in Betracht. Es spricht auch keine grundsätzliche Erwägung dagegen, die Bezahlung der Beschäftigten an dem Grad ihrer Zielerreichung bzw. Erfüllung ihrer Leistungspflichten zu messen; nur muss dazu selbstverständlich die gesetzliche oder tarifliche Bezahlungsordnung geändert werden[15].

c) Aktionsfelder verwaltungsrechtlicher Innovation: Neue Handlungs- und Organisationsformen

aa) Neue Handlungsformen

1234 Dass die Verwaltung sich privatrechtlicher Handlungsformen bedient, ist nichts Neues mehr. Von der Wahlfreiheit, die insofern überwiegend angenommen wird, macht sie zunehmend Gebrauch – nicht zuletzt weil der privatrechtliche Vertrag hinreichend flexibel ist, um vorausschauend auch schwierige Situationen zu bewältigen. Aber auch die öffentlich-rechtlichen Handlungsformen der Verwaltung, wie sie in §§ 18 ff. dieses Lehrbuchs behandelt worden sind, lassen situations- und interessengerechte Gestaltungen zu. Öffentlich-rechtliche wie privatrechtliche Verträge zwischen Verwaltung und Bürgern bzw. Unternehmen werden einerseits „im Schatten des Hoheitsrechts" abgeschlossen – ihre Inhalte müssen sich im Rahmen des geltenden Rechts halten –, und deshalb ist die Inhaltsfreiheit der Beteiligten in keinem Fall unbeschränkt. Andererseits kann auch der Verwaltungsakt weitgehend „verhandelt" werden, d. h. die Beteiligten können sich vor Erlass des VA über das Vorliegen der tatsächlichen Voraussetzungen verständigen und ihre Rechtsansichten austauschen – das ist bei komplexen Gegenständen nicht nur üblich, sondern auch sinnvoll, und auf diese Weise werden unnötige Gerichtsverfahren vermieden. Ein interessantes Beispiel für die Nutzung der Vertragsform (des öffentlichen Rechts) zur Schaffung größerer Verbindlichkeit gerade auch für den Bürger bildet die Eingliederungsvereinbarung gemäß § 15 SGB II (Hartz IV).

1235 Ob freilich die Steuerungsschwäche des „hoheitlich" handelnden Staates durch kooperative und konsensuale Formen der Aufgabenerfüllung überwunden werden kann, ist noch nicht erwiesen. Der Effektivitätstest steht insofern noch aus. Das Misstrauen, das solchen Vereinbarungen zwischen Staat und Bürgern immer noch gelegentlich entgegengebracht wird, gründet sich auf die Gefahr der unausgewogenen Entscheidung zugunsten der verhandlungsstärkeren Seite, also z. B. zugunsten ansiedlungswilliger Unternehmen, und zu Lasten von Allgemeininteressen etwa am Umweltschutz. Die Eingliederungsvereinbarung kann umgekehrt zu dem

---

15 Vgl. die Vorschläge der nordrhein-westfälischen Reformkommission (Fn. 10) S. 132 ff. S. a. oben Rn. 426 ff.

Eindruck führen, die an sich nicht überwindbare Ungleichheit der Beteiligten solle durch die Vertragsform kaschiert werden. Die Frage der Handlungsform ist in diesen Fällen jedenfalls im Verhältnis zu den materiellen Schwierigkeiten einer angemessenen Lösung zweitrangig (s. a. oben Rn. 156, 496 und 840 ff.).

1236 Angesichts der zunehmenden Kooperation zwischen der Verwaltung und Privaten ist die Frage aufgekommen, ob nicht wesentliche Rahmenbedingungen der dazu erforderlichen Absprachen im Recht der öffentlich-rechtlichen Verträge geregelt werden sollten. Die Rechtsfigur des „Kooperationsvertrages" ist auch in anderen Zusammenhängen konkretisiert worden, so in §§ 14, 15 WoFG für die Wohnraumförderung und in § 11 BauGB für Bauleitplanung und städtebauliche Maßnahmen. Die Schaffung spezifischer Normen für die verschiedenen Formen von Kooperation[16] kann sinnvoll sein; unter dem Aspekt der guten Gesetzestechnik und damit der Übersichtlichkeit der Rechtsordnung kann diese Strategie aber nachteilig wirken.

bb) Neue Organisationsformen

1237 Ebenfalls im Zeichen von Verwaltungsreform und Bürokratieabbau stehen die zahllosen Experimente im Bereich der Verwaltungsorganisation. Über die Ausgliederung und Privatisierung von Verwaltungsaufgaben ist schon mehrfach gesprochen worden (s. insbes. Rn. 366 ff.); die Literatur ist inzwischen unübersehbar. Auffällig ist, dass bei all den Erörterungen die von Gesetzgebung und Rechtswissenschaft entwickelte Lehre von den Rechts- und Organisationsformen kaum eine Rolle spielt. Die Praxis scheint die Organisationsformen für weitgehend austauschbar zu halten. So sind entgegen dem ursprünglichen Sinn Universitäten in einigen Ländern nicht mehr autonome *Körperschaften* des öffentlichen Rechts (dazu oben Rn. 100), sondern wurden in *Stiftungen* eingefügt, was zu ganz veränderten und unter dem Aspekt der Wissenschaftsfreiheit problematischen Leitungsstrukturen führt[17]. Für Museen hingegen kann die Rechtsform der Stiftung durchaus adäquat sein[18].

1238 Bei der Ausgliederung und Privatisierung öffentlicher Unternehmen bedient man sich sowohl der Form der öffentlich-rechtlichen *Anstalt* wie derjenigen der *privatrechtlichen Gesellschaft* mit beschränkter Haftung oder Aktiengesellschaft. Soweit die Verwaltung durch öffentliche Unternehmen staatliche oder kommunale Aufgaben wahrnimmt, besteht aber jedenfalls eine **Pflicht zur Einwirkung** auf diese Unternehmen im Sinne des öffentlichen Zwecks[19]. Die Wahrnehmung dieses Einflusses – z. B. durch Entsendung von Aufsichtsrats- oder Verwaltungsratsmitgliedern – muss durch entsprechende Bestimmungen des Gesellschaftsvertrages oder der Sat-

---

16 Zu den entsprechenden Bemühungen des BMI und den Gutachten von *Schuppert* und *Ziekow* s. oben § 21, 3 Rn. 850.
17 *J. Ipsen*, NdsVBl. 2000, 240 ff.
18 So die sieben Hamburger Museumsstiftungen, vgl. Bgsch.-Drs. 16/1537.
19 Vgl. *Bull*, Über Formenwahl, Formenwahrheit und Verantwortungsklarheit in der Verwaltungsorganisation, in: FS Maurer, 2001, S. 545 ff., 561 ff. m. w. N.

zung rechtlich gesichert werden[20]. Als Neuerung haben einige Länder inzwischen das „*Kommunalunternehmen*" eingeführt[21]; für diesen Typ spricht, dass er die öffentlichen Unternehmen in eine spezielle, angemessene Form bringt.

Eine herausragende Entscheidung zur *Beleihung* Privater mit hoheitlichen Befugnissen hat der Bremische Staatsgerichtshof erlassen: In einem Urteil vom 15. 1. 2002[22] hat er die Bedingungen formuliert, unter denen die Zuständigkeit, hoheitliche Kompetenzen im eigenen Namen in den Handlungsformen des öffentlichen Rechts wahrzunehmen, auf natürliche oder juristische Personen des Privatrechts übertragen werden darf. Er stellt fest, dass die Aufgabenverantwortung und die daraus folgende Garantenstellung für die Aufgabenerfüllung weiterhin bei der Landesregierung verbleiben müssen, und verlangt, dass die Instrumente der Fachaufsicht und der Weisungsbefugnis auch effektiv genutzt werden müssen. Dazu sei die Bereitstellung einer ausreichenden Zahl von Personalstellen in der öffentlichen Verwaltung und deren Besetzung mit kompetenten Amtswaltern erforderlich.

Neue Ansätze der Verwaltungsorganisation finden sich auch innerhalb des öffentlichen Bereichs selbst. So sind zur Durchführung der Grundsicherung für Arbeitslose (SGB II) in den „Job-Centern" (§ 9 Abs. 1a SGB III) „*Arbeitsgemeinschaften*" aus der Bundesagentur für Arbeit und den Kommunen gebildet worden (vgl. § 44b SGB II). Gegen diese Konstruktion sind erhebliche verfassungsrechtliche Bedenken geltend gemacht worden[23], und ebenso ist ihre Zweckmäßigkeit mit guten Gründen bezweifelt worden.

1239

cc) Selbstregulierung

Eine andere Variante der Ausgliederung oder Privatisierung zeigt sich in den Fällen, wo der Gesetzgeber den „Rechtsunterworfenen" die Befugnis eingeräumt hat, ihre Angelegenheiten *selbst zu regeln*. Regelmäßig ist dies durch gesetzliche Ermächtigung zur autonomen Regelung (Satzungsbefugnis) geschehen, neuerdings aber auch durch den Verweis auf die „*Selbstregulierung*". Im Ansatz erlaubt z. B. § 38a BDSG die (gesetzergänzende) Schaffung von Verhaltensregeln durch Berufsverbände und Fachvereinigungen. Derartiges selbstgesetztes Recht muss u. U. auf seine Übereinstimmung mit staatlichen oder kommunalen Rechtsvorschriften überprüft werden.

1240

d) „Bürokratieabbau"

Ein wichtiges Anliegen der aktuellen Verwaltungspolitik besteht darin, rechtliche Hindernisse abzubauen, die für die Betroffenen unnötige Lasten bedeuten und damit wirtschaftliche Initiativen behindern. Unter dem Stichwort „Bürokratieabbau" werden höchst unterschiedliche Ziele verstanden, vor allem der Abbau von Verwaltungsaufgaben, die Reduzierung von Sozialleistungen und die Aufhebung

1241

---

20 So schreibt es auch das Haushaltsrecht vor, vgl. § 65 BHO und die entsprechenden Vorschriften der Landeshaushaltsordnungen und des Gemeindehaushaltsrechts.
21 Zu dem bayerischen Modell s. *Pielow*, in: FS K. Ipsen, 2000, S. 725 (729), zu Niedersachsen *Mehde*, in: Festgabe für Thieme, 2003, S. 103 ff., 117 ff.; zu Schleswig-Holstein *Storr*, NordÖR 2005, 94 ff.
22 NordÖR 2002, 60 ff.
23 *Zuck*, NJW 2005, 649; *Henneke*, DÖV 2005, 177 ff.

lästiger Pflichten wie Lohnsteuerabzug und Erstellung von Statistiken. Im Zusammenhang mit dem Verwaltungsrecht im engeren Sinne sind insbesondere die Beschleunigung und Vereinfachung oder die vollständige Abschaffung von Verwaltungsverfahren von Interesse. Der Gesetzgeber hat auf diesem Gebiet eine ganze Reihe von Maßnahmen getroffen; das materielle Verwaltungsrecht ist dabei nicht unerheblich geändert worden, so durch die Reformen des Handwerksrechts, die Beschleunigung von Genehmigungsverfahren, den Verzicht auf Genehmigungsvorbehalte zugunsten bloßer Anzeigepflichten und die Verringerung der Kontrolldichte in einer ganzen Anzahl von Materien des besonderen Verwaltungsrechts[24]. Dieser Prozess geht in verschiedenen Bereichen weiter, auch durch Initiativen aus dem Bundesrat[25].

Davon zu unterscheiden ist die Bemühung, überflüssige rechtliche Regelungen zu vermeiden und veraltete Rechtsnormen aufzuheben. Die Entscheidung, ob eine gesetzliche Regelung notwendig ist oder nicht, steht dem Gesetzgeber, also letztlich dem Parlament zu, und die Exekutive kann gegen politische Entscheidungen zugunsten neuer Rechtsnormen wenig ausrichten. Sie kann – und soll – allerdings darauf achten, dass die *rechtstechnische, gesetzgebungsfachliche* Qualität der Gesetzgebung gewahrt wird. Dies kann und muss im Rahmen der Gesetzesvorbereitung und der Begleitung des Gesetzgebungsprozesses durch die Ministerialbürokratie geschehen. Hieran dürfen keine zu großen Erwartungen geknüpft werden.

e) Qualitätsmanagement und Änderungen des Verwaltungsstils

1242 Im überlieferten Verständnis von rechtsstaatlicher Verwaltung ist „Qualität" kein angemessener Maßstab für deren Leistungen. Auch der Stil des Verwaltens, die Art und Weise der Kommunikation zwischen Verwaltung und Bürgern, spielt – abgesehen von einigen Ansätzen des Verwaltungsverfahrensrechts wie § 10 S. 2 und § 25 VwVfG – traditionell keine Rolle; es bleibt der Praxis überlassen, die Antragsteller und sonstigen Beteiligten so zu behandeln, dass sie sich mit den behördlichen Entscheidungen zufrieden geben oder jedenfalls nicht außerhalb des zulässigen Rechtsschutzes dagegen vorgehen. Im Zuge der zunehmenden Bürokratiekritik und eines veränderten Staatsverständnisses wandeln sich auch insofern die Usancen. Soweit die Behörden in ihrem Gegenüber nunmehr den „Kunden" erkennen, der Anspruch auf eine bestimmte Leistung hat, oder sogar den „Auftraggeber", der einen Gegenwert für die gezahlten Steuern erwartet, bemühen sie sich auch um bessere „Qualität" ihrer „Produkte". Nicht mehr ganz selten werden neuere Verfahren des „Total Quality Management" erprobt[26]. Die *Akzeptanz* der Entscheidungen wird als zusätzliches, legitimationsförderndes Ziel des Verwaltungshandelns neben Rechtmäßigkeit und Wirtschaftlichkeit wahrgenommen. Rechtliche Probleme ergeben sich daraus nicht[27].

---

24 Näheres bei *Bull*, Bürokratieabbau – richtige Ansätze unter falscher Flagge, in: Die Verwaltung 2005 (i. E.); *ders.*, Vom Auf- und Abbau der Bürokratie, in: Verwaltung & Management 2005 (i. E.).
25 BR-Drs. 709/04 und 710/04 v. 26. 11. 2004
26 *Mehde* (Fn. 12) S. 112 ff.; *von Bandemer*, in: *Blanke/von Bandemer* u. a. (Fn. 6) S. 452 ff.
27 *Mehde* (Fn. 12) S. 522.

4. Neue Referenzbereiche – neue Rechtsinstitute?

In den verwaltungsrechtspolitischen Überlegungen zur Steuerungstheorie spielt die Identifizierung und juristische Analyse wichtiger „Referenzgebiete" eine zentrale Rolle[28]. Rechtsgebiete wie das Telekommunikationsrecht, das Datenschutzrecht und das Umweltrecht stehen im Mittelpunkt von Überlegungen über die angemessene künftige Gestalt auch des allgemeinen Verwaltungsrechts. Die Verwaltungsrechtsdogmatik steht vor der Aufgabe, die allgemeinen Regeln vor dem Hintergrund der speziellen Normen auf ihre Konsistenz und Problemlösungskapazität zu überprüfen und umgekehrt die Anschlussfähigkeit der Spezialnormen an die generellen Rechtsnormen und -institute zu wahren. So stellen sich nicht nur Fragen wie die, ob gewisse Normen des Datenschutzrechts hinreichend bestimmt und mit den allgemeinen Grundsätzen des BDSG vereinbar sind, sondern auch ob z. B. die leitenden Rechtsprinzipien des Telekommunikationsrechts an die Rechtsinstitute des VwVfG und des ungeschriebenen allgemeinen Verwaltungsrechts angeschlossen werden können, ob das neue Vergaberecht die Abgrenzung zwischen öffentlichem und privatem Recht überflüssig werden lässt[29] oder welche Bedeutung es hat, dass für das Umweltrecht Kooperation als durchgängiges Prinzip angenommen wird[30]. Ein Ergebnis solcher Diskurse ist die „Erfindung" des Begriffs „Regulierungsverwaltungsrecht"[31]. Die Aufgabe, bisherige Verwaltungsmonopole in den Wettbewerb zu überführen und funktionsfähige Märkte zu erhalten, erfordert Maßnahmen, die mit der bisherigen Wirtschaftsaufsicht als einer Form der Ordnungsverwaltung nicht zu schaffen sind – gefragt ist nach der Konstruktion von Regeln eigener Art, die den widerstreitenden privaten und öffentlichen Interessen gleichermaßen weit entgegenkommen.

1243

Die Entwicklung ist im Gange, und alle Beteiligten – staatliche und kommunale Akteure wie die Vertreter privater Interessen – können durch kreative Gestaltung zur Konfliktbewältigung beitragen und das geltende Recht weiterentwickeln. Dieses wird allerdings nicht obsolet – es muss und wird seine bisherigen Funktionen behalten und neue dazugewinnen. Wenn davon die Rede ist, der Wandel der Verwaltungsrechtswissenschaft zur „Steuerungswissenschaft" führe zur Überwindung der überkommenen Rechtsschutzfixierung[32], so darf dies nicht als Verzicht auf eben diese Rechtsschutzfunktion verstanden werden.

1244

---

28 *Schmidt-Aßmann*, Das allgemeine Verwaltungsrecht als Ordnungsidee, S. 8 ff.
29 Vgl. *Maurer* § 3 Rn. 7 (ein „mixtum"?) und § 17 Rn. 31 (zur Überschneidung von Subventions- und Vergabewesen).
30 Krit. dazu *Koch*, Das Kooperationsprinzip im Umweltrecht – ein Missverständnis? in: NUR 2001, 541 ff.; s. a. *Gusy*, Kooperation als staatlicher Steuerungsmodus, ZUR 2001, 1 ff.
31 Dazu *Masing*, Grundstrukturen eines Regulierungsverwaltungsrechts, in: Die Verwaltung 2003, 1 ff.; *ders.*, Regulierungsverantwortung und Erfüllungsverantwortung, VerwArch 95 (2004), S. 151 ff.
32 *Schuppert*, in: *Dreier* (Hrsg.), Rechtssoziologie am Ende des 20. Jahrhunderts, 2000, S. 206 ff. (248).

Anhang

Klausurenlehre

§ 29 Lösungsschemata

Schematisch soll man als Jurist nicht arbeiten, aber die folgenden Lösungsschemata für typische verwaltungsrechtliche Aufgaben werden hier vorgeschlagen, weil sie notwendige Prüfungsschritte aufzeigen, die sich aus der Struktur der üblichen Prüfungsgegenstände und dem anwendbaren Recht ergeben, und zwar in einer Reihenfolge, die ebenfalls im Großen und Ganzen zwingend durch juristische „Denkgesetze" festgelegt ist. Gleichwohl werden Sie die Aufgaben nur dann erfolgreich bewältigen, wenn Sie sich bewusst sind, dass es oft gerade auf die Besonderheiten des einzelnen Falles ankommt, woraus sich die Notwendigkeit von Abweichungen ergeben kann. Sie dürfen sich auf keinen Fall zu lange mit Selbstverständlichem oder mit dem „Abarbeiten" von Prüfungspunkten aufhalten, bei denen keine Probleme auftauchen, sondern müssen Ihre Zeit so einteilen, dass Sie sich den zentralen Fragen der Aufgabe – also z. B. einer Abwägung von Ermessensgründen – angemessen lange widmen können. In manchen Fällen ist es auch erlaubt, wenn nicht sogar geboten, vom Schema abzuweichen. Entscheidend ist dabei stets, dass Sie genauestens darauf achten, wie die Frage gestellt ist[1].

1. Prüfung der Rechtswidrigkeit eines Verwaltungsaktes als Teil der Begründetheitsprüfung bei einer Anfechtungsklage

1245 Die Anfechtungsklage ist nach § 113 Abs. 1 S. 1 VwGO begründet, soweit der VA rechtswidrig und der Kläger dadurch in seinen Rechten verletzt ist (s. oben Rn. 1064).

> Rechtswidrig kann der VA wegen Verstoßes gegen den **Grundsatz des Gesetzesvorbehaltes** oder den **Grundsatz des Gesetzesvorrangs** sein. Am Anfang der Prüfung ist also zu klären, welcher dieser beiden Rechtmäßigkeitsmaßstäbe im konkreten Fall anwendbar ist.

---

[1] Vgl. dazu a. *Bull*, JuS 2000, 47 und 778.

I. Der **Gesetzesvorbehalt** ist verletzt, wenn für den VA eine gesetzliche Ermächtigungsgrundlage erforderlich ist, diese aber entweder nicht vorhanden, unwirksam oder falsch angewendet ist. Die Behörde „darf in die Rechte des einzelnen nur eingreifen und dem einzelnen Pflichten nur auferlegen, soweit es gesetzlich zulässig ist" (§ 72 S. 2 LVwG SH).

1. Erfordernis einer Ermächtigungsgrundlage: Dabei kommt es auf die Reichweite des Gesetzesvorbehalts an (vgl. o. Rn. 159 ff.). Erforderlich ist eine gesetzliche Grundlage jedenfalls bei Eingriffen in Grundrechte oder ansonsten nach der Wesentlichkeitstheorie (oben Rn. 170 ff.). Wegen des weiten Schutzbereichs des „Auffanggrundrechts" aus Art. 2 Abs. 1 GG ist bei belastenden VAen an dieser Stelle keine weitere Grundrechtsprüfung erforderlich. Es genügt dann der Hinweis, dass bei belastenden VAen der Vorbehalt des Gesetzes gilt. – Wenn keine Ermächtigungsgrundlage nötig ist, kann keine weitere Prüfung am Maßstab des Gesetzesvorbehalts erfolgen. Dann ist der Gesetzes*vorrang* als Maßstab zugrundezulegen (s. u. II.).

Beachte: Immer wenn eine Rechtsnorm zu finden ist, die den zu prüfenden VA als Rechtsfolge vorsieht, muss sich die Prüfung am Schema für den Vorbehalt des Gesetzes orientieren. Das lässt sich schon aus dem Prinzip des Vorrangs des Gesetzes herleiten: wenn eine Regelung bestimmt, dass ein VA unter bestimmten Voraussetzungen ergehen darf oder muss, dann ist der VA nur rechtmäßig, wenn diese Voraussetzungen auch wirklich vorliegen, unabhängig davon, ob ein „Eingriff" gegeben ist oder der Regelungsbereich „wesentlich" ist. Beispiel: Ein Wohngeldbescheid ist rechtswidrig, wenn die gesetzlichen Voraussetzungen seiner Erteilung nicht erfüllt sind; es wäre unangebracht, hier nach einem „Verstoß" gegen höherrangiges Recht zu fragen.

2. Vorhandensein der erforderlichen Ermächtigungsgrundlage für VAe dieser Art: Ihr Fehlen macht den VA rechtswidrig.

3. Richtige Anwendung der Ermächtigungsgrundlage: Hier ist zu prüfen, ob die Ermächtigungsgrundlage richtig angewendet wurde.

a) Formelle Rechtmäßigkeit: Anhand des einschlägigen Rechts sind Zuständigkeit, Verfahren und Form zu überprüfen. Auch die Beschränkung der Fehlerfolgen (vgl. unten Rn. 673 ff.) ist hier zu erörtern, wenn ein Fehler gefunden wurde.

b) Materielle Rechtmäßigkeit: In diesem Abschnitt ist zu prüfen, ob materielle Rechtsverstöße unterlaufen sind. Dazu gehören die folgenden Prüfungsschritte:

aa) **Vorliegen der Tatbestandsvoraussetzungen** der Ermächtigungsgrundlage (s. oben Rn. 769).

bb) **Richtige Rechtsfolge?** Soweit die Ermächtigungsgrundlage ein Ermessen einräumt, ist zu prüfen, ob dieses richtig ausgeübt wurde (vgl. Rn. 593 ff.).

4. Wirksamkeit der Ermächtigungsgrundlage: Zu prüfen ist, ob die zugrunde gelegte Rechtsnorm mit der Verfassung vereinbar oder wegen eines Verfassungsverstoßes nichtig ist.

> **Erläuterung zur Prüfungsfolge:** Die richtige Anwendung der Ermächtigungsgrundlage sollte vor deren Wirksamkeit überprüft werden, da so – insbesondere wenn mehrere Ermächtigungsgrundlagen in Betracht kommen – die Prüfung nicht auf einer höheren Ebene erfolgt als nötig. Diese Abfolge entspricht auch dem Sinn des Art. 100 Abs. 1 GG: Nur wenn es zur Lösung des Falles auf die Wirksamkeit eines Gesetzes ankommt, soll dieses dem *BVerfG* zur Entscheidung vorgelegt werden. Wählte man einen anderen Aufbau, so müsste die richtige Anwendung der Ermächtigungsgrundlage im Rahmen der Frage geprüft werden, ob die Verfassungsmäßigkeit für die Lösung des Falles erheblich ist.

II. Der **Vorrang des Gesetzes** ist verletzt, wenn der VA gegen höherrangiges Recht verstößt. Dieser Grundsatz gilt unbeschränkt für alle VAe, stellt aber geringere Anforderungen, da nicht eine positive Ermächtigungsgrundlage verlangt wird.

1. Formelle Verstöße: Auch hier sind eventuelle Verstöße gegen höherrangige Normen zu prüfen, die Zuständigkeit, Verfahren und Form regeln.

2. Materielle Verstöße: Hier geht es um Verstöße gegen materiell-rechtliche Vorschriften. Es kann sich um Normen handeln, die den fraglichen VA im konkreten Fall verbieten, oder z. B. auch um einen Verstoß gegen Ermessensgrenzen.

> *Bitte bedenken Sie: Die Wahl eines Aufbauschemas ist kaum jemals eine Frage von richtig oder falsch, sondern in aller Regel nur ein Problem der Zweckmäßigkeit im Einzelfall. Perfekte Schemata gibt es nicht, sondern nur mehr oder weniger schlechte.*
>
> *Das vorgestellte Schema der Prüfung des Vorbehalts des Gesetzes mag etwas umständlich wirken, es bietet aber mehrere Vorteile: Es wird von vornherein klargestellt, welches die Bedingungen der Rechtmäßigkeit sind. Es wird auch sogleich ein Rechtseingriff geprüft. Wenn man dann im weiteren zu einem Verstoß gegen eine Anforderung des Gesetzesvorbehalts gelangt, ist darum auch schon klar, dass das betroffene Recht auch verletzt ist, also auch die zweite Voraussetzung der Begründetheit einer Anfechtungsklage nach § 113 Abs. 1 S. 1 VwGO vorliegt. Schließlich wird früh die einschlägige Ermächtigungsgrundlage genannt. Dies ist vorteilhaft, weil auch die formellen Voraussetzungen der Rechtmäßigkeit sich bei einzelnen Ermächtigungsgrundlagen häufig unterscheiden.*
>
> *Nicht zu empfehlen ist dieses Schema bei der Prüfung von Drittbetroffenenklagen (Nachbarn oder Konkurrenten, vgl. Rn. 1034 ff.) oder wenn klar ist, dass eine Ermächtigungsgrundlage nicht nötig ist. In diesen Fällen ist die Prüfung am Gesetzesvorrang vorzuziehen.*

2. Prüfung der Begründetheit von Verpflichtungs-, Leistungs- oder Unterlassungsklagen

Es kann sich um Ansprüche auf positives Tun, insbesondere den Erlass eines VA (also die Begründetheit einer Verpflichtungsklage) oder auf schlichtes Verwaltungshandeln (die Zahlung eines Geldbetrages, die Beseitigung von Folgen; also eine allgemeine Leistungsklage) handeln oder um Unterlassungsansprüche.

Es kommt jeweils auf Folgendes an:

1. Vorliegen der Anspruchsvoraussetzungen:

Beispiel: Damit ein geltend gemachter Anspruch auf Ausbildungsförderung zugesprochen werden kann, müssen die Voraussetzungen verschiedener Bestimmungen des BAföG erfüllt sein.

a) Wahrung der formellen Voraussetzungen des Anspruchs, soweit sie in der Macht des Anspruchstellers liegen, z. B. Stellung eines Antrags an die zuständige Behörde, vgl. z. B. § 46 BAföG.

b) Vorliegen der materiellen Voraussetzungen des Anspruchs:

aa) **Erfüllung der Tatbestandsvoraussetzungen der Anspruchsnorm.**

bb) **Bei Ermessensvorschriften: Erfüllung der Tatbestandsvoraussetzungen und Reduzierung des der Behörde eingeräumten Ermessens auf Null** (dazu oben Rn. 598 f.). Bei mangelnder Spruchreife (dazu Rn. 1057 f.) kann hingegen nur ein Bescheidungsurteil ergehen.

2. Wirksamkeit der Anspruchsgrundlage:

Die Überprüfung der Verfassungsmäßigkeit der zugrunde gelegten Norm sollte auch hier – wie bei der Anfechtung eines VA – an zweiter Stelle erfolgen.

Bei der Verpflichtungsklage stellt sich die Frage, ob nach dem Wortlaut des § 113 Abs. 5 S. 1 VwGO oder dem „Anspruchsaufbau" vorgegangen werden soll. Der Aufbau nach § 113 Abs. 5 kann sich vor allem dann anbieten, wenn eine Ermessensvorschrift als Anspruchsgrundlage dient; denn Ermessensprüfungen können unter dem Merkmal der Spruchreife vorgenommen werden. Zwingend ist ein Vorgehen nach § 113 Abs. 5 dann, wenn die Behörde nach dem Sachverhalt formelle Fehler gemacht hat. Dann will der Prüfer offenbar darauf hinaus, dass die Ablehnung des VA rechtswidrig war. Allerdings dürften diese Fehler in der Regel geheilt werden. Aus der Rechtswidrigkeit der Ablehnung folgt noch kein Anspruch auf den begehrten VA.

3. Prüfung von Ansprüchen auf Schadensersatz, Entschädigung oder Folgenbeseitigung

Vor Einzelprüfung der jeweiligen Anspruchsvoraussetzungen muss man sich überlegen, *gegen wen welche Ansprüche* bestehen könnten. Bei der Amtshaftung ist also zu fragen, von welcher Körperschaft des öffentlichen Rechts der oder die Handelnde das öffentliche Amt „anvertraut" bekommen hat (vgl. Rn. 1152 f.). Bei der Enteignungs- oder Aufopferungsentschädigung ist nach dem „Begünstigten" zu fragen (Rn. 1219). Man spricht in diesen Fällen von der „Passivlegitimation". Anders als manche dies vorschlagen, sollte diese Zuordnung von Anspruch und Schuldner nicht als nachgeordneter Prüfungspunkt untersucht werden, sondern von vornherein den Rahmen der Untersuchung mitbestimmen, also z. B. in der Form, dass geprüft wird, ob „ein Amtshaftungsanspruch gegen die Gemeinde X" oder „ein Anspruch auf Aufopferungsentschädigung gegen das Land Y" besteht. Lässt sich der Anspruch des so bezeichneten Schuldners schließlich doch nicht zuordnen, so ist erneut anzusetzen, also z. B. ein Amtshaftungsanspruch gegen das Land zu thematisieren.

I. Amtshaftung (§ 839 BGB, Art. 34 GG) (oben Rn. 1105 ff.)
1) Handeln in Ausübung eines anvertrauten öffentlichen Amtes (Rn. 1107 ff.)
2) Amtspflichtverletzung (Rn. 1115 ff.)
3) Drittbezogenheit der Amtspflichtverletzung (Rn. 1119 ff.)
4) Verschulden (Rn. 1127 ff.)
5) Kausalität der Amtspflichtverletzung für den Schaden (Rn. 1131)
6) Keine Haftungsbeschränkung (z. B. § 839 Abs. 1 S. 2, Abs. 2, Abs. 3) (Rn. 1132 ff.)

II. Enteignungsentschädigung (Art. 14 Abs. 3 GG) (Rn. 1184 ff.)
Die Anspruchsvoraussetzungen sind dem einschlägigen Enteignungsgesetz zu entnehmen.

III. Enteignungsgleicher Eingriff (Rn. 1194 ff.)
1) Eigentum
2) Eingriff durch hoheitliche Maßnahme
3) Unmittelbarkeit des Eingriffs
4) Rechtswidrigkeit des Eingriffs
5) Vorrang des Primärrechtsschutzes (§ 254 BGB; Zumutbarkeit? Unterlassen vorwerfbar?)

IV. Enteignender Eingriff (Rn. 1201 ff.)
1) Eigentum
2) Eingriff: unbeabsichtigte, atypische Nebenfolge rechtmäßigen Verwaltungshandelns
3) Unmittelbarkeit der Eigentumsbeeinträchtigung
4) Beeinträchtigung als Sonderopfer

V. Aufopferung/aufopferungsgleicher Eingriff (Rn. 1177 ff.)
(subsidiär auch gegenüber Ansprüchen, die keine konkrete Ausprägung des allgemeinen Aufopferungsanspruchs darstellen; nicht aber gegenüber Amtshaftung)
1) Hoheitlicher Eingriff
2) Nicht vermögenswerte Rechte (jedenfalls die in Art. 2 Abs. 2 GG genannten)
3) Unmittelbarkeit des Eingriffs
4) Sonderopfer im Interesse des Gemeinwohls

VI. Haftung aus verwaltungsrechtlichen Schuldverhältnissen (Rn. 307 ff.)

(BGB analog bzw. als allgemeine Rechtsgrundsätze)

VII. Ansprüche aus öffentlich-rechtlicher Geschäftsführung ohne Auftrag (str.) (Rn. 320 ff.)

(BGB analog bzw. als allgemeine Rechtsgrundsätze)

VIII. Öffentlich-rechtlicher Erstattungsanspruch (Rn. 323 ff.)

(§§ 812 ff. BGB)

IX. Folgenbeseitigungsanspruch (Rn. 1156 ff.)
1) Hoheitlicher Eingriff
2) Subjektives Recht beeinträchtigt
3) Rechtswidriger Zustand
4) Zustand dauert noch an
5) Wiederherstellung früheren Zustands tatsächlich möglich, rechtlich zulässig und zumutbar.

Sachregister

(Die Zahlen bezeichnen die Randnummern; Hauptfundstellen sind hervorgehoben)

Abgaben, öffentliche 438 ff.
Abgabenordnung 438, 965
Ablauforganisation 373
Ablehnung eines begünstigenden Verwaltungsaktes 699
Abordnung 889
Abteilungen 381
Abwägung 605, 817
Abwicklung des Rechtsverhältnisses 823 ff.
Administrativjustiz 993
Adressatentheorie 1035
Ämterhäufung 377
Akteneinsicht 640 f.
Aktenordnung 734
Aktivierender Staat 1225 f.
Alimentationsprinzip 424
Allgemeines Gewaltverhältnis 187, 289
Allgemeinverfügung **700 ff.**, 745
Allzuständigkeit 122
Amnestie-Gesetz 520, 523
Ampelunfälle 1108
Amt
– im dienstrechtlichen Sinne 380
– öffentliches 1109 ff.
– im organisatorischen Sinne 381
– (Samtgemeinde) 124
Amtsanmaßung 764
Amtsbezeichnung 424
Amtshilfe 388, **665 ff.**
Amtsmeinung 734
Amtspflichten 1117 ff.
– Drittbezug 1119 ff.
Amtspflichtverletzung 952, **1115 ff.**
Amtsverhältnisse 884
Amtswalter 199 f., 381, 401
Analogie 546
Androhung des Zwangsmittels 982
Anfechtbarkeit
– von Nebenbestimmungen 727 ff.
– von Verträgen 868

Anfechtungsklage 682, 749, **1032 ff.**
Angestellte im öffentlichen Dienst 883, 1110
Anhörung **633 ff.**, 657
Anlieger 845, 935
Anordnung, einstweilige 1075 ff.
Anordnungsanspruch 1077
Anordnungsgrund 1077
Anpassungsrecht bei verwaltungsrechtlichen Verträgen 877
Anscheinsgefahr 202
Anstalt
– nicht rechtsfähige 946
– nutzbare 944 ff.
– öffentliche 944 ff.
– des öffentlichen Rechts 99, **103**, 114, 1238
– rechtsfähige 946
– unselbstständige 946
Anstaltsordnung 947
Anstaltszweck 950
Antragserfordernisse 622
Anvertrauenstheorie 1153
Anzeigevorbehalt 713
Arbeiter im Öffentlichen Dienst 883, 1110
Arbeitsgemeinschaften 96, 1239
Argumentationsregeln 537 ff.
Argumentationstheorie 352
Argumentum
– ad absurdum 548, 554
– a fortiori 547
– a maiore ad minus 547
– a minore ad maius 547
– e contrario 546
Aufbauorganisation 373
Aufgaben 23, **334 ff.**
Aufgabengliederungsplan 383
Aufgabenkritik 366 ff.
Aufgabennormen 552
Aufhebbarkeit des Verwaltungsaktes 673, 749, 754 ff., **767 ff.**

527

Sachregister

Aufhebung 800, 754 ff.
Auflagen 722 ff.
Aufopferung 1012, **1166 ff.**
Aufopferungsanspruch 1166 ff.
Aufopferungsgleicher Eingriff 1179
Aufschiebende Wirkung 703, 967, 977, 1069
Aufsicht 105, 123, **391 ff.**
– Kommunalaufsicht 123
– über nachgeordnete Behörden 391
– über selbstständige Verwaltungsträger 393
Aufsichtsbeschwerde 407
Aufsichtsklage 1036
Aufsichtspflicht 1123
Auftrag 320 ff.
Auftragsangelegenheiten 124
Ausbildungsförderung 7, 82
Ausführung, unmittelbare 980
Ausgleichsanspruch 486
Auskunft
– der Behörden 646
– über Beteiligte 632
Ausländer 1149 f.
Auslegung
– genetische 540
– grammatische 538
– historische 540
– logische 539
– des Planes 659
– subjektive 540
– systematische 539
– teleologische 541 f.
– unbestimmter Begriffe 564 ff.
– verfassungskonforme 539
Auslegungsrichtlinien 228
Außenwirkung 666, **689 ff.**
Austauschverträge 863 f.

Bauarbeiten 1189
Bauleitplanung 674
Bauplanungshoheit 122
Beamte 417 ff., 880 ff.
Beamtenbegriff
– haftungsrechtlicher 1107
– staatsrechtlicher 1107
Beamtenernennung 380, 887 f., 1123
Beamtenhaftung 1088 ff.
Beamtenpflichten 899 ff.
Beamtenrecht(e) 902 ff.
Beauftragte 407 ff.

Bebauungsplan 224, 674, 1187
Bedingung 721, 723
Befristung 721
Befugnisnormen 550, 552
Begriff, unbestimmter 556 ff.
Begründetheit 1053, 1057 ff., 1064 ff.
Begründungspflicht 650 f.
Begünstigung 27, 29, 184
Behörde 113, 116, 381, 385, 687 f.
Behördenaufsicht 105
Beibringungsgrundsatz 627
Beihilfe
– nach Beamtenrecht 376
– nach EG-Recht (Subvention) 821
Beistand 647
Beiträge 439
Bekanntgabe 741 ff.
Belastung 28, 184
– besondere (Aufopferung) s. Sonderopfer
– rechtmäßige 796
– rechtswidrige 795
Beliehene 385, 1110
Benchmarking 427
Benutzer 103, **944 ff.**
Benutzungsordnung 947
Beratungspflicht 644
Berichtigung des VA 757 ff.
Berufsgenossenschaft 114
Beschaffungswesen 244 ff.
Bescheidungsurteil 1058
Beschlagnahme 960
Besoldung 903
Besonderes Gewaltverhältnis 52, 89, **186 ff.**, 488, 510, 880
Besonderes Rechtsverhältnis 186 ff.
Bestandskraft **750 ff.**, 789
Bestimmbarkeit des Adressatenkreises 701
Bestimmtheitsgrundsatz 181
Beteiligte des Verwaltungsverfahrens 624, 743
Betriebsverhältnis 733, 735, 889, 896
Betteln 937
Beurteilung, dienstliche 699
Beurteilungsspielraum 447, **567 ff.**
Bevollmächtigter 647
Beweismittel 628
Bezirksregierung 117
Bibliographien 14
Bildungswesen 365

528

Billigkeitshaftung 1130
Binnenrecht 226
Bounded rationality 466
Boykottaufforderung 1017
Buchführung 445
Budget 443, 1231
Budget-Konflikt 511
Bürgerbeauftragter 412
Bürgerfreundlichkeit 649
Bürgermeister 387
Bürokratie 424, 463
Bürokratieabbau 334, 1225, **1241**
Bundes-Immissionsschutzgesetz 943
Bundesagentur für Arbeit 111
Bundesbank 115
Bundesbehörden, oberste 109
Bundesministerien 109, 112
Bundesoberbehörden 113
Bundesprüfstelle für jugendgefährdende Schriften 579
Bundesregierung 108
Bundesverfassungsgericht 206
Bundesversicherungsanstalt für Angestellte 114
Bundesverwaltungsamt 113
Bundesverwaltungsrecht 58 f.

Canones der Auslegung 537 ff.
Controlling 404, 1231

Daseinsvorsorge 353, 945
Datenbanken 15
Datenschutz 313, 642
Datenschutzbeauftragte 408
Datenverarbeitung 758
Dauerwirkung 819, 1035
DDR 498
Dekonzentration 396
Demokratie 174, 377, 516 f.
Deregulierung 1225
Deutsche Bahn AG 367, 885
Deutsche Bundesbank 591
Deutsche Telekom AG 367, 885
Dezemberfieber 443
Dezentralisation **395 ff.**, 1230
Dezernate 381
Dienstaufsicht 392, 407
Dienstfahrten 283, 1109, 1135
Dienstherr 885
Dienstleistungen der Verwaltung 83
Dienstordnungs-Angestellte 883

Dienstpflichten 891 ff.
Dienstposten 381 f., 735, 889
Dienstverhältnisse 880 ff.
Dienstvorgesetzter 392
Dienstvorschriften 230
Disziplinarmaßnahmen 898
Doppisches Rechnungssystem 445
Drittbetroffene 653
Drittwiderspruchsklage 972
Dulde und liquidiere 486, 834, 1095

Effizienz 465, 467 f.
EG-Recht 63, 1163
Eichämter 120
Eigenhaftung des Beamten 1151
Eigentum
– öffentliches 929
– soziale Bindungen 937
– an Straßen und Wegen 928 f.
– an Verwaltungs- oder Gerichtsgebäuden 956
Eigentumsgarantie, verfassungsrechtliche 1181 ff.
Eilmaßnahmen 985, 1067 ff.
Einberufung 28
Einbürgerung 718
Eingaben- oder Petitionsausschüsse 409
Eingriff 27 f., 164
– aufopferungsgleicher 1179 f.
– enteignender 1201 ff.
– enteignungsgleicher 1194 ff.
Eingriffsverwaltung 27
Einheit der Verwaltung 110, 396
Einrichtung, öffentliche 946
Einschätzungsprärogative 578
Einstellungsüberprüfung 893
Einstweilige Anordnung 1075 ff.
Einvernehmen 693
Einwendungen 972
Einzelfall 687, 700 ff.
Einzelfallgesetz 515
Einzelfallregelung 271 f., 700 ff.
Einzelweisungen 390
Elektronische Signatur 718
Enteignender Eingriff 1201 ff.
Enteignung 522, **1181 ff.**
– zugunsten Privater 1193
Enteignungsgesetze 1184 f.
Enteignungsgleicher Eingriff 1194 ff.
Entflechtung 1230

529

Sachregister

Entschädigung 1082
- Art und Umfang 1218
- soziale 1169
Entschädigungspflichtige Inhaltsbestimmung 1213 f.
Entscheidungen 447 ff.
- von Kollegialorganen 579
Entscheidungslehre 447 ff.
Entscheidungsverfahren 469 ff.
Enumerationsprinzip 996
Erfolgsunrecht 1085
Erfüllungsverantwortung 353
Erlasse 390
Erledigung des Verwaltungsaktes 1054
Ermächtigungsgrundlage 770
Ermächtigungslehre, normative 239
Ermessen 447, 563, **584 ff.**, 726, 773, 808, 1058 f.
- fehlerfreie Ausübung **590 ff.**, 734
- gesetzliche Grenzen 590
- intendiertes 600, 801
- kognitives 563
- volitives 563
Ermessensdefizit 596
Ermessensfehler **593 ff.**, 830
Ermessensmissbrauch 594, 597
Ermessensreduktion auf Null 598 f., 807, 1059
Ermessensrichtlinien 228
Ermessensschrumpfung 599
Ermessensüberschreitung 594
Ermessensunterschreitung 594
Ermittlungsregeln 627
Ernennung 380, 718, 887
Ernennungsurkunde 718, 887
Ersatzvornahme 983 ff.
Ersatzzwangshaft 986
Erschließungsvertrag 864
Europäische Kommission 126
Europäisches Gemeinschaftsrecht 63, **212 ff.**, 818 s.a. EG-Recht
Evaluation 470
Evidenztheorie 760
Extremistenerlass 893

Fachaufsicht 391, 407
Fachplanungen 279
Festsetzung des Zwangsmittels 982
Feststellungsinteresse 1054
Feststellungsklage 1062 f.
Finale Programmierung 458, 585

Finanzausgleich 356, 441
Finanzplanung 275
Finanzrechtsweg 1008
Finanzverfassung 354 ff.
Fiskalische Verwaltung 31, 246, 1016
Fiskus-Theorie 487, 993
Flugblattverteilung 938
Flugsperrgebiet 704
Flurbereinigung 120
Föderalismusreform 432
Fördernde Verwaltung 61
Folgekosten 864
Folgeausgleich 1082 ff.
Folgenbeseitigung 1142, **1156 ff.**
Folgenbeseitigungsanspruch 1060, **1156 ff.**
Folgenlosigkeit 673 f.
Form- und Verfahrensfehler 774 ff.
Formrichtigkeit 259
Formwahlfreiheit 843
Fortsetzungsfeststellungsklage 1054
Freiheit und Eigentum 502, 508
Freistellungsanspruch 1155
Fürsorgeanspruch 902 f.
Fürsorgepflicht 645, 902 f.
Fundstellenverzeichnisse 14
Funktionenplan 23
Funktionsgrenzen der Rechtsprechung 574
Funktionstheorie 1153
Funktionsvorbehalt 423

Gebietskörperschaften 100, 104
Gebietsreformen 397
Gebühren 439 f.
Gebührenbeamte 1148
Gefährdungshaftung 1160
Gefahrenabwehr 29, 48, 248, 980
Gefahrenverdacht 202
Gegenvorstellung 407
Geheimhaltungsanspruch 642
Gehorsamspflicht 894
Geldersatz 1139
Geldleistung 809
Gemeinde 97, 119, 387
Gemeindeordnungen 363
Gemeindeverbände 119, 387
Gemeindewirtschaft 248
Gemeingebrauch 923, **931 ff.**
Gemeinschaftsaufgaben 338
Gemeinverträglichkeit 934
Gemeinwohl 335, 340

Generalklausel 181, 190
- polizeiliche 484, 550
- verwaltungsgerichtliche 495, **1003 ff.**
Geschäftsbereich 387
Geschäftsführung ohne Auftrag 302, **320 ff.**
Geschäftsverteilungsplan 351
Gesellschaft
- privatrechtliche 1238
Gesetz 519 ff.
- Allgemeinheit 504
- im formellen Sinne 511 ff.
- im materiellen Sinne 511
- Vorbehalt des Gesetzes 159 ff.
Gesetzbegriff 504 ff.
Gesetzesfreie Verwaltung 509
Gesetzesvorbehalt 159 ff.
Gesetzmäßigkeit
- der Verwaltung 56, 133, **158 ff.**, 495, 789 ff.
Gewährleistungsverantwortung 353
Gewährträger 103
Gewaltenteilung 19, 376 f.
Gewaltverhältnis
- allgemeines 289
- besonderes 289, 488, 510, 513 ff., 880
Gewohnheitsrecht 207
Gleichheitssatz, Gleichbehandlung 141, 166 f., 232 ff., 246
Gleichordnungsverhältnisse 841
Globalbudget 443
Governance 373
Grundrecht(e) 162 ff., 362, 375, 940
Grundrechtsrelevanz 171
Grundverhältnis 733, 735, 889, 896
Gutachten 698

Härteausgleich 1191, 1216
Haftung 959
Haftungsausschlüsse bei der Staatshaftung 1147 ff.
Handlungsformen der Verwaltung **257 ff.**, 679 ff., 1234 ff.
Handlungsunrecht 1085
Hausanordnung 390, 591
Haushaltsgesetz 511
Haushaltsgrundsätze 442 f.
Haushaltsordnung 363
Haushaltsplan 182, 275, 511, 911
Haushaltsrecht 442 f.
Hausrecht 954 ff.

Hausverbot 954 ff.
Heilung von Mängeln 673 ff.
Heilung von Form- und Verfahrensfehlern 776 ff.
Herausgabe des Erlangten 323 ff.
Hergebrachte Grundsätze des Berufsbeamtentums 423 f., 429
Hermeneutik 537, 539
Hierarchie 389 ff.
Hinterlegung 960
Hoheitliche Maßnahme 687
Hoheitstheorie 74

Ideologie 530
Illegalität, brauchbare 154
Immissionen 1018
Impfschäden 1174
Individualgesetz 522
- getarntes 523
Industrie- und Handelskammern 99, 102
Informaler Rechtsstaat 154 ff.
Informales Verwaltungshandeln 156, 258
Informationelle Gewaltenteilung 377
Informationelle Selbstbestimmung 668
Informationshandeln 192
Informationssammlung 467
Informationsübermittlung 668 ff.
Infrastrukturunternehmen 353
Innenhaftung 1154
Innenrecht der Verwaltung 43
Interesse(n)
- der Allgemeinheit 17
- öffentliches 50, 831 ff.
Interessentheorie 67
Interne Akte 692
Inzidentkontrolle 753, 1080
Iura quaesita 482
Ius eminens 482
Ius politiae 481
Jugendrecht 40
Juristische Personen des öffentlichen Rechts 65
Justiz- und Regierungssachen 475
Justizstaat 994
Justizverwaltungsakt 1009

Kabinettsjustiz 507
Kameralistische Buchführung 445
Kammern der Wirtschaft 99, 102
Kanzlerprinzip 108
Kassenärztliche Vereinigung 1017

Sachregister

Kausalität der Amtspflichtverletzung 1131
Kernaufgaben 366
Kirchenrecht 39
Klagearten 1026 ff.
Klagebefugnis 1025, **1034 ff.**
Koalitionsrecht der Beamten 907
Kodex für gute Verwaltungspraxis 613
Kodifikation 478
Körperschaften
— bundesunmittelbare des öffentlichen Rechts 114
— des öffentlichen Rechts **99 ff.**, 1237
Kollegialgericht 1130
Kollegialprinzip 108
Kollusion 872
Kommunalaufsicht 123
Kommunalverband, höherer 118
Kommunalverwaltung 122 ff.
Kommunikativer Gemeingebrauch 938
Kompetenzbestimmung 362
Konditionale Programmierung 458, 585
Konfliktmittler 625, 638
Konkretisierung von Rechten und Pflichten 294 ff.
Konkurrentenklage 1041 ff., 1064 ff.
Konsensuales Verwaltungshandeln 496, 654
Konstitutionelle Monarchie 488, 508
Kontakt nach außen 936
Kontrakte 1233
Kontrolle der Verwaltung **401 ff.**, 470, 529
— gerichtliche 414
— parlamentarische 409 ff.
Kontrollerlaubnis 712
Konzentrationsnormen 396, 661
Kooperationsvertrag 850
Koppelungsverbot 863 f.
Koppelungsvorschrift 589
Kredite 441
Kreisfreie Städte 98, 124
Kreuzberg-Urteil 484
Kriegsopfer-Versorgung 364, 1170
Kündigungsrecht (verwaltungsrechtliche Verträge) 877

Landesbehörden 116 ff.
— oberste 116
Landesentwicklungsplan 276
Landesoberbehörden 116
Landesregierungen 116

Landesverwaltung 116 ff.
Landesverwaltungsrecht 58 f.
Landrat 119, 387
Lärmeinwirkung 1189
Laufbahnprinzip 424
Lebenszeitprinzip 424
Legislatives Unrecht 1112, 1213
Leistende Verwaltung 25, 61
Leistungsklage 1060 ff.
Lernziele 1
Luftverunreinigung 943

Massenverfahren 652 ff.
Mäßigungspflicht 900
Maßnahmegesetz 521, 524
Maut 440
Mediator 638
Meeresstrand 919, 925
Methodenlehre, juristische 528 ff.
Methodensynkretismus 535
Mischformen 106 f.
Ministerialfreie Räume 399
Ministerien 109, 387
Mittel, mildestes 150
Mittelalter 474
Mittelbare Staatsverwaltung 23
Mittelbehörden 112, 117, 387
Mitverschulden 1143, 1209
Mitwirkungsakte 693
Mitwirkungspflicht der Beteiligten 631, 657
Modifizierende Auflage 724
Möglichkeitstheorie 1051
Monarchie, konstitutionelle 488
Museen 87, 944, 949

Nachbarklagen 1046 ff., 1064
Nachbarschützende Rechtsnormen 146, 1046 ff.
Nachkonstitutionelle Gesetze 1080
Nachrichtendienste 121
  s. auch Verfassungsschutz
Nebenbestimmungen zu VAen 719 ff.
— Anfechtbarkeit 727 ff.
— Zulässigkeit 725 ff.
Nebenpflichten 1117
Neubescheidung 838
Neues Steuerungsmodell 1229 ff.
New Public Management 1229 ff.
Nichtakte 759, 764
Nichthandeln 285

Nichtigkeit von Verwaltungshandlungen
- Feststellung 765
- von Verträgen 868 ff.
- eines Verwaltungsaktes 759 ff.
Nichtvermögensschaden 1141
Nil de nobis sine nobis 501
Normatives Unrecht 1112, 1213
Normenkontrolle 1078 ff.
- abstrakte 1078 ff.
- konkrete 1080
Notare 1111
Notstandszwecke 1186
Nullum crimen, nulla poene sine lege 500
Nutzungsbeschränkung 1186

Oberbehörde 113, 116
Oberbürgermeister 387
Obere Verwaltungsbehörde 387
Oberste Verwaltungsbehörde 387
Öffentliche Aufgabe 335
Öffentliche Einrichtung 946
Öffentliche Sachen 919 ff.
- Entstehung 925 ff.
- Rechtsverhältnisse 928 ff.
- tatsächliche 920
Öffentliche Verwaltung
- Träger 23
Öffentliches Amt 1107 ff.
Öffentliches Eigentum 929
Öffentliches Recht 33 ff., 64 ff.
- der Justiz 42, 45
- und Privatrecht **64 ff.**, 485
- Teilgebiete 36 ff.
Offenkundigkeit des Fehlers 758
Ombudsmann 412
Opferausgleich 1094 f.
Opferentschädigung 1175
Opferlagen
- allgemeine 1177 f.
- besondere 1178
Optimierungsgebote 536
Ordnungsbehörden 121
Ordnungsgewalt 955
Ordnungsrecht 61
  s. auch Polizei
Ordnungsverwaltung 25, 61
Ordnungswidrigkeiten 663, 975
Organ 382 ff.
Organisation 195
Organisationsgewalt 394

Organisationsrecht
- Grundbegriffe 371 ff.
- verfassungsrechtliche Prinzipien 375 ff.
Organteile 384
Organwalter 199 f., 384
Organzuständigkeit 387

Parlamentsvorbehalt 174 ff.
Personalakte 908
Personalunionen 377
Personenbezogenes Rechtsverhältnis 290
Petitionsrecht 411
Pflichtverhältnis, besonderes 186 ff.
Planfeststellungsbeschluss 714
Planfeststellungsverfahren 658
Planung 25, 30, 273 ff.
Planungsermessen 603
Planungsgesetz 525
Planungsmaßstäbe 601
Planungssicherung 1188
Planungsverbände 900
Planungsverwaltung 25
Politikwissenschaft 6
Polizeibehörden 121
Polizeigesetz 59
Polizeigewalt 955
Polizeiliche Generalklausel 193, 484, 550
Polizeirecht 150, 193, 483 f., 1173
Polizeistaat 483
Polizeiverfügung 709, 769, 980, 994
Polizeiverordnung 219, 994
Popularklage 145, 1034
Positivismus 489
- staatsrechtlicher 52
Postbank AG 367, 885
Präjudizien 208
Präklusionsnormen 661
Presseerklärungen 1016
Preußisches Allgemeines Landrecht 478, 486, 507, 1094, 1166
Prinzipien 536
Privatautonomie 56, 252
Privatisierung 89, 357, **366 ff.**, 398, 427, 885, 1161
Privatrecht 43 ff.
Privatrechtliche Handlungsformen der Verwaltung 241 ff.
Produkte 1231
Prognosen 202, 460, 561, 582
Prüfungen 576 ff.

533

Sachregister

Prüfungskompetenz gegenüber Rechtsnormen 140, 223 ff.

Qualitätsmanagement 1242

Raumordnung 277
Realakte 265, **280 ff.**, 302, 690, 696,
  1014 ff., 1211
Rechnungshöfe 413
Recht
– auf Anhörung 633
– subjektives **142 ff.**, 807, 838, **1034 ff.**,
  1064 ff.
– auf eine gute Verwaltung 613
Rechtmäßigkeit von Verwaltungs-
  handlungen 139, 391, 414, 464
Rechtsaufsicht 105, 407
Rechtsbehelfe
– formlose 407
– gegen Verfahrenshandlungen 677
– im Verwaltungsprozess 1012 ff.
– im Vollstreckungsrecht 990, 972
Rechtsgrundsätze, allgemeine 210
Rechtsnormen 753
Rechtsprechung 13
Rechtsreflex 142
Rechtsschutz 682
– gegen Rechtsnormen 1078 ff.
– verwaltungsgerichtlicher 1001 ff.
Rechtsschutzbedürfnis 147, 1023 ff.
Rechtsschutzgarantie 495, 992 ff., 1001 ff.
Rechtssicherheit 166, 464, 794
Rechtssoziologie 529
Rechtsstaat 133, 165 ff., 504 ff., 518
Rechtsstaatlichkeit 377
Rechtsstaatprinzip 138, **165 ff.**, 361
Rechtsverhältnis, allgemeines und
  besonderes 186 ff.
Rechtsverletzung 1051, 1064
Rechtsverordnung 147, 174, 218 f.
Rechtsweg 65, 153, 1003 ff., 1162
Rechtsweggewährleistung 153
Rechtswegzuweisungen 1005 ff.
Rechtswirkung (unmittelbare) nach außen
  689 ff.
Referat 381
Regeln 536
Regelung 689 ff.
Regelungsanordnung 1076
Regierungspräsident 117, 198, 387
Region 100, 118

Regulierung 44, 367, 497
Remonstration 225, 897
Ressortprinzip 108
Richter 883
Richterprivileg 1144 f.
Richterrecht 206 f.
Richtlinien (Verwaltungsvorschriften)
  182, 911, 1163
Richtlinien (EG) 214
Richtlinienkompetenz 108
Risikoentscheidung 461
Rückabwicklung 224, 800, 917 f.
Rückgriff 1154
Rückkopplungsschleife 470
Rücknahme
– rechtswidriger Verwaltungsakte 799 ff.
– rechtswidriger begünstigender
  Verwaltungsakte 808 ff.
– rechtswidriger belastender Verwaltungs-
  akt 804 ff.
Rücknahmefrist 821
Rundfunkanstalten 99, 105

Sachleistung, teilbare 809
Sachurteilsvoraussetzungen
– allgemeine 1023 f.
– besondere 1025
Sachverhaltsermittlung 629 ff., 1117
Sachverständige 237 f., 1146
Sachwidrige Erwägungen 596
Salvatorische Entschädigungsklausel 1216
Sanierung 1187
Satzung 220 ff., 947
Satzungsgewalt 174
Schadensersatz(ansprüche) 890, 1010,
  1082
Schein-Verwaltungsakte 764
Scherzerklärung 764
Schlanker Staat 334, 1225
Schleusenbegriffe 455 f.
Schlicht-hoheitliches Handeln 730 ff.
Schluss vom Zweck auf das Mittel 549
Schnelligkeit der Entscheidung 648
Schreibfehler 758
Schuldverhältnis, verwaltungsrechtliches
  690
Schulverhältnis 736
Schutznormtheorie 1045 ff.
Schutzpflicht 191 ff.
Selbstbindung der Verwaltung 141, 592
Selbstregulierung 1240

Selbstverwaltung 97, 101, 393
Seuchenschutz 1174
Sicherheitsbehörden 121
Sicherstellung 960
Sicherungsanordnung 1076
Sitzungspolizei 955
Smog-Alarm 699
Sofortige Vollziehung 1069
Sofortiger Vollzug 980 f.
Soldaten 883
Sondernutzungen 937 ff.
Sonderopfer 1096, 1169
Sonderrechtstheorie 72
Sonderverhältnisse, verwaltungsrechtliche 736
Sonderverordnung 947
Sonderverwaltungen 120
Soziale Entschädigung 1169
Sozialgerichte 1007
Sozialgesetzbuch 82, 142, 611
Sozialhilfe 82
Sozialrecht 40, 47, 805
Sozialstaatsprinzip 360, 794
Sozialversicherung 1007
Sozialversicherungsträger 99, 114
Sozialwissenschaften 5, 329, 449, 532
Soziologie der öffentlichen Verwaltung 6
Sparkassen 86, 103
Spielraum 447
Spruchreife 1057
Staatsaufgaben 335, 347 ff.
Staatsgewalt 101, 475
Staatshaftung 65, 1082, 1104
Staatshaftungsgesetz 953, 1098
– DDR 1102
Staatshaftungsrecht, Reform 1100
Staatsrecht 37
Staatsverwaltung
– mittelbare 23, 101
– unmittelbare 23
Staatswissenschaft 489
Staatswohl 135
Staatsziel 345 ff., 362
Staatszweck 345
Stabsstelle 109
Städte, kreisfreie 98, 124
Stadtstaaten 98
Status activus processualis 615
Stelle 379
Steuerbescheid 28
Steuerrecht 40

Steuervereinbarung 846
Stiftung, öffentlich-rechtliche 104, 1237
Strafrecht 45
Strafvollzug 189, 248
Straßen- und Wegerecht 923
Straßenbaubehörde 937
Straßenbaulast 952
Straßengesetze 923, 952
Straßenkommunikation 938
Straßenkunst 939
Straßenverkehrsgesetz 923
Streikrecht 907
Streitigkeit
– öffentlich-rechtliche 1003
– verfassungsrechtliche 1004
Subjektionstheorie 68 ff.
Subjektive Rechte **142 ff.**, 807, 838
Subjekttheorie 71 ff.
Subordinationstheorie 68 ff.
Subsidiaritätsklausel 1063, 1132 ff.
Subsidiaritätsprinzip 363
Subsumtion 454
Subvention 85, 355, 477, 847, **909 ff.**
– Formen 914
– Rechtsgrundlagen 911 ff.
Subventionsbetrug 917
Subventionsrecht 61
Subventionsverhältnis 909
Systemsteuerungsgesetz 526

Tarifrecht 421
Täuschung, arglistige 811, 813, 821
Technik, Recht 55
Technisierung 55
Teilgenehmigung 662
Teilhabe 167
Teilnichtigkeit 766
Textsammlungen 11
Theater 87, 944
Totalvorbehalt 195
Trabanten, privatrechtliche der öffentlichen Verwaltung 106, 337, 398
Traditionstheorie 76
Träger öffentlicher Verwaltung 23, 95 ff.
Trennungsprinzip, vollstreckungsrechtliches 979
Treu und Glauben 310, 794

Überwachung 25
Überwachungsverwaltung 61
Umdeutung 780 f.

Sachregister

Umkehrschluss 546
Umlage 441
Umsetzung 889
Umweltbundesamt 113
Umweltschutzrecht 146
Unanfechtbarkeit **750 ff.**, 977
Unbeachtlichkeit von Fehlern 774 f.
Unbestimmte Begriffe 556 ff.
– deskriptive und normative 560
Unentgeltlichkeit des Gemeingebrauchs 931
Unerlaubte Handlung 1118
Unfallversicherung, unechte 1172
Unfallversorgung 1171
Universitäten 100
Unkündbarkeit der Beamten 905
Unmittelbare Ausführung 980
Unmittelbarer Zwang **987 ff.**
Unparteilichkeit 433, 625
Unrichtigkeiten, offenbare 758
Untätigkeitsklage 1055
Untere Verwaltungsbehörde 387
Unterlassungsklage 1061
Unternehmen, erwerbswirtschaftliches 31
Untersuchungsberichte 698
Untersuchungsgrundsatz 627, 1058
Urteilsarten 1026 ff.

Verbandszuständigkeit 387
Verbot 544
– präventives 712
– repressives 711
Verfahrensfehler 774 ff.
Verfahrensökonomie 774
Verfassungsmäßigkeit der Verwaltung 108 ff., 137 ff.
Verfassungsrecht 53, 108 ff., 1004
Verfassungsschutz 121, 550, 698
Verfassungstreue 424, 892
Verfassungsverstöße 772
Verfügung 684
Vergleichsverträge 866
Verhältnismäßigkeit 137, **149 ff.**, 468
Verhandlung, mündliche 657
Verhandlungen 635
Verkehrsleistungen 84
Verkehrssicherungspflicht **951 ff.**, 1118
Verkehrsübergabe 926
Verkehrszeichen 145, 703, 745
Vermögensprivatisierung 367
Verordnungsrecht der Exekutive 510

Verpflichtungsklage 1055 ff.
Versagungsgegenklage 1055
Versammlungsverbot 28
Verschulden bei der Amtshaftung 1127 ff.
Versetzung 889
Versicherungsgesellschaft 904, 1134
Versorgungsleistungen 84
Verständlichkeit des VA 650 f.
Verteidigungszwecke 1186
Vertrag 267, 840 ff.
– koordinationsrechtlicher 849
– Nichtigkeit 868 ff.
– öffentlich-rechtlicher 840 ff.
– privatrechtlicher 853 ff.
– Rechtmäßigkeit 859 ff.
– subordinationsrechtlicher 849
– verfassungsrechtlicher 848
– verwaltungsrechtlicher 840 ff.
– Zustandekommen 857 f.
– zwischen Staat und Kirche 848
Vertragsabwicklung 875 f.
Vertrauensschutz 148, 789 ff., 1192
Verwahrung, öffentlich-rechtliche 302, 308, 958 ff., 1012
Verwaltung
– Begriff 16 ff.
– Eigenständigkeit 19
– fiskalische 31
– fördernde 61
– im formellen Sinne 22
– Funktionen 24 f.
– Gesetzmäßigkeit 495
– Grundebenen 98 f.
– Handlungsformen 257 ff.
– hoheitliche 26
– Innenrecht 44
– im institutionellen Sinne 18
– im materiellen Sinne 19
– obrigkeitliche 26
– private Verwaltung 17
– schlicht-hoheitliche 26
Verwaltungsakt 263, **679 ff.**
– ablehnender 707
– Aufhebung 767 ff.
– begünstigender 706 ff., 725, 797 ff., 831 ff.
– belastender 706 ff., 795 f., 829
– dinglicher 702
– feststellender 715
– gebundener 725
– gestaltender 710 ff.

- Merkmale 687 ff.
- mitwirkungsbedürftiger 716
- nichtiger 759 ff.
- Rücknahme 789 ff.
- auf Unterwerfung 716
- vorläufiger 694, 822
- vorsorglicher 695
- Widerruf 789 ff.
- Wirksamkeit 741 ff.

Verwaltungsaufgaben 92, **334 ff.**, 477, 855
Vewaltungsfabrikate 203, 651
Verwaltungsgebot
- schlichtes 264, 698, **730 ff.**
- fehlerhaftes 737 f.
- Verstoß gegen rechtmäßiges 739

Verwaltungsgerichte 85
- besondere 994 f.
- Unabhängigkeit 997

Verwaltungsgerichtsbarkeit 493
- Geschichte 992 ff.

Verwaltungsgerichtsordnung 479
Verwaltungshelfer 1110
Verwaltungskontrollen 401 ff.
- Mittel 405 ff.

Verwaltungskunst 1227
Verwaltungslehre 331, 489
Verwaltungsorganisation 95 ff.
Verwaltungsprivatrecht 252 f.
Verwaltungsprozessrecht 12
Verwaltungsrecht 8, 33 ff., 41
- Allgemeines 3, 60
- Besonderes 3, 61
- Geschichte 473 ff.
- internationales 38

Verwaltungsrechtsverhältnis 287 ff.
- Abwicklung 314 ff.
- allgemeine Regeln 309 ff.
- Beendigung 326
- Entstehung 292 ff.
- Konkretisierung 294 ff.
- Leistungsstörung 314 ff.
- personenbezogenes 290, 305
- sachbezogenes 308
- verhaltensbezogenes 306
- vermögensbezogenes 307

Verwaltungsreform 465, 476
Verwaltungsverfahren 12, 194 f., **610 ff.**
- förmliches 656 f.
- vereinfachtes 653

Verwaltungsverfahrensgesetz 58 f.
Verwaltungsvermögen 919

Verwaltungsvollstreckung 962 ff.
Verwaltungsvorschriften **226 ff.**, 390, 947
- ermessenslenkende 228
- gesetzesauslegende 228
- interbehördliche 227
- intersubjektive 227
- intrabehördliche 227
- normkonkretisierende 229, 238

Verwaltungswissenschaft 6 f., 331, 373, 452
Verwaltungzwang 976 ff.
- ohne vorausgehenden VA 980

Verwerfungskompetenz
- bei Gesetzen 140, 894
- bei untergesetzlichen Normen 223 ff., 894

Verwirkung 327
Verzinsung 319
Verzögerungsschäden 1211
Vis absoluta 764
Völkerrecht 38, 211
Volkssouveränität 502
Vollstreckung
- privatrechtlicher Forderungen 968
- verwaltungsrechtlicher Verpflichtungen 962 ff.
- wegen Geldforderungen 965 ff.

Vollstreckungsanordnung 966
Vollstreckungsbeamte 739
Vollstreckungsbefugnis 667
Vollstreckungsbehörde 969
Vollstreckungsmaßnahmen 970
Vollstreckungstitel 977, 962
Vollziehung, sofortige 977, 1069
Vollziehungsbeamter 971
Vollzug, sofortiger 980 f.
Vollzugsakte 281
Vollzugsexzess 281, 1114
Vollzugspolizei 988
Vollzugsfolgenbeseitigung 1157
Vorbehalt
- des Gesetzes 54, 56, 133, **159 ff.**, 488
- des Widerrufs 721
- nachträglicher Auflage 722

Vorbescheid 662, 783
Vorläufige Maßnahmen 201 f.
Vorläufiger Rechtsschutz 1067 ff.
Vorläufiger VA 694, 822
Vornahmeklage 1055
Vorrang des Gesetzes 133, 158
Vorsorglicher VA 695
Vorverfahren 1052, 1068

537

Sachregister

Wahlrecht
- bei der Handlungsform 257 ff.
- zwischen öffentlicher und privater Gestaltung 247

Wahrnehmungszuständigkeit 341
Wahrscheinlichkeitsurteile 202
Wasseranlieger 942
Wassergesetz 924
Wasserhaushaltsgesetz 924
Wassernutzung 941 f.
Wasserrecht 924
Wasserschutzgebiet 705
Wasserskistrecke 704 f.
Wegeaufsichtsbehörde 937
Wehrbeauftragter des Deutschen Bundestages 410
Weisung 390, 732 ff., 896 f.
- dienstliche 730
- innerdienstliche 732
Weisungsunterworfenheit 433
Wertende Begriffe 573
Wesentlichkeitslehre **170 ff.**, 518
Wettbewerb 88, 1017, 1039, 1230
Widerruf rechtmäßiger Verwaltungsakte **828 ff.**, 790
Widerrufsvorbehalt 721
Widerspruch 1068
Widerspruchsverfahren 664
Widmung 926, 957, 1018
Wirtschaftlichkeit 375, 465
Wirtschaftlichkeitskontrolle 412

Wirtschaftsförderung 85
Wirtschaftslenkungsgesetze 520
Wissenserklärung 697, 1060

Zentralisation 395
Zentralstelle 113
Zivildienst 882
Zivildienstleistende 883
Zivilgebrauch 919
Zivilprozessrecht 42
Zivilrecht 43 ff., 64, 1084
Zugänglichkeit, Recht auf 936
Zulassung zur Anstaltsnutzung 950
Zumutbarkeitslehre 1202 f.
Zuordnungstheorie 71 ff.
Zurückbehaltungsrecht 312
Zusicherung (Zusage) 636, 782 ff.
Zwang, unmittelbarer 987 ff.
Zwangsgeld 986
Zwangsmitgliedschaft 102
Zwangsmittel 982 ff.
- Androhung 982
- Festsetzung 982
Zwangsversteigerung 970
Zwecke (Ziele) von Organisation 374 ff.
Zweckkörperschaften 100
Zweckmäßigkeitsprüfung 391, 414, 448, 593
Zweckverbände 100
Zwei-Stufen-Lehre 250, 916
Zweitbescheid 838